Ulrike Six · Uli Gleich · Roland Gimmler (Hrsg.)

Kommunikationspsychologie – Medienpsychologie

Ulrike Six · Uli Gleich · Roland Gimmler (Hrsg.)

Kommunikationspsychologie – Medienpsychologie

Lehrbuch

BELTZ PVU

Anschrift der Herausgeber.:
Prof. Dr. Ulrike Six
six@ikms-uni-landau.de

Dr. Uli Gleich
gleich@ikms-uni-landau.de

Dr. Roland Gimmler
gimmler@ikms-uni-landau.de

Universität Koblenz-Landau
IKMS – Institut für Kommunikationspsychologie, Medienpädagogik und Sprechwissenschaft
Xylanderstr. 1
76829 Landau

1. Auflage 2007

Programm PVU, Psychologie Verlags Union
http://www.beltz.de

Lektorat: Dr. Matthias Reiss
Herstellung: Anja Renz
Umschlaggestaltung: Federico Luci, Köln
Umschlagbild: Mauritius Images, Mittenwald
Karikaturen: Fussel, Meissner
Satz und Bindung: Druckhaus „Thomas Müntzer“, Bad Langensalza
Druck: Druckpartner Rübelmann, Hemsbach

Printed in Germany

ISBN 978-3-621-27591-0

Inhalt

1 Gegenstand, Zielsetzung und Struktur des Buchs

Ulrike Six • Uli Gleich • Roland Gimmler

1.1 Kommunikation im Alltag

„Kommunikation ist alles." – „Was?" oder „Was denn alles ist Kommunikation?" So könnte man die Frage der Person rechts im Bild verstehen.

Was also ist Kommunikation? Menschen wünschen sich einen guten Morgen, lächeln sich an oder „zeigen sich den Vogel". Sie fragen jemanden nach dem Weg oder bitten ihn um einen Gefallen, reden mit ihrem Partner, bestellen einen Kaffee, verhandeln mit Verkäufern oder suchen Rat bei einem Arzt. Sie hören Rednern bei Versammlungen zu, äußern sich in Debatten, Seminaren oder öffentlichen Veranstaltungen, besprechen Arbeitsaufträge mit Chefs und Kollegen. Sie telefonieren, chatten im Internet und schreiben Briefe oder E-Mails. Sie betrachten Schaufenster und Plakate, sehen fern, hören Radio und lesen Zeitungen und Bücher.

Dies sind nur einige Beispiele, *was* alles Kommunikation ist. Kommunikation ist allgegenwärtig und Grundlage unseres sozialen Miteinanders. Und weil sie allgegenwärtig ist, denken wir im Alltag wahrscheinlich kaum mehr darüber nach, dass das, was wir meistens tun, Kommunikation ist und dass das, was wir wissen, wie wir wahrnehmen, fühlen, denken und handeln, nicht zuletzt die Folge von Kommunikation ist.
„Kommunikation ist alles." – „Was? Wie bitte, ich verstehe Sie nicht." Auch so könnte man die Frage der Person rechts im Bild interpretieren.

Nicht immer ist Kommunikation erfolgreich. Menschen verstehen sich zuweilen nicht, weil sie z.B. eine Aussage akustisch nicht mitbekommen, die Sprache oder die Zeichen nicht verstehen oder den Inhalt falsch interpretieren. Kommunikation kann misslingen, wenn Menschen von einer Botschaft (intellektuell oder emotional) überfordert sind, sich nicht auf ihr Gegenüber einstellen können bzw. wollen oder wenn sie unangemessen reagieren. Kommunikation funktioniert auch dann nicht bzw. findet erst gar nicht statt, wenn es uns nicht gelingt, das Telefon richtig zu bedienen oder die gesuchte Seite im Internet zu finden.

Einen konkreteren Eindruck davon, wie vielfältig Kommunikation im Alltag ist, welche Bedingungen und Prozesse dabei eine Rolle spielen und welche Probleme dabei auftauchen können, sollen die nachfolgenden drei Szenarien geben, in denen typische Kommunikationssituationen beschrieben werden. *Szenario 1* schildert eine klassische Situation der Arzt-Patient-Kommunikation und steht damit exemplarisch für die verschiedensten Anlässe, Felder, Prozesse und Probleme der alltäglichen zwischenmenschlichen Kommunikation (hier vor allem in Dienstleistungsbereichen bzw. bei der Kundenkommunikation). Zwei weitere Szenarien beziehen sich auf die Nutzung von und Kommunikation mithilfe von Medien: *Szenario 2* schildert das weite Feld massenmedialer Kommunikation am Beispiel des Tagesablaufs einer Familie, in der eine Reihe unterschiedlicher Medien genutzt wird. Im Mittelpunkt des *Szenarios 3* steht schließlich die Nutzung neuer Medien, speziell die computervermittelte Kommunikation im betrieblichen Kontext, aber auch die Mensch-Computer-Interaktion bzw. -Kommunikation. Dieses Szenario ist typisch für Kommunikation in Organisations-, Gruppen- und/oder interkulturellen Kontexten.

Die konkreten Situationsbeschreibungen in der linken Spalte der Szenarien werden jeweils in der rechten Spalte aus kommunikationspsychologischer Perspektive erläutert bzw. kommentiert. Mit dem entsprechenden psychologischen Begriffsinventar (dem der Leser in den Beiträgen dieses Bandes immer wieder begegnet) wird dabei auf Bedingungen, (Verarbeitungs-)Prozesse und Wirkungen von Kommunikation hingewiesen, die für die in den Szenarien beschriebenen Situationen jeweils relevant sind bzw. sein können. Durch die kommunikationspsychologische „Brille" betrachtet, machen die Aussagen in der rechten Spalte somit deutlich, dass bei alltäglichen, uns allen bekannten Phänomenen der Kommunikation viel mehr abläuft, als man bei einem ersten oberflächlichen Blick auf die Situation vermuten könnte.

Beispiel

Szenario 1: Arzt-Patient-Kommunikation

Konkrete Situation	Kommunikationspsychologische Erläuterung
Elisabeth G. (68 Jahre, Hausfrau, Kassenpatientin) leidet unter Schlafstörungen, die sie auf das Schnarchen ihres Mannes Friedrich zurückführt; schon lange helfen ihre Schlaftabletten nicht mehr. Einer ihrer Enkel hat ihr berichtet, er wisse aus dem Fernsehen, dass „Opa gegen sein Schnarchen selbst etwas unternehmen" könne; sie solle sich nun endlich „richtige Tabletten" verschreiben lassen und bei der Gelegenheit auch gleich den Arzt danach fragen, was man heutzutage gegen das Schnarchen tun kann.	▶ Informationen aus den Medien werden häufig auch im Kontext interpersonaler Kommunikation thematisiert.
Bislang war es ihr zu peinlich, „wegen solcher Lappalien extra zum Doktor zu gehen – der hat Wichtigeres zu tun"; außerdem weiß sie auch nicht so recht, was genau sie da eigentlich fragen soll. Nun aber hat sie seit Tagen stechende Schmerzen im Knie und nimmt dies zum Anlass, beim Arzt anzurufen („das ist ja akut").	▶ Einstellungen und Stereotype gegenüber einem (potenziellen) Gesprächspartner wie auch auf das Selbst bezogene Kognitionen können die Bereitschaft zur Kommunikation mit dieser Person beeinflussen.

Bevor sie endlich an der Reihe ist, schaut sie im Wartezimmer immer wieder aufgeregt auf ihren Merkzettel: (1) Schmerzen Knie links (2) Schlaftabletten (3) Schnarchen Friedrich	▶ Gleiches gilt für Erwartungen und Emotionen mit Blick auf eine anstehende Interaktion mit dieser Person.
Dr. B. begrüßt sie und fragt sie – während er auf den PC-Bildschirm schaut –, was er für sie tun könne.	▶ Mangelnder Blickkontakt vonseiten der Person mit dem (subjektiv) höheren Status kann beim (subjektiv) statusniedrigeren Gegenüber negative Folgen für den weiteren Verlauf einer ohnehin schwierigen Kommunikationssituation haben.
Sie ist nicht gewohnt, über sich selbst zu sprechen oder gar zu klagen. Deshalb erwähnt sie zuerst, dass sie zwar eigentlich etwas am Knie habe, aber bevor sie es vergesse, wolle sie wegen des Schnarchens ihres Mannes etwas fragen: Ihr Enkel habe da im Fernsehen etwas gesehen … .	▶ Ängste können dazu führen, dass man eine Kommunikation im Hinblick auf Inhalte und deren Reihenfolge anders gestaltet als vorher geplant. Dies kann zur eigenen Verunsicherung und Ineffektivität beitragen.
Den Halbsatz über das Knie hat Dr. B. überhört. Lächelnd erwidert er stattdessen zunächst: „Ja, die Medien – Was meine Patienten inzwischen alles aus dem Internet zu wissen glauben …“. Frau G. denkt nun an ihr Knie, während sich Dr. B. weiter über das ihn interessierende Thema „Gesundheitsinformationen in den Medien“ auslässt. Sie ist irritiert und weiß zunächst nicht, wie sie reagieren bzw. weitermachen soll – will der Arzt jetzt mit ihr über Medien und das Halbwissen von Patienten sprechen oder über medizinische Möglichkeiten gegen das Schnarchen ihres Mannes?	▶ Zuhören und Sensibilität für die Belange des Gegenübers wie auch für dessen eigentliche Botschaften gehören zu wichtigen Voraussetzungen einer vertrauensvollen, gelungenen Kommunikation. ▶ Massenmedien enthalten ein breites Spektrum an Gesundheitsinformationen. Verstehen und Bewerten solcher Informationen hängen erheblich vom Vorwissen und Interesse der jeweiligen Rezipienten ab. ▶ Thematisches Abschweifen und unklare Einlassungen seitens der einen Person können bei der anderen Irritation hervorrufen und sie in der Umsetzung ihrer eigentlichen Intentionen beeinträchtigen.
Frau G. schaut auf ihren Merkzettel, gibt es auf, über das Schnarchen ihres Mannes und ihre Schlafstörungen zu sprechen. Stattdessen nimmt sie sich ein Herz und beschreibt unbeholfen mit wenigen Worten ihre Schmerzen.	▶ Einstellungen gegenüber dem Kommunikationspartner, Ängste und Unsicherheit gehören zu Determinanten der Kommunikationsweise.

▶

Der Arzt untersucht das Knie und teilt ihr die Diagnose mit: Sie müsse zwar gleich noch zum Röntgen, aber schon jetzt sei klar, dass sie operiert werden müsse: „Degenerative Innenminiskuskomplexläsion links. Da macht Ihnen meine Mitarbeiterin draußen gleich einen OP-Termin …“.	▶ Differenzen zwischen Kommunikationspartnern in Bezug auf Hintergrundwissen und Sprachcodes können wechselseitiges Verstehen und die weitere Kommunikation erschweren. Der Kommunikator sollte deshalb die aufseiten des Rezipienten gegebenen Kommunikationsbedingungen berücksichtigen und sein eigenes Verhalten darauf abstimmen.
Frau G. hat nicht verstanden, was sie nun am Knie hat und was bei der OP eigentlich gemacht wird. Da sie aber weiß, dass „ein Arzt immer wenig Zeit hat“, und seine Formulierungen noch nie richtig verstanden hat, fragt sie nicht weiter. Während Dr. B. weitere Eintragungen in den PC vornimmt, macht sich Frau G. Sorgen: Sie hat Angst vor der bevorstehenden OP; außerdem geht ihr sofort durch den Kopf, dass sie, wenn sie ins Krankenhaus muss, ihren Mann doch nicht so lange allein lassen kann. Danach zu fragen, ob es denn wirklich nötig sei, traut sie sich nicht – sie kann es „ja sowieso nicht verstehen“.	▶ Für professionelle Kommunikation ist „Perspektivenübernahme“ wesentlich, was u.a. bedeutet, potenzielle (auch emotionale) Reaktionen des Rezipienten einzukalkulieren. ▶ Zur Perspektivenübernahme gehört auch die Einschätzung, inwieweit das Gegenüber die Botschaft verstanden hat, gleichzeitig aber auch sich selbst hinreichend verstanden fühlt und seine berechtigten Interessen hat umsetzen können.

Szenario 2: Medienalltag bei Familie M.

Familie M., das sind ▶ Vater Heinz, 40 Jahre, Fachabitur, angestellt in der Automobilindustrie; ▶ Mutter Karin, 36 Jahre, Bankkauffrau, in Teilzeit beschäftigt; ▶ Tochter Vanessa, 14 Jahre; ▶ Sohn Denis, 9 Jahre. Familie M. lebt in gesicherten Verhältnissen und hat einen großen Freundeskreis. Beruflicher Erfolg, angemessener Wohlstand und Konsum sind ihnen wichtig. Politisch orientieren sie sich an der „Mitte“, ihre Werte und Normen entsprechen dem „Mainstream“.	▶ Familie M. gehört zu einem Bevölkerungssegment, das z.B. in den sog. Sinus-Milieus® als „Bürgerliche Mitte“ beschrieben wird. Solche Segmentierungen auf der Grundlage von sozio- und psychographischen Merkmalen dienen u.a. Medienanbietern zur Definition von Zielgruppen.
Familie M. verfügt über eine reichhaltige Medienausstattung: ▶ mehrere Radios in verschiedenen Zimmern; ▶ zwei Fernsehgeräte mit Kabelanschluss;	▶ Die Medienausstattung in einem Haushalt ist eine der Rahmenbedingungen für die Quantität und Qualität medialer Kommunikation.

▶

▶ Unterhaltungselektronik (DVD-Recorder, Stereoanlage, Spielkonsole, Gameboy, MP3-Player); ▶ Computer mit Internet-Anschluss; ▶ drei Telefone (Festnetz und mobil); ▶ Printmedien (Regionale Tageszeitung, Kaufzeitschriften).	
Jeden Morgen werden Herr und Frau M. vom Radio geweckt. Bevor sie aufstehen, hören sie die aktuellen Nachrichten und den Wetterbericht für die Region.	▶ Die (ritualisierte) Nachrichtennutzung dient der Orientierung („Ist etwas Wichtiges passiert?“) und kann handlungsrelevant sein („Muss ich heute einen Regenschirm mitnehmen?“).
Bei der Frühstücksvorbereitung hört Frau M. „mit einem Ohr“ Radio. Sie könnte aber kaum sagen, welcher Song gespielt wurde oder was der Moderator gerade gesagt hat. Im Bad hört Herr M. seinen bevorzugten Sender. Dass sein Lieblingslied gespielt wird, freut ihn ganz besonders – er singt lautstark mit.	▶ Medien können nebenbei oder mit starker innerer Beteiligung genutzt werden. Damit gehen kognitive und emotionale Aktivitäten unterschiedlicher Ausprägung einher.
Herr M. überfliegt die Schlagzeilen der Tageszeitung. Ein Artikel über die Automobilindustrie erregt seine Aufmerksamkeit. Er beginnt, den Artikel zu lesen, bricht aber ab, als von schlechten Wirtschaftsprognosen und Arbeitsplatzabbau die Rede ist. Frau M. studiert den Regionalteil der Zeitung, insbesondere die Diskussion über die Einführung von Tempo 30 in ihrem Wohngebiet. Ebenso liest sie das Anzeigenblatt des örtlichen Supermarktes. Sie muss heute noch einkaufen gehen.	▶ Medienangebote werden selektiv genutzt: Abhängig von individuellen Interessen und Einstellungen sowie situativen Umständen werden Medienbotschaften wahrgenommen und verarbeitet.
Vanessa hat ihren Lieblingssender VIVO eingeschaltet. Der „Style“ der Sängerinnen gefällt ihr – sie möchte auch so aussehen. Ein Clip von „Kyoto Hotel“ fasziniert sie besonders – sie ist in den Sänger „verliebt“ und stellt sich vor, wie sie mit ihm Hand in Hand in der Stadt spazieren geht und von anderen beneidet wird. Die Jungs aus ihrer Klasse findet sie dagegen ziemlich „doof“.	▶ Fernsehinhalte können Orientierungsfunktion (z.B. in Bezug auf Lebensstile) haben. ▶ Zu Medienpersonen können emotionale Bindungen (sog. parasoziale Beziehungen) aufgebaut werden.
Denis hat schlecht geträumt. Er hat bei seinem Freund heimlich einen Horrorfilm gesehen, der ihn ziemlich geschockt hat. Seine Eltern hatten	▶ Spezifische Medieninhalte (wie z.B. Gewaltdarstellungen) können zu (negativen) emotionalen Wirkungen führen.

▶

es ihm prinzipiell verboten, aber er wollte vor seinem Freund nicht als Feigling dastehen.	
In der Schule wird das Thema „Regen“ behandelt. Denis weiß dazu einiges, denn er hat die Sendung „Archimedes“ gesehen, in der anschaulich erklärt wurde, wie Regen entsteht.	▶ Spezifische Medieninhalte können über Lernprozesse zur Veränderung von (Welt-)Wissen führen.
Beim Einkauf, der sorgfältig geplant ist, orientiert sich Frau M. meist an den Zeitungsanzeigen. Neben den Sachen, die auf ihrer Liste stehen, entscheidet sie sich spontan auch für ein neues Produkt. Dessen Qualität kann sie nicht einschätzen – sie kauft es nur, weil ihr der Fernsehwerbespot dafür so gut gefallen hat.	▶ Medieninformationen (z.B. Werbung) können auf unterschiedliche Weise Einfluss auf das Verhalten von Menschen nehmen.
Herr M. diskutiert mit Kollegen über die Situation in der Autoindustrie. Informationen aus dem Zeitungsartikel helfen ihm bei seiner Argumentation. Am Ende schließt er sich aber doch der Ansicht eines Kollegen an, der offensichtlich über das Thema viel besser informiert ist als er selbst.	▶ Medieninhalte führen häufig zu einer Anschlusskommunikation. ▶ Meinungen und Einstellungen können durch Informationen aus den Medien beeinflusst werden. Mindestens ebenso wichtig ist auch die interpersonale Kommunikation.
Frau M. blättert in der „Gali“. Sie liest einen Artikel über die Scheidung eines Prominentenpaars und denkt: „Ich an ihrer Stelle hätte mich bestimmt nicht so verhalten“. Weil Denis sich langweilt, spielt er an seiner Konsole so lange ein Jump-and-Run-Spiel, bis er endlich das nächste Level geschafft hat. Vanessa telefoniert mit ihrer besten Freundin, um die Ereignisse in der Schule zu besprechen. Anschließend verschickt sie zwei SMS, um sich für den nächsten Tag zu verabreden.	▶ Mediennutzung erfolgt auf der Grundlage unterschiedlichster Motive (z.B. Informationssuche, Beseitigung von Langeweile, sozialer Kontakt). ▶ Folgen medialer Kommunikation sind verschiedenste Gratifikationen. Motive und Gratifikationen sind abhängig von individuellen und situativen Voraussetzungen.
Jeden Abend versammelt sich Familie M. um 20 Uhr vor dem TV-Apparat und sieht die Nachrichten. Herrn M. regen die dramatischen Bilder über einen Terroranschlag (es sind Tote zu sehen) so auf, dass	▶ Mediennutzungsmuster können habituell sein. ▶ Inhaltliche und formale Gestaltungsmerkmale von Medienbotschaften beeinflussen deren Wirkung (z.B. können hochemotionale Bilder die Informationsverarbeitung behindern). ▶ Mediennutzer verfügen über unterschiedliche Kompetenzen, um Kommunikationsinhalte zu

▶

er hinterher seine Frau fragen muss, wo dieser Anschlag passiert ist und worum es eigentlich ging. Vanessa macht die Augen zu, weil sie solche Bilder gar nicht anschauen mag; Denis findet das nicht so schlimm – schließlich hat er so etwas ähnliches auch schon in verschiedenen Computerspielen gesehen.	verarbeiten (z.B. die Fähigkeit, Realität und Fiktion zu unterscheiden).
Familie M. schaut sich gemeinsam einen als unterhaltsam angekündigten Spielfilm an. Herr M. findet die ironischen Anspielungen toll, Frau M. findet die Geschichte spannend, Denis vergnügt sich bei den Slapstick-Szenen. Vanessa findet den Film langweilig.	▶ Der Mediennutzung können rationale Entscheidungsprozesse vorausgehen. ▶ Während der Mediennutzung finden individuelle kognitive und emotionale Rezeptionsprozesse statt, die mit den jeweiligen Medieninhalten interagieren und zu spezifischen Gratifikationen (z.B. „Unterhaltungserleben") führen können.
Bevor Herr M. zu Bett geht, „zappt" er noch durch die Kanäle. „Hängen" bleibt er jeweils an Action- oder erotischen Szenen, jedoch nicht sehr lange. Dass er morgen im Betrieb eine unangenehme Entscheidung treffen muss, vergisst er dabei so langsam.	▶ Spezifische Medieninhalte können besondere Aufmerksamkeit erzeugen. Dabei können sie u.a. der Stimmungsregulierung dienen.

Szenario 3: Teamarbeit mit neuen Medien

Eine Produktreihe eines großen international agierenden Unternehmens wird am Markt nicht mehr so nachgefragt. Es liegen Hinweise vor, nach denen bestimmte Produkte nicht mehr konkurrenzfähig sind (die Qualität also dringend zu verbessern ist), aber auch die aggressiven Vermarktungsstrategien eines neuen Konkurrenten eine Rolle spielen. Das Unternehmen muss also dringend handeln.	▶ Informationen über die Konkurrenz, deren Produkte und Vermarktungsstrategien werden häufig den Medien entnommen. Eine Analyse der Inhalte von Werbeträgern der Konkurrenz führt zu einem Wertungsurteil auch im Vergleich zur eigenen Vermarktungsstrategie.
Dieser Aufgabenstellung sollen sich Mitarbeiter verschiedener Abteilungen im In- und Ausland gemeinsam widmen, Lösungsstrategien entwickeln und deren Umsetzung vorantreiben. Aus Kosten- und Praktikabilitätsgründen (da die Mitarbeiter gleichzeitig an ihrem Arbeitsplatz für weitere Aufgaben vor Ort unabkömmlich sind) wurde eine virtuelle Arbeitsumgebung im Internet eingerichtet.	▶ An eine solche Kommunikation sind einige Bedingungen geknüpft, unter denen sie überhaupt funktionieren bzw. im Hinblick auf das Projektziel effektiv und effizient sein kann. Es ist also eine adäquate, d.h. vor allem eine auf die Aufgabenstellung abgestimmte Auswahl des Kommunikationsmediums wichtig. Dabei sind Vor- und Nachteile zu berücksichtigen.

▶

Diese sog. „Groupware Application“ steht nun als Arbeitsplattform für die Telearbeit des internationalen Teams zur Verfügung. Sie umfasst u.a. Optionen für das Projektmanagement und ermöglicht das Austauschen oder gemeinsame Bearbeiten etwa von Dateien, Diskussionsbeiträgen, Planungsunterlagen oder Arbeitsaufträgen. Des Weiteren kann eine Art Instant Messenger für Teambesprechungen oder für andere zeitnahe Netzkooperationen genutzt werden.	▶ Merkmale der gewählten Kommunikationsanwendung bestimmen, in welcher Weise miteinander kommuniziert bzw. gearbeitet werden kann: Benutzerfreundlichkeit, Eignung für bestimmte Kommunikationsaufgaben, Möglichkeiten der Anpassung an den eigenen Arbeits- und Kommunikationsstil etc.
Im Projekt arbeiten insgesamt fünf Mitarbeiter, u.a. ein griechischer Mitarbeiter (25 Jahre) aus der Entwicklungsabteilung, ein Mitarbeiter (55 Jahre) aus dem Vertrieb in Deutschland sowie eine Frau (45 Jahre) aus der Marketingabteilung in den USA. Nach ein paar Tagen stellt sich heraus, dass der deutsche Mitarbeiter nur selten die Arbeitsplattform nutzt und von ihm noch keine Beiträge eingebracht wurden. Auf Nachfrage teilt er mit, dass für ihn die Nutzung eines solchen Computerprogramms für Kommunikationszwecke neu ist. Er ist es gewohnt, Probleme in direkter Kommunikation oder per Telefon zu lösen – dann aber schnell und effektiv.	▶ Merkmale der Beteiligten sowie der Gruppe gehören ebenfalls zu wesentlichen Einflussfaktoren: z.B. Gemeinsamkeiten oder Unterschiede in Bezug auf die Muttersprache und fachliche Begriffe, kulturelle Unterschiede (z.B. in Arbeitsstilen und Auffassungen von Kommunikation unter Kollegen), (Medien-)Kompetenzen für die spezifischen Anforderungen der Arbeitsplattform, Motivation, mit der Applikation bzw. mit einem virtuellen Arbeitsplatz zu arbeiten.
Ein typischer Arbeitstag während der Projektphase fängt an mit dem Einloggen in die Arbeitsumgebung. Auf einen Blick kann man dabei auch sehen, wer bisher wie viel zum Projekt beigetragen hat und wie der Gesamtstatus aussieht. Ein Arbeitsschritt ist u.a. die Bearbeitung der von der „Groupware“ gemeldeten Arbeitsaufträge (z.B. „Sie haben eine wichtige Mitteilung“, „Folgende Aufgabe ist noch nicht im Zeitplan koordiniert“). Über die Bearbeitung und den Austausch von Dokumenten und Daten hinaus finden manchmal auch virtuelle Teamsitzungen statt, bei denen die Aufmerksamkeit gegebenenfalls gleichzeitig mit einer Zeigehilfe auf wichtige Details in einem Text oder einer Grafik gelenkt werden kann.	▶ Während der Projektphase laufen unzählige miteinander verbundene Kommunikationsprozesse ab, die in diesem Beispiel gleichbedeutend mit Arbeitsprozessen sind: z.B. Lesen, Schreiben und Bearbeiten – auch im Sinne von Organisieren, Einrichten und Modifizieren der Arbeitsplatz(kommunikations)umgebung, Terminieren und Koordinieren von Arbeitsaufträgen und Besprechungen etc. – sowie dahinter liegende kognitive Prozesse, damit die oben erwähnten Tätigkeiten auch zielgerichtet und sinnvoll ablaufen. ▶ Mediale Kommunikation findet auf verschiedenste Weise statt: neben zeitversetzter auch synchrone Kommunikation, aber auch in Dialogen mit der Software (Mensch-Computer-Interaktion).

▶

In der zweiten Woche lädt der griechische Kollege per E-Mail kurzfristig zu einer dringenden Videokonferenz ein, die noch am selben Tag stattfinden soll. Zum festgelegten Termin finden sich jedoch die anderen Mitarbeiter nicht auf der Arbeitsplattform ein. Daraufhin schickt er eine weitere E-Mail, in der er sich darüber beschwert, dass man sich offensichtlich nicht für seine Ideen interessiert, die er an diesem Treffen unterbreiten wollte.	► Weitere zum Teil parallele Prozesse haben stärker mit der interpersonalen Kommunikation als solcher zu tun, betreffen dort auch das soziale Miteinander und beziehen sich etwa auf Einstellungen, Attributionen und Eindrucksbildung, gegebenenfalls verbunden mit Fragen nach dem Status der Teammitglieder in der Firmenhierarchie, ihren Fachkompetenzen, ihrer Motivation, persönlichen Sympathie/Antipathie etc. ► Der Einsatz von Kommunikationsmedien sollte dem Zweck angemessen sein (z.B. eignen sich E-Mails für kurzfristige Terminabsprachen oft nicht so gut wie das Telefon).
Nachdem sich noch weitere Kommunikationskonflikte eingeschlichen haben und das Projekt zu scheitern droht, wird ein gemeinsames Treffen in den USA angesetzt, zu dem auch ein Kommunikationspsychologe eingeladen wird. Nach diesem Treffen steigert sich die Leistungsfähigkeit des Teams, so dass das Projekt erfolgreich abgeschlossen wird.	► Für Telearbeit ist es wichtig, dass – über die oben erwähnten arbeitsbezogenen Kommunikationsprozesse (und deren Bedingungen) hinaus – Missverständnisse angesprochen und behoben werden (Metakommunikation, also das Sprechen über die Art und Weise der Kommunikation).

Die Szenarien verdeutlichen das breite Spektrum an Formen und Kontexten, an Prozessen, Einflussfaktoren, Problemen und Auswirkungen menschlicher Kommunikation. Ebenso lässt sich erkennen, dass Kommunikation nicht nur zu unterschiedlichsten Zwecken stattfindet, sondern dass auch ihr „Funktionieren" und ihr befriedigender Ablauf von zentraler Bedeutung für den privaten und beruflichen Alltag sind. Dass deshalb die Optimierung von Kommunikation in vielen Berufs- und Arbeitsfeldern (wie z.B. bei Lehrern, Therapeuten, Verkäufern und Journalisten sowie in Unternehmen, Organisationen, im Gesundheitswesen oder in der Politik) ein wichtiges Anliegen ist bzw. sein sollte, ist leicht nachvollziehbar.

So unterschiedlich die geschilderten Alltagsbeispiele sind – etwa was die Orte, die beteiligten Personen oder Kommunikationsarten (direkte persönliche Kommunikation, Massenkommunikation, computervermittelte Kommunikation) betrifft –, so ist ihnen doch einiges gemeinsam: Zum einen wird in allen Szenarien deutlich, dass Kommunikation weit mehr ausmacht als das, was man von außen beobachten kann. So laufen in den Köpfen der Beteiligten in einer Kommunikations- bzw. Mediennutzungssituation vielfältige kognitive und emotionale Prozesse und Aktivitäten ab. Dabei geht es etwa um die Ausbildung von Erwartungen und Eindrükken gegenüber Kommunikationspartnern, um Kodierungs- und Dekodierungsprozesse sowie um das Verstehen und Bewerten von Kommunikationsinhalten; zudem handelt es sich um kurzfristige Reaktionen (z.B. Frustration oder Stimmungsverbesserung) oder auch um längerfristige Wirkungen (z.B. Einstellungsänderung, Konsumwünsche). Zum anderen sind mit jeglicher Form von Kommunikation bestimmte Anliegen, Erwartungen, Ziele oder Intentionen verbunden, seien es etwa ärztliche Hilfe und Beratung, Information und Unterhaltung aus den Medien oder berufliche Aufgaben. Und schließlich lässt sich den Szenarien entnehmen, dass Kommunikation keineswegs immer funktional, unproblematisch und erfolgreich verläuft und dass das Erreichen der mit Kommunikation verbundenen Zielvorstellungen von vielen Bedingungen abhängt (ausführlicher hierzu Abschnitt 2.2.2 zur Ausdifferenzierung des Forschungsgegenstands der Kommunikationspsychologie).

Zu dem hier vorerst nur grob skizzierten Thema „Menschliche Kommunikation“ liefert die Kommunikationspsychologie (und somit dieses Lehrbuch) Grundlagenkenntnisse und anwendungsorientierte Informationen, indem sie Kommunikationsprozesse einschließlich ihrer Bedingungen, Ergebnisse und Folgen unter einer psychologischen Perspektive analysiert, beschreibt und erklärt. Damit sind bereits wesentliche Aufgaben der Kommunikationspsychologie benannt, die in Kapitel 2 ausdifferenziert werden.

1.2 Ziele und Zielgruppen des Buchs

Ziel dieses Lehrbuchs ist es, einen wissenschaftlich fundierten Überblick über das weite Feld menschlicher Kommunikation aus psychologischer Perspektive zu geben. Dabei geht es um

- Individualkommunikation (d.h. sowohl die direkte als auch die über Medien vermittelte interpersonale Kommunikation einschließlich der Gruppenkommunikation sowie der Mensch-Maschine-Kommunikation) und
- Massenkommunikation.

Hierzu werden allgemeine und spezielle wissenschaftliche Grundlagen sowie wichtigste Ergebnisse der empirischen Forschung in Bezug auf die unterschiedlichen Kommunikationsarten und Themengebiete vorgestellt.

Mit dem vorliegenden Band sollen insbesondere zwei Zielgruppen angesprochen werden:

- Studierende, vor allem der Fachrichtungen Psychologie, Kommunikations-/Medienwissenschaften, Sozialwissenschaften und Erziehungswissenschaften sowie spezieller anwendungsorientierter Studiengänge (z.B. Unternehmenskommunikation);
- Personen, die in kommunikationsrelevanten Praxisfeldern tätig sind (z.B. PR-Fachleute/Öffentlichkeitsarbeiter, Medienproduzenten und -gestalter, Kommunikations- und Medienberater, Medienpädagogen).

Neben einer wissenschaftlich-theoretischen Ausrichtung soll in diesem Band auch der Praxisbezug kommunikationspsychologischer Forschung deutlich werden. Die Auswahl der Themen richtete sich daher nicht zuletzt auch nach deren Anwendungsrelevanz für solche Praxisfelder, bei denen Kommunikation in besonderem Maße eine Rolle spielt. Aber auch stärker theoretisch orientierte Abschnitte und Kapitel enthalten stets Hinweise auf die Relevanz der dargestellten Theorien und empirischen Befunde sowie die „Brauchbarkeit“ von Theorien und Modellen für praxisorientierte Fragestellungen.

1.3 Aufbau des Buchs

Abbildung 1.1 zeigt den Aufbau des vorliegenden Buchs. Es gliedert sich zunächst in zwei große Blöcke: Kapitel 2 bis 14 beziehen sich sowohl auf die direkte Kommunikation (zwischenmenschliche Kommunikation ohne Einsatz von Medien) als auch auf die Medienkommunikation, die weiter zu untergliedern ist in die mediale Individualkommunikation (computervermittelte interpersonale Kommunikation und Mensch-Computer-Kommunikation) und die Massenkommunikation. Gegenstand der Kapitel 15 bis 23 ist dagegen ausschließlich die Medienkommunikation. In dem in die „Kommunikationspsychologie“ einführenden Kapitel 2 nehmen die Herausgeber zunächst grundlegende Begriffs-

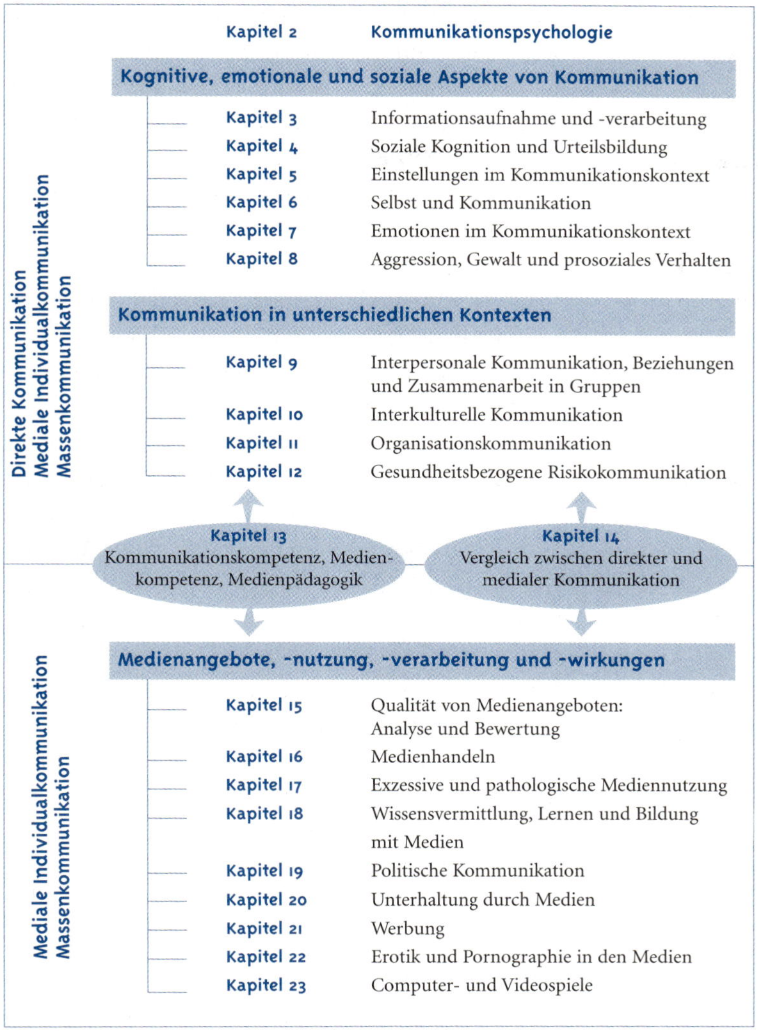

Abbildung 1.1. Aufbau des Buchs. Zwei große Blöcke: (a) direkte Kommunikation, mediale Kommunikation und Massenkommunikation, (b) mediale Individualkommunikation und Massenkommunikation

bestimmungen vor. Hier wird erklärt, was unter Kommunikation zu verstehen ist, was Medien sind, wie ihre vielfältigen Erscheinungsformen kategorisiert werden können und welche Formen von Kommunikation zu unterscheiden sind. Des Weiteren werden Gegenstand und Aufgaben der Kommunikationspsychologie dargelegt. Entsprechend der Differenzierung verschiedener Kommunikationsformen wird zwischen der Psychologie der direkten Kommunikation und der Medienpsychologie unterschieden, die gemeinsam die Kommunikationspsychologie ausmachen. In zwei weiteren Abschnitten des Kapitels 2 werden dazu jeweils relevante Themen- und Forschungsgebiete vorgestellt; ebenfalls wird dort ein Grobüberblick über theoretische Ansätze und Modelle gegeben. Einer der Zielsetzungen des Buchs folgend, gibt der letzte Abschnitt von Kapitel 2 einen Überblick über verschiedene Bereiche, in denen die Theorien und empirischen Ergebnisse der Kommunikationspsychologie Anwendung finden bzw. finden können oder sollten.

Im weiteren Verlauf ist das Buch in drei größere Abschnitte gegliedert. Der erste Abschnitt umfasst die Kapitel 3 bis 8, die unter der Überschrift „Kognitive, emotionale und soziale Aspekte der Kommunikation" zusammengefasst werden können (vgl. Abb. 1.1). Unabhängig von der Frage, ob mit oder ohne Medien kommuniziert wird, werden hier zunächst zentrale psychologische Grundlagen von Kommunikation aufgearbeitet.

In Kapitel 3 erklären Stephan Schwan und Jürgen Buder, wie die menschliche Informationsverarbeitung funktioniert. Sie kann als komplexes Wechselspiel von sog. daten- und konzeptgesteuerten Prozessen beschrieben werden, aufgrund dessen wir uns ein „Bild von der Welt" machen können. Diese Prozesse der Informationsaufnahme und -verarbeitung sind zentrale Voraussetzungen für die Kommunikation mit anderen. Erst durch Kommunikation sind wir in der Lage, Informationen mit anderen auszutauschen, an ihren Erfahrungen teilzuhaben, gemeinsam zu handeln und uns zu vernetzen. Dabei wird vorausgesetzt, dass die Kommunikationspartner über einen gemeinsamen Wissenshintergrund (Prinzip des „Common ground") verfügen, um Äußerungen angemessen verstehen und interpretieren zu können. Durch Kommunikation verändert sich gleichzeitig die kognitive Organisation des mentalen Apparats. Sofern medial kommuniziert wird, spielen die jeweiligen medienspezifischen Gestaltungsmerkmale eine wichtige Rolle für die Informationsverarbeitung.

Im Anschluss daran beschäftigt sich das Kapitel 4 von Peter Freytag und Klaus Fiedler mit den Prinzipien der Informationsverarbeitung im sozialen Kontext. Im Mittelpunkt steht vor allem die Frage, wie *soziale* Informationen wahrgenommen, verarbeitet und in ein Urteil (z.B. über eine andere Person) integriert werden. Dass dabei eine Reihe von Fehlern, z.B. hinsichtlich der Angemessenheit des Urteils, passieren können, lässt sich durch verschiedene Prinzipien der Datengenerierung (z.B. mangelnde Repräsentativität der Datengrundlage) und Datenintegrierung (z.B. unangemessene Urteilsbildung) erklären, die u.a. von personalen und situationalen Bedingungen abhängig sind. So lässt sich beispielsweise nachvollziehen, wie Vorurteile gegenüber Ausländern zustande kommen oder Informationen über AIDS-Risiken (miss-)interpretiert werden. Auch in diesem Kapitel wird deutlich gemacht, dass soziale Kognitionen und Urteile einerseits durch Kommunikation beeinflusst werden und andererseits die Voraussetzung für Kommunikation darstellen.

Ulrike Six beleuchtet in Kapitel 5 die vielfältigen Funktionen von Einstellungen im Kontext der Kommunikation. Als summarische Bewertungen von Objekten (z.B. Personen, Gruppen, Institutionen, Themen) werden sie im Wesentlichen durch Kommunikationserfahrungen gebildet oder verändert. Welche psychologischen Mechanismen dabei wirksam sind, wird ausführlich beschrieben. Gleichzeitig sind Einstellungen wichtige Determinanten des Kommunikations- und Medienhandelns, das heißt, sie haben erheblichen Einfluss darauf, wie wir kommunizieren, welchen Informationen wir uns zuwenden (bzw. welche wir vermeiden) und wie Kommunikationsinhalte wahrgenommen, verarbeitet und interpretiert werden. Schließlich macht dieses Kapitel deutlich, wie und unter welchen Umständen Einstellungen durch (direkte oder mediale) Kommunikation beeinflusst werden.

Weitere Kapitel in diesem ersten Abschnitt beschäftigen sich mit zentralen psychologischen Einfluss- bzw. Steuerungsgrößen innerhalb von Kommunikationsprozessen.

Dass das Selbst die Art und Weise, wie wir mit anderen kommunizieren, entscheidend beeinflusst, zeigen Astrid Schütz und Katrin Rentzsch in Kapitel 6. Zugleich wird deutlich, dass Inhalt und Form von Kommunikation auf das Selbstbild zurückwirken. So belegt das Kapitel unter anderem, dass Menschen insbesondere selbstrelevanten Informationen gegenüber aufmerksam sind und dass sie Botschaften bevorzugen, die dem Selbstkonzept dienlich sind. Gleichzeitig beeinflusst aber auch umgekehrt das Selbstkonzept den Inhalt und den Stil der Kommunikation (z.B. im Sinne von symbolischer Selbstergänzung). Insbesondere mit den neuen Medien (z.B. Internet) ergeben sich neue Möglichkeiten des „Selbstmanagements".

Ines Vogel verdeutlicht in Kapitel 7 die Bedeutung von Emotionen, deren wichtigste Quelle die Interaktion bzw. Kommunikation mit anderen Menschen ist. Gleichzeitig haben Gefühle in interpersonalen Kommunikationssituationen eine Art „Steuerungsfunktion": Als sozial relevante Informationen koordinieren, organisieren und strukturieren sie Kommunikation und soziale Beziehungen. Aber auch bei medialer Kommunikation spielen sie eine wichtige Rolle: Gefühle bzw. Stimmungen können Medienzuwendung motivieren, sie moderieren die Verarbeitung medienvermittelter Informationen und sie sind Folgen eines medialen Kommunikationsprozesses. Besonders interessant ist dabei die Frage, ob und – wenn ja – wie sich Emotionen im Kontext der medialen Kommunikation von „echten" Gefühlen unterscheiden, die wir in der direkten Kommunikation erleben.

Kognitive und emotionale, insbesondere aber soziale Aspekte von Kommunikation werden von Uli Gleich in Kapitel 8 behandelt. Es beschäftigt sich mit der Frage, warum und unter welchen Bedingungen Menschen sich aggressiv oder hilfreich verhalten. Als spezielle Formen kommunikativen Handelns sind Aggression und prosoziales Verhalten zentrale Merkmale menschlichen Miteinanders und damit seit langem wichtige Themen psychologischer Forschung. Aus kommunikationspsychologischer Perspektive ist dabei einerseits interessant, dass Aggression und hilfreiches Verhalten in den meisten Fällen zwischenmenschliche Interaktion „voraussetzt". Dabei spielen die in den vorherigen Kapiteln erwähnten grundlegenden kognitiven, sozialen und emotionalen Prozesse eine wichtige Rolle. Andererseits sind Aggression und prosoziales Verhalten auch im Kontext medial vermittelter Kommunikation besonders relevant, vor allem seit die Frage diskutiert wird, ob und in welcher Weise Medieninhalte zu solchem Verhalten beitragen.

Kapitel 3 bis 8 behandeln somit zentrale psychologische Grundlagen, die für das Verstehen der Bedingungen, Prozesse und Wirkungen von Kommunikation relevant sind. Bis auf wenige Ausnahmen können mit ihrer Hilfe wichtige (Teil-)Prozesse sowohl der direkten als auch der medienvermittelten Kommunikation beschrieben und erklärt werden. Es ist kaum verwunderlich, dass viele dieser Grundlagen aus dem weiten Feld der Sozialpsychologie stammen (vgl. z.B. Kapitel 4, 5 und 6) – schließlich ist Kommunikation ein soziales Phänomen sui generis. Darüber hinaus trugen bzw. tragen kognitions- und emotionspsychologische Forschung grundlegend zum Verständnis der Kommunikation bei (vgl. Kapitel 3 und 7).

Auf weitere psychologische Disziplinen, die ebenfalls wertvolle Theorien, Ansätze und/oder Modelle zur Erklärung von Kommunikationsprozessen liefern, kann an dieser Stelle nur hingewiesen werden. Dazu gehören beispielsweise differentialpsychologische Ansätze zur Bedeutung von Persönlichkeitsmerkmalen für Kommunikationswirkungen, entwicklungspsychologische Erkenntnisse (z.B. im Zusammenhang mit der Frage nach unterschiedlichen Medienwirkungen auf Kinder, Jugendliche und Erwachsene) oder auch motivationspsychologische Grundlagen (z.B. zur Erklärung einer exzessiven Mediennutzung oder der Auswahl im Medienspektrum). Diesen Themen ist hier zwar kein eigenes Kapitel gewidmet, die häufigen Bezugnahmen in den unterschiedlichsten Kapiteln auf entsprechende Theorien, Ansätze und Modelle verdeutlichen jedoch ihre Relevanz.

Auch wenn Kommunikationsprozesse in den Kapiteln 3 bis 8 aus jeweils unterschiedlichen Blickwinkeln betrachtet werden, eine wichtige Gemeinsamkeit lässt sich erkennen: Die Autoren gehen von komplexen Wechselwirkungsprozessen aus, bei denen Kommunikation von spezifischen Voraussetzungen aufseiten der Kommunikationsteilnehmer beeinflusst wird und gleichzeitig die Kommunikation wiederum Einfluss auf diese Voraussetzungen hat. Die kognitiven, emotionalen und sozialen Prozesse, die dabei wirksam sind, können bewusst initiiert und gesteuert sein. Häufig laufen sie jedoch auch unbewusst ab. Kommunikation im Alltag, sei es direkt oder medial, findet also möglicherweise häufig statt, ohne dass sie von den Beteiligten hinreichend reflektiert wird. Dies führt dazu, dass Folgen ignoriert oder in Kauf genommen werden, die dysfunktional oder gar sozial schädlich sein können. Ein Anliegen des vorliegenden Bandes ist es, solche Prozesse und potenziellen Probleme transparenter zu machen und gleichzeitig Anregungen zur Optimierung von Kommunikation zu geben. Insbesondere für die „Nichtpsychologen" unter den Lesern, die von diesem Buch als Zielgruppe angesprochen werden sollen, erschien es uns daher sinnvoll, wichtige Grundlagenbereiche der Psychologie zu umreißen und ihre Bedeutung für die Beschreibung und Erklärung von Kommunikationsprozessen zu verdeutlichen.

Die in den Kapiteln 3 bis 8 beschriebenen Grundlagen, Prinzipien, Prozesse und zentralen Einflussvariablen „funktionieren" weitgehend unabhängig vom jeweiligen Kontext, in dem eine Kommunikation stattfindet. Insofern kann man sie als gültig für Kommunikationssituationen in den unterschiedlichsten Zusammenhängen betrachten. Beispielsweise sind die Einstellungen oder das Selbstkonzept der Kommunikationsteilnehmer sowohl im Rahmen einer interpersonalen Kommunikation in Partnerbeziehungen als auch im Rahmen einer Videokonferenz mit den Mitarbeitern eines Unternehmens relevant. Die spezifischen Kontexte, in denen Kommunikation stattfindet, können als weitere Rahmenbedingungen und Einflussfaktoren, die das kommunikative Geschehen bestimmen, aufgefasst werden. Deren wissenschaftliche Betrachtung kristallisiert sich in Bereichen der Kommunikationspsychologie, in denen die für bestimmte Kommunikationsfelder und -kontexte jeweils spezifischen Prozesse und Einflussfaktoren, Probleme und Optimierungsstrategien ausdifferenziert werden. So beschäftigen sich spezielle Forschungsbereiche etwa mit der Kommunikation in Zweierbeziehungen oder Arbeitsgruppen, in Unternehmen oder in Familien, mit Eigenheiten der Kommunikation zwischen Lehrer und Schüler oder Arzt und Patient oder zwischen Angehörigen verschiedener Kulturen. Einige wichtige Kommunikationskontexte werden in den Kapiteln 9 bis 12 unter der Überschrift „Kommunikation in unterschiedlichen Kontexten" (vgl. Abb. 1.1) thematisiert.

Erich Witte beschäftigt sich in Kapitel 9 zunächst mit den Kernelementen der interpersonalen Kommunikation:i und macht deutlich, welche Bedeutung sie für das Gelingen oder Scheitern von Kommunikation haben können. Für zentrale Formen der Alltagskommunikation, nämlich dyadische Kommunikation (z.B. in Freundschaften oder Paarbeziehungen) sowie Kommunikation in kleinen Gruppen (z.B. Arbeitseinheiten), legt er – jeweils auf der Grundlage der dafür spezifischen Theorien und Modelle – eine Reihe von Forschungsbefunden vor, die Bedingungen für erfolgreiche (oder eben nicht erfolgreiche) Kommunikation spezifizieren. Dabei werden auch Besonderheiten der medienvermittelten interpersonalen Kommunikation berücksichtigt. Insbesondere im Hinblick auf die Kommunikation in Gruppen werden verschiedene (Moderations-) Techniken vorgestellt, die der Leistung von Gruppen förderlich sein können.

Als weiterer Kontext von Kommunikation spielt die Kultur der Kommunikationsteilnehmer eine wichtige Rolle – sie beeinflusst das Wahrnehmen, Denken, Urteilen, Empfinden und Handeln von Menschen. Angesichts zunehmender Globalisierung und damit verbundener (Kommunikations-)Aufgaben ist daher die interkulturelle Kommunikation ein wichtiges Forschungsfeld der Kommunikationspsychologie.

In Kapitel 10 geben Alexander Thomas und Celine Chang einen Überblick über die aktuelle Theoriebildung und den Stand der empirischen Forschung zu diesem Thema. Dabei geht es nicht nur um die direkte Kommunikation (z.B. um die Kommunikation zweier Mitarbeiter unterschiedlicher Nationalität in einem Unternehmen), sondern auch um den Zusammenhang zwischen Kulturstandards und dem Umgang mit bzw. der Wirkung von Medien.

Kapitel 11 von Michaela Maier thematisiert das weite Feld der Kommunikation in Organisationen, das sich grob in die interne und die externe Organisationskommunikation unterteilen lässt. Der Schwerpunkt liegt hier auf der zielgerichteten Kommunikation; es werden die theoretischen Grundlagen der internen und externen Organisationskommunikation vorgestellt und wichtige Bedingungen ihrer Wirkung am Beispiel von Public Relations und „Change Communication" dargestellt.

Um intendierte Kommunikationswirkungen geht es auch in Kapitel 12 von Britta Renner, Martina Panzer und Andries Oeberst zum Thema „Gesundheitsbezogene Risikokommunikation". Hier werden – vor dem Hintergrund der Anforderungen an Gesundheitsförderung bzw. Krankheitsprävention – insbesondere die Wirkungsmechanismen gesundheitsbezogener Kommunikationsinhalte erörtert. Zahlreiche Forschungsbefunde belegen die unterschiedlichen Wechselwirkungen zwischen den Inhalten einer Botschaft und den Merkmalen der Kommunikationsempfänger (z.B. selbstbezogene Risikowahrnehmung, Informationsverarbeitungskompetenzen), deren Kenntnis zur Optimierung gesundheitsbezogener Risikokommunikation beitragen kann.

Die Themen und Inhalte, die in den Kapiteln 3 bis 8 einerseits und 9 bis 12 andererseits behandelt werden, haben mindestens dreierlei gemeinsam:

Zum einen sind die in Kapiteln 3 bis 8 beschriebenen kognitiven, emotionalen und sozialen Grundlagen auch für jeweils kontextspezifische Kommunikationsprozesse, wie sie in den Kapiteln 9 bis 12 thematisiert werden, von zentraler Bedeutung.

Zum anderen ist eine trennscharfe Abgrenzung der behandelten Themen und Forschungsfelder schwierig, wenn nicht angesichts ihrer vielseitigen Verknüpfungen gar unmöglich: So haben etwa die Forschungsbereiche „Informationsaufnahme und -verarbeitung", „soziale Kognition und Urteilsbildung" und „Einstellungen im Kontext des Kommunikations- und Medienhandelns" (vgl. Kap. 3, 4 und 5) erhebliche wechselseitige Relevanz. In ähnlicher Weise wäre angesichts vieler Überschneidungen auch eine scharfe Trennung der in Kapitel 9 bis 12 behandelten Themen eher willkürlich: Betrachtet man beispielsweise Kommunikation unter dem Aspekt des Merkmals „interpersonal", so gehören auch Mitarbeitergespräche in einem Unternehmen, Unterhaltungen zwischen zwei Personen unterschiedlicher Nationalität oder Arzt-Patient-Gespräche – gewissermaßen als Unterkategorien – zum Forschungsfeld „Interpersonale Kommunikation". Betrachtet man dagegen Kommunikation unter dem Gesichtspunkt „Organisation", stellt die interpersonale Variante in Form eines Mitarbeitergesprächs *eine* neben vielfältigen anderen Möglichkeiten der direkten und medienvermittelten Kommunikation in Unternehmen dar. Ebenso lassen sich starke Bezüge und Überschneidungen zwischen den Forschungsfeldern erkennen, die sich mit Organisations- und mit interkultureller Kommunikation beschäftigen.

Und schließlich ist den Kapiteln 3 bis 8 ebenso wie den Kapiteln 9 bis 12 gemeinsam, dass sie alle – mit unterschiedlichen Schwerpunktsetzungen – *sowohl* auf die unmittelbare zwischenmenschliche Kommunikation *als auch* auf die medienvermittelte Kommunikation gerichtet sind (vgl. auch Abb. 1.1).

Im Gegensatz dazu beschäftigen sich die Kapitel 15 bis 23 ausschließlich mit medialer Kommunikation (vgl. Abb. 1.1). Auch hier sind allerdings Informationsverarbeitung, soziale Kognition und Urteilsbildung, Einstellungen, Emotionen und auf das Selbst bezogene Faktoren für die Kommunikation grundlegend. Auf sie wird deshalb auch in den Kapiteln, die unter der Überschrift „Medienangebote, -nutzung, -verarbeitung und -wirkungen" zusammengefasst sind, immer wieder Bezug genommen.

Die Kapitel 15 bis 23 setzen bei der Behandlung medialer Kommunikation unterschiedliche Schwerpunkte.

In Kapitel 15 von Roland Gimmler geht es primär um das Medienangebot, speziell um die Frage der Qualität. Es wird deutlich, dass je nach Perspektive (z.B. Medienanbieter oder Mediennutzer) unterschiedliche Kriterien zur Beurteilung von Medienqualität infrage kommen. Ebenso wird deutlich, dass zwischen „objektiver" und „wahrgenommener" Qualität unterschieden werden muss und dass Aussagen über die Qualität von Medienangeboten immer eng an den Zweck einer solchen Beurteilung gekoppelt sind.

Kapitel 16 und Kapitel 17 setzen den Schwerpunkt auf die Nutzung und Verarbeitung von Medienangeboten. In Kapitel 16 von Ines Vogel, Monika Suckfüll und Uli Gleich wird aus medienpsychologischer Perspektive dargelegt, was die „Menschen mit den Medien machen", indem zunächst die unterschiedlichen Aspekte des Medienhandelns systematisiert werden. Diese können auf der Grundlage einer Reihe von theoretischen Ansätzen modelliert werden; es fängt mit Entscheidungen zur Medienwahl an und geht bis hin zu komplexen Rezeptionsmodalitäten, die kognitive und sozioemotionale Prozesse während der Mediennutzung integrierend beschreiben.

Kapitel 17 von Ulrike Six setzt sich mit der inzwischen immer häufiger diskutierten Frage der Abhängigkeit von Medien auseinander. In dem Beitrag wird – unter Berücksichtigung klinisch relevanter (Sucht-) Kriterien – zwischen exzessiv-funktionalen, -dysfunktionalen und schließlich pathologischen Mustern der Mediennutzung unterschieden. Zur Erklärung solcher Phänomene wird auf ein Kreisprozessmodell (ressourcenorientiertes Modell von Six, Gimmler & Schröder) zurückgegriffen, das einerseits Dispositionen zur Medienaffinität als Voraussetzung für eine abnorme Mediennutzung und andererseits eine Verstärkung dieser Dispositionen durch Ausmaß und Qualität der Mediennutzung im Sinne einer dynamischen Wechselwirkung miteinander verbindet.

Die weiteren Kapitel in diesem Abschnitt konzentrieren sich vor allem auf die Wirkung von Medienangeboten. Sie beziehen sich einerseits auf eher „traditionelle" Felder der Medienforschung (Kapitel 18, 19 und 21), andererseits geben sie einen Einblick in neuere bzw. bislang eher „stiefmütterlich" behandelte Themen (Kapitel 20, 22 und 23).

Manuela Paechter beschäftigt sich in Kapitel 18 mit dem „klassischen" Thema der Wissensvermittlung, des Lernens und der Bildung durch Medien. Insbesondere durch die neuen Medien haben sich hier neue Formen der Informationspräsentation und Wissensvermittlung und somit auch neue Anforderungen an die Lernenden entwickelt. Im Beitrag werden die Chancen und Risiken dieser neuen Formen der Wissensvermittlung behandelt.

In Kapitel 19 beschreibt Jürgen Maier die komplexen Wechselwirkungen zwischen Politik, Medien und Bevölkerung. Da Politik heute fast ausschließlich über die Massenmedien vermittelt wird, kommt den Medien eine bedeutende Rolle für die Darstellung von Politik zu (insbesondere bei Wahlkämpfen oder in politischen Krisen). Aber auch für die Meinungsbildung in der Bevölkerung haben die Medien Bedeutung. Zahlreiche Theorien und empirische Befunde machen allerdings deutlich, dass die Wirkung medienvermittelter politischer Informationen durch Selektions- und Verarbeitungsprozesse aufseiten der Mediennutzer moderiert wird.

Ein für die Medienforschung relativ neues Thema ist „Unterhaltung". Uli Gleich und Ines Vogel betrachten es in Kapitel 20 unter einer primär (medien-)psychologischen Perspektive. Es geht einerseits um die Frage der Definition von Unterhaltung und Unterhaltungserleben aus der Sicht der Mediennutzer – dazu vorhandene Theorien und Modelle nehmen dabei starken Bezug auf das Konzept des aktiven Rezipienten. Andererseits werden die „Wirkungspotenziale" unterschiedlicher Medienangebote (z.B. Humor, Sport, Musik) im Hinblick auf Unterhaltungserleben thematisiert.

Eine lange Tradition hat hingegen das Thema Werbung, das Uli Gleich in Kapitel 21 behandelt. Neben den Rahmenbedingungen werblicher Kommunikation und Aspekten der Mediaplanung verdeutlicht dieser Beitrag u.a. das Spannungsverhältnis zwischen einer stark anwendungsorientierten ökonomischen (d.h. kommerziellen) Werbeeffizienzforschung und einer Werbewirkungsforschung, die in psychologischen Theorien verankert ist. Während Erstere primär daran interessiert ist, ob sich Werbung „lohnt", liegt der Schwerpunkt der psychologischen Werbewirkungsforschung eher darauf, die Wirkungsprinzipien werblicher Kommunikation zu entschlüsseln.

Zentraler Inhalt des Kapitels 22 von Ines Vogel sind die Wirkungen von sexuellen und pornographischen Mediendarstellungen. Aus verschiedenen Gründen wird dieser Forschungsbereich – etwa im Vergleich zur Mediengewaltforschung – eher vernachlässigt, was angesichts des Angebots an entsprechenden Inhalten und deren Nutzung kaum gerechtfertigt ist. Es verwundert daher nicht, dass gerade in diesem Bereich häufig Theorien und Modelle aus anderen Forschungsbereichen adaptiert werden, um die Wirkung sexueller und pornographischer Medieninhalte zu modellieren. Die bisherigen Befunde dokumentieren eher negative Wirkungen, wohl auch, weil die Fragestellungen entsprechend formuliert wurden.

In Kapitel 23 gibt Roland Gimmler schließlich einen Überblick über den Stand der Forschung zum Thema Computer- und Videospiele. Deren Faszinationskraft lässt sich aus phänomenologischer Sicht (d.h., Motive lassen sich aus Merkmalen der Spiele ableiten) wie aus bedürfnisorientierter Perspektive betrachten (d.h., Nutzerbedürfnisse und erhaltene Gratifikationen bestimmen mit, ob und – wenn ja – welche Spiele wie genutzt werden). Hinsichtlich der Wirkung von Video- und Computerspielen wird weiterer Forschungsbedarf diagnostiziert, da bislang hauptsächlich der Gewaltaspekt untersucht wurde.

Durch die Themen, die in den Kapiteln 15 bis 23 behandelt werden, sollte die Vielfalt der Themen und Aufgabenstellungen innerhalb der Psychologie der medialen Kommunikation deutlich geworden sein. Der Leser sollte sich jedoch im Klaren darüber sein, dass es sich dabei um eine *Auswahl* handelt, die angesichts der Heterogenität des Gegenstandsbereichs und des entsprechend breiten Themenspektrums der Medienforschung bzw. Medienpsychologie notwendig erscheint (aus Platzgründen nicht einbezogen wurden beispielsweise die Themen „Nachrichten" und „Mensch-Computer-Interaktion").

Eine Sonderstellung in der hier vorgestellten Systematik des Buchs nehmen die Kapitel 13 und 14 ein (vgl. Abb. 1.1). Sie beschäftigen sich mit Fragestellungen, die auf unterschiedlichste Kommunikationskontexte und anwendungsorientierte Themenschwerpunkte bezogen werden können.

So wird in Kapitel 13 von Ulrike Six und Roland Gimmler veranschaulicht, inwiefern Kommunikations- bzw. Medienkompetenz als zentrale Konzepte für sämtliche Kommunikationsarten und -kontexte von Bedeutung sind. Darüber hinaus wird in diesem Kapitel die Medienpädagogik als ein wesentlicher Anwendungsbereich der Medienpsychologie vorgestellt. Schließlich zeigt Nicola Döring in Kapitel 14 auf der Basis von Medien-, Nutzer- und Situationsmerkmalen, wie sich direkte und mediale Kommunikation voneinander unterscheiden und welche Gemeinsamkeiten sie haben. Angesichts der raschen Entwicklung neuer digitaler Formen der (medial vermittelten) Kommunikation sind solche Vergleiche sowohl für die Theoriebildung als auch für die Anwendung wichtig.

Die beiden Kapitel stellen somit Verbindungsglieder zwischen den beiden Teilgebieten der Kommunikationspsychologie dar: der Psychologie der direkten Kommunikation und der Medienpsychologie.

Jedes Kapitel im vorliegenden Band ist ein unabhängiger und eigenständiger Beitrag, in dem wichtige Fragestellungen, Theorien und Forschungsergebnisse zum jeweiligen Themengebiet dargestellt und Hinweise auf deren Praxisrelevanz gegeben werden. Die Beiträge repräsentieren wichtige thematische Schwerpunkte innerhalb der Kommunikationspsychologie und können als solche natürlich einzeln gelesen werden. Um es dem Leser leichter zu machen, die Einzelbeiträge unter dem großen „Dach" der Kommunikationspsychologie einzuordnen, sei jedoch zu Beginn die Lektüre von Kapitel 2 empfohlen. Des Weiteren soll darauf hingewiesen werden, dass die einzelnen Beiträge – wie oben erwähnt – einer gewissen Systematik folgen, die sich durch eine Reihe von Bezügen zwischen den Kapiteln bzw. den Abschnitten des Buchs offenbart. Auf diese Bezüge wird in den jeweiligen Beiträgen durch zahlreiche Verweise auf andere Kapitel hingewiesen. Wir laden die Leser herzlich ein, diesen Hinweisen zu folgen und sich so ein differenziertes Bild der Kommunikationspsychologie, ihrer theoretischen Grundlagen, ihrer Forschungsfelder und ihrer Anwendungsbereiche zu machen. Wir sind uns darüber im Klaren, dass dieses Bild viele weiße Stellen enthält. Sie „auszumalen" hätte den Umfang dieses Buchs sicherlich vervielfacht.

Teil I
Direkte Kommunikation
Mediale Individualkommunikation
Massenkommunikation

Kapitel 2 Kommunikationspsychologie

Direkte Kommunikation
Mediale Individualkommunikation
Massenkommunikation

Kognitive, emotionale und soziale Aspekte von Kommunikation

- **Kapitel 3** Informationsaufnahme und -verarbeitung
- **Kapitel 4** Soziale Kognition und Urteilsbildung
- **Kapitel 5** Einstellungen im Kommunikationskontext
- **Kapitel 6** Selbst und Kommunikation
- **Kapitel 7** Emotionen im Kommunikationskontext
- **Kapitel 8** Aggression, Gewalt und prosoziales Verhalten

Kommunikation in unterschiedlichen Kontexten

- **Kapitel 9** Interpersonale Kommunikation, Beziehungen und Zusammenarbeit in Gruppen
- **Kapitel 10** Interkulturelle Kommunikation
- **Kapitel 11** Organisationskommunikation
- **Kapitel 12** Gesundheitsbezogene Risikokommunikation

Kapitel 13 Kommunikationskompetenz, Medienkompetenz, Medienpädagogik

Kapitel 14 Vergleich zwischen direkter und medialer Kommunikation

Mediale Individualkommunikation
Massenkommunikation

Medienangebote, -nutzung, -verarbeitung und -wirkungen

- **Kapitel 15** Qualität von Medienangeboten: Analyse und Bewertung
- **Kapitel 16** Medienhandeln
- **Kapitel 17** Exzessive und pathologische Mediennutzung
- **Kapitel 18** Wissensvermittlung, Lernen und Bildung mit Medien
- **Kapitel 19** Politische Kommunikation
- **Kapitel 20** Unterhaltung durch Medien
- **Kapitel 21** Werbung
- **Kapitel 22** Erotik und Pornographie in den Medien
- **Kapitel 23** Computer- und Videospiele

2 Kommunikationspsychologie

Ulrike Six · Uli Gleich · Roland Gimmler

2.1 Kommunikation und Medien – Grundbegriffe der Kommunikationspsychologie

2.1.1 Kommunikation

Es dürfte kaum einen Alltags- und Fachbegriff geben, der so inflationär gebraucht und gleichzeitig derart unterschiedlich definiert wird wie „Kommunikation". Die große Bandbreite der Begriffsbestimmungen hat seit Jahrzehnten Human- und Sozialwissenschaftler dazu veranlasst, entsprechende Synopsen und Taxonomien zu erstellen (z.B. Merten, 1977; Bergler & Six, 1979; Burgoon, Hunsaker & Dawson, 1994; Krauss & Fussell, 1996; Knapp, Daly, Fudge Albada & Miller, 2002). Trotz aller schwerwiegenden Unterschiede stimmen die meisten in solchen Übersichten einbezogenen Konzeptionen zumindest im Hinblick auf folgende Elemente überein (vgl. auch Abb. 2.1):

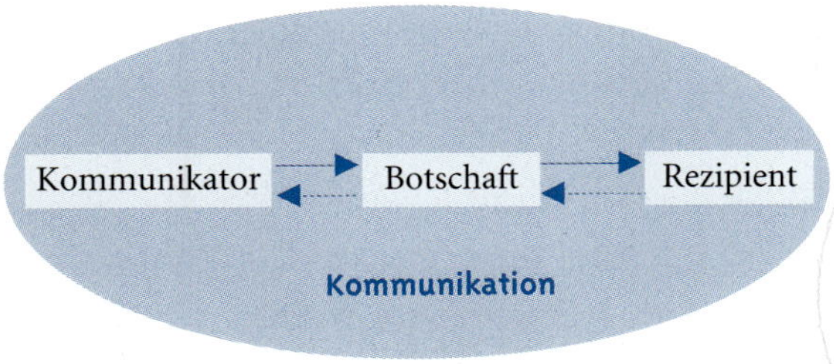

Abbildung 2.1. Komponenten der Kommunikation – vereinfachtes Schema (gestrichelte Linien weisen auf den nur potenziell stattfindenden Rollenwechsel zwischen Kommunikator und Rezipient hin)

Beteiligte. Menschliche Kommunikation ist ein Prozess zwischen zwei oder mehr Beteiligten (Einzelpersonen, Mitglieder sozialer Gemeinschaften oder Institutionen, jeweils als Sender bzw. *Kommunikator* und/oder als Empfänger bzw. *Rezipient*), in dem die Akteure durch Zeichen und Symbole verschiedener Modalitäten direkt (von Angesicht zu Angesicht, „face-to-face") oder indirekt über Medien miteinander in Beziehung treten. Dabei ist ein Mindestmaß an Gemeinsamkeit des Zeichen- und Symbolvorrats und -verständnisses sowie des Wissens- und Erfahrungshintergrunds erforderlich, um eine Verständigung zu ermöglichen.

„Botschaft". Die von der einen Seite kodierten und übermittelten und von der anderen Seite empfangenen und dekodierten Zeichen und Symbole machen die *„Botschaft"* bzw. den Kommunikationsinhalt aus. Die gesendete und die rezipierte Botschaft können durchaus graduell oder gar erheblich differieren.

Kommunikationsmittel und Modalitäten. Zum Senden und Empfangen einer Botschaft bedarf es entsprechender Mittel („Medien" im weiteren und engeren Sinne):

- Bei direkter Kommunikation sind dies die beteiligten Personen (zuweilen als „personale Medien" bezeichnet) mit ihren Ausdrucksmöglichkeiten verbaler (Sprache), paraverbaler (z.B. Tonfall, Sprechpause, Räuspern) und nonverbaler Modalitäten (z.B. Gestik, Mimik, Körperhaltung und -kontakt) und ihren Rezeptionsmodalitäten verschiedener Sinneskanäle.

- Auf der Ebene interpersonaler Kommunikation kommen materielle Kommunikationsmittel („Symbolträger") hinzu wie Briefe, Tafel, Accessoires (z.B. Anstecker, Aufkleber) oder private Fotos. Bei der öffentlichen Kommunikation gehören zu Symbolträgern etwa Flaggen oder Museumsbilder; insbesondere sind hierunter aber die verschiedenen Printmedien (Buch, Zeitung, Zeitschrift etc.) als Medien im engeren Sinne einzuordnen.
- Eine dritte Kategorie von Kommunikationsmitteln setzt im Gegensatz zu den bislang genannten für das Senden und Empfangen Technik bzw. Elektronik voraus: Neben Hilfsmitteln wie Mikrophon-Lautsprecher-Anlage und Telefon sind hier vor allem die klassischen elektronischen Massenmedien (z.B. Fernsehen) sowie die auf Computertechnologie beruhenden Medien der Massen- und Individualkommunikation einzuordnen (zu Medienarten s. unten Abschnitt 2.1.2; als Überblick über verschiedene Kommunikationsformen s. unten Abschnitt 2.1.3).

Kontexte. Kommunikation findet in einem jeweiligen Kontext statt (z.B. einer Organisation). Insofern sind für Kommunikationsprozesse und deren Ergebnisse Rahmenbedingungen aufseiten des Kontexts (z.B. Kommunikationsstrukturen, -regeln und -klima) ebenso von Bedeutung wie personale Bedingungen aufseiten der daran Beteiligten selbst (zu solchen Bedingungen ausführlicher Abschnitt 2.2.2).

Aktivitäten. Kommunikation ist bei allen Beteiligten mit einer Vielfalt an Aktivitäten verbunden, die nur zu einem Teil der direkten Beobachtung zugänglich sind. Nicht beobachtbar sind etwa die der Kommunikation zugrunde liegenden Motivationen oder die Interpretation der Botschaft (ausführlicher hierzu Abschnitt 2.2.2).

Interaktivität. Kommunikation ist ein mehr oder weniger „transaktionaler" und interaktiver Prozess: Beide Seiten beeinflussen sich durch die Kommunikation und deren Ergebnisse wechselseitig. Eine interaktive Verständigung, ein Austausch im engeren Sinne und ein Rollenwechsel zwischen Kommunikator und Rezipient sind im Rahmen der Massenkommunikation, anders als bei der interpersonalen Kommunikation, allerdings nur sehr begrenzt möglich. Ebenso wenig kann bei den meisten Formen medialer interpersonaler Kommunikation (z.B. E-Mail) ein Beteiligter gleichzeitig senden und empfangen.

Intentionalität. Auch im Hinblick auf den Grad der Bewusstheit und der Intentionalität der Kommunikation und der mit ihr verbundenen Aktivitäten ist ein Kontinuum anzunehmen: Einzelne kommunikative Akte und Prozesse können mehr oder weniger strategisch geplant und bewusst ebenso wie ritualisiert oder automatisiert ablaufen. Doch auch wenn keineswegs alles Verhalten in einer Kommunikationssituation (z.B. Gähnen, unwillkürliche Mimik) bewusst oder gar geplant ist, so liegt der Kommunikation dennoch stets ein Ziel (bzw. Zweck) zugrunde: Hier kann es sich um das bloße Mitteilen, Verständigen und gegenseitige Austauschen ebenso handeln wie um die Umsetzung von Interessen (z.B. Unterhaltung, Anregung) oder speziellen Anliegen (z.B. Informationssuche, Reduzierung von Unsicherheit, Identitäts- und Beziehungsbildung, Konflikt-/Problemlösung, Selbstdarstellung, Verhaltenssteuerung anderer) oder auch von professionellen Zielen (z.B. Informationsmanagement, Beraten, Überzeugen oder Therapieren anderer). Dabei muss das Ziel weder vollständig bewusst noch bei den Beteiligten das gleiche sein; zudem kann es sich während des Kommunikationsprozesses durchaus ändern und mit einer Veränderung der Kommunikationshaltung und Interpretation der Situation einhergehen (zu Intentionalität und Kommunikationszielen ausführlicher z.B. Burgoon et al., 1994; Heath & Bryant, 2000).

2.1.2 Medien und Medienkommunikation

In Abschnitt 2.1.1 wurde bereits zwischen direkter und medialer Kommunikation sowie zwischen verschiedenen Kategorien von Medien unterschieden. Was aber versteht man unter Medienkommunikation und Medien in der Kommunikationspsychologie genauer?

Definition

Medienkommunikation lässt sich als eine Kommunikation umschreiben, bei der Inhalte indirekt, bei räumlicher und/oder zeitlicher Unabhängigkeit zwischen den Beteiligten per Medien vermittelt bzw. abgerufen werden.
Als **Medien** gelten dabei alle für die Beteiligung an Massenkommunikation und Medien-Individualkommunikation relevanten, auf Technologie beruhenden Mittel zur Kodierung und Übermittlung, zur Speicherung sowie zur Abrufung und Dekodierung von Information.

Massenkommunikation. Die im deutschsprachigen Raum noch immer meist zitierte Definition von Massenkommunikation stammt von Maletzke (1972, S. 1514): „Unter Massenkommunikation verstehen wir jene Form der Kommunikation, bei der Aussagen öffentlich (also ohne begrenzte ... Empfängerschaft) durch ... Verbreitungsmittel (Medien) indirekt (also bei räumlicher oder zeitlicher oder raumzeitlicher Distanz zwischen den Kommunikationspartnern) und einseitig (also ohne Rollenwechsel zwischen Aussagendem und Aufnehmendem) an ein disperses Publikum ... vermittelt werden." „Disperses Publikum" bedeutet dabei, dass es sich hier um eine inhomogene, nicht genauer definierte Vielzahl von Menschen handelt, die sich in der Regel wechselseitig nicht kennen, keine Beziehungen zueinander haben und untereinander nicht organisiert sind. Diese Definition erscheint auch unter den Bedingungen neuer Massenmedien (z.B. Websites, Internetdatenbanken, Handy-Informationsdienste) noch immer brauchbar, während eine Reihe von Bestimmungsmerkmalen für Medien-Individualkommunikation nicht gelten können.

Medien-Individualkommunikation. Zu dieser Kommunikationsform zählt zum einen die computervermittelte interpersonale Kommunikation (auch im deutschsprachigen Raum inzwischen meist als CmC – für Computer mediated Communication – abgekürzt). Entsprechende Medien beruhen auf Computertechnologie bzw. Mikroprozessoren und umfassen z.B. E-Mail, Chatrooms oder Videokonferenzen. Zum anderen wird unter Individualkommunikation auch die Mensch-Computer-Kommunikation eingeordnet, d.h. Anwendungen, bei denen die wechselseitige Kommunikation mit dem Computer überwiegt, wie es etwa bei Bildschirmspielen ohne interpersonale Interaktion oder bei manchen Lernprogrammen der Fall ist.

Medienarten. Ähnlich wie für den Kommunikationsbegriff gilt auch für Medien, dass inzwischen zahlreiche Systematisierungen bzw. Taxonomien erstellt wurden (als Überblick z.B. Pürer, 2003). Am bekanntesten ist die Unterscheidung zwischen Medien zur Massenkommunikation (Massenmedien) einerseits und zur Individualkommunikation andererseits und innerhalb der Massenmedien die Einteilung nach den genutzten Kommunikationskanälen (auditiv, visuell, audiovisuell). Daneben betonen manche Taxonomien den Unterschied zwischen Übertragungs- bzw. Rezeptionsmedien (z.B. Zeitung, Fernsehen) und Speichermedien (z.B. Daten-CD). Ebenfalls werden Medien nach ihren dominanten Zeichensystemen unterschieden (vgl. z.B. Ohler & Nieding, 2005): angefangen von Schrift und Bild, Fotos, bewegten Bildern und Fernsehen bis hin zu Anwendungen, die unter dem Begriff „virtuelle Realität" zusammengefasst werden und ein extremes Ausmaß an „Präsenzerleben" implizieren (d.h. das Gefühl von realer Präsenz und Erfahrung im Kommunikationsraum, wie es z.B. bei einem virtuellen Zoobesuch oder bei bestimmten Computerspielen ausgelöst wird). Und schließlich wird noch immer zwischen „klassischen" und „neuen" Medien unterschieden: Dabei bezeichnet man als neue Medien heute die mit Computertechnologie bzw. Mikroprozessoren verbundenen und mit Schlagworten wie Digitalisierung, Interaktivität und Vernetzung assoziierten Medien. Sie ermöglichen neuartige Formen der Informationsspeicherung, -nutzung, -verarbei-

Kriterien zur Kategorisierung (neuer) Medien

- Ausmaß der Interaktivität
  - Möglichkeit von Rollenwechsel und Reziprozität;
  - Aktivitätsmöglichkeiten der Nutzer (neben Navigation, Selektion und Rezeption Interaktion mit dem Computer bis hin zur asynchronen oder synchronen Interaktion mit anderen; z.B. Newsgroups, Chat);
  - Eingriffs- bzw. Steuerungsmöglichkeiten (direkte Steuerung formaler und/oder inhaltlicher Merkmale vorhandener Medienangebote, z.B. beim interaktiven Fernsehen oder bei Computerspielen – wenn durch Eingriffsmöglichkeiten vonseiten der Nutzer die Benutzeroberfläche dynamisch verändert wird oder Handlungsabläufe mitbestimmt werden – bis hin zur eigenen Mediengestaltung, z.B. der Gestaltung einer persönlichen Homepage).
- Art und Spektrum angesprochener Sinneskanäle und Ausmaß der Multimedialität
  (Anzahl der miteinander kombinierten Medienelemente – wie z.B. Text mit animierter Grafik und illustrierendem Video – sowie Komplexität ihrer gemeinsamen Struktur)
- Anzahl der Beteiligten und Ausmaß an Öffentlichkeit
  Verbreitete, wenn auch nicht trennscharfe Einteilung:
  - Kommunikation zwischen je zwei Beteiligten („one-to-one“; z.B. Telefon, Internettelefonie, E-Mail);
  - Gruppenkommunikation („many-to-many“; z.B. Videokonferenzen, Newsgroups);
  - Massenkommunikation („one-to-many“; z.B. Fernsehen, Online-Zeitungen, Websites).
- Ausmaß an Synchronizität
  (z.B. gleichzeitiges Kommunizieren im Chat im Unterschied zu zeitversetztem Kommunizieren über E-Mail)
- Ausmaß, in dem Realitätsnähe und „Präsenzerleben“ oder aber „Medialitätsbewusstsein“ induziert werden
- Anforderungen an kognitive Aktivitäten und Medienkompetenz in Abhängigkeit u.a. von folgenden Merkmalen:
  - genutztes Angebot (höhere Anforderungen z.B. bei Informationen, die viele Sinneskanäle parallel ansprechen, oder bei geringer „Linearität“ wie z.B. bei Hypertext oder Zeitsprüngen);
  - Zielkomplexität und genutzte Anwendungsart (höhere Anforderungen z.B. bei Navigationen zur Umsetzung komplexer Vorhaben);
  - Spektrum der Kommunikationsteilnehmer und -inhalte (höhere Anforderungen z.B. bei breiterem Spektrum und höherer Individualität der Beteiligten).

tung und -übertragung, aber auch neuartige Kommunikationsformen. Der obige Kasten enthält eine Auflistung von Kriterien zur Kategorisierung (neuer) Medien, die großenteils auch auf klassische Medien und insofern auf das gesamte Medienspektrum anwendbar sind (ähnlich Six & Gimmler, 2005).

2.1.3 Formen der Kommunikation im Überblick

Über die bereits genannten Unterscheidungen hinaus ist eine Vielzahl von Möglichkeiten zur Differenzierung von Arten medialer wie auch direkter Kommunikation denkbar. Als weitere Differenzierungskriterien seien hier lediglich die Organisationsform und die Institutionalisiertheit der Beteiligten in Verbindung mit deren Anzahl erwähnt, wonach sich mindestens folgende Kommunikationsarten unterscheiden lassen:

- Kommunikation zwischen zwei Individuen als Einzelpersonen (z.B. Nachbarn) oder als Vertreter zweier Institutionen;
- Kommunikation innerhalb einer informellen Gruppe (z.B. Freunde) oder einer Organisation (z.B. Universität);
- Kommunikation zwischen Gruppen (z.B. Auseinandersetzung zwischen Cliquen) oder Organisationen (z.B. Verhandlung zwischen Konzernen);
- die an einen großen Adressatenkreis gerichtete Kommunikation vonseiten einer einzelnen Privatperson (z.B. mit persönlicher Homepage), eines Kommunikators als Vertreter einer Organisation (z.B. Rede eines Universitätspräsidenten oder Gewerkschaftsvorsitzenden) oder einer Medienorganisation im Rahmen der Massenkommunikation (z.B. Angebot eines Fernsehsenders); umgekehrt die an eine Einzelperson gerichtete Kommunikation vonseiten mehrerer Kommunikatoren auf formeller oder informeller Ebene (z.B. Unterschriftensammlung).

Abbildung 2.2 gibt abschließend einen groben Überblick über verschiedene Formen der Individual- und Massenkommunikation (vgl. auch Six, 2005; Six & Gimmler, 2005), wobei eine solche Zuordnung allerdings für einige Medien – wie etwa Tele-Learning oder Wissensmanagementsysteme – kaum trennscharf möglich ist, da sie mehrere Kommunikationsarten betreffen können. Insgesamt sind die Grenzen zwischen einzelnen Medienarten wie auch zwischen verschiedenen Kommunikationsarten und -formen im Zuge der Etablierung neuer Medien fließender geworden (zur Problematik der Katego-

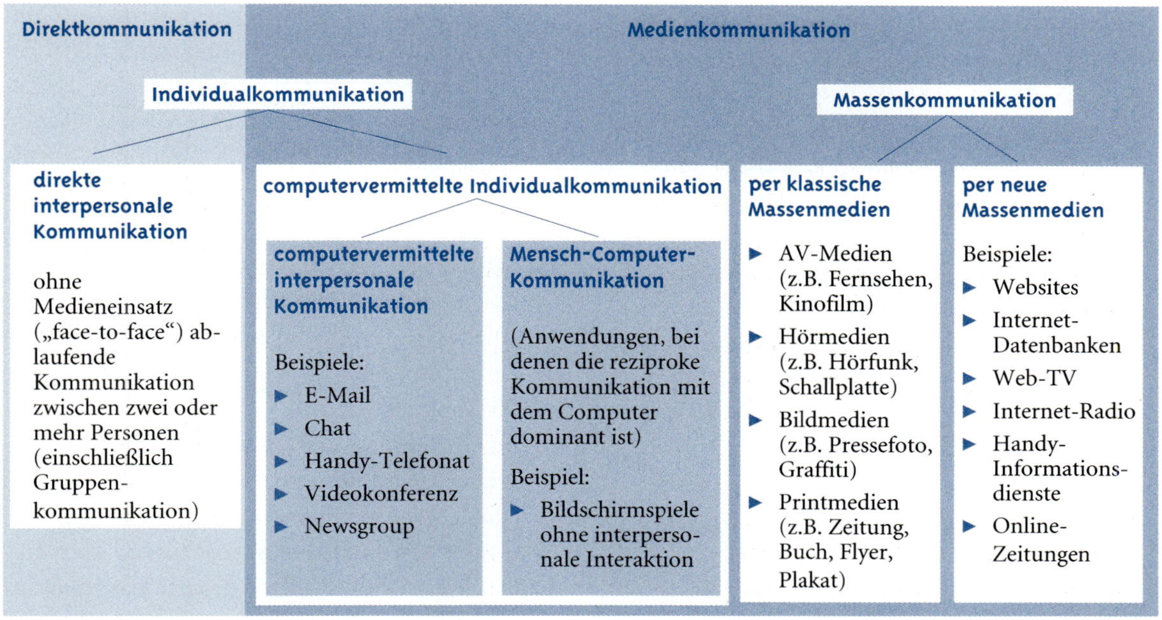

Abbildung 2.2. Individual- und Massenkommunikation (grobe Einteilung)
Nicht aufgeführt sind hier diejenigen als Symbolträger bezeichneten Kommunikationsmittel, die in der Kommunikationspsychologie kaum thematisiert werden (z.B. Museumsbilder). Ebenfalls ist analoge Telekommunikation nicht als gesonderter Bereich genannt, da diese Form der Kommunikation fast vollständig durch Computertechnologie ersetzt ist und damit in die computervermittelte Kommunikation einzuordnen ist.

risierung und fließenden Übergänge vgl. auch Döring, 2003, sowie Kap. 14 zum Vergleich zwischen direkter und medialer Individualkommunikation).

2.2 Gegenstandsbereich der Kommunikationspsychologie

2.2.1 Umschreibung und Positionierung der Disziplin

Die Kommunikationspsychologie befasst sich mit allen in Abschnitt 2.1 differenzierten Kommunikationsformen unter einer mikroanalytischen Perspektive.

Definition

Zentraler Gegenstand der Kommunikationspsychologie sind Individuen (als Einzelpersonen oder als Mitglieder sozialer Gemeinschaften) in ihrer unmittelbaren und medialen Kommunikationsumgebung. Einbezogen wird dabei die gesamte Bandbreite kommunikationsbezogener Prozesse auf der Mikroebene einschließlich der Bedingungen und Einflussfaktoren, die für diese Prozesse und deren Ergebnisse relevant sind.
Aufgabe der Kommunikationspsychologie ist die Analyse, Erklärung und Vorhersage von Kommunikationsprozessen und -ergebnissen unter psychologischen Aspekten. Im Fokus liegen dabei Kognitionen, Erleben, Verhalten und Handeln von Individuen unter Berücksichtigung relevanter Merkmale aufseiten der Beteiligten, der Kommunikationsumgebung einschließlich Kommunikationsstrukturen und -inhalten, der Situation, des mikro- und makrosozialen Kontexts sowie des nichtsozialen Umfeldes.

Auf dieser Grundlage stellt die Kommunikationspsychologie wesentliche Erkenntnisse für die Optimierung von Kommunikation in verschiedensten Kontexten bereit.

Zur Veranschaulichung dieser Umschreibung enthält Abbildung 2.3 eine vereinfachte Darstellung des Forschungsgegenstands der Kommunikationspsychologie.

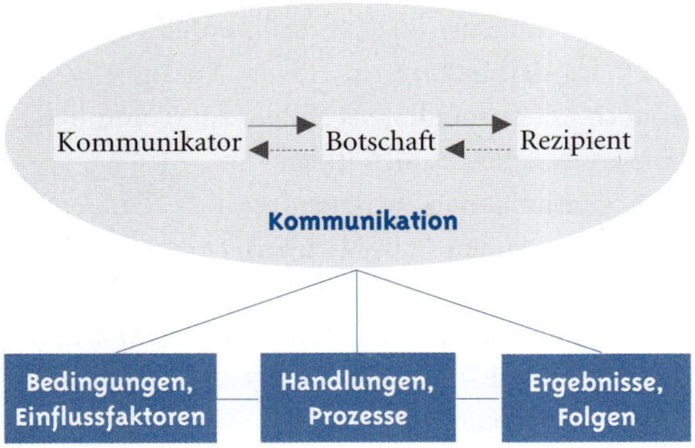

Abbildung 2.3. Forschungsgegenstand der Kommunikationspsychologie
Durch die blauen Kästen wird Abbildung 2.1 um drei miteinander verknüpfte Themenkomplexe der Kommunikationspsychologie erweitert (zur Ausdifferenzierung des Forschungsgegenstandes und detaillierten Erläuterung von Fragenkomplexen s. unten Abschnitt 2.2.2).

Bevor der Forschungsgegenstand der Kommunikationspsychologie weiter ausdifferenziert wird, sei darauf hingewiesen, dass bestimmte Teilbereiche und Aspekte von Kommunikation ebenfalls Gegenstand einer ganzen Reihe weiterer Disziplinen innerhalb und außerhalb der Psychologie sind: In der Psychologie zählen hierzu insbesondere die Sozialpsychologie zwischenmenschlicher Kommunikation sowie die Sprachpsychologie und Psycholinguistik; außerhalb der Psychologie sind, neben technologischen Disziplinen, etwa die Kommunikations-, Publizistik- und Medienwissenschaft(en), die Literaturwissenschaft, die Sprechwissenschaft sowie die verschiedenen Sprach- und Linguistikwissenschaften zu nennen (vgl. hierzu als ausführliche Synopse bereits Graumann, 1972).

Die um Kommunikation zentrierten psychologischen und nichtpsychologischen Disziplinen weisen im Hinblick auf ihren jeweiligen Forschungsgegenstand teilweise Schnittmengen auf. Anstelle einer Auflistung dieser Schnittmengen erscheint es zunächst wesentlicher herauszustellen, welche Betrachtungsweisen und Themenbereiche, anders als bei verwandten Disziplinen, *nicht* im Fokus der Kommunikationspsychologie stehen: Dazu zählen insbesondere

- der Themenkomplex „Kommunikation und Sprache als System“,
- rein ökonomische, rechtliche, historische, philosophische und ästhetische Dimensionen von Kommunikation,
- der Bereich von Sprach- und Sprechstörungen,
- Kommunikationsprozesse und -auswirkungen mit Blick auf die makrosoziale Ebene und gesellschaftlichen Subsysteme.

Demgegenüber untersucht die Kommunikationspsychologie *psychologische* Dimensionen, Prozesse und Phänomene von Kommunikation auf der *Mikroebene*. Dabei richtet sie sich im Gegensatz zu vielen anderen Disziplinen weniger auf die Kommunikatorseite oder auf die Kommunikationsinhalte an sich als vielmehr auf die Rezipientenseite und auf die Interaktion zwischen den Beteiligten. Dazu gehört auch der Zusammenhang zwischen individuellen und mikrosozialen Bedingungen, Kommunikationsprozessen und -inhalten sowie Ergebnissen und Wirkungen von Kommunikation.

Im Zuge des Ausschlussverfahrens lassen sich gleichzeitig Unterschiede zu anderen Bereichen der Psychologie verdeutlichen: So spielen in der Kommunikationspsychologie etwa die Sprachentwicklung, psychologische Grundlagen von Sprache und Sprechen sowie klinisch-psychologische Aspekte der Kommunikation allenfalls eine untergeordnete Rolle.

Hingegen weist die Kommunikationspsychologie zum einen gemeinsame Schnittmengen mit der Sozialpsychologie auf (wenn auch Kommunikation nur selten in sozialpsychologischen Lehrbüchern explizit als Schwerpunkt behandelt wird). Solche Gemeinsamkeiten werden auch am Inhalt des vorliegenden Bands deutlich, denn es werden Themenkomplexe berücksichtigt wie „soziale Kognition und Urteilsbildung“ (Kap. 4), „Einstellungen im Kommunikationskontext“ (Kap. 5), „Aggression, Gewalt und prosoziales Verhalten“ (Kap. 8), „interpersonale Kommunikation, Beziehungen und Gruppenkollaboration“ (Kap. 9) sowie „interkulturelle Kommunikation“ (Kap. 10).

Zum anderen verknüpft die Kommunikationspsychologie kommunikationsbezogene Fragestellungen und Forschungen mit Grundlagen aus anderen psychologischen Bereichen, insbesondere aus der Kognitions-, Emotions- und Motivationspsychologie (vgl. im vorliegenden Band vor allem Kap. 3 zur „Informationsaufnahme und -verarbeitung“, Kap. 6 zu „Selbst und Kommunikation“, Kap. 7 zu „Emotionen im Kommunikationskontext“ sowie Kap. 16 zu „Medienhandeln“). Und schließlich bestehen insbesondere unter Anwendungsaspekten Gemeinsamkeiten mit der Wirtschafts- und Organisationspsychologie (s. vor allem Kap. 11 und 21), der Pädagogischen Psychologie (vgl. Kap. 13 und 18) sowie der Gesundheitspsychologie (vgl. Kap. 12 und 17).

2.2.2 Ausdifferenzierung des Forschungsgegenstands

Aus der Umschreibung der Kommunikationspsychologie lässt sich ableiten, dass sich ihr Forschungsgegenstand durch drei miteinander verknüpfte Fragenkomplexe konstituiert:

- Welche Dimensionen und Qualitäten von Verhalten (einschließlich Kognitionen und Erleben) und Handeln in der unmittelbaren und medialen Kommunikationsumgebung kennzeichnen Kommunikationsprozesse und -muster bzw. kommunikationsbezogene intra- und interpersonale Aktivitäten auf der Individual- und Mikroebene?
- Welche Ergebnisse und Folgen resultieren aus diesen kommunikationsbezogenen Prozessen und Aktivitäten?
- Welche Bedingungen und Einflussfaktoren aufseiten der Individuen, der Kommunikationsumgebung einschließlich Kommunikationsstrukturen und -inhalte, der Situation, des mikro- und makrosozialen Kontexts sowie des nichtsozialen Umfelds sind relevant, um Kommunikationsprozesse und deren Ergebnisse zu erklären und zu optimieren?

Abbildung 2.4 stellt diese drei Fragenkomplexe und ihre Zusammenhänge in einem schematischen Überblick dar und veranschaulicht damit gleichzeitig die Komplexität des Forschungsgegenstands der Kommunikationspsychologie.

Ausgangspunkt sind dabei die Bedingungen und Einflussfaktoren (linke Spalte in Abb. 2.4) für das individuelle Verhalten und Handeln in der Kommunikationsumgebung (mittlere Spalte) und potenziell damit verbundene Wirkungen (rechte Spalte). Die folgende Übersicht macht die bereits angesprochene Komplexität noch deutlicher (sie ist keineswegs vollständig, dennoch aber ausgesprochen umfangreich; je nach Interesse kann Abbildung 2.4 für sich genommen ausreichend sein).

Bedingungen und Einflussfaktoren

Bei der Analyse und Erklärung individuellen Verhaltens und Handelns in der Kommunikationsumgebung sowie der potenziell damit verbundenen Ergebnisse und Folgen sind eine ganze Reihe an Bedingungen und Einflussfaktoren zu berücksichtigen. Sie lassen sich grob in drei Kategorien einteilen, innerhalb derer zahlreiche Einzelvariablen und Variablenkombinationen relevant sind.

Überdauernde und akute Merkmale der Kommunikationsumgebung. Mindestens die folgenden miteinander verknüpften Variablenkomplexe sind hier einzuordnen:

- Mediensystem und Kommunikationskultur auf makro- und mikrosozialer Ebene einschließlich der Rahmenbedingungen (im Falle von Medienkommunikation nicht zuletzt das gültige Medienrecht, bei der direkten Kommunikation etwa Kommunikationskultur und -klima z.B. in einer Familie oder Organisation);
- individuell verfügbare Kommunikationsnetzwerke, -strukturen, -wege und -angebote für direkte und mediale Kommunikation (im Falle von Medienkommunikation auch das Medienangebot einschließlich jeweiliger Bedingungen);

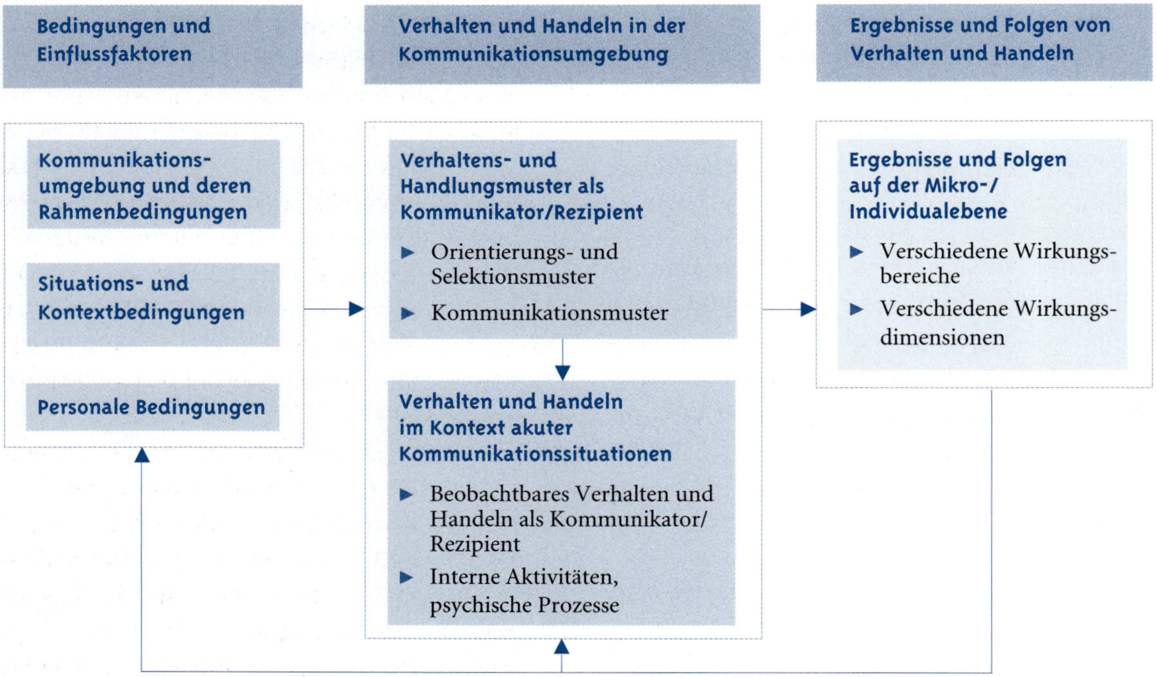

Abbildung 2.4. Komplexität des kommunikationspsychologischen Forschungsgegenstandes

- direkt oder medial übermittelte Kommunikationsinhalte bzw. Botschaften mit ihren jeweiligen formalen und inhaltlichen Qualitäten.

Situations- und Kontextmerkmale. Hier sind u.a. folgende Unterkategorien zu berücksichtigen:

- überdauernde und aktuelle Situationsmerkmale wie etwa die Beziehungsqualität und gemeinsame Basis zwischen Kommunikator und Rezipient, der Kommunikationsort (z.B. dessen Vertrautheit für die Beteiligten), die Anwesenheit anderer Personen (einschließlich deren Merkmale und Verhalten) sowie der Kommunikationsanlass bzw. das -ziel;
- Kontextbedingungen wie z.B. das Informations-, Anregungs- und Unterstützungspotenzial aufseiten des sozialen und nichtsozialen Umfelds sowie Werte und Normen im sozialen Umfeld.

Merkmale der beteiligten Individuen. Wesentlich für individuelle Handlungs- und Verhaltensweisen in der Kommunikationsumgebung sowie für damit verbundene psychische Prozesse und sich potenziell ergebende Wirkungen sind schließlich – neben soziodemographischen Faktoren – psychische und physische Bedingungen aufseiten der Beteiligten:

- differentialpsychologische Merkmale wie Persönlichkeitseigenschaften, Interessen und längerfristige Motivationen, Kommunikations- bzw. Medienkompetenzen und physische Kommunikationsfähigkeit sowie Erfahrungen und Strategien zur Bewältigung intraindividueller und externer Anforderungen;
- aktuelle individuelle Bedingungen in einer konkreten Kommunikationssituation: etwa auf die Kommunikation und/oder auf das Gegenüber bezogene Erwartungen, Ängste und Einstellungen, aktuelle Befindlichkeiten und Motivationen sowie die subjektive Interpretation der Kommunikationssituation.

Individuelles Handeln und Verhalten in der Kommunikationsumgebung

Die zentrale Frage nach Dimensionen kommunikationsbezogener Prozesse und Aktivitäten richtet sich sowohl auf längerfristige Verhaltens- und Handlungsmuster als auch auf aktuelle, im Kontext einer konkreten Kommunikationssituation ablaufende interne psychische Prozesse sowie beobachtbares Kommunikationsverhalten und -handeln.

Verhaltens-/Handlungsmuster. Zu mehr oder weniger überdauernden Mustern der mit der Kommunikator- und Rezipientenrolle verbundenen Aktivitäten zählen:

- Orientierung und Bewertung im Hinblick auf verfügbare Kommunikationswege und -angebote (z.B. positive Bewertung bestimmter Internetanwendungen) mit Auswirkungen auf deren Nutzung und die soziale Partizipation;
- Selektionsmuster: Muster der Auswahl aus dem Spektrum von Kommunikationswegen, -angeboten und -inhalten (z.B. Präferenz für anonymes Chatten anstelle von Face-to-face-Kommunikation);
- Partizipations- bzw. Kommunikationsmuster: insbesondere Nutzungsmuster bezüglich medialer und nichtmedialer Kommunikationsmöglichkeiten als Kommunikator und/oder Rezipient unter quantitativen und qualitativen Aspekten (z.B. seltene Teilnahme an Seminaren und wenn, dann meist in passiver Rezeptionshaltung).

Aktivitäten im Kontext einer konkreten Kommunikationssituation. Mit der Kommunikator- und/oder Rezipientenrolle sind zahlreiche Handlungs- und Verhaltensweisen sowie interne psychische Prozesse vor, während und nach einer Kommunikationssituation verbunden. Sie lassen sich gemeinsam als Kommunikations- und Medienhandeln zusammenfassen (zum Medienhandeln vgl. auch Kap. 16) und grob in folgende Kategorien einteilen:

- aktuelle Wahl und Nutzung von Kommunikationswegen bzw. -angeboten und -inhalten;
- Kommunikatoraktivitäten wie Selektion, Gestaltung und Übermittlung von Kommunikationsinhalten, Interpretation der Situation und der Interessen des Gegenübers, Zielreflexion etc., gegebenenfalls mit anschließendem Rollenwechsel vom Kommunikator zum Rezipienten;

- Rezipientenaktivitäten, deren Spektrum ebenfalls sowohl interne als auch von außen beobachtbare Aktivitäten und Reaktionen umfasst. Dabei reichen interne Aktivitäten und Reaktionen von der Rezeption, Informationsverarbeitung und sozialen Urteilsbildung, über das Erleben der Kommunikation und Situation bis hin zu emotionalen Reaktionen (vgl. hierzu vor allem die Kapitel 3 bis 5). Zu von außen beobachtbaren Aktivitäten und Reaktionen zählen beispielsweise Empathiebekundungen und gegebenenfalls kommunikative Reaktionen (und damit ein Rollenwechsel vom Rezipienten zum Kommunikator).

Ergebnisse und Folgen auf der Mikroebene

Es ist jedem aus dem Alltag geläufig, dass rezipierte Kommunikationsinhalte zu Auswirkungen und Konsequenzen sowohl beim Rezipienten als auch in der Sender-Empfänger-Beziehung führen können (gegebenenfalls auch zu Folgen aufseiten Dritter). Nicht immer aber werden Kommunikationsangebote tatsächlich auch genutzt bzw. -inhalte rezipiert, nicht immer werden Wirkungen den Beteiligten bewusst, und keineswegs gehen Wirkungen stets nur von den übermittelten und rezipierten Inhalten selbst aus. Wie also lässt sich das breite Spektrum möglicher Wirkungsarten vorstellen und systematisieren? Hierzu kann eine Einteilung nach Wirkungsquellen, -bereichen und -dimensionen herangezogen werden (vgl. auch Six, 2005):

Wirkungsquellen. Nicht nur rezipierte Kommunikationsinhalte können Folgen bzw. Wirkungen haben; vielmehr sind bei der Frage, *wovon* Wirkungen ausgehen, mindestens folgende Kategorien zu unterscheiden:

- Botschaften: explizite oder mit dem beobachtbaren Kommunikatorverhalten implizierte Kommunikationsinhalte, einschließlich ihrer jeweiligen inhaltlichen und formalen Merkmale;
- kommunikative Aktivität als solche: d.h. inhaltsunabhängige Wirkungen, die sich allein schon aus der Tatsache ergeben, dass man als Kommunikator oder Rezipient verfügbare Kommunikationsmöglichkeiten nutzt (z.B. inhaltsunabhängige Stimmungsverbesserung nach einer Plauderei) oder sie gerade eben nicht nutzt (z.B. Ärger über eine verpasste Gesprächschance); ebenso Folgen, die sich aus einer bestimmten Interaktionsweise (z.B. Mitfühlen mit einem Fernsehserienstar) oder durch das Nutzungsquantum (z.B. langwieriges Chatten) ergeben;
- Kommunikationsmöglichkeiten als solche: inhalts- und nutzungsunabhängige Wirkungen, die sich aus der prinzipiellen Verfügbarkeit von Kommunikationswegen, -angeboten und -partnern ergeben (z.B. Bewertung der eigenen Lebenssituation und entsprechende Befindlichkeiten oder auch „innere Emigration", die aus mangelnden Kontaktmöglichkeiten resultieren können, wie es etwa bei manchen Senioren mit wenig „Ansprache" zu beobachten ist).

Wirkungsbereiche und -dimensionen. Neben der Frage, wovon die jeweiligen Wirkungen ausgehen, lässt sich das breite Spektrum möglicher Wirkungen anhand folgender Fragen systematisieren: Wirkungen *worauf* (Wirkungsbereiche) sowie Wirkungen *auf wen*, *wann* und *in welcher Qualität* (Wirkungsdimensionen).

Trennt man zunächst nur in Wirkungsbereiche, so lässt sich – wenn auch keineswegs trennscharf – zwischen Wirkungen im kognitiven, emotionalen, sozialen und physischen Bereich sowie auf der Ebene von Verhaltens- und Handlungsweisen unterscheiden.

Im Hinblick auf alle Wirkungsbereiche ist darüber hinaus zwischen verschiedenen Wirkungsdimensionen zu differenzieren:

- Soziale Ebene: makrosoziale bis individuelle Wirkungen (in der Psychologie interessieren vor allem die Letzteren);
- Generalisierbarkeit: generalisierbare oder auf bestimmte Gruppen/Individuen begrenzte Wirkungen;
- Effektart und Effektintensität: Entstehung neuer oder Stabilisierung/Verstärkung bestehender Merkmale oder Veränderung Letzterer (z.B. Einstellungsänderung); Homogenisierung oder

Differenzierung bzw. Polarisierung zwischen Individuen oder zwischen Gruppen; starke bis schwache Wirkungen;
- Zeitpunkt/Zeitdauer: Wirkungen während der Kommunikationssituation oder postkommunikative Kurz- bis Langzeitwirkungen;
- Intendiertheit, Erwartungskongruenz und Erwünschtheit: intendierte oder unbeabsichtigte Wirkungen; innerhalb Ersterer erwartungskongruente oder erwartungsdiskrepante Wirkungen; innerhalb Letzterer prinzipiell erwünschte oder unerwünschte („positive", funktionale vs. „negative", dysfunktionale) Wirkungen.

Die bisherigen Ausführungen zum Gegenstand der Kommunikationspsychologie bezogen sich gleichermaßen auf alle Kommunikationsarten, wie sie in Abschnitt 2.1 erläutert wurden. Angesichts spezifischer Fragestellungen und unterschiedlicher Forschungstraditionen wird in den folgenden Abschnitten zwischen direkter und medialer Kommunikation als zwei miteinander verbundenen Gegenstandsbereichen der Kommunikationspsychologie differenziert (vgl. auch Abb. 2.5).

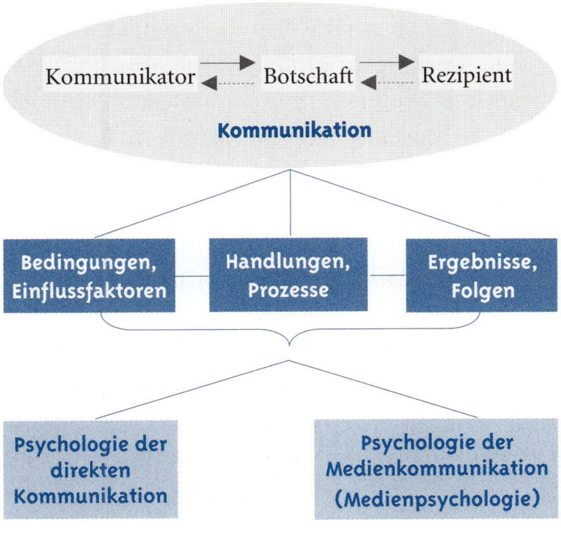

Abbildung 2.5. Forschungsgegenstand und Teilbereiche der Kommunikationspsychologie
Hiermit wird Abbildung 2.3 – s. oben Abschnitt 2.2.1 – um die beiden Teilbereiche der Kommunikationspsychologie erweitert.

2.3 Psychologie der direkten Kommunikation

2.3.1 Umschreibung des Forschungsgebiets

Mit zwischenmenschlicher Kommunikation assoziiert man im Alltag zunächst vor allem Gespräche – seien es Plaudereien (z.B. Zaungespräch mit einem Nachbarn), sachbezogene Kurzgespräche (z.B. zwischen Arzt und Patient, Verkäufer und Kunde), Gedankenaustausch oder Konfliktgespräche zwischen zwei Personen (z.B. Beziehungspartner; Vorgesetzter und Mitarbeiter), oder seien es Arbeitsgespräche, Diskussionen oder Auseinandersetzungen in einer Gruppe (z.B. Redaktionsteam; Seminar) oder zwischen Gruppen (z.B. zwischen Politikern und Lobbyisten).

Solange solche Kommunikation unmittelbar, d.h. von Angesicht zu Angesicht („face-to-face") und damit ohne Einsatz technikbasierter Medien abläuft, handelt es sich um „direkte" interpersonale Kommunikation. Neben den genannten Beispielen zählen hierzu auch einfache Frage-Antwort-Sequenzen (z.B. bei Pressekonferenzen, bei manchen mündlichen Examina oder bei einem kurzen Wiedersehen: „Wie geht's?" – „Danke, und selbst?"). Ebenso sind hier Kommunikationsformen einzuordnen, die einen graduell noch weniger interaktiven Charakter haben (wie etwa Referate in einem Seminar, Reden vor einem Saalpublikum oder studentische Demonstrationen auf dem Universitätscampus). Und schließlich ist auch eine Interaktion, die gänzlich ohne Worte abläuft (z.B. einem Bekannten zuwinken, einen Anwesenden anlächeln, sich wortlos umarmen), als direkte interpersonale Kommunikation zu bezeichnen.

In Abschnitt 2.1 wurde bereits auf einige weitere Differenzierungen zwischen Arten direkter Kommunikation hingewiesen (kategorisiert nach der Anzahl der Beteiligten, ihrer Organisationsform und Institutionalisiertheit sowie dem Kommunikationskontext) und dabei u.a. zwischen informeller und formeller, privater und beruflicher sowie dyadischer, Intra- und Intergruppenkommunikation unterschieden. Ebenfalls wurden bereits verschiedene Modalitäten (verbale, paraverbale und nonverbale Ausdrucksmöglichkeiten) sowie sonstige Mittel direkter Kommunikation („Symbolträger") differenziert. Hinzugefügt sei an dieser Stelle lediglich die Unterscheidung von Kommunikation zwischen Beteiligten „auf gleicher Augenhöhe" (horizontal bzw. symmetrisch; z.B. Kollegen) einerseits und vertikaler Kommunikation (asymmetrisch bzw. komplementär; z.B. Vorgesetzter/Mitarbeiter, Lehrer/Schüler) andererseits.

Mit derartigen Kommunikationsformen bzw. -arten befasst sich die Psychologie der direkten Kommunikation, die insofern von der Medienpsychologie abzugrenzen ist, als hier die in Abschnitt 2.1 genannten Kommunikationsarten auf solche eingeschränkt werden, die ohne Medieneinsatz ablaufen. Die Aufgabe dieses Forschungsgebiets lässt sich – analog zur Kommunikationspsychologie als Ganzer (s. oben Abschnitt 2.2.1) – somit folgendermaßen umschreiben.

Definition

Aufgabe der **Psychologie der direkten Kommunikation** ist die Analyse, Erklärung und Vorhersage von Prozessen und Ergebnissen der direkten zwischenmenschlichen Kommunikation unter psychologischen Aspekten. Im Fokus liegen dabei Kognitionen, Erleben, Verhalten und Handeln von Individuen unter Berücksichtigung relevanter Merkmale aufseiten der Beteiligten, der Kommunikationsumgebung (einschließlich der Kommunikationsstrukturen und -inhalte), der Situation, des mikro- und makrosozialen Kontexts sowie des nichtsozialen Umfeldes.

Hauptthemenkomplexe dieses Teilgebiets der Kommunikationspsychologie sind vor allem folgende (als Überblick z.B. Berger, 2005; Knapp et al., 2002; Heath & Bryant, 2000):

- Basisprozesse interpersonaler Kommunikation, insbesondere Austauschprozesse, Informationsverarbeitung, soziale Kognition und Urteilsbildung sowie interpersonaler Einfluss (vgl. hierzu vor allem Kap. 3 bis 5);
- Wechselwirkungen zwischen Kommunikationsprozessen einerseits und interpersonaler Attraktion sowie der Entwicklung bzw. Veränderung sozialer Beziehungen andererseits (s. hierzu Kap. 9);
- personale Determinanten interpersonaler Kommunikation, vor allem Persönlichkeit, soziale Identität und Kommunikationskompetenz (zu Letzterer vgl. Kap. 13);
- strategische Kommunikation und Kommunikationsstrategien (z.B. zur Selbstdarstellung und/oder Einstellungsbeeinflussung; s. hierzu u.a. Kap. 5 und 6);
- förderliche und hinderliche Bedingungen einer funktionierenden bzw. gelungenen Kommunikation sowie Möglichkeiten der Optimierung;
- Besonderheiten spezieller Kommunikationsarten, insbesondere nonverbale Kommunikation und persuasive Kommunikation (zu Letzterer vgl. Abschnitt 5.5.2);
- Kommunikation in speziellen sozialen Situationen (vor allem Entscheidung, Konflikt, Führung und Leistung in Gruppen; vgl. Abschnitt 9.4) sowie in bestimmten Kontexten (z.B. Gesundheits-, Beziehungs-, Organisations- und interkulturelle Kommunikation; vgl. Kap. 9 bis 12).

2.3.2 Theoretische Konzepte und Modelle

Zu Beginn des Kapitels wurden bereits die wesentlichsten Elemente zur Umschreibung des Kommunikationsbegriffs erläutert. Dabei wurde allerdings auch darauf hingewiesen, dass die einschlägige Literatur ein breites Spektrum an Begriffsbestimmungen mit teilweise gravierenden Unterschieden aufweist. Dies gilt noch stärker für theoretische Konzepte und Modelle (zwischen-)menschlicher Kommunikation. Auf die Vielzahl der vorliegenden Kommunikationsmodelle und heterogenen Konzeptionen können wir hier nicht im Einzelnen eingehen (als Überblicke z.B. Krauss & Fussell, 1996; Fussell & Kreuz, 1998; Heath & Bryant, 2000; Knapp et al., 2002). Stattdessen soll zunächst ein allgemeines Kommunikationsmodell vorangestellt werden (vgl. Abb. 2.6), das den „kleinsten gemeinsamen Nenner“ verschiedener Auffassungen sowohl zur Kommunikation im Allgemeinen als auch zur interpersonalen Kommunikation in einer Grobübersicht wiedergibt. Gleichzeitig werden in diesem Modell Elemente, Prozesse und Einflussfaktoren von Kommunikation in abstrahierter Form zusammengefasst, die bereits in vorangegangenen Abschnitten erläutert wurden (s. oben Abschnitt 2.1.1 und 2.2.2).

Spezifika der direkten interpersonalen Kommunikation

Betrachtet man die in Abschnitt 2.1.1 für Kommunikation im Allgemeinen erläuterten konstitutiven Elemente, so lässt sich feststellen: Diese gelten prinzipiell zwar auch für direkte interpersonale Kommunikation; neben der Tatsache, dass hier der Einsatz von Medien im engeren Sinne entfällt und die gleichzeitige Anwesenheit und wechselseitige Wahrnehmbarkeit der Beteiligten vorausgesetzt wird, ist hier jedoch die Unterscheidung zwischen Kommunikator und Rezipient für viele Fragestellungen nicht sinnvoll oder zumindest wenig relevant. So findet etwa in Gesprächen, anders als beispielsweise beim Fernsehen, in der Regel nicht nur ein ständiger Rollenwechsel statt, sondern die Beteiligten können zudem prinzipiell, anders als etwa bei E-Mails, jeweils gleichzeitig die Sender- wie auch die Empfängerrolle (bzw. umgekehrt) einnehmen. Selbst ein Referent, dem explizit nur die Rolle des Kommunikators zugewiesen wird, nimmt sein Publikum wahr (z.B. Körperhaltung, Mimik und Gestik der Zuhörer) und lässt sich durch dieses – wie bewusst auch immer – beeinflussen, sei es in Form einer Bewertung des Publikums, einer spontanen Kürzung oder inhaltlichen Abänderung seines Referats oder etwa eines Wechsels seiner Vortragsweise.

Zumindest für eine gelungene Kommunikation sind zudem zwei weitere Spezifika interpersonaler Kommunikation zu nennen, die ebenso wie die zuvor genannten dazu beitragen, dass interpersonale Kommunikation zuweilen mit sozialer Interaktion gleichgesetzt wird (zur Relation zwischen Kommunikation und Interaktion s. bereits Graumann, 1972): Die Kommunikationspartner müssen während der Interaktionssituation wechselseitig auf-

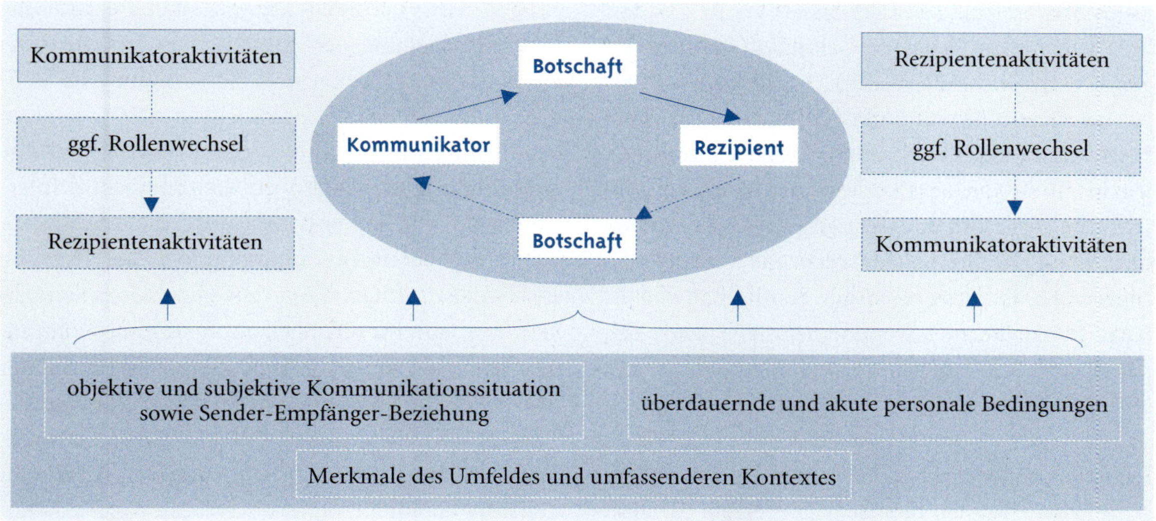

Abbildung 2.6. Allgemeines Kommunikationsmodell
(gestrichelte Linien weisen auf den nur potenziell stattfindenden Rollenwechsel zwischen Kommunikator und Rezipient hin)

merksam bleiben („Koorientierung"); mangelnde Koorientierung kann dagegen zu einer unzureichenden Verständigung, zur Unterbrechung des Kommunikationsflusses oder gar zum Abbruch der Interaktion führen („Du hörst mir ja ohnehin nicht zu!"). Ähnliches gilt, wenn die Beteiligten voneinander unabhängig, nur nach jeweils eigenen Plänen statt gleichzeitig auch auf die Situation und das Gegenüber abgestimmt handeln (mangelnde wechselseitige „Kontingenz"; Jones & Gerard, 1967; ausführlicher hierzu Abschnitt 9.2 zu dyadischer Kommunikation und Beziehungen).

Koorientierung und Kontingenz hängen nicht zuletzt von der Kommunikationssituation, dem Kommunikationsanlass und der Beziehung zwischen den Beteiligten ab. Noch wesentlicher ist hierfür aber die Motivation der Kommunikationspartner zu einer wechselseitig aufmerksamen und aufeinander bezogenen Kommunikation und insofern auch der Grad der Intentionalität (zur Bewusstheit und Intentionalität der Kommunikation und mit ihr einhergehenden Aktivitäten s. oben Abschnitt 2.1.1). Damit verbunden, werden in der einschlägigen Literatur als weitere motivationale Basisprinzipien wechselseitige Bemühungen um Verständigung und Kooperation sowie die Bereitschaft, sich auf das Gegenüber einzulassen und dessen Wissen, Gedanken, Meinungen, Ziele und Gefühle zu berücksichtigen („Perspektivenübernahme"), als Voraussetzungen gelungener Kommunikation betont (z.B. Gibbs, 1998; Krauss & Fussell, 1996). Solche motivationalen Faktoren spielen allerdings nur dann eine wesentliche Rolle für das Gelingen von Kommunikation, wenn gleichzeitig entsprechende Kompetenzen gegeben sind, wie etwa soziale Sensibilität und Fähigkeiten zu Perspektivenübernahme, Dialog, Empathie und Selbstregulation (vgl. hierzu Abschnitt 13.2.2).

Und schließlich wird die bereits mit Blick auf Kommunikation im Allgemeinen erwähnte gemeinsame Basis zwischen den Beteiligten – ein Mindestmaß an Gemeinsamkeiten ihres Zeichen- und Symbolvorrats und -verständnisses sowie ihres Wissens- und Erfahrungshintergrunds (z.B. gemeinsames „soziales Wissen" über Normen und Konventionen), das für eine Verständigung erforderlich ist (s. oben Abschnitt 2.1.1) – im Hinblick auf interpersonale Kommunikation besonders akzentuiert: „Botschaften sind gewöhnlich nur in einem gegebenen, wohl definierten sozialen Rahmen (einer Familie, einer Schulklasse, einer kulturellen Gruppe) bedeutungsvoll. Der Sinn von Sätzen, der – zwischen zwei Gehirnchirurgen, zwei Bridgespielern oder zwei Schulkindern gewechselt – vollkommen eindeutig ist, kann allen anderen außerhalb dieser Gruppe verschlossen bleiben. Im Übrigen setzt jeder beliebige Kommunikationsakt eine Menge gemeinsamen Wissens voraus" (Forgas, 1992, S. 107).

Grobkategorien theoretischer Modelle der interpersonalen Kommunikation

Psychologische Modelle der direkten interpersonalen Kommunikation beziehen sich – anders als etwa solche aus der Rhetorik oder Semiotik – seltener auf die Kommunikatorseite oder auf Merkmale der übermittelten Kommunikationsinhalte. Sie richten sich vielmehr auf die Rezipientenseite und auf die zwischen den Beteiligten ablaufende Interaktion. Sind sie schwerpunktmäßig auf die Rezipientenseite ausgerichtet, so liegen Prozesse der Dekodierung und Verarbeitung der übermittelten Inhalte sowie der sozialen Kognition und Urteilsbildung im Zentrum der Modelle (einschließlich der jeweiligen Bedingungen und Einflussfaktoren sowie Ergebnisse und Wirkungen). Sofern die kommunikative Interaktion im Vordergrund steht, wird diese häufig anhand grundlegender sozialpsychologischer Theorien der sozialen Interaktion (z.B. Austauschtheorien) und/oder speziell mit Blick auf bestimmte Kommunikationskontexte und -funktionen modelliert. Als spezielle Kontexte sind interpersonale Beziehungen (z.B. Paarbeziehungen) und Kleingruppen (z.B. Arbeitsteams mit ihren jeweils spezifischen Strukturen), als Funktionen etwa Konfliktlösung, Verhandlung, Führung, Kooperation und Leistung besonders häufig Gegenstand der Modellentwicklung.

Mit den weiter oben genannten Spezifika interpersonaler direkter Kommunikation sind implizit bereits eine Reihe theoretischer Modelle angesprochen worden. Selbstverständlich können diese im Folgenden nicht im Einzelnen vorgestellt werden (vgl. hierfür z.B. Burkart, 2003; Heath & Bryant, 2000; Fussell & Kreuz, 1998; Krauss & Fussell, 1996; Stamp, Vangelisti & Knapp, 1994; außerdem zahlreiche Theorien und Modelle in einzelnen Kapiteln des vorliegenden Bandes). Stattdessen werden sie lediglich in einem grob kategorisierenden Überblick skizziert und verortet (zu theoretischen Konzepten und Modellen der Medienpsychologie s. dagegen weiter unten Abschnitt 2.4.2).

Zur Systematisierung vorliegender theoretischer Modelle der interpersonalen Kommunikation lassen sich verschiedene Gesichtspunkte heranziehen, aus denen sich entsprechend unterschiedliche Kategorisierungen ergeben.

Ordnet man die Modelle danach, auf welcher *wissenschaftlichen Tradition* sie aufbauen, so lassen sich für die originär psychologischen Modelle – wenn auch keineswegs trennscharf – folgende Grobkategorien bilden:

- eher sozialpsychologisch orientierte Modelle, die vor allem um Prozesse, Determinanten und Ergebnisse des wechselseitigen Austauschs, Einflusses und Urteilens und/oder um gruppendynamische Prozesse zentriert sind;
- eher sprach- und kognitionspsychologisch orientierte Modelle, bei denen die Informationsverarbeitung der Rezipienten im Vordergrund steht und vor allem Prozesse und Einflussfaktoren der Selektion, Dekodierung, Interpretation, Speicherung und aktiv-konstruktiven Verarbeitung der übermittelten Kommunikationsinhalte berücksichtigt werden (vgl. hierzu Kap. 3);
- eher differentialpsychologisch orientierte Modelle, bei denen Bedürfnisse und Motivationen, die der Kommunikation zugrunde liegen, sowie vor allem die für Kommunikation wesentlichen Persönlichkeitsfaktoren und Kompetenzen besonders hervorgehoben werden (als Überblick z.B. Daly, 2002).

Betrachtet man vorliegende Modelle dagegen unter einer *historischen Perspektive*, so ist damit unmittelbar auch die *Komplexität* als Kategorisierungsmerkmal verbunden: Unter beiden Gesichtspunkten sind die auf dem einfachen Reiz-Reaktions- bzw. Sender-Empfänger-Schema beruhenden Konzeptionen, die bis etwa zur Mitte des 20. Jahrhunderts auch in der Kommunikationspsychologie dominierten, von jenen abzuheben, die die aufseiten der Beteiligten wie auch zwischen ihnen ablaufenden Prozesse und damit den interaktiven Charakter zwischenmenschlicher Kommunikation in den Vordergrund rückten. Modelle der ersten Kategorie – wie das Kommunikationsmodell von Shannon und Weaver (1949) – werden inzwischen fast ausschließlich in Überblicken zur Kommunikation im Allgemeinen oder zur Massenkommunikation thematisiert (Zusammenfassungen z.B. bei Winterhoff-Spurk, 2004; Heath & Bryant, 2000; Burgoon et al., 1994; s. außerdem Abschnitt 2.4.2 weiter unten). Modelle der zweiten Kategorie entstanden in der zweiten Hälfte des vergangenen Jahrhunderts und sind großenteils auch gegenwärtig noch aktuell. Im Vergleich zu den frühen Konzeptionen sind sie differenzierter und weisen eine zunehmende Komplexität auf. Dies gilt sowohl im Hinblick auf die berücksichtigten intra- und interpersonalen Aktivitäten und Prozesse als auch im Hinblick auf die zahlreichen einbezogenen Einflussfaktoren (komplexere Modelle wurden z.B. von Kunczik & Zipfel, 2001, sowie von Stamp, 1999, vorgelegt).

Unterscheidet man schließlich theoretische Konzepte und Modelle der interpersonalen Kommunikation unter dem Aspekt ihrer *inhaltlichen Akzentsetzung*, so lassen sich – auch hier jedoch keineswegs trennscharf – drei Grobkategorien erkennen:

- Modelle, die Kommunikation primär unter dem Aspekt des Zeichen- und Symboltransfers betrachten und die Enkodierung und Übermittlung sowie Dekodierung und Verarbeitung von Kommunikationsinhalten in den Mittelpunkt stellen.

Zu dieser Kategorie gehören – neben zahlreichen Auffassungen außerhalb der Psychologie (z.B. Semiotik, Sprachphilosophie) und den frühen am Sender-Empfänger-Paradigma orientierten Modellen – viele der bereits oben angesprochenen sprach- und kognitionspsychologischen wie auch der differentialpsychologisch orientierten Modelle (als Überblick z.B. Burkart, 2003; Krauss & Fussell, 1996; Herkner, 1991; ein Beispiel für hier einzuordnende heutige Modelle ist das von Kunczik & Zipfel, 2001). Unabhängig davon, inwieweit sie die konstruktiven Interpretationsleistungen der Rezipienten und die Wechselseitigkeit zwischen den Beteiligten berücksichtigen, sind die hier verorteten Modelle häufig um Sprachproduktion und Sprachverstehen zentriert (wobei Sprache dann auch para- und nonverbale Zeichen und Symbole einschließt).

- Modelle, die Kommunikation primär unter dem Aspekt von Interaktion, Kooperation und gemeinsamer Verständigung betrachten (als Überblick z.B. Heath & Bryant, 2000; Stamp et al., 1994). Einzuordnen sind hier die meisten der oben angesprochenen sozialpsychologisch orientierten Modelle sowie weitere Konzeptionen, die den Dialogcharakter von Kommunikation und die Bedeutsamkeit der sozialen Situation sowie der Beziehung zwischen den Kommunikationspartnern unterstreichen. Wesentliche Aspekte des kommunikativen Handelns werden dabei häufig im gemeinsamen „Aushandeln“ darüber, wie die Kommunikationssituation und -inhalte zu interpretieren sind, sowie im Ausmaß der wechselseitigen Offenheit und Perspektivenübernahme gesehen. Ebenso heben solche Modelle die Bedeutsamkeit eines gemeinsamen Hintergrundes in Wissen, Normen, Erwartungen und Zielen hervor (vgl. hierzu u.a. das in Abschnitt 3.4.2 beschriebene Konzept des „Common Ground“).
- Modelle, die Kommunikation primär unter einer funktionalistischen bzw. pragmatischen Perspektive betrachten (als Überblick z.B. Krauss & Fussell, 1996). Im Zentrum stehen dabei die der Kommunikation zugrunde liegenden Ziele und deren Umsetzung sowie Möglichkeiten der Optimierung von Kommunikationsprozessen, -strategien und -ergebnissen. Häufig sind solche Modelle auf spezielle Kommunikationskontexte wie Arbeitsteams oder Beziehungen und dabei auf die Erklärung von effektiver und effizienter oder aber dysfunktionaler und gestörter Kommunikation ausgerichtet. Als wesentliche Bedingungen und Prinzipien einer funktionierenden Kommunikation werden nicht zuletzt die bereits oben angesprochenen Prinzipien der „Koorientierung“ und wechselseitigen „Kontingenz“ sowie die Bedeutsamkeit von Kommunikationskompetenzen betont (zur Letzten vgl. u.a. den „funktionalen Ansatz“ von Wiemann & Giles, 1996; s. außerdem Abschnitt 13.2.2). Ebenso ist hier das von Grice (1975) postulierte „Kooperationsprinzip“ mit seinen vier Maximen gelingender Kommunikation einzuordnen (vgl. hierzu Abschnitt 9.2 zu dyadischer Kommunikation und Beziehungen). Vor allem in Zusammenhang mit Kommunikationsberatung und -trainings sind unter den frühen theoretischen Konzepten und Modellen dieser Kategorie die von Watzlawick (Watzlawick, Beavin & Jackson, 1967) und von Schulz von Thun (1981; 1989) besonders bekannt geworden.

2.4 Psychologie der medialen Kommunikation

2.4.1 Umschreibung und Strukturierung des Forschungsgebiets

Für die Psychologie der medialen Kommunikation, das zweite Teilgebiet der Kommunikationspsychologie (s. oben Abb. 2.5), hat sich seit etwa 25 Jahren die Bezeichnung „Medienpsychologie“ etabliert (zur Geschichte der Medienpsychologie und ihren Vorläufern vgl. z.B. Trepte, 2004). Im Vergleich zur Psychologie der direkten Kommunikation ist sie nicht nur sehr viel jünger, sondern in ihrer Entwicklung – bedingt vor allem durch die rasanten Veränderungen im Medienbereich – auch weitaus dynamischer. Gleichzeitig weist sie eine höhere Komplexität und eine entschieden größere Vielfalt an Fragestellungen, einbezogenen Kommunikationsarten und Methoden auf.

Umschreibung des Forschungsgebiets

In Entsprechung zur Kommunikationspsychologie als Ganzer kann man die Aufgabe der Medienpsychologie folgendermaßen umschreiben.

Definition

Aufgabe der **Medienpsychologie** ist die Analyse, Erklärung und Vorhersage von Prozessen und Ergebnissen der Massenkommunikation und medialen Individualkommunikation unter psychologischen Aspekten. Im Fokus liegen dabei Kognitionen, Erleben, Verhalten und Handeln von Individuen in ihrer medialen Kommunikationsumgebung, einschließlich der relevanten Bedingungen und Einflussgrößen aufseiten der Individuen, der Situation, des mikro- und makrosozialen Kontextes, des nichtsozialen Umfelds sowie nicht zuletzt der Medien selbst.

Das Spektrum der einbezogenen Medien umfasst klassische und neuere Massenmedien ebenso wie die verschiedenen Medien der computervermittelten Individualkommunikation (mediale interpersonale Kommunikation sowie Mensch-Computer-Kommunikation/Interaktion).

Dabei werden medienspezifische Fragestellungen, Theorien und Methoden mit Grundlagen, Methoden und Erkenntnissen anderer Bereiche der Psychologie sowie anderer Disziplinen verknüpft (interdisziplinäre Ausrichtung).

Auf einer etwas konkreteren Ebene lässt sich die gegenwärtige Medienpsychologie durch folgende Themenschwerpunkte kennzeichnen:

- Determinanten der Auswahl innerhalb des Spektrums von Medienprodukten und Anwendungen bzw. Diensten („Medienwahl" als ein Aspekt des „Medienhandelns");
- Medienkompetenz als wesentlicher Einflussfaktor nicht nur für die Medienwahl, sondern auch für die Mediennutzungsweise, für die mit der Nutzung verbundenen interaktiven und psychischen Prozesse und Reaktionen und letztlich auch für die Ergebnisse, Folgen und längerfristigen Wirkungen der Mediennutzung;
- Rezeption und Wirkungen bestimmter Inhaltkategorien (z.B. Werbung, Gewaltdarstellungen, politische Berichterstattung und „Infotainment");
- Unterhaltungs- und „Präsenzerleben" bei unterschiedlichen Medienarten (z.B. Erleben eigener Präsenz und Erfahrung in einem virtuellen Raum im Vergleich zu entsprechenden Inhalten im Fernsehen, in Bild- oder in Printmedien);
- soziale und sozioemotionale Dimensionen von Mediennutzung und -wirkungen (z.B. parasoziale Interaktionen und Beziehungen zu Fernsehakteuren, Dialog mit „anthropomorphen Interface-Agenten");
- individuelle Handlungsmuster und Interaktionsabläufe bei computervermittelter Kommunikation (z.B. beim Computerspielen oder Chatten);
- Vergleich zwischen direkter und medialer interpersonaler Kommunikation unter verschiedenen Aspekten (z.B. Kommunikationsweise und wechselseitiges Verstehen, Ergebnisse und Folgen der Interaktion etwa für die Entwicklung von Beziehungen oder für die Bewältigung beruflicher Aufgaben);
- Evaluation von Medienprodukten (z.B. Kindersendungen, Websites) und Anwendungen (z.B. E-Learning) nach nutzerorientierten Kriterien (z.B. technische, intellektuelle und psychische Anforderungen an die Nutzer, Informationswert, „Usability") für eine nutzergerechte und/oder effektive Mediengestaltung;
- Wissensvermittlung und Lernen durch Einsatz klassischer und neuer Medien;

- Mediennutzung und -wirkungen bei Kindern und Jugendlichen unter Berücksichtigung motivationaler, kognitiver und emotionaler Prozesse;
- exzessive Mediennutzung und neuartige Phänomene medienbezogener „Süchte“.

Strukturierung des Forschungsgebiets

Gerade bei einem derart komplexen Forschungsgebiet wie der Medienpsychologie ist es nützlich, sich zunächst einen strukturierenden Überblick zu verschaffen, anhand dessen sich einzelne Fragestellungen, theoretische Modelle und empirische Ergebnisse einordnen und bewerten lassen (s. Abb. 2.7).

Für die Massenkommunikationsforschung ergibt sich eine solche Grobstruktur aus den an der Kommunikation beteiligten Elementen, die Lasswell (1948, S. 37) in seiner berühmt gewordenen Formel „Who says what in which channel to whom with what effect?“ zueinander in Beziehung gesetzt hat:

- Kommunikatorforschung („who says“),
- Inhaltsforschung („what“),
- Medienlehre bzw. Medienforschung („in which channel“),
- Rezipientenforschung („to whom“) einschließlich Wirkungsforschung („with what effect“).

Medienlehre bzw. Medienforschung. Hierzu gehören Untergebiete wie Medienrecht und Medienökonomie ebenso wie etwa Fragestellungen, die Standards des Journalismus oder technische Bedingungen auf der Medienseite betreffen. Insgesamt stellt dieses Gebiet wichtige Erkenntnisse zu äußeren Rahmenbedingungen der Medienproduktion und -verbreitung bereit, die gleichzeitig für Themen der Kommunikator- und Medieninhaltsforschung sowie letztlich auch für die Rezipientenforschung relevant sind.

Kommunikatorforschung. Die Fragestellungen sind hier drei Ebenen zuzuordnen:

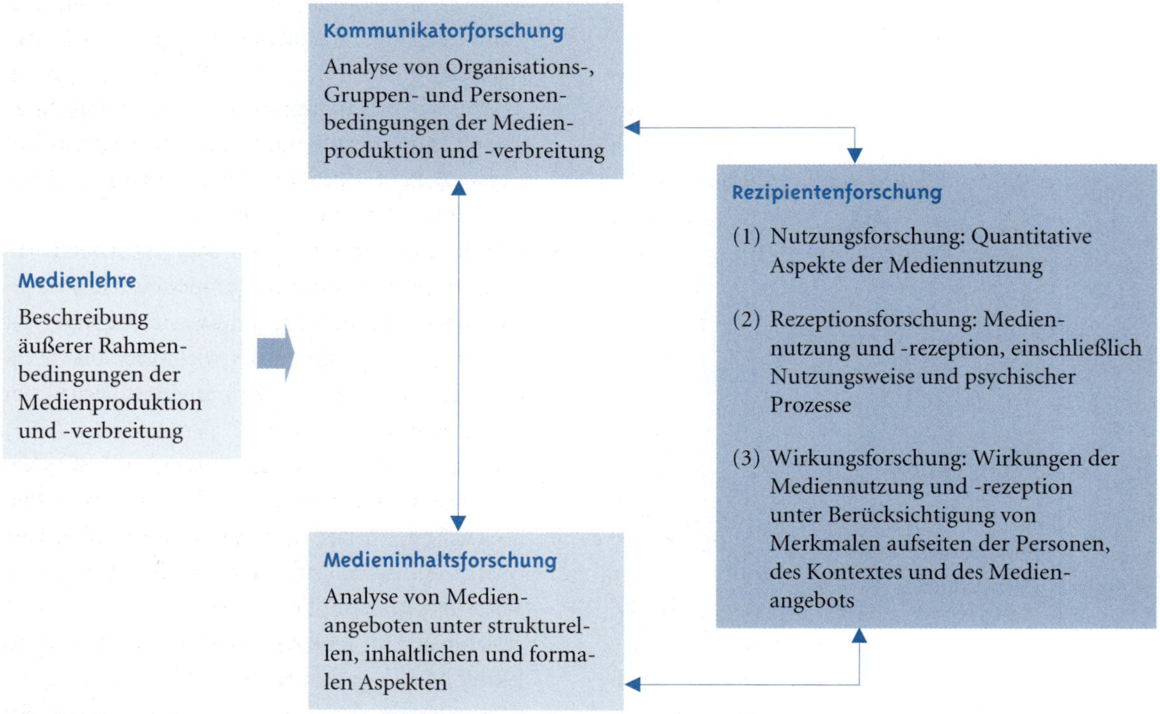

Abbildung 2.7. Gebiete der Massenkommunikationsforschung (vgl. auch Six, 2005)

- Medienorganisationsebene (z.B. ökonomische Bedingungen von Sendeanstalten),
- Gruppenebene (z.B. Arbeitsklima und -prozesse in Redaktionen, deren interne Struktur und externen Kooperationsbeziehungen),
- Individualebene (z.B. Rollenselbstverständnis und themenbezogene Einstellungen einzelner Redakteure).

Ein häufig untersuchtes und gesellschaftlich relevantes Thema ist hier beispielsweise die Nachrichtenauswahl und -gestaltung (als Zusammenfassung z.B. Pürer, 2003). Insgesamt liefert die Kommunikatorforschung Erkenntnisse, die auch für Analysen und Bewertungen des Medienangebots wesentlich sind. Gleichzeitig ergeben sich Schnittmengen mit der Rezipientenforschung etwa im Hinblick auf Wechselwirkungen zwischen Kommunikator- und Rezipientenseite (z.B. wechselseitige Erwartungen).

Ähnlich wie die Medienlehre bzw. Medienforschung gehört dieses Gebiet weniger zum Gegenstandsbereich der Medienpsychologie als zu dem anderer Disziplinen (z.B. Publizistik).

Medieninhaltsforschung. Die Analyse von Medienangeboten richtet sich auf verschiedene Ebenen und Dimensionen:

- Strukturanalysen des Angebots einzelner Medien im Hinblick auf bestimmte Angebotsbereiche (z.B. Genres) und Präsentationsformen. Eine strukturanalytische Frage ist etwa: Welchen Anteil machen Werbespots an der Gesamtwerbezeit einzelner Fernsehsender und diese am Gesamtprogramm der jeweiligen Sender aus?
- Analysen bestimmter Inhaltskategorien, etwa zur Quantität und Qualität von Gewaltdarstellungen im Fernsehen, von Pornographie in Printmagazinen, von Stereotypen in der Werbung oder von politischer Berichterstattung;
- Analysen singulärer Angebote unter inhaltlichen Aspekten (z.B. Kommunikationsstil in einer Talkshow) oder auch nach formalen Kriterien (z.B. Beitragslänge, Schnittfrequenz, Kameraperspektive).

Rezipientenforschung. Dieses vergleichsweise besonders umfangreiche Gebiet schließt neben der Wirkungsforschung auch die Nutzungs- und die Rezeptionsforschung ein.

- Die Nutzungsforschung stellt Ergebnisse zu quantitativen Dimensionen der Mediennutzung (z.B. Reichweiten von Medien und einzelnen Angeboten, Dauer der Nutzung einzelner Medien im Tagesablauf) unter Einbeziehung von Rezipientenvariablen (z.B. soziodemographischen und milieuspezifischen Faktoren) bereit.
- In der Rezeptionsforschung wird neben der Mediennutzungsweise das breite Spektrum an psychischen Prozessen untersucht, die mit der Rezeption verbunden sind. Bei einer groben Einteilung, die zudem Überschneidungen und Zusammenhänge außer Acht lässt, sind solche „Rezipientenaktivitäten“ in (sozial-)kognitive Prozesse der Informationsaufnahme, -verarbeitung und -speicherung (einschließlich Bewertungen, Abgleich mit eigenen Erfahrungen etc.) und (sozio-)emotionale Prozesse (z.B. in Zusammenhang mit Sympathie/Antipathie) zu trennen; als dritte Kategorie kommen mit solchen Aktivitäten verbundene interne oder auch der Beobachtung zugängliche Reaktionen (z.B. Erregung, Schimpfen, Weinen) hinzu.
- Die Medienwirkungsforschung untersucht die vielfältigen kurz- und längerfristigen Folgen, die aus der Mediennutzung resultieren. Ähnlich wie in der Rezeptionsforschung ist dabei der komplexe Zusammenhang zwischen Merkmalen der rezipierten Medieninhalte, der Nutzungsweise, den Rezipientenprozessen sowie den Bedingungen und Einflussfaktoren aufseiten von Individuum, Kontext und Situation zu berücksichtigen (zur Differenzierung von Wirkungsfragen s. oben Abschnitt 2.2.2).

Bei vielen Forschungsfragen werden einzelne Aspekte dieser Gebiete miteinander verknüpft. Innerhalb der Medienpsychologie, deren Schwerpunkt in der Rezipientenforschung liegt, betrifft dies vor allem

Zusammenhänge zwischen Inhalts-, Rezeptions- und Wirkungsforschung.

Eine solche für die Forschung zu traditionellen Massenmedien durchaus geeignete Strukturierung lässt sich jedoch nur begrenzt auf die heutige Medienpsychologie anwenden, die sich neben der Massenkommunikation gleichermaßen der computervermittelten Individualkommunikation widmet (s. oben Abb. 2.2). Will man Begriffe verwenden und Forschungsgebiete trennen, die für den umfassenderen Gegenstandsbereich der Medienpsychologie insgesamt gelten, so müssen zum einen die Bezeichnungen „Rezipienten" und „Rezipientenforschung" nun durch „Mediennutzer" und „Nutzerforschung" ersetzt werden. Zum anderen ist dann eine Trennung zwischen Kommunikator-, Inhalts- und Rezipientenforschung weder mit Blick auf die computervermittelte interpersonale Kommunikation noch erst recht auf die Mensch-Computer-Kommunikation bzw. -Interaktion angebracht.

Neben der Forschung zu äußeren Rahmenbedingungen (z.B. politische, technologische, ökonomische und rechtliche Bedingungen) und der Medienangebotsforschung (z.B. zu technischen Anforderungen sowie strukturellen und inhaltlichen Merkmalen einzelner Medienangebote) erscheint für die Medienpsychologie, bei der die Nutzer und damit die Nutzerforschung im Zentrum stehen, inzwischen folgende Einteilung angemessener:

- Forschung zum individuellen Handeln, Verhalten und Erleben in der Medienumgebung: Bedingungen, Einflussgrößen und Muster der Medienwahl, der Nutzungsweise sowie der mit der Mediennutzung verbundenen interaktiven und psychischen Prozesse und Reaktionen, einschließlich Motivationen, Kognitionen und Erleben;
- Wirkungsforschung: Ergebnisse, Folgen und längerfristige Wirkungen, die aus dem individuellen Handeln, Verhalten und Erleben in der Medienumgebung resultieren, unter Berücksichtigung des komplexen Wirkungszusammenhangs (zur Komplexität s. oben Abschnitt 2.2.2).

2.4.2 Theoretische Perspektiven in der Medienpsychologie

Da in den nachfolgenden Kapiteln eine Reihe von Theorien der Medienpsychologie detailliert beschrieben werden (s. auch Sachwortregister), geht der vorliegende Abschnitt auf theoretische Ansätze und Modelle nicht im Einzelnen ein. Vielmehr wird ein grober Überblick über die wichtigsten Strömungen der medienpsychologischen Theorieentwicklung gegeben.

Theoretische Ansätze der Massenkommunikation

Das bekannteste Kommunikationsmodell ist wohl das Modell der Informationsübertragung von Shannon und Weaver (1949; vgl. Abb. 2.8).

Demnach setzt sich Kommunikation aus sechs Elementen zusammen: Ein *Sender* kodiert und übermittelt durch ein *Übertragungsmedium* (z.B. Telefon) eine Nachricht, die als Signal über einen *Übertragungskanal* die Empfängerseite erreicht und mithilfe eines *Empfangsmediums* (z.B. Telefon) vom *Empfänger* dekodiert wird. Mögliche „Störquellen" sehen Shannon und Weaver auf dem Weg der Informationsübertragung, d.h. beim *Übertragungskanal*.

Viele Konzepte zur Kommunikation im Allgemeinen und zur Massenkommunikation im Besonderen lehnen sich an diese technikzentrierte informationstheoretische Konzeption an. Nicht nur die bei Shannon und Weaver genannten Elemente sind auch in späteren und heutigen Modellen wieder zu finden; auch „Störquellen" und die dadurch mitbedingte Diskrepanz zwischen gesendeter und empfangener Botschaft (wie auch die damit verbundene Beeinträchtigung des Kommunikationserfolgs) werden nach wie vor einbezogen. Anders als bei Shannon und Weaver wird diese Diskrepanz seitdem jedoch längst nicht mehr ausschließlich auf Übertragungsprobleme zurückgeführt, sondern auf unterschiedlichste Einflussfaktoren des Kommunikationsflusses und -ergebnisses. Berücksichtigt werden dabei seit langem auch die beim Rezipienten ablaufenden Prozesse der Informationsverarbeitung und

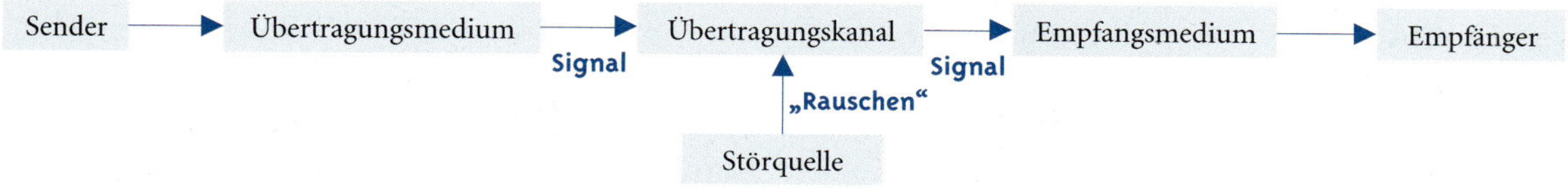

Abbildung 2.8. Kommunikationsmodell nach Shannon und Weaver (1949)

seine vorliegende Motivation, sich mit den medialen Informationen auseinander zu setzen.

Insgesamt wurden somit die theoretischen Konzepte und Modelle seitdem komplexer, indem sie eine Vielzahl von Bedingungs- und Einflussfaktoren berücksichtigen, die beim medialen Kommunikationsprozess eine wichtige Rolle spielen. Ein Beispiel hierfür ist das bereits 1963 publizierte „Feldschema der Massenkommunikation" von Maletzke.

Das in Abbildung 2.6 (s. oben Abschnitt 2.3.2) dargestellte allgemeine Kommunikationsmodell, das den „kleinsten gemeinsamen Nenner" verschiedenster aktueller Auffassungen zur direkten und medialen Kommunikation abbildet, weist auf einen weiteren Unterschied zu den frühen Konzeptionen hin: Im Zentrum des Interesses liegen nicht mehr nur die Botschaftsübermittlung und deren Erfolg bzw. Wirkung sowie die objektiven und subjektiven Bedingungen der Kommunikationssituation, die personalen Bedingungen der Beteiligten sowie die Merkmale des Umfelds und umfassenderen Kontextes. Vielmehr wird seit den 1960er Jahren nun auch die Bedeutsamkeit von psychischen Aktivitäten der Kommunikatoren und Rezipienten sowie von Motiven und Funktionen der Mediennutzung hervorgehoben.

Und schließlich wurde die Sichtweise von Massenkommunikation als „Einbahnstrasse", wie sie im Modell von Shannon und Weaver angedeutet und anschließend in zahlreichen Modellen zur Massenkommunikation übernommen wurde, in manchen neueren Konzeptionen aufgegeben und der *interaktive Charakter* von Kommunikation auch für die Massenkommunikation postuliert. Ein Beispiel hierfür ist der „dynamisch-transaktionale Ansatz" von Früh und Schönbach (1991), in dem die dynamischen Wechselwirkungen zwischen Kommunikatoren und Rezipienten („Intertransaktionen") sowie Wechselwirkungen zwischen internen Aktivitäten der an der Kommunikation Beteiligten („Intratransaktionen") betont werden.

Wirkungsmodelle

Solche Entwicklungen in den Konzepten und Modellen zur Massenkommunikation lassen sich nicht nur für die Massenkommunikationsforschung im Allgemeinen feststellen, sondern auch speziell für das Teilgebiet, das sich auf die Wirkungsfrage konzentriert und damit in der Medienpsychologie seit jeher besonderes Gewicht hat:

Frühe Wirkungsmodelle orientierten sich an der „Lasswell-Formel" (s. oben Abschnitt 2.4.1). Dabei richteten sie sich teilweise primär auf die Erklärung und Vorhersage von Medienwirkungen auf das *Verhalten* der Rezipienten. Ein bekanntes Beispiel hierfür ist das ursprünglich rein lerntheoretisch orientierte Modell von Bandura (1969).

Kognitive Medienwirkungen. Eine andere Richtung der traditionellen Massenkommunikationsforschung konzentrierte sich schon früh auf die Beschreibung und Erklärung *kognitiver* Medienwirkungen. Dazu gehören etwa der „Agenda-Setting-Ansatz", die „Wissensklufthypothese" oder der „Kultivierungsansatz", die zunächst unter einer primär medienzentrierten Perspektive den Rezipienten als eher passiven und modellierbaren Part im Prozess der Massenkommunikation betrachteten. Solche inzwischen differenzierteren, auch heute noch aktuellen theoretischen Ansätze haben ihren Ursprung großenteils außerhalb der Psychologie und sind vorrangig auf die makrosoziale Ebene gerichtet. Einen wesentlichen Beitrag zur Beschreibung und Erklärung *individueller* kognitiver Medienwirkungen leisteten von Anfang an psychologische Theorien und Modelle aus der Sozialpsychologie, insbesondere solche zur Persuasionsforschung. Vor allem die berühmt gewordenen Arbeiten der sog. „Yale-Gruppe" (vgl. Abschnitt 5.5.2 zur beabsichtigten Einstellungsbeeinflussung) sowie die verschiedenen Konsistenztheorien sind hier zu nennen. Zur Erklärung kognitiver Medienwirkungen werden dabei vor allem psychologische Mechanismen der selektiven Zuwendung zu und der Wahrnehmung von Medieninhalten sowie der selektiven Informationsverarbeitung und -speicherung akzentuiert. Gerade Forschungsarbeiten auf der Grundlage solcher sozialpsychologischen Modelle und Theorien haben das Paradigma der starken Medienwirkungen zunehmend ins Wanken gebracht.

Die mit der „kognitiven Wende" eingeleitete intensive Beschäftigung mit den Prozessen der (sozialen) Informationsverarbeitung hat inzwischen zu zahlreichen Theorien und Modellen geführt, die die Wirkung von Medien auf Kognitionen (z.B. Einstellungen, soziale Urteile) als einen aktiv-konstruktiven Prozess aufseiten der Mediennutzer ansehen. Die „Theorie der kognitiven Belastung", das „Elaboration-Likelihood-Modell", das „Heuristic Processing Model" oder die „Theorie der sozialen Informationsverarbeitung" sind Beispiele dafür.

Emotionale bzw. sozioemotionale Wirkungsprozesse. Sie blieben in der Medienpsychologie lange relativ unbeachtet, wenn man einmal von der Mediengewaltforschung absieht, die sich allerdings stärker auf das Verhalten als auf das emotionale Erleben konzentrierte. Erst in den 1970er Jahren setzte vor allem mit den Arbeiten von Hertha Sturm und von Dolf Zillmann eine entsprechende medienpsychologische Theoriebildung auf der Grundlage emotionspsychologischer Konzepte ein. Inzwischen liegen hier eine Reihe elaborierter Theorien und Modelle vor, die emotionale Medienwirkungen in unterschiedlichen Zusammenhängen beschreiben und erklären können. Dazu gehören beispielsweise die „Erregungs-Übertragungs-Hypothese" oder die „Affective-Disposition-Theory", das „Konzept der Metaemotionen" und das „Modell des Unterhaltungserlebens". Hier wird der Fokus ebenfalls auf die internen Aktivitäten der Mediennutzer gelegt, die entscheidenden Einfluss auf das Ergebnis der Mediennutzung (z.B. Unterhaltung) haben.

Motivationspsychologische Konzepte. Spätestens seit dem Paradigmenwechsel in den 1970er Jahren (Wechsel von einer medien- zu einer rezipientenorientierten Sichtweise; Stichwort: „aktiver Rezipient") spielen auch motivationspsychologische Konzepte eine zunehmend wichtige Rolle innerhalb der Medienpsychologie. Für die Beschreibung und Erklärung, warum Menschen sich bestimmten Medien(angeboten) zuwenden und welche Gratifikationen mit der Nutzung verbunden sind, wurde zunächst eine Reihe von theoretischen Konzepten entwickelt, die sich unter dem „Uses-and-Gratifications-Ansatz" zusammenfassen lassen. Die weitere Ausdifferenzierung von Rezipientenaktivitäten spiegelt sich in spezifischen neueren Ansätzen der Medienpsychologie wider, die sich weniger für die Wirkung als vielmehr für die (sozio)emotionalen und kognitiven Prozesse des Medienhandelns interessieren. Dazu gehört beispielsweise die „Mood-Management-Theorie" und das Konzept der „parasozialen Interaktion" oder das Konstrukt der „Rezeptionsmodalitäten".

Insgesamt ist festzustellen, dass sich die Theorieentwicklung innerhalb der Medienpsychologie zum Teil eng an Konzepte, Theorien und Modelle grundlegender Bereiche der Psychologie angelehnt hat. Darüber hinaus hat die Medienpsychologie eigenständige Theorien und Modelle entwickelt, die den Besonderheiten medialer Kommunikation Rechnung tragen. Wesentliche Impulse gab hierzu der „rezipientenorientierte Ansatz" von Sturm (1982), in dem u.a. entwicklungspsychologische Aspekte der Rezeption, Verarbeitung und Wirkungen von Medieninhalten und deren jeweils spezifische „formale Angebotsweisen" berücksichtigt und aufeinander bezogen werden. Einen zentralen Beitrag zur medienpsychologischen Theorieentwicklung hat auch Bandura mit seiner ursprünglich lerntheoretisch orientierten Konzeption bis zu seiner heutigen „Sozial-kognitiven Theorie der Massenkommunikation“ geleistet (vgl. Bandura 1969; 2001). In seinen Arbeiten spiegelt sich die steigende Komplexität von Theorien und Modellen ebenso wider wie die zunehmende Beachtung psychischer Prozesse in Zusammenhang mit der Mediennutzung (z.B. Selbstregulation und Selbstwirksamkeit als wesentliche Mechanismen des Medienhandelns).

Theoretische Ansätze zur Medien-Individualkommunikation

Die (psychologische) Forschung zur computervermittelten interpersonalen Kommunikation (CmC) greift zum einen auf theoretische Konzepte und Modelle zurück, die in Abschnitt 2.3.2 mit Blick auf die direkte interpersonale Kommunikation zusammengefasst wurden. Über die auch für die Analyse, Erklärung und Optimierung von CmC grundlegenden sozialpsychologischen Theorien hinaus liegt zum anderen eine Reihe mehr oder weniger elaborierter spezifischer Theorie- und Erklärungsansätze vor, die jeweils einzeln jedoch nur eine geringe Reichweite haben. Einen umfassenderen heuristischen Ansatz (vor allem für die Analyse sozialer Effekte) hat Döring (2003) auf Basis einer Systematisierung relevanter Theorien und deren Integration in ein „medienökologisches Rahmenmodell“ vorgelegt:

Theorien der Medienwahl (vgl. hierzu auch Abschnitt 16.3.4 zur Medienwahl bei computervermittelter Kommunikation sowie Kap. 14 zu direkter und medialer Individualkommunikation). Sie konzentrieren sich auf die Erklärung des Medienwahlverhaltens. Besondere Beachtung finden dabei spezifische Merkmale von Medien („personale Medien“ sowie Medien für analoge und computervermittelte Kommunikation) und deren Eignung für bestimmte Kommunikationsaufgaben (z.B. „Social-Presence“-Theorie; „Media-Richness“-Theorie). Ebenso werden soziale Normen, Einstellungen und Bedienungskompetenzen aufseiten der Nutzer (z.B. „Social-Influence“-Modell) oder auch deren Präferenzen und Bedürfnisse (z.B. das „sozialpsychologische Modell der Medienwahl und Mediennutzung“ von Scholl, Pelz & Rade, 1996) betont.

Theorien zur Erklärung von CmC-Wirkungen (z.B. Eskapismus, Enthemmung, pro- oder antisoziales Verhalten). Zu ihnen zählen vor allem die Kanalreduktions- und Filtertheorien, die die im Vergleich zur direkten Kommunikation bei CmC eingeschränkten Möglichkeiten des Informationsaustauschs betonen (Fehlen oder Reduzierung der Ausdrucks- und Rezeptionsmodalitäten auf para- und nonverbaler Ebene und die damit verbundene Reduzierung „sozialer Hinweisreize“). Filtertheorien im engeren Sinne (z.B. „Cues filtered out approaches“) stellen dabei allerdings heraus, dass sich gerade aus solchen Einschränkungen durchaus auch positive Effekte für den Ablauf und die Ergebnisse der Kommunikation ergeben können (z.B. Offenheit, Ehrlichkeit). Andere hier einzuordnende Ansätze gehen auf Konsequenzen ein, die sich aus dem technischen Datenformat („Digitalisierung“) der CmC und deren Möglichkeiten ergeben (ausführlicher dazu Döring, 2003).

CmC-Theorien zum medialen Kommunikationsverhalten. Im Zentrum dieser Theorien steht die besondere Rolle der Kommunikationspartner. Dabei wird zum einen betont, dass die Beteiligten ihr Kommunikationsverhalten den medialen Gegebenheiten anpassen und Einschränkungen, wie sie die computervermittelte Kommunikation mit sich bringt, kompensieren (z.B. „Social Information Processing Theory“). Zum anderen werden Unterschiede in den Prozessen der Selbstdarstellung und Personenwahrnehmung zwischen Netz- und Face-to-Face-Situationen einbezogen (z.B. „Theorie der hyperpersonalen Perspektive“ von Walther, 2000): Spezifische Kontrollmöglichkeiten innerhalb von CmC im Hinblick darauf, was und wie man etwas von sich preisgibt, begünstigen so gegebenenfalls Selbstreflexion, Täuschungen oder Intimität. Zu diesem Theoriekomplex zählt ebenfalls das „Social Identity Model of Deindividuation Effects“ (SIDE). Es verweist darauf, dass bei anonymer CmC die personale oder soziale Identität bewusster und gegebenenfalls salienter wird als bei Face-to-Face-Kommunikation. Dadurch können sich Auswirkungen auf Selbstaufmerksamkeit,

Gruppenpolarisierung und Stereotypisierung ergeben. Weitere Einflüsse auf Kommunikationsverhalten und soziale Prozesse bei der CmC ergeben sich auf Basis von kultursoziologischen und medienanthropologischen Ansätzen zur Netzkultur und aus eher linguistisch orientierten Betrachtungen zur spezifischen Internetsprache sowie zu deren Bedingungen und Auswirkungen (vgl. Döring, 2003).

Ergänzend sind für den Bereich der Mensch-Computer-Interaktion (MCI) Ansätze vor allem aus der Instruktions- und Lernpsychologie sowie der Informatik und den Ingenieurswissenschaften zu nennen (als Überblick z.B. Krämer, 2004). Hierzu gehören beispielsweise „Instruktionsmodelle" sowie diverse Nutzermodelle wie etwa das GOMS-Modell (Card, Moran & Newell, 1983), das „Handlungsmodell der MCI" (Norman, 1988) oder heuristische Ansätze zur Abbildung von internen Repräsentationen des Systems beim Nutzer (mentale Modelle). Bedeutsam sind darüber hinaus auch „Präsenztheorien" (z.B. „Telepräsenz"; Steuer, 1992), die im Zusammenhang u.a. mit „Immersion" und Unterhaltungserleben auch in der Forschung zur CmC sowie zur Rezeption von massenmedialen Angeboten eine Rolle spielen.

2.4.3 Methoden der Medienpsychologie

Mit Blick auf die Mediennutzer als zentralem Forschungsgegenstand bedient sich die Medienpsychologie des gesamten Vorrats an sozialwissenschaftlichen Erhebungs- und Auswertungsmethoden, die in der Psychologie üblicherweise verwendet werden. Dazu gehören zum einen unterschiedliche Formen der Beobachtung, etwa wenn „offenes Verhalten" im Umgang mit Medien dokumentiert werden soll. Abhängig von der jeweiligen Fragestellung, wird zum anderen das gesamte Spektrum mündlicher und schriftlicher mehr oder weniger standardisierter Befragungsmethoden verwendet. Schließlich bedient sich die Medienpsychologie auch apparativer Verfahren, die in der Psychologie eine lange Tradition haben. Physiologische Messungen oder die Aufzeichnung von Blickbewegungen sind Beispiele dafür.

Je nach Fragestellung sind diese Methoden der Datenerhebung Teil unterschiedlicher Untersuchungsdesigns (vgl. Bortz & Döring, 2002): Sie können einerseits zur bloßen Beschreibung und Typologisierung von Mediennutzern und Mediennutzung eingesetzt werden; da jedoch vielfach Wirkungsfragen im Vordergrund stehen, sind sie andererseits häufig Teil experimenteller bzw. quasiexperimenteller Vorgehensweisen.

Wenn also die Medienpsychologie die gängigen sozialwissenschaftlichen bzw. psychologischen Methoden verwendet, stellt sich die Frage, ob es darüber hinaus *spezifische medienpsychologische* Methoden gibt. Möglicherweise kann (und sollte) diese Frage gar nicht grundsätzlich beantwortet werden. Tatsache ist allerdings, dass sich aus den Besonderheiten der Medien, des Medienangebots sowie deren Nutzung und der damit verbundenen Fragestellungen spezifische Anforderungen an die in der Medienpsychologie verwendeten Methoden ergeben. Dies macht(e) Modifikationen, Anpassungen und zum Teil tatsächliche Neuentwicklungen von Verfahren notwendig. Insofern kann durchaus von spezifisch medienpsychologischen Methoden gesprochen werden, die im Folgenden kurz (und sicher nicht vollständig) skizziert werden.

Dokumentation von Mediennutzungsverhalten und Beschreibung von Zielgruppen

Das Mediennutzungsverhalten (z.B. das Ausmaß des Fernsehkonsums) spielt einerseits bei der Erforschung von Medienwirkungen eine wichtige Rolle als unabhängige Variable und wird hier (z.B. in der Kultivierungsforschung) meist durch Befragungen der Probanden oder durch Beobachtungen ermittelt. Andererseits sind Informationen zum Mediennutzungsverhalten für die Kommunikatoren eine zentrale Planungs- und Entscheidungsgrundlage (vgl. Abschnitt 21.3 zur Mediaplanung). Aufgrund ihrer kommerziellen Relevanz werden an entsprechende Daten besonders hohe Anforderungen in Bezug auf Repräsentativität, Reliabilität und ökologische Validität gestellt. Die Erfassung der Nutzung von Printmedien, Hörfunk, Kino und Internet beruht im weitesten Sinne auf Befragungsmethoden. Darunter fallen auch Tagebuchverfahren. Das Fernsehnutzungsverhalten wird außerdem mit der so genannten Telemetrie erhoben. Dabei handelt es sich um ein elektronisches Messverfahren (GfK-Meter), das Ein-, Aus- und Umschaltvorgänge am Fernsehgerät automatisch und sekundengenau registriert. Diese Informationen werden mit den Stammdaten der Personen aus über 5000 repräsentativ ausgewählten Haushalten verknüpft (vgl. Arbeitsgemeinschaft Fernsehforschung, 2002). Die so ermittelten Daten geben Auskunft über das Fernsehverhalten der deutschen Bevölkerung. Besondere Anstrengungen zur Sicherstellung der Qualität der Daten werden durch sog. Coincidental Checks unternommen, da sie gewissermaßen die „Währung" für die Kalkulation von Werbepreisen darstellen. Leider ist die Verwendung dieser Daten für die medienpsychologische Grundlagenforschung stark eingeschränkt: Einerseits werden sie (aus verständlichen Gründen) der Allgemeinheit nicht zur Verfügung gestellt. Andererseits beschränkt sich ihr Aussagegehalt auf die quantitative Nutzung des Fernsehens; Aussagen über die Motive der Zuschauer, die während der Rezeption ablaufenden kognitiven und/oder emotionalen Prozesse (z.B. Aufmerksamkeit, Involvement) sowie über die Wirkung des Gesehenen lassen sich aus den Daten hingegen nicht ableiten.

Als spezifisch für die Medienforschung können neben der Telemetrie die (ebenfalls hauptsächlich unter kommerziellen Gesichtspunkten entwickelten) Verfahren zur Segmentierung bzw. Typologisierung von Mediennutzern angesehen werden (vgl. z.B. SevenOne Media, 2004; Oehmichen & Ridder, 2003; Dehm & Storll, 2003).

Erforschung interner psychologischer Strukturen und Prozesse und der Einsatz nichtreaktiver Verfahren

Die Wahl geeigneter Methoden hängt u.a. von theoretischen Entwicklungen in der Medienpsychologie und den damit verbundenen Fragestellungen ab. Da man sich seit langem nicht mehr nur für Medienwirkungen im Sinne beobachtbaren Verhaltens oder etwa leicht abfragbaren Wissens interessiert, sondern zunehmend auch für die internen Prozesse des Denkens und Fühlens beim Umgang mit Medien, haben sich hierfür spezifische Methoden etabliert. Sie sollen es zum einen ermöglichen, die während der Mediennutzung ablaufenden kognitiven und emotionalen Prozesse abzubilden. Zum anderen will man dem mit klassischen Befragungstechniken häufig verbundenen Problem von Antworttendenzen (z.B. Post-hoc-Rationalisierungen; sozial erwünschte Antworten) begegnen, indem zunehmend nichtreaktive Verfahren eingesetzt werden. Wie die nachfolgenden Beispiele zeigen, versuchen verschiedene Methoden, beiden Anforderungen gerecht zu werden.

- Prozesse der Informationsverarbeitung können beispielsweise durch die Methode des lauten Denkens („Think-aloud Technique") oder durch (videounterstützte) Gedankenprotokolle erfasst werden (vgl. Woelke, 2004; Bilandzic & Trapp, 2000). Sie haben den Vorteil, dass sich die Probanden relativ frei von Vorgaben und spontan äußern können.
- Zur Beschreibung kognitiver Strukturen bzw. subjektiver Theorien stehen Verfahren zur Verfügung, die die aktive Introspektion der Probanden durch unterschiedliche Techniken unterstützen, wie beispielsweise die Struktur-Lege-Technik (vgl. Schreier, 2004), das Laddering-Verfahren im Rahmen der sog. Means-End-Forschung (vgl. Woodside, 2004) oder das Erstellen kognitiver „Landkarten" (vgl. z.B. Vitouch & Tinchon, 1996).
- Um Antworttendenzen bei der Abfrage von Meinungen und Einstellungen (z.B. bei der Erfassung von Stereotypen) zu vermeiden, werden seit neuestem auch in der Medien- bzw. Werbepsychologie „Implizite Assoziations Tests" (IATs) benutzt. Diese Verfahren messen Reaktionszeiten bei Zuordnungsaufgaben und können

damit Aufschluss über die Stärke von Assoziationen in der kognitiven Struktur von Konsumenten geben (vgl. z.B. Brunel, Tietje & Greenwald, 2004).

- Verschiedene Techniken des „Continuous Response Measurement" (CRM) erlauben es, beispielsweise durch die Bedienung von Dreh- oder Schiebereglern, während der Rezeption kontinuierliche Urteile über die momentane Bewertung der Inhalte oder die aktuelle Befindlichkeit abzugeben (vgl. z.B. Maier & Faas, 2004). Kombiniert man diese Daten mit traditionellen Verfahren zur Erfassung von Rezipientenurteilen nach der Rezeption (wie beispielsweise im Rahmen der „Integrierten Rezeptionsprozessanalyse", IRP; vgl. Schmeißer, Bente & Isenbart, 2004), kann erforscht werden, wie sich Gesamteindrükke und -reaktionen aus den Einzelreaktionen auf spezifische inhaltliche und formale Gestaltungsmerkmale des Medienangebots zusammensetzen. Es können somit auch spezifische Verlaufsmuster und deren Zusammenhang mit Rezipientenurteilen identifiziert werden. Ähnliches gilt für die „gute alte" Blickbewegungsregistrierung, die inzwischen für die medienpsychologische Forschung wiederentdeckt wurde (vgl. Bente, 2004).
- Emotionale Reaktivität, Aufmerksamkeit und Interesse von Probanden können mithilfe physiologischer Messmethoden erfasst werden, die in der Medienpsychologie eine sichtbare Renaissance erleben (vgl. Kempter & Bente, 2004). Neben den klassischen Maßen wie Hautleitfähigkeit, Herz- und Atemfrequenz geben diverse Indikatoren von Hirnaktivitäten (z.B. Alphawellen oder Blutdurchfluss) Aufschluss über interne Prozesse während der Mediennutzung (vgl. Smith & Gevins, 2004; Simons, Detenber, Cuthbert, Schwartz & Reiss, 2003; Mangold, Winterhoff-Spurk, Stoll & Hamann, 1998). Als neueste Entwicklung ist in diesem Zusammenhang der Einsatz bildgebender Verfahren zur Dokumentation von Hirnaktivitäten, das so genannte Magnetic Resonance Imaging (MRI) zu nennen (vgl. Anderson, Bryant, Murray, Rich, Rivkin & Zillmann, 2006; Weber, Ritterfeld & Mathiak, 2006).

Online-basierte Forschungsmethoden

Immer häufiger wird medienpsychologische Forschung auch unter Zuhilfenahme des Internets durchgeführt. Die Vorteile liegen in der Ökonomisierung und Optimierung der Datenerhebung. Beim Einsatz von Online-Fragebogen, Online-Interviews und WWW-Experimenten müssen jedoch Spezifika beachtet werden wie beispielsweise die höheren Anforderungen an die technische Kompetenz der Forscher oder die Problematik der Rekrutierung von Untersuchungsteilnehmern (vgl. Batinic, 2004). Neben der Möglichkeit zur Implementierung traditioneller Erhebungsmethoden bietet das Internet darüber hinaus neue Möglichkeiten der Datenerhebung (z.B. die automatische Generierung von Protokollen des Nutzungsverhaltens im Internet, sog. Logfiles) und neue Formen experimentellen Vorgehens (z.B. durch die Beobachtung des Verhaltens von Probanden in manipulierbaren virtuellen Welten).

Systematische Beschreibung und Beurteilung von Medien und Medieninhalten

Eine differenzierte Betrachtung der Medieninhalte wurde in der Medienpsychologie lange Zeit vernachlässigt. Sie stand eher im Fokus angrenzender Disziplinen wie beispielsweise der Kommunikations- oder der Medienwissenschaft (vgl. Giles, 2003). Auch hier hat die theoretische Entwicklung (Stichwort: „aktiver Rezipient") zu einem Umdenken geführt, so dass die systematische Analyse von Medieninhalten nach diversen inhaltlichen und formalen Kriterien inzwischen zum „Standardrepertoire" der Medienpsychologie gehört (vgl. Trepte, 1999). Inhaltsanalysen dienen zur Quantifizierung und Qualifizierung von Wirkungspotenzialen (z.B. im Rahmen von Kultivierungsanalysen oder in experimentellen Settings). Vor allem aber die Kombination aus dynamischen Beschreibungen von Medieninhalten und Verlaufsdaten von Rezipientenreaktionen (z.B. Gesichtsausdruck) lässt Rückschlüsse auf die Wirkung spezifischer inhaltlicher und/oder formaler Gestaltungsmerkmale auf die kognitiven und/oder emotionalen Reaktionen der Rezipienten zu (vgl. die Arbeiten mit dem Facial Action Coding System, FACS; Unz, Schwab & Winterhoff-Spurk, 2002). Zeitreihenbasierte Notationsverfahren (vgl. z.B. Frey & Bente, 1989) sind dafür Voraussetzung. Durch die Entwicklung computerunterstützter Verfahren (vgl. z.B. Schwab, Unz & Winterhoff-Spurk, 2005) ergeben sich hier vielfältige Möglichkeiten.

Ein weiterer wichtiger Bereich soll hier lediglich kurz erwähnt werden – das sog. Usability-Testing. Unter diesem Begriff werden eine Reihe von Methoden zusammengefasst, die dazu dienen, die „Passung von Objekten und Prozessen der technischen Umwelt zu Prozessen der Informationsverarbeitung des Menschen“ (Wandke, 2004, S. 327) zu prüfen. Es geht darum, wie effektiv, wie effizient und wie zufriedenstellend Informationen und/oder Medien zur Erreichung bestimmter Ziele genutzt werden können. Zum Usability-Testing können prinzipiell alle psychologischen Forschungsmethoden eingesetzt werden. Besondere Bedeutung haben darüber hinaus Verfahren zur Protokollierung von Nutzungsprozessen (z.B. Logfile-Analysen), die Konfrontation der Nutzer mit Videoaufzeichnungen ihrer Nutzung und Nutzerbefragungen (häufig mithilfe standardisierter Fragebögen).

2.5 Anwendungsbereiche der Kommunikationspsychologie

Als Aufgabe der Kommunikationspsychologie wurde in Abschnitt 2.2.1 die Analyse, Erklärung und Vorhersage von Kommunikationsprozessen und -ergebnissen bezeichnet. Wie relevant entsprechende Erkenntnisse für den Alltag sind, lässt sich bereits an einigen weiter oben erwähnten Phänomenen ermessen (vgl. Kap. 1 zu Gegenstand, Zielsetzung und Struktur des Buchs):

- Kommunikation ist Grundlage unseres sozialen Miteinanders, und das, was wir wissen, wie wir wahrnehmen, fühlen, denken und handeln, ist nicht zuletzt die Folge von Kommunikation.
- Den größten Teil des Tages verbringen wir in irgendeiner Weise mit Kommunikation, die in allen Lebensbereichen eine zentrale Rolle spielt.
- Kommunikation läuft aber keineswegs immer reibungslos oder erwartungsgemäß ab, und ob man die mit Kommunikation verbundenen Anliegen bzw. Ziele erreicht, hängt von zahlreichen Voraussetzungen und Einflussgrößen ab.

Auf Basis der Analyse und Erklärung von Kommunikationsprozessen und -wirkungen stellt die Kommunikationspsychologie wesentliche Erkenntnisse nicht nur für Vorhersagen, sondern gerade auch für die Optimierung von Kommunikation bereit. Das breite Spektrum der privaten und beruflichen Kontexte, in denen solche Erkenntnisse Anwendung finden können, wird an den vielfältigen Themenbereichen, Forschungsfeldern und Ergebnissen deutlich, die in den nachfolgenden Kapiteln zur direkten und medienvermittelten interpersonalen Kommunikation ebenso wie zur Massenkommunikation beschrieben werden.

Erkenntnisse aus der *Psychologie der direkten interpersonalen Kommunikation* können dazu genutzt werden, Kommunikation reibungsloser und erfolgreicher zu gestalten. Dies gilt sowohl für den privaten Bereich (z.B. in Partnerbeziehungen oder Familien) als auch für berufliche Kontexte, seien dies etwa Arzt-Patient-Gespräche, psychologische Beratung und Therapie, Verkaufsverhandlungen und Lehr-Lern-Situationen oder Mitarbeitergespräche und Kooperationen in Organisationen. Als Voraussetzung zur Entwicklung und Durchführung von Maßnahmen zur Kommunikationsberatung und von Kommunikationstrainings sind sie unverzichtbar. Und nicht zuletzt ist kommunikationspsychologisches Wissen für die Praxis im Bereich von Rhetorik, Präsentation und Moderation hilfreich.

Wenn es darum geht, nicht auf direktem Wege, sondern mithilfe von Medien miteinander zu kommunizieren, wie dies vor allem in professionellen Kontexten zunehmend der Fall ist, kann die *Medienpsychologie* wichtige Erkenntnisse beispielsweise darüber liefern,

- welche klassischen oder aber neuen Medien sich für welche Anliegen und Zwecke eignen,
- mit welchen jeweils spezifischen Anforderungen (z.B. Medienkompetenz) und potenziellen Problemen die Beteiligten konfrontiert werden und
- welche Voraussetzungen aufseiten des Kontextes, der Medien(-gestaltung) und der Nutzer für eine funktionale und/oder sozial und persönlich angemessene Mediennutzung wesentlich sind.

Wichtige Anwendungsfelder sind hier etwa die Wissensvermittlung mithilfe neuer Medien (z.B. E-Learning), die interne Unternehmenskommunikation oder der Bereich des E-Commerce.

Auch mit Blick auf die Massenkommunikation liefert die Medienpsychologie praxisrelevante Erkenntnisse. In allen Bereichen, in denen mit „Öffentlichkeiten“ kommuniziert wird, sind Kenntnisse über die Akzeptanz, Nutzung und Wirkung massenmedialer Kommunikation und ihre Bedingungen von zentraler Bedeutung: Sie sind eine wesentliche Grundlage für Entscheidungen über die Auswahl geeigneter Medien und Präsentationsformen zur Erreichung der Zielgruppen, für die Programmplanung sowie die inhaltliche und formale Mediengestaltung etwa im Rundfunkbereich und nicht zuletzt für die Entwicklung und Optimierung neuer Medien. Entsprechende Kenntnisse sind in den unterschiedlichsten Bereichen notwendig, sei es in der externen Organisationskommunikation (z.B. Public Relations, Werbung), in der Gesundheitskommunikation (z.B. Aufklärungskampagnen), in der politischen Kommunikation (z.B. im Wahlkampf) oder bei der Verbreitung von Informations- und Unterhaltungsangeboten durch Fernsehen, Radio und Printmedien.

Ebenso sind medienpsychologische Erkenntnisse eine wichtige Voraussetzung, wenn es um die Bewertung der „Qualität“ von Medienangeboten (Stichwort z.B. „Usability“) oder um die Medienkontrolle (z.B. unter Jugendschutzaspekten) geht.

Und schließlich liefert die Medienpsychologie unverzichtbare Grundlagen für die Konzeptentwicklung, Weiterbildung und Praxis im Bereich der Mediendidaktik und der Medienerziehung bzw. -bildung: Entscheidungen darüber, welche Medien sich für den Einsatz in Lehr-Lern-Kontexten eignen, ebenso wie etwa die Definition von Medienkompetenz und von Zielen medienbezogener Bildung setzen Kenntnisse voraus

- über Muster individuellen Handelns, Verhaltens und Erlebens in Zusammenhang mit Medien,
- über Chancen und Risiken medialer Kommunikation und deren Erklärung,
- über die Anforderungen, die sich an eine kompetente Auswahl und Nutzung von Medien stellen.

Literatur

Anderson, D.R., Bryant, J., Murray, J.P., Rich, M., Rivkin, M.J. & Zillmann, D. (2006). Brain imaging – an introduction to a new approach to studying media processes and effects. Media Psychology, 8(1), 1–6.

Arbeitsgemeinschaft Fernsehforschung, AGF (Hrsg.). (2002). Fernsehzuschauerforschung in Deutschland. Frankfurt/Main: AGF.

Bandura, A. (1969). Social learning theory of identificatory processes. In D.A. Goslin (Ed.), Handbook of socialization theory and research (pp. 213–262). Chicago, IL: Rand McNally.

Bandura, A. (2001). Social cognitive theory of mass communication. Media Psychology, 3, 265–299.

Batinic, B. (2004). Online-Research. In R. Mangold, P. Vorderer & G. Bente (Hrsg.), Lehrbuch der Medienpsychologie (S. 251–270). Göttingen: Hogrefe.

Bente, G. (2004). Erfassung und Analyse des Blickverhaltens. In R. Mangold, P. Vorderer & G. Bente (Hrsg.), Lehrbuch der Medienpsychologie (S. 297–324). Göttingen: Hogrefe.

Berger, C.R. (2005). Interpersonal communication: Theoretical perspectives, future prospects. Journal of Communication, 55(3), 415–447.

Bergler, R. & Six, U. (1979). Psychologie des Fernsehens. Wirkungsmodelle und Wirkungseffekte unter besonderer Berücksichtigung der Wirkung auf Kinder und Jugendliche. Bern: Huber.

Bilandzic, H. & Trapp, B. (2000). Die Methode des lauten Denkens: Grundlagen des Verfahrens und die Anwendung bei der Untersuchung selektiver Fernsehnutzung bei Jugendlichen. In I. Paus-Haase & B. Schorb (Hrsg.), Qualitative Kinder- und Jugendmedienforschung. Theorie und Methoden: Ein Arbeitsbuch (S. 183–209). München: KoPäd.

Bortz, J. & Döring, N. (2002). Forschungsmethoden und Evaluation für Human- und Sozialwissenschaftler. Berlin: Springer.

Brunel, F.F., Tietje, B.C. & Greenwald, A.G. (2004). Is the Implicit Association Test a valid and valuable measure of implicit consumer social cognition? Journal of Consumer Psychology, 14(4), 385–404.

Burgoon, M., Hunsaker, F.G. & Dawson, E.J. (1994). Human communication. Thousand Oaks, CA: Sage.

Burkart, R. (2003). Kommunikationstheorien. In G. Bentele, H.-B. Brosius & O. Jarren (Hrsg.), Öffentliche Kommunikation. Handbuch Kommunikations- und Medienwissenschaft (S. 169–192). Wiesbaden: Westdeutscher Verlag.

Card, S.K., Moran, T.P. & Newell, A. (1983). The psychology of human-computer interaction. Hillsdale, NJ: Lawrence Erlbaum.

Daly, J.A. (2002). Personality and interpersonal communication. In M.L. Knapp & J.A. Daly (Eds.), Handbook of interpersonal communication (pp. 133–180). Thousand Oaks, CA: Sage.

Dehm, U. & Storll, D. (2003). TV-Erlebnisfaktoren. Ein ganzheitlicher Forschungsansatz zur Rezeption unterhaltender und informierender Fernsehangebote. Media Perspektiven, (9), 425–434.

Döring, N. (2003). Sozialpsychologie des Internet. Die Bedeutung des Internet für Kommunikationsprozesse, Identitäten, soziale Beziehungen und Gruppen. Göttingen: Hogrefe.

Forgas, J.P. (1992). Soziale Interaktion und Kommunikation. Eine Einführung in die Sozialpsychologie. Weinheim: Beltz Psychologie Verlags Union.

Frey, S. & Bente, G. (1989). Mikroanalyse medienvermittelter Informationsprozesse. Zur Anwendung zeitreihen-basierter Notationsprinzipien auf die Untersuchung von Fernsehnachrichten. In M. Kaase & W. Schulz (Hrsg.), Massenkommunikation. Theorien, Methoden, Befunde (S. 508–526). Opladen: Westdeutscher Verlag.

Früh, W. & Schönbach, K. (1991). Der dynamisch-transaktionale Ansatz. Ein neues Paradigma der Medienwirkungen. In W. Früh (Hrsg.), Medienwirkungen. Das dynamisch-transaktionale Modell (S. 23–40). Opladen: Westdeutscher Verlag.

Fussell, S.R. & Kreuz, R.J. (1998). Social and cognitive approaches to interpersonal communication: Introduction and overview. In S.R. Fussell & R.J. Kreuz (Eds.), Social and cognitive approaches to interpersonal communication (pp. 3–17). Mahwah, NJ: Lawrence Erlbaum.

Gibbs, R.W. (1998). The varieties of intentions in interpersonal communication. In S.R. Fussell & R.J. Kreuz (Eds.), Social and cognitive approaches to interpersonal communication (pp. 19–37). Mahwah, NJ: Lawrence Erlbaum.

Giles, D.C. (2003). Media psychology. Mahwah, NJ: Lawrence Erlbaum.

Graumann, C.F. (1972). Interaktion und Kommunikation. In C.F. Graumann (Hrsg.), Handbuch der Psychologie: Bd. 7. Sozialpsychologie: 2. Halbband. Forschungsbereiche (S. 1109–1262). Göttingen: Hogrefe.

Grice, H.P. (1975). Logic and conversation. In P. Cole & J.L. Morgan (Eds.), Syntax and semantics 3: Speach acts (pp. 41–58). New York, NY: Academic Press.

Heath R.L. & Bryant, J. (2000). Human communication theory and research. Concepts, contexts, and challenges. Mahwah, NJ: Lawrence Erlbaum.

Herkner, W. (1991). Lehrbuch Sozialpsychologie. Bern: Hans Huber.

Jones, E.E. & Gerard, H.B. (1967). Foundations of social psychology. New York, NY: Wiley.

Kempter, G. & Bente, G. (2004). Psychophysiologische Wirkungsforschung: Grundlagen und Anwendungen. In R. Mangold, P. Vorderer & G. Bente (Hrsg.), Lehrbuch der Medienpsychologie (S. 271–295). Göttingen: Hogrefe.

Knapp, M.L., Daly, J.A., Fudge Albada, K. & Miller, G.R. (2002). Background and current trends in the study of interpersonal communication. In M.L. Knapp & J.A. Daly (Eds.), Handbook of interpersonal communication (pp. 3–20). Thousand Oaks, CA: Sage.

Krämer, N.C. (2004). Mensch-Computer-Interaktion. In R. Mangold, P. Vorderer & G. Bente (Hrsg.), Lehrbuch der Medienpsychologie (S. 643–671). Göttingen: Hogrefe.

Krauss, R.M. & Fussell, S.R. (1996). Social psychological models of interpersonal communication. In E.T. Higgins & A.W. Kruglanski (Eds.), Social psychology. Handbook of basic principles (pp. 655–701). New York, NY: Guilford Press.

Kunczik, M. & Zipfel, A. (2001). Publizistik. Ein Studienhandbuch. Köln: Böhlau.

Lasswell, H.D. (1948). The structure and function of communication in society. In L. Bryson (Ed.), The communication of ideas (pp. 37–51). New York, NY: Harper.

Maier, J. & Faas, T. (2004). Debattenwahrnehmung und Kandidatenorientierung. Eine Analyse von Real-Time-Response- und Paneldaten zu den Fernsehduellen im Bundestagswahlkampf 2002. Zeitschrift für Medienpsychologie, 16(1), 26–35.

Maletzke, G. (1963). Psychologie der Massenkommunikation (Bd. 7). Hamburg: Hans-Bredow-Institut.

Maletzke, G. (1972). Massenkommunikation. In C.F. Graumann (Hrsg.), Handbuch der Psychologie: Bd. 7. Sozialpsychologie (S. 1511–1535). Göttingen: Hogrefe.

Mangold, R., Winterhoff-Spurk, P., Stoll, M. & Hamann, G.F. (1998). Veränderungen des zerebralen Blutflusses bei der Rezeption emotionalisierender Filmausschnitte. Medienpsychologie, 10(1), 51–72.

Merten, K. (1977). Kommunikation. Eine Begriffs- und Prozeßanalyse. Opladen: Westdeutscher Verlag.

Norman, D.A. (1988). The psychology of everyday things. New York, NY: Basic Books.

Ohler, P. & Nieding, G. (2005). Medienpsychologie. In A. Schütz, H. Selg & S. Lautenbacher (Hrsg.), Psychologie. Eine Einführung in ihre Grundlagen und Anwendungsfelder (S. 453–472). Stuttgart: Kohlhammer.

Oehmichen, E. & Ridder, C.-M. (Hrsg.) (2003). Die MedienNutzerTypologie. Ein neuer Ansatz der Publikumsanalyse (Schriftenreihe Media Perspektiven, Bd. 17). Baden-Baden: Nomos.

Pürer, H. (2003). Publizistik- und Kommunikationswissenschaft. Ein Handbuch. Konstanz: UVK.

Schmeißer, D.R., Bente, G. & Isenbart, J. (2004). Am Puls des Geschehens – die integrierte Rezeptionsprozessanalyse. Zum Mehrwert rezeptionsbegleitender Untersuchungsmethoden in der Werbewirkungsforschung. Planung & Analyse, (1), 28–34.

Scholl, W., Pelz, J. & Rade, H. (1996). Computervermittelte Kommunikation in der Wissenschaft. Münster: Waxmann.

Schreier, M. (2004). Qualitative Methoden. In R. Mangold, P. Vorderer & G. Bente (Hrsg.), Lehrbuch der Medienpsychologie (S. 377–399). Göttingen: Hogrefe.

Schulz von Thun, F. (1981). Miteinander reden 1: Störungen und Klärungen. Reinbek: Rowohlt.

Schulz von Thun, F. (1989). Miteinander reden 2: Stile, Werte und Persönlichkeitsentwicklung. Reinbek: Rowohlt.

Schwab, F., Unz, D.C. & Winterhoff-Spurk, P. (2005). MEDIASCOPE – eine System zur Inhalts- und Formalanalyse medialer Angebote. Zeitschrift für Medienpsychologie, 17(3), 110–117.

SevenOne Media (Hrsg.). (2004). Semiometrie. Der Zielgruppe auf der Spur. Unterföhring: SevenOne Media.

Shannon, C.E. & Weaver, W. (1949). The mathematical theory of communication. Urbana, IL: University of Illinois Press.

Simons, R.F., Detenber, B.H., Cuthbert, B.N., Schwartz, D.D. & Reiss, J.E. (2003). Attention to television: Alpha power and its relationship to image motion and emotional content. Media Psychology, 5(3), 283–301.

Six, U. (2005). Massenkommunikation. In D. Frey & C. Hoyos (Hrsg.), Psychologie in Gesellschaft, Kultur und Umwelt (S. 316–324). Weinheim: Beltz Psychologie Verlags Union.

Six, U. & Gimmler, R. (2005). Neue Kommunikationsmedien. In D. Frey & C. Hoyos (Hrsg.), Psychologie in Gesellschaft, Kultur und Umwelt (S. 325–332). Weinheim: Beltz Psychologie Verlags Union.

Smith, M.E. & Gevins, A. (2004). Attention and brain activity while watching television: Components of viewer engagement. Media Psychology, 6(3), 285–305.

Stamp, G.H. (1999). A qualitatively constructed interpersonal communication model. A grounded theory analysis. Human Communication Research, 25(4), 531–547.

Stamp, G.H., Vangelisti, A.L. & Knapp, M.L. (1994). Criteria for developing and assessing theories of interpersonal communication. In F.L. Casmir (Ed.), Building communication theories: A socio/cultural approach (pp. 167–208). Hillsdale, NJ: Lawrence Erlbaum.

Steuer, J. (1992). Defining virtual reality: Dimensions determining telepresence. Journal of Communication, 42(4), 73–93.

Sturm, H. (1982). Der rezipienten-orientierte Ansatz in der Medienforschung. Publizistik, 27(1–2), 89–97.

Trepte, S. (1999). Forschungsstand der Medienpsychologie. Medienpsychologie, 11(3), 200–218.

Trepte, S. (2004). Zur Geschichte der Medienpsychologie. In R. Mangold, P. Vorderer & G. Bente (Hrsg.), Lehrbuch der Medienpsychologie (S. 3–25). Göttingen: Hogrefe.

Unz, D., Schwab, F. & Winterhoff-Spurk, P. (2002). Der alltägliche Schrecken? Emotionale Prozesse bei der Rezeption gewaltdarstellender Fernsehnachrichten. In P. Rössler, S. Kubisch & V. Gehrau (Hrsg.), Empirische Perspektiven der Rezeptionsforschung. Angewandte Medienforschung (Schriftenreihe des Medien Instituts Ludwigshafen, Bd. 23, S. 97–115). München: Fischer.

Vitouch, P. & Tinchon, H.-J. (Hrsg.). (1996). Cognitive Maps und Medien. Formen mentaler Repräsentation bei der Medienwahrnehmung (Schriftenreihe zur empirischen Medienforschung, Bd. 1). Frankfurt/Main: Lang.

Walther J.B. (2000). Die Beziehungsdynamik in virtuellen Teams. In M. Boos, K.J. Jonas & K. Sassenberg (Hrsg), Computervermittelte Kommunikation in Organisationen (S. 11–27). Göttingen: Hogrefe.

Wandke, H. (2004). Usability-Testing. In R. Mangold, P. Vorderer & G. Bente (Hrsg.), Lehrbuch der Medienpsychologie (S. 325–354). Göttingen: Hogrefe.

Watzlawick, P., Beavin, J.H. & Jackson, D.D. (1967). Pragmatics of human communication. A study of interactional patterns, pathologies, and paradoxes. New York, NY: Norton. (deutsch: Menschliche Kommunikation. Formen, Störungen, Paradoxien. Bern: Hans Huber, 1969).

Weber, R., Ritterfeld, U. & Mathiak, K. (2006). Does playing violent video games induce aggression? Empirical evidence of a functional magnetic resonance imaging study. Media Psychology, 8(1), 39–60.

Wiemann, J.M. & Giles, H. (1996). Interpersonale Kommunikation. In W. Stroebe, M. Hewstone & G.M. Stephenson (Hrsg.), Sozialpsychologie. Eine Einführung (S. 331–361). Heidelberg: Springer.

Winterhoff-Spurk, P. (2004). Medienpsychologie. Eine Einführung. Stuttgart: Kohlhammer.

Woelke, J. (2004). Protokollanalysen in der experimentellen Forschung. Wie sich die Validität experimenteller Befunde durch Analysen kognitiver Reaktionen verbessern läßt. In W. Wirth, E. Lauf & A. Fahr (Hrsg.), Forschungslogik und -design in der Kommunikationswissenschaft. Band 1: Einführung, Problematisierungen und Aspekte der Methodenlogik aus kommunikationswissenschaftlicher Perspektive (S. 128–141). Köln: von Halem.

Woodside, A.G. (2004). Advancing means-end chains by incorporating Heider's balance theory and Fournier's consumer-brand relationship typology. Psychology and Marketing, 21(4), 279–294.

3 Informationsaufnahme und -verarbeitung

Stephan Schwan • Jürgen Buder

Beispiel

Lesen Sie die Botschaft, die in **diesem Schriftstil** *geschrieben ist und beginnen Sie mit dem Wort* **zu.** *Irgendwo* **Zu** *verborgen* **den** *in* **imposantesten** *den* **kognitiven** *Rocky Mountains* **Fähigkeiten** *in der Nähe von* **zählt** *Central City,* **die** *Colorado,* **Fähigkeit,** *versteckte* **eine** *ein* **Botschaft** *alter Bergmann* **unter** *einen Kasten* **anderen** *mit* **auszuwählen** *Gold.* **Wir** *Obwohl* **machen** *mehrere* **das,** *hundert* **indem** *Menschen* **wir** *danach* **unsere** *suchten,* **Aufmerksamkeit** *fanden* **auf** *sie* **bestimmte** *ihn* **Hinweisreize** *nicht.* **wie** *Wenn* **etwa** *Sie* **den** *vom* **Stil** *„Glory* **der** *Hole* **Schrift** *Saloon“* **konzentrieren.** *aus* **Wenn** *300* **wir** *Schritte* **unsere** *nach* **Aufmerksamkeit** *Westen* **auf** *und* **bestimmte** *600* **Reize** *Schritte* **konzentrieren,** *nach* **wird** *Nordwesten* **die** *gehen* **in** *und* **den** *1 Meter* **anderen** *tief* **Reizen** *graben,* **enthaltene** *werden* **Botschaft** *Sie* **nicht** *genügend* **klar erkannt.** *Gold* **Einige** *finden,* **Informationen** *um* **aus** *ein* **der** *Konzert* **unbeachteten** *mit* **Reizquelle** *Tina* **können** *Turner* **jedoch** *besuchen* **aufgenommen** *zu* **werden** *können.*
(Aus Solso, 2005, S. 84)

Dieses Beispiel zeigt, dass wir nicht alle Informationen aufnehmen, denen wir ausgesetzt sind, sondern dass wir sie gezielt zur weiteren Verarbeitung auswählen. Was verbirgt sich hinter dem Prozess der Informationsverarbeitung?

3.1 Menschliche Informationsverarbeitung

Menschen zeichnen sich durch umfassende intellektuelle Fähigkeiten aus, die es ihnen erlauben, einerseits hochkomplexe, stabile Verhaltensmuster auszubilden. Sie sind andererseits aber auch in der Lage, sich flexibel an neuartige oder unvorhergesehene Situationen anzupassen und dabei kreativ neue Problemlösungen zu entwickeln. Diese Fähigkeiten sind vor allem darauf zurückzuführen, dass sensorische Reize beim Menschen nicht einfach festgelegte Reaktionsmuster auslösen, sondern dass zwischen Reizwahrnehmung und beobachtbarem Verhalten eine Vielzahl mentaler Verarbeitungsschritte bzw. kognitiver Prozesse erfolgt.

! Unter **Kognition** werden jene psychischen Funktionsbereiche verstanden, die in ihrer Gesamtheit das menschliche Denken ausmachen. Sie umfassen unter anderem Wahrnehmung, Aufmerksamkeit, Gedächtnis, Problemlösen und Schlussfolgern (Neisser, 1976).

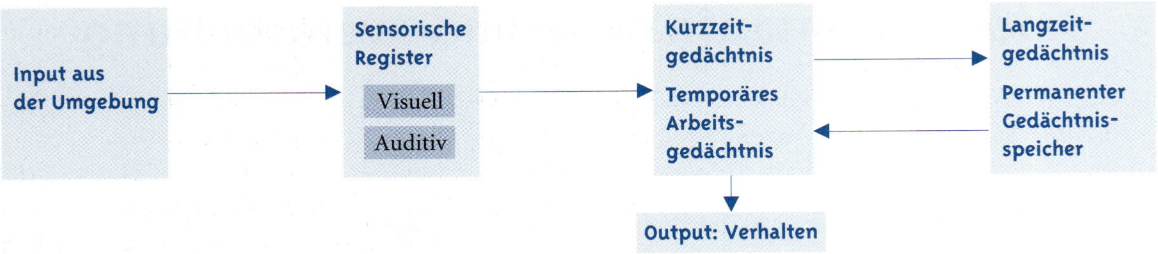

Abbildung 3.1. Grundmodell des kognitiven Systems (nach Atkinson & Shiffrin, 1968)

Gemeinsam ist diesen Bereichen, dass sie sich als Prozesse der Informationsaufnahme und -verarbeitung beschreiben lassen, die auf der Grundlage mentaler Repräsentationen operieren. Thagard (1996) hat diese Auffassung menschlichen Denkens als „Computational-Representational Understanding of Mind" (abgekürzt CRUM) bezeichnet und somit darauf hingewiesen, dass es eine Entsprechung zwischen der Funktionsweise des menschlichen Denkens und der von Computern gibt.

Ähnlich wie beim Computer zeichnet sich auch der mentale Apparat des Menschen durch eine Architektur aus, die neben sensorischen Komponenten zur Informationsaufnahme (z.B. Sehorgane, Hörorgane) und motorischen Komponenten zur Verhaltenssteuerung (z.B. Gliedmaßen, Sprechapparat) mindestens zwei Formen der Informationsspeicherung umfasst, die als Arbeitsgedächtnis und Langzeitgedächtnis bezeichnet werden (Baddeley, 1997; vgl. Abb. 3.1).

Das Arbeitsgedächtnis dient als zentrale Steuerungsinstanz. Seine Hauptaufgabe besteht darin, eine angemessene Repräsentation der äußeren Situation und der begleitenden innerpsychischen Zustände zu entwickeln, sie kontinuierlich zu aktualisieren und mit Absichten, Plänen und Interessen, aber auch mit Vorwissen und Erfahrungen zu verknüpfen. Die aktuell im Arbeitsgedächtnis befindlichen mentalen Repräsentationen sind flüchtig, sie unterliegen aufgrund der sich ändernden Umstände und der vielfältigen Denkoperationen kontinuierlichen Veränderungen.

Allerdings werden besonders wichtige Informationen durch eine entsprechende Elaboration ins Langzeitgedächtnis überführt. Im Rahmen dieses Lernvorganges werden sie in eine dauerhafte Form umgewandelt und in eine umfassende Wissensstruktur integriert, aus der sie in späteren Situationen bei Bedarf aktiviert und abgerufen werden können.

Durch eine Reihe von Eigenschaften des mentalen Apparates wird gewährleistet, dass diese komplexen Aufgaben der Informationsaufnahme und -verarbeitung innerhalb eines vertretbaren Zeitrahmens und mit einem möglichst geringen Verbrauch an kognitiven Ressourcen geleistet werden können. Zum einen operiert das kognitive System stark selektiv: Durch eine entsprechende Steuerung der Aufmerksamkeit (vgl. das Beispiel zu Beginn des Kapitels) werden bevorzugt solche Informationen beachtet und verarbeitet, die aktuell von hoher Bedeutung sind. Was als bedeutsam angesehen wird, ist dabei das Ergebnis eines zyklischen Wechselspiels von datengesteuerten („bottom-up") und konzeptgesteuerten („top-down:") Prozessen. Die Bedeutsamkeit hängt also nicht nur von den Eigenschaften der wahrgenommenen Informationen selbst, sondern gleichermaßen auch vom eigenen Vorwissen, den aktuellen Zielen sowie den darauf beruhenden Erwartungen ab (Neisser, 1976; Norman & Bobrow, 1975). Die Beteiligung konzeptgesteuerter Prozesse bewirkt zudem, dass fehlende oder nicht zugängliche Informationen aufgrund von Vorwissen und Erfahrung durch plausible Annahmen konstruktiv ergänzt werden können. Mentale Repräsentationen geben die äußeren Verhältnisse also nicht einfach als eine Art Spiegelbild wieder, sondern weichen in systematischer Weise davon ab.

Zum Zweiten weist das Arbeitsgedächtnis eine Reihe spezialisierter Bereiche auf. Beispielsweise unterscheidet Baddeley (1997) in seinem Modell des Arbeitsgedächtnisses zwischen einer zentralen Exekutive und zwei untergeordneten „Hilfssystemen“:

- der für Sprache zuständigen „phonologischen Schleife“,
- dem für bildhaft-räumliche Vorstellungen zuständigen „visuell-räumlichen Notizblock“.

Beide Hilfssysteme verfügen jeweils über eigene kognitive Ressourcen und operieren weitgehend unabhängig voneinander. Durch diese „Arbeitsteilung“ wird eine optimale Auslastung der nur in begrenzter Menge verfügbaren kognitiven Ressourcen gewährleistet und gleichzeitig die Gefahr einer kognitiven Überlastung durch Kapazitätsüberschreitung vermieden, die mit Verarbeitungs- und Verstehenseinbußen verbunden wäre. Zudem operiert jeder dieser Bereiche mit spezialisierten Repräsentationsformaten, die für die jeweils zu verarbeitenden Inhalte angemessen sind.

Drittens wird das Wissen, das sich aus diesen Verarbeitungsprozessen ergibt und das im Langzeitgedächtnis dauerhaft gespeichert wird, in hoch organisierter, vernetzter Form repräsentiert, damit es bei Bedarf schnell und situationsangemessen abgerufen werden kann. Je nach Art der Information und der damit verbundenen kognitiven Aufgaben wird das Wissen dabei in unterschiedlicher Form abgelegt. Insbesondere kann zwischen deklarativem (Fakten-)Wissen und prozeduralem (Handlungs-) Wissen sowie zwischen propositionalen (d.h. begrifflich-abstrakten) und analogen (d.h. anschaulich-bildhaften) Formen der Informationsspeicherung unterschieden werden.

3.2 Die Rolle der Kommunikation und der Medien für die Informationsverarbeitung

Durch die Entwicklung der Sprache als wichtigster Form zwischenmenschlicher Kommunikation stieg die Leistungsfähigkeit der menschlichen Informationsverarbeitung sprunghaft an (Tomasello, 1999). Sie versetzt das kognitive System in die Lage, mit anderen Kontakt aufzunehmen und Informationen auszutauschen. Es ist damit nicht mehr ausschließlich auf die direkte Informationsaufnahme aus seiner unmittelbaren Umgebung angewiesen, sondern erschließt sich die mentalen Apparate anderer Personen als weitere wesentliche Informationsquellen. Hierbei geht die Sprache als symbolische Kommunikation in ihren Möglichkeiten weit über die nichtsymbolischen Signalsysteme hinaus, wie sie aus dem Tierreich bekannt sind. Denn sie gestattet es uns nicht nur, jemanden zu etwas aufzufordern, sondern ihm auch etwas zu beschreiben. Dadurch wird es auch uns selbst möglich, uns über Sachverhalte zu verständigen, wenn diese nicht in der aktuellen Situation präsent sind; das ist beispielsweise der Fall, weil sie nicht direkt beobachtbar, bereits vergangen oder noch nicht eingetreten sind (Donald, 1994).

Diese Fähigkeit zur sprachlichen Verständigung beeinflusst die menschliche Informationsverarbeitung in mindestens dreierlei Hinsicht:

- Erstens kann man mit ihrer Hilfe Erfahrungen und Wissen an andere Menschen weitergeben. Ideen, Interpretationsmuster, Handlungsabläufe oder Problemlösungen brauchen nicht von jedem Individuum neu entwickelt zu werden, sondern können durch Kommunikation verbreitet und über Generationen hinweg tradiert werden. Damit entwickeln sich neben der nur sehr langfristig operierenden biologischen Evolution zusätzlich Formen der kulturellen Evolution, bei denen Veränderungen bereits innerhalb wesentlich kürzerer Zeitspannen wirksam werden (Tomasello, 1999).
- Zweitens beruht sprachliche Kommunikation auf reziprokem Informationsaustausch und erlaubt deshalb die Vernetzung von Personengruppen. Durch gegenseitige sprachliche Abstimmung und Koordination wird es möglich, Anforderungen zu bewältigen, die von einem Einzelnen nicht zu

leisten wären. Dies gilt nicht nur für manuelle Tätigkeiten, sondern gleichermaßen auch für die arbeitsteilige Lösung kognitiver Aufgaben, die mit einem hohen Maß an Informationsverarbeitung verbunden sind. Kommunikativ vernetzte Personengruppen lassen sich somit als überindividuelle, Informationen verarbeitende Systeme beschreiben, die die kognitive Leistungsfähigkeit der einzelnen Gruppenmitglieder substanziell erweitern (Hinsz, Tindale & Vollrath, 1997; Wegner, 1987).

- Drittens beeinflusst die Sprachfähigkeit auch die kognitive Architektur des mentalen Apparates selbst. Zwar finden sich bei Kleinkindern bereits vor dem Spracherwerb Hinweise auf Denkprozesse (beispielsweise der Hypothesenbildung und der Schlussfolgerung). Trotzdem kann eine Reihe von Prozessen der Informationsverarbeitung als internalisiertes Sprechen aufgefasst werden (Vygotsky, 1978). Beispielsweise hängt die Fähigkeit zur Selbststeuerung und Metakognition eng mit einer Verinnerlichung der reflexiven Metarede zusammen, durch die die verbal ausgedrückten Gedanken und Überzeugungen anderer kommentiert und bewertet werden. Dies kann man häufig bei Eltern-Kind-Interaktionen beobachten (Tomasello, 1999).

Durch die Einführung von Medien wird schließlich das Spektrum der Möglichkeiten zur Kommunikation und Informationsverarbeitung noch einmal substanziell erweitert. Medien ermöglichen es, Informationen in zeichenhaften Formen auf einem materiellen Träger zu fixieren. Die Informationen verlieren dadurch ihre Flüchtigkeit und werden zeit- und ortsunabhängig verfügbar. Typische Beispiele für solche externen Repräsentationen sind Texte, Tabellen, Grafiken, Zeichnungen, Fotographien oder Filme. Im Hinblick auf die menschliche Informationsverarbeitung können sie zu unterschiedlichen Zwecken eingesetzt werden:

- Der mentale Apparat kann sich ihrer bedienen, um unterstützend auf seine kognitiven Prozesse einzuwirken;
- sie ermöglichen neue Formen des interpersonellen Informationsaustauschs;
- sie können schließlich genutzt werden, Inhalte in den Massenmedien einer großen und anonymen Gruppe von Rezipienten zu vermitteln.

Diese drei kognitiven Funktionsbereiche von Medien sollen in den folgenden Abschnitten näher beleuchtet werden.

3.3 Unterstützung kognitiver Prozesse durch externe Repräsentationen

Eine erste zentrale kognitive Funktion von Medien besteht darin, Informationen aus dem mentalen Apparat auszulagern und dadurch deren Verarbeitung zu erleichtern, zu vereinfachen und weniger anfällig gegen Fehler zu machen (cognitive offloading; Scaife & Rogers, 1996). Beispielsweise können im Verlauf von Denkprozessen Zwischenschritte in Form von Skizzen, Formeln oder Notizen extern „zwischengespeichert" werden. Dadurch kann die Kapazitätsbeanspruchung des Arbeitsgedächtnisses verringert und bei komplexen Verarbeitungsprozessen (z.B. mathematischen Berechnungen) eine kognitive Überlastung vermieden werden. Entscheidend ist dabei auch die Wahl des Repräsentationsformats, da verschiedene Repräsentationen des gleichen Sachverhalts zu unterschiedlich guten Aufgabenlösungen führen können. Beispielsweise eignen sich zeichnerische Skizzen besonders gut, um zu Schlussfolgerungen darüber zu kommen, welche Beziehungen zwischen den Komponenten komplexer mechanischer Systeme bestehen (Sachse, Hacker & Leinert, 2004). Wird ein bestimmter Inhalt zudem nicht nur in *einem* Format, sondern gleich in mehreren Formaten veranschaulicht – als Zahlenkolonne, als Formel, als Tabelle *und* als Grafik – kann dadurch die Informationsverarbeitung noch flexibler und besser werden (Kozma, 2003).

Insbesondere im Hinblick auf die Struktur und den Inhalt des Langzeitgedächtnisses haben externe

Gedächtnisstützen auch wichtige kognitive Funktionen. Ihr Spektrum reicht von Einkaufslisten, Erinnerungsfotos oder Mitschriften von Vorlesungen bis hin zu eigens entwickelten Medienformaten wie Kalendern oder privaten Adressbüchern (Herrmann & Petro, 1990). Die das Gedächtnis unterstützende Wirkung solcher Medien lässt sich auf zwei Ursachen zurückführen:

- Zum einen bewirkt bereits das Verfassen der Gedächtnisstütze eine tiefere Verarbeitung und damit ein besseres Behalten des zu memorierenden Inhalts („process function"; Kiewra, 1985). Beispielsweise erzielten Studierende, die sich während einer Vorlesung deren wesentliche Inhalte notierten, in nachfolgenden Wissenstests bessere Ergebnisse als Studierende, die die Vorlesung angehört hatten, ohne Notizen anzufertigen. Dies gilt auch, wenn für Erstere nach der Vorlesung keine Möglichkeit mehr bestand, sich die Aufzeichnungen noch einmal anzuschauen.
- Zum anderen bewirkt der spätere Rückgriff auf die Aufzeichnungen und die damit verbundene Wiederholung des Inhalts, der gelernt werden soll, dass sich die Behaltensleistung weiter verbessert („product function"; Kiewra, 1985).

Die Nutzung externer Aufzeichnungen führt nicht nur dazu, dass sich die Behaltensleistungen verbessern, sondern sie kann darüber hinaus auch die Organisation der Inhalte beeinflussen, die im Langzeitgedächtnis gespeichert sind. Insbesondere bei kognitiv stark belastenden Gedächtnisaufgaben kann es dazu kommen, dass die Informationen, die behalten werden müssen, zwischen dem externen und dem mentalen Speicher verteilt werden. Auf diese Weise wird ein Teil der Informationen vorwiegend extern fixiert, und das mentale Gedächtnis beschränkt sich darauf, weniger zentrale Inhalte zu speichern. Dies geschieht in Verbindung mit dem Wissen über den Ort und die Organisation der externen Speicherung („Quellenwissen" und „Zielwissen"; Schönpflug, 1997). Dadurch wird der kognitive Apparat eng mit Informationsstrukturen in seiner Umgebung verknüpft („extended memory field"; Donald, 1994). Daraus ergibt sich ein Verbund des mentalen Apparats mit den ihn umgebenden Informationsstrukturen, wie sie beispielsweise für heutige Büroumwelten typisch sind (Notizblökke, Kalender, Telefonverzeichnisse usw.). Dieser Verbund zeichnet sich somit gegenüber einem isoliert arbeitenden kognitiven System durch eine deutlich erhöhte Speicher- und Verarbeitungskapazität aus („effects *with* media", Salomon, 1990). Andererseits kann diese Auslagerung von Informationen und Verarbeitungsprozessen dazu führen, dass bestimmte kognitive Kompetenzen in geringerem Maß ausgebildet werden und das kognitive System deshalb zunehmend auf die Verfügbarkeit der externen Medien angewiesen ist („effects *of* media", Salomon, 1990).

3.4 Informationsaustausch durch mediale interpersonelle Kommunikation

Medien spielen nicht nur als externe Speicher eine wichtige Rolle im kognitiven Haushalt des Menschen, sie unterstützen auch den zwischenmenschlichen Informationsaustausch und damit die Vernetzung mentaler Apparate. Im Folgenden soll deshalb der Frage nachgegangen werden, welcher Zusammenhang zwischen individueller Kognition, interpersoneller Kommunikation und Medien besteht. Dabei soll zuerst erörtert werden, inwieweit sich nicht mithilfe von Medien interagierende Gruppen aufgrund der in ihnen stattfindenden Kommunikation als informationsverarbeitende Systeme beschreiben lassen. Dann wird die Konzeption des „Common Ground" dargestellt, die sich explizit mit kognitiven Prozessen bei der Interaktion befasst. Schließlich wird die Frage aufgeworfen, welche personalen und welche Umweltfaktoren (insbesondere medienbezogene Faktoren) einen günstigen bzw. ungünstigen Einfluss auf die Kommunikation haben.

3.4.1 Gruppen als informationsverarbeitende Systeme

Die Kognitionswissenschaft hat sich nach ihrem Entstehen in den 1950er Jahren mehrere Jahrzehnte nahezu ausschließlich auf die individuelle Informationsverarbeitung beschränkt. Erst in der zweiten Hälfte der 1980er Jahre wurde das moderne kognitionspsychologische Begriffsinventar vermehrt auf die Interaktion und Kommunikation von Gruppen angewendet. Heute ist es üblich, Gruppen als informationsverarbeitende Systeme zu betrachten (Hinsz, Tindale & Vollrath, 1997). Die Psychologie stellt somit Fragen wie: Wie werden Informationen in einer Gruppe gespeichert? Wie werden sie abgerufen? Wie vergessen Gruppen?

Vor diesem Hintergrund stellt sich die Frage, ob man eine Gruppe als die Summe einzelner eigenständiger Informationsverarbeitungssysteme oder aber als ein Gesamtsystem ansieht, in dem Wissen intern repräsentiert und verarbeitet wird. Ein Beispiel dafür ist der Ansatz von Stasser (1992), der Gruppenphänomene auf Individualebene erklärt. Er vergleicht das Äußern einer Mitteilung in einer Diskussion damit, dass Kugeln zufällig aus einer Urne gezogen werden. Nach Stasser handelt es sich also um einen Prozess, der unabhängig von den anderen Gruppenmitgliedern stattfindet. Auch wenn es unplausibel zu sein scheint, der interaktiven Dynamik von Diskussionen so wenig Beachtung zu schenken, muss man diesem Ansatz zugestehen, dass er mit seiner rein individuenzentrierten Sichtweise gut in der Lage ist, das Ergebnis von Gruppendiskussionen vorherzusagen.

In völlig anderer Weise wird die Frage nach der Informationsverarbeitung von Gruppen durch Hutchins (1995) beantwortet. In seinem Ansatz der „Distributed Cognition" untersuchte er das Kommunikations- und Interaktionsverhalten von Gruppen (z.B. der Crewmitglieder bei der Navigation auf großen Schiffen). Hutchins behauptet, dass diese Aufgabe von so vielen sozialen Faktoren (z.B. Rangordnungen) und Umweltvariablen (z.B. räumliche Position von Geräten) abhängt, dass es aus kognitionswissenschaftlicher Sicht sinnvoller ist, die Gruppe als ein kognitives Gesamtsystem zu betrachten und nicht etwa als die Summe verschiedener Einzelsysteme.

Wie auch immer man die Frage nach der richtigen Analyseeinheit (Individuum oder Gruppe) beantworten mag, über eines besteht weitgehend Einigkeit: Im Vergleich zur individuellen Kognition ist die Kognition in bzw. von Gruppen komplexer. Denn man hat es mit mindestens zwei aktiven Personen zu tun, deren Verhalten mehr oder weniger gut aufeinander abgestimmt sein kann.

3.4.2 Das Konzept des „Common Ground"

Ein Modell, das Kommunikationsprozesse aus kognitionswissenschaftlicher Perspektive betrachtet, ist von Clark (1996) unter dem Stichwort „Common Ground" (gemeinsamer Wissenshintergrund) formuliert worden.

> **!** Bei **Common Ground** geht es um das Wissen, das zwei oder mehreren Interaktionspartnern gemeinsam ist.

Clark behauptet, dass Kommunikationspartner über Annahmen verfügen, was Bestandteil gemeinsamen Wissens zwischen ihnen und ihrem Gegenüber ist und was nicht. Dabei lassen sie sich von bestimmten Heuristiken leiten. Die „Heuristik der physikalischen Kopräsenz" besagt z.B., dass alle Dinge, die einem selbst und dem Gegenüber durch Wahrnehmung zugänglich sind, Bestandteil des Common Ground sind (z.B. eine Tafel in einem Raum). Laut der „Heuristik der linguistischen Kopräsenz" gehören alle Dinge, die man zu einem früheren Zeitpunkt mit dem Gegenüber kommuniziert hat, ebenfalls zum Common Ground. Schließlich gibt es noch die Heuristik der „Community Membership" – wenn mir mein Gegenüber erzählt, sie sei eine Studentin, so habe ich bestimmte Annahmen über ihr Wissen (z.B., dass sie weiß, was eine Mensa ist).

Clark wendet sich gegen einfache Kommunikationsmodelle, die einen rein aktiven Sender und einen rein passiven Empfänger annehmen. Die Aktivität eines Senders beschränkt sich nicht nur darauf, Informationen bereitzustellen, sondern besteht auch darin, die Art der Bereitstellung auf den angenommenen Common Ground abzustimmen. So würde man einem Schüler womöglich den Begriff „Immatrikulation" erläutern, einer Studentin hingegen nicht.

Clarks Konzeption schreibt ferner dem Empfänger einer Mitteilung eine deutlich aktivere Rolle zu. So hat dieser die Aufgabe, fortlaufend zu signalisieren, ob er eine Mitteilung versteht oder nicht. Es gibt verschiedene Arten und Weisen, wie man dies bewerkstelligt: beispielsweise indem man nonverbal (Kopfnicken) oder paraverbal („hm, hm") Rückmeldung gibt, indem man einen vom Sender angefangenen Satz vervollständigt oder schlicht indem man auf eine Aussage mit einer anderen Aussage oder mit einer Frage reagiert. Entscheidend ist dabei die Annahme, dass Sender und Empfänger das Verstehen und Nichtverstehen gemeinsam aushandeln (das so genannte „Grounding").

3.4.3 Randbedingungen interpersoneller Kommunikation

Wie man sich in interpersoneller Kommunikation verhält, hängt nicht nur vom jeweiligen kognitiven Apparat, sondern auch von Außeneinflüssen ab. Im Folgenden werden einige personelle Randbedingungen (wie muss eine Gruppe beschaffen sein?) und Randbedingungen der Umwelt (speziell: welchen Einfluss hat das Kommunikationsmedium?) erörtert.

Personelle Randbedingungen

Betrachtet man verschiedene Ansätze aus psychologischen Teildisziplinen zu der Frage, wie eine Gruppe am besten zusammengesetzt werden soll, zeichnen sich recht unterschiedliche Sichtweisen ab: Eine Reihe von Ansätzen sieht es als förderlich für die Kommunikation an, wenn die Kommunikationspartner in kognitiver Hinsicht unähnlich sind, also z.B. über unterschiedliches Wissen oder verschiedenartige Perspektiven verfügen. Für andere theoretische Konzeptionen hingegen wird angenommen, dass eine Ähnlichkeit der Kommunikationspartner für den Informationsaustausch förderlich ist.

Im Folgenden wird erläutert, welche Befunde und Annahmen für heterogene und welche für homogene Gruppenzusammensetzungen sprechen.

Heterogene Gruppenzusammensetzungen. Eine wichtige Funktion der Kommunikation besteht darin, durch den Informationsaustausch neue Informationen und somit Wissen zu erwerben. Der Erwerb neuen Wissens müsste umso wahrscheinlicher sein, je unterschiedlicher die Personen sind, mit denen man kommuniziert. Eine Methode, die auf dieser Vorstellung beruht, ist das Brainstorming von Gruppen (vgl. Abschnitt 9.4.4 zu Techniken der Gruppenzusammenarbeit). Hierbei sollen die einzelnen Mitglieder Ideen produzieren, ohne diese Ideen einer Bewertung zu unterziehen. Wenn die Gruppe sehr heterogen ist, sollte auch eine größere Menge von unterschiedlichen Ideen produziert werden. Das Prinzip, wonach die Heterogenität von Gruppenmitgliedern die Ressourcen der Gruppe mehrt, findet sich auch in der Konzeption des „transaktiven Gedächtnisses" (Wegner, 1987) wieder. Ein transaktives Gedächtnis beschreibt die Gedächtnisstruktur einer Gruppe von Personen, die bereits seit längerer Zeit regelmäßig miteinander interagieren (z.B. Teams am Arbeitsplatz). Für das Individuum hat die Teilhabe an einem transaktiven Gedächtnissystem den Vorteil, auf mehr Ressourcen zugreifen zu können. Wichtig ist dabei, dass man die jeweilige Expertise der einzelnen Gruppenmitglieder kennt. Somit ist es möglich, bei einem Wissensdefizit ein anderes Gruppenmitglied gezielt fragen zu können. In transaktiven Gedächtnissystemen handeln die Mitglieder jeweils aus, wer für das Enkodieren, Speichern und Abrufen von Informationen zuständig ist. Diese Zuweisung von Verantwortlichkeit kann auf zwei Mechanismen beruhen:

- auf wahrgenommener Expertise (z.B. wird eine Anfrage der Gruppe an die mutmaßlichen Experten weitergeleitet) oder
- auf situativen Umständen (z.B. soll derjenige eine Anfrage von außen beantworten, der diese Anfrage zuerst erhalten hat).

Beide Mechanismen führen dazu, dass sich transaktive Gedächtnissysteme über die Zeit hinweg immer feiner ausdifferenzieren, dass also die Mitglieder immer spezialisierter werden und die Gruppe somit immer heterogener wird.

Neben verbesserten individuellen Zugriffsmöglichkeiten besteht ein weiterer Vorteil heterogener Gruppen darin, dass die Gruppe einen Sachverhalt aus sehr verschiedenen Perspektiven erörtern kann. Auf dieser Grundidee beruht die Arbeit der so genannten Genfer Schule (Doise & Mugny, 1984). Danach eignen sich Gruppen insbesondere dann zur Zusammenarbeit und zum Lernen, wenn die Beteiligten verschiedene Sichtweisen von einem Sachverhalt haben, die zu einem kognitiven Konflikt führen. Die kontroverse Diskussion über diesen Sachverhalt soll dann dazu führen, dass eine bessere Repräsentation des Inhaltsbereichs aufgebaut wird.

Einen ähnlichen Vorteil verschiedener Sichtweisen erhofft man sich auch im Kontext von Gruppenentscheidungen. Allerdings sind empirische Ergebnisse in dieser Hinsicht nicht sehr ermutigend, wie man im Experimentalszenario des „Hidden Profile" (Stasser, 1992) herausgefunden hat. In einer Hidden-Profile-Untersuchung erhalten die Mitglieder einer Gruppe im Vorfeld einer Diskussion bestimmte Informationen, die der Entscheidungsfindung dienlich sein sollten (z.B. über die Eignung bestimmter Kandidaten in einem Personalauswahlverfahren). Einige Informationen sind nicht Gemeingut der Gruppe, d.h. nur ein Gruppenmitglied erhält diese Information im Voraus; andere Informationen sind hingegen gemeinsam, d.h., sie werden jedem Gruppenmitglied zur Verfügung gestellt. Bei einem Hidden Profile ist die Verteilung so angelegt, dass die Gruppe nur dann die objektiv beste Entscheidung fällen kann, wenn die Mitglieder alle nicht gemeinsamen Informationen zusammentragen. Empirisch zeigt sich aber das Gegenteil: Gruppen tendieren stark dazu, gemeinsame Informationen auszutauschen, also ihre Heterogenität nicht auszunutzen. Die meisten Autoren betrachten diesen Effekt als ein Beispiel für die verzerrte Informationsverarbeitung von Gruppen.

Homogene Gruppenzusammensetzungen. Welche Befunde und welche theoretischen Ansätze sprechen nun dafür, dass Gruppen am besten homogen sein sollten, die Mitglieder also in Bezug auf kognitive Indikatoren gleich oder ähnlich verarbeiten? Zunächst ist hier wieder der Ansatz des Common Ground zu nennen: Ohne gewisse Gemeinsamkeiten wird die Kommunikation zwischen Personen erschwert, wenn nicht sogar unmöglich (z.B., wenn zwei am Telefon miteinander kommunizierende Personen nicht dieselbe Sprache sprechen). Der Common Ground dient als Basis und Hintergrund jedweder Kommunikation. Und auch wenn man ihn im Verlauf der Interaktion erweitert, geht es doch nahezu immer darum, zu einem gemeinsamen oder ähnlichen Verständnis eines Sachverhalts zu gelangen.

Die Bedeutsamkeit der Homogenität für die Kommunikation zeigt sich auch im Ansatz der transaktiven Gedächtnissysteme: Zwar entfaltet sich deren Wirkung nur, wenn die Gruppenmitglieder unterschiedliche Dinge wissen; es gibt aber bestimmte Inhalte, die bei allen Gruppenmitgliedern in gleicher Weise repräsentiert sein sollten. Dazu zählt das Wissen, wer in der Gruppe was weiß (Metawissen). Erst wenn dieses Wissen homogen von allen Mitgliedern geteilt ist, ist die Heterogenität der Gruppe effizient nutzbar.

Offen bleibt damit aber noch die Frage, warum Homogenität förderlich sein könnte. Warum z.B. diskutieren die Gruppenmitglieder in Hidden-Profile-Anordnungen überhaupt, wenn sie ohnehin nur jene Informationen nennen, die bereits vorab bekannt gewesen sind? Eine mögliche Erklärung für dieses Phänomen bietet das Konzept der gegenseitigen Validierung: Wenn man in einer Diskussion einen Inhalt äußert und dieser Inhalt von einer anderen Person bestätigt wird, so kann dies dazu beitragen, dass man a) die Information als richtiger und valider ansieht und b) dass sich durch die gegenseitige Bestätigung der Zusammenhalt der Gruppe verbessert.

Insgesamt gesehen ist die Frage, ob Gruppen besser heterogen oder homogen zusammengesetzt sein sollten, noch nicht hinreichend beantwortet. Offensichtlich ist es für viele Formen der Gruppeninteraktion wichtig, ein Mischungsverhältnis von Homogenität und Heterogenität herzustellen. Sind z.B. in einer Lerngruppe die Mitglieder vom Wissensstand her zu ähnlich oder zu unähnlich, kann die Gruppe nicht profitieren. Dies steht im Einklang mit der Annahme von Vygotsky (1978), wonach ein Individuum am besten lernt, wenn es von einer Person auf der nächsthöheren Entwicklungsstufe angeleitet wird.

Mediale Randbedingungen

Die direkte Kommunikation von Angesicht zu Angesicht (Face-To-Face oder FTF) stellt die für uns natürlichste Form der Kommunikation dar. Welche Vor- und Nachteile bringt es nun aus kognitiver Sicht mit sich, wenn man nicht direkt, sondern mithilfe von Medien kommuniziert (z.B. per Brief, Telefon oder E-Mail)? Zur Beantwortung dieser Frage wurden verschiedene Taxonomien von Medieneigenschaften entwickelt. Im Abschnitt 14.3.1 zur Rolle der Zeit im Hinblick auf direkte und mediale Individualkommunikation wird zwischen synchroner und asynchroner Kommunikation unterschieden, und dort steht der Einfluss von Medien auf das Erleben im Vordergrund. Das vorliegende Kapitel hat hingegen eher die Einflüsse von Kommunikationsmedien auf die kognitive Informationsverarbeitung zum Gegenstand. Deswegen wird hier eine Medientaxonomie von Clark und Brennan (1991) vorgestellt. Die Autoren untersuchten, wie sich die folgenden acht Medieneigenschaften auf die Herausbildung eines Common Ground auswirken.

Kopräsenz. Die Kopräsenz gibt an, inwieweit sich die wahrgenommene Umgebung der beteiligten Personen wechselseitig überlappt. Eine solche Überlappung ist in FTF-Arrangements besonders hoch, sie kann aber auch über Medien erzeugt werden. Virtuelle Realitäten ermöglichen es z.B. Personen, *scheinbar* im selben Raum zu sein, auch wenn sie vielleicht Tausende von Kilometern voneinander entfernt sind. Aus kognitiver Sicht besteht der Vorteil der Kopräsenz darin, dass man einen gemeinsamen Bezugsrahmen hat, der es insbesondere ermöglicht, Blick- und Zeigegesten zu interpretieren.

Gegenseitige Sichtbarkeit. Wenn sich die Kommunikationspartner wie beim FTF gegenseitig sehen können, erfüllt dies mehrere Funktionen. Zum einen bedeutet es, dass soziale Hinweisreize (z.B. Alter, Geschlecht, Status) übermittelt werden. Eine reiche sozialpsychologische Forschungstradition hat sich mit der Frage befasst, wie sich die Kommunikation ohne gegenseitige Sichtbarkeit (z.B. per E-Mail) von der FTF-Kommunikation unterscheidet. So postulierten Kiesler, Siegel und McGuire (1984), dass die Kommunikation aufgrund fehlender sozialer Hinweisreize als unpersönlicher empfunden wird, dass deswegen häufiger enthemmtes Verhalten im Netz auftritt, aber auch dass die Kommunikation „demokratischer" werden könne, weil Statusunterschiede verwischt werden.

Eine andere Facette gegenseitiger Sichtbarkeit ist dadurch gegeben, dass mimische und gestische Informationen übertragen werden können. Die genaue Interpretation solcher nonverbalen Hinweisreize ist besonders in Situationen wichtig, bei denen Kommunikationspartner Konflikte aushandeln müssen.

Gegenseitige Hörbarkeit. Gegenseitige Hörbarkeit setzt voraus, dass die Kommunikationspartner mündlich und nicht schriftlich interagieren. Mündliche Kommunikation hat den Vorteil, dass man schneller Informationen hervorbringen kann. Dass man schneller spricht als schreibt, wird allerdings geringfügig dadurch kompensiert, dass man schneller liest als man zuhören kann. Ein klarer Nachteil gesprochener Sprache hingegen ist aus kognitiver Sicht, dass sie weniger elaboriert und reflektiert ist als geschriebene Sprache. Daher wird für Wissenserwerbsprozesse häufig eine schriftliche Interaktion bevorzugt.

Kotemporalität. Die Informationsverarbeitung wird in dem Maße besser, in dem sich die Kontexte des Senders und des Empfängers ähneln. Bei einer direkten FTF-Kommunikation gibt es keine zeitliche Lücke zwischen dem Senden und dem Empfangen einer Mitteilung, die Kommunikation ist kotemporal, und der Kontext ist identisch. Dies ist bei medialer asynchroner Kommunikation wie E-Mail keineswegs immer der Fall. Zwischen dem Senden und Empfangen können zeitlich große Lücken liegen. Das könnte die Herausbildung eines Common Ground erschweren. Denn der Kontext ist zum Zeitpunkt des Sendens nicht mehr derselbe wie zum Zeitpunkt des Empfangs.

Sequenzialität. FTF-Kommunikation zeichnet sich durch „Turn-taking" aus, also durch eine geregelte Abfolge von Sprecherwechseln. Auch hier wird das gegenseitige Verstehen gefördert, weil sich zeitlich aufeinander folgende Beiträge meist auch aufeinander beziehen, also auch den gleichen Kontext haben. Sequenzialität hat ähnliche Vorteile wie hohe Kotemporalität, ist aber prinzipiell davon unabhängig. So sind Briefwechsel trotz geringer Kotemporalität hoch sequenziell, wohingegen Diskussionen in überfüllten Chaträumen trotz recht hoher Kotemporalität oft schwer zu verstehen sind. Entscheidend ist, wie viele parallele Diskussionsstränge jemanden von der Fortführung der eigenen Kommunikation ablenken können.

Simultanität. Ein großer Vorteil von FTF-Szenarien besteht darin, dass der Empfänger einer Mitteilung simultan zur Informationsaufnahme nonverbal oder paraverbal rückmelden kann, ob er sie verstanden hat oder nicht. Dies ermöglicht es dem Sender, nötigenfalls noch während der Sprachproduktion Korrekturen vornehmen zu können, z.B. Begriffe zu erläutern, etwas zu wiederholen oder das Sprechtempo zu ändern. Aus kognitiver Sicht ist ein solches adaptives und gemeinsames Ausdifferenzieren des Common Ground von großem Vorteil.

Vorbereitbarkeit. Die bisher besprochenen Medieneigenschaften weisen die FTF-Kommunikation in Bezug darauf als optimale Verständigungsform aus, ob es zu einem gemeinsamen Wissenshintergrund kommen wird. Es gibt aber auch verstehensförderliche Eigenschaften von Medien, die bei der FTF-Kommunikation nicht gegeben sind. Zu diesen zählt die Möglichkeit, eine Mitteilung genauer planen zu können. Die FTF-Kommunikation ist synchron und erfordert spontane Reaktionen. Eine gut geplante Mitteilung hingegen wird elaborierter sein, argumentativ geschlossener, was dem Empfänger ein kohärenteres Verständnis des Gesagten ermöglicht. Ist besondere Elaboriertheit erwünscht (z.B. in Lernkontexten), so könnten asynchrone Medien günstiger sein.

Speicherung der Inhalte. Das gesprochene Wort im FTF-Kontext ist flüchtig, und Personen sind schon nach sehr kurzer Zeit nicht mehr in der Lage, Inhalte wortgetreu wiederzugeben. Werden die Inhalte hingegen gespeichert, so hat der Empfänger die Möglichkeit, die Information zu selbst gewählten Zeitpunkten und beliebig häufig zu verarbeiten. Auch für einen Sender kann es hilfreich sein, auf früher geäußerte Inhalte zurückzugreifen. Oben wurde bereits erwähnt, dass bisher geäußerte Inhalte ein wesentlicher Bestandteil des Common Ground sind (linguistische Kopräsenz). Werden solche Inhalte dauerhaft gespeichert, so ist die linguistische Kopräsenz nicht mehr abhängig von der anfälligen Erinnerungsfähigkeit der Beteiligten, sondern steht als digitales Objekt dauerhaft zur Verfügung und erfüllt somit die Funktion eines externen Gedächtnisspeichers.

Die Diskussion der Medientaxonomie von Clark und Brennan (1991) zeigt, in welchem Maße die Kommunikation von medialen Randbedingungen bestimmt werden kann. Sicherlich gibt es andere Umweltfaktoren, die entscheidend dafür sein können, ob eine Kommunikation gelingt oder nicht.

Tabelle 3.1. Die acht Medieneigenschaften von Clark und Brennan (1991) am Beispiel der Face-to-face-Kommunikation, des Telefons, der E-Mail und des Chat

	Face-to-face	Telefon	E-Mail	Chat
Kopräsenz	+	–	–	–
Sichtbarkeit	+	–	–	–
Hörbarkeit	+	+	–	–
Kotemporalität	+	+	–	+
Sequenzialität	+	+	–	–
Simultanität	+	+	–	–
Vorbereitbarkeit	–	–	+	–
Speicherung	–	–	+	–

Doch die Beschaffenheit von Medien ist wahrscheinlich einer der wichtigsten Einflussfaktoren. Die Diskussion zeigt, dass direkte FTF-Kommunikation wesentliche Vorteile in sich vereint. Deshalb haben Medienvergleichsstudien bei Verwendung von FTF-Szenarien fast immer bessere Leistungen erbracht als technisch mediale Umgebungen (vgl. Tabelle 3.1). Andererseits gibt es Medieneigenschaften wie die Vorbereitbarkeit oder Speicherbarkeit, in denen Kommunikation mithilfe von Medien (wie z.B. E-Mail) überlegen sein kann. Die jeweiligen Vor- oder Nachteile hängen dabei von den unterschiedlichsten Faktoren ab (wie der Aufgabe, der Gruppengröße, der Vertrautheit, dem Zeitdruck etc.). Die spezifischen Zusammenhänge und Unterschiede zu verstehen und somit Empfehlungen über die situative Eignung der Kommunikation mithilfe von Medien anstelle der direkten Kommunikation abgeben zu können, wird somit zu einem der wichtigsten Forschungsziele der Kommunikationspsychologie.

3.5 Informationsrezeption bei Massenmedien

Durch Massenmedien (also Printmedien, Fernsehen, Radio oder Internet) erweitert sich die zwischenmenschliche Kommunikation vom individuellen Adressaten auf ein größeres und damit heterogeneres, unspezifischeres Publikum. Das hat den Vorteil, dass auf diese Weise die Informationen mehr Personen erreichen und damit eine breitere Wirkung entfalten können.

Gleichzeitig unterliegen Inhalte in den Massenmedien aber anderen Bedingungen des Common Ground. Denn sie müssen für unterschiedlichste Rezipienten verständlich sein, ohne dass diese die Möglichkeit haben, Rückfragen zu stellen oder andere dialogische Strategien zu verfolgen, um Unklarheiten oder Missverständnisse zu beseitigen. Für eine erfolgreiche Kommunikation in den Massenmedien sind deshalb sowohl bei der Medienproduktion als auch bei der Medienrezeption besondere Mechanismen der gegenseitigen Abstimmung erforderlich.

Zum einen bedienen sich Massenmedien einer Vielzahl adressatenorientierter Gestaltungsstrategien. Diese sind zwar typischerweise mit hohen zeitlichen, monetären und kognitiven Produktionskosten verbunden; sie sollen aber gewährleisten, dass die kognitiven Voraussetzungen der Rezipienten berücksichtigt werden (Schwan, 2001). Beispielsweise nutzen Filmdarstellungen gezielt die Möglichkeiten aus, etwas räumlich unterschiedlich zu arrangieren sowie die geeigneten Kameraperspektiven, -distanzen und -bewegungen zu wählen. Damit sollen für den Zuschauer über den Verlauf eines Geschehens hinweg jeweils günstige Sichtbedingungen geschaffen und damit Nachvollziehbarkeit und Verständlichkeit optimiert werden. Weitere Gestaltungsstrategien, die auf basalen perzeptuellen oder kognitiven Mechanismen beruhen, sind beispielsweise:

- die Akzentuierung von Medieninhalten durch Selektion, Kontrastierung und Vereinfachung,

- die Erhöhung der Erinnerbarkeit von Informationen durch wiederholte Darbietung in unterschiedlichen Präsentationsformaten.

Aber nicht nur in Medien werden die kognitiven Voraussetzungen der Nutzer bei der Gestaltung berücksichtigt. Umgekehrt erwerben auch die Rezipienten medienspezifisches Wissen, das sie für die Verarbeitung von Medieninhalten heranziehen. Dieses Wissen repräsentiert in generalisierter Weise ihre bisherigen Erfahrungen mit den verschiedenen Medien und deren Inhalten und ist in Form von Schemata organisiert. Typische medienbezogene Wissensschemata beziehen sich auf die wichtigsten Bestandteile von Erzählungen und deren regelhafte Abfolge, auf die Eigenschaften unterschiedlicher Genres (z.B. die typischen Ingredienzien eines Western – Cowboys, Sheriff, Saloon usw.), aber auch auf formale Darstellungskonventionen (z.B. Parallelmontagen im Film als Verdeutlichung von Geschehnissen, die simultan an unterschiedlichen Orten ablaufen).

Solche medienspezifischen Wissensschemata haben für den Rezipienten eine Reihe von Funktionen (Mandler, 1984): Sie dienen ihm als Interpretationsrahmen, der es ihm erlaubt, Einzelinformationen in einen sinnvollen Gesamtzusammenhang einzuordnen. Sie erlauben ihm, Erwartungen und Hypothesen über den weiteren Fortgang des Medieninhalts zu bilden. Und sie unterstützen schließlich Prozesse der Aufmerksamkeitssteuerung und Informationsselektion, indem sie Kriterien dafür bereitstellen, um Relevantes oder Unerwartetes zu identifizieren.

In Medien wiederum wird dieses Wissen der Rezipienten bei der Gestaltung berücksichtigt. Beispielsweise locken Kriminalfilme oder -romane ihre Zuschauer und Leser häufig gezielt auf eine „falsche Fährte“, indem sie den Rezipienten ein unangemessenes Schema aktivieren lassen („diese dunkle, unfreundliche Gestalt ist bestimmt der Bösewicht“) und ihn dadurch zu falschen Schlussfolgerungen und Hypothesen über den weiteren Fortgang verleiten. So legen sie schließlich durch eine überraschende Wendung die Aktivierung eines passenderen Schemas und damit eine Neuinterpretation der bisherigen Geschehnisse nahe (Bordwell, 1985). Ähnliche Prinzipien der Schemainkongruenz liegen auch komischen Situationen in Komödien zugrunde.

Empirische Belege für diese gegenseitige Anpassung von Medium und Rezipient finden sich auch im Bereich der Aufmerksamkeitssteuerung. Untersuchungen zur Fernsehrezeption bei Kindern zeigen, dass durch formale Gestaltungseigenschaften (z.B. Sprecherattribute, Kamerabewegung, Einstellungslänge) eine Aufmerksamkeitszuwendung und -aufrechterhaltung induziert werden kann. Allerdings ist diese Aufmerksamkeitszuwendung nicht einfach das Resultat einer Außensteuerung durch das Medium. Vielmehr nutzen Kinder diese Gestaltungseigenschaften in strategischer Weise im Hinblick auf ihre kognitiven Erfordernisse, beispielsweise um Programmgenres (Zeichentrickfilmen, Kindersendungen) angemessen zu identifizieren und um in diesen Sendungen zentrale Handlungsabschnitte zu erkennen (Anderson & Lorch, 1983).

Zusammenfassend zeigt sich, dass die Gestaltung durch den Autor und die mentale Verarbeitung und Interpretation durch den Rezipienten bei Massenmedien eng aufeinander bezogen sind. Hierbei spielen auch die Eigenschaften des jeweiligen Mediums eine wesentliche Rolle. Dies soll im Folgenden anhand der Mediengattungen „Texte“ und „audiovisuelle Medien“ als den prototypischen Formen von Massenmedien genauer ausgeführt werden.

3.5.1 Texte erstellen und Texte verstehen

Trotz einer zunehmenden Verbreitung von Bildmedien stellen Texte weiterhin das Leitmedium moderner Gesellschaften dar. Sie haben über Bücher und Presse, aber auch über elektronische Texte einen dominierenden Einfluss darauf, wie Informationen angehäuft und verteilt werden. Aus kognitionspsychologischer Sicht ist sowohl das Verfassen als auch das Lesen eines Textes mit einer Vielzahl mentaler Informationsverarbeitungsschritte verbunden. Autor und Leser nehmen dabei einander ergänzende Rollen ein.

Texterstellung

Hayes und Flower (1980) haben Personen aufgefordert, jeweils einen Text zu schreiben und während des Verfassens ihre Gedanken laut zu äußern. Anhand dieser Protokolle konnten die beteiligten Prozesse der Informationsverarbeitung identifiziert und in ein umfassendes psychologisches Modell des Schreibprozesses integriert werden. Nach diesem Modell ist das Arbeitsgedächtnis während des Schreibens vorwiegend mit drei Prozessen beschäftigt:

(1) **Planung** („planning"). Im Rahmen der Planung überlegt sich der Autor, welche Ziele und Aussagen er durch den Text vermitteln möchte, generiert dazu verschiedene Ideen und plant zudem, auf welche Weise der Text organisiert sein soll (beispielsweise im Hinblick auf die Abfolge der Argumente). Dazu greift der Autor auf seine im Langzeitgedächtnis gespeicherten Kenntnisse über das Thema und die Adressaten sowie auf schematisches Wissen über typische „Schreibweisen" und Textformen zurück.

(2) **Übersetzung** („translating"). In einem zweiten Schritt wird dieser Schreibplan schrittweise in Textelemente übersetzt. Umfangreichere Abschnitte, also Sätze oder Absätze, werden typischerweise nicht am Stück, sondern schrittweise in kleineren Segmenten verfasst.

(3) **Überarbeitung** („reviewing"). Schließlich wird in einem dritten Schritt der erstellte Text gelesen und überarbeitet. Beim Verfassen eines umfangreicheren Textes werden diese Prozesse in zyklischer Form wiederholt und auf unterschiedlichen Planungsebenen durchlaufen.

Ob sich aus diesem Ablauf ein gut lesbarer und verständlicher Text ergibt, hängt nicht nur von den inhaltsbezogenen Kompetenzen des Autors, sondern auch von seinen schriftstellerischen Fähigkeiten ab. Dies umfasst die Kenntnis der Eigenschaften verschiedener Textsorten und die Fähigkeit zur Strukturierung und Gliederung eines Textes ebenso wie die Berücksichtigung der Eigenschaften der zukünftigen Leserschaft. Zur objektiven Bestimmung dieser Texteigenschaften wurden eine Reihe von Lesbarkeits- und Verständlichkeitsmaßen entwickelt, mit deren Hilfe Stichproben eines Textes insbesondere im Hinblick auf Indikatoren der Wortschwierigkeit und der Satzschwierigkeit ausgewertet werden (Ballstaedt, 1997).

Textverstehen

Der Leser eines Textes befindet sich in einer Situation, die komplementär zu der des Autors ist. Denn er steht vor der Aufgabe, während des Lesens eine mentale Repräsentation der intendierten Bedeutung des Textes zu entwickeln. Die Bildung einer solchen Repräsentation erfolgt in mehreren Stufen. Dabei greifen Leser flexibel auf eine Vielzahl datengesteuerter und konzeptgesteuerter Prozesse zurück, die – ähnlich wie bei der Texterstellung – zyklisch durchlaufen werden (Kintsch, 1998):

- Eine erste Ebene bildet die kurzfristige Repräsentation der Oberflächenstruktur des Textes, die auf der Grundlage einer Buchstaben-, Wort- und Satzanalyse unter Einschluss syntaktischer Merkmale gebildet wird.
- In einem zweiten Schritt wird daraus die so genannte „Textbasis" generiert, bei der die semantische Struktur des Textes in Form eines „propositionalen Netzwerkes" repräsentiert wird. Hierzu wird der Text schrittweise in einzelne Propositionen zergliedert, die untereinander aufgrund textlicher Argumentüberlappungen verbunden sind. Kohärente (und deshalb gut verständliche) Texte zeichnen sich durch einen hohen Grad solcher Argumentüberlappungen aus.
- In einem dritten Schritt wird schließlich aus der Textbasis ein „Situationsmodell" entwickelt, bei dem das propositionale Netzwerk unter Umständen in eine bildhaft-analoge mentale Vorstellung übersetzt wird. Im Fall eines Erzähltextes umfasst ein solches Situationsmodell die Vorstellung des geschilderten Geschehensablaufs (ein-

schließlich der handelnden Personen und ihrer Absichten und Ziele, der relevanten Objekte, der kausalen Zusammenhänge der Ereignisse sowie ihrer räumlichen und zeitlichen Einbettung; vgl. Zwaan, Langston & Graesser, 1995). Kommt es im Textverlauf zu einer Änderung eines dieser Bestimmungsstücke, wird das Situationsmodell im Arbeitsgedächtnis aktualisiert. Die damit verbundenen zusätzlichen kognitiven Verarbeitungsprozesse äußern sich unter anderem in entsprechend verlängerten Lesezeiten. Sie werden nicht nur durch die Eigenschaften des gelesenen Textes, sondern auch durch die darin beschriebene Erzählwelt beeinflusst. Beispielsweise führen größere Abstände in der Erzählwelt zu verlängerten Lesezeiten, selbst wenn die entsprechende Textbeschreibung weitgehend identisch ist (Rinck, Hähnel, Bower & Glowalla, 1997).

Textlesen ist also kein einfacher Akt, bei dem der Textinhalt passiv-rezeptiv nachvollzogen wird, sondern vielmehr ein aktiv-konstruktiver Prozess. Neben den bereits geschilderten Informationsverarbeitungsschritten umfasst er auch die Extraktion der Textbedeutung in Form von „Makropropositionen“, durch die Zusammenfassungen gebildet werden, Irrelevantes weggelassen, aber auch Ergänzungen aufgrund von Weltwissen, schematischen Annahmen oder Inferenzen vorgenommen werden (van Dijk & Kintsch, 1983).

Neuere, computerbasierte Textformen, so genannte Hypertexte, zeichnen sich durch eine nichtlineare, netzwerkartige Verknüpfung zwischen ihren einzelnen Abschnitten aus. Für den Autor des Textes ergeben sich dadurch zusätzliche kognitive Anforderungen. Denn die Planung und Formulierung des Textes sollte so erfolgen, dass eine zu geringe Kohärenz zwischen den einzelnen Abschnitten und eine unübersichtliche Strukturierung vermieden wird, um die Gefahr der Desorientierung beim Leser zu verringern (Tergan, 2002). Entsprechend gestaltete Hypertexte erlauben es dem Leser, den Text nach seinem Interesse und Vorwissen in einer selbstgesteuerten, selektiven und individualisierten Weise zu erschließen, sind aber aufgrund ihrer Komplexität im Allgemeinen nur für Leser mit einem hohen Vorwissen über den Inhaltsbereich geeignet.

3.5.2 Die Rezeption multimedialer Medieninhalte

Viele Inhalte in den Massenmedien (beispielsweise Fernsehsendungen, Internetseiten, Zeitschriften oder Lernsoftware) zeichnen sich typischerweise durch eine hohe Informationsdichte sowie durch Multimedialität aus (es sei darauf verwiesen, dass der in der Literatur einschlägige Begriff „Multimedia“ streng genommen die Konzepte der Multimodalität und Multicodalität miteinander vermengt; zur genaueren Definition vgl. Abschnitt 18.2.2 zum Lernen mit neuen Medien). Darunter versteht man die aufeinander bezogene Verwendung unterschiedlicher Zeichenformen (beispielsweise Sprache und bewegte Bilder bei Fernsehsendungen bzw. Text und Fotos in Zeitschriften). Das Arbeitsgedächtnis wird dadurch in besonderer Weise beansprucht. Denn es muss trotz seiner starken Kapazitätsbeschränkung eine Vielzahl unterschiedlicher Informationen verarbeiten und aufeinander beziehen, um sie zu verstehen und dauerhaft im Langzeitgedächtnis zu speichern.

Zur Beschreibung dieser Vorgänge wurde eine Reihe sich gegenseitig ergänzender kognitionspsychologischer Modelle entwickelt, die jeweils unterschiedliche Aspekte des Wechselspiels multimedialer Informationsangebote und kognitiver Verarbeitung betonen und von denen im Folgenden exemplarisch zwei Modelle dargestellt werden sollen:

- Die „Theorie der kognitiven Belastung“ („cognitive load theory“) von Sweller (1994) identifiziert verschiedene Formen der Beanspruchung kognitiver Ressourcen durch Medieninhalte im Allgemeinen.
- Dagegen rückt die „Theorie des multimedialen Lernens“ („theory of multimedia learning“) von Mayer (2001) die Frage der kognitiven Verarbeitung multimedialer Inhalte in den Vordergrund.

Weitere Modelle beziehen sich auf die Rolle dynamischer im Vergleich zu statischen visuellen Darstellungen (Filme und Animationen im Vergleich zu Fotographien und Abbildungen; Narayanan & Hegarty, 2002) und auf die Frage der Segmentierung fortlaufender Medienpräsentationen in einzelne Abschnitte (Zacks & Tversky, 2003).

Die „Theorie der kognitiven Belastung"

Die Theorie der kognitiven Belastung von Sweller basiert auf dem Modell des Arbeitsgedächtnisses, wie es in Abschnitt 3.1 zur menschlichen Informationsverarbeitung vorgestellt wurde. Die Theorie geht davon aus, dass ein Medieninhalt nur dann verstanden und behalten wird, wenn im Rahmen seiner Verarbeitung die Kapazitätsgrenzen des Arbeitsgedächtnisses nicht überschritten werden. Andernfalls wird das kognitive System überlastet (cognitive overload), und es erfolgt keine oder nur eine fehlerhafte mentale Verarbeitung.

Nach Sweller beansprucht ein Medieninhalt das Arbeitsgedächtnis in dreierlei Weise:

- Ein Teil der Kapazität, die so genannte „intrinsische kognitive Belastung" („intrinsic cognitive load"), wird durch den präsentierten Inhalt selbst beansprucht. Während vertraute und einfache Inhalte nur geringe mentale Ressourcen benötigen, bewirken neuartige und komplexe Inhalte eine hohe intrinsische kognitive Belastung.
- Ein weiterer Teil der Kapazität wird durch die Art der Aufbereitung des Inhalts mithilfe von Medien verbraucht („extraneous cognitive load"). Bei angemessener Gestaltung ist diese Kapazitätsbeanspruchung gering, während ungünstige, beispielsweise unübersichtliche und verwirrende Präsentationsformen einen hohen zusätzlichen Ressourcenverbrauch zur Folge haben.
- Nach der Theorie der kognitiven Belastung ist es aber nur dann möglich, Medieninformationen zu verstehen und zu behalten, wenn im Arbeitsgedächtnis neben den genannten Beanspruchungen noch Kapazitäten für eine weiter gehende Verarbeitung des Inhalts zur Verfügung stehen, durch die die Informationen elaboriert und mit bestehenden Wissensstrukturen verknüpft werden („germane cognitive load").

Das Modell stellt somit nicht nur einen Rahmen dar, innerhalb dessen die kognitiven Verarbeitungsprozesse von Medienrezipienten beschrieben und analysiert werden können; es formuliert gleichzeitig auch verstehensförderliche Bedingungen der Mediengestaltung. Vor allem komplexe und unvertraute Medieninhalte sollten auf eine Weise präsentiert werden, durch die nur wenige zusätzliche mentale Ressourcen beansprucht werden; so bleibt dem Rezipienten genügend Kapazität, um die Informationen zu elaborieren.

Inwieweit ein Rezipient seine verbleibenden mentalen Ressourcen allerdings tatsächlich für solche weiter gehenden Verarbeitungsschritte einsetzt, hängt jedoch von einer Reihe von Faktoren ab. Dazu gehören beispielsweise das Interesse am Medieninhalt, die Verarbeitungsstrategien, über die der Rezipient verfügt, oder seine Auffassung darüber, wie viel zusätzlicher Elaborationsaufwand für Verstehen und Behalten des Inhalts erforderlich ist (Salomon, 1984).

Die „Theorie des multimedialen Lernens"

Ähnlich wie die Theorie der kognitiven Belastung stehen auch bei der Theorie des multimedialen Lernens (Mayer, 2001) die Eigenschaften des Arbeitsgedächtnisses im Vordergrund. Neben der Kapazitätsbeschränkung betont diese Theorie, dass sprachliche und bildliche Informationen im kognitiven System zwei getrennte Verarbeitungswege durchlaufen, die jeweils über eigene Ressourcen verfügen (vgl. Abb. 3.2 auf der nächsten Seite).

Zudem führen solche multimedialen Darbietungsformen zu einer reichhaltigeren mentalen Repräsentation und damit zu Behaltens- und Verstehensvorteilen. Daraus lässt sich ableiten, dass durch eine Mediengestaltung, die auf eine angemessene Kombination beider Informationstypen achtet, eine optimale Auslastung des mentalen Apparats er-

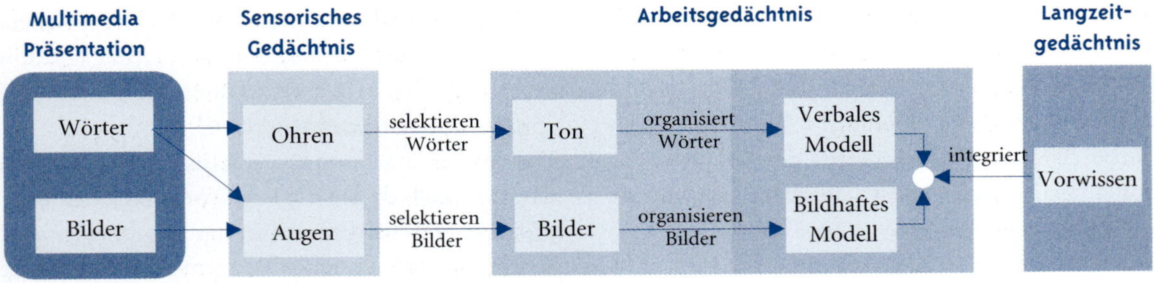

Abbildung 3.2. Modell der Verarbeitung multimedialer Informationen durch Zusammenwirken von sensorischem Arbeits- und Langzeitgedächtnis (nach Mayer, 2001)

reicht werden kann, ohne dass es zu einer kognitiven Überlastung kommt. Vor dem Hintergrund dieser Annahmen hat Mayer in einer Vielzahl empirischer Studien eine Reihe von Prinzipien zur Gestaltung multimedialer, beispielsweise audiovisueller Informationen entwickelt und validiert:

Multimedia-Prinzip. Medieninhalte werden besser gelernt, wenn sie nicht nur durch eine Zeichenart (z.B. nur Text), sondern durch mehrere Zeichenarten (z.B. Text und Bild) vermittelt werden, da dies zu einer reichhaltigeren mentalen Repräsentation des Sachverhalts führt.

Prinzip der räumlichen Nähe. Multimediale Inhalte werden besser gelernt, wenn zusammengehörige Wörter und Bildelemente räumlich nah beieinander präsentiert werden. Dadurch werden weniger kognitive Ressourcen benötigt, um die zusammengehörigen Informationen gleichzeitig im Arbeitsgedächtnis zu halten.

Prinzip der zeitlichen Nähe. Multimediale Inhalte werden besser gelernt, wenn zusammengehörige Wörter und Bildelemente zeitlich nah beieinander präsentiert werden. Dadurch werden weniger kognitive Ressourcen benötigt, um die zusammengehörigen Informationen gleichzeitig im Arbeitsgedächtnis zu halten.

Kohärenz-Prinzip. Multimediale Inhalte werden besser gelernt, wenn für das Verständnis des Sachverhalts nicht unbedingt notwendige Informationen (Wörter oder Bilder) weggelassen werden. Solche irrelevanten Informationen, beispielsweise unwesentliche, aber interessante Details, lenken die Aufmerksamkeit des Lernenden ab und bewirken eine zusätzliche Belastung des Arbeitsgedächtnisses.

Modalitätsprinzip. Multimediale Inhalte werden besser gelernt, wenn die verschiedenen Informationselemente unterschiedliche Sinnesorgane ansprechen. Beispielsweise wird eine Kombination von Bild und gesprochener Sprache besser gelernt als eine Kombination von Bild und Text. Denn Erstere spricht den visuellen und den auditiven Kanal an, während bei Letzterer beide Informationstypen über den visuellen Kanal aufgenommen werden müssen.

Segmentierungsprinzip. Multimediale Inhalte werden besser gelernt, wenn dem Rezipienten Gelegenheit gegeben wird, Abfolge und Dauer der einzelnen Abschnitte selbst zu steuern. Dadurch kann der Lernende die Informationsdichte an seine mentale Verarbeitungsgeschwindigkeit anpassen und eine kognitive Überlastung vermeiden.

Prinzip der persönlichen Ansprache. Multimediale Inhalte werden besser gelernt, wenn sie in personalisierter und nicht in unpersönlicher Form vermittelt werden. Durch soziale Hinweisreize (beispielsweise eine Ansprache mit dem eigenen Namen oder eine menschliche Stimme) werden kommunikationsbezogene soziale Schemata aktiviert, die zu einer vertieften Elaboration der Inhalte führen.

3.6 Praktische Relevanz

Die Modelle von Sweller (1994) und Mayer (2001), mit denen wir uns im vorangegangenen Abschnitt beschäftigt haben, machen deutlich, welche Rolle eine kognitionspsychologisch fundierte Analyse von Medienpräsentationen für deren Verständlichkeit spielen kann. Sie gestatten es, verschiedene Gestaltungsalternativen (beispielsweise die Wahl und Verknüpfung unterschiedlicher Darstellungsformen) vor dem Hintergrund der damit verbundenen Beanspruchung des mentalen Apparates zu optimieren. Ein ähnliches Analyse- und Optimierungsinstrument für den Bereich der Individualkommunikation bietet auch die Taxonomie von Kommunikationsmedien, die Clark und Brennan (1991) vorgeschlagen haben (vgl. Unterabschnitt zu medialen Randbedingungen in Abschnitt 3.4.3). Solche Ansätze zeigen, dass neben den klassischen Ansätzen der Medien- und Kommunikationspsychologie, nämlich zur Medienwahl und zu (primär sozial und affektiv verstandenen) Medienwirkungen, auch eine kognitionspsychologisch motivierte Analyse der an der Medienrezeption beteiligten Informationsverarbeitungsprozesse einen wichtigen Beitrag zu deren rezipientenorientierter Gestaltung leisten kann.

Zusammenfassung

- Kognition umschreibt das komplexe Wechselspiel von datengesteuerten und konzeptgesteuerten Prozessen, die mit begrenzten Kapazitäten ein temporäres Abbild relevanter Umwelteigenschaften im Arbeitsgedächtnis entstehen lassen. Ähnlich wie bei der Informationsverarbeitung in Computern können Inhalte des Arbeitsgedächtnisses in Formen der Langzeitspeicherung durch elaborierende Verknüpfungen überführt werden.
- Kommunikation und Medien, also die zwischenmenschliche Verständigung durch Sprache und die Fixierung von Informationen und Inhalten durch Texte, Bilder oder andere Formen der Aufzeichnung bewirken eine substanzielle Steigerung der kognitiven Leistungsfähigkeit.
- Sprache erlaubt die Weitergabe von Erfahrung und Wissen, ermöglicht den gegenseitigen Informationsaustausch in Gruppen und übt auch einen Einfluss auf die kognitive Organisation des mentalen Apparats aus.
- Medien lassen sich als externe Informationsrepräsentationen nutzen, die das Arbeitsgedächtnis bei der Informationsverarbeitung entlasten und zudem als externe Gedächtnisspeicher dienen.
- Interpersonaler Informationsaustausch setzt voraus, dass die Kommunikationspartner über einen gemeinsamen Wissenshintergrund verfügen oder diesen aktiv entwickeln, um die Äußerungen angemessen verstehen und interpretieren zu können. Dabei spielen sowohl personale Charakteristiken (z.B. die interpersonale Homogenität oder Heterogenität der beteiligten Individuen) als auch Eigenschaften der verwendeten Kommunikationsmedien eine wesentliche Rolle.
- Massenmedien richten sich an ein größeres, heterogeneres und unspezifischeres Publikum. Die mit ihnen übermittelten Inhalte entfalten deshalb eine breitere kognitive Wirkung. Sie beruhen jedoch gleichzeitig auf einem anderen gemeinsamen Wissenshintergrund und führen, damit sie der Rezipient mit einem vertretbaren mentalen Aufwand verarbeiten und verstehen kann, zu höheren kognitiven Produktions- und Gestaltungskosten. Werden entsprechende Gestaltungsprinzipien nicht berücksichtigt, kann es zu kognitiven Überbelastungen kommen, die der weiteren Informationsverarbeitung abträglich sind.

Leseempfehlung

- Clark, H. (1996). Using language. Cambridge: Cambridge University Press.
- Donald, M. (1994). Origins of the modern mind. Cambridge, MA: Harvard University Press.
- Kintsch, W. (1998). Comprehension. Cambridge: Cambridge University Press.
- Mayer, R. (2001). Multimedia learning. Cambridge: Cambridge University Press.
- Thagard, P. (1996). Mind. Introduction to cognitive science. Cambridge, MA: MIT Press.

Literatur

Anderson, D.R. & Lorch, E.P. (1983). Looking at television: Action or reaction. In J. Bryant & D.R. Anderson (Eds.), Children's understanding of television: Research on attention and comprehension (pp. 1–34). San Diego: Academic Press.

Atkinson, R.C. & Shiffrin, R.M. (1968). Human memory: A proposed system and its control processes. In K.W. Spence (Ed.), The psychology of learning and motivation: Advances in research and theory (Vol. 2, pp. 89–195). New York: Academic Press.

Baddeley, A. (1997). Human memory. Hove: Psychology Press.

Ballstaedt, S. (1997). Wissensvermittlung. Weinheim: Psychologie Verlags Union.

Bordwell, D. (1985). Narration in the fiction film. London: Routledge.

Clark, H. (1996). Using language. Cambridge: Cambridge University Press.

Clark, H. & Brennan, S. (1991). Grounding in communication. In L.B. Resnick, J.M. Levine & S.D. Teasley (Eds.), Perspectives on socially shared cognition (pp. 127–149). Washington, DC: American Psychological Association.

Doise, W. & Mugny, G. (1984). The social development of the intellect. Oxford: Pergamon.

Donald, M. (1994). Origins of the modern mind. Cambridge, MA: Harvard University Press.

Hayes, J.R. & Flower, L.S. (1980). Identifying the organization of writing processes. In L.W. Gregg & E.R. Steinberg (Eds.), Cognitive processes in writing (pp. 3–30). Hillsdale: Erlbaum.

Herrmann, D.J. & Petro, S.J. (1990). Commercial memory aids. Applied Cognitive Psychology, 4, 439–450.

Hinsz, V.B., Tindale, R.S. & Vollrath, D.A. (1997). The emerging conceptualization of groups as information processors. Psychological Bulletin, 121, 43–64.

Hutchins, E. (1995). Cognition in the wild. Cambridge, MA: MIT Press.

Kiesler, S., Siegel, J. & McGuire, T.W. (1984). Social psychological aspects of computer mediated interaction. American Psychologist, 39, 1123–1134.

Kiewra, K.A. (1985). Investigating notetaking and review: A depth of processing alternative. Educational Psychologist, 20, 23–32.

Kintsch, W. (1998). Comprehension. Cambridge: Cambridge University Press.

Kozma, R. (2003). Material and social affordances of multiple representations for science understanding. Learning and Instruction, 13, 205–226.

Mandler, J.M. (1984). Stories, scripts, and scenes: Aspects of schema theory. Hillsdale, NJ: Erlbaum.

Mayer, R. (2001). Multimedia learning. Cambridge: Cambridge University Press.

Narayanan, N.H. & Hegarty, M. (2002). Multimedia design for communication of dynamic information. International Journal of Human-Computer Studies, 57, 279–315.

Neisser, U. (1976). Cognition and reality. San Francisco: W.H. Freeman.

Norman, D.A. & Bobrow, D.G. (1975). On data-limited and resource-limited processes. Cognitive Psychology, 7, 44–46.

Rinck, M., Hähnel, A., Bower, G.H. & Glowalla, U. (1997). The metrics of spatial situation models. Journal of Experimental Psychology: Learning, Memory, and Cognition, 23, 622–637.

Sachse, P., Hacker, W. & Leinert, S. (2004). External thought: Does sketching assist problem analysis? Applied Cognitive Psychology, 18, 415–425.

Salomon, G. (1984). Television is easy and print is tough: The differential investment of mental effort in learning as a function of perceptions and attribution. Journal of Educational Psychology, 18, 42–50.

Salomon, G. (1990). Cognitive effects with and of computer technology. Communication Research, 17, 26–45.

Scaife, M. & Rogers, Y. (1996). External cognition: How do graphical representations work? International Journal of Human Computer Studies, 45, 185–214.

Schönpflug, W. (1997). Eigenes und fremdes Gedächtnis. Zur Rolle von Medien in erweiterten Gedächtnissystemen. In P. Koch & S. Krämer (Hrsg.), Schrift, Medien, Kognition. Über die Exteriorität des Geistes (S. 169–187). Tübingen: Stauffenburg.

Schwan, S. (2001). Filmverstehen und Alltagserfahrung. Wiesbaden: Deutscher Universitäts-Verlag.

Solso, R. (2005). Kognitive Psychologie. Heidelberg: Springer.

Stasser, G. (1992). Pooling of unshared information during group discussion. In S. Worchel, W. Wood & J. Simpson (Eds.), Group processes and productivity (pp. 48–67). Newbury Park: Sage.

Sweller, J. (1994). Cognitive load theory, learning difficulty and instructional design. Learning and Instruction, 4, 295–312.

Tergan, S.O. (2002). Hypertext und Hypermedia: Konzeption, Lernmöglichkeiten, Lernprobleme und Perspektiven. In L. Issing & P. Klimsa (Hrsg.), Information und Lernen mit Multimedia und Internet (S. 99–112). Weinheim: Psychologie Verlags Union.

Thagard, P. (1996). Mind. Introduction to cognitive science. Cambridge, MA: MIT Press.

Tomasello, M. (1999). The cultural origins of human cognition. Cambridge, MA: Harvard University Press.

Van Dijk, T.A. & Kintsch, W. (1983). Strategies of discourse comprehension. New York: Academic Press.

Vygotsky, L.S. (1978). Mind in society. London: Harvard University Press.

Wegner, D.M. (1987). Transactive memory: A contemporary analysis of the group mind. In B. Mullen & G.R. Goethals (Eds.), Theories of group behaviour (pp. 185–208). New York: Springer.

Zacks, J.M. & Tversky, B. (2003). Structuring information interfaces for procedural learning. Journal of Experimental Psychology: Applied, 9, 88–100.

Zwaan, R., Langston, M. & Graesser, A. (1995). The construction of situation models in narrative comprehension: An event-indexing model. Psychological Science, 6, 292–297.

4 Soziale Kognition und Urteilsbildung

Peter Freytag • Klaus Fiedler

„Mein persönliches Gefühl ist, dass die Bürger der demokratischen Gesellschaften einen Kurs in geistiger Selbstverteidigung machen sollten, um sich selbst vor Manipulation und Kontrolle zu schützen."
(Chomsky, 2002, S. 8, eigene Übersetzung der Autoren)

Beispiel

Die Kamera folgt einem Skinhead, der einem Mann mit Aktentasche nachsetzt. Dazu aus dem Off düstere Klänge. Ein Überfall? Geht es um die Aktentasche? Kurzer Schwenk. Ein Baukran kommt ins Bild. Schwere Stahlseile schwingen lose hin und her. Der Mann erkennt die Bedrohung nicht – der Skinhead will ihn retten! „Get the whole story" lautet der Slogan der britischen Zeitung *The Guardian*, deren Spot mit der Anfälligkeit des ersten Eindrucks für stereotype Verzerrungen spielt.

Das frühe 21. Jahrhundert ist gekennzeichnet durch eine beispiellose Informationsflut. Dank des technischen Fortschritts steht uns jederzeit und überall eine unüberschaubare Vielfalt an Informationen zur Verfügung. Aktuelle Schlagworte wie Informationszeitalter und Wissensgesellschaft unterstreichen die Bedeutung, die der Verfügbarkeit von Informationen gegenwärtig zugeschrieben wird. Interessanterweise kommt der Befähigung zur Suche nach bzw. zur Weitergabe von Information in zeitgenössischen Betrachtungen eine größere Rolle zu als der Befähigung zur selbstbestimmten *Beurteilung* der letztlich erhaltenen Informationen. Wie aber ist es um unsere Kompetenz im Umgang mit all den Informationen bestellt, die uns täglich in den unterschiedlichsten Formaten erreichen? Erkennen wir Verzerrungen in der Informationsauswahl durch die Medien? Beeinflusst der emotionale Ton von Werbe-Spots unsere Beurteilung der eigentlichen Produktinformation? Hinterfragen wir die Interpretation von Fakten, die uns Bekannte oder Freunde nahe legen? Das Curriculum eines Kurses in mentaler Selbstverteidigung wird sich an der Antwort auf derartige Fragen orientieren.

Die Frage nach der Angemessenheit, Bewusstheit und Beeinflussbarkeit der menschlichen Informationsverarbeitung im sozialen Kontext bildet den Kern des Forschungsfeldes „soziale Kognition".

4.1 Das Forschungsfeld der sozialen Kognition

Das Forschungsfeld der sozialen Kognition geht auf den Import von Konzepten der kognitiven Psychologie in die experimentelle Sozialpsychologie zurück. Dabei kommt der Metapher der Informationsverarbeitung eine herausragende Stellung zu, d.h.

der Analyse von Prozessen der Wahrnehmung, Enkodierung und Aktivierung von Informationen sowie ihrer Integration in ein Urteil (vgl. auch Kap. 3 zu Informationsaufnahme und -verarbeitung). Entsprechend besteht das Forschungsparadigma der sozialen Kognition in

- der Bereitstellung von Informationen als unabhängiger Variable (Input),
- der Erfassung kognitiver Prozesse als vermittelnder Variable (Informationsverarbeitung),
- der Erfassung von Urteilen als abhängiger Variable (Output).

Daneben werden situations- und persönlichkeitsbezogene Faktoren untersucht, die einen moderierenden Einfluss auf kognitive Prozesse ausüben.

Abbildung 4.1 gibt einen Überblick über die elementaren Schritte der sozialen Informationsverarbeitung. Demnach treffen wir in einem ersten Schritt zunächst eine Auswahl aus der Vielfalt an Informationen in unserer sozialen Umwelt. Dieser Auswahlprozess kann einen expliziten Charakter haben (wenn wir etwa gezielt nach Informationen zu einem Thema suchen) oder einen impliziten Charakter annehmen (wenn wir etwa beiläufig ein Markenprodukt in einem Fernsehfilm sehen). Da soziale Informationen zudem oft mehrdeutig sind, müssen sie vielfach erst interpretiert werden, bevor sie eine subjektive Bedeutung für uns erlangen. Dazu wird die Stimulusinformation in einem zweiten Schritt zu unserem Vorwissen in Beziehung gesetzt. Unsere Interpretation wird also nicht nur durch die Eigenschaften eines Stimulus bestimmt, sondern auch durch unser Vorwissen. In einem dritten Schritt wird die interpretierte Information dauerhaft im Gedächtnis gespeichert. Je stärker wir dabei die Stimulusinformation strukturieren und mit unserem Vorwissen verknüpfen, desto besser können wir sie zu einem späteren Zeitpunkt abrufen. Im einem letzten Schritt werden die aktivierten Gedächtnisinhalte in ein Urteil integriert, an dem wir unser Verhalten ausrichten. Dabei kann es zu Fehleinschätzungen kommen, wenn wir unangemessene Algorithmen zur Integration heranziehen. So verwenden wir im Alltag oft einfache Urteilsheuristiken. Diese ersparen uns zwar eine aufwändige Integration von Einzelinformationen, führen aber bisweilen zu einer verzerrten Wahrnehmung der Umwelt.

Bereits dieser erste Blick auf die soziale Informationsverarbeitung macht deutlich, dass dieselbe Stimulusinformation in Abhängigkeit von unserer Herangehensweise zu ganz unterschiedlichen Schlussfolgerungen führen kann. Unser Vorwissen hat einen großen Einfluss auf die Interpretation von Informationen, unser kognitiver Aufwand bestimmt ihre spätere Abrufbarkeit, und unsere Integrationsstrategie entscheidet über die letztlich resultierende Einschätzung der Umwelt. Die zentrale Herausforderung der Forschung zur sozialen Kognition besteht daher in der Frage, unter welchen Bedingungen welche Form der Informationsverarbeitung zu erwarten ist. Im Zuge der Beantwortung dieser Frage

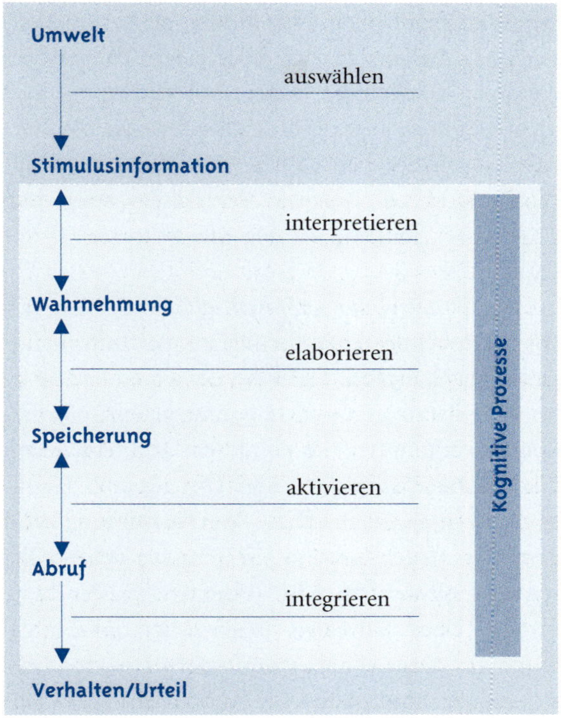

Abbildung 4.1. Flussdiagramm der elementaren Schritte der sozialen Informationsverarbeitung sowie der begleitenden kognitiven Prozesse

werden wir eine Reihe von Leitmotiven kennen lernen, die bei verschiedensten kognitiven Prozessen und den verschiedensten Inhaltsbereichen wiederkehren. Diese Leitmotive lassen sich mit den folgenden Stichworten umschreiben:

- Kontextabhängigkeit,
- Bewusstheit,
- Intensität.

Das Leitmotiv der *Kontextabhängigkeit* etwa zeigt sich bereits in der Auswahl sozialer Informationen. So erregt ein Reiz eher dann Aufmerksamkeit, wenn er sich von der Umgebung abhebt (wenn wir etwa eine Frau in einer Gruppe von Männern sehen) oder wenn er in einer bedeutsamen Beziehung zu vorausgegangenen Ereignissen steht (wenn etwa ein Film über Rassismus uns für das Thema Feindseligkeit sensibilisiert).

Gerade dieser Einfluss vorausgehender Ereignisse entzieht sich aber oft unserem *Bewusstsein*. Wenn wir etwa gerade eine Gruppe Skinheads auf der Straße gesehen haben, mag uns das gereizte Verhalten eines Busfahrers gegenüber einem Fahrgast als feindselig erscheinen. Dabei sind wir uns jedoch nicht bewusst, dass unsere Interpretation des Verhaltens von der beiläufigen Aktivierung des Konzepts „Skinhead" – sowie der damit assoziierten Eigenschaft „feindselig" – beeinflusst wurde (s. Abschnitt 4.2).

Das Leitmotiv der *Intensität* schließlich zeigt sich vor allem bei der Enkodierung sozialer Informationen. Dabei hängt die Tiefe, mit der wir einen Stimulus elaborieren (ihn also mit zusätzlichen Informationen verknüpfen, kombinieren und ergänzen), von unserer Motivation und von unseren kognitiven Ressourcen ab. Diese Wechselwirkung wird besonders deutlich, wenn ein Stimulus unserer Erwartung nicht entspricht – wenn etwa der beste Schüler eines Jahrgangs einen Migrationshintergrund hat. Denn einerseits erfordern erwartungsinkonsistente Informationen eine tiefere Verarbeitung, um unsere bestehenden Vorstellungen mit der abweichenden Information in Einklang zu bringen. Andererseits stehen uns nicht immer genügend Ressourcen für eine tiefe Elaboration zu Verfügung – oder wir sind nicht motiviert, die notwendige kognitive Arbeit zu leisten. Entsprechend lautet ein Kernbefund der sozialen Kognition, dass eine unerwartete Information nur dann zu einer Einstellungsänderung führt, wenn wir willens und in der Lage sind, die neue Information in unsere mentalen Repräsentationen zu integrieren (Stangor & McMillan, 1992; zu Einstellungen s. ausführlicher Abschnitt 5.1 zum sozialpsychologischen Einstellungskonzept).

4.1.1 Was ist sozial an der sozialen Kognition?

Weil sich sozial-kognitive Ansätze an Prozessen der Informationsverarbeitung orientieren, wurde ihnen wiederholt vorgeworfen, soziale Phänomene auf die kognitiven Aktivitäten isoliert agierender „Informationsverarbeiter" zu reduzieren. Kurz: Soziale Kognition sei kognitive Psychologie mit sozialen Inhalten. Dem lässt sich zum einen entgegenhalten, dass sich die „Scientific Community" frühzeitig der Gefahr einer Ausblendung des sozialen Ursprungs ihres Gegenstands bewusst war (z.B. Forgas, 1981). Zudem beschränkt sich der soziale Aspekt der Forschung zur sozialen Kognition nicht auf die Fokussierung einschlägiger Themenbereiche wie etwa die Beurteilung von Personen und Gruppen. Vielmehr basieren die im Einzelnen behandelten Phänomene meist auf Konstrukten, die ihren Ursprung in genuin sozialen Prozessen haben. So sind etwa Stereotype sozial geteilte mentale Repräsentationen, deren Bedeutsamkeit darauf beruht, dass innerhalb eines Kulturraumes ein Konsens bezüglich der Eigenschaften besteht, die für eine Gruppe charakteristisch sind. Wenn wir uns also im Urlaub über das Verhalten deutscher Touristen amüsieren, können wir nur dann darauf verweisen, etwas sei „typisch deutsch", wenn unser Gegenüber das entsprechende Stereotyp kennt. Ihren sozialen Charakter verdanken sozial-kognitive Konstrukte dabei u.a. auch der Tatsache, dass wir viele sozial bedeutsame Merkmale – wie etwa Attraktivität – nicht unmittelbar wahrnehmen können. Stattdessen müssen wir solche Konstrukte aufgrund mehr oder minder zuverlässiger Indikatoren erschließen. Was etwa eine attraktive Person ausmacht, bestimmt also unsere (durch soziale Einflüsse geprägte) Interpretation von Indikatoren wie Körperproportionen, Verhaltensweisen oder Statusmerkmalen.

4.1.2 Kommunikation und soziale Kognition

Trotz ihrer sozialen Grundzüge steht die soziale Kognition in einem gewissen Spannungsverhältnis zum Thema des vorliegenden Lehrbuchs. Denn einerseits ließen sich Prozesse der Kommunikation – d.h. der *Übermittlung* von Informationen – durchaus als soziale Kognition *par excellence* auffassen. Andererseits aber betont die Forschung zur sozialen Kognition mit ihrer Konzentration auf Prozesse der *Verarbeitung* von Informationen ein intrapersonales Geschehen, während sich Prozesse der Kommunikation auf ein interpersonales Geschehen beziehen. Da bislang jedoch noch keine umfassende sozialkognitive Theorie der Kommunikation im engeren Sinne vorgelegt wurde, sollten die folgenden Ausführungen in erster Linie aus folgender Perspektive betrachten werden:

Die soziale Kognitionsforschung widmet sich der Frage, wie (experimentell variierte) Informationen unter (experimentell kontrollierten) Bedingungen verarbeitet werden. Den Informationen kommt dabei die Rolle einer Botschaft zu und den Versuchsteilnehmern (meist) die Rolle eines Empfängers; die Befunde geben also Auskunft darüber, wie der Inhalt so verstandener „Botschaften" unter verschiedenen Bedingungen verarbeitet wird. Dieselbe Botschaft kann dabei in Abhängigkeit von der Situation des Empfängers ganz unterschiedliche Ergebnisse der Informationsverarbeitung hervorbringen.

Anwendungsorientierte Leser sollten sich daher stets fragen, inwieweit ihr „Stimulusmaterial" (d.h. ihre Reportagen, Filme, Werbe-Spots) in der Praxis in Situationen „verarbeitet" werden, die den jeweiligen Versuchsbedingungen entsprechen.

4.1.3 Überblick

Die einzelnen Teilabschnitte orientieren sich an charakteristischen Merkmalen menschlicher Informationsverarbeitung. Im Anschluss an eine Beschreibung der Struktur und Funktion mentaler Repräsentationen steht dabei zunächst die Frage nach der Angemessenheit unserer Beurteilung der Umwelt im Vordergrund. Auf dieser Basis wird dann erörtert, inwieweit die an der Urteilsbildung beteiligten Prozesse einer bewussten Steuerung unterliegen und inwieweit sie von den Rahmenbedingungen der Urteilssituation beeinflusst werden. Der letzte Abschnitt widmet sich Untersuchungen zum Einfluss sozial-kognitiver Prozesse auf die (interpersonale) Kommunikation.

4.2. Soziale Kognition und Urteilsbildung

4.2.1 Die Bausteine kognitiver Prozesse: Kategorien und Konzepte

Da neue Informationen stets zu unserem Vorwissen in Beziehung gesetzt werden, bevor sie für uns eine subjektive Bedeutung erlangen, steht die Auseinandersetzung mit der Struktur und der Funktionsweise des Vorwissens am Anfang jeder Analyse sozialer Wahrnehmungsprozesse. Unter den Begriff des Vorwissens fallen dabei alle mentalen Repräsentationen früherer Erfahrungen. Analog zur Komplexität der Umwelt gibt es mentale Repräsentationen sowohl zu abstrakten Konzepten (z.B. Macht) als auch zu einzelnen Personen (z.B. Partner), Gruppen (z.B. Italiener), routinierten Abläufen (z.B. ein Restaurant besuchen) oder Einzelereignissen (z.B. der Kinobesuch gestern). Neben den definierenden Merkmalen eines Konzepts können mentale Repräsentationen auch Hinweise auf logische Beziehungen oder zeitliche Abläufe enthalten (z.B. dass man im Restaurant nicht als Erstes nach der Rechnung verlangt). Wie aber entstehen Konzepte? Wie werden sie aktiviert, und wie beeinflussen aktivierte Konzepte unser Verhalten?

Die Struktur mentaler Repräsentationen

Die klassische Perspektive. Lange Zeit galt es als selbstverständlich, dass alle Konzepte durch notwendige und hinreichende definierende Merkmale beschrieben werden können. Wenn ein Objekt also die definierenden Eigenschaften einer Kategorie besitzt, dann ist es auch Mitglied der Kategorie und umgekehrt. Diese von Smith und Medin (1981) als klassisch bezeichnete Perspektive erwies sich jedoch als zu restriktiv. Denn zum einen gibt es kaum eine Kategorie, die sich durch definierende Eigenschaften beschreiben ließe, welche alle Mitglieder der Kategorie auch tatsächlich aufweisen. Zum anderen hat sich gezeigt, dass fast alle Kategorien eine interne Struktur besitzen (d.h. manche Mitglieder sind bessere Vertreter ihrer Kategorie als andere). Gemäß der klassischen Perspektive jedoch sind alle Mitglieder einer Kategorie gleich gute Vertreter, da ja alle dieselben Merkmale besitzen.

Die probabilistische Perspektive. Diesen Beobachtungen trägt der probabilistische Ansatz von Rosch Rechnung. Rosch (1978) zufolge entstehen Kategorien nicht durch das Erlernen willkürlicher Sets definierender Eigenschaften. Vielmehr bilden unsere Kategorien die korrelative Struktur der Umwelt ab. Kategorien tragen also der Tatsache Rechnung, dass manche Merkmale oft gemeinsam auftreten (z.B. hat Flügel, hat Federn, kann fliegen). Besitzt ein Objekt eine dieser Eigenschaften, dann ist es mit hoher Wahrscheinlichkeit ein Mitglied der entsprechenden Kategorie (z.B. Vögel). Der probabilistische Ansatz geht also nicht davon aus, dass alle Mitglieder einer Kategorie alle definierenden Eigenschaften besitzen müssen, sondern lediglich, dass sie diese Eigenschaften wahrscheinlich besitzen. Aus dieser Annahme lässt sich auch ableiten, dass nicht alle Mitglieder einer Kategorie gleich gute Vertreter ihrer Kategorie sind. Manche Mitglieder besitzen mehr definierende Eigenschaften als andere und erscheinen uns daher typischer.

Soziale Kategorisierung. Die konsequenteste Anwendung des probabilistischen Ansatzes auf die soziale Kognition findet sich in der Selbstkategorisierungstheorie (Turner, Hogg, Oakes, Reicher & Whetherell, 1987). Diesem Ansatz zufolge ordnen wir uns und andere fortwährend Kategorien zu. Dabei muss man zwischen einer kollektiven Ebene (z.B. Deutsche im Vergleich zu Italienern) und einer individuellen Ebene (z.B. Matthias im Vergleich zu Mario) der sozialen Kategorisierung unterscheiden. Die kollektive Ebene entspricht dabei einer Einteilung der Welt in „wir“ im Gegensatz zu „sie“. Dies geht mit einer verstärkten Wahrnehmung der Unterschiede zwischen den beteiligten Gruppen, einer verstärkten Orientierung an den Normen der Eigengruppe sowie einer ausgeprägteren Diskriminierung von Mitgliedern der Fremdgruppe einher. Die individuelle Ebene hingegen entspricht einer Einteilung in „ich“ im Gegensatz zu „er/sie“, die mit einer verstärkten Wahrnehmung interindividueller Unterschiede und einer verstärkten Orientierung an zwischenmenschlichen Normen (z.B. Fairness oder Reziprozität) einhergeht.

Welche Ebene unsere Wahrnehmung dominiert, hängt dabei von der korrelativen Struktur der Umwelt und der Salienz alternativer sozialer Kategorien ab. So sollten wir im Rahmen einer Diskussion spontan eine Kategorisierung in Männer bzw. Frauen vornehmen, wenn alle männlichen Teilnehmer eine andere Meinung vertreten als alle weiblichen Teilnehmer. Verlagert sich das Thema hingegen auf individuelle Vorlieben im Bereich der Literatur, so sollten wir dieselben Personen als Individuen wahrnehmen, sofern sich die Beteiligten in ihren Ansichten deutlich unterscheiden.

Offensichtlich bildet dabei die Verfügbarkeit hinreichender Informationen zur Differenzierung zwischen einzelnen Personen eine notwendige Voraussetzung für die soziale Kategorisierung auf der individuellen Ebene. Stehen uns hingegen nur begrenzte Informationen zur Verfügung – ist etwa in

Online-Diskussionen allein die Assoziation der Teilnehmer mit einer Eigen- und einer Fremdgruppe bekannt –, orientiert sich unsere Wahrnehmung stärker entlang der Grenzen sozialer Gruppen. Entsprechend kann es bei der Kommunikation mithilfe elektronischer Medien zu einer unerwartet starken Diskriminierung zwischen Gruppen kommen, wenn es an Möglichkeiten zur Individualisierung der Teilnehmer mangelt (Postmes, Spears & Lea, 1998).

Die Funktion mentaler Repräsentationen

Die Funktion (sozialer) Kategorisierungsprozesse besteht in der Schonung unserer begrenzten kognitiven Ressourcen. Dabei unterscheidet bereits Bruner (1957) zwischen zwei Grundfunktionen der Kategorisierung: Demnach erlaubt uns eine *Zuordnungsfunktion,* kognitive Ressourcen in der Informationsverarbeitung für interessantere Aufgaben aufzusparen. Denn wir können die Verarbeitung abbrechen, sobald wir eine Kategorie identifiziert haben, der wir einen Stimulus zuordnen können. Daneben ermöglicht uns eine *Schlussfolgerungsfunktion,* weitere Eigenschaften eines Stimulus zu erschließen, die wir nicht unmittelbar wahrnehmen können. Während die Zuordnungsfunktion uns also davor bewahrt, jeden neuen Stimulus eingehend zu untersuchen, ermöglicht uns die Schlussfolgerungsfunktion, über seine bekannten Eigenschaften hinauszugehen und unser Verhalten entsprechend auszurichten.

Die beiden Grundfunktionen der sozialen Kategorisierung finden ihren Ausdruck in allen einschlägigen Modellen der sozialen Eindrucksbildung. Beispielsweise ordnen wir Fiske und Neuberg (1990) zufolge unsere Mitmenschen zunächst passend erscheinenden Kategorien zu. Wenn wir etwa in der Fußgängerzone eine junge Frau mit einem Kind an der Hand sehen, könnte dies unwillkürlich zur Aktivierung der Kategorie „Mutter“ führen – sowie zu einer Aktivierung assoziierter Merkmale wie etwa fürsorglich oder liebevoll. Entspricht das Verhalten der beurteilten Person der Schlussfolgerung, zu der wir aufgrund der aktivierten Kategorie kommen, beenden wir die Eindrucksbildung und wenden uns anderen Dingen zu. Steht das Verhalten hingegen nicht im Einklang mit unseren Erwartungen, ziehen wir weitere Informationen hinzu, um unser Urteil in Einklang mit dem beobachteten Verhalten zu bringen. Dabei hängt der betriebene Aufwand von der Motivation zur Beschäftigung mit einer Person und von der Verfügbarkeit hinreichender kognitiver Ressourcen ab.

4.2.2 Die Angemessenheit der Informationsverarbeitung

Das Ziel menschlicher Informationsverarbeitung besteht darin, eine angemessene Beurteilung der Umwelt bereitzustellen, an der wir unser Verhalten ausrichten können. Die Angemessenheit subjektiver Urteile lässt sich dabei durch den Vergleich mit objektiven Kriterien beurteilen. Einschätzungen, die von normativ korrekten Urteilen abweichen, dienen dann als Indikator für eine fehlerhafte Informationsverarbeitung. Der Schwerpunkt empirischer Studien liegt dabei je nach Erkenntnisinteresse auf verschiedenen Abschnitten der Informationsverarbeitung. So fokussieren manche Studien die Angemessenheit der Informationssuche und überlassen daher den Teilnehmern die Zusammenstellung ihrer Urteilsgrundlage. Diese Strategie eignet sich für den Nachweis systematischer Verzerrungen bei der Datengenerierung. Andere Studien hingegen stellen vorgefertigte Sets an Informationen bereit und erfassen lediglich die resultierenden Urteile. Diese Strategie eignet sich für den Nachweis von Verzerrungen bei der Datenintegrierung.

Abbildung 4.2 illustriert die beiden Routen, entlang derer verzerrte Urteile entstehen können, auf der Basis von Fiedlers (2000) Stichprobentheorie des sozialen Urteilens. Demnach basieren unsere Urteile auf einer Stichprobe von Beobachtungen, die aus der Grundgesamtheit der relevanten Informationen in der Umwelt gezogen wird. Ist die Stichprobe jedoch nicht repräsentativ für die jeweilige Grundgesamtheit, fallen unsere Urteile verzerrt aus.

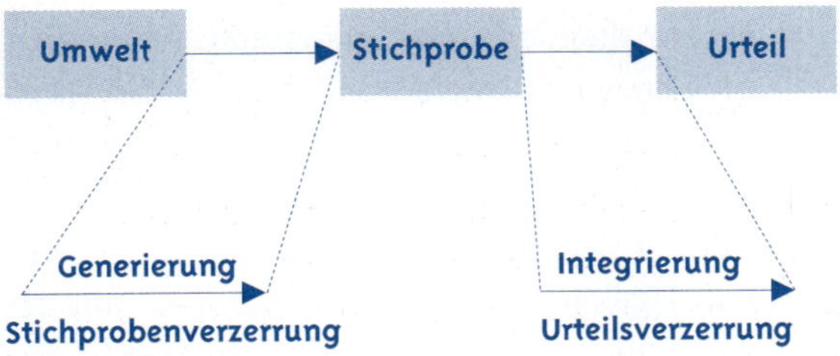

Abbildung 4.2. Urteile über Eigenschaften der Umwelt werden vermittelt durch die Eigenschaften einer Stichprobe aus der Grundgesamtheit verfügbarer Information über die Umwelt. Stichprobenverzerrungen gehen auf Fehler in der Datengenerierung zurück und Urteilsverzerrungen auf Fehler bei der Datenintegrierung (Fiedler, 2000)

Nun sind aber die Stichproben, die unseren alltäglichen Urteilen zugrunde liegen, selten repräsentativ. Denn manche Ereignisse registrieren wir eher als andere, manche Informationen sind in unserem persönlichen Umfeld eher verfügbar als andere usw. Sofern wir uns der mangelnden Repräsentativität der verfügbaren Informationen aber nicht bewusst sind – und unser Urteil nicht entsprechend korrigieren –, bleibt unsere Einschätzung der Umwelt verzerrt. Eine weitere Quelle verzerrter Urteile besteht natürlich in der fehlerhaften Integration der letztlich verfügbaren Informationen. So führen selbst repräsentative Stichproben zu verzerrten Urteilen, wenn die verfügbaren Informationen in unangemessener Form genutzt werden.

Repräsentativität. Im Alltag wird eine angemessene Datenintegrierung oft durch die Verwendung ungewohnter Darstellungsformate erschwert. So geht etwa bei der ökonomisch erscheinenden Mitteilung von Prozenten (d.h. von relativen Häufigkeiten) stets Information verloren. Denn wir erfahren aufgrund der Relativierung nicht, wie groß die Grundgesamtheit ist, auf die sich ein Prozentwert bezieht. So mag etwa ein HIV-Antikörpertest bei 80 % aller Infizierten korrekterweise positiv ausfallen und lediglich bei 2 % aller Nichtinfizierten zu einer Fehldiagnose führen. Sind aber nicht einmal 1 % der Bevölkerung vom HIV-Virus betroffen, ist es selbst bei einem positiven Testergebnis eher wahrscheinlich, dass eine Person *nicht* infiziert ist. Denn die Trefferquote von 80 % bezieht sich auf die kleine Minderheit tatsächlich Infizierter und die Fehlerquote von 2 % auf die überwältigende Mehrheit der Nichtinfizierten. Deshalb ist der Anteil der Fehldiagnosen an allen Tests mit gut 3 % ($0{,}99 \times 0{,}02 = 0{,}029$) um ein Vielfaches höher als der Anteil korrekter Diagnosen mit 0,8 % ($0{,}01 \times 0{,}80 = 0{,}008$; vgl. Kasten über die Vernachlässigung von Basisraten).

Urteilsheuristiken. Die Liste von Fehlurteilen aufgrund einer fehlerhaften Datengenerierung und Datenintegrierung ließe sich beinahe beliebig fortsetzen. Der Großteil dieser Arbeiten hat seinen Ursprung im beeindruckenden Forschungsprogramm von Kahneman und Tversky (1972, 1973). Auf der Basis einer Serie clever angelegter Studien zeichneten diese Autoren in den 1970er Jahren ein eher pessimistisches Bild menschlicher Informationsverarbeitung, das sich auf die unangemessene Verwendung einfacher Heuristiken in der Urteilsbildung stützt. So neigen wir bei der Beurteilung von Wahrscheinlichkeiten u.a. auch dazu, Ereignisse als wahrscheinlicher einzuschätzen, wenn sie die typischen Merkmale ihres Entstehungsprozesses aufweisen. So erscheint für Serien von Münzwürfen (mit K für Kopf und Z für Zahl) die Abfolge Z-K-K-Z-K-Z wahrscheinlicher als die Abfolgen Z-Z-Z-K-K-K oder auch Z-K-Z-K-Z-K. Denn die zuerst erwähnte Abfolge bildet die Zufälligkeit des zugrunde liegenden Prozesses besser ab als das blockweise Auftreten oder das regelmäßige Alternieren von Kopf und Zahl. Neuere Arbeiten schlagen jedoch optimistischere Töne hinsichtlich unserer Fähigkeiten an. So werden etwa Basisraten korrekt in Urteilen berücksichtigt, wenn die relevante Information in Form absoluter Häufigkeiten präsentiert wird (Gigerenzer & Hoffrage, 1995) und die zugrunde liegende Stichprobe repräsentativ für die Grundgesamtheit ist (Fiedler, Brinkmann & Wild, 2000). Zudem lässt sich der Umgang mit Statistiken durch Fortbildungen und anschaulichere Darstellungsformate verbessern (z.B. Schaller, Asp, Rosell & Heim, 1996; Sedlmeier & Gigerenzer, 2001).

Vernachlässigung von Basisraten

Bei der Beurteilung bedingter Wahrscheinlichkeiten übersehen Laien oft, wie bedeutsam Basisraten für derartige Urteile sind. Zum einen scheint es dabei an einer hinreichenden formellen Bildung zu mangeln, d.h. an der Kenntnis normativ korrekter Algorithmen zur Datenintegrierung. Zum anderen mangelt es Laien aber auch an der Einsicht, wie wichtig eine angemessene Datengenerierung ist. So sollten die Teilnehmer einer Studie von Fiedler, Brinkmann, Betsch und Wild (2000) anhand selbst generierter Stichproben die bedingte Wahrscheinlichkeit p(B+|M+) einschätzen, dass Frauen mit positiver Mammographie auch an Brustkrebs leiden. Dazu wurde den Teilnehmern ein Karteikasten zur Verfügung gestellt, in dem die Daten von 100 fiktiven Frauen nach ihrem Brustkrebsstatus (B+ vs. B–) sortiert waren. Da die Karteikarten der Fälle mit B+ bzw. B– unterschiedliche Farben hatten, war unmittelbar ersichtlich, dass weniger als 10 % der Frauen an Brustkrebs erkrankt waren. Auf der Rückseite jeder Karteikarte war das Ergebnis der jeweiligen Mammographie (M+ vs. M–) notiert. Die Teilnehmer konnten beliebig viele Karteikarten ziehen, und sollten anschließend anhand ihrer Stichprobe einschätzen, wie groß die Wahrscheinlichkeit p(B+|M+) ist, also die Wahrscheinlichkeit, dass es sich um Brustkrebs handelt, wenn eine Mammographie vorliegt, die auf Brustkrebs hindeutet. Repräsentative Urteile lassen sich dabei nur erzielen, wenn der Anteil an Frauen mit Brustkrebs in der Stichprobe dem in der Grundgesamtheit (d.h. im gesamten Karteikasten) entspricht. Die Teilnehmer zogen jedoch in etwa gleich viele Karteikarten von Frauen mit wie von Frauen ohne Brustkrebs, so dass der Anteil der Brustkrebsfälle von einer optisch klar erkennbaren Minderheit von weniger als 10 % in der Grundgesamtheit auf etwa 50 % in der Stichprobe anstieg. Der auf dieser Basis gebildete Schätzwert für p(B+|M+) war natürlich maßlos übertrieben.

Illusorische Korrelationen. Weniger leicht zu beheben sind hingegen Fehlurteile, deren Ursprung in den Funktionsmerkmalen unserer kognitiven „Hardware“ verankert ist. So verarbeiten wir Häufigkeitsinformationen einerseits eher mühelos – d.h., wir können die Häufigkeit von Ereignissen in unserer Umwelt tendenziell gut einschätzen (Hasher & Zacks, 1984). Andererseits zeichnet sich unser Gedächtnis für Häufigkeiten jedoch durch eine regressive Tendenz aus; wir neigen also dazu, die Häufigkeit seltener Ereignisse zu überschätzen und diejenige häufiger Ereignisse zu unterschätzen (Fiedler, 1991). Dieser Umstand kann bereits bei der Beurteilung einfacher Zusammenhänge zu Fehlurteilen führen.

Betrachten wir hierzu zunächst einmal die Häufigkeitsverteilung in Tabelle 4.1, die einer Studie von Hamilton und Gifford (1976) entnommen ist. Den Teilnehmern wurden 39 Beobachtungen zu den Merkmalen Gruppenzugehörigkeit (Gruppe A im Vergleich zu Gruppe B) und Verhalten (positiv im Vergleich zu negativ) präsentiert. Die einzelnen Beobachtungen entsprachen kurzen Episoden mit positivem bzw. negativem Verhalten. Insgesamt entfielen 18 positive sowie 8 negative Episoden auf Gruppe A und 9 positive sowie 4 negative Episoden auf Gruppe B. Das Verhältnis von positivem zu negativem Verhalten war also in beiden Gruppen gleich (18/8 = 9/4); es gab somit keinen Zusammenhang zwischen Gruppe und Verhalten. Trotzdem beurteilten die Teilnehmer die größere Gruppe A anschließend positiver als die kleinere Gruppe B, da sie den Anteil positiver Verhaltensweisen in Gruppe B geringer einschätzten als in Gruppe A.

Dieser Effekt lässt sich nun darauf zurückführen, dass sich die regressive Tendenz des Häufigkeitsgedächtnisses auf kleinere Stichproben stärker auswirkt als auf große. Obwohl also der Anteil des selte-

Tabelle 4.1. Zellhäufigkeiten und Randhäufigkeiten einer Kontingenztafel für positives bzw. negatives Verhalten der Mitglieder einer Gruppe A bzw. einer Gruppe B

	Positiv	Negativ	
Gruppe A	18	8	*26*
Gruppe B	9	4	*13*
	27	*12*	

nen (negativen) Verhaltens innerhalb beider Gruppen überschätzt wird, bleibt das Überwiegen positiven Verhaltens in Gruppe A besser erhalten als in Gruppe B (Fiedler, 1991). Die „illusorischen Korrelationen", die sich daraus ergeben, beschreiben also einen Mechanismus, der zur Abwertung von Minoritäten führt, ohne dass unsere Urteile absichtlich verzerrt wären. Denn dieselbe relative Häufigkeit ist einfach besser zu erkennen, wenn sie auf einer größeren Stichprobe basiert.

Pseudokontingenzen. Ein weiterer Effekt unterschiedlich großer Stichproben besteht darin, dass wir dazu neigen, die jeweils stärker besetzte Zeile einer Kontingenztafel mit der jeweils stärker besetzten Spalte in Verbindung zu bringen (Fiedler & Freytag, 2004). Diese heuristische Verknüpfung zwischen häufigen Ereignissen erlaubt uns eine erste Einschätzung von Zusammenhängen selbst dann, wenn wir nur die Randhäufigkeiten – d.h. die Zeilen- und Spaltensummen – einer Kontingenztafel kennen. Betrachten wir hierzu noch einmal Tabelle 4.1, so zeigt ein Blick auf die Randhäufigkeiten, dass die Daten mehrheitlich von Mitgliedern von Gruppe A stammen und dass sie sich mehrheitlich auf positives Verhalten beziehen. Selbst wenn wir die Beobachtungen den Zellen einer Kontingenztafel nicht zuordnen können, etablieren die Randhäufigkeiten dennoch eine Assoziation von Gruppe A und positivem Verhalten. Solche „pseudokontingenten" Schlussfolgerungen sind natürlich unzulässig, da es nicht möglich ist, Zusammenhänge zu beurteilen, wenn man nur die Randsummen kennt. Dennoch ist die Schlussfolgerungsfigur im Alltag gang und gäbe. So werden Spekulationen über Zusammenhänge gerne dadurch „erhärtet", dass man Prozentanteile der interessierenden Variablen nebeneinan-

Positives Testen

Die mangelhafte Einsicht in die Bedeutsamkeit unterschiedlicher Stichprobengrößen zeigt sich auch in Untersuchungen zur Eindrucksbildung, in denen die Teilnehmer ihre Urteilsgrundlage selbst zusammenstellen können. Das Hauptaugenmerk der Forschung gilt dabei dem Phänomen des positiven Testens (Klayman & Ha, 1987). Damit ist die Tendenz gemeint, sich beim Überprüfen einer Hypothese auf Ereignisse zu konzentrieren, bei denen die in der Hypothese formulierten Bedingungen erfüllt sind. Es geht also darum, ob wir bei der Beurteilung unserer Mitmenschen primär nach Informationen suchen, die unserer Hypothese über die Eigenschaften einer Person entsprechen. Diese Situation haben Snyder und Swann (1978) erstmals in einer Reihe von Experimenten realisiert. Die Teilnehmer sollten durch die Auswahl passender Fragen aus einem Fragenkatalog herausfinden, ob eine andere Person extravertiert ist. Der Fragenkatalog enthielt sowohl Fragen zu extravertiertem Verhalten als auch solche zu introvertiertem Verhalten. Die Teilnehmer stellten einem Interviewpartner, der wahrheitsgemäß antwortete, einige Fragen aus dem Fragenkatalog. Wie erwartet, verwendeten die Interviewer eine positive Teststrategie, d.h., sie stellten mehr Fragen zu extravertiertem Verhalten – und schätzten ihr Gegenüber anschließend als eher extravertiert ein. Die Ironie besteht natürlich darin, dass wir uns nicht bewusst sind, dass wir das Überwiegen hypothesenkonsistenter Informationen in unseren Alltagsstichproben oft selbst herbeiführen.

der stellt. So mag etwa ein Politiker angesichts hoher Kriminalitätsraten in Stadtteilen mit hohem Ausländeranteil strengere Abschiebungsgesetze fordern, obwohl sich aus diesen Informationen nicht ableiten lässt, dass ausländische Mitbürger krimineller sind als Einheimische. Dennoch wirken simple Dreisätze wie „Da wohnen viele Ausländer, da wohnen viele Kriminelle, ergo sind Ausländer kriminell!" überzeugend, sofern sich die beteiligten Variablen in einen plausiblen Zusammenhang bringen lassen. Ein kritischer Urteiler hingegen würde an diesem Punkt einfordern, dass die zugrunde liegenden Zellhäufigkeiten offen gelegt werden.

4.2.3 Die Bewusstheit der Informationsverarbeitung

Die bisher behandelten Prozesse beruhen allesamt auf bewusst wahrgenommenen Informationen, deren Integration in ein Urteil an objektiven Standards gemessen wird. Unsere Wahrnehmung wird jedoch auch durch Prozesse beeinflusst, die sich unserem bewussten Erleben entziehen und deren Untersuchung eine andere Herangehensweise erfordert. Abbildung 4.3 illustriert die beiden Denkfiguren, die der Analyse unbewusster Prozesse zugrunde liegen. Demnach erkunden Studien zu metakognitiven Prozessen die Grenzen des Bewusstseins dadurch, dass sie überprüfen, inwieweit objektive Indikatoren kognitiver Prozesse (z.B. das Namensgedächtnis) und subjektive Einschätzungen derselben kognitiven Prozesse (z.B. das Gefühl, ein Name läge uns auf der Zunge) miteinander übereinstimmen. Studien zu automatischen Prozessen hingegen zielen darauf ab, zu untersuchen, wie beeinflussbar unser Verhalten bei fehlender Einsicht in die auslösenden Prozesse ist.

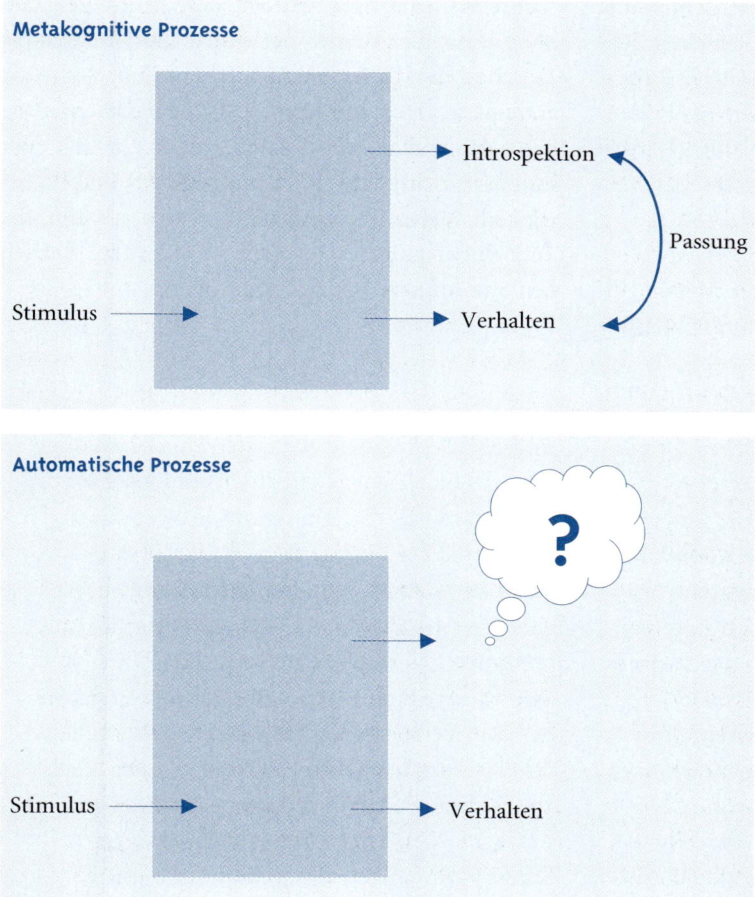

Abbildung 4.3. Schematische Illustration der Schlussfolgerungsfigur von Studien zu metakognitiven Prozessen (oben) und zu automatischen Prozessen (unten). Im ersten Fall werden die Grenzen des Bewusstseins anhand der Passung der Effekte eines Reizes auf beobachtbares Verhalten versus auf introspektives Erleben erfasst – und im zweiten Fall anhand der Abwesenheit introspektiven Erlebens trotz nachweislicher Effekte eines Reizes auf das beobachtbare Verhalten

Metakognitive Prozesse

Die Ursprünge der Forschung zur Metakognition liegen in wahrnehmungs- und gedächtnispsychologischen Studien (vgl. Nelson, 1996). Bei einer Studie von Jacoby, Kelley, Brown und Jasechko (1989) etwa lernten die Teilnehmer zunächst eine Liste von Namen unbekannter

Personen. Einen Tag später wurden ihnen diese Namen erneut präsentiert – zusammen mit den Namen weiterer unbekannter und einiger prominenter Personen. Die Aufgabe bestand schlicht darin, die Namen den Gruppen *alte Namen*, *neue Namen* und *prominente Namen* zuzuordnen. Obwohl die Teilnehmer wussten, dass alle Namen aus der ursprünglichen Liste zu unbekannten Personen gehörten, hielten sie manche der „alten" Namen für prominent. Offensichtlich nutzten sie das Vertrautheitsgefühl als Hinweis auf die Prominenz eines Namens. Derartige Fehler bei der Zuschreibung „kognitiver Gefühle" (z.B. der subjektiv erlebten Reibungslosigkeit aktuell ablaufender kognitiver Prozesse) zu einer Ursache (z.B. auf die vorherige Präsentation oder auf die Prominenz eines Namens) lassen sich bei einer Vielzahl von Prozessen nachweisen.

Automatische Prozesse

Im Gegensatz zum Forschungsfeld der Metakognition haben wir es im Bereich der automatischen Prozesse mit Phänomenen zu tun, bei denen ein Stimulus einen Einfluss auf das beobachtbare Verhalten ausübt, ohne dass wir uns dessen bewusst sind. Entscheidend für die Klassifikation eines Verhaltens als „automatisch" ist dabei weniger die unbewusste Ausführung eines Verhaltens selbst als die fehlende Einsicht in die Faktoren, die es beeinflusst hatten. So gingen die Teilnehmer einer paradigmatischen Studie von Bargh, Chen und Burrows (1996) den Gang vor einem Labor langsamer hinunter, wenn zuvor in einem Versuch das Konzept „alte Menschen" aktiviert worden war. Dies geschah, ohne dass die Teilnehmer einen Zusammenhang zwischen der Untersuchung und ihrem Verhalten erkannten. Der Einfluss der Konzeptaktivierung hatte dabei aber eher eine *adverbiale* Qualität (der Einfluss beschränkte sich also auf die Art und Weise, wie ein Verhalten ausgeführt wurde). Denn die Teilnehmer gingen schließlich aus eigenem Antrieb den Flur hinunter, nur eben langsamer.

Leichtigkeit des Informationsabrufs

Kognitive Gefühle auch bei verschiedenen Urteilsheuristiken eine Rolle. Die „Verfügbarkeitsheuristik" etwa beschreibt die Tendenz, dass uns ein Ereignis umso wahrscheinlicher erscheint, je leichter uns Beispiele in den Sinn kommen (Tversky & Kahneman, 1973). Um nun zu testen, ob die Verfügbarkeitsheuristik durch die Leichtigkeit des Informationsabrufs oder aber durch die Menge der letztlich abgerufenen Informationen beeinflusst wird, sollten sich die Teilnehmer einer Studie von Schwarz, Bless, Strack, Klumpp, Rittenauer-Schatka und Simons (1991) an sechs bzw. an zwölf Episoden selbstsicheren Verhaltens erinnern. Wenn sich die spätere Beurteilung der eigenen Selbstsicherheit an der Anzahl abgerufener Episoden orientiert, sollte die Erinnerung an zwölf Episoden zu einer höheren Einschätzung der eigenen Selbstsicherheit führen. Wenn sich die Beurteilung aber an der Leichtigkeit des Informationsabrufs orientiert, dann sollte die Erinnerung an sechs Episoden zu einer höheren Einschätzung führen als die Erinnerung an zwölf Episoden, da die Leichtigkeit des Abrufs mit jeder weiteren Episode abnimmt. Die Ergebnisse legen eine Dominanz der Leichtigkeit des Abrufs nahe. Offensichtlich stützten die Teilnehmer ihre Selbstbeurteilung auf die Leichtigkeit, mit der sie das vom Versuchsleiter aufgestellte Kriterium erfüllen konnten. Diese Effekte lassen sich auch zur Beeinflussung von Konsumentenurteilen nutzen. So beurteilten die Teilnehmer einer Studie von Wänke, Bohner und Jurkowitsch (1997) die Automarke BMW positiver, wenn sie zuvor ein Argument für den Kauf eines BMW (anstelle eines Mercedes) generieren mussten. Dagegen fielen die Urteile negativer aus, wenn sie zehn derartige Argumente generieren mussten.

Automatisches Verhalten. Diese Ergebnisse zeigen zunächst einmal, dass die Aktivierung eines Konzepts (z.B. alte Menschen) durch die Aktivierung assoziierter Konzepte (z.B. langsam) einen assimilativen Effekt auf das Verhalten ausüben kann. Automatische Prozesse verstärken also solche Verhaltenstendenzen, die sich im Einklang mit aktivierten Konzepten befinden. Stehen unsere Ziele jedoch im Widerspruch zu den Implikationen aktivierter Konzepte, so setzen sich unsere bewussten Ziele zumindest kurzfristig durch. Eine Randbedingung automatischer Prozesse besteht somit darin, wie gut sie mit den Zielen einer Person vereinbar sind. Eine weitere Randbedingung besteht zudem in einer mangelnden Bewusstheit für den Einfluss des jeweils aktivierten Konzepts. Denn falls wir bemerken, dass wir durch die vorangehende Aktivierung eines Konzepts beeinflusst werden, verkehrt sich ihr assimilativer Effekt in ein bewusstes Gegensteuern (z.B. Strack, Schwarz, Bless, Kübler & Wänke, 1993). Auch innerhalb dieser Beschränkungen jedoch können automatische Prozesse einen bedeutsamen Einfluss ausüben. So lässt etwa die kurzfristige Aktivierung des Konzepts „hilfsbereit" die Bereitschaft zunehmen, an Einführungsveranstaltungen ehrenamtlicher Hilfsorganisationen teilzunehmen und somit potenziell weitreichende Verpflichtungen einzugehen (Nelson & Norton, 2005).

Konzeptaktivierung. Die jeweils ausschlaggebende Aktivierung von Konzepten kann sowohl durch die bewusste Beschäftigung mit einem Konzept erfolgen (z.B. durch das Verfassen eines Aufsatzes über das Thema „Rassismus") als auch durch die beiläufige Verarbeitung konzeptrelevanter Stimuli. Im Rahmen so genannter Scrambled-Sentence-Aufgaben etwa müssen die Teilnehmer aus einer Reihe von Wörtern (z.B. „er sie schlug verletzte") grammatikalisch korrekte Sätze konstruieren. Dabei beruht ein Teil der Sätze auf Wörtern, die mit dem Konzept, das aktiviert werden soll, assoziiert sind (z.B. Aggression). Neben diesen relativ einfachen Vorgehensweisen existiert mittlerweile ein Arsenal computergestützter Aufgaben, die eine Aktivierung von Konzepten unterhalb der Wahrnehmungsschwelle erlauben (vgl. Musch & Klauer, 2003). Bei diesen Priming-Prozeduren wird zunächst für wenige Millisekunden ein Stimulus dargeboten (z.B. der Vorname *Ali*), der ein Konzept voraktiviert (z.B. *Tür-*

Automatische Aktivierung von Stereotypen

Während wir im Bereich des Fähigkeitserwerbs keine Probleme damit haben, anzuerkennen, dass etwa die Handhabung der Kupplung eines Autos zunehmend automatisch abläuft, empfinden wir die Vorstellung, dass Assoziationen zwischen Gruppen und Eigenschaften unbemerkt unser Verhalten beeinflussen, als eher störend. Eine erste Demonstration der automatischen Aktivierung von Vorurteilen stammt von Devine (1989). Ihre Teilnehmer bearbeiteten zunächst eine Reaktionszeitaufgabe, in der Prime-Wörter unterhalb der Wahrnehmungsschwelle dargeboten wurden, die mit dem Vorurteil über schwarze Amerikaner assoziiert waren. Später wurde ihnen eine Geschichte vorgelegt, die einige Verhaltensweisen einer unbekannten Person beschrieb. Die Person zeigte u.a. einige moderat unfreundliche Verhaltensweisen. Und die Teilnehmer sollten anschließend beurteilen, als wie feindselig sie die Person empfanden. Wie erwartet, schätzten sie die Person als eher feindselig ein. Da jedoch keines der verwendeten Prime-Wörter einen unmittelbaren Bezug zu der Eigenschaft „feindselig" aufwies, folgerte Devine, dass die Wahrnehmung der Person dadurch verzerrt war, dass das Vorurteil über Schwarze aktiviert wurde, das mit der Eigenschaft „feindselig" assoziiert war. Dieser Effekt erwies sich zudem als unabhängig von der separat erfassten Einstellung gegenüber Schwarzen. Die Wahrnehmung der Teilnehmer wurde also auch dann durch die Aktivierung des Vorurteils beeinflusst, wenn sie es ausdrücklich ablehnten.

ken). Im Anschluss an diesen so genannten Prime (Vorreiz) wird ein weiterer Stimulus dargeboten (z.B. das Adjektiv *faul*). Dieser Zielstimulus muss schnellstmöglich einer von zwei Antwortkategorien zugeordnet werden (z.B. positive Wörter oder negative Wörter). Sofern jemand aber das negative Stereotyp über Türken in Deutschland verinnerlicht hat, wird er nach der Aktivierung des Konzepts „Türken" auf negative Wörter schneller reagieren als auf positive Wörter.

Implizite Prozesse. Die beiden zentralen Merkmale metakognitiver bzw. automatischer Prozesse (also die fehlerhafte Beurteilung kognitiver Prozesse und der unbewusste Einfluss kognitiver Prozesse auf unser Verhalten) bilden gemeinsam die definierenden Merkmale eines weiteren Forschungsfeldes, bei dem zwischen impliziten und expliziten Kognitionen unterschieden wird (Greenwald & Banaji, 1995). Explizite Prozesse beziehen sich dabei auf bewusst reflektierte Aspekte der Informationsverarbeitung und implizite Prozesse auf unbewusst spontane Aspekte. Einige Beispiele für Einflüsse der letztgenannten Art wurden in diesem Abschnitt bereits vorgestellt. Die von Greenwald und Banaji vorgeschlagene Trennung zwischen impliziten und expliziten Prozessen geht in ihrem Anspruch jedoch über definitorische Fragen hinaus. Denn die Autoren verbinden mit ihrer Unterscheidung die Forderung nach einer Neuausrichtung der sozial-kognitiven Forschung. So diskutieren sie die Möglichkeit, dass die Interpretation kognitiver Gefühle auch durch implizite Assoziationen – etwa auf der Basis kultureller Stereotype – beeinflusst wird. Greenwald und Banaji führen somit die Ausprägung genuin kognitiver Prozesse (z.B. Gedächtnisillusionen) auf die Ausprägung sozial determinierter kognitiver Strukturen (z.B. Stereotype) zurück. So zeigte sich in einer Replikation der Studien von Jacoby et al. (1989), dass die fälschliche Identifizierung „prominenter" Namen stärker ausgeprägt war, wenn ein unbekannter Name mit einem männlichen Vornamen gelernt wurde. Anscheinend interpretieren wir aufgrund unserer Alltagserfahrungen mit berühmten Persönlichkeiten ein vergleichbar starkes Vertrautheitsempfinden eher als Indiz für Prominenz, wenn der Name zu einer männlichen Person gehört.

4.2.4 Die Beeinflussbarkeit der Informationsverarbeitung

Neben der Beschreibung der grundlegenden Funktionsmerkmale der sozialen Informationsverarbeitung gehört es zu den Hauptaufgaben der Forschung zur sozialen Kognition, bedeutsame Randbedingungen der bisher behandelten Prozesse zu bestimmen. Wer neigt eher zu einer elaborierten Verarbeitung der verfügbaren Informationen? Wann ist eher mit einer assimilativen Wirkung beiläufig aktivierter Konzepte zu rechnen? Sozial-kognitive Ansätze beantworten diese Fragen so, dass sie auf mehr oder minder komplexe Wechselwirkungen situationaler und dispositionaler Faktoren verweisen.

Motivation und Kapazität. Unter diesen Wechselwirkungen nimmt die Beziehung zwischen der Bereitschaft und der Fähigkeit, sich intensiv mit sozialen Informationen auseinander zu setzen, eine herausragende Stellung ein. So unterscheiden Modelle der Einstellungsänderung zwischen einem oberflächlich heuristischen Modus der Informationsverarbeitung und einem eingehend systematischen Modus (Chaiken, Liberman & Eagly, 1989; Petty & Cacioppo, 1986; vgl. auch Abschnitt 5.5.1 zur Einstellungsbeeinflussung ohne dahinter stehende Absichten). Bei der heuristischen Verarbeitung kommt es dadurch zu einer Einstellungsänderung, dass wir den Implikationen der peripheren Merkmale einer Botschaft folgen – ob etwa ein Experte die lancierte Ansicht vertreten hat. Bei der systematischen Verarbeitung hingegen erfolgt unsere Einstellungsänderung aufgrund der Implikationen der zentralen Merkmale einer Botschaft. Es geht also darum, ob überzeugende Argumente vorgelegt wurden. Das Ausmaß der Elaboration einer Botschaft lässt sich dabei sowohl durch die beobachtete Einstellungsänderung als auch dadurch erfassen, wie viel von den peripheren und zentralen Merkmalen einer Botschaft erinnert wird. Denn je elaborierter Argumente mit dem Vorwissen verknüpft werden, desto besser sollten sie später abgerufen werden können. Eine tiefere Elaboration erfordert jedoch, dass wir sowohl willens als auch in der Lage sind, uns intensiv mit einer Botschaft auseinander zu setzen. Daher finden sich Hinweise auf eine systematische Verarbeitung nur, wenn das Thema einer Botschaft für den Empfänger persönlich relevant ist (Motivation) und der Empfänger nicht durch konkurrierende Aufgaben oder Zeitdruck an der Elaboration der Information gehindert wird (Fähigkeit).

Stimmungen. Das Muster einer heuristischen bzw. systematischen Informationsverarbeitung lässt sich auch auf subtilere Weise hervorbringen. So zeigen Arbeiten zum Einfluss von Stimmungen auf Denkprozesse, dass wir unsere aktuelle Stimmung zur Einschätzung unserer allgemeinen Situation heranziehen (Bless, Bohner, Schwarz & Strack, 1990). Dabei signalisiert eine positive Stimmung, dass alles in Ordnung ist; dies fördert somit eine oberflächliche Informationsverarbeitung. Eine negative Stimmung hingegen signalisiert, dass wir unsere Situation genauer betrachten sollten, und führt somit verstärkt zu einer systematischen Informationsverarbeitung.

Das Ausmaß der Stimmungskongruenz unserer Informationsverarbeitung hängt dabei selbst von der Relevanz einer Botschaft ab. So fanden Raghunathan und Trope (2002), dass Informationen über einen gesteigerten Kaffeekonsum unter negativer Stimmung nur dann besser erinnert wurden, wenn die Teilnehmer selbst keinen Kaffee tranken (d.h., wenn der Inhalt der Botschaft eine geringe Relevanz aufwies). Bei den Kaffeetrinkern hingegen fielen die Ergebnisse komplexer aus. Teilnehmer, die in guter Stimmung waren, erinnerten mehr negative Informationen und Teilnehmer in schlechter Stimmung mehr positive. Positiv gestimmte Teilnehmer nutzten ihre Stimmung quasi als emotionale Ressource, die ihnen die Verarbeitung der negativen Implikationen der Botschaft erst erlaubte, während sich negativ gestimmte Teilnehmer auf die positiven Implikationen der Botschaft konzentrierten, um ihre Stimmung gezielt zu verbessern.

Stimmung als Information

Hier gibt es eine Entsprechung zur assimilativen Wirkung aktivierter Konzepte. So besteht eine weitere Randbedingung stimmungskongruenter Informationsverarbeitung in ihrer Beiläufigkeit. Beispielsweise riefen Schwarz und Clore (1983) zufällig ausgewählte Menschen an Tagen mit gutem oder schlechten Wetter an und befragten sie zu ihrer Zufriedenheit mit ihrem Leben. Wie erwartet berichteten die Teilnehmer bei gutem Wetter über eine höhere Lebenszufriedenheit als bei schlechtem Wetter. Der Einfluss des Wetters auf die Lebenszufriedenheit entfiel jedoch, wenn die Teilnehmer vor der Frage nach der Lebenszufriedenheit zu ihrer Einschätzung des Wetters befragt wurden. Offensichtlich hatten die Teilnehmer in der zuerst genannten Bedingung ihre (witterungsbedingte) Stimmung in die Beurteilung ihrer (allgemeinen) Lebenszufriedenheit einfließen lassen. Sofern wir uns jedoch des Einflusses unserer Stimmung auf die Urteilsbildung bewusst sind, können wir stimmungskongruenten Prozessen gezielt entgegensteuern.

4.3 Interpersonale Kommunikation

Kommunikative Prozesse beziehen sich bekanntermaßen auf die Übermittlung von Informationen. Eine erfolgreiche Kommunikation erfordert, dass gewisse Regeln, die als Kooperationsprinzip zusammengefasst werden können, eingehalten werden (Grice, 1975). Die gemeinsame Anwendung dieser Regeln stellt sicher, dass der Inhalt einer Aussage wahr, relevant, informativ und aus dem jeweiligen Kontext heraus unmittelbar verständlich ist. Der zuletzt erwähnte Aspekt impliziert bereits, dass ein Sender berücksichtigen muss, ob der Empfänger über das Hintergrundwissen verfügt, das zum Verständnis einer Aussage erforderlich ist. Im Zentrum dieses Prozesses wiederum stehen die *Annahmen* des Senders über das Vorwissen eines Empfängers (Schwarz, 1994, 1996).

Innerhalb der sozialen Kognition beziehen sich die übermittelten Informationen auf soziale Konzepte wie Personen, Gruppen, Stereotype. Da sich jedoch Sender und Empfänger oftmals in ihren Gruppenmitgliedschaften, Perspektiven und Einstellungen unterscheiden, lassen sich begründete Hypothesen zu kommunikativen Prozessen nur aufstellen, wenn wir wissen, wer mit wem über welches Thema kommuniziert. Daher könnte man auch erwarten, dass sozial-kognitive Modelle einen Rahmen bereitstellen, der unterschiedliche Konstellationen von Sendern und Empfängern zueinander in Beziehung setzt. Wie jedoch schon Krauss und Fussell (1996) feststellen, ist die Forschungslandschaft sozial-kognitiver Modelle der Kommunikation eher fragmentiert. Dies heißt, dass verschiedene Modelle einzelne Komponenten der Trias aus Sender, Empfänger und Botschaft untersuchen. Dabei lassen sich zwei Gruppen von Ansätzen unterscheiden: pragmatische Ansätze einerseits und lexikalische Ansätze andererseits.

4.3.1 Die pragmatische Perspektive

Der pragmatischen Perspektive zufolge umfassen kommunikative Prozesse nicht nur die Enkodierung und Dekodierung der Bedeutung einer Botschaft, sondern auch Schlussfolgerungen, die über die wörtliche Bedeutung hinausgehen (Grice, 1975). Diese Schlussfolgerungen folgen den Regeln einer Konversationslogik, nach der die Empfänger einer Botschaft die Einhaltung der eingangs beschriebenen Maximen der Qualität, der Quantität, der Relevanz und der Verständlichkeit erwarten und die Botschaften eines Senders vor diesem Hintergrund interpretieren. Insbesondere der Maxime der Relevanz kommt bei der Entstehung verschiedener sozial-kognitiver Phänomene eine große Bedeutung zu. So zeigen die Arbeiten von Higgins (1981, 1992; Communication-Game-Ansatz), dass Beschreibungen von Personen und Objekten detailreicher ausfallen, wenn ein Empfänger über kein entsprechendes Vorwissen verfügt. Diese Einstimmung auf die Bedürfnisse des Empfängers beeinflusst dabei auch das Gedächtnis des Senders. Denn in Abhängigkeit vom Detailreichtum unserer eigenen Schilderungen erinnern wir zu einem späteren Zeitpunkt mehr oder minder viele Details.

Serielle Reproduktion

Der selektive Charakter alltäglicher Kommunikation zeigt sich auch in der Weitergabe stereotypenrelevanter Information. So legte Kashima (2001) seinen Teilnehmern eine auf das Geschlechterstereotyp bezogene Geschichte vor. Er untersuchte, welche der darin enthaltenen stereotypenkonsistenten bzw. stereotypeninkonsistenten Episoden erhalten bleiben, wenn die Geschichte in einer Art Stille-Post-Spiel weitererzählt wird. Eine Gruppe von Teilnehmern las zunächst die experimentell kontrollierte Originalgeschichte und gab diese zu einem späteren Zeitpunkt in eigenen Worten wieder. Die so reproduzierte Geschichte wurde einer weiteren Gruppe von Teilnehmern vorgelegt, die wiederum eine selbst formulierte Reproduktion der (wiedererzählten) Geschichte erstellen mussten usw. Wie erwartet unterschieden sich die reproduzierten Geschichten systematisch vom Original. Während die Teilnehmer der ersten Runde noch überwiegend stereotypeninkonsistente Informationen reproduzierten, verschoben sich die Verhältnisse zugunsten stereotypenkonsistenter Informationen, je öfter die Geschichte wiedererzählt wurde. Spätere Studien konnten zudem zeigen, dass dieses Muster vor allem dann auftritt, wenn der Sender annimmt, dass der Empfänger seiner Botschaft das jeweilige Stereotyp teilt und der Sender somit auf dieses Vorwissen zurückgreifen darf (Lyons & Kashima, 2003).

Die weitreichenden Konsequenzen der Maxime der Relevanz lassen sich auch an Untersuchungen zur Verwendung von Urteilsheuristiken verdeutlichen. Denn oft folgt das Verhalten der Teilnehmer subtilen Implikationen der Experimentalsituation. So entsprach etwa die subjektiv empfundene Leichtigkeit des Informationsabrufs in den oben erwähnten Studien von Schwarz et al. (1991) bzw. Wänke et al. (1997) den Implikationen des jeweils vom Versuchsleiter aufgestellten Kriteriums. Dass es zu ähnlichen Effekten auch kommen kann, wenn Verletzungen der Maxime der Qualität zugrunde gelegt werden, illustrieren Studien zum Einfluss der Fragenreihenfolge und -formulierung in der Umfrageforschung (vgl. Schwarz, 1994) sowie zum Einfluss suggestiver Fragen auf die Aussagen von Zeugen. So unterstellt etwa die Verwendung des bestimmten Artikels (z.B. in der Frage: „Haben Sie *das* Stoppschild gesehen?"), dass das Objekt zu sehen gewesen sein muss, auf das so Bezug genommen wurde. Dadurch nimmt die Wahrscheinlichkeit einer fälschlichen Bejahung zu (Loftus, 1975).

4.3.2 Die lexikalische Perspektive

Die lexikalische Perspektive basiert auf einer abgeschwächten Version der Whorf'schen Hypothese (Whorf, 1956), nach der kognitive Prozesse durch die Semantik der in einer Sprache verfügbaren Begriffe determiniert werden. Die entsprechenden Ansätze nehmen also eine wechselseitige Beeinflussung von Sprache, Kognition und Verhalten an. Dabei besteht der gemeinsame Nenner darin, dass man analysiert, wie sich die Verwendung verschiedener Wortklassen auf die Speicherung und Nutzung von Informationen auswirkt. Aufgrund der Tatsache, dass dasselbe Verhalten mehr oder weniger abstrakt beschrieben werden kann, unterscheidet etwa das Linguistic Category Model von Semin und Fiedler (1988, 1991) vier verschiedene Ebenen linguistischer Abstraktion. Auf dem konkretesten Niveau der deskriptiven Aktionsverben finden sich neutrale Umschreibungen eines Verhaltens (z.B. jemanden stoßen). Interpretative Aktionsverben gehen über die reine Beschreibung hinaus, indem sie eine dem Verhalten zugrunde liegende Absicht implizie-

Linguistic Intergroup Bias (LIB)

Seine erfolgreichste Anwendung erfuhr das Linguistic Category Model im Bereich der Intergruppenprozesse. Der Pionierstudie dieser Forschungsreihe (Maass, Salvi, Arcuri & Semin, 1989) lag die Annahme zugrunde, dass wir die Unterschiede zwischen den Implikationen abstrakter bzw. konkreter Beschreibungen nutzen, um unsere Eigengruppen in ein positiveres Licht zu stellen. Da eine abstraktere Beschreibung eine erhöhte Stabilität der zugrunde liegenden Eigenschaft bedingt, so die Überlegung, ließen sich positive Eindrücke bezüglich der Eigengruppe dadurch herstellen, dass positives (bzw. negatives) Verhalten von Mitgliedern der Eigengruppe (bzw. Fremdgruppe) abstrakter beschrieben wird als negatives (bzw. positives) Verhalten von Mitgliedern der Eigengruppe (bzw. Fremdgruppe). Zur Überprüfung dieser Vermutungen legten Maass et al. den Bewohnern rivalisierender Stadtteile eine Reihe von Cartoons vor, die positive und negative Verhaltensweisen von Mitgliedern der Eigen- bzw. der Fremdgruppe zeigten. Unter den Cartoons fanden sich vier verschiedene Beschreibungen des abgebildeten Verhaltens, die sich lediglich in der Verwendung unterschiedlich abstrakter Formulierungen unterschieden. Die Teilnehmer sollten für jedes Bild entscheiden, welche der vier Formulierungen das Verhalten am besten beschreibt. Wie erwartet beschrieben die Teilnehmer Episoden positiven Verhaltens der Eigengruppe sowie negativen Verhaltens der Fremdgruppe in vergleichsweise abstrakteren Worten. Mittlerweile wurde diese Wechselwirkung zwischen der Gruppenmitgliedschaft und der Valenz des Verhaltens in einer Vielzahl von Labor- und Feldstudien repliziert (vgl. Maass, 1999).

ren (z.B. jemanden verletzen). Zustandsverben gehen über einzelne Handlungen hinaus und verweisen auf eher überdauernde Zustände (z.B. jemanden hassen). Auf dem höchsten Abstraktionsniveau schließlich verweisen Adjektive auf stabile Eigenschaften von Personen (z.B. feindselig sein). Dabei gehen höhere Abstraktionsgrade u.a. damit einher, dass die wahrgenommene Stabilität der zugrunde liegenden Verhaltenstendenzen zunimmt. Kurz: Abstrakte Aussagen verweisen auf überdauernde Merkmale von Personen. Die Abstraktion von Aussagen, die sich hinsichtlich bedeutsamer Merkmale unterscheiden (z.B. Valenz: positiv im Gegensatz zu negativ; Stereotypenkonsistenz: konsistent im Gegensatz zu inkonsistent), erlaubt somit eine lexikalische Analyse der impliziten Ursachenzuschreibung in Zeitungsberichten (z.B. Maass, 1999) oder in den abschließenden Plädoyers von Verteidigung und Staatsanwaltschaft in Gerichtsverfahren (z.B. Schmid & Fiedler, 1998).

Bezüglich der zugrunde liegenden Mechanismen diskutieren Maass et al. (1989) neben einer Erklärung auf der Basis einer eigengruppendienlichen Motivation auch eine Erklärung auf der Basis differenzieller Erwartungen. Dem Erwartungsansatz zufolge beruht der Linguistic Intergroup Bias (s. S. 85) darauf, dass wir positives Verhalten eher von Mitgliedern der Eigengruppe erwarten. Da nun aber abstraktere Beschreibungen ein Hinweis darauf sind, dass wir künftig ein ähnliches Verhalten erwarten, sollte erwartetes Verhalten – unabhängig von der Gruppenmitgliedschaft – abstrakter kommuniziert werden. Offensichtlich gelangen die beiden Ansätze nur dann zu verschiedenen Vorhersagen, wenn positives (bzw. negatives) Verhalten untypisch (bzw. typisch) für die Eigengruppe ist. Entsprechende Untersuchungen (z.B. Maass, Milesi, Zabbini & Stahlberg, 1995) verweisen darauf, dass unsere Erwartungen eigengruppendienliche Motive in den Hintergrund drängen, wenn sozial von allen geteilte Stereotype z.B. über die typischen Eigenschaften von West- und Ostdeutschen) positives Verhalten der Fremdgruppe in einem konkreten Bereich typisch erscheinen lassen (vgl. hierzu auch Wigboldus, Semin & Spears, 2000). Dass derartige Befunde jedoch eher die Ausnahme von der Regel bilden, belegen Arbeiten zu diskriminierenden Attributionen im Kontext etablierter Intergruppenkonflikte (z.B. Islam & Hewstone, 1993; s. hierzu auch Abschnitt 10.2 zur interkulturellen Kommunikation im Kontext kultureller Unterschiede und massenmedialer Einflüsse, speziell den Unterabschnitt zum fundamentalen Attributionsfehler).

4.4 Implementierung in der Praxis

Wie bereits eingangs erwähnt, sollten praxisorientierte Leser überprüfen, inwieweit die hier beschriebenen Versuchsbedingungen den Rahmenbedingungen entsprechen, unter denen ihre professionelle Kommunikation im Berufsalltag abläuft. Je nachdem wie beeinflussbar diese Rahmenbedingungen sind, lassen sich die Erkenntnisse aus den sozial-kognitiven Ansätzen dazu nutzen, entweder die Informationsverarbeitung von Sendern und Empfängern oder die Botschaften in Anbetracht der vorgefundenen Rahmenbedingungen zu optimieren. Die Faustregel muss dabei lauten, dass anspruchsvolle Botschaften nach einem Mindestmaß an Involviertheit und nach einem Höchstmaß an kognitiver Kapazität aufseiten des Empfängers verlangen, während anspruchslose Botschaften eher von der Förderung beiläufiger Formen der Informationsverarbeitung profitieren. Da offensichtliche Beeinflussungsversuche jedoch zu einer reaktanten Haltung aufseiten des Empfängers führen können („was verboten ist, macht mich gerade scharf"), dürfte der Manipulation subtilerer Faktoren ein größerer Erfolg beschieden sein. Neben der Beeinflussung der Stimmung eines Empfängers bieten sich hier die gezielte Nutzung oder gar Verletzung der Grice'schen Kommunikationsmaxime (vgl. Schwarz, 1996), genau so an wie die beiläufige Aktivierung relevanter Konzepte durch vorgeschaltete Stimuli, die aus Sicht der Empfänger in keinem offensichtlichen Zusammenhang mit der nachfolgenden Botschaft stehen (vgl. Bargh & Chartrand, 1999). Eine weitere vielversprechende Strategie lässt sich zudem aus neueren Arbeiten zu den Effekten zeitlicher Distanz ableiten. So konnten Trope und Liberman (2003) zeigen, dass eine Bezugnahme auf die unmittelbare Zukunft eher die Machbarkeit einer Option in der Vordergrund rückt, während eine Bezugnahme auf die ferne Zukunft eher ihre Erwünschtheit betont. Entsprechend lässt sich eine höhere Zustimmung zu den Inhalten einer Botschaft erwarten, wenn ihr Fokus (im Einklang mit ihren Stärken) auf die Erwünschtheit oder auf die Umsetzbarkeit von Plänen, Entscheidungen oder Normen gelegt wird.

Zusammenfassung

- Die Frage nach der Angemessenheit, Bewusstheit und Beeinflussbarkeit menschlicher Informationsverarbeitung im sozialen Kontext bildet den Kern des Forschungsfeldes „soziale Kognition".
- Das Forschungsparadigma der sozialen Kognition besteht in der Bereitstellung von Informationen als unabhängiger Variable (Input), der Erfassung kognitiver Prozesse als vermittelnder Variable (Informationsverarbeitung) und der Erfassung von Urteilen als abhängiger Variable (Output).
- Hinsichtlich der Angemessenheit unserer Urteile muss man unterscheiden zwischen Fehlern auf der Basis einer mangelnden Repräsentativität der Urteilsgrundlage (Datengenerierung) und Fehlern auf der Basis einer unangemessenen Urteilsbildung (Datenintegrierung).
- Hinsichtlich der Bewusstheit kognitiver Prozesse muss man zudem unterscheiden zwischen Einflüssen auf der Basis metakognitiver Prozesse (etwa der subjektiven Leichtigkeit des Informationsabrufs) und Einflüssen auf der Basis automatischer Prozesse (etwa der beiläufigen Aktivierung eines Vorurteils).
- Hinsichtlich der Beeinflussbarkeit der Informationsverarbeitung verweisen sozial-kognitive Ansätze auf situationale Faktoren wie die aktuelle Stimmung, aktuelle Bedürfnisse und die Verfügbarkeit hinreichender kognitiver Ressourcen.
- Sozial-kognitive Ansätze zu kommunikativen Prozessen lassen sich hinsichtlich ihrer Perspektive in pragmatische Ansätze einerseits und lexikalische Ansätze anderseits unterteilen.
- Lexikalische Ansätze konzentrieren sich auf die psychologischen Implikationen unterschiedlicher Wortklassen.
- Pragmatische Ansätze heben den Einfluss der Konstellation zwischen Sender und Empfänger auf die selektive Übermittlung sozialer Information hervor.

Leseempfehlung

Zur Einführung in das Themengebiet der sozialen Kognition

- Bless, H., Fiedler, K. & Strack, F. (2004). Social cognition: How individuals construct social reality. New York: Psychology Press.

Zur Vertiefung einzelner Leitthemen der sozialen Kognition

- Bargh, J.A. & Chartrand, T.L. (1999). The unbearable automaticity of being. American Psychologist, 54, 462–479.
- Fiedler, K. (2000). Beware of samples! A cognitive-ecological sampling approach to judgment biases. Psychological Review, 107, 659–676.
- Greenwald, A.G. & Banaji, M.R. (1995). Implicit social cognition: Attitudes, self-esteem, and stereotypes. Psychological Review, 102, 4–27.
- Maass, A. (1999). Linguistic intergroup bias: Stereotype perpetuation through language. In M.P. Zanna (Ed.), Advances in experimental social psychology (Vol. 31, pp. 79–121). San Diego: Academic Press.
- Schwarz, N. (1996). Cognition and communication: Judgmental biases, methods, and the logic of conversation. Mahwah, NJ: Lawrence Erlbaum.

Literatur

Bargh, J.A., Chen, M. & Burrows, L. (1996). Automaticity of social behavior: Direct effects of trait construct and stereotype activation on action. Journal of Personality and Social Psychology, 71, 230–244.

Bless, H., Bohner, G., Schwarz, N. & Strack, F. (1991). Mood and persuasion: A cognitive response analysis. Personality and Social Psychology Bulletin, 16, 331–345.

Bruner, J.S. (1957). Going beyond the information given. In J.S. Bruner, E. Brunswik, L. Festinger, F. Heider, K.F. Muenzinger & C.E. Osgood (Eds.), Contemporary approaches to cognition (pp. 41–74). Cambridge, MA: Harvard University Press.

Chaiken, S., Liberman, A. & Eagly, A.H. (1989). Heuristic and systematic information processing within and beyond the persuasion context. In J.S. Uleman & J.A. Bargh (Eds.), Unintended thought (pp. 212–252). New York: Guilford Press.

Chomsky, N. (2002). Media Control. New York: Seven Stories Press.

Devine, P.G. (1989). Stereotypes and prejudice: Their automatic and controlled components. Journal of Personality and Social Psychology, 56, 5–18.

Fiedler, K. (1991). The tricky nature of skewed frequency tables: An information loss account of distinctiveness-based illusory correlations. Journal of Personality and Social Psychology, 60, 24–36.

Fiedler, K. (2000). Beware of samples! A cognitive-ecological sampling approach to judgment biases. Psychological Review, 107, 659–676.

Fiedler, K., Brinkmann, B., Betsch, T. & Wild, B. (2000). A sampling approach to biases in conditional probability judgments: Beyond baserate neglect and statistical format. Journal of Experimental Psychology: General, 129, 399–418.

Fiedler, K. & Freytag, P. (2004). Pseudocontingencies. Journal of Personality and Social Psychology, 87, 453–467.

Fiske, S.T. & Neuberg, S.L. (1990). A continuum of impression formation, from category-based to individuating processes: Influences of information and motivation on attention and interpretation. Advances in Experimental Social Psychology, 23, 1–74. New York, NY: Academic Press.

Forgas, J. P. (1981). What is social about social cognition? In J.P. Forgas (Ed.), Social cognition: Perspectives on everyday understanding (pp. 1–26). New York: Academic Press.

Gigerenzer, G. & Hoffrage, U. (1995). How to improve Bayesian reasoning without instruction: Frequency formats. Psychological Review, 102, 684–704.

Greenwald, A.G. & Banaji, M.R. (1995). Implicit social cognition: Attitudes, self-esteem, and stereotypes. Psychological Review, 102, 4–27.

Grice, H.P. (1975). Logic of conversation. In P. Cole & J.L. Morgan (Eds.), Syntax and semantics (pp. 41–58). New York: Academic Press.

Hamilton, D.L. & Gifford, R.K. (1976). Illusory correlation in interpersonal perception: A cognitive basis of stereotypic judgments. Journal of Experimental Social Psychology, 12, 392–407.

Hasher, L. & Zacks, R.T. (1984). Automatic processing of fundamental information: The case of frequency of occurrence. American Psychologist, 39, 1372–1388.

Higgins, E.T. (1981). „The communication game“: Implications for social cognition and persuasion. In E.T. Higgins, C.P. Herman & M.P. Zanna (Eds.), Social cognition: The Ontario symposium (pp. 343–392). Hillsdale, NJ: Lawrence Erlbaum.

Higgins, E.T. (1992). Achieving „shared reality“ in the communication game: A social action that creates meaning. Journal of Language and Social Psychology, 11, 107–131.

Islam, M.R. & Hewstone, M. (1993). Intergroup attributions and affective consequences in majority and minority groups. Journal of Personality and Social Psychology, 64, 936–950.

Jacoby, L.L., Kelley, C., Brown, J. & Jasechko, J. (1989). Becoming famous overnight: Limits on the ability to avoid unconscious influences of the past. Journal of Personality and Social Psychology, 56, 326–338.

Kahneman, D. & Tversky, A. (1972). Subjective probability: A judgment of representativeness. Cognitive Psychology, 3, 430–453.

Kahneman, D. & Tversky, A. (1973). On the psychology of prediction. Psychological Review, 80, 237–251.

Kashima, Y. (2000). Maintaining cultural stereotypes in the serial reproduction of narratives. Personality and Social Psychology Bulletin, 26, 594–604.

Klayman, J. & Ha, Y. (1987). Confirmation, disconfirmation, and information in hypothesis testing. Psychological Review, 94, 211–228.

Krauss, R.M. & Fussell, S.R. (1996). Social psychological models of interpersonal communication. In E.T. Higgins & A.W. Kruglanski (Eds.), Social psychology: Handbook of basic principles (pp. 655–701). New York: Guilford Press.

Loftus, E.F. (1975). Leading questions and the eyewitness report. Cognitive Psychology, 7, 560–572.

Lyons, A. & Kashima, Y. (2003). How are stereotypes maintained through communication? The influence of stereotype sharedness. Journal of Personality and Social Psychology, 85, 989–1005.

Maass, A. (1999). Linguistic intergroup bias: Stereotype perpetuation through language. Advances in experimental social psychology, 31, 79–121. San Diego: Academic Press.

Maass, A., Milesi, A., Zabbini, S. & Stahlberg, D. (1995). Linguistic intergroup bias: Differential expectancies or in-group protection? Journal of Personality and Social Psychology, 68, 116–126.

Maass, A., Salvi, D., Arcuri, L. & Semin, G.R. (1989). Language use in intergroup contexts: The linguistic intergroup bias. Journal of Personality and Social Psychology, 57, 981–993.

Musch, J. & Klauer, K.C. (2003). The psychology of evaluation: Affective processes in cognition and emotion. Mahwah, NJ: Lawrence Erlbaum.

Nelson, T.O. (1996). Consciousness and metacognition. American Psychologist, 51, 102–116.

Nelson, L.D. & Norton, M.I. (2005). From student to superhero: Situational primes shape future helping. Journal of Experimental Social Psychology, 41, 423–430.

Petty, R.E. & Cacioppo, J.T. (1986). The elaboration likelihood model of persuasion. Advances in Experimental Social Psychology, 19, 123–205.

Postmes, T., Spears, R. & Lea, M. (1998). Breaching or building social boundaries? SIDE-effects of computer-mediated communication. Communication Research, 25, 689–715.

Raghunathan, R. & Trope, Y. (2002). Walking the tightrope between feeling good and being accurate: Mood as a resource in processing persuasive messages. Journal of Personality and Social Psychology, 83, 510–525.

Rosch, E. (1978). Principles of categorization. In E. Rosch & B.B. Lloyd (Eds.), Cognition and categorization (pp. 27–48). Hillsdale, NJ: Lawrence Erlbaum.

Schaller, M., Asp, C.H., Rosell, M.C. & Heim, S.J. (1996). Training in statistical reasoning inhibits the formation of erroneous group stereotypes. Personality and Social Psychology Bulletin, 22, 829–844.

Schmid, J. & Fiedler, K. (1998). The backbone of closing speeches: The impact of prosecution versus defense language on judicial attributions. Journal of Applied Social Psychology, 28, 1140–1172.

Schwarz, N. (1994). Judgment in a social context: Biases, shortcomings, and the logic of conversation. Advances in Experimental Social Psychology, 26, 123–162. San Diego: Academic Press.

Schwarz, N. (1996). Cognition and communication: Judgmental biases, methods, and the logic of conversation. Mahwah, NJ: Lawrence Erlbaum.

Schwarz, N. & Clore, G.L. (1983). Mood, misattribution, and judgments of well-being: Informative and directive functions of affective states. Journal of Personality and Social Psychology, 45, 513–523.

Schwarz, N., Bless, H., Strack, F., Klumpp, G., Rittenauer-Schatka, H. & Simons, A. (1991). Ease of retrieval as information: Another look at the availability heuristic. Journal of Personality and Social Psychology, 61, 195–202.

Sedlmeier, P. & Gigerenzer, G. (2001). Teaching Bayesian reasoning in less than two hours. Journal of Experimental Psychology: General, 130, 380–400.

Semin, G.R. & Fiedler, K. (1988). The cognitive functions of linguistic categories in describing persons: Social cognition and language. Journal of Personality and Social Psychology, 54, 558–568.

Semin, G.R. & Fiedler, K. (1991). The linguistic category model, its bases, applications, and range. European Review of Social Psychology, 2, 1–30.

Smith, E.E. & Medin, D. (1981). Categories and concepts. Cambridge: Harvard University Press.

Snyder, M. & Swann, W.B. (1978). Hypothesis-testing strategies in social interaction. Journal of Personality and Social Psychology, 36, 1202–1212.

Stangor, C. & McMillan, D. (1992). Memory for expectancy-congruent and expectancy-incongruent information: A review of the social and social developmental literatures. Psychological Bulletin, 111, 42–61.

Strack, F., Schwarz, N., Bless, H., Kübler, A. & Wänke, M. (1993). Awareness of influence as a determinant of assimilation versus contrast. European Journal of Social Psychology, 23, 53–62.

Trope, Y. & Liberman, N. (2003). Temporal construal. Psychological Review, 110, 403–421.

Turner, J.C., Hogg, M.A., Oakes, P.J., Reicher, S.D. & Whetherell, M.S. (1987). Rediscovering the social group: A self-categorization theory. Oxford: Basil Blackwell.

Tversky, A. & Kahneman, D. (1973). Availability: A heuristic for judging frequency and probability. Cognitive Psychology, 5, 207–232.

Wänke, M., Bohner, G. & Jurkowitsch, A. (1997). There are many reasons to drive a BMW: Does imagined ease of argument generation influence attitudes? Journal of Consumer Research, 24, 170–177.

Whorf, B.L. (1956). Language, thought, and reality: Selected writings of Benjamin Lee Whorf. New York: Wiley.

Wigboldus, D.H.J., Semin, G.R. & Spears, R. (2000). How do we communicate stereotypes? Linguistic bases and inferential consequences. Journal of Personality and Social Psychology, 78, 5–18.

5 Die Rolle von Einstellungen im Kontext des Kommunikations- und Medienhandelns

Ulrike Six

Einen großen Teil unseres Lebens verbringen wir bekanntlich mit Kommunikation – in direkter oder medialer Interaktion mit anderen oder als Nutzer von Massenmedien. Was aber hat dies mit Einstellungen zu tun? Eine nahe liegende Antwort auf diese Frage ist zunächst die Tatsache, dass Einstellungen häufig expliziter Gegenstand von Kommunikation sind (z.B. bei Gesprächen über politische Überzeugungen) oder implizit den Inhalt einer Kommunikation kennzeichnen (z.B. bei wertenden Äußerungen über andere Personen). Weniger offensichtlich ist dagegen die Tatsache, dass Einstellungen im Wesentlichen durch Kommunikationserfahrungen gebildet oder verändert werden. Dabei beeinflusst Kommunikation unsere Einstellungen häufig, ohne dass entsprechende Absichten auf der Kommunikatorseite zugrunde liegen (z.B. durch Verhaltensweisen des Interaktionspartners oder Inhalte einer Nachrichtensendung). Oft wird jedoch auch versucht, Einstellungen (z.B. zum Gesprächspartner oder zu einem Konsumprodukt) gezielt zu beeinflussen. Beides wird dem Rezipienten allerdings häufig gar nicht bewusst. Dies gilt auch für seine eigene Beteiligung an solchen Wirkungsprozessen, denn: Unsere Einstellungen haben auch umgekehrt erheblichen Einfluss auf unser Kommunikations- und Medienhandeln und damit auf die Chancen oder Risiken, durch Kommunikation – sei es in unseren Einstellungen oder in sonstiger Hinsicht – beeinflusst zu werden. Jedoch auch außerhalb von Phänomenen der Einstellungsbildung bzw. -änderung spielen Einstellungen eine wesentliche Rolle im Kommunikationskontext: angefangen damit, dass sich unsere Einstellungen gegenüber anderen darauf auswirken, ob, worüber und wie wir mit ihnen kommunizieren, bis hin zu Einflüssen medienbezogener Einstellungen auf die Mediennutzung.

Die vielfältigen Funktionen von Einstellungen im Kommunikationskontext werden im Folgenden genauer beleuchtet. Nach einer kurzen Skizzierung des Einstellungskonzepts wird zunächst ein Überblick über den komplexen Wirkungszusammenhang zwischen Einstellungen und Kommunikation gegeben. Dieser – anhand einer Abbildung veranschaulichte – Überblick (Abschnitt 5.2) bietet eine theoretische Grundlage zur systematischen Einordnung der nachfolgenden Abschnitte.

Die im vorliegenden Kapitel thematisierten Forschungserkenntnisse sind für unterschiedliche Praxisfelder relevant: für die Planung und Optimierung von Angeboten direkter oder medialer Kommunikation (z.B. Organisationskommunikation, Werbe-, Politik- und Gesundheitskampagnen), für die Medienbewertung und -kontrolle oder die Förderung von Kommunikations- und Medienkompetenz bei privater, beruflicher und öffentlicher Kommunikation – um nur einige Beispiele zu nennen.

5.1 Das sozialpsychologische Einstellungskonzept

Einstellungen werden als summarische Bewertungen von Objekten verstanden, wobei zu möglichen Objekten prinzipiell alles zählt, was das Individuum wahrnehmen oder sich vorstellen kann: angefangen von Personen (z.B. einzelne Studierende, gegebenenfalls auch die eigene Person) und Gruppen (z.B. Professorenschaft), über Institutionen (z.B. TV-Sendeanstalten), unbelebte Gegenstände (z.B. Computer), Themen (z.B. Umweltschutz) sowie politische und soziale Sachverhalte (z.B. Parteiprogramme, Verbrechen) bis hin zu Verhaltensweisen (z.B. Mediennutzung), Situationen (z.B. Kommunikations-Settings) und Orten (z.B. Hörsäle).

In ihrer Entstehung, Verfügbarkeit, Richtung und Stärke sind Einstellungen zunächst einmal abhängig von direkten Erfahrungen des „Einstellungsträgers" mit den jeweiligen Objekten sowie von indirekten Erfahrungen, die ihm von außen vermittelt werden – durch Einflüsse der unmittelbaren Umgebung (z.B. Beobachtung anderer oder Kommunikation mit Freunden) und der mittelbaren Umgebung (z.B. Massenmedien). Wesentliche Determinanten bestehen gleichzeitig aufseiten des Objekts, des situativen Kontextes und des Einstellungsträgers selbst (z.B. seine Wissensstrukturen, kognitiven Ressourcen, Motivationen und Muster der Informationsverarbeitung, Interessen, Konsonanzbedürfnisse, Selbstaufmerksamkeit und Stimmungen).

Einstellungen erfüllen für ihre Träger eine Reihe wesentlicher Funktionen, zu denen insbesondere folgende zählen:

- „Wissensfunktion": Sie dienen der Orientierung in der Umwelt, steuern und vereinfachen die Informationsverarbeitung;
- „Anpassungsfunktion": Sie dienen der Anpassung an die jeweiligen Lebensbedingungen, der Maximierung positiver und der Minimierung negativer Erfahrungen;
- „Abwehrfunktion": Sie dienen dem Selbstwertschutz und der Abwehr von intrapersonalen Konflikten (z.B. durch Rationalisierung von Ereignissen oder Rechtfertigung eigenen Verhaltens).

Eine jahrzehntelang von vielen Autoren als Basismodell der Einstellungsforschung propagierte Einstellungskonzeption geht aus dem „Drei-Komponenten-Modell" (Rosenberg & Hovland, 1960) hervor. Demnach manifestiert sich die Struktur von Einstellungen in drei miteinander verbundenen Arten von Reaktionen gegenüber Einstellungsobjekten:

- „kognitive Komponente" – auf das Objekt bezogene Kognitionen im Sinne von Vorstellungen und Erwartungen, Überzeugungen und Meinungen;
- „affektive Komponente" – auf das Objekt bezogene Emotionen und Gefühle (z.B. Bewunderung, Hass);
- „verhaltensbezogene Komponente" – eine auf das Objekt bezogene Verhaltenstendenz bzw. -intention oder tatsächlich ausgeführtes Verhalten.

Da aber Individuen keineswegs stets so denken, wie sie fühlen, und so handeln, wie sie denken, wird inzwischen eine zweidimensionale (kognitive und affektive Komponente), zumeist aber eine eindimensionale Konzeption präferiert. Nach der zuletzt erwähnten Auffassung gelten Bewertung und Affekt als gemeinsamer Indikator für Einstellungen (z.B. positive Bewertung von und Zuneigung zu einer Person). Abgetrennt hiervon werden Kognitionen (z.B. über positive Eigenschaften dieser Person) einerseits und Verhaltensintention bzw. Verhalten (z.B. der Person Hilfe leisten) andererseits (aktuelle Vertreter dieser Auffassung: z.B. Bohner & Wänke, 2002; Perloff, 2003).

5.2 Perspektiven zum Zusammenhang zwischen Einstellungen und Kommunikation

Die Rolle von Einstellungen im Kontext von Massenkommunikation sowie direkter oder medialer interpersonaler Kommunikation ist unter verschiedensten Perspektiven zu betrachten (s. Abb. 5.1), von denen die wichtigsten hier skizziert und später ausführlicher thematisiert werden.

Unter der auch bei Laien bekanntesten Perspektive nehmen Einstellungen die Rolle *abhängiger* – durch Kommunikation gezielt oder unabsichtlich beeinflusster – Variablen aufseiten der Rezipienten ein (**1** in Abb. 5.1). Entsprechende Fragestellungen zählen zu einem der ältesten und am meisten erforschten Bereiche in der Sozialpsychologie wie auch in den Medien- bzw. Kommunikationswissenschaften. Dabei sind zwei Themenkomplexe zu unterscheiden: intendierte Einwirkung auf Einstellungen durch persuasive Kommunikation sowie nicht intendierte Einstellungsbeeinflussung. Innerhalb beider Themenkomplexe dominierte lange Zeit eine dem Reiz-Reaktions-Konzept entsprechende Auffassung: Die jeweiligen Kommunikationsstimuli einschließlich der Einstellungen, die in den Inhalten implizit enthalten sind oder als Kommunikationsobjekt explizit thematisiert werden, übernehmen die Funktion einer unabhängigen Variable (**2** in Abb. 5.1), indem sie sich auf die Rezipienteneinstellungen (**1**) auswirken können.

Im Zuge der „kognitiven Wende“ innerhalb der Sozialpsychologie und der Einführung des „Konzepts des aktiven Rezipienten“ sowie der Forcierung der Kommunikatorforschung in den Medienwissenschaften wurde die simple Vorstellung des Reiz-Reaktions-Modells aufgegeben: Spätestens seit den 1970er Jahren wurde deutlich, dass bei der Analyse von Einstellungen als abhängiger Variable im Kommunikationskontext (**1** in Abb. 5.1) gleichzeitig auch Einstellungen aufseiten der Individuen als *unabhängige* und/oder *Moderator*-Variable zu berück-

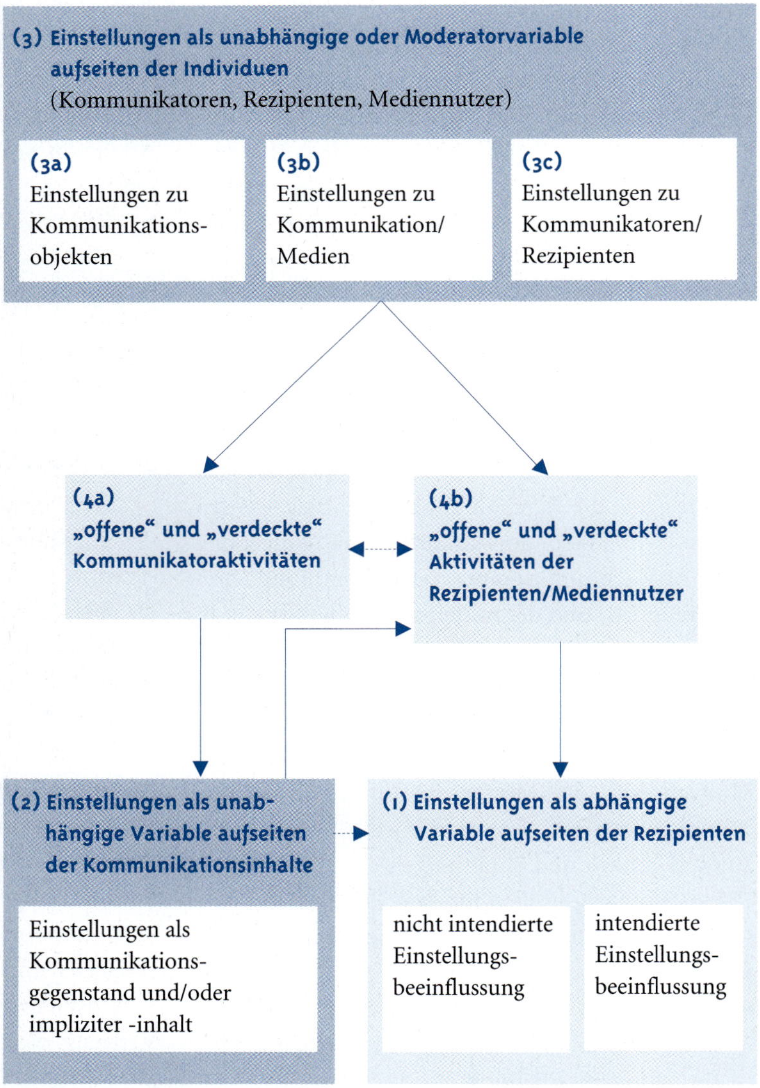

Abbildung 5.1. Funktionen von Einstellungen im Kommunikationskontext

rücksichtigen sind **(3)**. Grobkategorien dieser als Einflussfaktoren fungierenden Einstellungen sind:

- Einstellungen zum jeweiligen Kommunikationsgegenstand (Objekte; **3a**),
- kommunikations- bzw. medienbezogene Einstellungen bei den an (direkter bzw. medialer) Kommunikation Beteiligten **(3b)**,
- Einstellungen aufseiten der Rezipienten bzw. Mediennutzer zu den jeweiligen Kommunikatoren ebenso wie umgekehrt Einstellungen Letzterer gegenüber den Rezipienten/Mediennutzern **(3c)**.

Diese Einstellungen **(3a–c)** beeinflussen zunächst das Kommunikations- und Medienhandeln im Sinne „offener" (extern wahrnehmbarer) und „verdeckter" (intraindividuell ablaufender) Aktivitäten der Beteiligten **(4a/4b)**, wodurch sich Folgen für die Kommunikationsstimuli wie auch für deren Wirkungen ergeben: Auf der Kommunikatorseite resultieren aus diesen Aktivitäten **(4a)** Einflüsse auf die Kommunikationsinhalte **(2)**, die sich wiederum auf die bei den Rezipienten ablaufenden Aktivitäten **(4b)** auswirken. Und schließlich sind Rezipientenaktivitäten **(4b)** als wesentliche Moderatorprozesse der von den Kommunikationsinhalten **(2)** ausgehenden Einstellungsbeeinflussungen **(1)** anzusehen.

Einstellungen **(3a–c)** und ihre Auswirkungen auf das Kommunikations- und Medienhandeln **(4a/b)** spielen jedoch auch außerhalb von Phänomenen der intendierten oder unbeabsichtigten Einstellungsbeeinflussung eine wesentliche Rolle im Kommunikationskontext: angefangen von Wirkungen wechselseitiger Einstellungen zwischen Gesprächspartnern auf deren Kommunikationsweise in einer gemeinsamen Interaktion bis hin zu Einflüssen medien bezogener Einstellungen auf die Mediennutzung.

Festzuhalten ist, dass Zusammenhänge zwischen Einstellungen und Kommunikation höchst vielseitig sind, aber auch dass die beiden oben hierzu genannten Perspektiven (Einstellungen als abhängige oder unabhängige bzw. Moderatorvariable) sinnvollerweise miteinander zu verknüpfen sind. Zu Strukturierungszwecken orientieren sich die folgenden Abschnitte dennoch an der Trennung zwischen den verschiedenen Rollen von Einstellungen im Kommunikationskontext.

5.3 Einstellungen als Determinanten des Kommunikations- und Medienhandelns

5.3.1 Einstellungskategorien und ihre Wirkungsbereiche

Die in Abschnitt 5.2 skizzierten Grobkategorien von Einstellungen aufseiten der an direkter oder medialer Kommunikation Beteiligten (Kommunikatoren und Rezipienten bzw. Mediennutzer) werden im Folgenden in ihrer Funktion als Einflussfaktoren des Kommunikations- und Medienhandelns weiter ausdifferenziert (vgl. linke Spalte in Abb. 5.2) und verschiedenen Wirkungsbereichen gegenübergestellt (vgl. rechte Spalte in Abb. 5.2). Abbildung 5.2 stellt diesen Zusammenhang im Überblick dar.

Einstellungen zu Kommunikation und Medien

Diese Kategorie umfasst neben Einstellungen zu Kommunikation, Medien und Mediennutzung im Allgemeinen auch speziellere Einstellungen, die sich (a) zum einen auf bestimmte Kommunikationssituationen (z.B. Seminar), -wege (z.B. direkte im Vergleich zu medialer Kommunikation) und -angebote bzw. -inhalte (z.B. Referat zu einem bestimmten Thema) beziehen. Im Hinblick auf Medien lassen sich speziellere Einstellungen (b) zum anderen untergliedern in solche gegenüber bestimmten Kategorien von Medien (z.B. Massenmedien) und Medienangeboten (z.B. Genres), zu einzelnen Medien (z.B. Fernsehen) und -angeboten (z.B. Spielfilm) sowie zur jeweils hiermit verbundenen Mediennutzung, sei es die eigene oder die anderer. Die vielfältigen Einflüsse solcher Einstellungen auf das Kommunikations- und Medienhandeln werden in Abschnitt 5.3.2 im Einzelnen dargestellt.

Kategorien von Einstellungen im Kommunikationskontext

- Einstellungen zu Kommunikation/Medien/Mediennutzung sowie zu bestimmten Kommunikationssituationen/-angeboten bzw. zu bestimmten Medien/Medienangeboten
- Einstellungen zu (potenziellen) Rezipienten/Kommunikationspartnern
- Einstellungen zu bestimmten Kommunikatoren/Medienakteuren
- Einstellungen zu einem Kommunikationsgegenstand

→

Wirkungsbereiche (Kommunikator- und Rezipienten-/Mediennutzer-Aktivitäten)

Erwartungen an
- Kommunikation/Medien/Mediennutzung im Allgemeinen
- bestimmte Kommunikationssituationen bzw. Medien, Kommunikations- bzw. Medienangebote, Kommunikationspartner/Rezipienten/Kommunikatoren

Funktionen von
- Kommunikation/Medien/Mediennutzung allgemein
- bestimmten Kommunikationssituationen bzw. Medien, Kommunikations- bzw. Medienangeboten, Kommunikationspartnern/Rezipienten/Kommunikatoren

Bereitschaft/Motivation zur
- Kommunikation/Mediennutzung allgemein
- Kommunikation/Mediennutzung mit Blick auf bestimmte Kommunikationssituationen bzw. Medien, Kommunikations- bzw. Medienangebote, Kommunikationspartner/Rezipienten/Kommunikatoren

Selektion zwischen
- Kommunikationssituationen/-angeboten bzw. Medien/Medienangeboten
- Kommunikationspartnern/Rezipienten/Zielgruppen/Kommunikatoren

Quantität der
- Kommunikation/Mediennutzung allgemein
- Partizipation an bestimmten Kommunikationssituationen/-angeboten bzw. der Nutzung bestimmter Medien/Medienangebote
- Kommunikation mit bestimmten Kommunikationspartnern

Qualität der
- Kommunikation/ Mediennutzung allgemein
- Kommunikation mit bestimmten Kommunikationspartnern bzw. der Nutzung bestimmter Medien/Medienangebote
- Kommunikatoraktivitäten im engeren Sinne (Informationsauswahl, -gestaltung und -übermittlung)
- Rezipientenaktivitäten im engeren Sinne (Rezeption, Informationsverarbeitung, sozial-kognitive sowie sozioemotionale Prozesse und Reaktionen)

Abbildung 5.2. Wirkungen von Einstellungen auf das Kommunikations- und Medienhandeln

Einstellungen zu Rezipienten

Einstellungen der jeweiligen Kommunikatoren gegenüber den aktuellen oder potenziellen Rezipienten bzw. Kommunikationspartnern (z.B. Gesprächspartner; Mailempfänger; Zuhörer einer Podiumsdiskussion; Fernsehzuschauer als Zielgruppe bzw. potenzielle Rezipienten) gehören zu wesentlichen Determinanten „offener" und „verdeckter" Kommunikatoraktivitäten. So beeinflussen sie bei der interpersonalen Kommunikation die *Erwartungen* und *Funktionen*, die man mit bestimmten Kommunikationspartnern verbindet, die *Bereitschaft bzw. Motivation* zur Kommunikation mit diesen Personen, deren *Wahl* als Interaktionspartner sowie die *Häufigkeit*, mit der man sich kommunikativ an solche Personen richtet. Ein Beispiel für spezielle Zusammenhänge dieser Art sind etwa Einflüsse des subjektiven Bildes von unseren Kommunikationspartnern auf die Bereitschaft, mit ihnen über eigene Ansichten oder Verhaltensweisen zu kommunizieren – insbesondere bei einem potenziell riskanten Thema (vgl. z.B. Neuwirth & Frederick, 2004). Einstellungen gegenüber Kommunikationspartnern können sich darüber hinaus aber auch auf die *Kommunikationsweise* selbst auswirken: So beeinflussen etwa Einstellungen und Stereotype gegenüber ethnischen Minoritäten nicht nur die Bereitschaft zur Kommunikation mit Mitgliedern der Fremdgruppe („out-group"), sondern führen gegebenenfalls auch zu einer spezifischen Kommunikationsweise (vgl. z.B. Dovidio, Kawakami & Gaertner, 2002). Ebenso bewirken Altersstereotype oft ein besonderes verbales und nonverbales Verhalten gegenüber älteren Menschen (als Überblick Mayer, 2002). Ähnlich wirken sich schließlich auch Einstellungen und Annahmen von Journalisten gegenüber der Zielgruppe bzw. dem Publikum auf ihre Informationsauswahl und Medieninhaltsgestaltung aus (vgl. z.B. das Modell von Donsbach, 1987, das als Einflussfaktor der Entstehung von Medieninhalten u.a. das Publikumsbild von Journalisten beinhaltet).

Einstellungen zu Kommunikatoren

In analoger Weise fungieren umgekehrt Einstellungen gegenüber den jeweiligen Kommunikatoren bzw. Medienakteuren (z.B. bestimmte Gesprächspartner, Redner, Mailabsender, Moderatoren im Fernsehen, Schauspieler) als Einflussfaktoren „offener" und „verdeckter" Aktivitäten aufseiten der (potenziellen) Rezipienten bzw. Mediennutzer (zu Einstellungen gegenüber Medienakteuren und entsprechenden Wirkungen vgl. z.B. Giles, 2000). Ähnlich wie für die oben genannten Kommunikatoreinstellungen gilt auch hier, dass Einstellungen nicht nur während einer bereits stattfindenden Interaktion bzw. Mediennutzung, sondern auch schon im Vorfeld relevant sind: So kann etwa eine negative Einstellung gegenüber einer Person dazu führen, dass deren Kommunikationsangebot nicht genutzt wird und die Angesprochenen insofern die Rezipientenrolle gar nicht erst einnehmen.

Insgesamt haben Einstellungen dieser Kategorie Auswirkungen auf die *Erwartungen* und *Funktionen*, die man mit bestimmten Kommunikatoren bzw. Medienakteuren verbindet, sowie auf die *Motivation* und *Zuwendung* zu den entsprechenden Kommunikations- bzw. Medienangeboten (vgl. z.B. Rubin & Step, 2000; Giles, 2000). Aber auch die *Qualität* der Rezeption und Informationsverarbeitung wird durch Einstellungen gegenüber den jeweiligen Kommunikatoren beeinflusst (s. unten Abschnitt 5.3.3 zu Einstellungen als Einflussfaktoren von „Rezipientenaktivitäten"). Gleiches gilt für die mit der Informationsaufnahme und -verarbeitung verbundenen sozial-kognitiven und sozio-emotionalen Rezipientenaktivitäten während und nach der Kommunikation bzw. Mediennutzung: Hierzu gehören z.B. die innere Beteiligung („involvement") während der Rezeption und die Empathie gegenüber einem Kommunikator bzw. Medienakteur (zu einstellungsbedingten empathischen Reaktionen bei der Medienberichterstattung vgl. z.B. Zillmann & Knobloch, 2000). Mit Blick auf die Massenkommunikation sind hier ebenso Wirkungsphänomene „parasozialer Beziehungen" zu Medienakteuren (z.B. bestimmte Moderatoren im Fernsehen, Schauspieler) einzuordnen, wonach die mit solchen Beziehungen verbundenen Einstellungen von Rezipienten gegenüber ihren Fernsehlieblingspersonen spezifische kognitive, sozioemotionale, physiologische und verhaltensbezogene Reaktionen zur Folge haben (vgl. z.B. Six & Gleich, 2000).

Einstellungen zum Kommunikationsgegenstand

Die hier als Einflussfaktoren von Kommunikator- bzw. Rezipientenaktivitäten angesprochenen Einstellungen richten sich auf Kommunikationsobjekte, deren Spektrum prinzipiell nicht weniger breit ist als das von Einstellungsobjekten generell (s. oben Abschnitt 5.1 zum sozialpsychologischen Einstellungskonzept) und sich teilweise mit den zuvor differenzierten Einstellungskategorien überschneidet, denn selbstverständlich können auch Kommunikation, Medien und Mediennutzung sowie Rezipienten bzw. Kommunikatoren Gegenstand von Kommunikation sein.

Insgesamt haben Einstellungen zum jeweiligen – in der direkten oder medialen interpersonalen Kommunikation oder im Rahmen der Massenkommunikation thematisierten – Objekt Auswirkungen auf verschiedene „offene" und „verdeckte" Aktivitäten sowohl der Kommunikatoren als auch der Rezipienten: Insbesondere beeinflussen sie die Qualität der *Kommunikatoraktivitäten* (Auswahl, Gestaltung und Übermittlung von Kommunikationsinhalten) ebenso wie die *Selektion* zwischen Kommunikations- bzw. Medienangeboten sowie die *Bewertung* und *Verarbeitung* der gewählten Inhalte auf der Rezipientenseite. So können etwa politische Einstellungen von Journalisten ihre Bewertung politischer Ereignisse, die Ereignisselektion und -präsentation und damit letztlich die politische Berichterstattung beeinflussen. Gleichzeitig haben politische Einstellungen der Rezipienten einen wichtigen Einfluss darauf, welche Inhalte der politischen Berichterstattung von ihnen ausgewählt und verarbeitet werden, sowie darauf, über welche politischen Themen sie selbst kommunizieren (vgl. hierzu auch Kap. 19 über politische Kommunikation).

5.3.2 Auswirkungen kommunikations- und medienbezogener Einstellungen

Einstellungen gegenüber Kommunikation und Medien können sich prinzipiell auf alle Bereiche des Kommunikations- und Medienhandelns auswirken, die in Abschnitt 5.3.1 angesprochen wurden. Im Einzelnen lassen sich hier folgende Einflüsse unterscheiden

- Einflüsse auf die interpersonale Kommunikation,
- Einflüsse auf medienpädagogisches Handeln,
- Einflüsse auf das Medienhandeln.

Mit Blick auf die direkte oder mediale interpersonale Kommunikation sind hier Forschungsergebnisse und Alltagserfahrungen einzuordnen, wonach unsere Interaktionsbereitschaft und Kommunikationsweise u.a. von unseren auf Einstellungen basierenden spezifischen Erwartungen an bestimmte Kommunikationssituationen und/oder -partner abhängen. So begibt man sich bekanntlich seltener und weniger gern in Interaktionssituationen, bei denen man die einstellungsbedingte Erwartung hat, dass die Kommunikation schwierig (z.B. aufgrund von Sprachunterschieden oder Problemen beim Umgang mit dem fraglichen Medium), konfliktreich (z.B. angesichts vorliegender Beziehungsprobleme) oder riskant (z.B. bei Unsicherheit über Reaktionen des anderen) ist. Ebenfalls wendet man sich bestimmten Kommunikationswegen und -angeboten mit geringerer Wahrscheinlichkeit zu, wenn man aufgrund von Voreinstellungen erwartet, dass sie der Umsetzung eigener Anliegen wenig dienlich oder gar dysfunktional sind. Auf einer globaleren Ebene hängt die Kommunikationsbereitschaft und -qualität schließlich von unseren Einstellungen gegenüber Kommunikation im Allgemeinen ab: vom generellen Interesse an Kommunikation sowie vom Grad der allgemeinen kommunikationsbezogenen Selbstwirksamkeit und Ängstlichkeit (vgl. Abschnitt 13.2.2 zur Kommunikationskompetenz).

Ebenfalls sind hier spezielle Studien zum medienbezogenen Handeln relevant, die bei pädagogisch tätigen Personen (z.B. Eltern, Erzieherinnen, Lehrkräften) Einstellungen zu Medien wie auch zur Mediennutzung von Kindern und Jugendlichen erfassen, um Einflüsse solcher Prädispositionen auf das medienpädagogische Handeln zu prüfen (vgl. z.B. Feierabend & Klingler, 2003; Six, Frey & Gimmler, 1998).

Die weitaus meisten Untersuchungen in diesem Kontext konzentrieren sich jedoch auf Einstellungen zu Medien und einzelnen Medienangeboten vor dem Hintergrund der Frage nach Effekten auf das Medienhandeln und dabei insbesondere auf die Medienakzeptanz und -nutzung:

Einstellungen zu Medien

Analysen medienbezogener Einstellungen sind auf ein breites Spektrum an Fragestellungen ausgerichtet; untersucht werden z.B.

- allgemeine Einstellungen zu einzelnen Medien/-angeboten bzw. medialen Kommunikationswegen und ihre Auswirkungen auf die Medien- und/oder Angebotsakzeptanz und -wahl; dabei u.a. auch Folgen von Aversionen und Ängsten gegenüber computervermittelter Kommunikation auf die berufliche oder private Nutzung entsprechender Kommunikationstechnologien;

Einstellungen gegenüber Massenmedien
Ergebnisse der ARD/ZDF-Langzeitstudie „Massenkommunikation" (Ridder & Engel, 2005; Engel & Windgasse, 2005)

Die 9. Welle der ARD/ZDF-Langzeitstudie „Massenkommunikation" wurde im Frühjahr 2005 anhand einer Repräsentativstichprobe von 4500 Personen ab 14 Jahren durchgeführt. Dabei wurden u.a. auch Imageprofile der Medien Fernsehen, Hörfunk, Tageszeitung und Internet ermittelt und diesen Profilen zehn „Milieugruppen" der Befragten gegenübergestellt („Sinus-Milieus" entsprechend der „Einschätzung des eigenen Lebens" und der „Wahrnehmung des sozialen Umfeldes"; Engel & Windgasse, 2005, S. 449). Die nach den Milieugruppen differenzierten Ergebnisse finden sich bei Engel und Windgasse (2005), Unterschiede zwischen soziodemographisch differenzierten Gruppen sind bei Ridder und Engel (2005) nachzulesen. An dieser Stelle wird nur ein Kurzüberblick zur Gesamtstichprobe gegeben:

Images von Fernsehen, Hörfunk, Tageszeitung und Internet
(Basis: n = 4500 deutsch sprechende Personen ab 14 Jahren in Privathaushalten; Frühjahr 2005; nach Ridder & Engel, 2005, S. 432 ff.)

Welche Imagemerkmale treffen aus Sicht der Befragten „am ehesten oder an zweiter Stelle" auf welches Medium zu? (Angaben in Prozent der Befragten)

	Fernsehen	Hörfunk	Tageszeitung	Internet
anspruchsvoll	66	40	55	38
modern	84	32	18	66
zukunftsorientiert	81	26	27	65
vielseitig	82	33	33	52
unterhaltend/unterhaltsam	94	68	17	21
aktuell	77	46	42	34
informativ	70	39	57	34
glaubwürdig	66	49	62	22
kompetent	71	43	55	31
sachlich	66	44	64	26
kritisch	73	39	67	21
mutig	79	42	42	36
locker und ungezwungen	78	65	21	35
sympathisch	77	63	35	24

Auffallend ist dabei, dass das Fernsehen insgesamt das positivste Image hat, indem es bei allen Merkmalen – zumeist mit großem Abstand vor den anderen Medien – auf dem ersten Platz liegt. Erstaunlich ist gleichzeitig, dass das Internet selbst bei Attributen wie „modern", „zukunftsorientiert" und „vielseitig" nur den zweiten Rang und bei neun der 14 Merkmale sogar den letzten Platz einnimmt (mehrheitlich mit großem Abstand hinter den anderen Medien).

- Einflüsse spezieller Einstellungen mit Blick auf bestimmte Bewertungskriterien wie Glaubwürdigkeit, Informationsqualität oder „usability" einzelner Medien (zu solchen Kriterien vgl. Kap. 15 zur Qualität von Medienangeboten);
- Auswirkungen spezifischer Einstellungen zu bestimmten Medienangeboten vor dem Hintergrund von Bewertungen gegenüber den beteiligten Medienakteuren (z.B. eines TV-Moderators) sowohl auf die Angebotsakzeptanz und -nutzung als auch auf die emotionale Beteiligung bei der Mediennutzung;
- Einflüsse der Bewertung einzelner Medien hinsichtlich ihrer Nutzungsanforderungen (z.B. kognitiver Aufwand, Einschätzung des Fernsehens im Vergleich zu Büchern als „leichteres" Medium) auf die Medienwahl sowie auf die mentale Anstrengung und Verarbeitungstiefe bei der Mediennutzung (zu solchen Phänomenen bei der Nutzung von Lernmedien vgl. Abschnitt 18.2.1; zur Medienwahl und weiteren Aktivitäten des Mediennutzers s. Kap. 14 zum Vergleich zwischen direkter und medialer Individualkommunikation und Kap. 16 zum Medienhandeln).

Der Mehrheit der vorliegenden Studien liegen anwendungsorientierte Interessen auf der Medienanbieterseite zugrunde: Analysiert werden Einstellungen der Bevölkerung oder bestimmter Bevölkerungssegmente zu traditionellen Massenmedien und einzelnen Formaten und/oder Genres (z.B. Werbung) sowie zu neuen Medien (v.a. Internet) und deren Anwendungsmöglichkeiten bzw. Diensten (häufig auch im intermediären Vergleich). Entsprechende Ergebnisse liefern wesentliche Hinweise auf die vorhandene bzw. zu erwartende Akzeptanz aktueller oder geplanter Angebote in der Bevölkerung oder bei einzelnen Zielgruppen. Insofern ist es plausibel, dass sich insbesondere die außeruniversitäre Forschung diesem Thema widmet. Basis sind dabei zumeist Repräsentativerhebungen, oft auch verbunden mit Typologisierungen spezieller Zielgruppen, um diese optimal ansprechen zu können (z.B. Erstellung von Gruppenprofilen unter Einbeziehung von Medieneinstellungen, -präferenzen und -nutzungsmotiven, soziodemographischen Merkmalen sowie Life-Styles/Lebensorientierungen; zu derartigen Typologisierungen vgl. z.B. Oehmichen & Ridder, 2002). Als Beispiel hierfür lassen sich Ergebnisse der Studie „Massenkommunikation 2005" im Kasten auf S. 97 anführen (zur Bewertung der medialen Individualkommunikation s. dagegen Abschnitt 14.1.2).

5.3.3 Einstellungen als Einflussfaktoren von „Rezipientenaktivitäten"

Innerhalb der Systematik des vorliegenden Kapitels fokussieren wir hiermit einen bestimmten Ausschnitt der zahlreichen Wirkungsphänomene, die von Einstellungen auf das Kommunikations- und Medienhandeln ausgehen: Einstellungen auf der Rezipientenseite und ihre Wirkungen insbesondere auf die Informationsverarbeitung (Verarbeitung prinzipiell wahrnehmbarer Reize im weitesten Sinne) sowie auf die ihr vor- und nachgelagerten kognitiven Prozesse. Folgende Dimensionen von Rezipientenaktivitäten sind somit hier tangiert (für Details zur Informationsverarbeitung s. z.B. Fiedler & Bless, 2002, sowie Kap. 3 und 4).

Durch Einstellungen beeinflusste Rezipientenaktivitäten

- Zuwendung zu verfügbaren Kommunikationsangeboten und entsprechenden Informationen (Stimuli), gegebenenfalls einschließlich vorheriger Informationssuche;
- Wahrnehmung der Kommunikationsstimuli und Aufmerksamkeit bei der Rezeption;
- Einordnung, Deutung und Bewertung der rezipierten und gespeicherten Stimuli anhand der Aktivierung bestehender kognitiver Schemata und mit ihnen verbundener Wissensbestände (einschließlich der Gegenüberstellung rezipierter Inhalte mit bestehendem Wissen);

- interpretierende Schlussfolgerungen und Urteilsbildung, u.a. anhand des Abgleichs mit vorliegenden Erwartungen und den der Rezeption gegebenenfalls zugrunde liegenden Anliegen, sowie unter Hinzufügung von Assoziationen, Attributionen und Elaborationen (z.B. selbst geschaffene Bildvorstellungen zu einem Ereignis, das über Hör- oder Printmedien präsentiert wird);
- längerfristige Gedächtnisprozesse (dazu gehören auch Selektionen sowie gegebenenfalls längerfristige Umdeutungs- und Verzerrungseffekte).

Einstellungen haben gravierende Einflüsse auf all diese Rezipientenaktivitäten, die im Falle sozialer Informationen zudem mit jeweiligen sozial-kognitiven, sozioemotionalen und interaktionsbezogenen Prozessen verbunden sind (z.B. soziale Urteilsbildung über einen Kommunikationspartner, Empathie, Motivation zu weiterer Interaktion mit dem Kommunikator, „parasoziale Interaktion" mit einem Medienakteur).

Der Einfluss von Einstellungen auf die Informationsaufnahme und -verarbeitung

Dieses Thema gehört zu den Schwerpunkten der sozialpsychologischen Einstellungsforschung, so dass hierzu eine Fülle an theoretischen Ansätzen und empirischen Ergebnissen vorliegt. Aus dieser Vielfalt lässt sich als Kurzüberblick folgendes Fazit ableiten (für Details s. z.B. Bohner & Wänke, 2002):

- Verschiedenen Konsistenztheorien gemäß können Informationen, die einer bestehenden Einstellung widersprechen (dissonante Informationen), zu einem unangenehmen Spannungszustand führen, während einstellungskonsonante Informationen dem Bedürfnis nach Stabilität und Konsistenz entgegenkommen. Infolgedessen suchen Individuen häufiger nach konsonanten Informationen, während dissonante eher gemieden werden. Die Wahrscheinlichkeit für eine solche selektive Informationssuche bzw. -vermeidung ist größer, wenn eine vorhandene Einstellung dem Individuum wichtig ist und mit seinen sonstigen Einstellungen übereinstimmt, und/oder wenn es sich bereits dieser Einstellung entsprechend verhalten hat (v.a. wenn dieses Verhalten öffentlich stattfand und/oder mit Kosten verbunden war). In beiden Fällen hätten eine dissonante Information und eine potenziell daraus resultierende Einstellungsänderung unangenehme psychische Folgen. Motivationale Faktoren können jedoch auch einen entgegengesetzten Effekt bewirken, indem gerade dissonante Informationen eher gesucht werden, wenn diese den eigenen Anliegen dienlicher erscheinen (z.B. um das Bedürfnis nach neuer Orientierung oder Abwechslung, die Neugier gegenüber Andersdenkenden oder die Streitlust zu befriedigen). Insgesamt liegt in solchen Einstellungseffekten eine der Erklärungen für unsere selektive Zuwendung zu bestimmten Kommunikationspartnern und Kommunikations- bzw. Medieninhalten (als Überblick z.B. Frey, 1986; Schenk, 2002).
- Wird man nun mit Informationen – unabhängig davon, ob man sie aktiv gesucht hat oder nicht umgehen konnte – konfrontiert, bewirken Einstellungen unter den gerade genannten Bedingungen eine entsprechend selektive Aufmerksamkeit, Aufnahme und Speicherung, so dass es schon hierdurch zu Wahrnehmungs- und Gedächtnisverzerrungen kommen kann. Weitere Verzerrungen ergeben sich häufig dadurch, dass Informationen, die bestehenden Einstellungen, Schemata oder Stereotypen widersprechen, uminterpretiert oder in ihrer Glaubwürdigkeit abgewertet werden, während konsonante Informationen überakzentuiert, übergeneralisiert und vollständiger gespeichert werden. Gleiches gilt für die Aufnahme, Interpretation, Bewertung und Speicherung von Informationen, die für die Aufrechterhaltung oder Stärkung positiver Einstellungen zur eigenen Person und/oder eigenen Gruppe relevant und damit der persönlichen und sozialen Identität dienlich erscheinen. Und

schließlich führen Einstellungen und mit ihnen verbundene Erwartungen häufig dazu, dass man den dargebotenen Informationen eigene Assoziationen und Vorstellungen hinzufügt, die ebenfalls kurz- und längerfristige Gedächtnis- und Urteilsverzerrungen zur Folge haben können. Insgesamt entsprechen derartige Phänomene nicht nur den Konsistenztheorien, sondern auch verschiedenen Informationsverarbeitungstheorien sowie Theorien zur sozialen Kognition und Urteilsbildung (vgl. hierzu Kap. 3 und 4).

- Rezipierte und kurzfristig verarbeitete Informationen werden schließlich mit größerer Wahrscheinlichkeit auch längerfristig erinnert, wenn sie für subjektiv wichtige Einstellungen und Werte des Individuums relevant erscheinen und gleichzeitig mit eben diesen Prädispositionen entweder besonders gut korrespondieren oder aber auffallend von ihnen abweichen. Allerdings spielen hier wie auch bei den zuvor genannten Rezipientenaktivitäten kognitive und motivationale Voraussetzungen aufseiten der Rezipienten eine moderierende Rolle (vgl. z.B. Bohner & Wänke, 2002).
- Insgesamt stellen Einstellungen bedeutsame Einflussfaktoren der Informationsverarbeitung dar, sie determinieren diese jedoch keineswegs vollständig: Moderierende Variablen sind – neben der Struktur und Stärke, subjektiven Bedeutsamkeit und Abrufbarkeit der jeweiligen Einstellung – die individuellen Wissensbestände, die kognitive Komplexität und Kompetenz sowie der Informationsverarbeitungsstil, aber auch die mit der Kommunikation verbundene Motivation (z.B. aktuelles Ziel, Interesse am Thema und/oder am Kommunikator) sowie die emotionale Beteiligung während der Rezeption und Verarbeitung. Ausschlaggebend sind gleichzeitig Faktoren außerhalb der Rezipientenseite, die auch in der Medienwirkungs- sowie der Persuasionsforschung als wesentliche Determinanten von Rezipientenaktivitäten untersucht werden: Merkmale aufseiten der Information, des Kommunikators, des Kommunikationsgegenstandes sowie der situationalen und medialen Rahmenfaktoren (als Überblick über solche Faktoren vgl. z.B. Schenk, 2002; zur Persuasionsforschung s. unten Abschnitt 5.5.2).

5.3.4 Anwendungsrelevanz

Erkenntnisse zu Einflüssen von Einstellungen auf das Kommunikations- und Medienhandeln sind in verschiedenster Hinsicht ausgesprochen anwendungsrelevant:

So können Forschungsergebnisse zu Folgen von Kommunikatoreinstellungen gegenüber Kommunikationspartnern bzw. Rezipienten nicht nur zur Erklärung ihrer Kommunikationsmotivation und -weise, sondern auch der hiermit verbundenen Kommunikatoraktivitäten und der sich daraus ergebenden Kommunikationsinhalte beitragen. Umgekehrt können die Einstellungen der Rezipienten gegenüber den jeweiligen Kommunikatoren zur Erklärung und Vorhersage ihrer Zuwendung zum Kommunikations- bzw. Medienangebot, aber auch ihrer internen Rezipientenaktivitäten und daraus resultierenden Kommunikationswirkungen beitragen.

Ähnliches gilt für Einstellungen zum jeweiligen Kommunikationsgegenstand und ihre Auswirkungen auf „offene" und „verdeckte" Kommunikator- und Rezipientenaktivitäten. Dabei liefern Kenntnisse über die Einstellungen der Rezipienten wesentliche Ansatzpunkte zur Erklärung und Vorhersage insbesondere

- der Zuwendung zu Kommunikationsangeboten bzw. -inhalten im Rahmen der interpersonalen und Massenkommunikation,
- von Bewertung, Verstehen und längerfristiger Speicherung rezipierter Inhalte,
- von Wirkungen präsentierter Botschaften etwa im Rahmen von Kampagnen.

Damit haben derartige Erkenntnisse auch außerhalb der Grundlagenforschung hohe Anwendungsrelevanz. Dies gilt für die Konzeption von Kommunikations- bzw. Medienangeboten (dabei u.a. auch für die Konzeption von kommunikations- und medienpädagogischen Bildungsmaßnahmen; vgl. hierzu Kap. 13) und für die Informationspräsentation, aber auch für Kommunikationsanalysen und -optimierungen in den verschiedensten Praxisfeldern (z.B. Organisationskommunikation, Werbung und Politik).

Schließlich sind Informationen über Einstellungen zu Medien und einzelnen Medienangeboten oder auch zu bestimmten Medienakteuren zum einen – insbesondere unter ökonomischen Aspekten – für die Medienplanung und -beratung relevant: Sie können zur Optimierung vorhandener bzw. Etablierung neuer Angebote, zur Planung des Medieneinsatzes im Rahmen von Kampagnen oder etwa bei der Auswahl von Moderatoren genutzt werden. Zum anderen sind auch für Fragen des Medieneinsatzes im Arbeitsleben (z.B. computervermittelte Teamarbeit) oder für mediendidaktische Überlegungen (z.B. im Hochschulbereich) Kenntnisse über Einstellungen der Beteiligten zu den jeweiligen Medien und -anwendungen von erheblicher Relevanz. Virtuelle Seminare im Hochschulbereich sind ein Beispiel dafür, dass Akzeptanz und Erfolg aufwändiger Innovationen nicht zuletzt von den Einstellungen der Akteure (Studierende und Dozenten) und ihrem entsprechenden Medienhandeln abhängen. Ähnliches gilt für Einstellungen zu nichtmedialen Kommunikationswegen und -angeboten (z.B. Angebote von Kirchen) und die damit verbundene Erreichbarkeit der Zielgruppen.

5.4 Einstellungen als Kommunikationsgegenstand und als implizites Merkmal von Kommunikationsinhalten

In vielen Alltagssituationen sind Einstellungen *expliziter Gegenstand bzw. Inhalt* von Kommunikation – sei es in persönlicher oder medialer Kommunikation über Ansichten zu Konsum oder Erziehung oder über „die" Studenten, in Medienberichten über Werte in der Gesellschaft oder etwa bei therapeutischer Kommunikation. Ebenso sind Kommunikations-/Medieninhalte häufig auch *implizit* durch Einstellungen gekennzeichnet, wenn sie etwa stereotypisierende Darstellungen (z.B. von Senioren), tendenziöse Äußerungen (z.B. in politischen Kommentaren) oder implizite Hinweise auf Idealbilder (z.B. in der Werbung), auf ein bestimmtes Weltbild oder ein zugrunde liegendes Menschenbild enthalten.

Beide Rollen von Einstellungen sind als Forschungsgegenstand in der Psychologie einem Schnittfeld von Sozial- und Kommunikationspsychologie zuzuordnen. Sie werden zumeist in engem Zusammenhang mit der weiter unten (Abschnitt 5.5) erläuterten Wirkungsthematik – in ihrer Funktion als unabhängige Variable aufseiten der Kommunikationsinhalte – untersucht. Dabei liefern Inhaltsanalysen die Forschungsbasis, um die Stimulusseite zu definieren.

5.4.1 Themenkomplexe von Medieninhaltsanalysen

Ergebnisse aus Inhaltsanalysen liegen weniger zu Einstellungen als explizitem Kommunikationsgegenstand vor als vielmehr zu Einstellungen und den mit ihnen eng verbundenen Stereotypen, Menschenbildern, Normen und Werten als impliziten Merkmalen von Medieninhalten. Dabei lassen sich insbesondere zwei miteinander verknüpfte Fragestellungen erkennen:

- Zum einen wird untersucht, inwieweit die medial präsentierten Charakterisierungen bestimmter Gruppen der sozialen Realität entsprechen (z.B. Unterrepräsentation im Sinne einer relativ zur Sozialstatistik unterproportionalen Darstellung von Frauen und ihren Berufsrollen; ebenfalls „Fehlrepräsentation" etwa im Sinne einer kriminalitätsstatistisch überproportionalen Darstellung der Gewalttätigkeit von Mitgliedern ethnischer Minderheiten).

- In Verbindung damit interessiert zum anderen, inwieweit die medialen Präsentationen neben potenziellen Realitätsverzerrungen ggf. auch negative Konnotationen oder gar stigmatisierende Wertungen enthalten.

Zu beiden Fragestellungen liegen zahlreiche Inhaltsanalysen vor, die sich grob vier Themenkomplexen zuordnen lassen:

Darstellung von Minoritäten in Medien. Schwerpunkt sind hier das im Fernsehen präsentierte Bild von Personen mit Migrationshintergrund (zum US-Fernsehen z.B. Harris, 2004; zum deutschen Fernsehen z.B. Krüger & Simon, 2005), Stereotype gegenüber Fremdgruppen („out-groups") in der politischen Berichterstattung von Printmedien (z.B. Ruscher, 2001), Einstellungen und ethnische Stereotype in massenmedial präsentierten politischen Reden (z.B. Merskin, 2004) sowie das Bild von Behinderten oder Senioren in Massenmedien (zu britischen und US-Medien vgl. Lester & Ross, 2003; Giles, 2003; Harris, 2004).

Geschlechterbezogene Darstellungen:. Einem zweiten Themenkomplex sind Inhaltsanalysen zuzuordnen, die das Männer- und Frauenbild im Fernsehen oder das TV-Idealbild von Maskulinität und Feminität (z.B. Giles, 2003; Lester & Ross, 2003; Aubrey & Harrison, 2004), das Frauenbild in deutschen Zeitungen (z.B. Schmerl, 2002) und in Printmagazinen verschiedener Länder (z.B. Frith, Shaw & Cheng, 2005) oder Geschlechterrollenstereotype in der Werbung (z.B. Furnham & Saar, 2005) analysieren (s. außerdem Abschnitt 22.4 zum Frauenbild in erotischen/pornographischen Medienangeboten).

Wertvorstellungen, Ideale und sexuelle Orientierungen als implizite Inhaltsmerkmale. Studien zu diesem Themenbereich analysieren beispielsweise das Wertespektrum in Fernsehsendungen für Kinder (Grimm & Horstmeyer, 2003), in Massenmedien präsentierte familienbezogene, religiöse oder ökonomische Werte (als Überblick z.B. Harris, 2004) sowie Schönheits- und Schlankheitsideale (z.B. Bissell, 2004; Greenwood & Pietromonaco, 2004). Ebenfalls in diese Rubrik fallen hier Präsentationen sexueller Orientierungen (als Überblick z.B. Lester & Ross, 2003; Harris 2004).

Gewaltbezogene Darstellungen. In einem vierten Themenkomplex geht es um die aus Medieninhalten implizit hervorgehenden Einstellungen zu Gewalt und um stereotypisierende Gewaltdarstellungen wie etwa das Bild von Gewalttätern und -opfern in deutschen Zeitungen (z.B. Linssen, 2003; zu Gewaltdarstellungen s. auch Abschnitt 8.5.1).

5.4.2 Anwendungsrelevanz

In der Psychologie werden Medieninhaltsanalysen meist zur Vorbereitung für Rezeptions- und Wirkungsstudien durchgeführt (während sich aus Inhaltsanalysen selbst keine Aussagen zur Rezipientenseite, sondern nur diesbezügliche Hypothesen ableiten lassen). Darüber hinaus können aus den Ergebnissen gegebenenfalls Hypothesen im Hinblick auf die Kommunikatorseite (Einstellungen, Werte, Menschenbilder etc.) oder mit Blick auf die Meso- und Makroebene (soziale Normen und Werte, Rollenbilder etc.) abgeleitet werden, die jedoch in der Psychologie einen geringeren Stellenwert haben. Schließlich sind, neben Querschnittsvergleichen zwischen verschiedenen Medien, Längsschnittanalysen über die Zeit hinweg interessant, etwa um zu ermitteln, inwieweit negative Stereotypisierungen bestimmter Bevölkerungsgruppen in erwünschtem Maße zurückgegangen sind. Und nicht zuletzt dienen inhaltsanalytische Ergebnisse der Medienkontrolle (z.B. im Hinblick auf Diskriminierungen). Insgesamt dominiert innerhalb der Medieninhaltsforschung jedoch der Bezug zu Wirkungsfragen, und zwar sowohl im Hinblick auf intendierte Medienwirkungen als auch auf solche, die ohne dahinter stehende Absichten eintreten können.

5.5 Kommunikations- und Medienwirkungen auf Einstellungen

Die Einstellungsbildung (und -änderung) ist auf eine Vielzahl von Prozessen und Faktoren zurückzuführen. Dies beginnt mit genetischen Einflüssen, der bloßen Konfrontation mit einem neuen Einstellungsobjekt („Mere-exposure-Effekt"), verschiedenen Lernmechanismen (Konditionierung, Beobachtungslernen etc.) sowie Prozessen der Informationsverarbeitung und Eindrucksbildung (vgl. Kap. 3 und 4) und reicht bis hin zu Überredungsversuchen durch andere Personen (als Überblick über derartige Prozesse und Faktoren z.B. Bohner & Wänke, 2002; Stroebe & Jonas, 1996). Der größte Einfluss dürfte dabei von direkter und medialer Kommunikation ausgehen.

Die Frage, inwieweit und wie Einstellungen durch direkte und mediale interpersonale Kommunikation oder durch Massenkommunikation beeinflusst werden (können), wird in verschiedenen Wissenschaftsdisziplinen seit jeher mit besonderer Forschungsintensität verfolgt. Der Wirkungsbegriff umfasst dabei höchst unterschiedliche Phänomene.

Differenzierung von Kommunikations- und Medienwirkungen auf Einstellungen

- Intendierte Einstellungsbeeinflussung im Gegensatz zu nicht intendierten, beiläufigen Wirkungen rezipierter Kommunikations- bzw. Medieninhalte auf Einstellungen.
- Innerhalb beider Kategorien ist weiter zu differenzieren: Entstehung neuer Einstellungen im Gegensatz zu Veränderung bereits bestehender Einstellungen.
- Einstellungsänderung kann bedeuten: Richtungsänderung (z.B. eine zunächst positive Einstellung verkehrt sich in eine negative), Einstellungsextremisierung/-mäßigung oder Stabilisierung der individuellen Position.
- Bei alledem ist weiter zu differenzieren: Wirkungen während der kommunikativen Phase (z.B. während des Fernsehens) im Gegensatz zu erst in der postkommunikativen Phase auftretenden Kurz- oder Langzeitwirkungen.
- Sofern es sich um Wirkungen auf der Gruppenebene handelt, kommt eine weitere Unterscheidung hinzu: mögliche Homogenisierung zwischen Gruppenmitgliedern oder deren Differenzierung, die gegebenenfalls eine Polarisierung zwischen Untergruppen bedeuten kann.

Die folgenden Abschnitte thematisieren zunächst Kommunikations- und Medieneinflüsse ohne dahinter stehende Absichten – wobei wir zwischen (direkter und medialer) interpersonaler und massenmedialer Kommunikation trennen – und anschließend die intendierte Einstellungsbeeinflussung.

5.5.1 Einstellungsbeeinflussung ohne dahinter stehende Absichten

Kausalattributionen, mit denen bestimmte Einstellungen auf beiläufige, von keiner Seite beabsichtigte Wirkungen interpersonaler und/oder massenmedialer Kommunikation zurückgeführt werden, sind jedem aus privaten und öffentlichen Alltagssituationen geläufig. Wiewohl solche Einflüsse, je nach Einstellung und Bewertungsperspektive, prinzipiell sozial erwünscht (z.B. Erwerb prosozialer Einstellungen) oder unerwünscht (z.B. Abstumpfung gegenüber Gewalt oder gesteigerte Affinität zu einer rechtsradikalen Gruppe) sein können, werden sie außerhalb der Wissenschaft häufig vor allem unter negativem Vorzeichen thematisiert. Insbesondere mit Blick auf Massenmedien und Computerspiele erfreut sich dieses Thema einer hohen gesellschaftlichen Aufmerksamkeit und wird dabei häufig unmittelbar mit Forderungen nach Regulierungsmaßnahmen verknüpft.

Wertneutraler wird die beiläufige Einstellungsbeeinflussung dagegen in der psychologischen Grundlagenforschung behandelt. Ein Teil der kommunikationspsychologischen Arbeiten befasst sich dabei mit Wirkungen interpersonaler Kommunikation (teilweise gehört dazu auch der Vergleich zwischen der direkten und der medialen Kommunikation; z.B. Sassenberg & Boos, 2003), mit dem Zusammenwirken verschiedener Kommunikationsarten (z.B. Morton & Duck, 2001) oder mit der Einstellungsbe- ▶

einflussung durch Computerspiele (s. dazu Abschnitt 23.4). Der Forschungsschwerpunkt liegt jedoch noch immer auf Wirkungen der Massenmedien.

Unbeabsichtigte Einstellungsbeeinflussung durch interpersonale Kommunikation

Für die Entstehung und/oder Änderung von Einstellungen spielt der kommunikative Austausch mit anderen auch dann eine erhebliche Rolle, wenn der Kommunikator – mit seinen expliziten Einstellungsäußerungen oder implizit auf Einstellungen hinweisenden Kommunikationsbeiträgen, seinen Reaktionen auf Einstellungsäußerungen des Rezipienten oder seinem sonstigen Verhalten – keine Beeinflussung beabsichtigt. Dieser beiläufige Einfluss kann sich auf Einstellungen zu allen denkbaren Objekten (s. oben Abschnitt 5.1) auswirken. Wesentliche Bedingungsfaktoren hierfür gehen aus verschiedensten Einstellungstheorien und -studien hervor (als Überblick z.B. Bohner & Wänke, 2002). An dieser Stelle kann weder auf einzelne Theorien und Ergebnisse noch auf die Fülle an Wirkungsbedingungen eingegangen werden; hingewiesen sei lediglich darauf, dass zahlreiche Bedingungen aufseiten aller Komponenten einer interpersonalen Kommunikation zu berücksichtigen sind, damit es zu einer beiläufigen Einstellungsbeeinflussung kommt:

- Information – z.B. Informationsart (explizite oder implizite Einstellungsäußerung, objektbezogene Information, Reaktion auf Einstellungsäußerungen des Rezipienten etc.) und angesprochene Sinnesmodalitäten (zu Modalität und Codalität s. Abschnitt 14.3.3), subjektive Wichtigkeit für den Rezipienten, Konsistenz mit dessen Schemata und Erfahrungen;
- Einstellungsobjekt – z.B. belohnende oder aber aversive Qualität, Bedeutsamkeit für den Rezipienten und seine Ziele, bisherige Erfahrungen des Rezipienten mit dem Objekt;
- Kommunikator – z.B. Glaubwürdigkeit, Kommunikationskompetenz und Kommunikationsweise, Bedeutsamkeit für den Rezipienten;
- Rezipient – z.B. Ausprägung und Verfügbarkeit der präkommunikativen Einstellung (einschließlich der hierfür wesentlichen Erfahrungen, Wissensbestände und Schemata), Einstellung zum Kommunikator (sofern dieser nicht das Objekt ist), Informationsverarbeitungskompetenz, Konsonanzbedürfnis und Beeinflussbarkeit;
- Kontext und Situation – z.B. Situationsart (Interaktion in einer Dyade oder größeren Gruppe, Anwesenheit des Objekts etc.), Beziehung, Kohäsion und aktuelle Atmosphäre zwischen den Kommunikationspartnern, kontextspezifischer Vergleichsmaßstab für die Objektbewertung, situative Befindlichkeit und Ziele des Rezipienten, seine aktuelle Kommunikationsmotivation und Qualität der internen Aktivitäten (s. oben Abschnitt 5.3.3).

Innerhalb dieses Themenkomplexes sind soziale Einfluss-, Konformitäts- und Polarisierungsphänomene in Gruppen ein klassischer Untersuchungsgegenstand der Sozialpsychologie. Zur Erklärung solcher Phänomene dienen Theorien, die auch für andere Fragestellungen der Einstellungsforschung relevant sind: insbesondere Theorien, die die Bedeutsamkeit von Identitäts-, Kohärenz- und Konsistenzbedürfnissen sowie sozialer Kategorisierungs-, Vergleichs- und Austauschprozesse für individuelle oder gruppenspezifische Realitätsauffassungen und Einstellungen betonen (Überblicke über diese Theorien finden sich z.B. in Frey & Irle, 1993). Seit die interpersonale Kommunikation zunehmend von Medien bestimmt wird, wurden einige solcher Theorien für die Analyse und Erklärung von Prozessen und Wirkungen der computervermittelten Kommunikation und ihren Vergleich mit direkter Kommunikation modifiziert und erweitert. Erwähnenswert ist dabei insbesondere das „SIDE“-Modell der sozialen Identität und Deindividuation von Spears, Lea und Kollegen (als Überblick z.B. Döring, 2003) einschließlich einiger Ausdifferenzierungen (z.B. Sassenberg & Boos, 2003). Demnach hängt die von einer Kleingruppenkommunikation ausgehende

Einstellungsbeeinflussung v.a. von folgenden miteinander verbundenen Faktoren ab:

- Grad der Anonymität des Kommunikationsprozesses,
- Salienz der persönlichen oder aber sozialen Identität (Selbst als Individuum und individuell agierender Kommunikationspartner oder als Mitglied bzw. Vertreter einer sozialen Kategorie, z.B. Psychologiestudierende),
- soziale Beziehung zwischen den Kommunikationspartnern und deren wechselseitige Bedeutsamkeit,
- Existenz einer zwischen den Kommunikationspartnern bestehenden Norm und einer sozialen Norm in der übergeordneten Kategorie,
- der mit diesen Faktoren einhergehende Einfluss der beteiligten Kommunikationspartner.

Unbeabsichtigte Einstellungsbeeinflussung durch Massenkommunikation

Aufgrund ihrer relativ hohen Stabilität werden Einstellungen kaum durch einen einzigen massenmedialen Inhalt beeinflusst. Im Gegensatz etwa zu akut erlebten Gratifikationen oder emotionalen Reaktionen während der Nutzung massenmedialer Angebote geht es bei der beiläufigen Beeinflussung von Einstellungen vielmehr um längerfristige Folgen der *wiederholten* Konfrontation mit massenmedialen „Botschaften". Deshalb werden mit diesem Themenkomplex Schlüsselbegriffe wie „Sozialisation", „Enkulturation" oder „Kultivierung" verbunden.

Wirkungsbereiche. Zur Untergliederung des äußerst breiten Themengebiets bieten sich einerseits Kategorien auf der Medienangebotsseite an: angefangen von Einflüssen durch Unterhaltungsangebote oder speziell durch Gewaltdarstellungen bis hin zur beiläufigen Einstellungsbeeinflussung durch Werbung. Sinnvoller ist andererseits eine Einteilung nach Wirkungsbereichen. Dabei ist zunächst zwischen sozial erwünschten und unerwünschten beiläufigen Einflüssen zu unterscheiden, die im Übrigen beide durchaus auch parallel zu beabsichtigten Wirkungen eintreten können: So kann etwa Werbung einerseits in beabsichtigter Weise Produkteinstellungen beeinflussen (zur Persuasion s. unten Abschnitt 5.5.2), gegebenenfalls beiläufig aber auch zu einem sozial erwünschten Familienidealbild und/oder andererseits zu unerwünschter Stereotypenbildung beitragen.

Unabhängig von der Frage der Erwünschtheit lassen sich die vorrangig untersuchten Wirkungsbereiche folgendermaßen kategorisieren:

- Einstellungen zu Gewalt und Aggression (beeinflusst v.a. durch fiktionale Gewaltdarstellungen, aber auch durch politische Berichterstattung, Talkshows etc.; s. unten „Kultivierungsansatz");
- Stereotype gegenüber bestimmten sozialen Gruppen und Minoritäten (als Überblick z.B. Greenberg, Mastro & Brand, 2002; Perse, 2001), insbesondere ethnische und Geschlechtsrollenstereotype sowie Vorstellungen von bestimmten Alters-, Status- und Berufsgruppen (z.B. Senioren, Arbeitslose, Politiker, Ärzte, Rechtsanwälte, Kriminalbeamte);
- Weltbild, Menschenbild, Einstellungen zur sozialen Umwelt und Risikowahrnehmung (z.B. Glaube an eine gerechte Welt; Misstrauen gegen Mitmenschen; Furcht vor Verbrechen und Terrorismus sowie vor Krankheit; vgl. z.B. Morton & Duck, 2001; Green, Garst & Brock, 2004);
- Normen, Werte und Idealbilder (z.B. im Hinblick auf Reichtum und Konsum, Familie, Gesundheit, äußere Erscheinung, soziale Beziehungen und Sexualität), auch in Verbindung mit entsprechenden Erwartungen, sozialen Vergleichen und Bewertungen der persönlichen (z.B. Körperbild) und sozialen (z.B. Partnerschaft) Gegebenheiten (als Überblick z.B. Harris, 2004, sowie verschiedene Beiträge in Bryant & Zillmann, 2002);
- Einstellungen und Werte im Hinblick auf abweichendes Verhalten (z.B. auf exzessiven Alkohol- und Drogenkonsum; als Überblick z.B. Harris, 2004; Brown & Walsh-Childers, 2002);
- subjektive Bedeutsamkeit bestimmter Themen im Sinne eines „Agenda-Setting" (z.B. McCombs, 2000; außerdem Abschnitt 19.3).

Kultivierungsansatz. Unter den hier zugrunde gelegten theoretischen Ansätzen ist der „Kultivierungsansatz" von Gerbner und seinem Team (Gerbner & Gross, 1976; Gerbner, Gross, Morgan & Signorielli, 1986) der bekannteste, am häufigsten empirisch überprüfte und gleichzeitig umstrittenste. Ausgehend vom US-amerikanischen Fernsehprogramm und dessen zentraler Bedeutung als Sozialisationsinstanz ist seine Kernannahme:

Kernannahme des Kultivierungsansatzes
Die permanent präsenten und konsonanten Muster von Fernsehbotschaften „kultivieren" bei den Rezipienten – insbesondere Vielsehern (vgl. hierzu auch Abschnitt 17.1) – langfristig ein Bild der sozialen Realität, wie sie im Fernsehen dargestellt wird; auch heterogene Gruppen der Gesellschaft nehmen aufgrund ihrer gemeinsamen Sozialisation durch das Fernsehen und dessen „kontinuierliches Eintrichtern von meinungsführenden Orientierungen" die Welt in relativ homogener Weise wahr („Mainstreaming"; Gerbner, 2000, S. 107).

Dabei geht Gerbner „von einer Interaktion zwischen dem Medium und verschiedenen Publika" aus: „Institutionelle Bedürfnisse und Ziele beeinflussen die Herstellung und Verteilung massenproduzierter Botschaften, die bei unterschiedlichen Massenpublika Bedürfnisse, Werte und Ideologien erzeugen, diese in Bestehendes integrieren, es nutzen und aufrechterhalten"; die Rezipienten wiederum beeinflussen auf dieser Basis „umgekehrt den sich anschließenden Vorgang des Fernsehens" (Gerbner, 2000, S. 106).

Auf empirischer Ebene beinhaltet der Ansatz vor allem zwei Schritte:

- Bei der „Systemanalyse der Botschaften" werden per Inhaltsanalyse die „am häufigsten wiederkehrenden, stabilsten, die Programmformate übergreifenden Muster von Fernsehinhalten identifiziert" (ebd., S. 106), beispielsweise im Hinblick auf die Verteilung soziodemographischer, persönlichkeits- und verhaltensbezogener Merkmale innerhalb der Gesellschaft und ihrer Gruppen, auf dargestellte Ereignis- und Handlungsmuster und implizierte Orientierungen. Diese „Fernsehwelt" wird (z.B. anhand von Sozialstatistiken) der sozialen Realität gegenübergestellt, wobei die Grundannahme ist, dass das Fernsehen die Realität verzerrt darstellt (z.B. Überrepräsentation bestimmter Personengruppen wie Ärzte, Kriminalbeamte und Rechtsanwälte sowie bestimmter Ereignisse wie Gewaltdelikte, Beziehungskonflikte und Scheidungen).
- Auf dieser Basis findet die „Kultivierungsanalyse" per Repräsentativbefragung statt durch „Fragen über die soziale Realität von Zuschauern, die ein Fernsehverhalten mit unterschiedlicher zeitlicher Intensität zeigen", um den Einfluss der „Fernsehrealität" auf die „Weltsicht" der Rezipienten und Unterschiede zwischen Wenig- und Vielsehern aufzudecken (ebd., S. 106). Dabei wird zwischen „First-" und „Second-Order Beliefs" unterschieden: Erstere umfassen Häufigkeitseinschätzungen bezüglich bestimmter Personengruppen und Ereignisse (z.B. Häufigkeit von einzelnen Berufen, von Verbrechen, von Beiträgen bestimmter Berufsgruppen zur Verbrechensaufklärung). Bei Letzteren handelt es sich dagegen um allgemeine Einstellungen (Überzeugungen, Werte, Erwartungen, Ängste etc.), die die Zuschauer aus der „Fernsehwelt" internalisieren und generalisieren. Für beide Arten von Kognitionen und Orientierungen wird angenommen, dass sie bei Vielsehern stärker mit den Botschaften im Fernsehen übereinstimmen und bei ihnen eine stärkere Konvergenz zwischen heterogenen Gruppen entsteht als bei Wenigsehern (zu Vielsehern vgl. auch Abschnitt 17.1 zu Definition und Verbreitung exzessiver und pathologischer Mediennutzung). Dementsprechend zeichnen sich Vielseher in homogener Weise u.a. durch eine Überschätzung des Vorkommens bestimmter Berufe (z.B. Kriminalbe-

amte, Rechtsanwälte), Personengruppen (z.B. „Reiche", Geschäftsinhaber, Prostituierte) und negativer Ereignisse in der Gesellschaft (z.B. Gewaltdelikte, Beziehungskonflikte, Drogenmissbrauch) aus, durch eine besondere Risikowahrnehmung (z.B. Furcht vor Krankheit und Verbrechen) sowie durch Misstrauen und Ängste gegenüber Mitmenschen. Gleichzeitig haben sie aber auch einen ausgeprägteren Glauben an eine gerechte Welt und größeres Vertrauen speziell in Ärzte, Polizei, Kriminaljustiz, Militär, Kirche und Medien.

Insgesamt hat der Kultivierungsansatz zu einer enormen Forschungsaktivität geführt und ist inzwischen an einer breiten Palette von Kultivierungsphänomenen überprüft (neben den bereits genannten Phänomenen z.B. Stereotype gegenüber Minderheiten, Senioren oder Geschlechterrollen; Einstellungen zu abweichendem Verhalten oder zum eigenen Körper; Beziehungs- und Familien-Idealbilder; Wertvorstellungen und Konsumdenken). Die meisten Befunde weisen auf zwar nur schwache, aber dem Kultivierungsansatz entsprechende Zusammenhänge hin (als Überblick z.B. Schenk, 2002).

Unter solchen Phänomenen wurden Folgen des häufigen Anschauens von Gewaltdarstellungen im Fernsehen und insbesondere die „Scary-World"-These („Gefährliche-Welt-Syndrom"; Gerbner, 2000, S. 111) – d.h. die Vorstellung von einer Welt voller Egoisten und Verbrecher, vor der man Angst haben und sich schützen muss – am häufigsten untersucht. Dabei erwies sich der Zusammenhang zumeist als besonders stark, wenn auch die soziale Umwelt entsprechend negative Erfahrungen bietet (z.B. hohe Kriminalitätsrate), so dass die Umfelderfahrungen in den Fernsehbotschaften quasi „wiederhallen" (Phänomen der „Resonanz") und sich beide Quellen wechselseitig verstärken (vgl. z.B. Gerbner, 2000, S. 109).

Sowohl in Bezug auf das „Scary-World"-Syndrom als auch auf die Kultivierung insgesamt steht für die von Gerbner postulierte Ursache-Wirkungs-Relation ein eindeutiger Nachweis noch aus (zu weiteren Problemen des Kultivierungsansatzes s. z.B. Schenk, 2002). Eindeutig ist dagegen der Einfluss einer ganzen Reihe unabhängiger und moderierender Variablen und Prozesse, von denen hier nur einige genannt seien (als Überblick z.B. Cohen & Weimann, 2000; Perse, 2001). Zum einen räumt Gerbner (2000, S. 116) selbst ein: „Generell zeigt sich, dass in Ländern, in denen das im Fernsehen Dargestellte weniger repetitiv und homogen ist als in den U.S.A., die Ergebnisse der Kultivierungsanalyse tendenziell weniger vorhersagbar und konsistent ausfallen." Zum anderen können interpersonale Kommunikation und direkte Erfahrungen mit Einstellungsobjekten das Einflusspotenzial der Massenmedien reduzieren, ausgleichen oder verstärken. Zudem zeigte sich in manchen Studien, dass die Kultivierungseffekte vom jeweils untersuchten TV-Genre, aber auch von genrespezifischen Motiven der Zuschauer abhängen (z.B. Bilandzic & Rössler, 2004). Auf der Rezipientenseite spielen darüber hinaus personale Faktoren wie Soziodemographie, Einstellungen zum Fernsehen und kognitive Fähigkeiten eine Rolle. Ein besonderes Gewicht wird inzwischen zunehmend auch Strategien der Informationsverarbeitung zugeschrieben.

Ein Beispiel für theoretische Ansätze, die auf die Bedeutung solcher kognitiven Prozesse abheben, ist das „Heuristic Processing Model" von Shrum (zuletzt u.a. Shrum, 2002; 2004), das zwischen heuristischer und systematischer Informationsverarbeitung zur Erklärung von „First-" und „Second-Order Beliefs" (s. oben) differenziert (siehe Kasten S. 108).

5.5.2 Beabsichtigte Einstellungsbeeinflussung

Es vergeht kaum ein Tag, an dem wir nicht mit irgendeiner Art persuasiver Kommunikation konfrontiert werden: Dies beginnt mit Werbespots, Internet-Bannerwerbung und Wahlkampagnen und reicht bis hin zu Überzeugungsversuchen von Staubsaugervertretern oder Appellen der eigenen Angehöri-

„Heuristic Processing Model" von Shrum und „Transportation Theory" von Green und Brock

Ausgehend von der Unterscheidung zwischen „First-" und „Second-Order Beliefs" (s. oben) und dem kognitionspsychologischen Konzept der „Verfügbarkeitsheuristik" postuliert Shrum (2002, 2004) für First-Order Beliefs:

- Wenn Individuen Realitätseinschätzungen abgeben, greifen sie häufig auf leicht aus dem Gedächtnis abrufbare (oder gut vorstellbare) exemplarische Informationen über Ereignisse und Objekte zurück (z.B. Berichte über Verbrechen), ohne dass ihnen die Informationsquelle bewusst ist. Die Wahrscheinlichkeit für den Rückgriff auf Heuristiken anstelle einer systematischen Vorgehensweise ist größer bei mangelnder Motivation, Fähigkeit und Gelegenheit zu extensiver Informationsverarbeitung und bei geringem Involvement (vgl. ähnlich auch das Elaboration-Likelihood-Modell von Petty & Cacioppo, s. Abb. 5.4, S. 112).
- Einschlägige Beispiele sind leichter verfügbar, je häufiger das Individuum mit entsprechenden konsonanten Informationen konfrontiert wird und damit das entsprechende Schema aktiviert; dies dürfte bei Vielsehern eher der Fall sein.
- Schnelle Abrufbarkeit bzw. Vorstellbarkeit eines Beispiels führt zur Überschätzung seiner Typikalität und Auftretenshäufigkeit (z.B. Überschätzung der Häufigkeit von Gewaltdelikten) und damit zu Kultivierungseffekten erster Ordnung.

Für „Second-Order Beliefs" postuliert Shrum dagegen:

- Sie werden weniger auf der Basis von Gedächtnisprozessen als vielmehr durch jeweils neue einstellungsrelevante Informationen beeinflusst.
- Vielseher werden ständig mit konsonanten einstellungsrelevanten Informationen konfrontiert.
- Häufige Darbietung konsonanter Informationen kann bei höherer Aufmerksamkeit gegenüber den Informationen und einer systematischen Informationsverarbeitung zu Kultivierungseffekten zweiter Ordnung führen.
- Die Wahrscheinlichkeit hierfür ist größer bei stärkerer Motivation, Fähigkeit und Gelegenheit zu extensiver Informationsverarbeitung und bei höherem Involvement.

Ergänzt man diese Annahmen um einige Elemente der „Transportation Theory" von Green und Brock (2000), so ist speziell für Unterhaltungsgenres weiter anzunehmen: „Narrative" Inhalte können die Rezipienten vorübergehend in eine „narrative Welt transportieren" (Green et al., 2004, S. 162), so dass sie durch das mediale Geschehen absorbiert werden, es emotional involviert wie eine direkte Erfahrung erleben und eine undistanzierte, unkritische Rezeptionshaltung einnehmen. Sie akzeptieren den Medieninhalt ohne Hinterfragen, identifizieren sich vielmehr mit dem Geschehen, den Akteuren und deren expliziten oder impliziten Einstellungen, so dass ein hohes Einflusspotenzial besteht (für Bedingungen vgl. z.B. Green et al., 2004).

gen, man solle mit dem Rauchen aufhören oder weniger fernsehen. Was aber ist Persuasion? Welche Prozesse und Bedingungen spielen dabei eine zentrale Rolle?

Persuasionsbegriff. Die psychologische Forschung zur intendierten Einstellungsbeeinflussung befasst sich zum einen mit Möglichkeiten, beispielsweise durch Selbstdarstellung im Rahmen interpersonaler Kommunikation oder über die eigene Homepage ein positives Image zu gewinnen oder etwa durch Intergruppenkontakte zum Abbau ethnischer Stereotype beizutragen. Auf theoretischer und empirischer Ebene intensiver erforscht sind zum anderen Persuasionsprozesse und -prinzipien im engeren Sinne, wobei folgendes Begriffsverständnis zugrunde liegt:

Definition

Unter **Persuasion** wird die Beeinflussung von Einstellungen und/oder Verhalten durch gezielte Kommunikation verstanden (Überzeugungsversuche z.B. anhand von Informationen und Argumenten, Appellen oder Verhaltensinstruktionen; als Überblick s. z.B. Perloff, 2003).

Persuasive Kommunikation kann

- im Rahmen punktueller oder längerfristiger Maßnahmen stattfinden,
- Effekte bei einzelnen Personen oder Breitenwirkung anstreben,
- sich auf kurz- und/oder langfristige Ziele richten,
- sich im privaten wie im öffentlichen Leben abspielen,
- explizite direkte oder subtile indirekte Botschaften beinhalten und dabei
- nichtmediale und/oder mediale Kommunikationswege, „-kanäle" und -strategien einbeziehen.

Persuasionsstrategien können auf Einstellungsänderung gerichtet sein, mit der letztlich eine Verhaltenssteuerung beabsichtigt wird; ebenso kann umgekehrt eine Einstellungsbeeinflussung das Ziel sein, das über eine vorherige Verhaltenssteuerung angestrebt wird. In beiden Fällen wird ein Zusammenhang zwischen Einstellungen und Verhalten unterstellt. Diese Prämisse ist Gegenstand der folgenden Ausführungen, bevor wir auf Persuasionstheorien und -strategien eingehen.

Der Zusammenhang zwischen Einstellungen und Verhalten

Angeregt durch eine Studie, die LaPiere bereits 1934 publizierte, wurde bis etwa Ende der 1960er Jahre der (damals postulierte) Zusammenhang zwischen Einstellungen und Verhalten intensiv erforscht. Forschungsüberblicke und Metaanalysen mündeten jedoch im Fazit, dass es nur eine geringe Konsistenz zwischen Einstellung und Verhalten gibt. Die ursprüngliche Frage nach dem „Ob" des Zusammenhangs wurde deshalb durch das Bemühen abgelöst, *Bedingungen* für eine höhere Konsistenz zu ermitteln. Als solche wurden – neben methodischen Variationen – zahlreiche Variablen identifiziert

- aufseiten der Individuen (z.B. Persönlichkeitsfaktoren wie Selbstaufmerksamkeit, Selbstregulation, Bedürfnis nach Selbstkonsistenz)
- und ihrer zu beeinflussenden Einstellungen (z.B. Einstellungsstärke und -abrufbarkeit, Wissens- und Erfahrungshintergrund, Komplexität und subjektive Relevanz der Einstellung),
- aufseiten des fokussierten Verhaltens (z.B. subjektiver Schwierigkeitsgrad) sowie
- aufseiten der Situation (z.B. Salienz sozialer Normen und Sanktionen, situative Verfügbarkeit von Verhaltensoptionen).

Einen Überblick zu Moderatorvariablen sowie zu neueren Theorien geben z.B. Perloff (2003) sowie Bohner und Wänke (2002).

Die Berücksichtigung derartiger Variablen wie auch methodischer Erfordernisse führte zwar dazu, dass ein gewisser Zusammenhang zwischen Einstellung und Verhalten festgestellt wurde. Doch sind die Theorien und Studien in diesem Forschungsbereich seit den 1980er Jahren weitaus komplexer geworden: Neben Einstellungen und Verhalten und den als relevant erkannten Moderatorvariablen werden nun weitere Bedingungen einbezogen, wobei insbesondere die einem Verhalten (oder dessen Unterlassung) vorgelagerten sozial-kognitiven Prozesse (v.a. Erwartungs-Wert-Abwägungen) sowie deren Qualität und Determinanten fokussiert werden (z.B. soziale Normen, Gewohnheiten und Kompetenzen).

Am bekanntesten wurde die „Theorie des überlegten Handelns“ von Fishbein und Ajzen (1975) und deren Erweiterung als „Theorie des geplanten Verhaltens“ (Ajzen, 1985; Ajzen & Madden, 1986). Abhängige Variable ist dabei zunächst einmal die Absicht, das fragliche Verhalten auszuführen (Verhaltensintention), die durch drei Faktoren determiniert wird:

- „Einstellung zum Verhalten“ (subjektive Wahrscheinlichkeit und Valenz möglicher Verhaltenskonsequenzen),
- „subjektive Norm“ (wahrgenommene Umfeldnorm im Hinblick auf die Ausführung/Unterlassung des Verhaltens sowie die Konformitätsmotivation),
- „wahrgenommene Verhaltenskontrolle“ (subjektive oder objektive Möglichkeit, das Verhalten selbst zu kontrollieren bzw. auszuführen).

Der zuletzt genannte Faktor beeinflusst schließlich, direkt oder über die Verhaltensintention, die Ausführung des fraglichen Verhaltens.

Die Grundannahmen dieser Theorien, die sich auf willentlich kontrolliertes Verhalten richten, wurden im „MODE-Modell“ („Motivation and Opportunity as Determinants“; Fazio, 1990) integriert. Über einen solchen reflektierten Verhaltensmodus hinaus schließt dieses Modell – als zweiten Modus – unreflektiertes, spontanes Verhalten ein: Es wird bei mangelnder Gelegenheit, Motivation oder Notwendigkeit vorheriger Reflexion ausgeführt. Als Voraussetzung hierfür werden, neben der Einstellung gegenüber dem Objekt, insbesondere eine starke Assoziation zwischen Einstellung und Verhalten, die aktuelle Wahrnehmung des Einstellungsobjekts und die Abrufbarkeit der Einstellung angenommen.

Persuasionstheorien

Zur Frage, wie Einstellungen durch persuasive Kommunikation gebildet, verändert oder stabilisiert werden, liegt eine Vielzahl von Theorien und Modellen vor (als Überblick z.B. Perloff, 2003; Heath & Bryant, 2000; verschiedene Beiträge in Knowles & Linn, 2004). Gemeinsam ist ihnen zunächst einmal, dass aus ihnen ein äußerst komplexes Wirkungsgefüge zahlreicher Bedingungen für intendierte Einstellungsbeeinflussungen hervorgeht: Faktoren aufseiten

- der Kommunikationsstimuli (z.B. Informationswert und Häufung präsentierter Argumente, Lebendigkeit der Präsentation),
- des Kommunikators (z.B. Glaubwürdigkeit, Autorität, „Charisma“),
- des Einstellungsobjekts,
- des Themas (z.B. persönliche Relevanz für den Rezipienten),
- der Rezipienten einschließlich ihrer bestehenden Einstellung

(zu Bedingungsfaktoren s. auch weiter oben Abschnitt 5.5.1; außerdem z.B. Schenk, 2002).

Gemeinsam ist einem großen Teil der Theorien zudem, dass sie auf dem Konzept des aktiven Rezipienten basieren, insofern sie die Bedeutsamkeit von Rezipientenaktivitäten (s. oben Abschnitt 5.3.3) hervorheben. Frühe Beispiele hierfür sind die im Rahmen der „Yale-Studies“ konzipierten Stufenmodelle (v.a. Hovland, Janis & Kelley, 1953; McGuire, 1968), die allerdings noch stark dem lerntheoretischen Reiz-Reaktions-Konzept verhaftet waren. Die hieraus hervorgegangene „Input/Output-Matrix“ (McGuire, 1989) umfasst – neben unabhängigen Variablen aufseiten der Kommunikationsquelle, -botschaft, -kanäle, -rezipienten und -ziele – zwölf Stufen von Aktivitäten des Rezipienten als abhängige Variablen, die in Abbildung 5.3 zusammengefasst sind.

Dieses – von McGuire (1989) selbst als „Common-Sense“-Matrix bezeichnete – Modell wurde anschließend mehrfach differenziert und bezüglich der Abfolge der postulierten Stufen modifiziert. Insbesondere aber wurde in neueren Ansätzen der Stufengedanke von komplexeren, dynamischeren Sichtweisen abgelöst. Fokussiert werden dabei (nach wie vor unter Berücksichtigung von Merkmalen auch der Kommunikationsquelle, -inhalte und -präsentation) auf der Rezipientenseite vorrangig kognitive Aktivitäten sowie ihnen zugrunde liegende

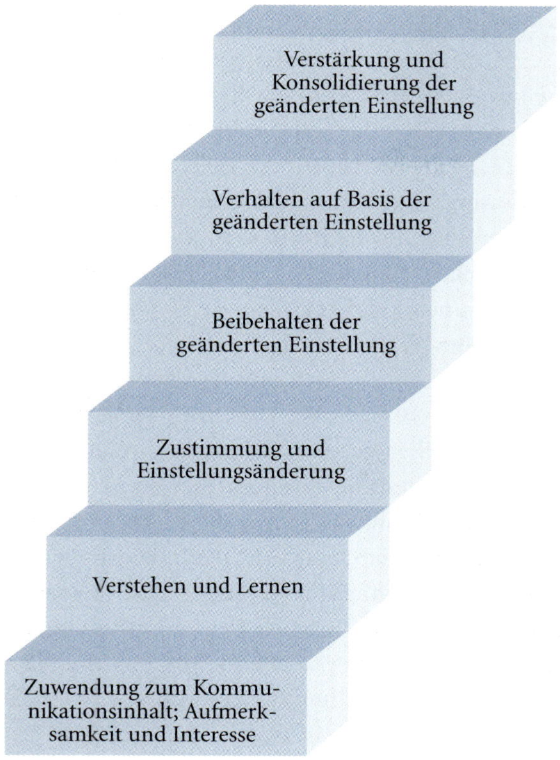

Abbildung 5.3. Stufenmodell der Persuasion nach McGuire, 1989, S. 45; eigene Darstellung

Kompetenzen und Motivationen (als Überblick z.B. Bohner & Wänke, 2002; Chaiken, Gruenfeld & Judd, 2000):

- die Vollständigkeit, Systematik und Tiefe der Informationsverarbeitung einschließlich aktiver Transformationen der präsentierten Botschaft durch Generierung eigener einstellungsrelevanter Gedanken und Argumente;
- die hierfür wesentliche persönliche Bedeutsamkeit des Themas und subjektive Relevanz der Botschaft sowie die individuelle Funktion der (bestehenden oder künftigen) Einstellung;
- die damit verbundene Motivation zur Informationsaufnahme und -verarbeitung (einschließlich des Strebens nach möglichst hoher Validität eigener Gedanken und Urteile) sowie die dabei ablaufende innere Beteiligung („involvement");
- aber auch die zur Informationsverarbeitung gegebenen kognitiven Fähigkeiten und situativen Möglichkeiten (z.B. Ablenkung, verfügbare Zeit)
- und nicht zuletzt die Richtung der einstellungsbezogenen Urteile (pro/kontra) sowie das Vertrauen des Rezipienten in die Adäquatheit seiner Urteile.

Anders als frühere Persuasionsmodelle (z.B. McGuire), die die Bedeutsamkeit einer möglichst vollständigen Aufnahme dargebotener Informationen (bzw. Argumente) und deren gründliches Durchdenken betonten, gehen die meisten gegenwärtigen Modelle davon aus, dass Einstellungsänderung nicht stets eine solche elaborierende, systematische Informationsverarbeitung voraussetzt, sondern sich unter Umständen auch auf andere Weise vollziehen kann: Aufgrund der Tatsache, dass Menschen nur über eine begrenzte Verarbeitungskapazität verfügen, somit nicht jede Botschaft intensiv verarbeitet werden kann, aber auch nicht stets eine entsprechende Motivation vorliegt, berücksichtigen die heute präferierten *„Zwei-Prozess-Modelle"* zwei unterschiedliche Wege, auf denen es beim Rezipienten zur Einstellungsbeeinflussung (Formierung oder Änderung) kommen kann. Ein berühmtes Beispiel hierfür ist das „Elaboration-Likelihood-Modell" von Petty und Cacioppo (1986; vgl. Abb. 5.4), das zwischen folgenden Persuasionswegen unterscheidet:

- **Zentrale Route:** Dieser Weg wird vom Rezipienten unter der Voraussetzung eingeschlagen, dass er dazu fähig ist, die dargebotenen Informationen aufmerksam aufzunehmen und gründlich zu verarbeiten, und dazu auch motiviert ist (z.B. wenn das Thema bzw. der Gegenstand interessiert, die Botschaft für wichtig oder persönlich relevant gehalten wird). Mit einem relativ hohen kognitiven Aufwand durchdenkt und bewertet er die Botschaft, greift dabei auf Erfahrungs- und Wissensbestände zurück, macht sich zusätzliche eigene Gedanken und integriert seine Kognitionen zu einer Urteilsbasis für seine Einstellung (Elaboration). In Abhängigkeit v.a. von der Güte und Überzeugungskraft der präsentierten Infor-

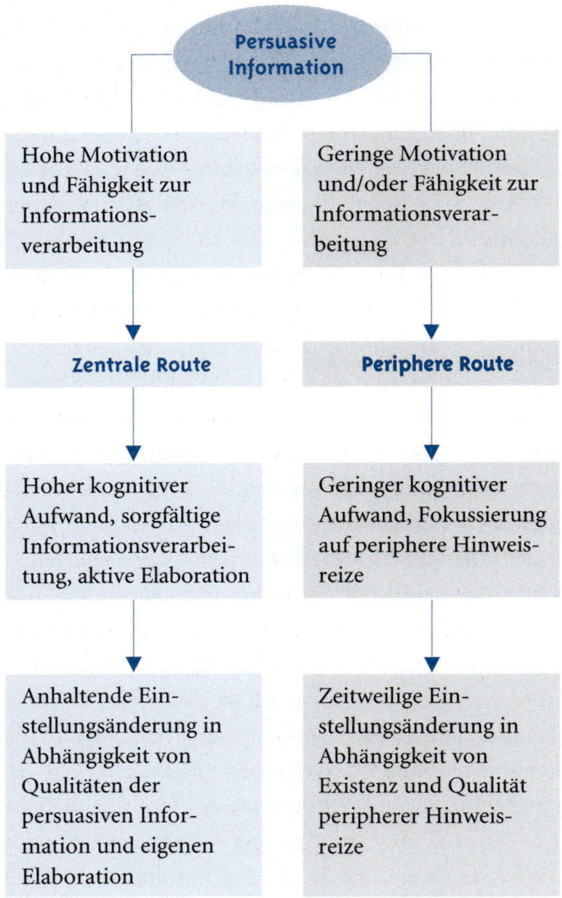

Abbildung 5.4. Das Elaboration-Likelihood-Modell (ELM) von Petty und Cacioppo (1986; vereinfachte Darstellung)

mationen kann auf dieser Basis eine Einstellungsänderung (oder -formierung) erfolgen. Sie fällt bei einer positiven Bewertung der Informationen/Argumente – und bei Vertrauen in die Validität der eigenen Kognitionen – in der intendierten Richtung aus, kann bei einer Ablehnung und einer Elaboration eigener Gegenargumente jedoch auch in die entgegengesetzte Richtung führen. Die unter solchen Voraussetzungen geänderte (bzw. neu gebildete) Einstellung ist meist relativ anhaltend und widerstandsfähig gegen künftige Einflüsse.

- **Periphere Route:** Oft sind Individuen zur gründlichen Auseinandersetzung mit den Informationen bzw. Argumenten wenig motiviert (z.B. bei Desinteresse, geringem Streben nach eigener Urteilsvalidität oder generell geringer Motivation zu aufwändigen kognitiven Analysen) oder auch nicht dazu in der Lage (v.a. aufgrund fehlender Fähigkeiten und Erfahrungen, aber auch unter Zeitmangel, bei wenig verständlichen Inhalten oder durch ablenkende Reize), sich mit dem Thema und den persuasiven Inhalten eingehender zu befassen. Unter der Voraussetzung einer solchen geringen Motivation und/oder Fähigkeit nimmt der Rezipient die Botschaft ohne großen kognitiven Aufwand auf und lässt sich dabei kaum durch die Güte der Information oder die Schlagkräftigkeit der Argumente beeinflussen. Jedoch kann es auch hier zu Einstellungsänderungen kommen, sofern das Kommunikationssetting bestimmte Hinweisreize enthält: „Cues“ – wie z.B. ein sympathischer oder als Experte fungierender Kommunikator, eine positiv emotionalisierende Präsentation, auffallende Bilder, Verweise auf Normen –, an denen sich der Rezipient orientiert, im günstigen Falle seine positive Reaktion auf die Botschaft überträgt und diese quasi blind annimmt (z.B.: „Wenn der Experte es so sieht, muss es ja stimmen“). Die Wirkung solcher Prozesse, bei denen auf Basis peripherer Hinweisreize und aktivierter „Faustregeln“ schnell und effizient geurteilt wird, ist meist allerdings von nur geringer Dauer und die darauf beruhende Einstellung wenig resistent gegen künftige Einflüsse.

Ebenso wie das recht ähnliche „Heuristisch-Systematische Modell“ von Chaiken und Kollegen (vgl. z.B. Bohner & Wänke, 2002; Chaiken et al., 2000) lässt sich anhand des „Elaboration-Likelihood-Modells“ (ELM) die Wirksamkeit einer ganzen Fülle an Moderatorvariablen erklären, von denen oben lediglich einige wenige genannt werden konnten (als Überblick z.B. Petty, Priester & Bruñol, 2002; Schenk 2002; Bohner & Wänke, 2002).

Persuasionsstrategien

Persuasionsstrategien können auf die Änderung von Einstellungen gerichtet sein, um auf diese Weise letztlich auch das Verhalten zu beeinflussen, und/oder eine Einstellungsänderung über die vorherige Verhaltenssteuerung bzw. -änderung anstreben (vgl. allerdings die oben erwähnten Einschränkungen des Zusammenhangs zwischen Einstellung und Verhalten). In beiden Fällen unterscheiden sich Persuasionsstrategien, die auf Überzeugung mithilfe von Kommunikation abzielen, von Strategien, die Einstellungs- bzw. Verhaltensänderungen ohne Überzeugungsarbeit herbeizuführen versuchen (und insofern nicht zur Persuasion im engeren Sinne zählen). Zu Letzteren zählt etwa der Einsatz von Anreizen und Belohnung, Zwang und Sanktionen, (angsterregenden) Appellen oder sublimeren Techniken, die schrittweise das Nachgeben der Zielperson(en) („compliance gaining") herbeiführen sollen (z.B. „Foot-in-the-door"- oder „Door-in-the-face"-Technik; als Überblick z.B. Perloff, 2003; Cialdini & Sagarin, 2005).

In Zusammenhang mit den oben erwähnten Persuasionstheorien wurde bereits auf einige Strategien und wesentliche Bedingungsfaktoren für erfolgreiche Persuasion hingewiesen, auf die hier nicht weiter eingegangen werden kann. Hinzuzufügen ist jedoch, dass die Eignung einzelner Strategien nicht nur vom jeweiligen Gegenstand, der Zielgruppe und dem Kontext abhängt, sondern nicht zuletzt auch davon, ob das Ziel eher in einer möglichst nachhaltigen und für das Verhalten ausschlaggebenden oder eher in einer kurzfristigen und weniger verhaltensrelevanten Einstellungsänderung liegen soll (vgl. die beiden Routen des ELM und die jeweils spezifischen Ansatzpunkte). Möchte man eine eingehende Überzeugungsarbeit leisten, so muss alles daran gesetzt werden, relevante Informationen sowie schlagkräftige Argumente verständlich, ohne ablenkende periphere Reize, glaubwürdig und gegebenenfalls wiederholt zu präsentieren, die Zielperson(en) zur elaborierten, systematischen und auf Validität bedachten Informationsverarbeitung zu motivieren und dabei die Relevanz der Botschaft wie auch der künftigen Einstellung zu verdeutlichen.

Neben dem Weg über Informationen bzw. Argumente oder den Strategien, die vor allem durch periphere Hinweisreize erfolgreich sind, hat sich eine weniger steuernde, eher indirekte Methode zur Einstellungsänderung bewährt, die insbesondere zum Abbau von ethnischen Vorurteilen, Fremdenfeindlichkeit und Diskriminierungen im interkulturellen Kontext eingesetzt wird: Hier wird im Rahmen von Kontakten zwischen Gruppen versucht, intensive Kooperations- und Kommunikationserfahrungen sowie wechselseitiges Wissen zu vermitteln. Wesentlich ist dabei gleichzeitig, die Motivation zur sorgfältigen Informationsaufnahme und -verarbeitung einschließlich der differenzierten Einsicht in wechselseitige Unterschiede, aber auch Gemeinsamkeiten zu fördern (vgl. z.B. Tal-Or, Boninger & Gleicher, 2002).

Maßnahmen zur Umsetzung von Persuasionsstrategien, die auf Breitenwirkung angelegt sind, sind sehr aufwändig, erst recht, wenn dafür unterschiedliche Kommunikationswege und Medien („media mix") kombiniert werden. Deswegen ist die Evaluation ihrer Effizienz und Effektivität eine notwendige, aber auch komplexe Forschungsaufgabe (als Überblick sowie als eine der wenigen Metaanalysen zur Evaluation von Kampagnen im Gesundheitsbereich vgl. Derzon & Lipsey, 2002). Besondere Anforderungen ergeben sich dabei, wenn man Langzeitkampagnen evaluiert, wie sie z.B. von der Bundeszentrale für gesundheitliche Aufklärung seit Jahrzehnten durchgeführt und regelmäßig auf ihre Wirksamkeit hin untersucht werden (für Ergebnisse der Ende 2002 durchgeführten Evaluationsstudie zur Aids-Aufklärungskampagne vgl. BZGA, 2002).

5.5.3 Anwendungsrelevanz

Forschungsergebnisse, bei denen es um die Beeinflussung von Einstellungen ohne dahinter stehende Absichten (s. oben Abschnitt 5.5.1) geht, haben eine hohe Relevanz für die Analyse und Erklärung sozialer Phänomene (z.B. Wertewandel, Gewalt in der Gesellschaft) und speziell von Sozialisationseinflüssen und -ergebnissen. Insofern interessieren sie insbesondere unter medien-, kultur- und sozialisationstheoretischen sowie pädagogischen Aspekten. Damit sind sie zum einen unter grundlagenwissenschaftlichen Fragestellungen von Bedeutung. Zum anderen lassen sich hieraus Anhaltspunkte für die Medienbewertung und -kontrolle (vgl. hierzu Kap. 15 zur Qualität von Medienangeboten) sowie – vor allem mit Blick auf ihre gesellschaftliche Verantwortung – für die Medienanbieterseite ableiten. Und nicht zuletzt ergeben sich aus der Forschung zu beiläufigen Wirkungen Konsequenzen für die pädagogische und insbesondere die kommunikations- und medienpädagogische Praxis: Bei der Prävention potenzieller unerwünschter Beeinflussungen (Risikominimierung) wie auch bei der Forcierung positiver Möglichkeiten direkter und (massen-)medialer Kommunikation (Chancenmaximierung) ergeben sich hieraus Anforderungen an die individuelle Kommunikations- und Medienkompetenz sowie an entsprechend gezielte pädagogische Maßnahmen (zu Kommunikations- und Medienkompetenz sowie zur Medienpädagogik s. Kap. 13).

Im Hinblick auf potenzielle unerwünschte Beeinflussungen durch Medien und auf sie gerichtete Präventions- und Interventionsmaßnahmen ist dabei jedoch zu beachten, dass Medien nur einen von zahlreichen Einflussfaktoren der Sozialisation und „Kultivierung“ ausmachen.

Die Persuasionsforschung (s. oben Abschnitt 5.5.2) – auch einschließlich der Theorien zur Beziehung zwischen Einstellung und Verhalten – liefert wesentliche Anhaltspunkte für die Erklärung von Erfolgen oder aber Widerständen bei persuasiver Kommunikation und damit für die Frage, an welchen Faktoren aufseiten aller an einer Kommunikation beteiligten Komponenten Persuasionsstrategien ansetzen können. Ihre Erkenntnisse werden für unterschiedlichste Praxisfelder genutzt: angefangen von Werbung und Kampagnen im Profitbereich, der Beeinflussung von Wählereinstellungen und -verhalten durch politische Kommunikation oder „integrierten“ Maßnahmen der Organisations-PR (vgl. Kap. 11 zur Organisationskommunikation), über Sozial- und Gesundheitskampagnen bis hin zu Strategien der Selbstdarstellung bei der direkten interpersonalen Kommunikation (z.B. bei Bewerbungen oder Verhandlungen).

Zusammenfassung

- Einstellungen sind im Kommunikationskontext unter verschiedenen Perspektiven zu betrachten:
  - als abhängige, durch Kommunikation gezielt oder unbeabsichtigt beeinflusste Variable aufseiten der Rezipienten,
  - als unabhängige Variable im Sinne eines expliziten oder impliziten Kommunikationsinhalts,
  - als unabhängige oder Moderatorvariable aufseiten der Beteiligten (Einstellungen zu Medien und Kommunikation, zum Kommunikationsgegenstand, zum Kommunikator/Rezipienten).
- Die letztgenannte Kategorie von Einstellungen hat in vielerlei Hinsicht einen entscheidenden Einfluss auf das Kommunikations- und Medienhandeln. Die Aktivitäten der Kommunikatoren und Rezipienten bzw. Mediennutzer lassen sich dabei in Wirkungsbereiche von Einstellungen kategorisieren. Unter medienpsychologischer Perspektive interessiert hier besonders der Wirkungszusammenhang zwischen Einstellungen von Rezipienten bzw. Mediennutzern einerseits und ihren Erwartungen, Motivations- und Selektionsprozessen sowie internen „Aktivitäten“ andererseits.

- Bei Einstellungen als abhängiger Variable ist zwischen unbeabsichtigter, beiläufiger und intendierter, gezielter Einstellungsbeeinflussung zu unterscheiden.
- Beiläufige Wirkungen werden besonders mit Blick auf Massenmedien erforscht. Dabei wird ein breites Spektrum an Wirkungsbereichen einbezogen (angefangen von Einstellungen zu Gewalt oder zur sozialen Umwelt, Stereotypen gegenüber bestimmten Gruppen bis hin zu Welt- und Idealbildern). Der bekannteste und am häufigsten untersuchte theoretische Ansatz ist hier der „Kultivierungsansatz“ von Gerbner. Er geht davon aus, dass das Fernsehen bei den Rezipienten (v.a. Vielsehern) ein – auch über heterogene Rezipienten hinweg relativ homogenes – Bild der sozialen Realität „kultiviert“. Solche Phänomene hängen jedoch von zahlreichen Variablen aufseiten des Fernsehangebots wie auch der Rezipienten ab.
- Zu Prozessen, Strategien und Bedingungen gezielter Einstellungsbeeinflussung durch persuasive interpersonale oder Massenkommunikation liegen zahlreiche Theorien vor. Sie sind heute meist als „Zwei-Prozess-Modelle“ konzipiert, die der Tatsache Rechnung tragen, dass Menschen eine nur begrenzte Informationsverarbeitungskapazität haben und somit persuasive Botschaften nicht stets intensiv verarbeiten, oft allerdings dazu auch nicht motiviert sind. Überzeugungskräftige Argumente sind unter solchen Bedingungen dann weniger einflussreich als Hinweisreize wie ein als Experte auftretender Kommunikator und schemaaktivierende Bilder.
- Forschungserkenntnisse zum Thema des vorliegenden Kapitels sind für unterschiedliche Praxisfelder relevant. Dies beginnt mit der Planung und Optimierung von Angeboten direkter oder medialer Kommunikation (z.B. Organisationskommunikation, Werbe-, Politik- und Gesundheitskampagnen), es geht über Medienbewertung und -kontrolle und reicht bis hin zur Förderung von Kommunikations- und Medienkompetenz für die private, berufliche und öffentliche Kommunikation.

Leseempfehlung

- Bohner, G. & Wänke, M. (2002). Attitudes and attitude change. Hove: Psychology Press.
- Brock, T. & Green, M. (Eds.). (2005). Persuasion. Psychological insights and perspectives. Thousand Oaks, CA: Sage.
- Perloff, R. M. (2003). The dynamics of persuasion. Communication and attitudes in the 21st century. Mahwah, NJ: Lawrence Erlbaum.
- Schenk, M. (2002). Medienwirkungsforschung. Tübingen: Mohr.

Literatur

Ajzen, I. (1985). From intentions to actions: A theory of planned behavior. In J. Kuhl & J. Beckmann (Eds.), Action control. From cognition to behavior (pp. 11–39). New York, NY: Springer.

Ajzen, I. & Madden, T.J. (1986). Prediction of goal-directed behavior: Attitudes, intentions, and perceived behavioral control. Journal of Experimental Social Psychology, 22, 453–474.

Aubrey, J.S. & Harrison, K. (2004). The gender-role content of children's favorite television programs and its links to their gender-related perceptions. Media Psychology, 6, 111–146.

Bilandzic, H. & Rössler, P. (2004). Life according to television. Implications of genre-specific cultivation effects: The gratification/cultivation model. Communications, 29(3), 295–326.

Bissell, K.L. (2004). Sports model/sports mind: The relationship between entertainment and sports media exposure, sports participation, and body image distortion in division I female athletes. Mass Communication and Society, 7(4), 453–473.

Bohner, G. & Wänke, M. (2002). Attitudes and attitude change. Hove: Psychology Press.

Brown J.D. & Walsh-Childers, K. (2002). Effects of media on personal and public health. In J. Bryant & D. Zillmann (Eds.), Media effects. Advances in theory and research (pp. 453–488). Mahwah, NJ: Lawrence Erlbaum.

Bryant, J. & Zillmann, D. (Eds.). (2002). Media effects. Advances in theory and research. Mahwah, NJ: Lawrence Erlbaum.

BZGA (Bundeszentrale für gesundheitliche Aufklärung) (2003). Aids im öffentlichen Bewusstsein der Bundesrepublik Deutschland 2002. Köln: Bundeszentrale für gesundheitliche Aufklärung

Chaiken, S.L., Gruenfeld, D.H. & Judd, C.M. (2000). Persuasion in negotiations and conflict situations. In M. Deutsch & P.T. Coleman (Eds.), The handbook of conflict resolution. Theory and practice (pp. 144–165). San Francisco, CA: Jossey-Bass.

Cialdini, R.B. & Sagarin, B.J. (2005). Interpersonal influence. In T. Brock & M. Green (Eds.), Persuasion. Psychological insights and perspectives (pp. 143–169). Thousand Oaks, CA: Sage.

Cohen, J. & Weimann, G. (2000). Cultivation revisited: Some genres have some effects on some viewers. Communication Reports, 13(2), 99–114.

Derzon, J.H. & Lipsey, M.W. (2002). A meta-analysis of the effectiveness of mass-communication for changing substance-use knowledge, attitudes, and behavior. In M. Burgoon & W.D. Crano (Eds.), Mass media and drug prevention: Classic and contemporary theories and research (pp. 231–258). Mahwah, NJ: Lawrence Erlbaum.

Döring, N. (2003). Sozialpsychologie des Internet. Die Bedeutung des Internet für Kommunikationsprozesse, Identitäten, soziale Beziehungen und Gruppen. Göttingen: Hogrefe.

Donsbach, W. (1987). Journalismusforschung in der Bundesrepublik: Offene Fragen trotz Forschungsboom. In J. Wilke (Hrsg.), Zwischenbilanz der Journalistenausbildung (S. 105–142). Konstanz: UVK Verlagsgesellschaft.

Dovidio, J., Kawakami, K. & Gaertner, S.L. (2002). Implicit and explicit prejudice and interracial interaction. Journal of Personality and Social Psychology, 82(1), 62–68

Engel, B. & Windgasse, T. (2005). Mediennutzung und Lebenswelten 2005. Media Perspektiven, 9, 449–464.

Fazio, R.H. (1990). Multiple processes by which attitudes guide behavior: The MODE model as an integrative framework. In M.P. Zanna (Ed.), Advances in experimental social psychology (Vol. 23, pp. 75–109). San Diego: Academic Press.

Feierabend, S. & Klingler, W. (2003). Lehrer/innen und Medien 2003. Baden-Baden: Medienpädagogischer Forschungsverbund Südwest.

Fiedler, K. & Bless, H. (2002). Soziale Kognition. In W. Stroebe, K. Jonas & N. Hewstone (Hrsg.), Sozialpsychologie. Eine Einführung (S. 125–163). Berlin: Springer.

Fishbein, M. & Ajzen, I. (1975). Belief, attitude, intention, and behavior: An introduction to theory and research. Reading, MA: Addison-Wesley.

Frey, D. (1986). Recent research on selective exposure to information. In L. Berkowitz (Ed.), Advances in experimental social psychology (Vol. 19, pp. 41–80). New York: Academic Press.

Frey, D. & Irle, M. (Hrsg.). (1993). Theorien der Sozialpsychologie. Band I: Kogitive Theorien. Bern: Huber.

Frith, K., Shaw, P. & Cheng, H. (2005). The construction of beauty: A cross-cultural analysis of women's magazine advertising. Journal of Communication, 55(1), 56–70.

Furnham, A. & Saar, A. (2005). Gender-role stereotyping in adult and children's television advertisements: A two-study comparison between Great Britain and Poland. Communications, 30(1), 73–90.

Gerbner, G. (2000). Die Kultivierungsperspektive: Medienwirkungen im Zeitalter von Monopolisierung und Globalisierung. In A. Schorr (Hrsg.), Publikums- und Wirkungsforschung – ein Reader (S. 101–121). Wiesbaden: Westdeutscher Verlag.

Gerbner, G. & Gross, L. (1976). Living with television: The violence profile. Journal of Communication, 26(2), 173–199.

Gerbner, G., Gross, L., Morgan, M. & Signorielli, N. (1986). Living with television: The dynamics of the cultivation process. In J. Bryant & D. Zillmann (Eds.), Perspectives on media effects (pp. 17–40). Hillsdale, NJ: Lawrence Erlbaum.

Giles, D. (2000). Illusions of immortality. A psychology of fame and celebrity. Basingstoke: Macmillan Press.

Giles, D. (2003). Media psychology. Mahwah, NJ: Lawrence Erlbaum.

Green, M.C. & Brock, T.C. (2000). The role of transportation in the persuasiveness of public narratives. Journal of Personality and Social Psychology, 79, 701–721.

Green, M.C., Garst, J. & Brock, T.C. (2004). The power of fiction: Determinants and boundaries. In L.J. Shrum (Ed.), The psychology of entertainment media. Blurring the lines between entertainment and persuasion (pp. 161–176). Mahwah, NJ: Lawrence Erlbaum.

Greenberg, B.S., Mastro, D. & Brand, J.E. (2002). Minorities and the mass media: Television into the 21st century. In J. Bryant & D. Zillmann (Eds.), Media effects. Advances in theory and research (pp. 333–351). Mahwah, NJ: Lawrence Erlbaum.

Greenwood, D.N. & Pietromonaco, P.R. (2004). The interplay among attachment orientation, idealized media images of women, and body dissatisfaction: A social psychology analysis. In L.J. Shrum (Ed.), The psychology of entertainment media. Blurring the lines between entertainment and persuasion (pp. 291–308). Mahwah, NJ: Lawrence Erlbaum.

Grimm, P. & Horstmeyer, S. (2003). Kinderfernsehen und Wertekompetenz. Stuttgart: Steiner.

Harris, R.J. (2004). A cognitive psychology of mass communication. Mahwah, NJ: Lawrence Erlbaum.

Heath, R.L. & Bryant, J. (2000). Human communication theory and research. Concepts, contexts, and challenges. Mahwah, NJ: Lawrence Erlbaum.

Hovland, C.I., Janis, I.L. & Kelley, H.H. (1953). Communication and persuasion. Psychological studies of opinion change. New Haven, CT: Yale University Press.

Knowles, E.S. & Linn, J.A. (Eds.). (2004). Resistance and persuasion. Mahwah, NJ: Lawrence Erlbaum.

Krüger, U.M. & Simon, E. (2005). Das Bild der Migranten im WDR-Fernsehen. Ergebnisse einer empirischen Programmanalyse. Media Perspektiven, (3), 105–114.

LaPiere, R. (1934). Attitudes versus actions. Social Forces, 13, 230–237.

Lester, P.M. & Ross, S.D. (Eds.). (2003). Images that injure. Pictorial stereotypes in the media. Westport, CT: Praeger.

Linssen, R. (2003). Gewalt im Jugendalter – Stereotypen in den Medien. Zeitschrift für Soziologie der Erziehung und Sozialisation, 23(2), 147–164.

Mayer, A.-K. (2002). Alt und Jung im Dialog. Wahrnehmung intergenerationeller Gespräche in Familien. Weinheim: BeltzPVU.

McCombs, M. (2000). Agenda Setting: Zusammenhänge zwischen Massenmedien und Weltbild. In A. Schorr (Hrsg.), Publikums- und Wirkungsforschung – ein Reader (S. 123–136). Wiesbaden: Westdeutscher Verlag.

McGuire, W.J. (1968). Personality and attitude change. An information-processing theory. In A.G. Greenwald, T.C. Brock & T.M. Ostrom (Eds.), Psychological foundations of attitudes (pp. 171–196). New York, NY: Academic Press.

McGuire, W.J. (1989). The structure of individual attitudes and attitude systems. In A.R. Pratkanis, S.J. Breckler & A.G. Greenwald (Eds.), Attitude structure and function (pp. 37–69). Hillsdale, NJ: Lawrence Erlbaum.

Merskin, D. (2004). The construction of Arabs as enemies: Post-September 11 discourse of George W. Bush. Mass Communication and Society, 7(2), 157–175.

Morton, T.A. & Duck, J.M. (2001). Communication and health beliefs: Mass and interpersonal influences on perception of risk to self and others. Communication Research, 28(5), 602–626.

Neuwirth, K. & Frederick, E. (2004). Peer and social influence on opinion expression: Combining the theories of planned behavior and the spiral of silence. Communication Research, 31(6), 669–703.

Oehmichen, E. & Ridder, C.-M. (Hrsg.). (2002). Die MedienNutzerTypologie. Baden-Baden: Nomos Verlagsgesellschaft.

Perloff, R.M. (2003). The dynamics of persuasion. Communication and attitudes in the 21st century. Mahwah, NJ: Lawrence Erlbaum.

Perse, E.M. (2001). Media effects and society. Mahwah, NJ: Lawrence Erlbaum.

Petty, R.E. & Cacioppo, J.T. (1986). The elaboration likelihood model of persuasion. In L. Berkowitz (Ed.), Advances in experimental social psychology (Vol. 19, pp. 123–205). New York, NY: Academic Press.

Petty, R.E., Priester, J.R. & Briñol, P. (2002). Mass media attitude change: Implications of the elaboration likelihood model of persuasion. In J. Bryant & D. Zillmann (Eds.), Media effects. Advances in theory and research (pp. 155–198). Mahwah, NJ: Lawrence Erlbaum.

Ridder, C.-M. & Engel, B. (2005). Massenkommunikation 2005: Images und Funktionen der Massenmedien im Vergleich. Media Perspektiven, 9, 422–448.

Rosenberg, M.J. & Hovland, C.I. (1960). Cognitive, affective, and behavioral components of attitudes. In M.J. Rosenberg, C.I. Hovland, W.J. McGuire, R.P. Abelson & J.W. Brehm (Eds.), Attitude organization and change (pp. 1–14). New Haven, CT: Yale University Press.

Rubin, A.M. & Step, M.M. (2000). Impact of motivation, attraction, and parasocial interaction on talk radio listening. Journal of Broadcasting & Electronic Media, 44(4), 635–654.

Ruscher, J.B. (2001). Prejudiced communication: A social psychological perspective. New York, NY: Guilford Press.

Sassenberg, K. & Boos, M. (2003). Attitude change in computer-mediated communication: Effects of anonymity and category norms. Group Processes and Intergroup Relations, 6(4), 405–422.

Schenk, M. (2002). Medienwirkungsforschung. Tübingen: Mohr.

Schmerl, C. (2002). „Tais-toi et sois belle!" 20 Jahre Geschlechterinszenierung in fünf westdeutschen Printmedien. Publizistik, 47(4), 388–411.

Shrum, L.J. (2002). Media consumption and perceptions of social reality: Effects and underlying processes. In J. Bryant & D. Zillmann (Eds.), Media effects. Advances in theory and research (pp. 69–120). Mahwah, NJ: Lawrence Erlbaum.

Shrum, L.J. (2004). The cognitive processes underlying cultivation effects are a function of whether the judgements are online or memory-based. Communications, 29(3), 327–344.

Six, U., Frey, C. & Gimmler, R. (1998). Medienerziehung im Kindergarten. Theoretische Grundlagen und empirische Befunde. Opladen: Leske + Budrich.

Six, U. & Gleich, U. (2000). Sozio-emotionale und kognitive Reaktionen auf Ereignisszenarien mit TV-Personen. Ein Experiment zur parasozialen Beziehung. In A. Schorr (Hrsg.), Publikums- und Wirkungsforschung – ein Reader (S. 363–383). Wiesbaden: Westdeutscher Verlag.

Stroebe, W. & Jonas, K. (1996). Grundsätze des Einstellungserwerbs und Strategien der Einstellungsänderung. In W. Stroebe, M. Hewstone & G.M. Stephenson (Hrsg.), Sozialpsychologie. Eine Einführung (S. 253–289). Berlin: Springer.

Tal-Or, N. Boninger, D. & Gleicher, F. (2002). Understanding the conditions and processes necessary for intergroup contact to reduce prejudice. In G. Salomon & B. Nevo (Eds.), Peace education. The concept, principles, and practices around the world (pp. 89–107). Mahwah, NJ: Lawrence Erlbaum Associates.

Zillmann, D. & Knobloch, S. (2000). Das Nachrichtenschauspiel: Reaktionen auf Ereignisse um Prominente und Interessengruppen in den Nachrichten. In A. Schorr (Hrsg.), Publikums- und Wirkungsforschung – ein Reader (S. 295–313). Wiesbaden: Westdeutscher Verlag.

6 Selbst und Kommunikation

Astrid Schütz · Katrin Rentzsch

Beispiel

Sie befinden sich in einem Seminar. Neben Ihnen sitzt eine Kommilitonin, mit der sie vor der Veranstaltung sofort ins Gespräch kommen. Sie tauschen untereinander Informationen über andere Lehrveranstaltungen aus, kommen aber schon bald auch auf persönliche Dinge wie Freunde, Musik etc. zu sprechen. Auf der anderen Seite sitzt eine Kommilitonin, die nicht die geringsten Anstalten macht, eine Unterhaltung mit Ihnen zu beginnen. Sie versuchen es mit Smalltalk – keine Reaktion außer einem „Mmh". Hat sie etwas gegen Sie? Warum ist sie so distanziert?

Manchmal fragt man sich, warum man missverstanden wird oder warum man „einfach keinen Draht" zu jemandem findet. Mögliche Antworten auf derartige Fragen werden im vorliegenden Kapitel behandelt. Besprochen wird, inwiefern die Art und Weise, wie wir uns sehen, unsere Kommunikation mit anderen beeinflusst und welche Rückwirkungen Inhalt und Form dieser Kommunikation auf unsere Selbstwahrnehmung haben.

William James (1890) unterschied zwischen „Me" (dem Selbst als Reflexionsgegenstand oder Objekt) einerseits und „I" (dem reflektierenden Subjekt) andererseits. In Anlehnung an James soll hier zwischen dem Selbst als Produkt von Kommunikation (Abschnitt 6.2.1 und 6.3.2) und dem Selbst als kommunikationssteuerndem Faktor (Abschnitt 6.2.2 und 6.3.1) differenziert werden. Zunächst sollen zentrale Begriffe (Abschnitt 6.1.) geklärt werden; anschließend wird auf die direkte interpersonelle Kommunikation (Abschnitt 6.2.) und auf die medial vermittelte Kommunikation (Abschnitt 6.3.) eingegangen.

6.1 Begriffsbestimmungen

6.1.1 Selbst

Definition

Greve (2000, S. 17) definiert das **Selbst** als „dynamisches System, das einerseits auf die jeweilige Person bezogene Überzeugungs- und Erinnerungsinhalte in hoch strukturierter Form und andererseits die mit diesen Inhalten und Strukturen operierenden Prozesse und Mechanismen umfasst".

In dieser Definition wird auf den Aspekt der Selbstreflexivität und die damit verbundene Doppelrolle des Selbst hingewiesen: Es wird durch Kommunikation beeinflusst und beeinflusst wiederum Kommunikation.

Das Selbst setzt sich aus drei wichtigen Komponenten zusammen: einer kognitiven, einer affektiven und einer konativen, also handlungsbezogenen Komponente (s. Schütz, 2005). Die kognitive Komponente des Selbst entspricht dem Selbstkonzept, dem Bild von der eigenen Person. Die Bewertung des Selbstkonzeptes bzw. die affektive Komponente wird als Selbstwertschätzung bezeichnet. Der konative Bereich beinhaltet selbst- und kommunikationsregulierende Konstrukte wie Selbstwirksamkeitserwartungen oder Stile der Selbstdarstellung. Besonders viele Befunde finden sich zur affektiven Komponente, die deswegen im Folgenden hervorgehoben wird.

> **!**
> **Selbstkonzept:** Bild der eigenen Person
> **Selbstwertschätzung:** Bewertung der eigenen Person
> **Selbstwirksamkeitserwartung:** wahrgenommene Fähigkeit, bestimmte Situationen zu bewältigen
> **Selbstdarstellung:** Bemühen, einen gewünschten Eindruck von der eigenen Person zu vermitteln

6.1.2 Kommunikation

Kommunikation ist in erster Linie das Vermitteln von Botschaften. Nach Forgas (1995) kennzeichnen folgende Elemente den Kommunikationsprozess:

- eine Quelle,
- eine von der Quelle kodierte Botschaft und
- die Übermittlung dieser Botschaft über einen Kommunikationskanal an
- einen Empfänger.

Unterschieden werden unter anderem mediale und nichtmediale Kommunikation sowie Massen- und Individualkommunikation (s. Abschnitt 2.1).

Kommunikation ist mehr als ein unidirektionaler Prozess des Sendens oder Empfangens von Botschaften. Während eine Person dem Kommunikationspartner eine Nachricht zukommen lässt, nimmt sie auch von ihm ausgesendete Signale auf, um den Interaktionsverlauf mitgestalten und vorhersagen zu können.

Derartige Vorhersagen setzen wiederum voraus, dass es bei den Interaktionspartnern einen gewissen Anteil des Wissens gibt, der allen gemeinsam ist. Verbale Kommunikation macht jedoch (zumindest bei der direkten Kommunikation von Angesicht zu Angesicht) nur einen Teil des gesamten Kommunikationsprozesses aus, da gleichzeitig eine Vielfalt non- und paraverbaler Signale übermittelt wird (Mimik, Gestik, Körperhaltung, Sprechgeschwindigkeit, Stimmhöhe). Diese Signale haben vor allem bei der Vermittlung von Einstellungen und Emotionen große Bedeutung.

6.2 Das Selbst in der direkten interpersonellen Kommunikation

In den folgenden Abschnitten geht es um Wirkungen der Kommunikation auf das Selbst, um Wirkungen des Selbst auf die Kommunikation, und um Wechselwirkungen. Das kommunikationsverarbeitende Selbst wird dabei als dynamisches System gesehen, das interpersonell durch Kommunikation konstruiert wird und wiederum auf Kommunikationsprozesse zurückwirkt.

6.2.1 Entwicklung des Selbst durch Kommunikation

Wie wird das Selbst im Laufe unseres Lebens durch Kommunikation beeinflusst? Kommunikationsprozesse spielen eine wichtige Rolle bei der Entwicklung des Selbstkonzepts und der Selbstwertschätzung. Besonders deutlich sind solche Einflüsse in der frühen Kindheit. Die Art und Weise, wie Eltern mit Kindern kommunizieren, hat Einfluss darauf, wie sich die Kinder wahrnehmen. Natürlich ist dabei nicht von einseitigen Prozessen auszugehen, da auch die Reaktionen der Kinder auf das elterliche Erziehungsverhalten zurückwirken. Allerdings wird Selbstwertschätzung keineswegs ausschließlich durch Umweltfaktoren wie Kommunikation beeinflusst. Zwillingsstudien zeigen, dass ca. 25 bis 50 Prozent der Varianz der Selbstwertschätzung durch genetische Faktoren erklärt werden können (Neiss, Sedikides & Stevenson, 2002).

Zusammenhänge zwischen Erziehungsstil und kindlicher Selbstwertschätzung werden u.a. in einer Studie von Kernis, Brown und Brody (2000) nachgewiesen: Insbesondere eine Wertschätzung, die an bestimmte Bedingungen gebunden ist („Wenn du gute Schulleistungen erzielst, haben wir dich lieb!"), stellt demnach einen Risikofaktor im Hinblick auf die Ausbildung einer instabilen Selbstwertschätzung dar. Kinder mit einer instabilen und geringen Selbstwertschätzung berichten besonders häufig über negative Botschaften ihrer Eltern (wie Kritik und abfällige Bemerkungen).

Elterliche Rückmeldungen haben in der frühen Kindheit große Bedeutung, später werden schulische Erfolge wichtig. Der Vergleich mit anderen kann dabei günstig oder ungünstig ausfallen, je nachdem, welche Vergleichsgruppe gewählt wird. Dieses Phänomen wird von Marsh (1987) anschaulich als „Big-fish-little-pond-Effekt" beschrieben.

Definition

Big-fish-little-pond-Effekt

Der kleine Fisch im großen Teich fühlt sich unbedeutend, wird er aber in einen kleinen Teich gesetzt, scheint er plötzlich groß. Dieses Phänomen spielt, in umgekehrter Reihenfolge, beim Übergang von der Grundschule in eine weiterführende Schule eine Rolle. In der Grundschule fühlen sich die leistungsstärksten Kinder oft wie ein großer Fisch im kleinen Teich. Nach dem Wechsel ins Gymnasium ändert sich die Vergleichsgruppe, so dass ein Vergleich schulischer Kompetenzen weniger positiv ausfällt.

Das Jugendalter ist durch Selbstwertlabilität und Selbstwertschwankungen gekennzeichnet, und besonders bei Mädchen führt die Unzufriedenheit mit dem eigenen Körper häufig zu Selbstwerteinbrüchen. Im Erwachsenenalter herrscht weitgehende Stabilität vor, wenngleich massive negative Ereignisse wie Ehescheidung oder Arbeitsplatzverlust (die auch die Übermittlung selbstwertbelastender Inhalte einschließen) zu Selbstwertbeeinträchtigungen führen können.

! **Selbstwertstabilität:** Ausmaß, in dem die Selbstwertschätzung in Abhängigkeit von erlebten Ereignissen schwankt

6.2.2 Das Selbst als kommunikationssteuernder Faktor

Das Selbst hat einerseits einen Einfluss darauf, wie wir Informationen aufnehmen und verarbeiten, andererseits, wie wir kommunizieren, d.h., welche Inhalte in welcher Form übermittelt werden. Im Folgenden werden die Beziehungen zwischen Selbst und Kommunikation im Bereich der interpersonellen Kommunikation erörtert.

Reaktionen auf selbstbezogene Informationen

Die Selbstrelevanz von Kommunikationsinhalten beeinflusst deren Aufnahme und Verarbeitung. Information, die einen Bezug zum Selbst aufweist, wird eher aufgenommen und auch besser abgerufen. Eines der bekanntesten Phänomene zur selektiven Aufmerksamkeit ist der so genannte Cocktailparty-Effekt (Cherry, 1953).

Cocktailparty-Effekt

Auf einer Party hört man viele Stimmen gleichzeitig und ist doch in der Lage, einzelne Stimmen herauszufiltern. Wenn man in ein Gespräch vertieft ist, wird man dennoch seine Aufmerksamkeit auf die Stimme einer anderen Person richten, wenn man den eigenen Namen hört.

Neben der Aufmerksamkeit für Information wurden auch Wirkungen selbstrelevanter Informationen untersucht. Insbesondere beschäftigte man sich mit der Frage, ob Menschen Informationen bevorzugen, die ihr Selbstkonzept bestätigen (Selbstkonsistenzthese), oder Informationen, die sie in positivem Licht erscheinen lassen (Selbstwerterhöhungsthese). Nach jahrelangen kontroversen Diskussionen fällt die Antwort spätestens mit dem Integrativen Selbstschemaansatz (ISSA) nach Stahlberg, Petersen und Dauenheimer (1999) differenziert aus. Entscheidend ist, welcher Selbstkonzeptbereich betroffen ist und ob affektive oder kognitive Reaktionen untersucht werden. Wenn sich die Information auf „schematische“ Bereiche bezieht (Bereiche des Selbstkonzeptes, in denen jemand ein sehr klares Bild von sich hat), gilt eher die Konsistenzthese (man will die eigene Sicht bestätigen lassen); in „aschematischen“ Bereichen dagegen gilt die Selbstwerterhöhungsthese (man will Positives hören). Untersucht man kognitive Reaktionen (z.B. ob jemand eine Rückmeldung für glaubwürdig hält), entsprechen die Befunde eher der Selbstkonsistenzthese. Prüft man aber affektive Reaktionen (z.B. wie sehr sich jemand freut), trifft die Selbstwerterhöhungsthese eher zu. Mit anderen Worten: Wir neigen dazu, vor allem die Rückmeldungen für zutreffend zu halten, die unseren bisherigen Sichtweisen entsprechen, freuen uns aber besonders über positive Rückmeldungen. Die konkurrierenden Motive der Selbstkonsistenz und der Selbstwerterhöhung gehen bei Menschen mit hoher Selbstwertschätzung in die gleiche Richtung, da positive Rückmeldungen konsistent und selbstwerterhöhend sind. Dies trifft nicht auf Personen mit geringer Selbstwertschätzung zu: Bei ihnen kommt es zu einem Konflikt zwischen kognitiver und affektiver Reaktion. Swann, Griffin, Predmore und Gaines (1987) bezeichnen diesen Konflikt als „kognitiv-affektives Kreuzfeuer“. Personen mit geringer Selbstwertschätzung rechnen nicht mit Lob oder Erfolg, und es fällt ihnen schwer, es zu akzeptieren.

Verarbeitung persuasiver Botschaften – wovon wir uns überzeugen lassen

Wie Botschaften wirken und wie tief sie verarbeitet werden, hängt nicht nur von der Qualität der Argumente ab, sondern unter anderem auch davon, wie der Bezug zum Selbst ist. Wenn der Inhalt einer Botschaft selbstwertbedrohlich ist, kann dies eine defensive Haltung provozieren, so dass sich die Einstellung der Person sogar in eine andere Richtung ändert als beabsichtigt, es also zu einem „Bumerang-Effekt“ kommt (Hovland, Janis & Kelley, 1953; s. auch Kap. 5 zur Rolle von Einstellungen im Kontext des Kommunikations- und Medienhandelns).

> **!** **Selbstkonsistenzmotiv:** Tendenz, Informationen zu bevorzugen, die das eigene Selbstkonzept bestätigen
> **Selbstwerterhöhungsmotiv:** Tendenz, Informationen zu bevorzugen, die selbstwertdienlich sind

In einer Studie von Falomir-Pichastor, Invernizzi, Mugny, Munoz-Rojas und Quiamzade (2002) wurde untersucht, wie sich persuasive Botschaften gegen das Rauchen auswirken. Die Autoren stellten fest, dass die Absicht, mit dem Rauchen aufzuhören, dadurch beeinflusst wurde, wie sehr die Eigenschaft, Raucher zu sein, im Selbstkonzept verankert war, und wie Botschaften gegen das Rauchen formuliert waren. Personen, für deren Selbstkonzept es zentral ist, Raucher zu sein, wurden durch eine provokante (drohende und abwertende) Botschaft in ihrem Verhalten bestärkt. Die Ergebnisse weisen darauf hin, dass gerade dann, wenn zentrale Facetten des Selbstkonzepts massiv bedroht sind, entgegengesetzte Reaktionen wahrscheinlich sind. Die Betroffenen reagieren defensiv und sind bestrebt, ihr Selbstkonzept zu schützen. Gesundheitspsychologisch lässt sich daher die Empfehlung formulieren, dass gerade bei Menschen, für die ein bestimmtes Verhalten selbstkonzeptrelevant ist, auf hoch bedrohliche (massive und persönliche) Botschaften verzichtet werden sollte.

Selbstwertdienliche Verzerrungen

Wenn zwei Personen ein und dasselbe Ereignis wahrnehmen, kommt es häufig zu recht unterschiedlichen Interpretationen. Nach Baumeister und Newman (1994) spielen hierbei motivgesteuerte Verzerrungstendenzen eine Rolle:

- Bedürfnisse nach Zielannäherung,
- Rechtfertigung,
- Kontrolle,
- Selbstaufwertung.

Beispielsweise tendieren Täter und Opfer in zwischenmenschlichen Konflikten dazu, das Geschehene jeweils selbstwertdienlich zu beschreiben. Das heißt, sie interpretieren die Ereignisse in einer Weise, die für sie selbst schmeichelhaft und damit selbstwertschützend oder -erhöhend ist. Täter bezeichnen ihr Verhalten meist als eine Reaktion auf eine Provokation durch das Opfer, während Opfer keine eigene Beteiligung erkennen können (Baumeister, Stillwell & Wotman, 1990). Selbstwertdienliche Verzerrungen sind in funktionierenden Beziehungen allerdings nur begrenzt zu beobachten. Kearns und Fincham (2005) stellten fest, dass dabei die Qualität der Beziehung von Bedeutung ist: Je höher die Zufriedenheit in einer Beziehung, desto wohlwollender werden Konflikte gedeutet.

Selbstwertschätzung und Selbstdarstellung

Definition

Selbstdarstellung wird als das Bemühen verstanden, den Eindruck zu steuern, den man bei anderen hinterlässt (Schütz, 1992).

Diesem Bemühen dient häufig selbstbezogene Kommunikation. Es lassen sich verschiedene Formen der Selbstdarstellung unterscheiden. Kennzeichnend für „protektive Selbstdarstellung" ist es nach Arkin (1981), dass man ungünstige Bilder von sich selbst vermeidet. Sie umfasst Verhaltenstendenzen wie Vorsicht, Zurückhaltung und Bescheidenheit. Bei „akquisitiver Selbstdarstellung" geht es darum, Erfolge zu erzielen und positive Eindrücke zu hinterlassen, auch wenn dies mit gewissen Risiken verbunden ist. Personen mit niedriger Selbstwertschätzung neigen zu protektiver Selbstdarstellung, da ihr Verhalten stark durch die Furcht vor Ablehnung bestimmt wird.

!

Protektive Selbstdarstellung: Vermeiden eines ungünstigen Eindrucks von sich selbst
Akquisitive Selbstdarstellung: Vermitteln eines möglichst positiven Eindrucks von sich selbst

Die mit hohem und niedrigem Selbstwert verbundenen Selbstdarstellungsstile werden in einer Untersuchung von Schütz und DePaulo (1996) deutlich. Bei der Diskussion von Kunstwerken zeigte sich, dass Personen mit niedriger Selbstwertschätzung bemüht sind, Sympathien zu gewinnen und sich somit vorsichtig und zurückhaltend ausdrücken. Kritik formulieren sie indirekt und verhalten. Personen mit hoher Selbstwertschätzung sind dagegen bemüht, kompetent zu wirken: Sie äußerten Kritik deutlich und brachten sie als Tatsache, nicht als subjektive Meinung zum Ausdruck. Das Risiko, mit diesem Verhalten anzuecken, scheint sie nicht zu belasten.

Geschlechtsbezogene Facetten des Selbstkonzepts und Selbstdarstellung

Männer und Frauen unterscheiden sich im Hinblick auf geschlechtstypische Facetten des Selbstkonzepts, die u.a. an gesellschaftlichen Rollenvorgaben orientiert sind. Diese Unterschiede können herangezogen werden, um Differenzen der Geschlechter in der Kommunikation über sich selbst zu erklären. Heatherington, Daubman, Bates, Ahn, Brown und Preston (1993) zeigten, dass Frauen im Unterschied zu Männern zu bescheidenerer Selbstdarstellung neigen. Dieser Effekt trat insbesondere dann auf, wenn der Interaktionspartner seine Leistungen gering bewertete und verletzlich schien. Das Verhalten ist ein Indiz für eine altruistische Motivation und die ausgeprägte Beziehungsorientierung von Frauen. Auch andere Befunde zeigen, dass Frauen einen Selbstdarstellungsstil bevorzugen, der die Beziehung zwischen den Gesprächspartnern berücksichtigt, Männer dagegen verstärkt eine auf Aufgaben (und somit auf Kompetenz) bezogene Selbstdarstellung. Frauen beschreiben sich als eher expressiv und beziehungsorientiert, d.h. kooperativ, freundlich, warm, verständnisvoll, harmonisch etc. Die bei Männern besonders häufig vertretene instrumentelle und aufgabenorientierte Haltung zeigt sich dagegen oft in der Zustimmung zu Begriffen, die für Selbstbehauptung und Kompetenz stehen.

> **Facetten des Selbstkonzepts:** Bereiche, aus denen sich das Selbstkonzept zusammensetzt

Kulturtypische Selbstkonzepte und Kommunikation

Markus und Kitayama (1991) differenzieren zwischen einem für westliche Kulturen typischen unabhängigen Selbstkonzept, bei dem Individualität und Unabhängigkeit besonders betont werden, und einem interdependenten Selbstkonzept, das die Verbundenheit mit anderen betont und vor allem bei Menschen in kollektivistischen Kulturen zu finden ist. Effekte der unterschiedlichen Selbstkonstruktionen zeigen sich u.a. bei der Zusammenarbeit und bei der Kommunikation in Gruppen. So beobachtete Strohschneider (1999), dass für deutsche Teams die Qualität der Aufgabenerfüllung im Vordergrund steht, während Inder besonderen Wert darauf legen, dass die Harmonie in der Gruppe gewahrt wird – allerdings geht das Bemühen um harmonische Kommunikation und Beziehungsförderung teilweise damit einer, dass die Effizienz bei der Problembearbeitung leidet.

Die Selbstkonzeptstruktur hat auch einen Einfluss darauf, wie Menschen über sich selbst sprechen. Lange Zeit wurde angenommen, dass Menschen in kollektivistischen Kulturen in ihrem Kommunikationsstil durch Bescheidenheit geprägt sind und die positive Selbstdarstellung sowie die Betonung eigener Stärken und Fähigkeiten vermeiden. Sedikides, Gaertner und Toguchi (2003) verweisen aber darauf, dass es auf die Perspektive ankommt: Auch Personen in kollektivistischen Kulturen beschreiben sich positiv – allerdings in Bezug auf andere Eigenschaften. In individualistischen Kulturen wird das Hervorstechen aus einer Gruppe betont, in kollektivistischen die Anpassung an die Gruppe (s. Kap. 10 zur interkulturellen Kommunikation).

> **Independentes Selbstkonzept:** Betonung der Individualität und der Unabhängigkeit
> **Interdependentes Selbstkonzept:** Betonung der Verbundenheit mit einer Gruppe

6.2.3 Selbst und Kommunikation in Wechselwirkung

In den vorangegangenen Abschnitten haben wir dargestellt, wie entweder das Selbst durch kommunikative Prozesse beeinflusst wird oder wie es umgekehrt wiederum auf die interpersonale Kommunikation wirkt. Beide Prozesse gehen aber, genau besehen, ineinander über. Derartige Wechselwirkungen werden in diesem Abschnitt explizit thematisiert.

Zwei Wege der Internalisierung

Arkin und Baumgardner (1986) beschreiben, wie die Kommunikation auf das Selbstkonzept zurückwirkt und dies wiederum später die Kommunikation beeinflusst. Sie unterscheiden zwei „Wege der Internalisierung“, also der Rückwirkung der Kommunikation auf das Selbstkonzept. Beim „personalen Weg“ wird angenommen, dass die Art und Weise, wie wir uns darstellen, über Prozesse der Selbstwahrnehmung auf das Selbstkonzept zurückwirkt. Beispiel: Jürgen sieht sich als durchschnittlichen Fußballspieler. Nun hat er zu Hause beim Training an einer Torwand Erfolg und schließt: „Aha, ich habe mich ganz schön verbessert.“

Hingegen spielt beim „sozialen Weg“ interpersonale Kommunikation eine Rolle: Hier geht der entscheidende Einfluss von Rückmeldungen anderer aus. Beispiel: Jürgens Tore beim nächsten Spiel werden von den Mitspielern positiv kommentiert. Die von ihm wahrgenommene Rückmeldung wirkt auf sein Selbstkonzept zurück.

Studien von Tice (1992) geben Hinweise darauf, dass der soziale Weg der einflussreichere ist: Wenn Verhalten in Anwesenheit anderer ausgeführt wird, zieht das stärkere Effekte auf das Selbstkonzept nach sich, als wenn es allein gezeigt wird.

> **!** **Personaler Weg der Internalisierung:** Selbstwahrnehmung wirkt auf das Selbstkonzept zurück.
> **Sozialer Weg der Internalisierung:** Soziale Rückmeldungen wirken auf das Selbstkonzept zurück

Rückwirkungen und Eskalationen

Rückwirkungen selbstbezogener Kommunikation auf das Selbst lassen sich gut am Beispiel selbstkritischer Kommunikation zeigen. Selbstkritik ist mit kurzfristigen Vorteilen, aber langfristigen Problemen verbunden. Zum Beispiel kann Selbstkritik dazu führen, dass man Komplimente und Unterstützung erhält. Die gewohnheitsmäßige Vermittlung eines negativen Bildes von der eigenen Person ist aber mit hohen Kosten verbunden, weil bei den Kommunikationspartnern negative Eindrücke entstehen und sich – über die oben beschriebenen Rückwirkungen – ein negatives Selbstkonzept (z.B. Hilflosigkeit, Unfähigkeit) stabilisiert.

Derartige Rück- und Wechselwirkungen wurden experimentell analysiert. Powers und Zuroff (1988) untersuchten, wie sich das Verhalten von Studentinnen gegenüber Vertrauten des Versuchsleiters in Abhängigkeit von deren Selbstdarstellung änderte. Die Vertrauten verhielten sich entweder selbstkritisch, selbstaufwertend oder neutral. Die Studie zeigte, dass die Versuchsteilnehmerinnen selbstkritischen Interaktionspartnerinnen besonders viel Unterstützung entgegenbringen. Sie bewerten selbstkritische Personen positiver, als diese sich selbst beurteilten, und muntern sie in der Pause mit unterstützenden Kommentaren auf. Darüber hinaus verhalten sie sich ihnen gegenüber zurückhaltender und bescheidener als gegenüber anderen Personen, werten sich selbst also weniger auf – möglicherweise um das Gegenüber nicht noch mehr in die Defensive zu drängen. Allerdings hatte der selbstkritische Kommunikationsstil seinen Preis: In einer anschließenden vertraulichen Beurteilung wünschten sich die Versuchsteilnehmer weniger Kontakt mit den selbstkritischen Personen und schätzten sie relativ negativ ein – als depressiv, ängstlich und wenig erfolgreich im sozialen und beruflichen Bereich. Powers und Zuroff (1988) fassen die grundlegende Botschaft im Hinblick auf selbstkritisches Verhalten folgendermaßen zusammen: „Sie sind nicht so übel, wie Sie es von sich behaupten, aber umwerfend sind Sie nun auch wieder nicht" (S. 1060; Übers. d. Verf.).

Joiner, Alfano und Metalsky (1992) zeigen, wie eine geringere Selbstwertschätzung über ungünstige Kommunikation zu einem Teufelskreis führen kann. Studenten, die unter leicht depressiven Tendenzen verbunden mit einem starken Bedürfnis nach Bestätigung durch andere litten, erfuhren eine deutliche Ablehnung durch ihre Mitbewohner. Die Ablehnungserfahrung wiederum wirkte sich ungünstig auf ihre Selbstwertschätzung aus – ein Teufelskreis setzte ein. Interessanterweise trat dieses Phänomen bei Frauen weniger deutlich auf als bei Männern, was nach Ansicht der Autoren an unterschiedlichen Geschlechtsrollenerwartungen liegt: Jammern, Klagen und die Suche nach Bestätigung widersprechen der traditionell männlichen Geschlechtsrolle stärker als der weiblichen und stellen somit für Männer eine stärkere Normverletzung dar, die vom Gegenüber sanktioniert und mit Ablehnung quittiert wird.

Allerdings ist zu betonen, dass nicht nur Selbstkritik interpersonelle Schwierigkeiten mit sich bringt. Auch eine extrem positive selbstbezogene Kommunikation ist mit Problemen verbunden. Zu nennen sind hier z.B. Strategien der habituellen Selbstaufwertung, also der extrem positiven Selbstdarstellung. Paulhus (1998) zeigte, dass Personen, die zur Selbstaufwertung neigen, zwar beim ersten Kontakt beeindrucken, jedoch nach längerer Bekanntschaft von Interaktionspartnern negativ beurteilt werden.

6.3 Das Selbst in der medienvermittelten Kommunikation

Nachdem der Fokus im vergangenen Abschnitt auf interpersoneller, nichtmedialer Kommunikation lag, möchten wir im Folgenden auf Wirkungsprozesse zwischen einzelnen Komponenten des Selbst und medialer Kommunikation eingehen.

Mediale Kommunikation lässt sich anhand verschiedener Faktoren weiter differenzieren (vgl. auch Abschnitt 2.1 und Abschnitt 14.1).

- Erstens tragen quantitative und qualitative Aspekte der beteiligten Sinneskanäle (visuell, auditiv) zur Gestaltung des Kommunikationsprozesses bei. Das Gespräch von Angesicht zu Angesicht als eine Form nichtmedialer Kommunikation schließt im Gegensatz zur computervermittelten Kommunikation alle Sinneskanäle ein.
- Zweitens kann die Kommunikation zwischen Personen zeitgleich, also synchron (z.B. Chats) oder zeitunabhängig, also asynchron (z.B. E-Mail) erfolgen.

Im Folgenden wird zunächst die Wirkung des Selbst auf medienvermittelte Kommunikation behandelt. Dann werden die Rückwirkung einer solchen Kommunikation auf das Selbst bzw. die Moderatorfunktionen selbstbezogener Variablen bei Rückwirkungen auf die Persönlichkeit und die Frage von Wechselwirkungen thematisiert.

6.3.1 Mediennutzung in Abhängigkeit vom Selbst

Wir wollen uns nun mit Theorien und Ansätzen beschäftigen, die die Gründe und Motive der Mediennutzung erklären. Dabei soll anhand theoretischer Ansätze und empirischer Befunde auf die Rolle des Selbst als einer Determinante der Medienwahl und -nutzung eingegangen werden.

Symbolische Selbstergänzung

Die Theorie der symbolischen Selbstergänzung (Wicklund & Gollwitzer, 1982) geht davon aus, dass Menschen Symbole nutzen, um angestrebte Identitäten zu repräsentieren. So wird z.B. beruflicher Erfolg durch Designeranzüge und teure Autos symbolisiert. Symbolische Selbstergänzung bedeutet dabei, dass Symbole benutzt werden, um das Selbst in Richtung eines angestrebten Ideals zu ergänzen. Die hier zum Tragen kommende Selbstsymbolisierung ist im folgenden Kasten erläutert.

> **!** **Selbstsymbolisierung:** Indikatoren eigener Kompetenz werden präsentiert, um Lücken der Selbstdefinition zu füllen

Anwendung fand die Theorie der symbolischen Selbstergänzung auch in einer Studie von Trepte (2005), in der man der Frage nachging, was Privatpersonen motiviert, an Talkshows teilzunehmen. Interviews mit Teilnehmern ließen darauf schließen, dass die symbolische Selbstergänzung in diesem Zusammenhang eine wichtige Rolle spielt. Es wird als selbstaufwertend erlebt, Freunden vom Auftritt berichten zu können und eigene Sichtweisen vor einem Massenpublikum präsentieren zu können.

Wahl der Medien und Kommunikationsanlass

Sollte man zum Telefonhörer greifen, um seinem Ärger Luft zu machen, oder lieber eine E-Mail verfassen? Welches Medium für einen bestimmten Anlass gewählt wird, hängt auch von bestimmten Aspekten des Selbst ab. Joinson (2004) zeigte, dass Menschen mit einer gering ausgeprägten Selbstwertschätzung im Vergleich zu denen mit höherer Selbstwertschätzung bei verschiedenen Kommunikationsanlässen (um Gehaltserhöhung oder Verabredung bitten, Vertrauliches mitteilen) E-Mail präferierten, Menschen mit hoher Selbstwertschätzung dagegen das direkte Gespräch bevorzugten.

Um dieses Phänomen zu erklären, ist das Media-Richness-Modell (Daft & Lengel, 1986) von Nutzen.

Nach diesem Modell dient Kommunikation prinzipiell dazu, die Unsicherheit zu verringern, indem Informationen übermittelt werden. Medien unterscheiden sich u.a. dadurch, wie viel Kommunikationskanäle sie enthalten und wie unmittelbar die Rückmeldungen im Hinblick auf ihre Reichhaltigkeit sind (s. Abschnitt 2.1). Sie sind daher in unterschiedlichem Maße geeignet, die Unsicherheit zu verringern. Da weniger reichhaltige Medien gleichzeitig meist ökonomischer sind (eine Mail ist schneller geschrieben als ein Besuch abgestattet), ist je nach Kommunikationsanlass und -anliegen die Wahl eines bestimmten Mediums optimal. Optimal wäre demnach jeweils das Medium, das so ökonomisch wie möglich ist, dabei aber reichhaltig genug um die vorhandene Unsicherheit so weit wie nötig zu reduzieren. Allerdings folgte das empirisch beobachtete Verhalten keineswegs durchgängig der rational gesehen optimalen Strategie. Vielmehr scheinen interindividuelle Differenzen eine Rolle zu spielen. Die unterschiedliche Reichhaltigkeit von Medien kommt unterschiedlichen kommunikativen Gewohnheiten entgegen. Bei der Kommunikation per E-Mail zum Beispiel ist es möglich, die eigenen Reaktionen zu planen. Denn diese Art von Kommunikation erfolgt zeitversetzt und beinhaltet keinen visuellen Kontakt. So können peinliche Situation vermieden werden. Diese Merkmale kommen Personen entgegen, die einen protektiven Selbstdarstellungsstil bevorzugen (s. Abschnitt 6.2.2 zum Selbst als kommunikationssteuernden Faktor). Dagegen birgt das synchrone direkte Gespräch stets die Gefahr, mit negativen Rückmeldungen unmittelbar konfrontiert zu werden. Allerdings bietet es aufgrund seiner Reichhaltigkeit die besten Möglichkeiten, sich in umfassender Weise als positiv und kompetent zu präsentieren und begünstigt somit den akquisitiven Stil.

Bedürfnis nach Selbstdarstellung und Narzissmus

Neben der Vermittlung von Inhalten geht es bei der Nutzung von Medien natürlich auch um Selbstdarstellung. Die private Homepage als ein Medium der internetbezogenen Kommunikation kann als optimales Instrument zur Selbstdarstellung gesehen werden: Mit relativ wenig Aufwand ist es möglich, ein Massenpublikum zu erreichen. Diese Selbstdarstellung ist gleichzeitig stark in die gewünschte Richtung steuerbar (Schütz, Marcus, Machilek & Renner, 2005). Die empirischen Befunde sprechen allerdings gegen die häufig geäußerte Annahme, dass Narzissmus die treibende Kraft für einen Internetauftritt ist. In Bezug auf Persönlichkeitsvariablen unterscheiden sich Menschen, die eine eigene Homepage besitzen, kaum von anderen Personen ihres Alters und Geschlechts (Marcus, Machilek & Schütz, 2005). Interessant ist jedoch ein Interaktionseffekt: Während Männer im Allgemeinen höhere Narzissmuswerte aufweisen als Frauen, ist das bei Personen, die eine Homepage haben, umgekehrt: Frauen mit einer Homepage haben relativ hohe Werte, Männer mit einer Homepage relativ niedrige. Wenn Männer und Frauen eine Website aufbauen und pflegen, könnte sie jeweils etwas anderes daran reizen. Männliche Webseitenbesitzer scheinen eher an der technischen Herausforderung interessiert zu sein, Frauen dagegen vor allem an der Möglichkeit, sich mitzuteilen – also selbstbezogen zu kommunizieren.

> **!** **Narzissmus:** Persönlichkeitseigenschaft, die sich durch eine sehr hohe Selbstwertschätzung, eine wahrgenommene Überlegenheit, aber auch eine Verletzlichkeit auszeichnet

Selbstwirksamkeitserwartungen

Die Mediennutzung wird auch durch die Überzeugung beeinflusst, effektiv in diesem Kontext kommunizieren zu können – oder nicht. Nach der sozialen Lerntheorie von Bandura (1977) werden kognitive, motivationale, emotionale und Handlungsprozesse (wie z.B. das Nutzen eines Mediums) gesteuert durch

- Ergebniserwartungen und
- Selbstwirksamkeitserwartungen.

Definition

Ergebniserwartungen sind Erwartungen, ein gewünschtes Ergebnis mithilfe eigener Handlungen zu erreichen. Als **Selbstwirksamkeitserwartung** wird die Überzeugung bezeichnet, Aufgaben und Herausforderungen aufgrund eigener Kompetenzen bewältigen zu können. Man differenziert dieses Konstrukt wiederum in eine allgemeine Selbstwirksamkeitserwartung (Schwarzer, 1994) und bereichsspezifische Selbstwirksamkeitserwartungen.

Die computerbezogene Selbstwirksamkeitserwartung beschreibt das „Vertrauen in die eigenen Fähigkeiten im Umgang mit dem Computer" (Kohlmann, Eschenbeck, Heim-Dreger, Albrecht, Hole & Weber, 2005, S. 12). Je ausgeprägter diese Facette der Selbstwirksamkeitserwartung ausfällt, desto frühzeitiger wird nach der Studie von Kohlmann et al. (2005) eine E-Mail an den Dozenten einer universitären Veranstaltung geschickt. Interessant erscheint weiterhin der Befund, dass sich bei der allgemeinen Selbstwirksamkeitserwartung keine Unterschiede zwischen den Geschlechtern ergeben, die computerbezogene Selbstwirksamkeit hingegen bei Männern signifikant höher ausfällt als bei Frauen – unabhängig von der bisherigen Computererfahrung.

Diesen Befund bezieht Sieverding (2005) ein, um den „Gender Gap" bei der Internetnutzung zu erklären; Männer nutzen das Internet weit häufiger und intensiver als Frauen und verfügen über ein größeres computerbezogenes Wissen sowie entsprechende Kompetenzen. Instrumentalität (siehe Abschnitt 6.2.2 zum Selbst als kommunikationssteuernden Faktor), die Facette des Selbstkonzepts, die traditionell männlichen Eigenschaften entspricht, steht dabei in einem negativen Zusammenhang mit Angst vor dem Computer. Bis zum Alter von 20 Jahren zeigten sich allerdings keine Unterschiede. Möglicherweise wird der Gender Gap in der jüngeren Generation nicht mehr von Bedeutung sein.

!

Computerbezogene Selbstwirksamkeitserwartung: wahrgenommene Fähigkeit, mit dem Computer umgehen zu können
Instrumentelle Attribute: durchsetzungsfähig, unabhängig, aggressiv
Expressive Attribute: einfühlsam, fürsorglich, herzlich

6.3.2 Medienwirkung auf das Selbst

Bisher wurde nur die Wirkrichtung vom Selbst auf die mediale Kommunikation thematisiert. Weitaus angeregter fielen und fallen jedoch Debatten zur Medienwirkung in diversen Publikationen oder Diskussionsrunden aus. Die aktuelle Diskussion reicht von der Behauptung, dass Medien fatale Auswirkungen auf die Persönlichkeit haben, bis hin zur völligen Ablehnung solcher Annahmen. Interessant ist weiterhin, dass meist negative Auswirkungen befürchtet, aber kaum mögliche positive Effekte diskutiert werden.

Soziale Vergleiche

Menschen beziehen ihre Selbstwertschätzung zu einem großen Teil aus Vergleichen mit anderen. Selbstaufwertend wirkt es, sich mit Personen, die sich unterhalb des eigenen Niveaus befinden, zu vergleichen (Wills, 1981) und sich so die eigene Überlegenheit zu bestätigen. Auf diesen Befunden aufbauend wurde oft angenommen, dass auch bei medial angebotenen Vergleichsinformationen bevorzugt der Abwärtsvergleich gesucht wird. Die Beliebtheit von Gerichtssendungen etc. wird in diesem Sinne interpretiert – das Beobachten von Menschen in schwierigen Situationen stärke den eigenen Selbstwert (Orrego, Smith, Mitchell, Johnson, Ah Yun & Greenberg, 2000), so die Annahme.

Der Vergleich mit Personen, die sich oberhalb des eigenen Niveaus befinden, spielt eine Rolle in Studien zur Präsentation attraktiver Modelle in den Medien. Dieser Vergleich kann als selbstwertbelastend erlebt werden. Polce-Lynch, Myers, Kliewer und Kilmartin (2001) zeigten mithilfe einer Befragung von Jugendlichen, dass besonders bei Mädchen ein negatives Körperbild eine Mediatorfunktion erfüllt; Medien wirken sich vermittelt über dieses Körperbild auf die Selbstwertschätzung aus: Die Wahrnehmung extrem attraktiver Models führt zu einer negativen Selbstwahrnehmung und diese wiederum zu Selbstwertbelastung. Wenn die Medienbotschaften angenommen werden, so wirken sie sich negativ auf die Selbstwertschätzung aus. Diese Wirkung wurde über das Körperbild vermittelt.

Selbstüberwachung (self-monitoring) als Moderatorvariable der Medienwirkung

Die Aufmerksamkeit für Hinweisreize wirkt sich darauf aus, welchen Einfluss die Medien ausüben. Hierbei spielt Selbstüberwachung (Snyder, 1987) eine Rolle, also die Tendenz, die eigene Selbstdarstellung an situativen Hinweisreizen auszurichten. So genannte starke Selbstüberwacher kümmern sich stärker um ihr Auftreten und ihre Erscheinung. Sie tendieren dazu, sich unterschiedlichen Situationen flexibel anzupassen und unterschiedliche Selbstdarstellung:Strategien zu verfolgen. Im Gegensatz dazu zeigen sich schwache Selbstüberwacher im Einklang mit ihrem Selbstbild und machen sich nur wenig Gedanken über den Eindruck, den sie bei Interaktionspartnern hinterlassen. In einer Studie von Henderson-King und Henderson-King (1997) konnte gezeigt werden, dass die Selbstüberwachung, wenn es um die Wirkung medialer Bilder auf die Selbstbewertung geht, als Mediatorvariable dienen kann. Vor Beginn des Versuchs erlebten die Teilnehmerinnen der Experimentalgruppe scheinbar zufällig ein Gespräch mit, in dem es um die Bedeutung von Schlankheit und Attraktivität ging. Bei der Kontrollgruppe ging es in dem Gespräch um eine neue Wohnung. Anschließend wurden den Teilnehmerinnen angeblich für eine Gedächtnisaufgabe Bilder von Models aus den Zeitschriften *Glamour*, *Cosmopolitan* und *Vogue* vorgelegt. Die Frauen wurden dann gebeten, sich selbst hinsichtlich ihrer sexuellen Attraktivität, ihres Gewichtes und ihrer Kondition zu bewerten. Selbstüberwachung wirkte hier als Moderatorvariable. Frauen mit starker Selbstüberwachungstendenz, die definitionsgemäß aufmerksamer für äußere Hinweisreize sind, schätzten ihren Körper dann negativer ein, wenn es im mitgehörten Gespräch um Schlankheit und Attraktivität ging. Das Gespräch hatte für sie offensichtlich die Bedeutung der äußeren Erscheinung salient gemacht und dazu geführt, dass die dann vorgenommenen impliziten Vergleiche mit den attraktiven Models zu einer negativen Selbsteinschätzung führten.

> **!** **Self-Monitoring:** Tendenz, die eigene Selbstdarstellung auf situative Erfordernisse oder Erwartungen auszurichten

Soziale Identität

Medienvermittelte Bilder und Ideale enthalten auch Informationen über die öffentliche Bewertung der eigenen Gruppe. Die Theorie der sozialen Identität von Tajfel und Turner (1986) beschäftigt sich damit, wie die Zugehörigkeit zu einer sozialen Gruppe die Selbstwertschätzung beeinflusst. Ward (2004) untersuchte vor diesem Hintergrund die Frage, wie es sich auf die Selbstwertschätzung auswirkt, wenn Bilder der eigenen Gruppe nur selten oder in negativ stereotypisierender Weise in den Medien präsent sind. An einer Stichprobe schwarzer US-amerikanischer Studierender wurde gezeigt, dass der Konsum von Sportsendungen oder Musikvideos mit einer verringerten individuellen und gruppenbezogenen (schwarze Amerikaner) Selbstwertschätzung einherging. Dieser Befund lässt sich damit erklären, dass in diesen Medien in der Regel extrem positive Lebensverhältnisse gezeigt wurden, die einen Vergleich mit den Reichen und Schönen nahe legen. In Musikvideos schwelgen die Akteure in Reichtum, in Berichten und Filmen stehen Liebe und Glück der Sportler im Vordergrund. Es scheint allerdings eine Möglichkeit zu geben, die selbstwertbelastenden Effekte der Konfrontation mit diesen Positivbildern zu vermeiden: Probanden, die sich sehr stark mit schwarzen Akteuren (Schauspielern, Sportlern, Musikern) identifizierten, wiesen eine höhere Selbstwertschätzung als andere auf. In diesem Fall findet kein Vergleich mit denen statt, die besser dastehen, sondern eine Identifikation, und es kommt nicht zur Beeinträchtigung des eigenen Selbstwerts. Stattdessen profitierten die Zuschauer sozusagen vom Ruhm des Rollenmodells.

Beziehungsaufbau und Selbstenthüllung

Als sich das Internet auszubreiten begann, wurde die Befürchtung geäußert, die sozialen Beziehungen würden durch computervermittelte Kommunikation verarmen; diese Hypothese ließ sich empirisch nicht bestätigen. Vernetzte Computer eignen sich offensichtlich durchaus, um sozioemotional bedeutsame Beziehungen aufzubauen. In der „Theorie der sozialen Informationsverarbeitung“ (Walther, 1992) wird angenommen, dass Kommunikation dazu dient, Bindungen aufzubauen und Unsicherheit abzubauen. Damit geht das Ziel einher, möglichst viele Informationen über Kommunikationspartner zu gewinnen bzw. selbstbezogene Informationen mitzuteilen. Die Beschränktheit der Möglichkeiten der computervermittelten Kommunikation wird kreativ ausgeglichen, wenn den Nutzern genügend Zeit zur Verfügung steht, sich mit dem Medium und seinen Möglichkeiten auseinander zu setzen (z.B. mithilfe von Emoticons, also kleinen bildlichen Darstellungen von Emotionen wie :-)). So kann der soziale Gehalt des Mediums durchaus der direkten Kommunikation von Angesicht zu Angesicht näher kommen.

Selbstenthüllung (self-disclosure) – das Preisgeben persönlicher Informationen über die eigene Person – erfolgt in diesem Medium rascher als von Angesicht zu Angesicht. Joinson (2001a) konnte zeigen, dass in der computervermittelten Kommunikation mehr spontane Selbstenthüllungen zu beobachten sind als bei der direkten Kommunikation von Angesicht zu Angesicht. Die auf die Theorie der sozialen Identität gestützte These der Deindividuation (Spears & Lea, 1992) besagt, dass in Situationen vollständiger Anonymität und verringerter Selbstaufmerksamkeit (Deindividuation) optimale Voraussetzungen für Selbstenthüllungstendenzen gegeben sind. Die Ergebnisse von Joinson (2001a) zeigen, dass es gerade in der oft als relativ risikolos empfundenen Situation visueller Anonymität in besonders starkem Maße zur Selbstenthüllung kommt. Die computervermittelte Kommunikation wird auch aus diesem Grunde relativ rasch als sehr intim empfunden.

Bei der computervermittelten Kommunikation wird eine hohe private und geringe öffentliche Selbstaufmerksamkeit hergestellt, da Anonymität besteht. Der eigene Auftritt jedoch wird auf den Monitor des anderen Teilnehmers übertragen. Daher geben die Teilnehmer mehr persönliche Informationen preis, als sie es unter anderen Bedingungen tun. Offensichtlich ist also nicht Deindividuation und möglichst geringe Selbstaufmerksamkeit entscheidend. Vielmehr muss zwischen öffentlicher und privater Selbstaufmerksamkeit unterschieden werden. Die auf andere bezogene öffentliche Selbstaufmerksamkeit behindert die offene selbstbezogene Kommunikation, die Fokussierung auf die eigene Person (private Selbstaufmerksamkeit) fördert sie dagegen.

In einer weiteren Studie von Joinson (2001b) nahmen die Versuchsteilnehmer an einer Internetbefragung teil. Zuvor erhielt die Experimentalgruppe auf einer Startseite umfangreiche Informationen über den Projektleiter (Name, Foto, Lebenslauf, Forschungsinteressen, Adresse, Namen von Familienangehörigen und Haustieren etc.). In der Kontrollgruppe war das nicht der Fall. Danach wurden die Teilnehmer gebeten, eine Reihe persönlicher Fragen zu beantworten (Was gefällt Ihnen nicht an Ihrem Aussehen? Was ist Ihnen peinlich? Worauf sind Sie stolz? Welches Ereignis hat Sie glücklich gemacht?). In der Experimentalbedingung gaben die Versuchspersonen signifikant mehr persönliche Informationen preis als in der Kontrollbedingung. Der Effekt betraf allerdings nur die Quantität, nicht die Qualität der Informationen. Das Phänomen dürfte sich durch die Annahme reziproker Prozesse erklären lassen, bei denen soziale Interaktionsregeln aus der direkten Interaktion auf die computervermittelte Kommunikation übertragen werden (z.B. „Er hat so viel über sich preisgegeben, also kann ich ihm auch einiges anvertrauen").

Verschiedentlich wurde auch vermutet, dass Online-Kommunikation mit Enthemmungstendenzen verbunden ist. Die hier gegebene physische Distanz und visuelle Anonymität mag die subjektiv empfundene Sorge geringer werden lassen, dass man nach eigenen Äußerungen mit unmittelbaren und direkten negativen Rückmeldungen konfrontiert wird. Zusätzlich können durch die rein schriftliche und relativ informelle Kommunikation Statusdifferenzen abgebaut werden, da z.B. Hinweisreize durch Kleidung entfallen. McKenna, Buffardi und Seidman (2005) vergleichen, wie Fremde und Bekannte im Chat miteinander kommunizieren. Ausgangspunkt der Überlegungen ist das Strangers-on-the-Train-Phänomen (Rubin, 1975) – mitunter erzählt man Fremden im Zug erstaunlich intime Details aus dem eigenen Leben, fest darauf vertrauend, dass man sich nie wieder sehen wird und dass die eigenen Berichte insofern folgenlos bleiben werden. Hinzu kommt, dass im Internet

- es relativ einfach ist, Menschen zu finden, die eigene Vorlieben und Ansichten teilen,
- mögliche sichtbare Stigmata wie Behinderungen, Übergewicht etc. entfallen und sich die dadurch beeinträchtigten Personen so freier verhalten können,
- physische Kopräsenz entfällt.

Nach den Befunden mehrerer großer Studien von McKenna et al. (2005) ergänzt computervermittelte Kommunikation bei bestehenden Freundschaften die direkte interpersonelle Interaktion. Gerade in Beziehungen zwischen Familienangehörigen fällt es mithilfe des Computers manchmal leichter, schwierige Themen anzusprechen, da „man sich nicht anschauen muss". Bei Fremden galt für den Vergleich von Online- und Offline-Kommunikation, dass in der internetbasierten Kommunikation schneller Informationen zum „wahren Selbst" berichtet werden.

Gender Switching

Das Internet bietet neben mehr Spontaneität weitere Möglichkeiten zur massenwirksamen Präsentation seines eigenen Selbst, die in anderen Medien nicht ohne großen Aufwand und in der direkten Kommunikation von Angesicht zu Angesicht gar nicht realisierbar sind. Eine bisher kaum systematisch erforschte Strategie ist das Gender Switching: Personen geben vor, das jeweils andere Geschlecht zu besitzen. Roberts und Parks (1999) untersuchten das Rollenverhalten von Teilnehmern so genannter MOOs (MUD Object Oriented). MOOs sind objektorientiert programmierte MUDs (Multi-User-Dungeons, also auf dem Rechner umgesetzte Rollenspiele mit mehreren untereinander vernetzten Spielern; ein Dungeon ist ein irrgartenartiges Verlies mit einem System von Gängen, in dem Gegenstände gesucht oder Monster bekämpft werden müssen). Hier kreieren die Teilnehmer eigene Identitäten bzw. Charaktere und spielen diese auch. MOOs zeichnen sich durch synchrone Kommunikation mit geographisch meist weit verstreuten Mitspielern aus und bieten eine maximale Kontrolle über die eigene Selbstdarstellung. Weiterhin lassen sich MOOs in Rollenspiele und soziale MOOs unterscheiden. Im sozialen MOO treffen sich mehrere Benutzer, um sich mit anderen Charakteren in einer virtuellen Umgebung, wie z.B. in verschiedenen Räumen eines Hauses, zu unterhalten. Rollenspiele hingegen sind Abenteuerwelten, in denen man innerhalb einer Rolle einem übergeordneten Ziel dient und Punkte sammelt, um dieses Ziel (z.B. Finden eines Schatzes) zu erreichen. Roberts und Parks (1999) stellten fest, dass sich Personen, die häufiger Gender Switching betreiben, hinsichtlich Geschlecht, Alter und Familienstand nicht wesentlich von anderen unterscheiden. Bessere Prädiktoren waren Dauer und Häufigkeit der MOO-Teilnahme sowie Form des MOOs: So geben Rollenspielteilnehmer doppelt so häufig ein anderes Geschlecht vor wie Teilnehmer sozialer MOOs. Da in Rollenspielen ein derartiges Switching in andere Charaktere quasi erwartet wird und somit zentraler Inhalt ist, lässt der Vorgang kaum Rückschlüsse auf Persönlichkeitsvariablen zu. Als einen der wichtigsten Gründe für das Gender Switching nannten Personen das Bedürfnis, eine Identität zu spielen, die sich vom eigenen Selbst abhebt. Es scheint beim Gender Switching also vor allem darum zu gehen, dass man etwas Neues ausprobiert, und weniger darum, der eigenen Persönlichkeit oder Sexualität Ausdruck zu verleihen. Bisweilen wird auch angenommen, dass Männer durch Gender Switching leichter ihre „weibliche Seite“ kennen lernen können und Frauen sich eventuell instrumenteller als im „wirklichen Leben“ darstellen können.

6.3.3 Wechselwirkungen zwischen Selbst und medialer Kommunikation

Wie oben beschrieben, haben Selbstaspekte einen Einfluss darauf, mit welchem Medium was in welcher Weise kommuniziert wird. Außerdem wirken die Mediennutzung und die medienvermittelte Kommunikation wieder auf Aspekte des Selbst zurück. Auch hier kann es, wie bei der direkten interpersonellen Kommunikation, zu einem Teufelskreis kommen. Ein Beispiel dafür ist die exzessive und pathologische Internetnutzung (s. Kap. 17). Wenngleich Internetnutzung per se keineswegs zu Vereinsamung führt, besteht für Menschen, die mit vorhandenen psychischen Problemen eine kompensatorische Bedürfnisbefriedigung im Internet suchen, die Gefahr, dass sie sich problematisch entwickeln. Menschen mit geringer Selbstwertschätzung und sonstigem Mangel an personalen Ressourcen tendieren häufig dazu, ihre Möglichkeiten in direkten Interaktionen zu unterschätzen. Gerade für sie kann das Internet eine besondere Attraktivität haben. Sie können dort ihre Bedürfnisse auf relativ einfache Weise befriedigen. Wenn sie hierbei positive Erfahrungen machen und die Befriedigung dieser Bedürfnisse offline als kaum realisierbar gesehen wird, kann es zu gehäufter Internetnutzung und langfristig zur Vernachlässigung sozialer Beziehungen und zu anderen negativen Folgen kommen. Wenn dann versucht wird, die sich ergebenden negative Befindlichkeit durch weiteren Internetkonsum zu bewältigen, kann ein Teufelskreis einsetzen und Abhängigkeit entstehen.

Die Forschung zur selbstbezogenen Kommunikation steht gerade in Bezug auf die Nutzung neuer Medien am Anfang; sie kann als dynamisch und produktiv eingeschätzt werden. Immer neue technische Trends sind wissenschaftlich zu untersuchen. Besonders intensiv scheint derzeit der Trend zur Kommunikation in Online-Journalen, die als Weblogs oder kurz Blogs bezeichnet werden. Maskierung und das Spiel mit virtuellen Identitäten sind hier weniger bedeutsam, die Verbindung zwischen Online- und Offline-Selbst scheint eng. Offensichtlich geht es vor allem um den wechselseitigen Austausch von Gleichgesinnten, der mit hoher Aktualität und unbehindert durch räumliche Distanzen erfolgt.

6.4 Praktische Relevanz

Welche praktische Relevanz haben die Erkenntnisse zur Rolle des Selbst im Kommunikationsprozess? Wie die berichteten Studien zeigen, ist die Art und Weise, wie mit uns kommuniziert wird, wichtig für unsere Selbstwahrnehmung – und diese wirkt sich wiederum aus auf die Art und Weise, wie wir kommunizieren. Wie Eltern mit ihren Kindern kommunizieren (Kernis, Brown & Brody, 2000), wirkt sich auf die Entwicklung der Selbstwertschätzung aus. Botschaften, die vermitteln, dass die elterliche Liebe an Bedingungen geknüpft ist, können so zur Ausbildung einer instabilen und geringeren Selbstwertschätzung und im Folgenden zu Selbstwertproblemen führen. Dieses Wissen kann z.B. in der Erziehungsberatung und in Trainingsprogrammen genutzt werden.

Die Wirkung des Selbst auf die Kommunikation zeigt sich besonders deutlich bei der interkulturellen Kommunikation. Wie Strohschneider (1999) zeigte, gehen Mitglieder verschiedener Kulturen aufgrund unterschiedlicher Selbstkonstruktionen mit völlig verschiedenen Strategien und Zielen an Aufgabenstellungen heran. Bei Auslandsaufenthalten oder internationalen Fusionen ist es demnach von Vorteil, um die verschiedenen Herangehensweisen der beteiligten Kulturen zu wissen und so Toleranz aufzubauen und zu Kompromissen zu finden. Begleitende Maßnahmen zum interkulturellen Training können hier hilfreich sein.

In der Paarberatung kann schließlich berücksichtigt werden, wie die Kommunikation der beteiligten Personen durch ihre Selbstwahrnehmung geprägt ist. Zum Beispiel kann darauf hingewiesen werden, dass Personen mit niedriger Selbstwertschätzung häufig Schwierigkeiten haben, den Liebesbeteuerungen des Partners Glauben zu schenken – und gegebenenfalls muss an diesem Problem gearbeitet werden.

Zusammenfassung

- Das Selbst in seiner Doppelrolle als Objekt („Me") und Subjekt („I") von Informationsprozessen wird durch Kommunikation beeinflusst und beeinflusst Kommunikation. Durch Wechselwirkungen und Rückkoppelungen können sich selbst verstärkende Prozesse entstehen – im ungünstigen Fall Teufelskreise.
- Kommunikation wirkt auf die Entwicklung von Selbstkonzept und Selbstwert insbesondere im Kindes- und Jugendalter. Elterliche Kommunikation und der Vergleich mit Gleichaltrigen scheint von entscheidender Bedeutung zu sein, allerdings darf eine genetische Komponente nicht außer Acht gelassen werden.
- Selbstkonzept und Selbstwertschätzung beeinflussen, welche Informationen aufgenommen werden und wie sie verarbeitet werden. Menschen schenken insbesondere Informationen Aufmerksamkeit, die selbstrelevant sind. Bevorzugt wird eine Information, die konsistent zum eigenen Selbstkonzept ist oder den Selbstwert erhöht. Selbstwertbedrohliche Informationen werden häufig abgewehrt.
- Selbstkonzept und Selbstwertschätzung beeinflussen Inhalt und Stil gesendeter Kommunikation. Personen mit niedriger Selbstwertschätzung neigen zu protektiver Selbstdarstellung. Sie wollen vor allem ungünstige Eindrücke vermeiden. Personen mit hoher Selbstwertschätzung neigen zu akquisitiver Selbstdarstellung und streben danach, sich möglichst positiv darzustellen. Ein für individualistische Kulturen typisches independentes Selbstkonzept führt zur Betonung von Unabhängigkeit, das für kollektivistische Kulturen typische interdependente Selbstkonzept zur Betonung von Verbundenheit mit der Gruppe.
- Die Medienwahl wird durch die Selbstwertschätzung mit beeinflusst. Unsichere Personen neigen dazu, bei schwierigen Themen weniger reichhaltige Kommunikationsmedien zu nutzen. So können sie z.B. visuelle Kommunikationskanäle ausblenden und dadurch ihre Unsicherheit verbergen bzw. Zeit für das Nachdenken über eine Reaktion gewinnen. E-Mail bietet diese Möglichkeiten.
- Die visuelle Anonymität der computervermittelten Kommunikation begünstigt Selbstenthüllungstendenzen. Physische Distanz und visuelle Anonymität vermindern die Sorge vor negativen Rückmeldungen. Private Selbstaufmerksamkeit wird unterstützt und lässt damit die empfundene Intimität der Situation und das Preisgeben persönlicher Information zunehmen.
- Medienkonsum kann sich auf die Selbstwahrnehmung auswirken. Vor allem im Jugendalter kann das Vermitteln attraktiver Bilder über den sozialen Vergleich zur Entwicklung eines negativen Selbstbilds beitragen – es sei denn, der Zuschauer identifiziert sich mit dem Akteur.

Leseempfehlung

- Leary, M.R. & Tangney, J.P. (Eds.). (2003). Handbook of self and identity. New York, NY: Guilford Press.
- Renner, K.-H., Schütz, A. & Machilek, F. (Hrsg.). (2005). Internet und Persönlichkeit. Göttingen: Hogrefe.
- Schütz, A. (2005). Je selbstsicherer, desto besser? Licht und Schatten positiver Selbstbewertung. Weinheim: Beltz.

Literatur

Arkin, R.M. (1981). Self-presentation styles. In J.T. Tedeschi (Ed.), Impression management theory and social psychological research (pp. 311–333). New York: Academic Press.

Arkin, R.M. & Baumgardner, A. (1986). Self-presentation and self-evaluation: Processes of self-control and social control. In R.F. Baumeister (Ed.), Public self and private self (pp. 75–97). New York: Springer.

Bandura, A. (1977). Self-efficacy: Toward a unifying theory of behavioral change. Psychological Review, 84(2), 191–215.

Baumeister, R.F. & Newman, L.S. (1994). How stories make sense of personal experiences: Motives that shape autobiographical narratives. Personality and Social Psychology Bulletin, 20(6), 676–690.

Baumeister, R.F., Stillwell, A. & Wotman, S.R. (1990). Victim and perpetrator accounts of interpersonal conflict: Autobiographical narratives about anger. Journal of Personality and Social Psychology, 59(5), 994–1005.

Cherry, E.C. (1953). Some experiments on the recognition of speech, with one and two ears. Journal of the Acoustical Society of America, 25, 975–979.

Daft, R.L. & Lengel, R.H. (1986). Organizational information requirement, media richness and structural design. Management Science, 32(5), 554–571.

Falomir-Pichastor, J.M., Invernizzi, F., Mugny, G., Munoz-Rojas, D. & Quiamzade, A. (2002). Social influence on intention to quit smoking: The effect of the rhetoric of an identity relevant message. Revue Internationale de Psychologie Sociale, 15(1), 81–96.

Forgas, J.P. (1995). Soziale Interaktion und Kommunikation. Eine Einführung in die Sozialpsychologie. Weinheim: Beltz.

Greve, W. (2000). Die Psychologie des Selbst. Konturen eines Forschungsthemas. In W. Greve (Hrsg.), Psychologie des Selbst (S. 15–36). Weinheim: Beltz.

Heatherington, L., Daubman, K.A., Bates, C., Ahn, A., Brown, H. & Preston, C. (1993). Two investigations of „female modesty" in achievement situations. Sex Roles, 29(11–12), 739–754.

Henderson-King, E. & Henderson-King, D. (1997). Media effects on women's body esteem: Social and individual difference factors. Journal of Applied Social Psychology, 1997, 27(5), 399–417.

Hovland, C.I., Janis, I.L. & Kelley, H.H. (1953). Communication and persuasion. New Haven, CT: Yale University Press.

James, W. (1890). The principles of psychology. New York: Dover.

Joiner, T.E., Alfano, M.S. & Metalsky, G.I. (1992). When depression breeds contempt: Reassurance seeking, self-esteem, and rejection of depressed college students by their roommates. Journal of Abnormal Psychology, 101(1), 165–173.

Joinson, A.N. (2001a). Self-disclosure in computer-mediated communication: The role of self-awareness and visual anonymity. European Journal of Social Psychology, 31(2), 177–192.

Joinson, A.N. (2001b). Knowing me, knowing you: Reciprocal self-disclosure in internet-based surveys. Cyber Psychology & Behavior, 4(5), 587–591.

Joinson, A.N. (2004). Self-esteem, interpersonal risk, and preference for e-mail to face-to-face communication. Cyber Psychology & Behavior, 7(4), 472–478.

Kearns, J.N. & Fincham, F.D. (2005). Victim and perpetrator accounts of interpersonal transgressions: Self-serving or relationship-serving biases? Personality and Social Psychology Bulletin, 31(3), 321–333.

Kernis, M.H., Brown, A.C. & Brody, G.H. (2000). Fragile self-esteem in children and its associations with perceived patterns of parent-child communication. Journal of Personality, 68(2), 225–252.

Kohlmann, C.-W., Eschenbeck, H., Heim-Dreger, U., Albrecht, H., Hole, V. & Weber, A. (2005). Entwicklung und Validierung einer Skala zur Erfassung computerbezogener Selbstwirksamkeitserwartungen (SWE-C). In K.-H. Renner, A. Schütz & F. Machilek (Hrsg.), Internet und Persönlichkeit. Differentiell-psychologische und diagnostische Aspekte der Internetnutzung (S. 11–23). Göttingen: Hogrefe.

Marcus, B., Machilek, F. & Schütz, A. (in press). Personality in cyberspace: Personal websites as media for personality expressions and impressions. Journal of Personality and Social Psychology.

Markus, H. & Kitayama, S. (1991). Culture and the self: Implications for cognition, emotion, and motivation. Psychological Review, 98, 224–253.

Marsh, H.W. (1987). The big-fish-little-pond-effect on academic self-concept. Journal of Educational Psychology, 79, 280–295.

McKenna, K.Y.A., Buffardi, L. & Seidman, G. (2005). Selbstdarstellung gegenüber Freunden und Fremden im Netz. In K.-H. Renner, A. Schütz & F. Machilek (Hrsg.), Internet und Persönlichkeit. Differentiell-psychologische und diagnostische Aspekte der Internetnutzung (S. 175–189). Göttingen: Hogrefe.

Neiss, M.B., Sedikides, C. & Stevenson, J. (2002). Self-esteem: A behavioural genetic perspective. European Journal of Personality, 16, 351–367.

Orrego, V., Smith, S., Mitchell, M., Johnson, A., Ah Yun, K. & Greenberg, B. (2000). Disclosure and privacy issues on television talk shows. In S. Petronio (Ed.), Balancing the secrets of private disclosures (pp. 249–259). Mahwah, NJ: Lawrence Erlbaum.

Paulhus, D.L. (1998). Interpersonal and intrapsychic adaptiveness of trait self-enhancement: A mixed blessing? Journal of Personality and Social Psychology, 74(5), 1197–1208.

Polce-Lynch, M., Myers, B., Kliewer, W. & Kilmartin, C. (2001). Adolescent self-esteem and gender: Exploring relations to sexual harassment, body image, media influence, and emotional expression. Journal of Youth and Adolescence, 30, 225–244.

Powers, T.A. & Zuroff, D.C. (1988). Interpersonal consequences of overt self-criticism: A comparison with neutral and self-enhancing presentations of self. Journal of Personality and Social Psychology, 54(6), 1054–1062.

Roberts, L.D. & Parks, M.R. (1999). The social geography of gender-switching in virtual environments on the internet. Information, Communication & Society, 2(4), 521–540.

Rubin, Z. (1975). Disclosing oneself to a stranger: Reciprocity and its limits. Journal of Experimental Psychology, 11, 233–260.

Schütz, A. (1992). Selbstdarstellung von Politikern. Analyse von Wahlkampfauftritten. Weinheim: Deutscher Studienverlag.

Schütz, A. (2005). Je selbstsicherer, desto besser? Licht und Schatten positiver Selbstbewertung. Weinheim: Beltz.

Schütz, A. & DePaulo, B.M. (1996). Self-esteem and evaluative reactions: Letting people speak for themselves. Journal of Research in Personality, 30, 137–156.

Schütz, A., Marcus, B., Machilek, F. & Renner, K.-H. (2005). Self-presentation on the Internet. Analysing the usage of personal websites. In A. Schütz, S. Habscheid, W. Holly, J. Krems & G.G. Voß (Eds.), New media in everyday life. Findings from the fields of work, learning and leisure (pp. 257–275). Lengerich: Pabst.

Schwarzer, R. (1994). Optimistische Kompetenzerwartung: Zur Erfassung einer personalen Bewältigungsressource. Diagnostica, 40, 105–123.

Sedikides, C., Gaertner, L. & Toguchi, Y. (2003). Pancultural self-enhancement. Journal of Personality and Social Psychology, 84, 60–79.

Sieverding, M. (2005). Der „Gender Gap" in der Internetnutzung. In K.-H. Renner, A. Schütz & F. Machilek (Hrsg.), Internet und Persönlichkeit. Differentiell-psychologische und diagnostische Aspekte der Internetnutzung (S. 159–172). Göttingen: Hogrefe.

Snyder, M. (1987). Public appearances and private realities: The psychology of self-monitoring. Freeman: New York.

Spears, R. & Lea, M. (1992). Social influence and the influence of the „social" in computer-mediated communication. In M. Lea (Ed.), Contexts of computer-mediated communication (pp. 30–65). Hertfordshire, England: Harvester Wheatsheaf.

Stahlberg, D., Petersen, L.-E. & Dauenheimer, D. (1999). Preference for and evaluation of self-relevant information depending on the elaboration of the self-schemata involved. European Journal of Social Psychology, 29, 489–502.

Strohschneider, S. (1999). On the cultural relativity of problem solving styles: Explorations in India and Germany. In W.J. Lonner, D.L. Dinnel, D.K. Forgays & S.A. Hayes (Eds.), Merging past, present, and future in cross-cultural psychology: Selected papers from the Fourteenth International Congress of the International Association for cross-cultural psychology (pp. 188–204). Lisse: Swets & Zeitlinger.

Swann, W.B., Griffin, J.J., Predmore, S.C. & Gaines, B. (1987). The cognitive-affective crossfire: When self-consistency confronts self-enhancement. Journal of Personality and Social Psychology, 52, 881–889.

Tajfel, H. & Turner, J. (1986). The social identity theory of intergroup behaviour. In S. Worchel & W.G. Austin (Eds.), Psychology of intergroup relations (pp. 7–24). Chicago: Nelson.

Tice, D.M. (1992). Self-presentation and self-concept change: The looking glass self is a magnifying glass. Journal of Personality and Social Psychology, 63, 435–451.

Trepte, S. (2005). Daily talk as self-realization: An empirical study on participation in daily talk shows. Media Psychology, 7, 165–189.

Walther, J.B. (1992). Interpersonal effects in computer-mediated interaction: A relational perspective. Communication Research, 19, 52–90.

Ward, L.M. (2004). Wading though the stereotypes: Positive and negative associations between media use and black adolescents' conceptions of self. Developmental Psychology, 40(2), 284–294.

Wicklund, R.A. & Gollwitzer, P.M. (1982). Symbolic self-completion. Hillsdale, NJ: Lawrence Erlbaum.

Wills, T.A. (1981). Downward comparison principles in social psychology. Psychological Bulletin, 90, 245–271.

7 Emotionen im Kommunikationskontext

Ines Vogel

Beispiel

Frau Schmidt hat vor einem halben Jahr ihren Mann verloren. Sie ist 81 Jahre alt, und das Ehepaar war mehr als 50 Jahre verheiratet. Immer noch wacht sie nachts mehrfach auf. Morgens deckt sie oft noch den Tisch für zwei Personen. Sie isst wenig und hat 15 Kilo abgenommen. Frau Schmidt vermisst ihren Mann sehr.

Nicole ist 18 Jahre alt. Kürzlich lernte sie Thomas kennen, der auf die gleiche Schule geht wie sie. Nicole dachte sich, es könnte etwas werden mit ihr und Thomas. Da erfuhr sie, dass sich ihre beste Freundin an Thomas herangemacht hatte. Die beiden sind jetzt ein Paar. Nicole steigt immer noch das Blut in den Kopf, wenn sie daran denkt. Gegenüber ihrer früheren Freundin empfindet sie tiefsten Abscheu. Sie möchte sie am liebsten nicht mehr sehen.

Peter ist sechs Jahre alt und Mittelstürmer seiner Fußballmannschaft. Neulich spielten sie gegen die Mannschaft einer anderen Schule und lagen 1:0 zurück. In der 90. Minute schoss Peter das Tor, das ihnen zum Ausgleich verhalf. Er lief strahlend über den Platz, sein Herz klopfte, und seine Mannschaftskameraden umarmten ihn.

Hier handelt es sich um drei Beispiele für Emotionen: Trauer, Ärger und Freude. So unterschiedlich die drei Personen sind, gemeinsam ist ihnen, dass sie diese Emotionen tief empfinden, dass sie ein bestimmtes Verhalten und die dazugehörigen physiologischen Reaktionen zeigen. Es vergeht kaum ein Tag ohne emotionale Erlebnisse. Die Auslöser für diese im Alltag zentralen Phänomene sind äußerst vielschichtig: Emotionen können durch reale Ereignisse verursacht werden, die von persönlicher Bedeutung sind bzw. unmittelbare Auswirkungen auf das betroffene Individuum haben (z.B. Lob eines Mannschaftskameraden, Trauer über den Tod eines Angehörigen). Auslöser können aber auch Situationen und Ereignisse aus der Vorstellung oder der Erinnerung sein, die mit bestimmten Emotionen verknüpft sind oder zumindest waren. Und schließlich können Emotionen auch von Ereignissen in den Medien hervorgerufen werden, selbst wenn diese in aller Regel nicht von allzu hoher persönlicher Bedeutung sind: Etwa 20 % der Emotionserlebnisse gehen auf Ereignisse zurück, die in den Medien präsentiert werden (Scherer, 1998, S. 278). Insgesamt sind Emotionen häufig an einen Interaktions- bzw. Kommunikationskontext gebunden. Viele Emotionen werden erst durch den Kontakt mit anderen Menschen möglich, und die Interaktion mit anderen ist eine der wichtigsten Quellen emotionaler Empfindungen.

7.1 Grundlagen aus der Emotionspsychologie

7.1.1 Definition des Begriffs Emotion

Der Begriff „Emotion" (von lat. emovere = aufwühlen, heraustreiben) wird in der Fachliteratur keineswegs einheitlich verwendet: Kleinginna und Kleinginna (1981) konnten in einer Literatursichtung etwa 100 verschiedene Definitionen sammeln, von denen rund zwei Drittel aus der Zeit nach 1970 stammen (zit. nach Otto, Euler & Mandl, 2000, S. 14). Der Hauptgrund für die Heterogenität wie auch für den Mangel an einer exakten Begriffsdefinition dürfte in der Subjektivität und Komplexität emotionaler Phänomene sowie in dem breiten Spektrum an Emotionstheorien liegen. Vor diesem Hintergrund besteht die zentrale Fragestellung der Emotionspsychologie noch immer darin, charakteristische Merkmale von Emotionen zu beschreiben und Emotionen von mehr oder weniger verwandten Phänomenen abzugrenzen (vgl. auch Otto, Euler & Mandl, 2000).

Definition

Arbeitsdefinition des Begriffs Emotion

„1. Emotionen sind (...) Vorkommnisse von zum Beispiel Freude, Traurigkeit, Ärger, Angst, Eifersucht, Stolz, Überraschung, Mitleid, Scham, Schuld, Neid, Enttäuschung, Erleichterung sowie weiterer Arten von psychischen Zuständen, die den genannten genügend ähnlich sind.
2. Diese Phänomene haben folgende Merkmale gemeinsam:
   a) Sie sind aktuelle psychische Zustände von Personen.
   b) Sie haben eine bestimmte Qualität, Intensität und Dauer.
   c) Sie sind in der Regel objektgerichtet.
   d) Personen, die sich in einem dieser Zustände befinden, haben normalerweise ein charakteristisches Erleben (Erlebensaspekt von Emotionen), und häufig treten auch bestimmte physiologische Veränderungen (physiologischer Aspekt von Emotionen) und Verhaltensweisen (Verhaltensaspekt von Emotionen) auf."

(Meyer, Reisenzein & Schützwohl, 2001, S. 24)

Nach Auffassung einiger Emotionsforscher ist es vorrangig, zu einer Arbeitsdefinition zu kommen, die mit möglichst vielen theoretischen Auffassungen vereinbar ist (vgl. u.a. Meyer, Reisenzein & Schützwohl, 2001; s. Definition).

In der Emotionsforschung werden einige Begriffe – insbesondere Stimmung, Affekt und Gefühl – oft synonym zum Emotionsbegriff verwendet, teilweise aber auch deutlich von Emotionen abgegrenzt. Wie lassen sich die Begriffe differenzieren?

Stimmungen. Nach Schmidt-Atzert (1996, S. 24) werden bei der Abgrenzung der Begriffe „Stimmung" und „Emotion" vornehmlich drei Unterscheidungskriterien verwendet: Verglichen mit Emotionen gelten Stimmungen (a) als schwächer und weniger variabel ausprägt, (b) dauern im Allgemeinen länger an und (c) haben keinen klaren Bezug zum Auslöser bzw. Objekt (vgl. auch Otto, Euler & Mandl, 2000).

Affekt. Der Begriff „Affekt" wird nach Schmidt-Atzert (1996) weniger in der Emotionspsychologie als vielmehr in der Psychiatrie verwendet. Dort sind damit kurzfristige und besonders intensive Emotionen gemeint, die mit einem Verlust der Handlungskontrolle einhergehen. In der englischsprachigen Literatur wird „affect" häufig als Synonym für „emotion", aber durchaus auch als Oberbegriff für Emotionen und damit verwandte psychische Zustände (insbesondere Stimmungen) verwendet.

Gefühl. Während in der englischsprachigen Literatur die Begriffe „feeling" und „emotion" weitestgehend synonym verwendet werden, beschränkt sich der Begriff „Gefühl" im Deutschen auf den Aspekt der subjektiven Erlebnisqualität von Emotionen. Dagegen umfasst der Emotionsbegriff über die Erlebenskomponente hinausgehend auch die körperlichen Veränderungen und das spezifische Ausdrucksverhalten. Der Gefühlsbegriff impliziert, dass sich das Erleben von Emotionen „in einer ganz bestimmten Weise anfühlt" (Meyer et al., 2001, S. 33) und sich deutlich von anderen psychischen Prozessen wie z.B. Vorstellungen oder Gedanken unterscheidet.

7.1.2 Beschreibung und Messung von Emotionen

Das oben in der Definition formulierte Begriffsverständnis von Emotionen stellt in mindestens dreierlei Hinsicht eine Basis zur Beschreibung einzelner Emotionen dar:

- Mit der Auffassung als „aktuelle psychische Zustände“ bestimmter „Dauer“ geht einher, dass sich Emotionen nach ihrem Anfang, Ende und zeitlichen Verlauf näher darstellen lassen.
- Die „bestimmte Qualität“, das jeweils „charakteristische Erleben“ und der jeweilige Objektbezug legen nahe, dass sich Emotionen nach bestimmten Merkmalen – wie typisches Empfinden oder charakteristische Eigenschaften ihrer auslösenden Momente – qualitativ unterschiedlichen Emotionsklassen bzw. „Arten von psychischen Zuständen“ zuordnen lassen (z.B. „Ärger“, „Angst“ oder „Freude“).
- Schließlich können solche Zustände dadurch näher beschrieben werden, dass man ihre Intensität angibt.

Auch für die Messung von Emotionen liefert die oben zitierte allgemeine Begriffsumschreibung eine gute Grundlage. Dort wurde zwischen drei Komponenten eines gemeinsamen Syndroms unterschieden: dem Erlebensaspekt, dem physiologischen Aspekt und dem Verhaltensaspekt. Daraus ergibt sich, dass die Messung von Emotionen alle drei Komponenten der „Reaktionstrias“ einbeziehen sollte (für eine detaillierte Beschreibung einzelner Messverfahren s. Otto, Euler & Mandl, 2000; Schmidt-Atzert, 1996).

Erfassung des subjektiven Erlebensaspekts von Emotionen. Das emotionale Erleben als innerer Prozess und Zustand ist allenfalls dem betroffenen Individuum zugänglich. Wenn man zunächst einmal von den mit dem Erleben verbundenen physiologischen Veränderungen und Reaktionen auf Ausdrucks- und Verhaltensebene (s. unten) absieht, setzt seine Erfassung deswegen die Bereitschaft des betroffenen Individuums voraus, über sein emotionales Befinden Auskunft zu geben. Unter dieser Prämisse werden zur Erfassung des reinen Erlebensaspektes in der Regel Befragungsmethoden verwendet, die sich auf Befindlichkeiten bzw. Gefühle konzentrieren.

Grundsätzlich können dabei sowohl qualitative Verfahren (z.B. Leitfadeninterviews, offene Fragebögen, biographische Erzählungen) als auch quantitative Verfahren (standardisierte Fragebögen) herangezogen werden. Umgangssprachliche Äußerungen sind jedoch oft mehrdeutig, dadurch missverständlich und unpräzise; infolgedessen leidet die Vergleichbarkeit der Aussagen verschiedener Personen. Deshalb wird in der Emotionsforschung eher auf standardisierte Messinstrumente und Beschreibungsmethoden zurückgegriffen, statt die betroffenen Personen frei über ihre Gefühle berichten zu lassen. Hierzu liegen zahlreiche Instrumente vor (nach Schmidt-Atzert, 1996, existieren allein über 20 verschiedene deutschsprachige Verfahren), die sich zum Teil erheblich hinsichtlich der erfassten Aspekte unterscheiden. Daher fällt die Entscheidung für das richtige Messinstrument mitunter nicht leicht: Einige Verfahren (z.B. DAS von Merten & Krause, 1993) messen beispielsweise „akutes“ emotionales Empfinden, wohingegen andere eher auf habituelle, d.h. typische bzw. „normale“ emotionale Befindlichkeiten abheben. Andere Instrumente wiederum beschränken sich auf die detaillierte Erfassung spezifischer Emotionen und Befindlichkeiten (z.B. Angst); und nicht zuletzt berücksichtigen einige Instrumente auch andere Befindensaspekte wie z.B. Aktiviertheit oder Müdigkeit (z.B. EWL von Janke & Debus, 1984).

Erfassung physiologischer Veränderungen beim Emotionserleben. Bei der physiologischen Komponente von Emotionen werden zumeist Veränderungen berücksichtigt, die durch das vegetative Nervensystem ausgelöst werden (z.B. Veränderungen von Atmung, Herzschlagfrequenz, Blutdruck und Hautleitfähigkeit). Als weitere Indikatoren werden zuweilen auch hormonelle Veränderungen und Veränderungen im Zentralnervensystem einbezogen. Dabei greift die Emotionsforschung in aller Regel auf nichtinvasive Standardmethoden der medizinischen Diagnostik zurück (z.B. Elektrokardiogramm zur Messung der Aktivität im Herz-Kreislauf-System, Elektroenzephalogramm zur Erfassung hirnelektrischer Aktivität).

Die Schwierigkeit bei der Betrachtung physiologischer Veränderungen als Hinweis auf bestimmte emotionale Befindlichkeiten liegt in der Beobachtung, dass viele physiologische Indikatoren auch bei kognitiver oder körperlicher Beanspruchung feststellbar sind. Die Frage, ob bestimmte emotionale Empfindungen mit *spezifischen* physiologischen Veränderungsmustern einhergehen, konnte bislang nicht eindeutig geklärt werden (es liegen nur wenige empirische Belege für emotionsspezifische physiologische Veränderungen vor, z.B. unterschiedliche Veränderungen des Blutdrucks bei Ärger und Angst; vgl. Stemmler, 2000). Dies sollte allerdings nicht zu dem voreiligen Schluss führen, dass es solche Besonderheiten nicht gibt. Für den momentanen Stand der Forschung muss jedoch festgehalten werden, dass physiologische Methoden noch zu wenig spezifizierbare Informationen über die physiologische Komponente von Emotionen liefern und nur in Kombination mit anderen Methoden einzusetzen sind; dies entspricht auch der oben erwähnten „Reaktionstrias" aus Erlebens-, Verhaltens- und physiologischem Aspekt.

Erfassung von Ausdruck und Verhalten beim Emotionserleben. Im Allgemeinen wird erwartet, dass sich das Erleben eines emotionalen Zustands in irgendeiner Form auch im Verhalten der betroffenen Person widerspiegelt, d.h., dass von ihr Signale ausgehen, die für andere Menschen wiederum als Hinweis dafür interpretierbar sind, dass ein bestimmter emotionaler Zustand vorliegt (zu emotionalen Ausdrucksformen s. nachfolgenden Kasten).

Ausdruck von Emotionen

- Mimik
- Gestik
- Körperhaltung
- Körperbewegungen und Handlungssequenzen
- Körperorientierung in Bezug auf einen Interaktionspartner
- Blickbewegungen
- Merkmale des Sprechens und der Stimme (Tonfall, Sprechweise und -geschwindigkeit, Stimmfrequenz)
- gesprochene oder geschriebene Äußerungen
- Lautäußerungen

(vgl. Meyer, Reisenzein & Schützwohl, 2001, S. 35; Schmidt-Atzert, 1996, S. 106ff.)

Von den im Kasten genannten Verhaltensaspekten hat die Erforschung des mimischen Ausdrucks die größte Aufmerksamkeit erfahren; sie weist dementsprechend auch eine lange Forschungstradition auf. Das wohl bekannteste standardisierte Verfahren ist dabei das Facial Action Coding System (FACS) von Ekman und Friesen (1978), bei dem mithilfe von Videoaufnahmen der mimische Ausdruck von geschulten Beobachtern anhand so genannter „Action Units" möglicht umfassend beschrieben werden soll. Das Verfahren ist sehr komplex. Infolgedessen gestaltet sich die Kodierung als äußerst zeitaufwändig und selbst zwischen routinierten Beobachtern stimmen nur selten die Kodierungen perfekt überein.

Da sich der mimische Ausdruck durch Kontraktion zahlreicher Gesichtsmuskeln vollzieht, die jeweils durch Aktionspotenziale ausgelöst wird, kann die elektrische Aktivität der Muskeln mithilfe der Elektromyographie (EMG) registriert werden. Das Verfahren hat verglichen mit standardisierten Beobachtungen wie dem FACS den Vorteil, dass die Auswertung deutlich weniger Zeit erfordert und darüber hinaus mit der Amplitude der gemessenen Signale ein Maß für die Stärke der mimischen Reaktion vorliegt. Der gravierendste Nachteil besteht jedoch darin, dass die Elektroden im Gesicht der Versuchsperson angebracht werden. Dadurch kann sich diese einerseits erheblich beeinträchtigt fühlen, und andererseits wird ihre Aufmerksamkeit möglicherweise erst recht auf ihren mimischen Ausdruck gelenkt. Das hätte in beiden Fällen zur Folge, dass die Ergebnisse verzerrt würden.

7.1.3 Überblick über verschiedene Theorien zur Entstehung von Emotionen

Emotionstheorien lassen sich nach verschiedenen Kriterien klassifizieren, wie etwa anhand des zugrunde liegenden Menschenbilds, nach ihrer Komplexität oder ihrer Fokussierung auf bestimmte Emotionen oder aber auf Basis ihrer zentralen Annahmen. Das zuletzt genannte Kriterium liegt der folgenden Klassifikation von Emotionstheorien zugrunde, auch wenn die Klassifikation nicht trennscharf ist.

Klassifikation von Emotionstheorien

- Evolutionspsychologische Theorien, z.B. von Darwin (1872), von McDougall (1908), neurokulturelle Theorie des mimischen Ausdrucks von Plutchik (1994);
- psychoanalytische Emotionstheorien;
- neuro- und psychophysiologische Emotionstheorien, z.B. von James und Lange (James, 1884; Lange, 1887), Cannon (1927), Damasio (1994), LeDoux (1996);
- lernpsychologische Emotionstheorien, z.B. von Watson (1919);
- kognitive Emotionstheorien, z.B. Zwei-Faktoren-Theorie der Emotion von Schachter & Singer (1962), kognitiv-transaktionale Stresstheorie von Lazarus (1968), Komponenten-Prozess-Modell von Scherer (1984, 1987);
- integrative Emotionstheorien, z.B. Drei-Faktoren-Emotionstheorie von Zillmann (2004).

(Meyer, Reisenzein & Schützwohl, 2001)

Im Folgenden kann nur auf einige zentrale Annahmen ausgewählter Theorierichtungen eingegangen werden (für detailliertere Informationen s. Meyer, Schützwohl & Reisenzein, 1999; Meyer, Reisenzein & Schützwohl, 2001; Reisenzein, Meyer & Schützwohl, 2003).

Evolutionspsychologische Theorien. Begründer und prominentester Vertreter der evolutionstheoretischen Sichtweise ist Charles Darwin, der sich bereits 1872 mit dem phylogenetischen Ursprung des Emotionsausdrucks auseinander setzte. Evolutionspsychologische Ansätze erfreuen sich auch in der modernen Emotionspsychologie großer Beliebtheit (vgl. z.B. Schwab, 2004). Vertreter dieser Sichtweise (vgl. Kasten über die Klassifikation von Emotionstheorien) konzentrieren sich auf die Erforschung der stammesgeschichtlichen Entwicklung der Emotionen und der ihnen zugrunde liegenden Mechanismen. Zentrale Fragen sind hier,

- wie und zu welchem Zweck sich Emotionen in der Phylogenese herausgebildet haben,
- welchen Überlebens- und Reproduktionsvorteil sie den Lebewesen bieten konnten,
- welche Funktion der spezifische Ausdruck bestimmter Emotionen erfüllt.

Darüber hinaus befassen sich verschiedene Forscher mit dem Nachweis bestimmter Basisemotionen (z.B. Freude, Ärger, Traurigkeit, Ekel, Furcht, Überraschung), die „aufgrund ihres Reproduktionsvorteils evolutionär entstanden und kulturuniversal durch jeweils spezifische Gefühle, physiologische Merkmale und mimischen Ausdruck gekennzeichnet" sind (Euler, 2000, S. 47).

Psychoanalytische Theorien. Der wichtigste Beitrag der Psychoanalyse zur Emotionsforschung besteht nach Kruse (2000, S. 64) darin, dass sie „in ihrem psychotherapeutischen Ansatz (...) das Sprechen über Gefühle (...) professionalisiert hat". Insbesondere zu Beginn des 20. Jahrhunderts stellte sie damit eine wichtige Ergänzung zu den experimentalpsychologischen und biologischen Denkweisen dar, indem sie einen wissenschaftlichen Zugang zu subjektiven, intimen und persönlichen Erlebnissen schuf.

Neuro- und psychophysiologische Theorien. Neuro- und psychophysiologische Theorien beschäftigen sich im Wesentlichen mit den zentralnervösen und psychophysiologischen Prozessen und Strukturen, die Emotionen zugrunde liegen bzw. mit ihnen einhergehen. Bei neurophysiologischen Theorien liegt das Hauptaugenmerk darauf, die Prozesse und Strukturen im Gehirn zu erforschen, die für die Entstehung emotionaler Zustände bedeutsam sind (z.B. die Rolle der Amygdala bei Furchtreaktionen). Dagegen befassen sich psychophysiologische Theorien eher mit charakteristischen psychophysiologischen Erregungsmustern von Emotionen.

Lernpsychologische Theorien. Im Gegensatz zu evolutionspsychologischen Emotionstheorien beruhen die lernpsychologischen auf der Annahme, dass Emotionen zu einem überwiegenden Teil erlernte Reaktionen auf bestimmte Situationen, Objekte oder Ereignisse sind. Entsprechend liegt das Forschungsinteresse hier auf der Ontogenese von Emotionen, d.h. der Entwicklung bestimmter emotionaler Dispositionen aufgrund der individuellen Lebenserfahrungen von Personen.

Die ersten lernpsychologischen Emotionstheorien waren stark behavioristisch geprägt, sie beschränkten sich also auf beobachtbares Verhalten und die Erforschung von Reizen, die bestimmte Verhaltensweisen auslösen können (Meyer, Reisenzein & Schützwohl, 2001). Da die Beschränkung auf beobachtbares Verhalten dem Verständnis von Emotionen als inneren Zuständen (s. Abschnitt 7.1.1) nicht gerecht wird, haben behavioristische Ansätze in der gegenwärtigen Emotionspsychologie nur noch wenig Bedeutung. Zwar ist die Frage nach dem Erwerb bzw. der Veränderung emotionaler Dispositionen nach wie vor relevant, aktuell wird diese Fragestellung jedoch vor allem auf kognitionstheoretischer Basis diskutiert.

Kognitive Emotionstheorien. Kognitionstheoretische Ansätze legen bei der Erforschung von Emotionen das Hauptaugenmerk auf Prozesse, die bei der Auseinandersetzung mit der Umwelt intraindividuell ablaufen:

- Wahrnehmungs-, Aufmerksamkeits- und Selektionsprozesse,
- das Dekodieren und Verstehen,
- die Interpretation und Bewertung von Situationen, Ereignissen, Personen und Objekten,
- Gedächtnisleistungen.

Im Gegensatz zu evolutionstheoretischen und lerntheoretischen Emotionstheorien liegt hier der Forschungsschwerpunkt auf der Aktualgenese von Emotionen, also der Entstehung von Emotionen in konkreten Situationen. Vertreter kognitiver Emotionstheorien versuchen zu ergründen, durch welche Einschätzungen und Bewertungen bestimmte Emotionen ausgelöst werden und wie sich solche Einschätzungen und Bewertungen in der konkreten Situation vollziehen.

Integrative Theorien. Abschließend erwähnt werden sollte, dass es im Rahmen integrativer Theorien (z.B. Drei-Faktoren-Theorie von Zillmann, 2004) Bemühungen gibt, die Erkenntnisse verschiedener emotionstheoretischer Ansätze miteinander zu verknüpfen.

7.2 Emotionen im Kontext interpersonaler Kommunikation

Emotionen können einerseits Resultat einer interpersonalen Kommunikation sein, indem sie durch diese ausgelöst werden: Beispielsweise kann ein gelungener Witz Erheiterung auslösen, eine unbedachte Äußerung zu Verärgerung führen, ein unerwartetes Liebesgeständnis kann überraschen, zu Tränen rühren oder auch peinlich berühren. Andererseits sind Emotionen – wie einige der oben genannten Beispiele schon andeuten – aber oft auch Inhalte interpersonaler Kommunikation: Wie Personen beispielsweise bestimmte Situationen oder Ereignisse bewerten und interpretieren und was sie dabei empfinden, sind wichtige Themen für die interpersonale Kommunikation in engen Beziehungen (z.B. in engen Freundschaften oder in der Partnerschaft). Des Weiteren haben Emotionen, wenn man an ihren spezifischen emotionalen Ausdruck denkt, an sich kommunikative Funktion, indem sie schnell und ohne große Worte Aufschluss über vorliegende emotionale Befindlichkeiten beim jeweiligen Kommunikationspartner geben und damit die Vorhersage möglicher Verhaltensweisen erlauben und erleichtern. Nicht zuletzt können eigene Emotionen oder auch beim Interaktionspartner wahrgenommene Emotionen den weiteren Verlauf eines Interaktions- bzw. Kommunikationsprozesses beeinflussen. Dies geschieht, indem sich eigene emotionale Befindlichkeiten z.B. auf die Wahrnehmung und Beurteilung von Personen im Kommunikationskontext und auf die Verarbeitung und Interpretation von Kommunikationsinhalten auswirken. Oder es erfolgt dadurch, dass wahrgenommene emotionale Erlebnisse des Gegenübers eigene Empfindungen, Verhaltensabsichten und Verhaltensweisen modifizieren (so hält man sich möglicherweise mit der Schilderung eigener Probleme eher zurück, wenn man bemerkt, dass es dem Gegenüber gerade selbst nicht gut geht).

7.2.1 Die Entstehung von Emotionen im Kontext direkter interpersonaler Kommunikation

Um die Entstehung von Emotionen im Kontext direkter interpersonaler Kommunikation zu erklären, kann man auf kognitive Emotionstheorien zurückgreifen, da diese sich mit der Entstehung von Emotionen in konkreten Situationen befassen. Hier lässt sich das Komponenten-Prozess-Modell von Scherer (1984) anwenden, das im Bereich der kognitiven Emotionstheorien als einer der einflussreichsten und bekanntesten Ansätze gilt: Demnach werden Emotionen durch subjektive Bewertungen (engl. appraisal) von Reizkonstellationen, Personen, Situationen und Ereignissen ausgelöst, wobei diese Bewertungs- bzw. Appraisalprozesse nicht unbedingt bewusst ablaufen oder der willentlichen Kontrolle der bewertenden Person unterliegen müssen. Scherer (1984, 1987) geht von einem hierarchisch organisierten Bewertungssystem aus und greift die Annahmen der Sequenztheorie emotionaler Differenzierung auf, um die einzelnen Bewertungsschritte zu beschreiben (vgl. Scherer, 1997): Danach bewerten Personen im Rahmen der Informationsverarbeitung und Auseinandersetzung mit ihrer Umwelt kontinuierlich interne und externe Reize und Situationen mithilfe von fünf stets in gleicher Reihenfolge ablaufender „Stimulus Evaluation Checks" (SECs; s. hierzu Kasten über die Kriterien zur Stimulusbewertung).

Entscheidend für die Emotionsauslösung und -differenzierung ist dabei die subjektiv eingeschätzte Bedeutsamkeit des Ereignisses für die aktuelle Motivationslage des Individuums. Folge des Bewertungs-

Kriterien zur Stimulusbewertung
(Stimulus Evaluation Checks nach Scherer, 1997)

- **Neuheit.** Sind Veränderungen bei internen oder externen Reizen zu verzeichnen? Tritt eine neue Situation ein? Waren diese Ereignisse vorherzusehen?
- **Intrinsische Angenehmheit.** Ist der Stimulus angenehm oder unangenehm?
- **Zieldienlichkeit.** Ist das Ereignis für das Erreichen persönlich bedeutsamer Ziele relevant? Stimmt das Resultat der Bewertung mit bestimmten Erwartungen in Bezug auf eine geplante Handlungsfolge überein? Ist das Ereignis für die Erreichung dieses Ziels förderlich oder hinderlich?
- **Bewältigungsvermögen.** Wodurch wurde das Ereignis ausgelöst? Welche Ressourcen stehen zur Bewältigung der Situation zur Verfügung? Kann das Ereignis durch eigenes Zutun verändert, vermieden, neutralisiert werden etc.?
- **Selbst-/Normkompatibilität.** Inwieweit ist das Ereignis mit sozialen Normen, kulturellen Konventionen oder Erwartungen bedeutsamer anderer vereinbar? Inwiefern lässt sich das Ereignis in Einklang mit eigenen Normen und Standards bringen?

(Zentner & Scherer, 2000, S. 158f.)

prozesses ist ein spezifisches emotionales Reaktionsmuster. Es geht mit bestimmten physiologischen Reaktionen, einem bestimmten motorischen Ausdruck sowie Handlungstendenzen und charakteristischen Gefühlen einher und dient der Anpassung an die jeweils aktuell gegebene Situation. Auf diese Weise ergibt sich beispielsweise das emotionale Reaktionsmuster „Angst" aus der Konfrontation mit einer Situation oder einem Ereignis, das als neu, unerwartet, unangenehm und zielbehindernd bewertetet wird und unter Umständen nur durch Flucht bewältigt werden kann (vgl. auch Zentner & Scherer, 2000).

Die Bedeutung der Empathie für die Emotionsentstehung. Das Modell von Scherer (1984) konzentriert sich auf Situationen und Ereignisse, die für das betroffene Individuum von persönlicher Relevanz sind. Zillmann (2004) kritisiert, dass dadurch ein wesentlicher Aspekt der Emotionsentstehung unberücksichtigt bleibt: die Auslösung von Emotionen durch die bloße Beobachtung emotionalen Erlebens bei anderen Personen; und dies unabhängig davon, ob die gezeigten Emotionen unmittelbare Konsequenzen für die beobachtende Person haben oder nicht. Ergänzende Erklärungen hierzu liefern Empathietheorien. Nach Steins (1998, S. 119) ist unter Empathie „ein auf die emotionalen Reaktionen anderer Personen gerichteter Prozess" zu verstehen, „der die eigene emotionale Reaktion mit einschließt". Leibetseder, Laitreiter, Riepler und Köller (2001, S. 72) definieren Empathie als „Bereitschaft und Fähigkeit eines Individuums (...), Emotionen über das Ausdrucksverhalten anderer Personen nachzuempfinden und durch die Zuordnung zu situativen Hinweisreizen zu begreifen". Nach Zillmann (2004, S. 116) sind vor allem drei Mechanismen – emotionale Ansteckung, affektive Dispositionen und Perspektivenübernahme – bei der „empathischen Vermittlung von Emotionen" von Bedeutung:

(1) Der Prozess der emotionalen Ansteckung gliedert sich in zwei Teilvorgänge: Zum einen löst der Anblick einer mimischen Ausdrucksbewegung beim Beobachter unbewusst die Tendenz aus, diesen wahrgenommenen Emotionsausdruck zu imitieren. Zum anderen führt diese unwillkürliche Nachahmung des expressiven Verhaltens dazu, dass sich beim Beobachter durch periphere Rückkopplung ein Gefühlszustand einstellt, der der beobachteten emotionalen Befindlichkeit entspricht. Auf diese Weise kann der motorische Ausdruck einerseits existierende Gefühlszustände verstärken oder sie andererseits sogar auslösen (vgl. z.B. Scherer, 1998).

(2) Im Rahmen von Zillmanns „Affective Disposition Theory" (Zillmann, 1991, 2004) nehmen affektive Dispositionen eine bedeutsame Rolle ein, indem sie bestimmen, „wann empathische Reaktionen auftreten, wann sie nicht auftreten und ... wann Reaktionen auftreten, die im Gegensatz zu empathischen Reaktionen stehen" (Zillmann, 2004, S. 117). Besonders wichtig in diesem Zusammenhang sind affektive Dispositionen gegenüber den (beobachteten) handelnden Personen. Sie werden durch soziale Interaktionen erworben, wobei insbesondere die Valenz des emotionalen Erlebens (angenehm im Gegensatz zu unangenehm) von Bedeutung ist. Positive affektive Dispositionen fördern nach Zillmann (2004, S. 117) Gefallen, Annäherung und Akzeptanz, wohingegen negative affektive Dispositionen Abneigung, Vermeidung und Zurückweisung nahe legen. Ebenfalls bewirken Erstere, dass der Beobachter empathisch reagiert und das emotionale Erleben der handelnden Person mitempfindet; er fühlt sich also gut, wenn es der handelnden Person gut geht, und fühlt sich schlecht, wenn es dieser schlecht geht. Im Gegensatz dazu führen negative affektive Dispositionen der handelnden Person gegenüber zu einer Abschwächung empathischer Reaktionen oder schwenken gar in eine „gegenempatische Reaktion" (ebd., S. 118) um; der Beobachter fühlt sich also gut, wenn es der beobachteten Person schlecht geht (vgl. zur Struktur von Empathie-Emotionen auch Mees, 1991).

(3) Die Perspektivenübernahme bildet die kognitive Komponente der empathischen Entstehung von Emotionen. Der Beobachter verfolgt das Ziel, das emotionale Erleben der anderen Person einschätzen und verstehen zu können und versetzt sich gedanklich in die Lage des anderen hinein. Von großer Bedeutung ist hierbei vor allem die Fähigkeit, das emotionale Empfinden der beobachteten Person richtig zu situativen Auslösern und vorliegenden Kontextbedingungen in Beziehung setzen zu können (vgl. Leibetseder et al., 2001). Im Gegensatz zu dem unbewusst und automatisch ablaufenden Prozess der emotionalen Ansteckung sowie der erworbenen affektiven Disposition, kann die Perspektivenübernahme nach Zillmann (2004, S. 117) als „bewusstes Rollenspiel verstanden werden, das von einer Erkenntnissuche ausgeht und von emotionaler Reife abhängt" (vgl. auch Abschnitt 7.2.2 zu emotionaler Intelligenz).

7.2.2 Die Bedeutung emotionaler Intelligenz im Kontext direkter interpersonaler Kommunikation

Ein wesentliches Element dafür, dass Emotionen empathisch entstehen und dass die interpersonale Kommunikation gelingt, ist die Fähigkeit, emotionales Ausdrucksverhalten einer anderen Person erkennen und richtig deuten zu können.

Nach Ansicht von Intelligenzforschern wie Gardner (1983) oder Schwarz (1990) stellen Emotionen Informationen dar, mit deren Hilfe Menschen Situationen und Ereignisse sowie eigene Reaktionen und die Verhaltensweisen anderer Personen besser einschätzen können. Gardner (1983) geht davon aus, dass sich Personen hinsichtlich ihrer individuellen Fähigkeit, solche emotionalen Informationen verstehen und verarbeiten zu können, unterscheiden. In diesem Kontext differenziert der Autor zwischen dem Faktor der intrapersonalen und dem der interpersonalen Intelligenz. Bei der intrapersonalen Intelligenz handelt es sich um eine Sensibilität gegenüber der eigenen Empfindungswelt, die zum Verständnis des eigenen Verhaltens beiträgt, und bei der interpersonalen Intelligenz um die Fähigkeit zur differenzierten Wahrnehmung anderer Personen mit dem Ziel, deren Stimmungen, Motivationen und Intentionen zu erkennen (Gardner, 1983, S. 9).

Das Konzept der „emotionalen Intelligenz" von Salovey und Mayer (1990, S. 185) baut auf den Ideen von Gardner (1983) auf und umfasst dabei das Erkennen und den Ausdruck von Emotionen, die Regulation von Emotionen sowie die Nutzung von Emotionen z.B. im Rahmen von Problemlösungs- oder Entscheidungsprozessen. Für den Kommunikationskontext sind insbesondere die ersten beiden Faktoren von Bedeutung, auf die im Folgenden näher eingegangen werden soll.

- **Erkennen und Ausdruck von Emotionen.** Emotionale Intelligenz umfasst zunächst die Fähigkeit, Emotionen anderer Personen, aber auch eigene emotionale Empfindungen richtig deuten, verstehen und einordnen zu können. Dies schließt außerdem die Fähigkeit ein, emotionale Empfindungen zuverlässig von anderen Befindlichkeiten und Regungen unterscheiden zu können. Das bildet die Voraussetzung dafür, emotionale Informationen im Rahmen sozialer Interaktions- und interpersonaler Kommunikationsprozesse sinnvoll nutzen zu können (vgl. Salovey, Hsee & Mayer, 2001).
  Emotionen können im interpersonalen Kontext zum einen nonverbal über den spezifischen emotionalen Ausdruck, zum anderen aber auch verbal vermittelt werden. Für die interpersonale Kommunikation können sich Schwierigkeiten einerseits daraus ergeben, dass es Personen nicht gelingt, aus dem wahrgenommenen Emotionsausdruck korrekt abzuleiten, wie sich der jeweilige Kommunikationspartner gerade fühlt. Zum anderen können Probleme dadurch entstehen, dass Personen ihre eigenen emotionalen Befindlichkeiten mithilfe der Mimik und anderer nonverbaler Verhaltensweisen nur schlecht zum Ausdruck bringen können. Und nicht zuletzt

fällt es manchen Menschen schwer, ihre Empfindungen in Worte zu fassen. Das Konzept der Alexithymie geht auf Marty und M'Uzan (1963) zurück und verdeutlicht, wie die Fähigkeit, Emotionen benennen und beschreiben zu können, sich auf interpersonale Kommunikation auswirken kann: Alexithyme Personen zeichnen sich durch eine qualitativ und quantitativ reduzierte Fähigkeit, *eigene* Gefühle benennen, wiedererkennen, beschreiben oder von körperlichen Empfindungen unterscheiden zu können, aus. Dieses emotionale Defizit steht wiederum im Zusammenhang mit einem Kommunikationsstil, der durch eine sachliche, detaillierte Beschreibung von Realitäten der Außenwelt unter Vermeidung von Mitteilungen über eigene Phantasien oder Vorstellungen gekennzeichnet ist und in emotionsbetonten Situationen die Kommunikation erschweren kann (vgl. Berenbaum, 1993).

- **Emotionsregulation.** Dieser Aspekt emotionaler Intelligenz umfasst zum einen die Fähigkeit, eigene emotionale Empfindungen sowie den damit verbundenen emotionalen Ausdruck situationsangemessen kontrollieren zu können. Der verbale und nonverbale Ausdruck von Emotionen unterliegt gruppenspezifischen und gesellschaftlichen, aber auch kulturellen Regeln und Normen (so genannten „Darstellungsregeln“ bzw. „display rules“). Darstellungsregeln „spezifizieren, welcher Gesichtsausdruck in unterschiedlichen Situationen angemessen oder unangemessen ist“ (Meyer, Schützwohl & Reisenzein, 1999, S. 70). Ekman (1972) postuliert, dass interkulturelle Unterschiede im emotionalen Ausdrucksverhalten auf solche kulturspezifischen Regeln zurückgeführt werden können. Ob der emotionale Ausdruck kontrolliert wird und wenn ja, wie diese Kontrolle im Einzelnen aussieht, hängt seiner Meinung nach davon ab, ob die betroffene Person für eine akut vorliegende Situation die damit verbundenen Darstellungsregeln als verbindlich erachtet oder nicht (vgl. auch Kap. 10 zu interkultureller Kommunikation). Zum anderen ist mit Emotionsregulation die Fähigkeit gemeint, Einfluss auf die emotionalen Empfindungen anderer Personen nehmen und diese für eigene Ziele und Wünsche nutzen zu können. Die Grundlage der Regulation emotionaler Empfindungen bilden nach Mayer und Gaschke (1988) „metaexperiences of mood“, wonach direkt erlebte Emotionen in Reaktion auf bestimmte Situationen und Ereignisse auf einer reflexiven Ebene kognitiv und affektiv bewertet werden. Auf diese Weise gehen Emotionen fast immer mit Gedanken und Empfindungen einher, die den aktuellen emotionalen Zustand z.B. im Hinblick auf seine Angemessenheit oder Erwünschtheit in der jeweiligen Situation bewerten. Als Resultat solcher Metaerfahrungen kann ein als unerwünscht bzw. unangemessen empfundenes emotionales Befinden durch entsprechende Kognitionen und Strategien reguliert oder modifiziert werden (z.B. kognitive Umdeutung, Bagatellisierung der emotionsauslösenden Situation, Leugnung aktuell erlebter Gefühle; vgl. Salovey, Hsee & Mayer, 2001; für eine Übersicht s. Parrott, 1993).

Obwohl die Einflussnahme auf Emotionen anderer bislang wenig erforscht ist, gibt es Hinweise darauf, dass es Personen vor allem dann gelingt, die emotionalen Befindlichkeiten anderer Personen zu beeinflussen, wenn sie ihre eigenen Empfindungen zurückstellen und sich ganz auf die emotionalen Reaktionen ihres Gegenübers konzentrieren: Hochschild (1983) konnte beispielsweise nachweisen, dass sich Personen in Dienstleistungsberufen (z.B. Flugbegleiter) ganz auf die Wünsche und Befindlichkeiten ihrer Kunden konzentrieren und eigene Empfindungen im Gegensatz dazu stark regulieren und kontrollieren. Ergebnisse verschiedener Untersuchungen zur Selbstoffenbarung („self-disclosure“) konnten allerdings auch zeigen, dass sich die übermäßige Kontrolle emotionaler Empfindungen im Gegensatz zu einem offenen Berichten von Emotionen und Kognitionen negativ auf die Gesundheit auswirkt (vgl. für einen Überblick Pennebaker, 1995).

Insgesamt bleibt festzuhalten, dass die Fähigkeit zur Emotionsregulation als Voraussetzung für eine gelingende interpersonale Kommunikation angesehen werden kann. Dies gilt für die Unterdrückung unangemessener Emotionen, deren unregulierter Ausdruck ansonsten zu negativen Konsequenzen führen könnte, wie auch für den Ausdruck angemessener emotionaler Empfindungen, bei denen sich umgekehrt die Unterdrückung nachteilig auswirken könnte.

7.2.3 Funktionen und Wirkungen von Emotionen im Kontext direkter interpersonaler Kommunikation

Mit der Funktion von Emotionen und ihrem spezifischen Ausdruck haben sich vor allem Vertreter evolutionstheoretischer Ansätze befasst (vgl. Abschnitt 7.1.3 über verschiedene Theorien zur Entstehung von Emotionen). Da die Vorfahren des Menschen vermutlich ähnlich wie Menschen heute in sozialen Gefügen lebten, stellt sich die Frage, welche Funktionen Emotionen im Rahmen des sozialen Zusammenlebens erfüllen konnten. Darwin (1872) und Ekman (1972) postulieren, dass sich der Ausdruck von Emotionen hauptsächlich aufgrund seiner kommunikativen Funktion herausgebildet hat.

Intrapersonale Ebene. Auf der intrapersonalen Ebene können Emotionen Informations- und Selbststeuerungsfunktion haben: Bewusst wahrgenommene emotionale Empfindungen, die durch die Bewertung von Ereignissen, Veränderungen und Bedingungen in der sozialen Umwelt ausgelöst wurden, geben dem Individuum Aufschluss über seine aktuell vorliegenden Handlungsimpulse und Verhaltensabsichten. Die mit dem emotionalen Empfinden einhergehenden physiologischen Veränderungen und kognitiven Prozesse bereiten es zudem auf entsprechende Verhaltensweisen bzw. -änderungen vor (vgl. u.a. Oatley & Jenkins, 1996; Clore, 1994).

Dyaden- und Gruppenebene. Keltner und Haidt (2001) gehen davon aus, dass Emotionen als schnell und weitestgehend automatisch und unbewusst ablaufende Prozesse soziale Beziehungen und Interaktionen zwischen Menschen koordinieren, organisieren und strukturieren. Im Hinblick auf dyadische Interaktionen liegt das Hauptaugenmerk der Forschung auf der Bedeutung von Emotionen in engen sozialen Beziehungen (z.B. Freundschaften, Liebesbeziehungen). Auf der Gruppenebene liegen die Interessensschwerpunkte auf kollektiv empfundenen Emotionen, Emotionen gegenüber anderen Gruppen sowie in Verbindung mit bestimmten sozialen Rollen innerhalb der Gruppe.

Betrachtet man zunächst den nonverbalen Emotionsausdruck hinsichtlich seiner sozialen Funktion, so bietet dieser für den Menschen als soziales Wesen vor allem aufgrund seiner kommunikativen Wirkung einen Vorteil: Emotionen anderer Personen können schnell und einfach wahrgenommen werden, und gleichzeitig werden damit verknüpfte Gedanken, Verhaltensabsichten, Wünsche und Bedürfnisse des Gegenübers transparent. Dies erlaubt es, den weiteren Verlauf der zwischenmenschlichen Interaktion vorwegzunehmen, und ermöglicht es, das eigene Verhalten entsprechend darauf anzupassen.

Soziale Interaktionen werden weiterhin auch durch die verbale Kommunikation emotionaler Erlebnisse geformt („social sharing“; Christophe & Rimé, 2001, S. 240). Untersuchungen von Rimé, Mesquita, Philippot und Boca (1991) zufolge berichten 90 bis 96 % der Befragten, dass sie sich schon einmal mit anderen Personen über emotionale Erlebnisse ausgetauscht und unterhalten haben, wobei es sich hierbei in aller Regel um Personen aus dem näheren sozialen Umfeld handelte (z.B. Eltern, Geschwister, Partner; Christophe & Rimé, 2001, S. 240; für eine Übersicht s. Rimé, Philippot, Boca & Mesquita, 1992). Durch die verbale Mitteilung emotionaler Erlebnisse und die kontinuierliche Selbstoffenbarung persönlich relevanter Informationen („self-disclosure“, vgl. Abschnitt 7.2.2) gewinnen die jeweiligen Interaktionspartner ein gemeinsam geteiltes Wissen, dessen Existenz ihnen bei weiteren Interaktionen explizit bewusst ist und auf das sie in der interpersonalen Kommunikation zurückgreifen können (vgl. Dindia, 1997). Darüber hinaus können auch Einschätzungen über die Qualität der dyadischen Beziehung zum Inhalt von Selbstoffenbarungen werden; daraus ergibt sich eine gemeinsame Vorstellung der Beziehungspartner dazu, was ihre Beziehung ausmacht und wie sie zueinander stehen (vgl. auch Derlega, Metts, Petronio & Margulis, 1993). Emotionale Selbstoffenbarungen können auch als Instrument der Intimitätsregulation dienen, weil sie ein Angebot zur Steigerung des Intimitätsgrads einer Beziehung darstellen, das vom jeweiligen Empfänger entweder zustimmend oder ablehnend behandelt werden kann (vgl. Dindia, 1997; Petronio, 2000).

Was die sozialen Funktionen von Emotionen für dyadische Interaktionen angeht, so ist ein weiterer Forschungsschwerpunkt die Betrachtung von Wirkungen, die eine Kommunikation von Emotionen nach sich zieht. Ergebnisse verschiedener Studien (für einen Überblick s. Keltner & Haidt, 2001) konnten beispielsweise zeigen, dass eine emotionale Kommunikation beim Interaktionspartner komplementäre emotionale Reaktionen mit entsprechenden Verhaltensweisen hervorrufen: So können Wut- und Ärgeräußerungen Unbehagen und Angst auslösen, während die Kommunikation von Kummer und Trauer häufig zu Mitleid und tröstenden Verhaltensweisen führt. Bezogen auf die Auswirkungen wahrgenommener Emotionen bilden Untersuchungen zur emotionalen Ansteckung einen weiteren wichtigen Forschungsschwerpunkt: In zahlreichen Studien ließ sich das Phänomen empirisch belegen, dass sich Menschen durch den emotionalen Zustand einer anderen Person beeinflussen bzw. anstecken lassen (für einen Überblick s. Hatfield, Cacioppo & Rapson, 1994).

Zu den sozialen Funktionen von Emotionen auf Gruppenebene gibt es bislang nur wenige empirische Untersuchungen. Vorliegende Studien zeigen jedoch, dass Emotionen innerhalb von Gruppen dazu beitragen, dass man die eigene Gruppe in Abgrenzung zu anderen Gruppen definieren kann: So stärken kollektiv empfundene Emotionen (z.B. die gemeinsame Begeisterung für eine Sache oder die kollektiv empfundene Abneigung gegenüber Personen, die nicht der Gruppe angehören) einerseits das Gefühl der Gruppenzugehörigkeit und machen es den Mitgliedern der Gruppe andererseits leichter, die eigene Gruppe klar von anderen abzugrenzen (vgl. Heise & O'Brien, 1993; Frijda & Mesquita, 1994).

Darüber hinaus können bestimmte emotionale Empfindungen Aufschluss über die Rolle und den sozialen Status einzelner Mitglieder innerhalb der Gruppe geben (vgl. Keltner & Haidt, 2001): Beispielsweise gehen Emotionen wie Mitgefühl und Mitleid in aller Regel mit einer unterstützenden und fürsorgenden Rolle innerhalb der Gruppe einher. Dagegen können Emotionen wie z.B. Scham, Schuld und Reue vor allem bei Gruppenmitgliedern mit einem niedrigen sozialen Status beobachtet werden.

Nicht zuletzt geben Beobachtungsbefunde von de Waal (1996) an Schimpansen Hinweise darauf, dass der emotionale Einklang einer Gruppe bei der Lösung von Problemen hilfreich ist und offensichtlich in bestimmten Situationen einen hohen Überlebenswert mit sich bringt, wenn man etwa an die Koordination von Flucht- oder Kampfverhalten denkt (vgl. auch Ekman, 1999a, 1999b).

7.2.4 Besonderheiten medial vermittelter interpersonaler Kommunikation

Bei den bisherigen Ausführungen lag der Schwerpunkt auf der Betrachtung der direkten interpersonalen Kommunikation. Im Rahmen der Betrachtung medial vermittelter Kommunikationsformen konzentrieren wir uns nun in diesem Unterkapitel auf die Besonderheiten computervermittelter zwischenmenschlicher Kommunikation. In diesem Zusammenhang soll ausschließlich auf textbasierte Kommunikationsformen eingegangen werden, wie sie in E-Mails, Chats, Internetforen und Newsgroups üblich sind.

Im Vergleich zur Situation bei der Face-to-face-Kommunikation zeichnet sich die computervermittelte zwischenmenschliche Kommunikation aufgrund der fehlenden „Kopräsenz" der Interaktionspartner durch eine erhebliche Kanalreduktion sowie – wenn auch nur bezogen auf einige Kommunikationsformen (z.B. bei E-Mail, Mailinglisten, Newsgroups) – durch einen asynchronen, also zeitversetzten Verlauf aus (vgl. auch Abschnitt 14.3 zu den Unterschieden und Gemeinsamkeiten zwischen direkter und medialer Individualkommunikation). Da die Kommunikationspartner nur „textuell präsent" sind (Döring, 2003, S. 149), fehlen während des Kommunikationsprozesses auditive, visuelle oder taktile Hinweisreize (z.B. der mimische Ausdruck, Stimmlage und Tonfall), die Aufschluss über aktuell erlebte emotionale Empfindungen geben und dadurch die Einordnung und Deutung des Geschriebenen erleichtern könnten.

Vor diesem Hintergrund sprechen verschiedene Autoren bei der computervermittelten Kommunikation auch von einer „Verarmung der Kommunikation", da „gemeinsame Handlungsmöglichkeiten und verfügbare Zeichensysteme" im Kommunikationsprozess stark reduziert sind und die computervermittelte Kommunikation daher insbesondere für die Kommunikation von emotionalen Empfindungen ungeeignet erscheint (vgl. Döring, 2003, S. 149).

Die Besonderheiten textbasierter computervermittelter Kommunikation ermöglichen es jedoch, dass neue expressive Sprachmittel und Symbole entstehen (z.B. Emoticons, Soundwörter, Aktionswörter, Emoting). Diese können bis zu einem gewissen Grad nonverbale Hinweise auf emotionale Zustände kompensieren und ausgleichen. Ihr Einsatz im Rahmen des Kommunikationsprozesses erfolgt im Gegensatz zu den nonverbalen Botschaften der Face-to-face-Kommunikation oftmals stärker durchdacht und reflektiert (vgl. Döring, 2003). Generell sollte daher davon abgesehen werden, computervermittelte Kommunikation von vorneherein als defizitär einzustufen und von einer grundsätzlichen Überlegenheit der Face-to-face-Kommunikation auszugehen. Zwar lässt das Fehlen emotionaler Hinweisreize in der textbasierten Kommunikation einerseits die Wahrscheinlichkeit von Missverständnissen höher werden und vergrößert das Risiko, die hinter den Textbeiträgen stehenden Menschen aus den Augen zu verlieren. Eine über Computer vermittelte Kommunikation bietet andererseits aber auch Chancen, da gerade wegen des Fehlens nonverbaler, sozialer oder soziodemographischer Hintergrundinformationen „soziale Hemmungen, Hürden, Privilegien und Kontrollen" schneller abgebaut werden können (ebd., S. 155). Somit können z.B. im Rahmen von Online-Selbsthilfegruppen persönliche Probleme und Schwierigkeiten schneller angegangen und bewältigt werden. Hilfesuchende sind aufgrund der Anonymität und des Fehlens emotionaler und wertender Signale bei ihrem Kommunikationspartner oftmals eher bereit, intime Informationen über sich preiszugeben, so dass man auf diese Weise rascher zum Kern eines Problems und möglichen Lösungswegen vordringen kann.

7.3 Emotionen im Kontext von Massenkommunikation

Insbesondere audiovisuelle Medien sind in der Lage, neben Wissen und Informationen auch emotionale Eindrücke und Erfahrungen unterschiedlicher Art und Intensität zu vermitteln. Im Kontext der Massenkommunikation lassen sich drei Forschungsschwerpunkte voneinander trennen: die Erforschung der Entstehung von Emotionen bei der Nutzung von Massenmedien, die Erforschung von Funktionen und Motiven der Mediennutzung sowie die Medienwirkungsforschung (vgl. für eine Übersicht Schramm & Wirth, 2006).

7.3.1 Die Entstehung von Emotionen im massenmedialen Kontext

Emotionale Darstellungen nehmen in den Massenmedien eine wichtige Rolle ein: Man denke an die

Darstellung echter emotionaler Reaktionen (z.B. innerhalb von Spielshows, Sportberichterstattungen sowie Nachrichtenbeiträgen zu Naturkatastrophen und Kriegsereignissen) oder aber an fiktionale Emotionsreaktionen in Spielfilmen und Fernsehserien. Im Rahmen seiner Theorie der Entstehung von Emotionen im medialen Kontext beschäftigt sich Scherer (1998) mit der Frage, inwieweit solche medial inszenierten Emotionsdarstellungen beim Zuschauer ebenfalls Emotionen auslösen können und inwiefern sich solche medial ausgelösten Emotionen von Emotionen mit realen Auslösern unterscheiden. Ein wesentlicher Unterschied besteht nach Auffassung von Scherer (1998) zum einen darin, dass Ereignisse, über die in den Massenmedien berichtet wird, nicht nur für eine einzelne Person, sondern für eine Vielzahl von Personen bedeutsam sind. Daraus folgt jedoch, dass ihre Bedeutsamkeit für die individuelle aktuelle Motivationslage in aller Regel geringer ist als bei Ereignissen, die persönlich von Belang sind. Ereignisse, die in den Medien dargestellt werden, sind daher nicht unbedingt für individuelle Ziele ausschlaggebend, sondern betreffen vielmehr Werte, die Gemeingut einer Kultur sind (z.B. das Gerechtigkeitsempfinden oder die Vereinbarkeit gezeigter Handlungen mit sozialen Normen und Standards). Zum anderen nimmt der Autor an, dass sich von den Medien hervorgerufene Emotionen im Hinblick auf die Struktur der ihnen zugrunde liegenden Bewertungsprozesse wie auch hinsichtlich der Dauer und Intensität der einzelnen emotionalen Reaktionskomponenten von real ausgelösten Emotionen unterscheiden.

Scherer (1998) postuliert in seinem Modell drei Möglichkeiten der Emotionsentstehung: Bewertungsprozesse („appraisal"), stellvertretendes Mitfühlen und „emotionale Ansteckung".

(1) **Bewertungsprozesse.** Zunächst besteht die Möglichkeit, dass der Rezipient von dem Ereignis, das die Emotionen der medial dargestellten Person auslöst, selbst betroffen ist. In einem solchen Fall wäre ein „normaler" Emotionsprozess die Folge, d.h., die emotionale Reaktion des Zuschauers ist eine direkte Folge dessen, wie er die Relevanz des Ereignisses für seine eigenen Ziele und Werte bewertet. Gleichzeitig kann die medial beobachtete emotionale Reaktion des Medienakteurs auf das emotionsauslösende Ereignis zusätzlich zu einer weiteren eigenen emotionalen Reaktion des Zuschauers führen; dies kann die Reaktion auf das eigentliche Ereignis zwar modifizieren, jedoch nicht in ihrer Natur verändern. Beispielsweise kann der Zuschauer feststellen, dass die beobachtete Person von dem Ereignis noch wesentlich stärker betroffen ist als er selbst, oder aber die Empfindung haben, dass die Person auf dem Bildschirm überreagiert.

(2) **Stellvertretendes Mitfühlen.** Der vermutlich größte Teil der Emotionsdarstellungen in den Medien besteht jedoch aus gespielten, also inszenierten oder von Schauspielern dargestellten Emotionsreaktionen auf Ereignisse und Situationen, die den Zuschauer nicht persönlich betreffen. Daher besteht die zweite Möglichkeit darin, dass Emotionen durch ein „stellvertretendes Mitfühlen" der wahrgenommenen Emotionen ausgelöst werden. Inszenierte oder geschauspielerte Emotionsreaktionen sind in aller Regel in einen Handlungszusammenhang eingebettet. Dieser erlaubt es dem Rezipienten, das emotionsauslösende Ereignis zumindest als Idee zu begreifen und die zugrunde liegenden Bewertungsprozesse bei den Medienakteuren stellvertretend nachzuempfinden. Nach Scherer (1998) ist die emotionale Reaktion des Zuschauers in diesem Zusammenhang dadurch begründet, dass er die Bewertungen des Senders nachvollzieht („mitfühlt"); es handelt sich somit um eine empathische Reaktion. Das Ergebnis dieses Nachempfindens ruft schließlich beim Rezipienten eine entsprechende eigene Emotion hervor, die so genannte „Mit-Emotion" oder auch „Kommotion" (ebd., S. 280). Scherer unterscheidet weiterhin zwischen einer symmetrischen (also einer der Emotion des Senders ent-

sprechenden) und einer asymmetrischen (also einer dem Medienakteur entgegengesetzten) Kommotion. Ähnlich wie bei den bereits erläuterten affektiven Dispositionen von Zillmann (2004; vgl. auch Abschnitt 7.2.1) im Rahmen seiner Dispositionstheorie stellt die Sympathie mit dem Medienakteur den wesentlichen Einflussfaktor für die Herausbildung von symmetrischen oder asymmetrischen Kommotionen dar: Wenn eine Abneigung oder gar Feindseligkeit gegenüber der Medienperson vorhanden ist, so vermutet Scherer (1998), dass eine asymmetrische Kommotion entsteht; sie kann sich z.B. darin äußern, dass wahrgenommener oder auch nur vermuteter Ärger bei einer negativ bewerteten Person für den Rezipienten Anlass zur Freude ist.

(3) **Emotionale Ansteckung.** Als dritte Möglichkeit, emotionale Reaktionen im Medienkontext auszulösen, nennt Scherer die „emotionale Ansteckung" des Rezipienten durch das Ausdrucksverhalten des Medienakteurs (vgl. Abschnitt 7.2.1).

7.3.2 Emotionale Funktionen der Massenkommunikation

Massenmedien können der Befriedigung einer ganzen Reihe von mit Emotionen verbundenen Bedürfnissen dienen (s. Kasten mit Beispielen für emotionale Funktionen und Motive der Mediennutzung).

Im Folgenden sollen nun einige wenige Aspekte erläutert werden, die in der Fachliteratur besonders häufig im Zusammenhang mit Emotionen im massenmedialen Kontext genannt werden.

Stimmungsregulation durch Medien. Im Rahmen seiner Mood-Management-Theorie geht Zillmann (1988a, 1988b) davon aus, dass der Mediennutzung hedonistische Motive zugrunde liegen. Das heißt, Personen gestalten ihre Mediennutzung so, dass dadurch negative Befindlichkeiten minimiert und positive maximiert werden. Innerhalb dieser Theorie nimmt das psychophysiologische Erregungsniveau einen zentralen Stellenwert ein. Zillmann postuliert, dass ein mittleres Erregungsniveau im Hinblick auf das individuelle Wohlbefinden als optimal erlebt wird, während Abweichungen davon als unangenehm bewertet werden (so wird beispielsweise ein extrem niedriges Erregungsniveau als Langeweile, ein extrem hohes dagegen als Stress empfunden). Ist nun das subjektive Wohlbefinden durch ein zu hohes oder zu niedriges Erregungsniveau beeinträchtigt, strebt das Individuum danach, seine Umgebung derart zu gestalten und dabei gegebenenfalls solche Medieninhalte auszuwählen, dass dadurch das für sein Wohlbefinden optimale Erregungsniveau wiederhergestellt werden kann.

Präferenzen für bestimmte Medienangebote entwickeln sich aufgrund von Lernerfahrungen, die im Hinblick auf die Stimmungsregulation mit den Angeboten gemacht werden konnten. Zunächst erfolgt die Auswahl bestimmter Medienangebote eher zufällig. Dabei hinterlassen Medienangebote, die in der Lage sind, negative Stimmungen zu beenden bzw. zu mindern oder aber positive Stimmungen aufrechtzuerhalten oder gar zu intensivieren, deutlichere Erinnerungsspuren als Medienangebote, denen

Beispiele für emotionale Funktionen und Motive der Mediennutzung

- Spaß und Unterhaltung,
- Spannung und Aufregung,
- Beseitigung von Langeweile,
- Entspannung und Stressabbau,
- Ablenkung von Problemen und unangenehmen Erlebnissen,
- Eskapismus,
- Stimmungsregulation (Mood Management),
- Stimmungsausgleich und Bewältigung von Emotionen (z.B. Wut, Angst),
- Sensationslust und Voyeurismus (Sensation Seeking),
- Kompensation emotionaler Defizite,
- Erleben intensiver Gefühle (Emotion Seeking).

dies nicht gelingt. In vergleichbaren Situationen werden sie schließlich mit einer höheren Wahrscheinlichkeit wieder ausgewählt als andere Medienangebote.

Für die Medienwahl bedeutet dies, dass sich Individuen mit einem extrem niedrigen Erregungsniveau eher für abwechslungsreiche, potenziell anregende Programme entscheiden, wohingegen Individuen mit einem extrem hohen Erregungsniveau eher weniger abwechslungsreiche, potenziell beruhigende Programme wählen. Die Annahmen der Mood-Management-Theorie konnten durch empirische Ergebnisse von Zillmann und seinen Mitarbeitern gut bestätigt werden.

Neben dem Erregungspotenzial eines Medienangebots berücksichtigte Zillmann aber auch das Ablenkungs- bzw. Absorptionspotenzial und die Ähnlichkeit des Medieninhalts mit der aktuellen Situation des Mediennutzers. Hierbei zeigte sich, dass schlechte Stimmungen durch stark ablenkende Medieninhalte, die wenig mit den ursprünglichen Stressoren zu tun haben, oder durch den Konsum lustiger Medieninhalte abgebaut oder beendet werden konnten. Positive Stimmungen konnten dagegen insbesondere durch wenig ablenkende Medieninhalte, oder aber durch Medieninhalte mit starkem Bezug zur Situation des Rezipienten aufrechterhalten oder verstärkt werden (vgl. für einen Überblick Zillmann, 1988b).

Sensation Seeking. Unter „Sensation Seeking" versteht man nach Zuckerman (1979, 1991) ein Persönlichkeitsmerkmal, das mit einem stark ausgeprägten Bedürfnis nach Stimulation und Erregung einhergeht. Ähnlich wie bei der Mood-Management-Theorie spielt hierbei das psychophysiologische Erregungsniveau eine zentrale Rolle: So brauchen Sensation Seeker starke Sinneseindrücke, um ihre psychophysiologische Erregung auf einem für sie angenehmen, aber im Vergleich zu anderen Personen sehr hohen Niveau zu halten. Typischerweise bevorzugen sie gefährliche Sportarten (z.B. Fallschirmspringen), neigen im Straßenverkehr zu riskanten Fahrmanövern und pflegen häufiger einen unkonventionellen Lebensstil (z.B. im Hinblick auf sexuelle Promiskuität; vgl. Schmitt, 2004; Zuckerman, 1994). Neben realen Erfahrungen bieten aber auch stellvertretende Erfahrungen aus der Rezeption bestimmter Medieninhalte die Möglichkeit, das Bedürfnis nach Stimulation und Erregung zu stillen. Verschiedene Studien konnten zeigen, dass Sensation Seeker generell Medienangebote bevorzugen, die in der Lage sind, besonders intensive – seien es positive oder negative – emotionale Erlebnisse hervorzurufen. Demzufolge äußern Sensation Seeker mehr Gefallen an sexuellen oder pornographischen Medienangeboten und zeigen eine Vorliebe für Abenteuer-, Action- und Horrorfilme (für einen Überblick vgl. Burst, 2003; Schmitt, 2004).

Eskapismus. Der Begriff „Eskapismus" geht auf das Konzept von Katz und Foulkes (1962) zurück, wonach die Aufgaben, Anforderungen und Rollenerwartungen des täglichen Lebens Spannungen erzeugen, die „von Deprivationen und Entfremdung herrühren" (Schenk, 2002, S. 628). „Eskapistische Medieninhalte" – hierbei handelt es sich vor allem um fiktive Inhalte mit einem starken Absorptionspotenzial – laden den Zuschauer ein, sich passiv zu entspannen und an einer anderen Welt teilzuhaben. Sie verleiten ihn dazu, in diese Welt abzutauchen und seine alltäglichen Sorgen und Probleme – zumindest eine Zeit lang – zu vergessen bzw. zu verdrängen. Zwar legt das Konzept von Katz und Foulkes den Schwerpunkt vor allem auf die Fernsehnutzung (und die möglichen dysfunktionalen Folgen einer eskapistischen Nutzung, z.B. Rückzug aus dem Alltag, Abkehr von der gesellschaftlichen Partizipation), dennoch sind durchaus auch andere Medien (z.B. Internet, Bücher) dazu geeignet, eskapistische Bedürfnisse zu befriedigen.

Wie verschiedene Studien nachweisen konnten, gibt es darüber hinaus einen Zusammenhang zwischen einer eskapistischen Mediennutzung und vermeidenden Problemlösungs- bzw. Bewältigungsstrategien bei belastenden Lebenssituationen und -ereignissen: Es zeigte sich, dass Menschen mit geringer Lebenszufriedenheit und starken Belastungen im Alltag vor allem dann eskapistische Motive der Mediennutzung anführten, wenn ihnen keine wirksamen oder geeigneten Strategien zur Verfügung standen, um belastende Ereignisse zu bewältigen (vgl. z.B. Kepplinger & Weißbecker, 1997; Schmitz, Alsdorf, Sang & Tasche, 1993).

7.3.3 Emotionale Wirkungen von Massenkommunikation

Generell können Medieninhalte alle Facetten emotionalen Erlebens auslösen: Komödien bringen ihre Rezipienten zum Lachen und machen gute Laune; Horrorfilme oder Berichterstattungen über Katastrophen und Verbrechen können Ängste erzeugen; traurige Geschichten in Büchern oder Filmen können zu Tränen rühren. Dennoch werden emotionale Reaktionen im Vergleich etwa zu kognitiven Effekten von der Wirkungsforschung relativ wenig beachtet.

Forschungsschwerpunkte. Emotionale Medienwirkungen wurden erst ab den späten 1960er Jahren intensiver erforscht. Man konzentrierte sich – mit Blick auf eventuell schädigende Wirkungen durch die Medien – vor allem darauf, negative Emotionen zu untersuchen. Dementsprechend nimmt die Forschung zur Wirkung von Gewaltdarstellungen den größten Raum ein. Mit über 5000 Publikationen bildet sie ein in sich abgeschlossenes Forschungsgebiet (Kunczik & Zipfel, 1998, S. 561). Neben der empirischen Überprüfung verschiedener Wirkungstheorien und Problemgruppenanalysen (z.B. in Bezug auf „Vielseher") liegt hier einer der Schwerpunkte darin, den Einfluss von Gewaltdarstellungen auf aggressive Verhaltensweisen bzw. Aggressivität sowie auf die Ausformung so genannter „ängstlicher Weltbilder" zu erforschen (vgl. Abschnitt 8.5.3 zu Wirkungen von Mediengewalt; für eine Übersicht s. Gleich, 2004; Kunczik, 1998 sowie Schenk, 2002).

In Zusammenhang mit der Forschung zu Gewaltdarstellungen sind auch die Untersuchungen zum so genannten „Erregungstransfer" (engl. Excitation Transfer) zu nennen, wenngleich sich entsprechende Annahmen nicht allein auf die Rezeption von Gewaltdarstellungen beschränken. Der Erregungstransfer basiert nach Zillmann (2004, S. 115) auf dem „Zeitunterschied zwischen neuronal vermittelter rascher Kognition und hormonell vermittelter träger sympathischer Erregung". Die sympathische Erregung kann somit die ursprünglich emotionsauslösende Situation mitunter minutenlang, manchmal stundenlang überdauern und kann infolgedessen das emotionale Erleben in nachfolgenden Situationen und Ereignissen beeinflussen (vgl. auch Zillmann, 1971, 1983). Da der Grad der Erregung in der nachfolgenden Situation auf diese Weise „künstlich" erhöht ist, kann dies zu „gesteigertem emotionalen Reagieren wie auch zu intensiverem emotionalen Erleben" führen (Zillmann, 2004, S. 116). Auf mediale Darstellungen angewendet bedeutet dies, dass Medien durch ihre Inhalte (z.B. sexuelle oder gewalthaltige Darstellungen) und Machart (z.B. schnelle Schnitte) einen unspezifischen Zustand erhöhter physiologischer Erregung herbeiführen können. Insofern liegt es nahe, die physiologische Erregung nicht nur in Zusammenhang mit Gewaltwirkungen zu berücksichtigen, sondern entsprechende Parameter auch bei der Erforschung anderer Wirkungsbereiche von medialen Angeboten einzubeziehen: so etwa im Hinblick auf den Wissenserwerb durch Medien (vgl. z.B. Sturm, 1991; Zillmann, 1989) oder im Hinblick auf Aufnahme- und Verarbeitungsprozesse während der Medienrezeption (vgl. Zillmann, 1988c). Da sich die Erregung nur langsam abbaut und deshalb möglicherweise über die jeweilige Rezeptionssituation hinaus bestehen bleibt, besteht das Forschungsinteresse außerdem darin, wie sich eine Erregung, die durch Medien ausgelöst wurde, auf Gefühlsempfindungen und Verhaltensweisen außerhalb des medialen Kontextes auswirkt (vgl. auch Tannenbaum, 1978 sowie Abschnitt 8.5.3 zu Wirkungen von Gewaltdarstellungen). In diesem Kontext ist weiterhin als Forschungsgebiet der Einfluss formaler und inhaltlicher Merkmale bzw. dramaturgischer Mittel der Medien zu nennen, die darauf abzielen, Erregungen bzw.

Emotionen zu fördern, sie zu regulieren oder sie abzubauen (vgl. für eine Zusammenfassung Schenk, 2002).

Da auch bei medial ausgelösten emotionalen Reaktionen nicht von einem einfachen Wirkungszusammenhang ausgegangen werden kann, stellt die Erforschung verschiedener intervenierender Variablen einen weiteren Forschungsschwerpunkt dar. Als intervenierende Variablen konnten hierbei die folgenden Variablen identifiziert werden:

- soziodemographische Eigenschaften (insbesondere Alter und Geschlecht),
- aktuelle Befindlichkeiten (z.B. depressive Verstimmungen, Müdigkeit, Langweile) und überdauernde Persönlichkeitsmerkmale des Rezipienten (z.B. Ängstlichkeit),
- das Ausmaß des individuellen Fernsehkonsums und damit möglicherweise verbundene Gewöhnungseffekte.

Des Weiteren zeigte sich auch die psychische und soziale Rezeptionssituation für den Grad der induzierten Erregung bzw. die Intensität der emotionalen Reaktion von Bedeutung (vgl. für eine Übersicht Schenk, 2002).

Bezogen auf das methodische Vorgehen kann seit Anfang der 1990er Jahre beobachtet werden, dass die Anzahl der „breitbandigen Verlaufsstudien" im Rahmen der emotionalen Wirkungsforschung zunimmt. Diese bemühen sich um eine Analyse von Emotionen auf allen drei Ebenen – Erleben, Erregung und Verhalten – und erlauben somit ein tiefgreifenderes Verständnis der emotionalen Wirkungsdynamik (vgl. Mangold, 1998, S. 656). Die bislang durchgeführten verlaufsbezogenen Untersuchungen widmen sich zwar wiederum hauptsächlich der Erforschung negativer Emotionen (z.B. Angst und physiologischer Erregung in Verbindung mit der Rezeption von Spielfilmgewalt; vgl. z.B. Palomba & Stegagno, 1993; Grimm, 1997; Mangold, Winterhoff-Spurk, Hamann & Stoll, 1998). Mangold empfiehlt jedoch, dieses Untersuchungsparadigma in Zukunft – trotz des enormen apparativen Aufwandes – auch auf andere Filmgattungen (z.B. erotische oder humoristische Filme) und Gestaltungsaspekte von Filmen (formale Eigenschaften wie Schnittfrequenzen) auszudehnen.

Obwohl für viele Emotionstheoretiker die Aufklärung der Frage, wie Emotionen zustande kommen und was ihnen ihre spezifische Qualität verleiht, ein zentrales Anliegen ist, fällt bei der bisherigen Forschung zu emotionalen Medienwirkungen auf, dass emotionale Prozesse beim Rezipienten kaum vor dem Hintergrund einer geeigneten Emotionstheorie thematisiert werden. Nach der Auffassung von Mangold (1998) bietet das bereits erläuterte Appraisal-Modell von Scherer (1984), das zunächst allgemeine Aussagen über die Entstehung von Emotionen macht, einen geeigneten Ansatzpunkt hierzu, da es sich auch auf die Situation der Medienrezeption erweitern lässt.

Zusammenspiel von Mediennutzungsmotiven und Medienwirkungen. Das „interaktive Kompensations- und Verstärkungsmodell" von Vitouch (1993) stellt einen ersten Versuch dar, im Rahmen eines Prozessmodells zu verdeutlichen, welchen Einfluss individuelle Merkmale des Rezipienten sowohl auf die Zuwendung zu bestimmten Medieninhalten als auch auf die Wirkungen der ausgewählten Medieninhalte haben. Vitouch (2000) befasst sich hierbei mit den Auswirkungen individueller Angstbewältigungsstrategien auf die Auswahl bestimmter Medieninhalte und die Verarbeitung von Informationen. In diesem Kontext geht er davon aus, dass vor allem „repressive" und „sensibilisierende" Angstabwehrmechanismen für die Informationsverarbeitung und Wissensaneignung problematisch sind. Typisch für Personen mit einer repressiven Angstabwehr ist einerseits, dass sie es vermeiden, sich mit bedrohlichen Situationen auseinander zu setzen, und andererseits, dass sie die Gefährlichkeit bedrohlicher Situationen leugnen, wenn sie dann mit ihnen konfrontiert sind. Dementsprechend wenden sich Personen mit einer repressiven Angstabwehr bevorzugt leicht vorhersagbaren stereotypen Medienangeboten zu, die die Botschaft einer „heilen Welt" vermitteln. Die Folge einer solchen Auseinandersetzung mit der Umwelt bzw. eines solchen Mediennutzungsverhaltens ist eine „reduzierte Informationsaufnahme und mangelnde Differenzierung" (ebd., S. 180). Im Gegensatz dazu zeichnen sich Personen mit einer sensibilisierenden Angstabwehr dadurch aus, dass sie sich aktiv den Gefahren- und Angstreizen zuwenden und sich bewusst mit ihnen beschäftigen. Personen mit einer sensibilisierenden Angstabwehr äußern starkes Interesse an Medienangeboten mit angstbesetzten Inhalten. Allerdings führt das durch die ständige Aufmerksamkeit für angstbesetzte Reize chronisch erhöhte psychophysiologische Erregungsniveau zu einem niedrigen Niveau der Informationsverarbeitung. Indem durch die Mediennutzung „die psychisch Stabilen in ihrer Persönlichkeit eher gefestigt und besser informiert, die psychisch Labilen immer instabiler, ängstlicher und von differenzierten Informationen abgekoppelt werden", tragen Medien dazu bei, eine „emotionale Kluft" entstehen zu lassen (ebd., S. 181), die Vitouch als eigentliche Ursache für die „Wissenskluft" betrachtet (vgl. Gaziano, 1985; Tichenor, Donohue & Olien, 1970). Demnach bestimmt nicht der sozioökonomische Status die raschere Aneignung von Wissen und Informationen, vielmehr können adäquate Angstbewältigungsstrategien, die sich aufgrund günstiger Sozialisationsbedingungen und Dispositionen entwickeln konnten, dazu führen, dass man differenzierter mit Informationen umgeht und sie in überlegener Weise verarbeitet.

Zusammenfassung

- Emotionen sind aktuelle psychische Zustände von Personen, die durch ein charakteristisches subjektives Erleben gekennzeichnet sind, das häufig mit physiologischen Veränderungen und bestimmten Verhaltensweisen einhergeht.
- Emotionen können durch reale, vorgestellte, erinnerte oder über die Medien vermittelte Ereignisse ausgelöst werden. Die Interaktion mit anderen Menschen stellt dabei die wichtigste Quelle emotionaler Empfindungen dar, da viele emotionale Erlebnisse erst durch den Kontakt zu anderen Personen möglich werden.
- Emotionen können sowohl im interpersonalen als auch im massenmedialen Kommunikationskontext durch kognitive Bewertungsprozesse bezogen auf Personen, Situationen und Ereignisse sowie durch stellvertretendes Mitfühlen, emotionale Ansteckung und Perspektivenübernahme ausgelöst werden. Generell können massenmedial vermittelte Inhalte und Ereignisse alle Facetten emotionalen Erlebens auslösen. In aller Regel besitzen sie jedoch eine geringere persönliche Relevanz und betreffen eher Werte, die einer Kultur gemeinsam sind.
- Emotionen und insbesondere der emotionale Ausdruck erfüllen in Interaktions- bzw. Kommunikationssituationen soziale Funktionen. Emotionen stellen als schnelle und weitestgehend unbewusst ablaufende Prozesse Informationen zur Verfügung, mit deren Hilfe Menschen Situationen und Ereignisse sowie eigene Reaktionen und die Verhaltensweisen anderer Personen besser einschätzen können. Auf diese Weise koordinieren, organisieren und strukturieren Emotionen soziale Beziehungen und Interaktionen zwischen Menschen.
- Massenmedien können der Befriedigung einer ganzen Reihe von mit Emotionen verbundenen Bedürfnissen dienen (z.B. Stimmungsregulation, Sensation Seeking, Eskapismus).
- Emotionale Reaktionen auf Massenmedien wurden von der Wirkungsforschung im Vergleich etwa zu kognitiven Wirkungen relativ wenig beachtet. Sie wurden erst ab den späten 1960er Jahren intensiver erforscht, und man konzentrierte sich mit Blick auf eventuell schädigende Wirkungen durch die Medien vor allem darauf, negative Emotionen zu unter- ▶

suchen. Forschungsschwerpunkte bilden Untersuchungen zum „Erregungstransfer“ sowie zum Einfluss formaler und inhaltlicher Merkmale bzw. dramaturgischer Mittel auf Erregungen und Emotionen. Da man auch bei medial ausgelösten emotionalen Reaktionen nicht von einem einfachen Wirkungszusammenhang ausgehen kann, stellt die Erforschung verschiedener intervenierender Variablen einen weiteren Schwerpunkt dar.

- Das Zusammenspiel von personalen Merkmalen, Mediennutzungsmotiven und Medienwirkungen aufseiten des Rezipienten wird im Rahmen des „interaktiven Kompensations- und Verstärkungsmodells“ von Vitouch (1993) am Beispiel des Einflusses verdeutlicht, den individuelle Angstbewältigungsstrategien auf die Auswahl bestimmter Medieninhalte und die Verarbeitung von Informationen ausüben. Adäquate Angstbewältigungsstrategien ermöglichen es demnach, differenzierter mit Informationen umzugehen, sie in überlegener Weise zu verarbeiten und sich Wissen rascher anzueignen.

Leseempfehlung

- Meyer, W.-U., Reisenzein, R. & Schützwohl, A. (2001). Einführung in die Emotionspsychologie. Band I: Die Emotionstheorien von Watson, James und Schachter. Bern: Hans Huber.
- Meyer, W.-U., Schützwohl, A. & Reisenzein, R. (1999). Einführung in die Emotionspsychologie. Band II: Evolutionspsychologische Emotionstheorien. Bern: Hans Huber.
- Parrott, G. (2001). Emotions in social psychology. Philadelphia: Psychology Press.
- Reisenzein, R., Meyer, W.-U. & Schützwohl, A. (2003). Einführung in die Emotionspsychologie. Band III: Kognitive Emotionstheorien. Bern: Hans Huber.
- Schramm, H. & Wirth, W. (2006). Medien und Emotionen. Bestandsaufnahme eines vernachlässigten Forschungsfeldes aus medienpsychologischer Perspektive. Medien & Kommunikationswissenschaft, 54(1), 25–55.
- Zillmann, D. (2004). Emotionspsychologische Grundlagen. In R. Mangold, P. Vorderer & G. Bente (Hrsg.), Lehrbuch der Medienpsychologie (S. 101–128). Göttingen: Hogrefe

Literatur

Berenbaum, H. (1993). Alexithymia and movie preferences. Psychotherapy and Psychosomatics, 59, 173–178.

Burst, M. (2003). Sensation Seeking in der Medienpsychologie. In M. Roth & P. Hammelstein (Hrsg.), Sensation Seeking – Konzeption, Diagnostik und Anwendung (S. 235–252). Göttingen: Hogrefe.

Cannon, W.B. (1927). The James-Lange theory of emotion: A critical examination and an alternative theory. American Journal of Psychology, 39, 106–124.

Christophe, V. & Rimé, B. (2001). Exposure to the social sharing of emotion: Emotional impact, listener responses and secondary social sharing. In G. Parrott (Ed.), Emotions in social psychology (p. 239–250). Philadelphia: Psychology Press.

Clore, G. (1994). Why emotions are felt. In P. Ekman & K.J. Davidson (Eds.), The nature of emotion (pp. 103–111). New York: Cambridge University Press.

Damasio, A.R. (1994). Descartes' error. Emotion, reason, and the human brain. New York: Putnam's Sons.

Darwin, C. (1965). The expression of the emotions in man and animals. Chicago: Chicago University Press (Original erschienen 1872).

de Waal, F.B.M. (1996). Good natured. Cambridge, MA: Harvard University Press.

Derlega, V.J., Metts, S., Petronio, S. & Margulis, S.T. (1993). Self-disclosure. Thousand Oaks, CA: Sage.

Dindia, K. (1997). Self-disclosure, self-identity, and relationship development: A transactional/dialectical perspective. In S. Duck (Ed.), Handbook of personal relationships: Theory, research and interventions (pp. 411–426). New York: Wiley.

Döring, N. (2003). Sozialpsychologie des Internet. Die Bedeutung des Internet für Kommunikationsprozesse, Identitäten, soziale Beziehungen und Gruppen. Göttingen: Hogrefe.

Ekman, P. (1972). Universal and cultural differences in facial expressions of emotion. In J.R. Cole (Ed.), Nebraska symposium on motivation (pp. 207–283). Lincoln, NE: University of Nebraska Press.

Ekman, P. (1999a). Basic emotions. In T. Dalgleish & M.J. Power (Eds.), Handbook of cognition and emotion (pp. 45–60). Chichester: John Wiley.

Ekman, P. (1999b). Facial Expressions. In T. Dalgleish & M. Power (Eds.), Handbook of cognition and emotion (pp. 301–320). Chichester: John Wiley.

Ekman, P. & Friesen, W.V. (1978). Investigator's guide: Facial Action Coding System. Palo Alto, CA: Consulting Psychologists Press.

Euler, H.A. (2000). Evolutionstheoretische Ansätze. In J.H. Otto, H.A. Euler & H. Mandl (Hrsg.), Emotionspsychologie – ein Handbuch (S. 45–63). Weinheim: Psychologie Verlags Union.

Frijda, N. & Mesquita, B. (1994). The social roles and functions of emotions. In S. Kitayama & H. Marcus (Eds.), Emotion and culture: Empirical studies of mutual influences (pp. 51–87). Washington, DC: American Psychological Association.

Gardner, H. (1983). Frames of mind. New York: Basic Books.

Gaziano, C. (1985). The knowledge gap: An analytical review of media effect. In M. Gurevitch & M.R. Levy (Eds.), Mass communication review yearbook (Vol. 5, pp. 462–502). Beverly Hills, CA: Sage.

Gleich, U. (2004). Medien und Gewalt. In R. Mangold, P. Vorderer & G. Bente (Hrsg.), Lehrbuch der Medienpsychologie (S. 587–618). Göttingen: Hogrefe.

Grimm, J. (1997). Physiologische und psychosoziale Aspekte der Fernsehgewalt-Rezeption: TV-Gefühlsmanagement zwischen Angst und Aggressionen. Medienpsychologie, 9(2), 127–167.

Hatfield, E., Cacioppo, J.T. & Rapson, R.L. (1994). Emotional contagion. Cambridge, MA: Cambridge University Press.

Heise, D.R. & O'Brien, J. (1993). Emotion expression in groups. In M. Lewis & J.M. Haviland (Eds.), Handbook of emotions (pp. 489–498). New York: Guilford Press.

Hochschild, A.R. (1983). The managed heart: Commercialization of human feeling. Berkeley: University of California Press.

James, W. (1884). What is an emotion. Mind, 9, 188–205.

Janke, W. & Debus, G. (1984) Die Eigenschaftswörterliste EWL. Göttingen: Hogrefe.

Katz, E. & Foulkes, D. (1962). On the use of the mass media as „escape“: Clarification of a concept. Public Opinion Quarterly, 26, 377–388.

Keltner, D. & Haidt, J. (2001). Social functions of emotions at four levels of analysis. In G. Parrott (Ed.), Emotions in social psychology (pp. 175–184). Philadelphia: Psychology Press.

Kepplinger, H.M. & Weißbecker, H. (1997). Geborgte Erfahrungen. Der Einfluß enttäuschter Lebensentwürfe auf die Nutzung von Fernsehunterhaltung. Medienpsychologie, 9, 57–74.

Kleinginna, P.R. & Kleinginna, A.M. (1981). A categorized list of emotion definitions, with suggestions for a consensual definition. Motivation and Emotion, 5, 345–379.

Kruse, O. (2000). Psychoanalytische Ansätze. In J.H. Otto, H.A. Euler & H. Mandl (Hrsg.), Emotionspsychologie. Ein Handbuch (S. 64–74). Weinheim: Psychologie Verlags Union.

Kunczik, M. (1998). Gewalt und Medien. Wien: Böhlau.

Kunczik, M. & Zipfel, A. (1998). Wirkungen von Gewaltdarstellungen. In W. Klingler, G. Roters & O. Zöllner (Hrsg.), Fernsehforschung in Deutschland. Themen – Akteure – Methoden (S. 561–578). Baden-Baden: Nomos Verlagsgesellschaft.

Lange, C. (1887). Ueber Gemüthsbewegungen. Leipzig: Theodor Thomas.

Lazarus, R.S. (1968). Emotions and adaption: Conceptual and empirical relations. In W.J. Arnold (Ed.), Nebraska symposium on motivation, 1968 (pp. 175–266). Lincoln, NE: University of Nebraska Press.

LeDoux, J. (1996). The emotional brain: The mysterious underpinnings of emotional life. New York: Simon & Schuster.

Leibetseder, M., Laitreiter, A.-R., Riepler, A. & Köller, T. (2001). E-Skala: Fragebogen zur Erfassung von Empathie – Beschreibung und psychometrische Eigenschaften. Zeitschrift für Differentielle und Diagnostische Psychologie, 22(1), 70–85.

Mangold, R. (1998). Emotionale Wirkungsaspekte während der Fernsehrezeption. In W. Klingler, G. Roters & O. Zöllner (Hrsg.), Fernsehforschung in Deutschland. Themen – Akteure – Methoden (S. 641–660). Baden-Baden: Nomos.

Mangold, R., Winterhoff-Spurk, P., Hamann, G. & Stoll, M. (1998). Veränderungen des zerebralen Blutflusses bei der Rezeption emotionalisierender Filmausschnitte: Eine Pilotstudie. Medienpsychologie, 10, 51–72.

Marty, P. & M'Uzan, M. (1963). La pensee opératoire. Revue Français de Psychanalyse, 27, 345–55.

Mayer, J.D. & Gaschke, Y.N. (1988). The experience and meta-experience of mood. Journal of Personality and Social Psychology, 55, 102–111.

McDougall, W. (1908). An introduction to social psychology. London: Methuen.

Mees, U. (1991). Die Struktur der Emotionen. Göttingen: Hogrefe.

Merten, J. & Krause, R. (1993). DAS (Differentielle Affekt Skala). Arbeiten der Fachrichtung Psychologie, Nr. 173. Universität des Saarlandes, Saarbrücken.

Meyer, W.-U., Reisenzein, R. & Schützwohl, A. (2001). Einführung in die Emotionspsychologie. Band I: Die Emotionstheorien von Watson, James und Schachter. Bern: Hans Huber.

Meyer, W.-U., Schützwohl, A. & Reisenzein, R. (1999). Einführung in die Emotionspsychologie. Band II: Evolutionspsychologische Emotionstheorien. Bern: Hans Huber.

Oatley, K. & Jenkins, J.M. (1996). Understanding emotions. Oxford: Blackwell.

Otto, J.H., Euler, H.A. & Mandl, H. (2000). Begriffsbestimmungen. In J.H. Otto, H.A. Euler & H. Mandl (Hrsg.), Emotionspsychologie – ein Handbuch (S. 11–18). Weinheim: Psychologie Verlags Union.

Palomba, D. & Stegagno, L. (1993). Physiology, perceived emotion and memory: Responding to film sequences. In N. Bierbaumer & A. Öhmann (Eds.), The structure of emotion (pp. 156–168). Seattle: Hogrefe & Huber.

Parrott, W.G. (1993). Beyond hedonism: Motives for inhibiting good moods and for maintaining bad moods. In D.M. Wegner & J.W. Pennebaker (Eds.), Handbook of mental control (pp. 278–305). Englewood Cliffs, NJ: Prentice-Hall.

Pennebaker J.W. (Hrsg.). (1995). Emotion, disclosure, and health. Washington: American Psychological Association.

Petronio, S. (2000). The boundaries of privacy: Praxis of everyday life. In S. Petronio (Ed.), Balancing the secrets of private disclosures (pp. 37–49). Mahwah, NJ: Erlbaum.

Plutchik, R. (1994). The psychology and biology of emotion. New York: Harper Collins College Publishers.

Reisenzein, R., Meyer, W.-U. & Schützwohl, A. (2003). Einführung in die Emotionspsychologie. Band III: Kognitive Emotionstheorien. Bern: Hans Huber.

Rimé, B., Mesquita, B., Philippot, P. & Boca, S. (1991). Beyond the emotional event: Six studies on social sharing of emotion. Cognition and Emotion, 5, 435–465.

Rimé, B., Philippot, P., Boca, S. & Mesquita, B. (1992). Long-lasting cognitive and social consequences of emotion: Social sharing and rumination. In W. Stroebe & M. Hewstone (Eds.), European Review of Social Psychology (pp. 225–258). Chichester: Wiley.

Salovey, P. & Mayer, J.D. (1990). Emotional intelligence. Imagination, Cognition, and Personality, 9, 185–211.

Salovey, P., Hsee, C.K. & Mayer, J.D. (2001). Emotional intelligence and the self-regulation of affect. In G. Parrott (Ed.), Emotions in social psychology (pp. 185–203). Philadelphia: Psychology Press.

Schachter, S. & Singer, J.E. (1962). Cognitive, social, and physiological determination of emotional state. Psychological Review, 69, 379–399.

Schenk, M. (2002). Medienwirkungsforschung. Tübingen: Mohr Siebeck.

Scherer, K.R. (1984). On the nature and function of emotion: A component process approach. In K.R. Scherer & P. Ekman (Eds.), Approaches to emotion (pp. 293–318). Hillsdale: Lawrence Erlbaum.

Scherer, K.R. (1987). Toward a dynamic theory of emotion: The component process model of affective states. Emotion and Communication, 1, 1–98.

Scherer, K.R. (1997). Profiles of emotion-antecedent appraisal: Testing theoretical predictions across cultures. Cognition and Emotion, 11(2), 113–150.

Scherer, K.R. (1998). Emotionsprozesse im Medienkontext: Forschungsillustrationen und Zukunftsperspektiven. Medienpsychologie, 10, 276–293.

Schmidt-Atzert, L. (1996). Lehrbuch der Emotionspsychologie. Stuttgart: W. Kohlhammer.

Schmitt, M. (2004). Persönlichkeitspsychologische Grundlagen. In R. Mangold, P. Vorderer & G. Bente (Hrsg.), Lehrbuch der Medienpsychologie (S. 151–174). Göttingen: Hogrefe.

Schmitz, B., Alsdorf, C., Sang, F. & Tasche, K. (1993). Der Einfluss psychologischer und familialer Rezipientenmerkmale auf die Fernsehmotivation. Rundfunk und Fernsehen, 41(1), 5–19.

Schramm, H. & Wirth, W. (2006). Medien und Emotionen. Bestandsaufnahme eines vernachlässigten Forschungsfeldes aus medienpsychologischer Perspektive. Medien & Kommunikationswissenschaft, 54(1) 25–55.

Schwab, F. (2004). Evolution und Emotion. Evolutionäre Perspektive in der Emotionsforschung und der angewandten Psychologie. Stuttgart: W. Kohlhammer.

Schwarz, N. (1990). Feelings as information: Informational and motivational functions of affective states. In E.T. Higgins & R.M. Sorrentino (Eds.), Handbook of motivation and cognition (pp. 527–561). New York: Guildford Press.

Steins, G. (1998). Diagnostik von Empathie und Perspektivenübernahme: Eine Überprüfung des Zusammenhangs beider Konstrukte und Implikationen für die Messung. Diagnostica, 44(3), 117–129.

Stemmler, G. (2000). Emotionsspezifische physiologische Aktivität. In J.H. Otto, H.A. Euler & H. Mandl (Hrsg.), Emotionspsychologie – ein Handbuch (S. 479–490). Weinheim: Psychologie Verlags Union.

Sturm, H. (1991). Fernsehdiktate: Die Veränderung von Gedanken und Gefühlen. Ergebnisse und Folgerungen für eine rezipientenorientierte Mediendramaturgie. Gütersloh: Verlag Bertelsmann Stiftung.

Tannenbaum, P.H. (1978). Emotionale Erregung durch kommunikative Reize. Der Stand der Forschung. Fernsehen und Bildung, 12(3), 184–194.

Tichenor, P., Donohue, G.A. & Olien, C.N. (1970). Mass media flow and differential growth in knowledge. Public Opinion Quarterly, 34(2), 159–170.

Vitouch, P. (1993). Fernsehen und Angstbewältigung. Opladen: Westdeutscher Verlag.

Vitouch, P. (2000). Fernsehen und Angstbewältigung. Zur Typologie des Zuschauerverhaltens. Wiesbaden: Westdeutscher Verlag.

Watson, J.B. (1919). Psychology from the standpoint of a behaviorist. Philadelphia: Lippincott.

Zentner, M. & Scherer, K.R. (2000), Partikuläre und integrative Ansätze. In J.H. Otto, H.A. Euler & H. Mandl (Hrsg.), Emotionspsychologie – ein Handbuch (S. 151–164). Weinheim: Psychologie Verlags Union.

Zillmann, D. (1971). Excitation transfer in communication-mediated aggressive behavior. Journal of Experimental Social Psychology, 7, 419–434.

Zillmann, D. (1983). Transfer of excitation in emotional behavior. In J.T. Cacioppo & R.E. Petty (Eds.), Social psychophysiology: A sourcebook (pp. 215–240). New York: Guilford Press.

Zillmann, D. (1988a). Mood management through communication choices. American Behavioral Scientist, 31(3), 327–340.

Zillmann, D. (1988b). Mood management: Using entertainment to full advantage. In L. Donohew, H.E. Sypher & E.T. Higgins (Eds.), Communication, social cognition, and affect (pp. 147–171). Hillsdale, NJ: Lawrence Erlbaum.

Zillmann, D. (1988c). Cognition-excitation interdependencies in aggressive behavior. Aggressive Behavior, 14, 51–64.

Zillmann, D. (1989). Erregungsarrangements in der Wissensvermittlung durch Fernsehen. In Bertelsmann Stiftung (Hrsg.), Symposium über Wissensvermittlung, Medien und Gesellschaft (S. 77–99). Gütersloh: Verlag Bertelsmann Stiftung.

Zillmann, D. (1991). Empathy: Affect from bearing witness to the emotions of others. In J. Bryant & D. Zillmann (Eds.), Responding to the screen: Reception and reaction processes (pp. 135–167). Hillsdale, NJ: Lawrence Erlbaum.

Zillmann, D. (2004). Emotionspsychologische Grundlagen. In R. Mangold, P. Vorderer & G. Bente (Hrsg.), Lehrbuch der Medienpsychologie (S. 101–128). Göttingen: Hogrefe.

Zuckerman, M. (1979). Sensation seeking: Beyond the optimal level of arousal. Hillsdale, NJ: Lawrence Erlbaum.

Zuckerman, M. (1991). One person's stress is another person's pleasure. In C.D. Spielberger, I.G. Sarason, Z. Kulcsar & G.L. van Heck (Eds.), Stress and emotion: Anxiety, anger, and curiosity (Vol. 14, pp. 3–45). New York: Hemisphere Publishing Corporation.

Zuckerman, M. (1994). Behavioral expressions and biosocial bases of sensation seeking. New York: Cambridge University Press.

8 Aggression, Gewalt und prosoziales Verhalten im Kommunikationskontext

Uli Gleich

Beispiel

Im Juni 2006 wurden zwei Jugendliche zu hohen Freiheitsstrafen verurteilt, die einen kleinen Jungen misshandelt und fast zu Tode geprügelt hatten. In der Öffentlichkeit entbrannte eine Debatte, wie Jugendliche und andere zu solchen Taten kommen können. Ist Fremdenhass der Auslöser gewesen (der Vater des Jungen kam aus Äthiopien), liegt es an der Persönlichkeit der Täter oder daran, in welcher Umgebung sie aufgewachsen sind? Oder sind die Medien schuld daran, dass Menschen gewalttätig werden? Was können wissenschaftliche Untersuchungen und Theorien zur Klärung dieser Fragen beitragen? Und was nützen sie, um solche aggressiven Akte zukünftig zu verhindern?

Aggression und Gewalt sind, ebenso wie prosoziales Verhalten, zentrale Merkmale menschlichen Miteinanders und damit wichtige Themen psychologischer Forschung. Deutlich intensiver erforscht als prosoziales Verhalten wurde bisher allerdings Aggression, die als dysfunktionales Verhalten stärker im Zentrum des gesellschaftlichen Interesses steht (vgl. Giles, 2003). Dieses quantitative Ungleichgewicht spiegelt sich auch im nachfolgenden Beitrag wieder, der sich schwerpunktmäßig mit Aggression und Gewalt beschäftigt. Nach einer kurzen Begriffsklärung und der Darstellung grundlegender Aggressionstheorien werden Ansätze und Ergebnisse zu Aggression und Gewalt im interpersonalen Kontext kurz dargestellt. Anschließend wird erörtert, welche Rolle Aggression und Gewalt im Kontext medienvermittelter Kommunikation, insbesondere der Massenkommunikation spielen. Neben kurzen Ausführungen zum Angebot, zur Nutzung und zu den Funktionen werden wir uns besonders den Wirkungen violenter Medieninhalte widmen. Im zweiten Teil werden zunächst theoretische Grundlagen und Befunde zum prosozialen Verhalten im interpersonalen Kontext dargestellt, bevor auch hier die Frage nach dem Einfluss der Medien erörtert wird.

8.1 Begriffsklärung

Definition

Selg, Mees und Berg (1997, S. 7) definieren **Aggression** als „Verhalten ..., bei dem schädigende Reize gegen einen Organismus ... ausgeteilt werden. Dieses Verhalten muss als gerichtet interpretiert werden."

Häufig wird der Begriff synonym mit Gewalt gebraucht. Davon zu unterscheiden ist Aggressivität als individuelle Disposition bzw. Persönlichkeitsmerkmal. Für die zahlreichen Arten von Aggression finden sich in der Literatur eine Reihe von Systematisierungen: Beispielsweise kann zwischen folgenden Gesichtspunkten unterschieden werden:

- äußerlich-formale Gesichtspunkte, z.B. offene (körperlich, verbal) im Unterschied zu verdeckter (phantasierter), direkte im Unterschied zu indirekter, Einzel- im Unterschied zu Gruppen-, Selbst- im Unterschied zu Fremdaggression;
- inhaltlich-motivationale Kriterien, z.B. legitime im Unterschied zu illegitimer, expressiver („wütender") im Unterschied zu instrumenteller, spontane im Unterschied zu reaktiver oder spielerischer im Unterschied zu ernster Aggression.

Bezogen auf die in den *Medien* präsentierte Aggression sind weitere Systematisierungsdimensionen denkbar und notwendig, wie z.B. die Realitätsnähe der Darstellung (vgl. Abschnitt 8.5.1).

8.2 Allgemeine Aggressionstheorien

Psychologische Erklärungen aggressiven Verhaltens basieren zumeist auf drei grundlegenden theoretischen Positionen (vgl. Mummendey & Otten, 2001):

Triebtheorien. Aggression wird als Verhalten verstanden, das auf einen angeborenen Trieb zurückgeht. In seiner psychoanalytischen Theorie postuliert Freud einen Todestrieb („Thanatos"), dem kontinuierlich destruktive Energie entspringt. Diese muss nach außen gerichtet werden, um Spannung abzubauen und die Zerstörung der eigenen Person zu verhindern. Das Verhalten, das sich daraus ergibt, wird als Aggression bezeichnet. Auch die ethologischen Ansätze postulieren das Vorhandensein aggressiver Energie, die regelmäßig abgeführt werden muss, um einen Aggressionsstau zu vermeiden („Dampfkesselmodell"). Dies geschieht durch äußere Schlüsselreize. Im Gegensatz zur psychoanalytischen Theorie wird Aggressivität hier jedoch positiv funktional als Verhaltensdisposition zur Arterhaltung interpretiert.

Frustrations-Aggressions-Theorie (FAT). Diese Theorie macht zwei zentrale Annahmen:

- Aggression ist immer eine Folge von Frustration
- Frustration führt immer zu einer Form von Aggression. Wird eine zielgerichtete Aktivität gestört (Frustration), hat dies eine Verhaltenssequenz zum Ergebnis, die auf die Schädigung einer Person oder eines Ersatzobjekts abzielt (Aggression).

Die FAT wurde in den 1960er Jahren durch die Annahme modifiziert, dass das Auftreten von Aggression von spezifischen Hinweisreizen in einer Situation abhinge, die der Frustration folgt. Sowohl die triebtheoretischen Ansätze als auch die FAT betrachten Aggression als gänzlich oder fast unvermeidbares Verhalten.

Lerntheorien. Aus lerntheoretischer Sicht werden Aggressionsbereitschaft und -verhalten aufgrund von Lernmechanismen wie klassischer und operanter Konditionierung sowie aufgrund von Lernen durch Beobachtung erworben. Angeborene Komponenten werden zwar nicht geleugnet, aus lerntheoretischer Sicht gibt es jedoch keinen Trieb und keine spezifischen Auslöser, die Aggression erzwingen. Aggressives Verhalten kann daher auch wieder „verlernt" werden.

Die allgemeinen Aggressionstheorien erklären somit Aggression entweder deterministisch (Triebtheorien und FAT) oder lerntheoretisch, wobei Letzteres insgesamt als plausibler gilt. In ihren grundlegenden Aussagen finden sich beide Theoriearten in den Ansätzen zur Erklärung der Wirkung von Mediengewalt wieder (vgl. Abschnitt 8.5.3).

8.3 Aggression und Gewalt im interpersonalen Kontext

8.3.1 Bedingungen für aggressives Verhalten

Personale Faktoren. Aggressionsauslösende bzw. -moderierende Faktoren liegen bei der Person selbst, aber auch in den Mikro- und Makrosystemen (z.B. Familie, Gruppen, Gesellschaft), in die eine Person eingebunden ist.

Ein wichtiges Merkmal ist das Geschlecht, denn Männer verhalten sich häufiger aggressiv als Frauen; dies ist jedoch eher durch soziale Normen und Rollenerwartungen erklärbar.

Auch zwischen Aggression und Alter besteht ein Zusammenhang: Nach dem 25. Lebensjahr nimmt die individuelle Aggressivität allgemein ab und die Aggressionshemmung zu.

Faktoren wie Krankheiten (z.B. Depression), aktuelle Zustände im zentralen Nervensystem (z.B. erhöhte Aktivierung durch Alkoholkonsum, Drogen oder Hormone) und/oder Schmerzen korrelieren zwar mit aggressivem Verhalten, es wird jedoch nicht angenommen, dass Aggressivität durch die genannten Faktoren vollständig bestimmt wird.

Weiterhin wurden Zusammenhänge mit Neurotizismus, Ängstlichkeit und niedrigem Selbstwert gefunden (vgl. Selg, Mees & Berg, 1997; für weitere Einflussfaktoren s. Zumkley, 1996).

Kontextbedingungen. Wichtige Bedingungen für aggressives Verhalten sind auch in den primären Bezugsgruppen, insbesondere in der Familie zu finden. Der Erziehungsstil der Eltern, die in der Familie bevorzugten Konfliktlösestrategien und die individuelle Erfahrung mit Gewalt (z.B. Kindesmisshandlung) sind wichtige Prädiktoren für die Entwicklung aggressiven Verhaltens. Eine Reihe von Studien zeigen, dass Gewalttätigkeit in Familien häufig „vererbt" wird (vgl. Selg, Mees & Berg, 1997).

Auf der Makroebene sind die jeweiligen sozialen Werte und Normen von Gesellschaften und deren Teilgruppen von Bedeutung für die Akzeptanz und Performanz von Aggression: Beispielsweise gilt in vielen sozialen Systemen die Reziprozitätsnorm („Wie du mir, so ich dir"), die aggressives Verhalten als Vergeltung rechtfertigt (vgl. Mummendey & Otten, 2001).

Erleichtert wird Aggression auch, wenn Opfer (z.B. Fremde) abgewertet werden (Dehumanisierung) und/oder innerhalb der Gruppe akzeptierte Rechfertigungsstrategien zur Gewaltanwendung vorliegen. Auch Deindividuation (d.h. die Anonymisierung des Einzelnen in größeren Gruppen und die damit verbundene Verantwortungsdiffusion), Ressourcenknappheit, hohe Wettbewerbsorientierung, räumliche Enge („crowding") und die Anwesenheit von Waffen („Waffeneffekt") können dazu beitragen, dass Aggression wahrscheinlicher wird (vgl. Selg, Mees & Berg, 1997).

Für das Zustandekommen von Aggression und Gewalt in interpersonalen Kontexten sind somit eine Fülle von Faktoren relevant. Die gefundenen Zusammenhänge sind jedoch jeweils nur Ausschnitte aus einem höchst komplexen Bedingungsgefüge. Sie dürfen keineswegs als jeweils alleinige kausale Erklärungen für Aggression interpretiert werden, auch wenn dies in öffentlichen Debatten immer wieder geschieht.

8.3.2 Formen interpersonaler Aggression

Kriminalität, Mobbing, Gewalt unter Schülern („Bullying"). Auf der interpersonalen dyadischen Ebene reicht die Spannbreite von leichten Formen verbaler Aggression (z.B. Beleidigungen) über Diskriminierung bis hin zu schwerkriminellen Handlungen (z.B. Mord). Die polizeiliche Kriminalstatistik erfasste für das Jahr 2004 in der Bundesrepublik insgesamt über 6,5 Millionen Straftaten, wovon 18 % Sachbeschädigung und Körperverletzung und 3,2 % sog. Gewaltkriminalität waren (Bundeskriminalamt, 2004). Nicht berücksichtigt sind hier natürlich alle Formen nicht angezeigter alltäglicher interpersonaler Aggression wie z.B. häusliche Gewalt gegen Partner und Kinder, Aggression am Arbeitsplatz („Mobbing") oder Gewalt unter Schülern („Bullying").

Sexuelle Gewalt. In der Literatur besonders beachtet wird sexuelle Gewalt. Im Jahr 2003 wurden insgesamt 54.632 Straftaten gegen die sexuelle Selbstbestimmung gezählt, darunter 15.430 Fälle sexuellen Missbrauchs von Kindern (Bundeskriminalamt, 2003). Die Ursachen sexueller Gewalt werden einerseits durch individualistische Ansätze erklärt, die die Bedeutung von Tätermerkmalen wie biographische Erfahrungen (z.B. Störungen der Beziehung zu den Eltern) oder individuelle Dispositionen (z.B. physiologische Erregbarkeit, mangelnde Affektkontrolle) betonen. Andererseits führt man sexuelle Gewalthandlungen u.a. auf den Konsum (v.a. gewaltbetonter) pornographischer Medieninhalte (vgl. Kap. 22 zu Erotik und Pornographie in den Medien) sowie auf Geschlechterstereotype und die damit verbundene Bewertung sexueller Aggression (z.B. Akzeptanz des „Vergewaltigungsmythos") zurück (vgl. Krahé, 1998).

Aggression in Gruppen. Die Formen aggressiven Verhaltens im dyadischen Kontext sind grundsätzlich auch im Kontext von Gruppen zu finden (z.B. Bandenkriminalität). Darüber hinaus gibt es bei Gruppen spezifische Formen der Aggression: Sie richtet sich gegen andere Gruppen (z.B. Hooliganismus, ethnische und politisch motivierte Gewalt, Terrorismus, Krieg), und man unterstellt ihr oft ein höheres Maß an Aggression (was u.a. durch Deindividuation erklärt wird; vgl. Abschnitt 8.3.1 zu den Bedingungen für aggressives Verhalten) sowie Motive, die sich von einer individuellen Aggression unterscheiden. So wird Feindseligkeit *zwischen* Gruppen begünstigt, wenn ein tatsächlicher Zielkonflikt besteht (z.B. bei der Verteilung von Ressourcen; „Theorie des realistischen Gruppenkonflikts") oder wenn die Mitglieder einer Gruppe glauben, dass ihre eigene Gruppe benachteiligt ist („Theorie der relativen Deprivation"; vgl. Bierhoff & Wagner, 1998). Ebenso können durch kategoriale Abgrenzung zwischen Eigen- und Fremdgruppe (z.B. „Deutsche" in Abgrenzung zu „Türken") sowie durch Aufwertung der Eigen- und Abwertung der Fremdgruppe im Zuge von sozialen Identitätsprozessen Stereotype und Vorurteile entstehen („Theorie sozialer Identität"), die Aggressionen begünstigen (vgl. Wagner & Zick, 1997). Die Wahrscheinlichkeit aggressiven Verhaltens wird noch größer, wenn dieses Verhalten als legitimiert und angemessen gilt (z.B. in ethnischen oder internationalen Konflikten; vgl. Mummendey & Otten, 2001).

8.4 Aggression und Gewalt in der über Medien vermittelten interpersonalen Kommunikation

Im Rahmen der über Medien vermittelten interpersonalen Kommunikation bzw. Interaktion treten zwar keine Formen physischer Gewalt auf, Aggression spielt jedoch auch hier eine immer wichtigere Rolle. Die Androhung physischer Gewalt per E-Mail, Beleidigungen in öffentlichen Internetforen, Beschädigung, Zerstörung und Diebstahl von Software oder Online-Transaktionen zum Schaden anderer Benutzer sind nur einige Beispiele (vgl. Döring, 2003).

Bei Online-Kommunikation tritt antisoziales Verhalten u.a. in Form von „Flaming" (persönlich beleidigende Beiträge) auf, etwa als Folge von Kritik an Personen oder deren Argumenten. Gemäß der Kanalreduktionstheorie bzw. der Filtertheorie (vgl. Kap. 14 zum Vergleich zwischen direkter und medialer Individualkommunikation) kann hier von einem aggressionssteigernden Enthemmungseffekt ausgegangen werden. Denn weder kann man die Reaktion der Geschädigten direkt erfahren noch muss der Aggressor aus der Anonymität heraustreten und damit Verantwortung übernehmen.

Aggressives Verhalten lässt sich auch in virtuellen Online-Umgebungen (z.B. Online-Spielen wie „World of Warcraft") beobachten. Allerdings verhalten sich die Teilnehmer hier als „Spielfiguren" nach bestimmten konsensuellen Regeln in virtuellen narrativen Welten, so dass eine direkte Schädigung der Teilnehmer kaum gegeben ist. Möglicherweise wirkt sich die Teilnahme an solchen Spielen jedoch auf die Aggressionsbereitschaft der Spieler in realen Kontexten aus (vgl. Kap. 23 zu Computer- und Videospielen).

8.5 Aggression und Gewalt in Massenmedien

Die Diskussion über Mediengewalt wird immer dann intensiv geführt, wenn nach Erklärungen spektakulärer Gewalttaten (z.B. des Amoklaufs in Erfurt) gesucht wird oder wenn sich neue Medien (z.B. das Internet) bzw. Medienangebote (z.B. „Jackass") etablieren, in denen violente Inhalte diagnostiziert werden. Diese Diskussion wird in der Regel durch zwei gegensätzliche Positionen geprägt: Entweder wird postuliert, reale Aggression nähme durch Medien zu, oder man unterstellt eine kathartische (reinigende) und damit aggressionsmindernde Wirkung der Medien. Diese Positionen bestimmten eine Zeit lang auch die wissenschaftliche Debatte über die Wirkung von Gewalt in den Medien, sie wurden jedoch inzwischen von differenzierteren Sichtweisen abgelöst. Bevor diese ausführlicher skizziert werden, soll zunächst ein kurzer Abriss über das Angebot an violenten Inhalten sowie zu den Motiven und Funktionen der Gewaltrezeption erfolgen.

8.5.1 Gewaltdarstellungen in den Massenmedien

Quantität und Qualität violenter Angebote im Fernsehen. Zur Dokumentation violenter Medieninhalte bedarf es systematischer Inhaltsanalysen, an die spezifische Anforderungen im Hinblick auf Objektivität, Reliabilität und Validität zu stellen sind (z.B. präzise Definition der beobachteten Kategorien), um die Vergleichbarkeit und Aktualität der Ergebnisse zu gewährleisten (vgl. Gleich, 2004). Eine entsprechende Systematisierung von Beobachtungskategorien stammt z.B. von Merten (1999). Er unterscheidet:

- personelle im Unterschied zu struktureller Gewalt,
- physische im Unterschied zu psychischer Gewalt,
- legitime im Unterschied zu illegitimer Gewalt,
- individuelle im Unterschied zu kollektiver Gewalt,
- expressive im Unterschied zu instrumenteller Gewalt,
- intentionale im Unterschied zu nichtintentionaler Gewalt,
- manifeste im Unterschied zu latenter Gewalt.

Weitere Merkmale können sich auf Medium, Genre, Realitätsbezug und Aspekte von Tätern und Opfern beziehen.

Seit den 1930er Jahren gibt es empirische Analysen violenter Inhalte im Fernsehen (z.B. die sog. Payne Fund Studies). Gerbner standardisierte diese Forschung und legte zwischen den 1960er und 1990er Jahren regelmäßig entsprechende Inhaltsanalysen vor, die so genannten Violence Profiles. Danach enthielten drei Viertel der Fernsehprogramme in den USA Gewaltdarstellungen (Gerbner, Gross, Morgan & Signorielli, 1994). Dies wird durch neuere Analysen bestätigt (vgl. Center for Communication and Social Policy, University of California, Santa Barbara, 1998). Für Großbritannien fand man, dass 45 % der Fernsehprogramme Gewaltdarstellungen enthielten (Gunter, Harrison & Wykes, 2003).

Inhaltsanalysen in Deutschland wurden vor allem Anfang der 1990er Jahre dadurch motiviert, dass sich neue Angebots- und Programmentwicklungen und die damit verbundenen Kontrollaufgaben ergaben. Dabei wurden, jeweils bezogen auf das Gesamtfernsehprogramm der reichweitenstärksten Sender, Anteile von 48 % (Groebel & Gleich, 1993) bzw. 51 % (Merten, 1993) für gewalthaltige Sendungen ermittelt. Lukesch, Bauer, Eisenhauer und Schneider (2004) kamen jüngst zu dem Ergebnis, dass fast 80 % der Sendungen (insbesondere fiktionale US-Produktionen) aggressives Verhalten zeigten, die insgesamt 5,1 % der Sendezeit ausmachten.

Insgesamt lässt sich aufgrund systematischer Inhaltsanalysen feststellen, dass Gewalt im Fernsehen offensichtlich ein alltägliches Phänomen ist und damit in quantitativer Hinsicht ein Wirkungspotenzial darstellt. Mindestens ebenso wichtig für die Frage, ob und wie Mediengewalt wirkt, ist aber die Qualität der Darstellungen. Hierzu sind im Kasten über die qualitativen Merkmale von Gewalt im Fernsehen die wichtigsten Befunde zusammengefasst.

Violente Inhalte in anderen Medien. Zu Gewaltdarstellungen in anderen traditionellen Medien (Hörfunk- und Printmedien) liegen bislang keine

Qualitative Merkmale von Gewalt im Fernsehen

- Dominierende Handlungskontexte: Kriminalität bzw. Verbrechen, kriegerische Auseinandersetzungen, Terrorismus;
- „Verschiebung" von Gewaltdarstellungen in reale Kontexte;
- Gewalteinsatz als ein effizientes Mittel zur Zielerreichung bzw. Konfliktlösung; ebenso oft durch legitimierte (z.B. Polizei) wie durch kriminelle Protagonisten (z.B. Verbrecher);
- Gewalt als individuelles Verhalten; nicht eingebettet in bzw. nicht erklärt durch den soziostrukturellen Kontext;
- meist nicht erkennbare Motivation bzw. Erklärung der aggressiven Handlung;
- Verknüpfung von Gewalt und maskulinen Rollen; aggressives Verhalten von Frauen nimmt jedoch zu;
- unrealistische Darstellung der Folgen von Gewalt (z.B. wird das Leiden der Opfer nur selten gezeigt);
- kaum Kritik an Gewalt im Handlungskontext des Fernsehens;
- kaum abschreckende Darstellungen von Gewalt, stattdessen „leichte Erträglichkeit" (z.B. durch Einbettung in Unterhaltungskontext).

(vgl. Kunczik 1998; Comstock & Scharrer, 1999; Lukesch et al., 2004; Grimm, Kirste & Weiß, 2005)

systematischen Befunde vor (vgl. Gleich, 2004). Dies gilt auch für Video- und Computerspiele sowie für das Internet (vgl. Cantor, 2003). Es ist jedoch davon auszugehen, dass auch in den Neuen Medien – insbesondere in Computerspielen sowie im Netz – Gewaltdarstellungen eine bedeutsame Rolle spielen (vgl. auch Kap. 23 zu Computer- und Videospielen). Dabei handelt es sich häufig um Importe aus anderen Medien (z.B. Filme, Spiele). Daneben gibt es eine Reihe von Angeboten (z.B. sog. Tasteless- und Rape-Sites, Snuff-Videos), in denen Gewalt im sexuellen Kontext sowie Kriegsgräuel und zu Tode gekommene Menschen gezeigt werden. Zu finden sind darüber hinaus indizierte Spiele oder sog. „Blut-Patches", mit deren Hilfe Entschärfungen von Spielen für den deutschen Markt (z.B. Verzicht auf Splatterszenen) rückgängig gemacht werden können (Jugendschutz.net, 2005). Als aggressiv bzw. gewalthaltig sind auch sog. „Hate-Pages" zu klassifizieren, auf denen Vorurteile gegenüber bestimmten Bevölkerungsgruppen verbreitet werden (z.B. rechtsradikale Seiten).

8.5.2 Nutzung, Motive und Funktionen violenter Medienangebote

Nutzung violenter Medienangebote. Sowohl Selbstauskünfte der Probanden als auch telemetrische Studien dokumentieren in der Regel lediglich, welche Programmgenres (z.B. Nachrichten, Actionfilme) genutzt werden, nicht aber welche spezifischen gewalthaltigen Inhalte konsumiert werden. Daher kann der tatsächliche Konsum von Gewalt im Fernsehen nur grob geschätzt werden: Die Tatsache, dass 3- bis 13-jährige Kinder 2005 gut 1,5 Stunden täglich fernsahen und dabei fiktionale Angebote der Sender RTL und SuperRTL favorisierten (Feierabend & Klingler, 2006), lässt vermuten, dass sie auch mit einem hohen Maß an Gewalt konfrontiert wurden. Gleichzeitig sollte berücksichtigt werden, dass Rezipienten Mediengewalt oft anders interpretieren als Forscher: Sie erkennen grundsätzlich weniger Gewalt im Fernsehprogramm, als die Resultate von Inhaltsanalysen dies nahe legen. Auch die Intensität von Aggression wird häufig unterschiedlich wahrgenommen. Bedeutsam dafür sind Angebotsfaktoren (z.B. Filmgenre, Handlungsumfeld, Realitätsnähe, „Identifikationspotenzial") und Rezipientenmerkmale (z.B. Alter, Geschlecht, innere Beteiligung während der Rezeption; vgl. Früh, 2001).

Motive und Funktionen. Hasebrink (1995) fand keinen Zusammenhang zwischen der Gewalthaltigkeit von Fernsehprogrammen und der Präferenz für entsprechende Angebote. Dies bedeutet, dass es wohl nicht per se ein Bedürfnis nach der Rezeption von Gewalt gibt, wie dies möglicherweise die Triebtheorien nahe legen. Vielmehr hängt die Nutzung von unterschiedlichen Motiven und Gratifikationserwartungen ab, die je nach individuellen Dispositionen und sozialen Kontextbedingungen salient, also subjektiv bedeutsam werden. Sie sind im Kasten über die Motive und Funktionen der Rezeption von Mediengewalt zusammengefasst.

Je nach motivationalen Voraussetzungen sind für die Rezipienten somit unterschiedliche Arten violenter Medieninhalte attraktiv bzw. funktional. Was tatsächlich gesucht und rezipiert wird, ist eine Folge der Wechselwirkung zwischen Merkmalen der Rezipienten, des violenten Inhalts und des jeweiligen Kontextes. Im Kasten über die Faktoren, die die Zuwendung zu Gewaltdarstellungen wahrscheinlicher machen, werden wichtige Bedingungsfaktoren genannt, auf die die Zuwendung zu Gewaltdarstellungen zurückgeführt werden kann.

Motive und Funktionen der Rezeption von Mediengewalt

- Kompensation von und Flucht vor konkret erlebten Problemen im Alltag (z.B. soziale Ablehnung) mit dem Ziel der Ablenkung und Abreaktion (vgl. z.B. Bonfadelli, 2004).
- Bearbeitung von Identitätsthemen (z.B. bei Gefühlen der Machtlosigkeit) durch Identifikation mit starken und machtvollen Medienfiguren (vgl. z.B. Bonfadelli, 2004).
- Auseinandersetzung mit dem Thema Angst (z.B. Angstbewältigung) im Rahmen eines sicheren Kontextes (vgl. z.B. Vitouch, 2000).
- Vermeidung von Langeweile durch die Rezeption spannender und anregender Inhalte („Stimmungsregulation“; vgl. Kap. 7) und/oder Befriedigung von Neugier und Reizsuche („Sensationslust“; vgl. z.B. Gleich, Kreisel, Thiele, Vierling & Walter, 1998).
- Definition und Etablierung sozialer Rollen in Gruppen (z.B. Stärkung der Gruppenzugehörigkeit, Mutprobe; vgl. z.B. Zillmann & Weaver, 1996).
- Soziale Abgrenzung (z.B. gegenüber Erwachsenen; vgl. z.B. Vogelgesang, 1991).
- Orientierung und Information in Bezug auf drohende Gefahren (vgl. z.B. Grimm, 1999; Minnebo, 2000).

Faktoren, die die Zuwendung zu Gewaltdarstellungen wahrscheinlicher machen

- Merkmale der Rezipienten: männlich, überdurchschnittlich aggressiv, eher extravertiert, hohes Bedürfnis nach Anregung, Suche nach sozialer Identität, soziale Isolation, emotionale Unsicherheit, hohes Bedürfnis nach Gerechtigkeit, emotionale Distanz gegenüber dargestellter Gewalt;
- Merkmale des Inhalts: hohe Fiktionalität, Übertreibungen und Verzerrungen, hohes Imaginationspotenzial, hohe Vorhersagbarkeit der Handlung, „gerechte“ Lösung eines Konflikts;
- Merkmale des Kontextes: sicheres familiäres Umfeld, bedrohliches Umfeld.

(Goldstein, 1998, S. 223)

8.5.3 Wirkungen von Mediengewalt

Angesichts der Vielzahl potenziell interagierender Variablen wird schnell klar, dass die Annahme einer universellen Wirkung von Mediengewalt naiv ist. Leider wird sie in öffentlichen Debatten häufig noch immer propagiert, möglicherweise weil wissenschaftliche Erkenntnisse zu diesem Thema nicht wahrgenommen oder in simplifizierender oder unkritischer Weise rezipiert werden. Bevor im Folgenden nur in groben Zügen der Stand der Forschung dargelegt wird, sollen kurz die wichtigsten Methoden der Mediengewaltforschung skizziert werden, da von ihnen sowohl die Güte als auch die „Reichweite“ der Ergebnisse abhängt.

Methoden der Mediengewaltforschung

Klassische Laborexperimente. Zum Nachweis eines kausalen Zusammenhangs zwischen der unabhängigen Variable „Beobachtung von Gewalt in den Medien" und der abhängigen Variable „Aggression" werden Probanden hier in der Regel mit violenten Medieninhalten konfrontiert und darüber hinaus – entsprechend dem Frustrations-Aggressions-Paradigma – häufig auch frustriert. Anschließend werden die Reaktionen (z.B. aggressive Einstellungen, Verhalten) mit denen von Kontrollgruppen verglichen, die neutralen Medieninhalten ausgesetzt waren. Dabei wurden häufig kurzfristige Effekte der Gewalt in den Medien gefunden, die auf eine Verstärkung der Aggression hindeuten (vgl. z.B. Geen & Thomas, 1986). Laborexperimente wurden jedoch wegen ihrer geringen externen Validität (u.a. künstliche Laborsituation, nicht repräsentative Stichproben, ungeeignete Darstellungen von Gewalt) kritisiert (vgl. z.B. McGuire, 1986).

Feldexperimente und natürliche Experimente. In Feldexperimenten werden Probanden meist innerhalb „natürlicher" Settings (z.B. bei Landschulaufenthalten) unterschiedlichen Gruppen zugeordnet und mit Mediengewalt oder neutralen Inhalten konfrontiert. Auch hier werden aggressives Verhalten oder aggressive Einstellungen vor und nach der Phase der Mediennutzung gemessen. Die höhere externe Validität in Feldexperimenten wird jedoch mit Einbußen bei der Kontrolle möglicher weiterer Einflussvariablen (z.B. situative Bedingungen, Gruppeneffekte) erkauft. Insofern finden sich im Vergleich zu Laborstudien meist geringere Effektstärken (vgl. Gunter, 1994). Dies gilt auch für natürliche Experimente, bei denen die (seltene) Gelegenheit besteht, Gruppen mit unterschiedlicher Versorgung mit Fernsehprogrammen miteinander zu vergleichen, etwa wenn in einer bestimmten Gegend noch kein oder ein sehr eingeschränkter Fernsehempfang möglich ist. In derartigen Studien kam heraus, dass die Aggressionsbereitschaft in besser versorgten Regionen größer wurde bzw. die Aggression nach der Einführung des Fernsehens anstieg (vgl. z.B. Williams, 1986). Allerdings müssen hinsichtlich der Validität die gleichen Einschränkungen wie bei Feldexperimenten in Kauf genommen werden.

Korrelationsstudien. In Korrelationsstudien wird nach dem Zusammenhang gesucht zwischen der Aggression und dem tatsächlichen Konsum violenter Medieninhalte bzw. dem Konsum, der von den Probanden angegeben wird. Sie bilden das Gros der Studien zur Mediengewaltwirkung. Das Problem besteht darin, wie man einen kausalen Zusammenhang zwischen der Mediengewaltnutzung und Aggression sicher nachweisen kann. Zwar lassen sich immer wieder substanzielle Zusammenhänge belegen (z.B. Lamnek, 1995), häufig ist jedoch aufgrund des querschnittlichen Designs der Studie kaum entscheidbar, ob Gewalt in den Medien die Ursache von Aggression ist, ob umgekehrt Aggression die Nutzung violenter Medieninhalte motiviert oder ob beides von einer dritten, nicht berücksichtigten Variable beeinflusst wird.

Längsschnitt-Panelstudien. Im Gegensatz zu den oben beschriebenen Querschnittsanalysen wird hier versucht, die Entwicklung aggressiven Verhaltens in Abhängigkeit vom Konsum violenter Medieninhalte über einen längeren Zeitraum hinweg aufzudecken. Mit entsprechenden Methoden (z.B. Cross-Lagged-Panel-Analysen) ist bei Langzeitstudien eine Überprüfung kausaler Hypothesen möglich.

Klassische und neuere Konzepte zur Erklärung der Mediengewaltwirkung

Die theoretischen Konzepte zur Wirkung von Mediengewalt sind zum Teil eng an die allgemeinen Aggressionstheorien (vgl. Abschnitt 8.2) angelehnt. Sie gehen entweder von einer aggressionshemmenden Wirkung von Gewalt in den Medien aus oder sagen vorher, dass aggressives Verhalten dadurch gefördert wird. Es kommen Ansätze hinzu, die sich primär auf die Veränderung von Einstellungen durch violente Medieninhalte beziehen (für einen zusammenfassenden Überblick s. Kasten über theoretische Positionen zur Mediengewaltwirkung, S. 169).

Mediengewalt als „Aggressionshemmer". Vor dem Hintergrund der triebtheoretischen Erklärung (vgl. Abschnitt 8.2) postuliert die „Katharsisthese" von Feshbach und Singer (1971) eine kathartische, also eine reinigende Wirkung von Gewalt in den Medien, die das tatsächliche Ausagieren aggressiver Impulse überflüssig macht. Voraussetzung dafür ist die Annahme der funktionalen Äquivalenz; d.h., eine in der Phantasie ausgeführte Aggression kann einer realen aggressiven Handlung gleichgesetzt werden. Diese Theorie beruht auf Laborexperimenten, bei denen zuvor verärgerte bzw. nicht verärgerte Probanden entweder aggressive (z.B. Boxkampf) oder neutrale (z.B. über Kommunikation in einer Firma) Filme sahen und anschließend die Einstellung zum Versuchsleiter gemessen wurde. Nach Feshbach und Singer (1971) zeigten verärgerte Probanden nach dem aggressiven Film weniger aggressive Einstellungen als nicht verärgerte; dies wurde als Beleg für den kathartischen Effekt interpretiert. Abgesehen von berechtigten Zweifeln an der internen Validität dieser Experimente (z.B. wurde das Aggressionsniveau vor der Filmpräsentation nicht gemessen), konnten weder diese Ergebnisse repliziert werden, noch wurde die Katharsisthese in späteren Studien empirisch bestätigt, so dass sie inzwischen allgemein als widerlegt gilt.

Alternativ zur Katharsisthese wurden von Feshbach und Singer (1971) die „Inhibitionsthese" und die „Theorie der kognitiven Unterstützung" angeboten. Erstere postuliert, dass die Aggression durch Gewalt in den Medien verringert wird, weil die Betreffenden Angst vor Sanktionen haben und/oder weil Schuldgefühle auslöst werden. Letztere geht davon aus, dass violente Medieninhalte bei Personen mit begrenzten kognitiven Fähigkeiten die Impulskontrolle fördern und damit Aggression verhindern. Auch diese Theorien konnten empirisch nicht bestätigt werden und spielen in der aktuellen wissenschaftlichen Mediengewaltdiskussion keine Rolle mehr.

Mediengewalt als „Aggressionsförderer". Auf der Grundlage der Frustrations-Aggressions-Theorie (vgl. Abschnitt 8.2) postuliert die *Stimulationsthese* eine Steigerung von Aggression nach dem Konsum violenter Medieninhalte. Die sog. Wisconsin-Studies zeigen, dass zuvor frustrierte Probanden nach dem Konsum violenter Filme auf ihre Peiniger aggressiver reagierten als nach dem Anschauen neutraler Medieninhalte (vgl. Berkowitz & Rawlings, 1963). Diese Ergebnisse aus Laborexperimenten konnten vielfach auch in Feldexperimenten repliziert werden (z.B. Black & Bevan, 1992). Sie dokumentieren meist kurzfristige aggressionssteigernde Wirkungen der Gewalt in den Medien. Im „kognitiv-neoassoziationistischen Ansatz" erklärt Berkowitz diesen Effekt damit, dass aversive Reize automatisch einen negativen Affekt auslösen, der bei entsprechenden Hinweisreizen kognitive, emotionale und verhaltensbezogene Reaktionen in Richtung Aggression beeinflusst (vgl. Berkowitz, 1990). Ähnlich wird im Rahmen des „General Affective Aggression Model" (GAAM; Anderson, Anderson & Deuser, 1996) argumentiert (vgl. Abschnitt 23.4.1).

Alternativ können die kurzfristigen Effekte durch Priming erklärt werden. Danach kann die Beobachtung von Aggression weitere, semantisch ähnliche Assoziationen (aggressive Gedanken, Emotionen und Handlungsimpulsen) auslösen (Priming-Effekt; vgl. Geen, 1994). Wird ein solches assoziatives Netzwerk erst einmal angeregt („geprimt"), steigt die Wahrscheinlichkeit aggressiver Folgereaktionen. Mit dem Priming-Effekt können auch die Annahmen der (sehr simplen) „Suggestionsthese" erklärt werden. Nachdem erhöhte Selbstmordraten durch Berichte über Suizide von Prominenten beobachtet worden waren („Werthereffekt"), postuliert diese These, dass die Gewalt in den Medien unmittelbar nachgeahmt wird (vgl. Phillips, Lesyna & Paight, 1992).

Nach der „Erregungs-Transfer-Hypothese" (Tannenbaum & Zillmann, 1975) wird die durch Mediendarstellungen hervorgerufene physiologische Erregung auf Situationen nach der Mediennutzung übertragen („excitation transfer"). Dadurch werden nachfolgende Handlungen und affektive Reaktionen energetisiert und intensiviert. Abhängig von der Bewertung der Situation können so aggressive, aber auch andere (z.B. prosoziale) Reaktionen verstärkt werden. Eine weitere Möglichkeit ist, dass eine starke physiologische Erregung durch Mediengewalt bei Personen mit niedrigem optimalen Erregungsniveau zu Unwohlsein und Stress (Überstimulation) führt; diese Erregung kann in der Folge durch physische Aktivität abgebaut werden. Auch hier kann es bei entsprechenden Hinweisreizen zu aggressivem Verhalten kommen (vgl. Perse, 2001). Nach der Erregungs-Transfer-These ist Mediengewalt also nur der „Energielieferant" für aggressives Verhalten, führt aber nicht zwangsläufig zu Aggression.

Im Rahmen der „sozial-kognitiven Theorie" erklärt Bandura die Wirkung von Mediengewalt mit dem Prinzip des Beobachtungslernens. In den bekannten „Bobo-Doll"-Experimenten zeigte er Kindern im Film ein Modell (Erwachsener), das sich verbal und physisch aggressiv gegenüber einer großen Puppe („Bobo-Doll") verhielt. Die Beobachtung des Verhaltens der Kinder in einer Situation, die mit der im Film gezeigten identisch war, ergab, dass das aggressive Verhalten unter bestimmten Bedingungen (z.B. bei Verstärkung des Modells) imitiert wurde (vgl. Bandura, Ross & Ross, 1961; 1963). Dies bestätigt die lerntheoretische Auffassung (vgl. Abschnitt 8.2), wonach aggressive Handlungsmuster von Modellen (in diesem Fall in den Medien) gelernt werden können. Dabei handelt es sich jedoch keineswegs um einen von den Medien einseitig verursachten Prozess im Sinne einer einfachen Verhaltensimitation. Vielmehr ist von einer ständigen Wechselwirkung zwischen der Persönlichkeit des Lernenden und Umweltfaktoren auszugehen („reziproker Determinismus"; vgl. Bandura, 2002). Ob und wie Handlungsmuster gelernt und ob sie in tatsächliches Handeln umgesetzt werden, ist dabei von einer Vielzahl von Faktoren abhängig, nämlich

(1) **Aufmerksamkeitsprozessen**, die wiederum von Merkmalen der dargestellten Gewalt (z.B. Belohnung oder Bestrafung von Gewalt, Realitätsgrad der dargestellten Gewalt) sowie Attributen des Beobachters (z.B. Erregungsniveau, Wahrnehmungskapazität, Präferenzen, Persönlichkeitsmerkmale, sozialer Kontext) beeinflusst werden;

(2) **Behaltensprozessen**, bei denen Aspekte der symbolischen Kodierung und kognitiven Organisation (z.B. Repräsentation violenter Akte, Verstehen der Handlungsmotivation), der symbolischen Nachbildung (z.B. aggressive Phantasien), der motorischen Nachbildung (z.B. Gelegenheit zur motorischen Reproduktion) und Eigenschaften des Beobachtenden (physische Voraussetzungen) eine Rolle spielen;

(3) **Reproduktions- und Motivationsprozessen**, innerhalb derer sich Prozesse des Erinnerns symbolisch repräsentierter aggressiver Verhaltensweisen, Bewertungen des aggressiven Verhaltens, Regulatoren aggressiven Verhaltens (z.B. externe Bekräftigung bzw. Bestrafung), Attribute des Beobachters (z.B. Erregungsniveau, Präferenzen für aggressives Verhalten) sowie motivationale Faktoren unterscheiden lassen (Bandura, 2002).

In die Theorie von Bandura lassen sich eine Reihe unterschiedlicher Studien integrieren, in denen mehr oder weniger starke Zusammenhänge zwischen Gewalt in den Medien und Aggression gefunden wurden (vgl. Kunczik, 1998). Als Beispiel dafür sei eine Untersuchung von Kleiter (1997) genannt (s. Kasten zur Studie von Kleiter).

Auch Ansätze zur Informationsverarbeitung (vgl. auch Kap. 3), die die psychologischen Mechanismen des Erwerbs aggressiver Handlungsmuster erklären, lassen sich in die Annahmen der sozial-kognitiven Theorie integrieren (vgl. Perse, 2001). Danach stellt Mediengewalt das „Rohmaterial" zur Bildung kognitiver Skripts dar. Sie werden als „sinnmachende" Handlungsfolgen enkodiert und gespeichert, wobei spezifische Darstellungsformen (z.B. Bilder, hoher Realitätsgrad) die Aufmerksamkeit und somit die Enkodierungs- und Speicherwahrscheinlichkeit vergrößern. Als verhaltensrelevante Steuerungsmechanismen können solche Skripts in

Studie von Kleiter (1997)

Bei einer Befragung von über 2000 Schülern wurde der Zusammenhang zwischen violentem Medienkonsum und Aggression kausalanalytisch (Pfadanalysen) untersucht. Anhand eines komplexen Modells („Moderiert-Intervenierte und Sozial-Kognitiv gesteuerte Aggression"; MISKA) wurde eine Vielzahl intervenierender Variablen kontrolliert, und zwar Merkmale der Persönlichkeit (u.a. Egozentrismus, Reizsuche, Vulnerabilität, Frustrationsschwelle, Werteordnung, Reflexivität, Identifikation, Kontrollüberzeugung, negative Weltsicht), des engeren sozialen Kontexts (u.a. Milieu, Erziehung, Konkurrenzklima in der Schule, Klima in der Peergruppe) und gesellschaftliche Normen (u.a. Wertorientierungen, Prestige von Macht und Überlegenheit, Legitimation von Gewalt in der Gesellschaft). Die Ergebnisse dokumentieren eine Aufschaukelungsspirale von Filmkonsum und Aggressivität mit Reflexivität als zentraler Steuergröße: Sie determinierte die Quantität und Qualität des Konsums aggressiver Filme, die Motivation des Konsums, den Erwerb und die Etablierung aggressiver Handlungsstrategien, die Verschiebung der Aggressionsschwelle und die Wahl aggressiver Lösungen in einer aktuellen Situation. Je nach Reflexivitätsgrad konnten entweder aggressionssteigernde oder umgekehrt sogar aggressionsverringernde Effekte (z.B. bei Mädchen mit hohem Reflexionsniveau) gefunden werden. Für Zuschauer mit entsprechenden Voraussetzungen dienen damit Filme mit aggressiven Problemlösungen als „Lernfelder für den Aufbau einer eigenen latenten Aggressivität und für manifestes aggressives Handeln in Konfliktsituationen."
(Kleiter, 1997, S. 450)

bestimmten Situationen aktualisiert werden – je nach Ähnlichkeit der aktuellen Situation mit der Situation, die im Skript gespeichert ist. Wird ein Skript erfolgreich aktualisiert, verstärkt dies wiederum seine Festigkeit im kognitiven System und seine Abrufbarkeit („retrievability"). Gleichzeitig wird das Skript stärker elaboriert, also stärker mit anderen Kognitionen verbunden, und kann auf neue Szenarien angewendet werden. Insofern sind aggressive Reaktionen auf Fernsehgewalt ein sich selbst verstärkender Prozess (vgl. Huesmann & Reynolds, 2001).

In diesen theoretischen Rahmen lassen sich auch die Ergebnisse von Längsschnittstudien einordnen, die wiederholt signifikante Korrelationen zwischen Konsum von Gewalt im Fernsehen durch Kinder bzw. Jugendliche und aggressivem Verhalten im fortgeschrittenen Alter gefunden haben (vgl. Johnson, Cohen, Smailes, Kasen & Brook, 2001; Huesmann, Moise-Titus, Podolski & Eron, 2003).

Gewalt in den Medien als „Einstellungsänderer". Die „Kultivierungsthese" und die „Habitualisierungsthese" beschäftigen sich weniger mit der Frage nach dem Verhalten unmittelbar nach der Rezeption als vielmehr mit der langfristigen Entstehung bzw. Veränderung von Einstellungen durch den Konsum von Gewalt in den Medien.

Die Kultivierungsthese geht davon aus, dass die im Fernsehen präsentierte „Realität" die Vorstellung über die wirkliche Welt bei den Zuschauern prägt, insbesondere bei Vielsehern („Enkulturation"; vgl. Gerbner, Gross, Morgan & Signorielli, 1994; ausführlicher s. Abschnitt 5.5.1). Durch das hohe Maß an Gewaltdarstellungen (vgl. Abschnitt 8.5.1) vermittelt das Fernsehen das Bild einer gefährlichen, von Gewalt, Kriminalität und Katastrophen geprägten Welt, auf das Vielseher mit entsprechenden Realitätseinschätzungen sowie Gefühlen der Bedrohung und Hilflosigkeit reagieren („Scary World"). Zwar sind die simplen Korrelationsstudien von Gerbner stark kritisiert worden, aufgrund neuerer kognitionspsychologischer Studien von Shrum (2002) lassen sich jedoch entsprechende Einflüsse der Medien auf Informationsverarbeitungsprozesse und die Bildung kognitiver Schemata belegen.

Auch die „Habitualisierungsthese" geht von langfristigen, kumulativen Effekten von Mediengewalt aus. Danach führt die wiederholte Rezeption violenter Darstellungen dazu, dass emotionale Reaktionen gedämpft werden bzw. ausbleiben und es damit zu einer Gewöhnung an Gewaltdarstellungen kommt (vgl. Drabman & Thomas, 1974). Dies wird als Indikator für ein Abstumpfen auch gegenüber realer Gewalt gewertet. Bleh (1993) erklärt diesen Effekt durch nachlassende Orientierungsreaktion (Adaptionsprozess), systematische Desensibilisierung (Konditionierungsprozess) und nachlassende Reagibilität (im Sinne der Veränderung von Einstellungen und Normen gegenüber Gewalt und deren Konsequenzen).

Fazit zur Mediengewaltforschung

Insgesamt liegen eine Reihe empirischer Ergebnisse vor, die einen Zusammenhang zwischen Mediengewalt und Aggression konstatieren. Auch aus Metaanalysen (vgl. Hearold, 1986; Wood, Wong & Chachere, 1991; Paik & Comstock, 1994; Hogben, 1998; Bushman & Anderson, 2001) ergibt sich ein relativ klares Bild: Unabhängig vom Untersuchungsdesign und von der Art der abhängigen Variable (Einstellungen, aggressives Verhalten) zeigen die Studien das jeweils gleiche Muster: Mit steigendem Konsum violenter Medieninhalte stieg auch die Wahrscheinlichkeit antisozialer Folgen. Der Zusammenhang zwischen Konsum der Gewalt in den Medien und Aggression wird allerdings durch eine Reihe von Einflussfaktoren beim Rezipienten, des Medienangebots und der Situation moderiert (vgl. Comstock & Scharrer, 1999).

Theoretische Positionen zur Mediengewaltwirkung

Mediengewalt als „Aggressionshemmer":

- Katharsisthese: Die Wahrnehmung von Gewalt vermindert eigenes aggressives Verhalten durch stellvertretende Triebreduktion.
- Inhibitionsthese: Die Wahrnehmung von Gewalt führt zur Aggressionshemmung durch Furcht vor Sanktion.
- These der kognitiven Unterstützung: Die Wahrnehmung von Gewalt unterstützt die kognitive Kontrolle aggressiver Impulse und führt zur Aggressionsminderung.

Mediengewalt als „Aggressionsförderer":

- Stimulationsthese: Gewalt in den Medien verstärkt aggressives Verhalten nach vorausgegangener Frustration.
- Suggestionsthese: Gewalt in den Medien führt zur direkten Nachahmung aggressiven Verhaltens.
- Erregungsthese: Durch Mediengewalt erzeugte physiologische Erregung führt zur Intensivierung nachfolgenden Verhaltens (u.a. Aggression).
- Sozial-kognitive Theorie: Aggressives Verhalten wird durch Mediendarstellungen gelernt. Die Ausführung hängt von personalen und situativen Bedingungen ab.

Relevante Wirkmechanismen sind:

- Lernen,
- Priming,
- Erwerb kognitiver Skripts.

Mediengewalt als „Einstellungsänderer":

- Kultivierungsthese: Mediengewalt führt längerfristig zur Wahrnehmung der Welt als bedrohlich und angsterregend.
- Habitualisierungsthese: Mediengewalt führt längerfristig zur Abnahme emotionaler Reaktionen bei der Beobachtung von Gewalt (Abstumpfung).

Relevante Wirkmechanismen sind:

- Lernen,
- Erwerb kognitiver Skripts.

8.6 Prosoziales Verhalten

8.6.1 Prosoziales Verhalten in der interpersonalen Interaktion

Definition

Prosoziales Verhalten ist definiert als freiwilliges Verhalten mit dem Ziel, einer anderen Person etwas Gutes zu tun. Es wird häufig auch als altruistisches oder hilfreiches Verhalten bezeichnet (Bierhoff, 1996). In interpersonalen Interaktionen ist es z.B. als Helfen, Unterstützen, Teilen oder unentgeltliche Übernahme von Verpflichtungen zu beobachten.

Besonders in der Sozialpsychologie ist prosoziales Verhalten ein zentrales Forschungsthema. Hier lassen sich eine Reihe von Theorien zur Erklärung prosozialen Verhaltens unterscheiden, die auf jeweils spezifischen Grundannahmen basieren.

Theorien auf Basis der Annahme altruistischer Tendenzen („Selbstlosigkeit"). Zentraler Bestandteil dieser Theorien ist Empathie, also die Fähigkeit zur Wahrnehmung, zum Verstehen und zum Nachempfinden emotionaler Zustände bei anderen Personen. Hilfeverhalten ergibt sich danach aus dem persönlichen Wohlbefinden, das eine Person erlebt, wenn sie anderen hilft. Im „Modell der altruistischen Persönlichkeit" wird angenommen, dass prosoziales Verhalten umso wahrscheinlicher ist, je höher Mitgefühl und soziale Verantwortung ausgeprägt sind (Bierhoff, 1996). Unterstützend wirken eine internale Kontrollüberzeugung und der Glaube an ausgleichende Gerechtigkeit („Just-World"). Ähnlich argumentieren die „Empathie-Altruismus-Hypothese" (Batson, 1991) und die „Theorie der empathiebezogenen Reaktionen" (Eisenberg, 2000). Diese Ansätze geben weitere Bedingungen für die Wahrscheinlichkeit des Empathieempfindens an, wie z.B. Ähnlichkeit zwischen Helfendem und Hilfsbedürftigem, Identifikation, prosoziales Selbstbild, emotionale Regulation und Impulsivität. Eine Reihe von Studien zeigen, dass Empathie und prosoziales Verhalten positiv miteinander zusammenhängen. Altruismus, der durch Empathie entsteht, wird insbesondere für sozial motivierte Beziehungen zwischen Menschen angenommen (z.B. Freunde, Verwandte; vgl. Bierhoff, 1996).

Theorien auf Basis der Annahme egoistischer Tendenzen („Selbstsucht"). Hier werden der prosozial handelnden Person egoistische Motive unterstellt. Die „Theorie der Kosten-Nutzen-Analyse" (Piliavin, Dovidio, Gaertner & Clark, 1981) postuliert, dass sich Menschen auf der Basis der antizipierten Konsequenzen ihres Handelns entscheiden, ob sie helfen oder nicht. Prosoziales Verhalten ist ein Ergebnis der Kalkulation aktueller und/oder künftiger Kosten (z.B. Zeitaufwand, Gefahr, Überforderung) und des aktuellen und/oder des künftigen Nutzens (z.B. Stolz, Anerkennung, Belohnung). Investitionen in hilfreiches Verhalten erfolgen nach dieser (Austausch-)Theorie dann, wenn ein Ausgleich vonseiten des anderen zu erwarten ist (Tit-for-Tat-Strategie: „Wie du mir, so ich dir"). Die „Theorie der sozialen Hemmung" (Latané & Nida, 1981) erklärt insbesondere, warum Personen Hilfeleistungen unterlassen. Danach sinkt die Hilfsbereitschaft, je mehr andere Personen anwesend sind, weil die Verantwortung abgeschoben (Verantwortungsdiffusion) oder die Passivität der anderen als Vorbild genommen werden kann und/oder die Angst vor Blamage besteht. Altruismus aus egoistischen Motiven ist vor allem in Austauschbeziehungen (z.B. Kollegen, Fremde) wahrscheinlicher.

Normative Aspekte des Helfens. Hilfreiches Verhalten wird u.a. auch durch gesellschaftlich vorgegebene Normen und Werte bestimmt. Ihre Erfüllung bzw. Nichterfüllung wird mit Anerkennung belohnt bzw. durch Sanktionen bestraft. Solche Normen beziehen sich z.B. auf die Fairness von Belohnungen, die einer Person zustehen. Prosoziales Verhalten wird dann wahrscheinlich, wenn die gerechte Behandlung der eigenen Person gewährleistet ist und wenn das Schicksal anderer ungerechtfertigt ungünstig ist („Zwei-Phasen-Modell des Egoismus-Altruismus"). Ist dagegen die eigene gerechte Behandlung gefährdet, wird altruistisches Verhalten unwahrscheinlich. Verschiedene weitere Normen können prosoziales Verhalten entweder hemmen (z.B. wenn Opfer fahrlässig handeln bzw. wenn der Hilfesuchende einer „Fremdgruppe" angehört) oder fördern (z.B. durch Betonung des Solidaritätsprinzips; vgl. Bierhoff, 1996).

8.6.2 Medien und prosoziales Verhalten

Angesichts der Auswirkungen von Gewaltdarstellungen in den Medien (vgl. Abschnitt 8.5.3) ist auch die Vermutung naheliegend, dass Menschen sich nach der Beobachtung prosozialen Verhaltens in den Medien hilfreicher gegenüber anderen verhalten. Die bisherige Forschung zu dieser Frage bietet jedoch längst nicht so ein umfangreiches und systematisches Bild wie die Forschung zur Gewalt in den Medien. Dafür können verschiedene Faktoren verantwortlich sein:

- Das Interesse an der prosozialen Wirkung von Medien ist geringer; denn es handelt sich dabei nicht um ein dysfunktionales Verhalten und deshalb besteht weniger Handlungsbedarf.
- Die Identifizierung eines in den Medien dargestellten prosozialen Verhaltens ist ungleich schwieriger. Kann z.B. eine Sendung ohne aggressive Inhalte bereits als prosozial bezeichnet werden, oder ist ausschlaggebend dafür, dass explizit altruistisches Verhalten dargestellt wird?
- Entsprechend verwenden Inhaltsanalysen äußerst unterschiedliche Kategorien zur Klassifikation prosozialen Verhaltens (wie z.B. altruistische Handlungen, sympathisches Verhalten, Widerstehen einer Versuchung, Kontrolle aggressiver Impulse, Zeigen von Empathie, Sprechen über Gefühle, offensichtliche moralische Appelle, Kooperation, Bewältigung von Angst, Zeigen von Selbstvertrauen, Ablehnung von Stereotypen oder Zeigen von Toleranz; vgl. Mares & Woodard, 2001). Somit liegen kaum vergleichbare Daten darüber vor, in welchem Ausmaß Rezipienten potenziell mit prosozialen Inhalten konfrontiert werden.
- Ähnlich breit gefächert wie die Klassifikationen prosozialen Verhaltens sind dementsprechend auch die inhaltlichen Schwerpunktsetzungen und abhängigen Variablen in Wirkungsstudien. Sie reichen von der Frage, ob Soap-Operas bei weiblichen Jugendlichen die Empathiefähigkeit fördern, bis hin zur Analyse der Wirkung von Vorschulsendungen auf die Akzeptanz von Vorurteilen bei Kindern (vgl. Giles, 2003).

Angesichts der genannten Voraussetzungen kann also weder von einem homogenen Forschungsbereich noch von einer vergleichbaren und konsistenten Befundlage ausgegangen werden.

Methodische Vorgehensweisen und empirische Ergebnisse. Studien zu prosozialen Medieneffekten bedienen sich ähnlicher Methoden wie die Mediengewaltforschung und sind daher mit den gleichen Vor- und Nachteilen behaftet (vgl. Abschnitt 8.5.3 zu den Wirkungen von Mediengewalt).

In Laborexperimenten wurde das Verhalten nach der Rezeption beobachtet, nachdem die Teilnehmer (insbesondere Kinder) mit prosozialen im Unterschied zu neutralen (manchmal zusätzlich auch mit aggressiven) Medieninhalten konfrontiert worden waren. Als abhängige Variablen wurden in der Regel konkrete Hilfeleistungen (z.B. in Spielsituationen), Einstellungen gegenüber Stereotypen oder Mitleid mit Protagonisten erfasst. Dabei zeigten sich relativ deutliche Effekte in Richtung prosoziales Verhalten. In Feldexperimenten sahen die Probanden über einen längeren Zeitraum prosoziale Programme in natürlichen Settings (z.B. im Klassenverband). Auch hier fand man prosoziale Effekte, allerdings insgesamt geringere als in den Laborstudien. Weiterhin zeigte sich, dass die Moderation der gesehenen Programme durch Eltern oder Lehrer sowie spezielle interpersonale Trainings (z.B. zum Abbau von Vorurteilen) die Effekte deutlich zunehmen ließen (vgl. z.B. Six, 1989).

Schließlich wurden in einer Reihe von Korrelationsstudien geringe bis moderate Zusammenhänge zwischen dem (selbstselektiven) Medienkonsum und prosozialem Verhalten bzw. Einstellungen gefunden. Als bessere Prädiktoren für prosoziales Verhalten erwiesen sich allerdings personale und soziale Voraussetzungen bei den Probanden (wie z.B. der Erziehungsstil der Eltern, die Bildung, die Intelligenz, das Geschlecht, allgemeiner Fernsehkonsum und entwicklungsbedingte Voraussetzungen, wie die Fähigkeit zur Perspektivenübernahme, die Empathie, die moralische Entwicklung; vgl. Mares & Woodard, 2001; Giles, 2003). Eine Metaanalyse von Mares und Woodard (2005) fasst die Ergebnisse aus 39 Studien zusammen (s. Kasten über die Ergebnisse einer Metaanalyse zu prosozialen Medieneffekten).

Die gefundenen Effekte können im Prinzip mit den gleichen psychologischen Mechanismen erklärt werden wie die Effekte von Mediengewalt (vgl. Abschnitt 8.5.3): Auch hier kann der Erwerb von Handlungsmustern durch Beobachtung und Nachahmung angenommen werden (sozial-kognitive Lerntheorie, s. oben); diese Handlungsmuster führen unter bestimmten Voraussetzungen zu entsprechendem Verhalten. Allerdings ist auch hier kaum von einem einfachen Kausalzusammenhang auszugehen als vielmehr von einem komplexen Prozess, bei dem Medienangebot, personale und situationale Merkmale interagieren.

Ergebnisse einer Metaanalyse zu prosozialen Medieneffekten

- Kinder, die mit prosozialen Medieninhalten konfrontiert werden, zeigen anschließend mehr positive soziale Interaktionen (altruistisches Verhalten), weniger Vorurteile und eine ausgeprägtere Selbstkontrolle.
- Die größten Effekte wurden für verhaltensbezogene Reaktionen (altruistisches Verhalten) gefunden.
- Prosoziale Effekte waren am ausgeprägtesten, wenn sie mit gleichzeitiger oder anschließender Diskussion des Gesehenen kombiniert waren.
- Die Effekte waren in der Regel bei Mädchen stärker ausgeprägt als bei Jungen.
- Die Effekte waren bei jüngeren Kindern deutlicher ausgeprägt als bei älteren Kindern bzw. Jugendlichen.

(Mares & Woodard, 2005)

Die „Sesamstrasse". Die „Sesamstrasse" wurde 1967 vom Children's Television Workshop (CTW) entwickelt. Ihr erklärtes Ziel ist die Verbesserung der kognitiven, aber auch sozialen Fähigkeiten und Fertigkeiten der Kinder, u.a. um Bildungs- und soziale Benachteiligung abzubauen. Von Beginn an wurde die „Sesamstrasse" wissenschaftlich begleitet. Die inzwischen zahlreich vorliegenden Befunde belegen, dass regelmäßige Zuschauer das in der Sendung präsentierte prosoziale Verhalten erlernten und in entsprechenden Situationen auch zeigten (Mielke, 2001). Durch elterliche Unterstützung und Moderation konnten diese Effekte verstärkt werden. Darüber hinaus wurden in einer Langzeitstudie bei regelmäßigen „Sesamstrasse"-Konsumenten im späteren Alter (15 bis 19 Jahre) signifikant niedrigere Aggressionstendenzen bzw. höhere Toleranzraten gefunden (vgl. Huston, Anderson, Wright, Linebarger & Schmitt, 2001).

Andere Medien. Welche Rolle neben Fernsehsendungen andere Medien beim Erwerb prosozialen Verhaltens spielen, wurde bislang noch nicht empirisch untersucht. Zu vermuten ist, dass Bücher, vor allem prosozial einschlägige Kinderbücher, zur Unterstützung prosozialen Verhaltens beitragen können, da sie von den Eltern in der Regel „gezielt" im Rahmen eines „autoritativen" Erziehungsstils eingesetzt werden (vgl. Mares & Woodard, 2001). Ähnliches dürfte für „prosoziale" Computer-Software gelten. Inwieweit bestimmte Formen von Computerspielen (z.B. kooperative Szenarien) das prosoziale Verhalten ihrer Spieler fördern, ist bislang ebenfalls kaum erforscht. Im Internet finden sich prosoziale Inhalte häufig als erweitertes Angebot der Fernsehsender (z.B. Webseiten zu bestimmten Sendungen). Hier können ähnliche Mechanismen wie für prosoziale Angebote im Fernsehen vermutet werden – vorausgesetzt, die entsprechenden Seiten werden genutzt (vgl. Mares & Woodard, 2001).

Weitere Forschungsfelder. Wissenschaftlich kaum beachtet blieben bislang die vielfältigen Hilfsaktionen und Spendenaufrufe (z.B. „Live Aid"; „Red Nose Day"), die von den Medien selbst initiiert werden oder für die die Medien eine unerlässliche öffentliche Präsentationsplattform darstellen. Der finanzielle Erfolg solcher Hilfsaufrufe lässt sich theoretisch dadurch erklären, dass lebensnahe und emotionale Darstellungen von Hilfsbedürftigen eine Perspektivenübernahme bei den Rezipienten fördern, die unangenehme Emotionen erzeugt (Kosten der Nichthilfe; s. Abschnitt 8.6.1 zu prosozialem Verhalten in der interpersonalen Interaktion). Folgt der Rezipient dem Spendenaufruf und werden die Kosten dafür nicht als negativ empfunden (was jeder durch die Höhe des gespendeten Geldbetrags selbst bestimmen kann), können Schuldgefühle abgebaut und kann der Selbstwert gesteigert werden – die Wahrscheinlichkeit der Unterstützung nimmt zu (vgl. Leffelsend, Mauch & Hannover, 2004). Spendenaufrufe in den Medien können somit zur Förderung prosozialen Verhaltens beitragen, insbesondere auch, wenn sie Hilfeverhalten dokumentieren und damit öffentlich anerkennen (Vorbildfunktion) und/oder durch die Darstellung beispielhaften Verhaltens soziale Vergleiche anregen (z.B. durch namentliche Nennung der Spender und Beträge).

8.7 Relevanz und Anwendung

Anders als häufig kolportiert, ist der wissenschaftliche Ergebnisstand zu Mediengewaltwirkungen durchaus nicht widersprüchlich. Eindeutig nicht zutreffend ist die Annahme einer einfachen und direkten Wirkung von Mediengewalt auf Aggression. Je nach Angebotsform und -inhalt, Merkmalen und Erfahrungen der Nutzer sowie kontextuellen Bedingungen sind mehr oder weniger deutliche Effekte auf unterschiedlichen Ebenen zu beobachten, die in letzter Konsequenz dazu führen, dass aggressive Einstellungen und/oder Verhaltensweisen zunehmen. Ein zentraler Effekt ist, dass die Gewaltdarstellungen das gesellschaftliche Klima, die Weltbilder und die Werte langfristig prägen können. Gleichzeitig sind auch prosoziale Effekte des Medienkonsums auf unterschiedlichen Ebenen festzustellen.

Die vorgelegten wissenschaftlichen Erkenntnisse zum Thema „Medien und Gewalt" ebenso wie die Befunde zur Förderung prosozialen Verhaltens sollten daher im notwendigen Differenzierungsgrad zur Kenntnis genommen werden, zumal sie in verschiedener Hinsicht entscheidungs- und handlungsrelevant sind bzw. sein sollten:

- Systematische Inhaltsanalysen von Gewaltdarstellungen in den Medien sind Ausgangspunkt der Analyse von Gewaltwirkungen – sie quantifizieren und qualifizieren das *Wirkungspotenzial*. Aus ihren Befunden jedoch auf Merkmale der Kommunikatoren (z.B. auf die Einstellung von Programmplanern und Redakteuren) zu schließen oder gar Wirkungen von Mediengewalt zu diagnostizieren, wäre unseriös (vgl. Gleich, 2004). Inhaltsanalysen können aber zu einer Objektivierung der Diskussion über Gewaltanteile in den Medien beitragen. Die Frage nach dem „zu viel" kann inhaltsanalytisch jedoch nicht beantwortet werden – dies lässt sich allein durch normativen Diskurs klären, insbesondere auch deshalb, weil der direkte Schluss vom Inhalt der Gewaltdarstellungen auf deren Wirkung beim Zuschauer unzulässig ist. Um die Einhaltung juristischer Vorgaben in Bezug auf violente Medieninhalte zu überprüfen (Medienkontrolle; vgl. Kap. 15 zur Qualität von Medienangeboten), sind Inhaltsanalysen die geeignete Methode.
- Die differenzierten Ergebnisse der Mediengewaltforschung sollten als Grundlage medien- und sozialpolitischer Entscheidungen und Maß-

nahmen dienen. Dabei sollte allerdings berücksichtigt werden, dass Medien nur ein Faktor neben vielen sind, die bei der Konzeption und Planung präventiver und/oder Interventionsmaßnahmen zu berücksichtigen sind. Gewalt in der Gesellschaft allein auf die Medien zurückzuführen, würde ihnen eine ungerechtfertigte „Sündenbockfunktion" unterstellen und andere, mindestens ebenso wichtige Prädiktoren von Gewalt (z.B. soziale Verhältnisse von Familien; tatsächliche oder wahrgenommene Benachteiligungen) ignorieren.

- Für die Produzenten und Kommunikatoren von Angeboten in den Medien verweisen die vorliegenden Ergebnisse auf die Bedeutung einer (sozialverträglichen) Abwägung zwischen kommerziellen Interessen („Quote") und gesellschaftlicher Verantwortung.
- Schließlich sollten die Ergebnisse der empirischen Forschung zu der Frage, wie sich die in den Medien präsentierte Gewalt bzw. die prosozialen Verhaltensweisen auswirken, Grundlage einer seriösen Begründung und Entwicklung medienpädagogischer Konzepte und Handlungsstrategien sein. Ziel sollte es sein, durch die Förderung von Medienkompetenz die potenziell negativen Effekte der Medien zu minimieren und ihre positiven Effekte zu fördern (vgl. Kap. 13 zu Kommunikationskompetenz, Medienkompetenz und Medienpädagogik).

Zusammenfassung

- Die Entstehung von Aggression – definiert als intentionales, schädigendes Verhalten – wird entweder als Trieb oder Instinkt, als Folge von Frustration oder als etwas Erlerntes erklärt.
- Aggressionsauslösende bzw. -moderierende Faktoren liegen bei der Person selbst sowie in den Mikro- und Makrosystemen (z.B. Familie, Gruppen, Gesellschaft) und interagieren miteinander.
- Formen interpersonaler Aggression sind vielfältig (z.B. Kriminalität, Mobbing, Bullying, sexuelle Gewalt). Aggressionen zwischen Gruppen (z.B. Hooliganismus, Terrorismus) unterliegen zum Teil anderen spezifischen Mechanismen (z.B. Deindividuierung).
- Gewalt in der medienvermittelten interpersonalen Kommunikation ist größtenteils nicht physisch (z.B. Flaming). Spezifische Merkmale der Online-Kommunikation (z.B. Kanalreduktion) können Aggression fördern.
- Gewalt im Fernsehen wird in der Regel nicht als abschreckend dargestellt. Vielmehr ist sie zumeist in einen Unterhaltungskontext eingebettet.
- Die Motive der Gewaltrezeption reichen von der Vermeidung von Langeweile, über Kompensation persönlicher und sozialer Probleme bis hin zur Information über drohende Gefahren.
- Je nach Gratifikationserwartung sind unterschiedliche Formen und Darstellungen von Gewalt im Fernsehen für die Rezipienten attraktiv und funktional.
- Die theoretischen Konzepte, mit denen die Wirkung von Gewalt in den Medien erklärt wird, sehen violente Medieninhalte entweder als Aggressionshemmer, Aggressionsförderer oder Ursache von Einstellungsänderungen.
- Erklärungskonzepte, die eine aggressionssteigernde Wirkung von Gewalt in den Medien annehmen, lassen sich in die sozial-kognitive Lerntheorie integrieren. Danach werden durch violenten Medienkonsum langfristig aggressive Handlungsmuster erworben, die je nach Rezipienten-, Angebots- und Kontextmerkmalen in konkretes Handeln umgesetzt werden können.

- Insgesamt stellt die Forschung eine aggressionssteigerende Wirkung von Mediengewalt bei bestimmten Risikogruppen fest.
- Prosoziales Verhalten kann theoretisch entweder als selbstloses Verhalten auf der Grundlage von Empathie oder als egoistisches Verhalten vor dem Hintergrund von Austauschbeziehungen gesehen werden.
- Hilfreiches Verhalten hängt u.a. von individuellen und gesellschaftlichen Normen und Werten ab.
- Die Forschung belegt, dass der Konsum von prosozialen Medieninhalten hilfreiches Verhalten fördern kann. Auch hier interagieren Rezipienten-, Angebots- und Kontextmerkmale.
- Die Befunde zur Wirkung der Mediengewalt und des prosozialen Verhaltens in den Medien sind relevant für Aufgaben der Medienkontrolle, sozial- und medienpolitische Entscheidungen (z.B. Gewaltprävention) sowie insbesondere für die Konzeption und Durchführung medienpädagogischer Maßnahmen.

Leseempfehlung

- Bierhoff, H.W. (1990). Psychologie hilfreichen Verhaltens. Stuttgart: Kohlhammer.
- Bierhoff, H.W. & Wagner, U. (Hrsg.). (1997). Aggression und Gewalt. Phänomene, Ursachen und Interventionen. Stuttgart: Kohlhammer.
- Kleiter, E.F. (1997). Film und Aggression – Aggressionspsychologie. Theorie und empirische Ergebnisse mit einem Beitrag zur Allgemeinen Aggressionspsychologie. Weinheim: Deutscher Studien Verlag.
- Krahé, B. (2001). The social psychology of aggression. Hove: Psychology Press.
- Kunczik, M. (1998). Gewalt und Medien (4. Aufl.). Köln: Böhlau Verlag.
- Mares, M.-L. & Woodard, E.H. (2005). Positive effects of television on children's social interactions: A meta-analysis. Media Psychology, 7(3), 301–322.

Literatur

Anderson, C.A., Anderson, K.B. & Deuser, W.E. (1996). Examining an affective aggression framework: Weapon and temperature effects on aggressive thoughts, affect, and attitudes. Personality and Social Psychology Bulletin, 22(4), 366–376.

Bandura, A. (2002). Social cognitive theory of mass communication. In J. Bryant & D. Zillmann (Hrsg.), Media effects: Advances in theory and research (2. Aufl., S. 121–153). Mahwah, NJ: Lawrence Erlbaum.

Bandura, A., Ross, D. & Ross, S.A. (1961). Transmission of aggression through imitation of aggressive models. Journal of Abnormal and Social Psychology, 63, 575–582.

Bandura, A., Ross, D. & Ross, S.A. (1963). Imitation of film-mediated aggressive models. Journal of Abnormal and Social Psychology, 66, 3–11.

Batson, C.D. (1991). The altruism question. Toward a social-psychological answer. Hillsdale, NJ: Lawrence Erlbaum.

Berkowitz, L. (1990). On the formation and regulation of anger and aggression: A cognitive-neoassociationistic analysis. American Psychologist, 45(4), 494–503.

Berkowitz, L. & Rawlings, E. (1963). Effects of film violence on inhibitions against subsequent aggression. Journal of Abnormal and Social Psychology, 66(3), 405–412.

Bierhoff, H.W. (1990). Psychologie hilfreichen Verhaltens. Stuttgart: Kohlhammer.

Bierhoff, H.W. (1996). Prosoziales Verhalten. In W. Stroebe, K. Jonas & M.R.C. Hewstone (Hrsg.), Sozialpsychologie. Eine Einführung (3. Aufl., S. 395–420). Berlin: Springer.

Bierhoff, H.W. & Wagner, U. (1997). Aggression: Definition, Theorie und Themen. In H.W. Bierhoff & U. Wagner (Hrsg.), Aggression und Gewalt. Phänomene, Ursachen und Interventionen (S. 2–25). Stuttgart: Kohlhammer.

Black, S.L. & Bevan, S. (1992). At the movies with Buss and Durkee: A natural experiment on film violence. Aggressive Behavior, 18(1), 37–45.

Bleh, W. (1993). Medien und Gewalt. Zum Zusammenhang zwischen gezeigter Gewalt im Fernsehen und Gewalt in der Gesellschaft. Wissenschaft und Frieden, 11(3), 25–31.

Bonfadelli, H. (2004). Medienwirkungsforschung II. Anwendungen in Politik, Wirtschaft und Kultur (2. Aufl.). Konstanz: UVK Medien.

Bundeskriminalamt (Hrsg.). (2003). Polizeiliche Kriminalstatistik 2003. Bundesrepublik Deutschland. Elektronische Publikation (Stand: 4. August 2005, http://www.bka.de/pks/pks2003/index2.html).

Bundeskriminalamt (Hrsg.). (2004). Polizeiliche Kriminalstatistik 2004. Bundesrepublik Deutschland. Elektronische Publikation (Stand: 4. August 2005, http://www.bka.de/pks/pks2004/index.html).

Bushman, B.J. & Anderson, C.A. (2001). Media violence and the American public: Scientific facts versus media misinformation. American Psychologist, 56(6–7), 477–489.

Cantor, J. (2003). Media violence effects and interventions: The roles of communication and emotion. In J. Bryant & D. Roskos-Ewoldson (Hrsg.), Communication and emotion: Essays in honor of Dolf Zillmann (S. 197–219). Mahwah, NJ: Lawrence Erlbaum.

Center for Communication and Social Policy, University of California, Santa Barbara (Hrsg.). (1998). National television violence study 3. Thousand Oaks, CA: Sage Publications.

Comstock, G.A. & Scharrer, E. (1999). Television. What's on, who's watching and what it means. San Diego: Academic Press.

Döring, N. (2003). Sozialpsychologie des Internet. Die Bedeutung des Internet für Kommunikationsprozesse, Identitäten, soziale Beziehungen und Gruppen (2. Aufl.). Göttingen: Hogrefe.

Drabman, R.S. & Thomas, M.H. (1974). Exposure to filmed violence and children's tolerance of real life aggression. Personality and Social Psychology Bulletin, 1, 198–199.

Eisenberg, N. (2000). Emotion, regulation, and moral development. Annual Review of Psychology, 51, 665–697.

Feierabend, S. & Klingler, W. (2006). Was Kinder sehen. Eine Analyse der Fernsehnutzung Drei- bis 13-Jähriger 2005. Media Perspektiven, 3, 138–153.

Feshbach, S. & Singer, R.D. (1971). Television and aggression. An experimental field study. San Francisco: Jossey-Bass.

Früh, W. (2001). Gewaltpotentiale des Fernsehangebots. Programmangebot und zielgruppenspezifische Interpretation. Wiesbaden: Westdeutscher Verlag.

Geen, R.G. (1994). Television and aggression: Recent developments in research and theory. In D. Zillmann, J. Bryant & A.C. Huston (Hrsg.), Media, children, and the family: Social scientific, psychodynamic, and clinical perspectives (S. 151–162). Hillsdale, NJ: Lawrence Erlbaum.

Geen, R.G. & Thomas, S.L. (1986). The immediate effects of media violence on behavior. Journal of Social Issues, 42, 7–27.

Gerbner, G., Gross, L., Morgan, M. & Signorielli, N. (1994). Growing up with television: The cultivation perspective. In J. Bryant & D. Zillmann (Hrsg.), Media effects: Advances in theory and research (S. 17–41). Hillsdale, NJ: Lawrence Erlbaum.

Giles, D.C. (2003). Media psychology. London: Lawrence Erlbaum.

Gleich, U. (2004). Medien und Gewalt. In R. Mangold, P. Vorderer & G. Bente (Hrsg.), Lehrbuch der Medienpsychologie (S. 587–618). Göttingen: Hogrefe.

Gleich, U., Kreisel, E., Thiele, L., Vierling, M. & Walter, S. (1998). Sensation Seeking, Fernsehverhalten und Freizeitaktivitäten. In W. Klingler, G. Roters & O. Zöllner (Hrsg.), Fernsehforschung in Deutschland. Themen – Akteure – Methoden (S. 661–688). Baden-Baden: Nomos.

Goldstein, J.H. (1998). Why we watch. In J.H. Goldstein (Hrsg.), Why we watch. The attractions of violent entertainment (S. 212–226). New York: Oxford University Press.

Grimm, J. (1999). Fernsehgewalt. Zuwendungsattraktivität – Erregungsverläufe – sozialer Effekt. Zur Begründung und praktischen Anwendung eines kognitiv-physiologischen Ansatzes der Medienrezeptionsforschung am Beispiel von Gewaltdarstellungen. Opladen: Westdeutscher Verlag.

Grimm, P., Kirste, K. & Weiß, J. (2005). Gewalt zwischen Fakten und Fiktionen. Eine Untersuchung von Gewaltdarstellungen im Fernsehen unter besonderer Berücksichtigung ihres Realitäts- bzw. Fiktionalitätsgrades. Berlin: Vistas.

Groebel, J. & Gleich, U. (1993). Gewaltprofil des deutschen Fernsehprogramms. Eine Analyse des Angebots privater und öffentlich-rechtlicher Sender. Opladen: Leske + Budrich.

Gunter, B. (1994). The question of media violence. In J. Bryant & D. Zillmann (Hrsg.), Media effects: Advances in theory and research (S. 163–211). Hillsdale, NJ: Lawrence Erlbaum.

Gunter, B., Harrison, J. & Wykes, M. (2003). Violence on television. Distribution, form, context, and themes. Hillsdale, NJ: Lawrence Erlbaum.

Hasebrink, U. (1995). Zur Nutzung action- und gewaltorientierter Fernsehangebote. In M. Friedrichsen & G. Vowe (Hrsg.), Gewaltdarstellungen in den Medien. Theorien, Fakten und Analysen (S. 194–227). Opladen: Westdeutscher Verlag.

Hearold, S. (1986). A synthesis of 1043 effects of television on social behavior. In G. Comstock (Hrsg.), Public communication and behavior (S. 65–133). Orlando: Academic Press.

Hogben, M. (1998). Factors moderating the effect of televised aggression on viewer behavior. Communication Research, 25(2), 220–247.

Huesmann, L.R. & Reynolds, M.A. (2001). Cognitive processes and the development of aggression. In A. Bohart & D. J. Stipek (Hrsg.), Constructive & destructive behavior: Implications for family, school & society (S. 249–269). Washington, DC: American Psychological Association.

Huesmann, L.R., Moise-Titus, J., Podolski, C.-L. & Eron, L.D. (2003). Longitudinal relations between children's exposure to TV violence and their aggressive and violent behavior in young adulthood: 1977–1992. Developmental Psychology, 39(2), 201–221.

Huston, A.C., Anderson, D.R., Wright, J.C., Linebarger, D.L. & Schmitt, K.L. (2001). Sesame Street viewers as adolescents: A recontact study. In S.M. Fisch, R.T. Truglio & Children's Television Workshop (Hrsg.), „G" is for growing. Thirty years of research on children and Sesame Street (S. 131–143). London: Lawrence Erlbaum.

Johnson, J.G., Cohen, P., Smailes, E.M., Kasen, S. & Brook, J.S. (2002). Television viewing and aggressive behavior during adolescence and adulthood. Science, 295, 2468–2471.

Jugendschutz.net (2005). Gewaltdarstellungen im Internet. Elektronische Publikation (Stand: 4. April 2005, http://www.jugendschutz.net/gewalt/).

Kleiter, E.F. (1997). Film und Aggression – Aggressionspsychologie. Theorie und empirische Ergebnisse mit einem Beitrag zur Allgemeinen Aggressionspsychologie. Weinheim: Deutscher Studien Verlag.

Krahé, B. (1998). Sexuelle Gewalt. In H.W. Bierhoff & U. Wagner (Hrsg.), Aggression und Gewalt. Phänomene, Ursachen und Interventionen (S.108–127). Stuttgart: Kohlhammer.

Kunczik, M. (1998). Gewalt und Medien (4. Aufl.). Köln: Böhlau Verlag.

Lamnek, S. (1995). Gewalt in Massenmedien und Gewalt von Schülern. In S. Lamnek (Hrsg.), Jugend und Gewalt (S. 225–256). Opladen: Westdeutscher Verlag.

Latané, B. & Nida, S. (1981). Ten years of research on group size and helping. Psychological Bulletin, 89(2), 308–324.

Leffelsend, S., Mauch, M. & Hannover, B. (2004). Mediennutzung und Medienwirkung. In R. Mangold, P. Vorderer & G. Bente (Hrsg.), Lehrbuch der Medienpsychologie (S. 51–71). Göttingen: Hogrefe.

Lukesch, H., Bauer, C., Eisenhauer, R. & Schneider, I. (2004). Das Weltbild des Fernsehens. Eine Untersuchung der Sendungsangebote öffentlich-rechtlicher und privater Sender in Deutschland. Synopse der Weltbildstudie. Regensburg: Roderer.

Mares, M.-L. & Woodard, E.H. (2001). Prosocial effects on children's social interactions. In D. Singer & J.L. Singer (Hrsg.), Handbook of children and the media (S. 183–205). Thousand Oaks: Sage Publications.

Mares, M.-L. & Woodard, E.H. (2005). Positive effects of television on children's social interactions: A meta-analysis. Media Psychology, 7(3), 301–322.

McGuire, W.J. (1986). The myth of massive media impact. Savagings and salvagings. In G. Comstock (Hrsg.), Public Communication and Behavior (S. 175–234). New York: Academic Press.

Merten, K. (1993). Darstellung von Gewalt im Fernsehen. Programmanalyse: 20.3.– 3.4.1993. Münster: Comdat.

Merten, K. (1999). Gewalt durch Gewalt im Fernsehen? Opladen: Westdeutscher Verlag.

Mielke, K.W. (2001). A review of research on the educational and social impact of Sesame Street. In S.M. Fisch, R.T. Truglio & Children's Television Workshop (Hrsg.), „G" is for growing. Thirty years of research on children and Sesame Street (S. 83–95). London: Lawrence Erlbaum.

Minnebo, J. (2000). Fear of crime and television use: A uses and gratifications approach. Communications. The European Journal of Communication Research, 25(2), 123–142.

Mummendey, A. & Otten, S. (2001). Aggressives Verhalten. In W. Stroebe, K. Jonas & M. Hewstone (Hrsg.), Sozialpsychologie. Eine Einführung (4. Aufl., S. 353–380). Berlin: Springer.

Paik, H. & Comstock, G. (1994). The effects of television violence on antisocial behavior: A meta-analysis. Communication Research, 21(4), 516–546.

Perse, E.M. (2001). Media effects and society. London: Lawrence Erlbaum.

Phillips, D.P., Lesyna, K. & Paight, D.J. (1992). Suicide and the media. In R.W. Maris, A.L. Berman, J.T. Maltsberger & R.I. Yufit (Hrsg.), Assessment and prediction of suicide (S. 499–519). New York, NY: Guilford Press.

Piliavin, J.A., Dovidio, J.F., Gaertner, S.L. & Clark, R.D. (1981). Emergency intervention. New York: Academic Press.

Selg, H., Mees, U. & Berg, D. (1997). Psychologie der Aggressivität (2. Aufl.). Göttingen: Hogrefe.

Shrum, L.J. (2002). Media consumption and perceptions of social reality: Effects and underlying processes. In J. Bryant & D. Zillmann (Hrsg.), Media effects: Advances in theory and research (2. Aufl., S. 69–95). Mahwah, NJ: Lawrence Erlbaum.

Six, U. (1989). Medieneinflüsse auf Einstellungen und Vorurteile. In J. Groebel & P. Winterhoff-Spurk (Hrsg.), Empirische Medienpsychologie (S. 179–194). München: Psychologie Verlags Union.

Tannenbaum, P.H. & Zillmann, D. (1975). Emotional arousal in the facilitation of aggression through communication. In L. Berkowitz (Hrsg.), Advances in experimental social psychology (Vol. 8, S. 149–192). New York: Academic Press.

Vitouch, P. (2000). Fernsehen und Angstbewältigung. Zur Typologie des Zuschauerverhaltens (2. Aufl.). Opladen: Westdeutscher Verlag.

Vogelgesang, W. (1991). Jugendliche Video-Cliquen, Action- und Horrorvideos als Kristallisationspunkte einer neuen Fankultur. Opladen: Westdeutscher Verlag.

Wagner, U. & Zick, A. (1997). Ausländerfeindlichkeit, Vorurteile und diskriminierendes Verhalten. In H.W. Bierhoff & U. Wagner (Hrsg.), Aggression und Gewalt. Phänomene, Ursachen und Interventionen (S. 145–164). Stuttgart: Kohlhammer.

Williams, T.M. (Hrsg.). (1986). The impact of television. A natural experiment in three communities. Orlando: Academic Press.

Wood, W., Wong, F.Y. & Chachere, J.G. (1991). Effects of media violence on viewers' aggression in unconstrained social interaction. Psychological Bulletin, 109, 371–383.

Zillmann, D. & Weaver, J.B. (1996). Gender-socialization theory of reactions to horror. In J.B. Weaver & R. Tamborini (Hrsg.), Horror films: Current research on audience preferences and reactions (S. 81–101). Mahwah, NJ: Lawrence Erlbaum.

Zumkley, H. (1996). Aggression und Aggressivität. In M. Amelang (Hrsg.), Enzyklopädie der Psychologie: Themenbereich C. Theorie und Forschung: Serie VIII. Differentielle Psychologie und Persönlichkeitsforschung: Band 3. Temperaments- und Persönlichkeitsunterschiede (S. 337–375). Göttingen: Hogrefe.

9 Interpersonale Kommunikation, Beziehungen und Zusammenarbeit in Gruppen*

Erich H. Witte

Beispiel

Begegnet ein Mann einer Frau, die er attraktiv findet, zum ersten Mal, wird er sie verstohlen betrachten und einen sehr kurzen Blickkontakt suchen. Meistens wird dann der Mann seine Aufmerksamkeit für die Frau zeigen, indem er die Frau länger betrachtet. Wenn die Frau das bemerkt, kann sie sich durch einen strafenden Blick zurückziehen oder eher einladend lächeln. Sollte Letzteres geschehen, geht die Interaktion in die zweite Stufe über. Sie ist dadurch gekennzeichnet, dass sich die Frau durch die Haare fährt, lächelt und eine ruckartige Bewegung des Kopfes nach hinten macht. Bei Interesse an dem Mann wird sie mehrfach mit offenem Mund lächeln. Da das Interesse aneinander nun geklärt ist, beginnt die dritte Stufe mit der verbalen Kommunikation. Sie wird üblicherweise durch eine Äußerung des Mannes eingeleitet. Diese erste verbale Äußerung sollte witzig sein, zumindest aber nicht allzu dumm oder dreist. Wenn die Frau jetzt stimmhaft lacht, geht es weiter in die vierte Stufe. Sie ist durch ein deutliches gegenseitiges Interesse gekennzeichnet, geht jedoch häufig beim Mann mit einem sexuellen Unterton einher. Hier kommt es nicht selten zu einem Missverständnis: Der Mann überschätzt das sexuelle Interesse an seiner Person. Es finden jetzt nicht selten auch Berührungen statt. Das kann der Anfang einer Beziehung sein.

Diese Stufenfolge bei der Kontaktaufnahme von Mann und Frau findet sich bei Doermer-Tramitz (1990) und soll hier als ein Beispiel für interpersonale Kommunikationen dienen, auf das wir später wieder zurückkommen werden.

Der Mensch ist ein soziales Wesen. Die Grundlage für diese Eigenschaft ist die interpersonale Kommunikation. Möchte man mehr über den Menschen erfahren, so bietet sich die genauere Betrachtung dieser interpersonalen Kommunikation mit ihrer Auswirkung auf die Beziehung und die Zusammenarbeit in Gruppen geradezu an. Zu diesem Zweck soll hier zunächst allgemein über die interpersonale Kommunikation als wissenschaftliches Thema berichtet werden und dann über wichtige Befunde zur kleinsten Kommunikationseinheit, der Dyade. Anschließend geht es um die Ergebnisse der Forschung zur Kommunikation in Kleingruppen. Was passiert

* Für die Konzeption dieses Kapitels möchte ich mich herzlich bei den Herausgebern bedanken, insbesondere bei Frau Kollegin Six. Für die Hilfe bei der konkreten Umsetzung in einen Text mit Abbildungen bin ich Frau Schacht zu Dank verpflichtet. Alle Unzulänglichkeiten sind allein dem Autor anzulasten.

mit uns und durch uns, wenn wir miteinander umgehen? Welche alltagspraktischen Fragen sich hinter den Ausführungen verbergen, kann hier nur kurz angedeutet werden; zur Veranschaulichung sollen einige Beispiele angeführt werden:

Beispiel

- Wie und wann teilt ein Arzt seinem Patienten mit, dass er an Krebs erkrankt ist? Und macht er es überhaupt?
- Wie kann man seinem Partner ein Kompliment machen?
- Wie motiviert ein Trainer seine Mannschaft?
- Wie kann man die katastrophalen Missverständnisse zwischen Tower und Flugkapitän verhindern?
- Wie kann man die kognitive Leistungsfähigkeit von Projektgruppen verbessern?

All diese angewandten Fragen kann man unter der Perspektive einer interpersonalen Kommunikation betrachten.

9.1 Kernelemente und -relationen von Kommunikation

Zuerst muss man sich verschiedene Konzepte anschauen, mit deren Hilfe versucht wird, die Kommunikation zu beschreiben. Eine klassische Differenzierung nimmt Bezug auf die Sprache und unterteilt dieses Medium der Kommunikation in Semantik (Inhalt), Syntaktik (Struktur) und Pragmatik (Anlass, Ziel). Wendet man diese Unterteilung auf die Kommunikation an, so muss man nach Bühler (1934) differenzieren zwischen dem Sender mit seiner Kundgabe, dem Empfänger, für den die Kundgabe als Appell gesehen wird, und dem dargestellten Sachverhalt. Im weithin bekannten Kommunikationsmodell von Schulz von Thun (1981) wird dieser Ansatz interessanterweise erweitert, indem aufseiten des Senders zwei Ebenen eingeführt werden,

- eine Individualebene, die die Seite der Selbstoffenbarung beinhaltet,
- eine Mikroebene, die die Verbindung zwischen Sender und Empfänger als Ausdruck der Beziehung thematisiert.

Der Kern dieser Modelle ist die nichtmediale direkte Kommunikation und das Miteinander-Reden. In der Literatur lassen sich schließlich vier Grundmodelle finden:

(1) das **Encoder-Decoder-Modell**: Es konzentriert sich auf die Bedeutung der Botschaft;
(2) das **Intentionalitätsmodell**: Es betont die Absicht und Zielsetzung, die der Sender verfolgt;
(3) das **Modell der Perspektivenübernahme**: Im Mittelpunkt steht hier der Empfänger der Botschaft;
(4) das **Dialogmodell**: Es konzentriert sich auf die gemeinsame Aktivität von Sender und Empfänger.

Was noch aussteht, ist die Verbindung dieser vier klassischen Konzeptionen zu einem Hybridmodell, wie von Fussell und Kreuz (1998) gefordert wird. Eine systemische Betrachtung, wie sie nachfolgend skizziert werden soll, kann als Grundlage dafür dienen.

Beschäftigt man sich auch mit der medialen Kommunikation, so ist im Bereich der Massenkommunikation Lasswells Satz zur Ordnung des Forschungsmaterials ein wichtiger Ausgangspunkt: „Who says what in which channel to whom with what effect?" („Wer sagt was über welchen Kanal zu wem mit welcher Wirkung?", Lasswell, 1948, S. 37). Weil zwischen verschiedenen Empfängern unterschieden werden muss, sind hier die Aspekte um die Möglichkeit erweitert, eine mediale Differenzierung vorzunehmen und genauer auf die Effekte zu achten. Dieselbe Nachricht erhalten viele Personen, die aber nicht unbedingt einheitlich wahrnehmen, bewerten, interpretieren und reagieren. Eine nächste wichtige Erweiterung stammt von Maletzke (1963), indem er

- beim Sender und Empfänger jeweils die Persönlichkeit und das Selbstbild hinzufügt,
- den Kontext betont, in dem die Kommunikation stattfindet,
- die Restriktionen des Mediums hervorhebt.

Eine weitere Unterscheidung der Kommunikationsmodelle betrifft die kulturelle Einbettung der Austauschprozesse. Man differenziert grob zwischen inter- und intrakultureller Kommunikation. Dabei hängt der Bedeutungsgehalt einer sprachlichen Äußerung erheblich von der Kultur ab, selbst wenn man den Sachverhalt verstehen kann. Die Assoziationen und Konnotationen von Aussagen werden erst durch den kulturellen Hintergrund verständlich (Sapir-Whorf-Hypothese). Folglich sind die mediale und die nichtmediale Kommunikation in ein Kultursystem eingebettet, aus dem heraus die Bedeutung aller Aspekte der Kommunikation abgeleitet wird. Das reicht von der Idee des symbolischen Interaktionismus, nach der die Interaktionspartner jeweils die Bedeutung von Aussagen in der konkreten Interaktion erst konstruieren, bis zu den großen Missverständnissen zwischen Partnern unterschiedlicher Kulturen (Thomas, Kinast & Schroll-Machl, 2003; zur interkulturellen Kommunikation s. auch Kap. 10). Ein wichtiger Aspekt in diesem Zusammenhang besteht darin, wie kontextabhängig die Kommunikation in verschiedenen Kulturen ist (Hall, 1976). Je stärker Kulturen die Kommunikation vom Kontext abhängig machen, desto weniger hängt der Sachverhalt einer Mitteilung nur von ihrem Inhalt ab. Um die Bedeutung einer Kommunikation zu erschließen, müssen die Beziehung zwischen den Personen und ihre soziale Stellung verstärkt berücksichtigt werden. Man nehme eine einfache Botschaft und versuche den Bedeutungsgehalt zu verstehen. Die Botschaft eines Senders zu einem Empfänger lautet zum Beispiel: „Guten Tag. Wie geht es Ihnen?". Man betrachte als Variationsmöglichkeiten dieser Alltagskommunikation alle 15 in Abbildung 9.1 aufgeführten Elemente und versuche entsprechend das Verständnis dieser Botschaft danach zu unterscheiden.

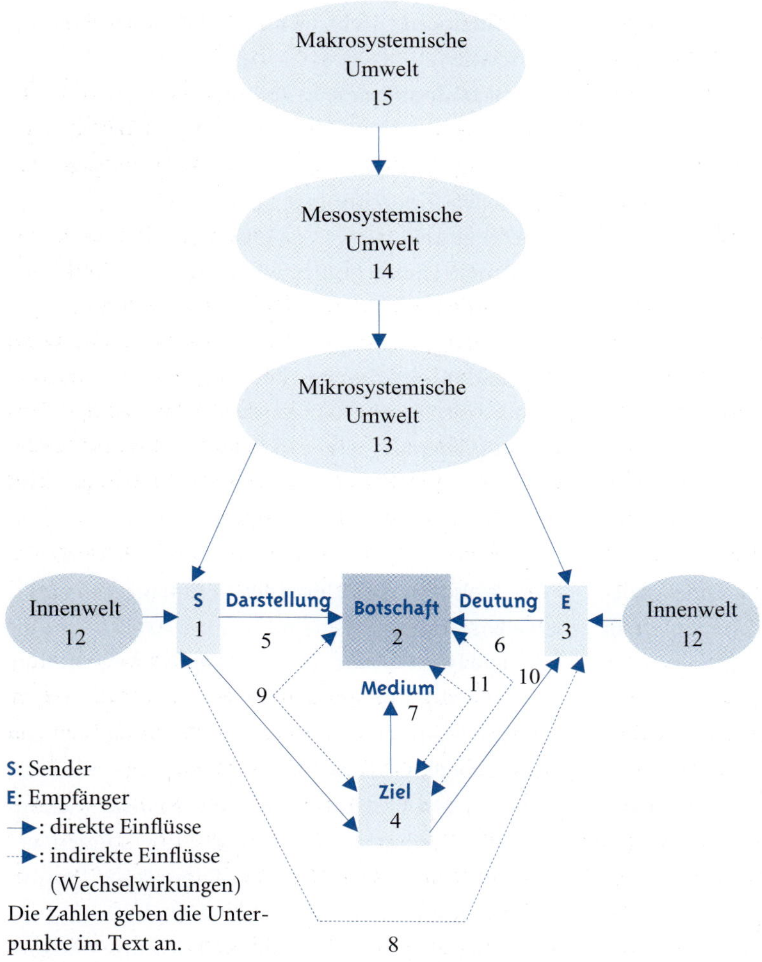

Abbildung 9.1. Ein systemisches Konzept der interpersonalen Kommunikation

Wir gehen noch einen Schritt weiter, indem wir feststellen, dass Kommunikation die Grundlage für die Bildung sozialer Systeme ist (Willke, 2000). Daraus kann man den Schluss ziehen, dass interpersonale Kommunikation generell nicht ohne eine systemische Perspektive präzisiert werden kann. Eine solche Konzeption kann bei der Darstellung und Auswahl der Inhalte helfen und zusätzlich darauf verweisen, welche Lücken es in den bekannten Ansätzen von Bühler, Schulz von Thun oder in den oben genannten vier Grundmodellen gibt. Man gewinnt eine Betrachtungsweise, die sich auf die Zusammenhänge zwischen den zu differenzierenden Elementen bezieht. Wie kann man aber eine solche Konzeption konkretisieren? Wir wollen uns hier auf die Hauptelemente konzentrieren (s. auch Abschnitt 2.1; zu weiter gehenden systemtheoretischen Überlegungen vgl. Willke, 2000; Witte, 1990). Mit groben Differenzierungen soll hier ein einfaches systemisches Konzept dargestellt werden, mit dessen Hilfe die interpersonale Kommunikation genauer betrachtet werden kann (s. Abb. 9.1). Die Elemente eines solchen Modells sind die unterschiedenen Einflussgrößen (Sender, Empfänger, Botschaft, Ziel sowie die Umwelten und die Innenwelt), und die Relationen sind die Beziehungen zwischen zwei Elementen (Darstellung, Deutung, Zielverfolgung, Zielerreichung, Innenwelt, Umwelten). Dabei lassen sich die Relationen noch in direkte Einflüsse (durchgezogene Pfeile) und indirekte Einflüsse (unterbrochene Linie) unterscheiden. Diese indirekten Einflüsse sind nicht direkt sichtbare Wechselwirkungen zwischen zwei Elementen. Weitere Relationen zwischen den Elementen, die auch mehr als zwei Elemente verbinden, kann man sich selbst durch Wege konstruieren, die man – metaphorisch gesprochen – über die Pfeilverbindungen „gehen" kann. Solche Wege und damit Problemstellungen können sich die Leserin oder der Leser selbst konstruieren und damit Problemstellungen höherer Ordnung verfolgen, die sich im Hintergrund auch abspielen, ohne direkt sichtbar zu werden.

Im Zentrum steht zwar der Austausch von Botschaften zwischen Sender und Empfänger, aber dieser Austauschprozess muss durch weitere Relationen ergänzt und in spezifische Umwelten eingebettet werden. Im Folgenden werden die einzelnen Elemente des systemischen Konzepts zur interpersonalen Kommunikation beschrieben (s. Abb. 9.1):

(1) Es gibt einen Sender S.

Er wird in diesem Kontext als eine konkrete Person angesehen.

(2) Es gibt eine Botschaft B, die immer in einem Medium M übertragen wird.

Dabei wird eine sehr allgemeine Konzeption von Medium verwendet – vom natürlichen Gespräch bis zum Chatroom. Die Botschaft ist dabei die mündliche oder schriftliche Mitteilung einer Person.

(3) Es gibt einen Empfänger E.

Der Empfänger besteht aus einer oder mehreren Personen.

(4) Es gibt ein Ziel.

Die Sprechakttheorie unterscheidet drei Teilzielsetzungen von Botschaften (Searle, 1975):

- eine lokutionäre Bedeutung, die den Inhalt der Botschaft betrifft (Mitteilung),
- eine illokutionäre Bedeutung, die über die Mitteilung des Inhalts hinaus eine zusätzliche Zielsetzung verfolgt (z.B. eine Aufforderung, ein Versprechen etc.),
- eine perlokutionäre Bedeutung, die über die Mitteilung und die Aufforderung direkt eine Beeinflussung beim Empfänger bewirken soll.

Als Beispiel nehme man die Aussage: „Wir sind spät dran." Die lokutionäre Bedeutung ist eine Zeitaussage. Die illokutionäre Aussage bedeutet, du solltest dich beeilen, d.h, es handelt sich um eine Aufforderung. Die perlokutionäre Bedeutung besagt „Hör jetzt auf zu schreiben und komm".

In Anlehnung an systemtheoretische Unterscheidungen (Willke, 2000) lassen sich die Zielsetzungen erweitern:

- Grenzziehung, d.h., die Kommunikation dient dazu, eine zumindest temporäre Beziehung zu einem Empfänger aufzunehmen, die sich abhebt von den anderen Beziehungen (z.B. „Small Talk");
- Ressourcengewinnung, d.h., die Kommunikation wird für eigene Vorteile genutzt (z.B. durch Überredung einer anderen Person, einem zu helfen);
- Strukturbildung, d.h., die Kommunikation steht im Zusammenhang mit Rollenerwartungen (z.B. durch Anweisungen, die Pflichten zu erfüllen);

- Prozesssteuerung, d.h., die Kommunikation strukturiert die zeitlichen Abläufe (z.B. durch die Diskussion, was man heute Abend unternehmen möchte);
- Reflexion, d.h., die Kommunikation dient der Klärung von Unsicherheit;
- Genese, d.h., die Kommunikation wird dazu genutzt, künftig eine engere Beziehung aufzunehmen.

Sicherlich sind das nicht alle denkbaren Zielsetzungen, die man mit einer Kommunikation verfolgen kann. Aber es handelt sich, soweit die Systemtheorie bisher eine heuristische Differenzierung geliefert hat, um wichtige Unterscheidungen.

(5) Es gibt eine Darstellung, die der Sender mit der Botschaft B wählt (s. auch Abschnitt 3.5 zur Informationsrezeption bei Massenmedien).

Derselbe Inhalt einer Botschaft kann mehr oder weniger freundlich verpackt sein.

(6) Es gibt eine Deutung, die der Empfänger der Botschaft zuordnet.

Die Deutung der Botschaften wird häufig unter Rezeptionsforschung abgehandelt (Halff, 1998; Suckfüll, 2003). Schon die Auswahl der Inhalte einer Botschaft, die bewusst oder unbewusst erfolgen kann, ist dabei von großer Bedeutung. Eine theoretische Basis für diese Fragestellung ist die Hypothesentheorie der Wahrnehmung. Demnach macht die Wahrnehmung bereits bei der Aufnahme einer Botschaft und deren Interpretation auf die Erwartung als Hypothese aufmerksam (Lilli & Frey, 1993). Je stärker diese Hypothesen sind, desto eher wird man die Botschaften aus der Sicht der Hypothese interpretieren und weniger aus der Sicht des Inhalts oder aus der der Darstellung des Senders.

(7) Die Botschaft wird über ein Medium gesendet und dadurch kanalisiert.

Mit Medium sind alle denkbaren Formen gemeint, die zur Übermittlung einer Botschaft dienen können: das direkte Gespräch, medial unterstützte Gespräche (z.B. beim Telefon oder Rundfunk, schriftliche Botschaften wie Brief oder Chat usw.). Um die Komplexität nicht weiter zu erhöhen, betrachten wir nur die Wechselwirkung zwischen Botschaft und Medium. Es sind aber auch weitere Wechselwirkungen denkbar und sinnvoll (z.B. die Präsenz im Fernsehen als Wechselwirkung von Sender und Medium; s. als Ergänzung Mangold, Vorderer & Bente, 2004).

Der nächste Punkt betrifft die Kanalisierung der Botschaft durch das Medium. Die Medien lassen sich nach folgenden Aspekten unterscheiden (Dennis & Valacich, 1999):

- Unmittelbarkeit des Feedbacks, insbesondere bei Kontakten von Angesicht zu Angesicht, aber auch über das Telefon.
- Symbolvielfalt der Darstellung (z.B. Text, Bilder, Graphiken in den Printmedien; zusätzlich bewegte Bilder, gesprochenes Wort und Musik im Internet).
- Parallelität der Botschaften: Bei einem gesprochenen Wort kann nur einer reden, aber bei asynchronem Austausch im Internet per E-Mail sind zur gleichen Zeit mehrere voneinander unabhängige Austauschprozesse möglich.
- Überprüfbarkeit der Botschaft ist bei schriftlicher Kommunikation möglich, bei mündlicher liegen die Produktion der Botschaft und ihre Mitteilung sehr eng beieinander.
- Komplexität: Wenn Botschaften gespeichert werden können, hat man die Möglichkeit, sie mehrfach zu lesen. Sie können dann komplexer und weniger redundant sein.

(8) Es gibt eine Beziehung zwischen Sender und Empfänger (S, E) und eine Beziehung (E, S), die beide nicht symmetrisch sein müssen.

Hier kann man auf die Forschung zu den klassischen soziometrischen Wahlen und deren Ergänzung zurückgreifen, um die Beziehungsdimensionen zu erfassen, die zwischen zwei Personen bestehen können (Witte, 1994):

- emotionale Beziehung: Hier wird die gefühlsmäßige Nähe zwischen den Personen erfasst;
- Dominanz und Unterordnung: Hier werden die Leistungsaspekte erfasst;
- Beliebtheit bei anderen Personen als ein Merkmal, das in die konkrete Kommunikation mit eingebracht wird;

- Ansehen: ein Leistungsmerkmal bei anderen Personen, das mit in die konkrete Kommunikation eingebracht wird.

(9) Es gibt eine Übereinstimmung zwischen Darstellung und Ziel.

Da jede Kommunikation in einem allgemeinen Sinne zielorientiert ist, besteht ein Kernprozess darin, eine Darstellung so zu wählen, dass durch die Darstellung das Ziel erreicht wird. Nach dem Modell in Abbildung 9.1 kommt der Aspekt der gezielten Beeinflussung dadurch zum Ausdruck, dass die Darstellung beim Sender und das Erreichen seines Zieles übereinstimmen (Cialdini & Goldstein, 2004). Eine solche Beeinflussung kann über drei bekannte Prozesse ablaufen:

- über einen kognitiven Prozess der Überzeugung durch Argumente,
- über einen affektiven Prozess durch eine emotionale Beziehung,
- über einen konativen Prozess durch Belohnungs- und Bestrafungsmacht.

Diese drei Prozesse der Beeinflussung sind nicht unabhängig voneinander und können auch kombiniert werden, um das Ziel besser zu erreichen. Im einfachen Fall findet man z.B. die Argumente eines Freundes überzeugender und folgt ihnen eher, weil man die Freundschaft erhalten möchte.

(10) Es gibt eine Übereinstimmung zwischen Deutung und Ziel.

Als zweiten Kernprozess bei der Zielerreichung kann man den Zusammenhang zwischen Deutung der Botschaft beim Empfänger und der Erreichung des intendierten Ziels betrachten. In diesem Fall muss man die Konstruktion der Bedeutung einer Botschaft beim Empfänger kennen, um das beabsichtigte Ziel auch zu erreichen. Dieser Konstruktionsprozess beruht auf Einstellungen, sozialen Repräsentationen und subjektiven Theorien (Witte, 1998). Die Bedeutung einer Botschaft ist nicht ohne diesen Konstruktionsprozess beim Empfänger zu verstehen. Nur wenn die Deutung richtig vorweggenommen werden kann (Perspektivenwechsel), kann man sein Ziel auch erreichen. In der interkulturellen Kommunikation ist dies besonders problematisch (Thomas, Kinast & Schroll-Machl, 2003).

Da Kommunikation und Interaktion zwischen Menschen so fundamental sind, dass sie unser Leben steuern, muss es evolutionstheoretische Grundlagen dafür geben. Eine erste Grundlage ergibt sich aus der Tatsache, dass Gefühle im mimischen Ausdruck interkulturell identifizierbar sind. Ein Sender kann durch seine Mimik einem Empfänger seinen Gefühlszustand recht deutlich mitteilen; dabei geht es um die folgenden Gefühlszustände: Furcht, Freude, Ekel, Ärger, Überraschung, Trauer, Verachtung (Ekman & Friesen, 1975). Die Kultur prägt nun aber die Ausdrucksintensität, mit der man die Gefühle zeigen darf. In eher kollektivistischen Kulturen werden Emotionen häufiger unterdrückt und sind weniger deutlich am Ausdruck erkennbar (Dahme, 2002).

(11) Es gibt eine Übereinstimmung zwischen medialer Kanalisierung und Ziel.

Der dritte Kernprozess bezieht sich auf die Übereinstimmung von medialer Transformation und Zielerreichung. Hier geht es vor allem um die Frage, welche Inhalte sich über welche Medien am besten vermitteln lassen, um die beabsichtigten Ziele beim Empfänger zu erreichen. In diesem Zusammenhang kann man an die Theorie der Reichhaltigkeit von Medien anknüpfen (Daft & Lengel, 1986). Nach diesem Modell sind kreative Aufgaben und Planungsaufgaben gut über reduzierte Medien wie E-Mail und Chat zu bearbeiten. Problemlösen und Entscheiden lassen sich am besten über eine Videokonferenz abarbeiten. Eine Verhandlung schließlich kann man am besten durch Kontakt von Angesicht zu Angesicht erfolgreich abschließen.

(12) Es gibt eine individualsystemische Umwelt (Innenwelt), die als Motivation für die Kommunikationsprozesse wirkt, sie modifiziert und steuert (s. auch Abschnitt 6.2 zum Selbst in der direkten interpersonalen Kommunikation).

Von besonderer Bedeutung sind hier die klassischen Persönlichkeitsmerkmale. In der Differentiellen Psychologie unterscheidet man fünf Hauptfaktoren, die das Verhalten von Menschen bestimmen (Amelang & Bartussek, 2001):

- Extraversion im Gegensatz zu Introversion. Das heißt, es handelt sich bezogen auf die Kommunikation um ein eher aufgeschlossenes und aktives Verhalten im Gegensatz zu einer größeren Zurückhaltung und Passivität.
- Emotionale Stabilität im Gegensatz zu emotionaler Labilität. Das heißt, es handelt sich bezogen auf die Kommunikation um ein eher zufriedenes und ruhiges Verhalten im Gegensatz zu einem ängstlichen und launischen Verhalten.
- Verträglichkeit im Gegensatz zu Unverträglichkeit. Das heißt, es handelt sich bezogen auf die Kommunikation um ein eher mitfühlendes, herzliches und freundliches Verhalten im Gegensatz zu einem kalten, streitsüchtigen und unfreundlichen Verhalten.
- Gewissenhaftigkeit im Gegensatz zu Sorglosigkeit. Das heißt, es handelt sich bezogen auf die Kommunikation um ein eher organisiertes, verantwortungsbewusstes und vorsichtiges Verhalten im Gegensatz zu einem sorglosen, leichtsinnigen und verantwortungslosen Verhalten.
- Offenheit für Erfahrungen im Gegensatz zu Starrheit. Das heißt, es handelt sich bezogen auf die Kommunikation um ein eher kreatives, intellektuelles und offenes Verhalten im Gegensatz zu einem einfachen, oberflächlichen und weniger intellektuellen Verhalten.

(13) Es gibt eine mikrosystemische Umwelt, die als Motivation für die Kommunikationsprozesse wirkt, sie modifiziert und steuert; dies geschieht über die Beziehung zwischen Sender und Empfänger.

Geht man über zu den mikrosystemischen Umwelten, die die interpersonale Kommunikation steuern, kann man auf die Bindungstheorie zurückgreifen (Witte, 2001). Sie stellt einen Ansatz dar, der die Beziehung zwischen zwei Personen thematisiert. Dabei geht sie von einem bereits in der Kindheit gelernten Bindungsstil aus, der sich aus der Kombination eines Selbstbildes (positiv – negativ) mit einem Fremdbild (positiv – negativ) ergibt:

- Sicherer Bindungstyp (positives Selbstbild und positives Fremdbild): Eine solche Person fühlt sich mit Autonomie und Intimität wohl. Sie findet die Balance zwischen Nähe und Distanz, was die Kommunikation erleichtert und offener macht, sofern der andere dies ebenfalls zulässt.
- Ängstlich-ambivalenter Bindungstyp (negatives Selbstbild und positives Fremdbild): Eine solche Person ist in Beziehungen verstrickt und sucht verstärkt Nähe.
- Gleichgültig-vermeidender Bindungstyp (positives Selbstbild und negatives Fremdbild): Eine solche Person braucht eine große Distanz und Autonomie, kann die Autonomie aber dem anderen auch gewähren.
- Ängstlich-vermeidender Bindungstyp (negatives Selbstbild und negatives Fremdbild): Eine solche Person hat Angst vor Intimität und Nähe, sucht sie aber gleichzeitig. Folglich schwanken die Beziehungen zwischen Nähe und Distanz sowie zwischen Dominanz und Unterordnung; dies zeigt sich auch in der Art der Kommunikation.

(14) Es gibt eine mesosystemische Umwelt, die als Motivation für die Kommunikationsprozesse wirkt, sie modifiziert und steuert; dies geschieht hier über die Zugehörigkeit zu einer Organisation und über die Beziehung zwischen Sender und Empfänger.

Die mesosystemische Umwelt lässt sich am besten anhand der Steuerung des Interaktions- und Kommunikationsverhaltens in Arbeitsorganisationen darstellen; denn hierzu wurden intensive Forschungsarbeiten durchgeführt (Hertel, Bretz & Moser, 1999). Das Klima in der Arbeitswelt lässt sich in die folgenden Aspekte differenzieren:

- Ausmaß der Hilfsbereitschaft: Es ist üblich, sich bei Krankheit oder Urlaub gegenseitig zu helfen.
- Grad der Loyalität: Die Mitarbeiter stimmen mit der Politik der Unternehmensleitung überein.
- Ausmaß der Verbindlichkeit: Die Mitarbeiter versuchen, Probleme zu vermeiden.

- Grad der Toleranz gegenüber Unannehmlichkeiten: Die Mitarbeiter akzeptieren vorübergehende Mehrarbeit oder Überstunden.
- Ausmaß der partizipativen Orientierung: Die Mitarbeiter versuchen, die Zusammenarbeit in den Gruppen zu verbessern.

Je stärker eine Organisation durch diese Aspekte geprägt ist, desto leichter fällt es, hilfsbereit zu sein und offen über die tatsächlichen Probleme zu kommunizieren.

(15) Es gibt eine makrosystemische Umwelt, die als Motivation für die Kommunikationsprozesse wirkt, sie modifiziert und steuert; dies geschieht hier über die Zugehörigkeit zu einer Kultur und über die Beziehung zwischen Sender und Empfänger.

Wenn man sich dem Einfluss der makrosystemischen Umwelt zuwendet, dann bietet sich an, die Unterschiedsdimensionen zwischen den Kulturen als Bezug zu wählen (Hofstede, 1990):

- Kollektivismus im Gegensatz zu Individualismus: Hier hängt die Kommunikation und Interaktion davon ab, ob man seine Zugehörigkeit zu einer sozialen Kategorie beachten muss oder ob man eher den individuellen Bedürfnissen folgt.
- Machtdistanz: Hier hängt die Kommunikation davon ab, ob Statusunterschiede in einer Gesellschaft mehr oder weniger ausgeprägt sind.
- Maskulinität im Gegensatz zu Femininität: Die Kommunikation wird von männlichen Werten wie Leistungsstreben oder von weiblichen Werten wie interpersonaler Harmonie geleitet.
- Vermeidung von Unsicherheit: Die Kommunikation lässt Unklarheiten und Unsicherheiten zu, oder man vermeidet diese durch klare und unmissverständliche Aussagen.
- Zeitperspektive: Die Kommunikation kann möglichst direkt auf das Ziel zusteuern, oder man versucht, erst eine Beziehung aufzubauen, wobei dann das Ziel (z.B. ein Wirtschaftsvertrag) nebensächlich zu sein scheint.

Das sind wesentliche Kernprozesse und -relationen, die bei der Kommunikation herangezogen werden müssen, um verstehen zu können, was eine Kommunikation bedeutet. Dabei wurde der Versuch unternommen, aus einem systemtheoretischen Konzept heraus die wesentlichen Relationen zu benennen und Hauptaspekte dieser Komponenten anzuführen. Leider wird auch deutlich, wie schnell einfache Ansätze versagen, wenn man eine interpersonale Kommunikation verstehen und sie theoretisch durchleuchten möchte. Wie stark variiert das anfänglich genannte Beispiel einer Alltagskommunikation mit diesen in den Kästen aufgeführten 15 Aspekten?

In den nachfolgenden Punkten greifen wir aus dem oben skizzierten Problemfeld drei Bereiche heraus:

(1) die dyadische Kommunikation als zentrale Form der Alltagskommunikation,
(2) spezielle Techniken und Strategien bei der Selbstdarstellung, mit denen bestimmte Ziele in der Kommunikation erreicht werden sollen,
(3) die Kommunikation in kleinen Gruppen, die größer sind als eine Dyade.

Diese kleinen Gruppen (Teams, Projektgruppen, Gremien, Kabinette, Gerichte, Schulklassen, Arbeits- und Sportgruppen, Beraterstäbe etc.) spielen im Alltag eine große Rolle.

9.2 Dyadische Kommunikation und Beziehungen

Die dyadische Kommunikation stellt insofern eine Unterform der obigen skizzierten Kommunikationsform dar, als es jeweils nur einen Sender und einen Empfänger gibt. Sie tritt im Alltag besonders häufig auf, wenn man an flüchtige Alltagsbegegnungen denkt, an Gespräche am Arbeitsplatz, in der Familie und der Paarbeziehung oder in der Freizeit bis hin zu Gesprächen in der Psychotherapie. Allgemeine Konzeptionen auch der einfachsten Form der dyadischen Kommunikation lassen sich auf folgende Prinzipien gründen (Jacobs, 2002):

- Jede Form der dyadischen Kommunikation erfordert gemeinsame Regeln, wie die Botschaft zu verstehen ist.
- Jede Form der dyadischen Kommunikation beruht auf generativen Prinzipien, aufgrund derer der Sender immer neue sinnvolle Botschaften hervorbringen kann.
- Jede Botschaft ist vom Kontext abhängig.
- Jede Botschaft ist ein Konstrukt und beruht auf Regeln, Prinzipien und Kontext.
- Jede Botschaft ist multifunktional; sie ist zumindest nicht eindeutig festgelegt.

Versucht man als Empfänger die Botschaften zu entschlüsseln, so sind die nonverbalen Aspekte für eine Interpretation vertrauenswürdiger und bei der Interpretation dominant (Burgoon & Hoobler, 2002). Wie kann man z.B. Lügen entdecken? Man nimmt an, dass es für den Sender Stress bedeutet, wenn er lügt, und dass sich dies auf nonverbale Hinweisreize auswirkt. Daraus ergibt sich, dass Lügen am besten entdeckt werden, wenn der Empfänger sich in der Interaktion zurückhält, sich auf die sprachlichen Äußerungen konzentriert und den Sender reden lässt.

In dieser sehr eingegrenzten Form der Kommunikation können besonders intensive Beziehungen entstehen, wie wir sie in der Familie, der Paarbeziehung und einer engen Freundschaft erleben. Interessanterweise haben die Massenmedien (Radio, Fernsehen) eine Form der dyadischen Kommunikation entstehen lassen, die man parasozial nennt. Sie lässt aufseiten der Rezipienten einen subjektiven Intimitätsgrad entstehen, der möglicherweise als etwas empfunden wird, was mit einer direkten dyadischen Kommunikation vergleichbar ist. Man erlebt sich als persönlich angesprochen und reagiert auch verbal auf die Äußerungen im Medium, als bestünde eine echte dyadische Kommunikation. Man wendet also die gelernten Formen der dyadischen Kommunikation an, und durch die Vertrautheit mit den Personen (z.B. in Fernsehserien) tritt ein Effekt auf, der sonst nur in intimen Sozialbeziehungen beobachtet werden kann: Es ist so, als wäre man befreundet oder sogar verliebt. Es wird gezielt versucht, eine solche Bindung an bestimmte Sendungen durch eine parasoziale dyadische Kommunikation herzustellen, damit die Einschaltquote höher und dem Massenmedium die „Kälte“ genommen wird (vgl. auch Abschnitt 16.4.1).

Zwei der wichtigsten diffusen sozialen Beziehungen mit vielfältigen Zielen sind Freundschaften und Paarbeziehungen. Diese Bindungen, die für unser gesamtes Leben wichtig sind, sollen hier exemplarisch genauer betrachtet werden. Beide Beziehungsformen beruhen auf Freiwilligkeit und auf emotionaler Anziehung (Mögen). Diese Formen des Mögens können weiter differenziert werden in drei Komponenten:

- den Aspekt des Helfens (care),
- den Aspekt des Vertrauens (trust),
- den Aspekt der Zugehörigkeit (belonging).

In diesen intimen Sozialbeziehungen haben wir die Möglichkeit, uns so zu zeigen, wie wir sind, und erwarten nicht nur eine positive Einschätzung, sondern eine eher realistische Bewertung mit negativen Anteilen, ohne dass wir uns verletzt fühlen und verunsichert sind. In diesen Beziehungen wird der Systemcharakter auch besonders deutlich, weil sie auf Dauer angelegt sind. In diesem Zusammenhang spielen drei Variablen eine wichtige Rolle:

- die Systemtransparenz,
- die Strukturflexibilität,
- die Systemoffenheit.

Bei der ersten Variable geht es um das Wissen des Systems über sich selbst; darauf beruht die Selbststeuerung. Die zweite Variable beinhaltet die Anpassung der internen Struktur an die Veränderung der Ziele. Die dritte Variable schließlich erfasst das Ausmaß des Einflusses von außen und nach außen (auf andere Systeme oder generell auf die Umwelt).

Solche Formen der direkten Kommunikation und Interaktion werden in den letzten Jahren zunehmend ergänzt durch die indirekte Kommunikation über das Internet (s. auch Abschnitt 14.3 über Unterschiede und Gemeinsamkeiten zwischen direkter und medialer Individualkommunikation). Die häufig vermuteten Effekte der Vereinsamung und der Isolation von Kontakten mit Freunden und Familienmitgliedern lässt sich nicht nachweisen (McKenna, Green & Gleason, 2002). Typischerweise geht die Internetkommunikation in einem Chatroom über zum Austausch von E-Mails, dann zum Telefonkontakt und schließlich zum persönlichen Treffen, wobei der E-Mail-Austausch teilweise auch übersprungen wird, nicht jedoch der Telefonkontakt.

Dyadische Kommunikation und Freundschaften

Was sind die bestimmenden Merkmale von Freundschaft aus der Alltagssicht? Nach Auhagen (1991) ist Freundschaft etwas Freiwilliges, Persönliches und Informelles; sie beruht auf Gegenseitigkeit, sie ist zeitlich ausgedehnt, wird als positiv erlebt und ist nicht sexuell. Dabei sind die typischen Aktivitäten von Freundschaften: Essen, Trinken, Reden und Freizeitaktivitäten wie Sport oder Spiel. Hier findet man die bekannten Unterschiede zwischen Männer- und Frauenfreundschaften: Erstere sind weniger intim und konzentrieren sich auf eine gemeinsame Aktivität, Letztere haben vor allem intime Gespräche und persönliche Unterstützung zum Ziel.

Vergleicht man als kulturelle Komponente Freundschaften in den USA und in Deutschland, kann man auf die klassischen Bemerkungen von Kurt Lewin (1953) zurückgreifen. Danach sind in den USA relativ enge Beziehungen ohne Freundschaft möglich. Dagegen bleibt der Kontakt in Deutschland eher oberflächlich, bei größerer Intimität entsteht dann aber auch eine Freundschaft. In den USA kann man sich mit dem Vornamen anreden, wenig formell miteinander umgehen, sich gegenseitig mit den Ehepartnern einladen, aber trotzdem nicht die enge emotionale Bindung empfinden, wie es bei gleichen Handlungen in Deutschland der Fall ist; Vergleichbares gilt bis heute (Fehr, 2004).

Freundschaftsbeziehungen werden in allen Altersstufen als wichtig angesehen. Besonders intensive Freundschaften werden im jugendlichen Alter entwickelt und empfunden. Später übernimmt diese Intimität die Paarbeziehung. Nicht selten gibt es Konflikte zwischen Paarbeziehungen und Freundschaftsbeziehungen (Witte & Sperling, 1995). Insgesamt zeigt sich auch ein Geschlechtsunterschied: Frauen scheinen engere Freundschaften zu pflegen als Männer und sprechen eher über die Partnerschaft als Männer, was diese aber verletzt, wenn sie es erfahren (Witte & Sperling, 1995).

Dyadische Kommunikation und Paarbeziehungen

Üblicherweise ist die Paarbeziehung an einen Entwicklungsprozess gebunden, der bei einem günstigen Verlauf drei Phasen durchläuft (Murstein, 1986): Zuerst hat man nur den äußeren Eindruck über das Aussehen als Informationsquelle, vielleicht auch noch erste Verhaltensweisen und sprachliche Äußerungen. Diese erste Phase wird als Stimulusphase bezeichnet; und sie entscheidet darüber, ob man sich zu einer weiteren Kontaktaufnahme entschließt. Sollte das der Fall sein, wird in der zweiten Phase die Kommunikation in den nächsten Begegnungen verstärkt auf die gemeinsamen Werte in Bezug auf Hobbys, Interessen, Politik etc. gelenkt. Sollte auch in diesen Bereichen eine ausreichende Attraktivität erhalten bleiben, die sich in den meisten Fällen aus einer hohen Übereinstimmung ergibt, geht die Entwicklung in die dritte Phase über, in der jetzt das Rollenverhalten in einer Paarbeziehung thematisiert wird (Rollenphase). Man prüft, ob man gemeinsame Vorstellungen hat bzw. entwickeln kann, wie man eine enge Paarbeziehung fürs Leben ausgestalten möchte.

Hinter diesem Phasenmodell wird ein verhaltensbiologischer Prozess des ersten Kennenlernens, der ersten Phase im obigen Modell, vermutet: Bei der Begegnung von Mann und Frau, die zu Beginn des Kapitels beschrieben wurde, folgen der erste Eindruck und die nachfolgenden Interaktionen und Kommunikationen einem bestimmten Muster (Doermer-Tramitz, 1990):

- erste Annäherung durch den einen Partner,
- Erwiderung mithilfe von Blicken und Gesten durch den anderen Partner,
- verbale Reaktion des ersten Partners und verbale Erwiderung durch den anderen,

- Offenbarung eines deutlichen Interesses am anderen.

Geht die Beziehung weiter und wird sie enger (Werte- und Rollenphase), findet ein Prozess der Selbstoffenbarung statt. Dieser Prozess wird vom Intimitätsgrad gesteuert, der bereits erreicht ist. In einem frühen Stadium versucht jeder, sich positiv darzustellen, um dem anderen zu imponieren. Diese allein positive Darstellung wird dann im Laufe der Zeit durch eine realistischere Form erweitert. Letztlich wird in einer engen Paarbeziehung von beiden erwartet, dass man so sein kann, wie man auch wirklich ist – mit allen Stärken und Schwächen. Diese Selbstoffenbarung erfolgt im Erwachsenenalter meist nur gegenüber dem Partner oder der besten Freundin bzw. dem besten Freund.

Dabei ist die Selbstoffenbarung („self-disclosure") nicht unproblematisch, wenn man negative Eindrücke über den anderen äußern soll. Hier muss man abwägen, ob das in der Kultur und in der Beziehung möglich ist. Ein besonderes Problem stellt dabei die Bekanntgabe von sozialen Stigmata dar (z.B. die eigene Homosexualität, HIV-Infektion, Epilepsie etc.). Der Prozess der Selbstoffenbarung in solchen Fällen durchläuft folgende Phasen:

- Leugnung,
- vorläufige Selbstoffenbarung,
- aktive Selbstoffenbarung,
- Widerruf,
- vollständige Selbstoffenbarung.

Man erkennt an diesem Ablauf die Schwankung zwischen Selbstoffenbarung und Rückzug, bis schließlich kein Rückzug mehr möglich ist. Ein solches Wissen über die andere Person kann jetzt natürlich auch missbräuchlich gegen diese Person verwendet werden (s. auch den Abschnitt über Beziehungsaufbau und Selbstoffenbarung in 6.3.2).

Destruktive und konstruktive Paarkommunikation

Eine destruktive Form der Kommunikation kann man bei Paaren finden, die sich dann später scheiden lassen oder sich trennen (Gottman, 1999). Dabei gibt es vor allem vier Arten der destruktiven Kommunikation:

- Allgemeine Kritik, die eher von Frauen vorgetragen wird, und Männer, die sich dieser Kritik nicht stellen.
- Abwehr, durch die jede Kritik geleugnet wird.
- Verachtung gegenüber dem Partner, indem man ihn oder sie herabwürdigt.
- Abschottung, indem man jede Form der Kommunikation vermeidet.

Um in einer Beziehung trotz der Kritik, die man äußern möchte, eine konstruktive Form der Kommunikation zu führen, ist es notwendig, dass man vor der Kritik die positive emotionale Beziehung hervorhebt, um anschließend auch Kritisches zu äußern (Witte & Wallschlag, 2006). Paare, die es nicht gelernt haben, konstruktiv miteinander umzugehen, geraten sehr schnell in einen Streit, so wie es bei Gottman (1999) geschildert wird. Interessanterweise gibt es ein klassisches Modell der Interaktion zwischen zwei Personen, die man immer auch in Zusammenhang mit der Sympathie zwischen den Personen und den gemeinsamen Aufgaben oder Aktivitäten sehen sollte (Simon, 1952). Aus diesem Modell folgt, dass Personen nur so viel (verbal oder nonverbal) interagieren sollen, wie es die Sympathie zulässt. Dabei fördert diese Form der Interaktion auch die Sympathie. Interagiert man aber intensiver, als es der Grad an Sympathie zulässt, gerät man in Streit, und es kommt zu einer negativen Eskalationsspirale, wie sie bei Gottman beschrieben wird (Witte, 1994). Günstig wirkt es sich auf jede Art von Kommunikation aus, wenn man gemeinsame Aktivitäten (wie z.B. gemeinsame Hobbys und Interessen) aufgebaut hat. Denn nach diesem Modell stehen die drei Größen gemeinsame Aktivitäten, Sympathie und Interaktion in Wechselwirkung miteinander. Gemeinsame Aktivitäten fördern die Interaktion; dies lässt wiederum die Sympathie zunehmen. Bei größerer Sympathie sucht man die Interaktion und schafft sich gemeinsame Aktivitäten, weil man gern etwas mit dem anderen unternimmt.

Theoretische Modelle der dyadischen Kommunikation

Nach der Darstellung der empirischen Ergebnisse sollen nun einige theoretische Konzepte erläutert werden, die man zur Erklärung der Ergebnisse heranziehen kann.

Betrachtet man die Beziehung zwischen Sender und Empfänger näher, kann man nach Grice (1975) vier Regeln unterscheiden:

- Botschaften sollten wahrhaftig sein;
- Botschaften sollten informativ sein, ohne zu viele Nebenaspekte zu haben;
- Botschaften sollten für die bestehende Kommunikation relevant sein;
- Botschaften sollten präzise sein.

Bei Unterhaltungen, bei denen diese Regeln verletzt werden und damit eine Kommunikation eingeschätzt wird, kann man erkennen, dass die Geltung der Regeln unterstellt wird. Sie werden quasi automatisch in der Kommunikation erfüllt. Erst bei ihrer Verletzung erkennt man die Wirksamkeit dieser Regeln in der Kommunikation. Schwarz, Groves und Schuman (1998) haben gezeigt, welche Bedeutung die Regeln für die sozialpsychologische Forschung haben. Bei dieser Forschung handelt es sich um einen Kommunikationsprozess, der im Grunde genommen von diesen Regeln geleitet wird.

Ferner kann man zwei komplementäre Gesetze in der dyadischen Kommunikation beobachten:

Ähnlichkeitsgesetz. Es besagt, dass wir Personen mögen, die uns ähnlich sind, weil diese Personen in der Kommunikation unsere eigenen Ansichten bestätigen und wir dies als Belohnung empfinden (Byrne, 1971).

Gesetz der Zurückweisung (Hample & Dallinger, 1998). Es besagt, dass die Aggressivität der Kommunikation zunimmt, wenn der Empfänger eine Botschaft abgelehnt hat. Das kann als Bestrafung verbunden mit Ärger empfunden werden, so dass die aggressiven Inhalte zunehmen.

Das Gleichgewichtsmodell der Interaktion behandelt die Frage, wie sich unterschiedliche Formen der nonverbalen Interaktion mit Freunden oder offiziellen Geschäftspartnern erklären lassen: Der Interaktionsstil wird so gewählt, dass er mit dem Intimitätsgrad in einer Kultur übereinstimmt (Argyle, 1972).

Wie sich Sender und Empfänger aufeinander beziehen, lässt sich nach einem Modell von Jones und Gerard (1967) mit vier Begriffen beschreiben:

Pseudokontingenz: Beide verfolgen nur eigene Pläne bei der Interaktion ohne Bezug zum anderen (zwei Schauspieler).

Asymmetrische Kontingenz: Der Sender verfolgt einen Plan, und der Empfänger passt sich an (Kunde – Verkäufer).

Reaktive Kontingenz: Niemand verfolgt einen Plan, beide reagieren spontan auf die Äußerungen des anderen (Small Talk).

Wechselseitige Kontingenz: Beide verfolgen Pläne, richten sich aber nach den Äußerungen des anderen (sachliche Diskussionen).

9.3 Kommunikationsstrategien und -techniken bei der interpersonalen Selbstdarstellung

Es soll der Frage nachgegangen werden, wie wir im Alltag uns selbst und anderen Personen einen Eindruck von uns vermitteln. Hierzu gibt es drei wichtige theoretische Konzepte (symbolische Selbstergänzung, Eindruck nach außen, Selbstüberwachung) und eine Sammlung von Strategien und Taktiken (sich selbst behauptende Selbstdarstellung, defensive Selbstdarstellung, jeweils langfristig oder kurzfristig).

9.3.1 Theoretische Konzepte der Selbstdarstellung nach innen und nach außen

Bei einem ersten Ansatz zur strategischen Kommunikation geht es darum, sich selbst davon zu überzeugen, dass man wichtige Ziele erreicht hat. Hierzu benutzt man Symbole, um sich bei anderen so darzustellen, dass diese einem das Erreichen dieser Ziele abnehmen können. Man bezeichnet diese Theorie als symbolische Selbstergänzung (Gollwitzer, Bayer & Wicklund, 2002). Nach dieser Theorie benutzen Menschen Symbole, die von anderen wahrgenommen werden können, um diesen Personen wichtige Merkmale der eigenen Persönlichkeit zu zeigen, vorwiegend mit dem Ziel, sich selber davon zu überzeugen, dass man dem Ziel nahe ist. Man könnte sich selbst z.B. davon überzeugen, dass man gebildet ist, indem man immer mit einem Exemplar von Kants Schriften herumläuft, in denen man liest oder zumindest so tut.

Ein nächster Punkt der Selbstdarstellung bezieht sich auf den Eindruck nach außen, den man bei anderen machen möchte. Die zentrale Annahme dieser Theorie besagt, dass Personen ständig bemüht sind, den Eindruck, den sie auf andere Menschen machen, zu kontrollieren bzw. zu steuern (Mummendey, 2002). Betrachtet man diese beiden Aspekte sozialer Interaktion (Kontrolle und Steuerung) getrennt, so können Darstellung nach außen und interne Selbstdefinition auseinander fallen. Konzentriert sich eine Person allein auf das Ziel, sich nach außen darzustellen, lassen sich zwei Vorgehensweisen unterscheiden:

- die kurzfristige Taktik zur Durchsetzung eigener Interessen und Wünsche sowie zur Abwehr äußerer Ansprüche,
- die langfristige Strategie zum Erwerb einer positiven Stellung oder die Herausbildung von Symptomen (z.B. Vergesslichkeit) zur Abwehr von Ansprüchen (Tedeschi, Lindskold & Rosenfeld, 1985).

Beide Vorgehensweisen beruhen auf zwei Voraussetzungen:

- angemessene Erwartungen über die Wirkung der Handlungen auf andere Personen (Weary & Arkin, 1981), wobei teilweise fehlerhafte Vorstellungen existieren,
- interindividuelle Unterschiede bezüglich der Möglichkeit, sich überhaupt gezielt darstellen zu können.

Im Zusammenhang mit der gezielten Selbstdarstellung sind das Konzept und die Skala der Selbstüberwachung („self-monitoring“) von Bedeutung (Snyder, 1979). Eine Person mit einem hohen Wert auf dieser Skala ist besonders sensibel für das Ausdrucksverhalten anderer und für die Wirkung sozialer Situationen. In Abhängigkeit von diesen äußeren Einflüssen kontrolliert die Person ihr eigenes Verhalten, um einen positiven Eindruck zu erwecken (s. Nowack, 1985). Die Erfassung dieses Persönlichkeitsmerkmals der Selbstüberwachung ist jedoch umstritten, da Nachuntersuchungen mit der ursprünglichen Skala uneinheitliche Ergebnisse gebracht haben (Lennox & Wolfe, 1984). Trotzdem scheint es so zu sein, dass Personen mit hohen Werten in der Selbstüberwachung eher klar strukturierte Situationen bevorzugen, in denen das Handeln vorgeschrieben ist (Snyder & Gangestad, 1982). In solchen Situationen kann man sich leichter „angemessen“ verhalten.

9.3.2 Strategien und Taktiken der Selbstdarstellung

Unabhängig von diesen differenzierenden Voraussetzungen lassen sich allgemein in Anlehnung an Tedeschi, Lindskold & Rosenfeld (1985), Schlenker (1980) sowie an Jones und Pittman (1982) folgende Postulate formulieren (s. Mummendey, 2002):

(1) Wenn Personen *kurzfristig* eine sich selbst behauptende Selbstdarstellung anstreben, die ihren Einfluss vergrößern soll, so gehen sie folgendermaßen vor:
   - sich einschmeicheln („ingratiation“),
   - andere einschüchtern („intimidation“),
   - sich als hilfsbedürftig darstellen („supplication“),
   - sich als kompetent darstellen („self-promotion“).
   - sich als moralisch integer darstellen („exemplification“).

(2) Wenn Personen *kurzfristig* eine defensive Selbstdarstellung anstreben, die den Verlust des An-

sehens verhindern soll, so gehen sie folgendermaßen vor:

- sich aus einer unangenehmen Lage herauswinden („predicaments"),
- sich als nicht verantwortlich darstellen („excuses"),
- sich rechtfertigen („justifications"),
- andere über eigene mögliche Misserfolge informieren, um sich der anderen Person als ähnlich darzustellen („disclaimers"),
- sich entschuldigen („apologies").

(3) Wenn Personen *langfristig* eine sich selbst behauptende Selbstdarstellung anstreben, die ihr Ansehen verbessern soll, so gehen sie folgendermaßen vor:

- sich als fachlicher Experte erweisen („expertise"),
- sich als liebenswert darstellen („attractiveness"),
- elitäres Verhalten zeigen („prestige"),
- sich als glaubwürdig darstellen („credibility"),
- anderen gegenüber etwas enthüllen („self-disclosure").

(4) Wenn Personen *langfristig* eine defensive Selbstdarstellung anstreben, die den Verlust des Ansehens verhindern soll, dann gehen sie folgendermaßen vor:

- sich als hilflos darstellen („helplessness"),
- Drogenabhängigkeit entwickeln („drug addiction"),
- Symptome einer psychischen Erkrankung zeigen („mental illness").

Die hier angedeuteten Vorgehensweisen sind gut belegt. Die Sichtweise im letzten Postulat ist zwar nicht neu, aber doch ungewöhnlich. Bei diesen Techniken handelt es sich primär um Leidenszustände, die selbst aber insofern mit einem Sekundärgewinn verbunden sein können, als sie zur Abwehr anderer bedrohlicher Einflüsse genutzt werden.

9.4 Intragruppenkommunikation

Das zentrale Moment für Gruppen ist die interne Kommunikation. Diese wird beeinflusst durch Strukturbildungen, die diese Kommunikation steuern. Ferner wird der Kommunikationsprozess dadurch beeinflusst, dass man sich miteinander abstimmt; dies führt dann zu den bekannten Konformitätsprozessen. Da man zudem Gruppen eher vertraut als Einzelpersonen, stellt sich die Frage, ob die Kommunikation zwischen den Gruppenmitgliedern die Gruppen dazu befähigt, ein hohes Maß an Problemlösequalität zu zeigen. Da aber im Gegensatz zu einer allgemeinen Meinung in der Öffentlichkeit Qualitätseinbußen bei Gruppen bekannt sind, hat man Gruppentechniken entwickelt, die die Kommunikation so steuern sollen, dass aus den Einbußen Qualitätssteigerungen werden können. Schließlich werden verstärkt technische Medien für die Kommunikation zwischen den Gruppenmitgliedern eingesetzt. Das führt zu Kanalisierungseffekten, wie sie bereits zu Beginn beschrieben wurden. Dadurch ist man in der Lage, manche naive Vorstellung über das Geschehen in Gruppen zu korrigieren.

9.4.1 Kommunikation und Gruppenstruktur

Spontane Kommunikationsstrukturen in Gruppen und deren Hintergrund

Bei der Beobachtung von Gruppen im Alltag fällt als Erstes auf, dass es Personen gibt, die sich viel bzw. wenig am Gespräch beteiligen.

Wenn man die spontane Verteilung der Kommunikationshäufigkeiten in Kleingruppen beobachtet, zeigen sich deutliche Unterschiede zwischen den einzelnen Personen. Das gilt sowohl dafür, wie häufig Botschaften gesendet werden, als auch dafür, wie häufig Botschaften innerhalb einer Kommunikation empfangen werden. Außerdem besteht eine enge Beziehung zwischen den beiden Strukturen: Je häufiger man sendet, desto häufiger erhält man auch Kommunikationen (Bales 1970; Stephan & Mishler 1952; Tsai 1977). Derartige Unterschiede finden sich bei Gruppengrößen zwischen zwei und 16 Personen. Versucht man diese spontane Strukturierung durch ein Modell zu beschreiben, so ergibt die folgende Gleichung eine gute Anpassung an die empirischen Daten:

$$\log h = -a \cdot R + b$$

h: Häufigkeit des Sendens oder Empfangens
R: Rangplatz in der Hierarchie beim Senden oder Empfangen
a, b: Konstanten.
(Die Konstante a hat ein negatives Vorzeichen, weil ein niedriger Rangplatz mit einer hohen Interaktionsrate einhergeht.)

Dieses *Gesetz des geringsten Aufwandes* („least effort") besagt für den Erhalt der Gruppe, dass jedes Mitglied seinen Aufwand minimiert: Wenn es also Personen in der Gruppe gibt, die besonders viel reden, dann setzt man sich nicht gegen diese zur Wehr, sondern passt sich den Gegebenheiten an und kommuniziert nur so viel, wie es unter den gegebenen Umständen opportun ist. Die Kommunikationshäufigkeit ist also bedingt durch die gewohnten Verhaltensweisen der *übrigen* Mitglieder.

Was zeichnet nun Vielredner im Vergleich zu den anderen Personen aus, so dass die Gruppenmitglieder den Unterschied akzeptieren? Es gibt zwei sich gegenseitig ergänzende Erklärungen dafür. Die eine nimmt Bezug auf Persönlichkeitsmerkmale, die andere bezieht sich auf Ressourcen, über die die Vielredner verfügen. Unter Ressourcen verstehen wir hier all diejenigen Eigenschaften, die Personen besitzen, um die Gruppe ihrem Ziel vermeintlich näher zu bringen bzw. die Gruppenatmosphäre zu verbessern.

Im Hinblick auf die Persönlichkeitsmerkmale zeigt sich, dass Vielredner in funktionierenden Gruppen sozial weniger ängstlich sind, auf andere besser eingehen können und ein höheres Selbstvertrauen besitzen (Prose, 1974). Derartige Personen sind auch am ehesten in der Lage, z.B. anderen ein Lob auszusprechen und Lösungsvorschläge in Problemlösegruppen zu machen. Mit diesen Eigenschaften besitzen sie aber *Ressourcen*, über die die anderen nicht in dem Maße verfügen (Feger, 1985). Bekommen nun Versuchsteilnehmer mehr Ressourcen dafür, dass sie anderen ein Lob aussprechen können, zeigt sich, dass am Ende des Experiments die Person, die am meisten Lob verteilt, auch am häufigsten als Führer der Gruppe gewählt wird (Flament & Apfelbaum, 1966). Die Interaktionsfrequenz der Gruppenmitglieder wird also von der *relativen* Verteilung der Ressourcen bestimmt, die zumindest teilweise durch die relative Ausprägung der Persönlichkeitsmerkmale erklärt werden können. Über diese individuelle Erklärung hinaus kommen Ressourcen wie Status, Information, Geld, Güter, Dienstleistungen und Liebe hinzu (Foa & Foa, 1980). Auch sie können Grundlage für eine hohe Interaktionsrate sein (Brinberg & Castell, 1982), ohne dass es sich hier um Persönlichkeitseigenschaften handelt.

Gezielte Strukturierung der Gruppenkommunikation: Kommunikationsnetze

Wir haben gesehen, dass in Gruppen spontan eine Rangordnung entsteht, die als natürliche Strukturierung des Mikrosystems anzusehen ist. Es fragt sich nun, ob man auch gezielt Strukturen hervorrufen kann, die die Gruppe möglichst leistungsfähig machen, d.h., zur Lösung von bestimmten Aufgaben gut geeignet sind (Beck & Orth, 1998).

Die empirische Forschung zu Kommunikationsnetzen begann mit einer Arbeit von Leavitt (1951) und erreichte ihren Höhepunkt in den folgenden Jahren bis Ende 1960 (Rogers & Agarwala-Rogers, 1976). Die Forschung sah häufig so aus, dass Vier- oder Fünf-Personen-Gruppen in kleinen Kabinen um einen runden Tisch saßen und schriftliche Mitteilungen austauschen mussten. Der Austausch wurde durch das Öffnen oder Schließen von Schlitzen geregelt, so dass entsprechende Kommunikationsnetze hergestellt werden konnten. Shaw (1964, 1978) hat einen Überblick über die Arbeiten zu Kommunikationsnetzen gegeben. Die Ergebnisse lassen sich wie folgt zusammenfassen:

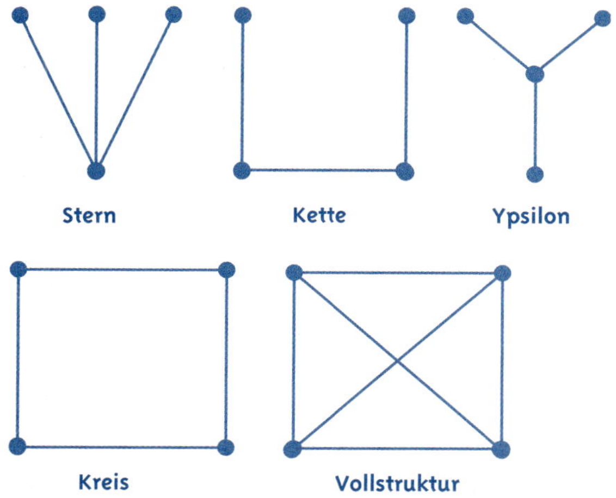

Abbildung 9.2. Zentralisierte und dezentralisierte Kommunikationsnetze

- Bei einfachen Aufgaben entstehen zentralisierte Netze (Stern, Kette, Ypsilon) schneller als dezentralisierte Netze (Kreis, Vollstruktur); bei komplexen Aufgaben ist es umgekehrt.
- In dezentralisierten Netzen werden mehr Botschaften ausgetauscht.
- Zentralisierte Netze führen bei einfachen Aufgaben zu weniger Fehlern als dezentralisierte; bei komplexen Aufgaben ist es umgekehrt.
- Die durchschnittliche Zufriedenheit ist in dezentralisierten Netzen größer; sie variiert aber mit der individuellen Zentralität, so dass in zentralisierten Netzen zentrale Personen zufriedener sind als periphere.

Die hier vorgenommene Unterscheidung zwischen einfachen und komplexen Aufgaben ist nur bedingt aussagekräftig, weil die Komplexität der Aufgaben selten ermittelt wurde. In vielen Fällen sind einfache Aufgaben dadurch gekennzeichnet, dass die Gruppe dasjenige Symbol identifizieren muss, das allen Mitgliedern gemeinsam vorgegeben ist. Komplexere Probleme beziehen sich auf Rechenaufgaben, Satzbildungen, Anagramme u.ä. Bei der ersten Art handelt es sich vorwiegend um Probleme des Informationsaustauschs, bei der zweiten Art um einfache Problemlöse-Aufgaben.

Zur Erklärung der oben erwähnten Befunde wurden zwei theoretische Begriffe eingeführt: Unabhängigkeit und Belastungsgrad (Shaw, 1964, 1978).

Das generelle Ausmaß an Unabhängigkeit erfasst die Stellung in einem Netzwerk. In dezentralisierten Netzen ist sie größer als in zentralisierten. Durch sie wird die Zufriedenheit bestimmt.

Der Belastungsgrad dagegen beschreibt das Ausmaß der Informationen, die eine Person verarbeiten kann. Bei komplexen Problemen kann die Belastung der zentralen Personen so hoch werden, dass sie überfordert sind; dadurch wird die Kommunikation an dieser Stelle behindert.

Gewünschte Interaktionsstrukturen in Gruppen: Soziometrie

Die Soziometrie beschäftigt sich mit den Wunschstrukturen der beteiligten Personen in Kleingruppen und unterscheidet zwischen bestimmten Kriterien für Leistung und Beliebtheit:

- Wie gut lassen sich Strukturen durch die beteiligten Gruppenmitglieder selbst identifizieren?
- Welche Gründe gibt es für die unterschiedliche Stellung der Mitglieder in der Gruppe?
- Stimmt die gewünschte Struktur mit der gegebenen überein?

Ausgangspunkt dieser Fragen waren vor allem Beobachtungen in Schulklassen (Delitsch, 1900; Hetzer, 1926; Lochner, 1927; Terman, 1904). Dahinter stand das Problem, eine möglichst gute Klassengemeinschaft herzustellen. Aus diesem Grunde gilt es vor allem, Abgelehnte und Unbeachtete zu identifizieren, um sie in die Gemeinschaft zu integrieren. Dieser gezielte Interventionsaspekt wurde dann von Moreno (1934) auf Therapiegruppen übertragen. Dabei soll die jeweilige Struktur den Mitgliedern zurückgemeldet werden, damit die Gruppe selbst eine Veränderung herbeiführen kann.

Wenn man Soziometrie als die Beschreibung von Wahrnehmungs- und Wunschstrukturen in Kleingruppen ansieht, müssen die Daten, die erhoben werden sollen, folgende Eigenschaften besitzen (Dollase, 1976):

- Relationalität: Wer wählt wen;
- Identifizierung des Wählers mit dem Gewählten und des Gewählten mit dem Wähler;
- Gruppenspezifität: Wähler und Gewählte gehören zur selben Gruppe.

In erster Linie werden die soziometrischen Daten durch Befragungen in der Schule erhoben, indem verschiedenartige Wahlfragen gestellt werden (z.B. Bartussek & Mikula, 1969; Witte, 2002):

- Mit wem möchtest du am liebsten zusammenarbeiten?
- Wer ist am besten geeignet, eine Feier zu organisieren?
- Wer ist dir ausgesprochen sympathisch?
- Mit wem bist du am meisten außerhalb der Schule zusammen?

Betrachtet man mehrere solcher Wahlfragen und ermittelt faktorenanalytisch die zugrunde liegenden Aspekte, dann zeigen sich zwei Beliebtheits- und zwei Tüchtigkeitsfaktoren (Bartussek & Mikula, 1969):

- Tüchtigkeit in der Schule,
- Organisationstalent,
- gewünschter Kontakt,
- bestehender Kontakt.

Als Bales (1970, 1999) bei seinen umfangreichen Forschungsarbeiten die einzelnen Gruppenmitglieder durch jeden anderen beurteilen ließ, kam er zu einer dreidimensionalen Struktur der Wahlkriterien:

- dominant – unterwürfig,
- freundlich – unfreundlich,
- zielorientiert – emotional.

Wie sieht nun – unabhängig von konkreten Interaktionen und deren Wunschstrukturen – eine allgemeine Semantik dieser Interaktionen aus? Das Ergebnis ist eine vierdimensionale Struktur:

- Dominanz,
- emotionale Beziehung,
- Beliebtheit bei anderen Personen,
- Ansehen bei anderen Personen.

Wir erhalten also zwei Beliebtheits- und zwei Tüchtigkeitsdimensionen. Die eine bezieht sich auf den jeweiligen Interaktionspartner, die andere auf ein größeres soziales Umfeld, das selbst wieder auf die konkrete Interaktion zurückwirkt. Derartige Statusaspekte stellen Ressourcen dar, die auch die spontane Verteilung der Interaktionsraten mitbestimmen.

Es zeigt sich ferner, dass die als sehr tüchtig angesehenen Mitglieder nicht zugleich auch sehr beliebt sind; und die sehr beliebten Mitglieder werden nicht immer für ausgesprochen tüchtig gehalten. Immerhin gibt es einen Zusammenhang zwischen Beliebtheitsgrad und Tüchtigkeit der beiden Personen, so dass eine zu große Diskrepanz zwischen beiden Statusmerkmalen vermieden wird (Bogun, Caspar & Erben, 1980; Brauner, 1998).

Vernachlässigt man die Differenzierung nach Tüchtigkeits- und Beliebtheitsstatus, so lassen sich drei Personentypen in Gruppen benennen: Gewählte, Abgelehnte und Unbeachtete (Prose, 1974). Die Gewählten haben ein etwas stärker ausgeprägtes Selbstwertgefühl als die Abgelehnten. Verhältnismäßig leicht hingegen lassen sich die Unbeachteten identifizieren: Sie haben enge Interessengebiete, eine geringere Intelligenz und zeigen wenig Aktivität in der Gruppe. Dabei erfolgt die Einteilung der Personen in die drei Gruppen nach den ersten beiden Maßen:

Definition

Wahlstatus der Person *X*

$$= \frac{\text{Anzahl der Personen, die X wählen}}{N - 1}$$

Ablehnungsstatus der Person *X*

$$= \frac{\text{Anzahl der Personen, die X ablehnen}}{N - 1}$$

Kohäsionsindex der Gruppe

$$= \frac{\text{Anzahl gegenseitiger Wahlen}}{\frac{N(N-1)}{2}}$$

Führungsstile

Als weitere Strukturierung kann man den Führungsstil ansehen, wie er z.B. in einem Experiment künstlich herbeigeführt wurde (Lewin, Lippitt & White, 1939). Er lässt sich durch zwei Dimensionen charakterisieren (Fleishman & Harris, 1962; Fleishman 1973):

(1) Consideration: Der Vorgesetzte bemüht sich um ein gutes Verhältnis zwischen seinen Mitarbeitern und übergeordneten Vorgesetzten.

(2) Initiating Structure: Er herrscht mit eiserner Hand.

Diese Dimensionen, die als Durchschnittswerte zu verstehen sind, finden sich auch in anderen Kulturkreisen: Tscheulin und Rausche (1970) konnten sie für die Bundesrepublik Deutschland nachweisen. Es handelt sich hierbei im Wesentlichen wieder um die beiden Aspekte, die wir bereits aus der Forschung zu den Interaktionsraten kennen: *Aufgabenorientierung und Beziehungsorientierung*. In mehreren Studien wurde nachgewiesen, dass die produktivsten Gruppen von Personen geführt werden, die beide Anteile in sich vereinigen (Misumi & Shirakashi, 1966; Fleishman & Simmons, 1970).

9.4.2 Kommunikation und Konformität

Informationsaustausch in Gruppen

Eine wichtige Erklärung dafür, dass Gruppen häufig weniger effektiv sind als die Summe der einzelnen Mitglieder, lautet, dass es zu wenig Austausch neuer Informationen, die den anderen Mitgliedern nicht zur Verfügung stehen, zwischen den Diskussionsteilnehmern gibt und sachliche Konflikte vermieden werden (z.B. Brown, 2000; Forsyth, 2006). Die Gruppe wird als Informationsverarbeiter angesehen (Hinsz, Tindale & Vollrath, 1997); damit werden kognitive Aspekte während des Entscheidungsprozesses betont. Je mehr die Diskussionsteilnehmer darüber wissen, wie die Informationen in der Gruppe verteilt sind (Stasser, Vaughan & Stewart, 2000), welche Expertenrollen es gibt und welches Expertenwissen in der Gruppe vorhanden ist (Stewart & Stasser, 1995), desto besser ist der Informationsaustausch und desto gezielter wird während der Diskussion nicht gemeinsames Wissen abgefragt.

Erwartungen an die Kommunikation in Gruppen

In einer Arbeitsgruppe haben wir Erwartungen an die Form der Interaktion und des Miteinander-Umgehens (Engelhardt & Witte, 1998; Witte & Engelhardt, 1998). Man findet es wichtig, dass man angeregt wird, dass es eine gewisse Solidarität unter den Mitgliedern gibt und dass keine Machtunterschiede auftreten.

Man kann auch noch danach fragen, *wann* sich Personen in Problemlösegruppen wohl fühlen. Hier sind vor allem folgende Aspekte von Bedeutung:

- große Solidarität untereinander,
- viel Rücksicht aufeinander,
- keine großen Machtunterschiede,
- freie Äußerung der Meinung ohne negative Konsequenzen,
- Anregungen durch die Gruppe.

Schließlich kann man die Erwartungen auch noch dadurch erfassen, dass man Personen danach fragt, auf welche Prozesse man als Gruppenleiter in Problemlösegruppen besonders achten würde. Hier wird Folgendes genannt:

- Gleichheit,
- emotionale Akzeptanz,
- Kohäsion,
- Aufgabenorientierung.

Offensichtlich sind die Erwartungen an Gruppen so ausgerichtet, dass diese normativen Einflüsse (Deutsch & Gerard, 1955) ein positives emotionales Klima erzeugen, Konflikte und Auseinandersetzungen möglichst verhindern und erst dann eine Aufgabenorientierung erfordern. Hier ist wieder erkennbar, dass die sozioemotionale Seite für die Gestaltung von Gruppen außerordentlich wichtig ist, welche Aufgabe sie auch immer haben mögen.

Gruppeninteraktion und Stimmung

Die übliche Gruppenarbeit führt im Vergleich zur Einzelarbeit zu einer verbesserten Stimmung. Und diese überträgt sich dann auch auf die Einschätzung der Leistung, so dass Gruppen die Qualität ihrer Leistung systematisch überschätzen (Heath & Jourdan, 1997). Generell gilt aber, dass diese sozioemotionale Komponente faktisch nichts mit der Güte der Leistung in der Gruppe zu tun hat (Mullen & Copper, 1994). Trotzdem neigen Gruppenmitglieder dazu, diese emotionale Zufriedenheit auf die Güte der Leistung zu übertragen und daraus eine entsprechend positive Bewertung abzuleiten (Witte & Lecher, 1998). Aber nicht nur die Gruppenmitglieder, sondern auch Versuchsleiter sagen die Leistungsqualität vorwiegend aufgrund der Gruppenatmosphäre vorher (Badke-Schaub, 1994). Als eine sehr einfache „subjektive Theorie" der Gruppenleistung wird unterstellt, dass die erfolgreiche Bearbeitung der sozioemotionalen Seite quasi automatisch auch die konkrete Aufgabenbearbeitung gefördert hat. Nicht selten herrscht in unserer Kultur die Annahme vor, dass sich über die Verbesserung des Gruppenklimas auch die Aufgabenbewältigung verbessern wird. Als einfache Ursache-Wirkungs-Annahme formuliert stimmt das in dieser Form nicht. Genauso wenig wie eine schlechte Gruppenatmosphäre immer hinderlich sein muss. Um Gruppen effektiv einsetzen zu können, muss man etwas über den Widerspruch zwischen laienpsychologischen Annahmen und wissenschaftlichen Erkenntnissen wissen.

Gruppeninteraktion und Kompetenzeinschätzung

Wenn die Gruppenmitglieder hinsichtlich ihrer Kompetenz und damit hinsichtlich ihrer aktuellen Wirkung auf das Gruppenergebnis eingeschätzt werden, zeigt sich zudem, dass vor allem Personen, die viel reden und selbstsicher auftreten, als qualifiziert angesehen werden. Die Einschätzung der Kompetenz hat aber nichts mit der wirklichen Qualität des individuellen Diskussionsbeitrags zu tun (Littlepage, Schmidt, Whisler & Frost, 1995). Allgemein kann man sagen, dass es Gruppen schwer fällt, die Fähigkeit der Mitglieder einzuschätzen. Das gilt aber nur für Aufgaben, bei denen die Richtigkeit der Lösung nicht sofort erkennbar ist. Auch die Einschätzung der Leistungsgüte der Gesamtgruppe zeigt keinen Zusammenhang mit der wirklichen Qualität der Lösung (Littlepage et al., 1995). Man würde jetzt weiterhin naiverweise annehmen, dass zumindest eine längere Erfahrung in der Gruppe dazu beiträgt, dass man bei ähnlichen Aufgaben die individuellen Fähigkeiten bei der Problemlösung leichter erkennt. Leider finden sich in diesem Zusammenhang sogar Ergebnisse, die zeigen, dass sich die Identifizierung leistungsfähiger Mitglieder innerhalb der Gruppe mit der Gruppenerfahrung verschlechtert hat (Littlepage, Robinson & Reddington, 1997). Es bestehen also erhebliche Diskrepanzen zwischen den subjektiven Eindrücken über die Kommunikation und den realen Ergebnissen.

9.4.3 Informationsaustausch und Problemlösungsqualität in Gruppen

Austausch eines geteilten Wissens

Wenn man gezielt den Informationsaustausch in Gruppen empirisch untersucht, kann man beobachten, dass sehr viel mehr auf die gemeinsamen Informationen geachtet wird, also auf die Informationen, die alle Mitglieder kennen. Zu diesem Phänomen gibt es ein einfaches Modell, das auf Stasser und Titus (1985) zurückgeht. Es knüpft an das Modell der Problemlösewahrscheinlichkeit von Gruppen an. Übertragen auf die Diskussionsinhalte kann man folgendes annehmen:

- Ein Inhalt wird nur dann *nicht* genannt, wenn *alle* ihn *nicht* kennen: $(1 - d_i)^n$.
- Die Wahrscheinlichkeit, dass ein Diskussionsinhalt angesprochen wird, wächst mit der Anzahl der Personen, die ihn kennen (n).

Nimmt man beispielsweise an, dass die individuelle Wahrscheinlichkeit, einen Inhalt zu nennen, $d_i = 0{,}50$ beträgt. Wenn dieser Inhalt in einer Fünf-Personen-Gruppe von allen gleich wahrscheinlich ge-

$D_g(I) := 1 - (1 - d_i)^n$

$D_g(I)$: Wahrscheinlichkeit, dass der Inhalt in der Gruppe diskutiert wird.

d_i: Individuelle Wahrscheinlichkeit der Diskussion des Inhaltes

n: Anzahl der Gruppenmitglieder, die den Inhalt kennen.

nannt wird, so beträgt die Wahrscheinlichkeit, dass er in der Diskussion genannt wird:

Beispiel

Wahrscheinlichkeit, dass der Inhalt in der Diskussion genannt wird

$D_g(I) = 1 - (1 - 0{,}50)^5 = 0{,}97$

Falls diese Information nur von einer Person eingebracht werden kann und die Wahrscheinlichkeit $d_i = 0{,}50$ beträgt, wird dieses ungeteilte Wissen eben nur mit 50%-iger Wahrscheinlichkeit eingebracht.

Nimmt man an, dass die Diskussionszeit begrenzt ist und man mit dem geteilten Wissen in der Diskussion beginnt, dann ist kaum Zeit, nicht geteiltes Wissen heranzuziehen. Die Gruppendiskussion besteht dann im Wesentlichen aus dem, was allen schon vor der Diskussion bekannt war. Gleichzeitig wird durch diesen Austausch suggeriert, dass die Teilnehmer im Hinblick auf das Problem in hohem Maße eine ähnliche Sichtweise haben Dies lässt die Gruppenkohäsion größer werden, und das Bewusstsein, dass die Lösung die richtige sei, nimmt zu. Man würde sich ein *Idealmodell* wünschen, das die Diskussion in folgender Weise beschreibt:

- Wenn geteiltes Wissen von einer Person vorgebracht worden ist, wird dieser Inhalt aus der nachfolgenden Diskussion ausgeschlossen.
- Die Diskussion beginnt mit dem Wissen, das den meisten Personen gemeinsam ist. Die Konsequenzen bestünden darin, dass das gemeinsame Wissen in der Diskussion sehr schnell ausgeblendet worden wäre und man dann zur Diskussion des nicht gemeinsamen Wissens käme, also zu dem Wissen, für das man eigentlich die Gruppe gebildet hat. Die Experten sollen im Wesentlichen das diskutieren, was die jeweils anderen nicht kennen, um das komplexe Problem lösen zu können.

Reale Gruppen verhalten sich aber ganz anders als in diesem Modell. Sie schaffen sich eine konsensfähige Realität und gehen Konflikten, aber auch nicht überprüfbarem Wissen aus dem Weg.

Wenn wir an das Problemlösen in Gruppen denken, mag uns als Anwendungsgebiet vielleicht zuerst die Bearbeitung von Problemen aus dem Bereich von Wissenschaft und Technik einfallen. Nicht selten stehen Wissenschaftler vor der Frage, zu entscheiden, ob eine Lösung richtig ist, oder sie müssen eine richtige Ableitung oder Schlussfolgerung ziehen. Beispielsweise stellt sich die Frage, ob Leukämiefälle in der Nähe von Atomkraftwerken überzufällig ansteigen. Hier sind mehrere Experten gemeinsam anzuhören mit dem Ziel, dass sie gemeinsam die richtige Antwort finden.

Informationsaustausch und alltägliche Lösungsqualität in Gruppen

Auch viele technische Probleme müssen in Gruppen diskutiert werden, um zu einer Lösung zu kommen. Damit man in solchen Fällen auch die richtige Lösung findet, ist offensichtlich die Bildung einer Expertengruppe allein nicht sehr erfolgreich.

Bei Unfällen im Bereich der Schifffahrt und der Fliegerei kommt es häufig nicht nur zu einem Sachschaden, sondern sie kosten oft auch viele Menschenleben. Um schnell zu einem praktischen Lösungsvorschlag zu kommen, geht es auch in diesen Fällen meist um die Lösung des Problems in einer Gruppe, da zunächst einmal die richtige Diagnose gefunden werden muss. Diese Diagnosen werden sehr häufig in Gruppen gefällt. Man muss davon ausgehen, dass ca. 95 % der Unfälle in der Schifffahrt auf menschliches Versagen zurückzuführen sind und nur 5 % auf technische Fehler. Das menschliche Versagen beruht aber in den meisten

Fällen auf dem Versagen von Gruppen bei der Diagnose der Ist-Situation (Helfrich, 1996).

Wenn man sich die Schiffsunfälle genauer ansieht, so stellt man fest, dass sie nicht reduziert werden, wenn man die Anzahl der beteiligten Personen von einer auf zwei erhöht. Es wurde sogar beobachtet, dass die Anzahl der Fehler erheblich zunimmt. Eine Abnahme der Unfälle ist erst dann zu beobachten, wenn drei Personen beteiligt sind. Die Unfallhäufigkeit sinkt bei vier Personen nicht weiter in bedeutsamer Weise ab. Hofstätter (1986, S. 50) schreibt, dass es nach dem *statistischen Modell* beim Übergang von einer auf zwei Personen zum relativ größten Zuwachs im Hinblick auf die Urteilsrichtigkeit kommt. Empirisch aber ist das nicht zu beobachten, sondern sogar genau das Gegenteil. Dabei ist zu erkennen, dass zwar bedrohliche Ereignisse bemerkt, aber durch geteilte Hypothesen uminterpretiert werden. Hier setzt die soziale Normierung ein, wobei nicht alle vom informationellen Einfluss als Hinweis auf eine Gefahr wissen und er auf der Grundlage des bekannten, gemeinsamen Wissens „wegerklärt" wird. Es wird einfach eine falsche Regel angenommen. Dabei wird nicht selten gerade der Einfluss der Person mit niedrigerem Status aufgrund der klaren hierarchischen Ordnung gering bleiben. Hier muss dann bei Drei-Personen-Gruppen schon eine Mehrheit auftreten, um sich durchzusetzen. Das aus der Statistik abgeleitete Modell, das nicht selten auch als Begründung für die Organisationsform und die Sicherheitsvorschriften herangezogen wird, ist empirisch nicht haltbar. Hier müssen offensichtlich weitere Trainingsmaßnahmen ergriffen werden, um die theoretisch erwartete Fehlerkorrektur zu erreichen.

Bei den Flugzeugunfällen geht man davon aus, dass 65 % auf menschliches Versagen zurückzuführen sind (Foushee, 1984). Dabei kommt es vor allem in der Interaktion zwischen den Cockpitmitgliedern (eventuell auch noch mit dem Tower) zu menschlichem Versagen. Hier spielt wiederum das Statusgefälle eine Rolle, aber auch die Genauigkeit der Mitteilungen. Teilweise ist der Flugkapitän so dominant, dass er die Mitteilungen seines Copiloten nicht wahrnimmt bzw. der Copilot nicht darauf beharrt. Nicht gemeinsame Informationen werden nicht berücksichtigt. Deshalb sollte man auch in den Bereich der Interaktion in Gruppen so viel investieren, wie man dies bereits bei technischen Sicherheitssystemen getan hat.

Informationsaustausch und kreative Lösungsqualität in Gruppen

Bei der Erarbeitung kreativer Lösungen werden häufig Gruppen zusammengestellt. Denn wegen der Kommunikation erwartet man von ihnen besonders kreative Lösungsvorschläge. Diese Problemstellungen lassen sich häufig als additive Aufgaben identifizieren, weil aus einer hohen Quantität auch eine hohe Qualität folgt. Dies kann als empirisch gut belegt gelten. Die Hauptaufgabe besteht in der Produktion möglichst vieler Ideen und Vorschläge, aus denen dann die besten ausgewählt werden. Die Vorstellung ist dabei, dass durch gegenseitige Stimulierung in der Gruppe die Anzahl der Vorschläge wächst und letztlich dadurch auch die Qualität zunimmt. Die gegenseitige Anregung wird noch verstärkt – so die Erwartung –, wenn man unter einer „Brainstorming"-Instruktion arbeitet (Osborn, 1957). Diese Instruktion besagt vor allem, dass man zuerst einmal alle Ideen äußern soll, die einem in den Sinn kommen, ohne Kritik durch andere befürchten zu müssen und ohne darauf zu achten, ob sie durchführbar oder realistisch sind. Nach der Sammlung der Ideen werden dann die Vorschläge nach ihrer Qualität ausgewählt. Diese Vorgehensweise wird häufig in der Praxis angewandt und macht den Beteiligten Spaß. Wie sieht es aber mit der Leistung aus, wenn man sie unabhängig von der Einschätzung der Teilnehmer misst?

In mehreren Überblicksartikeln über die empirischen Untersuchungen auf diesem Gebiet (z.B. Mullen, Johnson & Salas, 1991; Stroebe & Diehl, 1994) wird gezeigt, dass Brainstorming-Gruppen deutlich schlechter abschneiden, als dies bei der gleichen Anzahl von Personen der Fall ist, die individuell arbeiten. Der behauptete und erwartete Synergieeffekt durch die Gruppeninteraktion ist nicht zu beobachten.

In einer Versuchsreihe variierte man die Anzahl der Gruppenmitglieder von zwei bis zwölf Personen. Verglichen mit der Leistung derselben Anzahl von Einzelpersonen war die Gesamtleistung der Brainstorming-Gruppe mit zunehmender Anzahl der Mitglieder deutlich geringer (Zysno, 1998). Dieser Effekt wurde auch in den oben genannten Literaturübersichten bestätigt. Die Effizienz der Brainstorming-Gruppe fällt von 75 % bei zwei Personen auf 40 % bei zwölf Personen (Zysno, 1998).

Diese Einbußen bezogen auf die Leistungsfähigkeit kann man aufzufangen versuchen, indem man auf das Gruppengeschehen über die Brainstorming-Instruktion hinaus Einfluss nimmt. Die eine Möglichkeit besteht darin, dass man sich zu Beginn der Sitzung eine bestimmte Anzahl von Ideen vornimmt, die man in der Gruppe produzieren möchte. Sie ergibt sich aus der Anzahl der Ideen, die sich jedes Mitglied zu produzieren zutraut, multipliziert mit der Zahl der Mitglieder. In diesem Falle erreichen Brainstorming-Gruppen dieselbe Anzahl von Ideen wie die synthetischen Gruppen (Zysno, 1998). Diese Form der freiwilligen Zielwahl wirkt motivierend, so dass die instruierten „Brainstorming"-Gruppen nicht so frühzeitig abbrechen.

9.4.4 Techniken der Gruppenzusammenarbeit

Es ist schon lange bekannt, dass Gruppen einer gewissen Anleitung bei ihrer Arbeit bedürfen. Daher hat man Geschäftsordnungen und Routinen zur Durchführung von Sitzungen, Gerichtsverhandlungen etc. entwickelt. Hier handelt es sich um *traditionelle* Anleitungen für Gruppen zur Verbesserung ihrer Leistung.
Daneben haben sich auch *sozialpsychologische* Formen entwickelt, die sich unterteilen lassen in:

- Moderationstechniken, die den gesamten Ablauf der Gruppenarbeit von außen steuern;
- Diskurstechniken, die die Interaktion in der Gruppe festlegen.

Moderationstechniken

Die Techniken der Gruppenmoderation, die wir hier kurz behandeln wollen, sind folgende:

- die Delphi-Methode
- die nominale Gruppentechnik (NGT)
- die Trittleiter-Technik und
- die neu entwickelte prozedurale Moderation (PROMOD)

Wenn wir zuerst die **Delphi-Methode** schildern, so liegt dies daran, dass hier das Ausmaß der Interaktion am geringsten ist. Diese Technik wird von einem Moderatorenteam durchgeführt, das in Anlehnung an die Idee des Fehlerausgleichs bei Schätzaufgaben mehrere Experten schriftlich befragt und die Antworten zusammenfasst.

Dabei muss das Moderatorenteam mehrere Punkte beachten:

- Formulierung der Aufgabenstellung,
- Auswahl der zu befragenden Experten,
- schriftliche, mündliche oder andere Formen der Befragung,
- Zusammenfassung der quantitativen und qualitativen Rückmeldungen,
- Art der Rückmeldung und Zweitbefragung sowie weitere mögliche Rückmeldungen und Befragungen.

Als ein inhaltliches Beispiel kann man die folgende Fragestellung heranziehen (Moore, 1987): „Welche Schwierigkeiten und Probleme haben ältere Personen in unserer Stadt, und wie kann man ihnen durch politische Maßnahmen begegnen?"

In der ersten Runde könnten die Schwierigkeiten und Probleme aufgelistet werden. In der zweiten Runde kann man die wichtigsten (zehn bis 20) Probleme auswählen und nach geeigneten Maßnahmen fragen. In der dritten Runde würde man die wichtigsten Probleme und die entsprechenden Maßnahmen zurückmelden. Man würde um Stellungnahmen bitten, ob etwas vergessen wurde und welche Probleme mit welchen Maßnahmen zuerst angegangen werden sollen etc. Diese Ergebnisse könnten dann die Grundlage für die künftige Kommunalpolitik sein.

Diese Moderationstechnik reduziert die Gruppenlösung darauf, Informationen zu sammeln, die dann vom Moderatorenteam integriert werden. Damit sind die normativen Einflüsse ausgeschaltet. Es bleibt aber unklar, auf welche Weise die individuellen Antworten entstanden sind und wie sie zu einer gemeinsamen Lösung verarbeitet wurden.

Wenn man diese Technik im Vergleich mit synthetischen Gruppen und mit normal interagierenden Gruppen empirisch überprüft, so ist es nicht möglich, die Überlegenheit dieser Moderationstechnik nachzuweisen. Die Ergebnisse sind recht unterschiedlich (Wendt, 1980). Jedenfalls kann diese Technik im Vergleich zu normal interagierenden Gruppen nicht als eindeutig überlegen angesehen werden.

Betrachtet man die **nominale Gruppentechnik (NGT)** als zweite Moderationsart, so ist in diesem Fall eine stärkere Interaktion zwischen den Gruppenmitgliedern möglich.

Die Technik setzt voraus, dass

- eine klare Fragestellung existiert,
- eine Gruppe von Experten herangezogen wird,
- es einen Moderator gibt, der sich auf den Ablauf konzentriert und der keine inhaltlichen Beiträge liefert.

Üblicherweise besteht die Durchführung dieser Technik aus vier Schritten:

- individuelle Produktion von Lösungen in der Anwesenheit der anderen Mitglieder;
- individuelles Vortragen der Ideen, die an einem Flipchart visualisiert werden können;
- Diskussion der Vorschläge, insbesondere um ein besseres Verständnis zu bekommen;
- Auswahl der Vorschläge durch ein Abstimmungsverfahren.

Die Gruppengröße sollte dabei zwischen fünf und neun Mitgliedern betragen, und es sollte ein ausgebildeter Gruppenleiter eingesetzt werden. Seine Aufgabe beschränkt sich auf die Organisation des Gruppenprozesses. Man kann diese Technik für alle möglichen Fragestellungen anwenden.

Bei der empirischen Prüfung zeigt sich, dass die nominale Gruppentechnik (NGT) gewisse Leistungsverbesserungen gegenüber normal interagierenden Gruppen aufweist (Herbert & Yost, 1979; Rohrbaugh, 1981). Sie sind aber nicht so eindeutig auf die Technik zurückzuführen, sondern können auch mit der Neuartigkeit der Interaktionsform zu tun haben (Moore, 1987), die kurzfristig einen Motivationsschub erzeugt.

Bei der dritten Moderationstechnik – der **Trittleitermethode** (Rogelberg, Barnes-Farrell & Lowe, 1992) – wird der Informationsaustausch systematisch erweitert. Zuerst werden zwei Personen gebeten, ihre Ideen zu entwickeln und festzuhalten; dann kommt eine dritte Person hinzu. Sie hat vorher individuell ihre eigenen Vorstellungen und Überlegungen festgehalten. Sie bringt ihre Ideen in die ursprüngliche Dyade ein. Man versucht dann, sich auf eine gemeinsame Sicht zu einigen. Jetzt wird eine vierte Person gebeten, ihre vorher individuell erarbeiteten Vorstellungen der Gruppe zu unterbreiten, die jetzt aus drei Personen besteht. Auf diese Weise werden unabhängig entwickelte Informationen eingebracht und das Problem der Diskussion vorwiegend gemeinsamer Argumente angegangen.

Bei einer experimentellen Studie zeigt sich, dass diese Technik gegenüber normal interagierenden Gruppen eine Verbesserung bringt, wenn man Aufgaben lösen lässt, die das Auffinden einer richtigen Rangreihenfolge von Gegenständen beinhaltet (Rogelberg et al., 1992).

Offensichtlich kann man durch die Steuerung des Informationsaustauschs und die Verringerung normativer Einflüsse eine Leistungsverbesserung erreichen, die auch einer experimentellen Prüfung standhält.

Wenn man davon ausgeht, dass wir bei den komplexen Problemen, die in unserer Gesellschaft auf uns zukommen, immer einer Gruppe unterschiedlicher Experten bedürfen, müssen wir uns überlegen, wie man die Leistungsqualität dieser Projektgruppen optimiert. Unsere Lebensqualität und unsere wirtschaftliche und politische Entwicklung hängen in vielfältiger Weise von den Entscheidungen solcher Projektgruppen ab. Man kann den Einfluss dieser Entscheidungen kaum hoch genug einschätzen. Sie werden jedoch selten als Gruppenentscheidungen identifiziert bzw. hervorgehoben.

Wenn es um Planen, Entscheiden, Problemlösen, Ideenentwicklungen und gerichtliche Beratungen geht, so ist der Gruppencharakter meistens hinter anderen Bezeichnungen verborgen (wie Kommission, Gremium, Ausschuss, Kammer, Senat, Kabinett etc.). In einer größeren experimentellen Studie zur Entwicklung einer Moderationstechnik haben wir die **prozedurale Moderation (PROMOD)** entwickelt und überprüft (Lecher & Witte, 2003; Witte, in press; Witte & Sack, 1998; Witte, Sack & Kaufman, 1999). Diese PROMOD-Technik setzt Folgendes voraus:

- Es gibt mehrere Experten, die nur gemeinsam ein hoch komplexes Problem lösen können.
- Eine Lösung in einer natürlich interagierenden Gruppe ist vergleichsweise schlecht.
- Eine gezielte Unterstützung solcher Projektgruppen führt zu einer erheblichen Leistungsverbesserung.
- Die Qualität der individuellen Beiträge muss verbessert werden.
- Der Informationsaustausch muss optimiert werden.
- Die normativen Einflüsse müssen verringert werden.

Auf dieser Grundlage haben wir PROMOD entwickelt:

(1) Der erste Schritt ist die grobe Zerlegung der gestellten Aufgaben in Unteraufgaben nach folgendem Muster:
  - Was ist der Ist-Zustand (Diagnose)?
  - Was ist der Ziel-Zustand (Prognose)?
  - Welche Maßnahmen führen vom Ist-Zustand zum Ziel-Zustand (Intervention)?
  - Welche Nebeneffekte sind zu erwarten (Störgrößen)?

(2) Mithilfe dieses Schemas werden die Mitglieder der Projektgruppe getrennt von allen anderen Mitgliedern (angeleitet von einem Moderator) gebeten, ein entsprechendes Schaubild zu entwerfen. Dieses Schaubild besteht aus Karteikarten und Pfeilen, die auf einem Flipchartbogen angeordnet sind.

(3) Der Moderator unterstützt den Experten, indem er ihn durch Nachfragen *motiviert*: „Sind das alle Ausgangspunkte?"; „Gibt es weitere Maßnahmen?" etc. Als Nichtexperte prüft er dieses Schaubild auf *Verständlichkeit* („Diesen Ausdruck habe ich nicht verstanden.", „Können Sie diesen Pfeil erläutern?") und arbeitet damit das vorhandene Wissen beim Experten möglichst vollständig heraus.

(4) Wenn jeder Experte individuell seine „subjektive Theorie" über das Problem dargestellt hat, werden diese Schaubilder ausgetauscht, so dass jeder Experte von allen anderen weiß, wie diese das Problem bearbeitet haben.

(5) Entscheidend für die Bearbeitung des Problems sind die Maßnahmen (Interventionen). Welche Maßnahmen schließlich ergriffen werden sollen, bestimmt die Mehrheit durch eine einfache Abstimmung.

(6) Die Mitglieder der Projektgruppe treffen nie persönlich zusammen, sondern haben nur über den Moderator Kontakt zu den anderen Personen.

Eine solche Konstellation ermöglicht es, Koordinationsprobleme zu lösen, indem nicht mehr alle Experten zur gleichen Zeit am gleichen Ort sein müssen. Wie viel Zeit für die Bearbeitung eines Problems aufgewendet wird, hängt von der Einzelperson ab. Sie wird nicht gestört (Blocking-Effekt), lernt aber in verständlicher Weise von anderen Experten. Gleichzeitig geht vieles von dem verloren, was Spaß macht. Deshalb muss man sich genau überlegen, unter welchen Umständen PROMOD in der Praxis eingesetzt werden kann. Dabei besteht die Aufgabe des Moderators teilweise auch darin, diese Spaßkomponente zu erhalten, indem er den Experten bestätigt, ermuntert etc.

Bei PROMOD werden Inhalt- und Prozesssteuerung, so weit es geht, auseinander gehalten. Es kommt zu einer Konzentration auf die Aufgabe, wie es bei Projektgruppen eigentlich erwünscht ist, aber meist doch nicht praktiziert wird. Denn solche Gruppen übernehmen eben auch noch andere Funktionen (wie die Stützung der Macht, die Entwicklung persönlicher Beziehungen für spätere Kontakte, die Kontrolle der Ergebnisse in die gewünschte Richtung etc.). Aus diesen und weiteren Gründen kann man erwarten, dass sich die beschriebene Methode nur schwer durchsetzen wird.

Bei einer experimentellen Prüfung anhand eines sehr komplexen Problems – der Ausbreitung von AIDS in einer Großstadt –, das auf dem Computer simuliert wurde und an dem Drei-Personen-Gruppen fünf Stunden lang arbeiteten, konnte die hohe Wirksamkeit dieser PROMOD-Technik im Vergleich zur nominalen Gruppentechnik und zu natürlich interagierenden Gruppen nachgewiesen werden (Lecher & Witte, 2003; Witte, in press; Witte & Sack, 1998).

Damit liegt ein Verfahren vor, das sich experimentell bewährt hat. Gleichzeitig konnte dieses Verfahren auch im Bereich von Technologiefolgenabschätzungen mit Erfolg eingesetzt werden.

Diskurstechniken

Neben diesen besonders starken Eingriffen in die Gruppeninteraktion gibt es auch Verfahren, die die Gruppe als solche erhalten, jedoch auch die Art der Kommunikation steuern. Hier haben wir drei bekannte Verfahren, die kurz skizziert werden sollen:

- Brainstorming,
- Teufelsanwalt (Advocatus Diaboli),
- dialektische Auseinandersetzung („dialectical inquiry")

Brainstorming. Der Ausgangspunkt für die Entwicklung der Brainstorming-Methode war die Unzufriedenheit mit der Produktion von Ideen in den üblichen Konferenzen in Werbeagenturen. Durch eine Steuerung der Interaktion sollte die Leistung beim Hervorbringen kreativer Ideen verbessert werden. Dazu gibt es die folgenden vier Hauptkriterien für das Brainstorming:

- Je mehr Ideen, desto mehr bessere Ideen.
- Je ungewöhnlicher die Ideen, desto besser.
- Die Weiterentwicklung von genannten Ideen ist zu fördern.
- Die Kritik an Ideen ist zu vermeiden.

Bei Einhaltung dieser Regeln erwartete Osborn (1957), dass jede Person doppelt so viele Ideen produziert, als wenn sie allein arbeiten würde. Osborn lässt Gruppen von bis zu zwölf Personen bilden und nach diesen Regeln arbeiten. Dabei soll die Produktion der Ideen von der Bewertung ihrer Qualität getrennt werden.

Die starke Verbreitung dieser Methode liegt einfach daran, dass sie Spaß macht und die Bedürfnisse der Gruppenmitglieder befriedigt. Wenn man diese Methode mit normal interagierenden Gruppen vergleicht, so führt dies zwar zu schlechteren Ergebnissen, aber sie macht mehr Spaß. Letztlich ist die direkte Interaktion das Element, das dafür verantwortlich ist, dass die Methode positiv eingeschätzt wird (Gallupe, Bastianutti & Cooper, 1991), obwohl bei der nominalen Gruppentechnik per Computer mehr Ideen hervorgebracht werden.

Technik des Teufelsanwalts (advocatus diaboli). Diese eher im Bereich der Rhetorik bekannte Technik wurde auch als Methode in der Sozialpsychologie eingesetzt und überprüft (Schweiger & Finger, 1984; Schweiger, Sandberg & Ragan, 1986). Die Methode besteht darin, einen Plan entwickeln zu lassen, der dann entsprechend von einem anderen Teil der Gruppe kritisiert wird. Diese Kritik muss anschließend von der Konstruktionsgruppe entkräftet werden.

Eine solche Diskussion ist nicht mehr allein am Konsens orientiert, so dass die Qualität der Gruppenentscheidung verbessert wird. Die Frage ist, inwieweit diese Rollenverteilung auch zu persönlichen Konflikten führt und deshalb zu Störungen in der künftigen Interaktion zwischen den Gruppenmitgliedern. Aber es handelt sich um eine Methode, mit der die Qualität der Gruppenleistung verbessert werden soll. Sie ist seit der Zeit der Antike bekannt.

Methode der dialektischen Auseinandersetzung (Mason, 1969). Sie führt ebenfalls Konflikte in die Auseinandersetzung ein. Dabei geht diese Technik noch einen Schritt weiter. Sie verlangt von Gruppen, dass mindestens zwei verschiedene Szenarien zur selben Fragestellung erarbeitet werden. Es kann auch so sein, dass die Auseinandersetzung über zwei verschiedene Szenarien dazu dient, die Teilnehmer eines weiteren Entscheidungsgremiums zu informieren; sie sind also als Beobachter bei der Auseinandersetzung dabei und treffen anschließend Entscheidungen darüber, was zu tun ist. Generell ist nicht klar, ob die Methode des Teufelsanwalts oder die dialektische Auseinandersetzung besser geeignet ist, die Leistungsminderung in natürlich interagierenden Gruppen zu reduzieren (Katzenstein, 1996). Die Konstruktion einer konkreten Gegenlösung kann die Diskussion auf die beiden Alternativvorschläge einengen. Es ist aber offensichtlich, dass beide Methoden häufig zu besseren Ergebnissen führen, als dies bei normal interagierenden Gruppen der Fall ist. Man sollte dabei auch nicht davon ausgehen, dass solche Methoden im Vergleich zu üblichen Gruppensitzungen sehr zeitaufwändig sind. Denn man beschränkt sich nur auf die Auseinandersetzung und nicht auf die gegenseitige Bestätigung. Möglicherweise ist eine solche Strategie unangenehm, wenn man die übliche Vorstellung von einer am Konsens orientierten Gruppensitzung hat. Diese strukturierten Diskurstechniken, die man bei einem hohen Anspruch an Qualität der Gruppenleistung nutzen sollte, sind jedoch vielversprechend.

9.4.5 Interaktion in Gruppen über Medien

Mediale Unterstützung der Gruppenarbeit

In den letzten Jahren wurden vermehrt Gruppentechniken eingesetzt, die auf einer medialen Unterstützung beruhen: Audiokonferenzen, Videokonferenzen, Chatrooms, E-Mail-Gruppen und andere Methoden der elektronischen Unterstützung wie Decision-Explorer oder Mind-Mapping (Beck & Fisch, 2005). Diese Methoden erfordern alle zunächst einmal eine gewisse Vertrautheit mit dem Medium, ehe sie ihre Wirkung entfalten können, die häufig über die Ergebnisse natürlicher Gruppen hinausgeht (Scott, 1999). Trotzdem werden solche Techniken nicht immer geschätzt und die normale Gruppeninteraktion bevorzugt (McLeod, 1996). Je vertrauter man mit dem Medium ist, desto seltener kommt es zu Beeinträchtigungen. Und bei noch größerer Vertrautheit können diese Medien gekoppelt mit Gruppenmoderationstechniken einen erheblichen Gewinn darstellen. Viele Gefahren, die insbesondere auch mit dem Internet verbunden werden, können auftreten, sind aber viel seltener, als man häufig unterstellt (Bargh & McKenna, 2004).

Gruppeninteraktion und Internet

Menschen, die sozial ängstlich sind und sich einsam fühlen, haben das Gefühl, dass sie sich im Internet ehrlicher darstellen können als in einer direkten Kommunikation. Auch enge Beziehungen, die über das Internet entstanden sind, werden häufig über mehrere Stufen ins alltägliche Leben aufgenommen. Auf diese Weise wird der Intimitätsgrad kontrolliert.

Im Rahmen der Internetnutzung kommt es sowohl bei sozial Ängstlichen als auch bei sozial Aktiven dazu, dass die Kontakte mit anderen Personen im Alltag zunehmen, und nicht etwa nur dazu, dass sie sich auf das Internet zurückziehen. Sozial Ängstliche erweitern ihre Sozialkontakte deutlich und lernen es, ihre Ängstlichkeit abzulegen. Es ist also nicht richtig, zu glauben, dass das Internet die Menschen von direkten Sozialkontakten abhalten würde. Es handelt sich hier nur um einen kleinen Prozentsatz von weniger als 5 %, der sich so verhält (Bargh & McKenna, 2004).

Bei einer neuen Längsschnittstudie über drei Jahre zeigt sich, dass es zu einer Verbesserung der sozialen Integration und des psychischen Wohlbefindens durch die Nutzung des Internets kommt (McKenna, Green & Gleason, 2002).

Generell kann das Internet in einem engen Bereich für eine spezielle Stichprobe von Persönlichkeiten die häufig unterstellten negativen Effekte haben. Die positiven Auswirkungen sind aber viel zahlreicher und treffen auf viel mehr Menschen zu. Sie werden von diesem Medium jedoch kaum erwartet. Ein seriöser und gezielter Einsatz des Internets eröffnet vielen Menschen soziale Kontaktmöglichkeiten, die auch später im direkten Kontakt als sehr befriedigend erlebt werden. In der direkten Kommunikation gibt es nicht die Möglichkeit, die Selbstoffenbarung zu steuern und, wenn man sich voneinander angezogen fühlt, die Anonymität aufzugeben. Hier hat das Internet Vorteile gegenüber der direkten Interaktion. Sicher kann man damit auch Missbrauch betreiben. Das ist aber auch in der Kommunikation von Angesicht zu Angesicht möglich, wenn man sich anders darstellt, als man ist. Das Internet bietet also eine Reihe wirklich positiver Chancen.

9.5 Relevanz der Forschung

Wir haben es hier mit einem außerordentlich vielfältigen Gebiet zu tun, das in die Psychologie, Soziologie, Ethnologie, Ethologie, Linguistik und viele Anwendungsgebiete hineinreicht. Es konnten nur exemplarisch wichtige Kernaussagen formuliert werden. Als Ergänzung kann man verschiedene Kapitel in diesem Buch heranziehen.

Für die Psychologie gibt es als ein Beispiel die Gesprächspsychotherapie, die eine besondere Form des Gesprächs entwickelt hat, um psychisches Leiden zu lindern. In der Soziologie findet sich die Vorstellung, dass die Gesellschaft als umfassendes Sozialsystem durch Kommunikation fortwährend Sinnbildungsprozesse vornimmt. In diese Prozesse sind die interpersonalen Kommunikationen eingebettet. In der Ethnologie wird die Kommunikation zwischen Vertretern verschiedener Kulturen aufgezeigt und untersucht. Die Ethologie (Verhaltensforschung) zeigt uns die über Sprache vermittelten Anpassungsprozesse der Menschen an sich ändernde Umwelten auf. In der Linguistik kann man die Stilelemente untersuchen, die Schriftsteller zur speziellen Auslösung von Emotionen beim Leser verwenden. Aber auch in den angewandten Bereichen von Familien, Freizeit und Beruf ist die interpersonale Kommunikation ein zentrales Element. Die Erziehung in der Familie wird durch die direkte Ansprache gesteuert, und bei Konflikten kann man nicht selten in dieser Auseinandersetzung die Ursache für die Schwierigkeiten entdecken. Auch im Alltag bei der Gestaltung von Freundschaften oder Bekanntschaften und nicht zuletzt bei der Partnerschaft ist das zentrale Element die interpersonale Kommunikation. Schließlich ist die Ausübung eines Berufes immer auch an Gespräche gebunden. Das Wesen des Menschen basiert auf der interpersonalen Kommunikation. Ihre Bedeutung für das menschliche Zusammenleben wird manchmal unterschätzt, eben weil sie so zentral ist.

Zusammenfassung

Die Bedeutung der hier getroffenen Aussagen lässt sich folgendermaßen zusammenfassen:

- Man kann eine gewisse Strukturierung der Einflüsse auf die interpersonale Kommunikation erfahren, die eine differenzierte Wahrnehmung ermöglicht.
- Man kann Missverständnisse vermeiden und soziale Einflussprozesse durchschauen.
- Durch die Gestaltung der Kommunikation kann man besser Ziele verfolgen.
- Man erfährt etwas über Kommunikationstechniken und deren Wirkung verbunden mit naiven Erwartungen.
- Man kann sich manche Entwicklungen der medialen Kommunikation vorurteilsfreier anschauen und bewerten.

Dieses spannende Gebiet ist für alle von uns im Alltag zentral. Wir müssen uns verstärkt darum bemühen, Aufklärung zu betreiben und die interdisziplinäre Zusammenarbeit zu verbessern.

Leseempfehlung

- Ardelt-Gattinger, E., Lechner, H. & Schlögel, W. (Hrsg.). (1998). Gruppendynamik. Göttingen: VAP.
- Frey, L.R. (Ed.). (1999). The handbook of group communication theory and research. Thousand Oaks: Sage.
- Fussell, S.R. & Kreuz, R.J. (Eds.). (1998). Social and cognitive approaches to interpersonal communication. Mahwah: Erlbaum.
- Thomas, A., Kinast, E.-U. & Schroll-Machl, S. (Hrsg.). (2003). Handbuch Interkulturelle Kommunikation und Kooperation. Bd. 1 und 2. Göttingen: Vandenhoeck & Ruprecht.

Literatur

Amelang, M. & Bartussek, D. (2001). Differentielle Psychologie und Persönlichkeitsforschung. Stuttgart: Kohlhammer.

Argyle, M. (1972). Soziale Interaktion. Köln: Kiepenheuer & Witsch.

Auhagen, A.E. (1991). Freundschaft im Alltag. Bern: Huber.

Badke-Schaub, P. (1994). Gruppen und komplexe Probleme: Strategien von Kleingruppen bei der Bearbeitung einer simulierten AIDS-Ausbreitung. Frankfurt a.M.: Lang.

Bales, R.F. (1970). Personality and interpersonal behavior. New York: Holt.

Bales, R.F. (1999). Social interaction systems – theory and measurement. New Brunswick, NJ: Transaction Publication.

Bargh, J.A. & McKenna, K.Y.A. (2004). Nonverbal and verbal communication. Annual Review of Psychology, 55, 573–590.

Bartussek, D. & Mikula, G. (1969). Faktoren der Beliebtheit und Tüchtigkeit in soziometrischen Strukturen. Zeitschrift für Entwicklungspsychologie und Pädagogische Psychologie, 1, 223–240.

Beck, D. & Fisch, R. (2005). Entscheidungsunterstützende Verfahren für administrativ-politische Aufgaben. Speyer: Forschungsinstitut für öffentliche Verwaltung, Nr. 235. Elektronische Publikation (http://192.124. 238.222/fbpdf/fb-235.pdf).

Beck, D. & Orth, B. (1998). Interaktionsstrukturen in homogenen und heterogenen Problemlösegruppen. Zeitschrift für Sozialpsychologie, 29, 1998, 275–290.

Bogun, M., Caspar, F.M. & Erben, C.M. (1980). Führerschaft in Gruppen. In E.H. Witte (Hrsg.), Beiträge zur Sozialpsychologie. Festschrift für Peter R. Hofstätter (S. 96–119). Weinheim: Beltz.

Brauner, E. (1998). Soziale Interaktion und mentale Modelle. Münster: Waxmann.

Brinberg, G. & Castell, P. (1982). A resource exchange theory approach to interpersonal interactions: A test of Foa's theory. Journal of Personality and Social Psychology, 43, 260–269.

Brown, R. (2000). Group Processes. Oxford: Blackwell.

Burgoon, J.K. & Hoobler, G. (2002). Nonverbal signals. In M.L. Knapp & J. Daly (Eds.), Handbook of interpersonal communication (pp. 240–299). Thousand Oaks, CA: Sage.

Byrne, D. (1971). The attraction paradigm. New York: Academic Press.

Bühler, K. (1934). Sprachtheorie: Die Darstellungsfunktion der Sprache. Jena: Fischer.

Cialdini, R.B. & Goldstein, N.J. (2004). Social influence: Compliance and conformity. Annual Review of Psychology, 591–621.

Daft, R.L. & Lengel, R.H. (1986). Organizational information requirements, media richness, and structural design. Management Science, 32, 554–571.

Dahme, G. (2002). Ärgererleben in familiären Konfliktsituationen auf Java (Indonesien) und in Deutschland. In E.H. Witte (Hrsg.). Sozialpsychologie interkultureller Beziehungen (S. 72–91). Lengerich: Pabst.

Delitsch, J. (1900). Über Schülerfreundschaften in einer Volksschulklasse. Zeitschrift für Kinderforschung, 4, 150–163.

Dennis, A.R. & Valacich, J.S. (1999). Research note: Electronic brainstorming illusions and patterns of productivity. Information Systems Research, 10, 375–377.

Deutsch, M. & Gerard, H.B. (1955). A study of normative and informational social influences upon individual judgement. Journal of Abnormal and Social Psychology, 51, 629–636.

Doermer-Tramitz, C. (1990). ... auf den ersten Blick – über die ersten dreißig Sekunden einer Begegnung von Mann und Frau. Opladen: Westdeutscher Verlag.

Dollase, R. (1976). Soziometrische Techniken (2. Aufl.). Weinheim: Beltz.

Ekman, P. & Friesen, W.V. (1975). Unmasking the face. Englewood Cliffs, NJ: Prentice-Hall.

Engelhardt, G. & Witte, E.H. (1998). Soziale Repräsentationen von Gruppen. In E.H. Witte (Hrsg.), Sozialpsychologie der Gruppenleistung. (S. 229–250). Lengerich: Pabst.

Feger, H. (1985). Kommunikationsstrukturen in Kleingruppen. In M. Grewe-Partsch & J. Groebel (Hrsg.), Mensch und Medien. Festschrift für Hertha Sturm (S. 134–143). Mainz: v. Hase & Koehler.

Fehr, B. (2004). Intimacy expectations in same-sex friendships: A prototype interaction-pattern model. Journal of Personality & Social Psychology, 86, 265–284.

Flament, C. & Apfelbaum, E. (1966). Elementary processes of communication and structuration in small groups. Journal of Experimental Social Psychology, 2, 376–386.

Fleishman, E.A. (1973). Twenty years of consideration and structure. In E.A. Fleishman & J. G. Hunt (Eds.), Current developments in the study of leadership.(pp. 1–37) Carbondale: Southern Illinois University Press.

Fleishman, E.A. & Harris, E.T. (1962). Patterns of leadership behavior related to employee grievance and turnover. Personal Psychology, 15, 43–56.

Fleishman, E.A. & Simmons, J. (1970). Relationship between leadership patterns and effectiveness ratings among Israeli foremen. Personal Psychology, 23, 169–172.

Foa, E.B. & Foa, U.G. (1980). Resource theory: Interpersonal behavior as exchange. In K.J. Gergen, M.S. Greenberg & R.H. Willis (Eds.), Social exchange. Advances in theory and research (pp. 77–94). New York: Plenum.

Forsyth, D.R. (2006). Group dynamics (4. ed.). Belmont: Thomson.

Foushee, H.C. (1984). Dyads and triads at 25,000 feet: Factors affecting group process and aircrew performance. American Psychologist, 39, 885–993.

Fussell, S.R. & Kreuz, R.J. (1998). Social and cognitive approaches to interpersonal communication. Mahwah: Erlbaum.

Gallupe, R.B., Bastianutti, L.M. & Cooper, W.H. (1991). Unblocking brainstorms. Journal of Applied Psychology, 76, 77–86.

Gollwitzer, P.M., Bayer, U.C. & Wicklund, R.A. (2002). Das handelnde Selbst: Symbolische Selbstergänzung als zielgerichtete Selbstentwicklung. In D. Frey & M. Irle (Hrsg.) Theorien der Sozialpsychologie Bd. III (S. 191–211). Bern: Huber.

Gottman, J.M. (1999). The marriage clinic. New York: Norton.

Grice, H.P. (1975). Logic and conversation. In P. Cole & J.L. Morgan (Eds.), Speech acts. (= Syntax & Semantics 3) (pp. 225–242). New York.

Hall, E.T. (1976). Beyond culture. Garden City: Doubleday.

Halff, G. (1998). Die Malaise der Medienwirkungsforschung: Transklassische Wirkungen und klassische Forschung. Opladen: Westdeutscher Verlag.

Hample, D. & Dallinger, J.M. (1998). On the etiology of the rebuff phenomenon: Why are persuasive messages less polite after rebuffs? Communication Studies, 49, 305–321.

Heath, C. & Jourdan, J.J. (1997). Illusion, disillusion and the buffering effects of groups. Organizational Behavior and Human Decision Processes, 69, 103–116.

Helfrich, H. (1996). Menschliche Zuverlässigkeit aus psychologischer Sicht. Zeitschrift für Psychologie, 204, 75–96.

Herbert, T.T. & Yost, E.B. (1979). A comparison of decision quality under nomial and interacting consensus group formats: The case of structure problem. Decision Sciences, 10, 358–370.

Hertel, G., Bretz, E. & Moser, K. (1999). Freiwilliges Arbeitsengagement: Begriffsklärung und Forschungsstand. Gruppendynamik und Organisationsberatung, 31, 121–140.

Hetzer, H. (1926). Der Einfluß der negativen Phase auf soziales Verhalten und literarische Produktion pubertierender Mädchen. In C. Bühler (Hrsg.), Quellen und Studien zur Jugendkunde, 4, 1–44.

Hinsz, V.B., Tindale, R.S. & Vollrath, D.A. (1997). The emerging conceptualization of groups as information processors. Psychological Bulletin, 121, 43–64.

Hofstätter, P.R. (1986). Gruppendynamik. Reinbek: Rowohlt.

Hofstede, G. (1990). Cultures and organizations: Software of the mind. London: McGraw-Hill.

Jacobs, S. (2002). Language and interpersonal communication. In M.L. Knapp & J.A. Daly (Eds.), Handbook of interpersonal communication. Thousand Oaks: Sage.

Jones, E.E. & Gerard, H.B. (1967). Foundations of social psychology. New York: Wiley.

Jones, E.E. & Pittman, T.S. (1982). Toward a general theory of strategic self-presentation. In J. Suls (Ed.), Psychological perspectives on the self. (pp. 231–262). Hillsdale: Erlbaum.

Katzenstein, G. (1996). The debate on structured debate: Toward a unified theory. Organizational Behavior and Human Decision Processes, 66, 316–332.

Lasswell, H.D. (1948). The structure and function of communication in society. In L. Bryson (Ed.), The communication of ideas (pp. 37–51). New York: Harper.

Leavitt, H.J. (1951). Some effects of certain communication patterns on group performance. Journal of Abnormal and Social Psychology, 46, 38–50.

Lecher, S. & Witte, E.H. (2003). FORMOD und PROMOD: Zwei Moderationstechniken zur Verbesserung von Entscheidungen in Gruppen. Zeitschrift für Arbeits- und Organisationspsychologie, 47, 73–86.

Lennox, R.D. & Wolfe, R.N. (1984). Revision of the self-monitoring scale. Journal of Personality and Social Psychology, 46, 1349–1364.

Lewin, K. (1953). Die Lösung sozialer Konflikte. Bad Nauheim: Christian.

Lewin, K., Lippitt, R. & White, R.K. (1939). Patterns of aggressive behavior in experimentally created „social climates". Journal of Social Psychology, 10, 271–299.

Lilli, W. & Frey, D. (1993). Die Hypothesentheorie der sozialen Wahrnehmung. In D. Frey & M. Irle (Hrsg.), Theorien der Sozialpsychologie (Bd. I, S. 49–78). Bern: Huber.

Littlepage, G.E., Robinson, W. & Reddington, K. (1997). Effects of task experience on group performance, member ability, and recognition of expertise. Organizational Behavior and Human Decision Processes, 69, 133–147.

Littlepage, G.E., Schmidt, G.W., Whisler, E.W. & Frost, A.G. (1995). An input-process-output analysis of influence and performance in problem-solving groups. Journal of Personality and Social Psychology, 69, 877–889.

Lochner, R. (1927). Das Soziogramm der Schulklasse. Zeitschrift für Pädagogische Psychologie, 28, 177–205.

Maletzke, G. (1963). Psychologie der Massenkommunikation: Theorie und Systematik. Hamburg: Verlag Hans-Bredow-Institut.

Mangold, R., Vorderer, P. & Bente, G. (Hrsg.). (2004). Lehrbuch der Medienpsychologie. Göttingen: Hogrefe.

Mason, R.O. (1969). A dialectical approach to strategic planning. Management Science, 15, 403–414.

McKenna, K.Y.A., Green, A.S. & Gleason, M.E.J. (2002). Relationship formation on the internet: What's the big attraction? Journal of Social Issues, 58, 9–31.

McLeod, P.L. (1996). New communication technologies for group decision making. In R.Y. Hirokawa & M.S. Poole (Eds.), Communication and group decision making (pp. 426–461). Thousand Oaks: Sage.

Misumi, J. & Shirakashi, S. (1966). An experimental study of the effects of supervisory behavior and productivity and morale in a hierarchical organization. Human Relations, 19, 297–307.

Moore, C.M. (1987). Group techniques for idea building. Beverly Hills: Sage.

Moreno, J.L. (1934). Who shall survive? Beacon: Beacon House. (dt. 1954: Die Grundlagen der Soziometrie. Opladen: Westdeutscher Verlag).

Mullen, B. & Copper, C. (1994). The relation between group cohesiveness and performance: An integration. Psychological Bulletin, 115, 210–227.

Mullen, B., Johnson, C. & Salas, E. (1991). Productivity loss in brainstorming group: A meta-analytic integration. Basic and Applied Social Psychology, 12, 3–24.

Mummendey, H.-D. (2002). Selbstdarstellungstheorie. In D. Frey & M. Irle (Hrsg.), Theorien der Sozialpsychologie (Bd. III, S. 212–233). Bern: Huber.

Murstein, B.I. (1986). Paths to marriage. Beverly Hills: Sage.

Nowack, W. (1985). Self-Monitoring – Selbstpräsentation. In T. Herrmann & E.P. Lantermann (Hrsg.), Persönlichkeitspsychologie. Ein Handbuch in Schlüsselbegriffen (S. 361–370). München: Urban & Schwarzenberg.

Osborn, A.F. (1957). Applied imagination. New York: Scribner's.

Prose, F. (1974). Abgelehnte und Unbeachtete: Zur Differenzierung von Außenseitern in Gruppen. Zeitschrift für Sozialpsychologie, 5, 30–47.

Rogelberg, S.G., Barnes-Farrell, J.L. & Lowe, C.A. (1992). The stepladder technique: An alternative group structure facilitating effective group decision making. Journal of Applied Psychology, 77, 730–737.

Rogers, E.M. & Agarwala-Rogers, R. (1976). Communication in organizations. New York: Free Press.

Rohrbaugh, J.W. (1981). Improving the quality of group judgement: Social judgement analysis and delphi technique. Organizational Behavior and Human Performance, 28, 272–288.

Schlenker, B.R. (1980). Impression management. Monterey: Brooks-Cole.

Schulz von Thun, F. (1981). Miteinander reden. Bd. 1. Störungen und Klärungen – Psychologie der zwischenmenschlichen Kommunikation. Reinbek: Rowohlt.

Schwarz, N., Groves, R.M. & Schuman, H. (1998). Survey methods. In D.T. Gilbert, S.T. Fiske & G. Lindzey (Eds.), The handbook of social psychology (Vol.1, pp.143–179). Boston: McGraw-Hill.

Schweiger, D.M. & Finger, P.A. (1984). The comparative effectiveness of dialectical inquiry and devil's advocacy: The impact of task biases on previous research findings. Strategic Management Journal, 5, 335–350.

Schweiger, D.M., Sandberg, W.R. & Ragan, J.W. (1986). Group approaches for improving strategic decision making: A comparative analysis of dialectical inquiry, devil's advocacy and consensus. Academy of Management Journal, 29, 51–71.

Scott, C.R.(1999). Communication technology and group communication. In L.R. Frey (Ed.), The handbook of group communication theory and research (pp. 432–472). Thousand Oaks: Sage.

Searle, J.R. (1975). Sprechakte – ein sprachphilosophischer Essay. Frankfurt a.M.: Suhrkamp.

Shaw, M.E. (1964). Communication networks. In L. Berkowitz (Ed.), Advances in experimental social psychology (Vol. 1, pp. 111–147). New York: Academic Press.

Shaw, M.E. (1978). Communication networks 14 years later. In L. Berkowitz (Ed.), Group processes (pp. 351–361). New York: Academic Press.

Simon, H.A. (1952). A formal theory of interaction in social groups. American Sociological Review, 17, 202–211.

Snyder, M.L. (1979). Self-monitoring processes. In L. Berkowitz (Ed.), Advances in experimental social psychology (Vol. 12, pp. 85–128). New York: Academic Press.

Snyder, M. & Gangestad, S. (1982). Choosing social situations: Two investigations of self-monitoring processes. Journal of Personality and Social Psychology, 43, 123–135.

Stasser, G. & Titus, W. (1985). Pooling of unshared information in group decision making: Biased information sampling during discussion. Journal of Personality and Social Psychology, 48, 1467–1478.

Stasser, G., Vaughan, S.I. & Stewart, D.D. (2000). Pooling unshared information: The benefits of knowing how access to information is distributed among members. Organizational Behavior and Human Decision Processes, 82, 102–116.

Stephan, F.F. & Mishler, E.G. (1952). The distribution of participation in small groups: An exponential approximation. American Sociological Review, 17, 598–608.

Stewart, D.D. & Stasser, G. (1995). Expert role and information sampling during collective recall and decision making. Journal of Personality and Social Psychology, 69, 619–628.

Stroebe, W. & Diehl, M. (1994). Why groups are less effective than their members: On productivity losses in idea-generating groups. European Review of Social Psychology, 5, 271–303.

Suckfüll, M. (2003). Rezeptionsmodalitäten. Jena: Habilitationsschrift der Fakultät für Sozial- und Verhaltenswissenschaften.

Tedeschi, J.T., Lindskold, S. & Rosenfeld, P. (1985). Introduction to social psychology. St. Paul: West.

Terman, L.M. (1904). A preliminary study of the psychology and pedagogy of leadership. Pedagogical Seminar, 11, 413–451.

Thomas, A., Kinast, E.-U. & Schroll-Machl, S. (2003). Handbuch Interkulturelle Kommunikation und Kooperation (Bd. 1 und 2). Göttingen: Vandenhoeck & Ruprecht.

Tsai, Y. (1977). Hierarchical structure of participation in natural groups. Behavioral Science, 22, 38–40.

Tscheulin, D. & Rausche, A. (1970). Beschreibung und Messung des Führungsverhaltens in der Industrie mit der deutschen Version des Ohio-Fragebogens. Psychologie und Praxis, 14, 49–64.

Weary, G. & Arkin, R.M. (1981). Attributional self-presentation. In J.H. Harvey, W.J. Ickes & R.F. Kidd (Eds.), New directions in attribution research (Vol. 3, pp. 223–246). Hillsdale: Erlbaum.

Wendt, D. (1980). Entscheidungsverhalten in Gruppen. In E.H. Witte (Hrsg.), Beiträge zur Sozialpsychologie. Festschrift für Peter R. Hofstätter (S. 19–47). Weinheim: Beltz.

Willke, H. (2000). Systemtheorie: Bd. 1. Grundlagen – eine Einführung in die Grundprobleme der Theorie sozialer Systeme. Stuttgart: Lucius & Lucius.

Witte, E.H. (1990). Zur Theorie sozialer Systeme und ihre Verwendung in Soziologie und Sozialpsychologie: Ein klassisches Beispiel, moderne Begriffsbildungen und abzuleitende Konsequenzen. In E.H. Witte (Hrsg.), Sozialpsychologie und Systemtheorie (S. 145–166). Braunschweig: Braunschweiger Studien.

Witte, E.H. (1994). Lehrbuch Sozialpsychologie (2. Aufl.). Weinheim: PVU.

Witte, E.H. (Hrsg.). (1998). Sozialpsychologie der Kognition: Soziale Repräsentation, subjektive Theorien und soziale Einstellungen. Lengerich: Pabst.

Witte, E.H. (2001). Wirtschaftspsychologische Ursachen politischer Prozesse: Empirische Belege und ein theoretisches Konzept. Wirtschaftspsychologie, 4, 235–252.

Witte, E.H. (2002). Soziometrie. In G. Endruweit & G. Trommsdorff (Hrsg.), Wörterbuch der Soziologie. Stuttgart: Lucius & Lucius.

Witte, E.H. (in press). Towards a group facilitation technique for project teams. Group Processes & Intergroup Relations.

Witte, E.H. & Engelhardt, G. (1998). Zur sozialen Repräsentation der (Arbeits-)Gruppe. In E. Ardelt-Gattinger, H. Lechner & W. Schlögel (Hrsg.) Gruppendynamik. Anspruch und Wirklichkeit der Arbeit in Gruppen (S. 25–29). Göttingen: Verlag für Angewandte Psychologie.

Witte, E.H. & Lecher, S. (1998). Beurteilungskriterien für aufgabenorientierte Gruppen. Gruppendynamik, 29, 313–325.

Witte, E.H. & Sack, P.-M. (1999). Die Entwicklung der Gruppenmoderation PROMOD zur Lösung komplexer Probleme in Projektteams. Psychologische Beiträge, 41, 113–213.

Witte, E.H., Sack, P.-M. & Kaufman, J. (1998). Synthetic Interaction and focused Activity in Sustainment of the Rational Task-Group. HaFoS, 1998, 21. Elektronische Publikation (http://www.uni-hamburg.de/fachbereiche-einrichtungen/fb16/absozpsy/HAFOS-21.pdf).

Witte, E.H. & Sperling, H. (1995). Wie Liebesbeziehungen den Umgang mit Freunden geregelt wünschen: Ein Vergleich zwischen den Geschlechtern. Gruppendynamik, 26, 429–443.

Witte, E.H. & Wallschlag, H. (2006). Die fünf Säulen der Liebe. Wie Paare glücklich bleiben (überarb. Neuaufl.). Herder: Spektrum.

Zysno, P. (1998). Von Seilzug bis Brainstorming: Die Effizienz der Gruppe. In E.H. Witte, (Hrsg.), Sozialpsychologie der Gruppenleistung (S. 184–210). Lengerich: Pabst.

10 Interkulturelle Kommunikation

Alexander Thomas • Celine Chang

Beispiel

Stumpfe Nähnadel

Viele deutsche Firmen lassen in China nähen und importieren die fertige Kleidung nach Deutschland ... In einem solchen Textilbetrieb beobachtete der deutsche Vertreter einer Textilfirma, wie eine Näherin mit einer so stumpfen Nadel nähte, dass sich immer wieder mehrere Fäden verzogen. Er ging zu dieser Näherin und versuchte, ihr das Problem zu erklären, was ihm aber aufgrund der vorhandenen Sprachbarrieren nicht gelang. Daraufhin schraubte er einfach die stumpfe Nadel aus der Maschine, warf sie unter den Tisch und fügte eine neue Nadel ein. Nachdem der deutsche Textilingenieur weggegangen war, kroch die Näherin unter den Tisch, holte die alte stumpfe Nadel wieder hervor, wechselte sie gegen die neue aus und sagte dabei leise vor sich hin: „Dieser doofe Ausländer!"
(Thomas & Schenk, 2005, S. 72 f.)

Weil die Internationalisierung der Arbeits- und Lebensbereiche sowie die weltweite Migration zunimmt, gehört die Kommunikation zwischen Menschen mit unterschiedlichem kulturellen Hintergrund immer mehr zum Alltag. Allerdings stellt diese veränderte Situation auch höhere Anforderungen an die Beteiligten. Denn die Kommunikationssituation ist komplexer geworden.

Für das Verhalten der Näherin gibt es durchaus eine Erklärung. Die Näherin hat gelernt, das Werkzeug so lange zu gebrauchen, wie es eben geht. Zudem wird in einer Mangelwirtschaft mit einem noch tauglichen Arbeitsmaterial so lange wie möglich gearbeitet, weil neues Material entweder nicht verfügbar oder nur schwer zu bekommen ist. Zudem sollte man kein Volkseigentum verschwenden. Da sie die Erklärungen des deutschen Textilingenieurs nicht verstanden hat, wird sie sein rigoroses Eingreifen in ihren Arbeitsvorgang wahrscheinlich als Beleidigung betrachten und nicht bereit sein, es zu akzeptieren (s. Thomas & Schenk, 2005).

Mit dem Thema der interkulturellen Kommunikation beschäftigen sich Wissenschaftler, Praktiker und Studenten aus diversen Disziplinen wie Psychologie, Kommunikationswissenschaften, Linguistik, Germanistik, Soziologie und Wirtschaftswissenschaften. Dabei werden eine Vielzahl unterschiedlicher Aspekte interkultureller Kommunikation beschrieben und unterschiedliche Begrifflichkeiten dafür verwendet. Eine Gemeinsamkeit der Forschungen zum Thema interkulturelle Kommunikation besteht jedoch darin, dass sie zumeist eine angewandte Zielsetzung verfolgen. So soll beispielsweise der Erfolg der Kommunikation zwischen Personen aus unterschiedlichen Kulturen verbessert werden.

Das Kapitel gibt einen Überblick über Forschungsthemen und Anwendungsfelder und gliedert sich in drei Teile:

- die theoretischen Grundlagen interkultureller Kommunikation,
- Herausforderungen der interkulturellen Kommunikation durch kulturelle Unterschiede und massenmediale Einflüsse,
- die Entwicklung und Förderung interkultureller Kommunikationskompetenz sowie Relevanz dieser Thematik in unterschiedlichen Anwendungsfeldern.

10.1 Theoretische Grundlagen der interkulturellen Kommunikation

Kultur. Für die interkulturelle Kommunikation ist Kultur ein zentraler und grundlegender Begriff. Daher ist es sinnvoll, zunächst zu definieren, was darunter zu verstehen ist. Der Begriff wird in der Forschung keineswegs einheitlich verwendet; vielmehr lassen sich in der Literatur viele unterschiedliche Definitionen finden. In der Psychologie wird Kultur meistens als sinnstiftendes System verstanden (Straub & Layes, 2002). So definiert beispielsweise Thomas (1996, 1999, 2000c, 2003) Kultur als Orientierungssystem, eine Definition, die in der interkulturellen Forschung und Praxis eine weite Verbreitung gefunden hat.

Kultur als Orientierungssystem

Kultur ist ein universelles, aber für eine Gesellschaft, Organisation oder Gruppe typisches Orientierungssystem. Es wird aus spezifischen Symbolen gebildet und in der jeweiligen Gesellschaft usw. tradiert. Es beeinflusst das Wahrnehmen, Denken, Werten und Handeln aller ihrer Mitglieder und definiert somit deren Zugehörigkeit zur Gesellschaft. Kultur als Orientierungssystem strukturiert ein für die sich der Gesellschaft zugehörig fühlenden Individuen spezifisches Handlungsfeld und schafft damit die Voraussetzungen zur Entwicklung eigenständiger Formen der Umweltbewältigung (Thomas, 2003, S. 436 f.).

Der Kulturbegriff ist in seiner Geltung somit nicht ausschließlich auf ein Land oder eine Nation beschränkt, sondern bezieht sich auch auf bestimmte (Sub-)Kulturen wie beispielsweise Wissenschaftskulturen, Jugendkulturen, Wirtschaftskulturen oder Glaubensgemeinschaften. So kann eine Person sich unterschiedlichen Kulturen zugehörig fühlen, wobei sich die verschiedenen Kulturen gegenseitig beeinflussen (z.B. ist die Wissenschaftskultur durch die Nationalkultur geprägt). Kultur ist ferner nicht statisch, sondern entwickelt und verändert sich fortwährend mit ihren Mitgliedern, die einerseits von der Kultur beeinflusst sind, sie andererseits aber auch gestaltend verändern und weiter entwickeln.

Interkulturelle Kommunikation. Kommunikation ist als Prozessgeschehen immer kontextgebunden und damit kulturspezifisch determiniert. Das wird in Tabelle 10.1 anhand der berühmten Lasswell-Formel (Lasswell, 1948) veranschaulicht. Interkulturelle Kommunikation bedeutet daher Kommunikation (Formen, Vermittlungsmöglichkeiten und Störungen) unter kulturellen Überschneidungsbedingungen, d.h. in Situationen, in denen Personen aus verschiedenen Kulturen interagieren und damit unterschiedliche Orientierungssysteme handlungswirksam werden. Die Unterschiede zwischen den Orientierungssystemen beeinflussen das Kommunikationsgeschehen maßgeblich in Hinblick auf Art und Ausprägung. Dies gilt sowohl hinsichtlich der Ablaufprozesse als auch der Resultate.

Kulturstandards. Personen, die über ein ähnliches Orientierungssystem verfügen und sich somit einer Kultur zugehörig fühlen, teilen bestimmte Wertvorstellungen und Überzeugungen (s. auch Ting-Toomey, 1999). Eine Kultur bietet denen, die sich ihr zugehörig fühlen, also eine Orientierung (daher auch der Begriff „Orientierungssystem") z.B. darüber, was als positives Verhalten zu bewerten ist, sowie eine Verhaltenssicherheit in bestimmten Situationen (z.B. Begrüßungsablauf). Charakteristische Merkmale einer Kultur, die sich auf Wahrnehmung, Denken, Werten, Empfinden und Handeln beziehen, lassen sich als „Kulturstandards" bezeichnen (Thomas, 1996, 2005c).

Tabelle 10.1. Interkulturelle Aspekte in der Kommunikation in Anlehnung an die Lasswell-Formel

Lasswell-Formel	Interkulturelle Aspekte	
Wer (Sender)	z.B. Mann oder Frau	kulturell bedingte Bedeutung der Geschlechtsrollen
sagt was (Nachricht)	z.B. Vorschlag oder Befehl	kulturspezifische Ausprägung
zu wem (Empfänger)	z.B. Vorgesetzter oder Mitarbeiter	kulturell bedingte Bedeutung von Hierarchie
womit (Zeichen/System)	z.B. Reden oder Schweigen	kulturspezifische Funktionen verbalen und nonverbalen Verhaltens
durch welches Medium (Kanal)	z.B. mündlich oder schriftlich	kulturspezifischer Gebrauch der Kommunikationsmedien
mit welcher Absicht (Intention)	z.B. Lob oder Tadel	kulturelle Unterschiede in der Bewertung der Intention
mit welchem Effekt (Resultat)	z.B. Akzeptanz oder Ablehnung	kulturspezifische Verhaltensreaktionen

Kulturstandards werden von den Mitgliedern einer Kultur für sich persönlich und für andere als normal, typisch und verbindlich betrachtet. Eigenes und fremdes Verhalten wird auf der Basis der Kulturstandards bewertet. Zentrale Kulturstandards sind dabei in vielen unterschiedlichen Lebensbereichen und Situationen wirksam. So haben Forschungen über Kulturstandards (Schroll-Machl & Nový, 2003; Thomas & Schenk, 2005) gezeigt, dass in Deutschland sowohl im beruflichen als auch im privaten Lebenskontext der Kulturstandard „Sachorientierung" dominant ist, wohingegen in China und anderen Staaten in Ostasien „Harmonieorientierung" und in Tschechien „Personorientierung" das kommunikative Verhalten bestimmen. Kulturstandards sind den Beteiligten meist nicht bewusst, sondern werden im Verlauf des Sozialisationsprozesses in einer bestimmten Kultur erworben und so verinnerlicht, dass sie im alltäglichen Verhaltensablauf routinemäßig zum Einsatz kommen. Das Besondere an der Konzeption von Kulturstandards ist, dass sie nicht ein universell gültiges Eigenschaftsprofil einer Kultur darstellen, sondern immer die Perspektive einer Kultur auf die andere darstellen. So lassen sich aus französischer Sicht teilweise andere Kulturstandards über Deutsche identifizieren als aus amerikanischer Sicht (s. Tabelle 10.2).

Wie aus Tabelle 10.2 ersichtlich wird, gibt es deutsche Kulturstandards, die sowohl aus Sicht von Franzosen als auch aus Sicht von Amerikanern gelten: Sie erleben Deutsche als sehr direkt in ihrer Kommunikation, die Dinge offen und ehrlich anzusprechen (direkte Kommunikation). Deutsche schätzen zudem Regeln und Strukturen, die ihnen Orientierung geben (Regelorientierung). Es gibt eine größere Trennung zwischen Berufs- und Privatleben als in Frankreich oder den USA. Deutsche richten ihr Verhalten mehr nach dem Kontext aus. Im Beruf ist man eher sachorientiert und zielstrebig, privat eher beziehungsorientiert (Abgrenzung von Lebensbereichen; Schroll-Machl, 2005).

Tabelle 10.2. Deutsche Kulturstandards aus französischer und amerikanischer Sicht (Übersicht und Erläuterung bei Schroll-Machl, 2005)

Deutsche Kulturstandards aus französischer Sicht	Deutsche Kulturstandards aus amerikanischer Sicht
gleiche/ähnlich verstandene Kulturstandards: direkte Kommunikation; Regelorientierung; Abgrenzung von Lebensbereichen	
▶ systematische Aufgabenerledigung	▶ Organisationsbedürfnis
▶ Sachorientierung	▶ interpersonale Distanzdifferenzierung
▶ Selbststeuerung	▶ persönliches Eigentum
▶ Gleichheitsstreben	▶ Pflichtbewusstsein
▶ Gemeinsinn	▶ Autoritätsdenken
	▶ körperliche Nähe
	▶ Geschlechtsrollendifferenzierung

Darüber hinaus gibt es deutsche Kulturstandards, die entweder nur für Franzosen oder für Amerikaner gelten. Aus amerikanischer Sicht differenzieren beispielsweise Deutsche in der Art des Kontaktaufbaus und der Kontaktpflege stärker zwischen Freunden, Bekannten und Fremden (interpersonale Distanzdifferenzierung). Fremde werden in der Regel nicht gegrüßt, und Bekannte haben weniger Zugang zu persönlichen Problemen und Gefühlen als Freunde (Hufnagel & Thomas, 2006). Im Vergleich dazu gibt es aus deutscher Sicht den amerikanischen Kulturstandard der „interpersonalen Distanzminimierung“: Deutsche empfinden es als einfach, mit Amerikanern in Kontakt zu kommen, aber als schwierig, Freundschaften zu schließen (Müller & Thomas, 1995). Diese Erfahrung führt häufig zu dem Stereotyp „Amerikaner sind oberflächlich“.

Kulturstandards spiegeln immer die eigenkulturelle Perspektive auf die andere Kultur wider. Kulturstandards sollten somit immer relativ als Ausdruck von Verhaltens- und Wertetendenzen gesehen werden. Innerhalb einer Kultur gibt es in Bezug auf die Ausprägung der Kulturstandards stets eine gewisse Streuung (z.B. ist natürlich nicht jeder Deutsche regelorientiert). Im Mittel würde jedoch die Ausprägung der Regelorientierung höher sein als bei Amerikanern. Diese Punkte müssen bei der Arbeit mit Kulturstandards beispielsweise in interkulturellen Trainings und der Bewertung des Kulturstandard-Konzepts berücksichtigt werden. Ein Missverstehen des Konzepts würde eine nicht beabsichtigte Anwendung der Kulturstandards in Form von Stereotypen begünstigen.

Kulturstandards lassen sich empirisch mithilfe der „Critical-Incident“-Technik (Flanagan, 1954) im Rahmen von Interviews erheben. Gefragt wird nach „kritischen Interaktionssituationen“. Darunter werden Erlebnisse mit fremdkulturellen Interaktionspartnern verstanden, die für die Befragten überraschend, unerwartet oder irritierend waren (Thomas, 1996). Mithilfe qualitativer Inhaltsanalyse und Experteneinschätzungen werden die Kulturstandards identifiziert. Zudem wird versucht, die Kulturstandards kulturhistorisch einzubetten (für einen Überblick über die Methodik s. Thomas, 1999). Die so gewonnenen Kulturstandards können als Grundlage für interkulturelle Trainings dienen, beispielsweise im Rahmen der „Culture-Assimilator“-Methode (s. Kasten über den Aufbau des „Culture-Assimilators“ in Abschnitt 10.3.1).

> **!** Charakteristische Merkmale einer Kultur, die sich auf das Wahrnehmen, Denken, Werten, Empfinden und Handeln beziehen, lassen sich als „Kulturstandards" bezeichnen. **Kulturstandards** werden von den Mitgliedern einer Kultur für sich persönlich und für andere als normal, typisch und verbindlich betrachtet. Eigenes und fremdes Verhalten wird auf der Basis der Kulturstandards bewertet. Kulturstandards spiegeln immer die eigenkulturelle Perspektive auf die andere Kultur wider und lassen sich empirisch mithilfe der „Critical-Incident"-Technik im Rahmen von Interviews erheben.

Attributionstendenzen und Stereotypenbildung. Wenn Menschen aus unterschiedlichen Kulturen füreinander bedeutsam werden, miteinander kommunizieren und versuchen, sich zu verständigen, kommt es gehäuft zu Missverständnissen und Fehlinterpretationen. Dies hat oft Enttäuschung, Verärgerung und Abbruch der Beziehung zur Folge. Der Grund dafür ist, dass die Partner die eigenen und fremden Kulturstandards, die im kommunikativen Akt handlungswirksam werden, nicht kennen bzw. sich ihrer nicht bewusst sind. Jeder Kommunikationspartner aktiviert in der Kommunikationssituation sein eigenes, ihm vertrautes, voll automatisiertes kulturelles Interpretationssystem und wendet es wie gewohnt auf die Enkodierung und Dekodierung der ausgetauschten Nachricht an. Er kennt weder das kulturspezifische Kommunikationssystem seines Partners noch ist ihm die Kulturspezifität des eigenen Systems bewusst. So wird ein Deutscher, der in einer Besprechung offen Kritik an einem Sachverhalt übt, von Chinesen häufig als unhöflich und aggressiv wahrgenommen (mit all den sich daraus möglicherweise ergebenden Handlungsfolgen). Im Unterschied dazu wird er selbst das (betretene) Schweigen der Chinesen als Zeichen fachlicher Inkompetenz interpretieren, obwohl es tatsächlich der Etikette entspricht und der sozialen Harmoniepflege dient (Thomas & Schenk, 2005).

Hierbei wird der so genannte „fundamentale Attributionsfehler" (Ross, 1977) deutlich. Er bezeichnet die Tendenz, das Verhalten anderer auf Persönlichkeitseigenschaften zurückzuführen, wogegen das eigene Verhalten eher als von situationalen Faktoren beeinflusst gesehen wird. Wenn der Deutsche dieses Verhalten in mehreren Situationen mit Chinesen erlebt, besteht zudem die Gefahr der Stereotypenbildung. Damit ist die starre Zuschreibung von Persönlichkeitseigenschaften für eine bestimmte Gruppe gemeint (wie etwa: Chinesen sind fachlich inkompetent).

Nach der Theorie der sozialen Identität (Tajfel, 1982) wird dieser Prozess durch die Einteilung (Kategorisierung) in Fremd- und Eigengruppe begünstigt (s. hierzu auch Kap. 4 zu sozialer Kognition und Urteilsbildung). Die eigene Gruppe wird dabei weitaus differenzierter wahrgenommen als die Fremdgruppe. Dieser wird viel weniger Individualität und Heterogenität zugestanden als der eigenen Gruppe, und sie wird homogener wahrgenommen. Im interkulturellen Kontext stellt die Nationalität einer Person eine gut zugängliche Kategorisierungsmöglichkeit dar. Damit ist es leicht möglich, dass nationale Stereotype in interkulturellen Situationen gebildet bzw. wirksam werden.

> **!** **Fundamentaler Attributionsfehler:** Die Tendenz, das Verhalten anderer auf Persönlichkeitseigenschaften zurückzuführen, wogegen das eigene Verhalten eher als von situationalen Faktoren beeinflusst gesehen wird.
> **Stereotypenbildung:** Starre Zuschreibung von Persönlichkeitseigenschaften für eine bestimmte Gruppe

Stereotype sind zunächst nicht als „schlecht" einzustufen, da sie eine wichtige Wahrnehmungs- und Orientierungsfunktion erfüllen. Sie können jedoch im interkulturellen Kontakt zu Problemen führen, wenn sie aus negativen kognitiven und emotionalen Inhalten bestehen, aus denen sich weitreichende

Werturteile ergeben. Sie werden dann zu Vorurteilen und sind die Grundlage dafür, fremde Menschen zu diskriminieren und abzuwerten (Thomas, Kammhuber & Layes, 1997). In der Intergruppenforschung hat man sich daher mit der Frage beschäftigt, wie die Ausbildung von Vorurteilen verhindert werden kann. Dabei spielte die so genannte „Kontakthypothese" eine Rolle: Dahinter verbirgt sich die Vermutung, dass der Aufbau von Vorurteilen verhindert werden kann, wenn Personen aus unterschiedlichen Kulturen miteinander interagieren und dadurch ein differenziertes Wissen über die andere Kultur erwerben sowie Gemeinsamkeiten und Unterschiede entdecken (Amir, 1994). Es hat sich jedoch gezeigt, dass interkulturelle Kontaktsituationen häufig dazu führen, dass sich Vorurteile verfestigen. Dies gilt besonders dann, wenn sich der fremdkulturelle Kommunikationspartner tatsächlich gemäß den Vorurteilen verhält. Individuen tendieren dazu, das Verhalten anderer entsprechend ihren Vorurteilen wahrzunehmen, zu bewerten und damit die Vorurteile als bestätigt anzusehen (Thomas, Kammhuber & Layes, 1997). Um den Abbau von Vorurteilen voranzutreiben, reicht der bloße Kontakt somit nicht aus. Vorurteile lassen sich jedoch abbauen, wenn man im interkulturellen Kontakt die folgenden Bedingungen berücksichtigt (Amir, 1994; Thomas, 1994):

- Kooperation statt Wettbewerb: Man kann etwas gegen die Einteilung in Fremd- und Eigengruppe tun, wenn überlappende Kategorisierungsmöglichkeiten bestehen (z.B. anstelle von „wir Deutsche" und „ihr Chinesen" die Kategorisierung „wir Teammitglieder");
- Statusähnlichkeit der Kommunikationspartner;
- enger Kontakt: Intensive Interaktionen fördern eine differenzierte Wahrnehmung;
- positives soziales Klima;
- Vorbilder: Im Sinne des Modelllernens fördern interkulturell kompetent handelnde Personen den Abbau von Vorurteilen.

Diese Bedingungen sollten bei Förderungsmaßnahmen einer interkulturellen Kommunikationskompetenz (s. Abschnitt 10.3) berücksichtigt werden.

Die beschriebenen sozialpsychologischen Prozesse haben gemeinsam, dass sie mehr oder weniger unbewusst ablaufen. Der Schlüssel zu einer erfolgreichen, also einer für alle Kommunikationspartner befriedigenden Kommunikation liegt folglich darin, sich diese Prozesse bewusst zu machen. Das bedeutet nicht nur, dass man die fremdkulturellen Standards erkennt und versteht, sondern auch das eigenkulturelle Orientierungssystem. Eine erfolgreiche interkulturelle Kommunikation beinhaltet zudem, dass man die verschiedenen Kulturen als jeweils sinnvolle und berechtigte Form der Regelung des sozialen Miteinanders begreift. Dieses Verständnis ist die Grundlage für eine interkulturelle Kommunikationskompetenz (s. Abschnitt 10.3; zur Kommunikationskompetenz s. außerdem Abschnitt 13.2.2), die das Resultat eines Lern- und Entwicklungsprozesses darstellt (Thomas, 2005b).

10.2 Interkulturelle Kommunikation im Kontext kultureller Unterschiede und massenmedialer Einflüsse

10.2.1 Verbale, nonverbale und paraverbale Aspekte interkultureller Kommunikation

Es ist eine verbreitete Auffassung, dass es für eine erfolgreiche interkulturelle Kommunikation genügt, die Sprache des Interaktionspartners oder eine von beiden Partnern ausreichend gut beherrschte „Drittsprache" (z.B. englisch) sprechen zu können (Rose-Neiger & Thiele, 1998). Dabei wird jedoch Folgendes nicht bedacht: Wenn man die Fremdsprache spricht, werden die in der eigenen Kultur typischen Ausdrucksmuster und Kommunikationskonventionen beibehalten, und sie spiegeln sich im verbalen, nonverbalen und paraverbalen Bereich der Kommunikation wider (Knapp, 2003). Diese sind ein Teil der Kulturstandards (Knapp, 1994). In Tabelle

10.3 werden die kulturell geprägten Aspekte verbaler Kommunikation zusammengefasst, die in der Literatur häufig diskutiert werden, und jeweils anhand eines Beispiels veranschaulicht.

Das Problem liegt nicht darin, dass es kulturell geprägte Unterschiede in Bezug auf diese Kommunikationsaspekte gibt. Wichtiger ist, dass der Kommunikationspartner auf der Basis der eigenen Kommunikationsstandards bewertet wird. Im Sinne des fundamentalen Attributionsfehlers (s. Abschnitt 10.1) werden Verhaltensursache und Verhaltensmerkmale vorrangig dann dem Partner zugeschrieben und

Tabelle 10.3. Kulturell geprägte Aspekte verbaler Kommunikation und Beispiele für kulturelle Unterschiede

Verbale Kommunikation	Beispiele
Anrede	Während in Deutschland ein einmal vereinbarter Wechsel zwischen „Sie" und „du" als verbindlich und unabhängig vom Kontext gilt, ist es in Rumänien üblich, sich im Arbeitskontext zu siezen und privat zu duzen (Barthel & Zazavitchi-Petco, 1998).
Ausdruck von Höflichkeit	In den angelsächsischen Ländern ist es üblich, Höflichkeit in einer häufigen Anwendung des Wortes „please" auszudrücken, wogegen im Deutschen Höflichkeit in anderer Form signalisiert wird, wie beispielsweise durch die Verwendung des Konjunktivs („Könnten Sie ...?") oder abschwächender Wörter („Gibst du mir mal ...?"). Deutsche werden daher von Briten häufig als unhöflich empfunden (Knapp, 1994).
Begriffsverständnis	Deutsche verstehen unter dem Begriff „Konzept" einen relativ konkreten Plan bzw. detaillierte Vorschläge, Franzosen dagegen eher einen spontanen Entwurf (Müller-Jacquier, 1999).
Diskursverlauf und Sprecherwechsel	Franzosen unterbrechen häufiger als Deutsche und eher in der Mitte des Satzes als am Ende. Dies liegt daran, dass im Französischen das Verb weiter vorne im Satz steht (und nicht am Ende wie im Deutschen), so dass die Bedeutung des Satzes schneller erraten werden kann. Wogegen es im Deutschen als unhöflich interpretiert wird, jemanden zu unterbrechen, wird dies von Franzosen eher als Zeichen eines engagierten Gesprächs verstanden (Müller-Jacquier, 1999).
Redebeginn	Für chinesische Redner ist es typisch, dass sie zu Beginn der Rede ihre Leistungen schmälern und sich für die Unvollkommenheit der Rede entschuldigen, um vor dem Publikum nicht zu herausgehoben zu erscheinen (Kammhuber, 2005). Auf ein deutsches Publikum wirkt dieses Verhalten eher inkompetent.
Rede	Deutsche finden die Vorträge von Franzosen häufig zu oberflächlich mit reinen Wortspielen, denen die Kohärenz fehlt, wogegen auf Franzosen die Vorträge von Deutschen häufig als zu pädagogisch und als wenig originell empfunden wirken (Demorgon, 2001).

nicht auf Umgebungsmerkmale zurückgeführt, wenn Kultur als Attributionskategorie nicht salient ist, also subjektiv nicht im Vordergrund steht. Dies trifft auch auf die Aussprache zu: Spricht jemand eine Fremdsprache mit Akzent, so empfinden Muttersprachler es als anstrengender und schwieriger, dem Sprecher zuzuhören, und die soziale Akzeptanz des Nichtmuttersprachlers ist geringer. Von der Aussprache wird dann auf die Persönlichkeit geschlossen (z.B. Bildungsstand und Intelligenz), was dazu führt, dass bei einer stark abweichenden Aussprache die Persönlichkeit des Sprechers abgewertet wird (Hirschfeld, 1998).

Nicht nur *wie* etwas gesagt wird, ist kulturell beeinflusst, sondern auch *was* gesagt wird. Eine bekannte Unterscheidungsdimension ist die von Hall (1990), der zwischen einer „Low-Context"- und „High-Context"-Kommunikation differenziert. In Kulturen mit einer „Low-Context"-Kommunikationskultur werden alle wichtigen Informationen sprachlich ausgedrückt, so dass der Zuhörer wenig Interpretationsspielraum hat. In „High-Context"-Kulturen wird der Kontext (z.B. Atmosphäre, soziales Umfeld, nonverbale Signale) der Gesprächssituation stärker in die Interpretation miteinbezogen. Das, was tatsächlich gesagt wird, ist im Vergleich zur „Low-Context"-Kommunikation weniger explizit, indirekter und mit mehr Andeutungen und Metaphern verbunden. Um die Botschaft verstehen zu können, ist es wichtig, den gesamten Gesprächskontext zu berücksichtigen.

In „High-Context"-Kulturen haben es Personen aus „Low-Context"-Kulturen somit schwerer, zu verstehen, was eigentlich gemeint ist. So sind z.B. langes Schweigen, Gesprächspausen, das Unbeantwortet-Lassen von Fragen für Asiaten hochgradig informativ und viel aussagekräftiger als ein gesprochener Satz. Der deutsche Partner erwartet wie selbstverständlich eine eindeutige Aussage. Daher ist für ihn das Ausbleiben der erwarteten Reaktionen unverständlich, ärgerlich und verdachterregend, also alles in allem kognitiv und emotional negativ konnotiert.

> **!** **„Low-context"-Kommunikation:** Alle wichtigen Informationen werden sprachlich ausgedrückt.
> **„High-context"-Kommunikation:** Der Kontext der Gesprächssituation (z.B. Atmosphäre, soziales Umfeld, nonverbale Signale) wird stärker in die Interpretation einbezogen.

Auch die Art der nonverbalen Kommunikation ist kulturell beeinflusst. Gerade bestimmte Gesten können eine ganz unterschiedliche Bedeutung haben: Ein mit Daumen und Zeigefinger geformtes „O" (die übrigen Finger sind ausgestreckt) bedeutet beispielsweise in den USA ein Lob für eine gute Arbeit oder eine gute Idee. Dagegen wird auf diese Weise in Frankreich angezeigt, dass etwas wertlos ist. In Japan wiederum ist dies ein Zeichen für Geld (Rose-Neiger & Thiele, 1998). Weiterhin gibt es kulturelle Unterschiede bezüglich der paraverbalen Kommunikation. In europäischen Sprachen wird beispielsweise mit einer fallenden Intonation ein Aussagesatz angezeigt, in einigen südindischen Sprachen jedoch ein Fragesatz (Gumperz, 1982).

10.2.2 Globale medienvermittelte Kommunikation

Die rasant zunehmende Internationalisierung und Globalisierung immer weiterer Bereiche unserer Gesellschaft wäre nicht realisierbar ohne die moderne Informationstechnologie, die neue Formen der interpersonalen Kommunikation erst ermöglicht. Es steht eine weltumspannende, hocheffiziente Informationstechnologie (Telefon, Fax, Internet, Videokommunikation) zur Verfügung, so dass Geschriebenes und Gesprochenes ohne störende Zeitverzögerung übertragen werden kann. Weltweit operierende Unternehmen und Organisationen kommunizieren intern über ein global gespanntes Intranet, so dass alle wichtigen Daten für alle Funktionsträger am jeweiligen Schreibtisch und Standort zur Bearbeitung und Weitergabe sofort verfügbar sind.

Durch Medien vermittelte Kommunikation im interkulturellen Kontext. Im Laufe der beschriebenen informationstechnologischen Entwicklung etablieren sich immer mehr interkulturelle Arbeitsgruppen, deren Mitglieder nicht an einem Ort sind und daher in ihrer Arbeit miteinander auf durch Medien vermittelte Kommunikationsformen angewiesen sind. Stellen sich schon im monokulturellen Kontext andere Anforderungen an die durch Medien vermittelte Kommunikation als an die persönliche Face-to-face-Kommunikation, sind im interkulturellen Kontext die Anforderungen noch komplexer. Dabei spielen nicht nur die in Abschnitt 10.2.1 diskutierten Aspekte verbaler, nonverbaler (falls durch Video vermittelt) und paraverbaler Kommunikation eine Rolle. Vielmehr kommen noch unterschiedliche Konventionen bei der Textgestaltung oder der Gesprächsführung am Telefon hinzu, deren Unkenntnis den fundamentalen Attributionsfehler (s. oben) begünstigt (Knapp, 1994). Die „Kanalreduktions-Hypothese" (Döring, 1999) legt zudem nahe, dass es durch die geringe Anzahl der zum Einsatz kommenden Kommunikationskanäle zu kulturellen Missverständnissen kommt und sich schneller negative Stereotype über den Kommunikationspartner herausbilden. Die durch Medien vermittelte Kommunikation (z.B. per E-Mail) ist dann nämlich die einzige Grundlage für die Ausbildung von Attributionen, da Gestik, Mimik etc. völlig fehlen (s. Kap. 14 zum Vergleich zwischen direkter und medialer Individualkommunikation). Zudem kann die Anonymität der über den Computer vermittelten Kommunikation bestimmte Verhaltenstendenzen begünstigen, die in der persönlichen Kommunikation anders ausgeprägt wären. So wird z.B. bedenkenloser, schneller und aggressiver Kritik geäußert, ohne kulturspezifische Formen der Kritikäußerung zu berücksichtigen. Ein solches Handeln hätte dann wiederum negative Konsequenzen für die Beziehungsqualität und die Atmosphäre in der Arbeitsgruppe.

Kulturstandards und der Umgang mit Medien. Darüber hinaus beeinflussen zentrale Kulturstandards die Art des Medienumgangs und die Präferenz für bestimmte Medien. In Kulturen, in denen beispielsweise die Personenorientierung auch im Arbeitskontext eine große Rolle spielt, wird man eventuell auf Anfragen per E-Mail weniger reagieren, und diese sind weniger beliebt bzw. wirksam als der persönliche Kontakt per Telefon oder bei der direkten Begegnung der Partner (s. z.B. Schroll-Machl & Nový, 2003). Sind andere Arbeitsgruppenmitglieder jedoch eher die schriftliche Kommunikation gewöhnt, können Konflikte vorprogrammiert sein. Diese kulturspezifischen Aspekte stellen eine zusätzliche Dimension zu den empirischen Ergebnissen dar, dass die durch Medien vermittelte Kommunikation die direkte Face-to-face-Kommunikation nicht vollständig ersetzen kann. Face-to-face-Kommunikation findet zwar inzwischen auch auf elektronischem Wege statt (mittels Videotechnik), allerdings ist die interpersonale Kommunikation, ohne dass ein elektronisches Medium zwischengeschaltet ist, von ganz anderer kommunikativer Qualität als die durch Medien vermittelte (zum Vergleich zwischen den beiden Kommunikationsformen s. auch Kap. 14).

Experimentelle Studien über unterschiedliche Wirkungen der durch Computer vermittelten Kommunikation und Face-to-face-Kommunikation in der Gruppenarbeit bestätigen, dass z.B. Prozesse der Persönlichkeitsbildung und der Selbstdefinition von Individuum und Gruppe ohne den direkten persönlichen Kontakt nicht funktionieren. So zeigen Untersuchungen, dass produktive Arbeitsgruppen, die global operieren, intensiver kommunizieren und dabei vermehrt die Face-to-face-Kommunikation nutzen, während weniger produktive Teams fast ausschließlich auf den Informationsaustausch per E-Mail vertrauen (Hofner Saphiere, 1996). Jedoch ist die Vielschichtigkeit der Besonderheiten und Unterschiede zwischen den verschiedenen Kommunikationsformen noch weitgehend unbekannt (McGrath & Berdahl, 1998). Zukünftige Forschungen sollten nicht nur die über Medien vermittelte und die Face-to-face-Kommunikation miteinander vergleichen, sondern auch die Aspekte interkultureller Kommunikation zu untersuchen, die sich aus kulturspezifischen Orientierungssystemen ergeben.

10.2.3 Massenmedien und interkulturelle Kommunikation

Informationen über Ereignisse werden weitgehend über die Massenmedien vermittelt, und das mit hoher Intensität, Eindringlichkeit und dem Anspruch von Objektivität, der mit einem hohen Grad an sozialer Akzeptanz und öffentlicher Relevanz verbunden wird. Daher ist anzunehmen, dass Massenmedien unser Welt- und Menschenbild nachhaltig prägen (s. z.B. die „Kultivierungshypothese"; s. hierzu Abschnitt 5.5.1 zur Einstellungsbeeinflussung ohne dahinter stehende Absichten). So wird über das Leben, über Normen, Werte, Denk- und Handlungsweisen von Menschen aus fernen Ländern, zu denen kein persönlicher Kontakt möglich ist, vermeintlich authentisch berichtet. Dabei handelt es sich allerdings um eine einseitige Form der Kommunikation und um in mehrfacher Hinsicht gefilterte und hochselektive Informationen. Ihr Realitätsgehalt ist in der Regel nicht überprüfbar; sie können aber beim Leser, Hörer und Zuschauer auf der perzeptiv-kognitiven, der emotionalen, der motivationalen und der Handlungsebene nachhaltige Wirkungen erzielen (s. Kasten über die Berichterstattung in den Medien und ihren Einfluss auf politische Überzeugungen). Der Rezipient selbst wird die Informationen erneut filtern, da Menschen bewusst Botschaften meiden, die ihren (sozial geteilten) Überzeugungen und Einstellungen widersprechen. Nichtpassendes und Inkompatibles wird herausgefiltert, abgewehrt bzw. wunsch- und erwartungsgemäß interpretiert (zu den Details s. Kap. 5 zur Rolle von Einstellungen im Kontext des Kommunikations- und Medienhandelns).

Massenmedien üben potenziell einen starken Einfluss auf das Menschen- und Weltbild von Individuen aus und damit auch auf interkulturelle Kommunikationssituationen. Deswegen sollte man sich ferner mit der Frage beschäftigen, inwieweit dadurch Rassismus, Ethnozentrismus und Fremdenfeindlichkeit gefördert oder geschwächt werden können (Wagner, van Dick & Zick, 2001). Als Antwort auf diese Herausforderung fordert beispielsweise Cortés (2000) eine Pädagogik, die aufbauend auf kulturvergleichenden Forschungen zur Medienproduktion und Mediennutzung einen kompetenten Umgang mit Medien auch unter interkulturellen

Berichterstattung in den Medien und ihr Einfluss auf politische Überzeugungen

Eine experimentelle Untersuchung von Domke, McCoy und Torres (1999) zeigte, dass die Art der Medienberichterstattung einen Einfluss darauf hat, wie Individuen über Einwanderungspolitik denken und inwieweit kulturelle Stereotype mit politischer Überzeugung in Zusammenhang stehen.

Zeitungsartikel über Immigration waren so manipuliert, dass sie entweder eine materialistische Perspektive (Auswirkungen von Immigration auf die wirtschaftliche Situation der USA) oder eine ethische Perspektive (Immigration verstanden im Rahmen von Menschenrechten und moralischen Gesichtspunkten) einnahmen.

Die materialistische Untersuchungsbedingung hatte stärkere Auswirkungen auf die Einstellungen gegenüber der Immigration als die ethische Bedingung. Ebenso ließen sich signifikante Zusammenhänge mit der Bewertung von Immigranten aus Südamerika nur bei der ersten Bedingung feststellen.

Die Autoren führten dies darauf zurück, dass hier die kognitiven Schemata leichter aktiviert wurden, die die Position führender Politiker widerspiegeln und die somit in den Medien stark verbreitet sind.

Aspekten ermöglicht und fördert. Dazu gehört, dass diese Medien einerseits im Unterricht reflektiert genutzt werden und dass andererseits Aufklärung über den Einfluss der Medien auf die Einstellungsentwicklung gegenüber Personen mit anderem kulturellen Hintergrund betrieben wird.

Weiterhin muss geklärt werden, in welchem Maße Massenmedien zur Entwicklung einer Intercultural Awareness (also eines Bewusstseins für kulturelle Unterschiede und Gemeinsamkeiten) beitragen können (Luchtenberg, 2000; Wendt, 1997; Hess-Lüttich, 1992). Auch die bereits 1992 im Sammelband von Korzenny, Ting-Toomey und Schiff erörterte Frage, welche Bedeutung Einflüsse der Massenmedien sowohl in Bezug auf die kulturspezifische Nutzung von Medien als auch auf deren kulturspezifische Rezeption und Wirkung haben, wird kontrovers diskutiert – z.B. hinsichtlich der kulturellen Identität sowie des sozialen und gesellschaftlichen Wandels (s. Butterwegge, Hentges & Sarigöz, 1999). In diesem Zusammenhang wird von einem globalisierten medienethischen Verhalten gesprochen und gefordert, dass der Einfluss staatlicher und privater Medienmonopole begrenzt und Medienpluralismus auf kommunaler Ebene gefördert werden muss (Tehranian, 2002).

10.3 Förderung interkultureller Kommunikationskompetenz

Wie bereits in Abschnitt 10.2.1 angedeutet, wird die Forderung nach kommunikativer Kompetenz im interkulturellen Kontext oft als erfüllt angesehen, wenn eine oder mehrere Fremdsprachen beherrscht werden. Tatsächlich wird eine vertiefte Kommunikation zwischen Menschen aus unterschiedlichen Kulturen erst möglich oder erheblich erleichtert, wenn einer der Kommunikationspartner die Muttersprache des anderen beherrscht oder sich beide auf eine Drittsprache einigen können. Das Beispiel in Tabelle 10.4 über eine völlig misslungene Kommunikation zeigt aber, dass die Beherrschung der Fremdsprache allein für eine interkulturelle Verständigung nicht ausreicht.

Verständigungsprobleme, die auf einen Mangel an Sprachkenntnissen zurückgehen, sind bei dem in Tabelle 10.4 skizzierten Beispiel offensichtlich nicht vorhanden, wohl aber fehlt es an interkultureller Kommunikationskompetenz (s. dazu auch Abschnitt 13.2). Denn beide Personen waren nicht in der Lage, dem Partner ein Verständnis für die eigenen Intentionen, Attributionen, Bewertungen, emotionalen Spannungen und Verhaltensweisen im Geschehensablauf zu vermitteln.

Auch in einer monokulturellen Kommunikationssituation treten leicht Missverständnisse auf, wenn die Kommunikationspartner de facto unterschiedliche Erwartungen haben, aber von gleichen Erwartungen ausgehen. In monokulturellen Situationen ist jedoch aufgrund ähnlicher Sozialisationserfahrungen die Wahrscheinlichkeit geringer, dass es zu Missverständnissen kommt: Die Kommunikationspartner sind eher in der Lage, die Intentionen und Erwartungen des anderen vorwegzunehmen, und sie müssen in der Kommunikation nicht so sehr zum Ausdruck kommen. Im interkulturellen Kontext ist es dagegen nicht mehr so einfach möglich, die Intentionen, Erwartungen und Emotionen des Kommunikationspartners vorwegzunehmen. Wenn dann noch unausgesprochen davon ausgegangen wird, dass der Kommunikationspartner gleiche Kulturstandards hat, treten leicht interkulturelle Kommunikationsprobleme auf.

Interkulturelle Handlungskompetenz als Voraussetzung für eine erfolgreiche interkulturelle Kommunikation. Voraussetzung für eine angemessene, kompetente kommunikative Vermittlungsarbeit ist interkulturelle Handlungskompetenz. Sie besteht aus einem fundierten und reflektierten Wissen über die eigenkulturellen Besonderheiten (eigenkulturelles Orientierungssystem) und über die kommunikativen Gewohnheiten der fremdkulturellen Partner. Der amerikanische Vorgesetzte in dem in Tabelle 10.4 wiedergegebenen Beispiel ist es ge-

Tabelle 10.4. Divergierende Attributionen in einer kulturellen Überschneidungssituation zwischen amerikanischem Vorgesetzten und griechischem Angestellten (nach Triandis & Vassiliou, 1972)

Überlegungen und Empfindungen des amerikanischen Vorgesetzten	Verhalten	Überlegungen und Empfindungen des griechischen Angestellten
Ich bitte ihn, sich zu beteiligen.	*Amerikaner*: Wie lange brauchst du, um diesen Bericht zu beenden?	Sein Verhalten ergibt keinen Sinn. Er ist der Chef. Warum sagt er es mir nicht?
Er lehnt es ab, Verantwortung zu übernehmen.	*Grieche*: Ich weiß es nicht. Wie lange soll ich brauchen?	Ich bat um eine Anweisung.
Ich zwinge ihn, Verantwortung für seine Handlungen zu übernehmen.	*Amerikaner*: Du kannst selbst am besten einschätzen, wie lange es dauert.	Was für ein Unsinn! Ich gebe ihm wohl besser eine Antwort.
Er ist unfähig, die Zeit richtig einzuschätzen; diese Schätzung ist völlig unrealistisch.	*Grieche*: Zehn Tage.	
Ich biete ihm eine Abmachung an.	*Amerikaner*: Besser 15. Bist du damit einverstanden, es in 15 Tagen zu tun?	Das ist meine Anweisung: 15 Tage.
	In Wirklichkeit braucht man für den Bericht 30 normale Arbeitstage. Also arbeitete der Grieche Tag und Nacht, benötigte aber am Ende des 15. Tages immer noch einen weiteren Tag.	
Ich vergewissere mich, dass er unsere Abmachung einhält.	*Amerikaner*: Wo ist der Bericht?	Er will den Bericht haben.
	Beide schlussfolgern, dass er noch nicht fertig ist.	
	Grieche: Er wird morgen fertig sein.	
Ich muss ihm beibringen, Abmachungen einzuhalten.	*Amerikaner*: Aber wir haben ausgemacht, er sollte heute fertig sein.	Dieser dumme, inkompetente Chef! Nicht nur, dass er mir falsche Anweisungen gegeben hat, er würdigt noch nicht einmal, dass ich einen 30-Tage-Job in 16 Tagen erledigt habe.
Der Amerikaner ist überrascht.	*Der Grieche reicht seine Kündigung ein.*	*Grieche*: Ich kann für so einen Menschen nicht arbeiten.

wohnt und erwartet von seinem griechischen Mitarbeiter, dass seine Vorschläge aufgenommen und diskutiert werden; sie sollen am Ende in einer Entscheidung ihren Abschluss finden, die man gemeinsam fällt. Der griechische Mitarbeiter ist es gewohnt und erwartet es von seinem US-amerikanischen Chef, dass er klar und deutlich Anweisungen gibt, denen er Folge zu leisten hat. Beide gehen von einem unterschiedlichen, für sie aber selbstverständlichen Hintergrundwissen und Überzeugungssystem aus, das nicht mehr explizit kommuniziert werden muss. Das erwartungswidrige Verhalten, das sich dadurch zwangsläufig einstellt, wird aber nicht als Kommunikationsproblem erkannt, sondern als individuelles Defizit bewertet (Mangel an Führungsqualität einerseits und Mangel an Selbstständigkeit bzw. Verantwortungsübernahme andererseits).

Wenn man die Beteiligten dafür sensibilisiert, die Wirkung kulturspezifischer Determinanten auf den kommunikativen Prozess und auf die Vermittlung spezifischen Wissens (z.B. im Rahmen von interkulturellen Trainings) zu erkennen, ist dies ein erster Schritt zum Aufbau einer interkulturellen Kommunikationskompetenz. Im zweiten Schritt muss gelernt werden, dieses Wissen auch in konkreten Kommunikationssituationen umzusetzen. Dafür ist es wichtig, die eigenen Bewertungen als relativ zu sehen und zu versuchen, mithilfe von Perspektivenübernahme die Beweggründe des fremdkulturellen Kommunikationspartners zu verstehen; und dazu ist die Kenntnis des eigen- und fremdkulturellen Orientierungssystems von Vorteil. Sind diese Kenntnisse nicht vorhanden oder erscheint das Verhalten des Kommunikationspartners trotzdem als schwierig einschätzbar, ist eine kommunikative Klärung hilfreich. Wenn nämlich die eigenen Erwartungen und Bewertungen dem Kommunikationspartner transparent gemacht werden, erhält er Orientierung und Hilfestellung, um die Situation adäquat zu interpretieren. Hätten also der amerikanische Vorgesetzte und der griechische Mitarbeiter gegenseitig ihre Erwartungen thematisiert, wäre ein erster wirksamer Schritt für ein gegenseitiges Verstehen vollzogen worden. Dies ist natürlich leichter gesagt als getan: Da wir aufgrund unserer Sozialisation in einer bestimmten Kultur bestimmte Kulturstandards internalisiert haben und annehmen, dass andere diese Kulturstandards teilen, bedarf es der Übung (beispielsweise im Rahmen interkultureller Trainings), damit man sich ihrer bewusst wird und sie offen zum Ausdruck bringen kann.

Förderung der Bereitschaft und Fähigkeit zum interkulturellen Lernen:. Interkulturelle Kommunikationskompetenz entwickelt sich auf der Basis vielfältiger interkultureller Lernprozesse. Wie kompetent sich eine Person in einer Kommunikationssituation schließlich verhält, hängt immer auch von der konkreten Situation und der Person ab, mit der man sich in Interaktion befindet (Hatzer & Layes, 2005). Insofern muss in organisierten interkulturellen Bildungsangeboten immer die Bereitschaft und die Fähigkeit zum interkulturellen Lernen gefördert werden (Kammhuber, 2000), insbesondere die Fähigkeit, sich flexibel und sensibel immer wieder auf neue interkulturelle Situationen einstellen zu können und aus ihnen zu lernen. Im Folgenden werden wir exemplarisch auf vier Anwendungsfelder eingehen, in denen die Förderung der interkulturellen Kommunikationskompetenz eine große Bedeutung hat. Weitere Anwendungsfelder interkultureller Trainings finden sich bei Landis, Bennett und Bennett (2004).

10.3.1 Anwendungsfeld: Interkulturelle Trainings zur Vorbereitung von Fach- und Führungskräften auf einen Auslandsaufenthalt

Ein klassisches Feld interkultureller Trainings ist die Vorbereitung von Fach- und Führungskräften auf einen Auslandsaufenthalt. In diesem Bereich wurde die Bedeutung und das Potenzial interkultureller Trainings viel früher erkannt als in anderen Bereichen. Dies liegt an der relativ hohen Quote gescheiterter internationaler Projekte (laut Schätzungen

40 bis 70 %) sowie der hohen Abbrecherquote bei beruflich bedingten Auslandsaufenthalten (laut Schätzungen 10 bis 40 %, bei Entsendung in Entwicklungsländer sogar bis zu 70 %) und dem damit verbundenen finanziellen Verlust für das Unternehmen (Kinast & Thomas, 2005).

Vorbereitungstrainings lassen sich nach Ziel, Inhalt und Methode unterscheiden (Kinast, 2005):

- Das **Ziel** interkultureller Trainings ist allgemein der Aufbau interkultureller Handlungs- und damit Kommunikationskompetenz, wobei je nach spezifischer Zielsetzung unterschiedliche Komponenten im Vordergrund stehen können (z.B. kognitiv: Wissenserwerb; affektiv: Angstabbau; behavioral: Erweiterung des Handlungsrepertoires).
- Hinsichtlich des **Trainingsinhalts** lassen sich kulturallgemeine von kulturspezifischen Trainings unterscheiden.
  - Bei kulturallgemeinen Trainings geht es um eine Sensibilisierung für den Einfluss von Kultur auf das Wahrnehmen, Denken, Fühlen und Handeln von Personen. Inhaltlich werden meistens Kulturdimensionen vermittelt (z.B. Hofstede, 1980), d.h. Themen, die in jeder Kultur relevant (z.B. Machtdistanz), aber unterschiedlich ausgeprägt sind.
  - Kulturspezifische Trainings dienen demgegenüber der Vorbereitung auf eine bestimmte Kultur.
- Die verschiedenen zum Einsatz kommenden **Methoden** lassen sich in wissensorientierte und erlebnisorientierte Methoden klassifizieren (Gudykunst, Guzley & Hammer, 1996).

Wissensorientierte Methoden. Hier steht die Informationsvermittlung über die Fremdkultur im Vordergrund. Ein Beispiel dafür ist die so genannte „Culture-Assimilator"-Methode. Dabei werden den Trainingsteilnehmern kritische Interaktionssituationen und verschiedene Antwortmöglichkeiten zur Interpretation der Situation vorgeben (s. auch das Beispiel zu Beginn dieses Kapitels). Der Teilnehmer bewertet vorgegebene Interpretationsmöglichkeiten anhand einer vierstufigen Skala von „sehr zutreffend" bis „nicht zutreffend". Im Anschluss daran wird ihm die Information gegeben, warum die jeweiligen Antwortmöglichkeiten mehr oder weniger zutreffen. Der jeweils zugrunde liegende Kulturstandard und seine kulturhistorische Verankerung wird erläutert (z.B. Ereignisse in der Geschichte, die zur Ausprägung des Kulturstandards beigetragen haben). Im Kasten über den Aufbau eines „Culture-Assimilators" wird dieser an einem Beispiel (wenn auch verkürzt) verdeutlicht.

Erlebnisorientierte Methoden. Hier werden im Rahmen von (Rollen-)Spielen und Videofeedback kulturelle Unterschiede erfahrbar gemacht und anhand der Simulation typischer Situationen, die man im Ausland erleben kann, Handlungsmöglichkeiten ausprobiert.

In der Trainingspraxis werden die Verfahren jedoch nicht ausschließend eingesetzt; vielmehr werden in der Regel integrierte Trainings durchgeführt, die sich nach den Zielen, Motiven und Persönlichkeitsmerkmalen der Teilnehmer sowie nach den situativen Gegebenheiten richten (Fowler & Blohm, 2004). Für die Entwicklung einer interkulturellen Kommunikationskompetenz sind neben informatorischen Einheiten erlebnisorientierte Methoden in Form von Rollenspielen und Dialogtraining mit direktem oder videobasiertem Feedback in Zusammenarbeit mit Partnern der Zielkultur besonders wirksam.

Ferner sollten nicht nur Vorbereitungstrainings durchgeführt werden, sondern auch Begleittrainings während des Auslandsaufenthalts, bei denen die eigenen Erfahrungen der Teilnehmer als Trainingsmaterial herangezogen werden und somit die Umsetzung im eigenen Alltag gefördert wird. Für eine ausführliche Darstellung der interkulturellen Trainingsthematik empfehlen sich die Handbücher von Landis, Bennett und Bennett (2004) sowie von Thomas, Kinast und Schroll-Machl (2005).

Veranschaulichung des Aufbaus eines „Culture-Assimilators"

(1) Präsentation kritischer Interaktionssituationen

Im ersten Schritt werden den Teilnehmern kritische Interaktionssituationen vorgegeben, die sie anschließend interpretieren sollen.

Beispiel für eine vorgegebene kritische Interaktionssituation:

- Alljährlich wird von den Mitarbeitern der Firma, für die Frau Müller in England arbeitet, ein Wettbewerb organisiert, bei dem es darum geht, dass fünf Abteilungen in Teams gegeneinander bei Wettspielen antreten. Diesen Spielen ist gemeinsam, dass sie darauf abzielen, so viel wie möglich zu trinken. Dafür wurde auch in diesem Jahr ein Saal gemietet, in dem sich mehr als hundert Zuschauer köstlich über die gegen Ende des Abends halb besinnungslosen „Wettstreiter" amüsierten. Frau Müller konnte dem ganzen Schauspiel wenig abgewinnen und wunderte sich über ihre englischen Bekannten. Noch mehr verblüffte sie, dass am nächsten Tag keinem der Kandidaten sein Auftritt irgendwie peinlich zu sein schien. Was für eine Einstellung steckt hinter diesem Verhalten?

(2) Präsentation verschiedener Interpretationsmöglichkeiten

Den Teilnehmern werden verschiedene Antwortmöglichkeiten für die Interpretation der jeweiligen Situation präsentiert. Die vorgegebenen Alternativen müssen im Hinblick auf ihr Zutreffen auf einer vierstufigen Skala („sehr zutreffend" bis „nicht zutreffend") von den Teilnehmern bewertet werden.

Beispiel für eine Antwortmöglichkeit:

- Wenn man für eine ordentliche Belustigung gesorgt hat, braucht man sich in England dafür nicht zu schämen.

(3) Erläuterung der Interpretationsmöglichkeiten

Im Anschluss werden die Antwortmöglichkeiten erläutert.

Beispiel für eine Erläuterung:

- In diesem speziellen Fall scheint es keinen Grund zu geben, warum sich Teilnehmer schämen sollten. Allerdings kann dies nicht damit erklärt werden, dass in England jemand, der für Belustigung gesorgt hat, prinzipiell Narrenfreiheit genießt. Engländer wissen einen „good laugh" durchaus zu schätzen, aber nicht in dieser generalisierten Form. Diese Erklärung ist zu allgemein, um tatsächlich einem besseren Verständnis der Situation dienlich zu sein.

(4) Erläuterung von Grundlagen zur angemessenen Interpretation

Nach Bearbeitung aller Situationen zu einem Kulturstandard wird der Kulturstandard erläutert und kulturhistorisch verankert, d.h. auch auf historische Entwicklungen zurückgeführt. Den in diesem Beispiel angesprochenen Kulturstandard nennen Schmid und Thomas (2003) „Ritualisierte Regelverletzung". Seine Ursprünge führen sie auf die frühe politische Freiheit der Briten und die Auswirkungen der restriktiven Gesellschaftsnormen zu Zeiten der Puritaner und des Viktorianismus zurück.

(Aus Schmid & Thomas, 2003, S. 91f.)

10.3.2 Anwendungsfeld: Fremdsprachenunterricht

Im Fremdsprachenunterricht wurde lange Zeit die interkulturelle Dimension vernachlässigt. Traditionell war der Fremdsprachenunterricht daran ausgerichtet, formale Sprachsysteme zu vermitteln, um die klassischen Werke der fremden (Sprach-)Kultur lesen zu können. Dies führte dazu, dass die Lernenden sogar nach mehrjährigem Unterricht nicht über eine kommunikative Kompetenz verfügten (Fischer,

1994). Bedingt durch den wirtschaftlichen Aufschwung konnten sich breitere Bevölkerungsschichten das Reisen ins Ausland leisten, und es entwickelte sich ein zunehmender Bedarf, die Lernenden darauf vorzubereiten. Dabei stand die Vermittlung landeskundlichen Wissens und die oberflächliche Kommunikation mit Angehörigen der Fremdkultur (wie etwa beim Reservieren eines Hotelzimmers, beim Bestellen im Restaurant oder beim Kauf einer Fahrkarte) im Vordergrund (Bredella, 1998). Dies führte nach Bredella (1998, S. 92) dazu, dass die Lerninhalte „trivialisiert" und damit die Fremdkultur in starkem Maße reduziert wurde (Fischer, 1994). Der Unterricht orientierte sich am Modell des Muttersprachlers („native speaker") als Norm für das angemessene Sprechen der Fremdsprache (Bredella & Delanoy, 1998). Somit kamen interkulturelle Aspekte nicht vor, in den meisten Lehrbüchern waren nur monokulturelle Dialoge zu finden (Müller-Jacquier, 1999).

Inzwischen wird es im Rahmen des Fremdsprachenunterrichts als notwendig erachtet, kommunikative und interkulturelle Kompetenz miteinander zu verknüpfen. Die touristische Orientierung weicht einer interkulturellen, auf die weltweite Migration bezogenen Orientierung (Bredella, 1998). Das Sprachmodell, das dem Unterricht zugrunde liegt, ist nun nicht mehr der „Native Speaker", sondern der „Intercultural Speaker" (Kramsch, 1998). Inhalte des Unterrichts sind neben dem formalen Sprachsystem die Sensibilisierung für die unterschiedlichen Kommunikationskonventionen und Begriffsverständnisse sowie für weitere Kulturstandards (s. Abschnitt 10.2.1 und 10.2.2). Thematisiert werden sollten auch die verschiedenen interkulturellen Kommunikationssituationen, die sich je nach der gewählten Sprache ergeben. Sprechen beide Partner beispielsweise in einer für sie fremden Sprache (meistens Englisch), stellen sich andere Herausforderungen als bei einem Gespräch in der Sprache eines der Kommunikationspartner (s. Glaser, 2005).

Insgesamt sollte bei dieser Form der Fremdsprachendidaktik jedoch kein ausschließlich kontrastiver Ansatz, der Unterschiede zementiert, verfolgt werden. Vielmehr sollte man mithilfe dialogischer, erlebnisorientierter Methoden zeigen, dass Kultur immer etwas Relatives ist und dass das gegenseitige Verstehen durch Perspektivenübernahme, durch strategisches Handlungswissen und durch die Entdeckung von Gemeinsamkeiten gefördert werden kann (s. Müller-Jacquier, 1999; Bredella, 1998).

10.3.3 Anwendungsfeld: Internationale Jugendbegegnungen

Internationale Jugendbegegnungen geben Jugendlichen die Möglichkeit, innerhalb eines organisierten Rahmens für eine bestimmte Zeit (meist ein bis vier Wochen) Jugendliche aus anderen Ländern zu treffen und gemeinsam mit ihnen etwas zu erleben. Je nach Programmformat (Schüleraustausch, Workcamps, Jugendgruppenbegegnungen wie z.B. Pfadfindertreffen oder künstlerische Begegnungen) unterscheiden sich dabei die Erlebnis- und Handlungsfelder der Jugendlichen im Austausch (Thomas, Chang & Abt, 2006). So sind Schüleraustauschprogramme meist binational und auf Gegenseitigkeit angelegt. Die Schüler wohnen während des Aufenthalts im Gastland bei einer Gastfamilie, besuchen mit ihrem Austauschpartner die Schule und machen Besichtigungstouren. Dagegen sind viele Workcamps multinational und finden nur an einem Ort statt. Die Teilnehmer arbeiten an einem gemeinnützigen Projekt (z.B. Bau eines Spielplatzes). Waren solche Programme nach dem Krieg von dem Versöhnungsgedanken und dem Ziel der Völkerverständigung bestimmt, stand seit der so genannten „Breitenbachstudie" (Breitenbach, 1979) interkulturelles Lernen im Vordergrund (Thimmel, 2001).

Zunehmend stellt sich jedoch die Frage, welche Kompetenzen durch die Teilnahme an internationalen Jugendbegegnungen gefördert werden und wie die Kompetenzentwicklung vonseiten der Programmverantwortlichen unterstützt werden kann (Thomas et al., 2006). Dabei spielt die Entwicklung und Förderung interkultureller Kompetenz eine große Rolle. Im Rahmen von Vorbereitungsseminaren sollten die Teilnehmer für die Eigen- und Fremdkultur sensibilisiert werden. Während der Begegnung übernehmen die Leiter oder Dolmetscher häufig die Rolle von „Lernhelfern" (Zeutschel, 1988), indem sie die Teilnehmer darin unterstützen, Erlebnisse kulturspezifisch zu interpretieren und bei Konflikten zu vermitteln.

Die Rolle der (angeleiteten) Reflexion und Metakommunikation wird dabei zwar erkannt, aber immer noch nicht genügend bei der Programmdurchführung umgesetzt (Chang & Ehret, 2003). Dies liegt vor allem auch an der mangelnden Aus- und Weiterbildung der Programmbetreuer (Otten, 1990). Da die meisten Betreuer in der internationalen Jugendarbeit ehrenamtlich tätig sind, gibt es eine hohe Fluktuation. Dennoch wird zunehmend in die Qualifizierung der Betreuer investiert, beispielsweise in Förder-Assessmentcenter (Egger, Ehret, Giebel & Stumpf, 2005). Nur so können Betreuer einerseits Vorbilder sein und anderseits die Entwicklung von Schlüsselkompetenzen wie interkulturelle Kommunikationskompetenz aufseiten der Jugendlichen aktiv unterstützen.

10.3.4 Anwendungsfeld: Integrationsarbeit mit Migranten

Migration wird verstanden als die Verlagerung des Lebensmittelpunkts in einen anderen kulturellen Kontext (s. Schönpflug, 2003) und ist ein globales Phänomen. Deutschland ist schon seit langem ein Einwanderungsland. Im Jahr 2003 lebten 7,3 Millionen Menschen mit einem ausländischen Pass in Deutschland, was einem prozentualen Anteil von knapp 9 % entspricht (Bundesamt für Migration und Flüchtlinge, 2005). Lange Zeit fehlte jedoch ein Gesamtkonzept dafür, wie man Migration steuern und Migranten integrieren kann. Mit dem Zuwanderungsgesetz, das im Januar 2005 in Kraft trat, bekam die Integration von Migranten eine neue Rechtsgrundlage. Spätaussiedler und neu zugewanderte Ausländer, die auf Dauer in der Bundesrepublik bleiben wollen, haben nun einen Anspruch auf Integrations- und Orientierungskurse. Auch Ausländer, die bereits länger in Deutschland leben, und EU-Ausländer können eine Teilnahme beantragen.

> **!** **Migration:** Verlagerung des Lebensmittelpunkts in einen anderen kulturellen Kontext

Bei den Integrationskursen steht der Spracherwerb eindeutig im Vordergrund (600 Unterrichtseinheiten), wogegen auf die so genannten Orientierungskurse zu den Themen „Kultur", „Rechtsordnung" und „Geschichte" nur 30 Unterrichtseinheiten entfallen (Zwick, 2004). Einerseits ist zu begrüßen, dass die Orientierungskurse überhaupt angeboten werden. Andererseits lässt sich schon jetzt feststellen, dass damit dem für die Integration so wichtigen Thema „interkulturelle Kommunikation" nicht ausreichend Rechnung getragen wird. Mithilfe eines Trainings zur Förderung interkultureller Kommunikationskompetenz, das erlebnisorientierte Methoden (s. Abschnitt 10.3.1) und auch Rollenspiele mit einbezieht, würde zusätzlich zur Wissenskomponente die Verhaltenkomponente betont. Dies würde es Migranten deutlich erleichtern, konkrete Alltagssituationen in der Interaktion mit Deutschen erfolgreich zu bewältigen.

Zusammenfassung

- Kultur wird als System verstanden, das seinen Mitgliedern Orientierung gibt und ihr Handlungsfeld strukturiert. Es beeinflusst somit ihr Wahrnehmen, Denken, Werten, Empfinden und Handeln.
- Kommunikation, die unter kulturellen Überschneidungsbedingungen stattfindet, wird als interkulturelle Kommunikation bezeichnet.
- Kulturstandards sind charakteristische Merkmale einer Kultur aus der Perspektive einer anderen Kultur. Sie beeinflussen die Verhaltenstendenzen ihrer Mitglieder. Kulturstandards werden mit der „Critical-Incident"-Technik erhoben und bilden häufig die Grundlage von „Culture-Assimilator"-Trainings.
- Individuen interpretieren das Verhalten ihres Kommunikationspartners auf der Basis ihres eigenen Orientierungssystems und attribuieren Verhaltensursachen und -merkmale eher auf die Person als auf den situativen und kulturellen Kontext. Das führt zu Missverständnissen und Konflikten in der interkulturellen Kommunikation.
- Vorurteilsabbau wird im interkulturellen Kontakt gefördert durch die Schaffung überlappender Kategorisierungsmöglichkeiten, Statusähnlichkeit der Kommunikationspartner, engen Kontakt, positives soziales Klima und interkulturell kompetent handelnde Vorbilder.
- Die in der eigenen Kultur typischen Ausdrucksmuster und Kommunikationskonventionen werden auch beim Sprechen einer Fremdsprache beibehalten. Im Rahmen des Fremdsprachenunterrichts sollten die Lernenden dafür sensibilisiert werden.
- Die weltweite Kommunikation mit neuen Medien stellt für die interkulturelle Kommunikation komplexere Anforderungen, da nicht nur kulturelle Unterschiede in Bezug auf Kommunikationskonventionen eine Rolle spielen, sondern auch unterschiedliche Konventionen beim Umgang mit diesen Medien.
- Unser Bild von Menschen aus anderen Kulturen wird durch die Massenmedien beeinflusst und hat Konsequenzen für die interkulturelle Kommunikation im Hinblick auf die Wahrnehmung und Bewertung des fremdkulturellen Kommunikationspartners.
- Interkulturelle Kommunikationskompetenz ist die Fähigkeit, in interkulturellen Situationen sensibel auf den Kommunikationspartner zu reagieren, seine eigenen Erwartungen und Attributionen transparent zu machen und sich kultureller Einflüsse auf das eigene und fremde Handeln bewusst zu sein. Grundlage dafür ist die Entwicklung interkultureller Handlungskompetenz.
- Interkulturelle Kommunikationskompetenz kann trainiert werden durch die Förderung der Bereitschaft und der Fähigkeit zum interkulturellen Lernen.
- Interkulturelle Trainings, der Fremdsprachenunterricht, internationale Jugendbegegnungen und die Integrationsarbeit mit Migranten stellen Anwendungsfelder zur Förderung interkultureller Kommunikationskompetenz dar.

Leseempfehlung

- Thomas, A., Kinast, E.-U. & Schroll-Machl, S. (Hrsg.). (2005). Handbuch Interkulturelle Kommunikation und Kooperation. Band 1: Grundlagen und Praxisfelder (2. Aufl.). Göttingen: Vandenhoeck & Ruprecht.

Daraus insbesondere:
  - Thomas, A. Interkulturelle Wahrnehmung, Kommunikation und Kooperation (S. 94–116).
  - Layes, G. Interkulturelles Lernen und Akkulturation (S. 126–137).
  - Kinast, E.-U. Evaluation interkultureller Trainings (S. 204–216).
  - Thomas, A. Globale Unternehmenskommunikation (S. 372–389).

- Thomas, A., Kammhuber, S. & Schroll-Machl, S. (Hrsg.). (2003). Handbuch Interkulturelle Kommunikation und Kooperation. Band 2: Länder, Kulturen und interkulturelle Berufstätigkeit. Göttingen: Vandenhoeck & Ruprecht.

Daraus insbesondere:
  - Stumpf, S. Interkulturelles Management (S. 245–258).
  - Schönpflug, U. Migration und Integration (S. 328–341).

- Landis, D., Bennett, J.M. & Bennett, M.J. (Eds.). (2004). Handbook of intercultural training (3. ed.). Thousand Oaks, CA: Sage.

Daraus insbesondere:
  - Pusch, M.D. Intercultural training in historical perspective (pp. 13–36)
  - Ward, C. Psychological theories of culture contact and their implications for intercultural training and interventions (pp. 185–216).
  - Kim, Y.Y. Long-term cross-cultural adaptation: Training implications of an integrative theory (pp. 337–362).

Literatur

Amir, Y. (1994). The contact hypothesis in intergroup relations. In W.J. Lonner & R.S. Malpass (Eds.), Psychology and culture (pp. 231–237). Boston: Allyn and Bacon.

Bundesamt für Migration und Flüchtlinge (2005). Ausländer- und Flüchtlingszahlen. Elektronische Publikation (Stand: 15. Februar 2005, www.bafl.de).

Barthel, H. & Zazavitchi-Petco, T. (1998). Anreden im interkulturellen Kontext: Ethnorhetorische Studien. In I. Jonach (Hrsg.), Interkulturelle Kommunikation (S. 104–109). München: Ernst Reinhardt.

Bredella, L. (1998). Zielsetzungen interkulturellen Fremdsprachenunterrichts. In L. Bredella & W. Delanoy (Hrsg.), Interkultureller Fremdsprachenunterricht (S. 85–120). Tübingen: Gunter Narr.

Bredella, L. & Delanoy, W. (1998). Einleitung. In L. Bredella & W. Delanoy (Hrsg.), Interkultureller Fremdsprachenunterricht (S. 11–31). Tübingen: Gunter Narr.

Breitenbach, D. (Hrsg.). (1979). Kommunikationsbarrieren in der internationalen Jugendarbeit. Ergebnisse und Empfehlungen (Bd. 5). Saarbrücken: Breitenbach.

Butterwegge, C., Hentges, G. & Sarigöz, F. (Hrsg.). (1999). Interkulturelle Studien. Opladen: Leske + Budrich.

Chang, C. & Ehret, A. (2003). Interkulturelles Lernen in Kurzzeitaustauschprogrammen: Welche Bedingungen tragen dazu bei? In Internationaler Jugendaustausch und Besucherdienst e.V. (Hrsg.), Forum Jugendarbeit International (S. 154–167). Bonn: Internationaler Jugendaustausch und Besucherdienst.

Cortés, C.E. (2000). The children are watching: How the media teach about diversity. New York, NY: Teachers College Press.

Demorgon, J. (2001). Die deutsch-französische Kommunikation: Wie? Warum? In J. Bolten & D. Schröter (Hrsg.), Im Netzwerk interkulturellen Handelns. Theoretische und praktische Perspektiven der interkulturellen Kommunikationsforschung
(S. 242–245). Sternenfels: Verlag Wissenschaft & Praxis.

Domke, D., McCoy, K. & Torres, M. (1999). News media, racial perceptions, and political cognition. Communication Research, 26(5), 570–607.

Döring, N. (1999). Sozialpsychologie des Internet. Göttingen: Hogrefe.

Egger, J., Ehret, A., Giebel, K. & Stumpf, S. (2005). FAIJU: Ein Förder-Assessment-Center für Mitarbeiterinnen und Mitarbeiter der internationalen Jugendarbeit. In Internationaler Jugendaustausch und Besucherdienst e.V. (Hrsg.), Forum Jugendarbeit International (S. 236–253). Bonn: Internationaler Jugendaustausch und Besucherdienst (IJAB).

Fischer, L.M. (1994). Is foreign language education contributing to intercultural communication? In H. Pürschel (Hrsg.), Intercultural communication (S. 261–276). Frankfurt a.M.: Peter Lang.

Flanagan, J.C. (1954). The critical incident technique. Psychological Bulletin, 51(4), 327–358.

Fowler, S.M. & Blohm, J.M. (2004). An analysis of methods for intercultural training. In D. Landis, J.M Bennett & M.J. Bennett (Eds.), Handbook of intercultural training (3rd ed., pp. 37–84). Thousand Oaks, CA: Sage.

Glaser, E. (2005). Fremdsprachenkompetenz in der interkulturellen Zusammenarbeit. In A. Thomas, E.-U. Kinast & S. Schroll-Machl (Hrsg.), Handbuch Interkulturelle Kommunikation und Kooperation. Band 1: Grundlagen und Praxisfelder (2. Aufl., S. 74–93). Göttingen: Vandenhoeck & Ruprecht.

Gudykunst, W.B., Guzley, R.M. & Hammer, M.R. (1996). Designing intercultural training. In D. Landis & R.S. Bhagat (Eds.), Handbook of intercultural training (2. ed., pp. 61–80). Thousand Oaks, CA: Sage.

Gumperz, J. (1982). Discourse processes. Cambridge: Cambridge University Press.

Hall, E.T. (1990). Understanding cultural differences. Yarmouth, ME: Intercultural Press.

Hatzer, B. & Layes, G. (2005). Interkulturelle Handlungskompetenz. In A. Thomas, E.-U. Kinast & S. Schroll-Machl (Hrsg.), Handbuch Interkulturelle Kommunikation und Kooperation. Band 1: Grundlagen und Praxisfelder (2. Aufl., S. 138–148). Göttingen: Vandenhoeck & Ruprecht.

Hess-Lüttich, E.W.B. (1992). Interkulturelle Kommunikation – Medienkommunikation. In E.W.B. Hess-Lüttich (Hrsg.), Medienkultur – Kulturkonflikt. Massenmedien in der interkulturellen und internationalen Kommunikation (S. 23–40). Opladen: Westdeutscher Verlag.

Hirschfeld, U. (1998). Ausspracheabweichungen als elementares Problem interkultureller Kommunikation. In I. Jonach (Hrsg.), Interkulturelle Kommunikation (S. 121–127). München: Ernst Reinhardt.

Hofner Saphiere, D.M. (1996). Productive behaviors of global business teams. International Journal of Intercultural Relations, 20(2), 227–259.

Hofstede, G. (1980). Culture's consequences. International differences in work-related values. Beverly Hills: Sage.

Hufnagel, A. & Thomas, A. (2006). Leben und studieren in den USA. Göttingen: Vandenhoeck & Ruprecht.

Kammhuber, S. (2000). Interkulturelles Lernen und Lehren. Wiesbaden: Deutscher Universitäts-Verlag.

Kammhuber, S. (2005). Interkulturelle Rhetorik. In A. Thomas, E.-U. Kinast & S. Schroll-Machl (Hrsg.), Handbuch Interkulturelle Kommunikation und Kooperation. Band 1: Grundlagen und Praxisfelder (2. Aufl., S. 274–286). Göttingen: Vandenhoeck & Ruprecht.

Kinast, E.-U. (2005). Interkulturelles Training. In A. Thomas, E.-U. Kinast & S. Schroll-Machl (Hrsg.), Handbuch Interkulturelle Kommunikation und Kooperation. Band 1: Grundlagen und Praxisfelder (2. Aufl., S. 181–203). Göttingen: Vandenhoeck & Ruprecht.

Kinast, E.-U. & Thomas, A. (2005). Interkulturelle Personalentwicklung in internationalen Unternehmen. In A. Thomas, E.-U. Kinast & S. Schroll-Machl (Hrsg.), Handbuch Interkulturelle Kommunikation und Kooperation. Band 1: Grundlagen und Praxisfelder (2. Aufl., S. 243–256). Göttingen: Vandenhoeck & Ruprecht.

Knapp, K. (1994). Zur Relevanz linguistischer Aspekte interkultureller Kommunikationsfähigkeit. In A. Thomas (Hrsg.), Psychologie und multikulturelle Gesellschaft (S. 255–260). Göttingen: Verlag für Angewandte Psychologie.

Knapp, K. (2003). Interpersonale und interkulturelle Kommunikation. In N. Bergemann & A.L.J. Sourisseaux (Hrsg.), Interkulturelles Management (3. Aufl., S. 109–135). Berlin: Springer.

Korzenny, F., Ting-Toomey, S. & Schiff, E. (Eds.). (1992). Mass media effects across cultures. London, New Delhi: Sage.

Kramsch, C. (1998). The privilege of the intercultural speaker. In M. Byram & M. Fleming (Eds.), Language learning in intercultural perspective (pp. 16–31). Cambridge: Cambridge University Press.

Landis, D., Bennett, J.M. & Bennett, M.J. (Eds.). (2004). Handbook of intercultural training (3rd ed.). Thousand Oaks: Sage.

Lasswell, H.D. (1948). The structure and function of communication in society. In L. Bryson (Ed.), Communication of ideas (pp. 37–51). New York: Harper & Row.

Luchtenberg, S. (2000). Intercultural Awareness: Welchen Beitrag leisten die Medien? Arbeitspapiere des Instituts für Bildung und Kommunikation in Migrationsprozessen (IBKM) Nr. 3. Oldenburg: Institut für Bildung und Kommunikation in Migrationsprozessen der Universität Oldenburg.

McGrath, J.E. & Berdahl, J.L. (1998). Groups, technology and time, use of computer for collaborative work. In R.S. Tindale, L. Heath, J. Edwards, E.J. Posavac, F.B. Bryant, Y. Suarez-Balcazar, E. Henderson-King & J. Myers (Eds.), Theory and research on small groups (pp. 205–228). New York, London: Plenum Press.

Müller, A. & Thomas, A. (1995). Studienhalber in den USA. Interkulturelles Orientierungstraining für deutsche Studenten, Schüler und Praktikanten. Heidelberg: Asanger.

Müller-Jacquier, B. (1999). Interkulturelle Kommunikation und Fremdsprachendidaktik. Landau: Studienbrief Kulturwissenschaft der Universität Koblenz-Landau.

Otten, H. (1990). Fragestellung und Ergebnisse der Voruntersuchungen. In W. Treuheit, B. Janssen & H. Otten (Hrsg.), Bildung für Europa. Interkulturelles Lernen in Jugendbegegnungen (S. 37–50). Opladen: Leske + Budrich.

Rose-Neiger, I. & Thiele, M. (1998). Blickwinkel in der Körpersprache, transnational betrachtet. In I. Jonach (Hrsg.), Interkulturelle Kommunikation (S. 83–90). München: Ernst Reinhardt.

Ross, L. (1977). The intuitive psychologist and his shortcomings: Distortion in the attribution process. In L. Berkowitz (Ed.), Advances in experimental social psychology (Vol. 10, pp. 99–135). New York: Academic Press.

Schmid, S. & Thomas, A. (2003). Beruflich in Großbritannien. Göttingen: Vandenhoeck & Ruprecht.

Schroll-Machl, S. (2005). Deutschland. In A. Thomas, S. Kammhuber & S. Schroll-Machl (Hrsg.), Handbuch Interkulturelle Kommunikation und Kooperation. Band 2: Länder, Kulturen und interkulturelle Berufstätigkeit (2. Aufl., S. 72–89). Göttingen: Vandenhoeck & Ruprecht.

Schroll-Machl, S. & Nový, I. (2003). Beruflich in Tschechien. Göttingen: Vandenhoeck & Ruprecht.

Schönpflug, U. (2003). Migration und Integration. In A. Thomas, S. Kammhuber & S. Schroll-Machl (Hrsg.), Handbuch Interkulturelle Kommunikation und Kooperation. Band 2: Länder, Kulturen und interkulturelle Berufstätigkeit (S. 328–341). Göttingen: Vandenhoeck & Ruprecht.

Straub, J. & Layes, G. (2002). Kulturpsychologie, Kulturvergleichende Psychologie, Interkulturelle Psychologie: Aktuelle Ansätze und Perspektiven. Handlung, Kultur, Interpretation, 11 (2), 334–381.

Tajfel, H. (1982). Gruppenkonflikte und Vorurteil. Entstehung und Funktion sozialer Stereotypen. Bern: Huber.

Tehranian, M. (2002). Negotiating global media ethics. Press/Politics, 7(2), 58–83.

Thimmel, A. (2001). Pädagogik der internationalen Jugendarbeit. Schwalbach/Ts.: Wochenschau.

Thomas, A. (1994). Können interkulturelle Begegnungen Vorurteile verstärken? In A. Thomas (Hrsg.), Psychologie und multikulturelle Gesellschaft (S. 227–246). Göttingen: Verlag für Angewandte Psychologie.

Thomas, A. (1996). Analyse der Handlungswirksamkeit von Kulturstandards. In A. Thomas (Hrsg.), Psychologie interkulturellen Handelns (S. 107–135). Göttingen: Hogrefe.

Thomas, A. (1999). Kultur als Orientierungssystem und Kulturstandards als Bauteile. In Institut für Migrationsforschung und Interkulturelle Studien (Hrsg.), IMIS-Beiträge (Bd. 10, S. 91–130). Universität Osnabrück: Institut für Migrationsforschung und Interkulturelle Studien (IMIS).

Thomas, A. (2003). Psychologie interkulturellen Lernens und Handelns. In A. Thomas (Hrsg.), Kulturvergleichende Psychologie (2. überarb. und erw. Aufl., S. 434–485). Göttingen: Hogrefe.

Thomas, A. (2005a). Globale Unternehmenskommunikation. In A. Thomas, E.-U. Kinast & S. Schroll-Machl (Hrsg.), Handbuch Interkulturelle Kommunikation und Kooperation. Band 1: Grundlagen und Praxisfelder (2. Aufl., S. 372–389). Göttingen: Vandenhoeck & Ruprecht.

Thomas, A. (2005b). Interkulturelle Wahrnehmung, Kommunikation und Kooperation. In A. Thomas, E.-U. Kinast & S. Schroll-Machl (Hrsg.), Handbuch Interkulturelle Kommunikation und Kooperation. Band 1: Grundlagen und Praxisfelder (2. Aufl., S. 94–116). Göttingen: Vandenhoeck & Ruprecht.

Thomas, A. (2005c). Kultur und Kulturstandards. In A. Thomas, E.-U. Kinast & S. Schroll-Machl (Hrsg.), Handbuch Interkulturelle Kommunikation und Kooperation. Band 1: Grundlagen und Praxisfelder (2. Aufl., S. 19–31). Göttingen: Vandenhoeck & Ruprecht.

Thomas, A., Chang, C. & Abt, H. (2006). Erlebnisse, die verändern. Langzeitwirkungen der Teilnahme an internationalen Jugendbegegnungen. Göttingen: Vandenhoeck & Ruprecht.

Thomas, A., Kammhuber, S. & Layes, G. (1997). Interkulturelle Kompetenz: Ein Handbuch für internationale Einsätze der Bundeswehr. München: Verlag für Wehrwissenschaften.

Thomas, A., Kinast, E.-U. & Schroll-Machl, S. (Hrsg.). (2005). Handbuch Interkulturelle Kommunikation und Kooperation. Band 1: Grundlagen und Praxisfelder (2. Aufl.). Göttingen: Vandenhoeck & Ruprecht.

Thomas, A. & Schenk, E. (2005). Beruflich in China (2. Aufl.). Göttingen: Vandenhoeck & Ruprecht.

Ting-Toomey, S. (1999). Communicating across cultures. London: Routledge.

Triandis, H.C. & Vassiliou, V. (1972). A comparative analysis of subjective culture. In H.C. Triandis (Ed.), The analysis of subjective culture (pp. 299–335). New York: Wiley.

Wagner, U., van Dick, R. & Zick, A. (2001). Sozialpsychologische Analysen und Erklärungen von Fremdenfeindlichkeit in Deutschland. Zeitschrift für Sozialpsychologie, 32(2), 59–79.

Wendt, M. (1997). Machen Medien Fremdes weniger fremd? Massenmedien und ihre Benutzer aus der Sicht des Fremdsprachenunterrichts. Medienimpulse, 5(20), 11–18.

Zeutschel, U. (1988). Die Rolle von „Mentoren“ im interkulturellen Lernprozeß. In A. Thomas (Hrsg.), Interkulturelles Lernen im Schüleraustausch (S. 179–201). SSIP-Bulletin, Nr. 58 (SSIP = Sozialwissenschaftlicher Studienkreis für internationale Probleme e.V.). Saarbrücken: Breitenbach.

Zwick, M. (2004). Weg aus der Sprachlosigkeit. Sprach- und Orientierungskurse – ein neues Angebot für Migranten. Integration in Deutschland (Aktueller Informationsdienst zu Fragen der Migration und Integrationsarbeit), 4, 4–5.

11 Organisationskommunikation

Michaela Maier

Beispiel

Das Management eines australischen Krankenhauses wollte 1998 die interne Kommunikation zwischen Ärzten, Pflegepersonal und Verwaltungsangestellten verbessern. Allen Mitarbeitern sollten künftig mehr Informationen über die Patienten zur Verfügung stehen, und gleichzeitig sollten Vorgesetzte und Kollegen mithilfe neuer Kommunikationssysteme viel leichter, viel häufiger und viel direkter miteinander kommunizieren können. Um diese Ziele zu erreichen, wurden verschiedene computergestützte Informationstechnologien eingeführt. Doch die Innovation erwies sich als Fehlinvestition: Die Mitarbeiter waren verärgert, weil sie die neue Kommunikationsplattform nicht bedienen konnten. Sie waren frustriert darüber, dass sie nicht in die Entscheidungsfindung eingebunden worden waren. Und ganz grundsätzlich lehnten sie es ab, mithilfe neuer Technologien über ihre Patienten zu kommunizieren, weil sie die persönliche Interaktion in ihrem Beruf für unverzichtbar hielten. Hätte das Management diese Reaktionen vorhersehen können? Welche alternativen Maßnahmen hätte man für die Optimierung der internen Kommunikation wählen können? Was sind die grundsätzlichen Vor- und Nachteile verschiedener Kommunikationsinstrumente, und mit welchem Ziel kann man sie einsetzen? Welche Rolle spielt interne Kommunikation für die Gesamtkonzeption der kommunikativen Maßnahmen von Organisationen? Und welche Ansatzpunkte ergeben sich aus wissenschaftlichen Untersuchungen und Theorien zur Optimierung von Organisationskommunikation?

11.1 Definition und Gegenstandsbereich der Organisationskommunikation

Organisationen können in einer sehr weit gefassten Begriffsumschreibung als soziale Einheiten beschrieben werden, die Individuen oder Gruppen bilden, um Aufgaben zu erfüllen und Ziele zu erreichen, die sie allein nicht bewerkstelligen könnten (vgl. Weinert, 1998, S. 515ff.). Prinzipiell einbezogen sind somit Organisationen aller Art (z.B. privatwirtschaftliche und öffentliche Unternehmen unterschiedlichster Branchenzugehörigkeit und Größe ebenso wie öffentliche Institutionen oder private Non-Profit-Organisationen). Für sie alle hat der Informationsaustausch zwischen ihren Angehörigen eine existenzielle Bedeutung, denn erst dadurch konstituiert sich eine Organisation (vgl. z.B. Goldhaber, 1993): Durch den Diskurs schaffen ihre Mitglieder eine gemeinsame soziale Realität, die ihr Selbstverständnis als Organisation prägt (vgl. Mumby & Clair, 1997).

> **!** **Organisationen** sind soziale Einheiten, die Individuen oder Gruppen bilden, um Aufgaben zu erfüllen und Ziele zu erreichen, die sie allein nicht bewerkstelligen könnten.

Auch ein weiterer Aspekt ist für die folgenden Ausführungen von Bedeutung: Die Organisation als soziales System ist nach außen offen und von anderen Individuen und Subsystemen in ihrer Umwelt abhängig; sie definiert sich nicht nur durch das Netzwerk von Kommunikationsbeziehungen zwischen ihren unmittelbaren Angehörigen (interne Umwelt), sondern auch durch die Interaktion mit anderen Subsystemen der Gesellschaft (externe Umwelt). Organisationskommunikation schließt folglich die Kommunikation innerhalb von Organisationen (interne Kommunikation), aber auch die externe Kommunikation mit Individuen bzw. Öffentlichkeiten außerhalb der Organisation ein.

Folgende Aspekte sind charakteristisch für die Organisationskommunikation (vgl. auch Goldhaber, 1993, 14f.):

Prozesscharakter. Organisationskommunikation ist ein Prozess. Kontinuierlich werden neue Informationen generiert, bereits bekannte Informationen verändert oder ergänzt und ausgetauscht.

Generierung und Austausch von Informationen. Diese Informationen sind in der Regel „Botschaften“ über Personen, Sachzusammenhänge und Ereignisse. Die Art ihrer Vermittlung kann anhand verschiedener Taxonomien (vgl. auch Theis-Berglmair, 2003) beschrieben werden, z.B. nach dem Modus (verbaler im Unterschied zu nonverbaler, persönlich-mündlicher oder Kommunikation mithilfe von Medien), dem Adressaten (innerhalb oder außerhalb der Organisation) und der Funktion (Information, Regulierung, Überzeugung, Integration).

Kommunikationsnetzwerke. Die Angehörigen einer Organisation nehmen jeweils bestimmte Positionen und Rollen ein. Informationen werden von diesen Personen nach bestimmten Mustern auf spezifischen Wegen innerhalb der Organisation und mit Externen ausgetauscht; man spricht von Kommunikationsnetzwerken. Solche Netzwerke können eine beliebige Zahl von Personen einschließen.

Interdependenz. Alle Einheiten (Subsysteme) des sozialen Systems „Organisation“ sowie seiner Umwelt (z.B. weiterer sozialer Systeme) beeinflussen sich gegenseitig durch ihre Existenz und durch ihre Interaktion miteinander (gegenseitige Abhängigkeit; vgl. Abschnitt 11.2).

Beziehungen. Die einzelnen Mitglieder einer Organisation unterhalten eine Vielzahl von Beziehungen zu anderen Individuen, innerhalb von Gruppen oder gegenüber der Organisation als solcher, die sich auf die Einstellungen, die Kommunikation mit den Beziehungspartnern und die Arbeitsleistung der Einzelnen auswirken.

Umwelten. Zur Umwelt, die ein Mitglied einer Organisation wahrnimmt, gehören sowohl die interne Umwelt, d.h. die Organisation selbst mit ihren Angehörigen und ihrer spezifischen Kultur (z.B. Erfahrungen, Einstellungen, Erwartungen, Ritualen, Werten, Normen, Mythen usw.; vgl. Neuberger, 1989) als auch die externen Umwelten der Organisation, z.B. das Wirtschaftssystem (beispielsweise Kunden und Lieferanten), die Politik und andere gesellschaftliche Teilsysteme. Eine Organisation muss die ständigen Veränderungen der internen und externen Umwelt beobachten, um in der Lage zu sein, sich den Entwicklungen sowohl intern als auch in ihren externen Interaktionen anzupassen und diese Veränderungsprozesse durch kommunikative Maßnahmen sinnvoll zu unterstützen (vgl. Abschnitt 11.3.3 zum Issues-Management und 11.4.2 zur Change Communication).

Bewältigung von Veränderungen und Unsicherheit. Eine wichtige Funktion der Organisationskommunikation in Zeiten der Veränderung besteht darin, bei den Angehörigen der Organisation Unsicherheit abzubauen. Unsicherheit entsteht, wenn die Angehörigen über weniger Informationen verfügen, als notwendig sind, um Veränderungen der internen und externen Umwelt interpretieren und bewältigen zu können. Die Vermeidung dieser Unsicherheit ist insbesondere ein zentrales Ziel der Change Communication (vgl. Abschnitt 11.4.2).

Eine denkbare Systematisierung der Akteure und Formen der Organisationskommunikation ist in Tabelle 11.1 dargestellt. Die Akteure lassen sich einerseits danach unterteilen, ob sie gewinnorientiert arbeiten, und andererseits danach, ob sie privat oder öffentlich organisiert sind (vgl. auch Kunczik, 2002, S. 44ff.). Bei der Organisationskommunikation kann grundsätzlich zwischen zwei Formen unterschieden werden:

- die interne Kommunikation zwischen Führungskräften und Mitarbeitern bzw. zwischen Kollegen (vgl. Abschnitt 11.4),
- verschiedene Formen der Kommunikation mit externen Umwelten (zur externen Kommunikation gehören neben der rein ökonomisch orientierten Marktkommunikation auch die Public Relations; vgl. Abschnitt 11.3).

Organisationskommunikation als Forschungsfeld. Sowohl die Organisationskommunikation als Berufs- und Tätigkeitsfeld als auch die diesbezüg-

Tabelle 11.1. Akteure und Formen der Organisationskommunikation

Akteure	Formen der Organisationskommunikation: Interne Kommunikation	Formen der Organisationskommunikation: Externe Kommunikation	
	zwischen Führungskräften und Mitarbeitern sowie zwischen Kollegen	**Public Relations:** Kommunikation mit Teilöffentlichkeiten wie Medien, Politik, Interessensgruppen	**Marktkommunikation** mit Beschaffungs- und Absatzmärkten (z.B. durch Werbung, Verkaufsförderung)
gewinnorientiert			
privat: privatwirtschaftliche Unternehmen	x	x	x
öffentlich: staatliche Unternehmen (z.B. Deutsche Bahn)	x	x	x
nicht gewinnorientiert			
privat: z.B. Stiftungen, Verbände, Organisationen wie Greenpeace	x	x	
öffentlich: z.B. politische Institutionen und Organisationen wie Ministerien	x	x	

liche Forschung haben in den vergangenen 20 Jahren enorm an Bedeutung gewonnen. Das Berufsfeld Organisationskommunikation reicht von der klassischen Pressearbeit über die Mitarbeiterkommunikation bis hin zur integrierten Organisationskommunikation. Es beinhaltet jeweils alle denkbaren Aspekte der Analyse von Prozessen der Organisationskommunikation sowie der Planung, Durchführung, Evaluation und Beratung kommunikativer Maßnahmen. Das Forschungsfeld reicht von der interpersonalen bis hin zur massenmedialen Kommunikation. Traditionelle Forschungsthemen sind beispielsweise die Führungs- und Mitarbeiterkommunikation in Organisationen sowie die Kommunikation mit externen Umwelten, Kommunikations- und zunehmend auch Medienkompetenz, Beziehungen in Organisationen, Entscheidungsfindung und Konfliktmanagement, Kommunikationsfluss und -kanäle, Kommunikationskultur und -klima, der Einfluss von Kommunikation auf Veränderungsprozesse sowie in Krisensituationen (für umfassende Darstellungen vgl. Botan & Taylor, 2004; Watkins Allen, Gotcher & Hart, 1993).

Die folgenden Ausführungen konzentrieren sich in Abschnitt 11.2 auf das Konzept der integrierten Organisationskommunikation, das aktuell ein Schwerpunkt vor allem der deutschsprachigen Forschung ist. Die Abschnitte 11.3 und 11.4 widmen sich der Public Relations als einer Form der externen Kommunikation und der internen Kommunikation, die für eine integrierte Kommunikation von besonderer Bedeutung sind. Ein Schwerpunkt liegt hier auf der Notwendigkeit und den Möglichkeiten, Veränderungen zu bewältigen. Wirtschaftsunternehmen müssen häufig eine Vielzahl von Ziel- und Anspruchsgruppen berücksichtigen, und ihre internen und externen Kommunikationsmaßnahmen weisen gleichzeitig einen hohen Professionalisierungsgrad auf. Vor diesem Hintergrund bezieht sich das Kapitel vorrangig auf Kommunikationsaktivitäten von Wirtschaftsunternehmen und damit auf Unternehmenskommunikation.

11.2 Integrierte Unternehmenskommunikation

Begriffsumschreibung. Weitreichende Veränderungen der Medienlandschaft sowie der wirtschaftlichen Rahmenbedingungen von Unternehmen in Deutschland (vgl. Bruhn, 2003; Esch, 1998) haben in den 1990er Jahren eine „integrierte“ Unternehmenskommunikation erforderlich gemacht: Die Integration und Abstimmung verschiedener Maßnahmen, Instrumente und sich wechselseitig verstärkender Botschaften sollen eine Einheit herstellen. Dadurch soll nach innen und außen ein glaubwürdiges und konsistentes Bild des Unternehmens und seiner Aktivitäten vermittelt werden (vgl. auch die Definitionen im Kasten über integrierte Unternehmenskommunikation, Kommunikationsmaßnahmen, -mittel und -instrumente). Während bei externen Publika zudem größere Lerneffekte durch Synergien zwischen den Kommunikationsmaßnahmen gefördert werden, soll die Integration auch unternehmensintern positive Auswirkungen haben. Dies können eine erhöhte Motivation und Identifikation der Mitarbeiter, aber auch eine bessere Koordination und Kooperation zwischen den verschiedenen Unternehmensabteilungen sein, die mit interner und externer Kommunikation befasst sind (z.B. Abteilungen für Öffentlichkeitsarbeit, Werbung und Mitarbeiterkommunikation; vgl. Bruhn & Boenigk, 1999).

Insgesamt umfasst die Integration sämtliche Instrumente der internen und externen Kommunikation. Sie ist nicht nur auf die Marktkommunikation, d.h. rein ökonomische Zusammenhänge (vgl. Tabelle 11.1) begrenzt, sondern bezieht auch die interne Kommunikation und die Kommunikation mit der Öffentlichkeit (vgl. Abschnitt 11.3) mit ein. Die mithilfe dieser Instrumente vermittelten Botschaften müssen aufeinander abgestimmt werden, um bei den Rezipienten Irritationen durch kognitive Inkonsistenzen zu vermeiden (vgl. auch Esch, 1998).

Die Integration der Kommunikationsmaßnahmen bezieht sich auf das inhaltliche, das formale

Integrierte Unternehmenskommunikation, Kommunikationsmaßnahmen, -mittel und -instrumente

Integrierte Kommunikation

„Integrierte Kommunikation ist ein Prozess der Analyse, Planung, Organisation, Durchführung und Kontrolle, der darauf ausgerichtet ist, aus den differenzierten Quellen der internen und externen Kommunikation von Unternehmen eine Einheit herzustellen, um ein für die Zielgruppen der Kommunikation konsistentes Erscheinungsbild über das Unternehmen bzw. ein Bezugsobjekt des Unternehmens zu vermitteln." (Bruhn, 2003, S. 17)

Kommunikationsmaßnahmen

Als Kommunikationsmaßnahmen werden sämtliche kommunikativen Aktivitäten bezeichnet, die eine Organisation einsetzt, um ein bestimmtes Ziel zu erreichen (vgl. Bruhn, 2003).

Kommunikationsinstrumente

Einzelne Kommunikationsmaßnahmen können anhand ihrer Zielrichtung (z.B. Marktkommunikation im Unterschied zu interner Kommunikation im Unterschied zu Kommunikation mit anderen externen Teilöffentlichkeiten) zu Kommunikationsinstrumenten zusammengefasst werden. Beispiele für solche Kommunikationsbündel sind z.B. Mediawerbung, Verkaufsförderung, Sponsoring, Event Marketing, Messen und Ausstellungen, interne Kommunikation und Public Relations (vgl. Bruhn, 2003).

Kommunikationsinstrumente lassen sich anhand ihrer strategischen Bedeutung für die integrierte Kommunikation in vier hierarchisch geordnete Kategorien einteilen. Die strategische Bedeutung richtet sich dabei vor allem nach dem Grad, zu dem sich die einzelnen Instrumente gegenseitig in ihrer Wirkung beeinflussen (vgl. Bruhn & Boenigk, 1999; Bruhn 2003):

(1) **Leitinstrumente** sind diejenigen Instrumente, die als Ausgangspunkt für die Integration der Kommunikationsmaßnahmen genutzt werden. Man geht davon aus, dass die Leitinstrumente einen großen Einfluss auf die Wirkung anderer Kommunikationsmittel haben und gleichzeitig in ihrer eigenen Wirkung nur wenig durch andere Instrumente beeinflusst werden. Sie haben die größte strategische Bedeutung, da sie potenziell alle Zielgruppen der Unternehmenskommunikation erreichen. Die Mediawerbung gilt als das klassische Leitinstrument.

(2) **Kristallisationsinstrumente** sind Instrumente, die andere Kommunikationsmittel ebenfalls stark beeinflussen, in ihrer eigenen Wirkung jedoch auch stark von anderen Instrumenten abhängig sind. Sie weisen eine herausragende Bedeutung für spezielle, besonders wichtige Zielgruppen auf. Hierzu gehören die PR, die interne Kommunikation und die Verkaufsförderung.

(3) **Folgeinstrumente** sind Instrumente, die selbst nur einen schwachen Effekt auf andere Kommunikationsmaßnahmen haben, jedoch selbst in ihrer Wirkung stark von anderen Instrumenten abhängen. Sie dienen weniger der Integration der Gesamtkommunikation, sind jedoch wichtig für spezielle Kommunikationsaufgaben oder Zielgruppen (z.B. Messen, Direct Marketing oder die Multimediakommunikation).

(4) **Integrationsinstrumente** sind Instrumente, deren Wirkung weitestgehend unabhängig von anderen Instrumenten ist. Sie sind besonders dazu geeignet, Synergieeffekte zwischen anderen Kommunikationsinstrumenten zu verstärken. Dies gilt z.B. für Sponsoring und Event Marketing.

Kommunikationsmittel

Kommunikationsmittel sind die wahrnehmbaren Erscheinungsformen der Kommunikationsbotschaft (z.B. Anzeigen, Fernsehspots, Prospekte, Verkaufsgespräche, Ausstellungsstände, Werkszeitungen, Pressekonferenzen und Pressemitteilungen).

Der Claim „Das Wichtige tun." wirkte als inhaltliche Verbindungslinie aller Kommunikationsmittel der SPD im Europawahlkampf 2004.
Das Logo „Der Grüne Punkt" sorgt durch formale Integration für die Wiedererkennung des Dualen Systems.
Die Milka-Kuh ist ein Paradebeispiel für zeitliche Integration im Sinne von Kontinuität; schon seit 1901 steht sie für die Schokoladenmarke.

Abbildung 11.1. Inhaltliche, formale und zeitliche Integration

und das zeitliche Erscheinungsbild des Unternehmens (vgl. auch Abb. 11.1).

Inhaltlich werden verschiedene Kommunikationsinstrumente und -mittel durch sog. „Verbindungslinien" (z.B. einen einheitlichen Slogan) miteinander verbunden. Die formale Integration wird durch festgelegte Gestaltungsprinzipien (z.B. Logos, Schriftart) erreicht, die z.B. beim Corporate Design eine wichtige Rolle spielen. Die zeitliche Integration koordiniert die Abfolge einzelner Kommunikationsmaßnahmen. Ein wichtiger Aspekt ist dabei die Kontinuität der Kommunikation. Sie fördert Lerneffekte bei den Rezipienten und gilt daher als ein Merkmal erfolgreicher Kampagnen.

Forschungsperspektiven. Mit der Integration ihrer Kommunikationsmaßnahmen verbinden Unternehmen sowohl psychologische als auch ökonomische Ziele. Die meisten Studien zur integrierten Kommunikation stellen die ökonomischen Interessen der Unternehmen in den Vordergrund und haben ihren Ursprung in den Wirtschaftswissenschaften. Sie beruhen häufig auf Ansätzen, die den Ablauf von Entscheidungsprozessen betonen (vgl. z.B. Meffert, 2000). Diese Studien messen die Wirksamkeit der integrierten Kommunikation daran, ob durch Synergieeffekte zwischen den Kommunikationsinstrumenten eine Kostensenkung oder zumindest eine bessere Nutzung der eingesetzten Ressourcen erreicht wurde. Einen anderen, sozialwissenschaftlichen Zugang zur integrierten Kommunikation bietet die Systemtheorie, die Wirtschaftsunternehmen als gesellschaftliche Teilsysteme begreift und Ansatzpunkte für die Analyse sowohl der Strukturen und Prozesse innerhalb dieser Teilsysteme als auch ihrer Interdependenzen mit anderen Teilsystemen liefert (z.B. mit der Öffentlichkeit; vgl. z.B. Zerfaß, 1996).

Autoren beider Provenienzen müssen jedoch anerkennen, dass ihre Ansätze keinen Aufschluss über die synergetische Wirkung der Kommunikation bei den Rezipienten geben und sich daher auch keine Hinweise für die Gestaltung integrierter Kommunikation ableiten lassen. Als besonders fruchtbar für die Planung und Evaluation integrierter Kommunikation gelten daher in der Praxis der Organisationskommunikation wahrnehmungs- und kognitionspsychologische Ansätze (vor allem die Gestaltpsychologie und die Schematheorie; vgl. Bruhn, 2003). Der gestaltpsychologische Ansatz wird gewählt, um die Beziehung zwischen den einzelnen Kommunikationsmaßnahmen und dem kommunikativen Gesamterscheinungsbild eines Unternehmens auf der Grundlage der „Gestaltgesetze" (z.B. bezüglich Prägnanz, Gleichartigkeit, Nähe, Geschlossenheit und Erfahrung) zu analysieren und Empfehlungen für die Gestaltung sowohl von Botschaften als auch der gesamten integrierten Kommunikation abzuleiten (vgl. auch Grunig, 1989). Im Sinne der Schematheorie (vgl. auch Kap. 3 zu Informationsaufnahme und -verarbeitung) lassen sich das Wissen und die Einstellungen der Rezipienten zu Objekten der Unternehmenskommunikation (z.B. Produkten oder Marken) als semantische Netzwerke modellieren. Diese schaffen einen Rahmen für die Selektion und Verarbeitung von Informationen durch die Rezipienten und werden durch die Integration der Kommunikationsmaßnahmen optimiert. Aufeinander abgestimmte Kommunikationsinstrumente können z.B. bereits bekannte Informationen ansprechen und auffrischen. Durch die Verwendung schemakonsistenter Informationen und die Betonung zentraler Eigenschaften des Kommunikationsobjekts wird die Informationsaufnahme vereinfacht, und es werden bessere Erinnerungsleistungen erzielt (vgl. Bruhn, 2003).

Nicht alle der genannten Kommunikationsinstrumente können im Folgenden ausführlich behandelt werden. Mit der für die Unternehmenskommunikation strategisch sehr wichtigen Mediawerbung beschäftigt sich Kapitel 21. Alle anderen Formen der vornehmlich marktorientierten Kommunikation sollen an dieser Stelle vernachlässigt werden. In den weiteren Abschnitten soll auf die besondere Bedeutung der Public Relations (als einer Form der externen Kommunikation) sowie der internen Kommunikation für die Organisations- und Unternehmenskommunikation eingegangen werden.

11.3 Public Relations als Führungsaufgabe

11.3.1 Definition und zentrale Konzepte

Public Relations (PR) sind sowohl ein Berufsfeld als auch ein Forschungsgebiet verschiedener Disziplinen, die sich mit Kommunikation befassen, das sich verstärkt in den vergangenen 20 Jahren herausgebildet hat. Die Deutsche Public Relations Gesellschaft e.V. (DPRG), der größte deutsche Berufsverband in dieser Branche, schätzt, dass deutschlandweit zwischenzeitlich 30.000 bis 50.000 Personen (Stand 2004) in der Public Relations tätig sind, und zwar vorwiegend in Organisationen, Unternehmen und Agenturen (DPRG, 2005).

Für PR gibt es zahllose Definitionen (vgl. Ronneberger & Rühl, 1992). Eine Systematisierung mehrerer hundert Definitionen hat Harlow bereits 1976 vorgelegt, einige von ihnen füllen ganze Seiten. Ein

Definition

Öffentlichkeitsarbeit/Public Relations ist Management von Kommunikation

„Öffentlichkeitsarbeit/Public Relations vermittelt Standpunkte und ermöglicht Orientierung, um den politischen, den wirtschaftlichen und den sozialen Handlungsraum von Personen oder Organisationen im Prozess öffentlicher Meinungsbildung zu schaffen und zu sichern.

Öffentlichkeitsarbeit/Public Relations plant und steuert dazu Kommunikationsprozesse für Personen und Organisationen mit deren Bezugsgruppen in der Öffentlichkeit. Ethisch verantwortliche Öffentlichkeitsarbeit/Public Relations gestaltet Informationstransfer und Dialog entsprechend unserer freiheitlich-demokratischen Werteordnung und im Einklang mit geltenden PR-Codices.

Öffentlichkeitsarbeit/Public Relations ist Auftragskommunikation. In der pluralistischen Gesellschaft akzeptiert sie Interessengegensätze. Sie vertritt die Interessen ihrer Auftraggeber im Dialog informativ und wahrheitsgemäß, offen und kompetent. Sie soll Öffentlichkeit herstellen, die Urteilsfähigkeit von Dialoggruppen schärfen, Vertrauen aufbauen und stärken und faire Konfliktkommunikation sichern. Sie vermittelt beiderseits Einsicht und bewirkt Verhaltenskorrekturen. Sie dient damit dem demokratischen Kräftespiel.

Voraussetzung für Öffentlichkeitsarbeit/Public Relations sind aktive und langfristig angelegte kommunikative Strategien. Öffentlichkeitsarbeit Public Relations ist eine Führungsfunktion; als solche ist sie wirksam, wenn sie eng in den Entscheidungsprozeß von Organisationen eingebunden ist."
(Deutsche Public Relations Gesellschaft, 2005)

„**Public Relations** ist die Managementfunktion, die auf beiderseitigen Nutzen ausgelegte Beziehungen zwischen einer Organisation und den Teilöffentlichkeiten gründet und pflegt, von denen ihr Erfolg oder Misserfolg abhängt."
(Cutlip et al., 2000, S. 1)

Beispiel für eine ausführliche Definition ist die der DPRG. An dieser Stelle wird hingegen die knappere Definition von Cutlip, Center und Broom (2000, S. 1) präferiert (vgl. Kasten über Öffentlichkeitsarbeit/Public Relations auf S. 236).

Sinnvoll ergänzen lässt sich die Definition von Cutlip et al. durch folgende Erläuterung von Baerns (1992, S. 141f.), die den Begriff der PR wie viele andere deutsche Autoren synonym mit dem Begriff der Öffentlichkeitsarbeit verwendet: „Öffentlichkeitsarbeit ist nicht ‚Pressearbeit'. ... Öffentlichkeitsarbeit als ‚Führungsaufgabe', als Leitungsfunktion, umfasst Pflege und Förderung der Beziehungen eines Unternehmens, einer Organisation oder Institution zur Öffentlichkeit insgesamt, nicht nur zu den Journalisten."

Die Pflege der Beziehungen zur Öffentlichkeit ist folglich der Kern der PR. Diese „Öffentlichkeit" gliedert sich in verschiedenste Gruppen, die je nach theoretischem Ansatz unterschiedlich charakterisiert und benannt werden (vgl. auch Avenarius, 2000, 178ff.) und zwischen denen es Überschneidungen geben kann:

„Stakeholder". Aus organisationstheoretischer Sicht unterhält das „System" Organisation (z.B. ein Wirtschaftsunternehmen) Beziehungen mit anderen Systemen und Subsystemen (z.B. Kunden, Lieferanten, Mitarbeitern; vgl. Abschnitt 11.1), die formell (z.B. durch Verträge) oder informell mehr oder weniger fest mit der Organisation verbunden sind. Diese Umfeldsysteme bezeichnet man als „Stakeholder" bzw. „Anspruchsgruppen". Sie sind entweder (zumindest potenziell) von den Aktivitäten, Entscheidungen, Richtlinien und Zielen der Organisation betroffen oder können diese ihrerseits beeinflussen. Dabei verfügen verschiedene „Stakeholder" in Abhängigkeit von der Art ihrer Beziehung zu der Organisation über unterschiedliche Einflusspotenziale. Eine Anspruchsgruppe, deren große Bedeutung für Wirtschaftsunternehmen offensichtlich ist, sind Anteilseigner, die sog. „Shareholder".

„Publics". Sehr ähnlich fasst der „PR-Ansatz" die Beziehungen zwischen internen und externen Umwelten und Organisationen; er geht jedoch weniger von grundsätzlich bestehenden Bindungen aus, sondern betont die Bedeutung von Anliegen („Issues"; vgl. Abschnitt 11.3.3), die sich in der Umwelt gegenüber einer Organisation entwickeln können. Gruppen, die ein gemeinsames Anliegen gegenüber einer Organisation haben, werden als „Publics" oder „Teilöffentlichkeiten" bezeichnet. Sie entstehen aufgrund der gemeinsamen Betroffenheit („latente Publics"), des gemeinsamen Problembewusstseins („bewusste Publics") und der gemeinsamen Aktion hinsichtlich eines solchen Anliegens („aktive Publics").

„Zielgruppen". Aus der Marketingperspektive versuchen Organisationen, bestimmte Teile der Öffentlichkeit direkt anzusprechen, um ihre kommunikativen (und im Falle von Unternehmen wirtschaftlichen) Ziele durchzusetzen. Diese Zielgruppen werden aufgrund bestimmter Eigenschaften (z.B. soziodemographischer oder psychographischer Kriterien) gezielt definiert und sind dann Adressaten von Kommunikationsaktivitäten. Durch die strategische Zielgruppendefinition lässt sich dieses Konzept deutlich von dem der „Stakeholder" oder der Publics unterscheiden, auf deren Existenz oder Entwicklung die Organisation keinen Einfluss hat. Im Folgenden werden die für die PR relevanten internen und externen Teilöffentlichkeiten von Organisationen als Publics bezeichnet.

PR-Aufgabenfelder. Wichtige Aufgabenfelder der PR, die sich teilweise unmittelbar an bestimmte Publics richten, sind insbesondere folgende (vgl. auch Mast, 2002):

(1) Media Relations. Die traditionelle Pressearbeit wendet sich an die Massenmedien, denen bei der Informationsvermittlung und öffentlichen Meinungsbildung eine besondere Rolle zukommt. Vor allem in Krisensituationen (vgl. Abschnitt 11.3.3) kann ein vertrauensvolles Verhältnis zu Medienvertretern sehr hilfreich sein, um zumindest einen gewissen Einfluss auf die Berichterstattung zu erhalten.

(2) Human Relations. Aktive und ehemalige Mitarbeiter sind wichtige Multiplikatoren, die vor al-

lem in ihrem persönlichen Umfeld durch interpersonale Kommunikation Informationen über die Organisation weitertragen und die Meinungsbildung maßgeblich beeinflussen. Eine weitere wichtige Zielgruppe sind – durch den zunehmenden, globalen Wettbewerb um qualifiziertes Personal – potenzielle Mitarbeiter, weshalb der Bereich der „Educational Relations", durch die vor allem Studierende angesprochen werden sollen, zunehmend an Bedeutung gewinnt.

(3) Public Affairs. Entscheidungen in Politik und öffentlichen Verwaltungen können für Organisationen jeder Art, vor allem aber für Wirtschaftsunternehmen existenzielle Bedeutung haben. Der Zugang zu öffentlichen Entscheidungsträgern mit dem Ziel des „Lobbying" ist daher sehr wichtig. Ein in der Bundesrepublik legendäres Beispiel für dieses Zusammenspiel sind die „politischen Salons" und „parlamentarischen Abende" des PR-Beraters Moritz Hunzinger.

(4) Financial Relations. In diesen Arbeitsbereich fällt die Kontaktpflege zu Kapitalgebern, Analysten und häufig auch Wirtschaftsjournalisten. Ihr Vertrauen hat einen direkten Einfluss auf die wirtschaftliche Situation eines Unternehmens und wird z.B. durch regelmäßige Informationsdienste, häufig jedoch auch durch die Möglichkeit der individuellen Kommunikation (z.B. in Chat-Foren oder über Telefonhotlines) mit Mitarbeitern der PR-Abteilung gefördert.

(5) Community Relations. Vor allem Wirtschaftsunternehmen, durch deren Betrieb oder Produktionsstätten Anwohner beeinträchtigt werden (z.B. Flughafen) oder beeinträchtigt werden könnten (z.B. chemische Industrie), sind auf gute Beziehungen zu ihrem Umfeld angewiesen. Durch regelmäßige Informationsveranstaltungen und spezielle Serviceangebote (z.B. im Internet oder per SMS) soll ein Vertrauensverhältnis zum Unternehmen geschaffen werden.

11.3.2 PR-Ansätze

Die Public-Relations-Forschung ist eine relativ junge wissenschaftliche Disziplin, für die vor allem im deutschsprachigen Raum regelmäßig Defizite hinsichtlich der Quantität und der Qualität der Theoriebildung beklagt werden (zuletzt bei Röttger, 2004). Bisher stehen – ähnlich wie im Fall der integrierten Unternehmenskommunikation – noch am ehesten system- und handlungsorientierte Ansätze im Mittelpunkt der Diskussion, während die Frage nach der Wirkung von Public Relations und damit die kommunikationspsychologische Perspektive bei der Theoriebildung weitgehend vernachlässigt wird. Die bestehenden theoretischen Ansätze können in eher funktionalistische und eher dialogorientierte unterschieden werden (vgl. Botan, 1997; Botan & Taylor, 2004):

Funktionalistische bzw. monologische Ansätze. Die funktionalistische, teilweise auch als „monologisch" charakterisierte (vgl. Botan, 1997), eher pragmatische PR-Theorie, die sich ab den 1980er Jahren entwickelte, begreift Kommunikation als Mittel, um spezifische Ziele einer Organisation zu erreichen; die Beziehungen zwischen Organisationen und Teilöffentlichkeiten spielen eine untergeordnete Rolle. Im Mittelpunkt der Forschung und Theoriebildung steht hier in der Regel die Frage, wie eine Organisation strategische Botschaften entwickeln kann, die im Sinne eines einfachen Reiz-Reaktions-Modells in den Massenmedien platziert und von ihnen transportiert werden. Mit der Analyse der professionellen Generierung solcher PR-Botschaften geht immer die Frage nach journalistischen Selektionskriterien und Darstellungsweisen einher. Relevante theoretische Ansätze und Konzepte stammen u.a. aus der Propagandaforschung und der Speech Communication (z.B. Persuasionstheorien; vgl. Garrett Cline, McBride & Miller, 1989) sowie der Journalistik (z.B. Gatekeeper-Forschung oder Agenda-Setting-Ansatz; vgl. hierzu Kap. 19 zur politischen Kommunikation). Sie beziehen sich stets auf die Einflussmöglichkeiten der kommunizierenden Organisationen auf Medien und die Öffentlichkeit (Botan & Taylor, 2004). Auf eine solche Einwegkommunikation nimmt Grunig (1984, 1989) Bezug, wenn er im Rahmen seiner berühmt gewordenen Unterscheidung zwischen vier PR-Modellen zwei Modelle beschreibt:

- das „Publicity-Modell", demzufolge die kommunizierende Organisation im klassischen Sinne der Propaganda die Aufmerksamkeit der Medien und der Öffentlichkeit sucht und dabei den Wahrheitsgehalt der Informationen ihrer Beachtung nachordnet;
- das „Public-Information-Modell", in dem zwar nur akkurate Informationen verbreitet, negative Aspekte jedoch im Sinne der Organisation zurückbehalten werden.

Beide Modelle gehen von einer Einwegkommunikation aus, bei der eine Rückkopplung der Öffentlichkeit mit der Organisation durch Kommunikation nicht vorgesehen ist.

Vor allem in der deutschsprachigen PR-Forschung wird regelmäßig beklagt, dass die bestehenden theoretischen Ansätze nur selten durch umfassende empirische Forschung überprüft werden. Eine Ausnahme bildet hier die sog. „Determinationshypothese" von Baerns (1985, 1991). Diese beschreibt ganz im Sinne der monologischen PR-Ansätze das Verhältnis zwischen PR und Journalismus und besagt, dass die Öffentlichkeitsarbeit sowohl die Themen als auch das Timing der Medienberichterstattung „unter Kontrolle habe". Öffentlichkeitsarbeiter platzieren also Informationen, initiieren Nachrichten, forcieren Themen, konturieren die publizierte Wirklichkeit und schaffen durch Pressemitteilungen und Pressekonferenzen Anlässe für Medienprodukte (Baerns, 1991: 98). Seit Mitte der 1980er Jahre haben zahlreiche empirische Studien mittels sog. „Input-Output-Analysen" untersucht, in welchem Ausmaß und in welcher Form PR-Produkte (vor allem Pressemitteilungen) in die journalistische Berichterstattung eingehen. Nicht zuletzt aufgrund der sehr verschiedenen Untersuchungsdesigns und unterschiedlichen thematischen Kontexte variiert die konstatierte Übereinstimmung zwischen den PR-Vorlagen und den publizistischen Produkten zwischen knapp 10 und rund 75 % (für eine Zusammenfassung vgl. Schantel, 2000). Diese aufgrund der variierenden Untersuchungsdesigns kaum vergleichbare und daher unbefriedigende empirische Überprüfung der Determinationshypothese ist symptomatisch für die PR-Forschung und Gegenstand heftiger Kritik. Gleichzeitig wird die Hypothese ebenso wie die monologischen PR-Ansätze insgesamt kritisiert, weil sie das Verhältnis zwischen Öffentlichkeitsarbeit, Journalismus und Öffentlichkeit einseitig modellieren.

Dialogorientierte Ansätze. Bereits 1984 hatte Ferguson gefordert, sowohl bei empirischen Untersuchungen als auch in der Theoriebildung die Wechselseitigkeit der Beziehungen zwischen Organisationen und ihren Publics in den Mittelpunkt zu rücken (vgl. Broom, Casey & Ritchey, 1997). Ein zentrales Konzept ist dabei das des Vertrauens; es kann als Zutrauen und die Bereitschaft definiert werden, sich selbst dem Gegenüber zu öffnen und zu einem gerechten Interessensaustausch zu kommen (vgl. Kohring, 2004). Diese dialogorientierte Perspektive betont die Bedeutung der Teilöffentlichkeiten als gleichberechtigte Partner im Prozess der Bedeutungszuweisung, Meinungs- und Normbildung (vgl. Botan, 1997). Ihr Ziel ist eine langfristige Beziehung zwischen Organisationen und Publics, wobei postuliert wird: „Das vorrangige Ziel von Kommunikation ist, das Verständnis zwischen Individuen und anderen Systemen wie Organisationen, Teilöffentlichkeiten und Gesellschaften zu ermöglichen. Die Überzeugung/Überredung einer Person oder eines Systems durch eine andere bzw. ein anderes ist weniger wünschenswert." (Grunig, 1989, S. 38, eigene Übers.)

Diese jüngere Tradition baut auf einer Reihe theoretischer Ansätze auf, die allesamt die Koorientierung von Sendern und Empfängern betonen. Dies gilt besonders für die „symmetrische Theorie" oder „Exzellenztheorie", die Grunig (vgl. z.B. Grunig & Hunt, 1984) aus zwei weiteren PR-Modellen (insbesondere dem zweiten) entwickelt hat, die im Folgenden näher beschrieben werden. Beide Modelle setzen im Gegensatz zu den beiden ersten oben genannten explizit das Feedback der Öffentlichkeit voraus:

- Das Modell der asymmetrischen Organisationskommunikation, die das Feedback auf ihre Botschaften zwar annimmt und analysiert, die Erkenntnisse jedoch nur einsetzt, um die Öffentlichkeit zu ihren Gunsten zu manipulieren – ein Ansatz, der in der praktischen PR-Arbeit zwar als klassisch und weit verbreitet gilt, zwischenzeitlich jedoch wegen des fehlenden Interesses an einem wirklichen Dialog als unethisch beurteilt wird.
- Das Zweiwege-Modell symmetrischer Kommunikation, bei dem sowohl die Organisation als auch die Öffentlichkeit vom dialogischen Informationsaustausch profitieren. Dies geschieht dadurch, dass die Organisation und die Öffentlichkeit bei einem möglichen Interessenskonflikt durch den Austausch von Informationen und Verhandlungen der gegensätzlichen Standpunkte zu einer Lösung kommen (z.B. durch Einstellungs- und Verhaltensänderungen auf beiden Seiten). Obwohl Grunig den normativen Charakter dieses „Modells der exzellenten Public Relations" einräumen musste, der häufig nicht mit den kurzfristigen Bedürfnissen und Möglichkeiten der Organisationen in Einklang zu bringen ist, gilt die Bildung und Pflege von Beziehungen zu Teilöffentlichkeiten seither als die zentrale Funktion von Public Relations. Diese können einen effektiven Beitrag zum Erreichen der Organisationsziele leisten, da das Vertrauen der Umwelt in eine Organisation eine wichtige Grundlage für deren Existenz bildet (Huang, 2001).

Ein Aspekt, der dabei besonders interessant ist und gegenwärtig in der Forschung auf große Aufmerksamkeit stößt, ist das so genannte „Issues-Management" (vgl. Abschnitt 11.3.3).

Den dialogorientierten Ansätzen kann auch das „Intereffikationsmodell" (Bentele, Liebert & Seeling, 1997) zugeordnet werden, das die gegenseitige Orientierung und Abhängigkeit zwischen Öffentlichkeitsarbeit und Journalismus betont. PR und Journalismus ermöglichen sich (lat. efficare) demnach gegenseitig: Während PR auf die Verbreitung ihrer Botschaften durch die Medien angewiesen ist, hat sie sich gleichzeitig zu einer unverzichtbaren Informationsquelle für den Journalismus entwickelt. „Die Kommunikationsleistungen jeder Seite sind nur möglich, weil die jeweils andere Seite existiert und mehr oder weniger bereitwillig ‚mitspielt'" (Bentele et al. 1997, S. 240). Neben den schon durch die oben erwähnte Determinationshypothese beschriebenen Induktionen, d.h. intendierten Kommunikationseinflüssen mit beobachtbaren Wirkungen auf den jeweiligen Gegenpart, geht das Intereffikationsmodell von einer zweiten Art der Beeinflussung zwischen PR und Journalismus aus: den so genannten „Adaptationen". Das eigene kommunikative und organisatorische Handeln wird demnach an die sachlichen, zeitlichen und „psychisch-sozialen" (Bentele et al., 1997, S. 243f.) Gegebenheiten der Gegenseite angepasst. Wenn PR-Verantwortliche ihre eigenen Botschaften erfolgreich platzieren wollen, müssen sie z.B. die Rahmenbedingungen und redaktionellen Regeln des Journalismus ebenso beachten wie die Organisationsstrukturen einer Redaktion und ihre persönlichen Beziehungen zu den Journalisten. Empirische Studien, die das Intereffikationsmodell zugrunde legen, beziffern in der Mehrzahl den Anteil der durch Öffentlichkeitsarbeit angestoßenen Medienberichterstattung auf über 50 % (Bentele & Nothhaft, 2004. S. 82). Die Bedeutung von Adaptationen für Public Relations und Journalismus ist hingegen bisher nur selten empirisch untersucht worden, vor allem die psychisch-soziale Komponente des Modells blieb bisher vollkommen unbeachtet.

11.3.3 Issues-Management als strategische Kernaufgabe von Public Relations

Issues-Management umfasst das systematische Identifizieren, Beobachten und Analysieren von Problemfeldern (Issues), die sich im Umfeld von Organi-

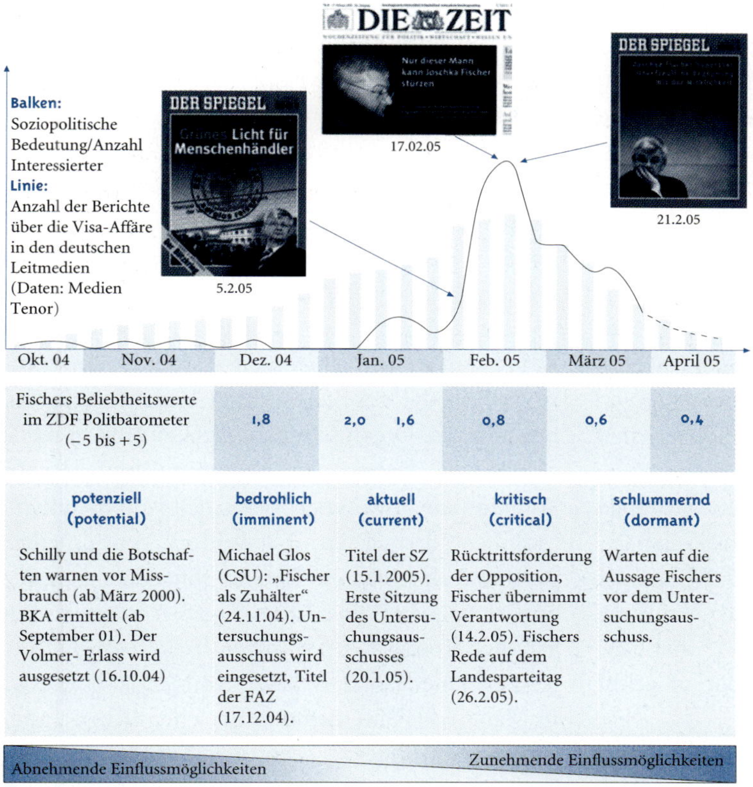

Abbildung 11.2. Exemplarischer Verlauf eines Issue am Beispiel des Visaskandals

sationen entwickeln. Das Ziel ist, die sich herausbildende (kritische) öffentliche Meinung in einem möglichst frühen Entwicklungsstadium im Sinne der Organisation zu beeinflussen und mögliche Konflikte mit Publics, die Forderungen an die Organisation stellen können, in ihrem Verlauf zu steuern. Entsprechende empirische Analysen dienen als Entscheidungsgrundlage für das Kommunikationsmanagement. Durch das eigenständige Generieren von Problemfeldern kann die Kommunikation mit den Teilöffentlichkeiten sogar noch effektiver gesteuert werden; so können Organisationen z.B. Themen (wie die familienfreundliche Gestaltung von Arbeitsbedingungen oder die Nachhaltigkeit von Produktionsprozessen) in den Mittelpunkt ihrer Kommunikationsmaßnahmen rücken, die zwar generell Konfliktpotenziale beinhalten, bei denen sie jedoch ihre eigenen Aktivitäten und Anstrengungen positiv darstellen können (Crable & Vibbert, 1985; Heath, 1997).

Lebenszyklen von Issues. Issues können sowohl entlang grundsätzlich bestehender Konfliktlinien als auch anlässlich einzelner Ereignisse entstehen, wenn Individuen oder Gruppen Problemfelder identifizieren, an deren Lösung sie interessiert sind. Die Publics formulieren ihre Positionen und ihre Lösungsvorschläge und konfrontieren die betroffene Organisation mit Forderungen, die sie in der Regel mithilfe der Massenmedien publik machen. Anhand des Beachtungsgrades, den ein Issue in der Öffentlichkeit erfährt, kann sein Status festgestellt werden. Die meisten Issues folgen einem ähnlichen Lebenszyklus, der idealtypisch in fünf Stufen bzw. Stadien verläuft (Crable & Vibbert, 1985) und in Abbildung 11.2 exemplarisch für den Verlauf des „Visaskandals" dargestellt ist. In diesem Beispiel ist das Auswärtige Amt unter der Leitung des Außenministers Fischer die betroffene Organisation, deren Praxis bei der Visavergabe sich im Laufe mehrerer Jahre zu einem kritischen Issue entwickelt hat (zur Kommunikation über politische Skandale vgl. auch Kap. 19).

Phase 1: „Potenzieller" Status: Einzelpersonen oder Gruppen entdecken ihr Interesse für ein Thema, sie formulieren Argumente und Lösungsvorschläge. In diesem Stadium nehmen jedoch nur relativ wenige Personen, häufig direkt Betroffene, das Issue wahr, und es wird noch nicht öffentlich diskutiert. Im Falle des Visaskandals dauert diese Phase, in der nur „Insider" das Problem wahrnehmen, von März 2000, dem Zeitpunkt der Neuregelung der Visavergabe, bis gegen Ende 2004.

Phase 2: Der Status eines Issues wird „bedrohlich", wenn einflussreiche Individuen oder Gruppen es als relevant wahrnehmen und ihre Gemeinsamkeiten mit anderen Interessierten erkennen. Solange die Medienresonanz auf das Thema noch gering ist, besteht für die Organisation ein relativ breiter Handlungsspielraum, um die bestehenden Probleme zu entschärfen, ohne viel öffentliche Aufmerksamkeit zu erregen.

Phase 3: Das Issue wird „aktuell", wenn es von einer breiten Öffentlichkeit als Diskussionspunkt akzeptiert wird. In der Regel werden die Informationen mithilfe der Massenmedien verbreitet und erreichen nun ein großes Publikum. Dabei werden die gegensätzlichen Positionen der involvierten Gruppen betont, und es kommt zu einer Polarisierung der Öffentlichkeit. Durch die Veröffentlichung des Issues sowie die Betonung der Gegensätze wird die Bandbreite möglicher kommunikativer Maßnahmen kleiner, mit deren Hilfe die Situation gelöst werden könnte.

Phase 4: „Kritisch" wird die Situation, sobald sich eine ausreichende Zahl von Personen oder Gruppen einer Position zu der Sachfrage anschließt und diese Publics nach einer Lösung des Problems verlangen. Das Issue muss nun „behandelt" werden, die Situation wird zur Krise. Der Visaskandal wird auch aufgrund der Zuspitzung auf die Person Fischer zum Topthema der Medienberichterstattung. Zeitweise scheint es so, als könne das Issue nur durch einen Rücktritt Fischers gelöst werden.

Phase 5: Ein typisches Merkmal von Issues ist, dass sie zwar (z.B. durch Gespräche, Verhandlungen und Vereinbarungen) momentan gelöst werden können, dass das ihnen zugrunde liegende Problem jedoch sehr häufig weiter besteht. Ebenso ist denkbar, dass nach einiger Zeit Individuen oder Gruppen in der erzielten Lösung erneut ein Problem erkennen. Man spricht daher auch von einem „schlummernden" Issue. Der Visaskandal rückt durch die Berichterstattung über andere politische und gesellschaftliche Ereignisse (z.B. die hohen Arbeitslosenzahlen im März 2005, die Krankheit und den Tod des Papstes und die Ankündigung von Neuwahlen) in den Hintergrund. Doch weder das Problem der Visavergabe noch die Personalfrage Fischer sind zu diesem Zeitpunkt gelöst.

Da ein schlummerndes Issue (oder eine Variante) wieder aufleben kann, sollten solche bereits bekannten potenziellen Konfliktherde stets sorgfältig beobachtet werden. Der meist ähnliche Verlauf der Lebenszyklen von Issues ermöglicht es, ihrer Entwicklung durch eine strategische Planung der Kommunikationsmaßnahmen präventiv entgegenzuwirken oder zumindest ihren Verlauf positiv zu beeinflussen. Organisationen, die eine entsprechend aufwändige strategische Kommunikation leisten können (wie etwa große Wirtschaftsunternehmen), „scannen" deshalb ihre Umwelt(en) kontinuierlich nach wahrnehmbaren Veränderungen, aus denen sich für sie kritische Issues ergeben können. Der ständige Kontakt zu kritischen Teilöffentlichkeiten ist dabei unerlässlich (z.B. zu den Medien oder etwa im Falle von Unternehmen der chemischen Industrie zu Anwohnern). Wenn das Konzept der symmetrisch-dialogischen Kommunikation mit Publics im Sinne der Investition in den Aufbau und die Pflege eines Vertrauensverhältnisses ernst genommen wird, kann sich dies bei der Aufdeckung und Lösung entstehender Issues auszahlen (Röttger, 2001; Sutcliffe, 2001).

11.4 Interne Organisationskommunikation

11.4.1 Definition, Ziele, Formen und zentrale Konzepte

Die interne Kommunikation von Organisationen kann als Pendant zu ihren externen Kommunikationsmaßnahmen gesehen werden (vgl. Abschnitt 11.1). Nur am Rande sei bemerkt, dass interne Kommunikation auch als ein Teilgebiet der Public Relations gesehen werden kann („Human Relations"), dessen Aufgabengebiet die Kommunikation einer Organisation mit ihren Mitarbeitern ist.

Interne Organisationskommunikation findet zwischen der Leitungsebene und Führungskräften, zwischen Führungskräften und Mitarbeitern – und zwar jeweils sowohl hierarchisch abwärts („Top-down-Kommunikation") als auch aufwärts gerichtet („Bottom-up-Kommunikation") – sowie zwischen den Mitarbeitern statt (horizontale Kommunikation). Im Unterschied zu früheren Formen der „Mitarbeiterinformation" stellt eine moderne „Mitarbeiterkommunikation" in Unternehmen einen wechselseitigen Austauschprozess dar, der auf einem beteiligenden Führungsstil und einer Dialogorientierung des Managements beruht (Hoffmann, 2001). Die Mitarbeiter werden nicht nur über Geschehnisse in der Organisation informiert, sondern durch die Kommunikation auch stärker in Entscheidungsprozesse eingebunden.

Die Analyse der hierarchisch abwärts gerichteten Kommunikation war vor allem in den USA seit den 1940er Jahren der Schwerpunkt der Forschung zur internen Organisationskommunikation. Im Laufe der Zeit wurden auch Fragen der aufwärts gerichteten sowie der horizontalen Kommunikation ernster genommen: Themen wie Kommunikationsnetzwerke, Kommunikationskompetenz, Kommunikationsklima und zentrale Kommunikationsrollen in Organisationen gewannen an Bedeutung (Hoffmann, 2001). Schon diese exemplarische Aufzählung von Themengebieten lässt ahnen, dass der Einfluss psychologischer Theorien auf die Analyse interner Organisationskommunikation insgesamt größer ist als bei der externen Kommunikation. Viele der relevanten Ansätze stammen aus der Sozialpsychologie, so etwa die Attributionstheorie, Theorien zum Rollenverhalten und die Theorie der sozialen Informationsverarbeitung (vgl. Kap. 4 zu sozialer Kognition und Urteilsbildung; für weiterführende Lektüre vgl. Spears, Lea & Postmes, 2001). Der Schwerpunkt des folgenden Abschnitts soll auf den Zielen, Formen und zentralen Konzepten der internen Kommunikation liegen, während in Abschnitt 11.4.2 (Change Communication) die Bedeutung der internen Kommunikation im Kontext von Veränderungsprozessen dargestellt wird.

Ziele interner Kommunikation. Die interne Kommunikation verfolgt eine Vielzahl von Einzelzielen, die sich nach Macharzina (1990) in zwei Kategorien einteilen lassen:

- Einerseits soll das Verhalten der Organisationsmitglieder beeinflusst werden (Verhaltensbeeinflussung),
- andererseits tragen die Organisationen durch entsprechende Bemühungen den Bedürfnissen ihrer Angehörigen, z.B. nach sozialer Integration, Rechnung (Mitarbeiterorientierung).

Im Kasten über ausgewählte Ziele interner Organisationskommunikation sind einige Einzelziele exemplarisch dargestellt.

Ausgewählte Ziele interner Organisationskommunikation

(1) Verhaltensbeeinflussung

- **Befähigung zur Aufgabenerfüllung:** Die Angehörigen einer Organisation werden durch interne Kommunikationsmaßnahmen mit allen notwendigen Informationen versorgt, die sie zur Erfüllung ihrer Aufgabe benötigen und die helfen, die Arbeitsabläufe zu strukturieren und zu koordinieren. Auf der Grundlage dieser Informationen und durch Feedbackprozesse bringen sie sich und ihre Ideen in die Entscheidungsfindung der Organisation ein und übernehmen so Verantwortung.
- **Identifikation und Handlungsorientierung:** Ihr Wissen um die Situation und die Entscheidungsabläufe in der Organisation helfen den Angehörigen, sich mit der Organisation zu identifizieren und das Handeln in ihrem Aufgabenbereich an den Zielen der Organisation auszurichten.
- **Unterstützung der Meinungsbildung:** Durch interne Kommunikation werden Entscheidungen transparent gemacht und die Akzeptanz für schwierige Entscheidungen der Unternehmensleitung (z.B. Umstrukturierungen, Kürzungen von Löhnen und Sozialleistungen) gesteigert.

Durch eine offene interne Kommunikation können Konfliktsituationen vermieden oder leichter bewältigt werden.

(2) Mitarbeiterorientierung

- **Beziehungen:** Die interne Kommunikation befriedigt nicht nur das Bedürfnis der Mitarbeiter nach Beteiligung an Informationen über die Organisation und an Entscheidungen, sondern auch soziale Bedürfnisse wie das Streben nach Gemeinschaft, Zugehörigkeit und Kontakt. Sie dient der sozialen Integration (Sozialisation) (neuer) Mitarbeiter in die Organisation, vermittelt Ziele, Normen, Regeln, Werte usw., d.h. die „Organisationskultur". Insbesondere persönliche Gespräche zwischen Führungskräften und Mitarbeitern fördern das Vertrauen und die Glaubwürdigkeit und unterstützen so ein positives Organisationsklima.
- **Arbeitszufriedenheit:** Die Beteiligung an internen Kommunikationsprozessen wirkt sich positiv auf die Arbeitszufriedenheit, die Motivation und die Arbeitsleistung aus.
- **Mitarbeiterentwicklung:** Durch ihre Kenntnis von Veränderungsprozessen der Organisation haben die Mitarbeiter auch die Chance, sich entsprechend den neuen Anforderungen weiterzuentwickeln.

Direkte im Unterschied zu medialer interner Organisationskommunikation. Die verschiedenen Formen der internen Organisationskommunikation können sowohl anhand der Art der Vermittlung als auch anhand der zugrunde liegenden Kommunikationsstrukturen beschrieben werden. Als Arten der Vermittlung werden die persönlich-mündliche Kommunikation ohne Medien, die interpersonale Kommunikation mit Medien und die Gruppen- bzw. organisationsweite Kommunikation mit Medien unterschieden (vgl. auch Abschnitt 2.1). Zwischen ihnen wird in Abhängigkeit von der (kommunikativen) Zielsetzung sowie Medienakzeptanz und -kompetenz der Beteiligten (vgl. Kap. 13 zu Kommunikationskompetenz, Medienkompetenz und Medienpädagogik) ausgewählt.

Beispiele für interpersonale Kommunikation ohne Medien sind Gespräche zwischen Vorgesetzten und Mitarbeitern oder unter Kollegen sowie Sitzungen und Betriebsversammlungen. Trotz einer zunehmenden Bedeutung neuer Medien für die Mitarbeiterkommunikation gilt die persönlich-mündliche Kommunikation immer noch als die wichtigste Form des Informationsaustauschs in Organisationen (Hoffmann, 2001). Vor allem in sensiblen Situationen, in denen Ideen, Wünsche oder Ängste einer Person bzw. Gruppe artikuliert werden sollen, sind sie unverzichtbar (so etwa in Führungs- und Personalgesprächen).

Je größer und arbeitsteiliger eine Organisation ist und je weiter die Arbeitseinheiten räumlich voneinander getrennt sind, desto größer wird jedoch der Anteil medial vermittelter Kommunikation. Zwar ist das Fehlen nonverbaler Begleitinformationen (vor allem Gestik, Mimik, Blickverhalten) ein Nachteil gegenüber der persönlich-mündlichen Kommunikation. Andererseits wird durch die Schriftform die unverfälschte sowie zeit- und ortsunabhängige Weitergabe der Informationen gewährleistet (vgl. Kap. 14 zum Vergleich zwischen direkter und medialer Individualkommunikation). Zu den traditionellen Schriftmedien gehören in diesem Zusammenhang Rundschreiben, Mitarbeiterzeitschriften, Geschäftsberichte, Broschüren und Informationsschriften (u.a. für neue Mitarbeiter). Nach wie vor wenig verbreitet sind hingegen klassische akustische und audiovisuelle Medien (z.B. Tonkassetten und Business-TV).

Anders stellt sich die Situation dar, wenn es um den Einsatz neuer elektronischer Medien für die Individual- und Gruppenkommunikation geht: Intranet, E-Mail und Telefon- bzw. Videokonferenzen genießen aufgrund der hohen Aktualität sowie der Möglichkeiten zu formloser Kommunikation und direktem Feedback eine hohe Akzeptanz (Hoffmann, 2001). Durch diese neuen Medien werden auch neue Organisationsstrukturen ermöglicht (vgl. auch Symon, 2000), die einerseits aufgrund der Globalisierung und andererseits aufgrund von Rationalisierungs- und Umstrukturierungsprozessen notwendig werden. Die räumliche Trennung von Organisationseinheiten ist ebenso eine Folge dieser Entwicklungen wie die Entstehung neuer Arbeitsformen (wie etwa Telearbeit oder die zunehmende projektbezogene Teamarbeit über Abteilungs- und Standortgrenzen hinweg). Gerade weil Mitarbeiter häufig nicht mehr räumlich und synchron zusammenarbeiten, nimmt die Intensität ihrer Kommunikation bei der Bewältigung der gemeinsamen Aufgabe eher zu. Die computervermittelte Kommunikation ist so für viele Organisationen, die über räumliche Distanzen hinweg operieren, eine unverzichtbare Arbeitsgrundlage geworden.

Formelle im Unterschied zu informeller interner Kommunikation. Man kann zwischen formellen und informellen Kommunikationsstrukturen unterscheiden, die Einfluss auf die Leistungsfähigkeit einer Organisation haben und schon seit langem ein typisches Forschungsfeld der Sozialpsychologie sind. Die formelle Kommunikation dient dabei eher dazu, die Mitarbeiter in die Lage zu versetzen, ihre Arbeitsaufgabe zu erfüllen und ihre Arbeitsabläufe zu strukturieren, während die informelle Kommunikation z.B. die Etablierung von Gruppennormen fördert. Zentralisierte Strukturen eignen sich eher da-

Fallstudie Change Communication

Watson, Schwarz und Jones (2005) analysieren den Zusammenhang zwischen dem Einsatz neuer Medien und effektiver Kommunikation in sich verändernden Organisationen. Am Beispiel eines australischen Krankenhauses, bei dem neue Informationstechnologien (vor allem eine zentrale Datenbank für Patienteninformationen, auf die alle Mitarbeiter Zugriff haben sollten) eingeführt wurden, untersuchen sie die Erfahrungen der Angestellten, insbesondere ihre Wahrnehmung der Veränderungen der Kommunikation und ihrer Effektivität.

Durch die Einführung der neuen Kommunikationstechnologie sollten den Angestellten einerseits mehr Informationen über die Patienten zur Verfügung stehen, ihnen gleichzeitig neue, direktere Kommunikationsmöglichkeiten mit Vorgesetzten und Kollegen ermöglicht und dadurch das selbstständige Arbeiten der einzelnen Mitglieder der Organisation erleichtert werden. Auf der Basis von 85 (erster Erhebungszeitpunkt) bzw. 28 (zweiter Erhebungszeitpunkt) Tiefeninterviews mit Verwaltungsangestellten, Ärzten und Pflegepersonal stellen Watson et al. fest, dass die erhofften Verbesserungen nicht eintraten. Im Gegenteil äußerte sich die Mehrzahl der Befragten negativ über die neue Kommunikationsplattform, in deren Handhabung sie nicht ausreichend eingewiesen worden waren. Sie betonten ihre Frustration darüber, dass sie nicht in die Entscheidungsprozesse eingebunden worden waren, die den Veränderungen vorausgegangen waren. Insbesondere das medizinische Personal befürchtete einen Rückgang der Face-to-face-Kommunikation zwischen Kollegen, die sie für ihren Beruf als unverzichtbar und zudem als effektiver empfanden als die Kommunikation mithilfe neuer Technologien.

Als Fazit empfehlen die Autoren der Studie, vor der Implementierung neuer Kommunikationstechnologien die bestehende Kommunikationskultur einer Organisation (in diesem Fall geprägt durch Face-to-face-Kommunikation) zu analysieren und die Mitarbeiter in das Abwägen von Vor- und Nachteilen eines neuen Kommunikationssystems einzubeziehen. Ist die Entscheidung für eine neue Technologie gefallen, müssen alle von der Neuerung Betroffenen entsprechend geschult werden, um die Kommunikation zwischen einzelnen Mitarbeitern und Gruppen verbessern zu können, die Autonomie des einzelnen Mitarbeiters und zugleich die Effektivität der internen Kommunikation insgesamt zu erhöhen.

zu, einfache Probleme schneller und mit weniger Fehlern zu bewältigen. Trotz dieser Effizienz ist die Zufriedenheit der Mitarbeiter bei zentralisierten Kommunikationsstrukturen jedoch typischerweise gering. Dezentrale Strukturen hingegen fördern die Kreativität der Mitarbeiter, was besonders bei komplexen Problemen wichtig ist, und fördern die positiven Arbeitseinstellungen der Mitarbeiter (Haslam, 2001).

Kommunikations- und Medienkompetenz. Die Bedeutung eines zentralen Konzepts der Kommunikationspsychologie wurde im Zusammenhang mit der zunehmenden Bedeutung neuer Medien für die interne Organisationskommunikation bereits betont: die Relevanz der Kommunikations- und Medienkompetenz in dem Sinne, dass Individuen ein Repertoire unterschiedlicher kommunikativer Verhaltensoptionen (Verhaltensdimension) besitzen, diese bewerten und auswählen können (kognitive Dimension), um insgesamt die Fähigkeit zu besitzen, sich in verschiedensten kommunikativen Situationen angemessen zu verhalten und gegebenenfalls Medien einzusetzen (vgl. Kap. 13 zu Kommunikationskompetenz, Medienkompetenz und Medienpädagogik). In sensiblen Kommunikationssituationen (wie Konfliktgesprächen, Verhandlungen und verschiedenen Formen von Mitarbeitergesprächen) kommt der Kommunikationskompetenz der Gesprächspartner eine besondere Bedeutung zu (für eine ausführliche Darstellung vgl. Jablin & Sias, 2001). Für die Forschung zur internen Organisationskommunikation ist das Konzept der Kommunikationskompetenz vor allem unter zwei Aspekten interessant: Einerseits wird das Kommunikationsverhalten von Individuen in ihrem Arbeitsumfeld und sein Effekt z.B. auf den beruflichen Erfolg analysiert. Ergebnisse empirischer Forschung legen nahe, dass Personen mit einer hohen Kommunikationskompetenz in Wirtschaftsunternehmen erfolgreicher sind als Personen mit geringerer Kommunikationskompetenz – sie werden häufiger befördert und haben häufiger Führungspositionen inne (Zorn & Violanti, 1996). Andererseits kann Kommunikationskompetenz nicht nur auf die Individualebene bezogen werden, sondern auch auf Gruppen oder ganze Organisationen. Ein Beispiel dafür, welche negativen Effekte die mangelnde individuelle Kommunikations- und Medienkompetenz für die Entwicklung einer Organisation haben kann, wäre etwa: ein Unternehmen, das intern eine neue Kommunikationstechnologie nicht einführen kann, weil eine kritische Anzahl von Mitarbeitern diese technische Veränderung scheut (vgl. auch die Fallstudie im Kasten über Change Communication; für weitere Beispiele vgl. Jablin & Sias, 2001).

Für viele Organisationen ist es ein wichtiges Anliegen, die Kommunikations- und Medienkompetenz ihrer Mitarbeiter zu verbessern; typischerweise fördern sie dies im Rahmen ihrer Personalentwicklung. Traditionell sind viele Trainings einer rhetorischen oder psychologischen Tradition zuzuordnen. Sie legen einen Schwerpunkt auf die Schulung spezifischer verbaler, nonverbaler, kognitiver und interaktiver Fähigkeiten sowie Fertigkeiten im Umgang mit (neuen) Medien. Solche Trainings werden z.B. von Berufsverbänden (etwa dem Deutschen Verband für Coaching und Training dvct), Weiterbildungsinstituten (etwa dem F.A.Z.-Institut) oder freien Trainern angeboten.

11.4.2 Change Communication

In Abschnitt 11.3.3 über Issues-Management wurde deutlich, dass Organisationen mit ständigen Veränderungen ihrer Umwelten konfrontiert sind und externe Kommunikationsmaßnahmen einsetzen und weiterentwickeln müssen, um diese Veränderungen mitgestalten zu können. Dieser externe Druck zwingt die Organisationen auch, sich intern zu verändern und Strukturen, Arbeitsabläufe und -beziehungen anzupassen. Es entstehen sog. „postbürokratische" Formen von Organisationen, die auch mit den Schlagworten „Netzwerkorganisation" oder „virtuelle Organisation" beschrieben werden, die sich durch flachere Hierarchien und weniger Personal auszeichnen und so flexibler auf Veränderungen des Umfelds reagieren können sollen (Symon, 2000). Die häufigsten Veränderungen für die Mitarbeiter von Organisationen betreffen die von ihnen gewohnten Arbeitsabläufe, Stellen- und Aufgabenbeschreibungen und manifestieren sich in Umstrukturierungen von Abteilungen, Veränderungen von Zuständigkeiten, Vorgesetzten, Kollegen sowie der gewohnten Arbeitsbedingungen. Diese Veränderungen bringen häufig neue Rollen, Regeln und Normen mit sich und bergen nicht selten Risiken wie das der Versetzung oder Entlassung.

Bei der Planung und Umsetzung solcher Prozesse kommt der internen Kommunikation eine zentrale Rolle zu – man spricht von Change Communication, die auch als eine Form der Krisenkommunikation gesehen werden kann. Ihr Ziel ist es, die Notwendigkeit der Veränderungen zu erklären und Unsicherheit sowie wahrgenommene Risiken und Bedrohungen zu reduzieren (Bordia, Hunt, Paulsen, Tourish & DiFonzo, 2004). Der Anschein von Heimlichkeiten und Unaufrichtigkeit soll durch eine offene Kommunikation vermieden, schädliche Gerüchte sollen unterbunden, Angst abgebaut und die Bereitschaft zur Kooperation gefördert werden (Lewis & Seibold, 1998). Dabei ist es sinnvoll, die Wahl der Informationskanäle und Medien von der Komplexität und dem wahrgenommenen Risiko einer Veränderung abhängig zu machen: Bei einer hohen Komplexität und einem großen Risiko für die Mitarbeiter scheint der Modus der interpersonalen Kommunikation überlegen zu sein, bei einfacheren Veränderungen gilt die mediale Kommunikation als effizienter. In der Praxis bevorzugen Organisationen wegen der wahrgenommenen Vorteile der persönlichen Kommunikation in Change-Situationen entweder Informationsgespräche in kleineren, eher informellen Runden oder Informationsveranstaltungen für die gesamte oder Teile der Belegschaft als Kommunikationsmaßnahme; Medien werden hingegen seltener eingesetzt (Lewis, 1999).

Zusammenfassung

- Unter Organisationskommunikation versteht man den Prozess des Generierens und Austauschs von Botschaften sowohl zwischen Angehörigen einer Organisation (interne Organisationskommunikation) als auch mit externen Umwelten (externe Organisationskommunikation).
- Den Organisationen steht ein breites Repertoire an Kommunikationsinstrumenten zur Verfügung, die sich an verschiedene Adressaten richten: Mediawerbung und Verkaufsförderung sind z.B. Instrumente der Marktkommunikation mit potenziellen Kunden, während Public Relations die Kommunikation mit anderen externen Teilöffentlichkeiten wie Medien oder der Politik zum Gegenstand hat; die interne Kommunikation dient dem Informationsaustausch zwischen Führungskräften und Mitarbeitern sowie zwischen Kollegen.
- Das Ziel der integrierten Unternehmenskommunikation besteht darin, die verschiedenen Kommunikationsmaßnahmen aufeinander abzustimmen, um ein glaubwürdiges und konsistentes Bild des Unternehmens zu vermitteln. Durch die inhaltliche, formale und zeitliche Integration sollen sich die Kommunikationsmaßnahmen gleichzeitig in ihrer Wirkung verstärken.
- Zwischen einer Organisation und ihrer Umwelt (z.B. Medien, Politiker, Verwaltungen,

Anwohner) besteht eine wechselseitige Abhängigkeit. Das Ziel dialogorientierter Public Relations ist es, mit diesen Teilöffentlichkeiten Beziehungen zu gründen und zu pflegen, die für beide Seiten von Nutzen sind und das Vertrauen in die Organisation fördern.

- Ein wichtiges Arbeitsfeld der Public Relations sind die Media Relations, die klassische Pressearbeit. Die meisten Studien kommen zu dem Schluss, dass über 50 % der Medienberichterstattung durch Öffentlichkeitsarbeit angestoßen wird.
- Personen oder Gruppen, die ein gemeinsames Anliegen, ein sog. „Issue", gegenüber einer Organisation vertreten, nennt man Publics oder Teilöffentlichkeiten. Mögliche Problemfelder rechtzeitig zu erkennen und durch die Kommunikation mit den Teilöffentlichkeiten zu beheben ist das Ziel einer Kernaufgabe der Public Relations – des Issues-Managements.
- Durch eine dialogorientierte interne Kommunikation werden die Mitarbeiter einer Organisation informiert und in Entscheidungsprozesse eingebunden. Dadurch sollen u.a. ihre Identifikation mit der Organisation sowie ihre Arbeitsmotivation erhöht als auch ihre soziale Integration und ihre persönliche Entwicklung positiv beeinflusst werden.
- Durch die Veränderungen von Organisationsstrukturen und Arbeitsbedingungen (z.B. durch die Globalisierung der Arbeitsmärkte sowie Rationalisierungsprozesse) gewinnen neue Medien für die interne Kommunikation an Bedeutung. Dies wird jedoch auch kritisch bewertet.
- Veränderungsprozesse in Organisationen bedeuten für ihre Angehörigen Unsicherheit (z.B. durch neue Arbeitsabläufe und -bedingungen oder durch das Risiko einer Entlassung). Das Ziel der Change Communication besteht darin, die Notwendigkeit der Veränderungen zu erklären und die Unsicherheit der Mitarbeiter zu verringern.

Leseempfehlung

- Avenarius, H. (2000). Public Relations. Die Grundform der gesellschaftlichen Kommunikation (2. überarb. Aufl.). Darmstadt: Primus.
- Bruhn, M. (2003). Integrierte Unternehmens- und Markenkommunikation. Strategische Planung und operative Umsetzung (3. Aufl.). Stuttgart: Schäffer-Poeschel.
- Cutlip, S.M., Center, A.H. & Broom, G.M. (2000). Effective public relations (8. ed.). Upper Saddle River: Prentice Hall.
- Jablin F.M. & Putnam L.L. (Eds.). (2001). The new handbook of organizational communication. Thousand Oaks: Sage.

Literatur

Avenarius, H. (2000). Public Relations. Die Grundform der gesellschaftlichen Kommunikation (2. überarb. Aufl.). Darmstadt: Primus.

Baerns, B. (1985). Öffentlichkeitsarbeit oder Journalismus? Zum Einfluß im Mediensystem. Köln: Verlag Wissenschaft und Politik.

Baerns, B. (1991). Öffentlichkeitsarbeit oder Journalismus? Zum Einfluß im Mediensystem (2. Aufl.). Köln: Verlag Wissenschaft und Politik.

Baerns, B. (1992). Öffentlichkeitsarbeit als Thema der Publizistik- und Kommunikationswissenschaft. Rückblick und Rahmen aktueller Annäherungen. In H. Avenarius & W. Armbrecht (Eds.), Ist Public Relations eine Wissenschaft? (pp. 133–150). Opladen: Westdeutscher Verlag.

Bentele, G., Liebert, T. & Seeling, S. (1997). Von der Determination zur Intereffikation. Ein integriertes Modell zum Verhältnis von Public Relations und Journalismus. In G. Bentele & M. Haller (Hrsg.), Aktuelle Entstehung von Öffentlichkeit. Akteure – Strukturen – Veränderungen (S. 225–250). Konstanz: UVK.

Bentele, G. & Nothhaft, H. (2004). Das Intereffikationsmodell. Theoretische Weiterentwicklung, empirische Konkretisierung und Desiderate. In K.-D. Altmeppen, U. Röttger & G. Bentele (Hrsg.), Schwierige Verhältnisse. Interdependenzen zwischen Journalismus und PR (S. 67–104). Wiesbaden: Verlag für Sozialwissenschaften.

Bordia, P., Hunt, E., Paulsen, N., Tourish, D. & DiFonzo, N. (2004). Uncertainty during organizational change: Is it all about control? European Journal of Work and Organizational Psychology, 13(3), 345–365.

Botan, C. (1997). Ethics in strategic communication campaigns: The case for a new approach to public relations. Journal of Business Communication, 34, 188–202.

Botan, C.H. & Taylor, M. (2004). Public relations: State of the field. Journal of Communication, 54(4), 645–661.

Broom, G.M., Casey, S. & Ritchey, J. (1997). Toward a concept and theory of organizational-public relationships. Journal of Public Relations Research, 9(2), 83–98.

Bruhn, M. (2003). Integrierte Unternehmens- und Markenkommunikation. Strategische Planung und operative Umsetzung (3. Aufl.). Stuttgart: Schäffer-Poeschel.

Bruhn, M. & Boenigk, M. (1999). Integrierte Kommunikation. Entwicklungsstand in Unternehmen. Wiesbaden: Gabler.

Crable, R.E. & Vibbert, S.L. (1985). Managing issues and influencing public policy. Public Relations Review, 11, 3–16.

Cutlip, S.M., Center, A.H. & Broom, G.M. (2000). Effective public relations (8. ed.). Upper Saddle River: Prentice Hall.

Deutsche Public Relations Gesellschaft (2005). Elektronische Publikation (Stand: 12. Juli 2005, http://www.dprg.de/statische/itemshowone.php4?id=39).

Esch, F.-R. (1998). Wirkung integrierter Kommunikation. Ein verhaltenswissenschaftlicher Ansatz für die Werbung. Wiesbaden: Gabler Verlag.

Ferguson, M. A. (1984). Building theory in public relations: Interorganizational relationships as public relations paradigm. Vortrag gehalten auf der Annual Conference of the Association for the Education in Journalism and Mass Communication. Gainesville, FL. Zitiert nach Botan, C.H. & Taylor, M. (2004). Public relations: State of the field. Journal of Communication, 54(4), 645–661.

Garrett Cline, C., McBride, M.H. & Miller, R.E. (1989). The theory of psychological type congruence in public relations and persuasion. In C.H. Botan & V. Hazleton (Eds.), Public relations theory (pp. 221–242). Hillsdale: Lawrence Erlbaum.

Goldhaber, G.M. (1993): Organizational communication (6. Aufl.). Boston: McGraw Hill.

Grunig, J.E. (1989). Symmetrical presuppositions as a framework for public relations theory. In C.H. Botan & V. Hazleton (Eds.), Public relations theory (pp. 17–44). Hillsdale: Lawrence Erlbaum.

Grunig, J.E. & Hunt, T. (1984). Managing public relations. Fort Worth: Harcourt.

Harlow, R. (1976). Building a public relations definition. Public Relations Review, 2, 34–41.

Haslam, S.A. (2001). Psychology in organizations. The social identity approach. London: Sage.

Heath, R.L. (1997). Strategic issues management. Organizations and public policy challenges. Thousand Oaks: Sage.

Hoffmann, C. (2001). Das Intranet. Ein Medium der Mitarbeiterkommunikation. Konstanz: UVK.

Huang, Y.-H. (2001). OPRA: A cross-cultural, multiple-item scale for measuring organization-public relationships. Journal of Public Relations Research, 13(1), 61–90.

Jablin, F.M. & Sias, P.M. (2001). Communication competence. In F.M. Jablin & L.L. Putnam (Eds.), The new handbook of organizational communication (pp. 819–864). Thousand Oaks: Sage.

Kohring, M. (2004). Vertrauen in Journalismus. Theorie und Empirie. Konstanz: UVK.

Kunczik, M. (2002). Public Relations. Konzepte und Theorien (4. Aufl.). Köln: Böhlau.

Lewis, L.K. (1999). Disseminating information and soliciting input during planned organizational change: Implementers' targets, sources, and channels for communicating. Management Communication Quarterly, 13(1), 43–75.

Lewis, L.K. & Seibold, D.R. (1998). Reconceptualizing organizational change implementation as a communication problem: A review of literature and research agenda. Communication Yearbook, 21, 93–151.

Macharzina, K. (1990). Informationspolitik: Unternehmenskommunikation als Instrument erfolgreicher Führung. Wiesbaden: Gabler.

Mast, C. (2002). Unternehmenskommunikation. Stuttgart: Lucius & Lucius.

Meffert, H. (2000). Marketing. Grundlagen marktorientierter Unternehmensführung. Konzepte – Instrumente – Praxisbeispiele (9. Aufl.). Wiesbaden: Gabler.

Mumby, D.K. & Clair, R.P. (1997). Organizational discourse. In T.A. van Dijk (Ed.), Discourse as social interaction. Discourse studies: A multidisciplinary introduction. (Vol. 2, pp. 181–205). London: Sage.

Neuberger, O. (1989). Organisationstheorien. In H. Schuler (Hrsg.), Organisationspsychologie (Enzyklopädie der Psychologie: Themenbereich D. Praxisgebiete: Serie III. Wirtschafts-, Organisations- und Arbeitspsychologie: Band 3, S. 205–250). Göttingen: Hogrefe.

Röttger, U. (2004). Welche Theorien für welche PR? In U. Röttger (Hrsg.), Theorien der Public Relations. Grundlagen und Perspektiven der PR-Forschung (S. 7–22). Wiesbaden: Verlag für Sozialwissenschaften.

Röttger, U. (Hrsg). (2001). Issues Management. Theoretische Konzepte und praktischer Umsetzung. Eine Bestandsaufnahme. Opladen: Westdeutscher Verlag.

Ronneberger, F. & Rühl, M. (1992). Theorie der Public Relations. Ein Entwurf. Opladen: Westdeutscher Verlag.

Schantel, A. (2000). Determination oder Intereffikation? Eine Metaanalyse der Hypothesen zur PR-Journalismus-Beziehung. Publizistik, 45, 92–116.

Spears, R., Lea, M. & Postmes, T. (2001). Social psychological theories of computer-mediated communication: Social pain and social gain. In W.P. Robinson & H. Giles (Eds.), The new handbook of language and social psychology (pp. 601–623). Chichester: Wiley.

Sutcliffe, K.M. (2001). Organizational environments and organizational information processing. In F.M. Jablin & L.L. Putnam (Eds.), The new handbook of organizational communication (pp. 197–231). Thousand Oaks: Sage.

Symon, G. (2000). Information and communication technologies and the network organization. A critical analysis. Journal of Occupational and Organizational Psychology, 73, 389–414.

Theis-Berglmair, A.M. (2003). Organisationskommunikation. Theoretische Grundlagen und empirische Forschungen (2. Aufl.). Münster: Lit.

Watkins Allen, M., Gotcher, J.M. & Hart S.J. (1993). Communication research: Journal articles 1980–1991. Communication Yearbook, 16, 252–330.

Watson, B.M., Schwarz, G.M. & Jones, E. (2005). Is organizational e-democracy inevitable? The impact of information technologies on communication effectiveness. In T. Torres-Coronas & M. Arias-Oliva (Eds.), E-human resources management: Managing the knowledge people (pp. 206–235). New York, San Francisco: Idea Group Publishing.

Weinert, A.B. (1998). Organisationspsychologie (4. Aufl.). Weinheim: Beltz.

Zerfaß, A. (1996). Unternehmensführung und Öffentlichkeitsarbeit: Grundlegung einer Theorie der Unternehmenskommunikation und Public Relations. Opladen: Westdeutscher Verlag.

Zorn, T.E. & Violanti, M.T. (1996). Communication abilities and individual achievement in organizations. Management Communication Quarterly, 10, 139–167.

12 Gesundheitsbezogene Risikokommunikation

Britta Renner • Martina Panzer • Andries Oeberst

Beispiel

Die Berichterstattung in den Massenmedien zu BSE: Ein Fall von „Media Scare"?

Die Öffentlichkeit wurde erstmals 1987 durch das britische Agrarministerium (Ministry of Agriculture, Fisheries, and Food, MAFF) darüber informiert, dass Fälle von Bovine Spongiform Encephalopathy (BSE) aufgetreten sind. Im April 1988 beauftragte die britische Regierung das eigens dafür gegründete Southwood Committee mit der Risikoabschätzung von BSE. Im Februar 1989 brachte das Komitee eine Erklärung heraus, dass eine Übertragung von BSE auf den Menschen nicht auszuschließen, jedoch sehr unwahrscheinlich sei. Das Agrarministerium gab daraufhin bekannt, dass kein Risiko für die Bevölkerung bestehe und von Rindfleisch keine Gefahr ausgehe. Dies löste in den britischen Medien 1990 eine sprunghafte Zunahme in der Berichterstattung aus.

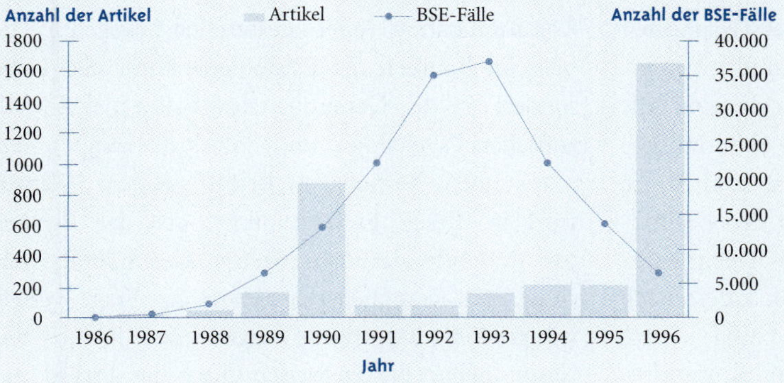

Abbildung 12.1. Anzahl der BSE-Fälle in Großbritannien (Linie) und Anzahl der Berichte über BSE in britischen Zeitungen (Balken) von 1986 bis 1996 (Eldridge & Reilly, 2003, S. 142).

Die dadurch ausgelöste hohe öffentliche Aufmerksamkeit ging mit einem drastischen Rückgang des Rindfleischkonsums einher. Allerdings ging im darauf folgenden Jahr die Berichterstattung wieder auf ihr Ausgangsniveau vor 1990 zurück, und ebenso normalisierte sich das Verbraucherverhalten. Tatsächlich nahm jedoch die Anzahl der BSE-Infektionen in Großbritannien bis 1994 stetig zu, ohne dass sich dies in der Häufigkeit der Berichterstattung widerspiegelte (Eldridge & Reilly, 2003; s. Abb. 12.1). Im Jahr 1996 wurde durch die Bekanntgabe des britischen Agrarministers Stephen Dorrell, dass ein Zusammenhang zwischen einer neuen Variante der Creutzfeldt-Jakob-Krankheit (vCJD) beim Menschen und BSE nicht auszuschließen sei, ein zweiter dramatischer Anstieg in der Berichterstattung über BSE ausgelöst. Tatsächlich war die Anzahl der BSE-Fälle in den Jahren zuvor deutlich zurückgegangen.

Bis Mai 2004 sind weltweit 146 Fälle von vCJD bestätigt worden – kein einziger Fall davon in Deutschland (Richter-Kuhlmann, 2004). Aufgrund der Diskrepanz zwischen epidemiologischen Befunden, beobachtbaren Schadensfällen und Berichterstattung wurde von Expertenseite die Reaktion der Medien als „Panikmache" („media scare", „scaremongering") eingestuft (Eldridge & Reilly, 2003).

Das öffentliche Interesse an Informationen über Gesundheit und Krankheit hat in den letzten Jahrzehnten stark zugenommen. So hat sich beispielsweise allein in den USA zwischen den Jahren 1998 und 2001 die Anzahl der Personen, die Gesundheitsinformationen online recherchieren, von rund 54 auf 97 Millionen nahezu verdoppelt (Taylor, 2001). Eine vergleichbare Entwicklung zeigt sich auch daran, dass die Anzahl der populärwissenschaftlichen Beiträge und der Boulevardangebote in den Massenmedien zu gesundheitsbezogenen Themen zunahm (vgl. Bleicher & Lampert, 2003; Jazbinsek, 2000). Auch die Anzahl der wissenschaftlichen Veröffentlichungen aus verschiedenen Fachdisziplinen zu der Frage, wie gesundheitsbezogene Themen kommuniziert und rezipiert werden, stieg enorm an (Berry, 2004; Hurrelmann & Leppin, 2001). Die Kommunikation gesundheitsbezogener Themen umfasst ein sehr breites und heterogenes Forschungsfeld, das von verschiedenen Fachdisziplinen unterschiedlich definiert wird.

Gesundheitskommunikation. Aus der Perspektive der Kommunikationswissenschaften und der Public-Health-Wissenschaften wird die Kommunikation über gesundheitsbezogene Themen unter dem Begriff der „Gesundheitskommunikation" zusammengefasst. Aus kommunikationswissenschaftlicher Perspektive wird Gesundheitskommunikation definiert als „die Art und Weise, wie man individuelle, institutionelle und andere Öffentlichkeiten über wichtige Problemfelder im Bereich der Gesundheit informiert. Zur Bandbreite der Gesundheitskommunikation gehören die Krankheitsprävention, die Gesundheitsförderung, politische und ökonomische Fragen der Gesundheitsversorgung, aber auch die Verbesserung der Lebensqualität und der Gesundheit innerhalb der Gesellschaft" (U.S. Department of Health and Human Services, 2000, zitiert nach Parrott, 2004, S. 751; eigene Übersetzung). Diese Definition schließt alle potenziellen Kommunikationspartner (z.B. Ärzte, Gesundheitsbehörden, Patienten, Krankenversicherte) und alle Ebenen der Kommunikation (z.B. Arzt-Patient-Interaktion, Medizinberichterstattung in den Massenmedien) ein, die sich auf gesundheitsbezogene Inhalte beziehen. Aus der Perspektive der Kommunikationswissenschaften steht somit der Kommunikationsaspekt im Zentrum, wobei Gesundheitsförderung und Krankheitsprävention mögliche Konsequenzen sind (Signitzer, 2001).

Demgegenüber steht in der Public-Health-Forschung die Frage im Vordergrund, wie die Gesundheit auf individueller, organisatorischer und gesellschaftlicher Ebene mithilfe der Gesundheitskommunikation gefördert werden kann. Auch hier wird von einem ähnlich umfassenden Begriff von Gesundheitskommunikation ausgegangen. Hurrelmann und Leppin (2001, S. 11) beispielsweise definieren Gesundheitskommunikation aus einer Public-Health-Perspektive als „... die Vermittlung und den Austausch von Wissen, Meinungen und Gefühlen zwischen Menschen, die als professionelle Dienstleister oder Patienten/Klienten in den gesundheitlichen Versorgungsprozess einbezogen sind und/oder als Bürgerinnen und Bürger an Fragen von Gesundheit und Krankheit und öffentlicher Gesundheitspolitik interessiert sind". Diese Definition von Gesundheitskommunikation umfasst alle verbalen, schriftlichen und bildlichen Kommunikationsformen in der direkten (persönlichen) sowie indirekten (über Medien) Kommunikation, die gesundheitsbezogene Inhalte umfassen.

Risikokommunikation. Im Gegensatz dazu wird Kommunikation über gesundheitsbezogene Themen im Rahmen der Psychologie (und hier insbesondere in der Gesundheitspsychologie, der Medizinischen Psychologie und Sozialpsychologie) nicht unter einem bestimmten Begriff geführt. Vielmehr wird in diesen Fachdisziplinen aus der Perspektive der individuumsbezogenen Gesundheitsförderung und Krankheitsprävention die Frage gestellt, wie gesundheitsbezogene Kognitionen, Risiko- bzw. Gesundheitsverhaltensweisen durch die direkte (persönliche) oder indirekte (über Medien) Kommunikation gesundheitsbezogener Informationen beeinflusst werden.

Das zunehmende Interesse an dieser anwendungsorientierten Fragestellung ist insbesondere in der aktuellen epidemiologischen Entwicklung begründet. Sie zeigt, dass inzwischen 60 % aller weltweiten Todesfälle durch Krankheiten verursacht werden, deren Genese überwiegend durch verhaltensbasierte Risikofaktoren (z.B. Tabak- und Alkoholkonsum, Übergewicht und Bluthochdruck) verursacht wird (World Health Organization, 2002). Damit kommt dem individuellen Verhalten eine große Bedeutung im Rahmen der Gesundheitsförderung und Krankheitsprävention zu.

Als Reaktion auf diese Entwicklung hat beispielsweise die World Health Organization (WHO) als eine zentrale Maßnahme zur Veränderung dieser Risikoverhaltensweisen eine umfassende und verständliche Risikokommunikation gefordert, die an die subjektive Konzeption von Risiken angepasst ist. Ein weiterer Anlass für die Forcierung und Optimierung der Risikokommunikation besteht darin, dass neben der primären Prävention auch im Bereich der sekundären und tertiären Gesundheitsprävention, d.h. im Rahmen der Behandlung von Krankheiten und der Rehabilitation, die Kommunikation von Gesundheitsrisiken einen immer größeren Stellenwert einnimmt. Beispielsweise werden medizinisch-therapeutische Interventionen immer häufiger auf der Grundlage einer gemeinsamen Entscheidungsfindung von Arzt und Patient („shared decision making") oder einer „informierten Entscheidung" („informed decision") der Patienten ausgewählt (French & Marteau, im Druck). Solche Formen der Entscheidungsfindung sind insbesondere im Rahmen von medizinischen Interventionen notwendig, deren Nutzen und Risiken nicht nur unter medizinischen Gesichtspunkten bewertet werden können, sondern deren Implikationen auch in Abhängigkeit von den Werten und Einstellungen der Patienten unterschiedlich zu bewerten sind. So mag sich eine Frau für eine Hormonersatztherapie entscheiden, weil sie die Risiken im Vergleich zum Nutzen als weniger gravierend empfindet, während sich eine andere Frau mit vergleichbarer Symptomatik gegen die Therapie entscheidet, da sie nicht gewillt ist, die Risiken in Kauf zu nehmen.

Die gesundheitsbezogene Risikokommunikation nimmt damit bei der Gesundheitsförderung und Krankheitsprävention eine wichtige Rolle ein (Leppin, 2001). Ob es um die Entscheidung von Gesunden geht, ein bestimmtes Risikoverhalten (wie z.B. Rauchen) zu verändern, eine Schutzimpfung vorzunehmen, einen genetischen Test durchzuführen, oder um die Entscheidung von Kranken und Ärzten, ein bestimmtes Medikament einzunehmen bzw. zu verschreiben, einen operativen Eingriff oder eine medizinische Behandlung vorzunehmen, in allen Fällen bilden gesundheitsbezogene Risikoinformationen eine zentrale Entscheidungsgrundlage.

Dieser Beitrag stellt aus einer gesundheits- und sozialpsychologischen Perspektive verschiedene Formen gesundheitsbezogener Risikokommunikation und deren Wirkungen auf gesundheitsbezogene Kognitionen und Verhaltensweisen dar. In einem ersten Schritt wird der Begriff „Risiko" definiert und dargelegt, dass sich statistische Laien und Experten häufig in systematischer Weise darin unterscheiden, welche Gefahrenquellen sie als Risiko einschätzen. Anschließend wird anhand ausgewählter Beispiele, wie der BSE-Krise, die Wirkung der Massenmedien auf die individuelle Risikoeinschätzung dargestellt.

Wir wenden uns dann der Frage zu, wie bedrohliche Informationen auf Menschen wirken. Informationen über Gefahrenquellen und Risiken erzeugen häufig ein Gefühl der Bedrohung und Furcht. Dies führt zu der Frage, inwieweit bedrohliche Informationen, so genannte Furchtappelle, als Mittel zur Motivierung von Einstellungs- und Verhaltensänderungen wirksam sind. Ein zentraler Bestandteil von Risikokommunikation sind Sachinformationen, z.B. über den Zusammenhang von Rauchen und Herzinfarkt. Hier stellt sich die Frage, wie verschiedene Darstellungsformate (z.B. Prozentsätze oder Fallbeispiele) das Verständnis und die Bewertung von Risiken sowie das Verhalten beeinflussen. Aus einer psychologischen Perspektive sollten Risikoinformationen, die auf die einzelne Person zugeschnitten sind (wie z.B. „Sie haben einen erhöhten Cholesterinwert und tragen deshalb ein erhöhtes Herzinfarktrisiko“), besonders wirksam sein, da diese Form der Risikoinformation sowohl bedrohlich als auch informativ für die eigene Person ist. In einem letzten Abschnitt wird deshalb die Frage beleuchtet, welche Reaktionen solche selbstbezogenen Risikoinformationen auslösen.

> **!** Im Rahmen der Risikokommunikation unterscheidet man zwischen Furchtappellen und Informationsappellen. **Furchtappelle** sollen in erster Linie dadurch zu Einstellungs- und Verhaltensänderungen führen, dass Angstgefühle hervorgerufen werden, und **Informationsappelle** in erster Linie dadurch, dass der Wissensstand verbessert wird.

12.1 Welche Gefahrenquellen werden als Risiko bewertet?

„Objektive“ Risiken. In den verschiedenen Fachdisziplinen (Medizin, Physik, Chemie, Psychologie, Wirtschaftswissenschaften, Umweltwissenschaften) wird „Risiko“ generell über die unterschiedlichen Risikobereiche (z.B. Wirtschaft, Technik, Umwelt, Gesundheit) hinweg als die Möglichkeit eines Schadens oder Verlustes definiert (Jungermann & Slovic, 1997). Deshalb beruhen statistische Risikoabschätzungen in der Regel auf Auftretenswahrscheinlichkeiten (z.B. Wahrscheinlichkeit eines Flugzeugabsturzes) und dem Schweregrad eines Schadens (z.B. Anzahl der Todesfälle) durch eine bestimmte Gefahrenquelle. Durch die Multiplikation der beiden Komponenten wird das „objektive“ Risiko definiert.

> **!** Risikoexperten definieren **Risiken** durch die objektiven Auftretenswahrscheinlichkeiten und das Schadensausmaß.

Damit werden alle Gefahrenquellen von der Gentechnologie bis hin zur fettreichen Ernährung mit dem gleichen „Maßstab“ gemessen.

Dies erlaubt es, verschiedene Gefahrenquellen in eine Rangreihe zu bringen und damit vergleichbar zu machen. So ist beispielsweise die Wahrscheinlichkeit, aufgrund eines Verkehrsunfalls tödlich zu verunglücken um ca. den Faktor 460 höher als die Wahrscheinlichkeit, durch einen Flugzeugabsturz zu verunglücken.

Die Verwendung dieses einheitlichen Risikomaßstabes bedeutet ferner, dass auf den ersten Blick sehr unterschiedliche Gefahrenquellen als gleich riskant eingestuft werden. So können beispielsweise eine Hepatitis-B-Infektion und eine HIV-Infektion als vergleichbar riskant beurteilt werden, wenn es um die Frage geht, wie wahrscheinlich es ist, dass es zu einem tödlichen Verlauf kommt, wenn man unbeabsichtigt mit einer infizierten Person Wundkontakt hatte. Das Sterberisiko beträgt für beide Krankheiten in etwa 1 %, obwohl die Gefahr, sich im Falle eines unbeabsichtigten Kontaktes mit Hepatitis B zu infizieren, um ein Vielfaches höher ist als bei HIV (Hepatitis B: 25 %; HIV: 1 %). Eine Hepatitis-B-Infektion verläuft jedoch deutlich seltener tödlich (Hepatitis B: 5 %; HIV: 100 %). Multipliziert man beide Wahrscheinlichkeiten miteinander, ergibt sich trotzdem in etwa das gleiche Sterberisiko für beide Krankheiten (1,25 % und 1 %).

Auch bei der „objektiven“ Risikoabschätzung sind subjektive Entscheidungen von zentraler Bedeutung. Um die Risiken einer Gefahrenquelle abschätzen zu können, werden bestimmte Folgeerscheinungen (z.B. Krebserkrankungen) in Betracht gezogen, während andere Konsequenzen (z.B. Allergien, Schäden des Nervensystems) häufig unberücksichtigt bleiben. Die Auswahl der Konsequenzen, die untersucht werden, erfolgt meist aufgrund aktueller wissenschaftlicher Erkenntnisse, ökonomischer Gesichtspunkte und sozialer Wertvorstellungen.

Subjektive Risikowahrnehmung. Der Begriff Risikowahrnehmung wird in der Forschung verwendet, um das „subjektive“ oder „intuitive“ Risikokon-

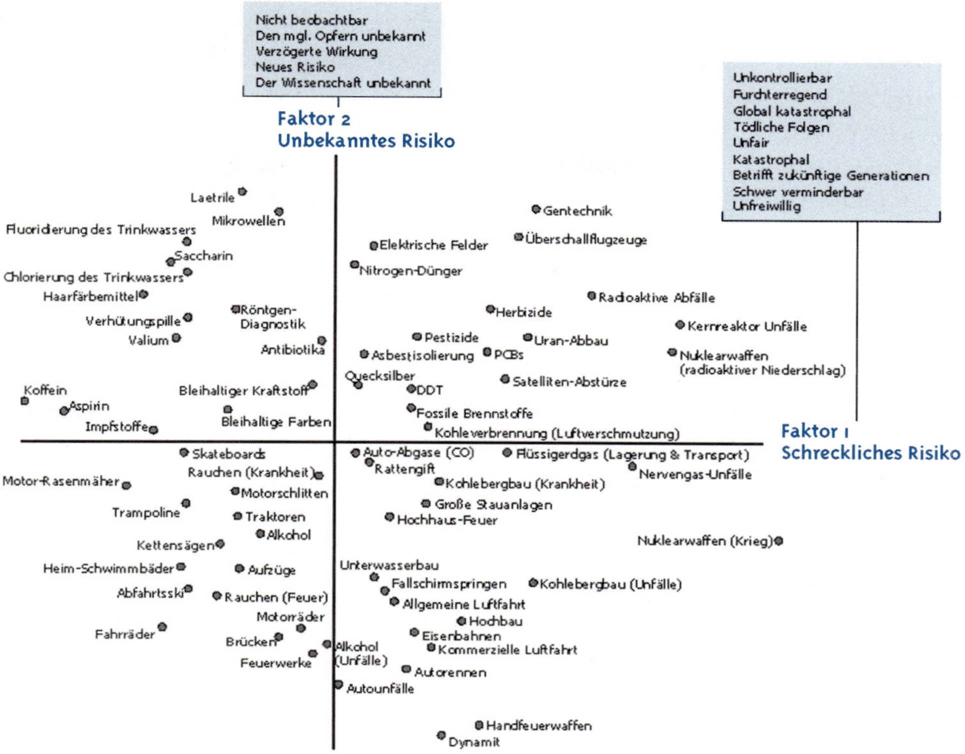

Abbildung 12.2. Das Koordinatensystem der Risikowahrnehmung (Slovic, Fischhoff & Lichtenstein, 1985).

zept von Laien von der „objektiven“ Risikoabschätzung durch Experten abzugrenzen. Der prominenteste Ansatz zur Erforschung des subjektiven Konzeptes „Risiko“ ist der „psychometrische Ansatz“ der Oregon-Forschungsgruppe um Slovic, Fischhoff und Lichtenstein (im Überblick: Jungermann & Slovic, 1997; Slovic, 2000). Den Befragten wird hier normalerweise eine Liste von Technologien und Aktivitäten vorgegeben, die sie hinsichtlich ihres Risikopotenzials sowie verschiedener anderer Dimensionen (z.B. kontrollierbar im Gegensatz zu unkontrollierbar; bekannt im Gegensatz zu unbekannt) bewerten sollen. Insbesondere bei der Abschätzung technischer Gefahrenquellen zeigte sich in zahlreichen Studien, dass sich Experten und Laien systematisch unterscheiden. Technische Experten berücksichtigen bei der Risikoabschätzung in erster Linie die Anzahl der Schadens- und Todesfälle in einem bestimmten Zeitraum. Demgegenüber orientieren sich Laien bei der Frage, welche Ereignisse, Technologien oder Handlungen ein Risiko darstellen, zusätzlich an weiteren „qualitativen“ Merkmalen der Gefahrenquellen (wie beispielsweise deren Kontrollierbarkeit und Bekanntheit; Slovic, 2000). Diese qualitativen Merkmale können im Wesentlichen zu zwei Dimensionen zusammengefasst werden, die eine Art Koordinatensystem für die Risikowahrnehmung von Laien bilden (s. Abb. 12.2, Slovic, Fischhoff & Lichtenstein, 1985):

(1) Die erste Dimension erfasst die „Schrecklichkeit“ einer Gefahrenquelle („dread risk“). Eine Gefahrenquelle wird als besonders schrecklich eingestuft, wenn sie als unkontrollierbar wahrgenommen wird, die Betroffenen ihr unfreiwillig ausgesetzt sind, sie für viele Menschen innerhalb eines kurzen Zeitraums möglicherweise tödlich ist und vielleicht mehrere Generationen betrifft.

(2) Die zweite Dimension umfasst vor allem die „Unbekanntheit“ der Gefahrenquelle („unknown risk“). Wenn Letztere für die Betroffenen sowie die Wissenschaft neuartig und unbekannt ist und die Auswirkungen mit hoher zeitlicher Verzögerung eintreten, wird sie als in hohem Maße „unbekannt“ eingestuft.

BSE und gentechnisch veränderte Nahrungsmittel sind typische Beispiele für Gefahrenquellen, die eine hohe Ausprägung auf beiden Dimensionen aufweisen und deshalb als besonders riskant empfunden werden. Technologische Risiken weisen im Allgemeinen eine höhere Ausprägung auf beiden Dimensionen auf als Risiken, die vom individuellen Verhalten abhängen (z.B. Rauchen, Alkoholkonsum).

Menschen haben offenbar eine Prädisposition, auf „schreckliche“ und „neuartige“ Gefahrenquellen mit besonderer Besorgnis zu reagieren, und zwar unabhängig von deren Auftretenswahrscheinlichkeit. In Bezug auf die Risikobewertung stehen sich somit zwei Typen Gefahrenquellen gegenüber:

- Gefahrenquellen, denen wir uns freiwillig aussetzen und die wir durch unser Verhalten beeinflussen können (z.B. Rauchen),
- Gefahrenquellen, denen wir uns unfreiwillig ausgesetzt sehen und die wir nur schwer durch unser Verhalten beeinflussen können (z.B. Gentechnologie).

Erstere werden in der Regel als weniger riskant bewertet, und dies, obwohl Letztere aus statistischer Sicht ein deutlich geringeres Risiko aufweisen. Das ist auch der Grund dafür, dass „Risikolaien“ und „Risikoexperten“ teilweise höchst unterschiedlich auf eine bestimmte Gefahrenquelle reagieren.

12.2 Einfluss der Massenmedien auf die Risikowahrnehmung

Die meisten Forscher stimmen mit der Annahme überein, dass die Massenmedien die Prädisposition, auf „schreckliche“ und „neuartige“ Gefahrenquellen mit besonderer Besorgnis zu reagieren, verstärken können; sie üben einen erheblichen Einfluss darauf aus, wie sich Menschen die Risiken und Gesundheitsgefahren sozial konstruieren (Berry, 2004; Renn, 1991).

Eine der ersten Untersuchungen zum Zusammenhang zwischen Berichterstattung in den Massenmedien und Risikowahrnehmung in der Bevölkerung wurde von Combs und Slovic (1979) durchgeführt. Sie analysierten US-amerikanische Zeitungen und fanden heraus, dass deutlich häufiger über Gewaltverbrechen, Unfälle und Naturkatastrophen berichtet wurde als über Krankheiten. Statistisch gesehen stellen Krankheiten jedoch eine wesentlich höhere Gefahr dar als die drei anderen Ereignisse zusammen, da Krankheiten zu deutlich mehr Todesfällen führen. Interessant ist nun, dass sich diese asymmetrische Berichterstattung zugunsten dramatischer, aber vergleichsweise seltener Risiken und Todesursachen in der Wahrnehmung der Befragten widerspiegelte: Je häufiger etwas in der Berichterstattung vorkam, desto höher wurde die Anzahl der Todesfälle geschätzt. Demnach überschätzen die Befragten entsprechend der Berichterstattung in den Medien, wie häufig es durch Gewaltverbrechen, Unfälle und Naturkatastrophen zu Todesfällen kommt, während sie die Häufigkeit krankheitsbedingter Todesfälle unterschätzen. Diese Ergebnisse sprechen für die Kultivierungsthese des Medienwissenschaftlers George Gerbner. Danach tragen die Medien zur Sozialisation bei und prägen das wahrgenommene Realitätsbild mit (Gerbner & Gross, 1976; Shrum, 1999; s. dazu auch Abschnitt 5.5.1 über Einstellungsbeeinflussung ohne dahinter stehende Absichten).

Ein weiteres Beispiel für den Einfluss der Medien auf die Risikowahrnehmung stellt die „BSE-Krise“ dar. Das Besondere an der BSE-Krise war, dass das Ausmaß der Berichterstattung nicht widerspiegelte, wie sich die Anzahl der Neuerkrankungen pro Jahr tatsächlich entwickelte (Eldridge & Reilly, 2003). Wie Abbildung 12.1 am Anfang des Kapitels zeigt, wurde in den britischen Medien zu einem Zeitpunkt am meisten darüber berichtet, als berichtet, als die Zahl der BSE-Fälle bereits deutlich wieder zurückgegangen war, während sich in den britischen Medien nur wenige Artikel darüber fanden, als die BSE-Fälle zahlenmäßig ihren Höhepunkt erreichten. Unmittelbar nach der verstärkten Berichterstattung zeigte sich, dass der Rindfleischkonsum drastisch zurückging. Aus diesem Grund wird in diesem Zusammenhang auch von „Panikmache“ durch die Medien („media scare“) gesprochen, da die Berichterstattung sich nicht unmittelbar an dem Ausmaß des Schadens (also an der Anzahl der BSE-Fälle) orientierte.

Ein vergleichbar asymmetrisches Zusammenhangsmuster zwischen epidemiologischen Statistiken, Berichterstattung in den Medien und der Reaktion in der Bevölkerung haben kürzlich Frewer, Miles und Marsh (2002) in einer Längsschnittstudie bezogen auf gentechnisch veränderte Nahrungsmittel gezeigt. Die sprunghafte Zunahme der Berichterstattung im Jahr 1998 führte zu einer signifikanten Einstellungsänderung in der britischen Bevölkerung, ohne dass dies durch epidemiologische Befunde oder beobachtbare Schadensfälle begründbar war.

Die Auswirkungen einer Gefahrenquelle können weit über den unmittelbaren, direkten physischen Schaden hinausgehen und zahlreiche weitere indirekte Folgekosten, so genannte „Welleneffekte“ („ripple effects“), verursachen, wie auch das folgende Beispiel verdeutlicht (Susarla, 2003): Das erneute Auftreten des Yersinia-pestis-Bakteriums in der indischen Stadt Surat führte zu einem breiten Medienecho. Obwohl die lokalen Behörden umfangreiche Anstrengungen unternahmen, der Bevölkerung zu versichern, dass keine akute Gefährdung vorlag, löste die Berichterstattung massive Reaktionen in der Bevölkerung aus. Rund 20.000 Menschen verließen die Stadt, und Hunderte suchten medizinische Versorgungseinrichtungen auf. Dies wiederum bewegte die lokalen Behörden dazu, zahlreiche Vorsichtsmaßnahmen einzuleiten (wie etwa das Schließen von öffentlichen Einrichtungen und eine breite medizinische Untersuchung der Bevölkerung). Diese Maßnahmen verstärkten vermutlich jedoch die Risikowahrnehmung in der Bevölkerung und die Befürchtungen, dass sich die Krankheit auf andere Landesteile ausbreiten könnte. Nachfolgend verhängten verschiedene Länder ein Einreiseverbot für Personen aus Indien, Flüge nach Indien wurden gestrichen und Handelsbeschränkungen ausgesprochen, um nur einige der weit reichenden Welleneffekte zu benennen.

Das Social-Amplification-Modell (Kasperson, Kasperson, Pidgeon & Slovic, 2003) beschreibt das Zusammenwirken zwischen den direkten Effekten der Gefahrenquelle und psychologischen, sozialen, institutionellen und kulturellen Prozessen. Diese Prozesse können entweder zu einer Verstärkung („risk amplification“) oder einer Verringerung („risk attenuation“) der individuellen und sozialen Risikowahrnehmung sowie der Reaktionen auf die Gefahrenquelle führen (s. im Überblick dazu Kasperson et al., 2003). Das Modell nimmt an, dass Gefahrenquellen bzw. Risiken ohne spürbare Auswirkung bleiben, wenn diese nicht wahrgenommen und kommuniziert werden. Die Risikowahrnehmung und -kommunikation von Individuen, Gruppen und Institutionen wiederum ist stark geprägt von deren Vorkenntnissen, Einstellungen und Intentionen. Damit ist nicht das „objektive“ Risiko letztlich ausschlaggebend, sondern vielmehr die Interpretation des Risikos durch die einzelnen Akteure. Als Akteure werden dabei Einzelpersonen, Interessengruppen, Behörden, Verbände, die Medien und Meinungsführer angesehen. Diese können durch ihre Reaktionen als individuelle oder soziale „Verstärkungsstationen“ („amplification stations“) fungieren und beispielsweise das Ausmaß der Informationsfülle beeinflussen. Sie können aber auch dazu beitragen, dass bestimmte Aspekte besonders hervorgehoben werden. Der zuvor skizzierte psychometrische Ansatz der Forschungsgruppe um Slovic gibt dabei Hinweise, auf welche Arten von Gefahrenquellen die verschiedenen Akteure mit einer besonderen Aufmerksamkeit reagieren: Die Öffentlichkeit bzw. die einzelnen Personen reagieren insbesondere auf Gefahrenquellen, die sowohl als „schrecklich“ als auch als „neuartig“ angesehen werden (vgl. Abschnitt 12.1 und dort Abb. 12.2). Auch die Medien tendieren dazu, auf diese Gefahrenquellen mit stärkerer Resonanz zu reagieren und damit systematisch zu beeinflussen, was Menschen als bedeutsame Risiken wahrnehmen (s. dazu auch Göpfert, 2003). Experten und Behörden hingegen orientieren sich in erster Linie an der Häufigkeit der beobachteten Schadensfälle.

Das Social-Amplification-Modell und der psychometrische Ansatz geben Anhaltspunkte, welche Gefahrenquellen von verschiedenen Akteuren als Risiko wahrgenommen werden und welche den Wunsch nach entsprechenden Schutzmaßnahmen auslösen. Diese Ansätze gestatten es somit, verschiedene Gefahrenquellen und Risiken zu klassifizieren und zu systematisieren. Welche Reaktionen auf ein und dasselbe Risiko (z.B. Rauchen) in Abhängigkeit von der Art und Weise der Risikokommunikation ausgelöst werden, kann allerdings damit nicht beschrieben werden. Aus der Perspektive der Gesundheitsaufklärung ist aber die Frage von zentraler Bedeutung, welche Kommunikationsform eine erhöhte Aufmerksamkeit und Veränderungsbereitschaft in der Bevölkerung bewirkt; dabei sollten auch die spezifischen verhaltensabhängigen Risiken bedacht werden. Wie der von Slovic, Fischhoff und Lichtenstein (1985) isolierte Faktor „Schrecklichkeit“ (s. Abschnitt 12.1 darüber, welche Gefahrenquellen als Risiko bewertet werden) bereits deutlich macht, ist die ausgelöste Furcht ein zentraler Aspekt der Risikokommunikation, der eine erhöhte Aufmerksamkeit hervorruft. Im Rahmen von Gesundheitsinterventionen werden deshalb seit langem so genannte „Furchtappelle“ eingesetzt, um gezielt bestimmte Wirkungen auszulösen.

12.3 Furchtappelle: Wirkt Bedrohung?

Furchtappelle sind Informationen über negative Konsequenzen eines Verhaltens oder Ereignisses. Sie sollen in erster Linie Gefühle der Angst und Bedrohung erzeugen, um hierdurch Einstellungs- und Verhaltensänderungen zu bewirken (vgl. Barth & Bengel, 1998; Hale & Dillard, 1995; Witte & Allen, 2000; s. auch Kap. 5 zur Rolle von Einstellungen im Kontext des Kommunikations- und Medienhandelns). So versuchen z.B. Anti-Raucher-Kampagnen die Risikoinformation „Rauchen schadet Ihrer Gesundheit“ wirkungsvoll zu unterstreichen; dies geschieht, indem man Bilder von schwarzen Lungen, Grabsteinen und Skeletten zeigt. Anhand der „Australian National Tobacco Campaign“ konnte tatsächlich gezeigt werden, dass durch den Einsatz von Furchtappellen in den Massenmedien das Gesundheitsverhalten günstig beeinflusst werden kann. In dieser Kampagne wurde den Fernsehzuschauern das Körperinnere von Rauchern gezeigt, damit sie die schädlichen Auswirkungen des Rauchens unmittelbar sehen konnten. Nach der Kampagne konnte eine signifikante Abnahme des Rauchens in der Bevölkerung festgestellt werden (Chapman, 1999). Vergleichbare Ergebnisse konnten auch in den USA beobachtet werden: Bei der „Massachusetts Anti-Tobacco Campaign“ (Biener, McCallum-Keeler & Nyman, 2000) wurden ebenfalls furchterregende Fernsehbeiträge eingesetzt (wie z.B. eine Diskussion über das Rauchen mit der Schauspielerin Janet Sackmann, die früher in Werbespots für Zigaretten aufgetreten war und deren Stimmbänder infolge ihres Tabakkonsums entfernt werden mussten). Exraucher oder Raucher, die sich mit dem Gedanken trugen aufzuhören, schätzten Beiträge im Fernsehen, die starke emotionale Reaktionen hervorriefen, als besonders wirksam ein. Unterhaltsame und humorvolle Beträge wurden hingegen als unwirksam eingestuft. Allerdings muss hier einschränkend angemerkt werden, dass die geschätzte Wirksamkeit nicht notwendigerweise auch der tatsächlichen Wirksamkeit entspricht.

Die sozialpsychologische Forschung untersucht die Wirksamkeit von Furchtappellen bereits seit den 1950er Jahren. In einer typischen experimentellen Untersuchung werden die Rezipienten verschieden starken Furchtappellen ausgesetzt, und nachfolgend werden ihre Einstellungen, Intentionen und Verhaltensweisen gemessen. Witte und Allen (2000) fassten in einer Metaanalyse zahlreiche Studien zur Wirksamkeit von Furchtappellen zusammen und stellten fest, dass stärkere Furchtappelle neben einer stärkeren emotionalen Reaktion (Furcht, Besorgnis) auch die kognitive Repräsentation des Risikos beeinflussten. Je stärker die Furchtappelle waren, desto höher schätzten die Rezipienten den Schweregrad der Bedrohung ein und desto höher bewerteten sie die eigene Anfälligkeit gegenüber der Bedrohung. Auch für die Vorsatzbildung und das Verhalten wurden signifikante positive Zusammenhänge gefunden. Allerdings hing die Wirksamkeit der Furchtappelle nicht nur von deren Intensität ab, sondern auch von der wahrgenommenen Effektivität der empfohlenen Schutzmaßnahmen. Je wirksamer diese wahrgenommen wurden und je konkreter die spezifischen Handlungsanweisungen waren, desto häufiger fanden sich Verhaltensänderungen aufseiten der Rezipienten (Sutton, 1982). Der wahrgenommenen Effektivität der Schutzmaßnahmen kommt damit eine entscheidende Weichenstellung zu. Starke Furchtappelle sind zwar wirksamer, aber nur dann, wenn sie in Kombination mit wirksamen Schutzmaßnahmen kommuniziert werden. Wenn diese hingegen fehlen oder von den Rezipienten nicht als wirksam eingeschätzt werden, kann es zu einem so genannten Bumerang-Effekt kommen: Die ursprünglich beabsichtigten Wirkungen der Risikokommunikation bleiben in diesem Fall nicht nur aus, sondern verkehren sich – beispielsweise in Bezug auf die Vorsatzbildung – ins Gegenteil (Devos-Comby & Salovey, 2002). Im Fall komplexer, schwieriger oder aufwändiger Schutzmaßnahmen gilt zusätzlich, dass die Rezipienten sich selbst auch die Kompetenz zuschreiben müssen, die erforderliche Schutzmaßnahme bzw. Verhaltensänderung (z.B. mit dem Rauchen aufzuhören) durchführen zu können.

Die durch Risikoinformation bzw. Furchtappelle hervorgerufene Furcht bzw. emotionale Bedeutsamkeit ist demnach ein Aspekt, der die Wirksamkeit der Risikokommunikation in Bezug auf eine Einstellungs- und Verhaltensänderung steigern kann. Sowohl Evaluationsstudien von Aufklärungskampagnen in den Massenmedien als auch experimentelle Studien weisen darauf hin, dass Informationen wie beispielsweise „Rauchen schadet Ihrer Gesundheit" wirksamer sind, wenn sie in einer stärker furchtauslösenden Form kommuniziert werden. Allerdings ist die emotionale Bedeutsamkeit nur ein Aspekt von Risikokommunikation. Ein weiterer zentraler Aspekt, der die Wirksamkeit maßgeblich beeinflusst, ist die Art der Information, die kommuniziert wird. Im Rahmen der Gesundheitspsychologie und der Kognitiven Psychologie, insbesondere der Urteils- und Entscheidungsforschung, wurde intensiv erforscht, welche Effekte verschiedene Formen der Information und der Darstellung auf die Risikowahrnehmung haben.

12.4 Informationsappelle: Auswirkungen unterschiedlicher Darstellungsformate

Ein zentraler Bestandteil der Risikokommunikation sind Sachinformationen oder „Informationsappelle", die das Wissen über Gefahrenquellen vergrößern und protektives Verhalten motivieren sollen (Renner & Schwarzer, 2000). Informationsappelle sollen einen Sachverhalt (z.B. den Zusammenhang zwischen Rauchen und kardiovaskulären Erkrankungen) möglichst verständlich darstellen und vermitteln. Risikokommunikation kann jedoch nur in sehr seltenen Fällen alle Aspekte der Gefahrenquelle beschreiben und berücksichtigen. Deshalb variieren Risikoinformationen teilweise erheblich in Bezug auf das Darstellungsformat und die dargestellten Aspekte. In der gesundheitspsychologischen Risikoforschung wird daher grundsätzlich zwischen zwei verschiedenen Ansätzen der Risikokommunikation unterschieden (Julian-Reynier, Welkenhuysen, Hagoel, Decruyenaere & Hopwood, 2003; Rothman & Kiviniemi, 1999):

- dem numerischen Ansatz („probability-based approach"),
- dem kontextbezogenen Ansatz („contextualized approach").

Numerische Ansätze stellen Risikoinformationen als statistische Zusammenhänge dar (z.B. als die Wahrscheinlichkeit, durch das Rauchen Lungenkrebs zu bekommen). Kontextbezogene Ansätze hingegen zielen mehr darauf ab, Informationen über die Ursachen und Konsequenzen von Gefahrenquellen zu vermitteln.

12.4.1 Numerische Risikoinformationen

Stellen Sie sich vor, Sie erhalten die Information, dass das Verhalten A die Sterblichkeitsrate um 30 % erhöht. Gleichzeitig erhalten Sie die Information, dass das Verhalten B die Sterblichkeitsrate von 1 pro 10.000 auf 1,3 pro 10.000 erhöht. Welches Verhalten schätzen Sie als riskanter ein? Statistisch betrachtet beeinflussen beide Verhaltensweisen die Sterblichkeitsrate in gleichem Maße. Der Unterschied besteht jedoch in der jeweiligen numerischen Darstellung. Diese kann in ganz unterschiedlichen Formaten erfolgen, die dennoch statistisch gesehen äquivalent sind: So kann die Darstellung in absoluter oder relativer Form erfolgen, in Form von Wahrscheinlichkeiten oder Häufigkeiten, als Prozentwerte oder als Erfolgschancen. Ferner können die Werte für einen kurzen Zeitraum (Ein-Jahres-Risiko) oder aber kumuliert über einen längeren Zeitraum angegeben werden (Zehn-Jahres-Risiko; das Risiko, dass beispielsweise eine vierzigjährige Kanadierin innerhalb des nächsten Jahres an Brustkrebs erkrankt, beträgt ca. 0,08 %, während das Risiko, innerhalb der nächsten zehn Jahre zu erkranken, bei 1,25 % liegt; vgl. Bryant & Brasher, 1999). Darüber hinaus finden sich auch verbale Beschreibungen wie „sehr unwahrscheinlich" oder „sehr selten" für das Ausmaß eines Risikos (s. z.B. Fischer & Jungermann, 2003). Sehr weit verbreitet sind auch visuelle Darstellungen (im Überblick s. z.B. Lipkus & Hollands, 1999). Zahlreiche Forschungsarbeiten belegen, dass die Reaktionen der Rezipienten systematisch durch die Art des numerischen Formats beeinflusst werden (Edwards, Elwyn, Covey, Matthews & Pill, 2001; Hoffrage, 2003).

Numerische Informationen sind für Laien und teils auch für Experten schwierig zu interpretieren (Hoffrage, Lindsey, Hertwig & Gigerenzer, 2000). In der Urteils- und Entscheidungsforschung wird deshalb untersucht, welches Format ein akkurates Verständnis der Risikoinformation fördert. In verschiedenen Untersuchungen konnte gezeigt werden, dass Häufigkeiten besser verständlich sind als Wahrscheinlichkeiten. So konnten sowohl Experten als auch Nichtexperten Risikoinformationen adäquater interpretieren, wenn diese als natürliche Häufigkeiten (z.B. 10 von 1000 Frauen erkranken an Brustkrebs) und nicht als Wahrscheinlichkeiten (z.B. die Erkrankungswahrscheinlichkeit für Brustkrebs beträgt 0,01) dargestellt wurden (Gigerenzer & Hoffrage, 1995; Hoffrage, 2003).

Entscheidend für das Verständnis und die Bewertung von Risikoinformationen ist ferner die Bezugsgröße bei der Darstellung von Risiken (Hoffrage, 2003). Würden Sie beispielsweise den Nutzen eines Tests höher bewerten, wenn Sie erfahren, dass 25 % der Personen, die bei Nichtteilnahme sterben würden, durch ihre Teilnahme gerettet werden, oder wenn Sie erfahren, dass 0,1 % der teilnehmenden Personen gerettet werden? Tatsächlich beschreiben in diesem Fall beide Informationen den Nutzen des gleichen Tests, allerdings anhand dramatisch unterschiedlicher Bezugsgrößen: Dargestellt wurde im ersten Fall die relative und im zweiten Fall die absolute Risikoreduktion. Beide Aussagen basieren auf den gleichen Ausgangsdaten: Ohne den Test sterben in den nächsten zehn Jahren vier von 1000 Personen, mit dem Test sind es drei von 1000. So kann also durch den Test eine von vier Personen, die durch Nichtteilnahme sterben würde, gerettet werden (relative Risikoreduktion = 25 %). In gleicher Weise ist zutreffend, dass eine von 1000 teilnehmenden Personen durch den Test gerettet wird (absolute Risikoreduktion = 0,1 %). Verschiedene Arbeiten konnten wiederholt zeigen, dass beide

Arten der Darstellung zu sehr unterschiedlichen Bewertungen von Risiken führen: Relative Risikoinformationen erwiesen sich als deutlich persuasiver als absolute (Edwards et al., 2001; Hoffrage, 2003).

Neben dem numerischen Format ist auch die Perspektive bzw. das Darstellungsformat („framing") der Risikoinformation entscheidend für die Wahrnehmung (Devos-Comby & Salovey, 2002). Die Effektivität einer Behandlungsmethode kann beispielsweise in zwei verschiedenen Formaten dargestellt werden: in Form der Anzahl geretteter Personen (z.B. 60 von 100) oder aber in Form der Anzahl verstorbener Personen (40 von 100). Beide Informationen unterscheiden sich nur in der Darstellung, nicht aber im Informationsgehalt. McNeil, Pauker, Sox und Tversky (1982) konnten Folgendes zeigen: Je nachdem, wie das Darstellungsformat der Auswirkungen zweier alternativer Behandlungsmethoden für eine Krebserkrankung (Anzahl der geretteten bzw. Anzahl der verstorbenen Patienten) aussah, entschieden sich Ärzte entweder eher für die eine oder die andere Behandlungsmethode.

Das primäre Ziel numerischer Risikokommunikation besteht darin, den Rezipienten präzise und zutreffende Informationen über mögliche Gesundheitsgefahren zu geben. Allerdings wird bis heute kontrovers diskutiert, ob die meisten Menschen in der Lage sind, numerische Informationen zu verstehen, und ob eine exakte, detaillierte Vorstellung über die numerischen Werte von Risiken notwendig ist, um beispielsweise eine informierte Entscheidung treffen zu können (French & Marteau, im Druck; Weinstein, 1999). Um das Verständnis von Risikoinformationen zu unterstützen und mehr Aufmerksamkeit auf die Information zu lenken, kommt alternativ oder ergänzend zum numerischen Ansatz häufig ein stärker auf den Kontext bezogener Ansatz der Risikokommunikation zur Anwendung.

12.4.2 Kontextualisierte Risikoinformationen

Wie der psychometrische Ansatz (s. Abschnitt 12.1 sowie Abb. 12.2) zeigt, verfügen Menschen über ein Risikokonzept, das über die numerische Wahrscheinlichkeit eines Risikos hinausgeht. Deshalb genügen numerische Risikoinformationen den Rezipienten häufig nicht. Vielmehr besteht darüber hinaus ein hohes Interesse an Informationen über die Ursachen und Konsequenzen von Risiken sowie über mögliche protektive Maßnahmen, d.h. an stärker auf den Kontext bezogenen Informationen (Julian-Reynier et al., 2003). Diese Informationen eignen sich in besonderem Maße dazu, bei den Rezipienten ein mentales Modell zu entwickeln. Dadurch verstehen sie das Risiko mit all seinen Folgen für andere und die eigene Person besser (Rothman & Kiviniemi, 1999), und es kommt auf dieser Basis verstärkt zu Einstellungsänderungen und protektivem Verhalten. Insgesamt können drei verschiedene Strategien der Kontextualisierung von Risikoinformationen differenziert werden:

- der Ansatz der mentalen Modelle,
- der Fallbeispielansatz,
- der Personalisierungsansatz.

Ansatz der mentalen Modelle

Der Ansatz der mentalen Modelle zielt in erster Linie darauf ab, Informationslücken bzw. falsche Überzeugungen zu identifizieren, um dann gezielt Informationen darbieten zu können (Fischhoff, 1999; Fischhoff, Bostrom & Quadrel, 1997). Das Vorgehen umfasst deshalb zum einen eine normative Analyse der medizinisch relevanten Fakten (z.B. welche Faktoren eine Brustkrebsdiagnose und -behandlung beeinflussen) und zum anderen eine Analyse des Wissens und der Überzeugungen der Rezipienten. Die normative Analyse besteht demnach darin, den aktuellen Forschungsstand zu einem bestimmten Risiko in einem Expertenmodell oder einem Entscheidungsbaum zu systematisieren. In einem nachfolgenden Schritt werden dann das Wissen und die Überzeugungen der Rezipienten in Bezug auf die einzelnen Komponenten des normativen Modells sowie die Risikowahrnehmung erfasst. Auf dieser Grundlage werden dann die fehlenden Informationen ermittelt, die den größten Effekt in

Bezug auf die Risikowahrnehmung und die gefahrenbezogenen Einstellungen ausüben, damit sich die Kommunikation darauf konzentriert. Eine solche Kommunikation kann darauf abzielen, falsche Überzeugungen zu verändern, beispielsweise durch die Beschreibung der Stärke eines bestimmten Zusammenhangs (etwa: „Die Ernährung hat nur einen geringen Einfluss auf das Brustkrebsrisiko.“). Ferner können vernachlässigte Aspekte in den Blickpunkt gerückt werden oder Hintergrundinformationen gezielt dargeboten werden. Dadurch wird ein besseres Verständnis des gesamten Sachverhaltes möglich. Dieser Ansatz ist vergleichsweise aufwändig und wird vor allen Dingen in der interpersonalen Kommunikation wie etwa der Arzt-Patient-Interaktion angewandt. Allerdings eignet sich dieser Ansatz auch dazu, breitere Informationskampagnen gezielt zu gestalten.

Fallbeispielansatz

Ein ebenfalls weit verbreiteter Ansatz in der Risikokommunikation ist die Darstellung von Fallbeispielen, so z.B. anhand von Erlebnisberichten („testimonials“) von Personen, die erkrankt sind. Damit lässt sich insbesondere der Schweregrad von Erkrankungen veranschaulichen. Wie bereits in Abschnitt 12.3 im Zusammenhang mit den Furchtappellen beschrieben, kann dies zu emotionalen Reaktionen wie Furcht und Bedrohungsgefühlen führen, die wiederum protektives Verhalten motivieren können. Wenn sich die Aufmerksamkeit verstärkt auf den Schweregrad eines gesundheitlichen Problems richtet, so kann dies allerdings auch negative Auswirkungen haben. Dies geschieht vor allem dann, wenn keine hinreichenden Schutzmaßnahmen dargeboten bzw. diese nicht von den Rezipienten wahrgenommen werden (Julian-Reynier et al., 2003; Devos-Comby & Salovey, 2002) oder die Personen sich nicht in der Lage fühlen, die notwendigen Schutzmaßnahmen auch auszuführen. Ein weiterer unerwünschter Effekt besteht darin, dass stereotype Vorstellungen über erkrankte oder hochgefährdete Personen begünstigt werden. Verschiedene Arbeiten aus der gesundheitspsychologischen Risikoforschung zeigen, dass die meisten Menschen sich umso weniger gefährdet fühlen, je ausgeprägter ihre Vorstellungen über stark gefährdete Personen (Hochrisikostereotype) sind (Gibbons & Gerrard, 1997). Dieser Effekt kann möglicherweise dadurch erklärt werden, dass man Personen, die scheinbar Hochrisikostereotypen entsprechen, meist extreme Verhaltensausprägungen zuschreibt und man deshalb häufig nur eine geringe Ähnlichkeit zwischen der eigenen Person und der Person annimmt, die mit dem Hochrisikostereotyp belegt wird. Diese subjektiv geringe Ähnlichkeit wiederum führt dazu, dass die eigene Gefährdung als gering bzw. „unrealistisch optimistisch“ eingeschätzt wird. Dieser unrealistische Optimismus zeigt sich insbesondere daran, dass die meisten Menschen dazu tendieren, ihr eigenes Risiko als unterdurchschnittlich einzustufen (Weinstein, 1980; Renner & Schupp, 2005).

Einige Forscher nehmen an, dass Hochrisikostereotype häufig möglichst unähnlich zur eigenen Person konstruiert werden, so dass der Vergleich für die eigene Person in den meisten Fällen günstig ausfällt (Gibbons & Gerrard, 1997). Andere Forscher sehen vor allem eine als gering wahrgenommene persönliche Relevanz der Gefahrenquellen als Ursache an, die mit einer heuristischen Informationsverarbeitung (vgl. auch Abschnitt 5.5) einhergeht, die einen vergleichsweise geringen kognitiven Aufwand erfordert. Tatsächlich konnten Rothman und Schwarz (1998) zeigen, dass Situationen mit hoher Selbstrelevanz zu einer stärker elaborierten Informationsverarbeitung und auch realistischeren Risikoeinschätzungen führten (vgl. Personalisierungsansatz im nächsten Abschnitt).

Eine Möglichkeit, den Rezipienten ein vollständigeres, differenzierteres und damit realistischeres Bild von der eigenen Gefährdung zu vermitteln, besteht möglicherweise darin, zusätzlich auch Informationen über gering gefährdete Personen (Niedrigrisikostereotype) darzubieten. In diesem Fall müsste aufgrund der höheren subjektiven Ähnlichkeit zur eigenen Person sowohl eine höhere Selbstrelevanz induziert werden als auch ein geringerer Spielraum für verzerrte Einschätzungen bestehen. In einer Befragung von Studierenden zeigte sich, dass die Risikowahrnehmung für die eigene Person auch mit den Vorstellungen über Personen, die ein geringes Risiko tragen, korreliert: Das eigene HIV-Risiko wurde von den Befragten umso höher eingeschätzt, je geringer die Ähnlichkeit zwischen der eigenen Person und den individuellen Vorstellungen zum Niedrigrisikostereotyp war (Renner & Schwarzer, 2003a). Dies legt die Schlussfolgerung nahe, dass sowohl stark gefährdete als auch wenig gefährdete Personen als Fallbeispiele dargestellt werden sollten, um angemessene Risikoeinschätzungen zu fördern.

Im Rahmen von Fallbeispielen müssen die Rezipienten den Bezug zur eigenen Person selbst herstellen, was einen gewissen Interpretationsspielraum für die Rezipienten eröffnet. Dies kann dazu führen, dass nur eine geringe Relevanz oder persönliche Beteiligung hervorgerufen wird. Mit dem dritten Ansatz zur Kontextualisierung durch eine Personalisierung von Risikoinformation wird explizit versucht, einen direkten Bezug zur eigenen Person herzustellen.

Personalisierungsansatz

In der gesundheitspsychologischen Forschung ist die selbstbezogene Risikowahrnehmung (das Erleben persönlicher Verwundbarkeit) von zentraler Bedeutung, da sie der Ausgangspunkt zur Motivation präventiven Handelns ist (Renner & Schwarzer, 2003b). Zudem werden Informationen, die als persönlich relevant wahrgenommen werden, aktiver und gründlicher verarbeitet als allgemeine Informationen (Petty & Wegner, 1998). Aus diesem Grund wird im Rahmen der Gesundheitsaufklärung versucht, durch eine Personalisierung der Risikoinformationen einen starken Selbstbezug herzustellen und somit einen direkteren Einfluss auf die selbstbezogene Risikowahrnehmung zu nehmen (Kreuter, Farrell, Olevitch & Brennan, 2000).

Psychologisch besteht ein entscheidender Unterschied darin, welche Konzepte und Vorstellungen Menschen von Gesundheitsrisiken haben und wie sie ihre eigene gesundheitliche Gefährdung einschätzen. Was allgemein als Risiko bezeichnet wird („Rauchen ist gesundheitsgefährdend"), muss nicht in vergleichbarer Weise auch als Risiko für die eigene Person bewertet werden („Mein Risiko, einen Herzinfarkt zu erleiden, ist deutlich erhöht, weil ich rauche"; vgl. Renner & Schupp, 2006). Allgemeine Risikoinformationen führen meist nur zu einer erhöhten *allgemeinen* Risikoeinschätzung, jedoch seltener zu einer Änderung der *selbstbezogenen* Risikowahrnehmung. In verschiedenen experimentellen Untersuchungen prüften Tyler und Cook (1984) diese Hypothese des unpersönlichen Einflusses der Risikokommunikation über die Massenmedien. Dies geschah in Bezug auf verschiedene Risiken (Versorgung in der häuslichen und institutionellen Pflege, Schusswaffen, Feuer, Tornados, Überschwemmungen und Trunkenheit am Steuer). Die Autoren konnten hypothesenkonform feststellen, dass Risikokommunikation über die Medien einen signifikanten Einfluss auf die allgemeine Risikowahrnehmung hatte („impersonal impact"), aber keinen nachweisbaren Effekt auf die selbstbezogene Risikowahrnehmung ausübte („personal impact").

Eine Möglichkeit, einen stärkeren Bezug der Informationen zur eigenen Person herzustellen, besteht darin, diese auf bestimmte Zielgruppen zuzuschneidern („targeting"); z.B. für Raucher, Sportler oder übergewichtige Personen jeweils angepasste Risikoinformationen und Empfehlungen zur Verhaltensänderung darzubieten. Eine solche zielgruppenspezifische Risikokommunikation ist vergleichsweise aufwändig, so dass sich die Frage stellt, ob diese tatsächlich effektiver und effizienter ist als allgemeine Risikoinformationen. Der Vergleich verschiedener Printinformationen zeigt, dass maßgeschneiderte Informationen tatsächlich eher gelesen, besser erinnert und als relevanter bewertet werden sowie stärker zu einer Änderung des Gesundheitsverhaltens motivieren als allgemeine Informationen (Skinner, Campbell, Rimer, Curry & Prochaska, 1999).

Ein eindeutiger Bezug zur eigenen Person wird jedoch nur durch einen *direkten* Selbstbezug der Risikoinformation hergestellt (Kreuter et al., 2000; Renner & Schupp, 2006). In diesem Fall wird die Risikoinformation nicht nur auf eine Gruppe, sondern auf die individuelle Person zugeschnitten. Aufgrund der enormen technischen Entwicklung und Kommerzialisierung innerhalb der Medizin gibt es immer mehr Verfahren, die eine Einschätzung des potenziellen individuellen Risikos ermöglichen. So werden im Rahmen der medizinischen Praxis immer häufiger Instrumente zur Bewertung des gesundheitlichen Risikos, so genannte Health Risk Appraisal (HRA) Instruments, eingesetzt, um selbstbezogene und kontextualisierte Risikoinformationen darzubieten. Diese Instrumente umfassen in der Regel drei Schritte:

- Erfassung des individuellen Risiko- und Gesundheitsverhaltens sowie verschiedener physiologischer Werte (Blutdruck, Gesamtcholesterin, Gewicht etc.) zur Erstellung eines individuellen Risikoprofils;
- Vergleich des individuellen Risikoprofils mit epidemiologischen Daten zur Schätzung des individuellen Risikos;
- personalisierte, maßgeschneiderte Rückmeldung über das individuelle Risiko sowie darüber, durch welche Verhaltensweisen das individuelle Risiko verringert werden kann (Kreuter et al., 2000).

Ein Beispiel für ein HRA-Instrument ist das „Harvard Colorectal Cancer Risk Assessment and Communication Tool for Research“ (HCCRACT-R; vgl. z. B. Emmons, Wong, Pulea, Weinstein, Fletcher & Colditz, 2004). Das HCCRACT-R ist ein Computerprogramm, das das individuelle Risiko für Darmkrebs aufgrund verschiedener Verhaltensweisen schätzt (z.B. Teilnahme an Früherkennungsprogrammen, Alkoholkonsum, körperliche Aktivität). Das geschätzte individuelle Darmkrebsrisiko wird dem Nutzer auf verschiedene Arten präsentiert: als absolutes Risiko, innerhalb der nächsten 20 Jahre an Darmkrebs zu erkranken, oder als Verhältnis des individuellen Risikos zum Durchschnitt der Bevölkerung. Weiterhin ermöglicht das Programm den Nutzern, durch induktives Lernen zu explorieren, wie sich bestimmte Verhaltensänderungen auf die Höhe des Risikos auswirken. Nach der Auswahl eines Verhaltens erfolgt eine Anzeige, in der das aktuelle Risiko sowie das aufgrund der Verhaltensänderung verringerte bzw. vergrößerte Risiko angegeben werden. Eine mögliche Rückmeldung besteht in der Information, dass der Konsum von „drei oder mehr Portionen Gemüse pro Tag“ das eigene überdurchschnittliche Risiko für Darmkrebs auf ein durchschnittliches senken kann. Ähnliche Möglichkeiten bietet die vom Harvard Center for Cancer Prevention erstellte Website www.yourdiseaserisk.harvard.edu für unterschiedliche Risiken.

Darüber hinaus stellen zahlreiche weitere Websites Tests bereit, die Aufschluss über das individuelle Risiko geben sollen (z.B. http://www.netdoktor.de/teste_dich_selbst).

Da es bisher für derartige Angebote im Internet keine verbindliche Qualitätszertifizierung gibt, variiert die Qualität der Angebote erheblich. Teilweise genügen die Informationen nicht den wissenschaftlichen Kriterien, oder sie sind von zweifelhafter Nützlichkeit (Berland et al., 2001). Die zentrale Gesundheitsbehörde in den USA, die Food and Drug Administration, hat deshalb zusammen mit der Federal Trade Commission spezielle Anlaufstellen für geschädigte Internetnutzer eingerichtet (Federal Trade Commission, 2001).

Problematisch ist ferner, dass in diesem Kontext keine direkte medizinische Beratung und Betreuung erfolgt, um Fehlinterpretationen und unangemessenem Verhalten entgegenzuwirken. Wie im Abschnitt 12.4 dargestellt wurde, kann die Art des Darstellungsformats die Interpretation von Risikoinformationen ganz erheblich beeinflussen und so möglicherweise systematisch zur Überschätzung der eigenen Gefährdung oder der Überschätzung der

Effektivität der angebotenen Schutzmaßnahmen führen. Um die Darbietung von Risiko- und Gesundheitsinformationen so zu optimieren, dass solche Fehlinterpretationen möglichst selten auftreten, ist es entscheidend, zu verstehen, wie Menschen Risikoinformationen verarbeiten, die auf ihre eigene Person zugeschnitten sind.

Reaktionen auf und Verarbeitung von selbstbezogener Risikokommunikation

Um den Prozess der Verarbeitung selbstbezogener Risikokommunikation systematisch zu erforschen, entwickelten Jemmott, Ditto und Croyle Ende der 1980er Jahre ein neues experimentelles Paradigma. Sie ließen eine Probandengruppe glauben, dass sie einen (fiktiven) TAA-Enzymmangel aufweisen, der das Risiko für Bauchspeicheldrüsenkrebs erhöht. Eine andere Gruppe ließen sie glauben, dass ihr Enzymspiegel unbedenklich sei (im Überblick: Croyle, Sun & Hart, 1997). Dieses experimentelle Vorgehen hat den Vorteil, dass sich die Probanden nur in Bezug auf die Valenz der Risikorückmeldung (ungünstig im Gegensatz zu günstig) unterschieden, nicht aber in ihrem Vorwissen oder Gesundheitszustand usw., was ebenfalls die Reaktionen auf die Risikokommunikation beeinflussen könnte. Die Ergebnisse dieser Experimente zeigten, dass Personen, die eine ungünstige Risikorückmeldung erhielten (TAA-Mangel), stärker als Personen, die eine günstige Risikorückmeldung (kein TAA-Mangel) erhielten, dazu tendierten, die Zuverlässigkeit der Messung infrage zu stellen sowie den Risikofaktor als weniger schwerwiegend für die Gesundheit zu beurteilen. Diese asymmetrische Akzeptanz persönlich günstiger bzw. ungünstiger Risikoinformation wird von vielen Forschern als Beleg für eine selbstdefensive Informationsverarbeitung gewertet (Croyle et al., 1997). Demnach versuchen Menschen generell eine positive Sichtweise des Selbst und der eigenen Gesundheit aufrechtzuerhalten. Aus diesem Grund werden unangenehme oder ungünstige Informationen im Vergleich zu angenehmen nicht so akzeptiert und heruntergespielt (Armor & Taylor, 1998; Baumeister, Bratslavsky, Finkenauer & Vohs, 2001).

Einen differenzierten Erklärungsansatz für die unterschiedliche Akzeptanz günstiger und ungünstiger selbstbezogener Risikoinformation bietet der „Cue Adaptive Reasoning Account" (CARA, Renner, 2004). Dieser Ansatz nimmt an, dass Menschen günstige oder für sie positive Informationen gegenüber ungünstigen oder negativen Informationen bevorzugen, wenn sie die Wahl haben. Wenn jedoch Menschen mit negativen Informationen konfrontiert werden, dann dienen diese als Hinweisreize und führen sowohl zu einer stärkeren Aufmerksamkeit als auch zu einer tieferen und systematischeren Informationsverarbeitung. Da negative selbstbezogene Informationen somit auch einer strengeren Prüfung unterzogen werden, ist es generell wahrscheinlicher, dass kritische Punkte wie z.B. eine geringe Informationsqualität von den Rezipienten bemerkt werden (vgl. auch Ditto, Munro, Apanovitch, Scepansky & Lockhart, 2003). Informationen, die für die eigene Person günstig sind, werden im Vergleich dazu eher oberflächlich verarbeitet und daher unabhängig von ihrer Qualität in einem höheren Maße akzeptiert. Ferner nimmt der CARA-Ansatz an, dass unerwartete Risikoinformationen ähnlich wie negative als Hinweisreiz dienen und zu einer stärkeren Aufmerksamkeit und einer tieferen Verarbeitung führen. Daraus folgt, dass nicht nur negative (unerwartet oder erwartet), sondern auch unerwartet positive Risikorückmeldungen eine erhöhte Aufmerksamkeit und eine tiefere Verarbeitung bedingen und die Rezipienten folglich sensitiv gegenüber der Qualität dieser Information sind. Demgegenüber sollten sich Rezipienten, die eine erwartet positive Rückmeldung erhalten, durch eine oberflächlichere Verarbeitung auszeichnen und deshalb die Information in hohem Maße akzeptieren, auch wenn diese von vergleichsweise geringer Qualität ist.

Erste Ergebnisse aus einem öffentlichen Cholesterinscreening (Renner, 2004) unterstützen den CARA-Ansatz: Teilnehmer, die einen unbedenklichen Cholesterinwert erwartet hatten und deren Erwartung nachfolgend durch die Rückmeldung des Cholesterintestergebnisses bestätigt wurde, zeigten eine hohe Akzeptanz für diese Information. Diese hohe Akzeptanz zeigte sich auch dann, wenn die Rückmeldung von vergleichsweise geringer Qualität war. Alle anderen Teilnehmergruppen zeigten hingegen eine asymmetrische Akzeptanz gegenüber der Rückmeldung in Abhängigkeit von der Qualität der Risikoinformation. Sowohl Personen, die eine für sie unerwartet negative Rückmeldung erhielten, als auch Personen, die erwartungsgemäß eine negative Rückmeldung erhielten, akzeptierten die Rückmeldung im stärkeren Maße, wenn diese von hoher Qualität war. Besonders interessant ist, dass Personen, die eine für sie unerwartet positive Rückmeldung erhielten, eine vergleichbare asymmetrische Akzeptanz zeigten: Auch sie akzeptierten die Information von hoher Qualität eher als Information geringer Qualität. Eine für die eigene Person unerwartet günstige Information wird demnach nicht einfach vorbehaltlos akzeptiert, sondern offenbar einer genauen Prüfung unterzogen.

Auch im Zusammenhang mit genetischen Screeningtests wurde eine solche Skepsis gegenüber unerwartet günstigen Risikoinformationen beobachtet. Dass eine derartige Reaktion neben psychischen Kosten auch ökonomische Kosten nach sich ziehen kann, zeigten Michie, Weinman, Miller, Collins, Halliday und Marteau (2002): Von den Personen, die im Rahmen eines Gentests auf Darmkrebs die ärztliche Mitteilung bekamen, dass ihr Testresultat nur ein geringes Risiko anzeigt und deshalb weitere Tests medizinisch nicht sinnvoll sind, war trotzdem mehr als ein Drittel entschlossen, weitere Tests durchführen zu lassen.

Aus der Perspektive des CARA-Ansatzes wird die Tendenz, unerwartet günstige oder ungünstige Information eingehender zu prüfen als erwartet günstige Information, als adaptives Verhalten verstanden. Eine erwartete positive Information erfordert in der Regel im Vergleich zu negativer oder unerwarteter Information seltener eine unmittelbare Einstellungs- oder Verhaltensänderung (s. z.B. dazu Baumeister et al., 2001). In Anbetracht der Informationsfülle, mit der Menschen täglich konfrontiert werden, erscheint es damit im höchsten Maße adaptiv, Prioritäten zu setzen und in erster Linie Informationen kritisch zu betrachten, die ressourcenaufwändige Veränderungen verlangen.

Allerdings kann man aus der Akzeptanz der Information und aus der stärkeren Risikowahrnehmung nicht den Schluss ziehen, dass die nachfolgenden Verhaltensweisen und Veränderungen immer angemessen und optimal sind. Die Risikowahrnehmung stellt nur den Beginn des Selbstregulationsprozesses dar, der in einer Verhaltensänderung mündet. Ob die nachfolgenden Entscheidungen, Vorsätze und Verhaltensänderungen der jeweiligen Situation angemessen sind, hängt nicht nur von der wahrgenommenen Gefährdung ab, sondern auch von den wahrgenommenen Konsequenzen und der wahrgenommenen Selbstwirksamkeit (s. dazu Renner & Schwarzer, 2003b; Schwarzer & Renner, 2000). Die Risikowahrnehmung ist somit nur ein wichtiger Einflussfaktor zu Beginn des Prozesses einer gesundheitsbezogenen Verhaltensänderung.

Determinanten des Gesundheitsverhaltens

In der sozial-kognitiven Prozesstheorie des Gesundheitsverhaltens (Schwarzer, 2004) wird beispielsweise angenommen, dass die Risikowahrnehmung zunächst kognitive Prozesse auslöst, wie z.B. die Suche nach Informationen über mögliche Gegenmaßnahmen oder die Bewertung von Handlungen und Handlungsergebnissen (s. Abb. 12.3). Solche Ergebniserwartungen können präventionshinderlich („Wenn ich weiter rauche, dann mögen mich meine Freunde") oder präventionsförderlich sein („Wenn ich jetzt mit dem Rauchen aufhöre, dann erholt sich meine Lunge bald wieder"). Risikowahrnehmung und Ergebniserwartungen bleiben jedoch oft wirkungslos, wenn sie nicht von einem gewissen Maß an Selbstwirksamkeit begleitet werden. Die Person muss sich demnach nicht nur für gefährdet halten

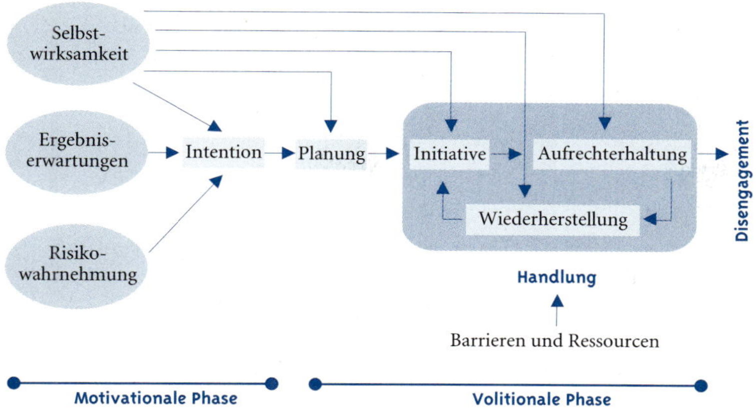

Abbildung 12.3. Die sozial-kognitive Prozesstheorie des Gesundheitsverhaltens (Schwarzer, 2004)

und um wirksame protektive Maßnahmen wissen, sondern auch der Überzeugung sein, dass sie selbst diese Maßnahmen umsetzen kann (z.B. „Ich bin mir sicher, dass ich eine Zigarette ablehnen kann, auch wenn mich die anderen sehr drängen"). Theoretisch wird nur dann eine Intention zur Verhaltensänderung (Ziel) gebildet, wenn alle drei Voraussetzungen gegeben sind:

- eine hohe Risikowahrnehmung,
- hohe positive Ergebniserwartungen,
- eine hohe Selbstwirksamkeitserwartung.

Die Bildung einer Intention schließt aus psychologischer Perspektive die motivationale Phase ab. Damit es tatsächlich zu einer dauerhaften Verhaltensänderung kommt, muss daran anschließend noch eine volitionale Phase durchlaufen werden. In dieser Phase geht es um die Planung der Verhaltensänderung und das Initiieren sowie das Aufrechterhalten des Verhaltens. Auch für die volitionale Phase ist die Selbstwirksamkeitserwartung von zentraler Bedeutung. Daraus folgt, dass Risikokommunikation, die nur einen Teilaspekt des Prozesses zur Verhaltensänderung anspricht, unter Umständen auch unerwünschte Effekte haben kann: Wenn sich Personen für gefährdet halten, ohne dass sie sich gleichzeitig in der Lage sehen, das Risiko zu reduzieren, kann dies anhaltende Besorgnis sowie Ängste auslösen und möglicherweise in einer reduzierten Handlungsbereitschaft oder gar Hilflosigkeit münden. Aus psychologischer Perspektive muss deshalb eine Risikokommunikation immer auch von einer Ressourcenkommunikation begleitet sein (d.h., angemessene Ergebniserwartungen und Handlungskompetenz vermitteln), um wirksam zu sein (Renner & Schwarzer, 2003b).

Zusammenfassung

- Risikoexperten definieren Risiken durch die objektive Auftretenswahrscheinlichkeit und das Schadensausmaß. Die allgemeine Risikowahrnehmung von „Laien" wird darüber hinaus durch zwei weitere Faktoren beeinflusst:
  - die „Schrecklichkeit",
  - die „Unbekanntheit" der Gefahrenquelle.
- Laien reagieren vor allem auf „schreckliche" und „unbekannte" Gefahrenquellen mit erhöhter Aufmerksamkeit und Besorgnis. Die Massenmedien können diese Tendenz verstärken.
- Die selbstbezogene Risikowahrnehmung („Wie hoch ist mein eigenes Risiko?") ist psychologisch von der allgemeinen Risikowahrnehmung zu unterscheiden und für eine Verhaltensänderung von besonderer Bedeutung.
- Im Rahmen der Risikokommunikation unterscheidet man zwischen Furchtappellen und Informationsappellen. Furchtappelle sollen in erster Linie dadurch zu Einstellungs- und Verhaltensänderungen führen, dass Angstgefühle hervorgerufen werden, und Informationsap- ▶

pelle in erster Linie dadurch, dass der Wissensstand verbessert wird.

- Ausgeprägte Furchtappelle führen zu stärkeren emotionalen Reaktionen, einer höheren Risikowahrnehmung sowie einem höheren wahrgenommenen Schweregrad der Gefahrenquelle. Allerdings reicht im Allgemeinen eine hohe Risikowahrnehmung allein nicht aus, um eine Verhaltensänderung zu bewirken. Die Rezipienten müssen gleichzeitig der Überzeugung sein, dass es wirksame Schutzmaßnahmen gibt und dass sie selbst in der Lage sind, diese auch auszuführen.
- Statistische Risikoinformationen (z.B. Häufigkeiten im Gegensatz zu Wahrscheinlichkeiten; absolute im Gegensatz zu relativen Häufigkeiten) sind häufig schwer verständlich und führen in Abhängigkeit vom Darstellungsformat zu sehr unterschiedlichen Reaktionen.
- Im Rahmen der kontextualisierten Risikoinformation können drei verschiedene Ansätze unterschieden werden:
  – mentale Modelle,
  – Fallbeispiele,
  – personalisierte Risikoinformationen.
- Personalisierte Risikoinformationen können auf Gruppen (z.B. Aufklärungsbroschüren speziell für Raucher) oder auf einzelne Personen (z.B. Instrumente zur Bewertung des gesundheitlichen Risikos) zugeschnitten sein.
- Positive selbstbezogene Risikoinformationen werden im Allgemeinen eher akzeptiert als negative (asymmetrische Akzeptanz).
- Außer durch die Valenz der Risikoinformation (positiv im Gegensatz zu negativ) wird der Verarbeitungsprozess maßgeblich durch die Erwartungen der Rezipienten beeinflusst. Selbstbezogene Risikoinformationen, die negativ oder unerwartet für die eigene Person sind, bewirken eine höhere Aufmerksamkeit und eine tiefere Verarbeitung. Nur erwartet positive Informationen werden nicht dieser strengeren Prüfung unterzogen und aus diesem Grund mit einer höheren Wahrscheinlichkeit akzeptiert.

Leseempfehlung

- Berry, D. (2004). Risk, communication and health psychology. Maidenhead: Open University Press.
- Hurrelmann, K. & Leppin, A. (Hrsg.). (2001). Moderne Gesundheitskommunikation: Vom Aufklärungsgespräch zur E-Health. Bern: Huber.
- Renner, B. & Schupp, H. (2006). Gesundheitliche Risiken: Wahrnehmung und Verarbeitung. In R. Schwarzer (Hrsg.), Gesundheitspsychologie (Enzyklopädie der Psychologie: Serie X. Gesundheitspsychologie: Band 1, S. 173–193). Göttingen: Hogrefe.

Literatur

Armor, D.A. & Taylor, S.E. (1998). Situated optimism: Specific outcome expectancies and self-regulation. In M.P. Zanna (Ed.), Advances in experimental social psychology (30. ed., pp. 309–379). New York, NY: Academic Press.

Barth, J. & Bengel, J. (1998). Prävention durch Angst? Stand der Furchtappellforschung. Köln: Bundeszentrale für gesundheitliche Aufklärung.

Baumeister, R.F., Bratslavsky, E., Finkenauer, C. & Vohs, K.D. (2001). Bad is stronger than good. Review of General Psychology, 5, 323–370.

Berland, G.K., Elliott, M.N., Morales, L.S., Algazy, J.I., Kravitz, R.L., Broder, M.S., Kanouse, D.E., Muñoz, J.A., Puyol, J-A., Lara, M., Watkins, K.E., Yang, H. & McGlynn, E.A. (2001). Health information on the internet. Accessibility, quality, and readability in English and Spanish. Journal of the American Medical Association, 285, 2612–2621.

Berry, D. (2004). Risk, communication and health psychology. Maidenhead: Open University Press.

Biener, L., McCallum-Keeler, G. & Nyman, A.L. (2000). Adults' response to Massachusetts anti-tobacco television advertisements: Impact of viewer and advertisement characteristics. Tobacco Control, 9, 401–407.

Bleicher, J.K. & Lampert, C. (2003). Gesundheit und Krankheit als Themen der Medien- und Kommunikationswissenschaft. Eine Einleitung. Medien & Kommunikationswissenschaft, 51, 347–352.

Bryant, H.E. & Brasher, P. (1999). Risks and probabilities of breast cancer: Short-term versus lifetime probabilities. Canadian Medical Association Journal, 150, 211–216.

Chapman, S. (1999). Scare tactics cut smoking rates in Australia to all time low. British Medical Journal, 318, 1508.

Combs, B. & Slovic, P. (1979). Newspaper coverage of causes of death. Journalism Quarterly, 56, 837–843.

Croyle, R.T., Sun, Y.C. & Hart, M. (1997). Processing risk factor information: Defensive biases in health-related judgments and memory. In K.L. Petrie & J.A. Weinman (Eds.), Perceptions of health and illness (pp. 267–290). Amsterdam: Harwood.

Devos-Comby, L. & (2002). Applying persuasion strategies to alter HIV-relevant thoughts and behavior. Review of General Psychology, 6, 287–304.

Ditto, P.H., Munro, G.D., Apanovitch, A.M., Scepansky, J.A. & Lockhart, L.K. (2003). Spontaneous scepticism: The interplay of motivation and expectation in response to favorable and unfavorable medical diagnoses. Personality and Social Psychology Bulletin, 29, 1120–1132.

Edwards, A., Elwyn, G., Covey, J., Matthews, E. & Pill, R. (2001). Presenting risk information. A review of the effects of „framing" and other manipulations on patient outcomes. Journal of Health Communication, 6, 61–82.

Eldridge, J. & Reilly, J. (2003). BSE and the British media. In N. Pidgeon, R.E. Kasperson & P. Slovic (Eds.), The social amplification of risk (pp. 138–155). Cambridge: University Press.

Emmons, K.M., Wong, M., Pulea, E., Weinstein, N., Fletcher, R. & Colditz, G. (2004). Tailored computer-based cancer risk communication: Correcting colorectal cancer risk perception. Journal of Health Communication, 9, 127–141.

Federal Trade Commission (2001). „Miracle" health claims: Add a dose of scepticism. Elektronische Publikation (Stand: 8. Juni 2006, http://www.ftc.gov/bcp/conline/pubs/health/frdheal. htm).

Fischer, K. & Jungermann, H. (2003). „Zu Risiken und Nebenwirkungen fragen Sie Ihren Arzt oder Apotheker": Kommunikation von Unsicherheit im medizinischen Kontext. Zeitschrift für Gesundheitspsychologie, 11, 78–98.

Fischhoff, B. (1999). Why (cancer) risk communication can be hard. Journal of the National Cancer Institute Monographs, 25, 7–13.

Fischhoff, B., Bostrom, A. & Quadrel, M.J. (1997). Risk perception and communication. In R. Detels, J. McEwen & G. Omenn (Eds.), Oxford textbook of public health (pp. 987–1002). London: Oxford University Press.

French, D.P. & Marteau, T.M. (in press). Communicating risk. In S. Ayers, A. Baum, C. McManus, S. Newman, K. Wallston & J. Weinman (Eds.), Cambridge handbook of psychology, health and medicine (2. ed.). New York, NY: Cambridge University Press.

Frewer, L.J., Miles, S. & Marsh, R. (2002). The media and genetically modified foods: Evidence in support of social amplification of risk. Risk Analysis, 22, 701–711.

Gerbner, G. & Gross, L. (1976). Living with television: The violence profile. Journal of Communication, 26, 172–199.

Gibbons, F.X. & Gerrard, M. (1997). Health images and their effects on health behavior. In B.P. Buunk & F.X. Gibbons (Eds.), Health, coping, and well-being: Perspectives from social comparison theory (pp. 63–94). Mahwah, NJ: Lawrence Erlbaum.

Gigerenzer, G. & Hoffrage, U. (1995). How to improve Bayesian reasoning without instruction: Frequency formats. Psychological Review, 102, 684–704.

Göpfert, W. (2003). Risikokommunikation aus Journalisten- und Verbraucherperspektive. Bundesgesundheitsblatt – Gesundheitsforschung – Gesundheitsschutz, 46, 574–577.

Hale, J.L. & Dillard, J.P. (1995). Fear appeals in health promotion campaigns: Too much, too little, or just right? In E. Maibach & R.L. Parrott (Eds.), Designing health messages: Approaches from communication theory and public health practice (pp. 65–80). Thousand Oaks, CA: Sage.

Harvard Center for Cancer Prevention (2006). Your disease risk. Elektronische Publikation (Stand: 8. Juni 2006, http://www.yourdiseaserisk.harvard.edu).

Hoffrage, U. (2003). Risikokommunikation bei Brustkrebsfrüherkennung und Hormonersatztherapie. Zeitschrift für Gesundheitspsychologie, 11, 76–86.

Hoffrage, U., Lindsey, S., Hertwig, R. & Gigerenzer, G. (2000). Communicating statistical information. Science, 290, 2261–2262.

Hurrelmann, K. & Leppin, A. (2001). Moderne Gesundheitskommunikation – eine Einführung. In K. Hurrelmann & A. Leppin (Hrsg.), Moderne Gesundheitskommunikation: Vom Aufklärungsgespräch zur E-Health (S. 9–21). Bern: Huber.

Jazbinsek, D. (2000). Gesundheitskommunikation. Erkundungen eines Forschungsfeldes. In D. Jazbinsek (Hrsg.), Gesundheitskommunikation (S. 11–31). Wiesbaden: Westdeutscher Verlag.

Julian-Reynier, C., Welkenhuysen, M., Hagoel, L., Decruyenaere, M. & Hopwood, P. (im Auftrag der CRISCOM Working Group). (2003). Risk communication strategies: State of the art and effectiveness in the context of cancer genetic services. European Journal of Human Genetics, 11, 725–736.

Jungermann, H. & Slovic, P. (1997). Die Psychologie der Kognition und Evaluation von Risiko. In G. Bechmann (Hrsg.), Risiko und Gesellschaft. Grundlagen und Ergebnisse interdisziplinärer Risikoforschung (2. Aufl., S. 167–207). Opladen: Westdeutscher Verlag.

Kasperson, J.X., Kasperson, R., Pidgeon, N.F. & Slovic, P. (2003). The social amplification of risk: Assessing fifteen years of research and theory. In N.F. Pidgeon, R.K. Kasperson & P. Slovic (Eds.), The social amplification of risk (pp. 13–46). Cambridge: University Press.

Kreuter, M., Farrell, D., Olevitch, L. & Brennan, L. (2000). Tailoring health messages: Customizing communication with computer technology. Mahwah, NJ: Lawrence Erlbaum.

Leppin, A. (2001). Informationen über persönliche Gefährdungen als Strategien der Gesundheitskommunikation: Verständigung mit Risiken und Nebenwirkungen. In K. Hurrelmann & A. Leppin (Hrsg.), Moderne Gesundheitskommunikation: Vom Aufklärungsgespräch zur E-Health (S. 107–141). Bern: Huber.

Lipkus, I.M. & Hollands, J.G. (1999). The visual communication of risk. Journal of the National Cancer Institute Monographs, 25, 149–163.

McNeil, B.J., Pauker, S.G., Sox, H.C. & Tversky, A. (1982). On the elicitation of preferences for alternative therapies. New England Journal of Medicine, 306, 1259–1262.

Michie, S., Weinman, J., Miller, J., Collins, V., Halliday, J. & Marteau, T.M. (2002). Predictive genetic testing: High risk expectations in the face of low risk information. Journal of Behavioral Medicine, 25, 33–50.

NetDoktor.de GmbH (2006). Teste Dich selbst. Elektronische Publikation (Stand: 8. Juni 2006, http://www.netdoktor.de/teste_dich_selbst/).

Parrott, R. (2004). Emphasizing „communication" in health communication. Journal of Communication, 54, 751–787.

Petty, R. & Wegner, D.T. (1998). Attitude change: Multiple roles for persuasion variables. In D.T. Gilbert, S. Fiske & G. Lindzey (Eds.), Handbook of Social Psychology (Vol. 1, pp. 323–389). New York, NY: McGraw-Hill.

Renn, O. (1991). Risk communication and the social amplification of risk. In R.E. Kasperson & P.J.M. Stallen (Eds.), Communicating risks to the public: International perspectives (pp. 287–324). Dortrecht: Kluwer.

Renner, B. (2004). Biased reasoning: Adaptive responses to health risk feedback. Personality and Social Psychology Bulletin, 30, 384–396.

Renner, B. & Schupp, H. (2006). Gesundheitliche Risiken: Wahrnehmung und Verarbeitung. In R. Schwarzer (Hrsg.), Gesundheitspsychologie (Enzyklopädie der Psychologie: Serie X. Gesundheitspsychologie: Band 1, S. 173–193). Göttingen: Hogrefe.

Renner, B. & Schwarzer, R. (2000). Gesundheit: Selbstschädigendes Handeln trotz Wissen. In H. Mandl & J. Gerstenmaier (Hrsg.), Die Kluft zwischen Wissen und Handeln: Empirische und theoretische Lösungsansätze (S. 26–50). Göttingen: Hogrefe.

Renner, B. & Schwarzer, R. (2003a). Risikostereotype, Risikowahrnehmung und Risikoverhalten im Zusammenhang mit HIV. Zeitschrift für Gesundheitspsychologie, 11, 112–121.

Renner, B. & Schwarzer, R. (2003b). Social-cognitive factors in health behavior change. In J. Suls & K. Wallston (Eds.), Social psychological foundations of health and illness (pp. 69–96). Oxford: Blackwell.

Richter-Kuhlmann, E.A. (2004). Risikomanagement: BSE – „Ende nicht in Sicht". Deutsches Ärzteblatt, 101, 1392.

Rothman, A.J. & Kiviniemi, M. (1999). Treating people with health information: An analysis and review of approaches to communicating health risk information. Journal of the National Cancer Institute Monographs, 25, 44–51.

Rothman, A.J. & Schwarz, N. (1998). Constructing perceptions of vulnerability: Personal relevance and the use of experiential information in health judgments. Personality and Social Psychology Bulletin, 24, 1053–1064.

Schwarzer, R. (2004). Psychologie des Gesundheitsverhaltens (3. Aufl.). Göttingen: Hogrefe.

Schwarzer, R. & Renner, B. (2000). Social-cognitive predictors of health behavior: Action self-efficacy and coping self-efficacy. Health Psychology, 19, 487–495.

Shrum, L. (1999). The relationship of television viewing with attitude strength and extremity: Implications for the cultivation effect. Media Psychology, 1, 3–25.

Signitzer, B. (2001). Ansätze und Forschungsfelder der Health Communication. In K. Hurrelmann & A. Leppin (Hrsg.), Moderne Gesundheitskommunikation: Vom Aufklärungsgespräch zur E-Health (S. 22–35). Bern: Huber.

Skinner, C.S., Campbell, M.K., Rimer, B.K., Curry, S. & Prochaska, J.O. (1999). How effective is tailored print communication? Annals of Behavioral Medicine, 21, 290–298.

Slovic, P. (2000). The perception of risk. London: Earthscan.

Slovic, P., Fischhoff, B. & Lichtenstein, S. (1985). Characterizing perceived risk. In R.W. Kates, C. Hohenemser & J.X. Kasperson (Eds.), Perilous progress: Managing the hazards of technology (pp. 91–123). Boulder, CO: Westview.

Susarla, A. (2003). Plague and arsenic: Assignment of blame in the mass media and the social amplification and attenuation of risk. In N.F. Pidgeon, R.K. Kasperson & P. Slovic (Eds.), The social amplification of risk (pp. 179–206). Cambridge: University Press.

Sutton, S.R. (1982). Fear arousing communications: A critical examination of theory and research. In J.R. Eiser (Ed.), Social psychology and behavioral medicine (pp. 303–338). New York, NY: Wiley.

Taylor, H. (2001). Cyberchondriacs update. The Harris Poll, 19. Elektronische Publikation (Stand: 8. Juni 2006, http://www.harrisinteractive.com/harris_poll/index.asp?PID=229).

Tyler, T.R. & Cook, F.L. (1984). The mass media and judgments of risk: Distinguishing impact on personal and societal level judgments. Journal of Personality and Social Psychology, 47, 693–708.

Weinstein, N.D. (1980). Unrealistic optimism about future life events. Journal of Personality and Social Psychology, 39(5), 806–820.

Weinstein, N.D. (1999). What does it mean to understand a risk? Evaluating risk comprehension. Journal of National Cancer Institute Monographs, 25, 15–20.

Witte, K. & Allen, M. (2000). A meta-analysis of fear appeals: Implications for effective public health campaigns. Health and Education Behavior, 27, 591–615.

World Health Organization (2002). The world health report 2002. Reducing risk, promoting health life. Elektronische Publikation (Stand: 8. Juni 2006, http://www.who.int/whr/2002/en/).

13 Kommunikationskompetenz, Medienkompetenz und Medienpädagogik

Ulrike Six • Roland Gimmler

Einen großen Teil unseres Lebens verbringen wir damit, dass wir mit anderen direkt (z.B. in der Familie oder am Stammtisch) oder per Medien (z.B. E-Mail oder Chat) kommunizieren, allein oder mit anderen Personen Massenmedien nutzen (z.B. fernsehen), am PC arbeiten oder spielen, per Internet einkaufen oder Bankgeschäfte erledigen – diese Auflistung ließe sich endlos erweitern und damit die Bedeutsamkeit von Kommunikation und Medien für unseren privaten und/oder beruflichen Alltag weiter belegen. Kommunikation und längst auch schon der Umgang mit Medien zählen zu „Kulturtechniken" wie Lesen, Schreiben und Rechnen, aber auch wie ein angemessenes Verhalten im Straßenverkehr. Beides kann jedoch, wie jegliches Verhalten und Handeln, mehr oder weniger „gut" und mit mehr oder minder erwünschten Resultaten und Folgen ablaufen. Wesentliche Determinanten hierfür sind die relevanten Kompetenzen, über die das Individuum verfügt.

Welche Kompetenzen sind aber für ein angemessenes Kommunikations- und Medienverhalten erforderlich, und weshalb werden gerade diese Kompetenzen heute für so wichtig gehalten? Was verbirgt sich hinter den bekannten Schlagworten „Kommunikationskompetenz" und „Medienkompetenz", und welche wissenschaftlichen Konzepte gibt es hierzu? Wie lassen sich solche Kompetenzen fördern, und wovon hängen Umsetzung und Erfolg von Fördermaßnahmen ab? Mit derartigen Fragen befasst sich das vorliegende Kapitel.

Für die Konzeptionalisierung von Kommunikations- und Medienkompetenz wie auch für ihre praktische Vermittlung bzw. Förderung gilt, dass beide Kompetenzbereiche meist getrennt voneinander betrachtet werden. Im Hinblick auf die *Kommunikationskompetenz* ist dabei zweierlei zu beobachten:

- Einzelne Förderangebote unterschiedlichster wissenschaftlicher Provenienz und fachlicher Ausrichtung nehmen ständig zu (Sprachförderprogramme, Rhetorikkurse, psychologische Kommunikationstrainings etc.); sie sind zudem meist nur für jeweils bestimmte Anwendungsfelder konzeptioniert (z.B. interkulturelle Kommunikation; s. dazu Kap. 10).
- Auf der Ebene von angewandten Wissenschaften (und Studiengängen) befassen sich mit Kommunikationskompetenz die unterschiedlichsten Einzeldisziplinen, die in ihrem Selbstverständnis gleichzeitig erheblich differieren (Sprecherziehung, Kommunikationspädagogik, Sprachheilpädagogik etc.).

Für die Vermittlung bzw. Förderung von *Medienkompetenz* stellt sich die Sachlage dagegen anders dar:

- Hier hat sich seit Jahren die Medienpädagogik als eine Profession innerhalb der Erziehungswissenschaften herausgebildet und als Instanz für Praxiskonzepte und -anregungen etabliert.
- Ihre praktische Umsetzung finden medienpädagogische Konzepte in der „Medienbildung" (im Hinblick auf Kinder und Jugendliche meist als

„Medienerziehung" bezeichnet), die durchaus auch in offiziellen Richtlinien (etwa für die Lehrerbildung) verankert ist.

Vor diesem Hintergrund ist es unseres Erachtens sinnvoll, die Frage der Kompetenzvermittlung bzw. -förderung im vorliegenden Kapitel auf die Medienpädagogik zu konzentrieren (s. unten Abschnitt 13.3). Zunächst – und auch umfassender – gehen wir jedoch, nach einigen Erläuterungen zur Relevanz (Abschnitt 13.1) und zum Verhältnis von „Kommunikationskompetenz" und „Medienkompetenz" (Abschnitt 13.2.1), auf die beiden Kompetenzbereiche als solche ein (Abschnitt 13.2.2–13.2.3).

Definition

Kompetenzen definieren wir als Wissensbestände, Fähigkeiten und Fertigkeiten, die gemeinsam mit motivationalen Voraussetzungen ein Individuum dazu befähigen, ein bestimmtes Verhalten – im vorliegenden Kontext Kommunikations- und Medienverhalten – in kompetenter Weise auszuüben, d.h. funktional und kreativ, selbstbestimmt und selbstreguliert, aber auch sozial und persönlich angemessen und verträglich. Kompetenzen sind somit wesentliche, wenn auch keineswegs die einzigen Einflussfaktoren für individuelles Verhalten und Handeln.

13.1 Relevanz von Kommunikations- und Medienkompetenz

Gerade den Kompetenzen, die für das Kommunikations- und Medienverhalten erforderlich sind, misst man inzwischen eine zunehmende Relevanz bei. „Kommunikationskompetenz" und „Medienkompetenz" verkörpern insofern heute nicht nur wissenschaftlich-theoretische Konstrukte, sondern sind gleichermaßen programmatische Schlagworte: Spätestens im Zuge internationaler Bildungsstudien wie PISA haben sie einen deutlichen „Konjunkturaufschwung" in politischen Programmen und Bildungsinitiativen, aber auch in wissenschaftlichen Diskursen erfahren. Zahlreiche Indikatoren ließen sich hierfür anführen. Sie reichen von einem wachsenden Angebot an Rhetorik- und Kommunikationstrainings, Gründungen einschlägiger Netzwerke und Kompetenzzentren, neuen curricularen Standardsetzungen für die Lehrerbildung im Bereich „Kommunikation und Medien" und Initiativen wie „Schulen ans Netz" bis hin zur Etablierung neuer einschlägiger Studiengänge und einer Flut an wissenschaftlichen Publikationen sowie an Materialien für die Aus-, Fort- und Weiterbildung.

Relevanzbegründung. Wie lässt sich der oben erwähnte „Konjunkturaufschwung" nun erklären? Auf einer allgemeinen Ebene ist zur Beantwortung dieser Frage zunächst auf zwei Perspektiven hinzuweisen:

- eine an Schlüsselkompetenz- und Qualifikationsanforderungen in (post-)modernen Gesellschaften (vor allem mit Blick auf das Wirtschafts- und Beschäftigungssystem) orientierte Sichtweise,
- eine subjektorientierte Perspektive, unter der Kommunikations- und Medienkompetenz für die Befriedigung von Bedürfnissen und die Alltagsbewältigung als wesentlich erachtet werden.

Wenn man den Gründen für den konjunkturellen Aufschwung dieses Themas nachgeht, lassen sich zahlreiche miteinander verknüpfte Wandlungsprozesse anführen, die sich auf allen Ebenen (Makro- bis Individualebene) auswirken (als Überblick s. z.B. Greene & Burleson, 2003, sowie Reinking, McKenna, Labbo & Kieffer, 1998). Folgende Hinweise sollen hier genügen:

Die (Kommunikations-)Medienlandschaft befindet sich seit geraumer Zeit in einem grundlegenden, permanenten Veränderungsprozess. Neue Medien und ihre Dienste bzw. Funktionen werden mit zunehmender Selbstverständlichkeit genutzt, und im öffentlichen, beruflichen und privaten Leben haben kontextspezifische Formen und Prozesse des Kommunikations- und Medienhandelns einen quantitativ und qualitativ-funktional wachsenden Stellenwert. Neben der Freizeit und der Bewältigung privater Alltagsanforderungen betrifft dieser Wandel in hohem Maße Organisationen, Institutionen und Unternehmen, deren Arbeitsprozesse zunehmend über elektronische Medien ablaufen (in weiten Teilen z.B. Informationsbeschaffung, -vermittlung und -management, interne und externe Kommunikation, Logistik und Verwaltung, Marketing und Vertrieb). Durch die neuen Medien werden neue Arbeitsformen (z.B. Telearbeit, „Group Collaboration" über entfernteste Standorte hinweg) möglich, die gleichzeitig aber auch infolge der Globalisierung erforderlich werden (vgl. hierzu u.a Kap. 9 zu interpersonaler Kommunikation, Beziehungen und Zusammenarbeit in Gruppen sowie Kap. 11 zur Organisationskommunikation). Hiermit sind für alle Kommunikationsarten neue Anforderungen an Kompetenzen verbunden, die dementsprechend nicht zuletzt bei der Personalauswahl und -entwicklung ein zunehmendes Gewicht haben (vgl. auch Kap. 11 zur Organisationskommunikation). Gleichzeitig gewinnt das selbstständige und lebenslange Lernen an Bedeutung, und zwar nicht nur als eine wesentliche Voraussetzung für die individuelle Alltagsbewältigung und für die soziale Partizipation, sondern auch für den Erfolg von Organisationen, Institutionen und Unternehmen. Es verläuft großenteils (im Falle von E-Learning vollständig) über Mediennutzung und mediale Kommunikation, so dass sich hieraus neue Anforderungen sowohl für die Entwicklung als auch für die Nutzung entsprechender Lernumgebungen ergeben (vgl. z.B. Schaper & Konradt, 2004; s. außerdem Kap. 18).

Akzentuierungen. Einen Teil der vorrangig gesellschaftsorientierten Argumente fasst Livingstone (2004, S. 102) zusammen: „Auf einem Markt mit einem komplexen Medienangebot müssen Verbraucher gut informiert sein, um mit der von ihnen getroffenen Auswahl ihren immer höheren Ansprüchen gerecht zu werden. In einer Informationsgesellschaft müssen Arbeitnehmer und Arbeitgeber lernen, Informationsinhalte und -dienste zu erstellen und zu nutzen. In einer zivilisierten Gesellschaft müssen den Bürgern die Mittel an die Hand gegeben werden, mit denen sie ihr Recht auf Selbstdarstellung und kulturelle Partizipation wahrnehmen können. In einer Demokratie müssen Bürger dazu befähigt werden, unter Einsatz sichtbarer und anerkannter Kommunikationsmittel als Öffentlichkeit diskutieren und debattieren zu können. In einer Risikogesellschaft müssen Bürger in der Lage sein, die Ansichten, die sie vertreten, und die Netzwerke, die sie nutzen, zu gestalten und zu kontrollieren."

Argumente, die für den Bedarf an Kommunikations- und Medienkompetenz sprechen, können jedoch je nach der zugrunde gelegten Perspektive durchaus unterschiedlich akzentuiert sein: So werden Anforderungen an den „mündigen Bürger" vorrangig vonseiten der Politik, der – angesichts der Globalisierung mit zunehmenden Problemen konfrontierten – Medienkontrolle sowie der Medienvertreter selbst thematisiert. Mit Blick auf die Medienwirtschaft sowie die Wirtschafts- und Beschäftigungspolitik wird dagegen auf das Potenzial an medienkompetenten Nutzern als notwendige Voraussetzung für Akzeptanz und Nachfrage von Medienangeboten verwiesen (zur Medienkompetenz als Standort-, Unternehmens- und Akzeptanzfaktor s. Gapski, 2001, S. 117 ff.). Unter der Perspektive des internationalen Wettbewerbs wird der Bedarf an Kommunikations- und Medienkompetenz mit Erfordernissen für selbstständiges und lebenslanges Lernen begründet. Wiederum andere Argumentationslinien heben auf die kulturelle bzw. gesellschaftliche Partizipation und die dafür erforderlichen Kompetenzen ab. Dabei wird teilweise auch auf die Gefahren einer zunehmenden Kluft zwischen medienkompetenten und -inkompetenten Gesellschaftsgruppen verwiesen (zur dahinter stehenden „Wissensklufthypothese" s. unten Abschnitt 13.3.1). Und schließlich werden von der Pädagogik sowie von den Human- und Sozialwissenschaften vor allem die Chancen und Gefahren der Mediennutzung sowie die daraus resultierenden Anforderungen an die Medienkompetenz thematisiert. Dabei richten sich solche Anforderungen auf die Maximierung von individuellen Chancen ebenso wie auf die Minimierung von Risiken.

Von diesen und weiteren Unterschieden in den zugrunde gelegten Perspektiven hängt nicht nur ab, wie die Kompetenzanforderungen begründet werden, sondern auch, wie die einzelnen Kompetenzdimensionen, die Ziele von Förderinitiativen und nicht zuletzt auch die Leitlinien für die Medienbildung gewichtet werden (zu Letzteren s. Tabelle 13.2 in Abschnitt 13.3.1). Insgesamt besteht jedoch in folgender Sichtweise Konsens: Eine mehr oder weniger umfassende Kompetenzförderung für das Kommunikations- und Medienhandeln in den verschiedenen Bereichen des öffentlichen, beruflichen und privaten Lebens stellt eine wesentliche Bildungsaufgabe dar.

13.2 Die Konzepte „Kommunikationskompetenz" und „Medienkompetenz"

Der hohen Alltagsrelevanz von Kommunikations- und Medienkompetenz steht eine durchaus entsprechende Fülle von Publikationen zu diesem Kompetenzkomplex gegenüber, um dessen Konzeptualisierung sich verschiedenste Disziplinen bemühen. Die einschlägige Literatur lässt allerdings erkennen, dass sich diese Bemühungen keineswegs auf *einen* gemeinsamen Forschungsgegenstand richten. Vielmehr verläuft die Konzeptentwicklung großenteils noch immer für Kommunikations- und Medienkompetenz getrennt. Durch die zunehmende Verknüpfung von Kommunikation und Mediennutzung ist jedoch die Grenzziehung zwischen beiden Konstrukten neu zu überdenken.

Das Verhältnis zwischen Kommunikations- und Medienkompetenz wird in Abschnitt 13.2.1 erörtert, bevor wir auf die beiden Konstrukte im Einzelnen eingehen. Einführend sei an dieser Stelle zunächst nur auf Folgendes hingewiesen: Das weitaus ältere Konzept der Kommunikationskompetenz (s. unten Abschnitt 13.2.2) bezieht sich traditionellerweise auf die direkte interpersonale Kommunikation; das Konzept der Medienkompetenz (s. unten Abschnitt 13.2.3) hat dagegen den Umgang mit den verschiedenen Medien zum Gegenstand, wobei man bislang schwerpunktmäßig Kinder bzw. Heranwachsende im Blick hat (vgl. auch den Überblick bei Livingstone, van Couvering & Thumim, 2005).

13.2.1 Das Verhältnis zwischen Kommunikations- und Medienkompetenz

Gemeinsamkeiten. Zunächst sind einige Gemeinsamkeiten zwischen den *Konzepten* „Kommunikationskompetenz" und „Medienkompetenz" erwähnenswert, bevor Zusammenhänge zwischen den mit Kommunikationskompetenz einerseits und mit Medienkompetenz andererseits verbundenen *Anforderungen* erörtert werden.

Abgesehen davon, dass innerhalb beider Forschungsbereiche mit einer Vielzahl von (synonymen, verwandten oder unterschiedlich umfassenden) Begriffen operiert wird, und dies zudem häufig mit erheblicher Inkonsistenz (s. unten Abschnitt 13.2.2 und 13.2.3), gilt für beide Konzeptkategorien:

- Sie können als Hybridkonzepte bezeichnet werden: Sie sind durch eine teilweise grundlagenwissenschaftliche Orientierung und teilweise rein auf die Qualifikation für Anwendungsfelder fokussierte Sichtweise gekennzeichnet und beinhalten in Verbindung damit deskriptive und/oder präskriptiv-normative Elemente (vgl. auch Jablin & Sias, 2001, S. 819). Gleichzeitig richten sich beide inzwischen zumeist auf multidimensionale Konstrukte bzw. auf multiple Wissensbestände, Fähigkeiten und Fertigkeiten (vgl. auch Potter, 2004, S. 30).
- Ihre Dimensionalisierung und Operationalisierung ist mit mindestens drei Problemen konfrontiert:
  - der Grenzziehung zwischen den eigentlichen Kompetenzkomponenten einerseits und solchen Ressourcen (Prädispositionen, Wissen,

Motivationen, Fähigkeiten und Fertigkeiten) andererseits, die als Basis für diese Kompetenzen vorauszusetzen sind;
  - der Überforderung im Bereich der Erhebungsmethoden und -instrumente, will man sich nicht auf einzelne Teilkompetenzen beschränken (als Überblick zu Erhebungsmethoden für Kommunikationskompetenz s. z.B. Bubas, 2003; Bunz, 2003; für Medienkompetenz s. z.B. Livingstone et al., 2005);
  - der Abhängigkeit von historisch und kulturell variierenden Menschenbildern, sozialen Werten und Normen.
- Sie definieren Konstrukte, die das Kommunikationsverhalten bzw. den Medienumgang zwar wesentlich beeinflussen. Dabei sind jedoch gleichzeitig zahlreiche andere Einflussfaktoren anzunehmen, so dass der komplexe Wirkungszusammenhang mit weiteren Dispositionen (Persönlichkeitsmerkmalen, Erfahrungen etc.), Kontextmerkmalen, situativen Einflussfaktoren und schließlich Merkmalen des fraglichen Verhaltens selbst (z.B. Spezifitäts- oder Schwierigkeitsgrad) bei der Erklärung des Verhaltens zu berücksichtigen ist (vgl. Six, Gimmler & Schröder, 2005; Daly, 2003).
- Unter einer situations- und subjektorientierten Perspektive ergeben sich (qualitativ und quantitativ) unterschiedliche Kompetenzanforderungen, die zwischen Individuen, Anliegen und Kontexten variieren. So *muss* nicht jeder etwa über Internetkompetenz verfügen, wenn diese zur Situationsbewältigung bzw. zur Umsetzung von Anliegen nicht benötigt wird (wofür sich durchaus Fälle aus bestimmten Personengruppen vorstellen lassen). Ebenso hängt das Gewicht auch einzelner Kompetenz-*Dimensionen* vom jeweiligen Kontext und dessen Bedingungen bzw. Erfordernissen ab.

Strukturelle Interdependenz. Eine vor allem in der medienwissenschaftlichen Literatur inzwischen häufig thematisierte Frage ist die nach der hierarchischen bzw. strukturellen Position der beiden Kompetenzkategorien zueinander. Hierzu lassen sich zunächst zwei Auffassungen unterscheiden (für einen Überblick s. Gapski, 2001):

- Kommunikationskompetenz als *Grundlage* von Medienkompetenz und somit Letzterer vorgelagert und von dieser abzutrennen;
- Medienkompetenz als Teilbereich *innerhalb* einer – heute mit komplexeren Anforderungen konfrontierten – umfassenden Kommunikationskompetenz.

Letztlich unterscheiden sich beide Sichtweisen jedoch nur geringfügig, indem die zweite ein weiteres Begriffsverständnis von Kommunikation(skompetenz) und insofern eine andere Grenzziehung zugrunde legt. Diese Sichtweise wird insbesondere dann vertreten, wenn die Konzepte sowohl direkte als auch mediale Kommunikation einbeziehen (vgl. z.B. Bunz, 2003; Livingstone et al., 2005).

Inhaltliche Interdependenz. Während eine Reihe von Kompetenzkomponenten für alle Kommunikationsarten (vgl. Abschnitt 2.1.3) erforderlich sind, gilt dies bei anderen Komponenten nur für bestimmte Kommunikationsarten. So sind etwa Perspektivenübernahme- und Empathiefähigkeit nicht nur für die (direkte oder mediale) interpersonale Kommunikation notwendig. Vielmehr ist sie auch erforderlich, um sich als Kommunikator in Massenmedien zu betätigen (z.B. für die Erstellung einer zielgruppenangemessenen eigenen Homepage) oder um sich etwa in die Rolle einer Computerspielfigur oder eines Filmakteurs hineinzuversetzen und mit der gegebenenfalls gewünschten emotionalen Beteiligung einen Film zu genießen. Ebenso sind für alle Kommunikationsarten kognitive Ressourcen wie kognitive Komplexität und Fähigkeiten zur Informationsverarbeitung erforderlich. Aber auch die Selbstregulationsfähigkeit und die subjektive „Selbstwirksamkeit" sind wesentliche Voraussetzungen besonders für die Auswahl zwischen Kommunikationswegen zur Umsetzung eines Anliegens (z.B. Informationssuche) wie auch für das darauf folgende Verhalten (zu Ressourcen im Sinne von Wissen, Fähigkeiten und Eigenschaften s. unten Tab. 13.1 in

Abschnitt 13.2.2). Dagegen spielen Technikwissen und -kompetenzen ebenso wie etwa Fähigkeiten zur Angebotsauswahl bei der direkten interpersonalen Kommunikation in der Regel keine Rolle. Gleiches gilt für nonverbale Kompetenzen bei den meisten Formen medialer interpersonaler Kommunikation (eine Ausnahme wäre etwa eine Videokonferenz).

Am Beispiel der Rezeption mancher „Daily Talks“ lässt sich dieser komplexe Zusammenhang auszugsweise veranschaulichen: Um die dort verbreiteten speziellen Kommunikationsweisen und -inhalte (angefangen von inadäquatem Sprachgebrauch und häufiger gegenseitiger Unterbrechung bis hin zu Aggression und Missachtung von Menschenwürde und Persönlichkeitssphäre) identifizieren und bewerten zu können, bedarf es aufseiten der Rezipienten bestimmter Dimensionen der *Kommunikationskompetenz.* Ebenfalls erforderlich ist Kommunikationskompetenz für eine adäquate Verarbeitung dieser Medieninhalte sowie für einen gegebenenfalls notwendigen Schutz vor einer Beeinflussung der eigenen Kriterien für angemessenes Kommunikationsverhalten (und damit letztlich auch der eigenen Kommunikationsweise selbst). Gleichzeitig setzt eine distanzierte, kritische Rezeption und Verarbeitung solcher Inhalte aber auch bestimmte Dimensionen von *Medienkompetenz* voraus (z.B. Hintergrundwissen zur Einsicht in Senderinteressen und -strategien; s. unten Abschnitt 13.2.3). Zudem wird auch die Präferenz für solche Sendungen nicht zuletzt durch die Kommunikations- und Medienkompetenz beeinflusst.

Insgesamt lässt sich so weit festhalten: Ist schon für traditionelle Medien eine Trennung zwischen Kommunikations- und Medienkompetenz nur teilweise sinnvoll, so sind spätestens mit der Verbreitung von Computertechnologie und neuen Medien die Grenzen (a) zwischen verschiedenen Kommunikationsarten, (b) zwischen unterschiedlichen Medien und (c) zwischen den für Kommunikation und Mediennutzung notwendigen Kompetenzen fließender geworden. Kommunikations- und Medienkompetenz sind insofern weniger denn je isoliert voneinander zu betrachten. Vielmehr sollte man sie als Teil eines gemeinsamen Bedingungsgefüges komplexer Anforderungen an Wissensbestände, Reflexionsformen und handlungsbezogene Fähigkeiten und Fertigkeiten für das (kompetente) Handeln in der Kommunikationsumgebung sehen, sei es als Kommunikator oder als Rezipient. Erste Hinweise auf entsprechende Integrationsansätze zeichnen sich bereits ab. Wir werden im Folgenden dennoch auf die Konzepte „Kommunikationskompetenz“ und „Medienkompetenz“ in getrennten Abschnitten eingehen. Dies geschieht aus analytisch-pragmatischen Gründen sowie angesichts der in Teilaspekten nach wie vor bestehenden signifikanten Unterschiede zwischen direkter und medialer Kommunikation (vgl. z.B. Potter, 2004; s. außerdem Abschnitt 2.1.3 und Kap. 14) und schließlich vor dem Hintergrund der unterschiedlichen Forschungstraditionen.

13.2.2 Kommunikationskompetenz

Angesichts der vielseitigen Relevanz von Kommunikationskompetenz (s. oben Abschnitt 13.1) ist es plausibel, dass sich zahlreiche Disziplinen (z.B. Kommunikationswissenschaften, Psychologie, Germanistik, Soziologie, Pädagogik, Medizin) diesem Forschungsgegenstand widmen. Die einschlägige Literatur ist entsprechend höchst umfangreich und umfasst eine enorme Bandbreite an Themen, Perspektiven und Konzepten. Als Hauptthemenbereiche sind gegenwärtig folgende auszumachen:

- Das Konzept der Kommunikationskompetenz: Definition und Dimensionalität, Kriterien und Erhebungsmethoden, Kompetenzentwicklung und Einflussfaktoren, unter Berücksichtigung zahlreicher Einzelkompetenzen für die Kommunikator- und/oder Rezipientenseite.
- Spezifische Kompetenzanforderungen in bestimmten sozialen Kontexten: vor allem für die interkulturelle Kommunikation, in privaten Beziehungen (Liebesbeziehungen, Ehe, Familie etc.), in öffentlichen bzw. beruflichen Kontexten

(z.B. Arzt-Patient-Kommunikation, Konfliktmanagement und Mediation, Verhandlungs- und Führungskommunikation sowie Kommunikation in Bildungsbereichen) und zunehmend auch für die computervermittelte Kommunikation.

- Spezifische Kompetenzanforderungen für bestimmte kontextübergreifende Anliegen bzw. Funktionen: insbesondere für Informationssuche oder -weitergabe, Selbstdarstellung und Eindrucksbildung, Persuasion und Argumentation, Konfliktlösung und Suche nach Unterstützung oder Hilfe.
- Kompetenzdefizite und pathologische Phänomene sowie Möglichkeiten der Kompetenzverbesserung bzw. -optimierung (z.B. Trainings) und deren Evaluation.

In diesem Abschnitt können wir nicht auf alle Themenbereiche eingehen. Stattdessen konzentrieren wir uns hier auf das Konzept der Kommunikationskompetenz (für einen umfassenderen Überblick s. z.B. den Sammelband von Greene & Burleson, 2003).

Konzeptuelle Probleme. Eindeutige Aussagen zum Begriff „Kommunikationskompetenz" und eine Kategorisierung theoretischer Konzepte werden durch eine Reihe von Problemen erschwert, die den gegenwärtigen Forschungsstand kennzeichnen (auch in der einschlägigen Literatur werden sie als Kritikpunkte bezeichnet, die bereits seit langem bemängelt werden; für einen Überblick s. z.B. Hajek & Giles, 2003; Wilson & Sabee, 2003; Spitzberg & Cupach, 2002): Auffallend ist zunächst die Inkonsistenz der verwendeten Bezeichnungen, die ohne explizite Spezifizierung für offenbar unterschiedliche Bedeutungen oder aber als Synonyme oder sich überlappende Begriffe verwendet werden (z.B. soziale, interpersonale oder rhetorische Kompetenz, Interaktions-, interpersonale oder soziale Fähigkeiten und Fertigkeiten). Unabhängig von der scheinbaren Breite (z.B. soziale Kompetenz) oder Enge (z.B. Konversationskompetenz) einzelner Bezeichnungen bleibt dabei häufig unklar, was der Gegenstand ist:

- Kompetenzen auf der Kommunikator- oder gleichzeitig auch der Rezipientenseite,
- allgemeine Kommunikationskompetenz oder nur spezielle Kompetenzarten (z.B. rhetorische Kompetenz),
- Kompetenzen für spezielle Kontexte und/oder Funktionen (s. oben).

Es wird aber auch selten explizit gemacht, ob die Begriffe Voraussetzungen (Ressourcen, Prädispositionen) für kompetentes Kommunikationsverhalten oder das Verhalten an sich bezeichnen sollen. Ein weiteres Problem liegt darin, dass – wie bei vielen Kompetenzbegriffen – die Standards, die in Definitionen einfließen, in hohem Maße von kulturellen Werten, „Zeitgeist" und sozialen Normen abhängen. Und schließlich liegen nicht nur zahlreiche, höchst unterschiedliche Konzeptualisierungen von Kommunikationskompetenz vor, sondern diese enthalten häufig auch nur Auflistungen von Kompetenzanforderungen, die auf Plausibilität oder faktorenanalytischer Dimensionalisierung beruhen. Trotz dieser Probleme wird im Folgenden versucht, einige Gemeinsamkeiten und Unterschiede in Definitionen und Konzepten aufzudecken.

Definitionen und Konzepte

Neben abstrakten Definitionen der Kommunikationskompetenz – wie etwa ihre Umschreibung als „angemessene Verwendung sozialen Wissens und sozialer Fähigkeiten im Kontext einer Beziehung" (Wiemann & Giles, 1992, S. 229) – liegen wenige Definitionen vor, die explizit auf einzelne Bestimmungselemente des Gegenstandes hinweisen. Der folgende Kasten enthält ein Beispiel für solche umfassenderen Definitionen. Es handelt sich dabei um eine pragmatische Definition, aus der bereits einige Merkmale und Kriterien von Kommunikationskompetenz hervorgehen, die in ähnlicher Weise auch in manchen anderen Definitionen und/oder Konzepten enthalten sind (anstelle zahlreicher Quellenangaben zum Konzept der Kommunikationskompetenz wird auf Überblicke verwiesen, z.B. bei Daly, 2003; Wilson & Sabee, 2003; Bubas,

Definition

Kommunikationskompetenz – ein Definitionsbeispiel

„Kommunikative Kompetenz wird ... verstanden als ein Komplex erlernter Fähigkeiten des (Sich)-Mitteilens und Verstehens, mit dem eine Person in einer interpersonalen Interaktion ihre Anliegen zielgerichtet, in einer der Situation und den beteiligten Personen angemessenen und hinreichend flexiblen Weise erfolgreich verfolgt. Dazu übersetzt sie eigene Motive, Ziele und Pläne unter Berücksichtigung des von ihr wahrgenommenen und interpretierten Verhaltens ihres Kommunikationspartners in konkretes Handeln. Die Rückmeldung aus dem Verhalten ihres Kommunikationspartners nutzt sie kontinuierlich zu einem Ist-Soll-Vergleich und modifiziert gegebenenfalls ihr Verhalten oder ihre Ziele. Dabei müssen die verfolgten Motive, Ziele und Pläne der Person nicht in jeder Phase des Kommunikationsprozesses explizit im Bewusstsein präsent sein, sondern können auch intuitiv umgesetzt werden." (Hartung, 2000, S. 86)

2003; Spitzberg & Cupach, 2002; Jablin & Sias, 2001; Heath & Bryant, 2000):

- Kommunikationskompetenz setzt sich aus einem ganzen „Komplex" verschiedener Fähigkeiten zusammen. Mit dieser Umschreibung entspricht die zitierte Definition der Auffassung der meisten Autoren in diesem Bereich; allerdings geht sie, im Gegensatz zu vielen anderen, neben Fähigkeiten nicht explizit auch auf Wissensbestände als wesentliche Voraussetzungen für kompetentes Kommunizieren ein (s. dazu Tabelle 13.1 weiter unten).
- Der zitierten Definition liegt eine funktionalistische Sichtweise zugrunde: Bei einem kompetenten Individuum werden – wenn auch nicht stets bewusste – „Motive, Ziele und Pläne" für sein Kommunikationsverhalten und -handeln vorausgesetzt, die es „zielgerichtet" und mit kontinuierlichem „Ist-Soll-Vergleich" verfolgt. Eine solche Sichtweise ist in der Literatur zwar verbreitet, wird aber keineswegs von allen geteilt.
- Als weiteres Merkmal wird von Hartung (2000) die Zielerreichung bzw. Effektivität genannt, die eines der ältesten und in der einschlägigen Literatur etabliertesten Kriterien ist (vgl. auch Spitzberg & Cupach, 2002). Sie wird von manchen Autoren ergänzt um die Effizienz der Kommunikation und die auf Kommunikator- und Rezipientenseite wahrgenommene Zufriedenheit mit dem Kommunikationsablauf, -inhalt und -ergebnis.
- Am weitesten verbreitet ist das auch in der oben zitierten Definition enthaltene Kriterium der situativen und sozialen Angemessenheit der Kommunikationsweise.
- Effektivität und Angemessenheit setzen nach Hartung wie auch manchen anderen Autoren flexibles Vorgehen voraus, das eine (in Abhängigkeit von Kognitionen bezüglich Situation, Reaktionen des Kommunikationspartners und Zwischenergebnissen) gegebenenfalls notwendige Änderung von Plänen und Strategien oder sogar der zugrunde liegenden Ziele erlaubt.

Prozess- und ergebnisorientierte Konzepte. Bei der zitierten Definition fällt auf, dass sie kaum auf Kompetenz im Sinne einer Voraussetzung für kompetentes Kommunikationsverhalten als vielmehr auf das Verhalten selbst eingeht (dies ist auch bei vielen komplexeren Konzepten festzustellen). Damit lässt sie sich in die Kategorie der prozess- und ergebnisorientierten Konzepte einordnen, die neben den bereits in der Definition von Hartung enthaltenen Kriterien zusätzlich einzelne der folgenden Bestimmungselemente postulieren (s. auch Tabelle 13.1 weiter unten):

- Kommunikationskompetenz schließt nach Auffassung mancher Autoren Selbstaufmerksamkeit bezüglich eigener Ziele (und deren Rangfolge), Prinzipien, Strategien und Verhaltensweisen ein. Ebenso impliziert sie Perspektivenübernahme und

Sensibilität gegenüber dem Kommunikationspartner sowie Aufmerksamkeit nicht nur gegenüber seinen Botschaften und Reaktionen, sondern auch gegenüber potenziellen Problemen und Lösungsoptionen sowie Grenzen der Kommunikationsmöglichkeiten. In Verbindung mit solchen Kriterien wird zudem Selbstkontrolle als Verhaltens- und/oder Persönlichkeitsmerkmal postuliert.

- Neben der bereits genannten Angemessenheit wird zuweilen schließlich auch eine hinreichende Angepasstheit an kulturelle Werte, Normen und Kommunikationsregeln als Kriterium einbezogen.
- Einige Verhaltenskriterien sind in stärkerem Maße als manche der bislang genannten auf den Kommunikationspartner und/oder die Interaktion bezogen: so etwa das Reflektieren und Verstehen des Kommunikationsablaufs und der -inhalte sowie das Erkennen von Zielen, Erwartungen und Strategien des Gegenübers.

Zusammenfassend lassen sich die in der Literatur thematisierten Verhaltenskriterien einteilen in solche, die eher auf die Akteure bezogen sind, und Kriterien, die stärker auf die Interaktion bzw. auf das Gegenüber abheben (s. unten Tabelle 13.1).

Tabelle 13.1. Kriterien für Kommunikationskompetenz

Ressourcenbezogene Kriterien	Prozess- und ergebnisbezogene Kriterien
(I) Wissen **Strukturwissen u.a.:** ▶ situationsspezifische Normen und Kommunikationsregeln ▶ eigene Ziele; Bewertungskriterien für Nutzen-Kosten-Analysen ▶ Schemata in Bezug auf soziale Interaktionen und Bedingungen für Zielumsetzungen **Strategie- und Handlungswissen u.a.:** ▶ Handlungspläne, Strategien, Taktiken ▶ Skripts in Bezug auf Handlungsabfolgen; Repräsentationen von „Prozessprotokollen" ▶ „subjektive Theorien" z.B. über Funktionalität und situative Einsetzbarkeit von Strategien **(II) Fähigkeiten und Eigenschaften u.a.:** ▶ Ego- vs. Alterzentrismus; Perspektivenübernahme-, Dialog- und Empathiefähigkeit; soziale Sensibilität ▶ Selbstaufmerksamkeit ▶ Selbstregulationsfähigkeit ▶ Flexibilität; Anpassungsfähigkeit ▶ soziale Fertigkeiten ▶ Kodierungs-/Dekodierungsfähigkeit; Ausdrucksvermögen ▶ kognitive Komplexität, Informations(verarbeitungs)kompetenz, Abstraktions- und Antizipationsfähigkeit **(III) Motivationale Faktoren u.a.:** ▶ Kommunikationsinteresse ▶ Bereitschaft, relevante Eigenschaften anderer (Ziele, Erwartungen, Strategien etc.) zu erkunden und wahrzunehmen ▶ soziale Ängstlichkeit ▶ Selbstwirksamkeit	**Akteursbezogene Verhaltenskriterien u.a.:** ▶ Situationsangemessenheit und kulturell-normative Angepasstheit ▶ Flexibilität, u.a. unter Berücksichtigung kontinuierlicher Ist-Soll-Vergleiche ▶ Selbstaufmerksamkeit in Bezug auf Ziele (einschließlich der Zielhierarchie), Prinzipien, Strategien, Verhaltensweisen und Folgen ▶ Aufmerksamkeit gegenüber potenziellen Problemen und Lösungsoptionen ▶ Selbstkontrolle **Auf Interaktion/auf andere bezogene Verhaltenskriterien u.a.:** ▶ Verstehen des Kommunikationsablaufs ▶ Perspektivenübernahme; Sensibilität gegenüber anderem ▶ Erkennen von Zielen, Erwartungen, Strategien des anderen ▶ adäquate Kodierung/Dekodierung, Interpretationen und Attributionen ▶ auditive und visuelle Aufmerksamkeit ▶ Selbstoffenbarung ▶ Klarheit der Botschaften ▶ soziale (auf den anderen bezogene) Angemessenheit und Verträglichkeit **Ergebnisbezogene Kriterien u.a.:** ▶ erfolgreiches Interaktionsmanagement ▶ Zielerreichung/Funktionserfüllung, Effektivität ▶ Effizienz ▶ Zufriedenheit

Dabei gilt allerdings sowohl für diese als auch die folgenden Kategorisierungen, dass sie nicht vollständig trennscharf sein können.

Ressourcenorientierte Konzepte. Im Gegensatz zu den prozess- und ergebnisorientierten Konzepten von Kommunikationskompetenz richten sich ressourcenorientierte Konzepte stärker, wenn nicht ausschließlich, auf die *Voraussetzungen* kompetenten Verhaltens: auf Wissen, Fähigkeiten und Eigenschaften sowie teilweise auch auf motivationale Faktoren. Die hier eingeordneten Konzepte beruhen auf unterschiedlichen theoretischen Perspektiven (indem sie z.B. eher Prädispositionen im Sinne von Fähigkeiten und Eigenschaften oder eher notwendige Wissensbestände hervorheben). Gleichzeitig unterscheiden sich gerade diese Konzepte – ähnlich wie bei anderen Kompetenzen (z.B. Medienkompetenz; s. Abschnitt 13.2.3) – in der Grenzziehung zwischen Basisressourcen bzw. -kompetenzen einerseits und den eigentlichen Kommunikationskompetenz-Komponenten andererseits. Und schließlich unterscheiden sie sich darin, was sie thematisieren:

- Ressourcen für eine funktionale, erfolgreiche Kommunikationsweise oder aber
- Voraussetzungen für eine Kommunikationsweise, die insbesondere Kriterien der situativen und sozialen Angemessenheit und Angepasstheit, wechselseitigen Aufmerksamkeit, Sensibilität und Interaktivität sowie Flexibilität und Selbstkontrolle erfüllt.

Die geläufigsten Kriterien in ressourcenorientierten (wie auch in prozess- und ergebnisorientierten) Konzepten sind in Tabelle 13.1 aufgelistet. Dabei ist mit Blick auf die linke Spalte in der Tabelle Folgendes zu bedenken: Bestimmte ressourcenbezogene Kriterien ergeben nur unter einer funktionalistischen Perspektive einen Sinn. Dies gilt vor allem für das Wissen über Handlungspläne, Strategien und Taktiken, individuelle „subjektive Theorien“ etwa über die Funktionalität und Einsetzbarkeit von

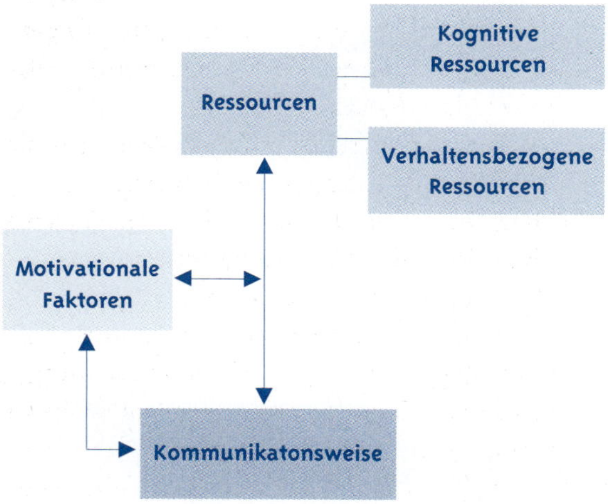

Abbildung 13.1. Ein ressourcenorientiertes Kommunikationskompetenz-Konzept mit Einbeziehung motivationaler Faktoren (nach Jablin & Sias, 2001, S. 834)
Die Abbildung veranschaulicht zum einen die Wechselwirkung zwischen den für die Kommunikation verfügbaren Ressourcen und der Kommunikationsweise selbst: Kompetenzen sind nicht nur eine der wesentlichen Determinanten für die individuelle Kommunikationsweise, sondern Kommunikationserfahrungen wirken sich auch auf die künftige Verfügbarkeit von Ressourcen aus. Zum anderen spielen motivationale Faktoren wie z.B. die Kommunikationsmotivation, aber auch Erfahrungen mit der persönlichen Selbstwirksamkeit eine erhebliche Rolle dafür, inwieweit ein Individuum in einer Kommunikationssituation seine Ressourcen tatsächlich einsetzt. Ebenso wirken sich die Kommunikationserfahrungen auf die Motivation für künftige Interaktionen und Kommunikationsweisen wie auch auf die Motivation zur Verbesserung der eigenen Kompetenzen aus.

Strategien, sowie die Bewertungskriterien für Nutzen-Kosten-Analysen. Hinzuweisen ist schließlich auch darauf, dass motivationale Faktoren nur von wenigen Autoren als Kriterien einbezogen werden. Dies betrifft insbesondere die Selbstwirksamkeit, die als eine Determinante der Motivation zur Ausführung des fraglichen Verhaltens gilt. Sie ist gleichzeitig ein Beispiel für die oben erwähnten Unterschiede in der Grenzziehung zwischen Basisressourcen bzw. -kompetenzen und der eigentlichen Kommunikationskompetenz (sie wird von manchen Autoren als Basiskompetenz von der Kommunikationskompetenz im engeren Sinne abgetrennt). Gleiches trifft auch auf weitere Eigenschaften und Fähigkeiten zu, die meist nicht der Kommunikationskompetenz, sondern ihren Determinanten zugeordnet werden (z.B. Informationsverarbeitungskapazität, Selbstdarstellungstendenz, Konflikt- und Problemlösungskompetenzen).

Ein Beispiel für ressourcenorientierte Konzepte, die motivationale Faktoren einbeziehen, enthält Abbildung 13.1.

13.2.3 Medienkompetenz

Begriffsauffassungen. Ähnlich wie für Kommunikationskompetenz gilt auch für Medienkompetenz, dass sie Forschungsgegenstand verschiedener Disziplinen ist und die einschlägige Literatur durch unterschiedliche Termini und Begriffsauffassungen gekennzeichnet ist.

Auf Grundlage einer Synopse deutschsprachiger pädagogischer und sozialwissenschaftlicher Definitionen stellt Gapski (2001, S. 58) Folgendes heraus: Unter Medienkompetenz wird üblicherweise die Fähigkeit für einen kritischen, selbstbestimmten, kreativen und verantwortlichen Medienumgang verstanden (wobei häufig sowohl die Rezpienten- als auch die Kommunikatorrolle einbezogen wird). Ein Überblick zu Begriffsauffassungen wird jedoch durch die große Bandbreite der verwendeten Bezeichnungen erschwert; das Spektrum reicht

- von komplexen Begriffen wie „multiple media literacies“ (z.B. Meyrowitz, 1998)
- über offenbar als synonym zur Medienkompetenz aufgefasste Termini (z.B. „media literacy“)
- bis hin zu einer Vielzahl von Begriffen zu speziellen Kompetenzen (z.B. Lesekompetenz, visuelle bzw. Bildkompetenz, Informations-, Werbe-, Computer-, CmC- oder gar Handykompetenz).

Spezielle Kompetenzen. Die zuletzt genannten speziellen Begriffe weisen je nach Konzeptionalisierung unterschiedliche Komplexität auf, was eine Kategorisierung noch weiter erschwert:

- Insbesondere Bezeichnungen wie Computer- oder Internetkompetenz (zum Teil aber auch Lesekompetenz) sind breiter angelegt, als das Etikett vermuten lässt, und entsprechen nahezu dem, was ansonsten unter Medienkompetenz in einem umfassenderen Sinne verstanden wird.
- Manche Konzepte (z.B. „Lesekompetenz“) beziehen sich zwar nur auf die Medien*rezeption* und auf bestimmte Medien. Die dabei postulierten Kompetenzanforderungen lassen sich jedoch großenteils auch auf andere Medien und/oder die interpersonelle Kommunikation übertragen; sie umfassen dann eigentlich Kompetenzdimensionen, die Teilbereiche der allgemeinen Medienkompetenz ausmachen.
- Eine solche mittlere Reichweite haben auch die mit „Informationskompetenz“ überschriebenen Konzepte (z.B. Goad, 2002), die zwar häufig eine ganze Reihe von Einzelkompetenzen umfassen (z.B. Fähigkeit zur Orientierung im Angebotsspektrum und zur angemessenen Informationsverarbeitung, technische und informationsorganisatorische Kompetenzen), sie blenden dabei aber die Unterhaltungsnutzung aus.
- Am wenigsten umfassend sind schließlich Konzepte, die sich nur auf bestimmte Anwendungsgebiete (z.B. Telearbeit) oder auf ganz spezielle Teilaspekte der Medienkompetenz beziehen (z.B. visuelle Kompetenz, Fähigkeit zur Unterscheidung zwischen Realität und Fiktion), wobei diese

Teilkomponenten dann allerdings stark ausdifferenziert werden.

Unter solchen Spezial- oder Teilkompetenzen – wie aber auch unter bestimmten Subdimensionen in Medienkompetenzkonzepten größerer Reichweite – sind unseres Erachtens teilweise Basisressourcen zu verstehen. Dies gilt etwa für themenbezogenes Vorwissen, Motivation zu lebenslangem Lernen, Strategiewissen oder Metakognitionen (Flender & Christmann, 2002, S. 203) sowie für die „Genussfähigkeit" (vgl. z.B. Groeben, 2002).

Konzepte der Medienkompetenz. Zur Medienkompetenz liegen eine Reihe differenzierter und fundierter Konzepte vor, die sich auf ein breites Medienspektrum beziehen. Vor allem angesichts der Anforderungen an die Internet- oder Multimedianutzung werden in neueren Konzepten nicht nur Kompetenzen auf der Rezipienten-, sondern auch solche auf der Kommunikatorseite einbezogen. Ein Teil dieser umfassenderen Konzepte verknüpft medienpsychologische oder kommunikationswissenschaftliche mit pädagogischen Grundlagen und kann als mehr oder weniger interdisziplinär angesehen werden (u.a. Baacke, 1997; Hobbs, 1997; Tulodziecki, 1997; Aufenanger, 2002; Six et al., 2005; Livingstone et al., 2005; Groeben, 2002; 2004). Die meisten dieser interdisziplinären Konzepte haben ihre Basis bzw. Schwerpunktsetzung in der Pädagogik, nur wenige in der Medienpsychologie oder den Komunikationswissenschaften. Eine interessante Ausnahme stellt die „Theory of Media Literacy" von Potter (2004) dar, der unter einer kognitionspsychologischen Perspektive Anforderungen an die individuelle Medienkompetenz begründet und definiert. Dabei stehen Informationsverarbeitungsprozesse und -probleme sowie entsprechende Erkenntnisse aus der Rezeptions- und Wirkungsforschung im Vordergrund (vgl. auch Potter, 2005).

Eine Reihe pädagogisch orientierter Ansätze (z.B. Baacke, 1997; Schorb, 1997) greifen, unabhängig vom Grad ihrer Interdisziplinarität, gleichzeitig auf soziologische Theorien zurück (etwa auf die Habitustheorie von Bourdieu oder die Kommunikationstheorie von Habermas), mit denen eine gleichberechtigte gesellschaftliche Partizipation sowie der emanzipierte medienkompetente Bürger, der an der Gestaltung der Gesellschaft mitwirkt, postuliert werden.

Darüber hinaus lässt sich feststellen, dass sowohl in Konzepten für bestimmte Spezialkompetenzen (s. oben) als auch in Unterdimensionen umfassender Konzepte zuweilen Akzentuierungen vorgenommen werden: etwa mit Blick auf kulturell-ästhetische Anforderungen (z.B. Aufenanger, 2002) oder auf solche, die aus zeichentheoretischen oder anthropologischen Ansätzen abgeleitet werden (z.B. Herzig, 2001; Doelker, 2004).

Und schließlich fällt auf, dass insbesondere US-amerikanische Konzepte, eher als solche aus der deutschsprachigen Literatur, an den in Abschnitt 13.1 genannten Argumenten für Anforderungen an die Medienkompetenz orientiert sind, indem sie auf gesellschaftlich funktionale Schlüsselkompetenzen vorrangig unter der Perspektive von Wirtschafts- und Beschäftigungssystem verweisen.

Eigenes Konzept der Autoren. Das im Folgenden skizzierte Konzept der Medienkompetenz wurde im Rahmen eines Forschungsprogramms entwickelt (vgl. auch Six et al., 2005). Es bezieht sich auf individuelle Ressourcen für den Umgang mit den verschiedensten Medien (angefangen von Printmedien und Fernsehen bis hin zu Computer und Internet, einschließlich interaktiver, hypermedialer und kommunikativer medientechnischer Angebote, Dienste und Nutzungsoptionen; zum Medienbegriff s. Abschnitt 2.1.2). Normatives Leitprinzip ist dabei (auch in Anlehnung an andere Konzepte der Medienkompetenz): Kompetenter Medienumgang zeichnet sich dadurch aus, dass er selbstbestimmt, reflektiert und selbstreguliert sowie an eigenen Anliegen orientiert, zielgerichtet und funktional, gleichzeitig aber auch persönlich sowie sozial verträglich und angemessen ist. Dieser Auffassung liegt ein Menschenbild von Individuen zugrunde als – wie bewusst auch immer – zielgerichtet handelnden Subjekten, auf dem viele psychologische Theorien basieren: komplexe Handlungstheorien wie die

„sozial-kognitive Theorie“ von Bandura (vgl. Kap. 8) ebenso wie etwa Einstellungs-Verhaltens-Theorien (vgl. Kap. 5 zur Rolle von Einstellungen im Kontext des Kommunikations- und Medienhandelns).

Basis für die Konzeptentwicklung waren insbesondere medienpsychologische Erkenntnisse zu Rezipienten- bzw. Nutzer-Aktivitäten (s. hierzu u.a. Kap. 16 zum Medienhandeln) sowie zu Medienwirkungen, aus denen sich – vor dem Hintergrund des oben erwähnten Leitprinzips – Anforderungen an einen kompetenten Medienumgang ableiten lassen (vgl. auch Six, Frey & Gimmler, 1998; für einen Überblick s. außerdem Potter, 2004; 2005). Ebenso wie der kompetente Medienumgang wird auch die dafür notwendige Medienkompetenz nicht als dichotome Variable (kompetent/inkompetent), sondern als ein Kontinuum verstanden (vgl. auch Potter, 2004; 2005).

Wie bereits für das Konzept der Kommunikationskompetenz festgestellt, ist auch hier die Grenzziehung zwischen Basisressourcen bzw. -kompetenzen einerseits und den eigentlichen Komponenten der Medienkompetenz andererseits schwierig. Zusätzlich gilt für die Medienkompetenz jedoch, dass sie sich in mancher Hinsicht mit Kommunikationskompetenz überschneidet, gleichzeitig Teile der Letzteren aber auch als Basis für Erstere anzusehen sind (s. oben Abschnitt 13.2.1). Das unten zusammengefasste Konzept impliziert selbstverständlich solche als Basis vorauszusetzenden Komponenten der Kommunikationskompetenz wie auch weitere Basisressourcen (Informationsverarbeitungskapazität, Lesekompetenz, Selbstkontrolle, Bereitschaft zu lebenslangem Lernen etc.). Es geht jedoch nicht mehr explizit auf diese ein (als Überblick zu Basiskompetenzen vorwiegend aus kognitionspsychologischer Sicht s. Potter, 2004, S. 118ff; 2005, S. 40ff.).

Der folgende Kasten zu den Dimensionen der Medienkompetenz enthält eine Auflistung von theoretischen Dimensionen der Medienkompetenz, zu denen anschließend einige Erläuterungen gegeben werden.

Dimensionen der Medienkompetenz

(I) Medienwissen und Technikkompetenz

(1) **Orientierungswissen**: Wissen über Medien und Medienangebote, ihre funktionale Einsetzbarkeit, technischen Erfordernisse und Funktionsweisen sowie jeweils spezifischen Anforderungen an die Nutzer;

(2) **Hintergrundwissen**: Wissen über Rahmenbedingungen sowie gesellschaftliche Bedeutung und Auswirkungen von Medien, Medienproduktion, -distribution und -nutzung;

(3) **Zeichen- und Gestaltungswissen**: Wissen über Zeichensysteme, Präsentationsformen, Gestaltungsarten und -strategien;

(4) **Technische Handlungskompetenz**: Fähigkeit zum adäquaten technischen Umgang mit Medien.

(II) Reflexions- und Bewertungskompetenzen

(5) **Urteilskompetenz**: Fähigkeit zur Bewertung einzelner Medienprodukte und Nutzungsoptionen sowie von Medienentwicklungen;

(6) **Selbstreflexionskompetenz**: Fähigkeit zur Reflexion über die eigene Mediennutzungsweise sowie Einsicht in die Notwendigkeit der Reflexion.

(III) Nutzungs- und Verarbeitungskompetenzen

(7) **Auswahl- und Integrationskompetenz**: Fähigkeit zu selbstbestimmter, zielorientierter und reflektierter Auswahl und Nutzung von Medien und Nutzungsoptionen;

(8) **Rezeptions- und Verarbeitungskompetenz**: Fähigkeit zu funktional angemessener und persönlich verträglicher Rezeption und Verarbeitung medialer Inhalte.

(IV) Spezielle Kommunikatorkompetenzen

(9) **Inhalts- und gestaltungsbezogene Kommunikatorkompetenz**: Fähigkeit zur Entwicklung von Medieninhalten sowie zur Anwendung von Gestaltungsarten und Prä- ▶

sentationsformen unter Berücksichtigung von Funktionalität sowie sozialer Angemessenheit und Verträglichkeit;

(10) **Distributorische und partizipatorische Kommunikatorkompetenz**: Fähigkeit zur Veröffentlichung bzw. Verbreitung eigener Medieninhalte sowie zur Einflussnahme auf Medienproduktion und -verbreitung.

Dimension 1 (Orientierungswissen). Das hier angesprochene Wissen richtet sich auf Medienprodukte bzw. -inhalte (z.B. Fernsehsendung, Homepage, Buch, Film) sowie auf medientechnische Angebote (z.B. Internet-Dienste/-Anwendungen); dazu gehören auch Kategorien auf der Anbieter- und Angebotsseite (z.B. öffentlich-rechtliche Fernsehsender; Fernsehgenres). Ihre jeweilige funktionale Einsetzbarkeit – vor allem ihre prinzipielle Eignung für einzelne Anliegen bzw. Funktionen – realistisch einschätzen zu können, ist nicht zuletzt notwendig für die Auswahl zwischen (medialen und nichtmedialen) Handlungsoptionen. Dies gilt ebenso für Kenntnisse über technische Erfordernisse und Funktionsweisen elektronischer Medien (z.B. nötige Ausstattung, interne Hardwarestrukturen) und insgesamt für das theoretische Nutzer- bzw. Anwenderwissen, einschließlich der Einsicht in die jeweils spezifischen Anforderungen im Hinblick auf den zeitlichen oder finanziellen Aufwand sowie erforderliche Kompetenzen (z.B. Sprachkenntnisse, Technikkompetenz, Know-how für die Minimierung von Sicherheitsrisiken).

Dimension 2 (Hintergrundwissen). Wissen über Rahmenbedingungen von Medien, Medienproduktion, -distribution und -nutzung schließt zum einen Kenntnisse über relevante medienrechtliche Bestimmungen (z.B. für die Präsentation eigener Filmaufnahmen oder das Kopieren von Computerspielen) ein, die nötig sind sowohl für die Medienbewertung und -auswahl als auch für die eigene Medienproduktion bzw. -distribution. Zum anderen umfasst diese Dimension das Wissen über ökonomische Hintergründe der Medien (z.B. ökonomische Zwänge und Interessen privater Fernsehsender) und über gesellschaftliche und politische Zusammenhänge sowie über die Einsicht in die makro- und mikrosoziale Bedeutung und Auswirkungen von Mediensystem und -angeboten, Angebotsdistribution und -nutzung. Solche Kenntnisse sind nicht zuletzt wesentlich, um Zusammenhänge etwa zwischen der Qualität von Medienangeboten einzelner Anbieter (z.B. Fernsehanstalt) und ihren zugrunde liegenden Interessen zu verstehen (zur Medienbewertung s. unten Dimension 5). Gleichzeitig beeinflussen sie die Auswahl von Medienangeboten, die selektive Zuwendung zu einzelnen Medieninhalten und die Art ihrer Verarbeitung (s. unten Dimensionen 7 und 8).

Dimension 3 (Zeichen- und Gestaltungswissen). Mit dieser Dimension sind insbesondere Wissen über Zeichensysteme (inkl. Bild- und Filmsprache), mediale Präsentationsformen (z.B. Bild, Grafik, Film, Multimedia), Gestaltungstechniken (z.B. Kameraführung, Montage, Text-Bild-Kombination, Dramaturgie) und damit verbundene -strategien (auch einschließlich Manipulationsmöglichkeiten) angesprochen.

Dimension 4 (Technische Handlungskompetenz). Diese Dimension bezieht sich auf das Einrichten und Bedienen, Warten und Pflegen von Hard- und Software für einzelne Anwendungen elektronischer Medien (z.B. Programmieren des Videorekorders, Bedienen der Kamera, Umgang mit Internet-Suchmaschinen sowie allgemeine PC-Anwenderkompetenzen wie Speichern, Softwareinstallation, Archivieren von im Internet recherchierten Informationen).

Dimension 5 (Urteilskompetenz). Mit dieser Dimension ist zum einen die Fähigkeit zur Analyse und Bewertung von Medienprodukten unter formalen (z.B. ästhetischen) und inhaltlichen (z.B. Realitätsgehalt; Glaubwürdigkeit; Professionalität; Übereinstimmung mit eigenen Prinzipien, Werten und Interessen) sowie „Usability"-Kriterien angesprochen (zur Medien-Qualitätsbewertung s. Kap. 15). Zum anderen geht es hier um die Bewertung von Nutzungsoptionen einschließlich ihres Vergleichs mit medienexternen und -internen Alternativoptionen, und zwar im Hinblick auf

- ihre subjektive Funktionalität (einschließlich der Zielangemessenheit und der Nutzen-Kosten-Relation),
- ihre Realisierbarkeit (z.B. angesichts von Ausstattungserfordernissen oder vorhandenen Kompetenzen aufseiten der eigenen Person oder des Kommunikationspartners),
- ihre persönliche und soziale Verträglichkeit und Angemessenheit (z.B. bezüglich potenzieller Negativwirkungen aufseiten der eigenen Person, der sozialen Situation oder der Zumutbarkeit für den Kommunikationspartner).

Dimension 6 (Selbstreflexionskompetenz). Mit dieser Dimension wird sowohl die Einsicht in die Notwendigkeit zur Reflexion als auch die Reflexionsfähigkeit selbst postuliert: Neben einer Pauschalbewertung von Umfang und Qualität der eigenen Mediennutzung geht es speziell um die Reflexion unter Aspekten von Funktionalität, persönlicher und sozialer Verträglichkeit sowie weiterer Kriterien, die in Dimension 5 für die Bewertung von Nutzungsoptionen genannt wurden.

Dimension 7 (Auswahl- und Integrationskompetenz). Die für Dimension 5 genannten Kriterien werden auch an eine reflektierte Auswahl und Nutzung von Medien und Nutzungsoptionen angelegt, wobei allerdings hier – da es um das akute Medienhandeln geht – auch situative Bedingungen (z.B. Machbarkeit etwa mit Blick auf eigene Verpflichtungen, akute Realisierbarkeit seitens des Kommunikationspartners) und damit eine Abstimmung auf Alltagsbelange (Alltagsintegration) zu beachten sind. Der Nutzung vorausgehende Abwägungen müssen nicht in jeder Situation bewusst wiederholt werden, sondern können als Erfahrungen auch bereits zu Wissensbeständen bzw. Routinen gehören (zur Frage des Bewusstheitsgrades vgl. die Erörterungen bei Potter, 2004).

Dimension 8 (Rezeptions- und Verarbeitungskompetenz). Die funktionale Angemessenheit und persönliche Verträglichkeit (vgl. Dimension 5) bezieht sich hier auf die aus der Kommunikations- und Medienpsychologie bekannten Rezipientenaktivitäten während (zum Teil auch unmittelbar nach) der Mediennutzung (Verstehen, Einordnen in kognitive Schemata etc.; s. hierzu Kap. 3 über Informationsaufnahme und -verarbeitung sowie Kap. 16 über Medienhandeln). Verbunden ist hiermit auch eine entsprechende Rezeptionshaltung, die nicht zuletzt der Funktionalität (z.B. Konzentration auf relevante Reize) sowie dem eigenen Schutz vor potenziellen Negativwirkungen (z.B. distanzierte Aufnahme- und Verarbeitungshaltung etwa durch „Medialitätsbewusstein" oder Bewusstmachen bzw. Reflektieren der Kommunikatorinteressen) dienen kann.

Dimension 9 (Inhalts- und gestaltungsbezogene Kommunikatorkompetenz). Die Entwicklung von Medieninhalten bezieht sich sowohl auf eigene Medienprodukte (z.B. Homepage, Videoproduktion) als auch auf Inhalte, die man per Kommunikationsmedien übermittelt (z.B. Mail-Botschaften, Äußerungen im Chat). Dabei kann es etwa um die Visualisierung von Informationen gehen, um die Umsetzung von Gestaltungsstrategien zur Aufmerksamkeitserzeugung oder um die Verwendung angemessener Codes oder geeigneter „Emoticons" (s. hierzu Abschnitt 14.3.3) – jeweils unter Beachtung der situativen und sozialen Angemessenheit und Verträglichkeit (adressatenorientiert, d.h. verständlich, unter Berücksichtigung potenzieller Negativwirkungen auf andere, etc.).

Dimension 10 (Distributorische und partizipatorische Kommunikatorkompetenz). Diese Dimension bezieht sich zum einen auf die Veröffentlichung bzw. Vermittlung eigener Medieninhalte (z.B. Einstellen einer Homepage ins Internet; vgl. Dimension 9). Zum anderen ist hier unter Partizipationsaspekten etwa an die Teilnahme an Diskussionsforen oder an eigene Aktivitäten zu denken, mit denen auf die Anbieterseite eingewirkt werden soll (z.B. Leserbrief, Beitrag zur Medienkontrolle).

13.3 Medienpädagogik

Bereits zu Beginn des Kapitels (Abschnitt 13.1) wurde erläutert, welche Bedeutung die Medienkompetenz in den verschiedenen Bereichen des öffentlichen, beruflichen und privaten Lebens hat. Weiterhin haben wir im vorangegangenen Abschnitt (13.2.3) das Konzept der Medienkompetenz und damit implizit bereits die komplexen Anforderungen an eine auf die Vermittlung und Förderung von Medienkompetenz gerichtete Bildung thematisiert. Die nun folgenden Abschnitte befassen sich mit eben diesem Bildungsbereich und insofern mit Medienpädagogik als der hierfür einschlägigen Disziplin. Da der Begriff „Medienpädagogik“ jedoch weniger eindeutig ist, als man angesichts seiner häufigen Verwendung annehmen sollte, ist zunächst eine Begriffsklärung und -differenzierung vorzunehmen, bevor wir auf Ziele und Ansätze der Medienpädagogik, auf Umsetzungsmöglichkeiten, Rahmenvorgaben, Praxismaterialien und schließlich auf die Praxis selbst eingehen.

13.3.1 Gegenstandsbereich, Basis und Ansätze

Seit den 1970er Jahren hat sich die Medienpädagogik zunehmend als eine – an manchen Hochschulen transdisziplinär bearbeitete – Disziplin innerhalb der Erziehungswissenschaften etabliert. Inzwischen ist sie längst zur „akademischen Instanz“ für die theoretische Begründung und Konzeptualisierung der Förderung von Medienkompetenz sowie von medienpädagogischer Kompetenz geworden.

Neben „Medienpädagogik“ werden in der Fachliteratur (wie auch in der Bildungspolitik und in der pädagogischen Praxis) die Begriffe „Medienerziehung“ und „Mediendidaktik“ sowie inzwischen zunehmend auch der Terminus „Medienbildung“ verwendet. Wie lassen sich diese Begriffe differenzieren?

Begriffsklärung

Bei einem breiten Begriffsverständnis lässt sich Medienpädagogik zunächst in Medienbildung (mit Blick auf Kinder und Jugendliche zumeist als „Medienerziehung“ bezeichnet) und Mediendidaktik untergliedern. Letztere befasst sich mit der Konzeptualisierung und Gestaltung von Medien für Lehr-Lernprozesse und mit dem adäquaten Medieneinsatz in Bildungsbereichen. Neben pädagogischen und didaktischen Prinzipien gehören kognitions- und instruktionspsychologische Erkenntnisse zu wesentlichen Grundlagen der Mediendidaktik. In der Medienpädagogik hat sich zunehmend jedoch ein Selbstverständnis etabliert, das – insbesondere vor dem Hintergrund der Entwicklungen im Bereich von Lehr- und Lernmedien – die Mediendidaktik (als komplexer gewordene, eigenständige Disziplin) ausklammert und Medienbildung als alleinigen Gegenstandsbereich definiert (s. Kasten auf S. 287).

Wissenschaftliche Grundlagen

Medienpädagogik ist eine angewandte Disziplin, insofern sie auf theoretischen und empirischen Erkenntnissen vorrangig aus der Medienforschung, der psychologischen Grundlagenforschung (vor allem Entwicklungs- und Kognitionspsychologie) und den Erziehungswissenschaften basiert und diese für eine Anwendung auf den Bildungsbereich mit gesellschaftlichen Normen und pädagogischen Prinzipien verbindet.

Medienpädagogisch relevante Grundlagen aus der Medienforschung (einschließlich der Medienpsychologie) konkretisieren und differenzieren den Bedarf an Wissensbeständen, Fähigkeiten und Fertigkeiten für einen kompetenten Medienumgang und damit gleichzeitig Anforderungen an eine umfassende Förderung der Medienkompetenz. So belegen empirische Ergebnisse

- zur Medienangebotsseite und deren Veränderungen sowie
- zur Mediennutzung und zu Präferenzen für bestimmte Medien

neben dem hohen Stellenwert von Medien in der heutigen Lebenswelt zunächst einmal die Anforderungen an Medienkompetenz, die mit der Quanti-

Definition

Medienpädagogik, Medienbildung und Medienerziehung

Der Aufgabenbereich der **Medienpädagogik** umfasst sowohl die theoretische Grundlegung und Konzeptualisierung der Vermittlung/Förderung von Medien- und medienpädagogischer Kompetenz als auch die Entwicklung hierfür geeigneter Praxiskonzepte und -informationen.

Ihre praktische Umsetzung findet die Medienpädagogik in der **Medienbildung**. Hauptanliegen ist dabei, im Rahmen alltäglichen Erziehungshandelns und insbesondere durch gezielte Bildungsmaßnahmen Kompetenzen für einen zielgerichtet-funktionalen, kreativen, selbstbestimmten und selbstregulierten, gleichzeitig aber auch persönlich verträglichen und sozial angemessenen Medienumgang zu fördern (detailliert hierzu Abschnitt 13.2.3). Dies schließt eine Maximierung von Chancen der Mediennutzung ebenso ein wie eine Minimierung ihrer Risiken bzw. die Prävention potenziell negativer Wirkungen. Medienbildung ist zum einen medienübergreifend, indem sie prinzipiell auf alle Medien bezogen ist (zum Medienbegriff s. Abschnitt 2.1.2). Sie ist zum anderen feldübergreifend, insofern Personen aller Alters- und Berufsgruppen als Adressaten gelten können.

Eingeschränkt auf bestimmte Adressatengruppen ist dagegen die **Medienerziehung**: Sie konzentriert sich auf die medienbezogene Erziehung und Bildung von Kindern und Jugendlichen und hat dabei insbesondere Familie, Kindergarten, Schule sowie außerschulische Jugendarbeit im Blick. Ebenso wie die Medienbildung setzt sie nicht zuletzt medienpädagogische Kompetenz voraus (s. unten Abschnitt 13.3.2), für die wiederum die Medienpädagogik die theoretische Fundierung und Konzeptualisierung vornimmt sowie Praxiskonzepte und -informationen entwickelt.

tät und Qualität des Medienangebots und seiner Nutzung verbunden sind (zu den hier genannten Dimensionen der Medienkompetenz vgl. Abschnitt 13.2.3). Solche Anforderungen beziehen sich insbesondere auf das „Orientierungswissen", auf die „technische Handlungskompetenz" bei der Nutzung elektronischer Medien, auf Urteils- und Auswahlkompetenzen sowie auf die Fähigkeit zu einer persönlich und sozial verträglichen Mediennutzung („Alltagsintegration"), die ihrerseits nicht zuletzt Reflexionsfähigkeit voraussetzt.

Ähnliches gilt für Erkenntnisse aus der Rezeptionsforschung und der Forschung zum Medienhandeln, vor allem

- zu Motiven der Mediennutzung,
- zu Nutzungs- bzw. Rezeptionsweisen und
- zu kognitiven, emotionalen, sozialen und verhaltensbezogenen „Aktivitäten" der Mediennutzer (vgl. hierzu u.a. Kap. 3 über Informationsaufnahme und -verarbeitung, Kap. 4 über soziale Kognition und Urteilsbildung sowie Kap. 16 über Medienhandeln).

Über die bereits genannten Dimensionen der Medienkompetenz hinaus wird hiermit der Bedarf an „Hintergrundwissen", an „Zeichen- und Gestaltungswissen" sowie an „Rezeptions- und Verarbeitungskompetenz" begründet und definiert. Betrachtet man neben Rezipientenaktivitäten auch solche, bei denen der Mediennutzer die Kommunikatorrolle einnimmt (z.B. beim Chatten, Mailen oder Erstellen einer eigenen Homepage), so lassen sich aus dieser Forschung zudem Anforderungen an „spezielle Kommunikatorkompetenzen" ableiten, die gleichzeitig bestimmte Dimensionen der Kommunikationskompetenz voraussetzen (s. oben Abschnitt 13.2).

Besondere Relevanz für die Begründung und Konzeptualisierung von Medienbildung bzw. Medienerziehung haben schließlich die vielfältigen Ergebnisse der Medienwirkungsforschung (als Überblick s. Schenk, 2002; für medienpädagogisch relevante Grundlagen aus der kognitionspsychologisch orientierten Wirkungsforschung vgl. Potter, 2004; 2005; s. außerdem verschiedene Kapitel im vorliegenden Band).

Medienpädagogisch relevant sind Ergebnisse der Medienwirkungsforschung im Hinblick auf

- die Maximierung von Chancen bzw. positiven Möglichkeiten der Mediennutzung (vor allem für die Befriedigung von Bedürfnissen, die Alltagsbewältigung sowie die kulturelle und soziale Partizipation),
- die Minimierung von Risiken bzw. die Prävention potenzieller negativer Wirkungen.

Unabhängig von ihrem positiven oder negativen Vorzeichen haben Wirkungen sowohl auf der Mikroebene als auch auf der makrosozialen Ebene medienpädagogische Relevanz. Auf gesellschaftlicher und Gruppenebene sind für die Anforderungen an Medienbildung mögliche Wirkungen auf Wissen, Kompetenzen und Partizipationschancen hervorzuheben, die durch den Zusammenhang zwischen soziodemographischer Position (vor allem sozioökonomischem Status und Bildung) einerseits und Medienpräferenzen und -funktionen, Medienwahl und -nutzungsweise andererseits beeinflusst werden. So wurde – vor dem Hintergrund der „Wissensklufthypothese" und deren Erweiterungen – wiederholt belegt, dass Medien und ein erweitertes Medienangebot dazu beitragen können, vorhandene Disparitäten zwischen gesellschaftlichen Teilgruppen (vor allem formal hoch im Unterschied zu niedrig Gebildeten) zu verstärken. Somit wächst die „Kluft" zwischen den Gruppen (bzw. die soziale Differenzierung oder gar Gruppenpolarisierung) bezüglich Interessen für Bildung und Kultur und des Zugangs zu persönlich und gesellschaftlich relevanten Informationen bis hin zu Unterschieden in Wissen und Kompetenzen, die gleichermaßen für kompetentes Kommunikations- und Medienhandeln wie auch für die individuellen Partizipations- und Zukunftschancen von Belang sind (für einen Überblick s. z.B. Bonfadelli, 2002).

Medienpädagogische Praxisansätze

Für die Praxis der Medienbildung liegt eine Reihe von Ansätzen vor, die sich – in Zusammenhang mit der jeweils zugrunde gelegten Bedarfsbegründung (s. oben Abschnitt 13.1) – in der Auswahl und Gewichtung medienpädagogischer Ziele, ihrem theoretischen Hintergrund, der Komplexität ihres Zielkatalogs sowie insbesondere in ihren fundamentalen Leitlinien unterscheiden. Diese Grundauffassungen unterliegen prinzipiell nicht nur den jeweiligen historisch-kulturell geprägten Erziehungs- und Bildungskonzeptionen, sondern auch den jeweils aktuellen Paradigmen der Medienforschung und Entwicklungen im Medienbereich.

Tabelle 13.2 enthält vier Grobkategorien medienpädagogischer Ansätze in historisch-chronologischer Abfolge (für differenziertere Informationen s. Six et al., 1998). Dabei ist zu beachten, dass die unter (1) und (2) genannten älteren Ansätze inzwischen kaum noch propagiert und umgesetzt werden. Vielmehr werden zunehmend die in (3) und (4) skizzierten Ansätze präferiert, die nicht nur andere Akzente als die Ersteren setzen, sondern in ihren Ansprüchen auch erheblich umfassender sind: Kategorie (3) greift einzelne Elemente aus den beiden oberen Kategorien wieder auf, die jedoch unter der kompetenzzentrierten Leitlinie anders gewichtet und erheblich ergänzt werden. Analoges gilt für die in (4) genannten Ansätze, die die Kompetenzförderung nicht nur unter der Perspektive von Anforderungen an einen kompetenten Medienumgang betrachten, sondern auch die Lebenswelt und Dispositionen der Individuen berücksichtigen und dabei psychologische Erkenntnisse einbeziehen (Subjektorientierung).

Die genannten Ansätze heben vor allem auf die Zielgruppe der Kinder und Jugendlichen ab, können aber auch auf Erwachsene bezogen werden, wenn-

Tabelle 13.2. Medienpädagogische Ansätze

Leitlinie und Hintergrund	Umsetzung (Beispiele)
(1) Bewahrpädagogische Ansätze	
Schutz vor dem Gefährdungspotenzial der Medien ▶ Fokus auf Negativwirkungen (v.a. elektronischer Medien) ▶ Annahme eines einfachen Ursache-Wirkungs-Zusammenhangs und Auffassung von passiv-schutzlosen Rezipienten	▶ Einrichten medienfreier „Schonräume" zu Präventionszwecken ▶ Vorgabe von Kriterien für pädagogisch unbedenkliche bzw. „wertvolle" Medieninhalte und Lenkung einer höchst selektiven „sinnvollen" Mediennutzung
(2) Kritische Ansätze	
Schutz vor dem Manipulationspotenzial der Medien ▶ Fokus auf Manipulationswirkungen von Massenmedien (ideologiekritischer Hintergrund; Auffassung von Medien als Instrument der Bewusstseinsmanipulation und des Machterhalts; zumeist angelehnt an die „Frankfurter Schule") ▶ Annahme eines einfachen Ursache-Wirkungs-Zusammenhangs und Auffassung von passiv-manipulierbaren Rezipienten	▶ gemeinsame Medienanalysen zur Vermittlung von Kritikfähigkeit und Skepsis gegenüber Medienbotschaften ▶ Aufklärung über Medienentwicklungen, Medienkonzerne sowie gesellschaftliche Bedingungen (Förderung eines „kritischen Bewusstseins") ▶ „emanzipatorische" Bildung durch eigene Medienproduktion
(3) Anforderungszentrierte kompetenzorientierte Ansätze	
Anforderungsorientierte Förderung eines kompetenten Medienumgangs ▶ Fokus auf Chancen wie auch Risiken der Mediennutzung sowie entsprechend auf die Minimierung negativer und die Maximierung erwünschter/intendierter Wirkungen ▶ Mediennutzung als „Kulturtechnik" und Erweiterung des Handlungsspielraums ▶ Hintergrund v.a.: „Konzept des aktiven Rezipienten" und daraus abzuleitende Kompetenzanforderungen	▶ umfassende Vermittlung von Wissen, Fähigkeiten und Fertigkeiten für einen kompetenten Medienumgang in der Kommunikator- und/oder Rezipientenrolle ▶ Umsetzung anhand eines umfassenderen Methodenmixes
(4) Subjektzentrierte kompetenzorientierte Ansätze	
Subjektorientierte Förderung eines kompetenten Medienumgangs ▶ Kompetenzorientierung wie bei (3) ▶ Berücksichtigung von Lebenswelt und Dispositionen der Adressaten (Medienerfahrungen, Anforderungen, Bedürfnisse etc.) ▶ Zielsetzung und Umsetzung unter Einbezug (medien-)psychologischer Erkenntnisse	▶ Adressatenorientierte multimethodische Umsetzungsformen (d.h. auf die Lebenswelt und Dispositionen der Individuen zugeschnitten) ▶ neben Kompetenzvermittlung bei Kindern u.a. Unterstützung bei der Einordnung und Verarbeitung von Medieneindrücken und -erlebnissen

gleich dabei einige Einschränkungen zu beachten sind: So dürften die private Lebenswelt und individuellen Bedürfnisse der Adressaten (vgl. Kategorie 4 in Tab. 13.2) in der institutionellen Fortbildung Erwachsener nur in dem für Bildungsmaßnahmen üblichen Ausmaß eine Rolle spielen (z.B. mit Blick auf Erfahrungen und Vorkenntnisse, an die neues Wissen „angedockt" werden kann). Im betrieblichen Kontext stehen zudem meist weniger die individuellen Anliegen und Lernziele als vielmehr die für betriebliche Arbeitsabläufe benötigten Kompetenzen im Mittelpunkt. Welche Elemente der Ansätze jeweils einbezogen bzw. ausgeklammert werden, hängt somit insgesamt vom jeweiligen Gesamtziel und Kontext einer Maßnahme ab.

13.3.2 Praxis medienbezogener Bildung

Nachdem der Bedarf an Medienkompetenz und entsprechender Bildung begründet, die Ziele von Medienbildung in ihrer Komplexität erläutert und zuletzt Kategorien medienpädagogischer Ansätze zusammengefasst wurden, stellen sich spätestens nun folgende Fragen:

- Wie lässt sich der hohe Anspruch an medienbezogene Bildung in der Praxis umsetzen?
- Woran müssen (z.B. Rahmenvorgaben) oder können (z.B. Praxismaterialien) sich die in der institutionellen Medienbildung Tätigen (z.B. Erzieherinnen, Lehrkräfte, pädagogische Fachkräfte in der Erwachsenenbildung) orientieren?
- Welche Bedingungen sind als wesentliche Determinanten dafür anzusehen, was in welchem Umfang und in welcher Qualität tatsächlich an medienbezogener Bildung in der Praxis umgesetzt wird?

Auf diese Fragen geht der folgende Abschnitt ein.

Prinzipielle Umsetzungsmöglichkeiten

Aus der einschlägigen Literatur lassen sich Kategorien prinzipieller Möglichkeiten zur Umsetzung medienpädagogischer Ziele ableiten. Entsprechende Methoden und Strategien richten sich schwerpunktmäßig auf die Förderung einzelner Dimensionen der Medienkompetenz im engeren Sinne (vgl. Abschnitt 13.2.3). Sie können jedoch gleichzeitig auch Basiskompetenzen einschließlich bestimmter Bestandteile der Kommunikationskompetenz fördern und sind insofern als multifunktional zu bezeichnen.

In Tabelle 13.3 werden Methoden zur Förderung der Medienkompetenz vorgestellt und anhand exemplarischer Strategien der Zielumsetzung erläutert. Dabei ist jedoch zu beachten, dass die Anregungen nicht für alle Institutionen medienpädagogischer Praxis gleichermaßen geeignet sind und zudem die Strategien und didaktischen Vorgehensweisen jeweils adressatenspezifisch konkretisiert werden müssen.

Inwieweit solche Methoden und Strategien in der Praxis umgesetzt werden (können), hängt – ebenso wie die (weite oder aber eingeschränkte) Definition des Bedarfs an Medienkompetenz-Förderung – zum einen von den jeweiligen Institutionen, durchführenden Personen und Adressaten ab (s. unten Abb. 13.2). Zum anderen wird die Umsetzung jedoch auch durch Rahmenvorgaben sowie durch die Verfügbarkeit von Praxiskonzepten und -materialien mit beeinflusst. Hierauf richtet sich der folgende Kurzüberblick.

Rahmenvorgaben, Praxiskonzepte und Praxismaterialien

Für die institutionelle Medienbildung in Schulen, Hochschulen, Kindergärten und Jugendeinrichtungen gibt es auf Bundesebene (z.B. seitens der Bund-Länder-Kommission und der Kultusministerkonferenz) eine Vielzahl von Richtlinien, Empfehlungen und Rahmenplänen (z.B. für die Lehrerbildung). Die hierin enthaltenen Vorgaben für die Medienbildung bzw. Medienerziehung spiegeln sich mit unterschiedlichem Gewicht in den jeweiligen aktuellen Rahmenverordnungen und -lehrplänen der Bundesländer wider.

Teilweise mit Bezug zu solchen Vorgaben, existiert für die medienpädagogische Praxis in Institutionen eine breite Palette von Konzepten (für die Schule s. z.B. Tulodziecki, 1997; Spanhel, 1999;

Tabelle 13.3. Methoden zur Förderung von Medienkompetenz

Methoden	Strategien der Zielumsetzung (exemplarische Auswahl)
Kommunikation: Informationsbeiträge und Gespräche	▶ Vermittlung medienbezogenen Orientierungs- und Hintergrundwissens ▶ Aufklärung über Möglichkeiten und Grenzen selbstbestimmter und/oder reflektierter Angebotsauswahl ▶ Austausch über Mediennutzungsmotive, Nutzungsweisen sowie Rezeptions- und Verarbeitungsstrategien ▶ Erarbeitung von Kriterien zur Bewertung von Medien und Medienumgang mit dem Ziel einer Verbesserung der Reflexionskompetenz
Demonstration: rezeptive Medienarbeit anhand von Medienbeispielen	▶ Identifizierung von Gestaltungsmerkmalen und -strategien ▶ Anwendung von Bewertungskriterien durch vergleichende Analyse von Medienprodukten ▶ Vermittlung von Einsicht in Rezeptionsweisen und Medienwirkungen, jeweils einschließlich Bewertung
Veranschaulichung: Besuch von Produktionsorten	▶ Veranschaulichung von Produktionsbedingungen und -abläufen sowie Gestaltungsmöglichkeiten und -grenzen durch einen Blick „hinter die Kulissen" (z.B. von Rundfunkanstalten) ▶ Einblick in Rahmenbedingungen der Anbieterseite (z.B. rechtliche oder ökonomische Aspekte) zur anschaulichen Vermittlung von Hintergrundwissen
Handlungsinstruktion: Rollenspiele/Planspiele	▶ Vermittlung von Medien- und Technikwissen sowie spezieller Kommunikatorkompetenzen (hinsichtlich Letzterer z.B. Berücksichtigung von Kriterien für zielgruppenorientierte Medienangebote) ▶ Erfahrungsvermittlung im Hinblick auf Produktionsbedingungen, -abläufe und -strategien (z.B. Nachrichtenselektion) etwa durch Nachstellen einer Redaktionssitzung
Handlungsinstruktion: Übungen zu Medieneinsatz und/oder -produktion	▶ Einübung von Auswahl- und Technikkompetenzen ▶ Förderung basaler Kommunikatorkompetenzen (z.B. angemessene schriftliche/mündliche Ausdrucksweise, stringente Argumentation), zum Teil als Vorstufe produktiver Medienarbeit ▶ Erfahrungsvermittlung durch Auswahl zwischen und exemplarische Nutzung von Mediengeboten; Training einzelner Rezeptions- und Verarbeitungskompetenzen (z.B. zielorientierte Informationssuche und -aufbereitung)
Handelndes Lernen: produktive Medienarbeit	▶ Anwendung von Zeichen- und Gestaltungswissen (z.B. Kameraperspektive) sowie technischer Handlungskompetenz durch Erstellung eigener Medienprodukte (z.B. Videofilm, Hörspiel, Textbeitrag) ▶ Sammlung und Bewertung von Erfahrungen mit Konzeptions- und Produktionsprozessen, Entscheidungserfordernissen (z.B. hinsichtlich Zielgruppenadäquatheit) sowie Produktionsaufwand ▶ Erkennen der Notwendigkeit von Kommunikatorkompetenzen; Verbesserung spezieller Kommunikationskompetenzen

Schill, 1999), Grundlagen- und weiterführenden Informationen (u.a. auch zu Praxisprojekten und Weiterbildungsangeboten) sowie Praxismaterialien. Sie sind in gedruckter Form und/oder online verfügbar – etwa in speziellen Internetportalen für Lehrer oder Erzieherinnen (z.B. „Lehrer-Online") oder Medienkompetenz- bzw. Medienpädagogik-Portalen. Portale zur Medienpädagogik, die häufig in Kooperation von Landesmedienanstalten und Landesmedienzentren betrieben und von den zuständigen Ministerien gefördert werden, sind inzwischen zunehmend mit regionalen und lokalen Netzwerken der Medienkompetenz verbunden (z.B. „Medi@Culture-Netzwerk" für Baden-Württemberg). Über solche Netzwerke lassen sich u.a. Kooperationspartner finden, die ihrerseits Mediengeräte, pädagogisches oder technisches Know-how, teilweise auch personelle Unterstützung für schulische und außerschulische Projekte anbieten.

Neben medienpädagogischen Angeboten für die institutionelle Bildung ist ein breites Spektrum an Medienprodukten und -diensten verfügbar, die sich *direkt* an die Adressaten von Medienbildung wenden (d.h. an Kinder, Jugendliche oder Eltern). Sie können aber auch für die institutionelle Bildung genutzt werden (vor allem zur Medienerziehung und medienpädagogischen Elternarbeit; für einen Überblick s. z.B. Burkhardt, 2001). Das Spektrum reicht von Informationsbroschüren und Elternratgebern (mit Informationen zu medienpädagogisch relevanten Themen wie Mediennutzung und -wirkungen bei Kindern und/oder mit Beschreibungen und Bewertungen einzelner Medienprodukte) über Online-Informationsangebote für einzelne Zielgruppen (z.B. innerhalb der oben erwähnten Portale) bis hin zu Selbstlernangeboten im Internet.

Weiterführende Informationen zur medienpädagogischen Praxis

Bücher für die medienpädagogische Praxis (mit Beiträgen zu Hintergrundthemen, Praxiskonzepten und -anregungen), z.B.:

- Aufenanger, S. & Six, U. (Hrsg.). (2001). Handbuch Medien: Medienerziehung früh beginnen. Themen, Forschungsergebnisse und Anregungen für die Medienbildung von Kindern. Bonn: Bundeszentrale für politische Bildung.
- Six, U., Gimmler, R. & Vogel, I. (2002). Medienerziehung in der Familie. Hintergrundinformationen und Anregungen für medienpädagogische Elternarbeit. Kiel: Unabhängige Landesanstalt für das Rundfunkwesen.
- Schäfer, D. & Hille, A. (Hrsg.). (2000). Medienpädagogik. Ein Lehr- und Arbeitsbuch für sozialpädagogische Berufe. Freiburg: Lambertus.

Startadressen zu Medienkompetenzportalen und -netzwerken, Rahmenplänen, Praxis-Materialien, z.B.:

- Bereich „Medien und Bildung" des deutschen Bildungsservers: http://www.bildungsserver.de/zeigen.html?seite=2675
- Linksammlung der Arbeitsgemeinschaft der Landesmedienanstalten (ALM): http://www.alm.de/index.php?id=53

Praxisdeterminanten

Die oben zusammengefassten medienpädagogischen Angebote sind für die Praxis der Medienbildung nützlich. Es dürften jedoch eine ganze Reihe an Determinanten ausschlaggebend dafür sein, inwieweit und wie solche Angebote genutzt werden sowie in welchem Umfang und welcher Qualität medienbezogene Bildung insgesamt praktiziert bzw. vermittelt wird (für den Kindergarten vgl. auch Six et al., 1998; für den Grundschulbereich Tulodziecki, Six & Frey, 2001).

Abbildung 13.2 veranschaulicht die wesentlichsten Einflussfaktoren der Praxis institutioneller Medienbildung, die in drei Kategorien zusammengefasst werden:

- Zunächst einmal sind hier institutionelle externe und interne Rahmenbedingungen (extern: z.B.

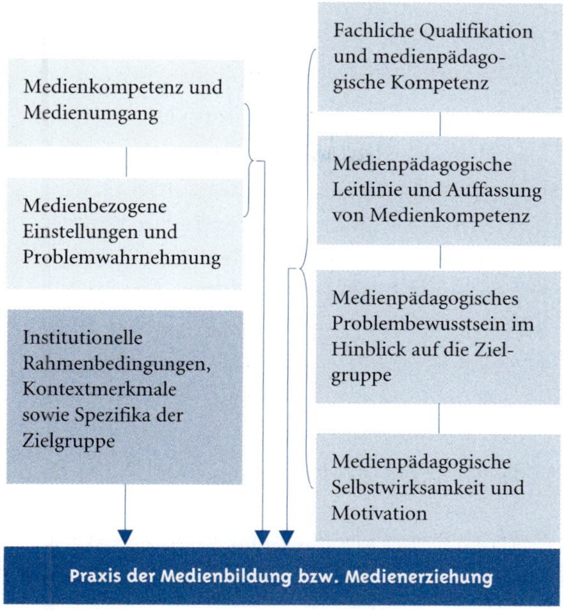

Abbildung 13.2. Wesentliche Determinanten für die Praxis institutioneller Medienbildung

Die Abbildung veranschaulicht die wesentlichsten Determinanten medienpädagogischer Praxis als drei Blöcke: Neben (1) institutionellen Rahmenbedingungen (z.B. curriculare Vorgaben, Medien-, Finanz- und Personalausstattung) sowie Kontext- und Zielgruppenmerkmalen sind dies (2) medienbezogene Kompetenzen und Kognitionen der in der Praxis Tätigen sowie (3) deren medienpädagogische Voraussetzungen.
Potenzielle Zusammenhänge zwischen Determinanten – etwa zwischen eigenen Einstellungen zu Medien, medienpädagogischer Leitlinie und medienpädagogischem Problembewusstsein, zwischen medienpädagogischer Kompetenz und Selbstwirksamkeit, zwischen Rahmenbedingungen (hier im Sinne von Vorgaben durch den Träger) und medienpädagogischer Leitlinie oder zwischen Besonderheiten der Zielgruppen und medienpädagogischem Problembewusstsein – sind der Übersichtlichkeit halber nicht abgebildet.

curriculare Vorgaben; intern: z.B. Medien-, Finanz- und Personalausstattung sowie „Medienbildungsklima"), Kontextmerkmale (in Kindergarten und Schule z.B. die Kooperationsbereitschaft der Eltern) sowie Besonderheiten der Zielgruppe zu nennen.

- Die zweite Kategorie umfasst medienbezogene Erfahrungen, Kompetenzen und Kognitionen der in der Praxis Tätigen (Dozenten, Lehrkräfte, Erzieherinnen, Sozialpädagogen etc.).
- Verschiedene Aspekte ihrer medienpädagogischen Voraussetzungen bilden schließlich die dritte Kategorie.

Bei den zuletzt angesprochenen Voraussetzungen ist besonders die medienpädagogische Kompetenz hervorzuheben, die neben eigener Medienkompetenz sowie allgemeinen pädagogischen und didaktischen Kompetenzen Kenntnisse aus der Medienforschung (vor allem zu Motiven, Funktionen und Wirkungen der Mediennutzung sowie deren quantitativen und qualitativen Dimensionen) Folgendes beinhaltet: Wissen über Medienkompetenz, medienbezogene Bildungs- und Erziehungskonzepte sowie damit verbundene Zielvorstellungen und Umsetzungsmöglichkeiten (für umfassendere Informationen zur medienpädagogischen Kompetenz s. z.B. Mayrberger, 2004; MSWWF, 2000).

Insgesamt sind solche Voraussetzungen grundlegend nicht zuletzt für die Einsicht in den Bedarf an Medienbildung sowie für die Definition der speziellen Anforderungen und Strategien im Hinblick auf die jeweilige Zielgruppe („Problembewusstsein"). Hierin liegt, gemeinsam mit der medienpädagogischen Kompetenz und Leitlinie, eine wesentliche Grundlage für die Motivation medienpädagogischen Handelns, die selbst ein konstituierendes Element für eine zielorientierte Medienbildung darstellt.

Empirische Belege für die Relevanz der hier thematisierten Bedingungen institutioneller Medienbildung liegen zumindest in Form dreier komplexer Untersuchungen zur Situation der Medienerziehung in Kindergarten und Grundschule vor. Dort wurde zum einen der Status quo der Bedingungen aufseiten der in der Praxis Tätigen (einschließlich Ausbildungssituation) und der Institutionen (einschließlich der Rahmenbedingungen) ermittelt. Zum anderen belegen die Ergebnisse beider Studien, wie ausschlaggebend diese Faktoren für die Praxis der Medienerziehung vor Ort sind (vgl. Six et al. 1998; 2000; Six & Gimmler, 2007).

Zusammenfassung

- Kompetenzen umfassen Wissensbestände, Fähigkeiten und Fertigkeiten, die gemeinsam mit motivationalen Voraussetzungen ein Individuum dazu befähigen, ein bestimmtes Verhalten funktional und kreativ, selbstbestimmt und selbstreguliert wie auch sozial und persönlich angemessen und verträglich auszuführen.
- In der „Informationsgesellschaft" werden die Kompetenzen, die für Kommunikation und Medienumgang erforderlich sind, immer relevanter. Unabhängig von unterschiedlichen Schwerpunktsetzungen in einzelnen gesellschaftlichen und wissenschaftlichen Diskursen besteht Konsens darüber, dass die Förderung derartiger Kompetenzen eine wesentliche Bildungsaufgabe ist.
- Spätestens mit der Verbreitung von Computertechnologie und neuen Medien sind die Grenzen zwischen Kommunikations- und Medienarten sowie zwischen den für Kommunikation und Mediennutzung notwendigen Kompetenzen fließender geworden. Dennoch werden Kommunikationskompetenz und Medienkompetenz nach wie vor getrennt voneinander als zwei unterschiedliche Konstrukte konzeptualisiert.
- Beide Kompetenzbereiche umfassen jeweils eine Vielzahl an Wissensbeständen, Fähigkeiten und Fertigkeiten.
- Einzelne Konzepte der Kommunikationskompetenz unterscheiden sich insbesondere darin, inwieweit sie sich eher auf Kriterien kompetenten Verhaltens oder eher auf dessen Voraussetzungen richten.
- Kommunikations- und Medienkompetenz überschneiden sich in mancher Hinsicht; gleichzeitig setzt Letztere Elemente der Ersteren voraus.
- Medienkompetenz umfasst
  - Medienwissen und Technikkompetenz,
  - Reflexions- und Bewertungskompetenzen,
  - Nutzungs- und Verarbeitungskompetenzen,
  - spezielle Kommunikatorkompetenzen.
- Gegenstand der Medienpädagogik ist es, wissenschaftlich fundierte Konzepte zur Vermittlung bzw. Förderung der Medienkompetenz (und medienpädagogischen Kompetenz) zu entwickeln. Ihre praktische Umsetzung findet die Medienpädagogik in der „Medienbildung" (mit Blick auf Kinder und Jugendliche meist als „Medienerziehung" bezeichnet).
- Medienpädagogik ist eine angewandte Disziplin, insofern sie auf Erkenntnissen vorrangig aus der Medienforschung (einschließlich der Medienpsychologie), der psychologischen Grundlagenforschung und den Erziehungswissenschaften basiert und diese für eine Anwendung auf den Bildungsbereich mit gesellschaftlichen Normen und pädagogischen Prinzipien verbindet.
- Für die Praxis der Medienbildung liegt eine Reihe von Ansätzen vor, die sich in der Auswahl und Gewichtung medienpädagogischer Ziele, ihrem theoretischen Hintergrund, der Komplexität ihres Zielkatalogs sowie insbesondere in ihren fundamentalen Leitlinien unterscheiden.
- In welchem Umfang und welcher Qualität medienbezogene Bildung praktiziert wird und wie erfolgreich sie ist, hängt von zahlreichen Determinanten ab, insbesondere von:
  - institutionellen Rahmenbedingungen, Kontextmerkmalen und Besonderheiten der Zielgruppe,
  - medienbezogenen Erfahrungen, Kompetenzen und Kognitionen der in der Praxis Tätigen,
  - verschiedenen Aspekten ihrer medienpädagogischen Voraussetzungen.

Leseempfehlung

- Heath, R.L. & Bryant, J. (2000). Human communication theory and research. Mahwah, NJ: Lawrence Erlbaum Associates.
- Jablin, F.M. & Putnam, L.L. (Eds.). (2001). The new handbook of organizational communication (pp. 819–864). Thousand Oaks, CA: Sage.
- Potter, W.J. (2005). Media literacy (3. ed.). London: Sage
- Hüther, J. & Schorb, B. (Hrsg.). (2005). Grundbegriffe Medienpädagogik. München: KoPäd.
- Tulodziecki, G. (1997). Medien in Erziehung und Bildung. Grundlagen und Beispiele einer handlungs- und entwicklungsorientierten Medienpädagogik. Bad Heilbrunn: Klinkhardt.

Literatur

Aufenanger, S. (2002). Medienbildung in der Betreuungszeit von Grundschulkindern – Konzept und Ergebnisse eines Projekts in Ravensburg und Reutlingen. Elektronische Publikation (Stand: 12. März 2003, http://www.erzwiss.uni-hamburg.de/Personal/Aufenanger/Materialien/KonzeptMedienbildung Ravensburg.pdf).

Baacke, D. (1997). Medienpädagogik. Tübingen: Niemeyer Verlag.

Bonfadelli, H. (2002). Die Wissenskluft-Perspektive. Theoretische Perspektive, methodische Umsetzung, empirischer Ertrag. In M. Schenk, Medienwirkungsforschung (S. 568–601). Tübingen: Mohr Siebeck.

Bubas, G. (2003). The structure and agency of communion dimension in interpersonal communicative interaction. In A. Schorr, W. Campbell & M. Schenk (Eds.), Communication research and media science in Europe (pp. 459–475). Berlin: Walter de Gruyter.

Bunz, U. (2003). Growing from computer literacy towards computer-mediated communication competence: Evolution of a field and evaluation of a new measurement instrument. Information Technology, Education, and Society, 4(2), 53–84.

Burkhardt, W. (2001). Förderung kindlicher Medienkompetenz durch die Eltern. Grundlagen, Konzepte und Zukunftsmodelle. Leverkusen: Leske + Budrich.

Daly, J.A. (2003). Personality and interpersonal communication. In M.L. Knapp & J.A. Daly (Eds.), Handbook of interpersonal communication (pp. 133–180). Thousand Oaks, CA: Sage.

Doelker, C. (1989). Kulturtechnik Fernsehen. Analyse eines Mediums. Stuttgart: Klett-Cotta.

Doelker, C. (2004). Visuelle Kompetenz. In H. Bonfadelli, P. Bucher, I. Paus-Hasebrink & D. Süss (Hrsg.), Medienkompetenz und Medienleistungen in der Informationsgesellschaft. Beiträge einer internationalen Tagung (S. 134–152). Zürich: Verlag Pestalozzianum.

Flender, J. & Christmann, U. (2002). Zur optimalen Passung von medienspezifischen Randbedingungen und Verarbeitungskompetenzen/Lernstrategien bei linearen Texten und Hypertexten. In N. Groeben & B. Hurrelmann (Hrsg.), Medienkompetenz. Voraussetzungen, Dimensionen, Funktionen (S. 201–230). Weinheim: Juventa.

Gapski, H. (2001). Medienkompetenz. Eine Bestandsaufnahme und Vorüberlegungen zu einem systemtheoretischen Rahmenkonzept. Wiesbaden: Westdeutscher Verlag.

Goad, T.W. (2002). Information literacy and workplace performance. Westport, CT: Quorum Books.

Greene, J.O. & Burleson, B.R. (Eds.). (2003). Handbook of communication and social interaction skills. Mahwah, NJ: Lawrence Erlbaum.

Groeben, N. (2002). Dimensionen der Medienkompetenz: Deskriptive und normative Aspekte. In N. Groeben & B. Hurrelmann (Hrsg.), Medienkompetenz. Voraussetzungen, Dimensionen, Funktionen (S. 160–197). Weinheim: Juventa.

Groeben, N. (2004). Medienkompetenz. In R. Mangold, P. Vorderer & G. Bente (Hrsg.), Lehrbuch der Medienpsychologie (S. 27–50). Göttingen: Hogrefe.

Hajek, C. & Giles, H. (2003). New directions in intercultural communication competence: The process model. In J.O. Greene & B.R. Burleson (Eds.), Handbook of communication and social interaction skills (pp. 935–957). Mahwah, NJ: Lawrence Erlbaum.

Hartung, J. (2000). Sozialpsychologie. Stuttgart: Kohlhammer.

Heath, R.L. & Bryant, J. (2000). Human communication theory and research. Mahwah, NJ: Lawrence Erlbaum.

Herzig, B. (2001). Die mit den Zeichen tanzen. Ein Beitrag zum Verhältnis von Informationstechnischer Bildung und Medienerziehung. MedienPädagogik, (2). Elektronische Publikation (Stand 23.09.05, http://www.medienpaed.com/01-2/herzig1.pdf).

Hobbs, R. (1997). Expanding the concept of literacy. In R. Kuby (Ed.), Media literacy in the information age (pp. 163–186). New Brunswick, NJ: Transaction.

Jablin, F.M. & Sias, P.M. (2001). Communication competence. In F.M. Jablin & L.L. Putnam (Eds.), The new handbook of organizational communication (pp. 819–864). Thousand Oaks, CA: Sage.

Livingstone. S. (2004). Internetkompetenz – Entwicklung und Grundzüge: Beobachtungen der Internetnutzung bei Kindern. In J. Lauffer (Hrsg.), In 8 Sekunden um die Welt (S. 101–118). Bielefeld: GMK.

Livingstone, S., van Couvering, E. & Thumim, N. (2005). Adult media literacy. A review of the research literature. Elektronische Publikation (Stand: 17. September 2005, www.ofcom.org.uk/advice/media_literacy/medlitpub/medlitpubrss/aml).

Mayrberger, K. (2004). Medienpädagogische Kompetenz als Teil professionellen Handelns. In H. Bonfadelli, P. Bucher, I. Paus-Hasebrink & D. Süss (Hrsg.), Medienkompetenz und Medienleistungen in der Informationsgesellschaft. Beiträge einer internationalen Tagung (S. 88–102). Zürich: Verlag Pestalozzianum.

Meyrowitz, J. (1998). Multiple media literacies. Journal of Communication, 48(1), 96–108.

MSWWF, Ministerium für Schule und Weiterbildung, Wissenschaft und Forschung des Landes Nordrhein-Westfalen (Hrsg.). (2000). Zukunft des Lehrens – Lernen für die Zukunft: Neue Medien in der Lehrerausbildung. Rahmenkonzept. Frechen: Ritterbach.

Potter, W.J. (2004). Theory of media literacy: A cognitive approach. Thousand Oaks, CA: Sage.

Potter, W.J. (2005). Media literacy (3. ed.). London: Sage.

Reinking, D., McKenna, M.C., Labbo, L.D. & Kieffer, R.D. (Eds.). (1998). Handbook of literacy and technology. Transformations in a post-typographic world. Mahwah, NJ: Lawrence Erlbaum.

Schaper, N. & Konradt, U. (2004). Personalentwicklung mit E-Learning. In G. Hertel & U. Konradt (Hrsg.), Human Resource Management im Inter- und Intranet (S. 274–293). Göttingen: Hogrefe.

Schenk, M. (2002). Medienwirkungsforschung. Tübingen: Mohr Siebeck.

Schill, W. (1999). Medienprojekte in der Grundschule: Möglichkeiten und Grenzen schulischer Förderung von Medienkompetenz. In F. Schell, E. Stolzenburg & H. Theunert (Hrsg.), Medienkompetenz. Grundlagen und pädagogisches Handeln (S. 121–127). München: KoPäd.

Schorb, B. (1997). Medienkompetenz durch Medienpädagogik. In H. Weßler, C. Matzen, O. Jarren & U. Hasebrink (Hrsg.), Perspektiven der Medienkritik. Die gesellschaftliche Auseinandersetzung mit öffentlicher Kommunikation in der Mediengesellschaft (S. 275–285). Opladen: Westdeutscher Verlag.

Six, U. & Gimmler, R. (2007 i.D.). Die Förderung von Medienkompetenz im Kindergarten. Eine empirische Studie zu Bedingungen und Handlungsformen der Medienerziehung. Berlin: Vistas.

Six, U., Frey, C. & Gimmler, R. (1998). Medienerziehung im Kindergarten. Theoretische Grundlagen und empirische Befunde. Opladen: Leske + Budrich.

Six, U., Frey, C. & Gimmler, R. (2000). Medienerziehung in der Grundschule aus der Sicht von Lehrerinnen und Lehrern: Ergebnisse einer repräsentativen Telefonbefragung. In G. Tulodziecki & U. Six (Hrsg.), Medienerziehung in der Grundschule. Grundlagen, empirische Befunde und Empfehlungen zur Situation in Schule und Lehrerbildung (S. 31–229). Opladen: Leske + Budrich.

Six, U., Gimmler, R. & Schröder, A. (2005). Determinanten funktionalen bis dysfunktional-süchtigen Internetgebrauchs. In K.-H. Renner, A. Schütz & F. Machilek (Hrsg.), Internet und Persönlichkeit (S. 223–237). Göttingen: Hogrefe.

Spanhel, D. (1999). Integrative Medienerziehung in der Hauptschule. Ein Entwicklungsprojekt auf der Grundlage responsiver Evaluation. München: KoPäd.

Spitzberg, B.H. & Cupach, W.R. (2002). Interpersonal skills. In M.L. Knapp & J.A. Daly (Eds.), Handbook of interpersonal communication (pp. 564–611). Thousand Oaks, CA: Sage.

Tulodziecki, G. (1997). Medien in Erziehung und Bildung. Grundlagen und Beispiele einer handlungs- und entwicklungsorientierten Medienpädagogik. Bad Heilbrunn: Klinkhardt.

Tulodziecki, G., Six, U. & Frey, C. (2001). Rahmenbedingungen, Voraussetzungen und Praxis der Medienerziehung in der Grundschule. In Landesanstalt für Rundfunk Nordrhein-Westfalen (LfR) (Hrsg.), Medien im Alltag! Medienerziehung in der Grundschule? (S. 9–53). Düsseldorf: Landesanstalt für Rundfunk Nordrhein-Westfalen (LfR).

Wiemann, J.M. & Giles, H. (1992). Interpersonale Kommunikation. In W. Stroebe, M. Hewstone & G.M. Stephenson (Hrsg.), Sozialpsychologie. Eine Einführung (S. 209–231). Berlin: Springer.

Wilson, S.R. & Sabee, C.M. (2003). Explicating communicative competence as a theoretical term. In J.O. Greene & B.R. Burleson (Eds.), Handbook of communication and social interaction skills (pp. 3–50). Mahwah, NJ: Lawrence Erlbaum.

14 Vergleich zwischen direkter und medialer Individualkommunikation

Nicola Döring

Beispiel

Es ist Freitagabend, und Lukas, 16 Jahre, möchte sich mit seinen Freunden treffen. Er geht zu einem Brunnen in der Stadt, an dem man normalerweise zusammenkommt. Doch seine Kumpels sind nicht da. Lukas nimmt sein Handy und schreibt ein paar SMS. Wenige Minuten später weiß er, in welcher Disko sein Freund Simon gerade ist und wo und mit wem Markus heute Geburtstag feiert. Markus hat mit der SMS auch gleich ein Foto von seiner Party mit verschickt, im Hintergrund ist Mandy auf dem Bild zu sehen. „Bin gleich da", tippt Lukas, bevor er in den Bus steigt.

Herr Breitenbach, 52 Jahre, hat gerade ein Haus gekauft. Jetzt bekommt er einen für ihn unverständlichen Brief vom Finanzamt, in dem er gebeten wird, einen fünfstelligen Betrag an Grunderwerbssteuer zu zahlen. Er telefoniert mit seinem Steuerberater, der ihn bittet, ihm den Steuerbescheid zu faxen. Wenig später ruft der Steuerberater zurück und erklärt ihm den Vorgang.

Frau Schreiber, 31 Jahre, arbeitet bei einer Versicherung und ist aus beruflichen Gründen den ganzen Tag im Internet. Wenn sie nicht so viel zu tun hat und sich unbeobachtet fühlt, loggt sie sich gerne in einen Chatroom ein, um sich mit ihren Internetfreunden auszutauschen. Sie haben mit ihr gemeinsam, dass sie sich alle vegan ernähren. Mit einer ihrer Chat-Bekannten schreibt sie auch regelmäßig E-Mails. Nachdem sie festgestellt haben, dass sie nur 40 km voneinander entfernt leben, treffen sie sich regelmäßig zum gemeinsamen Kochen und Klönen.

Diese Personen unterschiedlichen Alters haben ganz verschiedene Bedürfnisse und damit auch andere Kommunikationsgewohnheiten. Kaum ein Tag vergeht, an dem wir mit anderen Menschen nicht nur sprechen, sondern auch telefonieren, mailen, simsen, chatten, faxen oder anderweitig mithilfe von Medien kommunizieren. Der vorliegende Beitrag beginnt mit einer Beschreibung dieses Trends zur Mediatisierung der interpersonalen Kommunikation. Anschließend werden Vergleiche zwischen direkter und vermittelter zwischenmenschlicher Kommunikation in einem interaktionistischen Rahmenmodell verortet. Auf dieser Grundlage beschreibt der Beitrag dann konkrete Unterschiede und Gemeinsamkeiten zwischen direkter und medialer Individualkommunikation. Abschließend werden Praxisbezüge und Forschungsperspektiven aufgezeigt.

14.1 Mediatisierung interpersonaler Kommunikation

Der Trend zur Mediatisierung interpersonaler Kommunikation wird vor allem durch zwei Faktoren bedingt:

- durch das breite und wachsende Angebot an Telekommunikations- bzw. Individualmedien,
- durch einen wachsenden Bedarf an Telekommunikation.

Individualisierte Tagesabläufe, flexible und projektbezogene Arbeitsformen, hohe Freizeit- und Berufsmobilität, Internationalisierung und Globalisierung, Verbreitung von Pendel- und Fernbeziehungen sowie Patchworkfamilien – all diese und weitere Faktoren führen dazu, dass Menschen häufig miteinander kommunizieren möchten und müssen, obwohl bzw. weil sie sich nicht zur selben Zeit am gleichen Ort aufhalten können.

> **!** **Mediatisierung** bedeutet, dass uns für kommunikatives Handeln ein immer breiteres Medienspektrum zur Verfügung steht, das wir im Alltag immer intensiver nutzen. Dies betrifft neben der Massenkommunikation auch die Individualkommunikation im Berufs- und Privatleben.

In vielen Berufen wird es immer wichtiger, ein weit gefächertes und auch internationales soziales Netzwerk aufzubauen, wobei die verschiedenen Kollegen-, Kunden-, Lieferanten-, Presse- oder Auftraggeberbeziehungen ohne mediale Unterstützung gar nicht aufrechtzuerhalten wären (Nardi, Whittaker & Schwarz, 2000). Neben dem Berufsleben ist auch das Privat- und Intimleben von Mediatisierung geprägt: Partnersuche, Flirt und Sex im Internet sind heute alltäglich, und sogar Paare, die in einem gemeinsamen Haushalt wohnen, greifen neben dem persönlichen Gespräch oft auf diverse Kommunikationsmedien zurück – vom Zettel auf dem Küchentisch bis hin zur Handykurzmitteilung (Döring & Dietmar, 2003).

14.1.1 Formen medialer Individualkommunikation

Bei der interpersonalen Kommunikation treten Einzelpersonen miteinander in Kontakt, während Massenkommunikation durch Medienorganisationen betrieben wird (für eine Klassifikation der Kommunikationsformen s. Abschnitt 2.1). Im Bereich der interpersonalen Kommunikation ist zwischen direkter und medialer Kommunikation zu differenzieren. Direkte bzw. Face-to-Face-Kommunikation: liegt vor, wenn sich die beteiligten Personen zur selben Zeit am gleichen Ort befinden (Kopräsenz), wo sie sich dann verbal und nonverbal verständigen können. Dazu sind in der Regel nur natürliche bzw. „primäre Medien“ (Luft, Licht), aber keine technischen Medien notwendig (Ausnahmen bilden assistive, also unterstützende Technologien wie z.B. Hörgeräte).

Von der direkten Individualkommunikation wird die mediale Individualkommunikation abgegrenzt, die auf technischen Kommunikationsmedien basiert; sie werden zusammenfassend oft als „Telekommunikationsmedien“ oder „Individualmedien“ („interpersonal media“) bezeichnet. Medien lassen sich gemäß dem Grad ihrer Technisierung nach Pross (1972) weiter aufteilen in „sekundäre Medien“ (bei denen nur vom Sender bzw. von der Übertragung her Technik notwendig ist, z.B. beim Brief) und „tertiäre Medien“ (die sowohl beim Sender als auch beim Empfänger Technik erfordern, z.B. ein Telefon).

Computer und Internet mit ihrer Vielzahl an Diensten und Anwendungen markieren einen qualitativen Sprung in der Medienentwicklung. Durch Digitalisierung ermöglichen sie eine weitreichende Verschmelzung (Hybridisierung) und Integration

(Konvergenz) unterschiedlicher Varianten der Individual-, Gruppen-, Organisations-, Uni- und Massenkommunikation (vgl. Döring, 2003). Computer, Internet, Intranets und Online-Dienste werden auch, um sie gegenüber dem sonstigen Medienspektrum besonders hervorzuheben, als „quartäre Medien" (Faulstich, 2004, S. 23) oder als „Computer-, Online- bzw. Netzmedien" etikettiert.

Der Begriff „neue Medien" verweist ebenfalls auf den Qualitätsunterschied von Computer und Internet im Vergleich zu den bisherigen sekundären und tertiären „alten Medien". „Alt" ist in dieser Terminologie nicht nur das Briefeschreiben, das mithilfe von Tontafeln bereits vor mehr als dreitausend Jahren von gebildeten Babyloniern praktiziert wurde, sondern auch das Festnetztelefon („plain old telephone") mit seiner gut einhundertjährigen Geschichte.

Angesichts der starken Dynamik der Medienentwicklung muss man mittlerweile von „neuesten Medien" sprechen, wenn es um bedeutsame Innovationen geht, die historisch auf den Internet-Boom folgen. Eine zentrale Medieninnovation nach der Onlinekommunikation ist die Mobilkommunikation: An die Stelle stationärer vernetzter Computer treten drahtlos angebundene, portable Endgeräte wie etwa Notebooks, Handhelds und Handys. Dadurch werden neue Dienste und Anwendungen möglich (z.B. automatische Übermittlung des Aufenthaltsortes an den Kommunikationspartner). Gleichzeitig sind im Sinne der Medienkonvergenz zahlreiche Schnittstellen von Mobilmedien zu bisherigen Medien vorhanden: Per Handy können beispielsweise Faxe und E-Mails versendet und empfangen werden, und in entsprechenden Fernsehsendungen (z.B. Musikfernsehen) werden die Handykurzmitteilungen des Publikums ausgestrahlt.

> **!** **Interpersonale Kommunikation** kann als direkte Kommunikation bzw. Face-to-Face-Kommunikation mithilfe der natürlichen (primären) Medien stattfinden. Sie kann aber auch als mediale Individualkommunikation realisiert werden, wobei die Vielzahl der Telekommunikations- bzw. Individualmedien in sekundäre, tertiäre und quartäre Medien sowie in alte, neue und neueste Medien gruppierbar ist.

14.1.2 Bewertungen der medialen Individualkommunikation

Bewertungen medialer Individualkommunikation bewegen sich zwischen den Extrempolen der Technikbegeisterung (technophilia) und der Technikablehnung (technophobia). Technikbegeisterung vermittelt unter anderem die Telekommunikationsindustrie, die mit dem Werbeslogan „anywhere – anytime – anyone" eine totale kommunikative Entgrenzung mithilfe der Mobilkommunikation propagiert. Während für Technikbefürworter das Handy enormen kommunikativen Mehrwert besitzt und zwischenmenschlichen Austausch quantitativ und qualitativ verbessert, warnen Technikkritiker vor zunehmender kommunikativer Verarmung: SMS-Kommunikation wird mit Sprachverfall assoziiert und das Handytelefonat („Hallo, ich bin hier gerade im Bus ...") als oft sinnlose „Nullkommunikation" abgetan. Aus der technikablehnenden Perspektive ist die mediale Kommunikation immer nur ein unzureichender Ersatz für die Face-to-Face-Kommunikation, die als ganzheitlich und menschlich gerühmt wird.

Beide Extrempositionen sind als technikdeterministisch abzulehnen, denn sie leiten Merkmale und Konsequenzen medialer Individualkommunikation eindimensional aus der Medientechnik ab, ohne dabei die mehr oder minder reflektierten und kompetenten Aneignungsformen der Nutzerinnen und Nutzer sowie die vielfältigen Situationskontexte zu berücksichtigen. Tatsächlich lassen sich die besonderen Merkmale, kurzfristigen Effekte und langfristigen sozialen Folgen medialer Individualkommunikation nur angemessen beschreiben und erklären, wenn Medienmerkmale sowie Nutzer- und Situationsmerkmale in ihren Wechselwirkungen einbezogen werden. Diese vermittelnde Sichtweise lässt sich als „interaktionistisch" kennzeichnen (Döring, 2003, S. 128 ff.).

Sichtweisen
Aus einer **technikdeterministischen Perspektive** wird mediale Individualkommunikation entweder pauschal positiv (Technikbegeisterung) oder pauschal negativ (Technikablehnung) bewertet. Angemessener ist eine **interaktionistische Perspektive**, die Besonderheiten und Wirkungen medialer Individualkommunikation nicht eindimensional auf die Merkmale des Mediums zurückführt, sondern auch die Merkmale der jeweiligen Nutzerinnen und Nutzer sowie der spezifischen Situationen einbezieht.

Die interaktionistische Perspektive verbietet Pauschalbewertungen und legt nutzergruppen- sowie kontextspezifische Wertungen nahe, die möglichst empirisch fundiert sein sollten. So ist es durchaus möglich, dass eine Steigerung der kommunikativen Erreichbarkeit durch das eigene Handy unter bestimmten Bedingungen als Belastung erlebt und abgelehnt wird (z.B. fühlt sich ein Arbeitnehmer in seinem Familienleben durch berufliche Handyanrufe gestört), unter anderen Bedingungen dagegen als Bereicherung erwünscht ist (z.B. eine Schülerin erlebt durch Handykurzmitteilungen von Gleichaltrigen verstärkte soziale Einbindung; s. Döring, 2004). Aus interaktionistischer Perspektive sind mögliche Negativeffekte medialer Individualkommunikation nicht einseitig dem Medium zuzuschreiben: Neben einer Kritik an den Medien und ihrer technischen und inhaltlichen Konzeption ist auch eine Kritik an den Nutzerinnen und Nutzern und ihrem Verhalten sowie eine Kritik an Nutzungssituationen und deren Gestaltung möglich.

Mediale Individualkommunikation – vor allem mit neuen und neuesten Medien – tritt meist nicht in Konkurrenz zum Face-to-Face-Gespräch (wie die technikablehnende Substitutionsthese behauptet), sondern ergänzt die bisherigen Kommunikationsformen und vergrößert unsere kommunikative Reichweite, Flexibilität und Variabilität (Komplementaritätsthese). Dies geschieht jedoch nur bei reflektiertem Umgang mit den Telekommunikationsmedien und um den Preis spezifischer Risiken. Kommunikationspsychologisch konzentrieren wir uns auf kommunikative Risiken. Dabei sollte man nicht vergessen, dass Mediatisierung auch Risiken auf anderen Ebenen in sich birgt, etwa im Zusammenhang mit Ökologie (z.B. Gesundheits- und Umweltbelastung durch Funkstrahlung und Elektroschrott), mit Kriminalität (z.B. Handyraub unter Jugendlichen), Entwicklungspolitik (z.B. mangelnder Arbeitnehmerschutz in Produktionsstätten der Telekommunikationsindustrie in Niedriglohnländern), Verkehrssicherheit (z.B. Handynutzung im Straßenverkehr), Verbraucherschutz (z.B. intransparente Mobilfunktarife) oder Bürgerrechten (z.B. Möglichkeiten der staatlichen Überwachung von Telekommunikationsinhalten sowie Aufenthaltsorten von Mobilmediennutzern).

14.2 Grundlagen für Vergleiche zwischen direkter und medialer Kommunikation

Wie unterscheidet sich ein persönliches Gespräch vom Telefonat oder von der E-Mail? Spontan wird diese Frage oft so beantwortet, dass Telefonat, E-Mail oder sonstige Varianten medialer Individualkommunikation „unpersönlicher" seien als das Face-to-Face-Gespräch. Doch diese pauschale und technikdeterministische Negativbewertung greift aus interaktionistischer Perspektive zu kurz: Face-to-Face-Gespräche können bekanntlich durchaus distanziert, wortkarg und unpersönlich ablaufen, während Online-Konversationen nicht selten sehr emotional, offen und intim ausfallen. Die verschiedenen Merkmale der einzelnen Medien müssen also differenzierter betrachtet werden. Zum anderen sind die jeweiligen Nutzerinnen und Nutzer sowie die Kommunikationssituationen bei der Beschreibung und Bewertung medialer Kommunikation zu berücksichtigen.

14.2.1 Medienmerkmale

Die körperliche Kopräsenz in einer gemeinsamen materialen Umgebung ist für die Face-to-Face-Kommunikation: kennzeichnend und fehlt bei medialer Individualkommunikation. Doch dadurch verliert die zwischenmenschliche Kommunikation nicht nur bestimmte Qualitäten, sie gewinnt durch Mediatisierung auch neue hinzu: Es kann zeit- und ortsunabhängiger kommuniziert werden, der Wechsel von mündlichem zu schriftlichem Kommunikationscode bietet andere sach- und emotionsbezogene Ausdrucksmöglichkeiten, der Teilnehmerkreis kann extrem erweitert werden, Kosten können manchmal eingespart und soziale Handlungsspielräume teilweise erweitert werden. Unterschiede und Gemeinsamkeiten zwischen direkter und medialer Individualkommunikation auf diesen verschiedenen Dimensionen werden in Abschnitt 14.3 genauer behandelt.

14.2.2 Nutzermerkmale

Ebenso wie Individualmedien mit ihren spezifischen Merkmalen auf das menschliche Kommunikationsverhalten Einfluss nehmen, gestalten umgekehrt die Menschen die Medien und ihren individuellen und kollektiven Mediengebrauch. Dies betrifft ganz zentral die Medienwahl sowie das mediale Kommunikationsverhalten.

Einflüsse auf die Medienwahl. Die Medienwahl hängt auf der personalen Ebene unter anderem von den Medieneinstellungen und -kompetenzen sowie von den finanziellen Möglichkeiten ab (zu Medieneinstellungen s. auch Kap. 5; zur Medienwahl vgl. Abschnitt 16.3; zur Medienkompetenz s. Kap. 13): Wer schnell auf der Tastatur tippen und gut am Monitor lesen kann, gern Konversation betreibt und neue Leute kennen lernt sowie sich längere Onlinezeiten leisten kann, wird eher auf das Medium „Online-Chat“ zurückgreifen als eine Person, bei der entsprechende personale Voraussetzungen nicht gegeben sind. Sozialstatistische Merkmale wie Geschlecht, Alter und formale Bildung sind für die Medienwahl relevant: Frauen schreiben mehr Briefe, mehr SMS und telefonieren mehr als Männer. Jüngere sind internet- und handyaktiver als Hochbetagte. Menschen mit höherer Schulbildung nutzen Internetdienste häufiger und in größerer Breite. Man muss davon ausgehen, dass alle Menschen (sofern sie physisch dazu in der Lage sind) direkte Kommunikation betreiben. Bei der medialen Individualkommunikation gibt es jedoch mehr oder minder große Gruppen dauerhafter Nichtnutzer, wobei die Abstinenz teils gewünscht (z.B. bewusster Handyverzicht zur Stressreduktion), teils unerwünscht ist (z.B. fehlender Internetzugang aus Kostengründen). Insbesondere unfreiwillige Medienabstinenz wird als Problem gesellschaftlicher Ausgrenzung (soziale Exklusion) oder als Informations- und Kommunikationsarmut diskutiert (digitale Spaltung). Ebenso wie bei der Massenkommunikation lassen sich auch bei der Individualkommunikation Medienwahlen mit dem Uses-and-Gratifications-Approach (s. Abschnitt 16.3) analysieren. Zu den erwarteten Gratifikationen der E-Mail- und Telefonkommunikation gehören z.B. Beziehungspflege, Informationsaustausch und Erreichbarkeit in Notfällen (Dimmick, Kline & Stafford, 2000). In Ausbildung und Beruf werden Medienwahlen heute auch oft organisatorisch vorgegeben (z.B. Arbeitserledigung mithilfe des firmeneigenen Intranet).

Einflüsse auf das Kommunikationsverhalten. Persönlichkeitsdispositionen wie z.B. Einsamkeit oder soziale Ängstlichkeit beeinflussen das Kommunikationsverhalten und wirken sich insbesondere hemmend in der Face-to-Face-Kommunikation aus. Betroffenen scheint es teilweise leichter zu fallen, ihr „wahres Selbst“ und ihre Gefühle per E-Mail und Online-Chat (McKenna, Green & Gleason, 2002) oder per SMS (Reid & Reid, 2004a) zu offenbaren und auf diese Weise bestehende Kommunikationsbeziehungen zu vertiefen und neue Kontakte anzuknüpfen. Hier können durch mediale Kommunikation psychologische Kontaktbarrieren bestimmter Personengruppen offensichtlich kompensiert werden, was von den Beteiligten sehr positiv gewertet wird. Es können jedoch im Schutz medialer Distanz auch pathologische Dispositionen oder kriminelle Motive ungehemmter zutage treten (z.B. Belästigung und Bedrohung per Brief, E-Mail oder SMS). Zudem schlagen sich kulturell geprägte Kommunikationsstile deutlich in der Nutzung von Individualmedien nieder (Ulijn & Lincke, 2004).

14.2.3 Situationsmerkmale

Kommunikationssituationen sind durch die Anzahl und Zusammensetzung des Teilnehmerkreises sowie durch die jeweiligen Kommunikationsaufgaben und die Umweltbedingungen geprägt: So wird völlig anders kommuniziert, je nachdem,

- ob beispielsweise Freunde, Kollegen oder Vorgesetzte die Adressaten sind (Teilnehmerkreis),
- ob es um einen schwerwiegenden Vorwurf, eine dringende Informationsfrage oder eine Bitte geht (Kommunikationsaufgabe),
- ob man sich im Wohn- oder Arbeitszimmer, auf der Straße oder in einem Online-Chatroom befindet (Umweltbedingungen).

Bei Vergleichen zwischen verschiedenen Telekommunikationsmedien wird oft vernachlässigt, dass die direkte oder mediale Individualkommunikation in eine Situation eingebettet ist und durch sie geformt wird. So wird beispielsweise oft postuliert, dass E-Mail-Kommunikation im Unterschied zur brieflichen Kommunikation per se informeller und umgangssprachlicher sei. Tatsächlich handelt es sich hier aber nicht um einen reinen Medieneffekt, sondern maßgeblich auch um einen Situationseffekt: Ein Großteil der Briefkommunikation erfolgt in formellen Kontexten, ein Großteil der E-Mail-Kommunikation in informellen Kontexten. Wird per E-Mail in spezifischen formellen Kontexten kommuniziert (z.B. Bewerbungsschreiben), sind kaum formale oder inhaltliche Unterschiede zum Brief zu erwarten.

Zu beachten ist, dass durch Medien in der Regel neue Kommunikationssituationen entstehen, für die es keine Äquivalente im Bereich der Face-to-Face-Kommunikation gibt. Ein Beispiel sind Onlineforen, in denen sich Dutzende oder Hunderte von Menschen aus aller Welt schriftlich über gemeinsame Interessen und Anliegen austauschen. Auch für die Kommunikation mithilfe eines Anrufbeantworters gibt es kein Face-to-Face-Pendant. Anrufbeantworter werden beispielsweise bewusst zur taktischen Selbstdarstellung genutzt, die im Zusammenhang mit Verabredungen bei Liebesbeziehungen (Sarch, 1993) anders ausfällt als im beruflichen Kontext (Hobbs, 2003).

14.3 Unterschiede und Gemeinsamkeiten zwischen direkter und medialer Individualkommunikation

Bei einem Vergleich zwischen direkter und medialer Individualkommunikation sind eine Vielzahl von Vergleichsdimensionen heranzuziehen. Dabei zeigt sich, dass Face-to-Face-Kommunikation einigen Individualmedien in bestimmter Hinsicht stärker ähnelt als anderen. „Die“ mediale Individualkommunikation als Sammelbegriff ist dementsprechend immer wieder in ihre Einzelformen aufzulösen und detaillierter psychologisch zu analysieren. Im Folgenden werden sechs Vergleichsdimensionen diskutiert:

- Zeit,
- Ort,
- Modalität und Codalität,
- Teilnehmerkreis,
- Kosten,
- soziale Normierung.

14.3.1 Zeit

Bei synchroner (zeitgleicher) Kommunikation werden die Botschaften unmittelbar übertragen. Die Kommunizierenden müssen zur selben Zeit aktiv sein und kommunizieren typischerweise mündlich (z.B. Telefon, Videokonferenz) oder schriftlich (z.B. Online-Chat). Demgegenüber werden bei asynchroner (zeitversetzter) Kommunikation die Botschaften zwischengespeichert, so dass die Produktion der Botschaft durch den Sender und die Rezeption durch den Empfänger zeitlich entkoppelbar sind (s. Tabelle 14.1). Asynchrone Kommunikation findet typischerweise schriftlich oder auch visuell statt (z.B. Brief oder E-Mail mit Fotoanhang), seltener mündlich (z.B. Anrufbeantworter).

Synchronizität. Der Vorzug synchroner Kommunikation liegt darin, dass die zeitliche Unmittelbarkeit des Austauschs schnelle Klärungen und Abstimmungen erlaubt und zudem gemeinsames Erleben vermittelt. Der Nachteil der zeitlichen Unmittelbarkeit besteht darin, dass z.B. bei einem unerwartet eingehenden Telefonanruf, in dem man Stellung beziehen soll, Handlungsdruck entsteht, der als Störung empfunden wird oder zu unüberlegten Äußerungen und Entscheidungen führt. Soziale Normen in der synchronen Kommunikation beziehen sich auf eine Festlegung akzeptabler Kommunikationszeiten, sei es für persönliche Unterredungen oder Telefonate (z.B. Einhaltung von Mittagspause und Nachtruhe; zur Normierung s. auch Abschnitt 14.3.6). Zudem werden sowohl bei der direkten als auch bei der medialen synchronen Kommunikation Methoden der Filterung eingesetzt (z.B. Entgegennahme eines Anrufs auf dem Mobiltelefon nur bei bekannten Teilnehmern dank Rufnummerübertragung).

Asynchronizität. Die Zeitunabhängigkeit bei asynchroner Kommunikation gewährt den Kommunizierenden Zeitsouveränität: Sie können ihre kommunikativen Aktivitäten unabhängig voneinander in ihre Tagesabläufe einbetten, ohne gemeinsame Termine vereinbaren und einhalten zu müssen. Unbegrenzte Zeitsouveränität würde den Kommunikationsfluss jedoch zeitlich unkalkulierbar werden lassen, was bei vielen Kommunikationsaufgaben nicht tolerabel ist. Deswegen gelten bei asynchroner Kommunikation medien- und situationsspezifische Normen zur Gestaltung von Antwortlatenzen: So werden E-Mail-Antworten typischerweise binnen eines Tages, SMS-Antworten dagegen binnen Minuten erwartet. Eine Verletzung derartiger Normen in Bezug auf die Antwortlatenz sorgt für Irritation, Unzufriedenheit und kommunikative Störungen bis

Tabelle 14.1. Kommunikationsformen gruppiert nach Übertragungszeit (Auswahl)

Synchronizität	Asynchronizität
▶ Face-to-Face	▶ Brief
▶ Festnetztelefonat	▶ E-Mail
▶ Mobiltelefonat	▶ SMS
▶ Videokonferenz	▶ MMS
▶ Online-Chat	▶ Anrufbeantworter

Zeit

Face-to-Face-Kommunikation teilt im Hinblick auf die Zeitdimension das Merkmal der Synchronizität mit mehreren medialen Kommunikationsformen.

Synchronizität birgt für die Gestaltung interpersonaler Kommunikation die Möglichkeit, sich sofort zu verständigen, allerdings um den Preis, dass man sich auf einen Termin einigen muss.

Asynchrone mediale Individualkommunikation erhöht die Zeitsouveränität der Kommunizierenden, erzeugt dafür aber auch Zeitverzögerungen im Kommunikationsablauf.

Bei mündlicher oder fernmündlicher Kommunikation ist der Zeitaufwand am geringsten, wenn es um die Vermittlung umfangreicher und komplexer Inhalte geht.

Die Frequenz der kommunikativen Kontakte kann bei Mobilmedien durch ihre ortsunabhängige Verfügbarkeit sehr hoch ausfallen.

hin zu Beziehungskrisen (z.B. eine ausbleibende prompte SMS-Antwort des Partners kann Sorge um dessen Wohlergehen, Enttäuschung und Wut wegen Vernachlässigung oder Misstrauen und Eifersucht auslösen).

Zeitaufwand. Ein weiterer zeitbezogener Aspekt direkter und medialer Individualkommunikation ist der Zeitaufwand. Mündlich kann dieselbe Zahl an Worten deutlich schneller produziert und rezipiert werden als schriftlich, so dass für umfassende Kommunikationsaufgaben die synchrone mündliche oder fernmündliche Kommunikation einschlägig ist. Andererseits fasst man sich in der schriftlichen Kommunikation oft kürzer, und Smalltalk ist seltener, so dass Zeit eingespart wird.

Frequenz. Dank mobiler Individualmedien (vor allem Handy) können wir mit anderen Menschen ortsunabhängig nicht nur regelmäßig Kontakt halten („regular contact"), sondern praktisch durchgängig („perpetual contact"). Dies betrifft SMS-Botschaften, die in vielen Lebenssituationen nebenbei geschrieben und empfangen werden – teilweise in schnellem Wechsel – und die Mitglieder des sozialen Netzwerkes ständig präsent erscheinen lassen. Hochfrequente Kontaktmuster können soziale Beziehungen und Netzwerke verdichten, andererseits aber auch negativ als Erreichbarkeitszwang und Überwachung erlebt werden.

14.3.2 Ort

Bei der Face-to-Face-Kommunikation befinden sich die Kommunizierenden am gleichen Ort, sie erleben körperliche Kopräsenz in einem gemeinsamen materialen Wahrnehmungs- und Handlungsraum, in dem sie auch interagieren (z.B. sexuelle Interaktion) und gemeinsam agieren (z.B. ein Werkstück bearbeiten) können. Bei medialer Kommunikation bzw. Telekommunikation befinden sich die Beteiligten dagegen an unterschiedlichen Orten. Um sich kommunikativ aufeinander einstellen zu können, werden Aufenthaltsorte in der Mobilkommunikation meist explizit mitgeteilt („bin gerade im Bus"), während bei der Nutzung stationärer Telekommunikationsmedien in der Regel klar ist, wo die Beteiligten sich befinden (z.B. Festnetztelefon zu Hause oder im Büro).

In Abhängigkeit von der räumlichen bzw. geographischen Distanz kommen unterschiedliche Formen der medialen Individualkommunikation zum Einsatz: Anhand einer Befragung von 255 Produktentwicklern in der Telekommunikationsindustrie zu ihrer berufsbezogenen Kommunikation konnten Sosa, Eppinger, Pich, McKendrick und Stout (2002) nachweisen, dass mit wachsender Distanz der Anteil an Face-to-Face- und Telefon-Kommunikation geringer, der E-Mail-Anteil an der Gesamtkommunikation dafür größer wurde (s. Abb. 14.1). Face-to-Face-Kommunikation bei großer räumlicher Distanz setzt kostspielige und aufwändige Reisen voraus. Dass bei größeren geographischen Distanzen auch die Telefonkommunikation an Bedeutung verliert, hat vor allem drei Gründe: Ferngespräche sind teuer, Unterschiede zwischen Zeitzonen machen es schwerer, sich zu einer synchronen Kommunikation zu verabreden, und Sprachbarrieren lassen sich schriftlich leichter überwinden als mündlich.

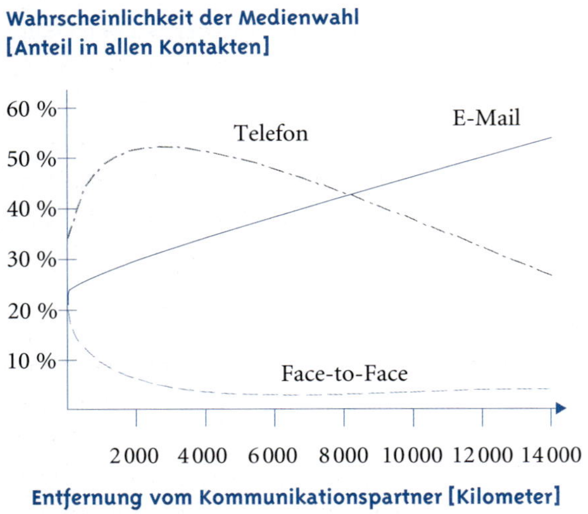

Abbildung 14.1. Zusammenhänge zwischen Medienwahl und geographischer Distanz (vgl. Sosa et al., 2002, S. 53)

Tabelle 14.2. Kommunikationsformen gruppiert nach Arten der Präsenz (Auswahl)

Körperliche Kopräsenz	Imaginäre Telepräsenz	Virtuelle Telepräsenz
▶ Face-to-Face	▶ Telefon ▶ Online-Chat ▶ E-Mail mit Foto ▶ Instant-Messaging	▶ Multi-Player-Online-Spiel ▶ Virtual-Reality-Anwendung

An die Stelle der körperlichen Kopräsenz kann bei medialer Kommunikation die Telepräsenz treten: Die Kommunizierenden begegnen sich dann in gemeinsamen imaginären oder virtuellen Wahrnehmungs- und Handlungsräumen (s. Tabelle 14.2).

Imaginäre Telepräsenz. Bei imaginärer Telepräsenz vergegenwärtigen sich die Kommunizierenden bewusst ihr Gegenüber, stellen sich dessen Aufenthaltsort vor, können sich dementsprechend auch beim Handeln unterstützen (z.B. Anleitung bei Reparaturen) und/oder produzieren gemeinsam ein Phantasieszenario, in dem sie interagieren (z.B. Telefon- oder Chat-Sex). Sogar das gemeinsame Schweigen am Telefon kann von den Beteiligten als nahes Zusammensein in einem gemeinsamen imaginären Wahrnehmungsraum erlebt werden.

Virtuelle Telepräsenz. Bei virtueller Telepräsenz ist der gemeinsame immaterielle Wahrnehmungs- und Handlungsraum nicht nur imaginiert und somit flüchtig, sondern computertechnisch implementiert und deshalb widerständig und überdauernd (vgl. Steuer, 1992). Beispiele für virtuelle Handlungsräume sind Multi-Player-Online-Spiele: Hier müssen sich die Beteiligten auf die Merkmale der virtuellen Umgebung (z.B. Wege, Wände, schlechte Sichtverhältnisse) einstellen. Sie selbst und die Kommunikationspartner sind als virtuelle Charaktere (Avatare) in der Umgebung repräsentiert und können dort verbal und nonverbal kommunizieren sowie miteinander und mit der virtuellen Umgebung interagieren (z.B. Gegenstände erzeugen, kaufen und tauschen). Virtual-Reality-Anwendungen können dem gemeinsamen Spiel, dem geselligen Beisammensein, der aufgabenbezogenen Kooperation oder auch der Psychotherapie dienen. Die Schnittstellen zur virtuellen Umgebung sind häufig Tastatur, Joystick, Monitor, Datenhandschuh oder Datenbrille. Ganzkörper-Datenanzüge für ein umfassendes sensorisches Eintauchen in die virtuelle Realität (engl. „immersion“) einschließlich taktiler Reize haben sich bislang nicht etabliert.

Ort

Face-to-Face-Kommunikation zeichnet sich durch körperliche Kopräsenz in einem materiellen Wahrnehmungs- und Handlungsraum aus, die Beteiligten müssen am gleichen Ort zusammenkommen. Dies birgt für die Gestaltung der Kommunikation spezifische Optionen (z.B. Interaktion, Kooperation) und Restriktionen (z.B. Aufwand für das Treffen, Begrenzung des Teilnehmerkreises).

Mediale Kommunikation ermöglicht es, mit anderen Menschen über geographische Distanzen hinweg zu kommunizieren. Dabei können die geographisch getrennten Beteiligten sich in eine gedankliche oder auch computertechnisch repräsentierte gemeinsame Umgebung versetzen (imaginäre und virtuelle Telepräsenz).

14.3.3 Modalität und Codalität

Modalität. Die Modalität eines Mediums beschreibt, welche Sinnesmodalitäten an der Kommunikation beteiligt sind. Bei der Face-to-Face-Kommunikation lassen sich prinzipiell alle Sinnesmodalitäten ansprechen: Die Kommunikationspartner können einander sehen und hören, fühlen und riechen und bei Intimkommunikation auch schmecken. Die mediale Kommunikation dagegen beschränkt sich heute vor allem auf Sehen und Hören. Diese Beschränkung der Sinnesmodalitäten wird häufig zum Anlass genommen, mediale Kommunikation als unpersönlich oder entsinnlicht zu kennzeichnen. Psychologisch ist bemerkenswert, dass die körperliche Abwesenheit wichtiger Kommunikations- und Beziehungspartner oft die emotionale Nähe nicht automatisch geringer werden lässt, sondern gerade steigert. Eine Erklärung für diesen Effekt könnte darin liegen, dass bei Kopräsenz und multimodaler Wahrnehmung das Gegenüber häufig als selbstverständlich hingenommen wird, während es bei Abwesenheit zum Gegenstand intensivierter Aufmerksamkeit, Wahrnehmung, Vorstellung und Sehnsucht („Romeo-und-Julia-Effekt") wird.

Codalität. Wenn man sich zu sehr auf die Modalität konzentriert, vernachlässigt man, dass die zwischenmenschliche Verständigung maßgeblich durch den Kommunikationscode getragen wird (Codalität). Die visuelle Sinnesmodalität ist beispielsweise für die Dekodierung ganz unterschiedlicher Kommunikationscodes notwendig: Es kann sich um Mimik und Gestik, um Handschrift und Maschinenschrift, aber auch um Grafik, Foto oder Film handeln. Ferner können auch Kleidung, Möbel oder Schmuck als Kommunikationscodes gelesen werden, die z.B. Gruppenzugehörigkeiten, Interessen und Lebensstile vermitteln.

Soziale Präsenz. Wie persönlich, warm und gesellig mediale Kommunikation empfunden wird, erfasst das Konzept der „sozialen Präsenz" (Short, Williams, Christie, 1976, S. 64ff.). Demnach empfinden Menschen größere soziale Präsenz, wenn sie nicht nur die Textbotschaften des Gegenübers lesen (z.B. Brief, E-Mail, Online-Chat), sondern auch die Stimme hören (Telefonat) und Mimik und Gestik sehen (Videokonferenz, „visuelle Präsenz"). Am meisten soziale Präsenz wird dementsprechend der Face-to-Face-Kommunikation zugeschrieben. Wenn bei medialer Kommunikation das körperliche Erscheinungsbild nicht sichtbar ist, so ist dies eine Einschränkung der „medialen Reichhaltigkeit" (Daft & Lengel, 1984). Doch die Qualität der Kommunikation kann durch „visuelle Anonymität" zuweilen durchaus profitieren, etwa wenn das Herausfiltern sozialer Hinweisreize die Stigmatisierung oder die Stereotypisierung geringer werden lässt, Hemmschwellen abbaut und Selbstoffenbarung fördert (vgl. Döring, 2003).

Sprache. Insbesondere zur Verständigung über komplexe Sachverhalte ist die Sprache als Kommunikationscode einschlägig. Während die Face-to-Face-Kommunikation durch mündliche Sprache geprägt ist, spielt bei der medialen Individualkommunikation Schriftsprache eine wichtige Rolle. Schriftsprache hat gegenüber Sprechsprache diverse Vorteile: Die Botschaften können auf Senderseite sorgfältiger formuliert und überarbeitet werden. Und sie können auf Empfängerseite mehrfach gelesen, archiviert und weiter verarbeitet werden. So kann über die schriftliche Kommunikation teilweise ein stärkeres soziales Präsenzerleben vermittelt werden („linguistische Präsenz") als mithilfe der flüchtigen fernmündlichen Kommunikation. Schriftlich ist zudem eine fremdsprachliche Verständigung einfacher zu bewerkstelligen als mündlich (Freiermuth, 2001). Die Archivierbarkeit und Fixiertheit schriftlicher Kommunikation ist freilich dann ein Risiko, wenn vertrauliche Inhalte ausgetauscht werden.

Als wesentliche Ergänzung und Erweiterung der verbalen Kommunikation gilt die paraverbale (z.B. Stimmlage, Sprechtempo) und nonverbale (z.B. Mimik, Gestik) Kommunikation, die Stimmungen und Emotionen subtil vermittelt. Häufig wird pauschal behauptet, bei medialer Individualkommunikation fehle die para- und nonverbale Kommunikationsebene. Doch in Abhängigkeit vom konkreten Kommunikationsmedium sind unterschiedliche para- und nonverbale Kommunikationscodes vertreten: Wie sorgfältig eine Botschaft gestaltet und dekoriert ist, wann sie verfasst bzw. wie schnell sie beantwortet wird, aber auch Emotionssymbole wie Emoticons können im Sinne sozialer Informationsverarbeitung (Walther, 1992) bewusst genutzt werden, um soziale und emotionale Hintergrundinformationen zu liefern. Auch nicht bewusst gesteuerte, möglicherweise „verräterische" Hinweise entstehen (z.B. Tippfehler, Verwechslung von E-Mail-Adressen).

Modalität – Codalität

Face-to-Face-Kommunikation kann alle Sinnesmodalitäten einbeziehen, während mediale Kommunikation sich stark auf das Sehen und Hören beschränkt. Doch auch die mediale Individualkommunikation kann mit einer Fülle von Kommunikationscodes arbeiten, einschließlich spezifischer Formen der paraverbalen und nonverbalen Kommunikation.

14.3.4 Teilnehmerkreis

Gemäß Teilnehmerkreis sind dyadische Individualkommunikation (one-to-one), Gruppenkommunikation (many-to-many) und Unikommunikation (one-to-many) zu unterscheiden (s. zur Unikommunikation auch Döring, 2002). Die Face-to-Face-Kommunikation: kann alle drei Strukturen abdecken, etwa als Gespräch unter Freunden, als Meeting in der Kleingruppe und als öffentliche Rede (s. Tabelle 14.3). Dabei verbleiben jedoch Restriktionen hinsichtlich der Größe und Zusammensetzung des Teilnehmerkreises, die mediale Kommunikation überwindet: An schriftlicher Kommunikation können beispielsweise viel mehr Personen synchron oder asynchron teilnehmen als an mündlichen Gesprächen. So markiert die oft kritisierte geringe Kohärenz der Chatkommunikation in Wirklichkeit den Medienvorteil: Bei mehreren Dutzend durcheinander sprechenden Personen im selben Raum würde die Verständigung enden. Dieselbe Zahl von Chattern kann jedoch in einem Chatroom gleichzeitig Gesprächsbeiträge liefern, die chronologisch auf dem Bildschirm angezeigt werden und (bei entsprechender Chatkompetenz) durchaus noch selektiv zu verfolgen sind.

Manchmal werden verschiedene Teilnehmerkreise gleichzeitig kontaktiert. So kann eine Person beispielsweise ihre Aufmerksamkeit teilen und sich während der Teilnahme an einem Face-to-Face-Vortrag oder einem Meeting gleichzeitig per SMS mit Freunden austauschen. Während solche Formen des „Multitasking" bzw. der Nebenbei-Nutzung teilweise auch als störend empfunden werden, bemüht man sich andererseits, Face-to-Face-Situationen bewusst durch gleichzeitige Mediennutzung aufzuwerten (z.B. Mobile-Learning-Szenarien, in denen Studierende während der Vorlesung mithilfe ihrer Notebooks und eines Chatprogramms Fragen an die Dozentin senden können, so dass sich diese stärker auf das Publikum einstellen kann).

Entscheidend für die Qualität direkter und medialer Individualkommunikation ist die Beziehung der aktuellen Kommunikationspartner untereinander und dementsprechend ihre Kommunikationsbereitschaft, die sich wiederum in Affinität, Verpflichtung und Aufmerksamkeit differenziert (Nardi, 2005). Bei hoher Kommunikationsbereitschaft wird mediale Individualkommunikation aktiv und konstruktiv

Tabelle 14.3. Kommunikationsformen gruppiert nach Teilnehmerkreis (Auswahl)

Dyadische Individualkommunikation	Gruppenkommunikation	Unikommunikation
▶ Face-to-Face	▶ Face-to-Face	▶ Face-to-Face
▶ Videokonferenz	▶ Videokonferenz	▶ Webcam
▶ Telefonat	▶ Telefonkonferenz	▶ Weblog
▶ Online-Chat	▶ Chat-Room	▶ Homepage
▶ E-Mail	▶ Mailingliste	▶ Online-Tagebuch
▶ Brief	▶ Newsgroup	▶ Handyklingelton
▶ Anrufbeantworter	▶ Newsboard	▶ Bedrucktes T-Shirt

gestaltet, sie erfolgt flüssig und reichhaltig (und zwar relativ unabhängig von der technischen Bandbreite des Mediums), während sich geringe Kommunikationsbereitschaft in verarmter Kommunikation äußert, was dann zuweilen irrtümlich oder taktisch als Medienproblem interpretiert wird.

Teilnehmerkreis
Face-to-Face-Kommunikation ermöglicht ebenso wie mediale Individualkommunikation die Integration unterschiedlicher Teilnehmerkreise.

Indvidualmedien vergrößern dabei prinzipiell unsere kommunikative Reichweite.

Die sozialen Beziehungen zwischen den jeweiligen Kommunikationsteilnehmern und ihre Kommunikationsbereitschaft bestimmen oft maßgeblicher die Qualität der Kommunikation als die Medienmerkmale.

14.3.5 Kosten

Mediatisierte Individualkommunikation ist mit nicht unbeträchtlichen Kosten verbunden, die in den letzten Jahren in den Privathaushalten immer stärker zu Buche schlagen und in Deutschland von 2,5 % der gesamten Konsumausgaben im Jahr 1998 auf 3,1 % im Jahr 2003 gestiegen sind (Statistisches Bundesamt, 2004, S. 57). Doch auch direkte Kommunikation ist kostenintensiv, insbesondere wenn die Kommunikationspartner weite Strecken überwinden müssen, um einander zu treffen.

Kosten spielen bei der Verbreitung neuer Medien eine wichtige Rolle und steuern auch die Mediennutzung: So wird die Handykurzmitteilung von Jugendlichen in Deutschland teilweise als kostengünstigere Alternative zum verhältnismäßig teuren Mobiltelefonat verwendet. In den USA hat sich die SMS-Kommunikation sehr viel weniger etabliert als in Europa, denn dort ist nicht nur das Versenden, sondern auch das Empfangen von Handykurzmitteilungen kostenpflichtig.

Kosten
Face-to-Face-Kommunikation verursacht ebenso wie mediale Individualkommunikation mehr oder minder hohe Kosten.

Kostenfaktoren regulieren die Verbreitung und Nutzung von Medien in unterschiedlichen Bevölkerungsgruppen, die Medienwahl je nach Situation sowie die Kommunikationsgestaltung (z.B. Kommunikationsdauer).

14.3.6 Soziale Normierung

Die Gestaltung direkter und medialer Individualkommunikation ist durch soziale Normierung geprägt: Es ist notwendig, dass sich Regeln und Normen zur Nutzung von Medien herausbilden, damit eine erfolgreiche Kommunikation möglich wird (Höflich, 1996, S. 93). Mehr oder minder strikte und explizite Nutzungsregeln werden etabliert (z.B. bezüglich der Gestaltung von Antwortlatenzen, Anrede- und Begrüßungsformeln, Häufigkeit und Wechselseitigkeit der Initiation von Kommunikation, üblichen Kommunikationszeiten) und dabei auf verschiedene Medien, Nutzergruppen und Nutzungskontexte abgestimmt.

So unterliegt die Paarkommunikation einer jeweils spezifischen Normierung des Mediengebrauchs (Normierung in der Dyade), die unter anderem auf die individuellen Tagesabläufe und Medienpräferenzen der Beteiligten abgestimmt ist (Döring & Dietmar, 2003).

In der E-Mail-Korrespondenz zwischen Mitarbeitern kooperierender Firmen geht es beispielsweise um die angemessene Anrede, um rechtzeitigen Austausch von Informationen in verschiedenen Projektphasen und die strikte Einhaltung der Vertraulichkeit (Normierung in Gruppen).

Im öffentlichen Diskurs über die angemessene Mediennutzung kommt es unter anderem dazu, dass eine Etikette formuliert wird, die einen hohen Allgemeinheitsgrad beansprucht (Internet: „Netiquette“, Online-Chat: „Chatiquette“, Handy: „Mobile Etiquette"). Doch Nutzungsnormen sind nicht auf Benimmregeln und Verbote zu reduzieren. Sie beinhalten teilweise auch Lockerungen von Normen, die in Face-to-Face-Situationen gelten.

Soziale Normierung
Die Face-to-Face-Kommunikation unterliegt ebenso wie die mediale Individualkommunikation der sozialen Normierung.

Regeln der angemessenen Kommunikation werden dabei in Dyaden, Gruppen, Organisationen und in der breiten Öffentlichkeit jeweils für die einzelnen Medien und Situationen ausgehandelt.

14.4 Praxisbezüge

Die psychologische Erforschung medialer Individualkommunikation ist nicht nur grundlagenwissenschaftlich von Belang, sondern auch hochgradig praxisrelevant. Praxisbezüge sollen hier im Hinblick auf Medien, Nutzerinnen und Nutzer sowie auf Situationen kurz angerissen werden. Es geht dabei um Fragen des Mediendesigns, der Medienkompetenz und der Medienökologie.

14.4.1 Mediendesign

Mit „Mediendesign" bzw. „Medienkonzeption" sind die Praxis und die Wissenschaft des Entwerfens von Medienangeboten gemeint. Auch wenn der technischen Medienentwicklung oft eine Eigendynamik zugeschrieben wird, so sind die verfügbaren Netze, Endgeräte, Dienste und Anwendungen doch das Ergebnis menschlicher Gestaltungstätigkeit. Dabei werden die Bedürfnisse unterschiedlicher Nutzergruppen mehr oder minder intensiv in den Gestaltungsprozess einbezogen.

Teilweise lassen sich aus der psychologischen Untersuchung der medialen Kommunikation Gestaltungsvorschläge ableiten (Reid & Reid, 2004b). Umgekehrt können die Überlegungen, Prototypen und Pilotstudien, die rund um neueste und zukünftige Medientechnologien in den Ingenieurwissenschaften zu finden sind, der Kommunikationspsychologie innovative Themen nahe bringen (z.B. Anwendungen des „Pervasive Computing" im Sinne einer Anreicherung von Alltagsgegenständen wie Bürotüren, Wänden, Kleidungsstücken oder Taschen mit Informations- und Kommunikationstechnologie).

14.4.2 Medienkompetenz

Mit Medienkompetenz sind die personalen Voraussetzungen für die zielgerichtete und sozialverträgliche Mediennutzung gemeint (s. ausführlicher Abschnitt 13.2.3 zu Medienkompetenz). Theoretische Modelle, die unterschiedliche Teilaspekte von Medienkompetenz definieren – wie z.B. Medienwissen, medienbezogene Genuss- und Kritikfähigkeit, produktive Partizipationsmuster und Anschlusskommunikation (Groeben, 2004) – sind bislang noch nicht genügend auf konkrete Telekommunikationsmedien zugeschnitten und für sie ausgearbeitet worden: Über welche deklarativen und prozeduralen Wissensinhalte sollten beispielsweise zehnjährige Kinder oder achtzigjährige Senioren im Einzelnen verfügen, um als kompetent im Hinblick auf Internet oder Handy gelten zu können? Und was muss im Sinne kompetenter Anschlusskommunikation beachtet werden, wenn eine Beziehungsanbahnung medial erfolgt und dann Medienwechsel (etwa vom Online-Chat über E-Mail und Telefonat zum Face-to-Face-Treffen) zu bewältigen sind?

Zur Förderung produktiver Partizipationsmuster sollten Mediennutzerinnen und -nutzer darüber im Bilde sein, welche spezifischen Chancen und Risiken unterschiedliche mediale Kommunikationsformen beinhalten. So kann Onlinekommunikation – gegebenenfalls mithilfe spezifischer Tools und Techniken – sinnvoll für die Mediation von Konflikten eingesetzt werden (Märker & Trénel, 2003). Andererseits kann E-Mail-Kommunikation – bei unreflektiertem und impulsivem Einsatz – auch leicht zu einer Konflikteskalation führen. Aus der sorgfältigen kommunikationspsychologischen Reflexion von Eskalationsdynamiken bei der Kommunikation über E-Mail lassen sich Handlungsempfehlungen ableiten (Friedman & Currall, 2003), deren Kenntnis und Anwendung zur E-Mail-Kompetenz im Konfliktfall beitragen:

- wenn möglich Wechsel zu Telefonat oder Face-to-Face-Gespräch;
- Vermeidung von langen E-Mails mit einer Überfülle an Argumenten, stattdessen lieber zügige Klärung von Einzelpunkten;
- Verzicht auf Hyperrationalität und „Festbeißen" an Aussagen, stattdessen Besinnung auf die soziale Beziehung zum Gegenüber.

Für erfolgreiche Online-Teamarbeit sind teilweise ähnliche Kommunikationskompetenzen notwendig wie in Präsenzgruppen (Potter & Balthazard, 2002). Besondere Kenntnisse sind zudem erforderlich, wenn interkulturelle Kommunikation medial vermittelt stattfindet.

Da Medienkompetenz nicht nur die Fähigkeit zu effektivem und effizientem, sondern auch zu sozialverträglichem medialen Handeln einschließt, sind ethische Aspekte relevant. Ethische Richtlinien für mediale Kommunikation sind wiederum nach Kommunikationsformen und -kontexten zu differenzieren: In Freundschafts- und Therapiebeziehungen sieht ein ethischer Umgang mit medialer Kommunikation jeweils ganz anders aus. Der ethische Vorsatz, die Privatsphäre des Gegenübers zu achten, muss sich dabei nicht nur in einem angemessenen Sozialverhalten (z.B. kein aktives Weiterleiten von E-Mails an Dritte), sondern auch in einem entsprechenden Technikwissen niederschlagen (z.B. effiziente Verschlüsselung und zugriffssichere Archivierung digitaler Botschaften).

14.4.3 Medienökologie

Die medienökologische Perspektive betrachtet den Menschen als Mitgestalter von Medien und medialen Umwelten und sucht normativ nach menschenfreundlicher Gestaltung. Dies betrifft beispielsweise die medialen Ausstattungen und Arrangements in Privatwohnungen, in Unternehmen, in Bibliotheken oder Cafés. Wachsende Mobilität führt dazu, dass wir uns immer häufiger an so genannten „Nicht-Orten" (Augé, 1994) aufhalten, das sind Durchgangsstationen wie Straßen, Busse oder Flughäfen. Sichtbar ist die Tendenz, diese „Nicht-Orte" medial auszustatten: vom Fernseher auf dem Bahnhof oder im ärztlichen Wartezimmer über das Autotelefon bis hin zur drahtlosen Internet-Anbindung auf Flughäfen. Immerhin 8 % der Wartezeit auf Flughäfen verwendeten 52 befragte dänische Geschäftsreisende für E-Mail-Korrespondenz und 10 % für Mobiltelefonate, zudem arbeiteten sie ausgiebig mit dem Notebook (Breure & van Meel, 2003). Doch Flughäfen sind auf diese Kommunikationsbedürfnisse unzureichend vorbreitet. So wünschten sich die Befragten mehr Tische, Steckdosen, angenehme Sitzgelegenheiten mit Sicht- und Lärmschutz, um bei der medialen Kommunikation Diskretion und Konzentration zu gewährleisten. Dieses Beispiel zeigt, dass auch der „Nomadic Worker" nicht einfach selbstgenügsam und delokalisiert zum mobilen Gerät greift, sondern sich immer wieder in „Medien-Öko-Nischen" niederlässt.

Gleichzeitig können sich Nutzerinnen und Nutzer mit ihren mobilen Endgeräten aber auch eigene kleine Medienumwelten schaffen und sich mit der von ihnen gewählten Musik im mobilen Player, den von ihnen gewählten Kontaktpartnern im Handy usw. eine „Kommunikationsblase" schaffen, mit der sie sich von der sonstigen Umwelt abkapseln. Neue Bekanntschaften und Gelegenheitsgespräche mit Passanten oder Mitreisenden könnten seltener werden, wenn jederzeit der Rückzug in die eigene abgeschlossene mediale Kommunikationsnische möglich ist. Entsprechenden Tendenzen wird unter anderem durch mobile und pervasive Dienste entgegengewirkt, die ein spontanes Kennenlernen und Kooperieren von Passanten unterstützen, indem sie ortsbasierte Daten einbeziehen und die materiale Umwelt durch virtuelle Objekte zu einer erweiterten

Realität („augmented reality") anreichern (z.B. ortsbasierte mobile Spiele, so genannte „pervasive games").

14.5 Ausblick

Mediale zwischenmenschliche Kommunikation ist bislang nicht in dem Maße theoretisch reflektiert und empirisch untersucht worden, wie es angesichts ihrer Verbreitung und Bedeutung notwendig wäre. So wird in vielen psychologischen Forschungsfeldern (z.B. Psychologie der Partnerschaft, der Freundschaft oder der Familie) Kommunikation meist auf Face-to-Face-Kommunikation: verkürzt. Die Kommunikationswissenschaft dagegen konzentriert sich auf Massenkommunikation und vernachlässigt häufig die interpersonale Kommunikation. Mit dem Internet-Boom Mitte der 1990er Jahre wurde mediale Kommunikation dann stärker beachtet, vor allem in den psychologischen Anwendungsfächern (z.B. Pädagogische Psychologie: Onlinelernen; Klinische Psychologie: internetbasierte Beratung und Therapie; Organisationspsychologie: virtuelle Teamarbeit). Die Auseinandersetzung mit Onlinekommunikation brachte es mit sich, dass auch alte Kommunikationsmedien – z.B. Brief und Festnetztelefon – plötzlich stärkere Beachtung fanden. Eine disziplinäre Heimat für die Forschung zu medialer Individualkommunikation bieten innerhalb der Psychologie die Medienpsychologie und die Kommunikationspsychologie. Darüber hinaus ist mediale Kommunikation auch als Gegenstand interdisziplinärer Forschung zu sehen, zu der unter anderem die Sprachwissenschaften, die Anthropologie und auch die Design- und Technikwissenschaften wichtige Beiträge liefern, insbesondere im Zusammenhang mit der Entwicklung und Erprobung neuester Telekommunikationsmedien.

Zusammenfassung

- ▶ Interpersonale Kommunikation wird heute nicht nur als Face-to-Face-Kommunikation, sondern wesentlich auch als mediale Individualkommunikation realisiert. Zahlreiche alte, neue und neueste Telekommunikations- bzw. Individualmedien stehen dafür zur Verfügung, vom Brief über E-Mail und Online-Chat bis zum Mobiltelefonat.
- ▶ Für die kommunikationspsychologische Betrachtung der direkten und der medialen Individualkommunikation wird man am ehesten eine interaktionistische Perspektive einnehmen. Sie führt die Besonderheiten und Konsequenzen der Mediatisierung interpersonaler Kommunikation nicht nur auf die technischen Merkmale der Telekommunikationsmedien zurück, sondern bezieht auch die Nutzer und Nutzerinnen sowie die Nutzungssituationen ein. Dementsprechend ergeben sich differenzierte Bewertungen – jenseits von Technikeuphorie einerseits und Technikablehnung andererseits.
- ▶ Eine Analyse der Medienmerkmale, der Nutzermerkmale und der Situationsmerkmale bildet die Grundlage für Vergleiche zwischen direkter und medialer Individualkommunikation. Um Unterschiede und Gemeinsamkeiten aufzuzeigen, sind vor allem sechs Dimensionen zu beachten:
  - Zeit,
  - Ort,
  - Modalität und Codalität,
  - Teilnehmerkreis,
  - Kosten,
  - soziale Normierung.
- ▶ Eine kommunikationspsychologische Analyse der interpersonalen Kommunikation ist nicht nur grundlagenwissenschaftlich von Interesse, sondern auch anwendungsrelevant: Praxisbezüge sind vor allem in den Bereichen Medien-

▶

design, Medienkompetenz und Medienökologie zu finden, womit wiederum die Trias Medienmerkmale, Nutzermerkmale und Situationsmerkmale angesprochen ist.

- Die psychologische Forschung zur medialen Individualkommunikation ist diszplinär in der Medienpsychologie und in der Kommunikationspsychologie verankert. Darüber hinaus ist interdisziplinäre Zusammenarbeit mit den Design- und Technikwissenschaften besonders wünschenswert, um unsere Mediengesellschaft menschenfreundlich zu gestalten.

Leseempfehlung

- Kerr, D.S. & Murthy, U.S. (2004). Divergent and convergent idea generation in teams: A comparison of computer-mediated and face-to-face communication. Group Decision and Negotiation, 13(4), 381–399.
- O'Donovan, T. (1998). The impact of information technology on internal communication. Education and Information Technologies, 3(1), 3–26.
- Tidwell, L.C. & Walther, J.B. (2002). Computer-mediated communication effects on disclosure, impressions, and interpersonal evaluations: Getting to know one another a bit at a time. Human Communication Research, 28(3), 317–348.

Literatur

Augé, M. (1994). Orte und Nicht-Orte. Vorüberlegungen zu einer Ethnologie der Einsamkeit. Frankfurt am Main: Fischer.

Breure, A. & van Meel, J. (2003). Airport offices: Facilitating nomadic workers. Facilities, 21(7/8), 175–179.

Daft, R.L. & Lengel, R. (1984). Information richness: A new approach to managerial behavior and organization design. In B. Staw & L.L. Cummings (Eds.), Research in organizational behaviour (Vol. 6). Greenwich, CT: JAI Press.

Dimmick, J., Kline, S. & Stafford, L. (2000). The gratification niches of personal e-mail and the telephone. Competition, displacement, and complementarity. Communication Research, 27(2), 227–248.

Döring, N. (2002). Klingeltöne und Logos auf dem Handy: Wie neue Medien der Uni-Kommunikation genutzt werden. Medien & Kommunikationswissenschaft, 50(3), 325–349.

Döring, N. (2003). Sozialpsychologie des Internet. Die Bedeutung des Internet für Kommunikationsprozesse, Identitäten, soziale Beziehungen und Gruppen (2. vollst. aktual. und erw. Aufl.). Göttingen: Hogrefe.

Döring, N. (2004). Wie verändern sich soziale Beziehungen durch Mobilkommunikation? Eine Analyse von Paar-, Familien- und Freundschaftsbeziehungen. In U. Thiedeke (Hrsg.), Soziologie des Cyberspace. Medien, Strukturen und Semantiken (S. 240–280). Wiesbaden: VS.

Döring, N. & Dietmar, C. (2003). Mediated communication in couple relationships: Approaches for theoretical modeling and initial qualitative findings. Forum Qualitative Social Research FQS, 4(3) Elektronische Publikation (http://www.qualitative-research.net/fqs/ fqs.htm).

Faulstich, W. (2004). Medium. In W. Faulstich (Hrsg.), Grundwissen Medien. Paderborn: Wilhelm Fink Verlag.

Freiermuth, M.R. (2001). Native speakers or non-native speakers: Who has the floor? Online and face-to-face interaction in culturally mixed small groups. Computer Assisted Language Learning, 14(2), 169–199.

Friedman, R. & Currall, S. (2003). Conflict escalation: Dispute exacerbating elements of e-mail communication. Human Relations, 56 (11), 1325–1348.

Groeben, N. (2004). Medienkompetenz. In R. Mangold, P. Vorderer & G. Bente (Hrsg.), Lehrbuch der Medienpsychologie (S. 27–50). Göttingen: Hogrefe.

Hobbs, P. (2003). The medium is the message: Politeness strategies in men's and women's voice mail messages. Journal of Pragmatics, 35(2), 243–262.

Höflich, J.R. (1996). Technisch vermittelte interpersonale Kommunikation. Grundlagen, organisatorische Medienverwendung, Konstitution „elektronischer Gemeinschaften". Opladen: Westdeutscher Verlag.

Märker, O. & Trénel, M. (Hrsg.). (2003). Online-Mediation. Berlin: edition sigma.

McKenna, K.Y.A., Green, A.S., & Gleason, M.E.J. (2002). Relationship formation on the internet: What's the big attraction? Journal of Social Issues, 58, 9–31.

Nardi, B. (2005). Beyond bandwidth: Dimensions of connection in interpersonal communication. Computer-Supported Cooperative Work, 14(2), 91–130.

Nardi, B., Whittaker, S., Schwarz, H. (2000). It's not what you know, it's who you know: Work in the information age. First Monday, 5(5) Elektronische Publikation (http://www.firstmonday.org/issues/issue5_5/nardi/).

Potter, R. & Balthazard, P. (2002). Virtual team interaction styles: Assessment and effects. International Journal of Human-Computer Studies, 56(4), 423–443.

Pross, H. (1972). Medienforschung: Film, Funk, Presse, Fernsehen. Darmstadt: Habel.

Reid, D. & Reid, F. (2004a). Insights into the social and psychological effects of SMS Text Messaging. Elektronische Publikation (http://www.160characters.org/documents/SocialEffectsOfTextMessaging.pdf).

Reid, F. & Reid, D. (2004b) Text appeal: The psychology of SMS texting and its implications for the design of mobile phone interfaces. Campus-Wide Information Systems, 21(5), 196–2000.

Sarch, A. (1993). Making the connection: Single women's use of the telephone in dating relationships with men. Journal of Communication, 43(2), 128–143.

Short, J., Williams, E. & Christie, B. (1976). The social psychology of telecommunication. London: Wiley.

Sosa, M., Eppinger, S., Pich, M., McKendrick, D. & Stout, S. (2002). Factors that influence technical communication in distributed product development: An empirical study in the telecommunications industry. IEEE Transactions on Engineering Management, 49(1), 45–58.

Statistisches Bundesamt (2004). Einnahmen und Ausgaben privater Haushalte. Einkommens- und Verbrauchsstichprobe 2003. Wiesbaden: Statistisches Bundesamt. Elektronische Publikation (http://www.destatis.de/presse/deutsch/pk/2004/evs_2003i.pdf).

Steuer, J. (1992). Defining virtual reality: Dimensions determining telepresence. Journal of Communication, 42(4), 73–93.

Ulijn, J.M. & Lincke, A. (2004). The effect of CMC and FTF on negotiation outcomes between R&D and manufacturing partners in the supply chain: An anglo/nordic/latin comparison. International Negotiation, 9(1), 111–140.

Walther, J. (1992). Interpersonal effects in computer-mediated interaction: A relational perspective. Communication Research, 19, 52–90.

Teil II
Mediale Individualkommunikation
Massenkommunikation

Direkte Kommunikation
Mediale Individualkommunikation
Massenkommunikation

Kapitel 2 Kommunikationspsychologie

Kognitive, emotionale und soziale Aspekte von Kommunikation

- **Kapitel 3** Informationsaufnahme und -verarbeitung
- **Kapitel 4** Soziale Kognition und Urteilsbildung
- **Kapitel 5** Einstellungen im Kommunikationskontext
- **Kapitel 6** Selbst und Kommunikation
- **Kapitel 7** Emotionen im Kommunikationskontext
- **Kapitel 8** Aggression, Gewalt und prosoziales Verhalten

Kommunikation in unterschiedlichen Kontexten

- **Kapitel 9** Interpersonale Kommunikation, Beziehungen und Zusammenarbeit in Gruppen
- **Kapitel 10** Interkulturelle Kommunikation
- **Kapitel 11** Organisationskommunikation
- **Kapitel 12** Gesundheitsbezogene Risikokommunikation

Kapitel 13
Kommunikationskompetenz, Medienkompetenz, Medienpädagogik

Kapitel 14
Vergleich zwischen direkter und medialer Kommunikation

Mediale Individualkommunikation
Massenkommunikation

Medienangebote, -nutzung, -verarbeitung und -wirkungen

- **Kapitel 15** Qualität von Medienangeboten: Analyse und Bewertung
- **Kapitel 16** Medienhandeln
- **Kapitel 17** Exzessive und pathologische Mediennutzung
- **Kapitel 18** Wissensvermittlung, Lernen und Bildung mit Medien
- **Kapitel 19** Politische Kommunikation
- **Kapitel 20** Unterhaltung durch Medien
- **Kapitel 21** Werbung
- **Kapitel 22** Erotik und Pornographie in den Medien
- **Kapitel 23** Computer- und Videospiele

15 Qualität von Medienangeboten: Analyse und Bewertung

Roland Gimmler

Die Bewertung der Qualität von Medienangeboten, die dabei zugrunde gelegten Kriterien und die Professionalität sowie letztlich auch die Ergebnisse und Folgen der Qualitätsbeurteilung hängen erheblich davon ab, wer welche Medien in welchen Kontexten zu welchen Zwecken unter welchen Rahmenbedingungen bewertet. Insofern ist das Thema des vorliegenden Kapitels ausgesprochen vielschichtig, wie auch an folgenden Beispielen von Bewertungen und auf ihnen basierenden Selektionsprozessen deutlich wird:

- In einer TV-Redaktion wird entschieden, ob ein bestimmter Inhalt in eine Informationssendung aufgenommen werden soll. Fragen zur Bewertung sind dann z.B.: Ist der Inhalt wichtig genug? Ist er für die Zuschauer interessant bzw. „attraktiv"? Liegt adäquates Bildmaterial vor? Ist ein Kommentar erforderlich? Beruht der Entwurf auf einer angemessenen Recherche, und entspricht er medienrechtlichen Bestimmungen? Welche alternativen Inhalte stehen zur Verfügung, und wie sind sie zu bewerten?
- Rezipienten entscheiden, ob sie einen bestimmten Fernsehbeitrag anschauen und – wenn ja – ob sie ihn vollständig sehen oder währenddessen um- bzw. abschalten. Fragen sind dabei z.B.: Ist der Inhalt interessant, spannend, wichtig, nützlich, verständlich? Lohnt sich die Zeit, die man zum Anschauen braucht? Welche alternative Freizeitmöglichkeiten stehen zur Verfügung und, wie sind diese zu bewerten?
- Nach der Ausstrahlung einer neuen Fernsehserie werden nachträgliche Bewertungen durch die zuständige Abteilung vorgenommen. Fragen sind z.B.: Wie ist die Sendung beim Zuschauer angekommen, und wurde das Quotenziel erreicht? Soll die Serie sofort abgesetzt werden, oder muss sie erst ihr Publikum finden? Was sagen die Kritiker in der Tagespresse?
- Landesmedienanstalten prüfen, ob eine Fernsehsendung mit medienrechtlichen Bestimmungen übereinstimmt.
- Unternehmer entscheiden u.a. aufgrund von Nutzen-Kosten-Erwägungen, ob sie in eine Computersoftware investieren sollen, die von der EDV-Abteilung vorgeschlagen wurde.
- Politiker rügen die Art und Weise, wie sie in den Massenmedien dargestellt werden.
- Erzieherinnen und Lehrkräfte kritisieren die häufigen Gewaltdarstellungen im Fernsehen und machen sie für Probleme in ihrem Berufsalltag verantwortlich.
- Eltern versuchen zu beurteilen und zu entscheiden, welches Video sie ihren Kindern kaufen sollen.
- Medienprodukte werden nach wissenschaftlichen Kriterien analysiert, bevor darauf bezogene Wirkungsstudien durchgeführt werden.

Angesichts der Komplexität des Themas wird im Folgenden zu Strukturierungszwecken eine Grundsystematik dargestellt, die in Abschnitt 15.1 vorrangig mit Blick auf Massenmedien erläutert wird, bevor Abschnitt 15.2 auf ausgewählte Bewertungsaspekte am Beispiel von Informationsangeboten im World Wide Web eingeht. Zunächst ist jedoch der Qualitätsbegriff als solcher zu klären.

15.1 Qualitätsdefinition und Grundsystematik

Qualität. Auf der Produktebene kann man prinzipiell zwischen objektiver und subjektiver Qualität unterscheiden.

Bei der Analyse und Bewertung von Medienqualität geht es zumeist darum, objektive Merkmale und subjektive Bewertung miteinander in Beziehung zu setzen. So kann etwa ein Merkmal eines Fernsehbeitrags (z.B. Schnittfrequenz) objektiv erfasst und beschrieben werden. Seine Bewertung fällt aber, je nach Fragestellung und Interpretationsmaßstab, unterschiedlich aus: Eine hohe Schnittfrequenz kann unter künstlerisch-ästhetischen Aspekten positiv gewertet werden (z.B. als ein Stilmittel, das zum Inhalt passt); vor dem Hintergrund medienpsychologischer Erkenntnisse beispielsweise zur Verarbeitung von TV-Inhalten durch Kleinkinder kann sie dagegen gegebenenfalls als wenig förderlich angesehen werden. Im Unterschied hierzu ist etwa bei der Bewertung von technisch-funktionalen Merkmalen nur selten ein hoher Analyseaufwand notwendig. So liegt bei einem Sprachlernprogramm eine negative Bewertung dann auf der Hand, wenn es häufig abstürzt oder Schreibfehler aufweist. Die Bewertung solcher objektiv feststellbaren Merkmale ist also bereits ohne den Bezug auf wissenschaftliche Erkenntnisse plausibel.

Definition

Mit **objektiver Qualität** ist rein beschreibend eine Eigenschaft gemeint, die einem Objekt (Produkt) anhaftet. Dies können materielle oder technische Merkmale sein wie etwa:

- die Anzahl der Schnitte in einem Film,
- die technische Absturzsicherheit eines Computerprogramms,
- die sprachliche Fehlerfreiheit bei Sprachlehrprogrammen,
- objektiv erfassbare Merkmale der Funktionalität (z.B. Breite des Themenspektrums oder generelle Anzahl von Optionen zur Umsetzung individueller Bedürfnisse bei interaktiven Angeboten).

Hingegen versteht man unter **subjektiver Qualität** eine interpretative Bewertung oder normative Zuschreibung (vgl. Vlašić, 2004).

Grundsystematik. Für eine Systematisierung der Analyse und Bewertung von Medienangeboten kann man von folgenden allgemeinen Fragen ausgehen (vgl. auch Brosius, Rössler & Schulte zur Hausen, 2000):

- Wer bewertet?
- Warum wird bewertet?
- Was wird bewertet?
- Welche Maßstäbe werden (auf welcher theoretischen Basis) zur Bewertung angelegt?
- Wie wird bewertet?

Die sich hieraus ergebende Gesamtsystematik (s. Abb. 15.1) trennt analytisch in verschiedene Ebenen, die im Folgenden erläutert werden.

15.1.1 Wer bewertet? Warum wird bewertet? (Bewerter- bzw. Attributorenebene)

Qualitätssystematiken unterscheiden klassischerweise entsprechend den Akteursrollen im Massenkommunikationsprozess nach Medienproduzenten bzw. -anbietern, Rezipienten und Medienkritikern. Eine solche Einteilung ist jedoch keineswegs vollständig, sie sollte zumindest ergänzt werden um „Medienwächter“ bzw. -kontrolleure und Medienwissenschaftler sowie um Personen in der Erziehungs- und Bildungspraxis (wie z.B. Eltern, Lehrkräfte, Erzieherinnen, Medienpädagogen).

Medienproduzenten und -anbieter. Ein Interesse an der Bewertung ihrer Angebote hat dieser Personenkreis schon deshalb, da es ihm darum geht, beim Rezipienten bzw. Nutzer „Erfolg“ zu haben, also ein Angebot zu produzieren, das zu den Bedürfnissen, Interessen und Gewohnheiten der Zielgruppe passt. Hiermit hängen nicht zuletzt – insbesondere bei kommerziell orientierten Medienanbietern – auch ökonomische Interessen zusammen. Zudem dient eine Bewertung der eigenen Medienprodukte auch der Qualitätskontrolle, um im Wettbewerb mit anderen Anbietern erfolgreich zu bleiben und das Gesamtimage und -profil eines Unternehmens zu erhalten bzw. zu optimieren.

Medienkontrolle als staatlicher und gesellschaftlicher Auftrag. Neben dem, was Medienschaffende für sich persönlich unter Qualität verstehen, gibt es auch normative Vorgaben, an denen sie sich orientieren. Hierzu zählen etwa die von Landesmedienanstalten, Rundfunkräten und der Bundesprüfstelle für jugendgefährdende Medien (BPjM) ausgeführten rechtlich verbindlichen Richtlinien (z.B. Jugend-

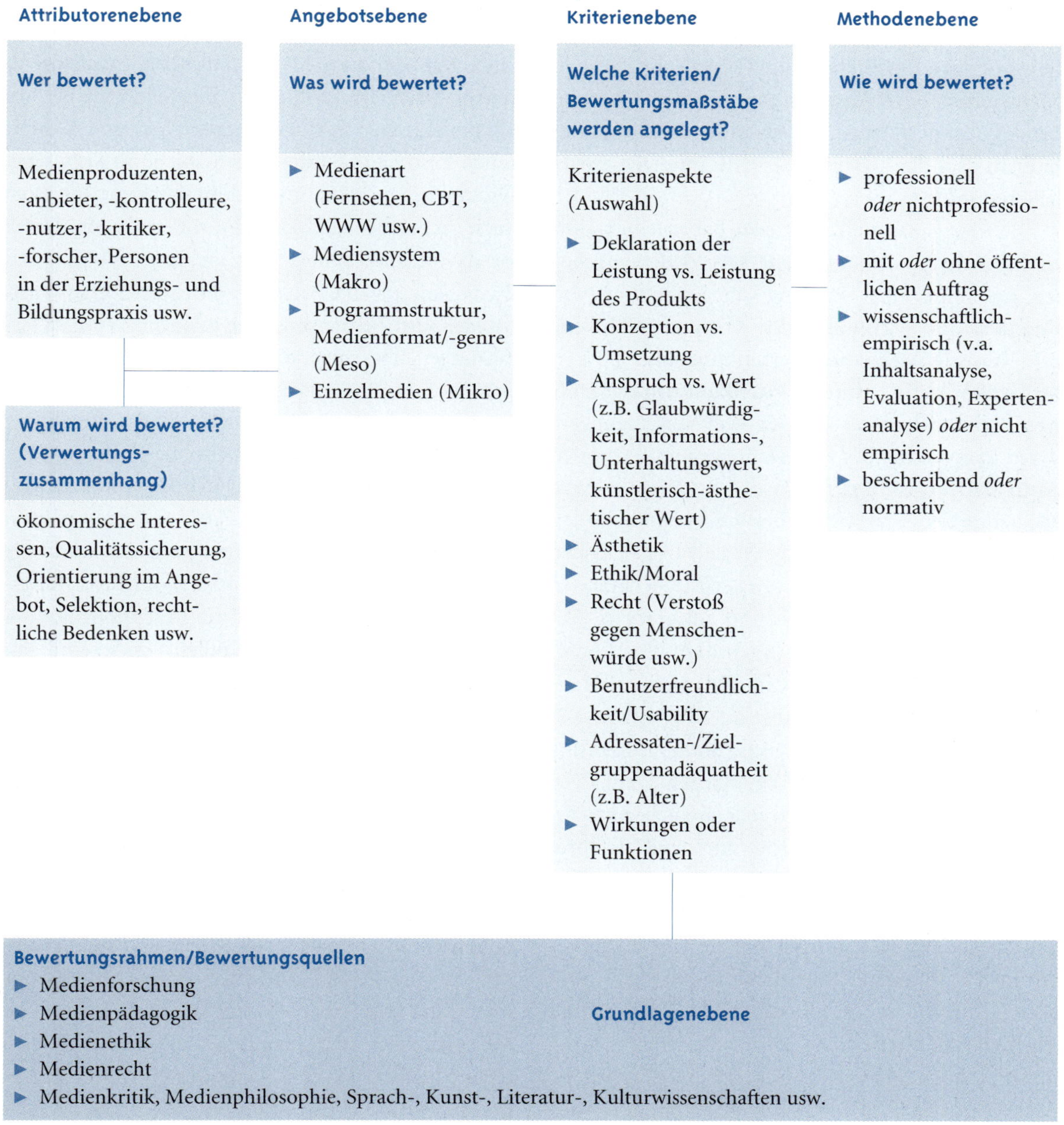

Attributorenebene
Wer bewertet?
Medienproduzenten, -anbieter, -kontrolleure, -nutzer, -kritiker, -forscher, Personen in der Erziehungs- und Bildungspraxis usw.
Warum wird bewertet? (Verwertungszusammenhang)
ökonomische Interessen, Qualitätssicherung, Orientierung im Angebot, Selektion, rechtliche Bedenken usw.
Angebotsebene
Was wird bewertet?
Medienart (Fernsehen, CBT, WWW usw.)
Mediensystem (Makro)
Programmstruktur, Medienformat/-genre (Meso)
Einzelmedien (Mikro)
Kriterienebene
Welche Kriterien/Bewertungsmaßstäbe werden angelegt?
Kriterienaspekte (Auswahl)
Deklaration der Leistung vs. Leistung des Produkts
Konzeption vs. Umsetzung
Anspruch vs. Wert (z.B. Glaubwürdigkeit, Informations-, Unterhaltungswert, künstlerisch-ästhetischer Wert)
Ästhetik
Ethik/Moral
Recht (Verstoß gegen Menschenwürde usw.)
Benutzerfreundlichkeit/Usability
Adressaten-/Zielgruppenadäquatheit (z.B. Alter)
Wirkungen oder Funktionen
Methodenebene
Wie wird bewertet?
professionell oder nichtprofessionell
mit oder ohne öffentlichen Auftrag
wissenschaftlich-empirisch (v.a. Inhaltsanalyse, Evaluation, Expertenanalyse) oder nicht empirisch
beschreibend oder normativ
Bewertungsrahmen/Bewertungsquellen
Medienforschung
Medienpädagogik
Medienethik
Medienrecht
Medienkritik, Medienphilosophie, Sprach-, Kunst-, Literatur-, Kulturwissenschaften usw.
Grundlagenebene

Abbildung 15.1. Systematik zur Bewertung der Qualität von Medienangeboten

schutzbestimmungen und Werberichtlinien), aber auch die berufs- und verbandsspezifischen Kodizes für journalistische Qualität und berufsethisches Handeln des Deutschen Presserates oder des Deutschen Journalisten-Verbandes (DJV). Als weitere Kontrollinstanzen sind die Gremien der freiwilligen Selbstkontrolle zu nennen, wie z.B. die Freiwillige Selbstkontrolle der Filmwirtschaft (FSK), die Freiwillige Selbstkontrolle Fernsehen (FSF) oder die Unterhaltungssoftware Selbstkontrolle (USK), die sich in Kooperation oder Abstimmung mit den Obersten Landesjugendbehörden im Wesentlichen darum bemühen, dass die Jugendschutzbestimmungen eingehalten werden.

Die hier genannten Instanzen haben einen offiziellen Auftrag zur Beurteilung von Medienangeboten im Sinne einer Prüfung der Einhaltung von Gesetzen und Richtlinien. Sie üben insofern eine professionelle Medienwächterfunktion aus.

Medienkontrolle durch Publikumsorganisationen. Publikumsorganisationen sind Vereinigungen, deren hauptsächliches Ziel nach eigenem Bekunden darin besteht, die Interessen der Rezipienten bzw. Mediennutzer zu vertreten. Besonders häufig finden sich die so genannten „Media Watch Dogs" in den USA. Beispiele hierfür sind etwa AIM (Accuracy in Media) oder FAIR (Fairness and Accuracy in Reporting). Insgesamt geht es ihnen darum, auf Fehlverhalten der Medien (etwa im Hinblick auf mangelnden Persönlichkeitsschutz oder einseitige Berichterstattung, Sensationalismus, Boulevardisierung oder Zensur) aufmerksam zu machen. Zum Teil haben solche Organisationen jedoch auch eine eindeutig politische Ausrichtung und sind in ihrer eigenen Berichterstattung keineswegs neutral (vgl. Einfeldt, 2001). Als ein positives Beispiel aus dem deutschsprachigen Raum sei auf die von Ludes gegründete „Initiative Nachrichtenaufklärung" verwiesen. Ihr Ziel ist es, auf wichtige Nachrichten und Themen hinzuweisen, die bei der Berichterstattung in den Medien nicht genug Berücksichtigung fanden oder verschwiegen wurden. Einmal im Jahr wird hierzu von Journalisten und Medienwissenschaftlern eine Liste entsprechender „Topthemen" ausgewählt und im Internet veröffentlicht (s. u.a. Pöttker, 1999).

Mediennutzer. Prinzipiell können Rezipienten bzw. Mediennutzer zur Bewertung von Medienangeboten unterschiedlichste Kriterien verwenden, angefangen von der objektiven Funktionalität eines Angebots für die Realisierung eigener Anliegen oder der subjektiven Eignung für individuelle Interessen (vgl. auch Kap. 16 zum Medienhandeln), Inhaltspräferenzen oder (z.B. politische) Einstellungen bis hin zu subjektiven ethischen, moralischen und ästhetischen Kriterien. Häufig haben solche Bewertungen Orientierungs- und Auswahlfunktionen, die sich auch im Medienwahlverhalten widerspiegeln. Dabei ist davon auszugehen, dass medienerfahrene und medienkompetente Nutzer zu differenzierteren Werturteilen über Medienangebote gelangen: Nutzungserfahrungen, aber auch Wissen über den Entstehungsprozess von Medienangeboten, über Darstellungsformen und deren Wirkungen sowie der eigene persönliche Erfahrungsschatz zu bestimmten Themen beeinflussen zum einen die Auswahl von Medien und Medieninhalten. Zum anderen spiegeln sich solche Kenntnisse und Erfahrungen auch in der Rezeptionsweise (z.B. im Hinblick auf Bewertungs- und Verarbeitungsprozesse; zu Rezeptionsmodi s. auch Kap. 16 zum Medienhandeln) wider und zeigen sich so auch in der Qualität und Differenziertheit postkommunikativer Medienbewertungen. Dies gilt nicht nur im Hinblick auf eine reflektierte Auseinandersetzung mit Informationsangeboten, sondern auch bezogen auf die Nutzung von Unterhaltungs- und Kulturangeboten und ein entsprechendes Qualitätsurteil: So macht es einen Unterschied, ob man Medieninhalte distanziert oder involviert rezipiert und ob man entsprechend zu einem analytischen oder nur zu einem Geschmacksurteil kommen kann oder aber ob man zu beidem fähig ist (beispielsweise kann man den strukturellen Aufbau eines Musikstücks – z.B. einer Fuge – nur erkennen und bewerten, wenn man über ein entsprechendes Wissen verfügt). Vor diesem Hintergrund wird bereits deutlich, dass sich die Qualität von Medienangeboten – seien es Musik-CDs, Computerspiele oder TV-Sendungen – nicht allein durch das Urteil der Nutzer bestimmen lässt. Eine Fernsehsendung mit niedriger Einsschaltquote sagt also nur bedingt etwas über ihre Qualität aus.

Eltern und pädagogische Fachkräfte. Für Eltern und pädagogische Fachkräfte, die sich um das Wohl von Kindern und Jugendlichen bemühen, ergibt sich ein ähnliches Interesse an der Bewertung von Medienangeboten wie für die Mediennutzer. Es geht vor allem um eine Orientierung und Auswahl sowie hier speziell um die Beurteilung der Medienangebote, die bei Kindern und Jugendlichen beliebt sind. Dabei spielt die Bekömmlichkeit im Sinne möglicher negativer Wirkungen, die Eignung für die Umsetzung pädagogischer Zielvorstellungen und das Potenzial an möglichen positiven Wirkungen eine besondere Rolle.

Medienkritiker. Die Personengruppe der Medienkritiker ist heterogen: Allgemein können darunter all jene verstanden werden, die sich in irgendeiner Form öffentlich und professionell in kritischer Weise mit Medien auseinander setzen:

- Die vor allem philosophisch und soziologisch orientierten sowie theoriebildenden Medienkritiker (z.B. Luhman, McLuhan, Adorno oder Postman), die sich etwa auf Tendenzen der Medienentwicklung und soziale Folgen beziehen,
- die Personen aus dem Bereich der Medienkontrolle und der Pädagogik sowie dem Medienbetrieb selbst, die etwa auf das Fehlverhalten von Journalisten aufmerksam machen oder sich kritisch zu neuen Fernsehformaten äußern.
- Davon zu unterscheiden ist eine Angebots- oder Produktkritik, die sich vor allem mit der künstlerischen Qualität einzelner Medienprodukte und -angebote auseinander setzt (z.B. Reich-Ranitzki für den Literaturbereich) und/oder Hinweise auf deren Tauglichkeit (z.B. Unterhaltungswert) gibt. Hierzu zählen beispielsweise (Vorab-)Rezensionen zu Kinofilmen, Fernsehfilmen oder Musik-CDs in Publikumszeitschriften, die einer Orientierung für Nutzungs- oder Kaufentscheidungen dienen sollen.
- Gleiche Funktion haben auch Testergebnisse zur Qualität von Software (z.B. von Computerspielen oder Lernprogrammen); sie gehören jedoch nicht mehr im engeren Sinne zur Medienkritik.

Empirische Medienforschung. Werturteile zu Medien und Medienangeboten der bisher genannten Experten und Laien beruhen großenteils auf Folgendem:

- auf subjektiven (wenn auch gegebenenfalls in Fachkreisen geteilten) Wertmaßstäben,
- auf persönlichen Erfahrungen und Kenntnissen (z.B. Eltern, Pädagogen, Nutzer),
- auf (medien-)rechtlichen Vorgaben,
- auf berufsbezogenen Kodizes oder ökonomischen Interessen (z.B. Medienproduzenten und -anbieter).

Eine wissenschaftlich fundierte Beurteilung von Medien und Medienprodukten setzt dagegen Ergebnisse der theorie- und empiriebasierten Medienforschung (speziell der Inhalts- oder Rezipientenforschung) voraus.

Ein spezieller Bedarf an Rezipientenforschung liegt bereits darin begründet, dass das Interesse an einer Analyse von Medieninhalten oft mit der Frage nach Wirkungen (oder auch nach den der Nutzung zugrunde liegenden Motiven) verknüpft ist. Beispiele wären etwa die Wirkungen der darin enthaltenen Geschlechtsrollenstereotype (vgl. Kap. 5 zur Rolle von Einstellungen und Kap. 6 zum Thema Selbst und Kommunikation) und Gewaltinhalte (vgl. Kap. 8) sowie der politischen und Werbebotschaften (vgl. Kap. 19 zu politischer Kommunikation und Kap. 21 zu Werbung). Insofern können Erkenntnisse aus der Rezipientenforschung für die Interpretation inhaltsanalytischer Ergebnisse (im Sinne einer Hypothesenbildung) und somit auch für die Bestimmung objektiver (wissenschaftlich fundierter) Qualitätskriterien herangezogen werden. Umgekehrt sind Medienmerkmale, die inhaltsanalytisch im Einzelnen anzugeben wären, die Grundlage für eine differenziertere Erforschung von Medienwirkungen und Nutzermotiven. Dies gilt insbesondere für die Beurteilung eines zweckbezogenen Einsatzes von Medien (z.B. im Hinblick auf die Qualität von Lernprogrammen für bestimmte Nutzerzielgruppen) etwa im Rahmen von Evaluations- oder Usability-Studien. Hierbei richtet sich das Interesse vor allem auf die Überprüfung intendierter Wirkungen, die sich aus dem Zusammenspiel von Medienmerkmalen und Nutzervariablen (z.B. Erfahrungen, Erwartungen, Kompetenzen, Persönlichkeit und Nutzungsweise) ergeben.

15.1.2 Was wird bewertet? (Angebotsebene)

Das Medienangebot kann man auf verschiedenen Ebenen analysieren. (1) Auf der *Makroebene* geht es um die Bewertung der Medienlandschaft, des gesamten Mediensystems oder einzelner Mediensysteme (z.B. Fernsehen) etwa im Hinblick auf Vielfalt, Ausgewogenheit und gesellschaftliche Funktionen. Hier sind auch Studien zur Globalbewertung einzelner Medien anzusiedeln, die meist dazu dienen, einzelne Medien miteinander zu vergleichen (z.B. Fernsehen, Internet und Hörfunk). Die Globalbewertung erfolgt durch die Nutzer nach Kriterien wie Informations- und Unterhaltungswert, Glaubwürdigkeit und subjektive Wichtigkeit (worin auch Einstellungen zu und Erfahrungen mit Medien einfließen). Ebenso sind hier Forschungsergebnisse einzuordnen, nach denen etwa Lernende das Fernsehen im Vergleich zu Büchern und Texten als „leichter" einstufen (vgl. Abschnitt 18.2 zur Wissensvermittlung mit „alten" und „neuen" Medien). Ein Beispiel für eine Studie zu Medienbewertungen auf der Nutzerseite enthält der unten aufgeführte Kasten zu diesem Thema. (2) Auf der *Mesoebene* interessieren beispielsweise die Angebote eines Senders (z.B. im Vergleich mit denen anderer Sender) oder bestimmte Genres bei verschiedenen Anbietern. Eine wiederkehrende (und im Übergang von Makro- zur Mesoebene zu verortende) Fragestellung bezieht sich auf die Erfüllung des Programmauftrages des öffentlich-rechtlichen Fernsehens. (3) Mit der Analyse und Bewertung einzelner Medienprodukte, auch im Vergleich zueinander, befinden wir uns hingegen auf der *Mikroebene* (vgl. Brosius, et al., 2000).

Medienbewertungen auf der Nutzerseite – ein empirisches Beispiel

Im Rahmen einer Repräsentativstudie wurden 1105 Internetnutzer und 1354 Nichtnutzer u.a. um Globalbewertungen von Fernsehen, Video/DVD, Internet, Zeitschriften und Büchern gebeten. Dabei wurde auch danach gefragt, inwieweit diese Medien die Nutzer mit „zu viel" Gewalt konfrontieren, worauf sich bei „Onlinern" und „Offlinern" ähnliche Rangfolgen ergaben: Insbesondere das Fernsehen, gefolgt von Video/DVD, halten beide Gruppen für zu gewalthaltig, während sie Büchern in dieser Hinsicht den letzten Rangplatz zuweisen. Das Internet rangiert bei Nutzern vor Zeitschriften an dritter Stelle, während Nichtnutzer dieses Medium für weniger problematisch als Zeitschriften halten.

Im Hinblick auf ein „Zuviel" an sexuellen Inhalten nimmt das Internet bei den „Onlinern", vor dem Fernsehen, den ersten Rang ein „Offliner" setzen es dagegen erst an die vorletzte Stelle.

Interessanterweise schätzen „Offliner" fast alle genannten Medienkategorien sowohl im Hinblick auf Gewalt- als auch auf sexuelle Inhalte negativer ein als „Onliner", nur das Internet beurteilen Letztere negativer.

Ein weiteres Ergebnis der Studie zeigt, dass Internetnutzer Informationen aus dem Internet insgesamt für vertrauenswürdiger halten als Nichtnutzer.

Ein Vergleich zwischen beiden Gruppen wird jedoch dadurch relativiert, dass sich viele „Offliner"bei der Bewertung des Internets enthielten.

(Nach Koenen, Konert & Groebel, 2003, S. 92ff.)

15.1.3 Welche Maßstäbe werden auf welcher theoretischen Grundlage zur Bewertung angelegt? (Kriterien- und Grundlagenebene)

Eine Beantwortung dieser Frage ist kaum umfassend möglich. Je nach Bewertungsinteresse, Bewertenden und Medium bzw. Angebotsebene kann die Antwort höchst unterschiedlich ausfallen.

Die in Abbildung 15.1 genannten Kriterien lassen sich nach verschiedenen Aspekten gruppieren:

Verbindlichkeit von Kriterien. Eine grobe Systematik kann sich zunächst an der Verbindlichkeit und Allgemeingültigkeit von Kriterien orientieren. Als verbindlich sind dabei all jene Kriterien aufzufassen, die sich aus gesetzlichen Regelungen (Medienrecht) ergeben und entsprechend als Maßstab dafür dienen, dass Verstöße aufgedeckt werden. Hier geht es vor allem um die im Grundgesetz verbürgten Pflichten und Rechte sowie um andere rechtliche Bestimmungen:

- Menschenwürde,
- Persönlichkeitsschutz und Meinungsfreiheit,
- Kriterien des Jugendmedienschutzes bezogen auf Altersfreigabe und Indizierung von jugendgefährdenden Medien,
- Werberichtlinien,
- medienrechtliche Anforderungen im Hinblick auf Informations- und Meinungsvielfalt (z.B. Ausgewogenheit der politischen Berichterstattung).

Sie beinhalten gleichzeitig auch bereits medienethische Kriterien, die in den hieraus abgeleiteten berufsspezifischen Kodizes journalistischer Qualität weiter ausgeführt, differenziert und durch Konventionen ergänzt werden, und spiegeln sich entsprechend in inhaltlichen Kriterien wie Vielfalt, Richtigkeit, Transparenz und politische Ausgewogenheit wider. Überdies gelten aber auch einige gestaltungs- und technikbezogene Kriterien im Hinblick auf „Barrierefreiheit“ für Onlineservices von Bund, Ländern und Gemeinden als inzwischen rechtlich verbindlich (s. Abschnitt 15.2.2).

Kriterien unter normativen, Funktionalitäts- und Wirkungsaspekten. Anders als die vorher genannten beruhen weitere Kriterien nicht auf offiziellen Vorgaben, sondern auf sozialen und/oder individuellen Normen und sind als eher unverbindlich anzusehen. Zur Differenzierung kann eine funktionale bzw. Nützlichkeitsperspektive eingenommen werden: Bewertungsmaßstäbe ergeben sich so bereits aus der groben Funktionszuweisung im Sinne von Leistungen, die ein Medienprodukt erbringen soll (z.B. Information, Bildung oder Unterhaltung) und die sich dann genre-, format- und themenspezifisch weiter differenzieren lassen (z.B. Funktionen von politischen Nachrichten, Gesundheitsratgebern, Naturdokumentationen, Unterhaltungsshows, kultureller Berichterstattung). Insofern lässt sich danach fragen, inwieweit Medienangebote eine von der Öffentlichkeit und vor allem von der Anbieterseite deklarierte Funktion (bzw. Wirkung) tatsächlich auch erbringen und welche Qualität ein „Produkt“ besitzen muss, um seinen intendierten Nutzen für die Nutzer oder bestimmte Nutzergruppen und/oder für den Anbieter zu erreichen. Umgekehrt – im Sinne von Dysfunktionalität – lässt sich aber auch postulieren, welche Qualität ein „Produkt“ nicht besitzen darf, damit es keine negativen Auswirkungen auf bestimmte Nutzergruppen hat oder für die Anbieterseite zu Sanktionen führt. Beide Fragestellungen lassen sich einerseits auf die oben genannten verbindlichen Bewertungskriterien anwenden; diese beziehen sich, ohne dass dies ausdrücklich erwähnt wird, auf den gesellschaftlichen Nutzen. Andererseits stehen sie auch in Zusammenhang mit weniger verbindlichen Kriterien, die im Unterschied zu medienrechtlich relevanten Kriterien von den Beurteilern und ihren jeweiligen Bewertungsinteressen abhängen.

Unter dem Aspekt der subjektiven Nützlichkeit können Bewertungen auf zwei Arten von Kriterien beruhen:

- auf inhaltlichen Kriterien wie Themenrelevanz, Themenbreite, Wahrheitsgehalt und Sachlichkeit
- auf formalen Kriterien wie Bild-Ton-Schere, Schnittfrequenz, Kameraführung und Klangqualität.

Darüber hinaus können sie – je nach Bewertungsanlass, Qualitätsanspruch, Vorkenntnissen und Interessen – etwa auf Basis von ästhetisch-künstlerischen, ethischen, religiösen, politischen oder pädagogischen Maßstäben unterschiedlich ausdifferenziert, interpretiert und ergänzt werden. Entsprechend können Bewertungen von einem subjektiven Geschmacksurteil bis hin zu einer analytisch-differenzierten Bewertung reichen, die sich auf objektivierbare beschreibende Kriterien beruft.

Medienforschung als Grundlage für objektivierbare Kriterien. Wichtige Grundlagen für objektivierbare Kriterien, wie sie u.a. für eine medienpädagogische Bewertung nötig erscheinen, bietet die Medienforschung, insbesondere die Rezeptions- und Wirkungsforschung. Sie liefert beispielsweise Erkenntnisse zu folgenden Themenbereichen:

- welche Lernumgebungen für die Vermittlung welcher Inhalte besonders geeignet sind,
- welche Nutzungsdauer und Reizmenge man Kindern zumuten kann,
- welche formalen und inhaltlichen Merkmale von Medienangeboten diese für welche Zielgruppe verständlich machen,
- welche Medienprodukte im Hinblick auf die Verarbeitung und Wirkung bei bestimmten Zielgruppen problematisch sein können.

Neben Analysen zu Voraussetzungen auf der Kommunikatorseite für qualitativ hochwertige Produkte stellt sie marktrelevante Informationen zur Akzeptanz von Medienprodukten und zu deren Bewertung durch die Zielgruppen bereit, aber auch über die von einzelnen Bewertergruppen jeweils angewendeten Kriterien. Und schließlich leisten wissenschaftliche Erkenntnisse zu Funktionen und Wirkungen einen wichtigen Beitrag dazu, Kriterienkataloge zu fundieren und zu präzisieren. Gleichzeitig können damit Redundanzen von Kriterienlisten vermieden werden.

15.1.4 Wie wird bewertet? (Methodenebene)

Auch die Frage der Bewertungsmethoden lässt sich keineswegs vollständig erörtern und hängt nicht zuletzt von der Fragestellung und vom Untersuchungsgegenstand ab. Grenzt man das Spektrum auf die *wissenschaftliche* Analyse einzelner Medienprodukte ein, so lassen sich prinzipiell drei Methoden unterscheiden:

- Inhaltsanalyse,
- Beobachtung,
- Befragung.

Die *Inhaltsanalyse* dient je nach Verfahren eher der deskriptiven Quantifizierung (quantitative Inhaltsanalyse) oder der qualitativ-interpretativen Analyse (z.B. qualitative Textanalyse, Hermeneutik) von Medienmerkmalen.

Im Unterschied dazu spielen *Beobachtungen* und *Befragungen* (in realen oder experimentellen Situationen) vor allem bei der Entwicklung und Testung des Einsatzes von Medienprodukten eine Rolle. Ein solches Vorgehen, das man der Evaluationsforschung und dem Usability-Testing zuordnet, unterscheidet sich von der Inhaltsanalyse. Hier werden nicht die Inhalte als solche bzw. das Produkt an sich untersucht, sondern Akzeptanz, Zuwendung und Bewertung aufseiten der Nutzer sowie definierte Leistungen bzw. Wirkungen, die vom Produkt erbracht werden müssen (vor allem Effektivität und Effizienz, aber auch das Ausbleiben unerwünschter Wirkungen). Je nach Fragestellung sind jedoch Methodenkombinationen erforderlich und in der Forschungspraxis gängig. Hierbei können auch elektronische Messverfahren zum Einsatz kommen, etwa zur Erfassung des Blickverhaltens („eye-tracking") oder des Navigations- und Selektionsverhaltens (Logfile-Analysen).

Auf einige ausgewählte Kriterien zur Analyse und Beurteilung soll im Folgenden am Beispiel von Informationsangeboten des World Wide Web (www) eingegangen werden.

15.2 Qualitätsbewertung am Beispiel von Angeboten im www

Wie bei anderen klassischen Angeboten der Massenmedien (Film, Tageszeitung, Fernsehreportage usw.) kann eine Beurteilung der Qualität von Angeboten im www prinzipiell auf inhaltlichen und formalgestalterischen Kriterien beruhen. Letzteren kommt bei interaktiven computerbasierten Medienangeboten (z.B. Computer-Based Training), aber auch bei den massenmedialen Inhalten des www eine besondere Bedeutung im Hinblick auf die technische Bedienbarkeit zu. Ein solches eher technisch-formales Merkmal ist bei www-Angeboten der Hypertext, also die Vernetzung oder Verlinkung der Inhalte, die eine dem www typische nichtlineare „Leseart" ermöglicht und vom Nutzer auch erfordert (s. hierzu auch Kap. 3 zu Informationsaufnahme und -verarbeitung sowie Kap. 18 zu Wissensvermittlung, Lernen und Bildung mit Medien). Ein Angebot von Webseiten (Webpages), die als Hypertext miteinander verbunden sind, wird allgemein als Website bezeichnet und besitzt eine „Startseite" als hierarchischen Ausgangspunkt. Damit rückt, als eine besondere Anforderung an die Nutzer, die Navigation innerhalb solcher Angebote in den Blickpunkt. Auf der technischen und insoweit softwareergonomischen Seite stellt sich damit allgemein die Frage, wie eine Website aufgebaut werden muss, damit sich ein Nutzer darin zurechtfindet und möglichst einfach seine Nutzungsziele (z.B. bestimmte Informationen zu bekommen) erreicht.

Ein Beispiel für eine mögliche Einteilung in Kriterienklassen enthält Tabelle 15.1.

Neben einer solchen Einteilung gibt es eine Reihe weiterer Kategorisierungsversuche (s. z.B. Rittberger & Semar, 2000), die jedoch zwangsläufig an Grenzen stoßen. Drei Probleme sollen hier genannt werden, die nicht nur für das www gelten:

- Kriterien sind nie vollständig und haben je nach Angebotsgenre ein unterschiedliches Gewicht. Daher müssen bei den in Tabelle 15.1 genannten Bewertungsaspekten zusätzlich angebotsspezifische Kriterien gebildet und ergänzt werden.
- Eine eindeutige Abgrenzung einzelner Kriterien ist nicht immer möglich: So ist das Vorhandensein von „Links zu weiteren Dokumenten" (s. Tabelle 15.1) sicherlich ein inhaltliches Merkmal, verweist aber gleichzeitig auch auf eine eher formale Dimension, da eine Webseite mit Links ein anderes Erscheinungsbild aufweist als eine Webseite ohne Links.

Tabelle 15.1. Bewertungskriterien für Informationsangebote im Internet nach Smith (1997)

Inhaltliche Dimension	**Multimedial-interaktive Dimension**
▶ Umfang (Breite, Tiefe, Zeitbezug, mediales Format) ▶ Genauigkeit ▶ Aktualität ▶ Einzigartigkeit/Brauchbarkeit ▶ Links zu weiteren Dokumenten ▶ Qualität des Textes	▶ Multimediale Gestaltung (Form-Inhalt-Verhältnis) ▶ Benutzerfreundlichkeit ▶ Navigierbarkeit und hypertextuelle Organisation des angebotenen Inhaltes ▶ Benötigte Ausstattung (Hard-/Software) ▶ Interaktivität ▶ Kontaktierbarkeit
Rhetorisch-kommunikative Dimension	**Kostendimension**
▶ Wer stellt das Dokument zur Verfügung? Quelle/Autorschaft/institutionelle Reputation ▶ Mit welcher Absicht? ▶ Wer ist Zielgruppe? ▶ Gibt es Rezensionen oder sonstige Beurteilungen zu diesem Dokument?	▶ Anschluss- und Zugangskosten ▶ Nutzungskosten für geistiges Eigentum (z.B. Gebühren bei Datenbanken) (Quelle: nach Debatin, 1998)

- Oft werden auch Kriterien genannt, die sich nicht allein aus den Eigenschaften des Angebots ergeben können, sondern die man zu den individuellen Erwartungen, Einstellungen und Nutzungsgewohnheiten der Nutzer in Beziehung setzen muss. Beispiele hierfür sind die in Tabelle 15.1 genannten Kriterien „Einzigartigkeit" und „Brauchbarkeit".

Hieraus ergibt sich bei der Frage nach der empirischen Erfassung der Qualität, auch über www-Angebote hinaus, die Notwendigkeit, zusätzlich Kenntnisse über die Zielgruppe mit einzubeziehen, um letztlich Nutzungsergebnisse liefern zu können, die den Nutzer zufrieden stellen. Dabei spielen aber zunächst einige relativ zielgruppen- und vom Genre unabhängige Merkmale der technisch-formalen Qualität eine gewichtige Rolle.

Definition

Gebrauchstauglichkeit („usability")

Effektivität: Die Genauigkeit und Vollständigkeit, mit der Benutzer ein bestimmtes Ziel erreichen (Qualität und Umfang des Nutzungsergebnisses).
Effizienz: Der im Verhältnis zur Genauigkeit und Vollständigkeit eingesetzte Aufwand, mit dem Benutzer ein bestimmtes Ziel erreichen (u.a. finanzieller, zeitlicher, kognitiver Einsatz von Ressourcen relativ zum Nutzungsergebnis).
Zufriedenheit: Beeinträchtigungsfreiheit und Akzeptanz gegenüber der Nutzung der Software (vor allem Einstellung zur Nutzung des Produkts, auch motivationale Aspekte).
(vgl. EN ISO 9241-11, Europäisches Komitee für Normung, 1998)

15.2.1 Technisch-formale Qualitätsmerkmale von www-Angeboten

Einer der grundlegenden Maßstäbe für eine Qualitätsbewertung von www-Angeboten unter technisch-formalen Gesichtspunkten ist die Usability. Dieser aus dem Forschungsbereich der „Mensch-Computer-Interaktion" stammende Begriff kann allgemein als Gebrauchstauglichkeit umschrieben werden und umfasst vor allem die technische Dimension der Benutzerfreundlichkeit. Was genau darunter verstanden wird, ist in der europäischen ISO-Normenreihe 9241 (ergonomische Anforderungen für Bürotätigkeiten mit Bildschirmgeräten) festgelegt: Gebrauchstauglichkeit von Software und auch www-Angeboten lässt sich demnach definieren und operationalisieren als das Ausmaß an Effektivität, Effizienz und Nutzerzufriedenheit, mit dem bestimmte Benutzer spezifizierte Ziele in vorgegebener Umgebung erreichen (EN ISO 9241-11, Europäisches Komitee für Normung, 1998). Im Kasten über Gebrauchstauglichkeit wird erläutert, was darunter im Einzelnen verstanden wird.

Als wesentlich für das Erreichen solcher Zielvorgaben werden nach EN ISO 9241-10 (Europäisches Komitee für Normung, 1996) sieben „Grundsätze der Dialoggestaltung" aufgeführt, die als grobe formal-strukturelle Kriterien an Systemanforderungen gelten können. Diese sind in Tabelle 15.2 dargestellt und am Beispiel der Qualität von www-Angeboten mit Indikatoren verbunden.

Ein wesentliches technisch-formales Kriterium ist die Erwartungskonformität, auf die hier besonders eingegangen werden soll, nicht zuletzt weil hieran anschaulich gemacht werden kann, dass Angebotsbewertungen durchaus nutzerabhängig sein können.

Platzierung zentraler Elemente. Eine grundlegende Frage ist dabei die erwartungskonforme Platzierung zentraler Elemente (z.B. Impressum, Kontakt-Link, Feedback, Home-Button, Suchfunktion) eines Web-Angebots vor allem auf der Startseite. Erste Studien (z.B. Wilhelm, 2004; Wilhelm, Yom & Pfützenreuter, 2003) geben bereits Hinweise darauf, an welchen Stellen erfahrene Internetnutzer erwarten, dass bestimmte Homepage-Elemente vorzufinden sind (s. Abb. 15.2).

Hinsichtlich einiger Seitenelemente wie Warenkorb, Impressum, Navigationsleiste oder Hilfestellung zeigen sich relativ klare Erwartungen an ihre Positionierung. Ebenfalls wurde festgestellt, dass die Erwar-

Tabelle 15.2. Kriterien der Dialoggestaltung und Indikatoren für www-Angebote

Grundsätze der Dialoggestaltung nach EN ISO 9241-10 (Europäisches Komitee für Normung, 1996, S. 4–9)	**Beispiele möglicher Indikatoren**
Aufgabenangemessenheit „Ein Dialog ist aufgabenangemessen, wenn er den Benutzer unterstützt, seine Arbeitsaufgabe effektiv und effizient zu erledigen."	Vorhandensein von Hilfestellungen; schnelle und vollständige Erreichbarkeit von Informationen; einfache und schnelle Bestellung z.B. bei Online-Shops
Selbstbeschreibungsfähigkeit „Ein Dialog ist selbstbeschreibungsfähig, wenn jeder einzelne Dialogschritt durch Rückmeldung des Dialogsystems unmittelbar verständlich ist oder dem Benutzer auf Anfrage erklärt wird."	Die Site ist so gestaltet, dass man weiß, wo man sich befindet (etwa durch die sog. „Brotkrumenleiste"); keine mehrdeutigen Symbole z.B. für Steuerungselemente; eindeutige Bezeichnung von Hyperlinks; Rückmeldung (z.B. „E-Mail wurde versandt")
Steuerbarkeit „Ein Dialog ist steuerbar, wenn der Benutzer in der Lage ist, den Dialogablauf zu starten sowie seine Richtung und Geschwindigkeit zu beeinflussen, bis das Ziel erreicht ist."	Vorhandene Suchfunktion; verschiedene Anordnungen von Informationen (bei Nachrichten nach Uhrzeit, Quelle, Thema); Möglichkeiten zum Abbruch von z.B. Suchprozessen oder Bestellvorgängen
Erwartungskonformität „Ein Dialog ist erwartungskonform, wenn er konsistent ist und den Merkmalen des Benutzers entspricht, z. B. seinen Kenntnissen aus dem Arbeitsgebiet, seiner Ausbildung und seiner Erfahrung sowie den allgemein anerkannten Konventionen."	Das Diskettensymbol steht für „Speichern"; Links (Verknüpfungen) sind nach Konvention unterstrichen; Navigationsleiste als Frame befindet sich auf der linken Seite; ein Warenkorb befindet sich oben rechts
Fehlertoleranz bzw. -robustheit „Ein Dialog ist fehlertolerant, wenn das beabsichtigte Arbeitsergebnis trotz erkennbar fehlerhafter Eingaben entweder mit keinem oder mit minimalem Korrekturaufwand seitens des Benutzers erreicht werden kann."	Rückmeldung des Systems, wenn bei einem Formular wichtige Angaben fehlen; Korrekturvorschlag, wenn bei Suchmaschinen der Begriff falsch geschrieben wurde
Individualisierbarkeit „Ein Dialog ist individualisierbar, wenn das Dialogsystem Anpassungen an die Erfordernisse der Arbeitsaufgabe sowie an die individuellen Fähigkeiten und Vorlieben des Benutzers zulässt."	Hängt eng mit dem Grundsatz „Steuerbarkeit" zusammen, z.B. bei Winword die Auswahl und Anpassung von Symbolleisten; Speicherung der Präferenzen (mithilfe von Cookies) und darauf basierende Kaufvorschläge bei Angeboten für Onlineshopping
Lernförderlichkeit „Ein Dialog ist lernförderlich, wenn er den Benutzer beim Erlernen des Dialogsystems unterstützt und anleitet."	Hilfen beim Erlernen wichtiger Funktionen (evtl. Guided Tours, die einem die Möglichkeiten eines Angebots zeigen)

Abbildung 15.2. Erwartungskonformität bezüglich der Positionierung von Homepage-Elementen (ausgewählte vereinfachte Ergebnisse)

Elemente, die als typisch beurteilt wurden und bei denen mindestens zehn von 100 Testpersonen erwarten, dass sich diese Elemente typischerweise an dieser Position einer Homepage befinden (nach Imagery-Studie 2003, Wilhelm, Yom & Pfützenreuter, 2003)

tungen von Experten entsprechend ihrer größeren Erfahrung akzentuierter sind als die von unerfahrenen Nutzern (Wilhelm, Yom & Pfützenreuter, 2003).

Verwendung von Farben oder Symbolen. Eine weitere Facette von Erwartungskonformität ergibt sich auch hinsichtlich der Verwendung von Farben oder Symbolen, die jedoch in engem Bezug zum Inhalt stehen. Dabei ist zu beachten, dass von Farben unterschiedliche Wirkungen ausgehen: Wahrnehmungspsychologisch wird z.B. blau als beruhigend aufgefasst, ein intensives Rot wirkt hingegen eher aggressiv und wird mit Gefahr assoziiert (vgl. auch Warnhinweise im Straßenverkehr). Daher sollte die Hintergrundfarbe zum Inhalt bzw. zum Produkt passen. So wäre es sicherlich unpassend, den Hintergrund für ein Städteportal in Rot oder Pink zu gestalten. Allerdings spielt auch die kulturell vermittelte Symbolik der Farben eine Rolle: So steht beispielsweise die Farbe Weiß im westlichen Kulturkreis für Reinheit und Vollkommenheit, während sie in den meisten asiatischen Ländern Trauer und Tod symbolisiert (vgl. Usunier, 1999; zur Kulturspezifität von Symbolen vgl. auch Kap. 10 zur interkulturellen Kommunikation).

Aufmerksamkeitslenkung. Ein weiterer Aspekt, der unmittelbar an die Wahrnehmung anknüpft, bezieht sich auf die Aufmerksamkeit. Für das Webdesign ergeben sich hierbei verschiedene Möglichkeiten etwa durch Animationen, aber auch durch die richtige Positionierung von Inhalten. Untersuchungen, in denen das Blickverhalten bei der Nutzung von Internetangeboten analysiert wurde (z.B. Stenfors, Morén & Balkenius, 2003), konnten u.a. zeigen, dass sich der Nutzer zunächst auf die Seitenmitte konzentriert und dann in kreisendem Blick die weiteren Seitenelemente beachtet. Dabei ließ sich aber auch feststellen, dass das Blickverhalten je nach Aufgabenstellung stark differiert.

Man kann erahnen, dass es eine Vielzahl weiterer formaler Kriterien zu beachten gibt (u.a. in Bezug auf Benutzerführung, durchgängige Konsistenz von Aufbau und Struktur, Verwendung nur weniger Schrifttypen, Lesbarkeit des Textes). Einige dieser Kriterien hängen auch mit den im Folgenden erläuterten Kriterien der Barrierefreiheit zusammen.

15.2.2 Barrierefreiheit von www-Angeboten

Einen wichtigen Ansatz für die Entwicklung gebrauchstauglicher und benutzerfreundlicher Internetseiten bieten Kriterien der Barrierefreiheit. Damit soll dem Umstand Rechnung getragen werden, dass es Behinderten bisher kaum möglich war, an den vielfältigen Angeboten des Internet adäquat teilzuhaben. Relevant erscheint dies vor dem Hintergrund der vielen und noch kommenden Onlineservices von Bund, Ländern und Gemeinden (sog. E-Government-Services), mit denen etwa Kfz-Ummeldung und Schulanmeldung online realisierbar sein sollen. Rechtliche Bedeutung hat die Barrierefreiheit zudem vor dem Hintergrund des Behindertengleichstellungsgesetzes (BGG), das in seiner Fassung vom September 2003 vorschreibt, auch technische Gebrauchsgegenstände und Informationssysteme so zu gestalten, dass sie „für behinderte Menschen in der allgemein üblichen Weise ohne besondere Erschwernis und grundsätzlich ohne fremde Hilfe zugänglich und nutzbar sind" (BGG §4; vgl. auch die für „Träger öffentlicher Gewalt" bis 31. Dezember 2005 umzusetzende Verordnung zur barrierefreien Informationstechnik: BITV; Bundesministerium der Justiz [BMJ], 2002). Die in der BITV genannten Kriterien sind größtenteils den Web Content Accessibility Guidelines (WCAG; Chisholm, Vanderheiden & Jacobs, 1999) der Web Accessibility Initiative (WAI) entnommen und in zwei Prioritätsstufen eingeteilt:

- **Priorität 1:** Anforderungen zur Vermeidung unüberwindbarer und bedeutsamer Barrieren
- **Priorität 2:** Anforderungen zur Vermeidung weiterer Barrieren für Personen mit Behinderungen und zur Erleichterung der Benutzung.

Einige ausgewählte Barrieren sollen hier genannt werden:

- Blinde Menschen lassen sich Internetseiten in eine „Braillezeile" umsetzen oder von einem Programm vorlesen. Nicht zugänglich sind für sie Bilder oder Grafiken, zu denen es keine äquivalenten Textinformationen gibt. Dies gilt auch für Text, der nur graphisch dargestellt ist. Auch Text in Tabellen stellt Blinde vor ein Problem, da das Vorleseprogramm zeilenweise liest und damit unsinnige Sätze konstruiert.
- Sehschwache (insbesondere ältere) Menschen sind darauf angewiesen, dass die Schriftgröße variabel ist und sich im Browser individuell anpassen lässt.
- Für Personen mit Farbfehlsichtigkeit (z.B. einer Rot/Grün-Sehschwäche) stellen kontrastarme Seiten und bestimmte Kombinationen von Schriftfarbe und Hintergrund ein Problem dar.
- Die Navigation sollte textbasiert erfolgen können. Bei graphischen Navigationselementen, komplizierten Flash-Graphiken oder Java-Anwendungen sind vor allem Sehbehinderte benachteiligt.
- Die Navigation sollte auch mithilfe der Tastatur möglich sein. Ohne eine solche Tastatursteuerung sind Menschen mit motorischen Störungen (z.B. Spastiker) gehandikapt, da es für sie schwer ist, Navigationselemente mit der Maus aufzurufen.

Im Rahmen einer Studie des Aktionsbündnisses für barrierefreie Informationstechnik (ABI, 2003) wurden 2003 solche und weitere Standards für Barrierefreiheit bei Internetangeboten von Bund, Bundesämtern, Ländern und Städten untersucht. Das erschütternde Ergebnis bestand darin, dass keines der 60 analysierten Angebote die geforderte BITV-Prioritätsstufe 1 erreichte. Im Vergleich zu einer Bewertung der gleichen Stichprobe aus dem Vorjahr waren die Ergebnisse insgesamt sogar noch schlechter ausgefallen.

Zugangsbarrieren gibt es jedoch nicht nur für Behinderte. Ein wesentliches Problem stellen z.B. Internetseiten dar, die Standardkonzeptionen (z.B. HTML-Standards) nicht berücksichtigen, so dass eine Darstellung der Seiten nur in bestimmten Browsern möglich ist oder nur deutlich eingeschränkte Nutzungsmöglichkeiten bestehen. Zudem können graphisch überfrachtete Seiten entsprechend der langen Ladezeiten bei langsamer Netzanbindung nur bedingt genutzt werden.

15.2.3 Inhaltliche Qualitätsmerkmale von www-Angeboten

Die inhaltliche Qualität von Angeboten im www lässt sich im Wesentlichen entlang der Bewertungsdimensionen bestimmen, wie sie etwa für die Qualität von Fernsehprogrammen festgehalten sind. Häufig wird dabei auf die fünf Qualitätsdimensionen von Schatz und Schulz (1992, S. 393f.) verwiesen: Auf Basis von Rechtsvorschriften (u.a. Rundfunkstaatsvertrag) sind dies „Vielfalt", „Professionalität" und „Rechtmäßigkeit" sowie die zielgruppenbezogenen Dimensionen „Relevanz" und „Akzeptanz". Inhaltlich ähnlich formuliert Wyss (2002) sieben grundlegende Qualitätsdimensionen:

- Objektivität,
- Richtigkeit,

- Transparenz,
- Vielfalt,
- Relevanz,
- Aktualität,
- Vermittlung.

Hierbei haben die ersten drei eine besondere Bedeutung für die Glaubwürdigkeit von Medienangeboten. Sie sind jedoch keineswegs unabhängig voneinander: Möchte man etwa feststellen, ob über einen Sachverhalt objektiv berichtet wurde, so muss die Richtigkeit bzw. der Wahrheitsgehalt von Aussagen (z.B. auch Vollständigkeit, Genauigkeit) und die Transparenz (z.B. Überprüfbarkeit durch Quellenbelege) als Maßstab herangezogen werden.

Glaubwürdigkeit von Onlineangeboten. „Immer dann, wenn Informationen entscheidungs- oder handlungsrelevant werden, die uns nicht aus eigener Wahrnehmung bekannt sind, stellt sich prinzipiell die Frage nach deren Glaubwürdigkeit" (Köhnken, 1990, S. 1). Beim Internet hat diese Frage besondere Relevanz. Dies gilt angesichts der großen und schier unübersichtlichen Vielfalt an Informations- und Dienstleistungsangeboten und vor allem angesichts der technischen Möglichkeiten zur Manipulation und Verhaltensüberwachung (z.B. Spybots) sowie der Unbekanntheit der meisten Quellen (z.B. bei privaten Homepages). Was ist aber Glaubwürdigkeit? Handelt es sich hier um eine Eigenschaft, die Medienprodukten (oder Personen und Institutionen als Quelle von Medieninhalten) eigen ist, oder um eine Zuschreibung bzw. Zuweisung durch den Mediennutzer? Als tragfähig erscheint die zweite Auffassung, die auch innerhalb der klassischen Massenkommunikationsforschung vertreten wird (z.B. Hovland & Weiss, 1951; Bentele, 1988). Entsprechend lässt sich die Frage stellen, welche Merkmale aufseiten des Angebots bewirken, dass Medienprodukte bzw. Medieninhalte als glaubwürdig wahrgenommen werden.

Zur Glaubwürdigkeitsbeurteilung von Medieninhalten können die Quellen (Urheber oder Präsentatoren) herangezogen werden; zwei wichtige Faktoren dabei sind das Vertrauen in den Kommunikator und das ihm zugewiesene Expertenwissen.

Einen Kriterienkatalog, wie er im Zusammenhang mit der Glaubwürdigkeit des Internet häufig aufgeführt wird, enthält der Kasten über die „CARS-Kriterien" für Informationsqualität.

Alle vier Dimensionen dieser Liste können gemeinsam als unabhängige Variablen für subjektiv wahrgenommene Glaubwürdigkeit aufgefasst werden. Welchen jeweiligen Beitrag einzelne Dimensionen bzw. Komponenten zur Glaubwürdigkeitseinschätzung liefern und wie sie zudem mit anderen, zum Teil überlappenden Konzepten (z.B. Medienimage, Objektivität) interagieren, muss jedoch empirisch überprüft werden (für einen Überblick zur Glaubwürdigkeitsforschung im Hinblick auf Internetangebote vgl. Rössler & Wirth, 1999).

Um das Problem der Glaubwürdigkeitsbeurteilung aufseiten der Internetnutzer zu verdeutlichen, stelle man sich ein konkretes Nutzungsszenario vor: Nehmen wir an, ein Vater hat die Vermutung, sein Kind sei hyperaktiv, und möchte sich deshalb im Internet zu diesem Thema informieren. Er benutzt eine Suchmaschine, gibt dort den Begriff „hyperaktiv" ein und bekommt eine Link-Liste mit Verweisen auf verschiedene Websites und -dokumente: Auf welchem der 300.000 angebotenen Links soll er weitergehen? Auf welche Merkmale soll er achten, um zu entscheiden, welche Informationen wahr und sinnvoll sind? Oder soll er einen Onlinetest zur Diagnose ausfüllen (mit dem Risiko, dass seine Daten weitergegeben werden)? An diesem sicherlich nicht außergewöhnlichen Beispiel zeigt sich, dass sich die Beurteilung der Glaubwürdigkeit nicht nur aus den Merkmalen des Inhalts und seines Kontexts ergibt, sondern sie ist auch eng mit der Medienkompetenz des Nutzers verbunden (zur Medienkompetenz s. Abschnitt 13.2.3).

Darüber hinaus lassen sich in der Forschung weitere personenbezogene Einflussgrößen der Glaubwürdigkeitszuschreibung feststellen. Nach Dzeyk (2001) sind dies insbesondere:
- Motivation/Interesse,
- Vertrauen als Disposition,
- persönliche Relevanz,

„CARS-Kriterien" für Informationsqualität nach Harris (1997)

Glaubwürdigkeit („credibility")
Identifikation, Bildung, Organisationszugehörigkeit und berufliche Position des Autors; Möglichkeiten, mit dem Autor in Kontakt zu treten; Informationen über die Reputation des Autors aus der Sicht von Kollegen.

Ziel: eine maßgebliche, glaubwürdige Quelle, die gute und nachprüfbare Gründe dafür liefert, sodass man ihr trauen kann.

Genauigkeit („accuracy")
Angaben zum Entstehungsdatum und gegebenenfalls Nachweis über verschiedene Versionen; Angaben über Bemühungen um eine Vollständigkeit („comprehensiveness") der berücksichtigten Quellen; Angaben über Veröffentlichungszweck und Zielpublikum.

Ziel: eine Quelle, die aktuell ist und eine umfassende, wahrheitsgemäße und unverzerrte Darstellung der Fakten gibt.

Vernünftigkeit („reasonableness")
Polemikfreiheit und Ausgewogenheit; Objektivität oder gegebenenfalls Angabe von Interessens-/Wertgebundenheit; Schlüssigkeit und Konsistenz der Argumentationsführung.

Ziel: eine Quelle, die ihren Gegenstand überlegt und vernünftig präsentiert und an der Wahrheit interessiert ist.

Belegbarkeit („support")
Bibliographische Angaben; Anknüpfungspunkte und Analogien zu anderen Quellen oder Themen („external consistency"); statistische Angaben anstelle von vagen Beschreibungen.

Ziel: eine Quelle, die überzeugende Gründe für ihre Geltungsansprüche liefert und die durch mindestens zwei andere glaubwürdige Quellen unterstützt wird.

(Nach Rössler & Wirth, 1999, S. 10, und Debatin, 1998)

- Bereitschaft bzw. Tendenz zur kognitiven Durchdringung („need for cognition"),
- Vorwissen/Erfahrungen,
- Medienkompetenz/Computer-Literacy,
- interkulturelle Herkunft.

Glaubwürdigkeit ist aber keinesfalls, wie es vielleicht bisher den Anschein haben könnte, nur ein Thema auf der Nutzerseite: Da die Glaubwürdigkeit, wie sie von den Nutzern wahrgenommen wird, einen Einfluss darauf hat, inwieweit Nutzer ein Angebot (Informationen, Dienstleistungen usw.) überhaupt akzeptieren und in Anspruch nehmen (vgl. Kim & Rubin, 1997), haben die Anbieter von Internetprodukten ein besonderes Interesse an diesem Thema. Gerade für E-Commerce-Angebote sind Maßnahmen zur Sicherung der Glaubwürdigkeit wesentliche Grundvoraussetzung, um ein Vertrauensverhältnis zum Kunden (Business-to-Consumer, B2C) oder zu anderen Firmen (Business-to-Business; B2B) aufzubauen. Solche Maßnahmen hat die D21-Initiative (2000) für das E-Business in den so genannten D21-Kriterien festgelegt. Sie beziehen sich vor allem auf die Transparenz der Angebote, also die Offenlegung wesentlicher Informationen für den Kunden bzw. Vertragspartner und umfassen u.a. Anbieterkennzeichnung und Preisinformationen sowie Informationen zu Vertragsbedingungen, Zahlungswegen, Leistungserbringung/Lieferung, Datenschutz und Datensicherheit. Die Transparenz eines Angebots lässt sich somit anhand dieser Indikatoren eindeutig bestimmen.

Welche Glaubwürdigkeitsindikatoren eine Rolle spielen und ob sie sich eindeutig auf der Angebotsseite bestimmen lassen, ist genreabhängig (s. dazu Kasten über Glaubwürdigkeitsindikatoren bei ausgewählten Genres im World Wide Web).

Entsprechend müssen Indikatoren zur Bestimmung der Glaubwürdigkeit je nach Genre und den jeweils spezifischen Nutzerfunktionen zum Teil unterschiedlich gemessen und gewichtet werden. Das Gleiche gilt entsprechend für Medienangebote außer-

Glaubwürdigkeitsindikatoren bei ausgewählten Genres im www

(nach Dzeyk, 2001)

- Reputation des Autors, Vertraulichkeitszusicherung;
- Nennung der Zielgruppe, Referenzen auf Quellen, Nennung der Sponsoren (diese beiden Indikatoren sind relevant z.B. bei – etwa medizinischen – Fachinformationen oder für Beratung);
- Transparenz und Nutzerfreundlichkeit, Verlässlichkeit;
- interaktives Feedback, „Trust Management", Datensicherheit (die letzten beiden Indikatoren sind relevant z.B. bei E-Commerce-Webseiten);
- Identität des Autors (bei Chat- und Newsgroups schlecht validierbar z.B. wegen „Gender Swapping");
- Unterscheidbarkeit von Information und kommerziellem Interesse (etwa bei Pharmafirmen, die medizinische Informationen anbieten, nur schwer zu differenzieren).

halb des Internets sowie hinsichtlich anderer Bewertungsmaßstäbe.

15.3 Bedeutung für die Praxis

Die Anwendungsmöglichkeiten und damit die Relevanz des Themas „Qualität von Medienangeboten" liegen auf der Hand, da sich Medienwertungshandeln unmittelbar auf die Praxis der oben genannten Bewertungsakteure bzw. -instanzen (vgl. Abschnitt 15.1.1) und ihre verschiedenen Bewertungsziele bezieht. Die Medien- und Kommunikationspsychologie liefert wesentliche Erkenntnisse für die Entwicklung und Prüfung von Kriterienkatalogen und stellt Methoden für die Analyse und Bewertung von Medienangeboten im Rahmen der Produktentwicklung und Qualitätssicherung bereit.

Die Auseinandersetzung mit unterschiedlichen Bewertungsmaßstäben und -kriterien bildet gleichzeitig eine grundlegende Voraussetzung für eine kritisch-analytische Kompetenz zur Beurteilung von Medienangeboten (zur Medienkompetenz vgl. Abschnitt 13.2.3).

Insgesamt sind für die Produzenten- bzw. Anbieterseite, für die Medienkritik und Medienkontrolle, für Erziehungs- und Bildungsbereiche und nicht zuletzt für die Nutzerseite selbst – jeweils mit unterschiedlichem Gewicht – Kenntnisse über die Kriterien dazu relevant, wie man die Qualität von Medienangeboten bewerten soll.

Zusammenfassung

- Mit der Analyse und Bewertung der Qualität von Medienangeboten sind all jene Personengruppen befasst, die sich mit Medien auseinander setzen, sei es z.B. auf der Anbieter- bzw. Produzentenseite, der Nutzerseite, aufseiten der Medienkontrolle und Medienkritik sowie verschiedener Medienwissenschaften. Hieraus ergibt sich eine Vielzahl von Gründen für Analysen und Bewertungen der Qualität.
- Medienanalyse und -bewertung stellen ein breites, interdisziplinäres Forschungsfeld dar, das auf verschiedene Ebenen ausgerichtet ist (Mediensystem, verschiedene Medien, Mediengenres und -formate, einzelne Medienprodukte).
- Qualität kann zunächst wertfrei als Eigenschaft (oder Bündel von Eigenschaften) von Objekten aufgefasst werden (objektive Qualität). Die

Wahrnehmung und Bewertung einzelner Eigenschaften einschließlich der dabei zugrunde gelegten Kriterien und Professionalität sowie letztlich auch der Ergebnisse und Folgen der Qualitätsbeurteilung hängen jedoch erheblich davon ab, wer welche Medien in welchen Kontexten zu welchen Zwecken unter welchen Rahmenbedingungen bewertet. Es gibt eine Vielzahl von Kriterienkatalogen. Neben rechtsverbindlichen Kriterien (z.B. für Jugendschutz oder Barrierefreiheit) werden insbesondere solche unter Funktionalitäts-, Effizienz-, Gebrauchstauglichkeits-, Glaubwürdigkeits- und Wirkungsaspekten angewendet. Dabei haben manche Kriterien nur einen begrenzten Geltungsbereich, indem sie etwa nur bei bestimmten Medien und/oder bestimmten Genres bzw. thematischen Bereichen (z.B. Unterhaltung, Information) anwendbar sind oder sich nur auf bestimmte Zielgruppen beziehen.

- Die medienpsychologische Forschung liefert wesentliche Erkenntnisse zur Analyse und Bewertung der Qualität von Medienangeboten, indem sie entsprechende Methoden bereitstellt und nicht nur mediale Eigenschaften inhaltsanalytisch beschreibt, sondern auch deren (gewünschte und unerwünschte) Wirkungen überprüft.

Leseempfehlung

- Beck, K., Schweiger, W. & Wirth, W. (Hrsg.). (2004). Gute Seiten – schlechte Seiten. Qualität in der Online-Kommunikation. München: R. Fischer.
- Bonfadelli, H. (2002). Medieninhaltsforschung. Grundlagen, Methoden, Anwendungen. Konstanz: UVK-Verlagsgesellschaft.
- Holderegger, A. (Hrsg.). (1999). Kommunikations- und Medienethik. Interdisziplinäre Perspektiven. Freiburg: Herder.
- Ludes, P. & Schanze, H. (Hrsg.). (1999). Medienwissenschaft und Medienwertung. Opladen, Wiesbaden: Westdeutscher Verlag.

Literatur

ABI, Aktionsbündnis für barrierefreie Informationstechnik (2003). Bewertung der Barrierefreiheit des Internetangebots (2. Durchführung der Studie). Elektronische Publikation (Stand: 2. März 2005, http://www.wob11.de/downloads/Benchmarking-Studie_03.pdf).

Bentele, G. (1988): Der Faktor Glaubwürdigkeit. Forschungsergebnisse und Fragen für die Sozialisationsperspektive. Publizistik, 33(4), 406–426.

Brosius, H.-B., Rössler, P. & Schulte zur Hausen, C. (2000). Zur Qualität der Medienkontrolle: Ergebnisse einer Befragung deutscher Rundfunk- und Medienräte. Publizistik, 45(4), 417–441.

Bundesministerium der Justiz (2002). Verordnung zur Schaffung barrierefreier Informationstechnik nach dem Behindertengleichstellungsgesetz. In Bundesministerium der Justiz (Hrsg.), Bundesgesetzblatt I (S. 2655–2662). Bonn: Bundesanzeiger-Verlagsgesellschaft.

Chisholm, W., Vanderheiden, G. & Jacobs, I. (Eds.). (1999). Web content accessibility guidelines 1.0. Elektronische Publikation (Stand: 15. April 2005, http://www.w3.org/TR/1999/WAI-WEBCONTENT-19990505/wai-pageauth.txt).

D21-Initiative (2000). D21-Qualitätskriterien für Internet-Angebote. Elektronische Publikation (Stand: 2. Februar 2005, http://www.initiatved21.de/druck/news/publikationen2000/doc/4_1053497159.doc).

Debatin, B. (1998). Evaluationskriterien zur Beurteilung von Online-Information. Vortragsstichworte für den dritten Workshop der Fachgruppe „Computervermittelte öffentliche Kommunikation" der DGPuK, München, Nov. 1998. Elektronische Publikation (Stand: 17. März 2005, http://www.uni-leipzig.de/~debatin/webeval.htm#2.2).

Dzeyk, W. (2001). Über die Bedeutung von Glaubwürdigkeit und Vertrauen im Internet. Vortrag auf dem Regionaltreffen der German Internet Research List – GIR-L in Köln. Elektronische Publikation (Stand: 17. März 2005, http://www.allg-psych.uni-koeln.de/dzeyk/home/docs/girl_27_09_01.ppt).

Einfeldt, A. (2001) Achtung, bissiger Wachhund! message, (4). Elektronische Publikation (Stand: 3. Februar 2005, http://www.message-online.de/arch4_01/41_einfeldt.htm).

Europäisches Komitee für Normung (Hrsg.). (1996). EN ISO 9241-10. Grundsätze der Dialoggestaltung. Berlin: Beuth.

Europäisches Komitee für Normung (Hrsg.). (1998). EN ISO 9241-11. Ergonomische Anforderungen für Bürotätigkeiten mit Bildschirmgeräten – Teil 11: Anforderungen an die Gebrauchstauglichkeit – Leitsätze. Berlin: Beuth.

Harris, R. (1997). Evaluating internet research sources. Elektronische Publikation (Stand: 5. Mai 2005, http://www.virtualsalt.com/evalu8it.htm).

Hovland, C.I. & Weiss, W. (1951). The influence of source credibility on communication effectiveness. Public Opinion Quarterly, 15(4), 635–650.

Kim, J. & Rubin, A. M. (1997). The variable influence of audience activity on media effects. Communication Research, 24, 107–135.

Koenen, A., Konert, B. & Groebel, J. (2003). Teil II. Internet 2002: Deutschland und die digitale Welt. In J. Groebel & G. Gehrke (Hrsg.), Internet 2002: Deutschland und die digitale Welt. Internetnutzung und Medieneinschätzung in Deutschland und Nordrhein-Westfalen im internationalen Vergleich (S. 25–222). Leverkusen: Leske + Budrich.

Köhnken, G. (1990). Glaubwürdigkeit. Untersuchungen zu einem psychologischen Konstrukt. München: Psychologie Verlags Union.

Pöttker, H. (1999). Initiative Nachrichtenaufklärung: Zwölf Thesen über das öffentliche (Ver-)Schweigen. In P. Ludes & H. Schanze (Hrsg.), Medienwissenschaft und Medienwertung (S. 161–170). Opladen, Wiesbaden: Westdeutscher Verlag.

Rittberger, M. & Semar, W. (2000). Regionale elektronische Zeitungen: Qualitätskriterien und Evaluierung. In G. Knorz & R. Kuhlen (Hrsg.), Informationskompetenz – Basiskompetenz in der Informationsgesellschaft. Proceedings des 7. Internationalen Symposiums für Informationswissenschaft (S. 265–284). Konstanz: Universitätsverlag. Elektronische Publikation (Stand: 15. April 2005, http://marc.rittberger.ch/pubs/zeitung_qualitaet00.pdf).

Rössler, P. & Wirth, W. (1999). Glaubwürdigkeit im Internet. Fragestellungen, Modelle, empirische Befunde. München: Reinhard Fischer.

Schanze, H. (1999). Medienwertungsforschung – Stand und Aufgaben. In P. Ludes & H. Schanze (Hrsg.), Medienwissenschaft und Medienwertung (S. 13–20). Opladen, Wiesbaden: Westdeutscher Verlag.

Schatz, H & Schulz, W. (1992). Qualität von Fernsehprogrammen. Kriterien und Methoden zu, Beurteilung von Programmqualität im dualen Fernsehsystem. Media Perspektiven, 11, 690–712.

Smith, A.G. (1997). Testing the surf: Criteria for evaluating internet information resources. The Public-Access Computer Systems Review, 8(3). Elektronische Publikation (Stand: 15. April 2005, http://info.lib.uh.edu/pr/v8/n3/smit8n3.html).

Stenfors, I., Morén, J. & Balkenius, C. (2003). Behavioral strategies in web interaction: A view from eye-movement research. In J. Hyönä, R. Radach & H. Deubel (Eds.), The mind's eye – cognitive and applied aspects of eye movement research (pp. 633–644). New York: Elsevier Science.

Usunier, J.-C. (1999). Marketing across cultures (3. ed.). Harlow: Prentice Hall.

Vlašić, A. (2004). Über Geschmack lässt sich nicht streiten – über Qualität schon? Zum Problem der Definition von Maßstäben für publizistische Qualität. In K. Beck, W. Schweiger & W. Wirth (Hrsg.), Gute Seiten – schlechte Seiten. Qualität in der Online-Kommunikation (S. 15–31). München: Reinhard Fischer.

Wilhelm, T. (2004). Imagery-Studie II – nutzergerechte Gestaltung von Homepages (hrsg. eResult GmbH). Göttingen: eResult.

Wilhelm, T., Yom, M. & Pfützenreuter, S. (2003). Imagery-Studie 2003 – Erwartungen an die Gestaltung von Homepages (hrsg. von eResult GmbH). Göttingen: eResult.

Wyss, V. (2002). Redaktionelles Qualitätsmanagement: Ziele, Normen, Ressourcen. Konstanz: UVK.

16 Medienhandeln

Ines Vogel · Monika Suckfüll · Uli Gleich

Beispiel

Heute abend wird das Endspiel der Fussball Champions League im Fernsehen übertragen. Herr B. freut sich schon seit Tagen darauf und diskutiert mit seinen Kollegen, wie es wohl ausgehen wird. Bevor er am Abend den Apparat einschaltet, um sich die Vorberichte und das Spiel anzusehen, erledigt er an seinem Computer noch ein paar Bankgeschäfte. Während des Spiels ist er voll konzentriert; die Frage seiner Frau, ob er die Überweisungen erledigt hat, überhört er. Er fiebert mit, kommentiert das Spiel und feuert seine Lieblingsmannschaft lautstark an. Die Analysen der Kommentatoren während der Halbzeitpause findet Herr B. nur zum Teil richtig. Dass „seine" Mannschaft am Ende gewinnt, macht ihn besonders glücklich. Das Spiel wird ihm noch lange in Erinnerung bleiben.

Allenthalben ist davon die Rede, dass wir in einer „Mediengesellschaft" leben, in der die Entwicklung neuer Medien in immer kürzeren Innovationszyklen und die fortschreitende Ausdifferenzierung der Angebote dazu führen, dass die Menschen immer mehr Zeit mit Medien verbringen. Dabei ist die Art und Weise, wie über das Verhältnis von Mensch und Medien diskutiert wird, häufig negativ konnotiert: Die Medien „verführen" uns zum Konsum, wir lassen uns „berieseln", wir sind der Macht der Medien „ausgeliefert", werden von ihnen „manipuliert" und degenerieren zu „Couch Potatoes" und „Internetjunkies". Eine solche Sichtweise gesteht uns Mediennutzern relativ wenig Kontrolle und Autonomie zu. Mehr oder weniger ausdrücklich wird das Bild eines passiven, hilflosen und formbaren Mediennutzers generiert, der wie eine Marionette an den Fäden der mächtigen Medien hängt.

Aus (medien-)psychologischer Perspektive betrachtet, ist dies jedoch keineswegs der Fall. Mediennutzung ist, wie zahlreiche Ansätze betonen und empirische Ergebnisse bestätigen, keineswegs nur passiv. Vielmehr spielen sowohl vor dem eigentlichen Medienkonsum, aber auch währenddessen sowie danach eine Vielzahl von „Rezipientenaktivitäten" eine wichtige Rolle. Hierzu zählen beobachtbare und nicht beobachtbare Handlungen: Dies beginnt mit mehr oder weniger bewussten Entscheidungen für eine Mediennutzung (z.B. heute fernzusehen oder lieber in die Kneipe zu gehen), es geht über die Auswahl (Selektion) von Medienangeboten (z.B. eine Quizshow anzuschauen oder im Internet zu surfen, zwischen verschiedenen Programmen hin- und her zu zappen), die kognitiven und/oder emotionalen Prozesse bei der Wahrnehmung und Verarbeitung von Medieninhalten (z.B. Gedanken und

Gefühle während eines Liebesfilms zu haben), die Speicherung von Informationen im Gedächtnis und deren späteres Wiedererinnern, und es reicht bis hin zu Anschlusskommunikationen über Medieninhalte (z.B. am nächsten Tag mit den Kollegen über eine Nachricht zu diskutieren).

Solche Rezipientenaktivitäten werden in der Medienforschung erst seit der Abkehr vom sog. behavioristischen Menschenbild thematisiert. Ging man noch bis etwa in die 1950er Jahre von einem passiven, manipulierbaren und den Medien hilflos ausgelieferten Rezipienten aus, hat sich dieses Bild spätestens seit den Forschungsarbeiten von Paul Lazarsfeld und Herta Herzog gewandelt. Das Individuum wird zunehmend als mehr oder weniger zielgerichtet handelndes Wesen betrachtet. Diese Sichtweise steht eng im Zusammenhang mit der sog. „kognitiven Wende" in der (Sozial-)Psychologie, die die Thematisierung des Individuums als informationsverarbeitendes Wesen einleitete. Diese Sichtweise hat sich mit der Fokussierung auf den aktiven Rezipienten sehr schnell auch in der Medienforschung etabliert. Die zahlreichen Studien im Rahmen des „Uses-and-Gratifications"-Ansatzes (vgl. Abschnitt 16.3.1) in den 1970er und 1980er Jahren sind ein deutlicher Beleg dafür. Seit etwa Anfang der 1990er Jahre werden auch die (sozio-)emotionalen Prozesse der Mediennutzung stärker ins Visier der Theoriebildung und empirischen Forschung genommen. Über solche Aktivitäten, die zusammengefasst als Medienhandeln bezeichnet werden können, informiert das vorliegende Kapitel.

16.1 Medienhandeln

Beim Begriff „Medienhandeln" denkt man möglicherweise zunächst nur an Handlungen der Rezipienten, die man als Außenstehender unmittelbar beobachten kann, also zum Beispiel die Gerätebedienung, die physische Zuwendung zu einem Medium oder auch offensichtliche Reaktionen während der Mediennutzung (z.B. das Kommentieren von Zeitungsartikeln, das Anfeuern einer Mannschaft bei der Übertragung eines Fußballspiels). Medienhandeln umfasst jedoch ein viel breiteres Spektrum an Handlungsprozessen aufseiten des Rezipienten: Dazu gehören auch interne „psychische" Aktivitäten, die man nicht ohne weiteres beobachten kann. Und: Solche psychischen Aktivitäten müssen noch nicht einmal dem Rezipienten selbst unmittelbar bewusst sein.

> **!** Unter **Medienhandeln** werden im weitesten Sinne sämtliche kognitiven, (sozio-)emotionalen und/oder verhaltensbezogenen Prozesse verstanden, die mit der Mediennutzung einhergehen.

16.1.1 Selektionsprozesse

Medienhandeln beginnt mit der Auswahl (Selektion) bestimmter Medienformen, -angebote oder -inhalte zu Lasten anderer Alternativen innerhalb oder außerhalb des Medienangebots. Die Entscheidung zur Mediennutzung bzw. für ein bestimmtes Medienangebot stellt jedoch nur einen kleinen Ausschnitt an möglichen Selektionsprozessen dar. Mit Selektion ist nicht nur die Auswahl bestimmter Medien bzw. Medienangebote gemeint, sondern der Begriff bezieht sich ebenso auf Prozesse der Zuwendung (im Sinne von Aufmerksamkeit), Wahrnehmung, Verarbeitung und Erinnerung (vgl. Schenk, 2002). Selektionsprozesse finden somit im gesamten Verlauf des medialen Kommunikationsprozesses statt: Beispielsweise schenkt man nur bestimmten Teilen eines Medieninhalts seine Aufmerksamkeit, andere Teile werden dagegen gar nicht wahrgenommen. Ebenso werden längst nicht alle dargebotenen Informationen weiterverarbeitet, und schließlich werden Medienbotschaften auch nur mehr oder weniger vollständig erinnert (vgl. Six, Gimmler & Vogel, 2002). Solche Selektionsprozesse hängen von stabilen und/oder aktuellen individuellen Voraussetzungen ab (z.B. der körperlichen Verfassung, Einstellungen, Stimmungen, Involvement). Selektive Prozesse im Allgemeinen, aber auch speziell bei der Mediennutzung sind sinnvoll, weil sie dafür sorgen, dass aus den unzähligen, täglich auf den Menschen einströmenden Sinneseindrücken und Umwelteinflüssen genau diejenigen Informationen zu einer weitergehenden Verarbeitung herausgefiltert werden, die für das Individuum auch tatsächlich Relevanz besitzen. Eine wesentliche Aktivität von Mediennutzern besteht also darin, dass sie vor, während und nach dem Kommunikationsprozess die Inhalte einer Botschaft bewusst oder unbewusst selektieren bzw. selektiv verarbeiten.

16.1.2 Kognitive und (sozio-)emotionale Prozesse

Neben Selektionsprozessen finden während des gesamten Mediennutzungsprozesses kognitive Aktivitäten statt. Fortlaufend werden Reize (d.h. Medieninhalte) in den dafür zuständigen Funktionsbereichen des Gehirns entschlüsselt („dekodiert"), verstanden (oder nicht), interpretiert, bewertet, möglicherweise durch bereits gespeicherte Informationen ergänzt und (kurz- oder langfristig) abgespeichert (vgl. auch Abschnitt 3.1 über die menschliche Informationsverarbeitung). Durch solche dynamischen kognitiven Prozesse versehen Mediennutzer Botschaften individuell mit Bedeutung (vgl. Klaus, 1996). Dabei werden vorherige Erwartungen und bisherige Erfahrungen, Wissenselemente und (sozial-)kognitive Schemata mit einbezogen und die aufgenommenen Inhalte in bisherige Wissensbestände und Kognitionen integriert (vgl. auch Abschnitt 5.3.3 über Einstellungen als Einflussfaktoren von Rezipientenaktivitäten). Solche Prozesse können sich einerseits auf jeweils einzelne Mediennutzungssituationen beziehen, sich andererseits aber auch als spezifische „Muster" der Informationsverarbeitung stabilisieren und in unterschiedlichen Nutzungssituationen immer wieder angewendet werden. So muss beispielsweise ein Kinobesucher, der zum ersten Mal einen „Dogma"-Film sieht, völlig neue Informationen verarbeiten und daraus „Sinn" konstruieren, während ein Stammseher einer täglichen Seifenoper bereits eingeschliffene Verarbeitungsmuster („Interpretationsfolien") anwenden kann, um das Gesehene einzuordnen und zu verstehen.

Neben kognitiven Aktivitäten finden vor, während und nach der Medienrezeption bzw. -nutzung auch eine Vielzahl emotionaler Prozesse statt. Beispielsweise kann man Vorfreude auf die abendliche Übertragung eines Fußballspiels empfinden, sich über eine Comedy amüsieren, traurig über das Schicksal eines Protagonisten sein, sich über eine Zeitungsmeldung aufregen oder sich während eines Chats verlieben. Auch nach der Mediennutzung sind vielfältige emotionale Reaktionen denkbar. Mediennutzung stellt somit keine bloße Reaktion oder Anpassungsleistung auf einen wie auch immer gearteten Medienstimulus dar, wie es etwa unter einer Reiz-Reaktions-Perspektive angenommen wurde. Vielmehr kann man davon ausgehen, dass die Mediennutzung mit einer Vielzahl kognitiver, (sozio-) emotionaler und verhaltensbezogener Aktivitäten aufseiten der Nutzer untrennbar verbunden ist.

16.1.3 Zur Systematisierung von Medienhandeln

Die unter dem Begriff Medienhandeln zusammenzufassenden Aktivitäten der Mediennutzer könnte man zum einen anhand der verschiedenen zeitlichen Phasen eines medialen Kommunikationsprozesses strukturieren. So unterscheiden beispielsweise Levy und Windahl (1985) zwischen Publikumsaktivitäten, die vor, während und nach dem Kommunikationsprozess stattfinden.

Abbildung 16.1 zeigt eine (durchaus erweiterbare) Auswahl unterschiedlicher Rezipientenaktivitäten während der drei Phasen der medialen Kommunikation. Sie beziehen sich einerseits auf Selektionsprozesse im Hinblick auf Medienangebote (erste Zeile), andererseits auf verschiedene Aktivitäten, die unter dem Begriff „Involvement" (innere Beteiligung) eingeordnet werden können (zweite Zeile). Angesichts der Diskussion über die Bedeutung dieses Konstrukts (vgl. z.B. Donnerstag, 1996; Suck-

	Phase der Kommunikation (communication sequence)		
Zuschauerorientierung (audience orientation)	**Vorher** (before exposure)	**Während** (during exposure	**Danach** (after exposure)
Selektivität (selectivity)	Selektive Suche nach Programmen (selective exposure seeking)	Selektive Wahrnehmung (selective perception)	Selektive Erinnerung (selective recall)
Involvement	Antizipation der Nutzung (Anticipation of exposure)	Aufmerksamkeit, Bedeutungsgenerierung, Parasoziale Interaktion, Identifikation	Langzeit-Identifikation, Tagträume/ Phantasie
Nützlichkeit (utility)	Sozialer Austausch („coin of exchange")	Gratifikationen, z.B. Anregung (using the gratifications obtained)	Gratifikationen, z.B. Meinungsführerschaft (topic use; opinion leadership)

Abbildung 16.1. Typologie der Rezipientenaktivitäten während der drei Phasen der medialen Kommunikation nach Levy und Windahl (1985, S. 113)

füll, 2004) sollte Involvement hier lediglich als eine Art Oberkategorie für unterschiedliche „Klassen" von Aktivitäten interpretiert werden, die jeweils hinsichtlich der Ichbezogenheit der Auseinandersetzung mit den Medieninhalten variieren. Auch die Kategorie „Nützlichkeit" (dritte Zeile) beinhaltet eine Vielzahl von Aktivitäten, die mit der Frage verbunden sind, wie die Rezipienten die Medien(-nutzung) individuell für sich funktionalisieren, d.h., welche Belohnungen (z.B. Unterhaltung während des Anschauens einer Fernsehshow) sie aus der Mediennutzung ziehen.

Im Gegensatz zur kategorialen Strukturierung von Levy und Windahl (1985) ordnet McGuire (1989) Rezipientenaktivitäten nach ihrer chronologischen Abfolge in einem Kommunikationsprozess. Vor dem Hintergrund der Beschreibung und Erklärung persuasiver Kommunikation sind Rezipientenaktivitäten als nacheinander abfolgende Stufen geordnet (vgl. auch Abschnitt 5.5.2 über beabsichtigte Einstellungsbeeinflussung) und beschränken sich im Wesentlichen auf die zeitliche Phase während der Kommunikation. Die Informationsaufnahme und -verarbeitung umfasst dabei die aufeinander aufbauenden Stufen der Zuwendung, Aufmerksamkeit, Interesse, Aufnahme bestimmter Bestandteile der Botschaft, Zustimmung sowie Speicherung von Botschaften. In Bezug auf Verhaltenswirkungen sind als aufeinander folgende Stufen relevant:

- das Auffinden der neuen Einstellung im Gedächtnis,
- die Entscheidung zu deren Umsetzung im Verhalten,
- die Handlung an sich.

Nicht zuletzt können Aktivitäten der Mediennutzer auch nach den Funktionsbereichen, auf die sie sich beziehen, in unterschiedliche Kategorien eingeteilt werden (vgl. Kasten über Kategorisierung von Mediennutzeraktivitäten nach Funktionsbereichen).

Angesichts der vielfältigen beobachtbaren und nicht beobachtbaren Aktivitäten, die unter dem Begriff Medienhandeln eingeordnet werden können, verwundert es kaum, dass es (zumindest bislang) noch keine übergreifende „Theorie des Medienhandelns" gibt. Vielmehr gibt es Erklärungsansätze und Theorien unterschiedlicher Reichweite, die sich aus verschiedenen Perspektiven jeweils auf mehr oder weniger spezifische Rezipientenaktivitäten bzw. „Gruppen" von Aktivitäten konzentrieren. Auch hier besteht die Notwendigkeit einer – zumindest groben – Systematisierung, die in Abschnitt 16.3 vorgenommen wird.

Kategorisierung von Mediennutzeraktivitäten nach Funktionsbereichen

- kognitive Aktivitäten (z.B. Aufmerksamkeits- und Wahrnehmungs-, Verarbeitungs- und Gedächtnisprozesse),
- affektive Aktivitäten (z.B. emotionale Reaktionen wie Angst, Wut, Mitleid),
- soziale, meist mit kognitiven und/oder emotionalen Prozessen verbundene Aktivitäten (z.B. Personenwahrnehmung und -beurteilung, normative Bewertungen von Inhalten),
- verhaltensbezogene Aktivitäten (z.B. technische Handhabung).

Zuvor geht Abschnitt 16.2 kurz auf die historische Entwicklung des „aktiven Rezipienten" ein.

16.2 Der Paradigmenwechsel in der Medienforschung – vom passiven zum aktiven Mediennutzer

Die Anfänge der Medienforschung waren – vor dem Hintergrund einer behavioristisch ausgerichteten Psychologie und den Annahmen über die Massengesellschaft (z.B. Deindividuierung, Atomisierung der Gesellschaft, Verlust der Kritikfähigkeit; vgl. z.B. LeBon, 1982) – von einer medienzentrierten Sichtweise dominiert. Man ging davon aus, dass über die Massenmedien verbreitete Reize „jedes Individuum der Gesellschaft auf die gleiche Weise erreichen … und als Ergebnis eine bei allen Individuen identische Reaktion erzielt wird" (Schenk, 2002, S. 24). Nach dieser Auffassung sind die Individuen der Massengesellschaft den „mächtigen" und „omnipotenten" Massenmedien passiv und hilflos ausgeliefert. Als eindrucksvolle „Belege" für diese These wurden die Propaganda im Dritten Reich (insbesondere die Rede von Goebbels im Berliner Sportpalast) oder das Radiohörspiel „War of the Worlds" angeführt. Angesichts verschiedener empirischer Befunde der Medienforschung musste jedoch schon bald die Vorstellung revidiert werden, Massenmedien wirkten linear und kausal auf die Rezipienten (Reiz-Reaktions-Paradigma). So konnten Lazarsfeld und seine Mitarbeiter in ihrer berühmten Peoples-Choice-Studie zum einen zeigen, dass sich die Rezipienten nicht wahllos allen Medienbotschaften gleichermaßen aussetzen, sondern diese selektiv (z.B. gemäß der eigenen politischen Überzeugung) rezipieren. Zum anderen wurde deutlich, dass der Einfluss der Massenmedien auf die Wahlentscheidung der Untersuchungsteilnehmer, verglichen mit dem Einfluss persönlicher Kontakte zu anderen Personen und vorherrschenden Gruppennormen, deutlich geringer ausfiel (vgl. Lazarsfeld, Berelson & Gaudet, 1944).

Menschen unterscheiden sich offensichtlich je nach den individuellen persönlichen Voraussetzungen (u.a. soziodemographische Variablen, Vorerfahrungen, Einstellungen, Wissen) in der Wahrnehmung und Verarbeitung von Medieninhalten; und dies führt (möglicherweise) bei identischen Botschaften zu unterschiedlichen Wirkungen. Diese Erkenntnis erschütterte die Vorstellung von den omnipotenten Medien. Spätestens in den 1970er Jahren kam es zum so genannten „Paradigmenwechsel". Dem waren eine immer intensivere Forschung und programmatische Publikationen auf diesem Gebiet vorangegangen, wie z.B. der Band von Klapper (1960), in dem er die moderierende Funktion der Variable „Rezipientenmerkmale" im Medienwirkungsprozess betont. Hier stand nicht mehr die Frage „Was machen die Medien mit den Menschen?" im Vordergrund, sondern die Frage „Was machen die Menschen mit den Medien?" (vgl. Schenk, 2002; Bilandzic, 2004). Die Sichtweise wandelte sich von einer ursprünglich medienzentrierten zu einer nunmehr rezipientenzentrierten. So entwickelte sich eine Vielzahl theoretischer Ansätze, Theorien und Modelle, die zunächst insbesondere die Selektion von Medienangeboten thematisierten und diese im Rahmen einer funktionalistischen Perspektive durch die Bedürfnisse, Motive und Gratifikationserwartungen der Mediennutzer zu erklären versuchten (vgl. Abschnitt 16.3). Als

„theoretisches Dach" für diese Ansätze hat hier der Uses-and-Gratifications-Ansatz einen zentralen Stellenwert. Beeinflusst von den Fortschritten der psychologischen Theoriebildung und Forschung wurden alsbald auch eine Reihe weiterer (interner) psychischer Prozesse bei der Mediennutzung untersucht (vgl. Abschnitt 16.4).

16.3 Theoretische Ansätze zur Erklärung der Medienwahl und -nutzung

16.3.1 Der Uses-and-Gratifications-Ansatz (UGA)

Der UGA von Katz, Blumler und Gurevitch (1974) ist historisch betrachtet der älteste Ansatz zum Medienhandeln. Als „Geburtsstunde" gilt die Untersuchung von Herzog (1944), die amerikanische Hausfrauen zu ihren Motiven bzw. Gratifikationserwartungen befragte, wenn sie sich täglich ausgestrahlte Radiosendungen (sog. „daytime serials") anhörten. Es zeigte sich, dass diese Serien hauptsächlich gehört wurden, um sich zu entspannen („emotional release"), um in eine (bessere) Welt zu flüchten, indem man sich mit den Protagonisten identifiziert („wishful thinking"), oder auch um Hinweise und Ratschläge zur Bewältigung des eigenen Alltags zu bekommen („advice"; vgl. Herzog, 1944). Es dauerte allerdings bis in die 1970er Jahre, bis die zentrale Grundannahme von Herzog, nämlich dass Medien (in diesem Fall das Radio) bedürfnisorientiert genutzt werden, verstärkt Eingang in die Medienforschung fand und vor allem von Elihu Katz zu einem Forschungsprogramm erweitert wurde. In der Studie „On the uses of the mass media for important things" wurde das Spektrum möglicher Mediennutzungsmotive empirisch systematisiert und erstmals auch ein intermedialer Vergleich zwischen den unterschiedlichen Zuwendungsmotiven zu verschiedenen Medien angestellt (vgl. Katz, Gurevitch & Haas, 1973). Die zentralen Grundannahmen des UGA fassten schließlich Katz, Blumler und Gurevitch (1974) zusammen (vgl. Kasten über die Grundannahmen des Uses-and-Gratifications-Ansatzes).

Grundannahmen des Uses-and-Gratifications-Ansatzes nach Katz, Blumler und Gurevitch (1974)

- Das Publikum der Massenmedien ist aktiv, d.h., die Mediennutzung geschieht bedürfnis- und zielorientiert und wird von Erwartungen an bestimmte Medienangebote und -inhalte bestimmt.
- Dem Rezipienten kommt im Mediennutzungsprozess eine Schlüsselrolle zu, indem er bestimmt, ob ein Kommunikationsprozess stattfindet oder nicht.
- Medien konkurrieren mit anderen Quellen der Bedürfnisbefriedigung, so dass funktionale Alternativen zur Mediennutzung gleichermaßen berücksichtigt werden müssen.
- Rezipienten sind sich ihrer Bedürfnisse und Motive bei der Mediennutzung bewusst, d.h., sie können Ziele und Bedürfnisse, die ihrer Mediennutzung zugrunde liegen, benennen bzw. können in einer Befragungssituation entsprechende Ziele und Bedürfnisse wieder erkennen, wenn sie schriftlich oder verbal damit konfrontiert werden.
- Die Handlungsorientierung der Rezipienten wird in den Kategorien der Rezipienten ermittelt, also so, wie sie ihre Nutzung der Massenmedien selbst verstehen.

Mit diesem Paradigmenwechsel, durch den die bislang vorherrschende Orientierung am Reiz-Reaktions-Schema abgelöst wurde, rückten die Bedürfnisse und Interessen der Rezipienten und der damit verbundene Nutzen der Medienrezeption in den Blickpunkt der Forschung: Der „aktive Rezipient" war entdeckt. Dem Menschen wurde damit „die Möglichkeit und Fähigkeit, sein Tun aus freiem Willen heraus zu bestimmen und die Dinge seiner Umwelt für sich nützlich zu machen", zugestanden (Bilandzic, 2004, S. 7). Die Intentionen des Individuums wurden zum wesentlichen

Tabelle 16.1. Empirisch ermittelte Motivdimensionen der Fernsehnutzung (Beispiele)

Motivdimensionen			
nach Greenberg (1974)	nach McQuail, Blumler und Brown (1972)	nach Rubin und Perse(1987)	für Soap-Operas nach Rubin und Perse (1988)
▶ Entspannung ▶ Geselligkeit ▶ Information ▶ Gewohnheit ▶ Zeitfülle ▶ Selbstfindung ▶ Spannung ▶ Eskapismus	▶ Ablenkung/Zeitvertreib – Flucht aus der alltäglichen Routine – Flucht aus der Last von Problemen – emotionale Befreiung ▶ Persönliche Beziehungen – Geselligkeit – soziale Nützlichkeit ▶ Persönliche Identität – persönlicher Bezug – Realitätsexploration – Werteverstärkung ▶ Kontrolle der Umgebung	▶ Lernen ▶ Gewohnheit bzw. Zeitvertreib ▶ Geselligkeit ▶ Eskapismus ▶ Spannung bzw. Erregung ▶ Entspannung	▶ Aufregende bzw. spannende Unterhaltung ▶ Information – Voyeurismus ▶ Eskapismus bzw. Entspannung ▶ Zeitvertreib ▶ Soziale Nützlichkeit ▶ Geselligkeit

Erklärungsfaktor für Medienhandeln und die sich daraus ergebenden Wirkungen.

Auf der Grundlage der Annahmen des UGA führte man eine Vielzahl von Studien durch, in denen – in der Regel mithilfe standardisierter Fragebögen – generelle und/oder medien- und/oder genrespezifische Motivdimensionen der Mediennutzung ermittelt wurden. Einige Beispiele für Dimensionen fernsehbezogener Nutzungsmotive zeigt Tabelle 16.1.

Weil die von den Mediennutzern erfragten Motive, vor allem aber die dahinter vermuteten Bedürfnisse für nicht genügend theoretisch fundiert befunden wurden, warf man dem UGA u.a. Theorielosigkeit und eine tautologische Argumentation vor (vgl. z.B. Schenk, 2002): Tautologisch bedeutet in diesem Zusammenhang, dass aus den geäußerten Motiven auf die Bedürfnisse der Mediennutzer geschlossen wurde, die wiederum als Voraussetzung für die Motive gelten. In neueren Studien versucht man daher, Fernsehmotive aus grundlegenden menschlichen Handlungsantrieben abzuleiten bzw. sie dort theoretisch zu verankern. Ein Beispiel hierfür ist die „Theory of 16 Basic Desires", die menschliches Handeln – und somit auch Fernsehnutzung – auf grundlegende Motive wie Macht, Neugier, Unabhängigkeit, Status, Sozialkontakt, Rache, Ehre, Idealismus, körperliche Bewegung, Romantik, Familie, Ordnung, Akzeptanz oder Ruhe zurückführt (vgl. Reiss & Wiltz, 2004).

16.3.2 Das GS-GO-Modell

Eine Weiterentwicklung und Ausdifferenzierung erfuhr der UGA durch das GS-GO-Modell von Palmgreen (1984). Hier werden gesuchte („gratifications sought", GS) und erhaltene Gratifikationen („gratifications obtained", GO) der Mediennutzer sowohl theoretisch als auch empirisch getrennt betrachtet. Danach ist die Wahl eines Medienangebots davon abhängig, wie groß die durchschnittliche Diskrepanz zwischen den Gratifikationen ist, die der Rezipient zu erhalten *glaubt,* wenn er sich einem bestimmten Medienangebot und nicht anderen konkurrierenden Angeboten zuwendet. Unter Medienangebot wird hier entweder das Medium selbst, unterschiedliche Programme oder Genres innerhalb eines Mediums oder auch spezifische Inhalte innerhalb eines Programms verstanden. Nach diesem Diskrepanzmodell werden die Suche nach Gratifikationen sowie die Medienwahl und letztlich die Nutzung bestimmter Medienangebote durch Erwartungen (Vorstellungen) und Bewertungen aufseiten des Mediennutzers bestimmt. Hier wird auch deutlich, dass dieses Modell auf den sozialpsychologischen Erwartung-Wert-Ansatz von Fishbein und Ajzen Bezug nimmt (1975; vgl. auch Abschnitt 5.5.2 zur beabsichtigten Einstellungsbeeinflussung): Menschen haben eine Erwartung bezogen auf die Wahrscheinlichkeit, dass ein Objekt (in diesem Fall ein bestimmtes Medienangebot) eine bestimmte Eigenschaft besitzt (z.B. dass in einer Samstagabend-Show „leicht verdauliche" Unterhaltung in Form von Smalltalk mit Prominenten dargeboten wird). Gleichzeitig *bewerten* die Mediennutzer diese Eigenschaft, das heißt, sie verfügen über eine positive oder negative affektive Einstellung (z.B. bewerten sie Smalltalks mit Prominenten positiv). Der Mediennutzer wird nun, indem er Erwartungen und Bewertung miteinander verknüpft, abwägen und sich für das Angebot entscheiden, bei dem er glaubt, dass es den höchsten Ertrag für ihn bringt. Die erhaltenen Gratifikationen werden im Hinblick auf ihre Funktionalität überprüft („Kommt es zu einer individuell zufriedenstellenden Befriedigung der Bedürfnisse?") und wirken zurück auf die Erwartungen an das Medienangebot und damit auch auf die zukünftige Medienwahl bzw. -nutzung. Es wird allerdings kein Rückkoppelungsprozess zur *Bewertung* der Eigenschaften des Medienangebots angenommen. Diese wird als relativ stabil angesehen (das heißt, man geht davon aus, dass Smalltalks mit Prominenten immer als positiv bewertet werden). Schematisch lässt sich das GS-GO-Modell wie in Abbildung 16.2 darstellen.

Mit dem GS-GO-Modell lässt sich prüfen, inwiefern (Medien-)Angebote den Wünschen des Publikums entsprechen. Des Weiteren können durch das GS-GO-Modell spezifische „Klassen" von Medienwahlverhalten im Sinne von Zuwendungs-, aber auch

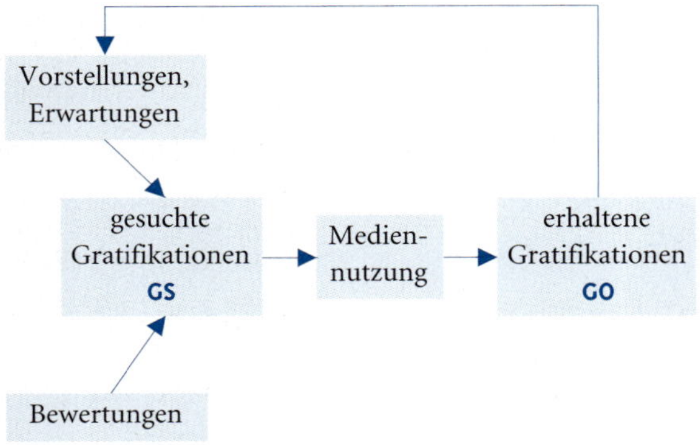

Abbildung 16.2. Gesuchte (gratifications sought, **GS**) und erhaltene Gratifikationen (gratifications obtained, **GO**): Das GS/GO-Modell nach Palmgreen (1984, S. 56)

Vermeidungsmotiven unterschieden und erklärt werden (vgl. Abb. 16.3).

Glaubt eine Person, dass ein Medienangebot eine bestimmte Eigenschaft besitzt, die von ihr positiv bewertet wird, ist es wahrscheinlich, dass sie aktiv und zielgerichtet nach diesem Angebot sucht (vgl. Zelle 4 in Abb. 16.3). Glaubt die Person, dass das Medienangebot eine negativ bewertete Eigenschaft besitzt, ist eine gezielte Vermeidung die Folge (vgl. Zelle 3 in Abb. 16.3). Gerade solche Vermeidungsmotive wurden in der Forschung bislang noch kaum berücksichtigt. In einer Studie von Fahr und Böcking (2005) zeigte sich jedoch, dass Zuschauer sich gegenüber dem Fernsehangeboten längst nicht nur mit dem Ziel einer „Nutzensoptimierung" verhalten, sondern gleichzeitig auch „Schadensminimierung" betreiben, indem sie bestimmte Inhalte meiden. Dies geschieht vor allem dann, wenn durch ein Programm negative Emotionen oder emotionale Überforderung ausgelöst werden (z.B. wenn Inhalte der eigenen Überzeugung widersprechen oder Furcht auslösen).

16.3.3 Medienzuwendung als rationale Entscheidung

Der „klassische" UGA und auch das GS-GO-Modell gehen entweder unausgesprochen oder ausdrücklich davon aus, dass die Auswahl von Medienangeboten

Erwartung, dass ein Medienangebot eine bestimmte Eigenschaft besitzt („Belief in possession of attribute")		Bewertung der Eigenschaft	
		negativ	positiv
	nein	(1) Indifferente Zuwendung („negative approach“)	(2) Suche nach Alternativen („seeking of alternative“)
	ja	(3) Bewusste Vermeidung („true avoidance")	(4) Bewusstes Aufsuchen („positive approach“)

Abbildung 16.3. Klassen von Medien(wahl)motiven in Abhängigkeit von Erwartung und Bewertung nach Palmgreen und Rayburn (1985, S. 68; eigene Übersetzung)

und die Zuwendung zu bestimmten Medienangeboten auf rationalen Abwägungs- und Entscheidungsprozessen beruhen. Der Mediennutzer wird als „Homo oeconomicus“ konzipiert.

Eine solche Sichtweise nimmt auch Jäckel (1992, 1996) ein, der die Annahmen des UGA mit ökonomischen Verhaltensmodellen verbindet und Mediennutzung als eine Form der Kosten-Nutzen-Kalkulation beschreibt. Er geht davon aus, dass es sich insbesondere bei der Fernsehnutzung für den Rezipienten um eine Niedrig-Kosten-Situation handelt. Denn „nicht-eingelöste Nutzenvermutungen (haben) keine gravierenden Folgewirkungen auf zukünftiges Handeln“ (Jäckel, 1992, S. 263) und sind insofern von eher geringer Tragweite für den Zuschauer. Diese bedeutet: Fernzusehen „kostet” den Zuschauer wenig (z.B. ist das Gerät dauernd verfügbar und muss nur eingeschaltet werden, man muss sich nicht schick anziehen, sich nicht außer Haus begeben, und meist muss man sich beim Fernsehen noch nicht einmal geistig anstrengen). Dafür wird in Kauf genommen, dass der „Nutzen“ des öfteren gering ist (z.B. dass man einen langweiligeren Abend verbringt, als wenn man ins Kino ginge). Solche Kosten-Nutzen-Kalkulationen können, müssen aber nicht in jedem Fall sämtliche zur Verfügung stehenden Handlungsalternativen berücksichtigen. Vielmehr können sich Routinen im Sinne von Faustregeln und Gewohnheiten entwickeln, durch die Rezipienten bei der Medienwahl kognitiv entlastet werden.

Wie der eigentliche Entscheidungsprozess, sich einem bestimmten Fernsehangebot zuzuwenden und dabei zu bleiben, abläuft, beschreibt Vorderer (1992) und nimmt dabei das motivationspsychologische Rubikonmodell von Heckhausen und Kuhl (1985) zu Hilfe. Ob ein Zuschauer einen bestimmten Inhalt wählt und vor allem, ob er weiter zuschaut oder um- bzw. abschaltet, ist nach Vorderer das Ergebnis eines sorgfältigen Abwägens der Vor- und Nachteile verschiedener, konkurrierender Handlungsalternativen. Diese „Prüfprozedur“ erfolgt im Rahmen von so genannten „OTIUM-Checks“:

- Der Zuschauer bewertet die Gelegenheit („**O**pportunity“),
- die zur Verfügung stehende Zeit („**T**ime“),
- die Wichtigkeit („**I**mportance“) sowie
- die Dringlichkeit („**U**rgency“) und
- die ihm zur Verfügung stehenden Mittel („**M**eans“) für die Handlungsalternative „Fernsehen“.

Fällt diese Prüfung positiv aus, wird die Handlung „Fernsehen“ ausgeführt bzw. fortgesetzt. Fehlt beispielsweise die Gelegenheit (z.B. weil der Fernsehapparat kaputt ist), *kann* nicht ferngesehen werden. Ist die wahrgenommene Wichtigkeit gering, *braucht* der Zuschauer zugunsten anderer Alternativen nicht fernzusehen.

Auch Webster und Wakshlag (1983) betrachten die Programmwahl beim Fernsehen als rationale Entscheidung des Zuschauers. In ihrem Gesamtmodell der Medienwahl beziehen sie darüber hinaus eine Reihe weiterer Faktoren mit ein, die diese Wahl bestimmen (vgl. Abb. 16.4). Dazu gehören psychische und soziale Merkmale der Mediennutzer, wie beispielsweise deren Bedürfnisse und Motive (vgl. Abschnitt 16.3.1), spezifische Programmvorlieben (vgl. Abschnitt 16.3.2) sowie die Zugehörigkeit zu bestimmten sozialen Gruppen. Ebenso werden öko-

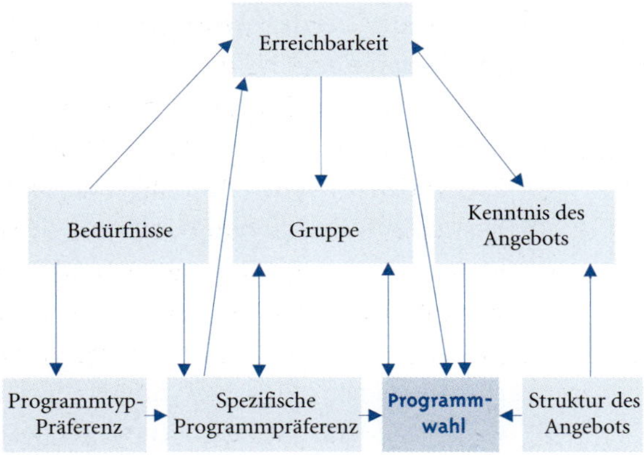

Abbildung 16.4. Modell der Fernsehprogrammwahl nach Webster und Wakshlag (1983, S. 433)

nomische Faktoren berücksichtigt (wie z.B. die Erreichbarkeit durch bestimmte Angebote bzw. deren Struktur als Einflussfaktoren).

16.3.4 Medienwahl bei computervermittelter Kommunikation

Angesichts der Entwicklung neuer Medien und den damit verbundenen vielfältigen Möglichkeiten der Kommunikation, stellt sich auch hier die Frage, wie die Nutzer Medien(angebote) auswählen. Döring (2003) systematisiert entsprechende Erklärungsansätze bzw. -theorien in folgende Bereiche:

- **Rationale Medienwahl:** Die Wahl eines Mediums hängt von der Beurteilung seiner Merkmale im Hinblick auf die Leistungsfähigkeit für bestimmte Kommunikationsaufgaben ab. Dabei werden rationale Kosten-Nutzen-Überlegungen zugrunde gelegt. Zu diesen Ansätzen bzw. Theorien gehören beispielsweise die Social-Presence-Theorie (Short, Williams & Christie, 1976) oder die Media-Richness-Theorie (Daft & Lengel, 1984).
- **Normative Medienwahl:** Medienwahl wird durch soziale Normen, Einstellungen und Bedienungskompetenz festgelegt (vgl. z.B. das Social-Influence-Modell: Fulk, Schmitz & Steinfield, 1990).
- **Interpersonale Medienwahl:** Die Medienwahl und -nutzung hängt stark von den Präferenzen der jeweiligen Kommunikationspartner ab. Beispiele für entsprechende Ansätze sind hier das Modell der technisch vermittelten interpersonalen Medienwahl und Kommunikation (Höflich, 1996) oder das sozialpsychologische Modell der Medienwahl und Mediennutzung (Scholl, Pelz & Rade, 1996).

16.3.5 Habitualisierte Medienwahl und -nutzung

Die bislang vorgestellten Ansätze, Theorien und Modelle beschreiben bzw. erklären Medienwahl und -nutzung unausgesprochen oder ausdrücklich als rationales Handeln auf der Grundlage bewusster Entscheidungsprozesse. Damit wird den Mediennutzern einerseits ein hohes Maß an Reflexions*vermögen* unterstellt (vgl. Bilandzic, 2004). Andererseits geht man davon aus, dass diese Fähigkeit in entsprechenden Entscheidungssituationen auch tatsächlich *eingesetzt* wird. Jedem dürften jedoch aus eigener Erfahrung Situationen bekannt sein, in denen man nicht bewusst entscheidet, ob man Medien nutzt und wenn, welche Angebote ausgewählt werden. Beispielsweise schalten Menschen – unabhängig vom Programm – den Fernsehapparat immer zu einer bestimmten Uhrzeit ein. Ebenso gibt es Zuschauer, bei denen im Verlauf eines Fernsehabends immer wiederkehrende „Muster" des Umschaltverhaltens zu erkennen sind (vgl. z.B. Niemeyer & Czycholl, 1994). Und schließlich konnte gezeigt werden, dass Menschen sog. transmediale, d.h. medienübergreifende Nutzungsstile entwickeln, die insbesondere durch inhaltliche Präferenzen gekennzeichnet sind (vgl. Schweiger, 2005).

Bereits 1984 unterschied Rubin zwischen *instrumenteller* und *ritualisierter* (im Sinne von habitueller) Mediennutzung (vgl. Rubin, 1984). Erstere ist geprägt von einem absichtsvollen Rezipientenverhalten, das die gezielte Suche nach Angeboten, hohe Selektivität sowie hohe Aufmerksamkeit und starke innere Beteiligung während der Nutzung beinhaltet. Letztere ist durch habituelles Verhalten, geringe Zielgerichtetheit sowie niedrigere Aufmerksamkeit und geringe innere Beteiligung gekennzeichnet. Man kann wohl annehmen, dass die in den Abschnitten 16.3.1 bis 16.3.4 beschrieben Ansätze bzw. Theorien und Modelle der rationalen Medienwahl eher eine instrumentelle Mediennutzung beschreiben (und prognostizieren) können. Habitualisierte Medienwahl dürfte dagegen eher auf der Grundlage von Heuristiken erfolgen, die die Mediennutzer im Sinne einer Minimierung kognitiver Anstrengungen entlasten. Dies schließt nicht aus, dass sich habituelle Mediennutzung aus bewussten Entscheidungsprozessen entwickelt. Denn nach Welker (2000) kann auch habitualisiertes Verhalten als ein Handeln verstanden werden, das in der Vergangenheit bewusst ausgeführt und aufgrund von Überlegungen bezogen auf individuelle Erwartungen, Normen und Fähigkeiten kalkuliert wurde. Und: Sobald sich die „Rahmenbedingungen" für habitualisiertes Verhalten ändern (z.B. Änderung der Motive oder Vorlieben der Mediennutzer, Änderung der Einstellung gegenüber einem Programmangebot, Änderung der Verfügbarkeit des Programmangebots), sind erneute bewusste Entscheidungsprozesse des Mediennutzers notwendig. Sie führen dann möglicherweise zu einer Änderung des (habitualisierten) Verhaltens. Dies gilt zum Beispiel auch, wenn sich die Zeitstrukturen des Alltags (z.B. Arbeits- und Freizeit, zeitliche Anforderungen durch Familienmitglieder) verändern, die eine wichtige Rahmenbedingung für die Herausbildung von Mediennutzungsmustern darstellen (vgl. Neverla, 1992).

Habitualisierte Mediennutzung wird in der Literatur häufig von der selektiven bzw. „aktiven" Nutzung abgegrenzt und mit einem „passiven" Medienumgang gleichgesetzt. Da sie häufig auch mit „minderwertigeren" Nutzungsmotiven (z.B. Unterhaltungsorientierung, Eskapismus) in Zusammenhang gebracht wird, bekommt sie nicht nur in der öffentlichen Darstellung und Diskussion einen negativen Beigeschmack (s. auch Abschnitt 16.1), der jedoch unangemessen ist. Schließlich sind Routinen wichtige Instrumente, die helfen, den Alltag zu organisieren, Bedürfnissen und Aufgaben einen festen Platz zu schaffen und die Menschen dadurch entlasten.

16.3.6 Medienwahl als emotional motivierte „Entscheidung"

Die bislang geschilderten Theorien und Ansätze betonen vor allem kognitive Aspekte bei der Medienselektion. Im Gegensatz dazu geht Zillmann (1988) in der Mood-Management-Theorie davon aus, dass die Auswahl der Medienangebote von der jeweiligen Stimmungslage der Rezipienten in einer gegebenen Situation abhängt. Weil Menschen hedonistische Motive haben – so die Annahme –, sind sie jederzeit bestrebt, negative Befindlichkeiten zu minimieren und positive zu erhalten bzw. zu maximieren. Das psychophysiologische Erregungsniveau spielt dabei eine entscheidende Rolle: Ist es zu niedrig (z.B. Langeweile), wird dies als unangenehm empfunden; ist es zu hoch (z.B. Stress), fühlt man sich ebenfalls nicht wohl. Der Ausgleich solcher als unangenehm empfundener Zustände geschieht nach Zillmann (1988) u.a. durch die Selektion spezifischer Medienangebote, die in der Lage sind, das Wohlbefinden wiederherzustellen. Dies bedeutet: Menschen mit einem extrem niedrigen Erregungsniveau (z.B. Langeweile) entscheiden sich eher für abwechslungsreiche, potenziell anregende Programme. Menschen mit einem extrem hohen Erregungsniveau (z.B. Stress) wählen eher weniger abwechslungsreiche, potenziell beruhigende Programme oder aber solche, die inhaltlich nichts mit den Ursachen des empfundenen Stresses zu tun haben (das heißt solche, die ein hohes Absorptionspotenzial haben). Nachgewiesen werden konnte diese stimmungsregulierende Funktion von Medieninhalten in zahlreichen (verdeckten) Experimenten, in denen zuvor verärgerte oder gelangweilte Probanden unterschiedliche Medienangebote auswählen und rezipieren konnten (vgl. z.B. Schramm & Wirth, 2006). Mit dieser Vorgehensweise, dem sog. Selective-Exposure-Paradigma, trug man gleichfalls einem wichtigen Kritikpunkt an der bisherigen UGA-Forschung Rechnung: Die standardisierten Befragungen zur Erhebung von Medienmotiven – so der Einwand – führten einerseits zu sozial erwünschten Antworten, die sich an bestehenden Meinungen über

Mediennutzungsweisen orientieren. Zum anderen bestünde die Gefahr einer nachträglichen Rationalisierung der eigenen Mediennutzung, da die Motive und Auswahlentscheidungen den Rezipienten keineswegs immer bewusst sind (vgl. z.B. Bilandzic, 2004; Schenk, 2002; Welker, 2000). Mit der Mood-Management-Theorie liegt dagegen ein Erklärungsansatz vor, der die Medienwahl durch unbewusste psychophysiologische und emotionale Prozesse erklären kann.

16.4 Theoretische Ansätze zu Rezipientenaktivitäten

Schon relativ früh wurde darauf hingewiesen, dass sich die (neue) Konzeption des Rezipienten als „aktiv" zu sehr auf die Frage der Auswahl von Medienangeboten, d.h. auf die *Selektion* beschränkt. Des Weiteren wurde insbesondere dem UGA eine funktionalistische Perspektive vorgehalten, die im Prinzip die medienzentrierte Sichtweise aus der Zeit der Orientierung am Reiz-Reaktions-Schema nicht revidiere, sondern sie lediglich aus einem anderen Blickwinkel betrachte (vgl. z.B. Merten, 1994). Man habe zwar erkannt, dass die Mediennutzer Angebote nach ihren Bedürfnissen aktiv auswählen. Die Gratifikationen, die sich aus der Mediennutzung ergeben, würden jedoch (theoretisch) noch immer kausal an die „objektiven" Eigenschaften (inhaltliche und formale Merkmale) des Medieninhalts gekoppelt. Kognitive Prozesse der Informationsverarbeitung (etwa im Sinne einer individuellen Bedeutungsgenerierung) und/oder die vielfältigen Prozesse der Verarbeitung auf der emotionalen Ebene würden dagegen eher vernachlässigt. Möglicherweise liegt dies auch daran, dass es an geeigneten Erhebungsverfahren zur Erfassung intrapersonaler Prozesse fehlt. Erst allmählich werden Methoden verfeinert bzw. neu entwickelt, die es erlauben, so „flüchtige" Aktivitäten wie kognitive und/oder emotionale Prozesse mit höherer Reliabilität und Validität zu messen (vgl. auch Mangold, Vorderer & Bente, 2004, sowie Abschnitt 2.4.3). Zu nennen wären hier etwa Methoden des „lauten Denkens", verschiedene Arten physiologischer Messung, kontinuierliche Reaktionsmessungen (CRM = Continuous Response Measurement) und nicht zuletzt die bildgebenden Verfahren der Hirnforschung (z.B. fMRI = functional Magnetic Resonance Imaging; vgl. Themenheft „Media Psychology" 1/2006).

16.4.1 Ansätze, bei denen (sozio-) emotionale und kognitive Prozesse im Mittelpunkt stehen

Aus der Kritik daran, dass man die Rezipientenaktivitäten allzu sehr auf Selektionsprozesse einschränkte, entwickelte Renckstorf (1977, 1989) einen Ansatz, in dem er die Mediennutzung als soziales Handeln konzipiert. Im sog. „Nutzenansatz" verbindet er die Vorstellung vom aktiv handelnden Mediennutzer mit dem theoretischen Konzept des symbolischen Interaktionismus. Im Rahmen eines interpretativen Handlungskonzepts wird die kognitive Konstruktivität aufseiten des Mediennutzers betont, der die angebotenen Botschaften interpretiert und sie vor dem Hintergrund individueller Lebenserfahrungen, Ziel- und Wertvorstellungen sowie Plänen und Absichten mit Bedeutung versieht (vgl. auch Holzer, 1994). Ein solches interpretatives Paradigma liegt auch den Arbeiten zum Medienhandeln im Rahmen der sog. „Cultural Studies" zugrunde, in denen die Bedeutung von „Texten" (Niedergeschriebenes, aber auch Fotos, Filme, Fernsehsendungen) als sozial konstruiert aufgefasst wird (vgl. z.B. Livingstone, 1998).

Diese übergreifenden (zum Teil interdisziplinären) Ansätze verstehen die Mediennutzung als Teil des Alltagshandelns bzw. als kulturelle Alltagspraxis aus einer eher (makro-)soziologischen Perspektive. Die Medienpsychologie dagegen konzentrierte sich auf die kognitiven und (sozio-)emotionalen Verarbeitungsprozesse bei der Mediennutzung (einschließlich ihrer individuellen Bedingungen und Folgen auf der Mikroebene). Viele dieser Prozesse wurden bereits in den Kapiteln 3 bis 9 beschrieben.

Daher sollen an dieser Stelle lediglich zwei weitere Beispiele für Rezipientenaktivitäten kurz vorgestellt werden: zum einen das Konzept der parasozialen Interaktion, bei dem insbesondere sozioemotionale Aktivitäten eine Rolle spielen, und zum anderen das Elaboration-Likelihood-Modell, bei dem primär kognitive Verarbeitungsprozesse im Zentrum stehen.

Parasoziale Interaktion (PSI)

Ausgehend von der Annahme, dass das Fernsehen dem Zuschauer die Illusion eines direkten Kontakts von Angesicht zu Angesicht („face to face") zu den Akteuren im Fernsehen vermittelt, fassten Horton und Wohl (1956) den Prozess der Fernsehnutzung als eine aktive Handlung auf. Bei ihr beobachtet der Zuschauer die Personen, die auf dem Bildschirm agieren, nicht nur einfach distanziert, sondern interagiert mit ihnen. Anders als bei Identifikationsprozessen, bei denen der Zuschauer seine Identität aufgibt und in die Rolle des Protagonisten schlüpft, behält er bei der PSI seine Eigenständigkeit als Person bei und nimmt die Rolle eines Gegenübers ein.

> **!** Eine **parasoziale Interaktion** ist soziales Handeln der Zuschauer in Bezug auf Akteure im Fernsehen, bei dem sich ähnliche psychische Prozesse abspielen wie in Interaktionssituationen mit realen Personen (vgl. Gleich, 1997).

Hartmann, Schramm und Klimmt (2004) schlagen in ihrem Zwei-Ebenen-Modell parasozialer Interaktionen vor, PSI als multidimensionales Konstrukt zu modellieren, das durch bestimmte Eigenschaften der Medienperson (Obtrusivität, Persistenz, Adressierung des Publikums) sowie der Rezipienten (Motivation, Relevanz) *dynamisch* beeinflusst wird. „Gerahmt" ist es vom Bewusstsein des Rezipienten für die Medialität der Situation, durch das unterschiedliche Niveaus von PSI festgelegt werden. Aufbauend auf Prozesse der Personenwahrnehmung finden in der konkreten Situation der Mediennutzung parasoziale Prozesse in drei Bereichen statt:

(1) Perzeptiv-kognitive Teilprozesse umfassen
- Bereitstellung von Aufmerksamkeit (z.B. für Personen im Fernsehen),
- Verstehen der Äußerungen und Handlungen dieser Person,
- Anknüpfen an Gedächtnisinhalte,
- Antizipationen (Vorwegnahmen von Aussagen oder Handlungen der Personen im Fernsehen),
- Bewertungen,
- soziale Vergleiche,
- gedachte „Antworten" auf Äußerungen der Akteure,
- Vorstellungen über Interaktionen mit den Protagonisten.

(2) Affektive Teilprozesse umfassen emotionale Reaktionen (wie etwa empathische Anteilnahme, vom Fernsehakteur induzierte eigene Emotionen, Sympathie oder Antipathie für den Protagonisten).

(3) Konative Teilprozesse sind Verhaltensweisen, die von außen beobachtbar und auf die Person im Fernsehen gerichtet sind (z.B. mimische, gestische oder verbale Äußerungen als Reaktion auf Aussagen oder Verhalten der Akteure).

Je nach den Faktoren hinsichtlich des Angebots und aufseiten des Rezipienten sowie nach der Situation können solche Aktivitäten stark variieren und zu einem hohem oder niedrigem PSI-Niveau führen. Werden Zuschauer beispielsweise vom Fernsehakteur direkt angesprochen („Was meinen Sie, liebe Zuschauer?") ist eine intensivere PSI („high-level PSI") wahrscheinlich, ebenso wie wenn es ein starkes Interesse oder eine emotionale Bindung an eine Person im Fernsehen gibt. Ist dagegen in einer Mediennutzungssituation die agierende Person im Fernsehen für den Zuschauer nicht relevant, dürfte eine geringere PSI-Intensität („low-level PSI") die Folge sein. Gleiches gilt, wenn beim Rezipienten das Bewusstsein von der Medialität der Situation aktualisiert wird. Letzteres dürfte wohl einer der entscheidenden Gründe dafür sein, warum die Erfassung parasozialer Interaktionen durch standardisierte Fragebögen (etwa im Sinne von „Ich habe häufig leidenschaftliche Gedanken über X.") sehr schwierig ist.

Interessant ist die Tatsache, dass durch parasoziale Interaktionen offensichtlich Beziehungsschemata aufgebaut werden, die als Grundlage für die Entwicklung individueller parasozialer Beziehungen (PSB) zu Medienpersonen begriffen werden können. So zeigt beispielsweise eine Studie von Gleich (1997), dass beliebte Personen im Fernsehen durchaus den Status guter Bekannter im sozialen Netzwerk der Zuschauer einnehmen können. Trotz häufig anders lautender Äußerungen – insbesondere solchen von „kritischen" Mediennutzern – sollten Rezipientenaktivitäten im Sinne von parasozialen Interaktionen keineswegs als pathologisches Phänomen fehlinterpretiert werden. Sie stellen vielmehr einen durchaus zentralen Teil des Medienhandelns dar. Die Tatsache, dass sie methodisch schwer in den Griff zu bekommen sind, bedeutet nicht, dass es sie nicht gibt.

Das Elaboration-Likelihood-Modell (ELM)

Mit dem ELM von Petty und Cacioppo (1986) liegt ein Modell vor, das insbesondere unterschiedliche kognitive Prozesse, die bei der Nutzung von Medien ablaufen, systematisiert. Es erklärt, wie (medial vermittelte) Informationen verarbeitet werden und dadurch Einstellungsänderungen zustande kommen (vgl. auch Kap. 5.5.2). Je nach der Motivation und/oder der Fähigkeit des Rezipienten werden im ELM zwei Wege der Informationsverarbeitung angenommen – ein zentraler und ein peripherer. Ist eine Person motiviert und fähig, die angebotenen Informationen und Argumente sorgfältig und „tief" zu verarbeiten und zu bewerten („high involvement"), wird der zentrale Weg der Informationsverarbeitung beschritten. Eine Einstellungsänderung ergibt sich dann vor allem aus dem Urteil darüber, wie gut die Argumente der Botschaft sind. Mangelt es dagegen an Motivation und/oder Fähigkeit („low involvement"), wird der periphere Weg der Informationsverarbeitung eingeschlagen. In diesem Fall sind es vor allem periphere Reize (z.B. die Attraktivität des Kommunikators, Humor, die Menge der dargebotenen Argumente), die durch eine Koppelung des Kommunikationsinhalts mit positiven emotionalen Bewertungen zu einer Akzeptanz der Botschaft und damit zu einer Einstellungsänderung führen. Einstellungen, die auf dem zentralen Weg zustande kommen, erweisen sich als zeitlich stabiler und als resistenter gegenüber Gegenargumenten als Einstellungen, die auf dem peripheren Weg erworben wurden. Welcher Weg in einer Mediennutzungssituation eingeschlagen wird, wird u.a. maßgeblich beeinflusst von Persönlichkeitseigenschaften (z.B. Intelligenz, Need for Cognition, also Spaß am Denken), aktuellen Stimmungen, der persönlichen Relevanz der dargebotenen Information, Effekten der Ablenkung sowie vom Medium, in dem die Informationen präsentiert werden (vgl. Cacioppo & Petty, 1982, 1986; Stahlberg & Frey, 1993). Insbesondere im Rahmen der werblichen Kommunikation wurden die Mechanismen der Informationsverarbeitung, die vom ELM postuliert werden, in zahlreichen Studien überprüft und bestätigt (vgl. Abschnitt 21.9.2).

Weniger auf Prozesse der Einstellungs*änderung* durch persuasive Kommunikation als vielmehr auf die Frage, wie Mediennutzer Informationen (z.B. in Nachrichten) verarbeiten und daraus *Wissen* über soziale Realitäten generieren, geht die Theorie der Exemplifizierung von Zillmann ein. Danach werden die in Medienbotschaften dargestellten konkreten Beispiele für Sachverhalte, Entwicklungen oder Ereignisklassen über eine sog. quantifizierende Heuristik als Hinweise für die Verteilung in der Gesamtpopulation verallgemeinert (vgl. Zillmann, 2002): Ein „BILD"-Bericht über *einen* Sozialhilfeempfänger, der auf Mallorca das Leben genießt, ist für das „Wissen" über den Missbrauch staatlicher sozialer Leistungen eindrucksvoller als jede Statistik. Auch das „Heuristic Processing Model" von Shrum (2002) (vgl. Abschnitt 5.5.1 zur Einstellungsbeeinflussung ohne dahinter stehende Absichten) kann zu den Ansätzen gerechnet werden, die kognitive Aktivitäten im Rahmen des Medienhandels und deren Folgen für die Wissensbestände von Mediennutzern unter einer psychologischen Perspektive erklären.

16.4.2 Das Konstrukt der Rezeptionsmodalitäten – ein integrativer Ansatz

In einer kritischen Auseinandersetzung mit den bisherigen Ansätzen und Modellen zum Medienhandeln entwickelte Suckfüll (2004) das Konstrukt der „Rezeptionsmodalitäten". Diese sind „als kognitive und affektive Aktivitäten der Zuschauer während der Rezeption … zu verstehen" (ebd., S. 128). Als prozedurale Wissensstrukturen bzw. „Heuristiken" steuern und fördern sie die Aufnahme und Verarbeitung medialer Informationen (ebd., S. 265). Als mehrdimensionales Konstrukt, das spezifisch auf die Medienrezeption Bezug nimmt, werden sie bei der Konfrontation mit Merkmalen des Medienangebots in einer bestimmten Situation relevant und legen fest, wie ein Rezipient mit den konkreten Medienstimuli umgeht (z.B. worauf er achtet, welche Gedanken und Gefühle aktualisiert werden). Rezeptionsmodalitäten werden im Laufe des Umgangs mit unterschiedlichen Medienangeboten entwickelt und moderieren die Verarbeitungsprozesse in der kommunikativen Phase. Gleichzeitig nehmen sie Einfluss auf die Auswahlentscheidungen der Rezipienten. Dem dynamisch-transaktionalen Ansatz von Früh und Schönbach (1982) folgend, wird das Konstrukt „Rezeptionsmodalitäten" theoretisch durch drei Perspektiven bestimmt:

Dynamische Perspektive. Rezeptionsmodalitäten werden im Laufe eines auf die Medien bezogenen Lern- bzw. Sozialisationsprozesses entwickelt. Dabei wird angenommen, dass es interindividuelle Unterschiede hinsichtlich der Vorlieben für bestimmte Rezeptionsmodalitäten gibt. Bevorzugte („dominante") Modalitäten werden von den Rezipienten zur Verarbeitung von Medienstimuli häufiger eingesetzt als nicht dominante. Ausschlaggebend dafür ist, wie verfügbar (und damit auch wie leicht abrufbar) die jeweiligen Rezeptionsmodalitäten im kognitiven System der Rezipienten sind. Selten wird jedoch ein Medienangebot durchgängig mit der anfänglich eingesetzten Modalität rezipiert. Vielmehr ist davon auszugehen, dass es während der Rezeption zum Wechsel zwischen unterschiedlichen Rezeptionsmodalitäten kommt, die den Rezipienten zur Verfügung stehen. Dies geschieht etwa dann, wenn eine zunächst gewählte Rezeptionsmodalität nicht mehr greift. Ein Beispiel mag dies verdeutlichen: Ein Zuschauer ist es gewohnt, sich Spielfilme in der Regel kritisch distanziert aus der Perspektive eines „Cineasten" anzuschauen und dabei vor allem über die Qualität der Handlung und deren filmische Umsetzung nachzudenken. Diese Art und Weise, den Film zu betrachten, kann jedoch im Verlauf des Rezeptionsprozesses „unpassend" werden. Dies geschieht etwa, wenn der Zuschauer beginnt, sich in die Lage des Protagonisten hineinzuversetzen und Mitleid mit ihm zu empfinden. In diesem Fall ändert sich die „Modalität", mit der der Film rezipiert wird: Kognitive Aspekte spielen weniger eine Rolle als vielmehr emotionale, Qualitätsaspekte des Films werden unwichtiger. Dafür treten möglicherweise Vergleiche des Schicksals der Protagonisten mit eigenen Erfahrungen in den Vordergrund. Neben dem „Hin- und Herschalten" zwischen unterschiedlichen Rezeptionsmodalitäten wird angenommen, dass es Rezeptionsphasen gibt, in denen keine „passenden" Rezeptionsmodalitäten zur Verfügung stehen. Die Rezipienten können solche Phasen jedoch tolerieren, im Vertrauen darauf, dass eingeübte Herangehensweisen früher oder später wieder greifen.

Rezeptionsmodalitäten werden über die wiederholte Anwendung eingeübt und beeinflussen in einem zirkulären Prozess auch die Auswahlentscheidungen. Rezipienten entscheiden sich vorzugsweise für Medienangebote, von denen sie glauben, dass diese ihren Modalitäten entsprechen. Eine Auseinandersetzung, die den eigenen eingeübten Herangehensweisen angesichts eines Medienangebots entspricht, führt in der Folge zu einem Kompetenzempfinden und wird positiv erlebt. Dieses im weitesten Sinne positive Erleben wird möglichst wiederholt (Suckfüll, 2004).

Rezeptionsmodalitäten und Mediennutzungsmotive stehen in einem wechselseitigen Zusammenhang: Wer einen bestimmten Film auswählt, weil er in eine andere Welt abtauchen will, wird versuchen, während der Rezeption eine entsprechende Modalität anzuwenden, die dieses Sich-fallen-lassen ermöglicht. Allgemeine Nutzungsmotive, so wie sie etwa im Rahmen der Uses-and-Gratifications-Forschung (vgl. Abschnitt 16.3.1) erfasst und dokumentiert werden, erlauben jedoch nur bedingt eine Vorhersage der in der konkreten Rezeptionssituation angewendeten Modalitäten. Allenfalls ist eine Aussage darüber möglich, mit welcher Modalität eine Rezeption begonnen wird. Im weiteren Verlauf sind – wie oben bereits erwähnt – Wechsel zu weiteren Modalitäten wahrscheinlich, die nicht unbedingt den (allgemeinen) Motiven entsprechen müssen. Umgekehrt werden die Erfahrungen während der Rezeption die Rezeptionsmotive beeinflussen, die bei späteren Rezeptionen zum Tragen kommen.

Molare Perspektive. Rezeptionsmodalitäten sind kontextabhängig. Das heißt, sie sind eingebettet in spezifische Situationen. Beispielsweise sind für die Rezeption von Fernsehsendungen oder Kinofilmen folgende Aspekte der Rezeptionssituation charakteristisch:

- **Souveränität:** Der Zuschauer kann zwischen verschiedenen Filmen oder Programmen frei wählen und entscheidet auch während der Rezeption nach eigenem Ermessen, wie er die Rezeption gestalten will.
- **Konsequenzlosigkeit:** Eng verbunden mit der Souveränität ist die Tatsache, dass mit den Rezeptionsmodalitäten verbundene Gedanken, Empfindungen und Verhalten des Zuschauers ohne Konsequenzen bleiben. So darf er beispielsweise einen Moderator beschimpfen und doch die Sendung immer wieder ansehen.
- **Sicherheit:** Die Rezeptionssituation ist darüber hinaus von hoher Sicherheit gekennzeichnet. Bei drohendem Kontrollverlust (z.B. wenn vielleicht ein Film unerwartet brutal ist) kann der Rezipient jederzeit souverän entscheiden, ob er die Situation verlassen möchte (z.B. aus-/umschalten, wegschauen, den Raum verlassen). Dies ermöglicht auch ein Ausprobieren, wie weit man gehen möchte, gewissermaßen einen „kontrollierten Kontrollverlust" (vgl. auch Vorderer, 1992; Früh, 2002).

Neben der Berücksichtigung der Situationsspezifität beinhaltet eine molare Perspektive auch, dass ein umfassenderer Kontext im Sinne kultureller und sozialer sowie medienpolitischer und -ökonomischer Bedingungen der Medienrezeption einbezogen wird.

Transaktionale Perspektive. Medienangebot und Rezeptionsmodalitäten stehen in einer dynamischen Wechselbeziehung zueinander, für die Früh und Schönbach (1982) den Begriff „Transaktion" verwenden. Mit Transaktionen zwischen Medien und Mediennutzern ist gemeint, dass die Rezipienten im Prozess der Rezeption den Medieninhalten durch individuelle Prozesse des Verstehens, Interpretierens und Elaborierens Bedeutung zuweisen und damit den Medienstimulus verändern. Man könnte sagen: Indem der Medienstimulus auf den Rezipienten trifft, verändert er sich gleichzeitig (vgl. Früh, 1991). Diese Denkweise schließt zwar nicht aus, dass die Medien einen stimulierenden, unter Umständen sogar manipulierenden Einfluss auf die Rezipienten ausüben können (Vorderer, 1992). Entscheidend ist jedoch, dass der klassische Wirkungsbegriff einer am Reiz-Reaktions-Schema orientierten Prägung aufgegeben wird. Er wird ersetzt durch die Vorstellung einer dynamischen wechselseitigen „Transaktion" zwischen Medieninhalt und Rezipient, die sich während eines Kommunikationsprozesses in einer Art „oszillierenden" Dynamik ständig verändert (vgl. Früh, 1991). Auch „innerhalb" des Rezipienten werden Transaktionen – sog. Intra-Transaktionen – angenommen, die man sich als Wechselwirkung zwischen aktuellen Aktivierungspotenzialen (z.B. Aufmerksamkeit, Interesse) und Wissensbeständen vorstellen kann. Vor diesem Hintergrund nimmt Suckfüll (2004) an, dass sich ein Modalitätenwechsel dann vollzieht, wenn ein spezifisches Merkmal des Medienangebots für den jeweiligen Rezipienten wirkungsrelevant wird. Dies bedeutet: Bestimmte Medienmerkmale haben nicht per se ein Wirkungspotenzial, sondern ihr Potenzial ergibt sich erst in der

Wechselwirkung mit vorhandenen relevanten Rezeptionsmodalitäten der Mediennutzer.

In mehreren aufeinander aufbauenden Studien wurde das Konstrukt „Rezeptionsmodalitäten" zunächst am Beispiel der Rezeption fiktionaler Filme im Kino operationalisiert und validiert (vgl. Suckfüll, 2004). Aus teilstrukturierten Interviews wurden zahlreiche Aussagen zu Modalitäten der Filmrezeption generiert. Diese wurden als Items im Rahmen schriftlicher Befragungen insgesamt mehr als 1000 Personen vorgelegt. Mithilfe konfirmatorischer Faktorenanalysen wurden insgesamt sieben Rezeptionsmodalitäten identifiziert (vgl. Tab. 16.2).

Es ist denkbar, dass einzelne Zuschauer bei bestimmten Filmen auch andere als die gefundenen Rezeptionshaltungen einnehmen. Suckfüll (2004) geht jedoch davon aus, dass die in Tabelle 16.2 genannten Modalitäten die zentralen „Herangehensweisen" der Rezipienten abdecken und für die unterschiedlichsten Angebote passfähig sind. In weiteren Studien zeigte sich, dass bestimmte Rezeptionsmodalitäten mit soziodemographischen Variablen sowie überdauernden persönlichen Merkmalen zusammenhängen. So wurde beispielsweise die Rezeptionsmodalität „Narration" häufiger von Personen eingesetzt, die hohe Werte auf der Skala „Need for Cognition" (Spaß am Denken, Lust an intellektuellen Herausforderungen) haben. Die Rezeptionsmodalität „Kommotion" wurde dagegen häufiger von Personen genannt, die hohe Werte auf der Skala „Need for Affect" hatten, d.h., die gerne emotional betonte Situationen erleben (vgl. Suckfüll, 2004, S. 166ff.). Schließlich konnte mithilfe physiologischer Verlaufsanalysen gezeigt werden, dass im Rezeptionsprozess eingesetzte Modalitäten mit jeweils unterschiedlichen Aspekten des Medienangebots korrelieren. Zum Beispiel reagierten Probanden, für die die Rezeptionsmodalität „Ideensuche/Identifikation" dominant war, signifikant auf bestimmte Protagonisten im gezeigten Film (vgl. Suckfüll, 2004, S. 211ff.).

Tabelle 16.2. Rezeptionsmodalitäten (Faktoren, Kurzbeschreibung und Beispielitems) nach Suckfüll (2004)

Rezeptionsmodalität	Kurzbeschreibung	Beispielitem
Ideensuche	Suche nach Anregungen für die eigene Lebenspraxis	Für mich sind die Filmszenen besonders interessant, die ich auf mein eigenes Leben übertragen kann.
Identifikation	Evaluation von Ähnlichkeiten mit den im Film auftretenden Personen und Prozesse der Identifikation	Es ist wichtig für mich, dass ich mich mit einer Figur identifizieren kann.
Produktion	Gedanken über Aspekte der Produktion des Films	Ich überlege mir, wie ich bestimmte Szenen gedreht hätte.
Spiel	Imaginatives Verändern bzw. Ergänzen der erzählten Geschichte	Ich spinne mir einen anderen Verlauf in der Handlung zurecht.
Präsenz	Ausgeprägtes Einlassen auf den Film (im Sinne von „Eintauchen")	Ich tauche regelrecht in die Handlung ein.
Kommotion	Ausleben von Gefühlen	Ich lasse meinen Emotionen freien Lauf.
Narration	Kognitive Auseinandersetzung mit der erzählten Geschichte	Mir geht es um die Aussagen zwischen den Zeilen.

Mit dem Konstrukt „Rezeptionsmodalitäten" wurde ein theoretisch fundiertes und valides Konstrukt vorgelegt, das Fragen nach den Rezeptionsweisen medialer Angebote sowie nach deren Selektion integriert. Noch bezieht es sich auf eine spezifische Rezeptionssituation und zwar auf das Sehen fiktionaler Filme im Kino. Die theoretische und methodische Konzeption des Konstrukts ist jedoch potenziell auf alle Medienangebote übertragbar. Erste Überlegungen bzw. Untersuchungen für andere (Medien-) Angebote und damit verbundene Rezeptionsmodalitäten liegen bereits vor (z.B. zur Internetnutzung; vgl. Suckfüll, 2004, S. 252ff.). Weitere Studien könnten u.a. Auskunft darüber geben, ob es – ähnlich wie medienübergreifende *Nutzungs*muster (vgl. Schweiger, 2005) – eventuell auch medienübergreifende, stabile Rezeptionsmodalitäten gibt oder ob von deutlichen Abweichungen auszugehen ist.

16.5 Relevanz und Anwendung

Die Relevanz der Theorien zum Medienhandeln sowie entsprechender Forschungsergebnisse kann unter verschiedenen Perspektiven gesehen werden. Zum einen können Erkenntnisse darüber, wie und nach welchen Kriterien Personen Medien bzw. Medienangebote auswählen, zur Optimierung von Medien (z.B. im Hinblick auf die Benutzerfreundlichkeit) und deren Angebotsspektrum (z.B. durch die Berücksichtigung von Vorlieben der Nutzer) beitragen. Dies gilt sowohl im Hinblick auf das Zuwendungs- als auch auf das Vermeidungsverhalten gegenüber Medien(angeboten). Zum anderen sind Rezipientenaktivitäten zentrale Einflussfaktoren im Hinblick auf die Wirkung(en) medialer Kommunikation. Das Wissen über entsprechende Prozesse dient somit nicht nur dazu, nachträglich Medienwirkungen zu erklären. Es liefert vielmehr auch wichtige Grundlagen, um Medienbotschaften zu optimieren (wie z.B. in der Werbe- oder Gesundheitskommunikation). So können die formale und die inhaltliche Qualität von Medieninhalten oder -botschaften verbessert werden, wenn man Genaueres darüber weiß, unter welchen Umständen Informationen wie verarbeitet werden und welche Folgen dies hat. Suckfüll (2002) konnte z.B. zeigen, dass die Beurteilung unterschiedlich gestalteter Fernsehwerbespots von den Rezeptionsmodalitäten der Betrachter abhängt. Die Erforschung der vielfältigen Rezipientenaktivitäten sollte daher zu nützlichen Erkenntnissen führen:

- für die Beschreibung von Zielgruppen,
- für die darauf beruhende Mediaplanung (z.B. im Rahmen werblicher Kommunikation, aber auch z.B. im Zusammenhang mit Gesundheitskommunikation),
- für die Planung und Gestaltung von Kommunikationsinhalten (z.B. Werbespots oder Gesundheitskampagnen).

Zur Entwicklung von Programmen und Maßnahmen im Bereich der Medienerziehung (z.B. zur Förderung von Medienkompetenz) sind die Kenntnisse über Rezipientenaktivitäten notwendige Voraussetzung für kompetentes Vorgehen. Nur wenn nachgewiesen wurde, wie (mediale) Kommunikationsprozesse „funktionieren", d.h., welche Prozesse sich bei den Rezipienten im Umgang mit Medien abspielen, können Förder- und/oder Interventionsmaßnahmen gezielt ansetzen. Wenn man die Individualität und die Aktivität der Mediennutzer berücksichtigt, können somit auch wenig taugliche, wenngleich noch immer vertretene Vorstellungen, man müsse den Mediennutzern vorschreiben, was gut und was schlecht für sie sei („Bewahrpädagogik"), überwunden werden.

Zusammenfassung

- Unter dem Begriff „Medienhandeln" können jegliche Aktivitäten und Handlungen in Bezug auf Medien oder ihre Nutzung verstanden werden. Neben beobachtbarem Verhalten (z.B. Gerätebedienung) und Selektionsprozessen sind damit sämtliche mit der Mediennutzung einhergehenden kognitiven und/oder emotionalen Prozesse gemeint.
- Aktivitäten im Rahmen des Medienhandelns lassen sich einerseits anhand verschiedener zeitlicher Phasen im Mediennutzungsprozess und andererseits nach den Funktionsbereichen, auf die sie sich beziehen, systematisieren und kategorisieren. Demnach können kognitive, affektive, soziale bzw. sozial-kognitive und verhaltensbezogene Aspekte vor, während und nach der Mediennutzung unterschieden werden.
- Der Uses-and-Gratifications-Ansatz ist historisch betrachtet der älteste Ansatz zum Medienhandeln. Indem er den Mediennutzer als aktiv handelndes Subjekt konzipiert, das Medien absichtsvoll und selektiv zur Befriedigung eigener Bedürfnisse einsetzt, betont er vor allem die Frage der Auswahl (Selektion) von Medien (-angeboten).
- Eine Reihe weiterer Ansätze und Theorien thematisieren die Medienwahl. Sie wird entweder als bewusste rationale Entscheidung modelliert (z.B. GS-GO-Modell von Palmgreen, Rubikonmodell von Heckhausen & Kuhl, Modell der Medienwahl von Webster & Wakshlag), oder aber – alternativ dazu – als Folge eher unbewusster, physiologisch motivierter Prozesse (z.B. Mood-Management-Theorie).
- Theorien zu innerpsychischen Prozessen des Medienhandelns beziehen sich auf die kognitiven und/oder (sozio-)emotionalen Prozesse während der Mediennutzung sowie deren Bedingungen und Folgen. Dazu gehören beispielsweise das Konzept der parasozialen Interaktion oder das Elaboration-Likelihood-Modell.
- Das Konstrukt der Rezeptionsmodalitäten stellt einen neueren Ansatz zur Integration unterschiedlicher Rezipientenaktivitäten dar. Mit ihm wird Medienhandeln als dynamische Transaktion konzeptualisiert, die Fragen nach den Rezeptionsweisen medialer Angebote sowie nach deren Selektion integriert und dazu beitragen kann, spezifische „Muster" der Mediennutzung zu identifizieren.

Leseempfehlung

- Blumler, J.G. & Katz, E. (1974). The uses of mass communication. Beverly Hills, CA: Sage.
- Schenk, M. (2002). Medienwirkungsforschung. Tübingen: Mohr Siebeck.
- Suckfüll, M. (2004). Rezeptionsmodalitäten. Ein integratives Konstrukt für die Medienwirkungsforschung. München: Reinhard Fischer.

Literatur

Bilandzic, H. (2004). Synchrone Programmauswahl. Der Einfluss formaler und inhaltlicher Merkmale der Fernsehbotschaft auf die Fernsehnutzung. München: Reinhard Fischer.

Cacioppo, J.T. & Petty, R.E. (1982). The need for cognition. Journal of Personality and Social Psychology, 42, 116–131.

Daft, R.L. & Lengel, R.H. (1984). Information richness: A new approach to managerial behavior and organization design. In B. Staw & L.L. Cummings (Eds.), Research in organizational behavior (Vol. 6, pp. 191–233). Greenwich: JAI.

Donnerstag, J. (1996). Der engagierte Mediennutzer. Das Involvement-Konzept in der Massenkommunikationsforschung (Reihe Medien Skripten. Beiträge zur Medien- und Kommunikationswissenschaft, Bd. 26). München: Reinhard Fischer.

Döring, N. (2003). Sozialpsychologie des Internet. Die Bedeutung des Internet für Kommunikationsprozesse, Identitäten, soziale Beziehungen und Gruppen (Internet und Psychologie: Neue Medien in der Psychologie; 2. Aufl., Bd. 2). Göttingen: Hogrefe.

Fahr, A. & Böcking, T. (2005). Nichts wie weg? Ursachen der Programmflucht. Medien & Kommunikationswissenschaft, 53(1), 5–25.

Fishbein, M. & Ajzen, I. (1975). Belief, attitude, intention and behavior. An introduction to theory and research. Reading, MA: Addison-Wesley.

Früh, W. & Schönbach, K. (1982). Der dynamisch-transaktionale Ansatz. Ein neues Paradigma der Medienwirkungsforschung. Publizistik, 27, 74–89.

Früh, W. (1991). Medienwirkungen: Das dynamisch-transaktionale Modell. Theorie und empirische Forschung. Opladen: Westdeutscher Verlag.

Früh, W. (2002). Unterhaltung durch das Fernsehen. Eine molare Theorie. Konstanz: UVK.

Fulk, J., Schmitz, J. & Steinfield, C.W. (1990). A social influence model of technology use. In J. Fulk & C.W. Steinfield (Eds.), Organizations and communication technology (pp. 117–140). Newbury Park, CA: Sage.

Gleich, U. (1997). Parasoziale Interaktion und Beziehungen von Fernsehzuschauern mit Personen auf dem Bildschirm. Ein theoretischer und empirischer Beitrag zum Konzept des Aktiven Rezipienten. Landau: VEP.

Greenberg, B. S. (1974). Gratifications of television viewing and their correlates for British children. In J.G. Blumler & E. Katz (Eds.), The uses of mass communications. Current perspectives on gratifications research (pp. 71–92). Beverly Hills, CA: Sage.

Hartmann, T., Schramm, H. & Klimmt, C. (2004). Personenorientierte Medienrezeption: ein Zwei-Ebenen-Modell parasozialer Interaktionen. Publizistik, 49(1), 25–47.

Heckhausen, H. & Kuhl, J. (1985). From wishes to action: The dead ends and short cuts on the long way to action. In M. Frese & J. Sabini (Eds.), Goal directed behavior: The concept of action psychology (pp. 134–159). Hillsdale, NJ: Lawrence Erlbaum.

Herzog, H. (1944). What do we really know about daytime serial listeners. In P.F. Lazarsfeld & F.N. Stanton (Eds.), Radio research 1942–1943 (pp. 3–33). New York: Duell, Sloan & Pearce.

Höflich, J.R. (1996). Technisch vermittelte interpersonale Kommunikation. Grundlagen, organisatorische Medienverwendung, Konstitution „elektronischer Gemeinschaften". Opladen: Westdeutscher Verlag.

Holzer, H. (1994). Medienkommunikation. Eine Einführung. Opladen: Westdeutscher Verlag.

Horton, D. & Wohl, R.R. (1956). Mass communication and para-social interaction: Observation on intimacy at a distance. Psychiatry, 19, 185–206.

Jäckel, M. (1992). Mediennutzung als Niedrigkostensituation. Anmerkungen zum Nutzungs- und Belohnungsansatz. Medienpsychologie, 4, 246–266.

Jäckel, M. (1996). Wahlfreiheit in der Fernsehnutzung: Eine soziologische Analyse zur Individualisierung der Massenkommunikation. Opladen: Westdeutscher Verlag.

Katz, E., Blumler, J.G. & Gurevitch, M. (1974). Utilization of mass communication by the individual. In J.G. Blumler & E. Katz (Eds.), The uses of mass communication (pp. 19–32). Beverly Hills, CA: Sage.

Katz, E., Gurevitch, M. & Haas, H. (1973). On the uses of the mass media for important things. American Sociological Review, 38, 164–181.

Klapper, J.T. (1960). The effects of mass communication (Foundations of communications research, Bd. 3). New York: The Free Press.

Klaus, E. (1996). Der Gegensatz von Information ist Desinformation, der Gegensatz von Unterhaltung ist Langeweile. Rundfunk und Fernsehen, 44(3), 402–417.

Lazarsfeld, P.F., Berelson, B. & Gaudet, H. (1944). The people's choice: How the voter makes up his mind in a presidential campaign. New York: Columbia University Press.

LeBon, G. (1982). Psychologie der Massen. Mit einer Einführung von Peter R. Hofstätter (15. Aufl., Originalausgabe 1895). Stuttgart: Kröner.

Levy, M.R. & Windahl, S. (1985). The concept of audience activity. In K.E. Rosengren, L.A. Wenner & P. Palmgreen (Eds.), Media gratifications research. Current perspectives (pp. 109–122). Beverly Hills, CA: Sage.

Livingstone, S.M. (1998). Making sense of television. The psychology of audience interpretation (International series in social psychology, 2. ed.). London: Routledge.

Mangold, R., Vorderer, P. & Bente, G. (Hrsg.). (2004). Lehrbuch der Medienpsychologie. Göttingen: Hogrefe.

McGuire, W.J. (1989). Theoretical foundation of campaigns. In R.E. Rice & C.E. Atkin (Eds.), Handbook of social psychology (pp. 43–65). Newbury Park, CA: Sage.

McQuail, D., Blumler, J.G. & Brown, J.R. (1972). The television audience: A revised perspective. In D. McQuail (Ed.), Sociology of mass communication (pp. 135–166). Harmondsworth: Penguin.

Merten, K. (1994). Wirkungen von Kommunikation. In K. Merten, S.J. Schmidt & S. Weischenberg (Hrsg.), Die Wirklichkeit der Medien. Eine Einführung in die Kommunikationswissenschaft (S. 291–328). Opladen: Westdeutscher Verlag.

Neverla, I. (1992). Fernseh-Zeit. Zuschauer zwischen Zeitkalkül und Zeitvertreib. Eine Untersuchung zu Fernsehnutzung. München: Ölschläger.

Niemeyer, H.-G. & Czycholl, J.M. (1994). Zapper, Sticker und andere Medientypen. Eine marktpsychologische Studie zum selektiven TV-Verhalten. Stuttgart: Schäffer-Poeschel.

Palmgreen, P. (1984). Der „Uses and Gratification Approach". Theoretische Perspektiven und praktische Relevanz. Rundfunk und Fernsehen, 32(1), 51–61.

Palmgreen, P. & Rayburn, J.D. (1985). An expectancy-value approach to media gratifications. In K.E. Rosengren, L.A. Wenner & P. Palmgreen (Eds.), Media gratification research. Current perspectives (pp. 61–72). Beverly Hills, CA: Sage.

Petty, R.E. & Cacioppo, J.T. (1986b). Communication and persuasion: Central and peripheral routes to attitude change. New York: Springer.

Reiss, S. & Wiltz, J. (2004). Why people watch reality TV. Media Psychology, 6(4), 363–378.

Renckstorf, K. (1989). Mediennutzung als soziales Handeln. Zur Entwicklung einer handlungstheoretischen Perspektive in der empirischen (Massen-)Kommunikationsforschung. In M. Kaase & W. Schulz (Hrsg.), Massenkommunikation – Theorien, Methoden, Befunde. Sonderheft der Kölner Zeitschrift für Soziologie und Sozialpsychologie (S. 314–336). Opladen: Westdeutscher Verlag.

Renckstorf, K. (1977). Neue Perspektiven der Massenkommunikationsforschung. Beiträge zur Begründung eines alternativen Forschungsansatzes. Berlin: Spiess.

Rubin, A.M. & Perse, E.M. (1987). Audience activity and television news gratifications. Communication Research, 14(1), 58–84.

Rubin, A.M. & Perse, E.M. (1988). Audience activity and soap opera involvement. A uses and effects investigation. Human Communication Research, 14(2), 246–268.

Rubin, A.M. (1984). Ritualized and instrumental television viewing. Journal of Communication, 34(3), 67–77.

Schenk, M. (2002). Medienwirkungsforschung. Tübingen: Mohr Siebeck.

Scholl, W., Pelz, J. & Rade, H. (1996). Computervermittelte Kommunikation in der Wissenschaft. Münster: Waxmann.

Schramm, H. & Wirth, W. (2006). Medien und Emotionen. Bestandsaufnahme eines vernachlässigten Forschungsfeldes aus medienpsychologischer Perspektive. Medien & Kommunikationswissenschaft, 54(1), 25–55.

Schweiger, W. (2005). Gibt es einen transmedialen Nutzungsstil? Theoretische Überlegungen und empirische Hinweise. Publizistik. Vierteljahreshefte für Kommunikationsforschung, 50(2), 173–200.

Short, J., Williams, E. & Christie, B. (1976). The social communications of telecommunication. London: John Wiley.

Shrum, L.J. (2002). Media consumption and perceptions of social reality: Effects and underlying processes. In J. Bryant & D. Zillmann (Eds.), Media effects: Advances in theory and research (2. ed., pp. 69–95). Mahwah, NJ: Lawrence Erlbaum.

Six, U., Gimmler, R. & Vogel, I. (2002). Medienerziehung in der Familie. Hintergrundinformationen und Anregungen für medienpädagogische Elternarbeit. Kiel: Unabhängige Landesanstalt für das Rundfunkwesen (ULR).

Stahlberg, D. & Frey, D. (1993). Das Elaboration-Likelihood-Modell von Petty und Cacioppo. In D. Frey & M. Irle (Hrsg.), Theorien der Sozialpsychologie. Band I: Kognitive Theorien (S. 327–359). Göttingen: Hans Huber.

Suckfüll, M. (2002). Rezeptionsmodalitäten – ein innovatives Merkmal der Zielgruppenanalyse. Planung & Analyse, (3), 68–73.

Suckfüll, M. (2004). Rezeptionsmodalitäten. Ein integratives Konstrukt für die Medienwirkungsforschung. München: Reinhard Fischer.

Vorderer, P. (1992). Fernsehen als Handlung. Fernsehfilmrezeption aus motivationspsychologischer Perspektive. Berlin: Sigma.

Webster, J.G. & Wakshlag, J. (1983). A theory of television choice. Communication Research, 10(4), 430–446.

Welker, M. (2000). Determinanten der Internet-Nutzung. Eine explorative Anwendung der Theorie des geplanten Verhaltens zur Erklärung der Medienwahl. München: Reinhard Fischer.

Zillmann, D. (1988). Mood management: Using entertainment to full advantage. In L. Donohew, H.E. Sypher & E.T. Higgins (Eds.), Communication, social cognition, and affect (pp. 147–171). Hillsdale, NJ: Lawrence Erlbaum.

Zillmann, D. (2002). Exemplification theory of media influence. In J. Bryant & D. Zillmann (Eds.), Media effects: Advances in theory and research (2. ed., pp. 19–41). Mahwah, NJ: Lawrence Erlbaum.

17 Exzessive und pathologische Mediennutzung

Ulrike Six

Beispiel

Herbert (46 Jahre) ist seit einem Jahr geschieden. Auch beruflich hat er zur Zeit große Probleme. Wenn er abends nach Hause kommt, macht er als Erstes das Fernsehen an, holt sich eine Flasche Bier und zappt durch das Programm, bis er irgendwo hängen bleibt. Meist kann er dann beim Fernsehen seine Sorgen für einige Stunden vergessen. Allerdings geht er nun immer erst spät ins Bett und ist morgens oft so müde, dass er sich bei der Arbeit kaum konzentrieren kann. Sein Chef hat ihn deshalb schon mehrfach gemahnt.

Simone (40 Jahre) lebt mit ihrem Sohn Christian (14 Jahre) allein. Nach der Arbeit muss sie sich um Haushalt und Sohn kümmern, so dass sie kaum Zeit hat, um neue Leute kennen zu lernen. Außerdem möchte sie nicht schon wieder an einen Mann geraten, der sie betrügt. Abends chattet sie nun oft bis in die Nacht hinein im Internet und fühlt sich dann weniger einsam.

Christian hat viele Spiele auf seinem Computer. Über das Internet tritt er häufig gegen Gegner an, die er nur aus diesem Zusammenhang kennt. Das geht oft über vier oder fünf Stunden. Seine Mutter macht sich Sorgen um ihn, zumal seine schulischen Leistungen nachgelassen haben.

„Die Droge im Wohnzimmer" (Winn, 1979), „Zauberlehrlinge – die gefährliche Liebe zum Computer" (Volpert, 1985), „Caught in the Net – Suchtgefahr Internet" (Young, 1999) oder „Wir amüsieren uns zu Tode" (Postman, 1985) – solchen (reißerischen) Buchtiteln liegen keineswegs bloße Verkaufsstrategien der Verlage zugrunde, vielmehr stehen sie als Beispiele für weit verbreitete Befürchtungen, die sich letztlich auf eine als exzessiv oder gar pathologisch bezeichnete Mediennutzung und deren Folgen richten. Derartige Befürchtungen und mit ihnen verbundene Forderungen nach Präventionsmaßnahmen haben eine lange Tradition: Seit Jahrhunderten hat die Etablierung jeweils „neuer Medien" wellenartig zu Kontroversen über deren Chancen und Risiken geführt. So wurden die Ende des 18. Jahrhunderts geäußerten Bedenken gegen „Lesesucht" zunächst von Thesen abgelöst, die Massenmedien wie Groschenheften, Kinematographen und Laufbildern, Hörfunk und Kinofilmen ein immenses Gefahren- oder gar Suchtpotenzial attestierten (vgl. z.B. den historischen Überblick bei Rogge, 2000). An diese Stelle sind inzwischen längst die neueren elektronischen Medien getreten, mit denen ein breites Spektrum an Negativphänomenen assoziiert wird: Es reicht von Gefahren einer exzessiven Mediennutzung (z.B. „Vielsehersyndrom"; Schulz, 1986; Buß, 1985) bis hin zu pathologischen Medien- bzw. Online-Nutzungsmustern, die mit Begriffen wie „Technological Addictions" oder „Mediensüchte" zusammengefasst werden und Abhängigkeiten wie „Fernsehsucht", „Computersucht", „Internetsucht" bzw. „Online-Süchte" oder spezieller etwa „Online-Spielsucht" und „Online Sexual Addiction" umfassen.

Solche Phänomene werden zuweilen ausschließlich auf die Faszination von Medien (bzw. bestimmten Medienangeboten/-anwendungen) oder aber auf Prädispositionen der Mediennutzer und ihre Sozialisation zurückgeführt. Komplexere Erklärungsansätze nehmen dagegen Bezug auf den Wirkungszusammenhang zwischen Attraktivitätsmerkmalen von Medien einerseits und personalen bzw. Persönlichkeitsmerkmalen, individuellen Lebensbedingungen, psychischen Befindlichkeiten und aus ihnen resultierenden Bedürfnissen und Bestrebungen andererseits.

Insbesondere mit Verweis auf ihre vielseitigen und gravierenden Auswirkungen wird sowohl die exzessive als auch die pathologische Mediennutzung längst als ein individuell wie auch sozial ernst zu nehmender Phänomenkomplex angesehen. Im Hinblick auf Kinder und Jugendliche werden hiermit Beeinträchtigungen einer „gesunden" Entwicklung im kognitiven, emotionalen, sozialen und physischen Bereich assoziiert (einschließlich Fettleibigkeit, Passivität und einer defizitären bzw. problematischen Identitäts-, Sprach- und Persönlichkeitsentwicklung), die weitere Negativfolgen wie Leistungsprobleme und Schlafstörungen oder zunehmende Gewalttendenzen mit sich bringen. Aber auch mit Blick auf Erwachsene wird ein breites Spektrum schwerwiegender Folgen festgestellt, das von Desintegration und Misserfolgen im Berufs- und Privatleben (z.B. Leistungsversagen, Arbeitsplatzverlust, Partnerschaftsproblemen, sozialer Isolation) bis hin zu psychischen Störungen (z.B. Depressivität, erhöhter Reizbarkeit) oder der Ausbildung weiterer Abhängigkeiten reicht.

Insgesamt hat sich die einschlägige Forschung innerhalb dieses Phänomenkomplexes am intensivsten mit dem TV-„Vielsehersyndrom" sowie inzwischen auch mit der pathologischen (oder gar süchtigen) Internetnutzung befasst. Wie ernst aber muss man solche Phänomene tatsächlich nehmen? Handelt es sich hier nur um Einzelfälle oder um eine weit verbreitete Problematik? Wie werden die entsprechenden Verhaltensmuster bzw. Störungen definiert und gegenüber einem hohen, gleichzeitig jedoch funktionalen Medienkonsum abgegrenzt? Anhand welcher Einflussfaktoren und Prozesse lassen sich solche Verhaltenssyndrome bzw. Abnormitäten erklären? Auf diese und ähnliche Fragen geht das vorliegende Kapitel ein.

17.1 Definition und Verbreitung exzessiver und pathologischer Mediennutzung

17.1.1 Definitionen

Die Analyse und Erklärung exzessiver und pathologischer Mediennutzung sowie die empirische Ermittlung ihrer Verbreitung, aber auch ihre Prävention und Modifikation setzen kriteriengeleitete Definitionen solcher Nutzungsmuster voraus. Dabei ist grundsätzlich zwischen folgenden Nutzungsmustern zu unterscheiden:

- exzessive Mediennutzung,
- exzessiv-dysfunktionale Mediennutzung,
- pathologische oder auch „süchtige" Mediennutzung.

Wie aber lassen sich diese Phänomene als Abnormitäten definieren und voneinander abgrenzen?

Exzessive Mediennutzung

Definitionen einer exzessiven Nutzung einzelner Medien (z.B. TV-„Vielsehen") basieren entweder auf einer (willkürlich) gesetzten Norm, d.h. einem Nutzungsquantum, das als *absoluter* Grenzwert festgelegt wird (z.B. über vier Stunden pro Tag), oder auf einer statistischen Norm, die nach der empirischen Verteilung eine *relativ* extreme Nutzung markiert. Im letzten Fall werden Repräsentativ- oder spezielle Stichprobendaten und als Grenzwert für „Vielnutzung" ein bestimmter Verteilungskennwert zugrunde gelegt (z.B. Grenzziehung anhand des obersten Quartils einer Verteilung).

Um zunächst einen Maßstab zur Einordnung exzessiver Mediennutzung zu vermitteln, enthält Tabelle 17.1 einen Überblick über die durchschnittliche Mediennutzung Erwachsener in der BRD, aufgeschlüsselt nach einzelnen Medien.

Tabelle 17.1. Mediennutzung 2005
Daten der ARD/ZDF-Langzeitstudie Massenkommunikation 2005 (Ridder & Engel, 2005, S. 425);
Basis: n = 4500 Erwachsene ab 14 Jahren (Nutzer wie auch Nichtnutzer des jeweiligen Mediums); Zeitraum: 10. Januar bis 13. März 2005, Mo–So, 5–24 Uhr)

Medium	Nutzungsdauer (Min. pro Tag)
Fernsehen	220
Hörfunk	221
Tonträger (CD/LP/MC/MP3)	45
Video/DVD	5
Internet	44
Bücher	25
Tageszeitung	28
Zeitschriften	12

Die in der Literatur angegebenen Grenzwerte für die jeweilige Extremgruppe der „Vielnutzer" in der BRD variieren erheblich. Dabei lassen sich Unterschiede nicht nur auf die oben erwähnte Grenzziehung anhand einer gesetzten oder aber statistischen Norm zurückführen, sondern auch auf die Abhängigkeit vom Untersuchungszeitraum bzw. -zeitpunkt, von der jeweiligen Stichprobe sowie von dem zur Gruppenbildung herangezogenen Verteilungskennwert (s. oben).

Die meisten Studien zur exzessiven Mediennutzung sind um das „Vielsehersyndrom" zentriert.

Definition

Im deutschsprachigen Raum versteht man unter erwachsenen **„Vielsehern"** mehrheitlich solche Personen ab 14 Jahren, die im Durchschnitt mehr als drei Stunden pro Tag fernsehen.

Diese Gruppe wird in manchen Studien weiter untergliedert und dabei für Extremvielseher ein durchschnittlicher Fernsehkonsum von mehr als fünf Stunden täglich als Kriterium angelegt (z.B. Buß, 1997). Drei- bis 13-jährige Kinder werden als Vielseher bezeichnet, wenn sie täglich mehr als zweieinhalb Stunden fernsehen (z.B. Buß & Simon, 1998), und für Kinder im Kindergartenalter wird ein täglicher Fernsehkonsum von über zwei Stunden als „Vielsehergrenze" angesetzt (z.B. Grüninger & Lindemann, 2000).

Nun ist aber eine statistisch überdurchschnittlich starke Mediennutzung nicht per se als problematisch anzusehen und impliziert nicht ohne weiteres, dass eine Diagnose gestellt und Präventions- und Interventionsmaßnahmen ergriffen werden müssen. Wenn auch die meisten Arbeiten zur Medien-„Vielnutzung" ein geradezu düsteres Bild dieses Handlungsmusters und der betreffenden Personen zeichnen, so ist doch zu bedenken: Auch exzessive Mediennutzung kann durchaus funktional und etwa durch spezifische Lebensumstände erklärbar sein (z.B. langes Telefonieren und überdurchschnittlicher Radio- und/oder Fernsehkonsum bei allein lebenden Senioren). Was also unterscheidet dieses Mediennutzungsmuster von einem Muster, das als dysfunktional, pathologisch oder gar süchtig bezeichnet wird?

Exzessiv-dysfunktionale bis süchtige Mediennutzung

Für Fernsehen und Computer(spiele) wird üblicherweise lediglich zwischen Wenig-, Durchschnitts- und Vielnutzung differenziert, wobei Letztere nur selten explizit und kriteriengestützt von „Sucht" abgegrenzt wird und Abstufungen zwischen Vielnutzung und Sucht kaum thematisiert werden.

! In der Internetnutzungsforschung legt man häufiger ein **Kontinuum** zugrunde, das von funktionalem über exzessiv-dysfunktionalen bis hin zu pathologischem oder auch süchtigem Internetgebrauch reicht (vgl. z.B. Six, Gimmler & Schröder, 2005).

Hieraus lassen sich verallgemeinernd folgende Kriterien ableiten:

- **Exzessiv-funktionale Mediennutzung** zeichnet sich durch ein Handlungsmuster aus, mit dem das Individuum Anliegen zielgerichtet und selbstgesteuert umsetzt. Das hohe Nutzungsquantum ist dabei insofern (subjektiv) funktional, als die Person das betreffende Medium im Vergleich zu verfügbaren Alternativoptionen als ein relativ passendes Mittel zur Umsetzung seiner Anliegen ansieht, keine gravierenden negativen Konsequenzen erlebt und im Durchschnitt eine positive Bilanz zwischen Nutzen (Gratifikationen) und Kosten (z.B. zeitlichem Aufwand, gegebenenfalls negativen Konsequenzen) verzeichnen kann. Insofern setzt ein solches Handlungsmuster auch ein Mindestmaß an Reflexion voraus, die bei vorhandener Routine jedoch gegebenenfalls entfallen kann.
- Demgegenüber ist **exzessiv-dysfunktionale Mediennutzung** (neben einem ebenfalls hohen Nutzungsquantum) insbesondere durch eine geringere Zielgerichtetheit und Kontrolle gekennzeichnet. Gleichzeitig ist hier eine deutlich geringere Effektivität und ungünstigere Effizienzbilanz gegeben, die das Individuum jedoch nicht als so schwerwiegend erlebt, dass es darunter leiden würde. Eine graduell stärkere Dysfunktionalität liegt u.a. dann vor, wenn Alternativoptionen mit einer günstigeren Effizienzbilanz zur Verfügung stünden, aber nicht umgesetzt werden.
- Neben einer noch geringeren Handlungskontrolle kommt beim **pathologischen Handlungsmuster** noch einiges hinzu: Das Individuum selbst empfindet sein Nutzungsquantum als unangemessen hoch. Es erlebt seinen Mediengebrauch bzw. seine Nutzung eines bestimmten Mediums als diskrepant zu seinen hierauf bezogenen Einstellungen. Und abgesehen von kurzfristigen Gratifikationen nimmt es längerfristig schwerwiegende negative Konsequenzen wahr (z.B. „schlechtes Gewissen“).
- Beim **süchtigen Mediengebrauch** müssen zudem wesentliche Suchtkriterien erfüllt sein. So wird „Internetsucht“ zumeist als ein Verhaltenssyndrom exzessiver Nutzung des Internets oder einzelner Onlinedienste definiert, auf das gleichzeitig Kriterien spezieller psychischer Störungen (entsprechend den DSM-IV- bzw. ICD-10-Klassifikationskriterien) zutreffen: insbesondere „Kontrollverlust“, „Toleranzentwicklung“, psychische Entzugserscheinungen sowie negative Konsequenzen für die Nutzer vor allem in Leistungsbereichen und sozialen Beziehungen (als Überblick z.B. Six et al., 2005; Chou, Coudron & Belland, 2005). In ähnlicher Weise werden Phänomene wie „Fernsehsucht“ (z.B. Smith, 1986; Kubey, 1996; Horvath, 2004) oder „Computersucht“ (z.B. Shotton, 1989; Charlton, 2002) auf Basis klassischer Suchtkriterien definiert.

17.1.2 Prävalenzraten

Ebenso wie Grenzwerte zur Definition von „Vielnutzung“ variieren plausiblerweise auch die vorliegenden Angaben dazu, wie verbreitet (prävalent) abnorme Mediennutzungsmuster sind. Dabei lassen sich Differenzen nicht nur auf Unterschiede in den Gruppierungskriterien, sondern auch in der Operationalisierung des Nutzungsquantums (Nutzungs- im Unterschied zu Verweildauer) zurückführen. Eine Zusammenschau vorliegender Prävalenzraten lässt jedoch folgende Einschätzungen zu:

- Der Vielseheranteil in der BRD hat im Laufe der letzten 25 Jahre sowohl unter Erwachsenen als auch bei Kindern deutlich zugenommen. Inzwischen werden für beide Gruppen Prävalenzraten von etwa 35 % angegeben (z.B. Dehm, Storll & Beeske, 2004; Buß & Simon, 1998), während der Anteil Fernsehsüchtiger bei jeweils weit unter 10 % liegen dürfte (genauere und aktuelle Angaben hierzu liegen für die BRD nicht vor).
- Für süchtige Internetnutzung werden in Deutschland derzeit Prävalenzraten von unter 5 % und

weitere 5 bis 7 % für suchtgefährdete Nutzung verzeichnet (z.B. Hahn & Jerusalem, 2001). Die Datenlage lässt bislang allerdings noch keine generalisierbare Einschätzung zu. Gleichzeitig ist von erheblichen kulturellen und soziodemographischen Unterschieden auszugehen. Ein ähnliches Fazit ist gegenwärtig für pathologisches bzw. süchtiges Computerspielen zu ziehen.

17.2 Exzessive und pathologische Mediennutzung – Nutzertypologisierung und Wirkungsannahmen

Forschungsarbeiten zur Charakterisierung exzessiver oder pathologisch-süchtiger Mediennutzer ebenso wie zur Abschätzung möglicher Auswirkungen der „Vielnutzung“ sind vorrangig um das „Vielsehersyndrom“ sowie inzwischen um die Internetsucht (verkürzt für pathologische bis süchtige Internetnutzung) zentriert. Dies spiegelt sich auch im vorliegenden Kapitel wider. Dabei beziehen sich die folgenden Ausführungen ebenso wie die später erläuterten Erklärungsansätze (s. unten Abschnitt 17.3) weniger auf eine unproblematische exzessiv-funktionale Mediennutzung als vielmehr schwerpunktmäßig auf eine problematische abnorme Exzessivnutzung.

Sowohl zur Vielseherproblematik als auch zur Internetsucht haben empirische Studien eine breite Palette von spezifischen Merkmalen der betroffenen Personen und ihres Umfelds wie auch von Wirkungen dieser Mediennutzungsmuster ermittelt. In beiden Forschungsgebieten ist allerdings bei Kausalinterpretationen Vorsicht geboten: Für viele der hier im Zentrum stehenden Variablen (z.B. Einsamkeit, Depressivität) sind verschiedene Annahmen gleichermaßen plausibel:

- Bestimmte Merkmale der Individuen und/oder ihres Umfelds sind Einflussfaktoren exzessiver bzw. pathologischer Mediennutzung.
- Bestimmte Personenmerkmale sind gerade umgekehrt als Auswirkungen exzessiver bzw. pathologischer Mediennutzung zu interpretieren.
- Die Mediennutzung wie auch bestimmte Personenmerkmale und psychische Probleme sind – unabhängig voneinander – durch Drittvariablen (z.B. ein defizitäres soziales Netzwerk) geprägt.
- Es besteht ein kreisförmiger Prozess, in dem bestimmte Personen- bzw. Persönlichkeitsvariablen einerseits zur Entstehung einer abnormen Mediennutzung beitragen und andererseits durch Ausmaß und Qualität der Mediennutzung verstärkt werden können (z.B. Morahan-Martin, 2001).

Die zuletzt genannte Annahme ist am stärksten theoretisch untermauert, wenn auch empirisch bislang nicht befriedigend überprüft.

17.2.1 Nutzercharakterisierung

Zur Typologisierung exzessiver bis süchtiger Mediennutzer weist die empirische Forschung auf eine Vielzahl von Personenmerkmalen hin, die mit einer abnormen Mediennutzung korrelieren. Im Folgenden werden solche Ergebnisse zusammengefasst. Dabei ist allerdings neben dem oben erwähnten Problem der Kausalinterpretation zu beachten, dass auch zwischen diesen Merkmalen (z.B. zwischen soziodemographischen Faktoren, bestimmten Lebensumständen, Befindlichkeiten und Mediennutzungsmotiven) Zusammenhänge anzunehmen sind. Im Hinblick auf die Nutzercharakterisierung wurden sie bisher jedoch nur einzeln betrachtet, so dass ihre Zusammenhänge noch ungeklärt sind.

Medienpräferenzen. Nach vorliegenden Ergebnissen zeichnen sich Vielseher durch eine besondere Vorliebe für private Fernsehsender und dabei durch eine wenig wählerische Nutzungsweise aus (als Überblick z.B. Myrtek & Scharff, 2000). Bei Internetsüchtigen und ihrer Selektion von Internetanwendungen ist dagegen ein deutlicher ausgeprägtes Präferenzmuster festzustellen: Eindeutig bevorzugen sie synchrone Kommunikationsformen (vor allem chatten, MUDs spielen) (vgl. z.B. Kubey, Lavin & Barrows,

2001; speziell zu MUDs s. Kap. 23). Darüber hinaus zeichnen sich beide Gruppen nicht nur durch ihre exzessive Nutzung des Fernsehens bzw. Internets aus, vielmehr nutzen viele von ihnen offenbar auch andere Medien (vor allem Videofilme und Computerspiele) in überdurchschnittlichem Maße (vgl. z.B. Roberts, Foehr & Rideout, 2005).

Soziodemographie und Lebensumstände. Im Hinblick auf soziodemographische Merkmale unterscheiden sich Vielseher und Internetsüchtige deutlich voneinander: Zumindest ältere Studien (z.B. Buß & Simon, 1998) weisen darauf hin, dass Vielseher häufiger Personen mit geringer Schulbildung und beruflicher Qualifikation sowie niedrigem Einkommen und/oder ältere Menschen (oft bereits im Rentenalter) sind. Die Internetsucht tritt demgegenüber kaum bei älteren Personen auf, sondern ist gegenwärtig vorrangig ein Phänomen im Jugendalter (Hahn & Jerusalem, 2001): Die Prävalenzrate steigt bei Heranwachsenden kontinuierlich bis zum Alter von etwa 15 Jahren (ca. 10 %) an und geht anschließend systematisch zurück (bei Personen ab 50 Jahren liegt die Prävalenzrate nur noch weit unter 1 %); Gleiches gilt für Suchtgefährdete.

Ähnlichkeiten bestehen zwischen Vielsehern und Internetsüchtigen dagegen im Hinblick darauf, dass die Wahrscheinlichkeit für eine solche Verhaltensauffälligkeit höher ist, wenn die Lebenssituation etwa durch Überforderung oder soziale Konflikte als belastend empfunden wird und hierfür keine geeigneten Copingstrategien vorliegen (vgl. z.B. McIlwraith, 1998; Beard, 2005). Ebenso tritt die Verhaltensauffälligkeit auch gehäuft auf, wenn die Person wenig Sozialkontakte hat und sich durch ihre soziale Umgebung wenig unterstützt und einsam fühlt (z.B. Minnebo, 2005; Whang, Lee & Chang, 2003).

Persönlichkeit. Bestimmte Persönlichkeitsmerkmale wie Introversion, Neurotizismus und Sensation Seeking, ebenso aber auch Orientierungen (z.B. fatalistische Lebenseinstellungen, externale Kontrollüberzeugungen) und psychische Störungen (vor allem Depressivität, Ängstlichkeit) scheinen zu wesentlichen Einflussfaktoren einer abnormen Fernseh- oder Internetnutzung zu gehören (als Überblick z.B. McIlwraith, 1998; Chou et al., 2005). Ähnlich wie bei der zuvor erwähnten Wahrnehmung von Einsamkeit und sozialen Problemen ist allerdings eine einseitige Kausalinterpretation hier besonders problematisch. Vielmehr ist gerade hier von einem Spiraleffekt auszugehen: Derartige Dispositionen können zwar zu exzessiver bis süchtiger Mediennutzung beitragen, gleichzeitig aber durch Letztere auch verstärkt werden.

Bedürfnisse und Mediennutzungsfunktionen. Motive und Funktionen der Mediennutzung werden häufig isoliert von den vorgenannten Faktoren als wichtige Determinanten thematisiert. Demgegenüber ist jedoch davon auszugehen, dass gerade vor dem Hintergrund der genannten Faktoren bestimmte Bedürfnisse dominant werden, für deren Befriedigung Fernsehen oder Internet von den Betroffenen als besonders geeignete Medien wahrgenommen werden (als Überblick z.B. Schulz, 1997; Chou et al., 2005). Zu solchen Bedürfnissen und aus ihnen resultierenden Nutzungsmotiven bzw. -funktionen zählen insbesondere:

- die Vermeidung oder Verdrängung unangenehmer Gedanken und dysphorischer Stimmungen (zur „Mood-Management-Theorie" vgl. auch die Abschnitte 7.3.2 und 16.3.6),
- die Bewältigung oder Ablenkung von Problemen und Stress,
- die Flucht aus subjektiv negativen Situationen,
- die Bewältigung von schwierigen Situationen,
- die Beseitigung von Langeweile,
- die Kompensation wahrgenommener Defizite (z.B. Verringerung der Einsamkeit, Streben nach Gemeinschaft und Geborgenheit, Anerkennung und Orientierung, Unterhaltung und „Action").

17.2.2 Wirkungsannahmen

Analysen zu Auswirkungen des Vielsehens sind mehrheitlich an der „Kultivierungshypothese" und insofern vorrangig an Thesen negativer Wirkungen auf Einstellungen und Stereotype, Weltbilder, Normen und Werte orientiert (ausführlich hierzu Abschnitt 5.5.1 über Einstellungsbeeinflussung; zu Wirkungen exzessiver Rezeption von „Mediengewalt“ vgl. außerdem Abschnitt 8.5.3).

Ein zweiter Schwerpunkt – sowohl in der Vielseher- als auch der Internetsuchtforschung – liegt bei den problematischen Auswirkungen im Leistungsbereich: Nicht zuletzt vor dem Hintergrund der Negativfolgen, die in Form von Schlafmangel und Schlafstörungen sowie von Zeitmangel für Alltagsanforderungen mit exzessiver Mediennutzung einhergehen, wurden bei Vielsehern und pathologischen bzw. süchtigen Internetnutzern eine geringere Leistungsfähigkeit in Schule, Studium und Arbeit sowie negative berufliche Konsequenzen festgestellt (z.B. Myrtek & Scharff, 2000; Caplan, 2002).

Ein in beiden Forschungsgebieten bedeutender Schwerpunkt liegt schließlich auf psychischen Negativfolgen. Insbesondere sind hier empirische Ergebnisse zu finden, die auf eine Ausbildung oder Extremisierung psychosozialer Probleme und Störungsbilder infolge einer abnormen bis süchtigen Mediennutzung hinweisen. Dabei handelt es sich in erster Linie um soziale Desintegration, Einsamkeit und Depressivität (als Überblick z.B. Joinson, 2003). Ebenfalls liegen Befunde vor zur „Angstkultivierung“ (vgl. Abschnitt 5.5.1 zur Einstellungsbeeinflussung ohne dahinter stehende Absichten) und zur Entstehung oder Verstärkung von Angststörungen (vgl. z.B. Cantor, 2001; Yang, Choe, Baity, Lee & Cho, 2005) sowie zu einem geringen Selbstwertgefühl (z.B. Hopf, 1998; Caplan, 2002). Insgesamt ist allerdings auch bei solchen Kausalinterpretationen Vorsicht geboten, und es sind zahlreiche intervenierende Variablen (z.B. Persönlichkeitsfaktoren wie Extraversion und Introversion) zu berücksichtigen.

17.3 Erklärungen problematischer Exzessivnutzung

Die Bemühungen, eine exzessive Mediennutzung zu erklären, richten sich inzwischen weitaus seltener auf das Vielsehersyndrom als vielmehr auf den Phänomenkomplex der Internetsucht. Dies spiegelt sich auch im vorliegenden Abschnitt wider, der vorrangig auf die pathologische bis süchtige Internetnutzung eingeht.

17.3.1 Erklärungen exzessiver Fernsehnutzung

Zu Determinanten und Auswirkungen des Vielsehens wurden im vorherigen Abschnitt – mit aller gebotenen Vorsicht der Kausalinterpretation – bereits die wichtigsten Ergebnisse zusammengefasst. Wiewohl von Zusammenhängen zwischen den dort genannten Einflussfaktoren eines abnormen Fernsehnutzungsquantums auszugehen ist, werden solche Faktoren meist nur isoliert voneinander und üblicherweise lediglich in ihrer jeweiligen Korrelation mit Vielsehen betrachtet. Komplexere Erklärungsmodelle liegen kaum vor (einer der wenigen Ansätze, die mehrere Variablen und deren Interrelationen einbeziehen, findet sich bei Frissen, 1996).

Neben einer medienzentrierten Perspektive, die die Allgegenwart, Attraktion und Qualität des Fernsehangebots betont, basieren die meisten Vorstellungen heute auf einer rezipientenzentrierten, handlungstheoretischen Perspektive und nehmen zumindest implizit auf den Uses-and-Gratifications-Ansatz Bezug (vgl. hierzu Abschnitt 16.3.1). Ausgangspunkt sind dabei zumeist die Bedürfnisse und Motivationen, die der Selektion von Handlungsoptionen zugrunde liegen. Die besondere Fernsehaffinität wird anhand folgender Faktoren zu erklären versucht:

- Bedürfnisse und Motivationen als Prädispositionen (zuweilen auch unter Berücksichtigung spezifischer, z.B. soziodemographischer Einflussfaktoren),
- von den Rezipienten erfahrene Gratifikationen des Fernsehens,
- daraus resultierende Funktionen, die diesem Medium (auch im Vergleich zu anderen Handlungsoptionen) zur Umsetzung der Anliegen attribuiert werden.

Sofern dabei pathologisches Vielsehen Erklärungsgegenstand ist, gehen einige Autoren – ähnlich wie weiter unten für die Internetsucht festgestellt – von einem „Teufelskreis“ aus, innerhalb dessen problematische Dispositionen durch die besondere Fernsehaffinität und das damit korrespondierende Nutzungsmuster verstärkt werden. Thematisiert wurde ein solcher Kreisprozess bislang schwerpunktmäßig mit Blick auf eskapistische Bestrebungen, mit denen das Individuum angesichts seiner als negativ wahrgenommenen Situation und Befindlichkeit aus der Situation und seinen Problemen zu entfliehen versucht: Demnach kann ein extremer Fernsehkonsum etwa dazu führen, dass das Individuum anderen Aktivitäten zunehmend weniger nachgeht, soziale Kontakte (z.B. zugunsten parasozialer Kontakte mit Akteuren im Fernsehen) vernachlässigt, seine Zeit weniger denn je auf andere Weise befriedigend ausfüllen kann und letztlich seine Lebenssituation und Befindlichkeit noch negativer wahrnimmt, so dass seine Ausgangsposition für die starke Fernsehaffinität und -nutzung noch extremer wird (vgl. z.B. Kubey, 1996).

17.3.2 Erklärungen pathologischer Internetnutzung

Als Risikofaktoren für pathologische bis süchtige Internetnutzung werden in der einschlägigen Literatur zahlreiche Variablen aufseiten des Individuums, seines Kontextes und des Internets selbst postuliert. Zumeist werden solche Variablen nur mehr oder weniger unabhängig voneinander aufgelistet. Komplexe Modelle, die verschiedene Variablen – unter Berücksichtigung von psychodynamischen Prozessen und Phasen der Suchtentstehung – in einen systematischen Zusammenhang zueinander stellen, sind dagegen bislang die Ausnahme. Unabhängig vom Grad ihrer Elaboriertheit lassen sich den vorliegenden theoretischen Ansätzen folgende Tendenzen entnehmen (die unten erwähnten Quellen stellen dabei lediglich einen kleinen Ausschnitt der hier einbezogenen Literatur dar):

Ähnlich wie für die exzessive Nutzung anderer Medien wird auch für die Internetnutzung inzwischen zumeist eine Art Spiraleffekt angenommen: Internetsucht basiert demnach einerseits auf bereits vorhandenen psychischen Problemen oder Störungen, die andererseits jedoch durch Ausmaß und Qualität der Internetnutzung verstärkt werden können (vgl. z.B. Beard, 2005). Dabei postulieren die meisten Erklärungsversuche – zumindest implizit – einen „Teufelskreis“ zwischen negativen psychischen Befindlichkeiten (z.B. Einsamkeit, Angstsymptome) und daraus resultierenden Bedürfnissen (z.B. soziale Unterstützung oder Selbstaufwertung; als Überblick z.B. Suler, 1999), die man durch das Internet zu realisieren versucht. Dadurch wird zwar kurzfristig eine Bedürfnisbefriedigung erlebt, längerfristig entstehen jedoch negative Konsequenzen und damit wiederum negative Befindlichkeiten (vgl. Abb. 17.1).

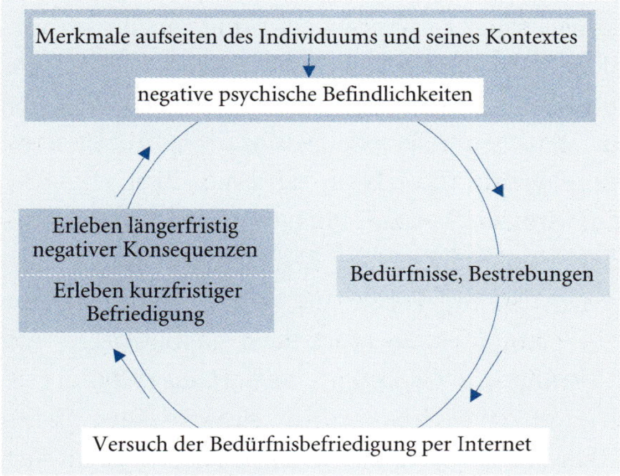

Abbildung 17.1. Häufig postulierter Teufelskreis pathologischer Internetnutzung

Erklärt werden die negativen Befindlichkeiten und aus ihnen resultierenden Bedürfnisse und Bestrebungen insbesondere durch vorliegende psychische Störungen und/oder bestimmte Persönlichkeitseigenschaften (Depressivität, Ängstlichkeit und Schüchternheit, geringer Selbstwert, Sensation Seeking etc.; als Überblick z.B. Chou et al., 2005; Caplan, 2002). Einige Ansätze betonen dabei spezielle Kompetenzdefizite (z.B. geringe soziale Kompetenz; Caplan, 2005) und mit ihnen verbundene psychosoziale Probleme und/oder fehlangepasste, für das Selbst ungünstige Kognitionen, die etwa mit einem „grüblerischen Denkstil" und einer negativen Selbstwahrnehmung verbunden sind (z.B. Caplan, 2003; LaRose, Lin & Eastin, 2003; Davis, 2001) und zum Streben nach Realitätsflucht oder Selbstaufwertung führen können.

Darüber hinaus werden negative Befindlichkeiten und daraus folgende Bedürfnisse und Bestrebungen auch mit Stressoren wie kritischen Lebensereignissen, schwierigen Lebensphasen oder ungünstigen Rahmenbedingungen bzw. anhaltenden psychosozialen Problemen erklärt (familiäre Konflikte, soziale Isolation etc.; z.B. Beard, 2005; Davis, 2001; Hahn & Jerusalem, 2001).

Auch Attraktivitätsfaktoren des Internets werden als suchtbegünstigende Elemente postuliert (leichte Zugänglichkeit von Informationen und Reizen verschiedenster Art, Anonymität und mit ihr verbundene Vorteile, Kontrollierbarkeit der Sozialkontakte, die über das Internet realisiert werden, und der persönlichen Selbstoffenbarung, Möglichkeiten für ungehemmtes „Ausleben" von Wünschen etc.). Dabei wird die „Passung" des Internets zu den zugrunde liegenden individuellen Bedingungen und Bedürfnissen hervorgehoben und damit diesem Medium ein besonderes Suchtpotenzial zugeschrieben (als Überblick z.B. Chou et al., 2005; Caplan, 2003).

Und schließlich beziehen einige Ansätze in die oben erwähnte Annahme eines Teufelskreises auch lerntheoretische Überlegungen mit ein, indem die mit der Internetnutzung verbundenen (erlebten oder bei anderen beobachteten) kurzfristigen Gratifikationen und die daraus resultierenden Konditionierungen und Verstärkungen akzentuiert werden (z.B. Beard, 2005; Caplan, 2003; Davis, 2001).

Komplexe Erklärungsansätze

Der kognitiv-behaviorale Ansatz von Davis. Ein Beispiel für komplexe, dynamische Ansätze ist das „kognitiv-behaviorale Modell" pathologischer Internetnutzung („Pathological Internet Use"; im Folgenden PIU) von Davis und Kollegen (Davis, 2001; Caplan, 2002; 2003). Auf Grundlage des allgemeinen Diathese-Stress-Modells zur Erklärung psychischer Störungen geht es zunächst von einer vorhandenen Störung aus (z.B. Depression). Macht das Individuum nun erste Erfahrungen mit dem Internet oder einer neuen Internetanwendung und erlebt dabei wiederholt Gratifikationen (z.B. Stimmungsaufhellung), so wird die Internetnutzung durch operante Konditionierung verstärkt und zunehmend instrumentell eingesetzt. Zudem werden durch sekundäre Verstärkung Assoziationen zwischen Internetnutzung und parallelen Reizen (z.B. Geräusch des PC) gebildet, die künftig als situationale Hinweisreize („cues") fungieren und mit inneren Hinweisreizen (z.B. negative Stimmung) verknüpft werden können.

Die bislang genannten Variablen und Prozesse bezeichnet Davis als notwendige unspezifische Bedingungen. Ausschlaggebende, spezifische Ursachen für PIU sieht Davis in hierfür typischen „maladaptiven" Kognitionen, die auf einer vorhandenen psychischen Fehlanpassung beruhen und unwillkürlich beim Auftreten von mit dem Internet assoziierten Hinweisreizen einsetzen. Hierzu zählen durch einen „grüblerischen" Denkstil induzierte kreisende Gedanken über das Selbst (vor allem Selbstzweifel und Kreisen um die problematische eigene Internetnutzung) ebenso wie „ruminative Gedanken" über die Welt (Generalisierungen wie „Das Internet ist der einzige Ort, wo ich respektiert werde"). Solche Kognitionen beeinträchtigen ein funktional-effektives Problemlösen und können im Verlauf eines Teufelskreises die psychische Störung wie auch die ruminativen Gedanken aufrechterhalten oder verstärken. Im Zuge dessen versucht das Individuum, sein Selbst per Internet aufzuwerten, indem es in einer risikolosen Online-Interaktion bei anderen nach positiven Reaktionen sucht, wodurch der Teufelskreis immer bedenklicher wird.

Insgesamt führt der Kreisprozess aus fehlangepassten Kognitionen, psychischen Befindlichkeiten und sozioemotionalen Prozessen, Konditionierungen und Hinweisreizen sowie Verhaltensweisen und deren Folgen dazu, dass eine pathologische Internetnutzung entsteht und anschließend aufrechterhalten wird. Dabei unterscheidet Davis zwischen (a) einer Abhängigkeit von bestimmten Internetanwendungen und (b) einer generalisierten (anwendungsunspezifischen) PIU. Für beide Formen werden zwar eine bestehende psychische Störung und der beschriebene Teufelskreis angenommen; bei der spezifischen PIU ist jedoch die vorhandene Störung (z.B. Spielsucht) zentraler: Hier erbringt eine „passende" Online-Aktivität (z.B. Online-Spielen) sofortige störungsspezifische Gratifikationen, wird somit konditioniert und zunehmend instrumentell eingesetzt. Als gravierender sieht Davis allerdings die generalisierte PIU an, die es ohne das Internet möglicherweise nicht gäbe: Wesentlich für diese Form sind – über die genannten Faktoren hinaus – ein Mangel an sozialer Unterstützung und/oder soziale Isolation sowie die dabei wichtige psychosoziale Ersatzfunktion des Internets, das eine Plattform zum Ausleben bestehender Ängste und eine „Rettungsleine zur Außenwelt" bietet.

Der sozial-kognitive Ansatz von LaRose, Lin und Eastin. Das „sozial-kognitive Modell" (LaRose et al., 2003) gleicht in Teilen dem Ansatz von Davis, auch hier wird ein Zusammenhang zwischen psychischer Störung (vor allem Depression), fehlangepassten Kognitionen und Lernprozessen angenommen. Vorrangig basiert das Modell jedoch auf Banduras „sozial-kognitiver Theorie" und dabei insbesondere auf dem Konzept der Selbstregulation. Ausgangspunkt ist die Annahme, dass die Betroffenen versuchen, depressive Zustände durch die Internetnutzung abzubauen, und ein Spiraleffekt entsteht, wenn die häufige Nutzung im Alltag negative Konsequenzen hat, so dass negative Selbstbewertungen und Stimmungen und damit auch die Internetnutzung zunehmen. Bei mehrfacher Wiederholung dieser Abfolge entsteht eine konditionierte Reaktion (ein dysphorischer Zustand wird direkt mit der Internetnutzung als Mittel zur Regulierung der inneren Zustände verknüpft), so dass die Nutzung zunehmend weniger bewusst kontrolliert abläuft. Das Nutzungsquantum steigt somit an, Selbstbeobachtung sowie erwartete Nutzungsergebnisse verlieren zunehmend ihre handlungssteuernde Funktion, und die „Gewohnheitsstärke" wächst, wodurch der Nutzungsumfang wiederum bedenklicher wird.

Der bestehenden Depressivität wird dabei auch insofern eine zentrale Rolle für die Gewohnheitsbildung und die reduzierte Selbstregulation beigemessen, als sie zu kreisenden Gedanken (vgl. Davis; s. oben), zur selektiven Fokussierung auf potenziell stimmungsaufhellende Internetanwendungen und somit zur Reduzierung der effektiven Selbstregulation führen kann. Im Verlauf des spiralartigen Wirkungsprozesses wird die Internetnutzung zunehmend problematisch und kann bei extremem Kontrollverlust in eine pathologische bzw. süchtige Internetnutzung übergehen.

Das ressourcenorientierte Modell von Six, Gimmler und Schröder. Dieses Modell (Six et al., 2005) ist nicht auf die Internetsucht beschränkt, sondern richtet sich auf das gesamte Kontinuum von funktionalem über dysfunktionalen bis hin zu pathologischem Internetgebrauch (dabei wird von Internet-„Novizen" abgesehen, und das objektive Nutzungsquantum wird nicht zur Definition der Position auf dem Kontinuum herangezogen). Zur Erklärung der individuellen Position auf diesem Kontinuum werden Elemente insbesondere solcher psychologischen Konzepte integriert, die die Dynamik zwischen Motivationen, Kognitionen, Erfahrungen, Handeln und Gewohnheitsbildung sowie zugleich Faktoren aufseiten des Individuums und seines Kontexts berücksichtigen. Dabei handelt es sich vor allem um die „sozial-kognitive Theorie" von Bandura (1986), um die „Theorie des geplanten Verhaltens" von Ajzen (1991) sowie um das „MODE"-Modell von Fazio (1990; zu den beiden Letzteren vgl. auch Abschnitt 5.5.2 zur beabsichtigten Einstellungsbeeinflussung). Ebenfalls werden Elemente der oben skizzierten Modelle von Davis und LaRose sowie des „Uses-and-Gratifications-Ansatzes" (s. oben Abschnitt 17.3.1) integriert.

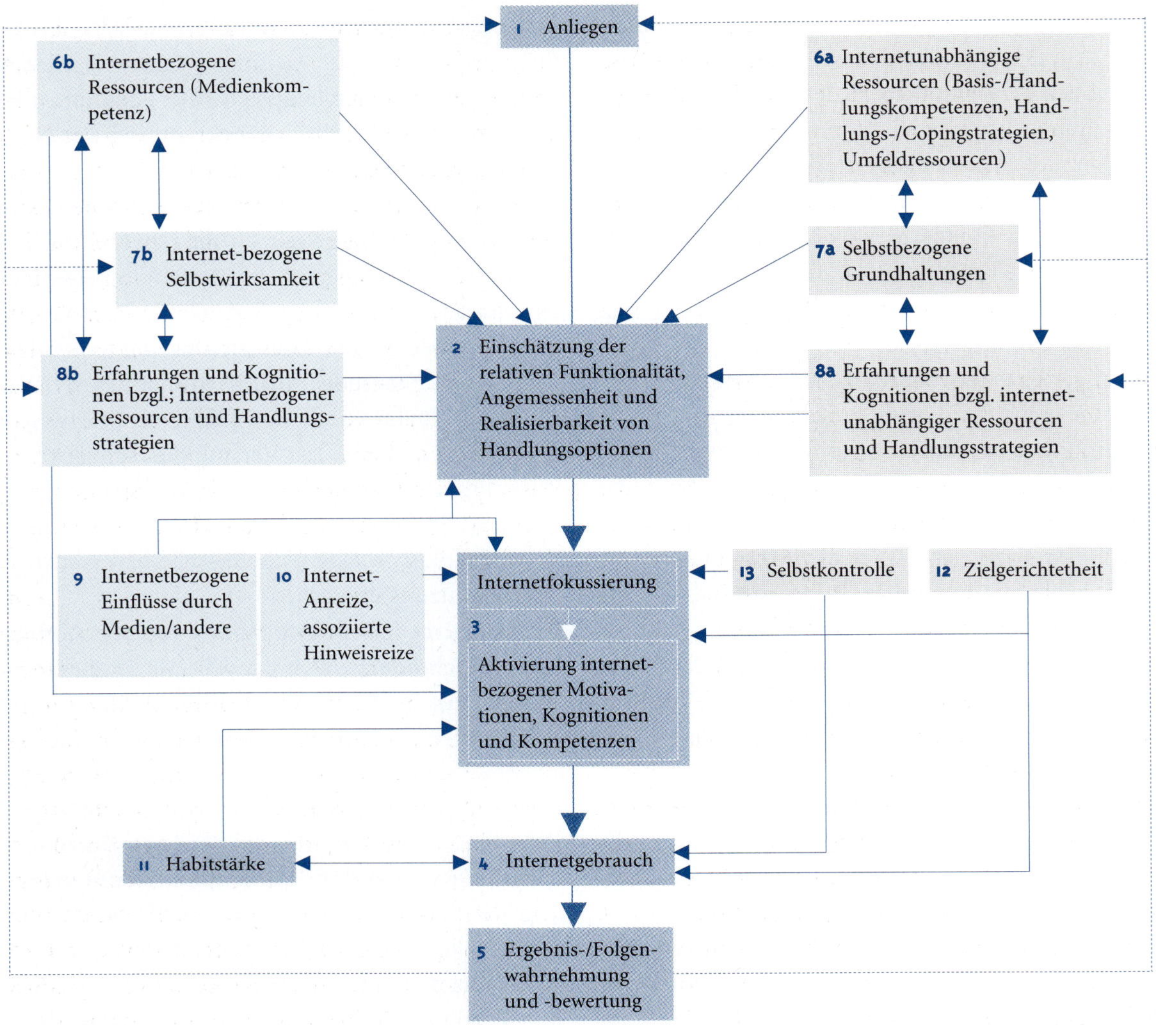

Abbildung 17.2. Ressourcenorientiertes dynamisches Modell des Internetgebrauchs nach Six, Gimmler und Schröder (2005)

Ausgangspunkt ist, dass Individuen (auch) mit Medien insofern aktiv umgehen, als sie diese – wie bewusst auch immer – dazu nutzen, ihre Anliegen umzusetzen (Interessen, Bedürfnisse, Ziele etc.; vgl. Kasten **1** in Abb. 17.2). Als vorrangiger Einflussfaktor des Internetgebrauchs wird die Verfügbarkeit von Ressourcen angesehen (**6a/b**): personale Ressourcen wie Basis- und Handlungskompetenzen, adäquate Handlungs-/Copingstrategien und internetbezogene Medienkompetenz (zu Letzterer vgl. Abschnitt 13.2.3) sowie Ressourcen im sozialen und nichtsozialen Umfeld (Gratifikations-/Unterstützungspotenzial etc.). Je ausgeprägter derartige Ressourcen sind, desto wahrscheinlicher ist es, dass dem Individuum zur Umsetzung seiner Anliegen Handlungsoptionen zur Verfügung stehen und es bei den mit der Umsetzung verbundenen Prozessen (dunkelblaue Kästen und Linien/Pfeile) in einer Weise vorgeht, die zu einem situationsangemessenen, mit eigenen Einstellungen und Erwartungen konformen *funktionalen* Handlungsmuster beiträgt:

- Es aktiviert – wie bewusst auch immer – Erfahrungen und Kognitionen bezüglich seiner Ressourcen und Handlungsstrategien (**8a/b**), vergleicht verfügbare Handlungsoptionen (u.a. im Hinblick auf ihre „Anliegen-Passung") und schätzt daraus abgeleitet die relative Funktionalität und Realisierbarkeit der Optionen ein (**2**, z.B. Chatten im Unterschied zu einem Gespräch mit Freunden);

- es fokussiert eine Option, die ihm unter den wahrgenommenen Möglichkeiten als relativ optimale erscheint;
- es aktiviert handlungsspezifische Motivationen, Kognitionen und Kompetenzen (**3**);
- auf dieser Basis nimmt es – Zielgerichtetheit (**12**) und Selbstkontrolle (**13**) vorausgesetzt – die Umsetzung (**4**) vor.

Diese Prozesse können bei bereits vorliegender Routine auch automatisiert ablaufen bzw. teilweise entfallen (wobei jedoch auch ein habitualisierter funktionaler Internetgebrauch voraussetzt, dass er sich auf Ressourcen sowie positive Erfahrungen und Kognitionen stützt).

Weiterhin wird angenommen, dass sich die Ressourcen nicht nur als objektive Größe auswirken, sondern auch vermittelt über subjektive Prozesse der Wahrnehmung von Ressourcen und bisherigen Erfahrungen sowie der Aktivierung von Überzeugungen, dass man seine Ressourcen auch einsetzen und Erfahrungen nutzen, somit Ereignisse kontrollieren und Anliegen umsetzen kann. Gesteuert werden solche Kognitionen durch bestimmte auf das Selbst bezogene Grundhaltungen (**7a/b**): die allgemeine wie auch die auf das Internet bezogene Selbstwirksamkeit, ausgewogene Kontrollüberzeugungen sowie weitere Orientierungen, die unter dem Konstrukt „Kohärenzgefühl" zu subsumieren sind (Grundhaltung, die Welt als verstehbar zu empfinden, im Leben einen Sinn zu sehen, Anforderungen als Herausforderungen aufzufassen, sich ihnen zu stellen und ihnen mit vorhandenen Ressourcen begegnen zu können; vgl. das Salutogenesemodell von Antonovsky, 1979; 1987).

Für ein *dysfunktionales* Handlungsmuster wird insbesondere die Kombination aus mangelnder Medienkompetenz (**6b**), Zielgerichtetheit, Selbstkontrolle und Berücksichtigung bisheriger Erfahrungen als ausschlaggebend angenommen, gleichzeitig aber auch eine hohe Beeinflussbarkeit durch Medien bzw. andere (**9**; z.B. Werbung, Freunde) oder durch Anreize des Internets selbst (**10**). Als weitere ungünstige Bedingungen, die zu einer graduell stärkeren Dysfunktionalität beitragen oder bereits zur pathologischen Internetnutzung überleiten können, werden geringe Selbstwirksamkeit und externale Kontrollüberzeugungen sowie inadäquate Handlungs- bzw. Copingstrategien postuliert. Diese Bedingungen führen zur dysfunktionalen Fokussierung von Handlungsoptionen und/oder zu einem unangepassten Umgang mit etwaigen (finanziellen, zeitlichen etc.) Negativfolgen der Internetnutzung (**5**), ohne dass jedoch das Individuum hierunter leidet.

Als Ausgangspunkt für ein *pathologisches bis süchtiges Handlungsmuster* werden vorrangig mangelnde Ressourcen und negative Grundhaltungen angenommen: Ein Individuum mit negativen Haltungen gegenüber dem Selbst und dem eigenen Leben (s. oben), das dadurch auch seine vorhandenen Ressourcen nicht wahrnimmt und nutzt (noch sie zu verbessern strebt), dürfte im Internet eine leicht verfügbare und einfach realisierbare kompensatorische Möglichkeit zur Umsetzung bestimmter Anliegen sehen (z.B. soziale Unterstützung im Chat). Da dieses Medium ein breites Spektrum an Optionen bietet, wird das Individuum zunächst gegebenenfalls eher positive Erfahrungen machen, das Internet als geradezu einmalige Möglichkeit zur kurzfristigen Befriedigung erleben und Internetoptionen häufiger anvisieren und nutzen. Sofern sich die Anliegen sowie positiven Erfahrungen und Kognitionen mehrfach wiederholen, wird die Fokussierung auf das Internet nun immer mehr zur Gewohnheit (**11**) und mit einer jederzeit leicht verfügbaren positiven Einstellung zu diesem Medium verknüpft. Dadurch wird ein Handlungsmodus wahrscheinlicher, der weniger reflektiert ist, sondern vielmehr durch Anreize des Internets gesteuert wird. Unter dem Strich wird hiermit bereits ein funktionaler Internetgebrauch eher unwahrscheinlich, zumal man unter den genannten Voraussetzungen annehmen muss, dass auch bestimmte Medienkompetenzdimensionen (vor allem Selbstreflexionskompetenz; vgl. Abschnitt 13.2.3) gering ausgeprägt sind.

Sofern nun das gestiegene Nutzungsquantum zu zeitlichen Problemen führt oder das Individuum angesichts seiner Internetnutzung in interne Konflikte gerät, indem es etwa feststellt, dass seine Vorlieben für bestimmte Anwendungen (z.B. pornographische Online-Angebote) seinen persönlichen Prinzipien widersprechen, erlebt es negative Konsequenzen (z.B. ein „schlechtes Gewissen"). Diese können zwar bereits negative Auswirkungen auf seine Einstellung zur eigenen Internetnutzung wie auch auf seine Befindlichkeit haben, werden vom Individuum jedoch angesichts der Gratifikationen, die für das Selbst noch wichtiger sind, zunächst in Kauf genommen. Wenn nun aber der Internetgebrauch wenig reflektiert und kompetent abläuft (s. oben), steigt das Risiko einer dysfunktionalen Nutzung, bei der die negativen Konsequenzen nicht einkalkuliert und somit potenziell gravierender werden. Hieraus resultieren (sofern das Individuum seinen Internetgebrauch nicht ändert) Bewältigungsanforderungen, für die es wiederum an entsprechenden Grundhaltungen, Kompetenzen und Strategien mangelt. Die Folge ist, dass nun die negativen Befindlichkeiten und entsprechende Anliegen der Stimmungsverbesserung zunehmen und das Individuum in einen Teufelskreis geraten kann: Zur Umsetzung seines Anliegens konzentriert es sich auf das Internet, erlebt neben kurzfristig positiven Gratifikationen längerfristig nun jedoch überwiegend Negativfolgen. Infolgedessen wird seine Einstellung zum eigenen Internetgebrauch negativer und somit diskrepanter zum eigenen Handeln, und negative Befindlichkeiten nehmen weiter zu. Spätestens jetzt wäre zur Verhaltensänderung ein gutes Maß an Selbstkontrolle erforderlich, die hier jedoch als noch geringer angenommen wird als beim dysfunktionalen Internetgebrauch. Stattdessen gerät das Individuum immer tiefer in den Teufelskreis, wenn es im Zuge seiner negativen Befindlichkeiten und Selbstzweifel den eigenen Internetgebrauch allmählich als „Krücke" abwertet und auch dies nicht angemessen bewältigen kann.

Die den negativen Befindlichkeiten zugrunde liegenden Folgen des Internetgebrauchs (z.B. Konflikte mit dem sozialen Umfeld) können jedoch auch auftreten, wenn eine zunächst nur dysfunktionale Nutzungsweise vorliegt, die vorrangig auf einer Kombination von mangelnder Selbstkontrolle, Medienkompetenz und Zielgerichtetheit beruht (s. oben). Anders als bei den gerade skizzierten pathologischen Fällen sind bei den dysfunktionalen Fällen defizitäre, vom Internet unabhängige personale Ressourcen und negative Grundhaltungen nicht der Ausgangspunkt. Sie können aber in einer späteren Phase ausschlaggebend werden und dann zu einem pathologischen bis süchtigen Handlungsmuster überleiten: Wenn es sich um ein Individuum mit einem negativen Selbstbild und gleichzeitig internalen Kontrollüberzeugungen handelt, wird es unter den negativen Konsequenzen mit größerer Wahrscheinlichkeit leiden, so dass Mechanismen wirksam werden können, die dem oben erwähnten Teufelskreis gleichen, und somit ein dysfunktionaler in einen pathologischen bis süchtigen Internetgebrauch übergeht.

17.4 Prävention und Intervention

Auch wenn vorliegende Prävalenzraten nicht unbedingt Anlass zur Besorgnis über eine immense Verbreitung pathologischer bzw. süchtiger Mediennutzung geben, so sind doch die Risiken dieser abnormen Mediennutzungsmuster nicht zu unterschätzen. Anders als zuweilen vermutet, ist auch die Internetsucht offenbar keineswegs ein auf „Novizen" eingeschränktes Phänomen (vgl. auch Hahn & Jerusalem, 2001). Zudem handelt es sich hier um eine Problematik, die nicht etwa nur für die Betroffenen und ihre private Umgebung gravierende Auswirkungen haben kann, sondern die mittlerweile auch in Organisationen und Unternehmen als bedeutsam angesehen wird (vgl. z.B. Davis, Flett & Besser, 2002).

Neben einer zunehmenden Anzahl von Falldarstellungen, Diagnoseinstrumenten, Internetangeboten zur Selbstdiagnose und Selbsthilfegruppen liegen zu den genannten Störungen inzwischen einschlägige Therapiekonzepte vor. Gleichzeitig ist auch in Deutschland eine ständige Zunahme an Kliniken zu verzeichnen, die Therapien von Medienabhängigkeiten oder auch speziell von Internetsucht in ihr Angebot aufgenommen oder sich gar darauf spezialisiert haben.

Ansatzpunkte für entsprechende *Interventionsmaßnahmen* ergeben sich vor dem Hintergrund der jeweiligen Definition und Einordnung dieser Abnormitäten, insbesondere aber hängen sie von den Faktoren und Prozessen ab, die bei den jeweiligen Erklärungsansätzen im Mittelpunkt stehen (s. oben Abschnitt 17.2.–17.3).

Die oben skizzierten Erklärungsmodelle vor allem zur pathologischen Internetnutzung liefern gleichzeitig auch wesentliche Ansatzpunkte für *Präventionsmaßnahmen*. So richtet sich etwa das Modell von Six, Gimmler und Schröder in erster Linie auf das Kontinuum vorhandener Ressourcen und Kompetenzen sowie auf die mit ihnen verbundenen psychodynamischen Prozesse, aus denen sich funktionale oder aber dysfunktionale bis pathologisch-süchtige Nutzungsmuster entwickeln. Insofern enthält der Ansatz nicht nur Grundlagen für Risikoabschätzung, Diagnose und Intervention, sondern auch für die Prävention und dabei nicht zuletzt für Anforderungen an Kompetenzen und an die medienbezogene Bildung (zur Medienkompetenz und -bildung vgl. Kap. 13).

Zusammenfassung

- Definitionen einer exzessiven Nutzung einzelner Medien (z.B. TV-„Vielsehen“) basieren entweder auf einer Norm, die als *absoluter* Grenzwert festgelegt wird, oder auf einer statistischen Norm, die nach der empirischen Verteilung eine *relativ* extreme Nutzung markiert.
- Extreme Mediennutzung ist jedoch nicht per se als problematisch anzusehen. Die Forschung zur „Vielnutzung“ zeichnet zwar häufig ein geradezu düsteres Bild dieses Handlungsmusters und der betreffenden Personen. Doch sollte man bedenken, dass auch eine exzessive Mediennutzung durchaus funktional und etwa durch spezifische Lebensumstände erklärbar sein kann.
- Grundsätzlich ist zwischen exzessiv-funktionalen, exzessiv-dysfunktionalen und schließlich pathologischen bis süchtigen Mediennutzungsmustern zu unterscheiden.
- Insgesamt hat sich die einschlägige Forschung am intensivsten mit dem „Vielsehersyndrom“ sowie mit der pathologischen bzw. süchtigen Internetnutzung befasst.
- Prävalenzraten für das „Vielsehen“ liegen bei etwa 35 %, für „Fernsehsucht“ dagegen weit unter 10 % und für „Internetsucht“ unter 5 %.
- Zur Vielseherproblematik wie auch zur Internetsucht haben empirische Studien eine Vielzahl von spezifischen Merkmalen der betroffenen Personen und ihres Umfelds, von Einflussfaktoren wie auch von Wirkungen dieser Mediennutzungsmuster ermittelt. Bei Kausalinterpretationen ist jedoch Vorsicht geboten: Für viele der Variablen, die hier im Mittelpunkt stehen, ist ihre Interpretation als Determinanten oder umgekehrt als Auswirkungen des Mediennutzungsmusters gleichermaßen plausibel; ebenso können Mediennutzung und Dispositionen miteinander interagieren oder aber beide unabhängig voneinander durch Drittvariablen geprägt sein.
- Am stärksten theoretisch untermauert ist die Annahme eines Kreisprozesses, innerhalb dessen bestimmte Dispositionen einerseits zur besonderen Medienaffinität und zu einer abnor- ▶

men Mediennutzung beitragen und andererseits durch Ausmaß und Qualität der Mediennutzung verstärkt werden können. Dabei nehmen Erklärungen pathologischer Mediennutzung häufig einen „Teufelskreis" zwischen negativen psychischen Befindlichkeiten (z.B. Einsamkeit, Depressivität) und daraus resultierenden Bedürfnissen (z.B. soziale Unterstützung oder Selbstaufwertung) an, die mithilfe der Medien zu realisieren versucht werden. Dadurch wird zwar kurzfristig eine Bedürfnisbefriedigung erlebt, längerfristig kommt es jedoch zu negativen Konsequenzen und damit wiederum zu negativen Befindlichkeiten.

- Anders als zuweilen vermutet, ist auch die Internetsucht offenbar keineswegs ein auf „Novizen" beschränktes Phänomen. Zudem handelt es sich hier um eine Problematik, die nicht etwa nur für die Betroffenen und ihre private Umgebung gravierende Auswirkungen haben kann, sondern mittlerweile auch in Organisationen und Unternehmen als bedeutsam angesehen wird.
- Die Anzahl der Therapiekonzepte und der Kliniken, die Therapien von Medienabhängigkeiten oder speziell von Internetsucht in ihr Angebot aufgenommen haben, nimmt ständig zu.
- Ansatzpunkte für Interventionsmaßnahmen hängen von der jeweiligen Definition, Einordnung und Erklärung dieser Abnormitäten ab.
- Vorliegende Erklärungsmodelle (vor allem zur Internetsucht) liefern wesentliche Ansatzpunkte für Präventionsmaßnahmen, die sich u.a. auch auf Anforderungen an Kompetenzen und medienbezogene Bildung richten.

Leseempfehlung

- Joinson, A.N. (2003). Understanding the psychology of internet behaviour. Virtual worlds, real lives. Basingstoke: Palgrave Macmillan.
- Smith, R. (1986). Television addiction. In J. Bryant & D. Zillmann (Eds.), Perspectives on media effects (pp. 109–128). Hillsdale, NJ: Lawrence Erlbaum.

Literatur

Ajzen, I. (1991). The theory of planned behavior. Organizational Behavior and Human Decision Processes, 50(2), 179–211.

Antonovsky, A. (1979). Health, stress, and coping. San Francisco: Jossey-Bass.

Antonovsky, A. (1987). Unraveling the mystery of health: How people manage stress and stay well. San Francisco: Jossey-Bass.

Bandura, A. (1986). Social foundations of thought and action. A social cognitive theory. Englewood Cliffs, NJ: Prentice-Hall.

Beard, K.W. (2005). Internet addiction: A review of current assessment techniques and potential assessment questions. CyberPsychology & Behavior, 8(1), 7–14.

Buß, M. (1985). Die Vielseher. Fernseh-Zuschauerforschung in Deutschland. Theorie – Praxis – Ergebnisse. Frankfurt am Main: Metzner.

Buß, M. (1997). Fernsehen in Deutschland: Vielseher 1979/1980 und 1995 im Vergleich. In H. Fünfgeld & C. Mast (Hrsg.), Massenkommunikation. Ergebnisse und Perspektiven (S. 125–154). Opladen: Westdeutscher Verlag.

Buß, M. & Simon, E. (1998). Fernsehnutzung auf die Spitze getrieben: Die Vielseher. In W. Klingler, G. Roters & O. Zöllner (Hrsg.), Fernsehforschung in Deutschland. Themen – Akteure – Methoden. (Teilband 1, S. 125–145). Baden-Baden: Nomos.

Cantor, J. (2001). The media and children's fears, anxieties, and perceptions of danger. In D.G. Singer & J.L. Singer (Eds.), Handbook of children and the media (pp. 207–221). Thousand Oaks, CA: Sage.

Caplan, S.E. (2002). Problematic internet use and psychosocial well-being: Development of a theory-based cognitive-behavioral measurement instrument. Computers in Human Behavior, 18, 553–575.

Caplan, S.E. (2003). Preference for online social interaction. A theory of problematic internet use and psychosocial well-being. Communication Research, 30(6), 625–648.

Caplan, S.E. (2005). A social skill account of problematic internet use. Journal of Communication, 55(4), 721–736.

Charlton, J.P. (2002). A factor-analytic investigation of computer „addiction" and engagement. British Journal of Psychology, 93, 329–344.

Chou, C., Coudron, L. & Belland, J.C. (2005). A review of the research on internet addiction. Educational Psychology Review, 17(4), 363–388.

Davis, R.A. (2001). A cognitive-behavioral model of pathological internet use. Computers in Human Behavior, 17(2), 187–195.

Davis, R.A., Flett, G.L. & Besser, A. (2002). Validation of a new scale for measuring problematic internet use: Implications for pre-employment screening. CyberPsychology & Behavior, 5(4), 331–345.

Dehm, U., Storll, D. & Beeske, S. (2004). TV-Erlebnistypen und ihre Charakteristika. Das heterogene Fernsehpublikum und seine Erlebnisweisen. Media Perspektiven, (5), 217–225.

Fazio, R.H. (1990). Multiple processes by which attitudes guide behavior: The MODE model as an integrative framework. In M.P. Zanna (Ed.), Advances in experimental social psychology (Vol. 23, pp. 75–109). San Diego, CA: Academic Press.

Frissen, V. (1996). Heavy viewing as social action. In K. Renckstorf, D. McQuail & N. Jankowski (Eds.), Media use as social action: European approach to audience studies (pp. 53–70). London: John Libbey.

Grüninger, C. & Lindemann, F. (2000). Vorschulkinder und Medien. Eine Untersuchung zum Medienkonsum von drei- bis sechsjährigen Kindern unter besonderer Berücksichtigung des Fernsehens. Opladen: Leske + Budrich.

Hahn, A. & Jerusalem, M. (2001). Internetsucht: Jugendliche gefangen im Netz. In J. Raithel (Hrsg.), Risikoverhaltensweisen Jugendlicher. Erklärungen, Formen und Prävention (S. 279–293). Opladen: Leske + Budrich.

Hopf, W. (1998). Die Problematik des Fernsehkonsums von Schülern in drei Schularten. SchulVerwaltung, 2, 65–72.

Horvath, C.W. (2004). Measuring television addiction. Journal of Broadcasting & Electronic Media, 48(3), 378–398.

Joinson, A.N. (2003). Understanding the psychology of internet behaviour. Virtual worlds, real lives. Basingstoke: Palgrave Macmillan.

Kubey, R.W. (1996). Television dependence, diagnosis, and prevention. With commentary on video games, pornography, and media education. In T.M. MacBeth (Ed.), Tuning in to young viewers. Social science perspectives on television (pp. 221–260). Thousand Oaks, CA: Sage.

Kubey, R.W., Lavin, M.J. & Barrows, J.R. (2001). Internet use and collegiate academic performance decrements: Early findings. Journal of Communication, 51(2), 366–382.

LaRose, R., Lin, C.A. & Eastin, M.S. (2003). Unregulated internet usage: Addiction, habit or deficient self-regulation? Media Psychology, 5(3), 225–253.

McIlwraith, R.D. (1998). "I'm addicted to television": The personality, imagination, and TV watching patterns of self-identified TV addicts. Journal of Broadcasting & Electronic Media, 42(3), 371–386.

Minnebo, J. (2005). Psychological distress, perceived social support, and television viewing for reasons of companionship: A test of the compensation hypothesis in a population of crime victims. Communications, 30, 233–250.

Morahan-Martin, M. (2001). Caught in the web: Research and criticism of internet abuse with application to college students. In C.R. Wolfe (Ed.), Leasing and teaching on the world wide web (pp. 191–219). San Diego, CA: Academic Press.

Myrtek, M. & Scharff, C. (2000). Fernsehen, Schule und Verhalten. Untersuchung zur emotionalen Beanspruchung von Schülern. Bern: Huber.

Postman, N. (1985). Wir amüsieren uns zu Tode. Urteilsbildung im Zeitalter der Unterhaltungsindustrie. Frankfurt am Main: S. Fischer.

Ridder, C.-M. & Engel, B. (2005). Massenkommunikation 2005: Images und Funktionen der Massenmedien im Vergleich. Ergebnisse der 9. Welle der ARD/ZDF-Langzeitstudie zur Mediennutzung und -bewertung. Media Perspektiven, (9), 422–448.

Roberts, D.F., Foehr, U.G. & Rideout, V. (2005). Generation M: Media in the lives of 8–18 year-olds. Elektronische Publikation (Stand 10. März 2006, www.kff.org/entmedia/upload/Generation-M-Media-in-the-Lives-of-8-18-Year-olds-Report.pdf).

Rogge, J.-U. (2000). Medien und Süchte – eine exemplarische Bestandsaufnahme. In S. Poppelreuter & W. Gross (Hrsg.), Nicht nur Drogen machen süchtig. Entstehung und Behandlung von stoffungebundenen Süchten (S. 233–255). Weinheim: Beltz.

Schulz, W. (1986). Das Vielseher-Syndrom. Determinanten der Fernsehnutzung. Media Perspektiven, (12), 762–775.

Schulz, W. (1997). Vielseher im dualen Rundfunksystem. Sekundäranalyse zur Langzeitstudie Massenkommunikation. Media Perspektiven, (2), 92–102.

Shotton, M.A. (1989). Computer addiction? A study of computer dependency. London: Taylor & Francis.

Six, U., Gimmler, R. & Schröder, A. (2005). Determinanten funktionalen bis dysfunktional-süchtigen Internetgebrauchs. In K.-H. Renner, A. Schütz & F. Machilek (Hrsg.), Internet und Persönlichkeit. Differentiell-psychologische und diagnostische Aspekte der Internetnutzung (S. 223–237). Göttingen: Hogrefe.

Smith, R. (1986). Television addiction. In J. Bryant & D. Zillmann (Eds.), Perspectives on media effects (pp. 109–128). Hillsdale, NJ: Lawrence Erlbaum.

Suler, J. (1999). To get what you need: Healthy and pathological internet use. CyberPsychology & Behavior, 2(5), 385–393.

Volpert, M. (1985). Zauberlehrlinge. Die gefährliche Liebe zum Computer. Weinheim: Beltz.

Whang, L.S.-M., Lee, S. & Chang, G. (2003). Internet over-users' psychological profiles: A behavior sampling analysis on internet addiction. CyberPsychology & Behavior, 6(2), 143–150.

Winn, M. (1979). Die Droge im Wohnzimmer. Reinbek: Rowohlt.

Yang, C.-K., Choe, B.-M., Baity, M., Lee, J.-H. & Cho, J.-S. (2005). SCL-90-R and 16PF profiles of senior high school students with excessive internet use. Canadian Journal of Psychiatry, 50(7), 407–414.

Young, K.S. (1999). Caught in the Net. Suchtgefahr Internet. München: Kösel.

18 Wissensvermittlung, Lernen und Bildung mit Medien

Manuela Paechter

Zu allen Zeiten haben sich Personen mithilfe von Lernmedien neues Wissen angeeignet oder es an andere vermittelt. Dazu standen und stehen unterschiedliche Medien zur Verfügung, die von der Tafel, über das Buch bis zum Lehrfilm oder zum Computer reichen – um nur einige Beispiele zu nennen. Welche Rolle spielen Medien im Prozess der Wissensvermittlung? Wie können Lerninhalte mithilfe von Medien didaktisch aufbereitet werden? Welche Anforderungen stellt die Nutzung von Medien an Lehrende und Lernende? Um diese und weitere Fragen geht es in diesem Kapitel.

18.1 Informelle und formelle Informationsangebote

Medienangebote wie Printmedien, Fernsehen, Internet etc. werden häufig nach ihrer Funktion in Informations- oder Unterhaltungsangebote eingeteilt. Bei dieser Unterscheidung steht die Funktion der Medien, nämlich zu informieren oder zu unterhalten, im Vordergrund. Je nach ihrer Funktion unterscheiden sich Medien zudem nach den Nutzenerwartungen, die sie bei den Rezipienten hervorrufen. Von Informationsangeboten erwartet man umfassendere kognitive Wirkungen wie den Erwerb von Wissen und das Verstehen von Sachverhalten, während Unterhaltungsangebote vor allem bestimmte Gefühlszustände hervorrufen sollen (Mangold, 2004).

Informationsangebote lassen sich in weitere Kategorien unterteilen, z.B. danach, in welchem Kontext sie genutzt werden und wie stark die Vermittlung von Wissen im Vordergrund steht (s. Tabelle 18.1).

Die in Tabelle 18.1 beschriebenen Angebote strukturieren und steuern das Lernen in unterschiedlich starker Weise. Bei informellen Informationsangeboten erfolgt das Lernen häufig „nebenbei", ohne dass es in einen formalen Kontext eingebettet ist und ohne dass formale Lerninstruktionen gegeben werden. Man spricht daher auch von inzidentellem Lernen, das in nichtformalen Lernsituationen stattfindet (Alexander, 2005). Zur Wirkung solcher inzidenteller Informations- und Lernangebote gibt es unterschiedliche Befunde. So wird in der Wissenskluft-Hypothese angenommen, dass Gruppen mit hohem sozioökonomischen Status stärker von informellen Informationsangeboten profitieren und mehr Wissen erwerben als Personen mit geringerem Status. Allerdings gibt es eine Reihe von Faktoren, die die Bildung einer solchen Wissenskluft beeinflussen können, etwa die Motivation der Rezipienten, das Interesse an einem Wissensgebiet oder die Wichtigkeit eines Themas (Unz & Schwab, 2004).

Tabelle 18.1. Einteilung von Informationsangeboten

	Beispiele für informelle Informationsangebote	Beispiele für formelle Informationsangebote
Print	Sachbücher, Magazine etc.	Lehrbücher, Lehrtexte
Hörfunk/ Fernsehen	Edutainment und Infotainment (z.B. politische Sendungen, Kindersendungen wie Sesamstrasse)	Schulfunk, Schulfernsehen, Lehrfilme
Digitale Medien	Computer(lern)spiele, Wikis, Weblogs	E-Learning-Angebote wie Teleteaching, Teletutoring, Computer-Based Training und Web-Based Training

Formale Informationsangebote (z.B. Lehrbücher, Lehrfilme etc.) sind in einen strukturierten Lernkontext eingebettet. Die Lernanlässe sind geplant, und im Vordergrund steht die Vermittlung von Wissen durch andere Personen oder durch Lernmedien. In diesem Kapitel werden wir uns vor allem mit dem Lernen und der Wissensvermittlung anhand formaler medialer Angebote beschäftigen.

18.2 Wissensvermittlung mit „alten" und „neuen" Medien

Obwohl es sich um ein erfundenes Beispiel handelt, hätte sich das folgende Szenario in der Realität durchaus so abspielen können: Im Weiterbildungsseminar bearbeiten die Teilnehmer heute das Thema „Aktien". Die Dozentin präsentiert zum Einstieg in das Thema einen Lehrfilm. Im Anschluss an die Einführung werden die behandelten Themen mit den Teilnehmern besprochen und die Ergebnisse an der Tafel protokolliert. Dann geht es an die Arbeit in der Gruppe. Die Teilnehmer sollen gemeinsam eine computerunterstützte Unterrichtssoftware verwenden. Sie nutzen ein Wirtschaftsplanspiel am Computer, bei dem sie einen Aktienfonds anlegen und verwalten. Die einzelnen Lerngruppen legen im Planspiel einen Fonds an, den sie dann über einen simulierten Zeitraum zu optimieren versuchen.

In diesem Beispiel werden „alte" und „neue" Medien gemeinsam verwendet, um Wissen zu vermitteln und Prozesse des selbstgesteuerten Lernens zu initiieren. Welche Funktion haben Medien im Prozess des Lehrens, also der Wissensvermittlung, und des Lernens, d.h. der Aufnahme und Verarbeitung von Informationen durch Lernende?

Lernmittel und Lernmedien

In der Didaktik wird zwischen Lernmittel und Lernmedium unterschieden.

Definition

Lernmittel sind Gegenstände, Werkzeuge und Geräte, die in einem didaktischen Kontext für die Vermittlung von Lehr- und Lerninhalten genutzt werden (Kerres, 1998). Als Lernmittel bezeichnet man das Gerät oder den Gegenstand, der nicht notwendigerweise mit bestimmten Lehr- und Lerninhalten in Zusammenhang steht. Im oberen Beispiel sind dies die Tafel, der Overheadprojektor, der Videorekorder zur Präsentation des Films und der Computer. Von **Lernmedien** spricht man dagegen, wenn ein Inhalt didaktisch aufbereitet wurde. Lernmedien sind im oberen Beispiel die beschriebene Tafel, die mit Inhalten gefüllten Folien auf dem Overheadprojektor, der Lehrfilm und die Unterrichtssoftware, das Planspiel, das didaktisch aufbereitet Lernstoff vermittelt.

Während der Wissensvermittlung erfüllen Lernmedien unterschiedliche Funktionen (Peterßen, 2000):

- **Repräsentation von Lehr- und Lerninhalten.** Lernmedien sind Mittel zur „Repräsentative" (Peterßen, 2000, S. 430). Peterßen geht davon aus, dass Lernen generell auf der Auseinandersetzung mit der Umwelt beruht. Im Unterricht wird diese Umwelt durch ein Lernmedium so repräsentiert, dass die Lernenden sie erfahren, sich mit ihr auseinander setzen können und im Verlauf dieser Auseinandersetzung ein bestimmtes Wissen und bestimmte Fähigkeiten erwerben.
- **Kommunikation.** Lernmedien stellen Möglichkeiten zur Kommunikation zwischen den an der Wissensvermittlung beteiligten Personen bereit. Sie initiieren und steuern gegebenenfalls eine didaktische Kommunikation oder eine Interaktion zwischen Lehrenden und Lernenden oder zwischen Lernenden. Im Vergleich zur Alltagskommunikation ist diese Kommunikation auf bestimmte thematische Inhalte beschränkt und unter Umständen auch reglementiert, beispielsweise wenn Regeln durch Übungs- und Aufgabenformen vorgegeben werden.
- **Steuerung von Lehr- und Lernprozessen.** Schließlich steuern Lernmedien auch Lehr- und Lernprozesse. Diese Steuerung erfolgt unter anderem durch die Art und Weise, wie die Lerninhalte repräsentiert werden, z.B. durch eine textliche oder piktoriale (bildliche) Darstellung. Die Entscheidung für eine bestimmte Repräsentation hat demnach einen Einfluss darauf, wie sich die Lernenden mit dem Lernstoff auseinander setzen. Diese Sichtweise vernachlässigt jedoch, dass die didaktische Aufbereitung des Lernmediums über die Wahl von Symbolsystemen wie Text oder Bild hinausgeht. Gerade mithilfe von Computer und Internet bieten sich weitreichende Möglichkeiten, Lehr-Lernprozesse zu steuern.

18.2.1 Lernen mit herkömmlichen Medien

Im Unterrichts- und Lerngeschehen werden Inhalte in der Regel mithilfe von Medien vermittelt. Beispiele dafür sind Bücher, Einzeltexte, Bilder oder Filme. Diese Medien werden häufig auch als „herkömmliche" oder „traditionelle" Medien bezeichnet – im Gegensatz zu den „neuen" Medien „Computer" und „Internet".

Bücher, Texte, Bilder. In Unterrichts- und Lernsituationen werden besonders häufig Lehrtexte verwendet, die durch Bilder angereichert sind. Mit den Büchern oder Texten wird das Ziel angestrebt, durch aufeinander folgende sprachliche Zeichen Informationen zu vermitteln (zum Textverstehen s. Abschnitt 3.5.1). Ob das Lernen mit Büchern oder Texten gelingt, hängt vor allem davon ab, ob die Informationen verständlich dargestellt werden. Nach dem so genannten „Hamburger Verständlichkeitskonzept" zeichnen sich verständliche Texte durch Einfachheit (Wortwahl, Grammatik etc.), durch eine prägnante Gliederung, durch Kürze und Prägnanz sowie durch Anregung (Humor, Beispiele, Spannung) aus (Langer, Schulz von Thun & Tausch, 1981).

In Lehrtexten werden oft Bilder verwendet. Sie sollen dazu beitragen, die Informationen zu verarbeiten und die Lerninhalte zu verstehen. Dies gelingt vor allem dann, wenn ein Bild komplementär zum Text ist, d.h., wenn sich die Informationen in Text und Bild sinnvoll ergänzen und aufeinander verweisen (Weidenmann, 2001). Solche Kombinationen aus Text und Bild unterstützen beim Rezipienten die Informationsaufnahme vor allem dadurch, dass sie bestehende kognitive Schemata aus dem Vorwissen der Lernenden aktivieren und zur Bildung neuer Schemata sowie mentaler Modelle in Bezug auf die dargestellten Sachverhalt beitragen.

Film, Fernsehen und Video. Diese Lernmedien zeichnen sich gegenüber dem Buch oder auch dem Standbild durch ihre Dynamik und Realitätstreue aus (Weidenmann, 2001). Sachverhalte werden in realistischen Farben, Konturen und Bewegungen nachgebildet; das Tempo der Bilder entspricht der Realität. Film, Fernsehen und Video können zudem Informationen in allen gängigen Symbolsystemen darstellen (bewegte und stehende Bilder, geschriebene und gesprochene Texte, Geräusche und Musik). Für die filmische Darstellung von Sachverhalten gibt es ebenfalls „Verständlichkeitsregeln", die das Lernen erleichtern: Text- und Bildinformation müssen eng aufeinander bezogen sein; Filmsequenzen, die starke Emotionen hervorrufen, beeinträchtigen das Lernen eher; und schließlich sollten sich unterschiedliche Darstellungsformen (Film, Text etc.) abwechseln (Hasebrook, 2001; Strittmatter, 1994). Im Folgenden wird eine Untersuchung dazu beschrieben, welche Schwierigkeiten Lernende mit Texten bzw. mit dem Fernsehen haben.

„Television is easy and print is tough"
Salomon (1984) wies durch empirische Studien nach, dass die Einstellung der Rezipienten zu einem Lernmedium das Lernen beeinflusst. Fernsehen und Film werden von Lernenden als „leicht" eingestuft, wohingegen Bücher und Texte als anspruchsvolleres Medium bewertet werden. Beim Lernen kommt es demnach zu einer sich selbst erfüllenden Prophezeiung. Beim Lesen eines Textes wird mehr mentale Anstrengung investiert und das Informationsangebot tiefer verarbeitet. Dagegen findet beim Sehen eines Films nur eine oberflächliche Verarbeitung statt. Entsprechend ist der Lernerfolg bei Büchern und Texten höher.

18.2.2 Lernen mit neuen Medien: Was ist neu an den „neuen" Medien „Computer" und „Internet"?

Lernmedien unterscheiden sich in vielerlei Hinsicht darin, wie Lehr- und Lerninhalte umgesetzt werden können. Neue Möglichkeiten eröffnen vor allem der Computer und das Internet, die „neuen" Medien oder auch die so genannten digitalen Medien. Sie zeichnen sich gegenüber den traditionellen Medien Buch, Film etc. durch Eigenschaften aus, die gerade die Wissensvermittlung und das Lernen wirkungsvoll unterstützen können. Diese Eigenschaften werden im Folgenden erläutert.

Multicodalität und Multimodalität. Mithilfe von Medien kann man Lernstoff in unterschiedlichen Informationsarten präsentieren. Medien nutzen unterschiedliche Symbolsysteme, auch Codes genannt (vgl. Weidenmann, 2001, 2002). Grundlegende Symbolsysteme, die von Lernmedien genutzt werden, sind das verbale System, das piktoriale (bildliche) System und das Zahlensystem. In einem Lehrbuch können beispielsweise Lerninhalte nur in Form von Texten, also nur in verbaler Form, oder auch in Form von Texten und Bildern dargestellt werden. Im ersten Fall würde man von einem monocodalen Angebot sprechen, da lediglich ein einziges Symbolsystem für die Darstellung verwendet wird. Im letzten Fall würde man von einem multicodalen Angebot sprechen, da zwei Codes, Bild und Text, verwendet werden. Zudem können Lernangebote unterschiedliche Sinnesmodalitäten ansprechen. So wird z.B. die Information aus einem Buch über das Auge aufgenommen, von einer Hörkassette über das Ohr, aus einem Lehrfilm über das Auge und das Ohr. In den ersten beiden Fällen würde man entsprechend von einem monomodalen Lernangebot sprechen, im letzten Fall von einem multimodalen Lernangebot (s. Weidenmann, 2001, 2002).

Multicodale und multimodale Lernangebote sind über den Computer und das Internet leicht zu realisieren, so dass diese digitalen Medien durchaus Vorteile gegenüber den traditionellen Medien aufweisen. Häufig wird der irreführende Begriff „Multimedia" verwendet, wenn man multimodale und multicodale Lernangebote beschreiben möchte (Weidenmann, 2001, 2002). Bei diesen Lernangeboten ist jedoch nicht der Mix unterschiedlicher Medien wichtig, sondern der Mix von Codes und Modalitäten.

Interaktivität. Mit dem Begriff der Interaktivität wird das Ausmaß an Eingriffs- und Steuerungsmöglichkeiten bezeichnet, das den Lernenden bei der Nutzung eines digitalen Lernangebots zur Verfügung steht (Haack, 2002). Dabei steht im Vordergrund, dass die Lernenden auf bestimmte Informationen und auf die entsprechenden Reaktionen des medialen Lernangebots zugreifen können. Während man bei einem Buch nur zurückblättern, vorblättern oder auf bestimmte Seiten springen kann, ist dies beim Lernen mit Computer und Internet anders; es bietet wesentlich mehr Eingriffsmöglichkeiten. Die Interaktivität eines medialen Lernangebots ermöglicht es den Lernenden, auf unterschiedliche Lerninhalte und Präsentationsformen zuzugreifen. Lernende können zudem Informationen eingeben, z.B. Antworten auf eine Frage (sei es in Multiple-Choice-Form oder als offene Antwort) eintippen. Diese Formen von Interaktivität beschreiben die Kommunikation zwischen einem Lernenden und dem digitalen Lernangebot selbst. Mensch und Computer treten bei dieser Form der Interaktivität in einen Dialog. Daneben wird der Begriff „Interaktivität" auch genutzt, wenn Lernende mit anderen Lernenden oder einem Tutor in Kontakt treten und miteinander kommunizieren können. Interaktivität ist eine besonders wichtige Eigenschaft der digitalen Lernmedien. Denn sie ermöglicht es, selbstständig etwas auszuprobieren und es zu explorieren sowie eigenständig über die eigenen Lernprozesse zu entscheiden und sie zu steuern (s. Strzebkowski & Kleeberg, 2002).

Adaptivität. Im Gegensatz zu den „herkömmlichen" Medien Buch oder Film lassen sich die Lernhandlungen des Nutzers mithilfe des Computers festhalten, z.B. der Abruf bestimmter Informationen oder die Antworten auf einen Test. Aus diesen Nutzereingaben können der Kenntnisstand oder auch Lernpräferenzen des Nutzers abgeleitet werden. Digitale Lern- und Unterrichtssoftware kann sozusagen die Rolle eines Tutors übernehmen und dem Lernenden ein „ideales" Lernangebot vorschlagen. In diesem Fall erstellt die Lernsoftware eine Diagnose des Lernenden, z.B. zu seinen Interessen, Vorkenntnissen etc. und passt die Präsentation und die didaktische Aufbereitung der Lerninhalte dieser Diagnose an. Insofern bedeutet Adaptivität immer auch eine Individualisierung des Lernens. Allerdings bestimmt nicht der Lernende seinen Lernweg, sondern die Lernsoftware vermittelt ein Wissen, das auf den jeweiligen Lernenden zugeschnitten ist (Weidenmann & Paechter, 1997).

Individualisierung und Selbststeuerung des Lernens. Im Vergleich zu den traditionellen Medien (Buch, Film etc.) bieten die neuen Medien den Lernenden vielfältigere Möglichkeiten, ihre Lernprozesse selbst zu gestalten und auf ihre Lernvoraussetzungen und -bedürfnisse zuzuschneiden.

Der Begriff des selbstgesteuerten Lernens beschreibt eine Lernform, die es den Lernenden ermöglicht, ihre Lernbedürfnisse zu diagnostizieren, Lernziele und das Lernmaterial selbst auszuwählen und die Lernstrategien zu wählen, die sie im Hinblick auf die jeweilige Lernsituation für angemessen halten (Weinert, 1982). Zum selbstgesteuerten Lernen gehören Fragen

- nach dem „Warum", d.h. nach den Motiven für Lernen,
- nach dem „Wie", d.h. nach nach der Nutzung unterschiedlicher Lernstrategien,
- nach dem „Was" des Lernens, d.h. nach der Selbstkontrolle und der Beobachtung der eigenen Lernfortschritte,
- nach dem „Wann" und „Wo", d.h. nach der Zeit und dem Ort des Lernens.

Die Selbststeuerung des Lernens kann durch die neuen Medien besonders gut gefördert werden. Mit ihrer Hilfe kann man Lernstoff in unterschiedlichen Codes und Modalitäten bereitstellen sowie die Auswahl unterschiedlichen Lernmaterials und die Nutzung unterschiedlicher Strategien ermöglichen.

Während sich die hier beschriebenen Eigenschaften der neuen Medien als Lernmedien auf didaktische Funktionen der Präsentation der Lerninhalte und der Steuerung des Lernens beziehen, verweisen weitere Eigenschaften digitaler Lernmedien stärker auf ökonomische Vorteile:

Zeitnahe Bereitstellung der Lerninhalte. Digitale Lernangebote zeichnen sich dadurch aus, dass sie leicht aktualisiert und neue Versionen eines Angebots einfach distribuiert werden können. Dies gilt insbesondere für internetgestützte Lernangebote. Im Gegensatz zu Lernmedien wie einem Buch oder einem Film (aber auch einem Angebot auf einer CD-ROM) können hier Inhalte laufend verändert und verteilt werden.

Unabhängigkeit von Zeit und Ort. Digitale Lernmedien ermöglichen eine Unabhängigkeit der Lernenden von Zeit und Ort. Ein Lernangebot, das auf CD-ROM vorliegt oder das aus dem Internet heruntergeladen werden kann, kann zu beliebigen Zeiten und an beliebigen Orten genutzt werden. Dieser Vorteil trifft natürlich auch auf das Lernmedium Buch zu. Die Unabhängigkeit von Zeit und Ort ist eine Eigenschaft, die vor allem dann wichtig wird, wenn man Präsenz- und Onlineunterricht miteinander vergleicht.

18.2.3 Didaktische Grundformen computer- und netzbasierter Lernmedien

Der Gedanke, dass ein Gerät die Repräsentation von Lerninhalten, die Steuerung von Lehr-Lernprozessen und die Auswahl des Lernstoffs übernimmt, ist keineswegs neu. Bereits in den Fünfzigerjahren des letzten Jahrhunderts entwickelte der Psychologe Skinner die so genannte „Teaching Machine", die man als Vorläufer der Computerlernprogramme bezeichnen kann. Bei diesem Gerät handelte es sich um einen Kasten, in dessen Innerem sich eine bedruckte Papierrolle befand, der Lernstoff. In einem kleinen Sichtfenster erschien jeweils eine kurze Informationseinheit. Wenn der Lernende diese Information gelesen hatte, drehte er an einem Knopf, und es erschien eine Aufgabe zu der eben gesehenen Lerneinheit. In einem Schreibfenster darunter musste man dann die Antwort eintragen oder auswählen. Wenn man weiterdrehte, führte dies zu einem Feedback mit der richtigen Antwort. Anschließend erschien die nächste Informationseinheit (Skinner, 1958). Auf die behavioristischen Lernprinzipien der Teaching Machine greifen zwei Grundformen der Wissensvermittlung mit neuen Medien zurück, die Drill-and-Practice-Programme und die tutoriellen Lernumgebungen.

Drill-and-Practice-Programme. In der Tradition des Skinner'schen Behaviorismus stehen die Drill-and-Practice-Programme oder auch Pauk- und Übungsprogramme. Drill-and-Practice-Programme erklären keinen neuen Lernstoff, sondern gehen davon aus, dass die Lernenden bereits über grundlegende Kenntnisse auf einem Gebiet verfügen. Daher geht es vorrangig darum, einen Lernstoff, den man bereits verstanden hat, einzuüben und zu sichern.

Drill-and-Practice-Programme vermitteln in der Regel einen einfach strukturierten Lernstoff (z.B. Vokabeln). Die behavioristischen Prinzipien der wiederholten Verstärkung erwünschten Verhaltens durch unmittelbares Feedback kommen hier am unmittelbarsten zum Ausdruck. Drill-and-Practice-Program-

Lernt man mit Computer und Internet besonders gut?

Bei der Entwicklung neuer Medien war man häufig der Auffassung, das Lernen mit diesen Medien sei herkömmlichen Lernformen überlegen. Tatsächlich verbesserten sich in verschiedenen empirischen Untersuchungen die Lernleistungen bei der Einführung eines neuen Mediums. Dieses Ergebnis zeigte sich beim Vergleich zwischen audiovisuellen Medien und herkömmlichem lehrerzentriertem Unterricht (Cohen, Ebeling & Kulik, 1981) ebenso wie beim Vergleich zwischen computerunterstütztem Lernen und traditionellen Lernformen (Kulik & Kulik, 1991). Diese Unterschiede zeigten sich jedoch nur in Kurzzeitstudien. Die angebliche Überlegenheit des jeweiligen Mediums musste durch Langzeitbeobachtungen wieder revidiert werden: Nach längerer Lernzeit schwand die Überlegenheit des neuen Mediums, und die Lernleistungen näherten sich in den verglichenen Lernformen einander an (Weidenmann & Paechter, 1997). Diese scheinbare Überlegenheit lässt sich durch eine höhere Motivation aufgrund der Abwechslung und der Einführung eines neuen Lernmittels erklären. An den zuvor angeführten Studien lässt sich auch kritisieren, dass mehr auf die Geräte (d.h. auf die Lernmittel) geachtet wurde, und die Frage, wie Inhalte mit bestimmten Lernmitteln didaktisch aufbereitet werden können, weitgehend vernachlässigt wurde.

me bieten den Lernenden wenig Freiheitsgrade, um den Lernprozess selbst zu steuern; denn das Programm bestimmt die Lerninhalte und die Lernstrategie und gibt auch Feedback.

Tutorielle Lernumgebungen. Bei tutoriellen Lernumgebungen (oder Tutorials) handelt es sich um „lehrerähnliche" Programme. Das Programm bietet wie ein (konventioneller) Lehrer den Lernstoff in bestimmten Portionen und in einer bestimmten Reihenfolge an, stellt Fragen, erfasst, prüft und bewertet die Antworten. Hat der Lernende bestimmte Aufgaben zufriedenstellend gelöst, so geht das Programm automatisch zur nächsten Lerneinheit über. Typisch für tutorielle Lernumgebungen sind Aufgaben, bei denen Lernende ihr Wissen prüfen können und auf die sie Feedback erhalten. Hier wird durch die Verstärkung richtiger Antworten Lernen gefördert (vgl. Weidenmann & Paechter, 1997). Tutorielle Systeme können auf bestimmte Lernvoraussetzungen (wie z.B. die Vorkenntnisse der Lernenden) abgestimmt sein und je nach Voraussetzungen unterschiedliche Lernwege anbieten. In diesem Fall spricht man auch von einem „adaptiven" Lernsystem (Hannafin & Peck, 1988). So kann ein Programm vor und während einer Lernsitzung den Wissensstand des Lernenden prüfen und entsprechend geeignete Lerninhalte auswählen.

Tutorielle Systeme nutzen wie Drill-and-Practice-Programme behavioristische Prinzipien der Verstärkung. Andererseits gehen sie auch von kognitionspsychologischen Überlegungen aus, wenn z.B. in einem adaptiven System eine kognitive Modellvorstellung vom Lernenden aufgebaut wird und das System den Lernstoff auf diese Modellvorstellung angepasst präsentiert.

Hypertext/Hypermedia. Die Nutzung eines Hypertexts ist jedem Internetnutzer geläufig, ist doch das World Wide Web die Grundform eines Hypertexts. Ein Hypertext ist mit einer gut organisierten Datenbank zu vergleichen, die eine Reihe von verlinkten Bildschirmseiten oder umfangreicheren Informationseinheiten enthält. Von Hypertext spricht man, wenn in einem solchen System nur Texte abgespeichert sind. Hypermedia bedeutet, dass auch Bilder, eventuell auch Videos und Tondokumente enthalten sind. Im Gegensatz zu den zuvor beschriebenen Drill-und-Practice-Programmen und den Tutorials bieten Hypertext und Hypermedia den Lernenden keine programmgesteuerte Führung durch den Lernstoff. Es bleibt vielmehr jedem Nutzer überlassen, welche Daten er abruft und in welcher Reihenfolge er sich durch die Datenbank bewegt. Die Nutzer können also selbst bestimmen, welche Ziele sie sich beim Lernen setzen.

Aus kognitionspsychologischer Sicht wird die Lernwirksamkeit von Hypertexten bzw. Hypermedia häufig mit der Schematheorie begründet (Jonassen, 1992). Lernende können Lerninhalte jeweils nach ihrem Vorwissen auswählen, die Leerstellen eines Schemas ausfüllen und bestehende Schemata restrukturieren bzw. anpassen. Wenn man die verschiedenen Codes miteinander verbindet und in Hypermedia unterschiedliche Modalitäten anspricht, soll dies dazu beitragen, die Inhalte besser zu verarbeiten und besser zu behalten (Schaumburg & Issing, 2004). Lerninhalte können so veranschaulicht werden.

Lost in Hyperspace

Hypertexte und Hypermedia ermöglichen ein hohes Maß an Selbststeuerung in Bezug auf die Lerninhalte, da beliebige Inhalte „angeklickt" werden können. In Studien zum tatsächlichen Nutzerverhalten stellte sich allerdings heraus, dass Lernende durch das hohe Maß an Selbststeuerung häufig überfordert sind. Sie verlieren leicht den Überblick, an welcher Stelle im Hypertext sie gerade stehen, was sie gerade gelesen haben und auf welchem Lernweg sie zu der Information gekommen sind. Diese Situation wird von Lesern, die traditionelle Texte gewohnt sind, häufig als unbefriedigend empfunden (Kuhlen, 1991).

Simulationen, Planspiele und Mikrowelten. Simulationen, Planspiele und Mikrowelten stellen Lernsysteme dar, die einem Umweltausschnitt mehr oder weniger detailliert und wirklichkeitsnah nachgebildet sind. Sie ersetzen tatsächliche Vorgänge, Sachverhalte und Wirklichkeitsausschnitte durch eine Simulation auf dem Computer und erlauben es, mit dem Computer zukünftige Zustände, die erreicht werden sollen, virtuell durchzuspielen. Bekannt sind beispielsweise Simulationen zur Steuerung von Fahrzeugen, zur Klimaentwicklung oder zu ökonomischen Prozessen etc. Alle Prozesse, die mathematisch hinreichend genau darstellbar sind, können simuliert werden (Zimmer, 2002). Simulationen, Planspiele und Mikrowelten sind im Unterschied zu Tutorials nicht darauf angelegt, zu informieren und zu erklären, oder wie Drill-and-Practice-Programme darauf, bereits vorhandenes Wissen einzuüben. Vielmehr fordern sie die Nutzer auf, durch eigene Erfahrung mit dem Lernprogramm die Gesetze dieses Systems zu erkunden. Trotzdem überlassen viele Simulationen die Lernenden nicht einfach sich selbst, sondern verlangen, dass die Lernenden vor einer Eingabe vorhersagen, wie sich diese Eingabe auf das System auswirken wird. Anschließend sollen die Lernenden das tatsächliche Ergebnis mit ihrer Prognose vergleichen, bei einer Abweichung nach Erklärungen suchen und gegebenenfalls einen neuen Plan für eine weitere Eingabe entwickeln. Viele dieser Lernsysteme enthalten auch Erklärungskomponenten. Ein Lernender kann dann z.B. Hintergrundinformationen abfragen. Typisch für die Arbeit mit Simulationen und Planspielen ist es, dass man exploriert, etwas selbstgesteuert ausprobiert und die Folgen miterlebt. Die Lernenden sollen sich Sachverhalte durch Ausprobieren eigenständig erschließen. Dabei geht es weniger darum, einen Realitätsausschnitt so präzise wie möglich abzubilden; vielmehr steht im Vordergrund, eine kognitive Fertigkeit zu fördern, nämlich das vernetzte Denken.

Die Wirksamkeit solcher Lernangebote kann aus kognitionspsychologischer Sicht damit begründet werden, dass die Lernenden ein mentales Modell entwickeln sollen (Gentner & Stevens, 1983). Lernende bilden Wissensstrukturen, in denen die kausalen Zusammenhänge, die in der Simulation, der Mikrowelt oder im Planspiel dargestellt werden, abgebildet sind. Das Lernen mit solchen Angeboten wird zudem dadurch gefördert, dass man das Funktionieren eines Systems simulieren und vor dem inneren Auge ablaufen lassen kann (Schaumburg & Issing, 2004).

Auch aus konstruktivistischer Sicht haben Mikrowelten, Simulationen und Planspiele gewisse Vorteile: Sie ermöglichen es, Sachverhalte weitgehend authentisch darzustellen und Wissen bei der Bearbeitung anspruchsvoller Problemstellungen zu erwerben. Das Feedback, das Lernende bei der Bearbeitung eines solchen Lernangebotes erhalten, unterscheidet sich wesentlich vom Feedback in Tutorials oder Drill-and-Practice-Programmen. Bei den zuletzt erwähnten Angeboten wird Feedback im Wesentlichen in Form einer wenig differenzierten Aussage wie „richtig" oder „falsch" gegeben. Ein Lernangebot, das einer konstruktivistischen Didaktik folgt, bietet dagegen ein authentisches Feedback, in dem die virtuelle Umgebung auf eine Eingabe des Lernenden reagiert. Mikrowelten, Simulationen und Planspiele ermöglichen es in besonderem Maße, Lernangebote weitgehend authentisch zu gestalten und mit ihrer Hilfe im Kontext einer konkret dargestellten Situation zu lernen. So kann Wissen in einem Anwendungskontext erworben werden.

18.2.4 Zusammenfassung

Die hier beschriebenen Formen der Wissensvermittlung mithilfe neuer Medien unterscheiden sich unter anderem darin, wie stark die Lernprozesse von der Unterrichtssoftware gesteuert werden. Sowohl Drill-and-Practice-Programme als auch Tutorials gehen von einem Primat der Instruktion aus, bei dem die Lernenden vom jeweiligen Programm durch den Lernstoff geführt werden. Dem liegt die Annahme zugrunde, dass es einen idealen Lernweg gibt, der durch die Unterrichtssoftware bestimmt wird. Dagegen gehen Hypertext, Hypermedia, Simulationen, Planspiele und Mikrowelten von einem Primat der

Konstruktion aus. Hier liegt es im Wesentlichen bei den Lernenden selbst, wie sie ihre Lernprozesse und die Aufnahme von Informationen steuern.

18.3 Lehren, Lernen und Kommunizieren mit neuen Medien

Im Kontext von Wissensvermittlung und Lernen erfüllen Lernangebote wie Drill-and-Practice-Programme, Tutorials, Hypertexte, Simulationen etc. die Funktion, Lernstoff zu repräsentieren sowie Lehr- und Lernprozesse zu steuern. In der Regel sind solche Angebote ein Bestandteil eines umfassenderen Angebots, in der Regel eines gesamten Unterrichtskonzepts. Im Folgenden sollen Lernangebote unter dem Aspekt beschrieben werden, in welchen didaktischen und organisatorischen Kontext sie eingebunden sind.

18.3.1 Formelle computer- und netzgestützte Lern- und Kommunikationsangebote

Formelle Lern- und Kommunikationsangebote unterscheiden sich durch den Umfang und die Anzahl der integrierten didaktischen Angebote. Wird nur Lernstoff präsentiert? Ist es möglich, mit einem Tutor in Kontakt zu treten? Sind Formen des kooperativen Lernens vorgesehen? Neben diesen Kriterien können Lern- und Kommunikationsangebote durch ihre Art und Weise beschrieben werden, wie der Computer und das Internet eingebunden sind.

Abbildung 18.1 beschreibt, in welcher Beziehung die im Folgenden genauer erläuterten Angebote zueinander stehen.

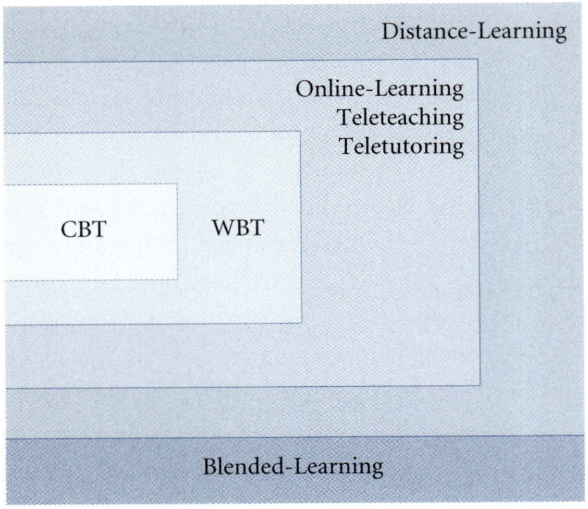

Abbildung 18.1. Formelle computer- und netzgestützte Lern- und Kommunikationsangebote
Anmerkung: CBT = Computer-Based Training, WBT = Web-Based Training

Computer-Based Training. Der Begriff geht von den technischen Merkmalen eines Lernangebots aus. Als Computer-Based Training (abgekürzt CBT) bezeichnet man Lernumgebungen, die als Einzelplatzlösungen auf einem PC installiert und bearbeitet werden. Dies bedeutet jedoch auch, dass der Lernende bei der Bearbeitung des medialen Lernangebots auf sich gestellt ist und nicht auf eine Unterstützung durch einen Tutor oder auf den Kontakt mit anderen Lernenden zurückgreifen kann. CBTs können in den zuvor beschriebenen didaktischen Grundformen Drill-and-Practice-Programme, Tutorials, Hypertext, Hypermedia, Mikrowelt, Simulation und Planspiel umgesetzt werden.

Web-Based Training. Als Web-Based Training (abgekürzt WBT) werden Lernangebote bezeichnet, bei denen der Lernstoff über das Netz vermittelt wird. Aus einer didaktischen Perspektive unterscheiden sich diese Lernangebote wenig von den CBTs. WBTs können ebenfalls auf die zuvor beschriebenen Grundformen computer- und netzbasierter Lernmedien zurückgreifen. Sie weisen gegenüber CBTs jedoch den Vorteil auf, dass der Lernstoff einfacher aktualisiert und an die Lernenden übermittelt werden kann. Zudem liegt es nahe, über das Internet eine Kursverwaltung durchzuführen, in der zum Beispiel der Lernstand festgehalten wird.

Online-Learning. Wird Online-Unterricht in einen umfassenderen didaktischen Kontext eingebettet und werden dabei Kommunikationsmöglichkeiten zwischen den am Unterrichtsgeschehen beteiligten Personen bereitgestellt, so spricht man von Online-Learning. Zum Online-Learning gehören zwei Lehr- und Lernformen, nämlich Teleteaching und Teletutoring.

Teleteaching. Mit diesem Begriff wird die Übertragung von Vorlesungen über das Internet oder andere Computernetze bezeichnet (Kerres, 1998). Der Export von Vorlesungen über Medien ist keine Lehrform, die erst durch das Internet ermöglicht wurde. Fernuniversitäten und andere Bildungseinrichtungen in unterschiedlichen Ländern haben den Export von Vorlesungen bereits vor Jahrzehnten erprobt, so z.B. in England die Open University (http://www.open.ac.uk) oder in Deutschland die Fernuniversität Hagen (http://www.fernuni-hagen.de). Beim Teleteaching werden der Vortrag eines Dozenten und die Lehrmaterialien wie Folien, Filme, Graphiken, Animationen etc. mithilfe eines Hochgeschwindigkeitsnetzes und multimedialer Konferenzsysteme synchron, d.h. zeitgleich, an andere Orte übertragen. Meistens erfolgt der Export von Vorlesungen an andere Universitäten mithilfe speziell ausgerüsteter Hörsäle. Die Studierenden an den Zielorten sehen eine Leinwandprojektion des Vortrags des Dozenten und der Präsentationsmaterialien. Sie können mit dem Dozenten über Mikrophon in einen eingeschränkten Dialog treten, z.B. um Fragen zum Lernstoff zu stellen. Beim Teleteaching nimmt der Lehrende – wie in der Präsenzvorlesung – eine zentrale Rolle bei der Steuerung der Lernprozesse ein. Er wählt die Lerninhalte und -materialien aus, bestimmt die Strukturierung und das Tempo, in dem der Lernstoff vermittelt wird. Bei Fragen ist der Dozent wichtigster Ansprechpartner und lenkt zugleich den Dialog mit den Lernenden. Die Rolle der Lernenden beschränkt sich – wie bei der Präsenzvorlesung – auf das Zuhören und Verfolgen der Präsentation und (gelegentliche) Nachfragen. Teleteaching hat zweifellos ökonomische Vorteile, da zeitliche und materielle Ressourcen gebündelt werden können. Dies gilt insbesondere für aufwändige Vorlesungen, die nicht zu jeder Zeit und an jeder Bildungseinrichtung gehalten werden können, oder für Vorträge bekannter Redner, die nicht an jedem Übertragungsort präsent sein können. Vorlesungen, die über Medien übertragen werden, haben jedoch die gleichen Nachteile wie Präsenzvorlesungen: Der Dozent bestimmt, in welchem Tempo Informationen von Lernenden wahrgenommen und verarbeitet werden müssen. Die Wissensvermittlung erfolgt in einer Einweg-Kommunikation vom Dozenten zu den Lernenden.

Teletutoring. Als Synonyme für Teletutoring finden sich in der Literatur die Begriffe „virtuelles Seminar" oder Teleseminar (Kerres, 1998). Als Teletutoring wird das Seminar im Netz bezeichnet. Im virtuellen Seminar erhalten die Lernenden eine zentrale Rolle bei der Gestaltung ihrer Lernprozesse. Sie bearbeiten den Lernstoff, diskutieren ihn mit anderen Lernenden oder dem Dozenten und erhalten eine Rückmeldung. Der Dozent wählt anderseits das Lernmaterial aus, präsentiert es oder bietet es den Lernenden z.B. in Form von CBTs bzw. WBTs an). Er stellt Aufgaben zum Lernstoff, gibt den Lernenden eine Rückmeldung auf ihre Lösungen und betreut die Lernenden in individualisierter Form. Zu den Aufgaben des Dozenten gehört es auch, Lernende zu motivieren, über Lernziele zu informieren, Lerntipps und Lernhilfen zu geben etc. (s. Gagné & Briggs, 1979).

Im Grunde werden alle Elemente aus dem Präsenzseminar in das Konzept des Teletutoring einbezogen: Lernstoff wird präsentiert und Lernmaterial verteilt, Themen und/oder Aufgaben werden gestellt und bearbeitet, Lerninhalte werden diskutiert. Beim Vergleich des virtuellen Seminars mit dem Präsenzseminar zeigen sich dennoch einige Unterschiede: So ist die Selbststeuerung der Lern- und Kommunikationsprozesse durch die Lernenden im virtuellen Seminar wesentlich wichtiger. Lernende müssen die Lernangebote eigenständig bearbeiten, Zeit, Ort und gegebenenfalls Lernstrategien selbst wählen. Auch die Kommunikation läuft im Internetseminar anders ab als im Seminarraum. Im Seminarraum ermöglicht die gleichzeitige Anwesenheit von Lehrenden und Lernenden eine direkte Kommunikation. Anders im räumlich verteilten Lernszenario: Hier ist je nach gewählten Kommunikationsdiensten eine asynchrone oder synchrone Kommunikation möglich, bei der sich Lernende untereinander sowie Lernende und Lehrende in der Regel schriftlich verständigen müssen.

Im Präsenzseminar laufen Tätigkeiten des Lehrens und Lernens fast simultan, teilweise auch spontan und zeitlich nicht planbar ab (wenn z.B. Studierende eine Frage haben). Es geht etwa um das Präsentieren des Lernstoffs, die Diskussion mit Studierenden und Lehrenden ohne große Vorbereitung etc. Auch hier unterscheidet sich die Konzeption eines virtuellen Seminars in mehrfacher Hinsicht von der eines Seminars, das an Zeit und Ort gebunden ist. Zum einen sind die einzelnen Tätigkeiten des Lernens, Lehrens und Kommunizierens zeitlich voneinander entkoppelt, da die Studierenden wesentlich auf das Selbststudium angewiesen sind und nur zu bestimmten Zeitpunkten den Kontakt zum Dozenten suchen. Zum anderen verlangen die Kommunikationsdienste, die im Netz zur Verfügung stehen, eine Trennung der unterschiedlichen Tätigkeiten. So nutzt man beispielsweise www-Seiten, um Lernstoff zu präsentieren, und andere Dienste wie E-Mail oder Chats, um eine Diskussion mit Studierenden zu initiieren.

Distance Learning. Als Distance Learning bezeichnet man Lernangebote, die sich durch die räumliche Trennung von Lernenden und Lehrenden auszeichnen und bei denen den Lernenden das Lernmaterial über digitale Medien oder Printmedien zugesandt wird.

Blended Learning. Als „Blended Learning“ oder auch „hybrides Lernen“ (Schweizer, Paechter & Weidenmann, 2003; Paechter, 2004) werden Lernformen bezeichnet, bei denen das Lernen zum Teil in Präsenz und zum Teil online und/oder über CBTs stattfindet. Man spricht z.B. von Blended Learning, wenn sich in einem Seminar Präsenzphasen mit Online-Phasen abwechseln.

Online- und Präsenzlernangebote können sich in unterschiedlicher Weise ergänzen: Nach dem „Anreicherungskonzept“ kann beispielsweise das Online-Angebot dazu genutzt werden, den klassischen Präsenzunterricht durch digitale Lernmedien anzureichern (Sindler, 2004). Im „integrativen Konzept“ stellen dagegen Präsenzunterricht und digitale Lern-

Befragung von Teilnehmern an einem Teletutoring

In der Abschlussbefragung eines Teletutoring-Seminars sollten die Teilnehmer beurteilen, wie ihnen das Seminar gefallen hat. Dazu wurden ihnen Aussagen vorgelegt wie

- „Ich hätte mich lieber in den Hörsaal gesetzt, weil ich das Lernen nicht hätte selbst organisieren müssen“
- „Ich hätte die feste Zeiteinteilung im Hörsaal als Vorteil empfunden“.

In der empirischen Erhebung zeigte sich, dass die Teilnehmer die Möglichkeiten zur Selbststeuerung in der Online-Veranstaltung schätzten und dass die feste Zeiteinteilung und die Vorgaben des Dozenten im Präsenzseminar keineswegs als Vorteil empfunden werden.

Ein Manko sahen die Teilnehmer allerdings in den eingeschränkten Kommunikationsmöglichkeiten im Online-Seminar. Sie stimmten daher Aussagen wie „(Im Vergleich zum virtuellen Seminar) hätte ich die direkte Kommunikation im Hörsaal als Vorteil empfunden“ stark zu.

Danach gefragt, was ihnen besonders gut gefallen hat, nannten 70 % der Teilnehmer die freie Zeiteinteilung und 37 % die Möglichkeit, das Lerntempo selbst bestimmen zu können. Als Nachteile gaben 67 % die eingeschränkten Kommunikationsmöglichkeiten zwischen Studenten und der Dozentin im Teletutoring-Seminar an (Paechter, 2000).

angebote gleichwertige und ineinander verzahnte Unterrichtsangebote dar. Diese Verzahnung kann so gestaltet werden, dass der Unterricht in den Online-Phasen eine andere Funktion erfüllt als in den Präsenzphasen. So könnte ein integratives Kurskonzept beispielsweise Präsenzphasen enthalten, in denen in der Gruppe gelernt wird, während in den Online-Phasen keine Gruppenarbeit vorgesehen ist. Präsenz- und Online-Phasen können im Unterricht jedoch auch die gleichen Funktion erfüllen. Einen Gegensatz dazu bildet das ausschließliche Online-Lernen. Hierzu gehören das Teletutoring und Teleteaching, bei dem Lernen und Lehren nur online stattfindet oder höchstens am Beginn einer Veranstaltung eine Einweisung oder eine Einführungsveranstaltung und/oder am Ende eine Abschlussveranstaltung in Präsenz vorgesehen sind.

18.3.2 Informelle computer- und netzgestützte Lern- und Kommunikationsangebote

Das Internet eignet sich nicht nur dazu, Lernangebote eines mehr oder weniger stark institutionalisierten Anbieters (formelle Angebote) zu veröffentlichen. In den letzten Jahren sind zwei Arten von informellen Lern- und Informationsangeboten hinzugekommen:

Wikis. Mit den so genannten Wikis oder auch Wiki Wikis bzw. WikiWebs hat sich in den letzten Jahren ein umfangreiches, weltweites Wissensmanagementsystem im Internet entwickelt (der Name geht auf wikiwiki zurück, das hawaiianische Wort für „schnell", http://de.wikipedia.org/wiki/Wiki). Jeder Internetnutzer kann auf dieses Informationsangebot zugreifen, sei es um sich selbst zu informieren oder um eigenes Wissen anderen Personen zugänglich zu machen. Wikis sind im World Wide Web verfügbare Hypertexte oder Hypermedia, die gelesen werden, aber auch online geändert werden können. Man kann sie sich als Lexikon im Internet vorstellen, auf das jeder Nutzer zugreifen kann, das aber auch jeder Nutzer verändern kann (vgl. z.B. das Wiki http://de.wikipedia.org). Für die Mitgestaltung eines Wikis ist in der Regel nicht einmal eine Registrierung erforderlich. Wikis stellen also einen weltweit verfügbaren Wissenspool der gesammelten Erkenntnisse von Internetnutzern dar. Hier findet insofern ein Dialog zwischen den Nutzern statt, als jede Person zum Wissensnetz beiträgt, es erweitert oder unter Umständen frühere Beiträge anderer verändert.

Weblogs. Weblogs oder auch Blogs lassen sich im Gegensatz zu Wikis einer Person bzw. einem Autor zuordnen. Sie sind vergleichbar mit Kolumnen, in denen Personen ihre Meinung darstellen. Die meisten Weblogs haben jedoch eine Kommentarfunktion, die es den Lesern ermöglicht, einen Eintrag zu kommentieren und so mit dem Autor oder anderen Lesern zu diskutieren. Häufig haben Weblogs tagebuchartigen Charakter und dienen weniger dem Lernen und der Wissensvermittlung als der Selbstdarstellung. Im Internet finden sich jedoch auch Weblogs, in denen es um die Darstellung fachlicher Inhalte geht.

18.3.3 Anforderungen an die Lernenden

Im Vergleich zum Lernen mit traditionellen Lernmedien bieten die digitalen Lernmedien die Möglichkeit, das Lernen viel flexibler zu gestalten. Lernende können sich unabhängig von Raum und Zeit Wissen aneignen, sie können Lerninhalte oder auch Lernstrategien selbst auswählen etc. Aber diese Freiheitsgrade bringen auch erhöhte Anforderungen an die Lernenden mit sich. Sie müssen in unterschiedlichen Bereichen Kompetenzen aufweisen, um ihre Lernprozesse zu organisieren. Zwei für das Lernen mit den neuen Medien besonders wichtige Kompetenzen, Medienkompetenz und Lernkompetenz, werden im Folgenden genauer erläutert.

Medienkompetenz. Das Lernen mit Lernmedien, seien es nun traditionelle oder digitale Lernmedien, erfordert im Allgemeinen Medienkompetenz (Baacke, 1980). Medienkompetenz wird als eine Form der kommunikativen Kompetenz angesehen (Vollbrecht, 2001). Zur Medienkompetenz gehören unterschiedliche Teilkompetenzen. Natürlich müssen die Lernenden Wissen über Medien und über die Art und Weise haben, wie sie bedient werden. Darüber hinaus müssen sie in der Lage sein, Medienangebote so zu nutzen, dass die Anwender auch ihre zuvor gesteckten Ziele erreichen können. So müssen Lernende z.B. unter verschiedenen Angeboten eines auswählen, das für ihr aktuelles Lernanliegen am ehesten geeignet ist und dazu führt, dass die Lernziele erreicht werden.

Gerade die zuvor beschriebenen informellen Lernangebote der Wikis und Weblogs erfordern ein hohes Maß an Medienkompetenz: Die Nutzer müssen die Plausibilität und Glaubwürdigkeit der Einträge beurteilen können. Sie müssen unterschiedliche Informationen miteinander in Verbindung setzen und vergleichen, wenn sich z.B. die von ihnen recherchierten Informationen nur unter verschiedenen Stichwörtern finden lassen. Darüber hinaus müssen sie eigene Beiträge strukturiert und verständlich darstellen; sie müssen dabei Besonderheiten des Publizierens im Internet beachten, z.B. dass Informationen am Bildschirm gelesen werden, dass Seiten und Begriffe verlinkt werden können.

Lernkompetenz. Lernkompetenz ist die wesentliche Grundlage für erfolgreiches Lernen. Sie umfasst unter anderem zwei Teilkompetenzen, die Kompetenz zur Selbststeuerung und die Kompetenz zur Kooperation.

18.3.4 Anforderungen an die Lehrenden

Im Vergleich zum Präsenzlernen stellt die Nutzung digitaler Lernmedien und Lernangebote auch die Lehrenden vor neue Herausforderungen und erfordert neue Kompetenzen.

Medienkompetenz. Der Lehrende erhält in Online-Veranstaltungen vielfältige Aufgaben, die ein hohes Maß an Medienkompetenz erfordern. Dazu gehören unter anderem die Auswahl und unter Umständen auch die mediale Aufbereitung von Lernmaterial, die Auswahl und Nutzung von Lernangeboten und die Auswahl von Kommunikationsmöglichkeiten, die für die Kommunikation zwischen Lehrenden und Lernenden oder für Lerngruppen geeignet zu sein scheinen. Allein bei der Auswahl von Kommunikationsmöglichkeiten müssen vielfältige Optionen bedacht werden: Für die unterschiedlichen Anliegen einer Kommunikation können asynchrone oder synchrone, medial reichhaltige, video- und textbasierte oder medial eher arme, textbasierte Kommunikationsdienste verwendet werden. Bei Entscheidungen über die Gestaltung der unterrichtlichen Kommunikation müssen Planungsaspekte (wie z.B.

Definition

Die **Kompetenz zur Selbststeuerung** beschreibt die Fähigkeit von Personen, das Lernen vorzubereiten, durchzuführen, zu regulieren, zu bewerten und zudem die Motivation aufrechtzuerhalten. Beim Lernen mit medialen Lernangeboten ist diese Fähigkeit besonders gefordert; denn hier müssen Personen in weiten Bereichen selbst ihre Lernprozesse bestimmen.

Bei der **Fähigkeit zur Kooperation** wird vorausgesetzt, dass Lernen idealerweise in einer Gemeinschaft von Experten geschieht, mit denen ein Austausch von Wissen und Perspektiven erfolgt. Gerade das Lernen mit digitalen Lernangeboten stellt (wie z.B. beim Teletutoring) besondere Anforderungen an die Kooperation der Lernenden untereinander. Hier müssen sie mit anderen unter Nutzung unterschiedlicher medialer Kommunikationsangebote Wissen austauschen, es gemeinsam konstruieren und Aufgaben bewältigen. Beispielsweise müssen sie die Kommunikation in einem schriftlichen, synchronen Chat so gestalten, dass der rote Faden in der Konversation erhalten bleibt und sie gemeinsam die Aufgabe lösen (Paechter, 2003).

die Bedeutung personaler Information in der jeweiligen Phase der Gruppenentwicklung) oder Strukturierungsmöglichkeiten für die aufgabenbezogene Dialoggestaltung berücksichtigt werden. Bei der Gestaltung von Lernangeboten müssen Lehrende über Fragen wie die folgenden nachdenken: Ist es ausreichend, dass die Lernenden nur schriftlich miteinander kommunizieren und sich nicht sehen können? Gibt es eine Kommunikationssoftware, die die Kooperation strukturiert? Falls ja, für welche Aufgaben ist sie geeignet?

Kompetenz im Unterrichten und Lehren. Die neuen Medien stellen Dozenten auch vor neue Anforderungen. Die Rolle des Dozenten wandelt sich

- vom Lehrenden zum Moderator von Lernprozessen (Collins & Berge, 1996),
- vom Dozenten zum Ratgeber, der Lernmaterialien bereitstellt und Rat zur Selbststeuerung gibt,
- vom Antworten Gebenden zur Person, die die richtigen und wichtigen Fragen stellt,
- vom Lernstofflieferanten zum Gestalter von Lernerfahrungen,
- von jemanden, der die Lernumwelt kontrolliert, zu jemanden, der die Lernumwelt mit den Lernenden teilt.

Lehrende benötigen für diese neuen Anforderungen ein erweitertes Spektrum an Kompetenzen. Die Kommunikation mit Lernenden nimmt gerade im virtuellen Seminar einen größeren Raum ein als in der Präsenzveranstaltung. Lehrende benötigen hier Kompetenzen bei der Steuerung und Moderation von Online-Diskussionen in Lerngruppen. Hierzu gehören Wissen um die Vor- und Nachteile von Kommunikationsformen (wie z.B. asynchrone oder synchrone Kommunikation, Fertigkeiten in der Klassifikation und Ordnung von Beiträgen in asynchronen Konferenzen, Erstellung von Zeit- und Terminplänen). Darüber hinaus fallen auch im virtuellen Seminar dem Lehrenden soziale Aufgaben zu, wie das Herstellen einer angenehmen Lern- und Kommunikationsatmosphäre (im virtuellen Raum). Der Lehrende wird zum „Educational Facilitator" (also zum pädagogischen Förderer; s. Paulsen, 1995).

18.4 Bedeutung der neuen Medien für lebenslanges Lernen

Wissensvermittlung, Lernen und Bildung mit Medien haben in den letzten Jahrzehnten vielfältige Veränderungen erfahren. Bei einer dieser Veränderungen geht es um die Anforderung des lebenslangen Lernens. Lebenslanges Lernen ist heute eine zentrale Forderung, die Arbeitnehmer und Personen, die sich in der Ausbildung befinden, gleichermaßen betrifft. Im Gegensatz zu früher kann man sich nicht mehr darauf verlassen, dass das Wissen, das man in Schule und Ausbildung erworben hat, für ein ganzes Berufsleben gültig sein wird. Es ist selbstverständlich geworden, dass man sich immer wieder neues Wissen und neue Fähigkeiten aneignen und zu lebenslangem Lernen bereit sein muss. Die neuen Medien erleichtern diese Anforderungen, da sie flexible Lernangebote bereitstellen, die man „just in time" und „on demand" abrufen kann (Weidenmann, Paechter & Schweizer, 2004). Allerdings stellt das Lernen mit neuen Medien auch erhöhte Anforderungen. Lernende müssen also über ein hohes Maß an Kompetenz bei der Selbststeuerung (Weinert, 1982, 1996) ihrer Lernprozesse verfügen.

„Alte" und „neue" Lernmedien werden selbstverständlich nebeneinander genutzt, so dass Lernende in der Lage sein müssen, mit sehr unterschiedlichen Lernangeboten umzugehen. Aber auch an Lehrende werden damit höhere Anforderungen gestellt. Eine größere Methodenvielfalt und der Einsatz unterschiedlicher Lern- und Kommunikationsmedien sind inzwischen selbstverständliche Anforderungen an Lehrende.

Darüber hinaus haben sich auch die Anforderungen an Bildungsanbieter gewandelt. In der europäischen Bildungslandschaft ist gegenwärtig im Zuge des Bologna-Prozesses eine Vereinheitlichung zu beobachten. Studiengänge und Anforderungen werden länderübergreifend definiert, vereinheitlicht und z.B. in Bachelor- und Master-Studiengängen modularisiert. Damit wird natürlich die länderübergreifende Anerkennung von Bildungsabschlüssen wesentlich erleichtert. In diesem Prozess werden für Bildungsanbieter die neuen Medien immer wichtiger. Denn sie ermöglichen es, weltweit Kurse, Studiengänge, Abschlüsse etc. anzubieten.

Zusammenfassung

- Heute werden „alte" und „neue" Medien im Prozess des Lehrens, des Lernens und der Vermittlung von Wissen wie selbstverständlich parallel genutzt. Doch vergleicht man die Möglichkeiten, die ältere Lernmedien im Vergleich zu den neuen Medien, Computer und Internet bieten, so zeigen sich Potenziale der neuen Medien in Bezug auf die Repräsentation von Lernstoff und die Steuerung von Lernprozessen. Sie können unter anderem Lernstoff multicodal und multimodal präsentieren und die Individualisierung und Selbststeuerung von Lernprozessen unterstützen.
- Diese Eigenschaften werden in unterschiedlichen didaktischen Grundformen umgesetzt, die in diesem Kapitel unter anderem danach unterschieden wurden, wie sehr sie unter dem Primat der Instruktion oder dem Primat der Konstruktion stehen. Drill-and-Practice-Programme und tutorielle Lernumgebungen wurden dem Primat der Instruktion zugeordnet, da hier die Unterrichtssoftware Lernprozesse wesentlich steuert. Dagegen wurden Hypertext und Hypermedia, Simulationen, Planspiele und Mikrowelten dem Primat der Konstruktion zugeordnet. Hier bleibt die Steuerung ihrer Lernprozesse den Lernenden im Wesentlichen selbst überlassen.
- Lernangebote wie diese sind in der Regel in einen umfassenderen didaktischen Kontext eingebettet, in dem auch die Möglichkeit zur unterrichtlichen Kommunikation gegeben wird. Sie können in einen eher formellen oder einen eher informellen Kontext eingebettet werden. Lernangebote wie Computer-Based Trainings oder Web-Based Trainings, bei denen die didaktischen Grundformen umgesetzt werden, werden in der Regel in Online-Learning-Konzepten verwendet (beispielsweise in Teleteaching- oder Teletutoring-Angeboten).
- Lernen und Lehren mit neuen Medien bringt jedoch auch erhöhte Anforderungen an Lehrende und Lernende mit sich. Zwei dieser erhöhten Anforderungen wurden in diesem Kapitel genauer beschrieben: Medienkompetenz und Lernkompetenz. Lernende sind in stärkerem Masse gefordert, ihre Lernprozesse selbst zu steuern.

Leseempfehlung

- Mangold, R., Vorderer, P. & Bente, G. (2004). Lehrbuch der Medienpsychologie. Göttingen: Hogrefe. Darin insbesondere Kapitel 2: Medienkompetenz, Kapitel 30: Interaktives Lernen mit Multimedia und Kapitel 31: E-Learning und netzbasierte Wissenskommunikation.
- Rost, D. (2001). Handwörterbuch Pädagogische Psychologie. Weinheim: Beltz.

Literatur

Alexander, P.A. (2005). Psychology in learning and instruction. Upper Saddle River, NJ: Pearson Education.

Baacke, D. (1980). Kommunikation und Kompetenz. München: Juventa.

Cohen, P.A., Ebeling, B. & Kulik, J.A. (1981). A meta-analysis of outcome studies of visual-based instruction. Educational Communication and Technology, 1, 26–36.

Collins, M. & Berge, Z. (1996). Facilitating interaction in computer mediated online courses. Elektronische Publikation (http://www.emoderators.com/moderators/flcc.html) (Hintergrundtext für einen Vortrag, gehalten auf der FSU/AECT Distance Education Conference, Tallahassee, Juni 1996).

Gagné, R. & Briggs, L. (1979). Principles of instructional design (2nd ed.). New York: Holt, Rinehart & Winston.

Gentner, D. & Stevens, A.L. (1983). Mental models. Hillsdale, NJ: Lawrence Erlbaum.

Haack, J. (2002). Interaktivität als Kennzeichen von Multimedia und Hypermedia. In L. Issing & P. Klimsa (Hrsg.), Information und Lernen mit Multimedia und Internet (S. 127–136). Weinheim: Beltz.

Hasebrook, J. (2001). Multi-Media. In D.H. Rost (Hrsg.), Handwörterbuch Pädagogische Psychologie (S. 483–489). Weinheim: Beltz.

Hannafin, M.J. & Peck, K.L. (1988). The design, development, and evaluation of instructional software. New York: Macmillan.

Jonassen, D.H. (1992). Designing hypertext for learning. In E. Scanlon & T. O'Shea (Eds.), New directions in educational technology (pp. 123–130). Berlin: Springer.

Kerres, M. (1998). Multimediale und telemediale Lernumgebungen: Konzeption und Entwicklung. München: Oldenbourg.

Kuhlen, R. (1991). Hypertext. Ein nicht-lineares Medium zwischen Buch und Wissenschaft. Heidelberg: Springer.

Kulik, C. & Kulik, J. (1991). Effects of computer-based teaching on secondary school students. Journal of Educational Psychology, 75, 19–26.

Langer, I., Schulz von Thun, F. & Tausch, R. (1981). Sich verständlich ausdrücken. München: Reinhardt.

Mangold, R. (2004). Infotainment und Edutainment. In R. Mangold, P. Vorderer & G. Bente (Hrsg.), Lehrbuch der Medienpsychologie (S. 527–542). Göttingen: Hogrefe.

Paechter, M. (2000). Learning and communicating in virtual seminars and lectures. Tertium Comparationis, 6(1), 63–76.

Paechter, M. (2003). Wissenskommunikation, Kooperation und Lernen in virtuellen Gruppen. Lengerich: Pabst.

Paechter, M. (2004). Hybrid Learning leads to better achievement and higher satisfaction than pure eLearning. Is it that easy? In K. Tochtermann & H. Maurer (Eds.), Proceedings of I-KNOW '04. 4th International Conference on Knowledge Management. Journal of Universal Computer Science (pp. 584–591). Graz: Graz Technical University, Joanneum Research & Springer Pub.

Paulsen, M.F. (1995). Moderating Educational Computer Conferences. Elektronische Publikation (http://www.emoderators.com/moderators/morten. html).

Peterßen, W. (2000). Handbuch Unterrichtsplanung. Grundfragen. Modelle, Stufen, Dimensionen (9. Aufl.). München: Oldenbourg.

Salomon, G. (1984). Television is „easy" and print is „tough": The differential investment of mental effort in learning as a function of perceptions and attributions. Journal of Educational Psychology, 76(4), 647–658.

Schaumburg, H. & Issing, L. (2004). Interaktives Lernen mit Multimedia. In P. Vorderer, R. Mangold & G. Bente (Hrsg.), Lehrbuch der Medienpsychologie (S. 717–742). Göttingen: Hogrefe.

Schweizer, K., Paechter, M. & Weidenmann, B. (2003). Blended learning as a strategy to improve collaborative task performance [Special issue on blended learning]. Journal of Educational Media, 28 (2–3), 211–224.

Sindler, A. (2004). Etablierung einer neuen Lernkultur. Modelle medienbasierter Lernarrangements zur Förderung selbstregulierten Lernens im Kontext der Organisation. Münster: Lit-Verlag.

Skinner, B.F. (1958). Why we need teaching machines. Science, 128, 969–977.

Strittmatter, P. (1994). Wissenserwerb mit Bildern bei Film und Fernsehen. In B. Weidenmann (Hrsg.), Wissenserwerb mit Bildern (S. 177–195). Bern: Hans Huber.

Strzebkowski R. & Kleeberg, N. (2002). Interaktivität und Präsentation als Komponenten multimedialer Lernanwendungen. In L. Issing & P. Klimsa (Hrsg.), Information und Lernen mit Multimedia und Internet (S. 229–245). Weinheim: Beltz.

Unz, D. & Schwab, F. (2004). Nachrichten. In R. Mangold, P. Vorderer & G. Bente (Hrsg.), Lehrbuch der Medienpsychologie (S. 494–525). Göttingen: Hogrefe.

Vollbrecht, R. (2001). Medienpädagogik. Weinheim: Beltz.

Weidenmann, B. (2001). Lernen mit Medien. In A. Krapp & B. Weidenmann (Hrsg.), Pädagogische Psychologie (S. 415–465). Weinheim: Beltz.

Weidenmann, B. (2002). Multicodierung und Multimodalität im Lernprozess. In L. Issing & P. Klimsa (Hrsg.), Information und Lernen mit Multimedia und Internet (S. 45–62). Weinheim: Beltz.

Weidenmann, B. & Paechter, M. (1997). Design von multimedialen Lernumgebungen. In G. Gross, U. Langer & R. Seising (Hrsg.), Studieren und Forschen im Internet (S. 125–148). München: Peter Lang.

Weidenmann, B., Paechter, M. & Schweizer, K. (2004). E-Learning und netzbasierte Wissenskommunikation. In P. Vorderer, R. Mangold & G. Bente (Hrsg.), Lehrbuch der Medienpsychologie (S. 744–768). Göttingen: Hogrefe.

Weinert, F.E. (1982). Selbstgesteuertes Lernen als Voraussetzung für Methode und Ziel des Unterrichts. Unterrichtswissenschaft, 10, 99–110.

Weinert, F.E. (1996). Für und wider die „neuen Lerntheorien" als Grundlage pädagogisch-psychologischer Forschung. Zeitschrift für Pädagogische Psychologie, 10, 1–12.

Zimmer, G. (2002). Mit Telematik vom Fernunterricht zum Offenen Telelernen. In L. Issing & P. Klimsa (Hrsg.), Information und Lernen mit Multimedia und Internet (S. 301–314). Weinheim: Beltz.

19 Politische Kommunikation

Jürgen Maier

Beispiel

Während der zweiten Fernsehdebatte im Präsidentschaftswahlkampf 1976 stellte US-Präsident Gerald Ford die Behauptung auf, die Staaten Osteuropas würden nicht von der UdSSR dominiert. Die Fernsehzuschauer haben diesen Schnitzer offenbar nicht bemerkt oder ihm keine Bedeutung beigemessen: Erste Umfragen nach dem Duell zeigten, dass Ford seinen demokratischen Herausforderer Jimmy Carter klar besiegt hatte. Die Freude Fords über diesen Etappensieg im Wahlkampf währte allerdings nur kurz, denn die Massenmedien hoben in ihren ersten Berichten über die Debatte vor allem den „Blackout" des Präsidenten hervor. In den folgenden Stunden wandelte sich die öffentliche Meinung dramatisch und knapp 24 Stunden nach Ende der Live-Diskussion wurde Carter in den Meinungsumfragen als eindeutiger Sieger geführt. Wenige Wochen später gewann Carter – denkbar knapp – auch die Wahl und zog als 39. Präsident ins Weiße Haus ein.

Dieses Beispiel wirft einige Fragen auf: Warum fokussieren Massenmedien auf bestimmte Aspekte der Realität und lassen andere außer Acht? Welche Aspekte dieser „Medienrealität" werden von den Bürgern überhaupt wahrgenommen und wie beeinflussen sie politische Überzeugungen? Und was unternehmen Parteien und Politiker, um in Wahlkämpfen, in politischen Ausnahmesituationen (wie etwa Skandalen) oder im politischen Alltag die Mechanismen der politischen Kommunikation zu ihrem Vorteil zu nutzen?

19.1 Politische Kommunikation im Spannungsfeld zwischen Politik, Medien und Bürgern

Inhalte, Akteure und Ziele des politischen Kommunikationsprozesses. Wer von politischer Kommunikation spricht, redet von der Konstruktion, der Übermittlung, dem Empfang und der Verarbeitung von Nachrichten, die einen bedeutsamen Einfluss auf Politik ausüben können (Graber, 1993, S. 305). Der Austausch von Informationen mit politischem Inhalt findet zwischen drei Gruppen von Akteuren statt (Perloff, 1998):

- Akteure, die in der Arena der Politik zu finden sind: Politiker, Parteien, staatliche Institutionen (z.B. Parlamente, Ministerien, Gerichte) und Ver-

treter gesellschaftlicher Interessen (z.B. Gewerkschaften, Verbände, Kirchen);
- Akteure, die in der Medienarena zu finden sind: Journalisten, Medienunternehmen, Nachrichtendienste;
- Bürger.

Definition

Politische Kommunikation umfasst
- die Konstruktion,
- die Übermittlung,
- den Empfang und
- die Verarbeitung
- von Nachrichten mit politischem Inhalt

und findet zwischen
- politischen Akteuren
- Medienakteuren und
- Bürgern

statt.

Politische Kommunikation findet nicht nur mit dem Ziel statt, politische Informationen zwischen diesen Gruppen auszutauschen. Politische Kommunikation ist auch ein Instrument, um verbindliche Entscheidungen über die Verteilung der Ressourcen herbeizuführen, die in der Gesellschaft vorhanden sind (Easton, 1965). Politische Kommunikation ist ein Prozess (Perloff, 1998). Dabei prallen nicht nur unterschiedliche Interessen zusammen, sondern auch unterschiedliche Wahrnehmungen der Realität (vgl. Abb. 19.1).

Politische Realität, Medienrealität, Bevölkerungssicht der Realität. Während politische Akteure z.B. ein sozialpolitisches Reformvorhaben vor allem unter juristischen und fiskalischen Gesichtspunkten betrachten, interessieren sich Massenmedien möglicherweise nur für die praktischen Konsequenzen eines bestimmten Reformaspekts, die für eine Zielgruppe spezifisch sind. Die Medien – oder genauer: die in den Medienbetrieben und Nachrichtenagenturen beschäftigten Journalisten – filtern aus der Fülle der Informationen, die ihnen zur Verfügung stehen,

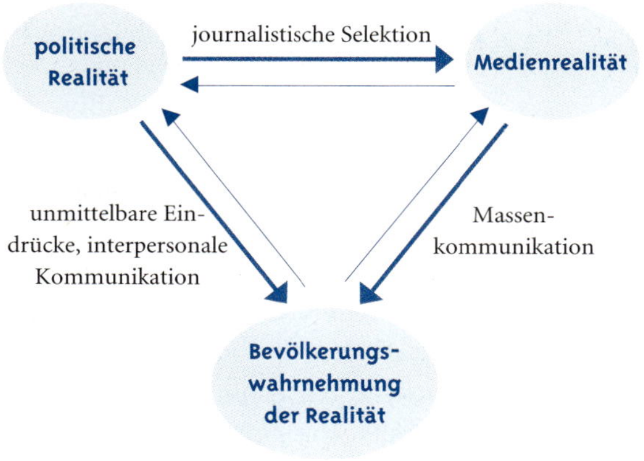

Abbildung 19.1. Die Beziehung zwischen politischer Realität, Medienrealität und Bevölkerungswahrnehmung der Realität (in Anlehnung an Brettschneider, 2000, S. 540; Brettschneider, 2002a, S. 58; Anmerkung: Je dicker die Pfeile, desto wichtiger der jeweilige Kommunikationspfad).

bestimmte Sachverhalte heraus und interpretieren sie. Es entsteht ein hochselektives und durchaus verzerrtes Medienbild von der Realität. Mediengerecht aufbereitet wird diese Sichtweise – beispielsweise auf ein Reformvorhaben, die nicht nur von einem Journalist zum nächsten, sondern häufig auch von Medium zu Medium sehr unterschiedlich sein kann – an den Zeitung lesenden, fernsehenden, Radio hörenden oder im Internet surfenden Bürger weitergegeben („Massenkommunikation"). Letzterer informiert sich jedoch in aller Regel nicht umfassend über die in den Massenmedien verbreitete Sicht auf die Realität. Der Medieninhalte rezipierende Bürger nimmt nur einen Bruchteil der Informationen auf, die ihm angeboten werden. Dennoch macht er sich aufgrund der Medienberichterstattung, die von ihm zur Kenntnis genommen wird, ein eigenes Bild von der Welt, das – etwa bei Wahlen – durchaus verhaltensrelevant werden kann.

Massenmedien erscheinen als mächtige Akteure im Kommunikationsprozess. Ihr Erfolg bei der Mitwirkung im politischen Entscheidungsprozess gründet sich auch darauf, dass die durch sie erzeugten „Bilder in unseren Köpfen" (Lippmann, 1922) kaum eine Korrektur erfahren. Denn dass sich Bürger selbst ein Bild von der Politik machen können, ist selten. Kaum jemand hat die Gelegenheit, sich aus erster Hand Informationen über die Europa-, Bundes- oder Landespolitik zu verschaffen. Selten ist auch, dass politische Akteure (vor allem die aus den höheren Ebenen der Politik) unter Umgehung der journalistischen Selektionsmechanismen mit den Bürgern in Kontakt treten. Auf diesem Weg kommunizierte Informationen sind für den Bürger nahezu ausschließlich in Wahlkampfzeiten erhältlich (etwa bei Wahlkampfveranstaltungen, auf Wahlplakaten, in Wahlwerbespots oder bei Fernsehdebatten).

Medien und Politik – Dependenz oder Instrumentalisierung? Rückkopplungen sind in diesem Kommunikationsprozess mithilfe der Massenmedien praktisch nicht vorgesehen. Um mit dem Bürger Kontakt aufzunehmen, ist die Politik von der Berichterstattungspraxis der Massenmedien abhängig. Vertreter der „Dependenzhypothese" (vgl. z.B. Kepplinger, 1993) sind der Auffassung, dass die Medien schon lange nicht mehr die Rolle des neutralen Berichterstatters einnehmen, sondern zunehmend ihre eigenen Interessen verfolgen und selbst „Politik machen". Um sich in den Medien Gehör zu verschaffen, müssen sich politische Akteure deshalb den Spielregeln des Medienbetriebs unterwerfen. Lange politische Erklärungen etwa haben fast keine Chance auf Medienresonanz; sie werden daher immer häufiger durch mediengerechte „Soundbites" – also auf wenige Worte reduzierte, prononcierte Aussagen – ersetzt. Vertreter der „Instrumentalisierungsthese" halten dem entgegen, dass nicht die Politik, sondern die Medien in Abhängigkeit geraten sind (vgl. z.B. Schatz, 1982): Aus ihrer Sicht höhlen die politischen Akteure die verfassungsrechtlich verbriefte Unabhängigkeit der Massenmedien durch die zunehmende Regulierung des Mediensystems aus, platzieren sich in den Entscheidungsgremien der Medienbetriebe und verwenden die Medien als Vehikel für ihre parteipolitischen Interessen – etwa durch die Inszenierung von Pseudoereignissen (d.h. Ereignissen, die nur stattfinden, *weil* es die Medien gibt), die Medieninhalte steuern und Medienpräsenz erzeugen.

Unabhängig davon, welche Position die richtige ist, es steht fest, dass angesichts des enormen Strukturwandels der Gesellschaft und der psychologischen Konsequenzen dieses sozialen Wandels für den Einzelnen die Informationen aus der Arena der Politik, die über Massenkommunikation an den Bürger weitergeleitet werden, an Bedeutung gewinnen: Die Auflösung soziodemographisch definierter Milieus (z.B. von Arbeitermilieus oder geschlossenen katholischen Gebieten) führt in Kombination mit der als „Dealignment" bezeichneten Erosion von langfristigen Wähler-Parteien-Koalitionen (in Deutschland z.B. erkennbar an der sinkenden Bereitschaft von Arbeitern, ihre Stimme der SPD zu geben, bzw. von Katholiken, für die Unionsparteien zu votieren) dazu, dass immer weniger Bürger bei der Interpretation politischer Fragen auf eine Parteiidentifikation zurückgreifen können. Dies bedeutet, dass eine langfristig stabile, affektive Bindung an eine Partei verloren geht, mit deren Hilfe die komplexe Welt der Politik auf einfache Sachverhalte und Alternativen zurückgeführt werden kann (vgl. Campbell, Converse, Miller & Stokes, 1960). Folglich sind die Bürger zunehmend gezwungen, sich aufgrund der Medienberichterstattung ein Bild von der politischen Realität zu machen.

19.2 Präsentation, Nutzung und Verarbeitung politischer Informationen, die über die Medien vermittelt werden

Journalistische Nachrichtenauswahl. Die Bürger werden im Wesentlichen von den Massenmedien mit politischen Informationen versorgt. Welchen Ausschnitt der politischen Realität sie ihren Lesern, Zuschauern oder Zuhörern präsentieren, hängt von verschiedenen Faktoren ab: Neben der häufig von den politischen Akteuren kontrollierten Informationslage spielt Folgendes bei der Nachrichtenauswahl eine wesentliche Rolle:

- medienspezifische Produktionsbedingungen (z.B. verfügbarer Platz auf einer Zeitungsseite, Zeitpunkt des Eintreffens einer Meldung, Länge einer Nachricht),
- der „Nachrichtenwert" (vgl. z.B. Galtung & Ruge, 1965).

Der Wert einer Nachricht wird dabei durch so genannte Nachrichtenfaktoren, d.h. durch bestimmte allgemeinere Merkmale von Ereignissen definiert (z.B. Bedeutung der beteiligten Personen, Organisationen, Institutionen, Nationen; Tragweite eines Ereignisses; persönliche Betroffenheit durch ein Ereignis; Umfang kontroverser, aggressiver oder gewalttätiger Handlungen; Grad der Überraschung durch ein Ereignis). Je mehr Faktoren auf ein Ereignis zutreffen und je stärker sie ausgeprägt sind, desto größer ist seine Publikationswahrscheinlichkeit. Auf diese Weise wird z.B. erklärbar, warum uns Nachrichten aus bestimmten Regionen der Welt (etwa den USA) erreichen, während über andere Länder (Afrika, Latein- und Mittelamerika) praktisch nie berichtet wird, oder warum bestimmte Ereignisse (z.B. Naturkatastrophen, große Unfälle, Skandale, Kriege) bessere Publikationschancen haben als andere (z.B. das reibungslose Funktionieren von Verkehrsmitteln oder die Verabschiedung eines Gesetzes zur Normierung von Haushaltsgeräten). Empirisch kann gezeigt werden, dass unterschiedliche Fernsehsender ein ähnliches Nachrichtenprofil aufweisen. Dies liegt daran, dass über die unterschiedlichen Medienakteure hinweg Meldungen weitgehend ähnlich beurteilt werden (vgl. z.B. Schulz, 1997, S. 73).

Neben den Nachrichtenfaktoren spielen auch Überzeugungen und Orientierungen der Journalisten selbst eine zentrale Rolle bei der Nachrichtenauswahl. Die Vorstellung einer subjektiven journalistischen Sichtweise auf die Ereignislage ist bereits in der „Gatekeeper"-Forschung angelegt (vgl. z.B. White, 1950). Kepplinger (1989) zeigt, dass Journalisten es für legitim erachten, den Vorgang der Nachrichtenauswahl für ihre eigenen politischen Interessen zu instrumentalisieren. Bei politisch umstrittenen Themen publizieren Journalisten häufiger solche Ereignisse, die ihrer eigenen Weltsicht entsprechen. Ereignisse, die ihre Sicht der Dinge nicht unterstützen, haben hingegen eine geringere Veröffentlichungswahrscheinlichkeit. Weiterhin platzieren sie die Ereignisse, die ihre Auffassung untermauern, an prominenter Stelle. Journalisten spielen also bestimmte Ereignisse bewusst hoch und andere bewusst herunter. Auch werden zur weiteren Untermauerung der eigenen Position vornehmlich „opportune Zeugen" (Hagen, 1992) zitiert – also Personen, die die eigene Meinung stützen. So kommt es, dass sich bei gleicher Ereignislage und identischen Nachrichtenwerten ein unterschiedlicher Medientenor ergeben kann. Dieses Verhalten entspricht durchaus der Berufsauffassung vor allem jüngerer deutscher Journalisten. Sie verstehen sich – nicht nur deutlich häufiger als bei ihren angelsächsischen Kollegen, sondern auch in zunehmendem Maße – einerseits als Kontrollinstanz, andererseits als politische Akteure, die außerhalb der traditionellen politischen Institutionen agieren (Donsbach, 1993; Köcher, 1986; Weischenberg, Löffelholz & Scholl, 1994; Weischenberg, Malik & Scholl, 2006).

Veränderungen in der Politikberichterstattung. In Kombination mit den Strukturveränderungen des Mediensystems und dem wachsenden Wettbewerb um Rezipienten bewirkt der Generationenwechsel im Journalismus, dass sich die Politikberichterstattung verändert. Politik wird im Vergleich zu früheren Jahren heute vereinfachter dargestellt. Vor allem im Fernsehen, das für die politische Kommunikation immer wichtiger wird, wird sie stärker visualisiert und über weite Strecken in Unterhaltungsformate gepresst. Gleichzeitig zeigen Langzeitstudien (Kepplinger, 1998), dass Probleme anstelle von Problemlösungen in den Vordergrund der politischen Berichterstattung gerückt werden. Dem Staat und der Politik wird dabei immer häufiger die Schuld dafür zugewiesen, dass sich die Probleme häufen; gleichzeitig steigt der Erwartungsdruck auf die politischen Akteure. Politik wird also zunehmend negativer dargestellt, was auch daran liegt, dass man sich zunehmend auf Missstände und Skandale konzentriert. Vor allem die Parteien und die Politiker kommen dabei immer schlechter weg. Journalisten orientieren sich sehr stark an ihren Kollegen, vor allem an jenen, die bei so genannten Leitmedien wie z.B. dem Spiegel, der Frankfurter Allgemeinen Zeitung, der Süddeutschen Zeitung oder der Welt beschäftigt sind. Dies sorgt dafür, dass der skizzierte Trend weitgehend einheitlich über verschiedene Medien zu erkennen ist (vgl. Kepplinger, 1998).

Mediennutzung. Was von der politischen Berichterstattung der Massenmedien kommt beim Mediennutzer an? Acht Stunden und 22 Minuten beschäftigte sich der durchschnittliche Bürger im Jahr 2000 tagtäglich mit den Massenmedien (einschließlich Internet; Arbeitsgemeinschaft der ARD-Werbegesellschaften, 2004). Unter den Massenmedien ist dabei das Fernsehen die wichtigste politische Informationsquelle für die Bürger. Dies liegt an seiner großen Reichweite und an der als hoch wahrgenommenen Glaubwürdigkeit, die sich auf die Visualisierung von Nachrichten zurückführen lässt. Im Mittel verbringen die Bundesdeutschen mehr als drei Stunden täglich vor dem Fernsehen. Allerdings wird weniger als ein Drittel dieser Zeit in die Aufnahme politischer Informationen investiert. Ein neuer Trend ist, dass diese nicht nur aus Nachrichtensendungen, sondern zunehmend auch aus politischen Talkshows oder Boulevardmagazinen mit politischem Inhalt bezogen werden (Buß & Darschin, 2004, S. 25).

Selektive Zuwendung, Wahrnehmung und Erinnerung. Die Zahlen deuten schon an, dass nicht alle Angebote, die die Medien zum Thema Politik machen, von den Bürgern genutzt werden. Vielmehr wenden sie sich nur bestimmten politischen Inhalten zu, nehmen diese selektiv wahr und speichern schließlich nur einen bestimmten Teil der aufgenommenen Informationen. Im Rahmen der selektiven Zuwendung zu Medieninhalten werden in der „präkommunikativen Phase" gezielt politische Inhalte ausgewählt. Diese Auswahl umfasst nicht nur eine Entscheidung für oder gegen ein bestimmtes Medium, sondern auch für oder gegen bestimmte Beiträge, die vom ausgewählten Medium angeboten werden. Die Auswahl der Medieninhalte kann besonders gut bei den Printmedien und bei Internetangeboten vorgenommen werden, da hier alle Informationen auf einen Blick zu sehen sind. Der interessierende Beitrag kann somit gewählt werden, ohne dass andere Artikel zur Kenntnis genommen werden müssen. Weniger gut gelingt dies bei der Rezeption von Radio- und Fernsehsendungen, da hier in aller Regel nicht vorhersehbar ist, über welches Ereignis als Nächstes berichtet wird.

Im Rahmen der selektiven Wahrnehmung von Medieninhalten werden meistens nur solche Informationen herausgefiltert, die mit den eigenen Überzeugungen übereinstimmen. Es lässt sich jedoch nicht immer vermeiden, dass auch Informationen aufgenommen werden, die mit dem eigenen Weltbild nicht übereinstimmen. Medieninhalte werden deshalb in der „kommunikativen Phase" auch uminterpretiert, um sie auf diese Weise mit der eigenen Wahrnehmung von der Welt in Einklang zu bringen (vgl. hierzu auch Kap. 5 über die Rolle von Einstellungen im Kontext des Kommunikations- und Medienhandelns). Die selektive Erinnerung von Informationen sorgt schließlich in der „postkommunikativen Phase" dafür, dass Medieninhalte, die die eigenen Überzeugungen infrage stellen, aber trotz der vorangegangenen Selektionsbemühungen aufgenommen und verarbeitet wurden, mit einer geringeren Wahrscheinlichkeit dauerhaft mit vorhandenen Kognitionen verknüpft werden (vgl. z.B. Maletzke, 1963, S. 147ff.).

Die verschiedenen hier angesprochenen Selektionsmechanismen auf der Seite der Rezipienten wurden in der Wahlkampfstudie „The People's Choice" (Lazarsfeld, Berelson & Gaudet, 1944) erstmals umfassend empirisch belegt. Eine Erklärung, warum Menschen mit Medienangeboten selektiv umgehen, liefern Konsistenztheorien wie z.B. die „Theorie der kognitiven Dissonanz" (Festinger, 1957). Demnach streben Individuen danach, Umweltreize miteinander in Einklang zu bringen. Gelingt dies nicht, werden also Umweltreize aufgenommen, die anderen Informationen widersprechen, kommt es zu kogniti-

Stufen der Informationsselektion im politischen Kommunikationsprozess
Nicht alle Informationen aus dem Bereich der Politik erreichen den Bürger, sondern sie werden mehrfach gefiltert:

- durch die politischen Akteure, die oftmals die alleinige Kontrolle darüber haben, welche Informationen weitergeleitet werden;
- durch die Medienakteure, die bei der Auswahl von Nachrichten u.a. medienspezifische Produktionsbedingungen, den Wert einer Meldung sowie eigene politische Überzeugungen und Orientierungen berücksichtigen;
- durch die Rezipienten, die sich nur bestimmten Medieninhalten zuwenden, diese selektiv wahrnehmen und nur einen Teil der wahrgenommenen Information speichern; aus dem vorliegenden Medienangebot werden meistens nur solche Informationen genutzt, die mit den eigenen Überzeugungen übereinstimmen.

ven Dissonanzen . Diese lösen einen als unangenehm empfundenen Erregungszustand aus, der zwar mit verschiedenen Techniken (z.B. Aufnahme zusätzlicher konsistenter Information, Umdeutung inkonsistenter Information, Abwertung der Bedeutung inkonsistenter Information) wieder abgebaut werden kann, im Grenzfall jedoch zu Verhaltensänderungen führt (z.B. zur Wahl einer Partei, mit der man sich bislang eigentlich nicht verbunden fühlte). Die einfachste Möglichkeit, sich vor solchen Dissonanzen zu schützen, besteht zweifellos darin, Informationen zu meiden, die nicht zum eigenen Überzeugungssystem passen.

Durchbrechung von Selektionsmechanismen. Dieser durch selektive Mechanismen aktivierte Schutzmechanismus kann jedoch seitens der Medien umgangen werden (vgl. Donsbach, 1991). So etwa erhöhen auffällig gestaltete Beiträge die Wahrscheinlichkeit, dass man sich Medieninhalten zuwendet, selbst wenn diese im Gegensatz zur politischen Orientierung des Rezipienten stehen. Ebenso gelingt es negativ bewerteten Ereignissen deutlich häufiger als positiven Nachrichten, die Barriere von selektiver Zuwendung und selektiver Wahrnehmung zu durchbrechen. Politische Probleme, von der Politik zu verantwortende Fehlentwicklungen, Missstände oder Skandale haben somit eine große Chance, von sehr vielen Bürgern wahrgenommen zu werden. Im Gegensatz dazu werden „Erfolgsmeldungen" vornehmlich von denjenigen aufgenommen, die den Akteuren, die sich diese Erfolge auf ihre Fahnen schreiben, politisch nahe stehen. Auch steigt die Wahrscheinlichkeit, dass Medieninhalte rezipiert werden, wenn die Massenmedien weitgehend übereinstimmend bzw. wiederholt mit demselben Tenor über ein Thema berichten (Noelle-Neumann, 1973). Schwer entziehen kann man sich auch dem persönlichen Gespräch mit Dritten über Politik – insbesondere dann, wenn deren politische Ansichten mit den eigenen Einstellungen weitgehend deckungsgleich sind (vgl. Lazarsfeld et al., 1944).

19.3 Wirkungen politischer Kommunikation

Die Einschätzung, welchen Einfluss politische Kommunikation – und hier speziell die politische Berichterstattung der Massenmedien – auf individuelle Kognitionen, Einstellungen und Verhaltensweisen ausübt, hat sich in der Geschichte der Medienwirkungsforschung erheblich verändert:

Paradigma der wirkungsstarken Medien. Bis zu der bereits erwähnten Studie „The People's Choice" ging man von einer Omnipotenz der Massenmedien aus. Mediale Stimuli – so die bis zu diesem Zeitpunkt allgemeine Auffassung – würden sich ungefiltert auf Orientierungen und Verhaltensweisen der Rezipienten auswirken. Weiterhin wurde angenommen, dass Menschen infolge der eindeutigen und ähnlichen Wahrnehmung von Reizen identische Reaktionen auf die rezipierten Medieninhalte zeigen. Die Angemessenheit dieses einfachen Reiz-Reaktions-Modells wurde dabei durch spektakuläre Medienwirkungen untermauert. Beispiele waren die erfolgreiche Verwendung der Presse als Propagandainstrument im Ersten Weltkrieg oder geglückte Werbefeldzüge von Unternehmen. Letzte Bedenken an der Allmacht der Medien schienen schließlich durch das 1938 in den USA ausgestrahlte Hörspiel „The War of Worlds" von H.G. Wells ausgeräumt. Nach der Sendung hatten zahlreiche Rezipienten den dort geschilderten Überfall von Außerirdischen auf ihr Land für bare Münze genommen und waren panisch auf der Straße umhergelaufen. Dies geschah trotz mehrfacher Hinweise während der Sendung, dass es sich bei dem gesendeten Stück um eine Fiktion handelt. Doch ein anlässlich dieser unerwarteten Reaktionen initiiertes Forschungsprojekt ließ Zweifel an den Annahmen des Reiz-Reaktions-Modells aufkommen: So stellte sich heraus, dass das Hörspiel nicht bei allen Zuhörern die gleiche Wirkung erzielte (Cantril, 1940). Weitere Studien zur Wahrnehmung und Wirkung von Massenmedien zeigten, dass die Verarbeitung medialer Reize durch soziale Hintergrundfaktoren, Einstellungen, Persönlichkeitsstrukturen und durch die Rezeptionssituation selbst moderiert wird – Faktoren, die von Individuum zu Individuum höchst unterschiedlich ausfallen. Das Reiz-Reaktions-Modell wurde deshalb verworfen und durch das Reiz-Organismus-Reaktions-Modell ersetzt.

Paradigma der wirkungsschwachen Medien und die Bedeutung der interpersonalen Kommunikation. Unabhängig von der neuen Erkenntnis, dass Medien bei Menschen sehr unterschiedliche Wirkungen hervorrufen können, wurde in der Folgezeit immer intensiver zu folgenden Themenbereichen geforscht:

- die generelle Bedeutung der Massenmedien für die Herausbildung und Veränderung individueller Kognitionen,
- Einstellungen und Verhaltensweisen.

Ein Ausrufezeichen setzte dabei die bereits erwähnte Wahlkampfstudie von Lazarsfeld et al. (1944), die zu dem Ergebnis kam, dass Massenmedien nur wenig Einfluss auf die Wahlentscheidung der Bürger ausübten: Das Stimmverhalten der Teilnehmer dieser – im Übrigen methodisch höchst innovativen – Studie wurde weitgehend von soziodemographischen Faktoren bestimmt. Die Rolle der Wahlkampfkommunikation reduzierte sich einerseits darauf, dass die Bürger in mehreren Schritten politisch in den Wahlkampf hineingezogen wurden, und andererseits darauf, dass bereits vorhandene politische Dispositionen verstärkt wurden. Durch Medien hervorgerufene Konversionseffekte, d.h. die Veränderung von Verhaltensabsichten aufgrund der Rezeption von Medieninhalten, wurden aufgrund der selektiven Wahrnehmung von Informationen aus den Massenmedien hingegen nur selten beobachtet. Die Befunde von Lazarsfeld et al. (1944) wurden wenige Jahre später von Klapper (1960) verallgemeinert; das Paradigma der wirkungsschwachen Medien war geboren.

Die Arbeit von Lazarsfeld et al. (1944) steht aber nicht nur dafür, dass sie der Annahme starker Medienwirkungen vehement widersprach, sondern auch dafür, dass sie mit dem Konzept des „Two-Step Flow of Communication" die Bedeutung interpersonaler Kommunikation hervorhob. Danach gibt es zwei Kategorien von Bürgern:

- politisch gut informierte „Meinungsführer" („opinion leader"), die die Massenmedien in überdurchschnittlich starkem Maße nutzen,
- politisch Uninteressierte und Uninformierte, die sich bei ihrer Entscheidungsfindung eher auf persönliche Gespräche als auf die Berichterstattung der Massenmedien stützen („opinion follower").

Nach den Vorstellungen von Lazarsfeld et al. (1944) übernehmen Meinungsführer in der Gesellschaft dadurch eine Informationsfunktion, dass sie Medieninhalte an Dritte weitergeben und sie für sie interpretieren. Durch die flächendeckende Verbreitung von Massenmedien, insbesondere aber von Radio und Fernsehen, spielen Meinungsführer bei der Diffusion von Nachrichten bereits seit den 1960er Jahren keine bedeutende Rolle mehr. Anders sieht es hingegen mit der Persuasionsfunktion der Meinungsführer aus (d.h. ihrem Einfluss auf Einstellungen und Verhalten anderer, der sie durch die Interpretation von Medienberichten nachkommen). Das Expertenwissen von Meinungsführern wird vor allem dann angefordert, wenn über die Massenmedien Informationen aufgenommen wurden, die mit den eigenen Überzeugungen nicht in Einklang stehen und somit kognitive Dissonanzen hervorrufen. Allerdings suchen nicht nur „Opinion Follower" Rat bei Meinungsführern; vielmehr bemühen sich Meinungsführer wiederum selbst um eine Interpretation von Nachrichten bei denjenigen Personen, die von ihnen als „Opinion Leader" – also als Meinungsführer der Meinungsführer – betrachtet werden. Damit wird die einfache Relaisfunktion zwischen Anbietern und Konsumenten von Informationen und Interpretationen zugunsten eines Modells des „Multi-Step Flow of Communication" (vgl. z.B. Katz & Lazarsfeld, 1955) infrage gestellt. Weiterhin wird deutlich, dass Meinungsführerschaft weniger auf der Selbsteinstufung als „Opinion Leader", sondern eher auf der Wahrnehmung durch Dritte beruht. Diese kann selbstverständlich je nach Themengebiet anders sein; Personen, die als Meinungsführer im Bereich Politik angesehen werden, müssen nicht zwangsläufig als Experte in anderen Bereichen gelten.

Neuere Ansätze zur Medienwirkung. Das Paradigma der wirkungslosen Medien wurde angesichts der flächendeckenden Verbreitung des Fernsehens und angesichts der Beobachtung neu überdacht, dass von diesem offenbar Effekte ausgingen, die sogar im Verdacht standen, Wahlen entschieden zu haben (vgl. z.B. Noelle-Neumann, 1973). So etwa wurde heftig über den Einfluss des Fernsehens auf die britischen Unterhauswahlen 1959 sowie den Effekt der Fernsehdebatten des US-Präsidentschaftswahlkampfs 1960 zwischen John F. Kennedy und Richard M. Nixon diskutiert (vgl. Kraus, 1962; Trenaman & McQuail, 1961). Das Ergebnis war allerdings kein neues, umfassendes Paradigma. Vielmehr entwickelten sich aus diesen Überlegungen verschiedene, zum Teil miteinander zusammenhängende Theorien, die Medienwirkungen unter bestimmten Bedingungen beschreiben. Modelle wie die „Wissensklufthypothese", „Agenda-Setting", „Priming" oder die „Schweigespirale" heben dabei stärker als ihre Vorgängerkonzepte, die ihre Aufmerksamkeit in erster Linie auf den Aspekt der Persuasion richteten, kognitive Effekte der Massenkommunikation und ihre gesellschaftlichen Wirkungen hervor.

Wissensklufthypothese. Relativ unbestritten ist, dass Massenmedien kognitive Auswirkungen haben können. Massenkommunikation trägt demnach dazu bei, dass der Wissensstand der Bürger besser wird. So weisen zahlreiche Studien nach, dass es eine positive Korrelation zwischen dem Umfang der Mediennutzung und dem Wissen über Politik gibt (vgl. z.B. Delli Carpini & Keeter, 1996). Allerdings sind die Informationsverarbeitungskapazitäten nicht in allen gesellschaftlichen Teilsegmenten gleich. Vielmehr gelingt es formal besser Gebildeten aufgrund ihrer größeren Ausstattung mit kognitiven Ressourcen und Kompetenzen eher als formal weniger Gebildeten, Wichtiges von Unwichtigem zu trennen und sich rascher Informationen anzueignen, die über Medien vermittelt werden. Gut Gebildete weisen nicht nur höhere Wissensbestände auf, sondern sie verarbeiten im gleichen Zeitraum auch deutlich mehr Informationen als weniger Gebildete. Da Letztere ihre Informationen überwiegend dem Fernsehen, Erstere hingegen eher der Presse entnehmen, verfügen schlecht Gebildete über weniger Hintergrundwissen als gut Gebildete. Mittelfristig vergrößert sich also die Wissenskluft („knowledge gap") zwischen verschiedenen gesellschaftlichen Statusgruppen (Tichenor, Donohue & Olien, 1970). Die Wissensklufthypothese beschreibt damit eine unbeabsichtigte, in ihrer Wirkung dysfunktionale Konsequenz der Massenkommunikation. Denn: „Disparitäten in der gesellschaftlichen Wissensverteilung (sind) immer auch mit ungleich verteilten Chancen verknüpft" (Bonfadelli, 1987, S. 306). Ungleich verteiltes Wissen hat demnach Folgen – etwa für die politische Partizipation. Allerdings gilt nicht für alle Wissensbereiche, dass die Wissensunterschiede zwischen verschiedenen sozialstrukturell definierten Gruppen der Gesellschaft unumkehrbar sind. Vielmehr sind statusniedrigere Gruppen durchaus in

Wichtige Theorien der Medienwirkungsforschung

Nachdem man in der Vergangenheit zunächst von allmächtigen und später von wirkungslosen Medien ausging, liegen heute verschiedene, zum Teil miteinander zusammenhängende Theorien vor. In ihnen wird angenommen, dass Medien unter bestimmten Bedingungen Einfluss auf Kognitionen, Einstellungen und Verhalten ausüben können. Die wichtigsten dieser Ansätze sind die folgenden:

- Die *Wissenskluſthypothese* betont, dass Medienberichte in verschiedenen Bevölkerungssegmenten unterschiedlich gut verarbeitet werden; auf diese Weise werden vorhandene informationsbezogene sowie soziale und politische Ungleichheiten weiter verstärkt.
- Die *Agenda-Setting-Theorie* nimmt an, dass die individuelle Bedeutung von Themen mit der Häufigkeit, mit der über diese Themen berichtet wird, zunimmt; die Artikulation gesellschaftlicher Problemlagen durch die Bevölkerung hängt somit in hohem Maße von der Medienberichterstattung ab.
- Die *Priming-Hypothese* geht davon aus, dass die Betonung bestimmter Eigenschaften (z.B. von Parteien und Politikern) in der Medienberichterstattung Einfluss auf die Kriterien nimmt, nach denen Rezipienten diese Akteure bewerten. Damit lassen sich Einstellungsveränderungen erzielen, weil sich die Gewichte der Komponenten verändern, aus denen sich die Gesamtbewertung eines Akteurs zusammensetzt.
- Die *Theorie der Schweigespirale* behauptet, dass Menschen die Medienberichterstattung als Indikator für die Verteilung von Meinungen interpretieren. Da Menschen aus Furcht vor sozialer Isolation ihr Verhalten an der wahrgenommenen Bevölkerungsmeinung ausrichten, können Medien dazu beitragen, Minderheitenmeinungen als Mehrheitspositionen erscheinen zu lassen.

der Lage, ihren Kenntnisstand mit der Zeit an statushöhere Gruppen anzupassen. Dies ist vornehmlich dann der Fall, wenn es um Wissen über einen abgeschlossenen Themenkomplex und nicht um vom Umfang her kaum überschaubares Struktur- bzw. Hintergrundwissen geht (McQuail & Windahl, 1981, S. 72f.). Ein gutes Beispiel hierfür sind z.B. Fernsehdebatten, die schlechter Informierten die Gelegenheit geben, gegenüber denjenigen „aufzuholen", die den Wahlkampf intensiv verfolgt haben und denen daher die Themen der Sendung nicht neu sind.

Agenda-Setting. Ebenfalls Einfluss auf individuelle Kognitionen hat die Themensetzungs- oder Agenda-Setting-Funktion der Massenmedien. Die Wirkung der Medien besteht dabei darin, dass sie Einfluss auf die Inhalte nehmen, mit denen sich Rezipienten beschäftigen: „Der Presse … gelingt es vielleicht nicht, ihren Lesern zu sagen, was sie denken sollen, aber sie ist erstaunlich erfolgreich darin, ihren Lesern zu sagen, worüber sie nachdenken sollen" (Cohen, 1963, S. 13, eigene Übersetzung). Die Massenmedien nehmen Einfluss auf die von den Rezipienten wahrgenommene Wichtigkeit von Ereignissen. Dies geschieht etwa durch die Häufigkeit ihrer Berichterstattung über bestimmte Themen, die Platzierung von Meldungen oder die Art, wie sie Beiträge präsentieren. Tatsächlich wird immer wieder nachgewiesen, dass sowohl im Querschnitt (vgl. z.B. die klassische Studie von McCombs & Shaw, 1972) als auch im Längsschnitt (vgl. z.B. den ersten Nachweis durch Funkhouser, 1973) die Themenagenda der Massenmedien und die Themenagenda der Bevölkerung in erheblichem Maß miteinander zusammenhängen. Längsschnittdesigns zeigen, dass die Medienagenda in aller Regel die Publikumsagenda beeinflusst und dass nicht umgekehrt die Massenmedien nur über die Themen berichten, die der Bevölkerung wichtig erscheinen. Eine verstärkte Berichterstattung über die

Wirtschaftslage führt beispielsweise dazu, dass das Thema Wirtschaft auch von der Bevölkerung zunehmend als wichtig erachtet wird (vgl. z.B. Brettschneider, 2000).

Im Rahmen ihrer Berichterstattung über ein Thema konzentrieren sich die Medien aber häufig nur auf bestimmte Aspekte, während andere ausgeblendet werden. Diese Sicht auf die Themensetzungsfunktion der Massenmedien wird als „Agenda-Setting zweiter Ordnung" bezeichnet und steht dem „Framing-Konzept" sehr nahe (Weaver, McCombs & Shaw, 2004; zum Framing-Ansatz vgl. z.B. Scheufele, 1999, sowie Kap. 3 zu Informationsaufnahme und -verarbeitung). Die Geschwindigkeit, mit der die Medien Einfluss auf die Bevölkerungssicht nehmen, variiert dabei von Thema zu Thema (vgl. z.B. Brosius & Kepplinger, 1990), so dass hier zwischen kurzfristigen, langfristigen und kumulativen Effekten unterschieden werden muss (Eichhorn, 1996). Ebenso variieren die gefundenen Agenda-Setting-Effekte nach Mediengattungen (von der Presse gehen in aller Regel stärkere Effekte aus als vom Fernsehen), Politikebenen (je weniger direkt erfahrbar Politik ist, desto größer sind die Effekte) und nach der Struktur der Mediennutzer (vor allem Personen mit großem Orientierungsbedarf werden durch die Themensetzung der Massenmedien beeinflusst; vgl. zusammenfassend z.B. Brettschneider, 1994; Brosius, 1994).

Priming. Nicht nur bei der Analyse der öffentlichen Meinung, sondern auch bei der Untersuchung von individuellen politischen Orientierungen der Zuschauer zeigt sich, dass die Massenmedien durch das Setzen von Tagesordnungen eine Wirkung entfalten. In Anlehnung an den in der Psychologie verwendeten Priming-Begriff (vgl. z.B. Zimbardo & Gerrig, 2004, S. 319) besagt das Priming-Konzept der politischen Kommunikation, dass Rezipienten die Themen, die von den Medien herausgestellt werden, verstärkt zur Bewertung politischer Objekte nutzen. Die Medien beeinflussen mit ihrer Berichterstattung also die Kriterien, nach denen Parteien, Politiker, Institutionen, bestimmte Sachverhalte usw. beurteilt werden (vgl. z.B. Weaver, McCombs & Spellman, 1975; Iyengar & Kinder, 1987). Die Ursache dieses Effekts ist die aus der Kognitionspsychologie bekannte selektive Verwendung von Informationen: So zieht man nicht alle theoretisch verfügbaren Kriterien zur Bewertung von Objekten heran, sondern vorrangig die, die gerade verfügbar sind (Zaller, 1992, S. 48). Dabei wird vor allem auf solche Bewertungsmaßstäbe zurückgegriffen, die erst kürzlich aktiviert wurden. Im Kontext der politischen Kommunikation bedeutet dies, dass es sich dabei in erster Linie um Informationen handelt, die gerade auf der Agenda der Massenmedien stehen. So führt etwa eine verstärkte Berichterstattung über wirtschaftspolitische Aspekte nicht nur dazu, dass diesem Thema aus Sicht der Bevölkerung ein wachsender Stellenwert eingeräumt wird. Vielmehr werden beispielsweise nun auch Politiker zunehmend anhand ihrer wirtschaftspolitischen Problemlösungskompetenz beurteilt, während andere Bewertungsmaßstäbe (z.B. ihre Führungsstärke, ihre politische Integrität oder ihre Persönlichkeit) in den Hintergrund rücken. Auf diese Weise ist es möglich, dass sich die Wahrnehmung des Gesamtbilds eines Politikers verändert, weil sich die Gewichte der Kriterien verschoben haben, die für seine Gesamtbewertung herangezogen werden. Vor dem Hintergrund dieses Wirkungszusammenhangs haben „Massenmedien auch dann einen Einfluss auf die Meinungsbildung und Wahlentscheidung, wenn sie die vorhandenen Einstellungen nicht ändern. Es genügt, sie mehr oder weniger stark zu aktualisieren" (Kepplinger, Gotto, Brosius & Haak, 1989, S. 75). Priming ist aus dieser Perspektive die Mikrokonsequenz eines eigentlich auf der Makroebene stattfindenden Agenda-Setting-Prozesses (Brettschneider, 1997a, S. 587): In verschiedenen Studien wird diese Mehrstufigkeit von Medienwirkungsprozessen betont (vgl. z.B. Brosius, 1994). Sie beschränkt sich allerdings nicht nur auf die Verknüpfung von Mikro- und Makroebene, sondern Medien können mehr als jeweils nur einen Aspekt des individuellen Orientierungssystems (Wissen, Einstellungen, Verhalten) beeinflussen. So können sich z.B. Medienberichte, die primär politische

Kenntnisse beeinflussen, letztlich auch auf Einstellungen und Verhalten auswirken (vgl. z.B. Weaver, 1991). Die Veränderung von Einstellungen und Verhaltensweisen, die durch Kommunikation hervorgerufen wird, ist jedoch in aller Regel deutlich schwieriger nachzuweisen als die Beeinflussung von Kenntnisständen. Auch fällt sie vergleichsweise geringer aus (vgl. z.B. Berghaus, 1999).

Schweigespirale. Massenmedien beeinflussen Menschen einerseits auf eher subtile Art und Weise. Andererseits legen Presse, Rundfunk und neuerdings auch das Internet durch ihre Berichterstattung aber auch fest, welche Positionen vermeintlich die Mehrheit der Gesellschaft repräsentieren und welche die Meinung von Minderheiten wiedergeben. Menschen beobachten nicht nur ständig ihre unmittelbare soziale Umwelt, sondern auch die Medienberichterstattung über Bereiche, die durch direkte Erfahrung nur schwer zugänglich sind – etwa über die Arena der Politik. Hintergrund dieses ständigen Beobachtungsdrangs ist die Furcht, sich dadurch sozial zu isolieren, dass man gesellschaftlich nicht akzeptierte Positionen einnimmt. Nehmen Menschen ihre eigene Sichtweise der Welt als Minderheitenposition wahr – unabhängig davon, ob dies auch objektiv der Fall ist –, werden sie ihre Meinung mit einer geringeren Wahrscheinlichkeit artikulieren als Personen, die die Mehrheit hinter sich wähnen. Im Extremfall werden die eigenen Einstellungen sogar an die wahrgenommene Mehrheitsmeinung angepasst, wie bereits die klassischen Konformitätsexperimente aus der Sozialpsychologie der 1950er Jahre gezeigt haben (Asch, 1951; Milgram, 1961). Bezogen auf die Politik kann dieser soziale Druck einen Prozess auslösen, der als „Schweigespirale" bezeichnet wird (Noelle-Neumann, 1974, 2001): Personen, die sich in der Mehrheit sehen, werden ihre Meinung artikulieren, während jene, die glauben, dass sie sich in der Minderheit befinden, schweigen. Dadurch wird eine Dynamik in Gang gesetzt, die die „sprechende Majorität" zunehmend gewichtiger erscheinen lässt, während die „schweigende Minorität" nach und nach ganz verstummt. Die Theorie der Schweigespirale wurde in der Vergangenheit ständig weiterentwickelt und weist zwischenzeitlich einen so hohen Grad an Komplexität auf, dass sie in ihrer Gesamtheit nur noch schwer zu überprüfen ist (vgl. z.B. Fuchs, Gerhards & Neidhardt, 1992). Dennoch macht der Wirkungsmechanismus, der von der Theorie beschrieben wird, Folgendes deutlich: Für Parteien und Politiker ist es außerordentlich wichtig, dass ihre Positionen bei möglichst vielen Massenmedien auf die Agenda gesetzt werden und auf diese Weise der Eindruck vermittelt wird, hier handele es sich um Standpunkte, die von der Mehrheit der Gesellschaft akzeptiert sind. Gelingt es, diesen Eindruck zu erzeugen, lässt sich – vor allem bei neuen Themen und bei der Bewertung von Politikern – die öffentliche Meinung steuern; im Grenzfall ist es sogar möglich, scheinbar entschiedene Wahlen doch noch „zu drehen" (Noelle-Neumann, 1996, S. 232ff.).

> **!** Der Agenda-Setting-Ansatz, das Priming-Konzept, die Theorie der Schweigespirale und die Wissenskluft-Hypothese sind wichtige Modelle der Medienwirkung.

19.4 Kommunikationsstrategien und -techniken im politischen Alltag, in Wahlkämpfen und politischen Krisen

Anwendungsrelevanz der beschriebenen Theorien zur Wirkung politischer Kommunikation. Obwohl die oben skizzierten Ansätze der Wirkungsforschung durchaus strategisch eingesetzt werden könnten, kommen sie, weil sie vielen Akteuren im politischen Alltag kaum bekannt sind, nur selten zum Einsatz. Ihre Funktion reduziert sich daher weitgehend darauf, Kommunikationsprozesse zwischen Politikern, Medien und Bürgern aus wissenschaftlicher Sicht zu rekonstruieren und zu erklären. Dass sie dies leisten können, soll im Folgenden kurz anhand dreier typischer Kommunikationssituationen – dem „politischen Alltag“, dem Wahlkampf und politischen Krisen – beschrieben werden. Aus Sicht der Politiker weisen alle Kommunikationssituationen eine Gemeinsamkeit auf: Es geht darum, die Unterstützung der Bürger zu gewinnen. Da diese in aller Regel aber nur auf dem Umweg über die Massenmedien mit Politik in Berührung kommen, bedeutet dies, dass politische Akteure die Medien für sich gewinnen müssen, um die Voraussetzungen für eine Unterstützung durch die Bürger zu schaffen.

Kommunikation im politischen Alltag. Der Kampf um politische Mehrheiten ist ein alltäglicher. Außerhalb von Wahlkämpfen versuchen Politiker und Parteien zum einen, die Bürger im Rahmen von Informationskampagnen über die Ergebnisse des politischen Prozesses in Kenntnis zu setzen. Zum anderen geht es aber auch stets darum, Einstellungen und Verhalten der Bürger zu beeinflussen. Ein Instrument sind dabei Presseerklärungen und Pressekonferenzen, mit denen der Versuch unternommen wird, Einfluss auf die Themenagenda von Presse und Rundfunk zu nehmen. Um sicherzustellen, dass dieser Einfluss regelmäßig ausgeübt wird, operieren politische Akteure mit so genannten „Pseudo-Ereignissen“. Das sind Ereignisse, die nur stattfinden, um die Aufmerksamkeit der Massenmedien auf sich zu lenken. Wöchentliche Pressekonferenzen sind dabei ebenso künstliche Ereignisse wie Wahlparteitage, das Zerschneiden eines Bandes, um ein neues Autobahnteilstück für den Verkehr freizugeben, das Durchschwimmen des Rheins (Töpfer), ein Fallschirmsprung (Möllemann), Wahlkampftouren im „Guidomobil“ (Westerwelle) oder das Tanzen mit Jugendlichen zu Popmusik auf einer zur Diskothek umgestalteten Bühne bei einer Parteiveranstaltung (Lafontaine).

Die medienwirksame Inszenierung künstlich geschaffener Ereignisse ist aber nicht nur dazu geeignet, Themen auf die Medienagenda zu setzen, sondern auch dazu, unliebsame Themen von ihr zu verdrängen („Agenda-Cutting“). Stehen hingegen unvorhergesehene Themen im Mittelpunkt des Medieninteresses, die sich aufgrund ihres Nachrichtenwerts nicht von der Tagesordnung der Massenmedien verdrängen lassen (z.B. Naturkatastrophen), müssen Parteien und Politiker versuchen, sie zum eigenen Vorteil zu nutzen – also „Agenda-Surfing“ zu betreiben (Brettschneider, 2002b, S. 38). Unabhängig vom notwendigen Bemühen der politischen Akteure, „im Gespräch“ zu bleiben und ihre Themen in den Medien zu platzieren, geht es immer auch darum, für bestimmte Themen politische Kompetenz für sich zu beanspruchen. Um z.B. auf dem Gebiet des Umweltschutzes als kompetent wahrgenommen zu werden, ist es etwa für grüne Parteien unumgänglich, in regelmäßigen Abständen auf umweltpolitische Probleme und mögliche Lösungskonzepte hinzuweisen. Dies ist unabhängig davon, ob es aktuelle umweltpolitische Problemlagen gibt, und weitgehend unabhängig davon, wie es um die gegenwärtige Medienpräsenz der Partei bestellt ist.

Wahlkampfkommunikation. In Wahlkampfzeiten sind die Methoden der politischen Kommunikation auf ein Ziel ausgerichtet: den Wahlsieg. Neben den bereits beschriebenen Techniken des Agenda-Setting, -Cutting und -Surfing geht es nun auch gezielter darum, Einstellungen (und auf diesem Weg auch Verhaltensabsichten) zu beeinflussen. Dies geschieht etwa dadurch, dass man bestimmte Standards betont, die Rezipienten für die Bewertung von Themen oder Kandidaten aus Sicht der politischen Akteure verwenden sollten („Priming“). Zielgruppe ist dabei aber weniger das Lager des politischen Gegners. Denn durch die selektive Behandlung der angebotenen Informationen ist es hier schwer (aber nicht unmöglich; vgl. z.B. Faas & Maier, 2004, im Zusammenhang mit Fernsehdebatten), eine Veränderung politischer Orientierungen zu erreichen. Vielmehr richten die Parteien ihr Augenmerk auf die Gruppe der parteipolitisch ungebundenen Wähler, die von Wahl zu Wahl größer und damit für den Ausgang von Wahlen immer wichtiger wird.

Die zur Verfügung stehenden Mittel sind dabei vor allem Instrumente der Wahlwerbung (Wahlplakate, Wahlwerbespots, Handzettel, Stände in den Fußgängerzonen usw.), mit denen die Wähler unter

Umgehung journalistischer Selektionsmechanismen angesprochen werden sollen. Da insbesondere Wahlwerbespots eine enorm große Reichweite haben, fließt ein Großteil des Wahlkampfbudgets in ihre Produktion und den (Zu-)Kauf von Sendezeit. Wahlwerbespots unterscheiden sich dabei einerseits darin, ob sie eher Themen ansprechen oder eher Images von Kandidaten und Parteien vermitteln. Andererseits kann man den Inhalt von Werbespots danach differenzieren, ob sie positive Aussagen über das eigene Lager oder negative Aussagen über den politischen Gegner beinhalten. Die zuletzt genannte Strategie wird vor allem in den Vereinigten Staaten immer beliebter. Während die Informationsleistung negativer Spots deutlich größer ist als die von positiv gefärbten, sind sie – folgt man den Ergebnissen experimenteller Studien – weniger geeignet, Einstellungen und Verhalten zu beeinflussen, als positive oder vergleichend angelegte Werbesendungen (vgl. zusammenfassend Kaid, 2004).

Moderne Wahlkämpfe setzen zunehmend auf die Strategie der Personalisierung (vgl. zusammenfassend Brettschneider, 2002c). Unter Personalisierung ist zu verstehen, dass man Kandidaten anstelle von Themen hervorhebt. Dies geschieht einerseits durch die politischen Akteure (z.B. Parteien) selbst: Die nach US-amerikanischem Muster zunehmende Konzentration von Wahlkämpfen auf den Spitzenkandidaten ist hierfür ein deutliches Zeichen. Teilweise wird in diesem Zusammenhang sogar auf die sichtbare Präsentation einer Botschaft verzichtet – wie etwa bei Wahlplakaten, die nur den Kandidaten zeigen, aber auf inhaltliche Aussagen oder gar auf ein Parteilogo verzichten. Das geht auch damit einher, dass man sich bei der Vermittlung von Wahlkampfbotschaften auf das Fernsehen konzentriert – verbunden mit einer zunehmenden Visualisierung. Da Aussagen dort von Personen und nicht von anonymen Parteien und Wahlkampforganisationen getroffen werden, verstärkt sich der Eindruck, dass Kandidaten anstelle von Themen im Mittelpunkt der politischen Auseinandersetzung stehen und dass Wahlen in erster Linie Personalentscheidungen und weniger programmatische Entscheidungen sind. Besonders deutlich wird diese Strategie der Personalisierung bei gleichzeitiger Visualisierung durch die große Popularität von Fernsehdebatten. Sie werden neuerdings auch in der Bundesrepublik im amerikanischen Stil durchgeführt (also in aller Regel nur zwischen den Spitzenkandidaten der beiden großen Volksparteien). Angesichts der hohen Einschaltquoten liegt hier ein enormes Wirkungspotenzial. Bei den beiden Fernsehduellen im Rahmen der Bundestagswahl 2002 haben jeweils etwa 15 Millionen Zuschauer den Auftritt von Gerhard Schröder und Edmund Stoiber verfolgt. Vor allem Studien über US-Wahlkämpfe haben immer wieder gezeigt, dass Fernsehdebatten Einfluss auf politische Kognitionen und Einstellungen nehmen können (vgl. zusammenfassend McKinney & Carlin, 2004).

Andererseits hat sich aber auch die Medienberichterstattung gewandelt. So sind Kandidaten in den USA heute deutlich häufiger Gegenstand der Medienberichterstattung als politische Parteien; vor 50 Jahren war dieses Verhältnis noch weitgehend ausgeglichen (Wattenberg, 1998). In Deutschland fällt diese Entwicklung hingegen nicht so eindeutig aus bzw. stellt sich je nach Medium unterschiedlich dar: Während in der Berichterstattungspraxis der Presse kein eindeutiger Trend zu beobachten ist, konzentriert sich das Fernsehen deutlich stärker auf Personen als auf Themen (vgl. z.B. Brettschneider, 1997b). Die Frage, wer für die Personalisierung von Wahlkämpfen verantwortlich ist – die Politik oder die Massenmedien – blieb bislang jedoch unbeantwortet.

Auch die Frage, ob sich diese Strategie, die vor allem auf die Bedürfnisse parteipolitisch ungebundener Wähler zugeschnitten ist, für die Parteien auszahlt, ist in der empirischen Wahlforschung nach wie vor umstritten (vgl. zusammenfassend Brettschneider, 2002c): Einige Studien behaupten, dass die wachsende Bedeutung der Kandidatenorientierungen für das Wahlverhalten damit zusammenhängt, dass Parteibindungen zunehmend unwichtiger werden. Andere Studien gehen hingegen davon aus, dass hinter den Schwankungen in der Bedeutung von

Kandidatenorientierungen kein klarer Trend liegt, sondern dass diese von Wahl zu Wahl unterschiedlich ausfällt. Ebenfalls indifferent fallen die Befunde zu der These aus, dass „unpolitische" Merkmale wie z.B. das Auftreten, die Ausstrahlung oder das Aussehen zunehmend wichtiger für die Bewertung von Kandidaten werden, während „politische" Merkmale wie z.B. die Sachkompetenz an Bedeutung einbüßen.

Kommunikation in politischen Krisensituationen: politische Skandale. Der politische Alltag wird nicht nur von Wahlkämpfen durchbrochen – was manche Zeitgenossen bestreiten, indem sie darauf hinweisen, dass sich Parteien und Politiker angesichts zahlreicher Wahlen auf den verschiedenen Ebenen des politischen Systems ständig im Wahlkampf befinden. Mehr oder weniger regelmäßig gibt es auch andere Ausnahmesituationen der besonderen Art (wie z.B. politische Skandale). Verfehlungen und Missstände, die von Politikern zu verantworten sind und die gesellschaftlich akzeptierte Normen und Werte verletzen, rufen im Normalfall ein großes Medienecho hervor. Die in einen Skandal verwikkelten Politiker und Parteien stehen also stärker im Rampenlicht der Medienberichterstattung als in ihrem politischen Alltag und in Wahlkämpfen. Oft sind sich die Massenmedien aber in der Beurteilung eines Skandals uneinig. Während üblicherweise einige Medien Personen, die eines Fehlverhaltens bezichtigt werden, massiv angreifen und auf ihre Sanktionierung (d.h. ihren Rücktritt oder ihre Entlassung) hinarbeiten, stellen sich andere Medien hinter die Beschuldigten und versuchen, deren Verhalten durch eine Mischung aus externen Zwängen und der nicht vorhersehbaren Verkettung unglücklicher Ereignisse zu erklären. Wenden sich aber auch diejenigen Medien, die politisch gesehen dem Lager der Angeprangerten nahe stehen, gegen die Beschuldigten, halten nur noch wenige dem öffentlichen Druck stand; ihre Demission ist nahezu unausweichlich.

Politiker, die in einen Skandal verwickelt sind, bemühen sich deshalb darum, die Gunst der ihnen nahe stehenden Medien nicht zu verspielen. Dabei werden je nach Situation unterschiedliche Kommunikationsstrategien gewählt, um die eigene Person darzustellen (Hertel & Schütz, 2002; Schütz, 1990). Bei einer assertiven Selbstdarstellung werden wünschenswerte Selbstbilder durch Selbstbeschreibungen generiert (indem man z.B. Ähnlichkeiten mit seinem Gegenüber betont, Sachkompetenz zeigt oder Vertrauenswürdigkeit demonstriert). Offensive bzw. aggressive Strategien bauen Selbstbilder durch Angriffe auf Dritte auf. Die Zurechtweisung oder die Beschuldigung anderer gehört ebenso ins Repertoire dieser Strategien wie das Umkehren der Täter-Opfer-Rolle. Die im Zusammenhang von politischen Skandalen besonders wichtige Strategie der defensiven Selbstdarstellung zielt darauf ab, das erwünschte Selbstbild zu verteidigen. Einige, in diesem Zusammenhang bedeutsame Taktiken sind: schweigen, leugnen, umdeuten, sich rechtfertigen oder um Verzeihung bitten (zur Selbstdarstellung vgl. auch Abschnitt 6.2.2).

Über die Wirkung politischer Skandale ist wenig bekannt (vgl. zusammenfassend Maier, 2003). Zwar wird allgemein angenommen, dass sie Imageschäden bei Parteien, Politikern und politischen Institutionen hinterlassen; empirische Untersuchungen zu diesem Thema sind jedoch Mangelware. Zeitreihenanalysen, die die Medienberichterstattung über Skandale und Bevölkerungseinstellungen zur Politik untersuchen, dokumentieren in aller Regel einen starken negativen Einfluss von Skandalen auf politische Orientierungen. Auf der Individualebene lassen sich solche Beziehungen allerdings nur schwer nachweisen; die gemessenen Effekte sind hier bestenfalls als gering zu bezeichnen. Einige Untersuchungen zur Wirkung politischer Skandale zeigen aber auch, dass die Informationen über Missstände, die von den Massenmedien verbreitet werden, nicht in jedem Fall dysfunktional sind. Während Skandale zwar Parteienverdrossenheit befördern, schaden sie hingegen offenbar nur den Politikern, die in einen Skandal verwickelt sind, nicht aber der Gesamtheit der politischen Elite. Auch wird die Unterstützung der Demokratie nicht beeinträchtigt; vereinzelt kann sogar gezeigt werden, dass die Zufriedenheit mit dem politischen System aufgrund der erfolgreichen Aufdeckung eines Missstands und der damit verbundenen Bekräftigung der verletzten gesellschaftlichen Normen und Werte wächst.

Zusammenfassung

- *Politische Kommunikation* kann als Konstruktion, Übermittlung, Empfang und Verarbeitung von Nachrichten mit politischem Inhalt definiert werden. Die Kommunikation findet zwischen Akteuren aus der Politik, den Medien und der Bevölkerung statt.
- Politik wird heute fast ausschließlich über die *Massenmedien* vermittelt. Medien haben daher einen großen Einfluss auf die Darstellung von Politik. Bedingt durch verschiedene Selektionsmechanismen bilden Medien nicht die politische Realität ab, sondern zeichnen ein eigenes Bild von der Politik. Weil das Fernsehen eine große Reichweite hat und als sehr glaubwürdig wahrgenommen wird, spielt es dabei eine besonders wichtige Rolle.
- Die Bürger nutzen nur einen Teil der Politikberichterstattung. Um u.a. kognitive Dissonanzen zu vermeiden, wählen sie zwischen den verschiedenen Angeboten aus, nehmen die gewählten Angebote selektiv wahr und speichern nur einen bestimmten Teil der rezipierten Informationen. Aufgenommen werden vorzugsweise solche Inhalte, die mit den eigenen politischen Grundüberzeugungen übereinstimmen. Allerdings gibt es Formen der Politikdarstellung (z.B. negative Berichterstattung), die diesen Schutzmechanismus stark abschwächen können.
- Nach der anfänglichen Überzeugung, dass Massenmedien eine starke Wirkung auf politische Kenntnisse, Einstellungen und politisches Verhalten ausüben, herrschte bis zu Beginn der 1970er Jahre das *Paradigma der wirkungslosen Medien* vor. Seither werden Medienwirkungen differenzierter betrachtet. Der Agenda-Setting-Ansatz, das Priming-Konzept, die Theorie der Schweigespirale und die Wissensklufthypothese sind dabei wichtige Modelle der Medienwirkung.
- Die *aktuellen Ansätze der Wirkungsforschung* können von den Kommunikatoren strategisch dazu eingesetzt werden, die politische Kommunikation zu optimieren. Dies geschieht angesichts spezifischer Rahmenbedingungen (z.B. geringe Kenntnis über die Wirkungstheorien in politischen und journalistischen Kreisen, Zeitdruck) jedoch selten explizit. Sie beschränken sich daher weitgehend auf die (nachträgliche) Rekonstruktion und Erklärung der Kommunikationsprozesse zwischen Politikern, Medien und Bürgern.
- Entsprechende Analysen beziehen sich unter anderem auf die Kommunikation im politischen Alltag (z.B. Bedeutung und Funktion von „Pseudo-Ereignissen“), in Wahlkampfsituationen (z.B. Effizienz von Wahlwerbung) und in politischen Krisensituationen (z.B. Wirkung von Skandalen).

Leseempfehlung

- Jarren, O., Sarcinelli, U. & Saxer, U. (Hrsg.). (1998). Politische Kommunikation in der demokratischen Gesellschaft. Ein Handbuch mit Lexikonteil. Wiesbaden: VS Verlag für Sozialwissenschaften.
- Kaid, L.L. (Ed.). (2004). Handbook of political communication research. Mahwah, NJ: Lawrence Erlbaum.
- Schenk, M. (2002). Medienwirkungsforschung (2. Aufl.). Tübingen: Mohr Siebeck.

Literatur

Arbeitsgemeinschaft der ARD-Werbegesellschaften (Hrsg.). (2004). Media Perspektiven Basisdaten. Daten zur Mediensituation in Deutschland 2004. Frankfurt am Main: ohne Verlagsangabe.

Asch, S.E. (1951). Effects of group pressures upon the modification and distortion of judgements. In H. Guetzkow (Ed.), Groups, leadership, and men (pp. 177–190). Pittsburgh, PA: Carnegie Press.

Berghaus, M. (1999). Wie Massenmedien wirken. Ein Modell zur Systematisierung. Rundfunk und Fernsehen, 47, 181–198.

Bonfadelli, H. (1987). Die Wissenskluft-Perspektive. In M. Schenk, Medienwirkungsforschung (S. 305–323). Tübingen: Mohr Siebeck.

Brettschneider, F. (1994). Agenda-Setting. Forschungsstand und politische Konsequenzen. In M. Jäckel & P. Winterhoff-Spurk (Hrsg.), Politik und Medien. Analysen zur Entwicklung der politischen Kommunikation (S. 211–229). Berlin: Vistas.

Brettschneider, F. (1997a). Massenmedien und politische Kommunikation. In O.W. Gabriel & E. Holtmann (Hrsg.), Handbuch Politisches System der Bundesrepublik Deutschland (S. 557–595). München: Oldenbourg.

Brettschneider, F. (1997b). Mediennutzung und interpersonale Kommunikation in Deutschland. In O.W. Gabriel (Hrsg.), Politische Orientierungen und Verhaltensweisen im vereinigten Deutschland (S. 265–289). Opladen: Leske + Budrich.

Brettschneider, F. (2000). Reality Bytes. Wie die Medienberichterstattung die Wahrnehmung der Wirtschaftslage beeinflusst. In J.W. Falter, O.W. Gabriel & H. Rattinger (Hrsg.), Wirklich ein Volk? Die politischen Orientierungen von Ost- und Westdeutschen im Vergleich (S. 539–569). Opladen: Leske + Budrich.

Brettschneider, F. (2002a). Wahlen in der Mediengesellschaft. Der Einfluss der Massenmedien auf die Parteipräferenz. In U. von Alemann & S. Marschall (Hrsg.), Parteien in der Mediendemokratie (S. 57–81). Wiesbaden: Westdeutscher Verlag.

Brettschneider, F. (2002b). Die Medienwahl 2002. Themenmanagement und Berichterstattung. Aus Politik und Zeitgeschichte, B 49–50, 36–47.

Brettschneider, F. (2002c). Spitzenkandidat und Wahlerfolg. Personalisierung – Kompetenz – Parteien. Ein internationaler Vergleich. Wiesbaden: Westdeutscher Verlag.

Brosius, H.-B. (1994). Agenda-Setting nach einem Vierteljahrhundert Forschung. Methodischer und theoretischer Stillstand? Publizistik, 39, 269–288.

Brosius, H.-B. & Kepplinger, H.M. (1990). The agenda-setting function of television news. Static and dynamic views. Communication Research, 17, 182–211.

Buß, M. & Darschin, W. (2004). Auf der Suche nach dem Fernsehpublikum. Ein Rückblick auf 40 Jahre kontinuierliche Zuschauerforschung. Media Perspektiven, 1/2004, 15–27.

Campbell, A., Converse, P.E., Miller, W.E. & Stokes, D.E. (1960). The American voter. New York: Wiley.

Cantril, H. (1940). The invasion from Mars. A study in the psychology of panic. Princeton, NJ: Princeton University Press.

Cohen, B.C. (1963). The press and the foreign policy. Princeton, NJ: Princeton University Press.

Delli Carpini, M.X. & Keeter, S. (1996). What Americans know about politics and why it matters. New Haven, CT: Yale University Press.

Donsbach, W. (1991). Medienwirkung trotz Selektion. Einflussfaktoren auf die Zuwendung zu Zeitungsinhalten. Köln: Böhlau.

Donsbach, W. (1993). Journalismus versus journalism – ein Vergleich zum Verhältnis von Medien und Politik in Deutschland und in den USA. In W. Donsbach, O. Jarren, H.M. Kepplinger & B. Pfetsch (Hrsg.), Beziehungsspiele – Medien und Politik in der öffentlichen Diskussion (S. 283–315). Gütersloh: Bertelsmann Stiftung.

Easton, D. (1965). A system analysis of political life. New York: Wiley.

Eichhorn, W. (1996). Agenda-Setting-Prozesse. Eine theoretische Analyse individueller und gesellschaftlicher Themenstrukturierung. München: Fischer.

Faas, T. & Maier, J. (2004). Mobilisierung, Verstärkung, Konversion? Ergebnisse eines Experiments zur Wahrnehmung der Fernsehduelle im Vorfeld der Bundestagswahl 2002. Politische Vierteljahresschrift, 45, 55–72.

Festinger, L. (1957). A theory of cognitive dissonance. Stanford, CA: Stanford University Press.

Fuchs, D., Gerhards, J. & Neidhardt, F. (1992). Öffentliche Kommunikationsbereitschaft. Ein Test zentraler Bestandteile der Theorie der Schweigespirale. Zeitschrift für Soziologie, 21, 284–295.

Funkhouser, G.R. (1973). The issues of the sixties. An exploratory study in the dynamics of public opinion. Public Opinion Quarterly, 37, 62–75.

Galtung, J. & Ruge, M.H. (1965). The structure of foreign news. The presentation of the Congo, Cuba and Cyprus crisis in four Norwegian newspapers. Journal of Peace Research, 2, 65–91.

Graber, D.A. (1993). Political communication. Scope, progress, promise. In A. Finifter (Ed.), Political science. The state of the discipline II (pp. 305–332). Washington, DC: American Political Science Association.

Hagen, L. (1992). Die opportunen Zeugen. Konstruktionsmechanismen von Bias in der Zeitungsberichterstattung über die Volkszählungsdiskussion. Publizistik, 37, 444–460.

Hertel, J. & Schütz, A. (2002). Politische Selbstdarstellung in Krisen. Die Parteispendenaffäre der CDU. Zeitschrift für Parlamentsfragen, 33, 740–758.
Iyengar, S. & Kinder, D.R. (1987). News that matters. Television and American opinion. Chicago, IL: University of Chicago Press.
Kaid, L.L. (2004). Political advertising. In L.L. Kaid (Ed.), Handbook of political communication research (pp. 155–202). Mahwah, NJ: Lawrence Erlbaum.
Katz, E. & Lazarsfeld, P.F. (1955). Personal influence. The part played by people in the flow of mass communication. Glencoe, IL: Free Press.
Kepplinger, H.M. (1989). Theorien der Nachrichtenauswahl als Theorien der Realität. Politik und Zeitgeschichte, B 15, 3–16.
Kepplinger, H.M. (1993). Medien und Politik. Fünf Thesen zu einer konflikthaltigen Symbiose. Bertelsmann Briefe, 129, 20–23.
Kepplinger, H.M. (1998). Die Demontage der Politik in der Informationsgesellschaft. Freiburg: Alber.
Kepplinger, H.M., Gotto, K., Brosius, H.-B. & Haak, D. (1989). Der Einfluss der Fernsehnachrichten auf die politische Meinungsbildung. Freiburg: Alber.
Klapper, J.T. (1960). The effects of mass communication. New York: Free Press.
Köcher, R. (1986). Bloodhounds or missionaries. Role definitions of German and British journalists. European Journal of Communication, 1, 43–64.
Kraus, S. (Ed.). (1962). The great debates. Kennedy vs. Nixon, 1960. A reissue. Bloomington, IN: Indiana University Press.
Lazarsfeld, P.F., Berelson, B. & Gaudet, H. (1944). The people's choice. How the voter makes up his mind in a presidential campaign. New York: Duel, Sloan and Pierce.
Lippmann, W. (1922). Public opinion. London: Allen & Unwin.
Maier, J. (2003). Der CDU-Parteispendenskandal. Medienberichterstattung und Bevölkerungsreaktion. Publizistik, 48, 135–155.
Maletzke, G. (1963). Psychologie der Massenkommunikation. Theorie und Systematik. Hamburg: Verlag Hans Bredow-Institut.
McCombs, M.E. & Shaw, D.L. (1972). The agenda-setting function of mass media. Public Opinion Quarterly, 36, 176–187.
McKinney, M.S. & Carlin, D.B. (2004). Political campaign debates. In L.L. Kaid (Ed.), Handbook of political communication research (pp. 203–234). Mahwah, NJ: Lawrence Erlbaum.
McQuail, D. & Windahl, S. (1981). Communication models for the study of mass communications. London: Longman.
Milgram, S. (1961). Nationality and conformity. Scientific American, 205, 45–51.
Noelle-Neumann, E. (1973). Return to the concept of powerful mass media. Studies of Broadcasting, 9, 67–112.
Noelle-Neumann, E. (1974). The spiral of silence. A theory of public opinion. Journal of Communication, 24, 43–51.
Noelle-Neumann, E. (1996). Öffentliche Meinung. Die Entdeckung der Schweigespirale (4. Aufl.). Berlin: Ullstein.
Noelle-Neumann, E. (2001). Die Schweigespirale. Öffentliche Meinung – unsere soziale Haut (6. Aufl.). München: Langen-Müller.
Perloff, R.M. (1998). Political communication. Politics, press and public in America. Mahwah, NJ: Lawrence Erlbaum.
Schatz, H. (1982). Interessen- und Machtstrukturen im Aktionsfeld von Massenmedien und Politik. In H. Schatz & K. Lange (Hrsg.), Massenkommunikation und Politik. Aktuelle Probleme und Entwicklungen im Massenkommunikationssystem der Bundesrepublik Deutschland (S. 6–20). Frankfurt/M.: Haag + Herchen.
Scheufele, D.A. (1999). Framing as a theory of media effects. Journal of Communication, 50, 103–122.
Schütz, A. (1990). Leugnen, Umdeuten, Verantwortung ablehnen und andere defensive Taktiken in politischen Skandalen. Politische Psychologie Aktuell, 9, 35–54.
Schulz, W. (1997). Politische Kommunikation. Theoretische Ansätze und Ergebnisse empirischer Forschung zur Rolle der Massenmedien in der Politik. Opladen: Westdeutscher Verlag.
Steeper, F.T. (1978). Public responses to Gerald Ford's statements on Eastern Europe in the second debate. In G.F. Bischop, R.G. Meadow & M. Jackson-Beeck (Eds.), The presidential debates. Media, electoral, and policy perspectives (pp. 81–101). New York: Praeger.
Tichenor, P.P., Donohue, G.A. & Olien, C.N. (1970). Mass media flow and differential growth in knowledge. Public Opinion Quarterly, 34, 159–170.
Trenaman, J. & McQuail, D. (1961). Television and the political image. A study of the impact of television of the 1959 general election. London: Methuen.
Wattenberg, M.P. (1998). The decline of American political parties, 1952–1996. Cambridge, MA: Harvard University Press.
Weaver, D.H. (1991). Issue salience and public opinion. Are there consequences of agenda-setting? International Journal of Public Opinion Research, 3, 53–68.
Weaver, D.H., McCombs, M.M. & Shaw, D.L. (2004). Agenda-setting research: Issues, attributes, and influences. In L.L. Kaid (Ed.), Handbook of political communication research (pp. 257–282). Mahwah, NJ: Erlbaum.
Weaver, D.H., McCombs, M.M. & Spellman, C. (1975). Watergate and the media. A case study of agenda setting. American Politics Quarterly, 3, 458–472.
Weischenberg, S., Löffelholz, M. & Scholl, A. (1994). Merkmale und Einstellungen von Journalisten. Media Perspektiven, 4/1994, 154–167.
Weischenberg, S., Malik, M. & Scholl, A. (2006). Journalismus in Deutschland 2005. Media Perspektiven, 7, 346–361.
White, D.M. (1959). The „gatekeeper". A case study in the selection of news. Journalism Quarterly, 27, 383–390.
Zaller, J.R. (1992). The nature and origins of mass opinion. Cambridge: Cambridge University Press.
Zimbardo, P.G. & Gerrig, R.J. (2004). Psychologie (16. Aufl.). München: Pearson.

20 Unterhaltung durch Medien

Uli Gleich · Ines Vogel

Beispiel

Über eine Milliarde Menschen sahen sich im Sommer 2006 das Eröffnungsspiel der Fußballweltmeisterschaft im Fernsehen an. Wahrscheinlich haben sich viele dabei gut unterhalten, wahrscheinlich haben sich auch einige gelangweilt. Frau L. macht sich nichts aus Fußball. Sie liest lieber Kriminalromane und bezeichnet einige Bücher als sehr unterhaltsame Lektüre; andere wiederum findet sie so langweilig, dass sie sie nicht zu Ende liest. Herr B. hatte sich gestern in einem Internetforum eingeloggt. Eigentlich suchte er nur einige Informationen über bestimmte Autoersatzteile, dann aber kam er mit einem anderen Teilnehmer des Forums ins „Gespräch" über Gott und die Welt. Als seine Frau ihn fragte, was er so lange im Internet gemacht habe, antwortete er ihr, er habe sich mit einem anderen Autofan sehr gut unterhalten.

20.1 Begriffsklärung

Aus der Sicht von Medienproduzenten und -anbietern ist **Unterhaltung** häufig das Gegenteil von **Information**. Dieser Dualismus orientiert sich an der Funktion, die einem Medienangebot zugeschrieben wird: Es soll entweder informieren (z.B. Nachrichten) oder unterhalten (z.B. Fernsehkrimis). Eine solche produktorientierte Unterscheidung spiegelt sich in der Strukturierung von Medienmärkten wieder (z.B. Unterhaltungs- im Unterschied zu Fachliteratur, E- im Unterschied zu U-Musik, Informations- im Unterschied zu Unterhaltungsprogrammen) und definiert gleichzeitig die zentralen Kategorien, mit deren Hilfe man die entsprechenden Anteile am Gesamtangebot eines Medienanbieters (z.B. eines Fernsehsenders) häufig analysiert. Aus Sicht der Kommunikatoren ist eine Unterteilung des Angebots in Unterhaltung und Information durchaus funktional (z.B. zur öffentlichen Kommunikation von Programmleistungen). Mit Blick auf die Rezipienten greift sie jedoch zu kurz: So kann man sich bei einem politischen Magazin („Informationssendung") durchaus auch unterhalten (z.B. über das sprachliche Ungeschick eines Politikers). Umgekehrt kann man aus einem Spielfilm („Unterhaltungssendung") auch Informationen (z.B. über die Kultur eines anderen Landes) erhalten. Was dies für die wissenschaftliche Betrachtung des Unterhaltungsphänomens bedeutet, wird im Folgenden genauer erläutert.

Unterhaltung im Unterschied zu Information? Bei einer Publikumsbefragung konnte gezeigt werden, dass für Fernsehzuschauer das Gegenteil von Unterhaltung nicht Information, sondern Langeweile ist (Dehm, 1984). Dies bedeutet, dass sich die produktorientierte Einteilung in „Unterhaltung" im Unterschied zu „Information“ offensichtlich nur wenig mit dem Verständnis der Rezipienten deckt. Eine angemessenere und differenziertere Kategorisierung von Medienangeboten ergibt sich dagegen, wenn man Unterhaltung und Information als zwei voneinander unabhängige Dimensionen betrachtet („unterhaltsam“ bis „langweilig“; „hoch informativ“ bis „nicht informativ“; vgl. Klaus, 1996; Mangold, 2004).

Abbildung 20.1 zeigt ein entsprechendes Koordinatensystem, in das vier Beispiele für Sendungskategorien eingeordnet sind. Es wird angenommen, dass Nachrichten zwar sehr informativ, aber kaum unterhaltsam sind, während Comedysendungen äußerst unterhaltsam sind, aber wenig Informationen bieten.

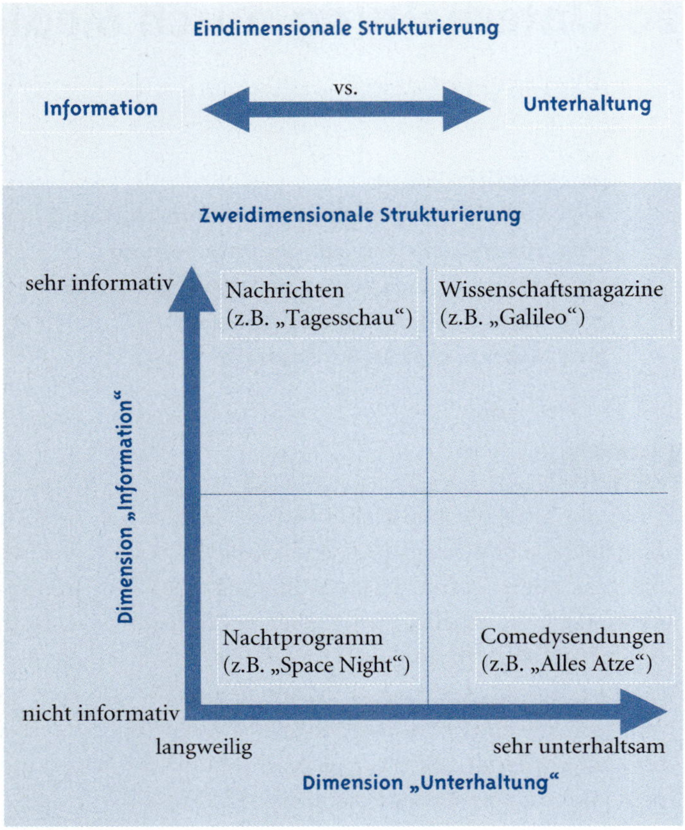

Abbildung 20.1. Ein- und zweidimensionale Strukturierung von Informations- und Unterhaltungsangeboten (nach Mangold, 2004, S. 529)

In der Abbildung wird die eindimensionale Strukturierung von Informations- und Unterhaltungsangeboten einer zweidimensionalen Strukturierung gegenübergestellt. Im zweidimensionalen Koordinatensystem sind vier Sendungsbeispiele eingeordnet.

Unterhaltung als inhärentes Merkmal? Möglicherweise werden einige Leser dieser Einordnung der Sendungsbeispiele in Abbildung 20.1 widersprechen. Das offenbart ein weiteres Problem, nämlich die unausgesprochene Annahme, Unterhaltung bzw. Information seien inhärente Merkmale der Medienangebote, die zu entsprechenden Wirkungen bei den Rezipienten führen. Es bedarf jedoch keiner empirischen Studie, um zu erkennen, dass Rezipienten den Unterhaltungs- bzw. Informationsgehalt derselben Medienangebote sehr unterschiedlich beurteilen können. Dies hängt davon ab, ob sie sich tatsächlich unterhalten (haben) bzw. sich tatsächlich informiert fühlen. Eine medienpsychologische Analyse des Unterhaltungsbegriffs scheint also vielversprechender, wenn sie nicht aus der Perspektive des Produkts, sondern aus der des Rezipienten durchgeführt wird. Denn „wenn letztlich das Publikum darüber befindet, was es als unterhaltsam und was es als nicht oder wenig unterhaltsam erlebt, dann kann auch eine Beschreibung und Erklärung von Unterhaltung nur an eben diesem Publikum ansetzen“ (Vorderer, 2004, S. 547).

Unterhaltung als Rezeptionserleben. Unter einer rezipientenorientierten Perspektive ist u.a. zu klären, unter welchen Umständen sich Mediennutzer unterhalten. Gibt es vom Angebot her spezifische Reizkonstellationen, die darüber bestimmen, ob man sich unterhalten fühlt, oder muss Unterhaltung – unabhängig von der Reizqualität – als individuelle Interpretation der Rezipienten konzipiert werden (im Sinne von „Unterhaltung ist, was den Rezipienten unterhält“)? Ebenso sollte man klären, welche Erlebnisqualität(en) mit „Unterhaltensein" einhergehen. Schließlich wäre zu fragen, ob und inwieweit sich synchrones Unterhaltungserleben *während* der Rezeption von einem summarischen Unterhaltungsurteil *nach* der Rezeption unterscheidet (vgl. Brosius, 2003, S. 78).

Trotz der Bedeutung von Unterhaltung im Alltag der Menschen hat eine wissenschaftliche Auseinandersetzung mit diesen Fragen relativ spät begonnen. Erst seit den 1990er Jahren ist der Forschungsgegenstand „Unterhaltung durch Medien" in der (medien-)psychologischen sowie in der kommunikations- und kulturwissenschaftlichen Forschung deutlich erkennbar (vgl. Vorderer & Weber, 2003). Es gibt ökonomisch orientierte Analysen der Unterhaltungsproduktion und -distribution sowie die eher kultur- und kommunikationswissenschaftliche Beschäftigung mit Unterhaltungs*produkten*. Daneben hat sich inzwischen ein empirisch-sozialwissenschaftlicher Zugang etabliert, bei dem das menschliche Bedürfnis nach Unterhaltung, die Auswahl und Nutzung entsprechender Medienangebote sowie deren Verarbeitung im Vordergrund stehen (ebd., S. 138f.). Über die theoretischen Grundlagen und empirischen Ergebnisse dieser Forschung wird in Abschnitt 20.3 im Überblick berichtet. Zuvor werden einige wenige Daten zum Angebot und zur Nutzung von Unterhaltungsangeboten präsentiert. Diese Befunde beruhen darauf, dass Kommunikatoren bzw. Forscher eine Einteilung in „Unterhaltung", „Information" und gegebenenfalls weitere Kategorien vorgenommen haben. Eine Definition von Unterhaltung durch die Rezipienten spielt dabei keine Rolle.

20.2 Unterhaltungsangebote und deren Nutzung in unterschiedlichen Medien

20.2.1 Fernsehen

Zwischen 2001 und 2004 betrug der Anteil der Unterhaltungsangebote (z.B. Spielfilme, Serien) an der Gesamtprogrammleistung von ARD und ZDF im Schnitt ca. 35 %, der der Informationsangebote ca. 45 %. Die privaten Anbieter RTL, SAT.1 und ProSieben zeigten dagegen anteilig mehr Unterhaltung (ca. 52 %) und weniger Information (ca. 21 %; Krüger, 2005). Mit Unterhaltung verbrachten die Deutschen im Jahr 2004 fast die Hälfte ihrer täglichen Fernsehzeit. Dass dabei eher private als öffentlich-rechtliche Sender bevorzugt wurden, ist ein seit Jahren immer wieder bestätigter Befund und entspricht den Gratifikationserwartungen der Zuschauer an die jeweiligen Anbieter (vgl. Berg & Ridder, 2002).

20.2.2 Hörfunk

Für private und öffentlich-rechtliche Radiosender wurde 2003 ein durchschnittlicher Musik- bzw. Wortanteil von 75 bzw. 25 % ermittelt (vgl. Bundesverband der phonographischen Wirtschaft, 2003). Dass dies allerdings nicht gleichbedeutend mit Unterhaltungs- bzw. Informationsanteilen ist, zeigt der Befund, dass immer häufiger auch humoristische Wortbeiträge in den Programmen zu finden sind (vgl. Gerhards & Klingler, 2003). Die durchschnittliche Radionutzung von über drei Stunden pro Tag dient sowohl Unterhaltungs- als auch Informationszwecken: „Weil es mir Spaß macht", „Weil ich mich informieren möchte" und „Weil ich mich dabei entspannen kann" waren die drei Motive der Hörer, die am häufigsten angegeben wurden (vgl. Berg & Ridder, 2002).

20.2.3 Zeitschriften

Von den derzeit in Deutschland verfügbaren Zeitschriften werden ca. drei Viertel (16.000 Titel) als „Fachzeitschriften" ausgewiesen, der Rest (5.500 Titel) als „Zeitschriften und Magazine", die wiederum unterschiedlichsten Kategorien zuzuordnen sind. Als „Boulevard und Unterhaltung" werden lediglich 59 Titel geführt (z.B. „Das Goldene Blatt"). Alle anderen Titel (z.B. „Brigitte" oder „Playboy") werden anders bezeichneten Kategorien (z.B. „Frauenmagazine" oder „Erotik & Sex") zugeordnet (LeserAuskunft GmbH, 2005). Knapp die Hälfte der Deutschen liest mehrmals in der Woche Zeitschriften oder Illustrierte. Besonders häufig werden Fernsehzeitschriften, aktuelle Magazine zum Zeitgeschehen und Frauenzeitschriften genutzt (VuMA, 2005).

20.2.4 Bücher

Unterhaltende Genres (u.a. Romane, Krimis, humoristische Lektüre und Comics) hatten 2004 einen Anteil von 31,1 % am deutschen Buchmarkt (Börsenverein des Deutschen Buchhandels, 2005). Jeder vierte Deutsche liest täglich oder fast täglich in seiner Freizeit ein Buch – insbesondere Frauen und Personen mittleren Alters. Besonders gerne gelesen werden Nachschlagewerke (54 %), Sachbücher (53 %), historische Romane (51 %), Krimis (47 %) und heitere Romane (44 %). Während Frauen eher belletristische Werke bevorzugen, lesen Männer deutlich häufiger Sachbücher, Nachschlagewerke und Fachliteratur (Kochhan, Haddad & Dehm, 2005).

20.2.5 Internet

Bei inzwischen fast 72 Millionen Websites (Netcraft, 2005) lässt sich die Anzahl einzelner Pages kaum noch ermitteln. Eine zuverlässige Aussage über Ausmaß und Art unterhaltender Angebote im Internet ist daher – auch mangels entsprechender inhaltsanalytischer Studien – nicht möglich. Die ARD/ZDF-Online-Studie ermittelte für 2005 eine tägliche Verweildauer von durchschnittlich 123 Minuten, wobei das Internet hauptsächlich als Kommunikationstool, universeller Infomationspool und Shoppingcenter genutzt wird. Die Nutzung unterhaltender Angebote (z.B. Audio- und Videodateien, Computerspiele) und interaktiver Möglichkeiten (z.B. Chats) ist dagegen in den letzten Jahren gesunken. Am häufigsten ist sie noch bei Jugendlichen zwischen 14 und 19 Jahren zu finden (van Eimeren & Frees, 2005).

20.2.6 Computerspiele

Im Jahr 2004 wurden in Deutschland knapp 60 Millionen Exemplare Unterhaltungssoftware verkauft. Etwa die Hälfte davon waren PC-Spiele, ca. 16 Millionen mal wurden Info- und Edutainmentangebote erworben. Der Kauf und die Nutzung von Unterhaltungssoftware ist nach wie vor eine männliche Domäne: Etwa zwei Drittel der Käufer und fast vier Fünftel der Nutzer sind männlich (VUD, 2004; vgl. auch Abschnitt 23.2).

Diese wenigen Daten mögen als grober Überblick über das Unterhaltungsangebot in unterschiedlichen Medien genügen. Sie quantifizieren das Ausmaß eines Unterhaltungs*potenzials* der Medien und zeigen zusammen mit den jeweiligen Nutzungsdaten, wie groß die Bedeutung von Unterhaltungsangeboten im Alltag der Rezipienten ist. Ob sich bei den Zuschauern, Hörern, Lesern und Nutzern allerdings tatsächlich Unterhaltungserleben einstellt, kann aus diesen Daten jedoch nicht rekonstruiert werden (vgl. Abschnitt 20.1). Im Folgenden soll daher das Unterhaltungsphänomen aus rezipientenorientierter Perspektive genauer betrachtet werden.

20.3 Theoretische Ansätze der Unterhaltung

Genau genommen beschäftigen sich nur sehr wenige theoretische Ansätze *ausdrücklich* mit dem Phänomen „Unterhaltung". Eine Reihe von Konzepten setzen sich jedoch, ohne dass dies ausdrücklich erwähnt wird und ohne dass die eigene Theorie zur Theorie der Unterhaltung erklärt wird, mit Unterhaltung auseinander (vgl. Wünsch, 2002). Dazu gehören anthropologisch geprägte Überlegungen, motivationstheoretische Ansätze und emotions- bzw. erregungstheoretische Erklärungen. Mehr oder weniger gemeinsam sind diesen unterschiedlichen Ansätzen zwei Punkte:

- Sie konzipieren Unterhaltung als Rezeptionsphänomen, sind also rezipientenorientiert (vgl. Vorderer & Weber, 2003).

- Unterhaltung wird als Rezipientenaktivität im Sinne von emotional-kognitiven Reaktionen auf Mediendarbietungen verstanden (vgl. Winterhoff-Spurk, 2000).

Letzteren wird unterstellt, dass sie für den Rezipienten auf irgendeine Art positiv bzw. angenehm sind. Unterhaltensein hat demnach zu tun mit „angenehmen Erfahrungen", „Spaß", „Freude", „Vergnügen", „Gefallen", „Relaxation", „Change and diversion", „Stimulation", „Fun", „Joy", „Pleasure", „Delight" etc. (vgl. Bosshart & Macconi, 1998; Zillmann & Bryant, 2002). Unterhaltung wird also grundsätzlich in Verbindung mit positiven Emotionen gesehen.

20.3.1 Anthropologische Ansätze

Anthropologische Ansätze sehen Unterhaltung „als ein im Wesen des Menschen angelegtes und ihn definierendes Merkmal" (Wünsch, 2002, S. 16). Für Bosshart (2003) bedeutet Unterhaltung die Auseinandersetzung mit grundlegenden menschlichen Themen (wie z.B. Liebe, Gewalt, Erfolg, Sicherheit). Diese Themen sind archetypisch, kulturüberdauernd und universaler Natur („tronc commun") und finden sich in antiken Dramen, Mythen und Märchen ebenso wie in modernen Darstellungen durch die Medien (z.B. in Spielfilmen). In der Unterhaltungskommunikation setzten sich die Menschen in einer Art „kollektiven Selbstgesprächs" mit diesen Themen auseinander. Dies dient letztlich der Bewältigung von Anpassungsproblemen, also evolutionären Zwecken. Eine evolutionstheoretische Perspektive nimmt auch Schwab ein: Er sieht die positiven Emotionen, die im Unterhaltungserleben erfahren werden, als „Erweiterer und Flexibilisierer" (Schwab, 2003, S. 302) an, die im Gegensatz zu negativen Emotionen Denk- und Handlungsrepertoires erweitern können und damit letztlich ebenfalls eine evolutionäre Funktion haben. Beide Auffassungen lassen sich gut mit spieltheoretischen Überlegungen verbinden, in denen Unterhaltung als grundlegendes menschliches Bedürfnis bzw. Handlungsmuster beschrieben wird: Als Aktivität (Spiel), die intrinsisch motiviert ist, zweckfrei ist und außerhalb der Alltagsrealität existiert, ermöglicht sie es, Fantasien und Utopien gefahrlos auszuprobieren und auszuagieren. Entsprechende Medieninhalte ermöglichen und unterstützen dieses Eintauchen in eine „Als-ob"-Realität. Unterhaltung dient damit u.a. der Realitätsbewältigung, Kompensation, Wunscherfüllung und Selbstverwirklichung (Vorderer, 2001; vgl. auch Abschitt 23.3).

20.3.2 Motivationale Ansätze

Uses-and-Gratifications. Motivationale Ansätze fragen nach den Gründen der Medienzuwendung. Insbesondere im Rahmen des Uses-and-Gratifications-Ansatzes (UGA; vgl. Abschnitt 16.3.1) wurden eine Reihe von Motivtypologien empirisch ermittelt, die u.a. „Unterhaltung", „Entspannung", „Anregung", „Zeitvertreib", „Eskapismus", „Geselligkeit" oder „(para-)soziale Interaktion" als selektionsrelevante Motivdimensionen beinhalten (als Überblick vgl. z.B. Schenk, 2002). Rezipienten suchen also in Medienangeboten zum einen explizit nach „Unterhaltung", wobei die Ausprägung dieses Motivs medien- und genrespezifisch variiert. So wird etwa vom Fernsehen deutlich stärker eine Unterhaltungsfunktion erwartet als vom Internet (vgl. Berg & Ridder, 2002), von Unterhaltungsshows deutlich stärker als von politischen Magazinen (vgl. z.B. Schenk, 2002). Ob beim Rezipienten tatsächlich Unterhaltungserleben eintritt und von welcher spezifischen Qualität dies ist, wird jedoch durch Motivstudien meist nicht ermittelt. Die Beschreibung von Unterhaltungserleben als angenehme emotionale Erfahrung lässt vermuten, dass auch die weiteren genannten Rezeptionsmotive unterhaltungsrelevant sind – vorausgesetzt, es stellen sich Gratifikationen ein, die den Erwartungen nicht widersprechen. Dies wäre z.B. der Fall, wenn es bei eskapistisch motivierter Mediennutzung tatsächlich gelingt, der belastenden Wirklichkeit zu entfliehen und sich in eine angenehmere Welt zu versetzen, oder wenn bei (para-) sozial motivierter Mediennutzung tatsächlich eine angenehme Beziehung zur Person im Fernsehen erlebt wird. Zur theoretischen Klärung des Unterhaltungsphänomens taugt die Perspektive des UGA also nur bedingt. Dies gelänge, wenn unterschiedliche – im weitesten Sinne mit Unterhaltung zu assoziierende – Motive der Mediennutzung kategorisiert würden und damit eine dimensionale Gliederung des Unterhaltungsphänomens aus Sicht des Rezipienten erleichtert würde (vgl. Wünsch, 2002, S. 32).

Mood-Management. Unter Rückgriff auf ein erregungsphysiologisches Modell beschreibt die Mood-Management-Theorie die Gründe für die Auswahl von Medienangeboten (vgl. Zillmann, 2000a). Auf der Suche nach angenehmen Stimmungen wählen Rezipienten jene Medieninhalte aus, die positive Stimmungen herbeiführen oder verlängern oder negative Stimmungen abbauen (vgl. Abschnitt 7.3 zu Emotionen im Kontext von Massenkommunikation). Im Vergleich zum UGA hebt der Mood-Management-Ansatz zum einen deutlicher auf die positive Valenz des Erlebens als Ziel der Rezeption ab (Hedonismusprinzip) und stellt damit einen deutlicheren Bezug zum Unterhaltungsphänomen her. Zum anderen werden Bedingungen der Reizkonstellation (situationsadäquates Anregungspotenzial, hohes Absorptionspotenzial) spezifiziert, die ein solches Erleben entscheidend beeinflussen. Der Bezug zu Medienangeboten, die gemeinhin als „Unterhaltung" bezeichnet werden, ist offensichtlich.

20.3.3 Emotionstheoretische Erklärungen

Im Vergleich zur Mood-Management-Theorie, die insbesondere die Selektionsentscheidungen von Rezipienten erklärt und dabei erregungsphysiologisch argumentiert (Erregung als Einflussfaktor für angenehme Stimmungen im Gegensatz zu aversiven Stimmungen), konzentrieren sich die anschließend beschriebenen emotionstheoretischen Ansätze stärker auf die Frage, wie durch bestimmte Reizkonstellationen aufseiten des Medienangebots positive emotionale Prozesse und Reaktionen im Sinne von Unterhaltung beim Rezipienten hervorgerufen werden.

Appraisal-Ansatz. Im Komponenten-Prozess-Modell von Scherer wird angenommen, dass Emotionen durch subjektive Bewertungen (engl. appraisal) von Reizkonstellationen ausgelöst werden (vgl. Abschnitt 7.3). Solche Appraisalprozesse („Stimulus Evaluation Checks") finden auch in Bezug auf mediale Reize (z.B. Filmszenen) statt (Scherer, 1998). Eine positive, angenehme Emotion, mit anderen Worten Unterhaltung, entsteht dann, wenn durch neuartige Botschaften allgemeine Erregung evoziert und eine angenehme Stimmung erzeugt wird, die Inhalte hinsichtlich der lebensweltlichen Ziele und der Bewältigungsfähigkeit des Zuschauers eher irrelevant sind und die Botschaften mit dessen Werten und Normen übereinstimmen (Winterhoff-Spurk, 2000, S. 89).

Metaemotionen. Mit dem Konzept der Metaemotionen (Oliver, 1993; vgl. auch Abschnitt 7.3) wird erklärt, warum auch Medieninhalte mit aversiven Reizen als angenehm und damit unterhaltsam erlebt werden können. Dies gelingt dann, wenn eigentlich negative Emotionen (z.B. Trauer) auf einer höheren (Meta-) Ebene als positiv erlebt bzw. bewertet werden (im Sinne von „Es ist ein schönes Gefühl, traurig zu sein"). Dies erklärt auch den Erfolg trauriger Filme („Tearjerker"), die in der Regel sowohl durch den Kommunikator als auch durch den Rezipienten als unterhaltend beschrieben werden.

Affective Disposition. Die Affective-Disposition-Theorie von Zillmann postuliert, dass Rezipienten – je nach individuellen Vorlieben und medialen Erzählmustern (z.B. „gut" im Gegensatz zu „böse") – mediale Figuren mit positiven oder negativen Emotionen besetzen („affective disposition"). Voraussetzung dafür ist Empathiefähigkeit. Der Grad der Sympathie bzw. Antipathie gegenüber den Protagonisten, kombiniert mit der wahrgenommenen Wahrscheinlichkeit, ob die Geschichte für die sympathische bzw. die unsympathische Figur positiv oder negativ ausgeht, bestimmt zum einen das Spannungserleben während der Rezeption („emotional distress") und zum anderen – je nach Ausgang der Geschichte – das Unterhaltungserleben: Ist der sympathische Held am Ende siegreich und unterliegt der unsympathische Antagonist („Happyend"), entsteht Freude und ein angenehmes Gefühl. Ohne Happyend ist dagegen ein angenehmes Gefühl und damit Unterhaltungserleben wenig wahrscheinlich (vgl. Zillmann & Bryant, 2002; Zillmann, 1996; Raney, 2003a).

Unterhaltung als Spannungserleben. In der Affective-Disposition-Theorie wird bereits die Bedeutung der Spannung für das Unterhaltungserleben thematisiert. Weitere Ansätze können erklären, was Spannung eigentlich ist und wie sie zustande kommt (zusammenfassend: Schulze, 2002). Entscheidend ist, dass beim Rezipienten Ungewissheit über den weiteren Fortgang bzw. Ausgang einer Geschichte entsteht. Durch entsprechende Erzählstrukturen wird mit den Erwartungen der Rezipienten gespielt und somit ein „Schwebezustand" zwischen Angst und Hoffnung ausgelöst (etwa im Sinne von „Die Situation ist gefährlich, aber vielleicht gibt es doch eine Lösung"). Angenehm und damit unterhaltsam ist dieser Zustand dann, wenn sich die Zuschauer dieser Mechanismen bewusst sind und wenn am Ende ein positiver Ausgang („Happyend") erwartet werden kann. Wichtig ist allerdings, dass das Happyend in der Zwischenzeit gefährdet war; ohne so etwas kommt Langeweile auf. Obwohl Unsicherheit als Schlüsselkomponente von Spannung gilt, können Menschen paradoxerweise dieselben Geschichten auch bei erneuter Rezeption als spannend empfinden. Dies kann nach Carroll (1996) dadurch erklärt werden, dass die Rezipienten ihr erworbenes Wissen über den Ausgang der Geschichte mehr oder weniger bewusst in den Hintergrund treten lassen und sich erneut auf Unsicherheiten einlassen, indem sie so tun „als ob".

Flow und Immersion. Das Flow-Konzept beschreibt das lustbetonte Gefühl des völligen Aufgehens in einer Tätigkeit. Fühlen, Wollen und Denken sind in Übereinstimmung, Zeit spielt keine Rolle und das Handeln geht mühelos vonstatten (Csikszentmihalyi, 2000). Mithilfe des Flow-Konzepts kann auch die Mediennutzung als Unterhaltungserleben beschrieben werden, vorausgesetzt sie erfolgt als autotelische Handlung, die ihr Ziele in sich selbst hat, und die Anforderungen des Medieninhalts entsprechen den Fähigkeiten des Nutzers (z.B. beim Computerspielen; vgl. Sherry, 2004; vgl. auch Kap. 23). Immer häufiger wird im Zusammenhang mit der Medienrezeption und insbesondere dem Umgang mit virtuellen Welten (z.B. Computerspielen) das Konzept der „Immersion" (auch: „Presence" oder „Transportation") diskutiert. Gemeint ist damit das mehr oder weniger vollständige „Eintauchen" in eine andere, fiktive und/oder virtuelle Welt (vgl. auch Kap. 23). Je nach Erlebnisqualität wird der Grad der Immersion als wichtige Bedingung für mehr oder weniger intensives Unterhaltungserleben angesehen (vgl. Green, Brock & Kaufman, 2004). Im Vergleich zu den spieltheoretischen Überlegungen (vgl. Abschnitt 20.3.1), zu denen es deutliche Anknüpfungspunkte gibt, beschreiben die hier genannten Konzepte Unterhaltung allerdings nicht nur als funktionale (Spiel-) Handlung, sondern nehmen auch Bezug auf die dahinter liegenden psychologischen Prozesse. Dabei spielt die situationsspezifische Wechselwirkung zwischen Merkmalen des Angebots (z.B. inhaltliche und formale Qualität) und des Rezipienten (z.B. Medialitätsbewusstsein) eine wichtige Rolle (vgl. Wünsch, 2002).

20.3.4 Integrative Ansätze

Die bisher vorgestellten Ansätze betrachten jeweils Teilaspekte des Unterhaltungsphänomens bzw. -erlebens, indem entweder Unterhaltungsprodukte und deren Funktionen, Motive der Unterhaltungsnutzung oder die Bedingungen und Prozesse der Verarbeitung von unterhaltungsrelevanten Medieninhalten hervorgehoben werden. Sie legen nahe, Unterhaltung als eine spezifische Form des Rezeptionserlebens zu modellieren, das aus der Interaktion zwischen dem Medienangebot und dem Rezipienten entsteht. In der triadisch-dynamischen

Unterhaltungstheorie (TDU) hat Früh (2002) dieses komplexe Bedingungsgefüge und die Prozesse, aus denen sich Unterhaltungserleben ergeben kann, genauer beschrieben. Transaktionen und Dynamik sind zentrale Konzepte in dieser Theorie, die auf dem dynamisch-transaktionalen Ansatz basiert (vgl. Früh & Schönbach, 1982). Mit Transaktionen werden simultane Wechselwirkungen zwischen medialen Reizen und Rezipienteninterpretationen angenommen. Dynamik verweist auf die Prozesshaftigkeit der Rezeption. Ferner geht die TDU von zwei Prämissen aus:

- Unterhaltung ist ein tendenziell positives Erleben.
- Unterhaltung ist selbstbestimmt, kann also nicht gefordert oder erzwungen werden (Früh, 2003, S. 29).

Ob nun bei der Rezeption von Medienangeboten Unterhaltung entsteht, hängt zunächst davon ab, ob bestimmte Merkmale zusammenpassen, nämlich:

- Merkmale der Person (z.B. verfügbares Energiepotenzial, Vorwissen, Erwartungen, Interessen, Bedürfnisse, Einstellungen, Stimmung, individuelle Dispositionen),
- Merkmale des Medienangebots (z.B. Inhalt, Form, Valenz und Dynamik) und
- Merkmale des situativen und gesellschaftlichen Kontextes (z.B. Ort, Zeit, Anwesenheit anderer, Werte, Normen, Sozialverträglichkeit).

Früh nennt diese Übereinstimmung der drei genannten Komponenten „triadisches Fitting" (ebd., S. 39) und nimmt an, dass sie vom Rezipienten während der Rezeption mehr oder weniger bewusst kontinuierlich überprüft wird („fitting control"; ebd., S. 40). Werden beispielsweise in einer Comedysendung nur frauenfeindliche Witze gemacht und ist die Zuschauerin dieser Art von Humor gegenüber negativ eingestellt, kann sich insgesamt kaum Unterhaltungserleben einstellen. Die dargebotenen Inhalte werden nun während der Rezeption sukzessive verarbeitet (Mikroebene), wobei zunächst alle denkbaren Kognitionen und Emotionen (z.B. auch negative) vorstellbar sind. Beispielsweise kann sich ein Zuschauer bei einer Szene ängstigen und schon bei der nächsten wieder Freude empfinden. Unterhaltungserleben entsteht dann, wenn sich infolge der Verarbeitung und Integration der kontinuierlich erlebten Kognitionen und Emotionen auf einer höheren Ebene (Makroebene) ein insgesamt positives Gefühl einstellt (Makroemotion). Unterhaltung kann somit als eine Art „positives Hintergrunderleben" während der Medienrezeption betrachtet werden (s. Kasten mit der Definition von Unterhaltung durch Fernsehen nach Früh). Voraussetzung dafür ist gleichzeitig das Gefühl der Souveränität und Kontrolle beim Rezipienten.

Definition

„**Unterhaltung durch Fernsehen** entsteht als angenehm erlebte Makroemotion im Zuge eines transaktionalen Informationsverarbeitungsprozesses unter der Bedingung, dass bestimmte personale, mediale und situative bzw. gesellschaftliche Faktoren kompatibel sind und der Rezipient außerdem die Gewissheit hat, die Situation souverän zu kontrollieren" (Früh, 2002, S. 240).

Nach Früh ist die TDU weniger eine „fertige" Theorie als vielmehr ein heuristisches Modell, in das die oben genannten spezifischen Ansätze und (Partikular-)Theorien zur Unterhaltung plausibel integriert werden können. Die Beschreibung der Qualität des Unterhaltungserlebens bleibt dabei eher offen („angenehm erlebte Makroemotion"), weil sie im Prinzip vom Rezipienten in jeder Phase des Rezeptionsprozesses als Ergebnis dynamischer Transaktionen neu definiert werden kann.

Vorderer, Klimmt und Ritterfeld (2004) haben mit der Spezifizierung des Konstrukts Vergnügen („enjoyment"), das sie als „the heart of the media entertainment" (ebd., S. 388) bezeichnen, eine weitere Klärung des Unterhaltungserlebens vorgenommen (zumindest bei narrativen Inhalten; vgl. Abb. 20.2).

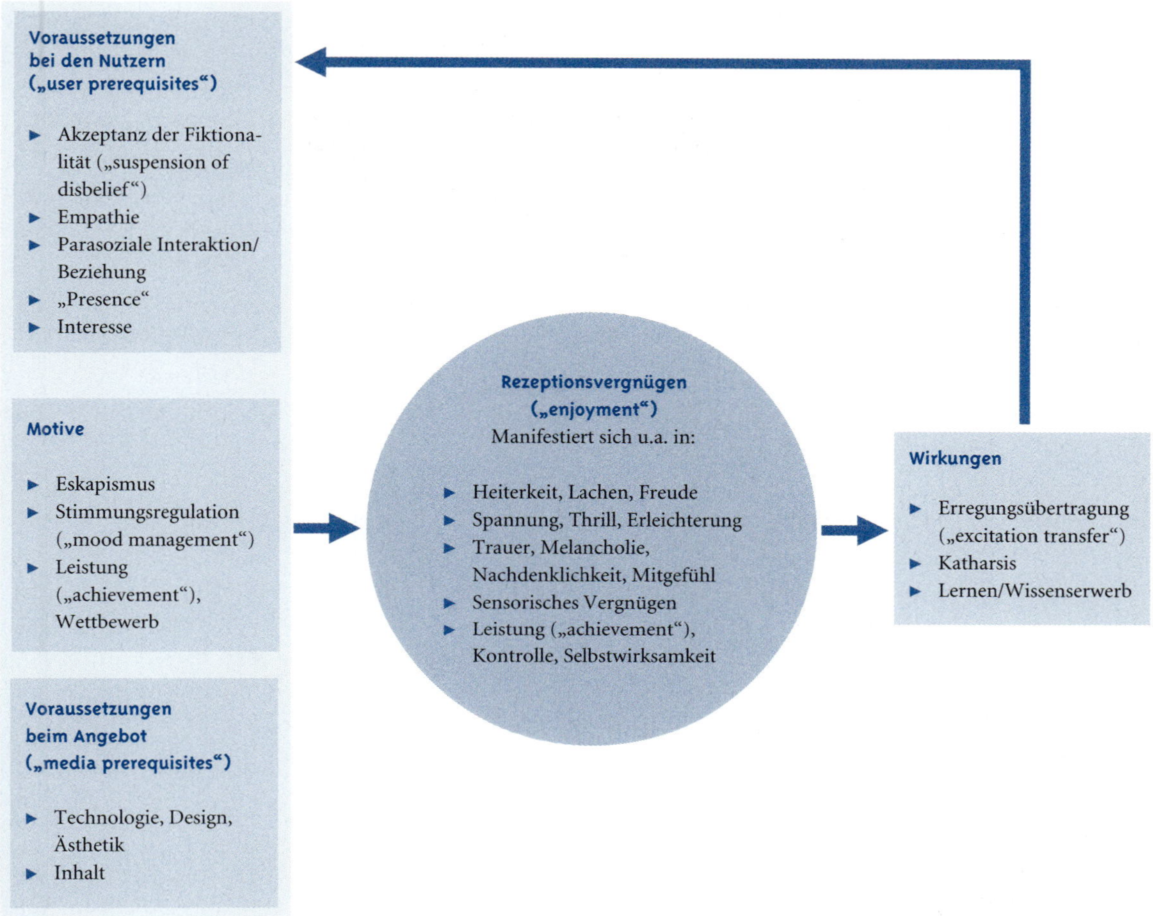

Abbildung 20.2. Modell des Unterhaltungserlebens (nach Vorderer, Klimmt & Ritterfeld, 2004, S. 393; eigene Übersetzung) Das Modell beschreibt die (manifeste) Qualität von „Enjoyment“ (Rezeptionsvergnügen) als zentralen Faktor von Unterhaltung sowie dessen Voraussetzungen und Wirkungen.

Nach ihrem Modell, das sich unseres Erachtens gut in die TDU integrieren lässt, hängt das Rezeptionsvergnügen („enjoyment“) von unterschiedlichen Voraussetzungen beim Rezipienten und beim Medienangebot ab. Es manifestiert sich in physiologischen, kognitiven und affektiven Reaktionen wie z.B. Erheiterung, Spannung, Melancholie, aber auch in sensorischem Vergnügen oder Erleben von Selbstwirksamkeit. Darüber hinaus werden über den Rezeptionsprozess hinausgehende Wirkungen angenommen, die sich aus dem Unterhaltungserleben ergeben (z.B. Erregungsübertragung) und die in einer Rückkoppelungsschleife auf die Eingangsvoraussetzungen zurückwirken.

20.3.5 Fazit zu den theoretischen Ansätzen

Die beschriebenen theoretischen Ansätze differenzieren und erklären das Unterhaltungsphänomen aus teilweise sehr unterschiedlichen Perspektiven und mit jeweils unterschiedlicher Reichweite. Sie sind mehr oder weniger deutlich voneinander abgrenzbar, beschäftigen sich entweder implizit (z.B. UGA, Mood Management) oder explizit (z.B. TDU) mit dem Phänomen Unterhaltung und richten ihr Augenmerk jeweils auf unterschiedliche Phasen des medialen Kommunikationsprozesses. Dabei werden vor allem die kognitiven und emotionalen Prozesse beim Rezipienten und deren Bedingungen betont. Aus medienpsychologischer Sicht wird Unterhaltung somit im Wesentlichen als ein spezifisches Rezeptionserleben konstruiert, das sich aus der individuellen Verarbeitung und Interpretation der angebotenen Inhalte unter dem Einfluss medialer, personaler und sozialer Randbedingungen ergibt (zur kritischen Würdigung der Ansätze vgl. Wünsch, 2002). Dies bedeutet auch, dass bei der Beurteilung der Unterhaltsamkeit von Medienangeboten durch die Rezipienten mehr oder weniger deutliche Varianzen zu erwarten sind. Allerdings wäre die Annahme übertrieben, dass Unterhaltung ausschließlich von den individuellen Interpretationen der Rezipienten abhängt und nichts mit den Vorstellungen der Kommunikatoren zu tun hat. Denn einerseits gibt es ein allgemein akzeptiertes Wissen darüber, was Unterhaltungserleben ausmacht und wie es ausgelöst werden kann. Dadurch besteht eine mehr als fünfzigprozentige Wahrscheinlichkeit dafür, dass Anbieter mit entsprechend gestalteten „Unterhaltungs"-Angeboten den Publikumsgeschmack treffen. Anderseits ist Unterhaltungserleben auch aufseiten des Rezipienten sicherlich nicht unabhängig von den durch den Kommunikator vorgenommenen Klassifizierungen einzelner Sendungen als „Unterhaltung" und von allgemein akzeptierten sozialen und gesellschaftlichen Vorstellungen darüber, was Unterhaltung sei. Wie kompatibel die Vorstellungen über Unterhaltung bei Kommunikatoren und Rezipienten jeweils sind, lässt sich beispielsweise am Erfolg bzw. Nichterfolg neuer TV-Formate ablesen.

20.4 Wirkung „unterhaltender" Medienangebote

Die meisten in Abschnitt 20.3 genannten Ansätze bzw. Theorien beziehen sich insbesondere auf die unmittelbaren kognitiven und *emotionalen* Prozesse und die Reaktionen der Rezipienten im Sinne eines Unterhaltungserlebens. Von einer umfassenden und geschlossenen „Theorie der Unterhaltung" kann jedoch bislang noch nicht gesprochen werden. Vor allem zu (kurz- und längerfristigen) *Wirkungen* von Unterhaltungserleben gibt es bislang noch kaum Forschungsaktivitäten, eine spezifische Theorie dazu fehlt ebenfalls (vgl. auch Vorderer & Weber, 2003). Ebenso wenig wurde bislang die Bedeutung von Unterhaltungserleben als *moderierender Variable* für unterschiedliche Medienwirkungen untersucht. Zwar gibt es eine Vielzahl von Ansätzen und empirischen Befunden zur Wirkung „unterhaltsamer" Medienangebote (z.B. Soap Operas, Affektfernsehen, Spielfilme, Computerspiele). Dabei stehen allerdings ganz andere Effekte als Unterhaltung im Vordergrund (wie z.B. Einflüsse auf Wissen, Einstellungen und Weltbilder, auf Angst und Aggression oder auf Selbstbilder und Identität). So kann beispielsweise eine Studie über die Wirkung des Konsums von Soap Operas auf die Identitätsentwicklung von Mädchen kaum als Wirkungsstudie im Hinblick auf Unterhaltung bezeichnet werden.

Die folgenden Ausführungen sind daher eher kursorisch und beschränken sich auf Befunde zur Wirkung ausgewählter inhaltlicher Aspekte von Mediendarbietungen, die typischerweise mit Unterhaltung assoziiert werden – unabhängig von spezifischen Medien und/oder Formaten. Auf entsprechende Erläuterungen zur Unterhaltungswirkung von Computerspielen wird dabei verzichtet, da sie ausführlich in Kapitel 23 zu finden sind. In einem gesonderten Abschnitt wird schließlich Musik als spezifische Form der Unterhaltung etwas ausführlicher behandelt.

20.4.1 Humor als Unterhaltung

Der Erfolg humorvoller Medienangebote (z.B. Comedies, Sit-Coms, Komödien, Comics) legt nahe, Humor als wichtiges Element von Unterhaltung zu begreifen (vgl. Klingler, Roters & Gerhards, 2003; Goldstein, 1993). Er entsteht einerseits aus einem Überlegenheitsgefühl, wenn man über die Fehler,

Missgeschicke und Unfälle anderer Menschen lachen kann („Superiority-Theorie"; Foot & Chapman, 1996). Typisches Beispiel für solchen Humor sind sog. „Slapsticks". Andererseits kann Humor dadurch entstehen, dass kognitive Inkongruenzen aufgelöst werden, die durch Unerwartetes, Unlogisches, Übertreibung oder Unpassendes hervorgerufen werden („Incongruity-Theorien"). Findet der Rezipient z.B. aufgrund eines gespeicherten Wissens eine Regel, die einen zuvor verblüffenden Sachverhalt aufklärt, so ist das lustig. Gelingt dies nicht, entsteht Verblüffung und Unverständnis. Je höher die Inkongruenz ist, desto höher ist bei ihrer Auflösung die empfundene Lustigkeit (Foot & Chapman, 1996). Häufig wird Humor, der auf Inkongruenz beruht, in Werbespots verwendet, was meist zu positiven Bewertungen durch die Zuschauer führt (Bahrens & Großerohde, 1999). Zentraler Bestandteil ist diese Art von Humor auch in Sit-Coms und Comedys (vgl. Brock, 1996). Nach den „Release- und Relief-Theorien" führt Humor dazu, dass Stress geringer wird und Druck und Zwang durch den Abbau überschüssiger Energien und starker Spannungen abnehmen (vgl. z.B. Zillmann, 2000b). Insgesamt hat Humor also offensichtlich primär positive kognitive (z.B. Inkongruenzauflösung) und emotionale (z.B. Freude, Entspannung) Auswirkungen und damit ein hohes Unterhaltungspotenzial – vorausgesetzt, er ist mit den (kognitiven) Fähigkeiten und Wertvorstellungen der Rezipienten vereinbar.

20.4.2 Sex und Erotik als Unterhaltung

Darstellungen von Erotik, Sex und Pornographie in den Medien werden üblicherweise als (Erwachsenen-)Unterhaltung klassifiziert. Zur Frage, ob sich die Nutzer bei der Rezeption solcher Angebote tatsächlich unterhalten, liegen zwar keine Studien vor; aus den theoretischen Überlegungen (vgl. Abschnitt 20.3) kann jedoch plausibel gefolgert werden, dass ihr Unterhaltungswert insbesondere in ihrem Anregungspotenzial besteht, das als angenehm empfunden wird (vgl. auch Brown, 2003; vgl. auch Kap. 22 zu Erotik und Pornographie in den Medien). Recht ausführlich untersucht wurden dagegen die längerfristigen Folgen von Pornographiekonsum. Neben den Einstellungen und Bewertungen zum sexuellen Selbstbild bzw. zum eigenen sexuellen Verhalten (sozialer Vergleich) kann er das allgemeine Bild der Sexualität und zwischenmenschlichen Beziehungen (Exemplifizierung und Kultivierung) beeinflussen (vgl. Abschnitt 22.7 zu Wirkungen von Erotik und Pornographie). Insgesamt ist dabei eher von einem realitätsverzerrenden Effekt auszugehen.

20.4.3 Sport als Unterhaltung

Sportdarbietungen in den Medien werden vom Kommunikator weder als Unterhaltung noch als Information klassifiziert, sondern bilden eine eigenständige Rubrik. Trotzdem birgt vor allem der audiovisuell dargebotene Sport ein hohes Unterhaltungspotenzial, das sich aus dem Wesen des Sports und aus den Merkmalen seiner Inszenierung ableiten lässt. Spannung und Dramatik sind bereits dem Sport innewohnende Merkmale und werden häufig durch spezifische Präsentationsstrategien verstärkt. Dies können z.B. die verbale Betonung von Körperlichkeit und Leistung oder die Visualisierung von Anspannung, Freude und Trauer der Athleten sein (z.B. verzerrte Gesichter, Gefühlsausbrüche; vgl. Hattig, 1994). Immer öfter gehen Sportdarbietungen auch mit Vor- und Nachberichten, Gewinnspielen, Comedy-Einlagen, Homestorys von Sportlern, Features über Austragungsorte und prominenten Kommentatoren einher, die insgesamt ein „unterhaltsames" Rahmenprogramm ergeben. Dies entspricht den Motiven der Zuschauer, von denen die Mehrzahl primär wegen seiner Unterhaltungs- und/oder Anregungsfunktion an Sport interessiert ist (vgl. Gantz & Wenner, 1991). Auch Erholung, ästhetische Erfahrung, Sensationslust und Spannung werden als Motive genannt (vgl. Aimiller & Kretschmar, 1995; Raney, 2003b). Bryant und Raney (2000) erklären das Unterhaltungserleben bei Sportpräsentationen u.a. als Folge affektiver Dispositionen gegenüber den kämpfenden Parteien in Kombination mit dem Ausgang des sportlichen Wettbewerbs (vgl. auch Abschnitt 20.3.3). Dabei wird durch eine ausgeprägte Dramatik, viel „Action“ und Aggression das Vergnügen („enjoyment“) der Zuschauer und damit das Unterhaltungserleben intensiviert (vgl. z.B. Bryant, Zillmann & Raney, 1998).

20.4.4 Gewalt und Horror als Unterhaltung

Die Vorstellung, man könne sich bei der Rezeption von Gewalt- und Horrordarstellungen unterhalten, erscheint zunächst paradox. Sparks und Sparks (2000) bieten jedoch drei Erklärungen an, warum Gewalt- und Horrordarstellungen vom Publikum als unterhaltsam erlebt werden können.

- Die violente Darstellung an sich bereitet Vergnügen. Unabhängig von der Handlung können einzelne Darstellungen (z.B. Explosionen, bizarre Monster, Kampfchoreographien) als „angenehme ästhetische“ Erfahrungen erlebt werden. Gewaltrezeption wird somit zur „sinnlichen Erfahrung“, die zum Teil durch filmsprachliche Mittel (z.B. Zeitlupeneffekte, Geräusche, Verfremdungen) noch intensiver wird.
- Die Geschichte wird insgesamt als angenehm erlebt, während die Gewaltdarstellungen als „Mittel zum Zweck“ eigentlich negativ bewertet, aber in Kauf genommen werden. In diesem Fall hängt der Unterhaltungswert von der „Gesamtqualität“ des Medienprodukts (z.B. Kinofilm, Roman) ab, d.h., die Rezipienten bilden ein integriertes Urteil (Sparks & Sparks, 2000). Dabei spielen Spannung als ein wesentliches Unterhaltungselement, aber auch die Komplexität und Plausibilität der Handlung eine wichtige Rolle (vgl. auch Vorderer & Knobloch, 2000).
- Violente Angebote erfüllen – unabhängig von der Darstellung – postrezeptive Gratifikationen, die als angenehm erlebt werden (wie beispielsweise Selbsterhöhung, Kontrolle oder soziale Nützlichkeit; vgl. auch Abschnitt 8.5.2).

20.4.5 Infotainment und Edutainment

Seit der Dualisierung des Rundfunks in private und öffentlich-rechtliche Sender und dem damit einhergehenden verstärkten Wettbewerb der Anbieter ist auch zu beobachten, dass unterhaltende Elemente in informationsvermittelnden Medienangeboten zunehmen. Insbesondere im Fernsehen haben sich neue Programmformate entwickelt, die als Info- oder Edutainment bezeichnet werden. Dabei werden Informationen (bzw. bei Edutainment Lerninhalte) mit meist emotionalisierenden auditiven und/oder visuellen Elementen (z.B. musikalische Untermalung, Piktogramme, Animationen, Laufbänder, affektbetonte Bilder, „lockere“ Sprache) miteinander kombiniert. Dies steigert den Unterhaltungswert solcher Angebote (Wittwen, 1995).

Infotainmentbeiträge erzeugen bei den Rezipienten zwar eine höhere Aufmerksamkeit und positivere Beurteilungen als reine Informationsbeiträge. Gleichzeitig werden sie jedoch als unglaubwürdiger im Hinblick auf ihre Informationsleistung beurteilt (Schultheiss & Jenzowsky, 2000). Insbesondere bei Jugendlichen ist eine stärkere Hinwendung zu „unterhaltsameren“ Nachrichten zu beobachten. Traditionelle Nachrichtenangebote (z.B. „Tagesschau“) werden zwar von ihrer Glaubwürdigkeit her positiv bewertet, dennoch aber eher gemieden, weil sie als schwer verständlich gelten (vgl. Hajok, 2004; Grimm, 2003). Welche längerfristigen Folgen eine zunehmende „Infotainisierung“ für die (politische) Bildung hat, lässt sich derzeit kaum mit Sicherheit sagen. Bisherige Befunde zeigen jedoch, dass zumindest in bestimmten Publikumssegmenten mit hoher Unterhaltungsorientierung ein negativer Effekt auf politisches Wissen und politische Partizipation zu erwarten ist („Unterhaltungsmalaise“; vgl. z.B. Holtz-Bacha, 1994).

Durch den Einsatz unterhaltender Elemente in Lernmedien („Edutainment“) konnten sowohl Wirkungen, die den Lerneffekt steigern (z.B. Verbesserung der Lernmotivation), als auch negative Effekte auf die Lernleistung (z.B. oberflächliche Verarbeitung durch Ablenkung) nachgewiesen werden (vgl. Mangold, 2004).

20.5 Musik als Unterhaltungsangebot

20.5.1 Angebot und Nutzung von Musik

Musik, die über Medien an die Rezipienten gelangt (d.h. über Radio, Fernsehen, Internet oder Tonträger) ist in der empirischen Medienforschung ein bislang eher vernachlässigtes Thema (vgl. Schramm, 2004), obgleich Musik allgegenwärtig ist: Durchschnittlich etwa drei Viertel der Programmleistung des Radios besteht aus Musikdarbietungen. Die deutschen Fernsehvollprogramme enthalten zwar im Schnitt nur etwa 2 % Musikanteile (Krüger, 2005), dafür gibt es jedoch mehrere Spartensender (z.B. MTV, VIVA), die hauptsächlich Musik ausstrahlen. Und schließlich wurden im Jahr 2004 in Deutschland 84.799 Tonträger im Pop- und Klassikbereich neu veröffentlicht und ca. 180 Millionen Tonträger (hauptsächlich CD-Alben) insgesamt verkauft (vgl. Bundesverband der Phonographischen Wirtschaft, 2004). Zunehmend wird Musik auch aus dem Internet heruntergeladen. Nach der sog. „Brennerstudie" wurden 2004 über 800 Millionen CD-Rohlinge gebrannt, größtenteils wurde Musik kopiert (Bundesverband der Phonographischen Wirtschaft, 2005). Tonträger wurden im Jahr 2004 von 43 % der Erwachsenen mehrmals in der Woche etwa eine halbe Stunde pro Tag genutzt (ARW, 2004, S. 68f.). Täglich Kontakt mit Musik im Fernsehen hatten 12,2 % der Zuschauer (Gerhards & Klingler, 2004). Differenzierte Daten zur Spartennutzung von Radioangeboten liegen leider nicht vor, bei über drei Stunden täglicher Nutzung ist jedoch von einer ausgeprägten Musikrezeption auszugehen (vgl. Abschnitt 20.2.2).

20.5.2 Auswahlverhalten, Motive und Modi der Musikrezeption

Auswahlverhalten. Für die Auswahl unterschiedlicher Musikmedien (CD, Radio, etc.) sind vor allem Verfügbarkeit, Gewohnheit und generelle musikalische Vorlieben von Bedeutung. Die Entscheidung für bestimmte Musikgenres bzw. -stile hängt vor allem von aktuell vorhandenen Stimmungen ab (vgl. Schramm, 2004). Sie erfolgt entweder nach dem sog. „Isoprinzip", d.h., die Musikauswahl entspricht der jeweils vorliegenden Stimmung (z.B. traurige Musik bei Liebeskummer), oder nach dem sog. „Kompensationsprinzip", d.h., die Musikauswahl dient zum Ausgleich aversiv erlebter Befindlichkeiten (z.B. aktivierende Musik bei monotoner Hausarbeit; Vorderer & Schramm, 2004).

Motive der Musikrezeption. Als ein zentrales Motiv der Musikrezeption kann somit die Stimmungsregulation („Mood-Management") angesehen werden (vgl. Abschnitt 20.3.3 und Abschnitt 7.3.2). Ob Entspannung oder Aktivierung erreicht werden soll, hängt u.a. auch von der Tageszeit ab: So wird Musik morgens eher zur Aktivierung genutzt, wohingegen sie abends eher der Entspannung dienen oder eine angenehme Atmosphäre erzeugen soll (z.B. romantisches Abendessen; Schramm, 2004). Dass bei der Musikrezeption vor allem emotionale Motive von Bedeutung sind, zeigt auch die Studie von Oatley und Kerr (1999), nach der Musik u.a. zur Rekonstruktion früher erlebter emotionaler Empfindungen genutzt wird („memory emotions"). Ein weiteres Motiv der Musikrezeption ist schließlich emotionales Involvement, d.h. die empathische Einfühlung in Text und Musik, die dem Verständnis der dahinterstehenden Botschaften dient. Kognitive Motive der Musikrezeption spielen zwar eine geringere Rolle, sind jedoch nicht ausgeschlossen, etwa wenn Musikhörer sich durch die Analyse von Text und Struktur eines komplexen Musikstücks geistige und intellektuelle Anregungen verschaffen wollen (Schramm, 2004).

Modi der Musikrezeption. Kognitive Motive dürften eher eine distanzierte und analytische Rezeptionsweise zur Folge haben. Dagegen korrelieren emotionale Motive mit einer eher involvierten Rezeptionsweise. Auf längere Sicht ergeben sich aus persönlichen Dispositionen, allgemeinen musikalischen Vorlieben, Zuwendungsmotiven und individuellen

Fähigkeiten (z.B. analytisches Hören von Musik) „situationsunabhängige Tendenzen des individuellen Musikhörens“ (Schramm, 2004, S. 453). Solche generellen Hörmuster hat Behne (1986) bei Jugendlichen ausgemacht, z.B. den „diffusen Hörer“, der Musik „nur mit einem Ohr“ verfolgt und zur Untermalung und Begleitung anderer Tätigkeiten nutzt. Über einen längeren Zeitraum betrachtet nahm gerade dieses Hörmuster unter Jugendlichen im Vergleich zum konzentrierten Musikhören deutlich zu, was u.a. auf die Allgegenwärtigkeit von Musik zurückgeführt wird (vgl. Behne, 2001).

20.5.3 Wirkungen der Musikrezeption

Es ist wahrscheinlich, dass die Rezipienten durch selektive Musikrezeption die gewünschten Wirkungen (z.B. Stimmungsregulation) tatsächlich erreichen. Denn meist werden Musikstücke aufgrund vorheriger Wirkungserfahrungen ausgewählt. Insofern ist wahrscheinlich, dass Musikrezeption in der Regel zu positiven Wirkungen im Sinne von Unterhaltung führt (vgl. de la Motte-Haber, 1996). Voraussetzung dafür ist allerdings, dass die Qualität des rezipierten Musikstücks und die Gewohnheiten sowie die Verarbeitungskapazität des Hörers miteinander vereinbar sind. Um zu gefallen, darf Musik ihre Zuhörer weder unter- noch überfordern. „Maximales Wohlgefallen wird bei einer mittleren Erregung und damit einer mittleren Komplexität empfunden. Steigt die Aktivierung bei zu komplizierten Wahrnehmungsleistungen an, so sinkt das Wohlgefallen ab. Wird dagegen etwas so langweilig, dass es nicht aktiviert, so ist das Wohlgefallen gleich Null“ (ebd., S. 166f.). Zur Wirkung ungezielter Musikrezeption wurden Studien durchgeführt, die z.B. untersuchten, welche Effekte Hintergrundmusik auf die Produktivität am Arbeitsplatz oder die Umsätze in Kaufhäusern hat. Nach Behne (1999) werden solche Effekte eher über- als unterschätzt, möglicherweise weil Gewöhnungs- und Abstumpfungseffekte, aber einfach auch die geringe Lautstärke die Wirkung minimieren.

20.6 Aspekte praktischer Relevanz

Unterhaltung ist zwar ein zentrales Phänomen unseres Alltags, die ausdrückliche wissenschaftliche Auseinandersetzung damit ist jedoch im Vergleich zu anderen Themen (z.B. Information, Gewalt) bislang eher gering ausgeprägt – möglicherweise, weil „unterhaltende Rezeptionserfahrungen nicht nur in der Öffentlichkeit, sondern auch unter Medienpsycholog/inn/en einen ausgesprochen schlechten Ruf genießen“ (Vorderer, 2004, S. 545). Die bislang vorgelegten theoretischen Ansätze zur Unterhaltung und die empirische Befundlage bieten ein heterogenes Bild, da jeweils nur Teile des komplexen Phänomens Unterhaltung beleuchtet werden. Daher ist auch eine Beurteilung der „praktischen Relevanz“ dieser Forschung schwierig. Aus der Sicht von Medienproduzenten und -anbietern könnte die „Unterhaltungsforschung“ (ähnlich wie die kognitionspsychologischen Erkenntnisse zur medialen Informationsverarbeitung; vgl. Kap. 3 über Informationsaufnahme und -verarbeitung) Hinweise liefern, um die Gestaltungsalternativen zu optimieren. Dies wäre insbesondere dann der Fall, wenn durch weitere Forschungsaktivitäten mögliche „Muster“ zwischen medialen Reizkonstellationen und Rezeptionserleben aufgedeckt werden können. Darüber hinaus könnten weitere Erkenntnisse darüber, was die Rezipienten als Unterhaltung empfinden, nicht nur zu einer differenzierteren Beschreibung von Medienangeboten führen, sondern auch die öffentliche Debatte über Medienqualität und Medienethik bereichern (vgl. Kap. 15 zur Qualität von Medienangeboten), die in der Regel unter Ausschluss des rezipierenden Publikums erfolgt. Unter medienpädagogischen Gesichtspunkten ist schließlich zu prüfen, welche funktionalen bzw. dysfunktionalen kurz- und/oder längerfristigen Effekte auf unterschiedlichen Ebenen (individuell, sozial, gesellschaftlich) nicht nur die Unterhaltungs*angebote* haben, sondern auch, inwieweit sich das Unterhaltungs*erleben* selbst als Moderator für die Medienwirkung erweist.

Zusammenfassung

- Unterhaltung wird vor allem von den Medienproduzenten und -anbietern häufig als Gegenteil von Information definiert. Eine differenziertere Betrachtung erscheint jedoch notwendig.
- Unterhaltung ist kein inhärentes Merkmal von Medienangeboten, sondern entwickelt sich als Rezeptionserleben beim Rezipienten bzw. Nutzer.
- Aus medienpsychologischer Sicht ist daher eine rezipientenorientierte Analyse des Unterhaltungsphänomens notwendig.
- Befunde zum Angebot und zur Nutzung von Angeboten, die vom Kommunikator als „Unterhaltung" klassifiziert werden, belegen die hohe Alltagsrelevanz der Unterhaltung durch die Medien.
- Theoretische Ansätze beschäftigen sich aus unterschiedlichen Perspektiven mit dem Unterhaltungsphänomen, und häufig ohne dass ausdrücklich darauf Bezug genommen wird. Neben der (evolutionären) Funktion von Unterhaltung (anthropologische und spieltheoretische Ansätze) konzentrieren sie sich auf Motive und Gratifikationserwartungen der Rezipienten gegenüber Unterhaltungsangeboten und insbesondere auf emotionale Rezeptionsprozesse und -wirkungen bei ihrer Nutzung im Sinne von Unterhaltungs*erleben* (affektive Bewertungen, Metaemotionen, emotionale Bindungen an Protagonisten, Spannung, Flow). Mit der triadisch-dynamischen Unterhaltungstheorie (TDU) hat Früh (2002) ein „heuristisches Denkmodell" vorgelegt, das eine Integration der bislang vorliegenden Ansätze erlaubt.
- Aus medienpsychologischer Sicht wird Unterhaltung im Wesentlichen als ein spezifisches Rezeptionserleben konstruiert, das sich aus der individuellen Verarbeitung und Interpretation der angebotenen Inhalte unter dem Einfluss medialer, personaler und sozialer Randbedingungen ergibt. Die Qualität dieses Erlebens wird als positiv bzw. angenehm beschrieben („enjoyment").
- Forschung zu inhaltlichen Aspekten von Medienangeboten, die üblicherweise mit Unterhaltung assoziiert werden (wie Humor, Sex und Erotik, Sport, Gewalt und Horror, Infotainment, Musik), belegen unterschiedliche psychologische Mechanismen, aus denen sich Unterhaltungserleben ergeben kann. Dabei spielen neben kognitiven insbesondere emotionale Prozesse eine bedeutende Rolle.
- Die empirische und theoretische Auseinandersetzung mit der Wirkung von Unterhaltung ist bislang noch wenig ausgeprägt. Was vielmehr untersucht wird, sind die unterschiedlichsten Wirkungen von Unterhaltungsangeboten. Insofern beschäftigen sich zwar viele Bereiche der Medienwirkungsforschung unausgesprochen auch mit Unterhaltung, sie als „Unterhaltungswirkungsforschung" zu bezeichnen wäre allerdings kaum zutreffend.

Leseempfehlung

- Bryant, J. & Vorderer, P. (Eds.). (2006). Psychology of entertainment. Mahwah, NJ: Lawrence Erlbaum.
- Früh, W. & Stiehler, H.-J. (Hrsg.). (2003). Fernsehunterhaltung. Köln: Herbert von Halem Verlag.
- Vorderer, P. (2004). Unterhaltung. In R. Mangold, P. Vorderer & G. Bente (Hrsg.), Lehrbuch der Medienpsychologie (S. 543–564). Göttingen: Hogrefe.
- Zillmann, D. & Bryant, J. (2002). Entertainment as media effect. In D. McQuail (Ed.), McQuail's reader in mass communication theory (pp. 406–418). Thousand Oaks, CA: Sage Publications.
- Zillmann, D. & Vorderer, P. (Eds.). (2000). Media entertainment. The psychology of its appeal. London: Lawrence Erlbaum.

Literatur

Aimiller, K. & Kretschmar, H. (1995). Motive des Sportzuschauers. Umfeldoptimierung durch motivationale Programmselektion (MPS). Unterföhring: DSF.

ARW, Arbeitsgemeinschaft der ARD-Werbegesellschaften (Hrsg.). (2004). Media Perspektiven Basisdaten. Daten zur Mediensituation in Deutschland 2004. Frankfurt/Main: o. Verl.

Bahrens, F. & Großerohde, B. (1999). Die Wirkung von Humor in der Werbung: Ein Überblick. In M. Friedrichsen & S. Jenzowsky (Hrsg.), Fernsehwerbung. Theoretische Analysen und empirische Befunde (S. 235–257). Opladen: Westdeutscher Verlag.

Behne, K.-E. (1986). Hörertypologien. Zur Psychologie des jugendlichen Musikgeschmacks. Regensburg: Bosse.

Behne, K.-E. (1999). Zu einer Theorie der Wirkungslosigkeit von (Hintergrund-)Musik. In K.-E. Behne, G. Kleinen & H. de la Motte-Haber (Hrsg.), Musikpsychologie. Wahrnehmung und Rezeption (Jahrbuch der Deutschen Gesellschaft für Musikpsychologie, Band 14, S. 7–23). Göttingen: Hogrefe.

Behne, K.-E. (2001). Musik-Erleben: Abnutzung durch Überangebot? Eine Analyse empirischer Studien zum Musikhören Jugendlicher. Media Perspektiven, (3), 142–148.

Berg, K. & Ridder, C.-M. (2002). Massenkommunikation 2000. Massenkommunikation VI. Eine Langzeitstudie zur Mediennutzung und Medienbewertung 1964–2000. Baden-Baden: Nomos.

Börsenverein des Deutschen Buchhandels. (2005). Branchen-Monitor Buch Gesamtjahr 2004. Elektronische Publikation (Stand: 4. März 2005, www.boersenverein.de/de/82069).

Bosshart, L. (2003). Unterhaltung aus anthropologischer Sicht. In W. Früh & H.-J. Stiehler (Hrsg.), Theorie der Unterhaltung. Ein interdisziplinärer Diskurs (S. 274–284). Köln: Herbert von Halem Verlag.

Bosshart, L. & Macconi, I. (1998). Defining „entertainment". Communication Research Trends, 18(3), 3–8.

Brock, A. (1996). Wissensmuster im humoristischen Diskurs. Ein Beitrag zur Inkongruenztheorie anhand von Monty Python's Flying Circus. In H. Kotthoff (Hrsg.), Scherzkommunikation. Beiträge aus der empirischen Gesprächsforschung (S. 21–48). Opladen: Westdeutscher Verlag.

Brosius, H.-B. (2003). Unterhaltung als isoliertes Medienverhalten? Psychologische und kommunikationswissenschaftliche Perspektiven. In W. Früh & H.-J. Stiehler (Hrsg.), Theorie der Unterhaltung. Ein interdisziplinärer Diskurs (S. 74–88). Köln: Herbert von Halem Verlag.

Brown, D. (2003). Pornography and erotica. In J. Bryant & D. Roskos-Ewoldson (Eds.), Communication and emotion: Essays in honor of Dolf Zillmann (pp. 221–253). Mahwah, NJ: Lawrence Erlbaum.

Bryant, J. & Raney, A.A. (2000). Sports on the screen. In D. Zillmann & P. Vorderer (Eds.), Media entertainment. The psychology of its appeal (pp. 153–174). Mahwah, NJ: Lawrence Erlbaum.

Bryant, J., Zillmann, D. & Raney, A.A. (1998). Violence and the enjoyment of media sports. In L.A. Wenner (Ed.), Media sport (pp. 252–265). London: Routledge.

Bundesverband der Phonographischen Wirtschaft (Hrsg.). (2003). Radio in Deutschland. Spiegel der Musikvielfalt? Eine Umfrage des Deutschen Phonoverbandes/IFPI. Elektronische Publikation (Stand: 14. Juli 2005, www.ifpi.de/news/280/radioquote_emnid_praesentation.pdf).

Bundesverband der Phonographischen Wirtschaft (Hrsg.). (2004). Jahreswirtschaftsbericht 2004. Elektronische Publikation (Stand: 30. Mai 2005, www.ifpi.de/wirtschaft/wirtschaft-581. htm).

Bundesverband der Phonographischen Wirtschaft (Hrsg.). (2005). Brennerstudie 2005. Elektronische Publikation (Stand: 18. August 2005, www.ifpi.de/wirtschaft/brennerstudie2005.pdf)

Carroll, N. (1996). The paradox of suspense. In P. Vorderer, H.J. Wulff & M. Friedrichsen (Eds.), Suspense. Conceptualizations, theoretical analyses, and empirical explorations (pp. 71–91). Mahwah, NJ: Lawrence Erlbaum.

Csikszentmihalyi, M. (2000). Das Flow-Erlebnis. Jenseits von Angst und Langeweile: Im Tun aufgehen (8. Aufl.). Stuttgart: Klett-Cotta.

de la Motte-Haber, H. (1996). Handbuch der Musikpsychologie. Laaber: Laaber Verlag.

Dehm, U. (1984). Fernseh-Unterhaltung aus der Sicht der Zuschauer. Media Perspektiven, (8), 630–643.

Foot, H.C. & Chapman, A.J. (Hrsg.). (1996). Humor and laughter: Theory, research, and applications. New Brunswick, NJ: Transaction Publishers.

Früh, W. (2002). Unterhaltung durch das Fernsehen. Eine molare Theorie. Konstanz: UVK.

Früh, W. (2003). Triadisch-dynamische Unterhaltungstheorie (TDU). In W. Früh & H.-J. Stiehler (Hrsg.), Theorie der Unterhaltung. Ein interdisziplinärer Diskurs (S. 27–56). Köln: Herbert von Halem Verlag.

Früh, W. & Schönbach, K. (1982). Der dynamisch transaktionale Ansatz. Ein neues Paradigma der Medienwirkungen. Publizistik, 27, 74–88.

Gantz, W. & Wenner, L.A. (1991). Men, women, and sports: Audience experiences and effects. Journal of Broadcasting & Electronic Media, 35(2), 233–243.

Gerhards, M. & Klingler, W. (2003). Humorangebote in den elektronischen Medien heute und das Publikum. In W. Klingler, G. Roters & M. Gerhards (Hrsg.), Humor in den Medien (S. 87–113). Baden-Baden: Nomos.

Gerhards, M. & Klingler, W. (2004). Programmangebote und Spartennutzung im Fernsehen 2003. Analyse auf Basis der AGF/GfK-Programmcodierung. Media Perspektiven, (12), 584–593.

Goldstein, J.H. (1993). Humor and comedy in mass media. Medienpsychologie, 5(4), 246–256.

Green, M.C., Brock, T.C. & Kaufman, G.F. (2004). Understanding media enjoyment: The role of transportation into narrative worlds. Communication Theory, 14(4), 311–327.

Grimm, J. (2003). Medien, Politik. Eine empirische Untersuchung zum Mediennutzungsverhalten und Politikverständnis Jugendlicher. Elektronische Publikation (Stand: 20. Juni 2005, homepage.univie.ac.at/gabriele.tatzl/forschung/PolSozSiegBericht03.pdf).

Hajok, D. (2004). Jugend und Fernsehinformation. Eine explorativ-deskriptive Studie (Youth and television information). Elektronische Publikation (Stand: 20. Juni 2005, www.diss.fu-berlin.de/2004/126/).

Hattig, F. (1994). Fernsehsport. Im Spannungsfeld von Information und Unterhaltung. Butzbach-Griedel: Afra-Verlag.

Holtz-Bacha, C. (1994). Massenmedien und Politikvermittlung. Ist die Videomalaise-Hypothese ein adäquates Konzept? In M. Jäckel & P. Winterhoff-Spurk (Hrsg.), Politik und Medien: Analysen zur Entwicklung der politischen Kommunikation (S. 181–192). Berlin: Vistas.

Klaus, E. (1996). Der Gegensatz von Information ist Desinformation, der Gegensatz von Unterhaltung ist Langeweile. Rundfunk und Fernsehen, 44(3), 402–417.

Klingler, W., Roters, G. & Gerhards, M. (Hrsg.). (2003). Humor in den Medien (Forum Medienrezeption, Bd. 6). Baden-Baden: Nomos.

Kochhan, C., Haddad, D. & Dehm, U. (2005). Bücher und Lesen als Freizeitaktivität. Unterschiedliches Leseverhalten im Kontext von Fernsehgewohnheiten. Media Perspektiven, (1), 23–32.

Krüger, U.M. (2005). Sparten, Sendungsformen und Inhalte im deutschen Fernsehangebot. Programmanalyse 2004 von ARD/Das Erste, ZDF, RTL, SAT.1 und ProSieben. Media Perspektiven, (5), 190–204.

LeserAuskunft GmbH (Hrsg.). (2005). Elektronische Publikation (Stand: 16. Mai 2005, www.pressekatalog.de)

Mangold, R. (2004). Infotainment und Edutainment. In R. Mangold, P. Vorderer & G. Bente (Hrsg.), Lehrbuch der Medienpsychologie (S. 527–542). Göttingen: Hogrefe.

Netcraft. (2005). September 2005 Web Server Survey. Elektronische Publikation (Stand: 10. September 2005, news.netcraft.com/archives/2005/09/index.html).

Oatley, K. & Kerr, A. (1999). Memories prompted by emotions – emotions attached to memories: Studies of depression and of reading fiction. Journal of the American Academy of Psychoanalysis, 27(4), 659–671.

Oliver, M.B. (1993). Exploring the paradox of the enjoyment of sad films. Human Communication Research, 19(3), 315–342.

Raney, A.A. (2003a). Dispositon-based theories of enjoyment. In J. Bryant & D. Roskos-Ewoldson (Eds.), Communication and emotion: Essays in honor of Dolf Zillmann (pp. 61–84). Mahwah, NJ: Lawrence Erlbaum.

Raney, A.A. (2003b). Enjoyment of sport spectatorship. In J. Bryant & D. Roskos-Ewoldson (Eds.), Communication and emotion: Essays in honor of Dolf Zillmann (pp. 397–416). Mahwah, NJ: Lawrence Erlbaum.

Schenk, M. (2002). Medienwirkungsforschung (2. Aufl.). Tübingen: J.C.B. Mohr.

Scherer, K.R. (1998). Emotionsprozesse im Medienkontext: Forschungsillustrationen und Zukunftsperspektiven. Medienpsychologie, 10(4), 276–293.

Schramm, H. (2004). Musikrezeption und Radionutzung. In R. Mangold, P. Vorderer & G. Bente (Hrsg.), Lehrbuch der Medienpsychologie (S. 443–463). Göttingen: Hogrefe.

Schultheiss, B.M. & Jenzowsky, S.A. (2000). Infotainment: Der Einfluss emotionalisierend-affektorientierter Darstellung auf die Glaubwürdigkeit. Medien & Kommunikationswissenschaft, 48(1), 63–84.

Schulze, A.-K. (2002). Spannung. Erklärungsansätze eines Phänomens. In W. Früh (Hrsg.), Unterhaltung durch das Fernsehen. Eine molare Theorie (S. 49–64). Konstanz: UVK.

Schwab, F. (2003). Unterhaltung: Eine evolutionspsychologische Perspektive. In W. Früh & H.-J. Stiehler (Hrsg.), Theorie der Unterhaltung. Ein interdisziplinärer Diskurs (S. 285–323). Köln: Herbert von Halem Verlag.

Sherry, J.L. (2004). Flow and media enjoyment. Communication Theory, 14(4), 328–347.

Sparks, G.G. & Sparks, C.W. (2000). Violence, mayhem, and horror. In D. Zillmann & P. Vorderer (Eds.), Media entertainment. The psychology of its appeal (pp. 73–91). Mahwah, NJ: Lawrence Erlbaum.

van Eimeren, B. & Frees, B. (2005). Nach dem Boom: Größter Zuwachs in internetfernen Gruppen. ARD/ZDF-Online-Studie 2005. Media Perspektiven, (8), 362–379.

VUD, Verband der Unterhaltungssoftware Deutschland (Hrsg.). (2004). Jahrbuch 2004. Unterhaltungssoftwaremarkt in Deutschland. Dornbach: Entertainment Media Verlag.

VuMA, Verbrauchs- und Medienanalyse (VuMA). (2005). VuMA 2005 Basisauswertung. Elektronische Publikation (Stand: 15. August 2005, www.vuma.de/vuma_infos/ 2005_ basisauswertung.pdf).

Vorderer, P. (2001). Was wissen wir über Unterhaltung? In S.J. Schmidt, J. Westerbarkey & G. Zurstiege (Hrsg.), a/effektive

Kommunikation: Unterhaltung und Werbung (S. 111–132). Münster: LIT Verlag.
Vorderer, P. (2004). Unterhaltung. In R. Mangold, P. Vorderer & G. Bente (Hrsg.), Lehrbuch der Medienpsychologie (S. 543–564). Göttingen: Hogrefe.
Vorderer, P., Klimmt, C. & Ritterfeld, U. (2004). Enjoyment: At the heart of media entertainment. Communication Theory, 14(4), 388–408.
Vorderer, P. & Knobloch, S. (2000). Conflict and suspense in drama. In D. Zillmann & P. Vorderer (Eds.), Media entertainment. The psychology of its appeal (pp. 59–72). Mahwah, NJ: Lawrence Erlbaum.
Vorderer, P. & Schramm, H. (2004). Musik nach Maß. Situative und personenspezifische Unterschiede bei der Selektion von Musik. In K.-E. Behne, G. Kleinen & H. de la Motte-Haber (Hrsg.), Musikpsychologie. Musikalische Begabung und Expertise (Jahrbuch der Deutschen Gesellschaft für Musikpsychologie, Band 17, S. 89–108). Göttingen: Hogrefe.
Vorderer, P. & Weber, R. (2003). Unterhaltung als kommunikationswissenschaftliches Problem: Ansätze einer konnektionistischen Modellierung. In W. Früh & H.-J. Stiehler (Hrsg.), Theorie der Unterhaltung. Ein interdisziplinärer Diskurs (S. 136–159). Köln: Herbert von Halem Verlag.
Winterhoff-Spurk, P. (2000). Der Ekel vor dem Leichten. Unterhaltungsrezeption aus medienpsychologischer Perspektive. In G. Roters, W. Klingler & M. Gerhards (Hrsg.), Unterhaltung und Unterhaltungsrezeption (S. 77–98). Baden-Baden: Nomos.
Wittwen, A. (1995). Infotainment. Fernsehnachrichten zwischen Information und Unterhaltung. Frankfurt/Main: Peter Lang.
Wünsch, C. (2002). Unterhaltungstheorien. Ein systematischer Überblick. In W. Früh (Hrsg.), Unterhaltung durch das Fernsehen. Eine molare Theorie (S. 15–48). Konstanz: UVK.
Zillmann, D. (1996). The psychology of suspense in dramatic exposition. In P. Vorderer, H.J. Wulff & M. Friedrichsen (Eds.), Suspense. Conceptualizations, theoretical analyses, and empirical explorations (pp. 199–231). Mahwah, NJ: Lawrence Erlbaum.
Zillmann, D. (2000a). Mood management in the context of selective exposure theory. In M.E. Roloff (Ed.), Communication yearbook 23 (pp. 103–123). Thousand Oaks, CA: Sage Publications.
Zillmann, D. (2000b). Humor and comedy. In D. Zillmann & P. Vorderer (Eds.), Media entertainment. The psychology of its appeal (pp. 37–57). Mahwah, NJ: Lawrence Erlbaum.
Zillmann, D. & Bryant, J. (2002). Entertainment as media effect. In D. McQuail (Ed.), McQuail's reader in mass communication theory (pp. 406–418). Thousand Oaks, CA: Sage Publications.

21 Werbung

Uli Gleich

21.1 Definition und Rahmenbedingungen

Laut einer Studie der Kölner Agentur Advernomics werden die Verbraucher Tag für Tag mit etwa 4500 Werbebotschaften bombadiert – etwa 30 Milliarden Euro geben die Unternehmen derzeit jährlich dafür aus. Da stellt sich natürlich die entscheidende Frage, ob sich diese enormen Investitionen lohnen. Neben einer betriebswirtschaftlichen Perspektive, die sich vor allem auf die ökonomische Effizienz von Werbung konzentriert, spielen dabei vor allem psychologische Fragestellungen eine Rolle (vgl. Siegert & Brecheis, 2005): Wird Werbung überhaupt wahrgenommen und, wenn ja, wie wird sie verarbeitet? Welche Einstellungen haben die Verbraucher gegenüber der Werbung? Wird sie eher als nützlich oder eher als lästig beurteilt? Welchen Einfluss haben unterschiedliche Kommunikationsstrategien auf Gedanken, Gefühle und Verhalten der Verbraucher? Diese und ähnliche Fragen sind Gegenstand der Werbepsychologie, deren Wurzeln bereits bis zum Anfang des letzten Jahrhunderts zurückreichen (vgl. Schwalbe, 1999). Sie erforscht die kommunikativen Prozesse der Werbung und trägt damit zur Erklärung, Kontrolle und Prognose von Werbewirkung bei. Dass sie sich damit in einem Schnittfeld zwischen wissenschaftlichen und kommerziellen Interessen bewegt, ist offensichtlich.

Im Folgenden werden zunächst wichtige Rahmenbedingungen von Wirtschaftswerbung skizziert (Abschnitt 21.1.1–21.1.3). Welche Möglichkeiten es gibt, Werbung „an den Mann bzw. die Frau" zu bringen, und wie man sicherstellt, dabei „die Richtigen" zu treffen, wird in den Abschnitten 21.2 und 21.3 kurz beschrieben. Über die Ziele der Werbung und die vielfältigen Methoden der Werbe(wirkungs)forschung informieren die Abschnitte 21.4 und 21.5. Schwerpunktmäßig beschäftigt sich der Beitrag mit den psychologischen Aspekten der Werbekommunikation (Abschnitt 21.6–21.10). Anhand zentraler Ergebnisse wird erklärt, wie Konsumenten mit Werbebotschaften umgehen, welche Einstellungen sie gegenüber der Werbung haben und vor allem unter welchen Bedingungen sie wie darauf reagieren.

21.1.1 Werbung als Teil des Marketingmix

Es gibt keine allgemeingültige Definition von Werbung. Am häufigsten zitiert wird die Umschreibung von Behrens (1970, S. 4), der unter Werbung Folgendes versteht: eine „absichtliche und zwangfreie Form der Beeinflussung, welche die Menschen zur Erfüllung der Werbeziele veranlassen soll". Etwas differenzierter definieren Schweiger und Schrattenecker (1995, S. 9) Werbung als „beabsichtigte Beeinflussung von marktrelevanten Einstellungen und Verhaltensweisen ohne formellen Zwang unter Einsatz von Werbemitteln und bezahlten Medien". Davon sind abzugrenzen die Begriffe Public Relations, Propaganda, Sponsoring, Agitation und Missionierung (vgl. Spanier, 2000; Siegert & Brecheis, 2005).

Im oben genannten Sinne ist Werbung Teil des Marketings eines Unternehmens. Darunter versteht man nach Meffert (2000, S. 8) die „bewusst marktorientierte Führung des gesamten Unternehmens", d.h. die Planung, Koordination und Kontrolle aller auf die aktuellen und potenziellen Märkte ausgerichteten Unternehmensaktivitäten. Die Kombination solcher Aktivitäten wird als Marketingmix bezeichnet. Dazu gehört neben der Produkt-, Preis- und Vertriebspolitik auch die Kommunikationspolitik (vgl. Kasten über Instrumente des Marketingmix).

Als „Above-the-line"-Aktivität ist die klassische Werbung ein Instrument der Kommunikationspolitik. Daneben gibt es eine Reihe weiterer Instrumente wie zum Beispiel Sponsoring oder Directmarketing, die als „Below-the-line"-Aktivitäten bezeichnet werden (vgl. von Engelhardt, 1999, S. 11).

Instrumente des Marketingmix

- Produktpolitik: Entscheidungen über Art und Leistungen von Produkten (z.B. Qualität, Markenname, Verpackung, Innovationen, Produktzyklen);
- Preispolitik: Entscheidungen über Preisgestaltung, Rabattierungen, Liefer- und Zahlungsbedingungen etc.;
- Vertriebspolitik: Entscheidungen über die Verteilung der Produkte an die Konsumenten (z.B. Vertriebs- und Logistiksysteme, Verkaufsorgane, Absatzkanäle, Standorte, Lagerhaltung, Transport);
- Kommunikationspolitik: Entscheidungen über die auf den Absatzmarkt gerichteten Informationen zum Zwecke der Verhaltenssteuerung aktueller und potenzieller Käufer (z.B. *klassische Werbung*, Verkaufsförderung am Verkaufsort [„Point of Sale"; PoS], Directmarketing, persönliche Kommunikation [Verkaufgespräch], Messen, Eventmarketing, Sponsoring, Productplacement, Public Relations).

nach Meffert (2000)

21.1.2 Werbemarkt

In Deutschland wurden im Jahr 2004 circa 30 Milliarden Euro für Werbung investiert, was einem Anteil von 1,36 % am Bruttoinlandsprodukt entspricht (vgl. ZAW, 2005). Deutschland lag damit weltweit an fünfter Stelle nach den USA, Japan, China und Großbritannien. Über 18 Millarden Euro entfielen auf die Bruttowerbeaufwendungen (= Einschaltkosten) für die klassischen Werbeträger (vgl. Tabelle 21.1).

Hinzu kamen 2,96 Milliarden Euro für Directmail, 410 Millionen Euro für Online-Medien und 86 Millionen für das Kino, insgesamt also etwa 22 Milliarden Euro. Insbesondere der Online-Markt boomt seit einigen Jahren und verzeichnet mit über 30 % derzeit die höchsten Zuwachsraten (vgl. Nielsen Media Research, 2006; WirtschaftsWoche, 2005).

21.1.3 Werberichtlinien

Werbung in Deutschland ist einer Reihe von gesetzlichen Richtlinien unterworfen. Allgemeine Ge- und Verbote sind insbesondere im Gesetz gegen den unlauteren Wettbewerb (UWG), im Jugendschutzgesetz (JuSchG) und dem Teledienstegesetz (TDG) niedergelegt (z.B. das Verbot der irreführenden Werbung; für einen Überblick s. www.zaw.de). Werbung im Rundfunk ist im jeweils aktuellen Rundfunkstaatsvertrag und den begleitenden Werberichtlinien der Landesmedienanstalten geregelt. Beispielsweise müssen Werbung und redaktionelle Inhalte deutlich voneinander getrennt werden, private Fernsehsender dürfen maximal 20 % jeder Stunde für Werbung nutzen, Kinospielfilme und Fernseh-

Tabelle 21.1. Bruttowerbeaufwendungen und Werbevolumen in Deutschland in den klassischen Werbemedien 2004 (nach der Zeitschrift Media Perspektiven 1/2005, S. 46)

Werbeträger	Aufwendungen in 1000 Euro	Index 2003 = 100	Mengenvolumen Seiten/Stellen/Minuten	Index 2003 = 100
Zeitungen	4.539.225	111	204.748	106
Publikumszeitschriften	3.897.315	104	254.275	104
Fachzeitschriften	419.740	102	61.762	97
Presse gesamt	8.856.280	107	520.785	104
Plakat	562.585	106	5.229.378	103
Fernsehen	7.722.906	104	1.142.295	114
Hörfunk	1.008.745	110	931.752	113
Elektronische Medien gesamt	8.731.652	104	2.074.047	114
Gesamt	18.150.517	106	–	–

filme je 45 Minuten einmal unterbrochen werden, Werbeunterbrechungen in Kinderprogrammen, religiösen Sendungen und Nachrichten sind grundsätzlich untersagt, und Schleichwerbung ist illegal. Seit der Anpassung an die europäischen Richtlinien am 1. April 2000 sind die Vorschriften für Werbung im Fernsehen liberalisiert worden, so dass in Deutschland z.B. jetzt auch Einzelspots und Teilbelegungen des Fernsehbilds mit Werbung (sog. Split-Screens) erlaubt sind. Neben den gesetzlichen Regelungen gibt es selbstdisziplinäre Leitlinien für die Wirtschaftswerbung (z.B. die Richtlinien des Deutschen Werberats). Sie sollen Moral und Ethik in der Werbung sichern und gleichzeitig das Ansehen der Werbung stärken (vgl. www.zaw.de).

21.2 Werbeträger und Werbemittel

Werbeträger sind die „Vehikel" zur Übertragung von Werbebotschaften an die Konsumenten. Hierzu zählen die klassischen Medien Print (Zeitungen, Zeitschriften, Bücher, Anzeigenblätter und Beilagen), Fernsehen und Radio, die neuen Medien (Videotext, Internet, Mobiltelefone) sowie sog. „öffentliche Medien" (z.B. Plakatwände, Litfaßsäulen). Als Werbeträger gelten darüber hinaus Verkehrsmittel (z.B. Bahnen, Taxis, Busse), sog. „Stadtmöblierungen" (z.B. Bushaltestellen, öffentliche Toiletten) und alle weiteren Objekte, auf denen Werbebotschaften präsentiert werden können (z.B. Sportkleidung, Stadionbanden, Bierdeckel). Unter *Werbemitteln* versteht man die wahrnehmbaren Erscheinungsformen der Werbebotschaft (vgl. Koschnick, 1996). Dabei kann unterschieden werden zwischen Werbemitteln, die einen Werbeträger verwenden (z.B. Anzeigen in Zeitungen, Werbespots im Fernsehen) und Werbemitteln, die keine Werbeträger benutzen bzw. mit diesem identisch sind (z.B. Kataloge, Broschüren, Flugblätter; vgl. Tabelle 21.2).

Innovationen sind derzeit aus nachvollziehbaren Gründen weniger bei den Werbeträgern als bei den **Werbemitteln** zu beobachten. So findet man im Printbereich immer häufiger Anzeigen mit Waren- oder Duftproben oder „China-Cover" (Werbeumschläge um das ganze Heft herum). Das klassische

Plakat wird zunehmend ergänzt durch Videoboards, Citylights und Mega- bzw. Giant-Posters (für einen Überblick siehe z.B. www.stroeer.de). Neue Werbemittel sind vor allem auch durch das Internet und die Mobiltelefonie entstanden. Sie reichen von Bannern in unzähligen Gestaltungsvarianten (z.B. 4to1-, Bouncing-, Confetti- und Explosion-Banner) über Pop-Ups, Interstitials und Streaming Video Ads bis hin zu personalisierten Formen der Werbebotschaften per E-Mail oder SMS. Auch im Fernsehen entwickeln sich zunehmend neue Werbemittelformen: Dazu gehören Single-Spots und Split-Screens, „Red-Button"-Spots und virtuelle Werbung (Projektionen von 2D- oder 3D-Graphiken und Bildern in ein Live-Fernsehbild; vgl. Friedrichsen & Wysterski, 2004; Grimm, 2004). Daneben sind im Fernsehen verstärkt auch „Below-the-line"-Aktivitäten zu beobachten, wie beispielsweise Programmsponsoring, Productplacement, Teleshopping, Infomercials, Gameshows und Uhrenpatronate (vgl. Spitzner, 1996; Gleich, 2005b).

Während durch die Werbeträger in erster Linie die Kontakte zu den potenziellen Konsumenten geschaffen werden sollen, erwartet man von den Werbemitteln, dass sie Aufmerksamkeit erzeugen, die Botschaft angemessen übermitteln und kognitive bzw. emotionale Verarbeitungsprozesse in Gang setzen. Davon sind unterschiedliche professionelle Tätigkeitsfelder berührt: einerseits die Mediaplanung (vgl. Abschnitt 21.3), die für eine optimale Erreichung der Konsumenten sorgt, und anderseits die Werbemittelgestaltung („Kreation"), die die Werbemittel im Sinne der Werbeziele formal und inhaltlich optimal gestalten soll.

Tabelle 21.2. Formen der Werbung

Werbeträger (Auswahl)	Werbemittel (Auswahl)
Printmedien (z.B. Tages- und Wochenzeitungen, Publikums- und Fachzeitschriften, Bücher, Anzeigenblätter, Supplements, Telefonbücher)	Printanzeige, Beihefter
Fernsehen	„Klassischer" Werbespot, Single-Spot, Split-Screen, virtuelle Werbung
Radio	Hörfunkspot
Online-Medien (z.B. Internet, E-Mail)	Banner, Pop-Ups, Interstitials, Streaming Video Ads, Werbelinks
Telefon	SMS, MMS
„Öffentliche" Medien (z.B. Plakatwand, Litfaßsäule, Bushaltestelle)	Plakate, City-Lights, Mega-/Giant-Poster
Verkehrsmittel (z.B. Bahnen, Busse, Taxis)	Plakate, Aufschriften
Sonstiges (z.B. Kleidung, Kugelschreiber, Feuerzeuge, Stadionbande)	Aufschriften
Ohne Werbeträger bzw. mit diesem identisch	Broschüren, Flyer, Kataloge

21.3 Mediaplanung

Ziel der Mediaplanung ist die optimale Verteilung eines Werbebudgets auf die verfügbaren Werbeträger und -mittel. Die *Inter*mediaselektion bestimmt den/die geeigneten Werbeträger: Soll z.B. eine Werbebotschaft nur im Fernsehen (Mono-Kampagne) oder gleichzeitig im Hörfunk und in Printmedien (Mix-Kampagne) geschaltet werden? Sollen unterschiedliche Medien gleich oder unterschiedlich stark belegt werden (Leit- bzw. flankierende Medien)? Bei der *Intra*mediaselektion geht es um die Wahl einzelner Werbeträger innerhalb einer Werbeträgergruppe: Soll z.B. ein Werbespot bei allen Fernsehsendern oder nur bei wenigen ausgewählten geschaltet werden? Wichtige Kriterien für die Inter- und Intramediaselektion sind unter anderem die Reichweite eines Mediums, dessen Zielgruppenspezifität, dessen Image, Attraktivität und Funktion(en) für die Nutzer, die Produktionskosten für die Werbemittel sowie die Möglichkeiten der Werbekontrolle. Entscheidend ist vor allem auch der Preis für die Belegung eines Werbeträgers, der sog. Tausenderkontaktpreis (TKP; vgl. Meffert, 2000). In jüngster Zeit werden immer häufiger crossmediale Strategien (auch vernetzte oder integrierte Kommunikation genannt) eingesetzt, bei denen die Kommunikationsziele durch den Einsatz aufeinander bezogener Botschaften in unterschiedlichen Medien erreicht werden sollen. Damit versucht man, dem Problem einer zunehmenden Diversifizierung und Fragmentarisierung der Mediennutzer in unterschiedliche Teilgruppen zu begegnen (vgl. Gleich, 2003; Burst & Schmitt-Walter, 2003).

Mediaplanern steht für ihre Entscheidungen eine Vielzahl repräsentativer empirischer Daten zur Verfügung (z.B. allgemeine und/oder branchen-, medien- und zielgruppenspezifische Informationen zum Konsum- und Medienverhalten der Verbraucher). Sie werden meist von kommerziellen Markt-/Media-Forschungsinstituten angeboten. Besonders wichtig sind die Reichweiten für verschiedene Medien, da sie die Grundlage für die Berechnung der TKPs sind. Für das Fernsehen werden sie über eine elektronische Messung (Telemetriedaten) von der Gesellschaft für Konsum-, Markt- und Absatzforschung (GfK) erhoben. Reichweitendaten u.a. für Hörfunk und Printmedien liefert die Arbeitsgemeinschaft Media-Analyse (ag.ma), Erhebungen für den Online-Bereich führt die Arbeitsgemeinschaft Online Forschung (AGOF) durch. Einen Überblick über diese und weitere wichtige Surveys gibt Tabelle 21.3.

Zur differenzierteren Beschreibung von Zielgruppen werden Konsum- und Mediennutzungsdaten inzwischen häufig mit psychographischen Merkmalen (z.B. „SINUS-Mileus“; vgl. Sinus Sociovision, 2006) zusammengeführt. Dadurch sollen (teure) Streuverluste, d.h. Werbekontakte mit Personen, die nicht zur Zielgruppe gehören, minimiert werden.

21.4 Werbeziele

Werbeziele leiten sich aus den unternehmerischen Gesamtzielen ab und stellen grundlegende Entscheidungsvorgaben für die Werbeplanung dar (vgl. von Engelhardt, 1999). Üblicherweise wird zwischen ökonomischen und vorökonomischen bzw. psychologischen Werbezielen unterschieden. Ökonomische Ziele beziehen sich auf den Werbeerfolg im Sinne von objektiv messbaren (monetären) Kriterien wie Absatz, Umsatz oder Gewinn (vgl. Kasten über ökonomische und psychologische Ziele werblicher Kommunikation). Entscheidendes Kriterium ist der „Return on Investment“ (ROI), d.h. das Verhältnis zwischen Werbeinvestitionen (Werbedruck) und Absatz- bzw. Gewinnsteigerung. Diese Beziehung zwischen den Änderungen der Werbeinvestitionen und den Änderungen ökonomischer Indizes (z.B. Absatz) wird als Werbeelastizität bezeichnet (vgl. Mattenklott, 2004).

Psychologische Werbeziele betreffen dagegen den Prozess der Werbekommunikation. Sie sind dem ökonomischen Erfolg vorgelagert und beziehen sich auf Wirkungen beim Rezipienten im psychologischen Sinn (vgl. Kasten über ökonomische und psy-

Tabelle 21.3. Wichtige Markt-/Media-Studien (Auswahl)

Studie	**Weitere Informationen:**
GfK – Fernsehpanel (Gesellschaft für Konsum-, Markt- und Absatzforschung): kontinuierliche elektronische Erhebung des Fernsehnutzungsverhaltens (Basis: 5.640 Haushalte; ca. 13.000 Fälle)	www.gfk.de
MA – MediaAnalyse (Arbeitsgemeinschaft MediaAnalyse, ag.ma): allgemeine Mediennutzung TV, Print, Hörfunk, Online, Kino, Plakat (Basis: ca. 50.000 Fälle)	www.agma-mmc.de/
Internet Facts (AGOF – Arbeitsgemeinschaft Online Forschung): Reichweiten und Strukturdaten für über 170 marktkonstituierende Online-Werbeträger (Basis: ca. 55.000 Fälle)	www.agof.de/ home.43.html
TdW Intermedia – Typologie der Wünsche (Hubert Burda Media): Informationen über 1800 Marken und 400 Produktbereiche sowie Mediennutzung (Basis: 20.000 Fälle)	www.tdwi.com/
LAE – Leseranalyse Entscheidungsträger in Wirtschaft und Verwaltung: Medienverhalten von Entscheidungsträgern (Basis: 9670 Fälle)	www.lae.de/
AWA – Allensbacher Markt- und Werbeträgeranalyse (Institut für Demoskopie Allensbach): aktuelle Daten zu Konsumgewohnheiten und Mediennutzung (Basis: 21.121 Fälle)	www.awa-online.de/
ACTA – Allensbacher Computer- und Technik-Analyse (Institut für Demoskopie Allensbach): aktuelle Daten zu Konsum-, Medien- und Freizeitverhalten in Bezug auf neue Medien (Basis: 10.329 Fälle)	www.acta-online.de/
VA – Verbraucheranalyse (Bauer Media): Single-Source-Untersuchung zur Mediennutzung, zu Besitzmerkmalen, Konsumverhalten, Freizeitverhalten, psychologischen und demografischen Merkmalen (Basis: 30.368 Fälle)	www.bauer-media.com
KVA – KidsVerbraucheranalyse (Bauer Media): Leseverhalten, Freizeitverhalten, Konsum und Besitz von Kindern und Jugendlichen (Basis: 2.643 Kinder, 2.643 Eltern)	www.bauer-media.com
Bravo Faktor Jugend (Bauer Media): Markenbeziehungen Jugendlicher (Basis: 524 Fälle)	www.bauer-media.com
CN – Communication Networks (Focus Magazin Verlag): Mediennutzung, Werbeaufgeschlossenheit und Anforderungen von Zielgruppen an Werbung in verschiedenen Märkten (Basis: ca. 30.000 Fälle)	focus-magazin-verlag.de/
G+J Branchenbild (Gruner + Jahr): Überblick über die wichtigsten Konsumgüter- und Dienstleistungsbranchen (Basis: diverse)	www.gujmedia.de/
Time Budget (SevenOne Media): Entwicklung der Mediennutzung (Basis: 1000 Fälle)	www.sevenonemedia.de/ home/
ARD/ZDF-Online-Studie (ARD/ZDF-Medienkommission): Nutzung von Online-Medien (Basis: 1075 Fälle)	www.daserste.de/service/ studie.asp
VuMA – Verbraucher- und Medienanalyse (ARD Sales & Services, ZDF Werbefernsehen, RMS – Radio Marketing Service): Kombination der Nutzungsdaten von Radio und Fernsehen mit Konsumdaten für 250 Produktfamilien mit über 1000 Marken (Basis: 23.921 Fälle)	www.vuma.de
W3B-Umfrage (Fittkau & Maaß): www-Benutzer-Analyse (Basis: 101.385 Internet-Nutzer)	www.w3b.de/

Ökonomische und psychologische Ziele werblicher Kommunikation

Ökonomische Werbeziele (Beispiele)	Psychologische Werbeziele (Beispiele)
▶ Ausweitung des Marktanteils ▶ Umsatzerhöhung durch Mehrverbrauch ▶ Umsatzerhöhung durch Neukunden ▶ Erhaltung der Kundentreue ▶ Rückgewinnung abgewanderter Käufer ▶ Sicherung erreichter Marktanteile ▶ Ausgleich saisonaler Absatzschwankungen ▶ Ausgleich regionaler Unterschiede des Marktanteils ▶ Verlagerung des Umsatzes von einem Produkt auf ein anderes	▶ Bekanntmachen eines neuen Produkts ▶ Erregung von Neugier für das Unternehmen/ein Produkt ▶ Information der Verbraucher (z.B. über Preisänderungen) ▶ Erhöhung des Produkt-/Markenwissens ▶ Unterstützung der Erinnerung an das Unternehmen/Produkt ▶ Beeinflussung des Unternehmens-/Produktimages ▶ Erzeugung von Markensympathie ▶ Auslösung positiver emotionaler Reaktionen beim Konsumenten ▶ Schaffung positiver Einstellung zum Werbeobjekt ▶ Vermittlung des Besitzwunsches

chologische Ziele werblicher Kommunikation). Psychologische Werbeziele lassen sich nach kognitiven (z.B. Aufmerksamkeit, Verstehen), affektiven (z.B. Markensympathie) und konativen Komponenten (z.B. Kaufabsicht) unterscheiden (vgl. Mattenklott, 2004).

Ökonomischer Erfolg kann als Folge von Wirkungen auf der psychologischen Ebene gesehen werden, die durch die konkrete Werbekampagne ausgelöst werden (vgl. Abb. 21.1).

„Werbung als Faktor des Unternehmensmarketings besitzt also zwei Funktionen: zum einen eine kommunikative, die auf die positive Beeinflussung des Konsumenten abzielt, zum anderen eine ökonomische, die auf die Steigerung des Umsatzerfolgs abstellt. Unter diesen beiden Gesichtspunkten ist auch die Frage nach der Werbewirkung zu sehen" (Spanier, 2000, S. 22).

21.5 Methoden der Werbeeffizienzforschung

Abhängig von den Werbezielen (vgl. Abschnitt 21.4) wird eine Vielzahl methodischer Ansätze und Instrumente eingesetzt, die sich nach Pepels (1996) durch zwei Dimensionen strukturieren lassen: Sie dienen zum einen entweder der Ermittlung des ökonomischen Werbe*erfolgs* oder der Analyse der

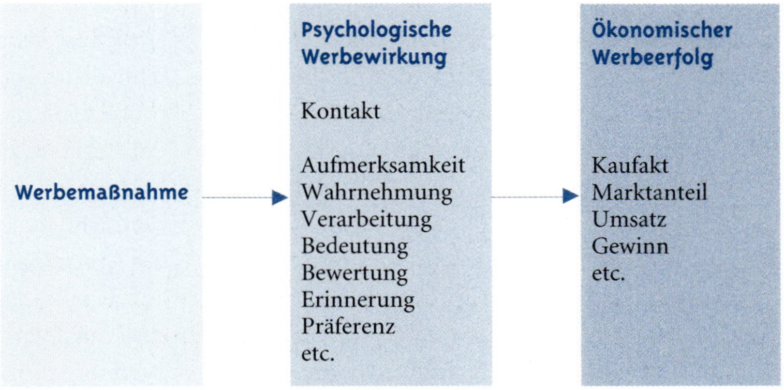

Abbildung 21.1. Faktoren des Werbekommunikationsprozesses (nach Gleich, 1997)

Tabelle 21.4. Untersuchungsfelder der Werbeeffizienzmessung (nach Pepels, 1996, S. 118)

	Kontrolle	Prognose
Werberfolg (ökonomisch)	**(1) Werbeerfolgskontrolle** „Hat sich die eingesetzte Werbung für das Unternehmen im Sinne eines Return on Investment gelohnt?"	**(2) Werbeerfolgsprognose** „Wie hoch ist die Wahrscheinlichkeit, dass sich der Einsatz von Werbung für das Unternehmen im Sinne eines Return on Investment lohnen wird?"
Werbewirkung (psychologisch)	**(3) Werbewirkungskontrolle** „Welche positiven (gegebenenfalls auch negativen) psychologischen Reaktionen hat die Werbung beim Konsumenten ausgelöst?"	**(4) Werbewirkungsprognose** „Wie hoch ist die Wahrscheinlichkeit, dass die Werbung beim Konsumenten positive Wirkung auslösen wird?"

psychologischen Werbe*wirkung*. Zum anderen lassen sie sich im Hinblick auf den Zeitpunkt ihres Einsatzes nach Methoden der Werbeeffizienz*prognose* und nach Methoden der Werbeeffizienz*kontrolle* unterscheiden (vgl. Tabelle 21.4).

21.5.1 Ökonomische Werbeeffizienzforschung

Für die Werbe*erfolgskontrolle* kommen Verfahren zum Einsatz, mit deren Hilfe die Werbeelastizität analysiert wird (vgl. Abschnitt 21.4). Dazu werden auf der Grundlage repräsentativer Stichproben (Verbraucherpanels) die Werbekontakte und das Kaufverhalten der Konsumenten erfasst und miteinander in Beziehung gesetzt. Erfolgt die Messung zu mehreren Zeitpunkten, kann die Effizienz einer Kampagne in ihrem Verlauf überprüft werden. Insbesondere wenn die Daten über die Kontaktwahrscheinlichkeiten und das Kaufverhalten aus einer Quelle, d.h. aus einem Haushalt oder von einer Person stammen (sog. „Single-Source-Daten"), sind valide Aussagen über die Werbewirkung möglich. Auf der Grundlage von Nielsen-Single-Source-Daten konnte beispielsweise Jones (1998) mit der sog. STAS-Formel (STAS = Short Term Advertising Strength) zeigen, dass die Fernsehwerbung kurzfristige Absatzsteigerungen bewirkt.

Verfahren der Werbe*erfolgsprognose* ähneln denen der Erfolgskontrolle, sind jedoch in der Regel auf spezifische Testmärkte beschränkt. Erwähnenswert sind hier die elektronischen Testmärkte, die u.a. eine experimentelle Manipulation der Werbekontakte erlauben. Dies geschieht, indem z.B. einem Teil der Panel-Teilnehmer ein Testspot per „Targetable-TV" präsentiert wird, einem anderen Teil dagegen nicht. Anschließend kann mithilfe von Single-Source-Daten das Kaufverhalten der Testgruppe in Abhängigkeit vom Werbemittelkontakt evaluiert werden. Ein Beispiel dafür ist das GfK Behavior-Scan® (vgl. www.gfk.de), das in drei Testmärkten (Hassloch, Angers und LeMans) eingesetzt wird.

Durch Verfahren der Werbeerfolgskontrolle und -prognose lässt sich zwar die Werbeelastizität ermitteln, allerdings kann die Komplexität des Wirkungsprozesses nur unzureichend abgebildet werden. In der Regel werden nämlich nur dessen Anfang (Werbekampagne) und Ende (ökonomischer Erfolg) berücksichtigt, kaum jedoch der wichtigste Faktor – der Konsument. Meist beruhen sie unausgesprochen auf einem einfachen Reiz-Reaktions-Modell, mit dem nicht erklärt werden kann, wie und warum Werbung funktioniert – oder eben nicht (zur Kritik an ökonometrischen Modellen vgl. Koschnick, 2004).

21.5.2 Psychologische Werbeeffizienzforschung

Verfahren der Werbe*wirkungskontrolle* untersuchen die psychologischen Effekte werblicher Kommunikation. Üblicherweise werden Bekanntheit von und Wissen über Marken, Erinnerung an Produkte, Marke und Werbung, Einstellungen, Vorlieben und Handlungsabsichten erhoben, wenn eine Kampagne bereits läuft bzw. gelaufen ist. Die Messung der unmittelbaren Effekte erfolgt dabei meist mit Hilfe standardisierter Posttests (z.B. Day-After-Recall, CEDAR-Test®, AD*VISOR®). Durch sog. Tracking-Studien, bei denen Personen in regelmäßigen Abständen nach ihren Werbeerinnerungen, Markeneinstellungen, -vorlieben etc. gefragt werden (z.B. „GfK-Werbeindikator“, „Werbewirkungskompass“ der IP Deutschland, „Niko-Werbeindex“), ist es möglich, längerfristige Effekte von Kampagnen aufzuzeigen.

Verfahren der Werbe*wirkungsprognose* analysieren die Einflüsse von Werbepräsentationen auf die Konsumenten, noch bevor sie tatsächlich geschaltet werden. Sie dienen in erster Linie dazu, im Vorfeld die Strategie und die Gestaltung der Werbung zu optimieren. Hier steht eine schier unüberschaubare Anzahl von Instrumenten zur Verfügung: Beispiele wären etwa explorative (z.B. Gruppendiskussionen) und aktualgenetische Verfahren (z.B. Tachistoskop, Schnellgreifbühne), psychometrische Messungen (z.B. Pupillometer, Hautwiderstands- und Pulsfrequenzmessungen), projektiv-assoziative Verfahren (z.B. Rollenspiele, Wort-Assoziationstests) sowie eine Vielzahl standardisierter Kommunikationstests (z.B. Storyboard-Tests, AD*VANTAGE-Test®; im Überblick z.B. bei Pepels, 1996; von Engelhardt, 1999; Bearden & Netemeyer, 1998; Wensley & Weitz, 2002).

21.5.3 Neuere Trends

Besonders im Bereich der psychologischen Werbewirkungsforschung werden ständig neue Verfahren der Datenerhebung entwickelt:

- Zum einen werden – ähnlich wie in der Medienwirkungsforschung – Methoden zur Erfassung rezeptionssimultaner Prozesse und Reaktionen (Continuous Response Measurement; CRM) weiterentwickelt. Dazu gehören Verbesserungen der Blickbewegungsregistrierung (z.B. „Eye-Square-Visualizer“, www.eye-square.com; „Attention-Tracking“, www.mediaanalyzer.de), durch die z.B. Aufmerksamkeitsverläufe dokumentiert werden können. Immer häufiger werden diese Methoden mit psychophysiologischen und verbalen Erhebungsverfahren kombiniert, um neben reiner Aufmerksamkeit auch die damit einhergehenden Kognitionen und/oder Emotionen zu erfassen (z.B. „Ameritest's Flow of Emotion®“, Young, 2004; „Integrierte Rezeptions-Prozessanalyse, IRP“, www.mediascore.de).
- Zum anderen versucht man, werbe- und produktbezogene implizite kognitiven Strukturen der Rezipienten abzubilden, um individuelle Entscheidungsprozesse und ihre jeweiligen Kontextbedingungen nachvollziehen zu können. Dazu gehören beispielsweise Verfahren wie Implizite Assoziationstests (IATs; vgl. www.eye-square.com), semiometrische Verfahren (vgl. SevenOne Media, 2004) oder die Methode des „Laddering“. Letztere dient dazu, sog. „Means-End-Chains“ (MEC; vgl. Woodside, 2004) aufzuzeigen, die die gedanklichen Verknüpfungen zwischen wahrgenommenen Produkteigenschaften und individuellen Zielen (z.B. Glück, Gesundheit) repräsentieren. Um sie in sog. „Hierarchical Maps“ abbilden zu können, wird neben den klassischen Befragungen vor allem ein breites Spektrum qualitativer Verfahren eingesetzt (z.B. „Zaltman Metaphor Elicitation Test“, ZMET; vgl. Zaltman, 2003).
- Als Reaktion auf die Kritik an den ökonometrischen Modellen und der standardisierten empirischen Forschung ist auch eine Renaissance qualitativer Methoden in der Markt- und Werbe(wirkungs)forschung festzustellen. Beispiel dafür ist die morphologische Marktforschung, die sich

u.a. tiefenpsychologischer Interviews bedient (vgl. z.B. Rheingold – Institut für qualitative Markt- und Medienanalysen, www.rheingold-online.de oder IFM Sitescreen – Institut für Markt- und Medienpsychologie, www.sitescreen.de).

- Schließlich wird das Internet immer mehr für die Markt- und Werbeforschung funktionalisiert – insbesondere aus Gründen der Ökonomie, aber auch um die bekannten Interviewereinflüsse zu vermeiden (vgl. z.B. „Computer Assisted Self-Interviewing“, CASI; Bronner, Tchaoussoglou, & Ross, 2004; Aschmoneit & Heitmann, 2005).

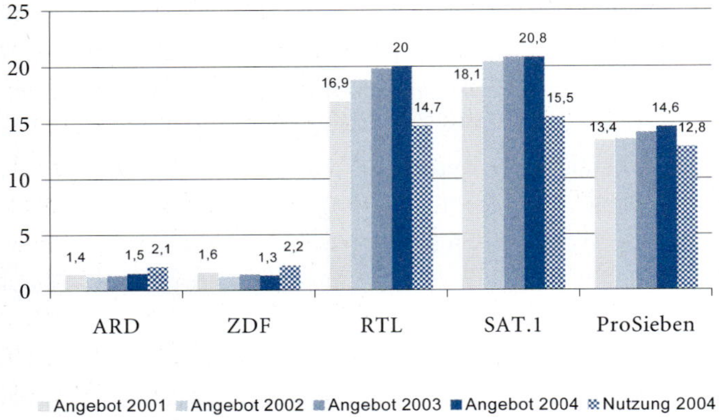

Abbildung 21.2. Durchschnittlicher Werbeanteil am Fernsehprogramm pro Tag (2001–2004) und Anteil des Konsums von Werbung an der täglichen Fernsehnutzung 2004 (jeweils in Prozent). Eigene Darstellung nach Daten aus Krüger (2005) und Zubayr und Gerhard (2005)

Insgesamt kann man feststellen, dass die unterschiedlichen Methoden mit ihren jeweiligen Vor- und Nachteilen nur mehr oder weniger große Teilbereiche eines äußerst komplexen Kommunikationsprozesses beschreiben können und sich daher jeweils nur dazu eignen, spezifische Fragestellungen zu beantworten. Reichlich Optimierungspotenzial besteht deshalb vor allem noch darin, unterschiedliche Methoden auf sinnvolle Weise miteinander zu kombinieren (vgl. Franzen, 2004; Gleich, 2005a).

21.6 Nutzung und Vermeidung werblicher Kommunikation

In welchem Ausmaß die tägliche Werbung von den Konsumenten genutzt wird, lässt sich kaum definitiv beantworten. Annäherungen ergeben sich durch die medienspezifischen Reichweitenanalysen (s. S. 428, Tabelle 21.3), die jedoch lediglich Kontakt*chancen* dokumentieren können. Nur für das Fernsehen kann durch die Quotenmessung etwas genauer bestimmt werden, in welchem Ausmaß Werbung gesehen wird (vgl. Abb. 21.2).

In Abbildung 21.2 erkennt man, dass das Werbeangebot – zumindest bei den privaten Anbietern – von den Zuschauern offensichtlich nicht vollständig ausgeschöpft wird (jeweils rechte Säulen). Dies bestätigen auch Analysen von Gerhards und Klingler (2005), die für das Jahr 2004 einen aus dem Verhältnis von Angebot und Nutzung gebildeten Indexwert (Nutzung zu Angebot, Angebot = 100) von 81 ermittelten. Die Tatsache, dass dieser Index für das Jahr 2000 noch 105 betrug (vgl. Gerhards, Grajczyk & Klingler, 2001), lässt vermuten, dass die Zuschauer offensichtlich immer werbemüder werden.

Dies deutet auf Werbevermeidungsstrategien hin, die sich u.a. im sog. „Zapping“ (= Werbevermeidung durch Umschalten) äußern. Nach diversen Befragungsstudien liegt die Zapping-Rate bei etwa 60 %, d.h., drei Fünftel der Werbung im Fernsehen werden nach Aussagen der Konsumenten vermieden (vgl. Niemeyer & Czycholl, 1994; Schenk & Ottler, 2004). Legt man allerdings telemetrische Daten zugrunde, zeigen sich weitaus geringere Zapping-Raten: Nach Ottler (1998) liegen sie im Schnitt bei etwa 20 %. Varianzen von maximal 5% nach oben oder unten ergeben sich durch Faktoren wie Fernsehausstattung (z.B. Empfangsbedingungen, Fernbedienung), situative Bedingungen (z.B. Zuschauerkonstellationen), Merkmale des Programms bzw. der Sendung (z.B. Genre, Sendezeit), Art der Werbung (z.B. Unterbrecher- oder Scharnierwerbung) und Publikumsmerkmale (z.B. Soziodemographie, Werbeeinstellung, Genrevorlieben).

Die Dokumentation geringer Werbevermeidungsraten ist für die Werbeindustrie und die Fernsehanbieter natürlich ein willkommener Befund. Er ist jedoch mit Vorsicht zu genießen, wenn er – wie in der Studie von Ottler (1998) – auf Telemetriedaten beruht. Denn diese zeigen lediglich, dass während der Werbung nicht aus- oder umgeschaltet wurde. Ob und mit welcher Aufmerksamkeit die Werbung tatsächlich verfolgt wurde, lässt sich aus telemetrischen Daten nicht ablesen (beispielsweise können sich die Zuschauer während der Werbung einer Reihe von Nebentätigkeiten zuwenden).

21.7 Allgemeine Einstellungen gegenüber Werbung

Quantität und Qualität der Werbenutzung hängen u.a. mit allgemeinen Einstellungen gegenüber Werbung („Werbeakzeptanz") zusammen; und offensichtlich haben die Konsumenten in dieser Hinsicht eine eher zwiespältige Meinung (vgl. Kliment, 2004). Werbung wird zwar einerseits als etwas „Normales", als „Teil des modernen Lebens", als „nützlich für die Wirtschaft" und wichtig zur „Sicherung von Arbeitsplätzen" gesehen. Ebenso scheint man ihre Informationsfunktion („nützlich für den Verbraucher", „hält mich auf dem Laufenden") durchaus zu schätzen (vgl. Ridder & Hofsümmer, 2001; Mehta, 2000). Andererseits wird Werbung jedoch auch als „wenig glaubwürdig", „manipulativ", „aufdringlich", „nervend" und „störend" beurteilt (vgl. Smit & Neijens, 2000; Mehta, 2000; Wolfradt & Petersen, 1997). Insbesondere die Fernsehwerbung erhält hier im Vergleich zur Print- und Radiowerbung schlechte Noten (vgl. IMAS, 2004). Vor allem wenn die „Werbung mitten in der Sendung kommt", löst sie bei 90 % des Publikums eher Ärger aus (vgl. Ridder & Hofsümmer, 2001). Auch bei Kindern wurden eher negative Einstellungen gegenüber der Fernsehwerbung festgestellt: Von 300 Sechs- bis 13-Jährigen gaben 70 % zu Protokoll, sie fänden Werbung im Fernsehen „blöd" (vgl. Barlovic, 1996). Inwieweit allerdings derartige Aussagen die tatsächlichen Ansichten der Befragten über Werbung wiedergeben oder möglicherweise auch sozial erwünscht sind, lässt sich nur schwer beurteilen.

TV-Werbeakzeptanz hängt sowohl von soziodemographischen Faktoren (z.B. Geschlecht, Alter, Bildung, Einkommen) ab als auch von spezifischen Gratifikationserwartungen der Zuschauer. Neben der Information spielt dabei vor allem der Unterhaltungsaspekt eine wichtige Rolle (vgl. Kardes, 2005; Shrum, 2004). Dass die Unterhaltungserwartungen des Publikums offensichtlich nur unzureichend erfüllt werden und sich damit die Wahrscheinlichkeit der Vermeidung erhöht, zeigt der Befund, dass über 60 % der Zuschauer Werbespots im Fernsehen für langweilig und unkreativ halten (vgl. Sladek, 2005). Aus der Sicht von Mediaplanern und Werbegestaltern muss es daher das Ziel sein, Werbevermeidung durch entsprechende Kommunikationsstrategien (z.B. Schaffung positiver Erlebnisqualitäten) und/oder Positionierungsstrategien (z.B. kurze Single-Spots) zu minimieren.

21.8 Kommunikationsstrategien und Werbeinhalte

Für die Gestaltung von Werbeinhalten gibt es – je nach Werbezielen – verschiedene Strategien (vgl. z.B. Kroeber-Riel & Esch, 2000; Harris, 2004; Kardes, 2005). Bei *informativen Strategien* konzentriert man sich auf die Darstellung der Produkteigenschaften und deren Eignung zur Lösung von Problemen (z.B. Haarausfall). Sie werden in der Regel durch die Präsentation „objektiver" Informationen (z.B. Vorher-nachher-Vergleich) realisiert und eignen sich besonders für die Bewerbung neuer Produkte oder solcher mit hohem Kaufrisiko.

Die *emotionalen Strategien* appellieren dagegen an die Bedürfnisse der Konsumenten (z.B. Glück, Harmonie, Liebe, Spaß, Wohlgefühl, Macht, Status, Überlegenheit), die durch die Verwendung des Produkts befriedigt werden können. Die Umsetzung erfolgt durch die Präsentation emotional geprägter Informationen, wie z.B. die Darstellung angenehmer Situationen (Lifestyle-Orientierung) und attraktiver Personen, häufig in Kombination mit diversen Stilmitteln wie Humor, Erotik oder Musik. Dabei spielen auch (Schlüssel-)Bilder, sog. „Key Visuals" eine wichtige Rolle. Emotionale Strategien eignen sich vor allem, wenn die Märkte gesättigt sind und es sich um austauschbare Produkte mit geringem Kaufrisiko handelt (vgl. Kroeber-Riel & Esch, 2000).

Beide Strategien werden selten in Reinform realisiert. Meist werden sie – u.a. abhängig von medienspezifischen Bedingungen – mit unterschiedlicher Schwerpunktsetzung kombiniert. Eine weitere wichtige Strategie ist die *Aktualisierung*. Hier kommt es lediglich auf eine auffällige Inszenierung des Markennamens oder -logos an, um die Aktualität der Marke im „Relevant Set" (= Marken, die den Verbrauchern als Erstes einfallen) zu stabilisieren bzw. zu erhöhen (vgl. Kroeber-Riel & Esch, 2000).

Tabelle 21.5. Fernsehspot-Oberkategorien und jeweilige Gestaltungskategorien (nach Gesamtverband Werbeagenturen, GWA, 1999; S. 15f.)

Spot-Oberkategorien	Gestaltungskategorien	Anteil in %
Produktspots (Demonstration des Produktnutzens)	► Monadic Demo (= Produktdemonstration, Darstellung der Produktzusammensetzung) ► Comparative Demo (= vergleichende Produktdemonstration)	50 8
Key-Visual-Spots (Schlüsselbild)	► Key Visual (= wiederkehrendes Visual; z.B. Milka-Kuh)	21
Darstellerspots (Fokus liegt beim Darsteller)	► Presenter (= Verkäufer, Produktanpreiser) ► Testimonials (= Käufer, glaubhafter Zeuge) ► Prominente (= bekannte Persönlichkeit) ► Kinder (= Kinder dominieren die Spothandlung) ► Tiere (= Tiere dominieren die Spothandlung)	12 29 3 9 8
Storyspots (Handlungsablauf mit Spannungsbogen)	► Slice-of-Life (= Ausschnitt aus dem wirklichen Leben) ► nicht alltägliche Handlung (= Handlung leicht überzogen) ► Phantasiehandlung (= Handlung nicht realistisch)	24 5 8
Innovationsspots (Betonung der Neuheit des Produkts)	► Neues Produkt (= echte Produktinnovation) ► Neue Marke (= neuer Markenname) ► Line Extension (= weiteres Produkt unter dem Markendach)	5 3 8
Stilmittelspots (Fokus liegt auf stilistischen Elementen)	► Musik (= Musik hat dominante Bedeutung) ► Humor (= Witz, Pointe, Übertreibung) ► Zeichentrick (= wesentlicher Teil oder gesamter Spot ist gezeichnet) ► Vignette (= viele kurze Filmschnitte) ► Jingle (= meist kurze musikalische Werbekonstante)	39 21 18 9 22

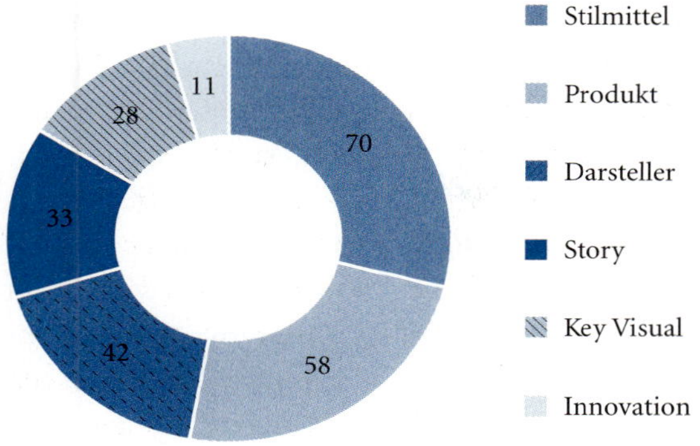

Abbildung 21.3. Häufigkeit der Oberkategorien für Werbespots in Prozent (n = 1768 Spots; Mehrfachzuordnungen möglich). Nach Gesamtverband Werbeagenturen, GWA (1999, S. 19)

Wie sich unterschiedliche Strategien und inhaltliche Gestaltungsmerkmale insgesamt verteilen, kann mangels entsprechender Inhaltsanalysen nicht dokumentiert werden. Ausschnittweise lässt sich jedoch z.B. für das Fernsehen feststellen, dass die Präsentation von Produktinformationen und die Verwendung von Stilmitteln am häufigsten vorkommen und miteinander kombiniert werden. Diesen Schluss lassen zumindest die Ergebnisse einer inhaltlichen Kategorisierung von fast 1800 Fernsehspots für Fast Moving Consumer Goods (FMCG) aus der GfK-AD*AVANTAGE®-Datenbank zu. Tabelle 21.5 zeigt die (Ober-)Kategorien für die Werbespots sowie die jeweils dazu gehörigen einzelnen Gestaltungskategorien einschließlich der Häufigkeit, mit der sie in der Stichprobe vertreten waren.

In Abbildung 21.3 ist die Verteilung der Oberkategorien für die Werbespots wiedergegeben. Es ist zu erkennen, dass Produktpräsentationen in Kombination mit Personen (Darstellern) und der Verwendung von Stilmitteln insgesamt etwa drei Viertel aller Spots ausmachen.

21.9 Allgemeine Theorien zur Verarbeitung und Wirkung werblicher Kommunikation

Sehr vereinfachend lassen sich zwei theoretische Vorstellungen über die Werbewirkung unterscheiden: eine „Strong Theory" und eine „Weak Theory" (vgl. SevenOne Media, 2002). Zur Ersten gehören die S-(O)-R-Modelle und linearen Hierarchiemodelle, die von einer starken Werbewirkung ausgehen. Zur Zweiten sind die Involvement-Modelle zu zählen, bei denen der Konsument als aktiv und informationsverarbeitend konzipiert wird und damit entscheidenden Einfluss auf den Prozess der Werbewirkung hat (vgl. auch Kap. 16 zum Medienhandeln).

21.9.1 S-R-Modell, S-O-R-Modell und lineare Hierarchiemodelle

Nach dem klassischen Reiz-Reaktions-Modell (Stimulus-Response Model oder S-R Model) trifft ein sorgfältig gestalteter Reiz (Werbebotschaft) auf atomisierte Mitglieder einer Masse und löst bei allen gleiche Reaktionen (Werbewirkung) aus. Unter Berücksichtigung intervenierender Variablen wie Kommunikatoreigenschaften (z.B. zugeschriebene Glaubwürdigkeit), spezifische Gestaltungsmerkmale des Kommunikationsinhalts (z.B. emotionaler Appell), Kommunikationssituation (z.B. Anwesenheit anderer) sowie Merkmale der Rezipienten (z.B. Aufmerksamkeit) werden persuasive Kommunikationswirkungen im Rahmen des S-O-R-Modells (Stimulus-Organism-Response Model oder Reiz-Organismus-Reaktions-Modell) zwar durchaus differenzierter betrachtet, der Werbekonsument als aktiver Rezipient jedoch noch immer weitgehend vernachlässigt (vgl. z.B. Schenk, 2002).

Auf der Grundlage S-(O)-R-theoretischer Überlegungen beruhen auch die Stufen- oder Hierarchiemodelle. Sie betrachten Werbewirkung als lineare Abfolge verschiedener kognitiver, affektiver und konativer Reaktionen, die im Vorfeld der Kaufhandlung liegen. Am bekanntesten ist die von Lewis entwickelte AIDA-Formel, nach der eine Werbekommunikation zuerst Aufmerksamkeit (*A*ttention), danach Interesse (*I*nterest), dann einen Wunsch (*D*esire) und schließlich die Kaufhandlung (*A*ction) auslöst (vgl. Felser, 2001; Moser, 2002). In der Folge wurden eine Reihe weiterer unterschiedlich differenzierter Hierarchiemodelle vorgelegt (am ausführlichsten wohl von McGuire, 1985; s. Abschnitt 5.5.2 zur beabsichtigten Einstellungsbeeinflussung), die jedoch alle das Durchlaufen verschiedener kognitiver (z.B. Aufmerksamkeit, Wahrnehmung, Bewusstsein, Verständnis), affektiver (z.B. Interesse, Gefühl, Bewertung, Zustimmung) und konativer (z.B. Absichten, Handlung) Reaktionen postulieren (vgl. Schenk, Donnerstag & Höflich, 1990).

Die Stufenmodelle haben zwar einen gewissen heuristischen Wert, indem sie wichtige psychische Determinanten des Wirkungsprozesses differenzieren. Sie sind jedoch (zu Recht) stark kritisiert worden, weil sie

- von einem „Homo oeconomicus" ausgehen, der Werbebotschaften utilitaristisch und mit hohem Involvement, d.h. starker innerer Beteiligung, wahrnimmt,
- eine deterministische Abfolge aller Stufen als Voraussetzung für die (Kauf-)Handlung postulieren und damit Spontan- bzw. Impulskäufe nicht erklären können,
- unausgesprochen annehmen, dass die Konsumenten erstmals mit einer Werbebotschaft bzw. einem neuen Produkt konfrontiert werden,
- Interaktionen der Teilprozesse sowie Feedbackschleifen kaum berücksichtigen (vgl. z.B. Schenk, Donnerstag & Höflich, 1990).

21.9.2 Involvement-Modelle

Weil Menschen Werbung oftmals mit geringer Beteiligung („low involvement") rezipieren, ihnen die präsentierten Informationen auch nicht wirklich wichtig sind und schließlich der Erwerb eines Produkts häufig nur ein geringes Risiko darstellt, erfolgen Kaufhandlungen oft spontan ohne bewusste Verarbeitung von (Werbe-)Informationen. Diesen Prozess beschreibt Krugman (2000) im Low-Involvement-Modell. Er revidiert damit das Paradigma der Stufenmodelle, die Einstellungsänderungen als Folge meist hoch-involvierter Informationsverarbeitungsprozesse modellieren, und nimmt dagegen einen Wirkungsprozess an, bei dem der Konsument in geringem Maße involviert ist und die Einstellungsänderung auf die Handlung folgt (vgl. Schenk, Donnerstag & Höflich, 1990).

Das Involvement der Konsumenten wird somit zur zentralen Variable, die vor allem von der Motivation und Fähigkeit des Rezipienten, aber auch von der subjektiven Bedeutung des Produkts, dem Aktivierungspotenzial der Kommunikation oder dem Aufforderungscharakter der Kommunikationssituation abhängt. Je nach Grad des Involvements werden verschiedene Wege der Informationsverarbeitung eingeschlagen, die Petty und Cacioppo (1986) im „Elaboration Likelihood Modell" (ELM) beschrieben haben (vgl. Abschnitt 5.5.2). Nach diesem Modell, das in der Werbewirkungsforschung wohl das bekannteste ist, entwickeln sich Einstellungsänderungen entweder auf einer zentralen oder auf einer peripheren Route. Bei hohem Involvement kommt es dazu, dass man sich kognitiv mit den (faktischen) Argumenten einer Werbekommunikation intensiv auseinander setzt. Bei überzeugenden Argumenten führt dies zu stabilen Einstellungsänderungen (zentrale Route). Bei geringem Involvement wird die Werbekommunikation beiläufig und oberflächlich verarbeitet (periphere Route). In diesem Fall sind periphere Reize (z.B. Attraktivität des Kommunikators, Lebendigkeit der Darstellung, Musik, Humor) ausschlaggebend für die Einstellungsänderung, die allerdings wenig stabil ist. Auch die Einstellungs-Verhaltens-Konsistenz ist in diesem Fall gering.

Eine Unterscheidung zwischen einer Verarbeitung mit hohem und einer Verarbeitung mit geringem Involvement machen auch Kroeber-Riel und Esch (2000) im Modell der Wirkungspfade. Als weitere Komponente wird unterschieden, ob man eher mit informativer oder eher mit emotionaler Werbekommunikation konfrontiert wird. Daraus ergeben sich vier potenzielle Wirkungspfade:

- Bei informativer Werbung und hohem Involvement gleicht der dominante Wirkungspfad der zentralen Route des ELM.
- Bei emotionaler Werbung und geringem Involvement entspricht der Wirkungspfad der peripheren Route des ELM.
- Bei informativer Werbung und geringem Involvement werden die Informationen beiläufig und mit geringer Verarbeitungstiefe aufgenommen. Es bleiben nur wenige einfach verständliche Informationen hängen, die kaum zum Erwerb von Produktkenntnissen und -vorlieben ausreichen. Das Verhalten wird durch die Markenaktualität bestimmt, d.h. dadurch, wie sehr die Marke im Bewusstsein des Verbrauchers präsent ist. Einstellungen werden nach dem Kauf gebildet.
- Bei emotionaler Werbung und hohem Involvement wird die Werbung mit hoher Aufmerksamkeit verfolgt. Eine intensive Auseinandersetzung führt im positiven Fall nach wenigen Kontakten dazu, dass die Einstellung gegenüber der Marke besser wird. Die Werbung löst emotionale Wirkungen aus, die wiederum die kognitive Verarbeitung beeinflussen (z.B. im Sinne von selektiver Produktbeurteilung). Somit wirken sowohl emotionale als auch kognitive Prozesse auf die Einstellung und auf die Kaufabsicht.

Unterschiedliche Grade des Involvements – die wiederum von Fähigkeit, Motivation und Gelegenheit zur Informationsverarbeitung abhängen – sind auch der Ausgangspunkt des Wirkungsmodells von MacInnis und Jaworski (1989; vgl. Abb. 21.4). Wie involviert jemand ist, bestimmt über die Aufmerksamkeit und die Verarbeitungskapazität, die man für das Werbemittel aufbringt. Zusätzlich wird der Einfluss unterschiedlicher Bedürfnisdimensionen (utilitaristisch im Gegensatz zu hedonistisch) auf den Informationsverarbeitungsprozess berücksichtigt. Des Weiteren werden unterschiedliche Verarbeitungsniveaus und damit verbundene mentale Aktivitäten (sog. „repräsentative Operationen“ wie z.B. einfache semantische Verarbeitung der wahrgenommenen Reize bis hin zu konstruktiven Bedeutungserweiterungen) differenziert, die das Ausmaß der Komplexität der Informationsverarbeitung beschreiben. Damit gekoppelt sind Art und Qualität der Reaktionen (kognitiv und/oder emotional), aus denen sich schließlich die Einstellung bildet (vgl. Mäßen, 1998).

21.10 Die Wirkung von werblicher Kommunikation

Die in Abschnitt 21.9 beschriebenen Modelle geben einen Eindruck von der Komplexität der Werbewirkung. Entsprechend schwierig gestaltet sich eine Strukturierung bzw. Systematisierung des Forschungsstands, der von einer kaum mehr zu überblickenden Vielzahl von Studien geprägt ist, die (häufig ohne theoretische Fundierung) die Effekte unterschiedlichster Elemente der Werbemittelgestaltung auf wiederum unterschiedlichste Wirkungsindizes dokumentieren. Aus diesem Grund werden im Folgenden – orientiert am Werbewirkungsprozess und in Anlehnung an Mattenklott (2004) – eher allgemeine werbewirkungsrelevante Zusammenhänge dargestellt und mit jeweils ausgewählten Forschungsbefunden illustriert.

21.10.1 Aufmerksamkeit

Die selektive Zuwendung zu werblicher Kommunikation (Aufmerksamkeit) ist die erste Voraussetzung für Werbewirkung. Sie kann zunächst dadurch erhöht werden, dass der Reiz intensiver dargeboten wird. Wichtig ist dabei, dass durch die entsprechende Gestaltung der Werbemittel (z.B. Größe, Form, Farbe, Position, Schnittfrequenz) ein ausreichend großer Kontrast zur Umgebung und/oder eine hohe Lebendigkeit („vividness“) geschaffen wird (vgl. Friedrichsen & Friedrichsen, 2004). Auch durch Stimulierungen, die den individuellen Bedürfnissen, Motiven und Erwartungen der Rezipienten entsprechen, kann die Aufmerksamkeit gesteigert werden. In zahlreichen Studien hat sich gezeigt, dass vor allem Humor, erotische Darstellungen und Musik,

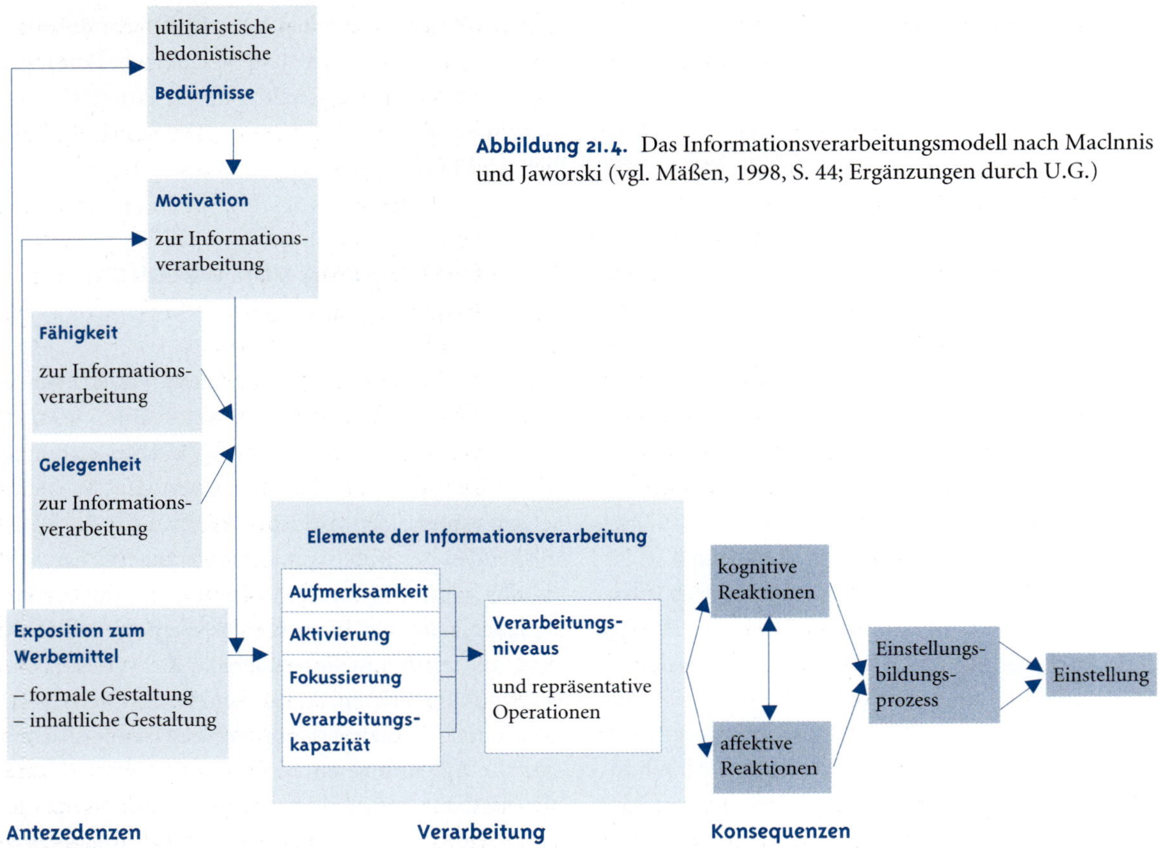

Abbildung 21.4. Das Informationsverarbeitungsmodell nach Maclnnis und Jaworski (vgl. Mäßen, 1998, S. 44; Ergänzungen durch U.G.)

insbesondere aber emotionale Bilder ein hohes Aktivierungspotenzial besitzen und damit die Aufmerksamkeit der Rezipienten erhöhen (vgl. Erbeldinger & Kochhan, 1998; Behrens & Großerohde, 1999; Scott & Batra, 2003; Wirth & Lübkemann, 2004). Die selektive Zuwendung hängt somit einerseits von der Werbemittelgestaltung und andererseits von den individuellen Bedürfnissen, Einstellungen, Erfahrungen und Erwartungen der Empfänger ab (vgl. Linneweh, 1999; Spanier, 2000). Negative Effekte können durch eine zu intensive Aktivierung der Rezipienten (Gefahr der „Überreizung" und Abwehrhaltung) oder durch einen zu häufigen Einsatz sensorischer Stimulierungen (Gefahr der Abnutzung; „wear-out") entstehen (vgl. Linneweh, 1999).

21.10.2 Verstehen

Neben der Aufmerksamkeit ist das Verstehen, also die „richtige" Interpretation der Werbebotschaft in dem Sinne, wie es beabsichtigt war, eine wichtige Voraussetzung für die intendierte Werbewirkung. Batra, Myers und Aaker (1996) stellten beispielsweise fest, dass etwa 20 bis 30 % der Werbebotschaften missverstanden werden. Wichtig für das Verständnis von Werbebotschaften sind Prägnanz, Einfachheit, die Konsistenz von Form und Inhalt und eine „gute Gestalt" (Linneweh, 1999). Schlüsselwörter und -bilder spielen dabei eine wichtige Rolle, da sie kognitive Schemata der Rezipienten aktivieren können. Weil Bilder wesentlich schneller wahrgenommen und verarbeitet werden können, kommt ihnen eine hohe Bedeutung zu, wenn die Werbebotschaft verstanden werden soll (vgl. Kroeber-Riel & Esch, 2000; Scott & Batra, 2003) – insbesondere, wenn diese mit geringem Involvement wahrgenommen wird. Verständnisschwierigkeiten (und in der Folge häufig auch negative Einstellungen gegenüber dem Werbemittel und Produkt) gehen vor allem auf zu komplexe, ironische, ungewöhnliche, schockierende, irritierende und normverletzende Darstellungen zurück (vgl. z.B. Arias-Bolzmann, Chakraborty & Mowen, 2004; Dahl, Frankenberger & Manchandra, 2003; Schulze, 1999; Witt & Witt, 1990). Bei audiovisuellen Darbietungen sind Abstimmungen zwischen textlichen und bildlichen Informationen notwendig, um Text-Bild-Scheren zu vermeiden (vgl. Sturm, 2000). Missverständnisse können darüber hinaus vermieden werden, wenn die textlichen und bildlichen Informationen an die Fähigkeiten und Erwartungen der Empfänger (Zielgruppe) angepasst werden (vgl. auch Abschnitt 3.5 zur Informationsrezeption bei Massenmedien).

21.10.3 Behalten und Erinnern

Damit Werbebotschaften ihre Wirkung entfalten können, müssen sie den Weg ins Langzeitgedächtnis finden, d.h., sie müssen gelernt und (zum richtigen Zeitpunkt) erinnert werden. Die Informationsverarbeitung und damit auch das Behalten der Botschaft in dem Sinne, wie es von den Kommunikatoren beabsichtigt war (z.B. Markenname oder Vorteile eines Produkts), können jedoch behindert werden, z.B. durch eine zu intensive physiologische Aktivierung, die durch starke inhaltliche Stimuli (z.B. Erotik) ausgelöst wird (vgl. Friedrichsen & Friedrichsen, 2004; vgl. auch Kap. 3 zu Informationsaufnahme und -verarbeitung). In zahlreichen Studien konnte nachgewiesen werden, dass Humor, Erotik oder Furchtappelle zwar die Aufmerksamkeit gegenüber dem Werbemittel steigern, gleichzeitig aber die Erinnerung der Probanden an die Werbeaussagen beeinträchtigen (vgl. z.B. Erbeldinger & Kochhan, 1998; Behrens & Großerohde, 1999; Wirth & Lübkemann, 2004; Brosius & Fahr, 1998). Die Konsumenten können sich zwar an eine Werbung (z.B. einen witzigen Werbespot im Fernsehen) erinnern, nicht aber an ihre Botschaft (z.B. Marke oder Produkteigenschaften).

Auch formale Faktoren der Werbegestaltung spielen eine wichtige Rolle für die Erinnerung. Dies können z.B. die Anzahl von Wiederholungen einer Werbebotschaft oder ihre Positionierung im Kontext anderer Werbebotschaften bzw. des redaktionellen Programms sein. Studien zeigen, dass häufige Wiederholungen von Werbebotschaften im Sinne einer Konditionierung zu besseren Behaltensleistungen führt, gleichzeitig aber auch die Gefahr des sog. „Wear-Out" birgt (vgl. z.B. Spanier, 2000; Friedrichsen & Friedrichsen, 2004; Schweiger & Schrattenecker, 2005). Auch die Wiederholung in Form von Tandem- oder Reminder-Spots erhöht die Erinnerungsleistung, insbesondere, wenn beide Teile durch einen Spannungsbogen verbunden sind (vgl. Mattenklott, Held, Klöckner, Knoll & Ryschke, 1995; Fahr, 1995; Dumbs, Eßbauer & Jenzowsky, 1999). Da Werbung vor allem im Fernsehen meist nicht exklusiv, sondern in Blöcken präsentiert wird, können die dadurch verringerten Chancen der Wahrnehmung und Verarbeitung durch spezifische Gestaltungs- und Positionierungsstrategien gesteigert werden. Eine niederländische Studie zeigt, dass längere Spots und solche an der ersten und der letzten Position eines Werbeblocks besser erinnert werden als kürzere Spots oder solche mitten im Werbeblock („Primacy"- bzw. „Recency"-Effekt; vgl. Pieters & Bijmolt, 1997).

21.10.4 Einstellungen

Einstellungen sind für die Werbewirkungsforschung zentrale Konstrukte, da sie offensichtlich entscheidend zur Werbewirkung beitragen (zur Definition und Differenzierung von Einstellungen vgl. Kap. 5). Neben allgemeinen Einstellungen gegenüber der Werbung (vgl. Abschnitt 21.7) kann man grob zwischen Einstellungen gegenüber konkreten Werbepräsentationen („Attitude towards the ad", A_{ad}) und Einstellungen gegenüber der Marke bzw. dem Produkt („Attitude towards the brand", A_{brand}) unterscheiden (vgl. Mattenklott, 2004). Sie repräsentieren u.a. Urteile bezüglich der wahrgenommenen Qualität einer Werbepräsentation bzw. eines Produktes und hängen ab von den Motiven der Rezipienten, den Merkmalen der Werbepräsentation (z.B. Unterhaltsamkeit, Informationsgehalt, Irritation, Glaubwürdigkeit, Kreativität) und den jeweiligen Kontextbedingungen (vgl. Wang, Zhang, Choi & D'Eredita, 2002).

Mit einer günstigen Einstellung gegenüber Werbepräsentationen (A_{ad}) ist dann zu rechnen, wenn sie in den Augen der Zuschauer „gut gemacht" und „unterhaltsam", „nicht langweilig", „kreativ", „amüsant" sowie „glaubwürdig" bzw. „realistisch" sind (vgl. Smit & Neijens, 2000; Biel & Bridgewater, 1990). Studien zeigen, dass die Rezipienten beispielsweise humorvolle Werbung mögen und eine positive Einstellung gegenüber derartigen Werbemitteln haben (vgl. Erbeldinger & Kochhan, 1998; Behrens & Großerohde, 1999; Perry, Jenzowsky, Hester, King & Yi, 1999). Voraussetzung ist allerdings, dass der Humor verstanden wird (vgl. Abschnitt 21.10.2). Erotische Darstellungen sind dagegen ein zweischneidiges Schwert: Von Frauen werden sie eher abgelehnt und als unattraktiv empfunden; es sei denn, es handelt sich um milde Formen von Erotik im Sinne von romantischen Darstellungen (vgl. Brosius & Fahr, 1998; Huang, 2003). Entscheidend für eine positive Bewertung ist auch, dass die Rezipienten eine Verbindung zwischen Produkt und Erotik erkennen (vgl. Wirth & Lübkemann, 2004).

Sympathie, angenehme Gefühle und positive Urteile gegenüber der Werbung können auch durch den Einsatz einer Reihe weiterer emotionaler Darstellungsstrategien erzeugt werden. Dazu gehören unter anderem Slice-of-life-Techniken, bei denen gezeigt wird, wie angenehm das Leben ist, wenn man das beworbene Produkt benutzt, der Einsatz von Kindern und Tieren, bekannte Musik, emotional besetzte Symbole sowie der Einsatz bekannter und/oder beliebter Personen („celebrities"; vgl. Mattenklott, 2004). Je nach der wahrgenommenen Glaubwürdigkeit (im Sinne von Expertenwissen und Ehrlichkeit) und Attraktivität der Personen, die Produkte anpreisen oder verwenden, kann von einem Bedeutungstransfer ausgegangen werden, bei dem die Eigenschaften dieser Personen auf das Produkt übertragen werden (vgl. Ohanian, 1991; Erdogan, 1999). Auch wie ein Werbemittel in die jeweilige redaktionelle Umgebung des Werbeträgers eingebettet ist, kann seine Bewertung deutlich beeinflussen. Studien zeigen, dass die Bewertung von Werbespots im Fernsehen umso schlechter ist, je mehr sich die Zuschauer über die Unterbrechung des Programms ärgern (was vor allem für spannende Programme gilt; vgl. Mattenklott, Bretz & Wolf, 1999; Hering, Bente & Feist, 1999). Andererseits können positive Stimmungen, die durch eine Sendung hervorgerufen werden, die Bewertung von Werbespots im Sinne einer Stimmungsübertragung begünstigen (Mattenklott, 1998).

Nach Mäßen (1998) ist die Einstellung gegenüber einem Werbemittel (A_{ad}) ein wichtiger Indikator für die Produktbeurteilung (A_{brand}) und damit letztlich auch für die Kaufintention. Empirisch gut bestätigt ist die sog. Dual-mediation-Hypothese, wonach die Bewertung der Werbepräsentation die Einstellung gegenüber dem beworbenen Produkt auf zwei Wegen beeinflusst (vgl. Abb. 21.5): zum einen direkt und zum anderen indirekt, indem z.B. eine günstige Einstellung zum Werbemittel zur selektiven Wahrnehmung und Verarbeitung spezifischer (positiver) Produktmerkmale führt und dagegen ungünstige Merkmale „übersehen" werden. Von der Einstellung gegenüber dem Produkt wird dann wiederum die

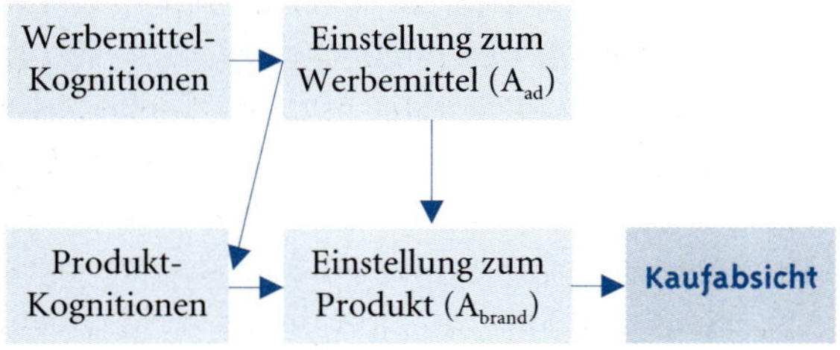

Abbildung 21.5 Modell der dualen Vermittlung („dual mediation") nach Brown und Stayman (vgl. Mäßen, 1998, S. 51)

Kaufabsicht direkt beeinflusst (vgl. Brown & Stayman, 1992)

Insgesamt ist festzuhalten, dass A_{ad} und A_{brand} zentrale Variablen im Wirkungsprozess sind. Die angenehmen Gefühle und positiven Bewertungen, die durch eine emotionale Ansprache hervorgerufen werden, werden mit der Marke bzw. dem Produkt verknüpft („emotional bonding") und beeinflussen die Wahrnehmung des Marken- bzw. Produktimages positiv. Mattenklott (2004, S. 632f.) nennt neben dem Prozess der „Dual Mediation" weitere psychologische Mechanismen, die diesen Prozess erklären können, wie z.B. emotionale Konditionierung oder Identifikation/Empathie (Nachvollziehen eines dargestellten positiven Gefühls bei der Verwendung des beworbenen Produkts). Negative Einstellungen und Werbebeurteilungen führen zu geringerer Werbeeffizienz. Sowohl die Aufmerksamkeit gegenüber den als schlecht beurteilten Werbepräsentationen als auch die Erinnerung an die Werbung, ihre Überzeugungskraft, die Sympathie für das Produkt und das Kaufinteresse sind geringer als bei positiv evaluierten Werbemitteln (vgl. Smit & Neijens, 2000; Mehta, 2000; Schimansky, 1999; Mattenklott, 2004). Die dabei wirksamen Mechanismen sind mit der im Elaboration-Likelihood-Modell beschriebenen peripheren Route bzw. den im Modell der Wirkungspfade beschriebenen Wegen der Informationsverarbeitung kompatibel (vgl. Abschnitt 21.9.2).

21.10.5 Kaufintention und Kaufverhalten

Zum Zusammenhang zwischen den oben dargestellten psychologischen Wirkungsindizes und der Kaufintention sowie dem tatsächlichen Kaufverhalten gibt es vergleichsweise wenige Untersuchungen. Zwar geht man auf der Grundlage klassischer Einstellungs-Verhaltens-Modelle von einer Korrelation zwischen Einstellung und Verhalten aus. Neuere Erkenntnisse bestätigen jedoch, dass es eine Vielzahl von Einfluss- und Moderatorvariablen gibt (vgl. Kap. 5 zur Rolle von Einstellungen im Kontext des Kommunikations- und Medienhandelns). Dies bestätigen auch die Ergebnisse einer Metaanalyse von Mäßen (1998): Je verhaltensrelevanter die Werbewirkungskriterien waren (hier: Kaufabsicht), desto heterogener waren die Befunde der Studien, die in die Analyse einbezogen waren; es zeigte sich kein klares Muster relevanter Einflussvariablen. Dies ist angesichts der Vielzahl der Faktoren, die Kaufentscheidungen beeinflussen können, kaum verwunderlich. Felser (2001) nennt u.a. die Unvereinbarkeit werblicher Appelle mit den Wünschen und Zielen der Konsumenten, unannehmbare finanzielle und/oder soziale Kosten, die der Kauf eines Produkts trotz Besitzwunsches mit sich bringen würde, ideologische und/oder moralische Erwägungen, die eine Entscheidung gegen das Produkt herbeiführen. Werbliche Kommunikation ist somit nur *ein* Baustein eines komplexen Entscheidungsprozesses, der am Ende zum Kauf eines Produktes führt.

21.11 Relevanz und Anwendung

Die Anwendungsrelevanz der hier vorgestellten Bereiche der Werbeforschung liegt auf der Hand:

- Für Werbetreibende und Vermarkter bieten insbesondere die repräsentativen Studien zum Medien- und Konsumverhalten eine unverzichtbare Grundlage für eine optimale Mediaplanung. Sie liefern die relevanten Daten zur Definition von Zielgruppen sowie zur Auswahl von Werbeträgern (Inter- und Intramediaselektion). Das Ziel besteht darin, die Werbebotschaften möglichst verlustfrei zu „streuen" und so auf effiziente Weise die angezielten Konsumenten zu erreichen.
- Die kommerziell motivierte Werbeeffizienzforschung (vgl. Abschnitt 21.5.1) dient einerseits dem Nachweis des Werbeerfolgs. Sie ist daher für die Werbetreibenden unverzichtbar, um die Effizienz der Werbeinvestitionen zu kontrollieren. Andererseits liefert sie den Werbeträgern und deren Vermarktern die Argumentationsbasis für den Verkauf von Werbezeiten und Werbeflächen.

Des Weiteren ist die kommerzielle Werbewirkungsforschung Grundlage für die Optimierung der Werbemittelgestaltung. Vor dem Hintergrund sehr konkreter und meist finanziell relevanter Entscheidungsalternativen geht sie dabei – verständlicherweise – meist kasuistisch vor.

- Im Gegensatz dazu ist die psychologische Werbewirkungsforschung als angewandter Bereich der Psychologie an der „Übertragung wissenschaftlicher Erkenntnisse über die Gesetzmäßigkeiten menschlicher Erlebens- und Verhaltensweisen auf die Besonderheiten der werblichen Kommunikation" (Linneweh, 1999, S. 188) interessiert. Hier geht es darum, den komplexen Werbewirkungsprozess transparent zu machen und die dabei stattfindenden psychologischen Mechanismen zu erklären und zu prognostizieren. Trotz aller Kritik an der externen Validität können die dabei gewonnenen Ergebnisse der zumeist experimentellen Forschung dazu beitragen, die komplexen Bedingungen der Werbewirkung besser zu verstehen und damit die werblichen Kommunikationsstrategien zu optimieren. Leider werden diese Befunde – möglicherweise gerade wegen ihrer Komplexität – in der Werbepraxis noch immer zu wenig rezipiert.
- Praxisrelevanz, und zwar als Grundlage für die Werbekontrolle, haben auch die Ergebnisse inhaltsanalytischer Studien, auf die der vorliegende Beitrag nicht näher einging. Durch Analysen der Programmstrukturen (z.B. Werbeanteile am Gesamtprogrammangebot) sowie der formalen und der inhaltlichen Gestaltungsmerkmale lässt sich entscheiden, ob werberechtliche Bestimmungen (vgl. Abschnitt 21.1.3) eingehalten werden.
- Schließlich sollten die Befunde der Werbe(wirkungs)forschung auch Grundlage einer seriösen Begründung und Entwicklung medienpädagogischer Konzepte und Handlungsstrategien sein. Vor allem Kinder verfügen noch nicht über ausreichende Werbekompetenz (z.B. die Fähigkeit, Werbung und Programm voneinander zu unterscheiden; vgl. von Ploetz, 1999; Charlton, Neumann-Braun, Aufenanger & Hoffmann-Riem, 1995; Kommer, 1996). Auch die Befunde zu längerfristigen Wirkungen des Konsums von Werbung (wie z.B. auf Weltbilder, Konsumverhalten, Geschlechtsrollen, Körperbilder, Essstörungen etc.) dokumentieren die Notwendigkeit einer „Werbepädagogik" zur Förderung von Werbekompetenz (vgl. auch Kap. 13 zu Kommunikationskompetenz, Medienkompetenz und Medienpädagogik).

Zusammenfassung

- Werbung kann als absichtliche und zwangfreie Form der Beeinflussung definiert werden, die die Menschen zur Erfüllung der Werbeziele veranlassen soll. Werbung ist ein wichtiger Teil des Marketings eines Unternehmens und gehört zu den kommunikationspolitischen Maßnahmen.
- Werbeträger sind die „Vehikel" zur Übertragung von Werbebotschaften an die Konsumenten. Dazu gehören die klassischen Massenmedien, die neuen Medien sowie sog. „öffentliche Medien" (z.B. Plakatanschlagstellen). Unter Werbemitteln versteht man die materielle Konkretisierung der Werbebotschaft (z.B. Werbespot im Fernsehen, Anzeige).
- Die Mediaplanung dient der Optimierung der Zielgruppenansprache durch werbliche Kommunikation. Sie stützt sich auf repräsentative Daten der Markt-/Mediaforschung zum Konsum- und Medienverhalten.
- Werbeziele lassen sich als ökonomisch im Sinne eines Werbeerfolgs (z.B. Absatz/Gewinnsteigerung) oder vorökonomisch bzw. psychogisch im Sinne einer Werbewirkung (z.B. Information, Imagebildung, Sympthie) klassi-

fizieren. Zur Überprüfung der Werbeeffizienz stehen je nach Zielen unterschiedliche Methoden zur Verfügung.

- Die quantitative Nutzung werblicher Kommunikation lässt sich nur schwer ermitteln. Für das Fernsehen stehen mit den Telemetriedaten zwar Informationen zur Werbenutzung bzw. Werbevermeidung (Zapping) zur Verfügung. Für eine Analyse, wie aufmerksam und konzentriert die Konsumenten Werbung rezipieren, taugen sie jedoch kaum.
- Die allgemeine Einstellung gegenüber Werbung ist einerseits geprägt von der Einsicht in ihre (wirtschaftliche) Notwendigkeit und andererseits von negativen Urteilen über ihre Unvermeidbarkeit und mangelnde Qualität. Dies gilt insbesondere für die Fernsehwerbung.
- Neuere Theorien zur Werbewirkung (sog. Involvement-Modelle) postulieren zwei oder mehr „Wege" der Werbewirkung, bei der die Konsumenten als aktive, informationsverarbeitende Subjekte im Rahmen des Werbewirkungsprozesses konzipiert werden. Ein wichtiger Einflussfaktor ist das Involvement der Rezipienten, das die weiteren Informationsverarbeitungsprozesse bestimmt.
- Elemente dieser Rezipientenaktivitäten sind u.a. Aktivierung und Aufmerksamkeit, Prozesse des Verstehens und Behaltens und insbesondere die Bildung von Einstellungen gegenüber der Werbung und dem beworbenen Produkt. Diese Aktivitäten können zwar durch spezifische Kommunikationsstrategien im Sinne einer intendierten Werbewirkung beeinflusst werden, allerdings nur dann, wenn die Empfänger der Botschaft dies auch „zulassen".

Leseempfehlung

- Felser, G. (2001). Werbe- und Konsumentenpsychologie (2. Aufl.). Stuttgart: Schäffer-Poeschel.
- Friedrichsen, M. & Friedrichsen, S. (Hrsg.). (2004). Fernsehwerbung – quo vadis? Auf dem Weg in die digitale Medienwelt. Wiesbaden: VS Verlag für Sozialwissenschaften.
- Mattenklott, A. (2004). Werbung. In R. Mangold, P. Vorderer & G. Bente (Hrsg.), Lehrbuch der Medienpsychologie (S. 619–642). Göttingen: Hogrefe.
- Moser, K. (2002). Markt- und Werbepsychologie. Ein Lehrbuch. Göttingen: Hogrefe.
- Siegert, G. & Brecheis, D. (2005). Werbung in der Medien- und Informationsgesellschaft. Eine kommunikationswissenschaftliche Einführung. Wiesbaden: VS Verlag für Sozialwissenschaften.

Literatur

Arias-Bolzmann, L., Chakraborty, G. & Mowen, J.C. (2004). Effects of absurdity in advertising: The moderating role of product category attitude and the mediating role of cognitive responses. Elektronische Publikation (Stand: 9. Februar 2004, www.uai.cl/p2_pdf/site/asocfile/ASOCFILE120030709113100.pdf).

Aschmoneit, P. & Heitmann, M. (2005). Introduction of the means-end chain framework for product design and communications strategy for internet applications. Elektronische Publikation (Stand: 10. Februar 2005, www.mics.org/getDoc.php?docid=225&docnum=1).

Barlovic, I. (1996). TV-Werbung hat es schwer bei den Kindern. Marketing Journal, 5, 326–327.

Batra, R., Myers, J.G. & Aaker, D.A. (1996). Advertising management (5. ed.). Upper Saddle River, NJ: Prentice Hall.

Bearden, W.O. & Netemeyer, R.G. (1998). Handbook of marketing scales. Multi-item measures for marketing and consumer behavior-research. London: Sage.

Behrens, K.C. (1970). Begrifflich-systematische Grundlagen der Werbung und Erscheinungsformen der Werbung. In K.C. Behrens (Hrsg.), Handbuch der Werbung (S. 3–10). Wiesbaden: Gabler.

Behrens, F. & Großerohde, B. (1999). Die Wirkung von Humor in der Werbung: Ein Überblick. In M. Friedrichsen & S. Jenzowsky (Hrsg.), Fernsehwerbung. Theoretische Analysen und empirische Befunde (S. 235–257). Opladen: Westdeutscher Verlag.

Biel, A.L. & Bridgewater, C.A. (1990). Attributes of likable television commercials. Journal of Advertising Research, 30(3), 38–44.

Bronner, F., Tchaoussoglou, C. & Ross, R. (2004). The virtual interviewer. Elektronische Publikation (Stand: 18. März 2004, 213.244.160.100/cms/data/images/11/The%20Virtual%20Interviewer%20Boston.doc).

Brosius, H.-B. & Fahr, A. (1998). Werbewirkung im Fernsehen. Aktuelle Befunde der Medienforschung (2. Aufl.). München: Reinhard Fischer.

Brown, S.P. & Stayman, D.M. (1992). Antecedents and consequences of attitude toward the ad: A meta-analysis. Journal of Consumer Research, 19(1), 34–51.

Burst, M. & Schmitt-Walter, N. (2003). Crossmedia-Kommunikation. Unterföhring: SevenoneMedia.

Charlton, M., Neumann-Braun, K., Aufenanger, S. & Hoffmann-Riem, W. (1995). Fernsehwerbung und Kinder. Das Werbeangebot in der Bundesrepublik Deutschland und seine Verarbeitung durch Kinder. Band 1: Das Werbeangebot für Kinder im Fernsehen (Schriftenreihe Medienforschung der Landesanstalt für Rundfunk Nordrhein-Westfalen, Bd. 17). Opladen: Leske + Budrich.

Dahl, D.W., Frankenberger, K.D. & Manchandra, R.V. (2003). Does it pay to shock? Reactions to shocking and nonshocking advertising content among university students. Journal of Advertising Research, 43(3), 268–280.

Dumbs, S., Eßbauer, S. & Jenzowsky, S. (1999). Bessere Werbewirkung durch Tandemspots? Ein Experiment über Wiederholungseffekte in der Werbung. In M. Friedrichsen & S. Jenzowsky (Hrsg.), Fernsehwerbung. Theoretische Analysen und empirische Befunde (S. 221–234). Opladen: Westdeutscher Verlag.

Engelhardt, A. von (1999). Werbewirkungsmessung. Hintergründe, Methoden, Möglichkeiten und Grenzen (Angewandte Medienforschung – Schriftenreihe des Medien Instituts Ludwigshafen, Bd. 11). München: Reinhard Fischer.

Erbeldinger, H. & Kochhan, C. (1998). Humor in der Werbung. Chancen und Risiken. In M. Jäckel (Hrsg.), Die umworbene Gesellschaft. Soziologische und psychologische Beiträge zur Werbekommunikation (S. 141–178). Opladen: Westdeutscher Verlag.

Erdogan, B.Z. (1999). Celebrity endorsement: A literature review. Journal of Marketing Management, 15(4), 291–314.

Fahr, A. (1995). Erfolgreicher per Tandem (I)? Ergebnisse einer empirischen Untersuchung von Reminder-Werbung. Media Spectrum, (10), 20–24.

Felser, G. (2001). Werbe- und Konsumentenpsychologie (2. Aufl.). Stuttgart: Schäffer-Poeschel.

Franzen, O. (2004). Innovative Werbeforschung. Elektronische Publikation (Stand: 3. März 2005, www.konzept-und-markt.com/Docs/Vortrag_Werbeforschung_HfB_2004.pdf).

Friedrichsen, M. & Friedrichsen, S. (2004). Grundlagen der TV-Werbewirkungsforschung. In M. Friedrichsen & S. Friedrichsen (Hrsg.), Fernsehwerbung – quo vadis? Auf dem Weg in die digitale Medienwelt (S. 15–34). Wiesbaden: VS Verlag für Sozialwissenschaften.

Friedrichsen, S. & Wysterski, M. (2004). Neue Werbeformen im Fernsehen. In M. Friedrichsen & S. Friedrichsen (Hrsg.), Fernsehwerbung – quo vadis? Auf dem Weg in die digitale Medienwelt (S. 229–242). Wiesbaden: VS Verlag für Sozialwissenschaften.

Gerhards, M., Grajczyk, A. & Klingler, W. (2001). Programmangebote und Spartennutzung im Fernsehen 2000. Eine Analyse auf Basis der GfK-Sendungscodierung. Media Perspektiven, (5), 247–257.

Gerhards, M. & Klingler, W. (2005). Programmangebote und Spartennutzung im Fernsehen. Ergebnisse 2004 und ein Fünfjahresvergleich auf Basis der AGF/GfK-Programmcodierung. Media Perspektiven, (11), 558–569.

Gesamtverband Werbeagenturen, GWA (Hrsg.). (1999). TV-Werbung: Der Einfluss von Gestaltungsmerkmalen. GWA/GfK-Studie. Frankfurt/Main: GWA.

Gleich, U. (1997). Aktuelle Ansätze und Probleme der Werbeforschung. Media Perspektiven, (6), 330–338.

Gleich, U. (2003). Crossmedia – Schlüssel zum Erfolg? Verknüpfung von Medien in der Werbekommunikation. Media Perspektiven, (11), 510–516.

Gleich, U. (2005a). ARD-Forschungsdienst: Methodische (Weiter-)Entwicklungen für die Media- und Werbeforschung. Media Perspektiven, (6), 290–297.

Gleich, U. (2005b). Neue Werbeformen im Fernsehen. Forschungsergebnisse zu ihrer Wirkung und Akzeptanz. Media Perspektiven, (1), 33–36.

Grimm, P. (2004). Virtuelle Werbung im Fernsehen. In M. Friedrichsen & S. Friedrichsen (Hrsg.), Fernsehwerbung – quo vadis? Auf dem Weg in die digitale Medienwelt (S. 243–256). Wiesbaden: VS Verlag für Sozialwissenschaften.

Harris, R.J. (2004). A cognitive psychology of mass communication (4. Aufl.). Mahwah, NJ: Lawrence Erlbaum.

Hering, K., Bente, G. & Feist, A. (1999). Umgebende Werbung als Kontextwirkung: der Einfluss der Werbemenge auf ausgewählte TV-Werbespots. In M. Friedrichsen & S. Jenzowsky (Hrsg.), Fernsehwerbung. Theoretische Analysen und empirische Befunde (S. 391–406). Opladen: Westdeutscher Verlag.

Huang, M.-H. (2004). Romantic love and sex: Their relationship and impacts on ad attitudes. Psychology and Marketing, 21(1), 53–73.

IMAS International (2004). Studie zur Werbeakzeptanz. Elektronische Publikation (Stand: 17. Dezember 2005, www.imas-international.de/Einschatzung_Werbevolumen_03_05.pdf).

Jones, J.P. (1998). How much advertising works? In J.P. Jones (Ed.), How advertising works. The role of research (pp. 291–296). London: Sage.

Kardes, F.R. (2005). The psychology of advertising. In T.C. Brock & M.C. Green (Eds.), Persuasion: Psychological insights and perspectives (2. ed., pp. 281–303). Thousand Oaks, CA: Sage Publications.

Kliment, T. (2004). Werbung oder Gebühren? Ein Dilemma aus Zuschauersicht? In M. Friedrichsen & S. Friedrichsen (Hrsg.), Fernsehwerbung – quo vadis? Auf dem Weg in die digitale Medienwelt (S. 257–272). Wiesbaden: VS Verlag für Sozialwissenschaften.

Kommer, S. (1996). Kinder im Werbenetz. Eine qualitative Studie zum Werbeangebot und zum Werbeverhalten von Kindern (Schriftenreihe der Gesellschaft für Medien und Kommunikationskultur in der Bundesrepublik e.V., Bd. 10). Opladen: Leske + Budrich.

Koschnick, W.J. (1996). Standard-Lexikon Werbung, Verkaufsförderung, Öffentlichkeitsarbeit. München: K.G. Saur.

Koschnick, W.J. (2004). Ist die Ökonometrie zu Ende? In W.J. Koschnick (Hrsg.), FOCUS-Jahrbuch 2004. Beiträge zu Werbe- und Mediaplanung, Markt-, Kommunikations- und Mediaforschung (S. 193–214). München: FOCUS Magazin Verlag.

Kroeber-Riel, W. & Esch, F.-R. (2000). Strategie und Technik der Werbung. Verhaltenswissenschaftliche Ansätze (5. Aufl.). Stuttgart: Kohlhammer.

Krüger, U.M. (2005). Sparten, Sendungsformen und Inhalte im deutschen Fernsehangebot. Programmanalyse 2004 von ARD/Das Erste, ZDF, RTL, SAT.1 und ProSieben. Media Perspektiven, (5), 190–204.

Krugman, H. E. (2000). Memory without recall, exposure without perception. Journal of Advertising Research, 40(6), 49–54.

Linneweh, K. (1999). Werbepsychologie. In M. Geffken (Hrsg.), Das große Handbuch Werbung (S. 187–196). Landsberg/Lech: Verlag Moderne Industrie.

MacInnis, D.J. & Jaworski, B.J. (1989). Information processing from advertisements: Toward an integrative framework. Journal of Marketing, 53(4), 1–23.

Mäßen, A. (1998). Werbemittelgestaltung im vorökonomischen Werbewirkungsprozeß. Metaanalytische Befunde. Wiesbaden: Deutscher Universitäts-Verlag.

Mattenklott, A. (2004). Werbung. In R. Mangold, P. Vorderer & G. Bente (Hrsg.), Lehrbuch der Medienpsychologie (S. 619–642). Göttingen: Hogrefe.

Mattenklott, A., Bretz, J. & Wolf, D. (1999). Die kommunikative Wirkung von Fernsehwerbespots. In M. Friedrichsen & S. Jenzowsky (Hrsg.), Fernsehwerbung. Theoretische Analysen und empirische Befunde (S. 357–376). Opladen: Westdeutscher Verlag.

Mattenklott, A., Held, D., Klöckner, A., Knoll, N. & Ryschke, J. (1995). Erfolgreicher per Tandem (II)? Werbung als Single- und als Tandem-Spot: Erinnerung und Akzeptanz. Media Trend, (10), 26–31.

McGuire, W.J. (1985). Attitude and attitude change. In G. Lindzey & E. Aronson (Eds.), Handbook of social psychology. Volume 2: Special fields and applications. Reading, MA: Addison-Wessley.

Meffert, H. (2000). Marketing. Grundlagen marktorientierter Unternehmensführung. Konzepte, Instrumente, Praxisbeispiele. Mit neuer Fallstudie VW Golf (9. Aufl.). Wiesbaden: Gabler.

Mehta, A. (2000). Advertising attitudes and advertising effectiveness. Journal of Advertising Research, 40(3), 67–72.

Moser, K. (2002). Markt- und Werbepsychologie. Ein Lehrbuch. Göttingen: Hogrefe.

Niemeyer, H.-G. & Czycholl, J.M. (1994). Zapper, Sticker und andere Medientypen. Eine marktpsychologische Studie zum selektiven TV-Verhalten. Stuttgart: Schäffer-Poeschel.

Nielsen Media Research (2006). Presseinformation vom 19. Januar 2006. Elektronische Publikation (Stand: 21. Februar 2006, www.nielsen-media.de/pages/download.aspx?mode= 0&doc=480/Werbemarkt_Neu_2005_Neu.pdf).

Ohanian, R. (1991). The impact of celebrity spokespersons' perceived image on consumers' intention to purchase. Journal of Advertising Research, 31(3), 46–54.

Ottler, S. (1998). Zapping. Zum selektiven Umgang mit Fernsehwerbung und dessen Bedeutung für die Vermarktung von Fernsehwerbezeit (Beiträge zur Medien- und Kommunikationswissenschaft, Bd. 31). München: Reinhard Fischer.

Pepels, W. (1996). Werbeeffizienzmessung. Stuttgart: Schäffer-Poeschel.

Perry, S.D., Jenzowsky, S., Hester, J.B., King, C. & Yi, H. (1999). Die Kraft des Humors: Kontextwirkungen von humorvollen Programmumfeldern. In M. Friedrichsen & S. Jenzowsky (Hrsg.), Fernsehwerbung. Theoretische Analysen und empirische Befunde (S. 337–356). Opladen: Westdeutscher Verlag.

Petty, R.E. & Cacioppo, J.T. (1986). Communication and persuasion. Central and peripheral routes to attitude change. New York: Springer.

Pieters, R.G.M. & Bijmolt, T.H.A. (1997). Consumer memory for television advertising: A field study of duration, serial position, and competition effects. Journal of Consumer Research, 23(4), 362–372.

Ploetz, A. von (1999). Werbekompetenz von Kindern im Kindergartenalter. Ein Experiment zum Erkennen von Werbung (Förderpreis Medienpädagogik, Bd. 1). München: KoPäd-Verlag.

Ridder, C.-M. & Hofsümmer, K.-H. (2001). Werbung in Deutschland – auch 2001 akzeptiert und anerkannt. Ergebnisse der zweiten Welle einer Repräsentativerhebung. Media Perspektiven, (6), 282–289.

Schenk, M. (2002). Medienwirkungsforschung (2. Aufl.). Tübingen: J.C.B. Mohr.

Schenk, M., Donnerstag, J. & Höflich, J. (1990). Wirkungen der Werbekommunikation. Köln: Böhlau.

Schenk, M. & Ottler, S. (2004). Warum jede (Werbe-)Sekunde zählt. Zapping und Techniken der Werbegestaltung. In M. Friedrichsen & S. Friedrichsen (Hrsg.), Fernsehwerbung – quo vadis? Auf dem Weg in die digitale Medienwelt (S. 117–135). Wiesbaden: VS Verlag für Sozialwissenschaften.

Schimansky, A. (1999). Ist die Fernsehwerbung noch zu retten? Die Werbespotqualität als Ursache von Fernsehwerbevermeidung. In M. Friedrichsen & S. Jenzowsky (Hrsg.), Fernsehwerbung. Theoretische Analysen und empirische Befunde (S. 121–146). Opladen: Westdeutscher Verlag.

Schulze, A. (1999). Werbung an der Grenze. Provokation in der Plakatwerbung der 50er bis 90er Jahre. Wiesbaden: Deutscher Universitätsverlag.

Schwalbe, H. (1999). Von der Werbelehre zur Werbewissenschaft (Schriften zur Geschichte der Betriebswirtschaftslehre, Bd. 16). Köln: Wirtschaftsverlag Bachem.

Schweiger, G. & Schrattenecker, G. (1995). Werbung. Eine Einführung (4. Aufl.). Stuttgart: UTB für Wissenschaft.

Scott, L.M. & Batra, R. (Eds.). (2003). Persuasive imagery. A consumer response perspective. Mahwah, NJ: Lawrence Erlbaum.

SevenOne Media (Ed.). (2002). Werbewirkungsforschung. Theorien, Methoden, Anwendungen. München: SevenOne Media.

SevenOne Media (Hrsg.). (2004). Semiometrie. Der Zielgruppe auf der Spur. Unterföhring: SevenOne Media.

Shrum, L.J. (Ed.). (2004). The psychology of entertainment media. Blurring the lines between entertainment and persuasion. Mahwah, NJ.: Lawrence Erlbaum.

Siegert, G. & Brecheis, D. (2005). Werbung in der Medien- und Informationsgesellschaft. Eine kommunikationswissenschaftliche Einführung. Wiesbaden: VS Verlag für Sozialwissenschaften.

Sinus Sociovision. (2006). Sinus-Mileus. Elektronische Publikation (Stand: 10. Januar 2006, www.sinus-sociovision.de/).

Sladek, U. (2005). Werbung soll auch Freude machen. Markenartikel, (4), 36–38.

Smit, E.G. & Neijens, P.C. (2000). Segmentation based on affinity for advertising. Journal of Advertising Research, 40(4), 35–44.

Spanier, J. (2000). Werbewirkungsforschung und Mediaentscheidung. Förderung des Informationstransfers zwischen Wissenschaft und Praxis (Angewandte Medienforschung – Schriftenreihe des Medien Instituts Ludwigshafen, Bd. 13). München: Reinhard Fischer.

Spitzner, G. (1996). Sonderwerbeformen im TV. Kommunikations-Kooperation zwischen Fernsehen und Wirtschaft. Leverkusen: Deutscher Universitäts-Verlag.

Sturm, H. (2000). Der gestreßte Zuschauer. Folgerungen für eine rezipientenorientierte Dramaturgie. Stuttgart: Klett-Cotta.

Wang, C., Zhang, P., Choi, R. & D'Eredita, M. (2004). Understanding consumers attitude toward advertising. Elektronische Publikation (Stand: 17. Februar 2004, melody.syr.edu/hci/amcis02_minitrack/RIP/Wang.pdf).

Wensley, R. & Weitz, B. A. (Eds.). (2002). Handbook of marketing (2. Aufl.). London: Sage.

Wirth, W. & Lübkemann, M. (2004). Wie Erotik in der Werbung wirkt. Theorien, Modelle, Ergebnisse im kritischen Überblick. In M. Friedrichsen & S. Friedrichsen (Hrsg.), Fernsehwerbung – quo vadis? Auf dem Weg in die digitale Medienwelt (S. 71–96). Wiesbaden: VS Verlag für Sozialwissenschaften.

WirtschaftsWoche (Hrsg.). (2005). Werbeklimastudie I/2006. Expertenprognosen zur Entwicklung der Werbewirtschaft. Von GfK und WirtschaftsWoche. Elektronische Publikation (Stand: 30. Dezember 2005, www.gfk.com).

Witt, F.-J. & Witt, K. (1990). Irritationswerbung. Planung & Analyse, 4, 132–135.

Wolfradt, U. & Petersen, L.-E. (1997). Dimensionen der Einstellung gegenüber Fernsehwerbung. Rundfunk und Fernsehen, 45(3), 307–323.

Woodside, A.G. (2004). Advancing means-end chains by incorporating Heider's balance theory and Fournier's consumer-brand relationship typology. Psychology and Marketing, 21(4), 279–294.

Young, C.E. (2004). Capturing the flow of emotion in television commercials: A new approach. Journal of Advertising Research, 44(2), 202–209.

Zaltman, G. (2003). How consumers think: Essential insights into the mind of the market. Boston: Havard Business School Press.

ZAW, Zentralverband der deutschen Werbewirtschaft. Werberecht. Elektronische Publikation (Stand: 30. Dezember 2005, www.interverband.com/uimg/184/zaw_home_18_01_05.htm).

Zubayr, C. & Gerhard, H. (2005). Tendenzen im Zuschauerverhalten. Fernsehgewohnheiten und Reichweiten im Jahr 2004. Media Perspektiven, (3), 94–104.

22 Erotik und Pornographie in den Medien

Ines Vogel

Beispiel

In der indischen Kunst gibt es seit Jahrtausenden den Lingam, also die symbolische Darstellung des Phallus und gleichzeitig das Sinnbild für Shiva, der einerseits der Gott der Zerstörung und anderseits Heilbringer ist. Niemand in Indien käme auf die Idee, den Lingam als pornographisch zu verurteilen.

In der kretisch-mykenischen Kultur wurden Priesterinnen etwa 1500 vor Christus mit entblößten Brüsten dargestellt. Es handelte sich um eine matriarchalische Gesellschaft, in der die Fruchtbarkeit der Frau besonders verehrt wurde. Die heute noch erhaltenen Darstellungen aus dieser Zeit werden als Kunstwerke angesehen.

Erotische und pornographische Darstellungen sind so alt wie die Menschheit selbst, stellen also keineswegs ein modernes Phänomen dar. Sie sind bereits als Höhlenmalereien aus der Steinzeit überliefert und waren seit jeher in verschiedenen Kulturkreisen geläufig.

Das Thema „Sex in den Medien“ wird in der Wissenschaft und in der Öffentlichkeit kontrovers diskutiert. Ähnlich wie beim Thema „Gewalt in den Medien“ (vgl. Abschnitt 8.5) gibt es dabei immer wieder aktuelle Entwicklungen (z.B. die zunehmende Verbreitung des Internets und dadurch weitläufige Verfügbarkeit erotischer und pornographischer Inhalte), die das Thema stärker in den Mittelpunkt des öffentlichen Interesses rücken.

Das Kapitel gibt einen Überblick über den Markt und die Inhalte erotischer und pornographischer Medienangebote sowie über deren Nutzung und Wirkungen.

22.1 Die Begriffe „Pornographie“ und „Erotik“

Etymologisch leitet sich das Wort Pornographie aus dem Griechischen von „porneia“ (Unzucht) bzw. „porne“ (Hure) und „graphein“ (schreiben) ab und heißt damit wörtlich „über Huren schreiben“.

Schon früh deutet sich für eine wissenschaftliche Auseinandersetzung mit Erotik und Pornographie die Problematik an, dass in Definitionen von Erotik und Pornographie häufig auch moralische und ästhetische Bewertungen mit einfließen, die subjektiv sind und je nach dem gesellschaftlich-normativen Kontext anders ausfallen. Solche Bewertungen werden besonders deutlich, wenn man versucht, pornographische und erotische Darstellungen voneinander abzugrenzen: Verglichen mit Pornographie wird erotischen Darstellungen ein größerer literarischer und künstlerischer Wert zugestanden (Faulstich, 1994; Zillmann, 2004). Auf diese Weise bleiben erotische Darstellungen für den Betrachter „vieldeutig" und lassen ihm mehr Raum für eigene Fantasien. Darüber hinaus beinhalten Definitionsversuche zu Erotik und Pornographie oft auch implizite Annahmen über Funktionen solcher Darstellungen: Dient nach Auffassung verschiedener Autoren die „anspruchsvolle" Erotik eher der (geistigen) Anregung (Faulstich, 1994), besteht die Hauptintention der Pornographie in der Erzeugung einer (sexuellen) körperlichen Erregung bei ihren Betrachtern.

Vor diesem Hintergrund überrascht es nicht, dass weder in der Öffentlichkeit noch in der Forschung eine einhellige Auffassung darüber vorliegt, was unter den Begriffen „Erotik" und „Pornographie" zu verstehen ist (vgl. Bremme, 1990). Aktuelle Definitionsversuche zum Begriff „Pornographie" schließen infolgedessen bewertende Kriterien völlig aus (s. Kasten).

Definition

Unter **Pornographie** sind „Darstellungen sexuellen Verhaltens jeglicher Art, das von jeder denkbaren Zusammensetzung handelnder Akteure ausgeführt wird", zu verstehen (Zillmann, 2004, S. 568).

Charakteristisch für Pornographie ist eine offene und detaillierte Darstellung sexueller Aktivitäten, d.h. die Geschlechtsorgane – insbesondere der erigierte männliche Penis bzw. die geöffnete weibliche Vagina – werden unverhüllt während des Geschlechtsverkehrs gezeigt (vgl. auch Faulstich, 1994).

22.2 Gesetzliche Regelungen zur Verbreitung von Pornographie

Die oben beschriebene Definitionsproblematik hat in der Rechtsprechung zu der eher „pragmatischen Lösung" geführt, dass „auf eine Legaldefinition bewusst verzichtet" wird, „um die Gerichte bei der Auslegung nicht zu binden" (Walther, 1997, S. 102).

Für die Beurteilung, ob ein Werk als pornographisch eingestuft werden soll oder nicht, sind nicht einzelne Darstellungen maßgeblich; entscheidend ist hierfür vielmehr der Charakter des gesamten Werks. Grundsätzlich unterscheidet der Gesetzgeber zwischen „einfacher" und „harter Pornographie" (s. Kasten).

Definition

Einfache vs. harte Pornographie

„Als pornographisch ist eine Darstellung anzusehen, wenn sie unter Ausklammerung aller sonstigen menschlichen Bezüge sexuelle Vorgänge in grob aufdringlicher, anreißerischer Weise in den Vordergrund rückt und ihre Gesamttendenz ausschließlich oder überwiegend auf das lüsterne Interesse des Betrachters an sexuellen Dingen abzielt." (Bundesgerichtshof St 23,44; 37,55; Quelle: http://www.bka.de/, Stand: 05.07.05)

Harte Pornographie (vgl. § 184 StGB Abschnitt 3) umfasst darüber hinaus Darstellungen

- sexueller Handlungen in Verbindung mit Gewalt,
- sexuellen Missbrauchs an Kindern,
- sexueller Handlungen von Menschen an Tieren.

Im Gegensatz zu harter Pornographie, deren Herstellung, Verbreitung und Vertrieb generell verboten und strafbar ist, ist einfache Pornographie für Personen ab 18 Jahren freigegeben. Diese Alterseinschränkung und damit verbundene Abgabe-, Präsentations-, Verbreitungs- und Werbebeschränkungen auf der Grundlage des Strafgesetzbuches (StGB) und des Jugendschutzgesetztes (JuSchG) sollen Kinder und Jugendliche vor potenziell schädigenden Einflüssen schützen. Dies schließt auch ein Verbot der Verbreitung von Pornographie durch den Rundfunk ein (Ausnahme: Medien- oder Teledienste, die z.B. durch technische Vorkehrungen gewährleisten, dass pornographische Angebote nur Personen ab 18 Jahren zugänglich sind; s. § 184c StGB).

22.3 Der Erotik- und Pornographiemarkt

Der Erotik- und Pornographiemarkt verzeichnet seit Jahren hohe Umsatzzahlen: Branchenriesen wie der Beate Uhse Konzern setzen mehrere hundert Millionen Euro jährlich um. Der Umsatz der US-amerikanischen Pornoindustrie wird für das Jahr 2003 auf 13 Milliarden Dollar geschätzt und übertrifft damit sogar das von Hollywood erzielte Umsatzergebnis in Höhe von 9,49 Milliarden Dollar (MPA Worldwide Market Research, 2003, S. 3).

Zahlen und Fakten zu einzelnen pornographischen Teilmärkten sind aufgrund der juristischen Besonderheiten der Branche, aber auch aufgrund der immer noch starken Tabuisierung der Sexualität und ihrer Darstellung schwer erhältlich und liegen zumeist nur als Schätzungen vor. Im Folgenden sollen daher nur wenige Eckdaten berichtet werden.

Zeitschriftenmarkt. Laut der Zeitschriftensuchmaschine Pressekatalog.de sind in Deutschland neben klassischen „Herrenmagazinen" (z.B. „Playboy") derzeit 59 erotische bzw. pornographische Zeitschriften erhältlich. In der Kategorie „Offertenblätter Kontaktanzeigen" verbergen sich weitere 12 Angebote, in denen es ausschließlich um die Anbahnung von Sex- oder Flirtbekanntschaften geht.

Video- und DVD-Markt. Nach Auskunft der Gesellschaft zur Übernahme und Wahrnehmung von Filmaufführungsrechten (GÜFA) kamen 2003 im Bereich „Sex und Erotik" 4500 Video- und 6230 DVD-Neuerscheinungen auf den Markt. Derzeit befinden sich ca. 5,3 Millionen Videofilmkopien bzw. Multimediaprodukte mit pornographischen Inhalten in entsprechenden Geschäftsbetrieben (z.B. Videotheken, Sexshops, Pornokinos) im Umlauf. Etwa 20 % der in 2003 verliehenen Videos und DVDs enthielten pornographisches Material (Bundesverband Audiovisuelle Medien, 2004, S. 1). Insgesamt beziffert die GÜFA für das Jahr 2003 die Videoumsätze mit Erotika und Pornographie in der Bundesrepublik Deutschland auf 449,8 Millionen Euro bzw. 38 % des Gesamtvideomarktes.

Fernsehen. Mit Einführung der privaten Rundfunkanbieter hielten Sex und Erotik verstärkt Einzug ins deutsche Fernsehprogramm. Erotische Inhalte wie Spielshows (z.B. „Tutti Frutti") oder Erotikmagazine (z.B. „Wa[h]re Liebe") waren erstmals einer breiten Öffentlichkeit „ohne jede soziale Kontrolle in der Privatheit der eigenen vier Wände" zugänglich (Brosius, 1996, S. 404). In der heutigen Fernsehlandschaft sind erotische Inhalte vor allem bei kleineren Privatsendern zu finden (z.B. „La Notte" auf 9Live, „Sexy Sport Clips" auf DSF). Bei Premiere können darüber hinaus mit „Beate-Uhse.TV" und dem digital empfangbaren Telemediendienst „Blue Movie" erotische bzw. im Fall von „Blue Movie" pornographische Angebote kostenpflichtig bestellt bzw. abgerufen werden.

Internet. Das Internet gewinnt als Vertriebsweg für Erotik- und Sexangebote zunehmend an Bedeutung. Die Branche setzt mit Online-Angeboten in den USA bereits eine Milliarde Dollar allein über Kreditkartenzahlung um (für die Zukunft wird eine Steigerung auf fünf Milliarden Dollar über alle Zahlungswege hinweg erwartet; Renner, 2004, S. 256). Die Anzahl erotischer und pornographischer Internetseiten ist in den letzten sechs Jahren um 1800 % auf 260 Millionen Einzelseiten bzw. auf 1,3 Millionen Websites gestiegen (ebd., S. 257). Die Angebotspalette erotischer Onlineangebote reicht von Erotik-Chats, sexbezogenen Newsgroups, Foren und Peer2Peer-Netzwerken, in denen pornographisches Bild- und Filmmaterial getauscht wird, bis hin zu kostenlosen oder kostenpflichtigen Websites, auf denen pornographische Texte, Bilder und Filme rezipiert bzw. heruntergeladen werden können.

Computerspiele. Faulstich kommt bereits 1994 zu dem Schluss, dass das Angebot „pornographischer Werke für das Medium Computer ... nicht mehr überschaubar ist" (ebd., 107). Diese Beschreibung ist auch heute noch zutreffend. Erotik-Computerspiele sind in fast allen Spielgenres vertreten (zu Taxonomien s. Abschnitt 23.1.2): Neben relativ simpel konstruierten Strip-Poker- und Erotik-Quiz-Spielen gibt es auch komplexere Action- oder Adventure-Spiele. Wie hoch der Umsatzanteil der erotischen Computerspiele am Computerspielmarkt anzusetzen ist, kann nicht abgeschätzt werden, da Computerspiele mit entsprechenden Spielinhalten bei den allgemeinen Marktbetrachtungen nicht als eigene Kategorie berücksichtigt werden.

22.4 Inhalte erotischer und pornographischer Angebote

Hauptgegenstand von Inhaltsanalysen in diesem Bereich sind pornographische Filme. Zur Kategorisierung solcher Filme bietet sich zunächst eine Unterteilung anhand der anvisierten Zielgruppen – z.B. Homosexuelle im Vergleich zu Heterosexuellen – an. Innerhalb dieser Grobkategorien lassen sich die Inhalte differenzieren nach den am häufigsten vorkommenden Sexualpraktiken, nach der Fokussierung auf bestimmte Körperteile bzw. körperliche Merkmale der Darsteller (z.B. große Busen) oder auf bestimmte Personengruppen (z.B. „reife Frauen") und schließlich nach der Machart (z.B. Zeichentrickpornos).

Nach Zillmann (2004) ist heterosexueller Geschlechtsverkehr das zentrale Thema pornographischer Medienangebote. Die Darstellungen zeigen typischerweise den genitalen Koitus in verschiedenen Stellungen, schließen außerdem eine Art Vorspiel sowie häufig auch anale Penetration ein. Einer Inhaltsanalyse von Brosius (1993) zufolge lassen sich für Pornofilme die charakteristischen Merkmale festhalten, die im Kasten über deren typischen Inhaltsmerkmale aufgeführt sind (aktuellere Befunde liegen hierzu zwar nicht vor, die Ergebnisse dürften jedoch nach wie vor Gültigkeit besitzen; vgl. auch Zillmann, 2004).

Bemerkenswert in neueren Pornofilmen ist die aktive Rolle der Frau. Mussten in älteren Filmen die Frauen zum Sex überredet bzw. verführt, wenn nicht gar genötigt werden, werden sie nunmehr als „übermotivierte Sex-Partnerinnen" dargestellt, die „offensichtlich gewillt sind, die Wünsche jedes Mannes im Umkreis zu befriedigen" (Zillmann, 2004, S. 570). Sexuelle Handlungen werden von den Darstellerinnen initiiert, aktiv eingefordert bzw. herausgefordert. Brosius (1993) und Zillmann (2004) betonen, dass sexuelle Unterwerfungen der Frau durch Zwangsausübung oder gar körperliche Gewalt in der heutigen Mainstream-Pornographie praktisch nicht vorkommen. Trotzdem ist männliche Dominanz in pornographischen Angeboten nach wie vor festzustellen, wenngleich sie inzwischen wesentlich subtiler vermittelt wird.

Typische Inhaltsmerkmale von Pornofilmen

- Sex braucht keinen besonderen Anlass.
- Sex macht allen Beteiligten immer und überall Spaß.
- Sexualität findet meist zwischen völlig unbekannten oder bestenfalls flüchtig miteinander bekannten Personen statt.
- Sex findet oft in Anwesenheit anderer Personen statt und wird dadurch zu öffentlichem Verhalten.
- Frauen sind stets willig und nehmen beim Sex eine aktive fordernde Rolle ein.
- Männliche Dominanz herrscht immer noch vor, wird aber eher subtil dargestellt.

(vgl. Brosius, 1993, S. 147f.)

22.5 Nutzung von Erotika und Pornographie

Abgesehen davon, dass die meisten Ergebnisse auf rein studentischen Stichproben beruhen, unterscheiden sich die Studien deutlich in Bezug auf die zugrunde gelegte Definition von Pornographie, auf die jeweils berücksichtigten Medienprodukte und auf die Methoden zur Erfassung des Pornographiekonsums, so dass sich die Ergebnisse kaum vergleichen lassen. Erschwerend kommt hinzu, dass man auch auf der Rezipientenseite von einem äußerst heterogenen Pornographieverständnis ausgehen muss. Zudem sind gerade bei einem solchen Thema durchaus

Zweifel an der Validität von Selbstauskünften der Probanden angebracht. Wie sensibel dieses Thema ist, äußert sich in enorm hohen Verweigerungsraten, wenn Personen für entsprechende Untersuchungen rekrutiert werden sollen (60 bis 80 %; Ertel, 1990, S. 33). Trotz dieser vielseitigen Probleme sollen im Folgenden einige empirische Ergebnisse zusammengefasst werden.

Nutzung von Pornofilmen. Während zur Nutzung erotischer und pornographischer Printmedien kaum Anhaltspunkte vorliegen, lassen sich für Pornofilme wenigstens Ergebnisse einer älteren Repräsentativbefragung an 9617 Personen von Ertel (1990) heranziehen. Demnach schauen etwas über 40 % der Befragten nach eigenen Angaben Pornofilme selten oder nie an. Mehr als ein Drittel der Bevölkerung sieht jedoch mindestens einmal im Monat einen Pornofilm, 9 % schauen sich etwa einmal pro Woche und immerhin 5 % alle zwei bis drei Tage einen Pornofilm an. Die durchschnittliche Nutzungshäufigkeit liegt bei rund 24-mal im Jahr (Ertel, 1990, S. 68; vgl. auch Faulstich, 1994, S. 229). Männer schauen sich weitaus häufiger und regelmäßiger als Frauen Pornofilme an (Männer sehen im Durchschnitt pro Jahr etwa 30, Frauen nur ca. 19 Pornofilme; Ertel, 1990, S. 68). Pornofilme werden außerdem am häufigsten von Personen unter 29 Jahren und von Personen aus unteren Sozial- bzw. Einkommensschichten genutzt (ebd., S. 70). Zusammenfassend lässt sich aus den Ergebnissen von Ertel jedoch festhalten, dass Pornokonsum in allen Altersgruppen, sozialen Schichten und bei beiden Geschlechtern anzutreffen ist und es insofern „den" typischen Pornonutzer nicht gibt.

Geschlechtsspezifische Unterschiede zeigen sich nach dieser Untersuchung auch im Hinblick auf den ersten Kontakt mit Pornofilmen: Männer machen ihre ersten Erfahrungen mit pornographischen Filmen vorrangig allein, seltener beim Besuch eines Sexshops oder durch Freunde und Bekannte. Demgegenüber schildern fast zwei Drittel der Frauen, die ersten Pornoerfahrungen durch den Partner gemacht zu haben. Und schließlich zeigen sich geschlechtsspezifische Unterschiede auch hinsichtlich des sozialen Kontexts der Erotik- und Pornographienutzung: Bei Männern und Frauen stellt die gemeinsame Nutzung mit dem Partner zwar die herausragende Form des Pornographiekonsums dar; Männer geben aber häufiger als Frauen zudem an, sich Pornofilme allein, im Sexshop, gemeinsam mit Freunden oder im Pornokino anzuschauen (Ertel, 1990, S. 145f.). Im Hinblick auf die Pornographienutzung von Paaren fällt auf, dass sie in etwa drei Viertel der Fälle von den Männern initiiert wurde (ebd., S. 70).

Nutzung von Erotikangeboten im Fernsehen. Die Möglichkeit, erotische Angebote anonym in den eigenen vier Wänden konsumieren zu können, scheint nach wie vor attraktiv zu sein: So ergaben Daten der GfK-Fernsehforschung im Februar 2005 Marktanteile zwischen 7,1 und 12,1 % für erotische Spielfilme auf Vox, die bis zu 1,09 Millionen Zuschauer einschalteten. Das Format „La Notte" auf 9 Live lockte im Februar 2005 bis zu 90.000 Zuschauer ab 14 Jahren vor den Bildschirm (AGF, 2005).

Nutzung von Erotik und Pornographie im Internet. Vage Anhaltspunkte über die Nutzung von Erotiksites im Internet ergeben sich aus dem Online Reichweiten Monitor 2003 II der Arbeitsgemeinschaft Internet Research e.V. (AGIREV). Demnach geben 81,1 % der Online-Nutzer an, Erotikangebote im Internet nie in Anspruch zu nehmen (12,4 % selten und 5,8 % gelegentlich); lediglich 0,8 % der Befragten suchen Erotikangebote im Internet häufig auf (AGIREV 2003, S. 23).

Softwaregestützte Messungen der Internetnutzung ergaben, dass knapp ein Drittel der Deutschen regelmäßig Sex- und Erotiksites mit einer durchschnittlichen Verweildauer von 54 Minuten pro Monat besuchen (TNS Interactive/eMind@emnid, 2002, S. 28). Am häufigsten werden Online-Erotikangebote von Männern im Alter von 15 bis 34 Jahren genutzt. Nur jeder fünfte Klick auf eine Erotiksite stammt von einer Frau. Frauen bleiben darüber hinaus mit einer Verweildauer von nur 15 Minuten im Monat deutlich unterhalb der durchschnittlichen Verweildauer (ebd., S. 30).

Bezogen auf kostenpflichtige Internetangebote äußern 4 % der Internetnutzer die Bereitschaft, für erotische Inhalte zu zahlen. Bei den bereits erworbenen Online-Inhalten nehmen Erotikinhalte mit 12,2 % den sechsten Platz nach „seriösen" Online-Informationen (z.B. Online-Zeitschriftenartikel, Archiv- bzw. Datenbanknutzung) ein (Fittkau & Maaß Consulting GmbH, 2004, S. 20).

Nach Ergebnissen der JIM-Studie (2004) werden erotische oder pornographische Inhalte im Internet nicht nur von Erwachsenen wahrgenommen: Fast die Hälfte der jugendlichen Internetnutzer (45 %) gibt an, schon einmal auf pornographische Internetseiten gestoßen zu sein. Das gilt auch für Minderjährige (12- bis 13-Jährige: 15 %; 14 bis 15-Jährige: 39 %; 16 bis 17-Jährige: 52 %; ab 18-Jährige: 67 %; Medienpädagogischer Forschungsverbund Südwest, 2004, S. 39).

22.6 Funktionen und Motive für den Konsum von Erotika und Pornographie

Pornographische Medienangebote dienen Paaren als Vorspiel zum Geschlechtsverkehr, indem sie das sexuelle Verlangen stimulieren und intensivieren. Sie werden auch dazu genutzt, eigene sexuelle Hemmungen oder solche beim Partner zu überwinden (Ertel, 1990, S. 147f.): Immerhin ca. 15 % geben an, dass Pornographie sie beim Geschlechtsverkehr überlegener und sicherer mache. Weiterhin wird Pornographie offenbar auch dazu genutzt, um Abwechslung in eine sexuell langweilig gewordene Partnerschaft zu bringen. Auffällig ist, dass Männer für Erotika- und Pornographiekonsum hauptsächlich selbstbezogene Motive schildern, wohingegen Frauen vor allem partnerbezogene Motive berichten: Über die Hälfte der Frauen nutzt Pornographie, weil sie den Partner sinnlicher macht und seine sexuelle Lust steigert, und mehr als zwei Fünftel der Frauen sagen gar, dass sie pornographische Inhalte nur dem Partner zuliebe rezipieren (Ertel, 1990, S. 147f.)

Des Weiteren bieten Erotika und Pornographie die „einmalige Gelegenheit", das Sexualverhalten anderer Menschen ungestört und ungestraft beobachten zu können. Durch Informationen zu bestimmten sexuellen Praktiken dienen sie unter Umständen der Bereicherung des eigenen Repertoires sexuellen Verhaltens. Der Gebrauch pornographischer Inhalte aus Neugier oder zu Informationszwecken sollte insofern nicht unterschätzt werden (vgl. Zillmann, 2004). Der Studie von Ertel (1990, S. 147f.) zufolge konsumieren z.B. mehr als zwei Drittel der Männer (Frauen: 17,5 %) pornographische Angebote, wenn sie etwas Ungewöhnliches erleben wollen, und immerhin 14 % der Männer und 21,5 % der Frauen geben an, dass sie Pornofilme nutzen, um sich zu informieren.

Aufgrund ihrer Entwicklung und der damit verbundenen Entwicklungsaufgaben interessieren sich Kinder und Jugendliche ab einem gewissen Alter für das Thema „Sexualität". Somit dürften eine altersgemäße Neugier für das Sexualverhalten und das Bedürfnis nach entsprechenden Informationen herausragende Motive für die Beschäftigung Heranwachsender mit pornographischen Medieninhalten sein (vgl. auch Gluszczynski, 1998; Zillmann, 2004). Nach Baker (1992) gehört überdies gerade für männliche Jugendliche der Konsum von Pornographie zum Erwachsen- bzw. zum „Mann-Werden" dazu. Die Nutzung solcher Angebote kann dem Zweck dienen, mitreden zu können sowie Status und Prestige innerhalb der Gruppe zu sichern.

22.7 Wirkungen von Erotik und Pornographie

Die Debatte um die potenziellen Auswirkungen von Pornographie findet im Spannungsfeld zwischen zwei gegensätzlichen Positionen statt: Auf der einen Seite werden mit der Nutzung pornographischer Angebote Chancen verbunden, wie etwa der Abbau sexueller Repressionen (s. Kasten über Chancen und Gefahren des Pornographiekonsums). Demnach kann Pornographie dazu beitragen, „die Sexualität von Deformationen zu befreien und sexuelle Fehlentwicklungen zu vermeiden", sowie die weibliche Emanzipation durch das Aufbrechen veralteter Rollenklischees und die Stärkung des sexuellen Selbstbewusstseins voranzubringen (Ertel, 1990, S. 12).

Dieser positiven Auffassung steht eine Sichtweise gegenüber, die von Befürchtungen über negative Auswirkungen pornographischer Darstellungen auf ihre Nutzer und die Gesellschaft geprägt ist. Der Konsum von pornographischen Inhalten soll demnach Promiskuität und sexuell abweichendes Verhalten fördern und auf diese Weise zu einem Verfall moralischer und familienbezogener Werte führen. Pornographie steht außerdem im Verdacht, frauenfeindliche Einstellungen und aggressive Verhaltensweisen gegenüber Frauen (z.B. sexuelle Nötigung, Vergewaltigung) zu begünstigen sowie die Akzeptanz von Gewalt gegenüber Frauen zu erhöhen. Kritisiert werden in diesem Zusammenhang insbesondere Darstellungen, die sich so genannter Vergewaltigungsmythen (vgl. Bohner, 1998) bedienen: Darunter fallen z.B. Darstellungen sexueller Handlungen in Verbindung mit Gewalt und Zwang, in deren Verlauf die Frau nach anfänglicher Ablehnung die gewalttätige Bemächtigung durch den Mann sowie erniedrigende sexuelle Praktiken zu genießen beginnt. Nicht zuletzt beziehen sich Befürchtungen hinsichtlich negativer Auswirkungen darauf, dass pornographische Darstellungen einen schädigenden oder sozial desorientierenden Einfluss auf Kinder und Jugendliche ausüben können. Gerade bei Kindern kann ein erhöhtes Wirkungsrisiko vermutet werden, da sie aufgrund alters- und entwicklungsbedingter Faktoren die rezipierten Inhalte möglicherweise inadäquat interpretieren und einordnen.

Fasst man die oben genannten potenziellen Wirkungen zusammen, so kann Pornographie einerseits einen Einfluss darauf ausüben, wie Sexualität wahrgenommen wird. Zum anderen regt Pornographie ihre Konsumenten möglicherweise dazu an, das gezeigte Verhalten nachzuahmen. Und schließlich können pornographische Darstellungen auch Einstellungen und Bewertungen zum sexuellen Selbstbild bzw. zum eigenen sexuellen Verhalten beeinflussen (vgl. auch Zillmann, 2004). Im Folgenden sollen verschiedene Wirkungsannahmen vorgestellt und durch entsprechende empirische Ergebnisse ergänzt werden (für eine umfassende Übersicht s. Lyons, Anderson & Larson, 1994).

Chancen und Gefahren des Pornographiekonsums

Chancen

Nach Zillmann (2004) lassen sich potenzielle positive Auswirkungen der Pornographierezeption wie folgt zusammenfassen:

- Überwindung sexueller Verklemmungen, insbesondere sexueller Schuldgefühle,
- Förderung von sexuellen Lustgefühlen,
- Bereicherung des Repertoires an sexuellen Verhaltensweisen und Praktiken ,
- Steigerung der sexuellen Erfüllung und Zufriedenheit.

(s. auch Bryant & Zillmann, 2001)

Risiken

Befürchtungen zu negativen Wirkungen von Pornographie können wie folgt zusammengefasst werden (vgl. Zillmann, 2004):

- Verbreitung von Klischees und Geschlechtsrollenstereotypen,
- Förderung von Misogynie bzw. sexueller Gefühllosigkeit gegenüber Frauen,
- Förderung gewalttätiger Verhaltensweisen (z.B. sexuelle Nötigung, Vergewaltigung),
- Erosion familienbezogener Werthaltungen durch die Darstellung eines promiskuitiven Lebensstils,
- Förderung von sexuellem Leistungsdruck,
- Förderung von sexueller Unzufriedenheit.

22.7.1 Die Habitualisierungsthese

Wie für Gewaltdarstellungen werden auch für pornographische Darstellungen bei wiederholter Nutzung Habitualisierungseffekte angenommen: Verschiedene Studien konnten nachweisen, dass sowohl die physiologische als auch subjektiv wahrgenommene sexuelle Erregung nach eingangs starker Ausprägung bei wiederholter Nutzung deutlich abflachen (vgl. z.B. Eccles, Marshall & Barbaree, 1988). Zusätzlich weicht das anfänglich große Interesse einem Gefühl der Langeweile, wenn Pornographie über einen längeren Zeitraum regelmäßig rezipiert wird (vgl. z.B. Schill, van Tuinen & Doty, 1980). In eine ähnliche Richtung deuten Ergebnisse einer Studie von Zillmann und Bryant (1986): Hiernach wird offenbar durch einfache pornographische Inhalte das Interesse an ausgefalleneren Darstellungen geweckt. Die Autoren argumentieren, dass Rezipienten nach immer schärferen Dosen verlangen, um das ursprünglich erlebte Erregungsniveau wiederherstellen zu können.

22.7.2 Die Theorie der Exemplifikation

Mithilfe der Theorie der Exemplifikation kann erklärt werden, wie Pornographie die Wahrnehmung menschlicher Sexualität beeinflussen kann (vgl. Zillmann, 2002). In aller Regel ist das sexuelle Verhalten anderer Menschen nicht ohne Weiteres direkt erfahrbar. Pornographie bietet die Möglichkeit, andere Menschen bei sexuellen Aktivitäten beobachten zu können. Häufig gezeigte sexuelle Verhaltensweisen werden schließlich als Beispiel menschlicher Sexualität im Gedächtnis des Rezipienten verfügbarer als Aktivitäten, die seltener präsentiert werden. Dies führt dazu, dass häufig gezeigte sexuelle Praktiken als „normal“ oder „üblich“ wahrgenommen werden; sie werden also auf andere Individuen verallgemeinert, und ihre Verbreitung in der Gesamtbevölkerung wird überschätzt.

Die Befunde verschiedener Forschungsarbeiten stützen die Annahmen der Theorie: Intensive Nutzer pornographischer Medienangebote überschätzen die Verbreitung sexueller Praktiken wie z.B. Analverkehr, Gruppensex oder sadomasochistische Praktiken (Zillmann & Bryant; 1982). Da Sex in pornographischen Angeboten selten zwischen Liebespaaren, sondern zumeist zwischen bestenfalls flüchtigen Bekannten stattfindet, verwundert es nicht, dass Vielnutzer von einer größeren Verbreitung männlicher und weiblicher Promiskuität ausgehen sowie häufiger der Überzeugung sind, promiskuitives Verhalten sei natürlich und gesund. Damit einher geht auch die Vorstellung, dass eine „Verdrängung sexueller Bedürfnisse ein Gesundheitsrisiko darstelle“ (Zillmann, 2004, S. 577; vgl. auch Zillmann & Bryant, 1988a). Vielnutzer überschätzen außerdem die Häufigkeit vor- und außerehelicher sexueller Aktivitäten und äußern infolgedessen mehr Zweifel im Hinblick auf Treue und Ehrlichkeit des Partners (Zillmann & Bryant, 1988a).

22.7.3 Die Kultivierungsthese

Gemäß der Kultivierungsthese (für Details s. auch Abschnitt 5.5.1 und Abschnitt 8.5.3) lässt sich im Hinblick auf pornographische Darstellungen annehmen, dass intensive Pornokonsumenten nicht nur dazu neigen, die Verbreitung bestimmter sexueller Praktiken zu überschätzen, sondern vor allem auch das in pornographischen Medienangeboten vermittelte „Weltbild“, das Frauenbild, das Bild von Sexualität und damit gekoppelte sexistische Einstellungen übernehmen. Tatsächlich äußern Pornovielnutzer deutlich häufiger frauenfeindliche Einstellungen; zudem scheint ein Zusammenhang zwischen intensiver Pornonutzung und sexueller Gefühllosigkeit von Männern gegenüber Frauen zu bestehen (Malamuth, 1986; Zillmann & Bryant, 1982). Darüber hinaus konnten Zillmann und Bryant (1988b) zeigen, dass die intensive Nutzung pornographischer Medienangebote mit einer ablehnenden Haltung gegenüber einer stabilen Partnerschaft, einer Familiengründung und einem Kinderwunsch einhergeht. Kinder und eine feste Beziehung stehen in deutlichem Widerspruch zu der Botschaft einer jederzeit verfügbaren sexuellen Erfüllung ohne tiefer gehende emotionale Zuneigung mit ständig wechselnden Partnern, wie sie in pornographischen Darstellungen vermittelt wird.

22.7.4 Die sozial-kognitive Lerntheorie

Mithilfe der sozial-kognitiven Lerntheorie von Bandura (2000) kann erklärt werden, wie Pornofilme den Rezipienten dazu anregen, die gezeigten sexuellen Verhaltensweisen nachzuahmen, und wie es auf diese Weise dazu kommt, dass neue sexuelle Verhaltensweisen erlernt werden. Aus der sehr viel komplexeren Theorie wurden hierzu mit wahrgenommenen Konsequenzen des beobachteten Verhaltens und der stellvertretenden Konditionierung zwei Aspekte herausgegriffen: Demnach steigert die Wahrnehmung positiver Konsequenzen für das beobachtete Modell die Motivation, das beobachtete Verhalten nachzuahmen, wohingegen die Antizipation einer Bestrafung die Wahrscheinlichkeit der Nachahmung mindert. Für pornographische Darstellungen kann daraus abgeleitet werden, dass bei allen dargestellten sexuellen Handlungen, die offenkundig Ekstase, sexuelle Lust und Erfüllung bei den Akteuren zur Folge haben, sich die Wahrscheinlichkeit erhöht, dass der Beobachter das Gesehene nachahmt.

Den zweiten Mechanismus sozialen Lernens bildet die stellvertretende Konditionierung. Der Schwerpunkt liegt hier auf dem emotionalen Erleben während der Rezeption sexueller Darstellungen. Dabei wird davon ausgegangen, dass die jeweils eigenen emotionalen Empfindungen des Beobachters mit den dargestellten sexuellen Praktiken verknüpft werden. Werden intensive eigene positive Gefühle „in konsistenter Weise mit bestimmten sexuellen Praktiken, die häufig beobachtet werden, verbunden“, kommt dadurch bei der realen Ausführung des beobachteten Verhaltens die Erwartung auf, dass man emotional etwas Entsprechendes erleben wird. Dies wiederum führt dazu, dass sich die Auftretenswahrscheinlichkeit des rezipierten Verhaltens erhöht (Zillmann, 2004, S. 574).

In diesem Zusammenhang haben Untersuchungen zum einen versucht, herauszuarbeiten, inwieweit Kinder und Jugendliche durch Sexualdarstellungen „verführt“ werden bzw. sich durch die Darstellung bestimmter sexueller Praktiken entsprechende Neigungen entwickeln. Aus der Forschung können jedoch keine Belege dafür vorgelegt werden (vgl. auch z.B. Grimm, 1998; Grünewald, Schönrade & Szymkowiak, 1997).

Zum anderen wurde untersucht, inwieweit gewalttätiges Verhalten gegenüber Frauen durch eine Darstellung eines Erfolg versprechenden, von Frauen gewünschten Handlungsmusters im Rahmen pornographischer Medienangebote begünstigt wird. Eine Zusammenfassung der Ergebnisse aus zahlreichen Untersuchungen findet sich im nachfolgenden Kasten.

Befunde zur Förderung der Gewaltbereitschaft gegenüber Frauen

Der häufige Konsum pornographischer Medienangebote führt zu einer

- Verharmlosung der Vergewaltigung als eines kriminellen Delikts (vgl. z.B. Linz, Donnerstein & Penrod, 1988; Zillmann & Bryant, 1982),
- Minderung des Mitleids mit dem Opfer einer Vergewaltigung und zur Verharmlosung von Folgeerscheinungen (vgl. z.B. Linz, 1989; Linz, Donnerstein & Penrod, 1988; Malamuth & Check, 1985),
- generellen Abstumpfung für die in den Medien dargestellte Gewalt gegenüber Frauen (vgl. z.B. Linz, Donnerstein & Penrod, 1988),
- höheren Akzeptanz von Gewalt gegenüber Frauen (vgl. z.B. Malamuth, 1986),
- Steigerung der selbstberichteten Vergewaltigungsbereitschaft (vgl. z.B. Malamuth & Check, 1985).

Die Ergebnisse, die im Kasten über Befunde zur Förderung der Gewaltbereitschaft gegenüber Frauen skizziert werden, wurden weiterhin durch Befunde ergänzt, wonach sich Sexualstraftäter – im Gegensatz zu einer nicht straffälligen Kontrollgruppe – durch einen besonders frühen Erstkontakt mit und durch eine intensive Nutzung pornographischer Produkte auszeichnen (Allen, D'Alessio & Emmers-Sommer, 1999; Marshall, 1988).

Die genannten Befunde sind jedoch mit Vorsicht zu genießen: Einerseits bleiben bei der einseitigen Zurückführung von Sexualstraftaten auf den häufigen Konsum von Pornographie wesentliche Einflussgrößen unberücksichtigt (z.B. Persönlichkeitsmerkmale des Täters, sexuelle Missbrauchserfahrungen in der Kindheit; vgl. hierzu auch Emmers-Sommer & Allen, 1999). Des Weiteren beruhen gerade die Befunde hierzu zumeist auf korrelativen Zusammenhängen, die keine eindeutige Kausalinterpretation zulassen. Und schließlich bleibt völlig unklar, ob die Selbstauskünfte tatsächlich auch in entsprechende Taten bzw. Verhaltensweisen münden. Dennoch müssen solche Ergebnisse als alarmierend betrachtet werden.

22.7.5 Die Theorie des sozialen Vergleichs

In der Theorie des sozialen Vergleichs von Festinger (1954) wird angenommen, dass Menschen sich häufig mit anderen Menschen vergleichen, um sich selbst einzuschätzen (vgl. auch Kap. 4 über soziale Kognition und Urteilsbildung). Bezogen auf den Pornographiekonsum kann demzufolge angenommen werden, dass Menschen, wenn sie sexuelle Aktivitäten anderer Personen beobachten, die wahrgenommene sexuelle Erfüllung dieser Personen, ihre körperlichen Attribute sowie die gezeigten Techniken im Vergleich zu ihren eigenen Kenntnissen und Fähigkeiten bewerten.

Verglichen mit Akteuren in pornographischen Medienangeboten muss der Konsument jedoch schlecht abschneiden: Alle Beteiligten erleben enorme Lust und sexuelle Befriedigung unabhängig davon, welche sexuellen Praktiken angewandt werden (s. Abschnitt 22.4). Daher ist zu erwarten, dass durch das Anschauen von Pornographie Unzufriedenheiten sowohl in Bezug auf die eigenen Fähigkeiten als Liebhaber als auch im Hinblick auf sexuelle Fähigkeiten des jeweiligen Partners geschürt werden.

Zillmann und Bryant (1988a) konnten Folgendes nachweisen: Nach wiederholter Nutzung pornographischer Angebote stuften sowohl Männer als auch Frauen die Attraktivität ihres Partners bzw. ihrer Partnerin deutlich geringer ein und beurteilten die sexuellen Kontakte als weniger befriedigend. Dem Partner bzw. der Partnerin wurde dabei vor allem ein Mangel an Aufgeschlossenheit gegenüber neuen sexuellen Praktiken vorgeworfen. Auch wurde die Zuneigung des Partners/der Partnerin als geringer erachtet. Solche Auswirkungen intensiven Pornographiekonsums scheinen vor allem das intime Zusammenleben zu betreffen, ein Effekt auf die allgemeine Lebenszufriedenheit lässt sich dagegen nicht feststellen.

22.7.6 Bewertung des Forschungsstand zu Wirkungen von Erotik und Pornographie

Zunächst kann kritisch angemerkt werden, dass viele Studien im Labor durchgeführt wurden – und dies in aller Regel bei sozialer Isolierung der Probanden während der Untersuchung. Darüber hinaus hatten die Untersuchungsteilnehmer bei Rezeptionsstudien kaum die Möglichkeit, ihren Pornographiekonsum währenddessen selbst zu bestimmen (die Vorgabe des Stimulusmaterials im Hinblick auf Umfang und Inhalt erfolgte fast ausschließlich durch die Forschenden). Damit lassen sich die gewonnen Ergebnisse keineswegs auf reale Situationen des Pornokonsums verallgemeinern.

Weiterhin muss angemerkt werden, dass bei vielen Studien Wirkungen nur direkt im Anschluss an eine einmalige Rezeption pornographischer Inhalte erfasst wurden. Aussagen über mittel- oder langfristige Wirkungen bzw. über Auswirkungen eines wiederholten

Konsums pornographischer Medienangebote sind auf dieser Grundlage schlichtweg nicht möglich.
Die Wirkungsforschung zu Pornographie steht außerdem bei der Rekrutierung von Versuchspersonen vor ähnlichen Schwierigkeiten wie die Nutzungsforschung (vgl. Abschnitt 22.5), so dass auch hier angenommen werden muss, dass die Ergebnisse nur schwer generalisierbar sind.

Nicht zuletzt muss bemängelt werden, dass sich die große Mehrheit der Forschungsarbeiten mit dem Nachweis negativer Auswirkungen der Pornographierezeption befasst. Die Erforschung günstiger Auswirkungen des Pornographiekonsums findet dagegen bislang kaum ernsthafte Beachtung (vgl. auch Zillmann, 2004, S. 571).

Das größte Problem liegt jedoch darin, dass die Ursache-Wirkungs-Frage anhand der zumeist durchgeführten Korrelationsstudien nach wie vor nicht zu beantworten ist.

Zusammenfassung

- Beim Thema „Sex in den Medien" gibt es in der Wissenschaft und in der Öffentlichkeit eine ähnlich kontroverse Diskussion wie beim Thema „Gewalt in den Medien".
- Der Erotik- und Pornographiemarkt hat sich zu einem mächtigen Industriezweig entwickelt.
- Inhaltsanalysen von Pornofilmen ergeben ein Bild menschlicher Sexualität, das sie auf den physischen Akt einengt. Männer werden als potent und dominant, Frauen als allzeit bereit und willig dargestellt.
- Der Konsum von Pornographie ist in allen Altersgruppen, sozialen Schichten und bei beiden Geschlechtern anzutreffen: „Den" typischen Pornonutzer gibt es nicht.
- Funktionen und Motive für den Konsum pornographischer Inhalte reichen von der Nutzung zur Selbstbefriedigung, zum Abbau sexueller Hemmungen und zur Stimulation sexuellen Verlangens im Rahmen des Vorspiels bis hin zur Nutzung aus Neugier und zu Informationszwecken.
- Wirkungsstudien haben ergeben, dass der häufige Konsum pornographischer Medienangebote zu emotionalen und psychophysiologischen Habitualisierungseffekten führt. Darüber hinaus konnte gezeigt werden, dass Pornographie die Art und Weise beeinflussen kann, wie Sexualität – und hierbei insbesondere die weibliche Sexualität – wahrgenommen wird. Des Weiteren können sich pornographische Darstellungen nachteilig sowohl auf selbstbezogene Einstellungen und Bewertungen des sexuellen Verhaltens als auch auf die Zufriedenheit mit der Partnerschaft auswirken. Ob Pornographie ihre Konsumenten dazu anregt, das gezeigte Verhalten (insbesondere gewalttätiges Verhalten in Verbindung mit sexuellen Aktivitäten) nachzuahmen, ist durch die gegenwärtige Forschungslage nicht klar erwiesen.

Leseempfehlung

- Bremme, B. (1990). Sexualität im Zerrspiegel. Die Debatte um Pornographie. Münster: Waxmann.
- Faulstich, W. (1994). Die Kultur der Pornographie. Kleine Einführung in Geschichte, Medien, Ästhetik, Markt und Bedeutung. Bardowick: Wissenschaftler-Verlag.
- Linz, D. & Malamuth, N. (1993). Pornography. Newbury Park, CA: Sage.
- Zillmann, D. (2004). Pornographie. In R. Mangold, P. Vorderer & G. Bente (Hrsg.), Lehrbuch der Medienpsychologie (S. 565–585). Göttingen, Hogrefe.
- Zillmann, D. & Bryant, J. (1989). Pornography: Research advances and policy considerations. Hillsdale, NJ: Lawrence Erlbaum.

Literatur

Allen, M., D'Alessio, D. & Emmers-Sommer, T.M. (1999). Reactions of criminal sexual offenders to pornography: A meta-analytic summary. Communication yearbook, 22, 139–169.

Arbeitsgemeinschaft Fernsehforschung (AGF). (2005). TV-Rating-Report. Fernsehpanel D + EU. 7. Woche 2005. Frankfurt/Main: AGF.

Arbeitsgemeinschaft Internet Research e.V. (AGIREV). (2003). Online Reichweiten Monitor 2003 II. Planungsdaten für die Online-Welt. Elektronische Publikation (Stand: 2. März 2005, www.agirev.de/download/agirev-codeplan.pdf).

Baker, P. (1992). Maintaining male power: Why heterosexual men use pornography. In C. Itzin (Ed.), Pornography. Women, violence and civil liberties. A radical new view (pp. 124–144). Oxford: Oxford University Press.

Bandura, A. (2000). Die sozial-kognitive Theorie der Massenkommunikation. In A. Schorr (Hrsg.), Publikums- und Wirkungsforschung. Ein Reader (S. 153–180). Wiesbaden: Westdeutscher Verlag.

Beate Uhse AG (2004). 9-Monatsbericht 2004. Elektronische Publikation (Stand: 1. März 2005, www.beateuhse.ag/ir/publications/DE0007551400-Q3-2004-EQ-D-01.pdf).

Bohner, G. (1998). Vergewaltigungsmythen. Psychologie (Bd. 19). Landau: Verlag Empirische Pädagogik.

Bremme, B. (1990). Sexualität im Zerrspiegel. Die Debatte um Pornographie. Münster: Waxmann.

Brosius, H.-B. (1993). Sex und Pornographie in den Massenmedien: Eine Analyse ihrer Inhalte, ihrer Nutzung und ihrer Wirkung. In R. Fröhlich (Hrsg.), Der andere Blick: Aktuelles zur Massenkommunikation aus weiblicher Sicht (S. 139–158). Bochum: Brockmeyer.

Brosius, H.-B. (1996). Angebot und Nachfrage von Sex-Filmen im privaten und öffentlich-rechtlichen Fernsehen. In W. Hömberg & H. Pürer (Hrsg.), Medientransformationen. Zehn Jahre dualer Rundfunk in Deutschland. Schriftenreihe der Deutschen Gesellschaft für Publizistik- und Kommunikationswissenschaft (Band 22, S. 403–422). Konstanz: UVK Medien.

Bryant, J. & Zillmann, D. (2001). Pornography: Models of effect on sexual deviancy. In C.D. Bryant (Ed.), Encyclopedia of criminology and deviant behavior (pp. 241–244). Philadelphia, PA: Brunner-Routledge.

Bundesverband Audiovisuelle Medien (BVV). (2004). BVV-Business Report 2004/2005. Elektronische Publikation (Stand: 16. Februar 2005, www.bvv-medien.de/facts/JWB2005.pdf).

Eccles, A., Marshall, W.L. & Barbaree, H.E. (1988). The vulnerability of erectile measures to repeated assessments. Behavior Research and Therapy, 26(2), 179–183.

Emmers-Sommer, T.M. & Allen, M. (1999). Variables related to sexual coercion: A path model. Journal of Social and Personal Relationships, 16(5), 659–678.

Ertel, H. (1990). Erotika und Pornographie. Repräsentative Befragung und psychophysiologische Langzeitstudie zu Konsum und Wirkung. München: Psychologie Verlags Union.

Faulstich, W. (1994). Die Kultur der Pornographie. Kleine Einführung in Geschichte, Medien, Ästhetik, Markt und Bedeutung. Bardowick: Wissenschaftler-Verlag.

Festinger, L. (1954). A theory of social comparison processes. Human Relations, 7(2), 117–140.

Fittkau & Maaß Consulting GmbH (2004). Allrounder Internet: Vom Massenmedium zum Wirtschaftsfaktor? Trends der Internetstudie „WWW-Benutzer-Analyse W3B" 1995–2004. Elektronische Publikation (Stand: 2. März 2005, www.medientage-muenchen.de/archiv/pdf_2004/Fittkau_Susanne.pdf).

Gluszczynski, A. (1998). ... und dann wackelt das ganze Bett. Wie Kinder sexuelle Darstellungen in den Medien erleben. Pro Familia Magazin, 26(3/4), 23–25.

Grimm, P. (1998). Risiken der Medien und Chancen durch Medienkompetenz. In: W. Brinkmann & A. Krüger (Hrsg.), Praxisratgeber für Schulleiter, Pädagogen und Eltern. Kinder und Jugendschutz. Sucht, Medien, Gewalt, Sekten (S. 135–164). Stadtbergen: Kognos.

Grünewald, S., Schönrade, U. & Szymkowiak, F. (1997). Qualitative Grundlagenstudie: Jugendschutz und TV-Erotik. Eine tiefenpsychologische Studie zur Wirkung von TV-Erotik auf Jugendliche und zu den familiären Jugendschutzformen. Köln: IFM.

Linz, D. (1989). Exposure to sexually explicit materials and attitudes toward rape. Journal of Sex Research, 26(1), 50–81.

Linz, D., Donnerstein, E. & Penrod, S. (1988). Long-term exposure to violent and sexually degrading depictions of women. Journal of Personality and Social Psychology, 55(5), 758–768.

Lyons, J. S., Anderson, R.L. & Larson, D.B. (1994). A systematic review of the effects of aggressive and nonaggressive pornography. In D. Zillmann, J. Bryant & A.C. Huston (Eds.), Media, children, and the family: Social scientific, psychodynamic, and clinical perspectives (pp. 271–309). Hillsdale, NJ: Lawrence Erlbaum.

Malamuth, N. & Check, J.V. (1985). The effects of aggressive pornography on beliefs in rape myths: Individual differences. Journal of Research in Personality, 19(3), 299–320.

Malamuth, N. (1986). Predictors of naturalistic sexual aggression. Journal of Personality and Social Psychology, 50, 953–962.

Marshall, W.L. (1988). The use of sexually explicit stimuli by rapists, child molesters, and nonoffenders. Journal of Sex Research, 25(2), 267–288.

Medienpädagogischer Forschungsverbund Südwest (mpfs). (2004). JIM 2004: Jugend, Information, (Multi-)Media. Basisuntersuchung zum Medienumgang 12- bis 19-Jähriger in Deutschland. Baden-Baden: mpfs.

MPA Worldwide Market Research (2003). US Entertainment Industry: 2003 MPA Market Statistics. Elektronische Publikation (Stand: 15. Februar 2005, www.mpaa.org/useconomicreview/).

Renner, T. (2004). Kinder der Tod ist gar nicht so schlimm. Über die Zukunft der Musik- und Medienindustrie. Frankfurt: Campus.

Schill, T., van Tuinen, M. & Doty, D. (1980). Repeated exposure to pornography and arousal levels of subjects varying in guilt. Psychological Reports, 46(2), 467–471.

TNS Interactive/eMind@emnid (2002). (N)Onliner Atlas 2002. Eine Topographie des digitalen Grabens durch Deutschland. Elektronische Publikation (Stand: 2. März 2005, www.nonliner-atlas.de/pdf/NONLINER-Atlas2002_TNS_Emnid_InitiativeD21.pdf).

Walther, K. (1997). Zum Begriff der Pornographie. tv-diskurs, 3, 102–107.

Zillmann, D. (2002). Exemplification theory of media influence. In J. Bryant & D. Zillmann (Eds.), Media effects: Advances in theory and research (pp. 19–41). Hillsdale, NJ: Lawrence Erlbaum.

Zillmann, D. (2004). Pornographie. In R. Mangold, P. Vorderer & G. Bente (Hrsg.), Lehrbuch der Medienpsychologie (S. 565–585). Göttingen: Hogrefe.

Zillmann, D. & Brosius, H.-B. (2000). Exemplification in communication: The influence of case reports on the perception of issues. Mahwah, NJ: Lawrence Erlbaum.

Zillmann, D. & Bryant, J. (1982). Pornography, sexual callousness, and the trivialization of rape. Journal of Communication, 32(4), 10–21.

Zillmann, D. & Bryant, J. (1986). Shifting preferences in pornography consumption. Communication Research, 13, 560–578.

Zillmann, D. & Bryant, J. (1988a). Pornography's impact on sexual satisfaction. Journal of Applied Social Psychology, 18(5), 438–453.

Zillmann, D. & Bryant, J. (1988b). Effects of prolonged consumption of pornography on family values. Journal of Family Issues, 9(4), 518–544.

23 Computer- und Videospiele

Roland Gimmler

Video- und Computerspiele – gemeinsam auch als Bildschirmspiele bezeichnet – genießen seit ihrer Erfindung in den 60er Jahren eine zunehmende Popularität und haben sich von anfänglich einfachen zweidimensionalen Tennis- und Weltraum-Ballerspielen in einfarbiger Vektorgrafik hin zu real anmutenden dreidimensionalen virtuellen Welten entwickelt. Inzwischen haben viele Computerspiele Kultstatus erlangt, sie werden unter künstlerischen Aspekten gewürdigt („International Game Awards" von MTV) und als professioneller Einzel- und Mannschaftssport betrieben. Ihr enormer Stellenwert lässt sich auch an den Umsatzzahlen ablesen: Allein in der BRD wurden 2003 etwa 42 Millionen PC- und Konsolenspiele verkauft (VUD, 2004).

Die Kommunikationspsychologie befasst sich mit Computerspielen vorrangig unter dem Aspekt der Wirkung gewalthaltiger Spiele sowie mit Nutzungsmotiven und -prozessen, aber auch mit beabsichtigten Wirkungen in Lehr-, Lern- und Bildungsprozessen. Hierzu gibt das Kapitel einen einführenden Überblick; zuvor soll jedoch auf ausgewählte Grundlagen eingegangen werden.

23.1 Grundlagen

Auf der rein technischen Ebene lassen sich Bildschirmspiele definieren als Spiele, die auf Computertechnik beruhen. Genutzt werden können sie auf verschiedenen Hardwareplattformen: Abgesehen vom PC zählen hierzu Arcade Games (Spielgeräte in Spielhallen), Spielkonsolen, die mit dem Fernsehgerät verbunden werden (für Videospiele), und Handhelds (tragbare Spielgeräte wie der Gameboy). Weitere Plattformen sind Handy und PDA (Personal Digital Assistant).

Bildschirmspiele haben bestimmte gemeinsame Merkmale, während sich einzelne Spielkategorien durch bestimmte Spezifika auszeichnen. Auf beides wollen wir im Folgenden eingehen. Erst auf dieser Grundlage lassen sich – auch im Unterschied zu anderen Medien – ihre Attraktivität und ihre Besonderheiten in Bezug auf Kognitionen, Nutzungsweise, Erleben sowie spezifischer Gratifikationen und Risiken verstehen.

> **!** **Bildschirmspiele** lassen sich definieren als ein interaktives Individualmedium, das auf Computertechnologie beruht.

23.1.1 Allgemeine Merkmale von Computerspielen

Für ein Verständnis von Computerspielen sind insbesondere zwei Ansätze grundlegend, die sich vorrangig durch ihre Herkunft und Begrifflichkeit unterscheiden:

- der spieltheoretisch-phänomenologische Ansatz,
- der kommunikationspsychologische Ansatz.

Das Wesen des Spiels aus spieltheoretisch-phänomenologischer Sichtweise. Ausgehend von phänomenologisch orientierten Spieltheorien ist das Spiel –

#2062215 Six u.a. 198pv023v.doc VM3/Kramer/Pfü./Kr./Pfü.

als eine grundlegende menschliche Aktivität – durch folgende Merkmale gekennzeichnet (Schlütz, 2002), die auch auf Computerspiele zutreffen:

- Der Spielzweck liegt in der Handlung selbst und nicht außerhalb von ihr.
- Spielen ist ein auf Regeln beruhendes, aufeinander oder auf einen Gegenstand bezogenes Handeln mit Konsequenzen für den Interaktionsverlauf.
- Spielen bedeutet Handlung in einer „anderen", von der „echten" Realität abgetrennten Welt mit eigenen Gesetzmäßigkeiten. Mit dem spezifischen Verständnisrahmen, der vom Spiel gesetzt wird, ergeben sich keine Konsequenzen für die „echte" Realität. Dadurch ist vieles möglich, was sonst vielleicht gefährlich oder illegal wäre.
- Spielhandlungen gehen mit als angenehm empfundenen Wechseln psychischer Zustände (z.B. Freude und Ärger, An- und Entspannung) einher, durch die eine lustvolle Spannung erlebt wird.
- Spielhandlungen wiederholen sich häufig und vermitteln den Nutzern damit u.a. Sicherheit.

Computerspiele aus kommunikationspsychologischer Sicht. Das Computerspiel lässt sich als ein interaktives, auf Computertechnologie beruhendes Individualmedium definieren und der Mensch-Computer-Kommunikation aber auch – je nach Spielart – der computervermittelten interpersonalen Kommunikation zuordnen (vgl. Six & Gimmler, 2005): Computerspielen kann zum einen als (wechselseitiger) Dialog zwischen Spieler und Computer aufgefasst werden. Zum anderen ist der Computer bei Multiuser- und Onlinespielen gleichzeitig die Schnittstelle für die Interaktion zwischen den Spielern. Diese Schnittstelle ermöglicht über den Computer vermittelt ein Handeln in der virtuellen Spielumgebung, das wechselseitig aufeinander bezogen und für die Beteiligten sichtbar ist, und darüber hinaus bei einigen Spielen auch die schriftsprachliche Kommunikation. Insofern ist die Mensch-Computer-Kommunikation ein Merkmal aller Computerspiele, wohingegen eine Kommunikation zwischen Spielern nur bei speziellen Spielformaten möglich ist.

Mit beiden Kommunikationsarten verbunden ist insofern ein wesentliches Merkmal von Computerspielen: die Interaktivität. Sie ermöglicht eine Kommunikation mit dem Computer oder gegebenenfalls mit anderen Spielern und damit zusammenhängend den Einfluss auf den Spielinhalt bzw. Spielverlauf. Anders als bei der Nutzung von Massenmedien kommt dem Computerspieler neben der Rezipientenrolle vor allem die Rolle des unmittelbar aktiv Beteiligten zu, durch dessen Zutun die narrative Spielhandlung ermöglicht wird. Innerhalb der Handlung schlüpft er gegebenenfalls in die Rolle der Spielfigur, wodurch er selbst zum Protagonisten wird. Zwar geschieht dies innerhalb vorgegebener Regeln, aber der Verlauf des Spielgeschehens ist im Vergleich zu einer Spielfilmhandlung offen, da der Spieler auf den Spielverlauf Einfluss nimmt.

23.1.2 Spielangebote und -inhalte: Genres und Genremerkmale

Einige grundlegende Merkmale von Computerspielen wurden bereits genannt und sollen nun im Rahmen einer Taxonomie differenziert und ergänzt werden.

Als Grundlage einer Kategorisierung schlägt Fritz (1997a) drei Dimensionen vor, die mit unterschiedlichen Nutzeranforderungen einhergehen:

- **Denken.** Spielformen, bei denen man sich auf das „Denken" konzentriert, erfordern vor allem planvolles, strategisches Denken und durchdachtes „indirektes" Handeln (d.h., der Spieler bestimmt zwar, welche Handlungen im Spiel ausgeführt werden *sollen*, er führt diese aber nicht unmittelbar selbst aus). In Reinform wäre ein solches Spielen vor allem dadurch gekennzeichnet, dass die Steuerung der Spielelemente im Vordergrund steht (z.B. beim Zusammenfügen einzelner Bauteile zu einer funktionstüchtigen Maschine) und dies ohne Zeitdruck ermöglicht wird.
- **„Action"-dominierte Spiele.** Diese Spielkategorie erfordert vom Spieler schnelles und direktes Handeln (oft unter Zeitdruck) und Steuern einer Spielfigur (im Unterschied zu Spielelementen) in

Teil II Medienpsychologie

filmischen Spielabläufen. Entsprechend ist eine akkurate Bedienung der Eingabegeräte wesentlich für den Spielerfolg.

- **Geschichten.** Konstituierendes Merkmal dieser Kategorie ist ein festgelegter, das gesamte Spiel umfassender Handlungsbogen bzw. -ablauf, innerhalb dessen der Spieler vielseitige Aufgaben (in aller Regel ohne Zeitdruck) lösen muss, um einzelne Spielziele (z.B. den Fortgang der Geschichte zu erfahren) oder ein Hauptziel (z.B. eine Prinzessin zu befreien) zu erreichen.

Ähnlich, aber nicht deckungsgleich, beruhen die Klassifikationsmerkmale nach Klimmt (2004) auf den inhaltlichen Spielbestandteilen „narrativer Kontext“, „Art der Aufgabe“ und auf der medialen „Darstellungsform“ bzw. Repräsentation (s. Kasten über die Klassifikationsmerkmale für Spiele nach Klimmt).

Deutlich wird bei beiden Grundtaxonomien, dass insbesondere Aufgabenstellungen und Handlungsmöglichkeiten grundlegend für eine Genrebestimmung sind und dass sich diese anhand verschiedener narrativer Rahmungen weiter ausdifferenzieren lassen. Eine Einteilung in Computerspielgenres zeigt Tabelle 23.1, die im Rahmen einer Untersuchung zur Gewalt in Computerspielen entwickelt wurde

Tabelle 23.1. Genres von Computerspielen (nach Ladas, 2002, S. 47)

Genre (mit Beispielen)	Denken	Action	Geschichten	Gewalt
(3D)-Actionspiele (z.B. Doom, Quake, Half-Life, Tomb Raider)	niedrig	hoch	mittel	hoch
Kampfsportspiele (z.B. Mortal Kombat, Street Fighter, Tekken)	niedrig	hoch	niedrig	hoch
(Kriegs-)Strategiespiele (z.B. Command & Conquer, Total Annihilation)	hoch	niedrig	mittel	hoch
Wirtschaft- und Aufbausimulationen (z.B. Siedler, Sim City, Die Sims)	hoch	niedrig	mittel	niedrig
(Flug-)Simulationen militärisch (z.B. F/A-18, Commanche, MI Tank Platoon)	mittel	hoch	mittel	hoch
(Flug-)Simulationen zivil (z.B. Microsoft Flight Simulator, Flight unlimited)	mittel	mittel	niedrig	niedrig
(Auto-)Rennspiele (z.B. Need for Speed, Grand Prix 3, Superbike)	niedrig	hoch	niedrig	mittel
Sportspiele (z.B. FIFA Soccer, Sydney 2000, NBA)	niedrig	hoch	niedrig	niedrig
Jump-and-Run (Hüpf- und Sammelspiele) (z.B. Rayman, Super Mario, Sonic)	niedrig	hoch	mittel	niedrig
Rollenspiele (z.B. Diablo, Ultima, Final Fantasy)	hoch	mittel	hoch	hoch
Adventures (z.B. Monkey Island, Tex Murphy, Gabriel Knight)	hoch	niedrig	hoch	niedrig
Denk- und Geschicklichkeitsspiele (z.B. Tetris, Solitär, Lemmings)	hoch	niedrig	niedrig	niedrig

Klassifikationsmerkmale für Spiele nach Klimmt (2004)
Narrativer Kontext: Einbettung des Handlungsgeschehens (z.B. historische Epoche, Ort der Handlung, Akteure und ihre Ziele sowie Ereignisse) und Definition der Spielerrolle;
Aufgabe: Differenzierung nach Typ, Umfang; Anforderung spielbezogener Problemstellungen (Zeitdruck und Komplexität);
Darstellungsform: Art und Weise, wie Inhalte entsprechend den technischen Möglichkeiten dargestellt sind; vor allem Spielraum (zwei-, dreidimensional einschließlich verschiedener Perspektiven) und Spielzeit (z.B. Echtzeit).

(Ladas, 2002) und auf den Dimensionen von Fritz (s. oben) aufbaut.

Drei besonders beliebte Genres werden in Tabelle 23.2 im Hinblick auf Spielerperspektive und Spielerrolle, Spielhandlung und -welt sowie jeweilige Nutzeranforderungen und Handlungsziele verglichen. Es sind aber auch zahlreiche Spiele auf dem Markt, die aus einer solchen idealtypischen Zuordnung ausbrechen: z.B. Aufbaustrategiespiele, die in „Quasi"-Echtzeit gespielt werden und zum Teil Genreübergänge zur „Simulation" aufweisen (wie das Imperial-Strategy-Game „Age of Empires"). Einige Spiele, insbesondere „3-D-Actionspiele" sind für das vernetzte Spielen (z.B. auf LAN-Partys) oder für das Onlinespielen mit mehreren Mitspielern geeignet. Es kommen die häufig textbasierten Online-Rollenspiele hinzu, z.B. MUDs (Multi User Dungeons), in denen es darum geht, in einer zumeist mystischen virtuellen Umgebung durch Interaktion mit realen und virtuellen (vom Computerprogramm „belebten") Rollenspielern Rätsel zu lösen und in aller Regel innerhalb einer Hierarchie von Gnomen, Elfen und Magiern aufzusteigen (vgl. Six, Gimmler & Vogel, 2002).

Tabelle 23.2. Idealtypischer Vergleich ausgewählter Genres von Computerspielen und ihrer Merkmale (in Anlehnung an Ladas, 2002; Wesener, 2004)

Genre	Spielerperspektive	Spielerrolle	Spielhandlung und -welt	Anforderungen und Handlungsziel	weitere Merkmale
(3D)-Actionspiele v.a. „Ego-Shooter" bzw. „First-Person-Shooter"	Ego-Perspektive	Spieler schlüpft in die Rolle einer Spielfigur	eher lineare Spielhandlung (wenig Nebenhandlungsstränge) in mikrovirtueller Welt; häufig in Labyrinthen	Schnelligkeit, Kämpfen und Überleben (Action) in „quasi"-Echtzeit	Kampfspiele mit hohem Gewaltanteil
(Kriegs-) Strategiespiele	distanzierte „virtuelle" Kamera- und/oder Vogelperspektive	Rolle eines Feldherren	eher nichtlineare Spielhandlung (da mehrere Spielstrategien möglich) in mesovirtueller Welt	strategische Entscheidungen (u.a. Auswahl der Bewaffnung, Eroberung von Territorien und Rohstoffen)	Häufig Wechsel der Perspektiven, je nach Mission
Wirtschafts- und Aufbausimulationen	häufig Vogelperspektive sowie Blick auf Parameter und Statistiken	Rolle eines Managers oder Gottes	Systeme mit komplexen wirtschaftlichen und ökologischen Zusammenhängen = makrovirtuelle Welt	strategische Planung, Ressourcenaufbau und Logistik für Wachstum und Überleben von Systemen	kein Zeitdruck

Teil II Medienpsychologie

23.2 Stellenwert und Nutzung von Bildschirmspielen bei Kindern und Jugendlichen

Man könnte hier nun die bruchstückhaften und zum Teil nicht aktuellen Daten aus verschiedenen Erhebungen zu Stellenwert und Nutzung von Bildschirmspielen in der BRD zusammenstellen. Stattdessen werden im folgenden Kasten einige ausgewählte grundlegende Erkenntnisse dazu zusammengefasst, wie Kinder und Jugendlichen Bildschirmspiele nutzen.

23.3 Die Faszinationskraft der Computerspiele: Attraktivität, Motive und Funktionen

Motive und Funktionen des Computerspielens lassen sich in Anlehnung an Ladas (2002) zunächst auf einer kategorialen Ebene in Primärmotivationen (im Sinne von Anknüpfung an Vorlieben, Interessen etc.) und Sekundärmotivationen (z.B. Kontrolle, Macht, Leistung, Spielerfolg) trennen. Davon abzugrenzen sind situative Nutzungsanlässe (z.B. Langeweile, aktuell fehlende Alternativen, schlechte Stimmung, Stress, neues Spiel). Des Weiteren lassen sich grob zwei verschiedene Sichtweisen identifizieren, die beide – wenn auch aus unterschiedlichen Perspektiven – die Begeisterung für das Computerspielen erklären: die phänomenologische und die bedürfnisorientierte Sichtweise.

Daten zu Stellenwert und Nutzung von Bildschirmspielen in der BRD

- Etwa ein Viertel der Bevölkerung spielt regelmäßig am PC oder mit Spielkonsolen. Die Hauptgruppe der intensiven Nutzer ist zwischen 14 und 25 Jahren alt.
- Bildschirmspiele sind bei Kindern und Jugendlichen fester Bestandteil der Freizeit und haben bei ihnen ein überwiegend positives Image.
- Spielen zählt bei ihnen zur häufigsten Form der Beschäftigung am Computer.
- Die Nutzung findet überwiegend zu Hause statt.
- Am beliebtesten sind Action- und Strategiespiele.
- Etwas mehr als die Hälfte der Spielenutzung findet allein statt. Gleichzeitig aber sind Spielenutzer nicht in sich zurückgezogen und isoliert, sondern bevorzugen, wenn möglich, das gemeinsame Spielen.
- Die Gruppe der Vielspieler macht je nach Definition (z.B. mehr als zwei Stunden täglich) und Untersuchungsmethode einen Anteil von 5 bis 12 % an der Gesamtstichprobe aus.
- Mädchen zählen im Durchschnitt seltener zu den Bildschirmspielern, besitzen weniger und schlechter ausgestattete Hardware, spielen weniger häufig und ausdauernd und lehnen Action- und gewaltlastige Spiele eher ab.
- Computerspiele werden häufig in Intervallen gespielt: Eine gewisse Zeit sind sie „in“ und werden dann zum Teil auch exzessiv genutzt („novelty effect“). Darauf können Phasen folgen, in denen die Spiele ihren Reiz verloren haben und man sich anderen Aktivitäten widmet.
- Ein Großteil der Spiele, die sich im Besitz von Jugendlichen befinden, wird nicht käuflich erworben, sondern es sind Raubkopien.

(Quellen u.a. Feierabend & Klingler, 2004; Computec & Enigma GfK Medienforschung, 2003; Ladas, 2002; Gruner + Jahr AG & Co, 2002; Informationen des Verbandes der Unterhaltungssoftware Deutschland e.V. unter www.vud.de)

23.3.1 Die phänomenologische Sichtweise

Aus phänomenologischer Sicht interessiert insbesondere die Frage, wie sich aus Merkmalen des Computerspiels und -spielens Motive und Funktionen und damit die Faszinationskraft von Computerspielen ableiten lassen. Im Vordergrund entsprechender Forschungsansätze (die sich u.a. an spieltheoretisch orientierten, kommunikationspsychologischen oder lebensweltorientierten Konzepten anlehnen) steht deshalb die Frage, wie Spielmerkmale und Nutzeraktivitäten/-aktivierungen während der Nutzung zusammenwirken.

Ein bekannter Vertreter dieser Sichtweise ist Fritz (z.B. 2003a). Er unterscheidet vier ineinander greifende „Funktionskreise", die das Motivierungspotenzial von Spielen mit der Motivationskonstellation des Spielers verbinden und die merkmalsbezogenen Anforderungen an Nutzeraktivitäten aufzeigen (s. nachfolgenden Kasten).

Funktionskreise und ihre jeweiligen Nutzeranforderungen nach Fritz (2003a)

- **Pragmatischer Funktionskreis**
  Sensumotorische Synchronisierung (Erweiterung des „Körperschemas" im Sinne von Körperbewegungen auf die Spielfigur bzw. „die elektronischen Stellvertreter");
- **Semantischer Funktionskreis**
  Bedeutungsübertragung (Erfassung der Inhalte und Darstellungen im Spiel);
- **Syntaktischer Funktionskreis**
  Regelkompetenz (Regeln verstehen, Spielziele und -strategien entwickeln und angemessen handeln);
- **Dynamischer Funktionskreis**
  Selbstbezug (Verknüpfung von Spielinhalt und Lebensthematik stellt die Beziehung zum Spiel her).

Die Funktionskreise erklären einzeln, aber auch durch ihr Zusammenwirken die spielspezifischen Mechanismen, durch die Computerspiele Kontroll- und Selbstwirksamkeitserleben vermitteln, Identifikation mit der Spielfigur ermöglichen und emotionale Reaktionen (wie Freude, Stolz, Verärgerung) auslösen. Ein Kontroll- und Selbstwirksamkeitserleben wird dabei insbesondere in folgender Weise vermittelt:

- durch die im Verlauf des Spiels stufenweise erlernte Beherrschung von Bewegungs- und Handlungsmöglichkeiten der Figur („pragmatischer Funktionskreis"),
- durch eine Bedeutungsübertragung auf die Rolle der Spielfigur im zu deutenden Spielumfeld („semantischer Funktionskreis"),
- durch spielbezogene Regelkompetenz („syntaktischer Funktionskreis"),
- durch Selbstbezug.

Der „Selbstbezug", der durch die ersten drei Funktionskreise ermöglicht wird, erklärt dabei im Sinne einer Passung von Spiel- und „Lebenswelt"-Thematik die Primärmotivation des Computerspielens. Eine solche Passung (von Fritz auch als „parallele Kopplung" bezeichnet) konnte in mehreren Studien sowohl für primäre als auch für sekundäre Motivationen nachgewiesen werden (vgl. z.B. Überblick bei Ladas, 2002): So gibt es deutliche Anzeichen dafür, dass Computerspieler ihre Spiele mit Bezug zur eigenen Persönlichkeit, Lebenssituation, (sonstigen) Hobbys, Vorlieben und Interessen auswählen (primäre Motivation). Aber auch Streben nach Macht, Herrschaft, Erfolg und Kontrollerleben als zentrale Lebensthematiken von Heranwachsenden spiegeln sich in allgemeinen Spielmotivationen wider (sekundäre Motivation).

Neben der Passung zwischen Spielthematik und Lebenswelt der Nutzer (z.B. ein Fußballspieler spielt ein Fußballcomputerspiel) kann die Faszination von Computerspielen – wie weitere Forschungsergebnisse (z.B. Wegge, Kleinbeck & Quäck, 1995) zeigen – auch durch die „kompensatorische Kopplung" erklärt werden: Viele Computerspiele bieten die Möglichkeit, im Spiel etwa in andere Rollen zu schlüpfen und/oder Handlungen auszuführen, die in der realen Welt nicht oder nicht gefahrlos möglich sind (z.B. Fliegen oder gegen böse Monster kämpfen), und somit etwas zu erleben, was ansonsten nicht zu erleben ist.

Und schließlich erklärt sich die Spielattraktivität und Spielmotivation durch das „Immersionspotenzial" der Spiele, d.h. die Möglichkeit, in die Spielwelt abzutauchen und in ihr aufzugehen. Ein solches Potenzial ergibt sich nach Fritz durch das Zusammenwirken der oben genannten Funktionskreise, insbesondere in Bezug auf Kompetenz- oder Kontrollerleben. Diese Annahme stimmt mit Befunden überein (z.B. Fritz, 1997b), wonach es während der Nutzung – bei optimaler Passung von Spielanforderungen und Spielerfähigkeiten – zu dem mit Glücksgefühlen einhergehenden und als „Flow" bezeichneten Effekt des völligen Aufgehens im Spiel kommen kann.

23.3.2 Die bedürfnisorientierte Sichtweise

Im Unterschied zur phänomenologischen Sichtweise liegt der Ausgangspunkt für die Erforschung von Funktionen bzw. Nutzungsmotiven des Computerspiels weniger auf der Seite des Spiels und seiner Merkmale als vielmehr bei den Bedürfnissen, Einstellungen und Erwartungen der Nutzer. Somit finden sich hier auch Forschungsergebnisse, die in der Tradition des „Uses-And-Gratifications-Ansatzes" (UGA; s. Kap. 16 über Medienhandeln, speziell Abschnitt 16.3.1) stehen und insbesondere die Frage nach gesuchten und erhaltenen Gratifikationen oder nach situationalen Anlässen zur Nutzung von Medien beantworten.

Phänomenologische und bedürfnisorientierte Sichtweisen ergänzen sich wechselseitig. Vertreter beider Sichtweisen haben aber auch gemeinsame Anliegen. Dies betrifft insbesondere die Frage der Übereinstimmung zwischen den Funktionen, die aus den Merkmalen von Computerspielen hergeleitet werden, und den Nutzungsmotiven, die das Individuum mehr oder weniger bewusst mit der Zuwendung zu Computerspielen verbindet (im Sinne von erwarteten bzw. gesuchten Gratifikationen).

Zu den wenigen deutschsprachigen Arbeiten, die sich in diesem Kontext ausdrücklich auf den UGA berufen, zählen die Studien von Schlütz (2002). Sie überführt den UGA aufgrund handlungstheoretischer Überlegungen aus der Medienforschung und aus Theorien des Erlebens in ein „erweitertes Handlungsmodell spielerischer Mediennutzung". Demnach kann Medienhandeln auf zweierlei Art zielgerichtet sein: auf Ziele außerhalb der Handlung (intendierter Nutzen, Nutzungsergebnis) und/oder auf die Handlung selbst (Erleben während der Nutzung). Weiterhin unterscheidet sie:

- generelle Gratifikationserwartungen (im Allgemeinen vorliegende Gründe),
- konkrete, situative Handlungsauslöser,
- konkrete gesuchte Gratifikationen (Handlungsmotive) unmittelbar vor dem Computerspielen,
- erhaltene Gratifikationen unmittelbar nach der jeweiligen Computerspielnutzung.

Die letzten drei Variablen ebenso wie das emotionale Erleben vor, während und nach dem Spielen wurden situationsnah mit Tagebuchverfahren erhoben.

Als Handlungsauslöser bzw. Nutzungsanlässe findet Schlütz in ihren Studien vor allem Folgendes: Computerspiele werden insbesondere dann genutzt, wenn die Spieler Lust und Zeit haben, aber auch aus Langeweile. Ein Mangel an Alternativen (z.B. wegen schlechten Wetters) ist hingegen weniger ausschlaggebend. Es ist auch eher unwahrscheinlich, dass man spielt, wenn man Ruhe haben will oder unter Stress steht (ähnliche Ergebnisse finden sich auch in einer Studie von Ladas, 2002).

Im Hinblick auf die ermittelten generellen Gratifikationserwartungen stimmen die Ergebnisse von Schlütz mit denen aus deutschen (z.B. Ladas, 2002) und US-amerikanischen Studien (Sherry, Lucas, Greenberg & Lachlan, 2005) überein: Wichtigste Motivdimensionen sind demnach vor allem kognitive Herausforderung (auch im Hinblick auf Konzentration), (sozialer) Wettbewerb sowie Spielerfolg. Über die mit erfolgreichem Spielen verbundenen positiven Gefühle (wie Freude und Spaß) hinaus werden auch emotional-physiologische Zustände wie Anspannung, Nervenkitzel und Erregung angestrebt. Demgegenüber spielen insgesamt eskapistische Motive eine geringere und kompensatorische Motive eine weit untergeordnete Rolle. Ähnliches zeigt sich auch für konkret gesuchte Gratifikationen.

Ergebnisse zu erhaltenen Gratifikationen scheinen dazu im Widerspruch zu stehen: Spieler erfahren nämlich nicht nur Spaß, Unterhaltung und Erfolgs- oder Kontrollerlebnisse, sondern erhalten auch eskapistische Gratifikationen (u.a. Abschalten, Probleme vergessen; Schlütz, 2002) oder haben sich entspannt, abreagiert oder erfrischt (Ladas, 2002). Solche Gratifikationen, die sich nach dem Spiel einstellen und sich auf Stimmungs-, Stress- oder Erregungsveränderung beziehen, sind den Spielern offenbar vor dem Computerspielen weniger bewusst. Gleichzeitig erscheint es jedoch plausibel, dass Erfolgs-, Kontroll- und Flow-Erlebnisse beim Spiel mit positiven Stimmungen verknüpft sind, somit – ob bewusst oder unbewusst – der Stimmungsverbesserung dienen können (vgl. Klimmt, 2004; zur Mood-Management-Theorie s. Kap. 7 über Emotionen im Kommunikationskontext, speziell Abschnitt 7.3.2) und daher auch eine bei wenigen Spielern anzutreffende eskapistisch motivierte Zuwendung veranlassen.

23.4 Chancen und Risiken des Computerspielens

Bevor Chancen und Risiken des Computerspielens diskutiert werden, sind einige Differenzierungen im Hinblick auf den Wirkungsbegriff angebracht (vgl. dazu z.B. Six, 2005).

Wirkungsarten. Grundsätzlich ist zu unterscheiden zwischen:

- inhaltsbezogenen Wirkungen der Nutzung eines bestimmten Spiels,
- Folgen einer Nutzung, die von Spielinhalten unabhängig sind und sich aus einer zeitintensiven Zuwendung zu Spielen ergeben (z.B. Vernachlässigung von Pflichten).

Dabei lassen sich Erstere, also auf den Inhalt bzw. das Spiel bezogene Wirkungen, bereits anhand der oben erwähnten Funktionskreise von Fritz herleiten. Diese Wirkungen beziehen sich vor allem auf Gratifikationen, die bereits während der Nutzung eintreten können (z.B. Entspannung oder Stimmungsregulation), sowie auf die hiermit verbundenen Erlebnisdimensionen (vor allem Selbstwirksamkeits-, Kontroll-, „Flow"-Erleben). Von solchen Wirkungen, die sich kurzfristig einstellen und vom Nutzer gegebenenfalls beabsichtigt sind (intendierte Wirkungen), können jene unterschieden werden, die nicht beabsichtigt (nicht intendierte Wirkungen) oder sogar unerwünscht sind (z.B. Frustration, Schwindelgefühle in 3D-Welten), und jene, die sich nicht bereits während des Spielens, sondern erst langfristig ergeben (z.B. Einstellungsänderungen).

Wirkungsbereiche. Die in der Forschung zu Bildschirmspielen hauptsächlich thematisierten Auswirkungen lassen sich folgenden Bereichen zuordnen:

- physiologischer und sensumotorischer Bereich (z.B. Erregung, Steigerung der Reaktionsfähigkeit),
- emotionaler Bereich (z.B. Angst, Wut, Frustration, Freude),
- kognitiver Bereich (z.B. Verstärkung negativer Einstellungen, Training strategischen Denkens und räumlicher Vorstellung),
- sozialer und verhaltensbezogener Bereich (z.B. Begünstigung aggressiven Verhaltens, Steigerung von Teamorientierung).

Die oben (in Klammern) genannten Wirkungen können als empirisch belegt angesehen werden. Sie stehen jedoch nicht in einem einfachen kausalen Wirkungszusammenhang, sondern hängen von verschiedenen Einflussgrößen ab. Zu diesen zählen u.a. Persönlichkeitsmerkmale, kognitiver und emotionaler Entwicklungsstand sowie verschiedene Kompetenzen (z.B. Medienkompetenz, Spielkompetenz) und Erfahrungen (für einen Überblick zu diesen Bedingungen im Zusammenhang mit Gewaltwirkungen s. Kap. 8).

Das „Transfermodell" von Fritz. Als allgemeines Modell und Forschungsparadigma zur Wirkung von Bildschirmspielen kann das Transfermodell von Fritz (2003b) gelten. Es ist konstruktivistisch ausgerichtet und basiert auf einer Kombination aus Schema- und Lebensweltkonzept. Dem Modell liegt die Auffassung zugrunde, dass Wirklichkeit nicht durch Wahrnehmung erfahren werden kann und entsprechend jeder Mensch eine „eigene" Realität konstruiert, indem er seine Reizeindrücke seiner Lebenswelt zuordnet. Die Lebenswelt bildet dabei den Orientierungsrahmen für eine sinnvolle Ordnung von Wahrnehmungen und Handlungen und ist letztlich das, was für den Menschen Bedeutung hat. Die Lebenswelt untergliedert sich in verschiedene Teilwelten, zu denen – neben der „realen" Welt (die in ihren Konsequenzen unmittelbar wirksam ist und vom Menschen als „wirklich" zugeordnet wird) – auch die Traumwelt, die „mentale Welt" und letztlich die „virtuelle", „mediale Welt" und die Spielwelt zählen. Sie werden als geschlossene Sinngebiete aufgefasst, in denen spezifische Zuordnungsmuster gelten und Schemata erlernt werden. Insgesamt versucht das Modell zu erklären, inwieweit und wie ein wechselseitiger Schematransfer zwischen den verschiedenen Welten möglich ist. Dabei unterscheidet man verschiedene Schemaebenen und Transferformen. Ein Beispiel ist der problemlösende Transfer: Spieler, die bei einem Spiel nicht mehr weiterkommen, denken auch nach dem Abschalten noch über Lösungsmöglichkeiten nach und schalten, wenn sie sich intensiv damit auseinander gesetzt haben, den Computer wieder an (Witting & Esser, 2003).

Wirkungsbefürchtungen. Befürchtungen negativer Wirkungen von Computerspielen beziehen sich vor allem auf Kinder und Jugendliche, und zwar primär mit Blick auf

- exzessives Computerspielen und die damit verbundene Wirkungsthese der sozialen Isolation und/oder Computerspielsucht (zu exzessiver Mediennutzung s. Kap. 17),
- gewalthaltige Spiele, Pornospiele sowie sog. Nazi-Ware, deren Inhalte zum Rassenhass aufstacheln (zu Wirkungen von Gewaltdarstellungen in den Massenmedien s. Abschnitt 8.5.3).

23.4.1 Computerspiele im Kontext problematischer Inhalte: Gewalt

Mit dem Funktionskreismodell von Fritz (vgl. Abschnitt 23.3) wurde bereits deutlich, dass sich Wirkungen von Computerspielen nur auf der Grundlage spielspezifischer Merkmale und Mechanismen analysieren lassen. Dies gilt gerade für die Nutzung gewalthaltiger interaktiver Computerspiele: Selber virtuelle Gewalt auszuüben ist etwas völlig anderes als das Zuschauen z.B. bei Gewalthandlungen im Fernsehen. Insofern lassen sich entsprechende Forschungsergebnisse zu Gewalt in den Massenmedien kaum übertragen. Gleiches gilt für die im Kontext der Massenmedien diskutierten medienpsychologischen Theorien bzw. Thesen zur Wirkung von Gewaltinhalten (vgl. Abschnitt 8.5.3); auch sie sind auf ihre Übertragbarkeit hin zu prüfen. Als Theorien bzw. Konzepte, die in der Forschung zu Computerspielen Bedeutung erlangt haben, sind insbesondere folgende zu nennen:

- Arousal- und Excitation-Transfer-Theorie,
- Priming und Framing,
- sozial-kognitive Lerntheorie,
- Katharsisthese.

Klimmt und Trepte (2003) erwähnen darüber hinaus zwei weitere Theoriestränge, die in jüngster Zeit dazu herangezogen werden, um Wirkungen gewalthaltiger Computerspiele zu erklären.

Forschungsarbeiten, die auf Theorien zu prosozialem Verhalten beruhen (z.B. Wiegmann & van Schie, 1998), lassen darauf schließen, dass gewalthaltige Computerspiele im Allgemeinen keinen Einfluss auf aggressives Verhalten haben, sondern vielmehr prosoziales Verhalten seltener werden lassen.

Attributionstheoretisch orientierte Arbeiten gehen u.a. davon aus, dass die Nutzung gewalthaltiger Spiele einen Einfluss auf die Attributionsstile von Jugendlichen hat. Dabei wird angenommen, dass Misserfolgserlebnisse bei solchen Spielen feindselige Attributionen (z.B. anderen feindselige Motive unterstellen) verstärken und damit aggressive Verhaltenstendenzen begünstigen.

Erste empirische Hinweise liegen vor, die – abgesehen von der Katharsisthese – die verschiedenen Thesen zur Wirkung gewalthaltiger Computerspiele stützen (s. Überblick bei Klimmt & Trepte, 2003; Klimmt, 2004); sie sind jedoch bisher keineswegs abschließend überprüft (Ladas, 2002).

Ein Modell, das einige der genannten Erklärungen miteinander verknüpft, soll im Folgenden dargestellt werden: das General Affective Aggression Model (GAAM; Anderson & Dill, 2000). Es wurde innerhalb der Aggressionsforschung entwickelt und für die Anwendung auf Computerspiele modifiziert. Dabei wird von einem komplexen Prozess mit mehreren Stufen und Rückkopplungen ausgegangen. Dieser durchläuft (1) auf die Person und auf die Situation bezogene Bedingungen (Input-Variablen), (2) aktuelle internale Zustände während der Nutzung, (3) automatische und kontrollierte Bewertungsprozesse sowie (4) individuelles (aggressives) Verhalten. Wesentliche Grundannahmen sind u.a.:

- Gewalthaltige Computerspiele können aggressive Kognitionen, Emotionen sowie ein für das Individuum spezifisches Erregungsniveau auslösen.
- „Aggressive Scripts" sowie aggressive Emotionen und die damit verbundene Erregung können erinnert werden und letztlich aggressives Verhalten hervorbringen.
- Wiederholte Nutzung solcher Spiele trainiert, verstärkt oder vermittelt vor allem:
  - aggressive Scripts,
  - die Erwartung, dass andere aggressiv sind,
  - eine positive Einstellung gegenüber Gewalt,
  - den Glauben, dass Gewalt eine effektive und angemessene Problemlösung ist.

Bei einer Überprüfung des Modells durch Anderson und Dill (2000) konnten in einem Laborexperiment kurzfristige Effekte nachgewiesen werden: Gerade bei Personen mit hoher Gewaltbereitschaft verstärken sich nach einem gewalthaltigen Spiel aggressive Tendenzen. Mit einer Korrelationsstudie konnten sie zudem Zusammenhänge zwischen der Nutzungsdauer solcher „Brutalo"-Spiele, aggressivem Verhalten und aggressiven Dispositionen feststellen. Jedoch zeigt sich auch hier insofern ein klassisches Problem solcher Wirkungsstudien, als nicht zu klären ist, ob Gewaltbereitschaft als Ursache oder Wirkung anzusehen ist (vgl. Frindte & Obwexer, 2003). Zudem ist bezogen auf diese wie auch auf die meisten anderen Studien kritisch anzumerken, dass die bei interaktiven Spielen jeweils interindividuell unterschiedlichen Spielverläufe und damit ungleichen Stimuli unberücksichtigt bleiben und stattdessen allein von der Nutzungsdauer oder -häufigkeit ausgegangen wird (zur Methodenkritik und als Überblick zu Forschungsergebnissen s. z.B. Klimmt, 2004; Ladas, 2003; Sherry, 2001, 2005; zu methodischen Problemen der Forschung zu Wirkungen von Gewalt in den Medien vgl. auch Abschnitt 8.5.3).

Nicht zuletzt erschweren es die hier nur auszugsweise genannten methodischen Einschränkungen und Unterschiede, zu einer Gesamtbeurteilung der empirischen Befunde im Hinblick auf die Wirkungen von Gewaltspielen zu kommen. Zudem gelangen auch Metaanalysen zu unterschiedlichen Einschätzungen (die u.a. davon abhängen, welche Studien als methodisch akzeptabel in das Gesamturteil einfließen): Während beispielsweise Sherry (2001) auf einen eher schwach aggressionsfördernden Effekt schließt, gehen Anderson und Bushman (2001) von etwas stärkeren Wirkungen aus. Und schließlich ist für ein Fazit zu beachten, dass die Spiele, die in den Studien berücksichtigt werden, nicht nur in ihrem Ausmaß an Gewalt, sondern unabhängig davon auch in ihren sonstigen jeweils (genre-)spezifischen Merkmalen variieren (z.B. der Spielerperspektive; s. oben Abschnitt 23.1.2). Insgesamt ist aus dem Forschungsstand jedoch zum einen festzuhalten, dass insbesondere Kurzzeiteffekte untersucht und auch empirisch belegt wurden. Zum anderen ist jedoch weder für kurzfristige noch für längerfristige Wirkungen von einem einfachen Kausalzusammenhang zwischen Computerspielen und sich daraus ergebenden aggressiven Tendenzen auszugehen.

Im Unterschied zu den bisher genannten vorwiegend traditionellen Wirkungsansätzen konzentriert sich das oben beschriebene Transfermodell von Fritz auf Transferprozesse. Hierzu liegen bereits einige Forschungsergebnisse vor (z.B. Witting & Esser, 2003; Ladas, 2002), die darauf hindeuten, dass ein unangepasster Transfer aggressiver Handlungsmuster von der virtuell-medialen Spielwelt in die „reale" Welt eher unwahrscheinlich ist: Nicht schädigende Gewalt im Wettbewerbskontext von Computerspielen unterscheidet sich strukturell so stark von einer zweckgebundenen, schädigenden Gewalt in der Realität, dass eine unveränderte Übernahme von Schemata für das Individuum nicht sinnvoll erscheint. Gewalt im Spiel wird von den Spielern deutlich von Gewalt in der Realität unterschieden. Die weitere Forschung hat nun zu klären, unter welchen Bedingungen solche Transferprozesse gegebenenfalls doch begünstigt werden. Als derartige mögliche Bedingungen werden lange intensive Spielphasen, Identifikation mit der Spielfigur, Ähnlichkeiten zwischen Elementen der virtuellen und realen Welt und vor allem eine geringe „Rahmungskompetenz" angesehen (Witting & Esser, 2003). Unter Rahmungskompetenz wird dabei u.a. die Fähigkeit verstanden, ähnliche Reizeindrücke angemessen den verschiedenen Welten zuzuordnen und unangemessene Transferprozesse frühzeitig zu erkennen (Fritz, 2003b).

Eine andere Vorgehensweise zur Untersuchung gewalthaltiger Computerspiele schlägt Sherry (2005) vor: Er spricht sich für eine Forschung aus, die nicht nur beabsichtigt, aggressionsfördernde Wirkungen nachzuweisen, sondern die vielmehr umgekehrt auch empirische Belege für die These sucht, dass es solche Wirkungen nicht gibt. So zeigt er z.B. an epidemiologischen Daten auf, dass sich die zunehmende Verbreitung gewalthaltiger Spiele in den USA im Zeitraum von 1973 bis 2003 nicht in einer höheren Verbrechensstatistik niederschlägt; man könne sogar deutlich einen umgekehrten Trend erkennen. Unter vielen weiteren Hinweisen wird auch ein einmonatiges Feldexperiment angeführt: Zwischen den Spielern, die zur exzessiven Nutzung eines Multiplayer-Online-Spiels angehalten wurden, und einer Kontrollgruppe, die in der Feldzeit keine Computerspiele nutzte, konnten keine Unterschiede im Hinblick auf „aggressive Kognitionen" (z.B. feindselige Attributionen, aggressive Gedanken) und verbal- oder körperlich-aggressives Verhalten nachgewiesen werden.

Insgesamt erscheinen für die weitere Erforschung der Wirkung gewalthaltiger Computerspiele vor allem folgende Ziele bzw. Ansätze von besonderem Interesse: Neben Falsifikationsstudien sowie Längsschnittstudien zur Untersuchung von langfristigen Wirkungen sind vor allem Ansätze vielversprechend, die den Prozess des Computerspielens und Spielerlebens sowie Transferprozesse analysieren. Dabei interessiert vor allem, welche Spielcharakteristika zu aggressivem Verhalten führen können und welchen Einfluss die Wahrnehmung und Bewertung interaktiver Gewaltausübung auf einen Transfer von Einstellungen und Handlungsmustern, die im Computerspiel erlernt wurden, ins reale Leben hat. Wichtig für die künftige Forschung ist es schließlich auch, genauer zu verstehen, warum und in welchen Situationen gewalthaltige Spiele ausgewählt und genutzt werden.

23.4.2 Positive Wirkungen von Computerspielen

Mit den in Abschnitt 23.3 skizzierten Gratifikationserfahrungen wurden bereits empirisch nachgewiesene, vom Nutzer beabsichtigte Wirkungen von Computerspielen thematisiert, die sich während der Nutzung (z.B. Freude, Spaß, Kontrollerleben, Unterhaltungserleben, Flow) und/oder nachher (z.B. Spannungsabbau, Stimmungsregulation) einstellen.

Als positive Langzeitwirkungen können sich jedoch auch beiläufige (nicht beabsichtigte) Lerneffekte ergeben. Solche Wirkungen, wie sie auch im Rahmen der oben beschriebenen „Funktionskreise" von Fritz theoretisch hergeleitet wurden, gelten vor allem im Hinblick auf Bewegungs- und Wahrnehmungsleistungen als empirisch belegt. Hierzu zählen insbesondere die verbesserte Hand-Auge-Koordination, räumliches Vorstellungsvermögen sowie die Schulung visueller Kompetenz, die parallele Aufmerksamkeit gegenüber verschiedenen Objekten gleichzeitig ermöglicht (s. Überblick bei Klimmt, 2004). Es ist aber auch davon auszugehen, dass spielerisch Kompetenzen erlernt werden, die ebenso für den Umgang mit anderen computertechnischen Medien wie virtuellen Lernumgebungen notwendig sind (z.B. zwischen Optionen wählen oder abspeichern können). Darüber hinaus können bestimmte Spiele Konzentrationsfähigkeit, logisches und strategisches Denken bzw. Problemlösen oder adäquates Handeln unter Stressbedingungen fördern (vgl. Klimmt, 2004).

Insgesamt ist dem Computerspielen damit bereits ein Lernpotenzial zuzuschreiben, das auch innerhalb von intendierten Lern- und Bildungsprozessen eingesetzt werden kann (s. auch Kap. 18).

Gute Möglichkeiten für ein selbstbestimmtes und exploratives Lernen vorgegebener Inhalte bieten Simulations- und Strategiespiele. So können spielerisch z.B. Maschinen konstruiert und physikalische Prozesse verstanden werden oder der Einfluss einzelner Parameter bei ökologischen oder ökonomischen Systemen experimentell variiert und beobachtet werden. Solche Chancen sollten vermehrt gewürdigt und auch genutzt werden.

23.5 Relevanz der Forschung zu Computerspielen

Moderne Computerspiele können inzwischen so programmiert werden, dass sie in ihren räumlich-zeitlichen Simulationen und Spielereignissen immer stärker den Alltagserfahrungen ähneln. Vor diesem Hintergrund gewinnen Erkenntnisse zu Nutzung, Motiven und Wirkungen und im Speziellen zu Prozessen des Schematransfers an weiterer Bedeutung. Anwendung finden sie – gerade im Hinblick auf die enorme Beliebtheit gewalthaltiger 3D-Spiele bei männlichen Jugendlichen – im Rahmen von Bildungs- und Erziehungsprozessen sowie im Zusammenhang mit Fragen des Jugendmedienschutzes. Hierbei stellt sich als weitere Aufgabe, „Rahmungskompetenzen“ zu vermitteln (s. Abs. 23.4.1).

Forschungsergebnisse sind aber auch in anderen Verwertungszusammenhängen bedeutsam – gerade dort, wo das besondere Potenzial bestimmter Kategorien von Computerspielen zum Einsatz kommen kann, z.B. als Werkzeug zur

- Diagnose von Kompetenzen (z.B. Teamfähigkeit, Koordination, Entscheidungen unter Stress),
- Vermittlung von Funktionsabläufen, Systemsteuerung in Lehr-/Lernprozessen,
- Auslösung physiologischer oder affektiver Reaktionen in der experimentellen psychologischen Grundlagenforschung.

Zusammenfassung

- Angesichts der ernormen Popularität und Verbreitung von Bildschirmspielen erscheint dieser relativ junge Forschungsgegenstand bisher als vergleichsweise nur wenig untersucht.
- Bildschirmspiele lassen sich definieren als ein interaktives Individualmedium, das auf Computertechnologie beruht.
- Merkmale von Bildschirmspielen sind grundlegend für das Verständnis von Nutzungspräferenzen, Nutzungsmotiven und spezifischen Wirkungen. Eine wichtige Rolle spielen hierbei die Interaktivität und die damit verbundenen Möglichkeiten zur Beeinflussung und Kontrolle von Handlungsabläufen und zur Identifikation mit der Spielfigur.
- Zur Erklärung der Faszinationskraft von Computerspielen können zwei miteinander verknüpfbare Sichtweisen unterschieden werden:
  - die phänomenologische, unter der erforscht wird, wie sich aus Merkmalen des Computerspiels und -spielens Motive und Funktionen ableiten lassen,
  - die bedürfnisorientierte, unter der primär Zusammenhänge zwischen Nutzerbedürfnissen, der Spielnutzung sowie gesuchten und erhaltenen Gratifikationen analysiert werden.
- Wichtige Motivdimensionen sind kognitive Herausforderung, Wettbewerb und Spielerfolg. Neben positiven Gefühlen (z.B. Freude, Spaß)

werden auch emotional-physiologische Zustände wie Anspannung, Nervenkitzel und Erregung angestrebt. Eskapistische kompensatorische Motive spielen hingegen eine geringere Rolle.
- Insgesamt konzentriert sich die Forschung zu PC- und Videokonsolen-Spielen stark auf die Wirkungen gewalthaltiger Spiele. Forschungsbefunde hierzu sind bislang noch wenig eindeutig. Dies liegt u.a. an methodischen Problemen. Es zeigt sich auch, dass medienpsychologische Theorien und Forschungsergebnisse zu Massenmedien nicht ohne Weiteres übertragbar sind.
- Wesentliche Beiträge zur Erforschung der Wirkungen gewalthaltiger Computerspiele ergeben sich zurzeit vor allem auf Grundlage des General Affective Aggression Models, der sozial-kognitiven Theorie sowie der schematheoretischen Ansätze.
- Die künftige Forschung sollte sich verstärkt einerseits den Transferprozessen zwischen virtueller Spielwelt und „realer Welt" und andererseits dem positiven Wirkungspotenzial von Bildschirmspielen für Lern- und Bildungsprozesse widmen.

Leseempfehlung

- Fromme, J., Meder, N. & Vollmer, N. (2000). Computerspiele in der Kinderkultur. Opladen: Leske + Budrich.
- Vorderer, P. & Bryant, J. (Eds.). (2006). Playing computer games: Motives, responses, and consequences. Mahwah, NJ: Lawrence Erlbaum.
- Fritz, J. & Fehr, W. (Hrsg.). (2003). Computerspiele: Virtuelle Spiel- und Lernwelten. Bonn: Bundeszentrale für politische Bildung.
- Oerter, R. (1999). Psychologie des Spiels. Ein handlungstheoretischer Ansatz. Weinheim: Beltz.

Literatur

Anderson, C.A. & Bushman, B.J. (2001). Effects of violent video games on aggressive behavior, aggressive cognition, aggressive affect, physiological arousal, and prosocial behavior: A meta-analytic review of the scientific literature. Psychological Science, 12, 353–359.

Anderson, C.A. & Dill, K.E. (2000). Video games and aggressive thoughts, feelings, and behavior in the laboratory and in life. Journal of Personality and Social Psychology, 78(4), 772–790.

Computec Media Services GmbH & Enigma GfK Medienforschung. (Hrsg.). (2003). K.I.C.K. 4.0. Elektronische Publikation (Stand: 23. März 2004, www.kick2000.de/pdf/Kick2000D.pdf).

Feierabend, S. & Klingler, W. (2004). JIM-Studie 2004. Jugend, Information, (Multi-)Media. Basisuntersuchung zum Medienumgang 12- bis 19-Jähriger [hrsg. vom Medienpädagogischen Forschungsverbund Südwest (mpfs)]. Baden-Baden: mpfs.

Frindte, W. & Obwexer, I. (2003). Ego-Shooter – gewalthaltige Computerspiele und aggressive Neigungen. Zeitschrift für Medienpsychologie, 15(3), 140–148.

Fritz, J. (1997a). Was sind Computerspiele? In J. Fritz & W. Fehr (Hrsg.), Handbuch Medien: Computerspiele. Theorie, Forschung, Praxis (S. 81–86). Bonn: Bundeszentrale für politische Bildung.

Fritz, J. (1997b). Langeweile, Streß und Flow. Gefühle beim Computerspiel. In J. Fritz & W. Fehr (Hrsg.), Handbuch Medien: Computerspiele. Theorie, Forschung, Praxis (S. 207–216). Bonn: Bundeszentrale für politische Bildung.

Fritz, J. (2003a). Warum eigentlich spielt jemand Computerspiele?. In J. Fritz & W. Fehr (Hrsg.), Computerspiele. Virtuelle Spiel- und Lernwelten (S. 10–24). Bonn: Bundeszentrale für politische Bildung.

Fritz, J. (2003b). So wirklich wie die Wirklichkeit. In J. Fritz & W. Fehr (Hrsg.), Computerspiele: Virtuelle Spiel- und Lernwelten. Bonn: Bundeszentrale für politische Bildung (Digitaler Beitrag auf CD-Rom).

Gruner + Jahr AG & Co (2002). Stern TrendProfile: Computer- und Videospiele. Elektronische Publikation (Stand: 14. September 2004, www.gujmedia.de/_content/20/05/200551/stern_tp_computer_videospiele.pdf).

Klimmt, C. & Trepte, S. (2003). Theoretisch-methodische Desiderate der medienpsychologischen Forschung über die aggressionsfördernde Wirkung gewalthaltiger Computer- und Videospiele. Zeitschrift für Medienpsychologie, 15(3), 114–121.

Klimmt, C. (2004). Computer- und Videospiele. In R. Mangold, P. Vorderer & G. Bente (Hrsg.), Lehrbuch der Medienpsychologie (S. 695–716). Göttingen: Hogrefe.

Ladas, M. (2002). Brutale Spiele(r)? Wirkung und Nutzung von Gewalt in Computerspielen. Frankfurt am Main: Peter Lang.

Schlütz, D. (2002). Bildschirmspiele und ihre Faszination: Zuwendungsmotive, Gratifikationen und Erleben interaktiver Medienangebote. München: Reinhard Fischer.

Sherry, J.L. (2001). The effects of violent video games on aggression. A meta-analysis. Human Communication Research, 27(3), 409–431.

Sherry, J.L. (2005). Research on violent video games and aggression: A translation. In P. Messaris & L. Humphreys (Eds.), Digital media: Transformations in human communication. New York: Peter Lang. Elektronische Publikation (Stand: 8. März 2005, info.cas.msu.edu/icagames/violence.pdf).

Sherry, J.L., Lucas, K., Greenberg, B., & Lachlan, K. (2005). Video game uses and gratifications as predictors of use and game preference. In P. Vorderer & J. Bryant (Eds.), Playing computer games: Motives, responses, and consequences. Mahwah, NJ: Lawrence Erlbaum. Elektronische Publikation (Stand 8. März 2005, info.cas.msu.edu/icagames/vgu&g.pdf).

Six, U. (2005). Massenkommunikation. In D. Frey & C. Hoyos (Hrsg.), Psychologie in Gesellschaft, Kultur und Umwelt (S. 316–324). Weinheim: Beltz.

Six, U. & Gimmler, R. (2005). Neue Kommunikationsmedien. In D. Frey & C. Graf Hoyos (Hrsg.), Psychologie in Gesellschaft, Kultur und Umwelt (S. 325–332). Weinheim: Beltz.

Six, U., Gimmler, R. & Vogel, I. (2002). Medienerziehung in der Familie. Hintergrundinformationen und Anregungen für medienpädagogische Elternarbeit. Kiel: ULR.

VUD, Verband der Unterhaltungssoftware Deutschland (2004). Der Markt der Unterhaltungssoftware. Elektronische Publikation (Stand 20. Januar 2005, helliwood.mind.de/vud_home/SID/a18502eaf25cbea3862007a87ed6a261/pdf/117.pdf).

Wegge, J., Kleinbeck, U. & Quäck, A. (1995). Motive der Bildschirmspieler: Die Suche nach virtueller Macht, künstlicher Harmonie und schnellen Erfolgen? In J. Fritz (Hrsg.), Warum Computerspiele faszinieren (S. 214–237). München: Juventa.

Wesener, S. (2004). Spielen in virtuellen Welten. Eine Untersuchung von Transferprozessen in Bildschirmspielen. Wiesbaden: VS Verlag für Sozialwissenschaften.

Wiegmann, O. & van Schie, E.G.M. (1998). Video game playing with aggressive and prosocial behavior. British Journal of Social Psychology, 37(7), 367–378.

Witting, T. & Esser, H. (2003). Nicht nur das Wirkende bestimmt die Wirkung. Über die Vielfalt und Zustandekommen von Transferprozessen beim Bildschirmspiel. In J. Fritz & W. Fehr (Hrsg.): Computerspiele: Virtuelle Spiel- und Lernwelten (S. 30–48). Bonn: Bundeszentrale für politische Bildung.

Autorenverzeichnis

Jürgen Buder, Dr.
Universität Tübingen
Psychologisches Institut, Abt. Angewandte Kognitionspsychologie und Medienpsychologie
Konrad-Adenauer Strasse 40
D-72076 Tübingen
E-Mail: j.buder@iwm-kmrc.de

Celine Chang, Dipl.-Psych.
Universität Regensburg
Institut für Experimentelle Psychologie
Universitätsstraße 31
D-93040 Regensburg
E-Mail: celine.chang@psychologie.uni-regensburg.de

Nicola Döring, Prof. Dr.
Technische Universität Ilmenau
Institut für Medien- und Kommunikationswissenschaft (IfMK)
Fachgebiet: Medienkonzeption/Medienpsychologie
Am Eichicht 1
D-98693 Ilmenau
E-Mail: nicola.doering@tu-ilmenau.de

Klaus Fiedler, Prof. Dr.
Universität Heidelberg
Psychologisches Institut, CRISP: Abteilung für Sozialpsychologie
Hauptstrasse 47-51
D-69117 Heidelberg
E-Mail: kf@psychologie.uni-heidelberg.de

Peter Freytag, Dr.
Universität Heidelberg
Psychologisches Institut, CRISP: Abteilung für Sozialpsychologie
Hauptstrasse 47-51
D-69117 Heidelberg
E-Mail: pf@psychologie.uni-heidelberg.de

Uli Gleich, Dr.
Institut für Kommunikationspsychologie, Medienpädagogik und Sprechwissenschaft (IKMS)
Universität Koblenz-Landau, Campus Landau
Xylanderstrasse 1
D-76829 Landau
E-Mail: gleich@ikms-uni-landau.de

Roland Gimmler, Dr.
Institut für Kommunikationspsychologie, Medienpädagogik und Sprechwissenschaft (IKMS)
Universität Koblenz-Landau, Campus Landau
Xylanderstrasse 1
D-76829 Landau
E-Mail: gimmler@ikms-uni-landau.de

Jürgen Maier, Jun.prof. Dr.
Technische Universität Kaiserslautern
Fachbereich Sozialwissenschaften
Fachgebiet Methoden der empirischen Sozialforschung
Pfaffenbergstrasse, Gebäude 6
D-67663 Kaiserslautern
E-Mail: maier@sowi.uni-kl.de

Michaela Maier, Jun.prof. Dr.
Institut für Kommunikationspsychologie, Medienpädagogik und Sprechwissenschaft (IKMS)
Universität Koblenz-Landau, Campus Landau
Xylanderstrasse 1
D-76829 Landau
E-Mail: maier@ikms-uni-landau.de

Andries Oeberst, Dipl.-Psych.
International University Bremen
Jacobs Center for Lifelong Learning and Institutional Development
P.O. Box 750 561
D-28725 Bremen
E-Mail: a.oeberst@iu-bremen.de

Manuela Paechter, Prof. Dr.
Universität Graz
Institut für Psychologie, Arbeitsbereich Pädagogische Psychologie
Universitätsplatz 2
A-8010 Graz
E-Mail: manuela.paechter@uni-graz.at

Martina Panzer, Dipl.-Psych.
International University Bremen
Jacobs Center for Lifelong Learning and Institutional Development
P.O. Box 750 561
D-28725 Bremen
E-Mail: m.panzer@iu-bremen.de

Britta Renner, Prof. Dr.
International University Bremen
Jacobs Center for Lifelong Learning and Institutional Development
P.O. Box 750 561
D-28725 Bremen
E-Mail: b.renner@iu-bremen.de

Katrin Rentzsch
Technische Universität Chemnitz
Institut für Psychologie, Professur für Persönlichkeitspsychologie und Diagnostik
Wilhelm-Raabe-Str. 43
D-09107 Chemnitz
E-Mail: katrin.rentzsch@s2002.tu-chemnitz.de

Stephan Schwan, Prof. Dr.
Institut für Wissensmedien
Knowledge Media Research Center
Konrad-Adenauer Strasse 40
D-72076 Tübingen
E-Mail: s.schwan@iwm-kmrc.de

Astrid Schütz, Prof. Dr.
Technische Universität Chemnitz
Institut für Psychologie, Professur für Persönlichkeitspsychologie und Diagnostik
Wilhelm-Raabe-Str. 43
D-09107 Chemnitz
E-Mail: astrid.schuetz@phil.tu-chemnitz.de

Ulrike Six, Prof. Dr.
Institut für Kommunikationspsychologie, Medienpädagogik und Sprechwissenschaft (IKMS)
Universität Koblenz-Landau, Campus Landau
Xylanderstrasse 1
D-76829 Landau
E-mail: six@imks-uni-landau.de

Monika Suckfüll, Prof. Dr.
Universität der Künste Berlin
Studiengang Gesellschafts- und Wirtschaftskommunikation (GWK)
Lehrstuhl für Kommunikations- und Medienwissenschaften
Mierendorffstrasse 28-30
D-10589 Berlin
E-Mail: mail@msuckfuell.net

Alexander Thomas, Prof. Dr.
Universität Regensburg
Institut für Experimentelle Psychologie
Universitätsstraße 31
D-93040 Regensburg
E-Mail: alexander.thomas@psychologie.uni-regensburg.de

Ines Vogel, Dipl.-Psych.
Institut für Kommunikationspsychologie, Medienpädagogik und Sprechwissenschaft (IKMS)
Universität Koblenz-Landau, Campus Landau
Xylanderstrasse 1
D-76829 Landau
E-Mail: vogel@ikms-uni-landau.de

Erich H. Witte, Prof. Dr.
Universität Hamburg
Fachbereich Psychologie
Arbeitsbereich Sozialpsychologie
Von-Melle-Park 5
D-20146 Hamburg
E-Mail: witte_e_h@uni-hamburg.de

Personenregister

D

E

F

G

S

T

Sachwortregister

C

D

E

Q

R

S

T

W

Z

St